UTB 8232

AF883362

Eine Arbeitsgemeinschaft der Verlage

Brill | Schöningh – Fink · Paderborn
Brill | Vandenhoeck & Ruprecht · Göttingen – Böhlau · Wien · Köln
Verlag Barbara Budrich · Opladen · Toronto
facultas · Wien
Haupt Verlag · Bern
Verlag Julius Klinkhardt · Bad Heilbrunn
Mohr Siebeck · Tübingen
Narr Francke Attempto Verlag – expert verlag · Tübingen
Psychiatrie Verlag · Köln
Ernst Reinhardt Verlag · München
transcript Verlag · Bielefeld
Verlag Eugen Ulmer · Stuttgart
UVK Verlag · München
Waxmann · Münster · New York
wbv Publikation · Bielefeld
Wochenschau Verlag · Frankfurt am Main

Harry Dettenborn • Eginhard Walter

Familienrechtspsychologie

4., vollständig überarbeitete und erweiterte Auflage
Mit 29 Abbildungen und 8 Tabellen

Ernst Reinhardt Verlag München

Prof. Dr. *Harry Dettenborn*, Diplom-Psychologe; Universitätsprof. i. R.; Mitbegründer und Gesellschafter des Instituts Gericht & Familie Berlin-Brandenburg; langjährige Sachverständigentätigkeit auf dem Gebiet der Rechtspsychologie.

Dr. *Eginhard Walter* lehrt in der rechtspsychologischen Weiterbildung für Psychologen und Sozialpädagogen.Mitbegründer und Gesellschafter des Instituts Gericht & Familie Berlin-Brandenburg, Sachverständiger auf dem Gebiet der Familienrechtspsychologie.

Bibliografische Information der Deutschen Nationalbibliothek

Die Deutsche Nationalbibliothek verzeichnet diese Publikation in der Deutschen Nationalbibliografie; detaillierte bibliografische Daten sind im Internet über <http://dnb.d-nb.de> abrufbar.

UTB-Band-Nr.: 8232
ISBN 978-3-8252-8811-2 (Print)
ISBN 978-3-8385-8811-7 (PDF-E-Book)
ISBN 978-3-8463-8811-2 (EPUB)
4., vollständig überarbeitete und erweiterte Auflage

© 2022 by Ernst Reinhardt, GmbH & Co KG, Verlag, München

Dieses Werk, einschließlich aller seiner Teile, ist urheberrechtlich geschützt. Jede Verwertung außerhalb der engen Grenzen des Urheberrechtsgesetzes ist ohne schriftliche Zustimmung der Ernst Reinhardt GmbH & Co KG, München, unzulässig und strafbar. Das gilt insbesondere für Vervielfältigungen, Übersetzungen in andere Sprachen, Mikroverfilmungen und für die Einspeicherung und Verarbeitung in elektronischen Systemen. Der Verlag Ernst Reinhardt GmbH & Co KG behält sich eine Nutzung seiner Inhalte für Text- und Data-Mining i.S.v. § 44b UrhG ausdrücklich vor.

Printed in EU
Einbandgestaltung: siegel konzeption | gestaltung, Stuttgart
Covermotiv: © sester1848 / Fotolia.com
Satz: ew print & medien service gmbh

Ernst Reinhardt Verlag, Kemnatenstr. 46, D-80639 München
Net: www.reinhardt-verlag.de E-Mail: info@reinhardt-verlag.de

Inhalt

Abkürzungen

AdVermiG	Adoptionsvermittlungsgesetz
AdWirkG	Adoptionswirkungsgesetz
AG	Amtsgericht
AK	Arbeitskreis
APSAC	American Professional Society on the Abuse of Children
BGB	Bürgerliches Gesetzbuch
BGH	Bundesgerichtshof
BMFSFJ	Bundesministerium für Familie, Senioren, Frauen und Jugendliche
BVerfG	Bundesverfassungsgericht
BT-Drs.	Bundestagsdrucksache
CTQ	Childhood Trauma Questionnaire
DIJuF	Deutsches Institut für Jugendhilfe und Familienrecht
DJI	Deutsches Jugendinstitut e. V.
DSM-V	Diagnostic and Statistical Manual of Mental Disorders
EGMR	Europäischer Gerichtshof für Menschenrechte
ESÜ	Europäisches Sorgerechtsübereinkommen
FamFG	Gesetz über das Verfahren in Familiensachen und in Angelegenheiten der freiwilligen Gerichtsbarkeit
FamRZ	Zeitschrift für das gesamte Familienrecht
FamS	Familiensenat
HAÜ	Haager Übereinkommen über den Schutz von Kindern und die Zusammenarbeit auf dem Gebiet der internationalen Adoption
HKÜ	Haager Kindesentführungsübereinkommen
ICD-10-GM-2022	International Statistical Classification of Deseases and Related Health Problems, 10. Revision - German Modification
INPOL	Informationssystem der Polizei
KG	Kammergericht
KJHG	Kinder- und Jugendhilfegesetz (SGB VIII)
KKG	Gesetz zur Kooperation und Information im Kinderschutz
LG	Landgericht
LPartG	Gesetz über die eingetragene Lebenspartnerschaft (Lebenspartnerschaftsgesetz)
MbpS	Münchhausen-by-proxy-Syndrom
OLG	Oberlandesgericht
PAS	Parental Alienation Syndrom
PTBS	Posttraumatische Belastungsstörung
RPsych	Rechtspsychologie (Zeitschrift)
StGB	Strafgesetzbuch
SGB VIII	Sozialgesetzbuch - Achtes Buch
UN-KRK	UN-Kinderrechtskonvention
ZKJ	Zeitschrift für Kindschaftsrecht und Jugendhilfe
ZPO	Zivilprozessordnung
ZS	Zivilsenat

Vorwort

Die Geschwindigkeit, mit der sich Veränderungen im Bereich von Familie, Trennung, Scheidung und Kindeswohlgefährdung auf das Familienrecht auswirken, ist hoch. Das Tempo mitzuhalten und vielleicht sogar Tempo und Kurs mitzubestimmen, stellt eine dauernde Herausforderung an die Familienrechtspsychologie dar.

In diesem Buch wird versucht, dieser Herausforderung gerecht zu werden.

Das Buch liegt nun schon in der 4. Auflage vor. Es wurde überarbeitet und aktualisiert, ohne dass auf seine bekannte Struktur verzichtet wurde. Es ist als ein Standardwerk angekommen bei Zielgruppen wie Psychologen, Juristen, Sozialpädagogen, Verfahrensbeiständen, Umgangspflegern und Beratern (die Berufsbezeichnungen sind geschlechtsneutral gemeint und zu verstehen). Erfreulich ist, dass in den relevanten Anwendungsbereichen immer klarer der Bedarf formuliert wird, über die eigene, zufällig erworbene Alltagspsychologie hinaus komplexe psychologische Zusammenhänge zu erkennen und zu berücksichtigen. Als Beispiel sei die im Jahr 2022 erweiterte Fassung des § 23b GVG zitiert: „Richter in Familiensachen sollen über belegbare Kenntnisse auf den Gebieten des Familienrechts, insbesondere des Kindschaftsrechts, des Familienverfahrensrechts und der für das Verfahren in Familiensachen notwendigen Teile des Kinder- und Jugendhilferechts sowie über belegbare Grundkenntnisse der Psychologie, insbesondere der Entwicklungspsychologie des Kindes, und der Kommunikation mit Kindern verfügen." Auch an die „Mindestanforderungen an die Qualität von Sachverständigengutachten im Kindschaftsrecht" von 2019 ist in diesem Zusammenhang zu denken.

Wir wünschen dem Buch viel Erfolg und bitten um Nachsicht dafür, dass der flüssigen Lesbarkeit wegen bei Personenbezeichnungen das geschlechtsneutrale (generische) Maskulinum verwendet wird.

Berlin, im Frühjahr 2022

Harry Dettenborn
Eginhard Walter

1 Familienrechtspsychologie als Spezialfach

1.1 Gegenstand der Familienrechtspsychologie

Gegenstand der Familienrechtspsychologie sind Erleben und Verhalten beim Auf- und Abbau familiärer Beziehungen, soweit dabei Konflikte der rechtlichen Einflussnahme bedürfen.

Zwar ist das auf alle Phasen der familiären Entwicklung zu beziehen. Im Mittelpunkt stehen aber sicher Abbau bzw. Reorganisation bestehender familiärer Beziehungen, weil hier die Wahrscheinlichkeit überfordernder Konfliktverläufe am größten ist.

Der erste Teil der Gegenstandsbestimmung – „Erleben und Verhalten ..." – bezieht sich sowohl auf Konfliktbetroffene, z.B. Kinder und ihre Bewältigungsstrategien oder Trennungseltern und ihr Streitverhalten, als auch auf das (Re-)Agieren beteiligter Konfliktmanager, z.B. Richter, Jugendamtsmitarbeiter oder Gutachter.

Familienrechtspsychologie ist ein Teilbereich der Rechtspsychologie. Sie nutzt und bereichert die Familienpsychologie – neben Bezügen zu anderen Zweigen der Psychologie wie Entwicklungs- oder Sozialpsychologie. Aktionsfeld und Bezugsrahmen sind dabei sowohl geltendes Familien-, Verfahrens- und Jugendhilferecht als auch notwendiges wünschenswertes Recht, d.h., es wird auch de lege ferenda gearbeitet und dazu beigetragen, Recht zu entwickeln.

Die *Aufgaben und Arbeitsgebiete* der Familienrechtspsychologie sind als Teilmenge jener Aufgaben und Arbeitsgebiete zu entnehmen, die in *Abschnitt 1.2.1* für die Rechtspsychologie insgesamt genannt werden. Als *spezifische Akzente* sind zu beachten:

- die Fokussierung auf ein soziales Gebilde, die Familie, und deren Verständnis als in ständiger Entwicklung begriffenes intimes Beziehungsgefüge mit divergenten Bedürfnissen als Konfliktpotential,
- die Grenzen der Familie bzw. der Konfliktparteien, aus eigenen Kräften und autonom Konflikte zu bewältigen und dabei die Interessen aller Beteiligten, vor allem der Kinder, zu berücksichtigen,
- das Interesse des Staates, familiäre Konfliktverläufe so zu gestalten, dass die Interessen Beteiligter, vor allem der Kinder, berücksichtigt werden und dass die sinnvolle Entwicklung bzw. Reorganisation der Familie erleichtert wird.

1.2 Die fachlichen Grundlagen der Familienrechtspsychologie

Wurzeln der Familienrechtspsychologie finden sich primär in der Rechtspsychologie, der Familienpsychologie sowie im Familien- und Jugendhilferecht. Auf diese wird im Folgenden eingegangen. Selbstverständlich ist, dass den Boden für diese Wurzeln solche Zweige wie Entwicklungspsychologie, Sozialpsychologie und Pädagogische Psychologie bilden.

1.2.1 Rechtspsychologie

1.2.1.1 Gegenstand und Arbeitsgebiete

Die Rechtspsychologie ist einer der ältesten Zweige der angewandten Psychologie. Schon Ende des 18. Jahrhunderts (z.B. Schaumann 1792) und im Verlauf des 19. Jahrhunderts erschienen erste systematische Darstellungen (z.B. Hoffbauer 1808, Friedreich 1835, Krafft-Ebbing 1872). Mit der Etablierung der Psychologie als selbständige Wissenschaft zu Beginn des 20. Jahrhunderts formierte sich die Forensische Psychologie – noch stark im Gewand der Aussagepsychologie. In der zweiten Hälfte des letzten Jahrhunderts erfolgte eine Ausweitung im Sinne einer umfassenderen Rechtspsychologie (ausführlicher zur Geschichte des Zweiges: Undeutsch 1967, 1992; Dettenborn u.a. 1989, Hommers 1991, Kury/Obergfell-Fuchs 2012).

Gegenstand der Rechtspsychologie sind Erleben und Verhalten mit Bezug zum Recht, d.h. beim Befolgen bzw. Missachten, beim Nutzen und Missbrauchen, Durchsetzen oder Weiterentwickeln des Rechts. Die Aufgaben der Rechtspsychologie sind in **Kasten 1.1** zusammengefasst.

Aufgaben der Rechtspsychologie

1. Beitrag zu effektiver Rechtsverwirklichung
   - de lege data (Durchsetzung geltenden Rechts, z. B. sachgerechte Konfliktbehandlung im Sorgerechtsverfahren)
   - de lege ferenda (Anwendung der Psychologie bei Gesetzesänderungen)

2. Analyse der Erlebens- und Verhaltensweisen der im Rechtssystem agierenden Personen und Gruppen, d. h. bei professionellen Rechtsanwendern wie bei Klägern, Beklagten, Beschuldigten oder Zeugen (z. B. Untersuchungen zur Verhandlungsführung, zur Vernehmung, zum Zeugenverhalten, zur Täter-Opfer-Beziehung)

3. Analyse der Entstehung, Funktionsweise und Wirkung des Rechts unter psychologischem Aspekt
   - psychologisch relevante Grundannahmen des Rechts
   - Grundprozesse der Urteilsbildung beteiligter individuen, Gruppen und Institutionen

Kasten 1.1: Aufgaben des Rechts

Arbeitsgebiete: Die sehr komplexen Arbeitsgebiete lassen sich nach ganz unterschiedlichen Kriterien gliedern, wobei Überschneidungen nicht zu vermeiden sind (systematische Übersichten siehe Bartol/Bartol 2021, Dettenborn u.a. 1989, 2010, Lösel/Bender 2000, Pfundmair 2020, Volbert/Steller 2008.

1. Allgemeiner Gegenstand
- Forensische Psychologie (lat. Forum: Markt, Gerichtsplatz): Zeugenpsychologie, Täterpsychologie, Beurteilung psychologischer Fragestellungen innerhalb von familienrechtlichen Konfliktkonstellationen, Verhandlungspsychologie, Konfliktlösungen.
- Kriminalpsychologie: Beschreibung, Erklärung, Prognose und Prävention kriminellen Verhaltens, aber auch des Opferwerdens; Aspekte der Polizeiarbeit, des institutionellen Justizhandelns inkl. Vollzugspsychologie; forensische Psychotherapie und Prognosearbeit.
- Rechtspsychologie: historisch jüngere Untersuchung der Annahmen des Rechts im Verhältnis zu Bedürfnissen der Rechtsnormadressaten; Verhältnis von öffentlicher Meinung und Rechtssetzung; psychologische Annahmen von Rechtsnormen (z. B. Schuldkonzept); rechtliche Sozialisation.

2. Psychologische Problemebene
- Diagnostik (z. B. der Erziehungsfähigkeit von Eltern oder der Urteilskompetenz von Richtern).
- Erklärung (z. B. der Ursachen strafbaren Handelns oder der Prinzipien richterlicher Strafzumessung).
- Prognose (z. B. der Rückfallwahrscheinlichkeit von Tätern oder der Beachtung der Wohlverhaltensklausel bei der Gestaltung des Umgangs mit dem Kind durch Eltern gemäß § 1684 Abs. 2 BGB).
- Intervention (z. B. Mediation im Familienkonflikt oder Kompetenztraining für Juristen).
- Psychotherapie (nicht nur als Straftäterbehandlung, sondern auch im Bereich der Sozialgerichtsbarkeit, des Betreuungsrechts, der Suchtbehandlung bei Kindeswohlgefährdungen usw.).
- Methodenentwicklung.

3. Rechtliche Problemebene
- Analyse der Postulate von Rechtsnormen (z. B. zur Generalprävention oder zur Schuld).
- Analyse des Verhaltens von Rechtsnormadressaten (Beachtung, Missachtung, Nutzung, Missbrauch von Rechtsnormen).
- Analyse der Rechtsanwendung (z. B. bei Sorgerechtsentzug oder vorzeitiger Entlassung aus dem Strafvollzug).

4. Rechtsbereich
Der Bereich des Strafrechts ist ungleich besser rechtspsychologisch bearbeitet als die Bereiche des Zivilrechts, Familienrechts, Verkehrsrechts, Arbeitsrechts oder Sozialrechts.

5. Untersuchte Personen
Im Mittelpunkt rechtspsychologischer Forschung oder praktischer Anwendung können einzelne Personen stehen, z. B. im Sinne der Täterpsychologie oder auch der Psychologie des Richters, oder Personengruppen, z. B. kriminelle Gruppen und deren Dynamik, aber auch Beziehungen zwischen Personen, z. B. die Täter-Opfer-Beziehung oder die Interaktion von Bürger und Polizei.

6. Adressat bzw. Nutzer
Psychologen, z. B. im Strafvollzug oder als Gutachter, bilden eine große Adressatengruppe rechtspsychologischer Forschung – und zugleich Produzenten von Fachwissen. Juristen sind die anderen Hauptadressaten, ferner Mitarbeiter der Polizei, in Jugendämtern sowie weitere an der Umsetzung des Rechts beteiligte Professionen.

Tendenzen in der Rechtspsychologie: Indikator für die Vitalität und Dynamik des Faches sind die Entwicklungen und Veränderungen in den Schwerpunkten und Akzenten. Weitgehend vollzogen ist das Hinauswachsen aus dem Areal der Sachverständigenpsychologie bzw. Begutachtungskunde hin zu einem viel breiteren Gegenstandsverständnis. Einvernehmlich werden ebenso die Grenzen von Zeugen- und Täterpsychologie als zu eng beurteilt, wenn auch hier die historischen Wurzeln und die gegenwärtigen Meriten des Faches liegen. Wirksam ist allerdings noch die Tendenz, das bestehende Übergewicht des Strafrechts, insbesondere der Aussagepsychologie und Kriminalitätsursachenforschung, im Beachtungsrelief der Rechtspsychologie zu relativieren. Das geschieht durch die forcierte Hinwendung zu justiziellen Entscheidungsprozessen und insbesondere zu zivilrechtlichen, vor allem familienrechtlichen Problemen. Übergreifend können eine rasante Diversifizierung des Faches sowie eine zunehmende Akzeptanz in Justiz, Polizei und Verwaltung registriert werden. Qualifizierte Psychologen werden in wachsendem Maße nachgefragt.

1.2.1.2 Psychologie und Recht: Gemeinsamkeiten und Unterschiede

Sowohl im Recht als auch in der Psychologie spielen Verhaltensregeln bzw. die Regulierung menschlichen Miteinanders eine zentrale Rolle. Deshalb gehören auch psychische Prozesse wie Wahrnehmen, Erinnern, Urteilen sowie Kontrolle, Vorhersage und Beeinflussung von Verhalten zum Gegenstand beider Bereiche. Rechtsnormen können als Instrument zur Regelung individuellen Verhaltens und sozialer Beziehungen nur funktionieren, wenn deren psychische Triebfedern berücksichtigt werden.

Gesetzen, Rechtsinstitutionen, rechtlichen Verfahren und Entscheidungsprozeduren liegen immer Annahmen über die Determinanten menschlichen Verhaltens und Erlebens zugrunde, auch wenn diese kaum genannt und reflektiert werden. Je mehr Rechtssetzung und Rechtsanwendung als lediglich normativ-dogmatische Institutionen zelebriert werden, desto unschärfer spiegeln sich jene Verhältnisse wider, die sie regeln sollen. Daher mag es oft sehr lange dauern, ehe sich veränderte Akzente in den Realbeziehungen und Einstellungen der Mehrheit auf die Fortentwicklung des Rechts auswirken.

Beispiele sind die Aufgabe des Schuld- zugunsten des Zerrüttungsprinzips im Scheidungsrecht, die Umorientierung vom Elternrecht hin zum Kindeswohl, der Wandel der Stellung nicht ehelicher Kinder und die damit verbundene Neubewertung dauerhafter Lebenspartnerschaften, die Reform des Adoptionsrechts eingetragener Lebenspartner, die Rechtsprechung zum Wechselmodell oder zum Umgangsrecht des biologischen Vaters.

Nun zu den Unterschieden. „Law is doctrinal; psychology is empirical“ stellt Wrightsman (1991, 22) fest. Für Lösel und Bender (2000) steht dabei der Gegensatz zwischen den generellen Festschreibungen des normativen Ansatzes im Recht (z.B. verbindliche Altersgrenzen) und der Ausrichtung der Psychologie auf eine empirisch fassbare Zielkategorie im Mittelpunkt. Weniger ein grundsätzlicher Unterschied als ein durchgängiges Dilemma ist das Nebeneinander von Rechtsauffassung (Gesetze, Kommentare, höchstrichterliche Rechtssprechung) und Pluralismus der Theorien und Methoden in der Psychologie. Schon die Tatsache unterschiedlicher Gutachterschulen oder gar verschiedener Erklärungsmöglichkeiten für dieselbe kriminelle Handlung kann Unbehagen bei dem Rechtspraktiker hervorrufen, der pluralistische Empirie und Theorie nicht als Vorteil wahrnimmt.

Ein markanter Unterschied ist der zwischen dem einer rigiden Ja-Nein-Logik des juristischen Systems folgenden Erkenntnisinteresse des Rechts bzw. dem Verlangen der Rechtspraxis nach gesicherten Aussagen einerseits und dem Wahrscheinlichkeitscharakter von selbst empirisch gut abgesicherten Aussagen in der Psychologie andererseits. Der Jurist will z.B. wissen, ob die Aussage eines Kindes glaubhaft ist oder nicht, ob der Kindeswille dem Kindeswohl entspricht oder nicht. Der psychologische Gutachter ist Vertreter seines Faches, aber auch Teil des Rechtssystems und dessen Regeln unterworfen. Er muss sich entscheiden, ob er die Potenzen seiner Methodik und Denkweise ausschöpft oder seine Erkenntnisse auf die Ansprüche der binären Rechtslogik reduziert (Welker 2000). Bierbrauer (1989, 254) meint etwas überspitzt, dass Juristen „die Wirklichkeit durch strikte Konditionalprogramme“ bewältigen, nach denen z.B. Tatbestandsmerkmale einer Norm immer Rechtsfolgen nach sich ziehen. Zu den Schlussfolgerungen gehört, dass das Denken in Wahrscheinlichkeiten bei Juristen gefördert werden muss, aber auch die psychologischen Wahrscheinlichkeitsaussagen durch Forschung verbessert werden müssen (Lösel/Bender 2000).

Inwieweit diese Unterschiede in produktive Antriebe verwandelt und als Vorteile genutzt werden, hängt auch vom Grad der Asymmetrie in den Beziehungen von Recht und Psychologie ab. Psychologie kann nur Angebote machen. Interessen und Zwänge innerhalb des Rechtssystems bestimmen die Öffnung dafür, weniger aber objektive Kriterien, wie sie in anderen Anwendungsbereichen der Psychologie gefunden wurden, z.B. über Fehlentscheidungsstatistiken, ökonomische Kennziffern, Lern- und Qualifizierungseffekte bei Problemlösungen und Leistungsstatistiken.

Die negativen Folgen in der Rechtsprechung sind nicht identifizierbar. Sie können deshalb als Korrekturantrieb nicht wirksam werden. Die Psychologie hat es schwerer als in anderen Bereichen, ihre Effektivität nachzuweisen.

Der Richter *Vultejus (1998, 598)* stellt in diesem Zusammenhang fest: „Die Qualität der Dienstleistungen der Justiz ist nur mit Schwierigkeiten zu messen. An erster Stelle steht gewiss die ‚Richtigkeit‘ der richterlichen Entscheidungen. Nur haben wir keine Möglichkeit, sie zu messen. Man könnte daran denken, die Zahl der Abänderungen richterlicher Entscheidungen in der zweiten oder dritten Instanz zu zählen. Doch wer sagt uns, ob die Entscheidung der höheren Instanz richtig ist und die der abgeänderten ersten Instanz falsch war?“

Wenn es aber so ist, dass es allenfalls den Rechtsmittelgebrauch bzw. die Instanzennutzung als Qualitätskriterium gibt, dann schlägt nicht zu Buche, ob sich ein Jurist ausschließlich auf seine private Alltagserfahrung und seine Trivialtheorien stützt oder auch auf Erkenntnisse der Humanwissenschaften.

Die Frage nach strafrechtlichen Haftungsrisiken für familienrichterliche „Schlechtleistungen“ wird in diesem Zusammenhang gestellt *(Bringewat 2019, 249)*, ferner Forderungen nach einer Fehlerkultur und – seit langem immer wieder – nach einer Fortbildungspflicht *(Bringewat 2019; Salgo 2018, Schwenn 2013)*. Da könnte die im Jahr 2022 dem § 23b GVG angefügte Ergänzung Hoffnung machen:

„Richter in Familiensachen sollen über belegbare Kenntnisse auf den Gebieten des Familienrechts, insbesondere des Kindschaftsrechts, des Familienverfahrensrechts und der für das Verfahren in Familiensachen notwendigen Teile des Kinder- und Jugendhilferechts sowie über belegbare Grundkenntnisse der Psychologie, insbesondere der Entwicklungspsychologie des Kindes, und der Kommunikation mit Kindern verfügen. Einem Richter, dessen Kenntnisse auf diesen Gebieten nicht belegt sind, dürfen die Aufgaben eines Familienrichters nur zugewiesen werden, wenn der Erwerb der Kenntnisse alsbald zu erwarten ist."

1.2.2 Familienpsychologie

Gegenstand der Familienpsychologie sind Erleben und Verhalten in Familienbeziehungen und in den Beziehungen zur Familie. Interaktions- und Kommunikationsprozesse interessieren als Kern des Lebens von und in Familien. Dabei ist nicht nur die gegenwärtige reale Teilhabe an den Beziehungen gemeint, sondern auch die gemeinsame Beziehungsgeschichte als Erfahrungshintergrund unter Einschluss der Mehrgenerationenperspektive.

Aufgabe der Familienpsychologie ist es, psychologische Theorien, Methoden und Erkenntnisse für die Beschreibung, Erklärung, Vorhersage und Beeinflussung von Familienbeziehungen und -entwicklungen bereitzustellen und anzuwenden. Zentrale Themen und zugleich Arbeitsgebiete sind dabei: System, Struktur und Funktion von Familien, Familienentwicklung, Kommunikation in Familien, Familienerziehung unter besonderer Berücksichtigung der verschiedenen Formen von Elternschaft, Familienstress, Familiendiagnostik, Prävention familiärer Fehlentwicklungen und Familienintervention. Von besonderem Interesse für die Familienrechtspsychologie sind dabei die Schnittstellen zwischen Familienbeziehungen und Individualentwicklung. So sind die Verhaltensauffälligkeiten oft Resultat familiärer Fehlentwicklungen, aber eben auch Zustand des betroffenen Kindes oder Erwachsenen, die wiederum die Teilhabe am sozialen Leben beeinträchtigen. Die Relevanz dieser Themen für die Familienrechtspsychologie wird deutlich an der sinkenden Stabilität von Familien und der hohen Anzahl von Trennungen und Scheidungen und den daraus resultierenden Belastungen sowohl für die Eltern als auch für die Kinder.

Mit der Dynamik realer Familienformen hängt es zusammen, wenn der Begriff „Familie“ keinesfalls klar bestimmt ist und das Leitmodell der Mutter-Vater-Kind-Familie immer mehr ins Wanken gerät. Soll „Verwandtschaft“ ein Kriterium sein oder die subjektiv wahrgenommene Zugehörigkeit zu einer Familie? Sind Anforderungen an die Qualität von Beziehungen und Bindungen das Ausschlaggebende, deren Dauerhaftigkeit, oder reicht ein formal gemeinschaftlicher Lebensvollzug? Und was ist mit den beiden Elternteilen, die sich trennen, die zwar für die Kinder die Eltern bleiben, aber jeweils wieder heiraten und den Kindern somit Stiefelternteile bescheren? Wo ist da für wen Familie, wo nicht mehr? Welche Rolle spielt Elternstatus ohne Verwandtschaft, z.B. infolge Adoption oder heterologer Insemination (künstliche Befruchtung mit dem Samen eines Samenspenders)? Welche Spezifik ergibt sich bei gleichgeschlechtlichen Eltern? Wie wirken sich unterschiedliche Lebensstile von Zugewanderten und Klimaflüchtlingen aus?

Trennungen, Scheidungen und Wiederverheiratung tragen erheblich dazu bei, dieses Spektrum zu erweitern, z.B. mit der Vielfalt von Patchworkfamilien *(Hess/Starke 2017, Lohrer 2020)*. Die Pluralisierung der Familienformen erschwert es oft, den gesellschaftlichen Wandel in einer angemessenen rechtlichen Fassung zu fixieren. Die Geschwindigkeit dieses Wandels erhöht das Tempo, in dem sich rechtliche Regelungen ändern. Und erzeugt doch immer wieder Rückstand. Beispiel: Jüngst hat der BGH das Umgangsrecht eines genetischen Vaters bejaht, der in die Adoption seines durch private Samenspende gezeugten Kindes eingewilligt hat *(BGH Beschluss vom 16.6.2021 – XII ZB 58/20)*. Damit ist Neuland betreten, es wird der Tendenz gefolgt, dass auch Eizellengeberin, Samengeber und Tragemutter immer öfter zur Familie zugehörig angesehen werden *(Eggen 2021)*. Mit anderen Worten: Die Fortschritte in der Reproduktionsmedizin erzeugen Handlungsbedarf für den Gesetzgeber. Und parallel auch für die Familienpsychologie und den psychologischen Sachverständigen *(Walper u.a. 2017)*.

Der geschwinde Wandel führt auch zu eher resignativen Bilanzen: „Familie ist das Sozialsystem, das sich als Familie begreift" *(Eggen 2021, 345)*. Oder: Zur Familie gehört jede Lebensform in der „dauerhaft und verlässlich Verantwortung für einander übernommen wird" *(Wimbauer 2021, 29)*.

Die Familienpsychologie strebt nach wie vor mehr Übersichtlichkeit über Typenbildung an. Herkömmliche Unterscheidungen von Kernfamilie, Adoptivfamilie, Pflegefamilie, Tagespflege bilden diese Vielfalt nicht mehr ab *(Nave-Herz 2019)*. Gängig ist die Unterscheidung in biologische, genetische, rechtliche und soziale Elternschaft *(Vaskovics 2016)*. Deren Auseinanderfallen wird beklagt *(Sanders 2018)*, gilt als multiple Elternschaft *(Eggen 2021)* und ist gerade für die Familienrechtspsychologie von Bedeutung. Ebenso die spezifischen Beziehungen zwischen Kind und den verschiedenen Familienformen wie z.B. eingetragene Lebenspartnerschaft, nichteheliche Gemeinschaft, Stieffamilie, Hochkonfliktfamilie *(Balloff 2018)*. Am Denkhorizont bilden sich neue Kategorien, so der Begriff der „Regenbogenfamilie" – mit mindestens einem gleichgeschlechtlich orientierten, trans- oder intergeschlechtlichen Elternteil *(Lorenz 2021)*. Oder die Figur der „Verantwortungsgemeinschaft" als Vorhaben der 2021 gewählten Bundesregierung. Dabei soll es um ein Modell für Menschen gehen mit einem über eine reine Geschäftsbeziehung hinausgehenden, tatsächlichen und persönlichen Näheverhältnis, ohne aber das Bett miteinander zu teilen *(Tagesspiegel 2022)*.

Sinnvoll dürfte sein, wenn sich die Familienrechtspsychologie auf psychologische Kernsachverhalte stützt, in denen z.B. *Schneewind (2010, 2012)* einen Ausweg aus der Unübersichtlichkeit sieht. Danach sind Familien Varianten intimer Beziehungssysteme, die sich durch folgende vier Kriterien von anderen Beziehungssystemen (z.B. im Beruf oder im Sport) unterscheiden:

1. Abgrenzung: Zwei oder mehr Personen gestalten ihr Leben raumzeitlich abgehoben von anderen nach bestimmten Regeln.
2. Privatheit: umgrenzter Lebensraum (z.B. eine Wohnung) mit wechselseitigem Verhaltensaustausch.
3. Dauerhaftigkeit: längerfristige Gemeinsamkeit als Resultat von Bedingungen, Verpflichtungen und Zielen.
4. Nähe: Realisierung von physischer, geistiger und emotionaler Intimität.

1.2.3 Familienrecht, Kinder- und Jugendhilferecht, Kindschaftsrecht

Hier geht es nicht mehr um ein Fachgebiet bzw. einen Wissenschaftszweig. Jetzt handelt es sich um ein Regelungsinstrument mit seiner materiell-rechtlichen und seiner verfahrensrechtlichen Seite.

Da die Familie zu den wichtigsten Grundlagen des gemeinschaftlichen Lebens und einer funktionierenden Gesellschaft gehört, ist sie unter den besonderen Schutz der staatlichen Ordnung gestellt (Art. 6 GG) und ausführlich im Familienrecht zum Regelungsgegenstand gemacht worden. Das Familienrecht gilt als das am meisten von Wandel geprägte Rechtsgebiet (Sanders 2020) und umfasst den genannten Komplex geltender Rechtsregeln, die sich auf Ehe, Verwandtschaft und Vormundschaft inkl. Betreuung beziehen. Es ist im Wesentlichen im Vierten Buch des BGB fixiert. In unserem Zusammenhang bildet das Kindschaftsrecht den Kern. Zwar existiert im Familienrecht kein spezifischer Rechtsbegriff der Familie, er wird aber postuliert. Das Verständnis von Familie wird bestimmt durch pragmatische Gründe und Normzwecke.

Eine andere Quelle des Verständnisses von Familie im Familienrecht sind reale Entwicklungstendenzen des sozialen Gebildes Familie, die Reflexionen darüber in Familiensoziologie, -psychologie, -medizin, -rechtswissenschaft sowie die daraus abgeleiteten Interessen, die in der Familienpolitik formuliert werden. Die Familienpolitik korrespondiert deshalb mit dem „Zeitgeist“ zu diesem Thema. Weit mehr als hundert Gesetzesänderungen führten dazu, dass nur wenige Bestimmungen der Erstfassung des BGB von 1896 noch gelten. In den letzten Dekaden näherte sich z.B. das Gewicht von Verwandtschaft und von nicht verheirateten Kindeseltern als Regelungsgegenstand an. Ein radikaler Perspektivenwechsel von den Eltern(-rechten) hin zum Kindeswohl erfolgte. Die Stellung von Lebensgemeinschaften, inkl. gleichgeschlechtlichen, ist reformiert. Oder: Weil Scheidungen infolge des liberalen „Zeitgeistes“ immer häufiger und damit „normaler“ wurden, mussten im Eherecht die Barrieren für Scheidung niedriger gestaltet werden.

Andere Beispiele sind die geänderten Gesetze zur Partnerschaft, zur Gleichberechtigung von Mann und Frau, zur Stellung nicht ehelicher Kinder; ferner die Regelung, es zunächst der Entscheidung der Eltern zu überlassen, wie die elterliche Sorge nach einer Scheidung gehandhabt wird. Generelle Tendenz ist, dass die Gestaltung von Familienbeziehungen immer mehr der Autonomie der Beteiligten überlassen bleibt.

Umgekehrt hängt die Familie als reale Sozietät auch vom jeweils geltenden Familienrecht ab. Die rechtliche Gleichstellung ehelicher Kinder mit nicht ehelichen Kindern schafft z.B. Fakten für alle Beteiligten. Oder: Der leichtere Vollzug der Scheidung im Rahmen eines mehrfach liberalisierten Scheidungsrechts minderte Hemmschwellen und erhöhte seinerseits die Häufigkeit.

Als übergreifende Grundprinzipien der Weiterentwicklung eines modernen Familienrechts werden das Prinzip der Nichteinmischung, das Einfordern von Verantwortung und der Vorrang des Kindeswohls (Schwenzer 2008) angesehen. Aus diesem Feld von Wechselwirkungen zwischen sozialem Wandel und Recht ergeben sich auch gravierende Widersprüche (s.u.) und zugleich Aufgabenstellungen für die Familienrechtspsychologie.

Kinder- und Jugendhilferecht: Als Sozialleistunggesetz fixiert es im Sozialgesetzbuch VIII die Funktion der Kinder- und Jugendhilfe, die Interessen von Kindern, Jugendlichen und deren Familien zu vertreten, z.B. Kinder und Jugendliche in ihrer individuellen Entwicklung zu fördern und sie vor Gefährdungen zu schützen sowie die Eltern bei der Erziehung zu beraten und zu unterstützen. Dies geschieht im Spannungsfeld von offensiv-fördernder, antizipierender Gestaltung und reaktivem Eingriff. In den Ambitionen des SGB VIII sind zwei Schwerpunkte zu unterscheiden: die sozialpädagogische Orientierung auf Sozialleistungen bei Anerkennung subjektiver Rechtsansprüche der

Betroffenen und die ordnungsrechtliche Orientierung, die auch das Handeln der Jugendhilfe ohne oder gegen den Willen der Betroffenen einschließt.

Die Fiktion eines Perspektivenwechsels (Wiesner 2006) vom reaktiven Eingriff hin zur fördernden Gestaltung korrespondiert mit der aktuellen Tendenz zum deeskalierenden Intervenieren in Familiengerichtsverfahren. Die sozialpädagogischen Leistungen sind systematisiert in einem Katalog entsprechender Jugendhilfeangebote, vor allem im Zweiten Kapitel des SGB VIII. Dazu gehören z.B. Jugendarbeit, Jugendsozialarbeit, Beratungen in Fragen der Partnerschaft, Trennung und Scheidung, Unterstützung bei der Ausübung der Personensorge, Betreuung und Versorgung des Kindes in Notsituationen, Hilfe zur Erziehung, Vollzeitpflege, Heimerziehung und Eingliederungshilfe für seelisch behinderte Kinder.

Die ordnungsrechtlichen Elemente mit Bezug zum staatlichen Wächteramt sind vor allem im Dritten Kapitel des SGB VIII fixiert. Fürsorge-, Schutz- und Überwachungsfunktion stehen im Vordergrund, z.B. Verfahrensvorschriften für den Umgang mit Hinweisen auf Kindeswohlgefährdung in § 8a, vorläufige Maßnahmen zum Schutz von Kindern und Jugendlichen wie Inobhutnahme (§ 42) oder Beistandschaft, Pflegschaft und Vormundschaft für Kinder und Jugendliche (§§ 53–58 a).

Kindschaftsrecht: Das Gesetz über das Verfahren in Familiensachen und in den Angelegenheiten der freiwilligen Gerichtsbarkeit (FamFG) regelt in Buch 2 das „Verfahren in Kindschaftssachen". Für ausgewählte Kindschaftssachen (Aufenthaltsort oder Herausgabe des Kindes, Umgang, Kindeswohlgefährdungen) ist in § 155 FamFG ein Vorrang- und Beschleunigungsgebot fixiert. Das Gebot, sich dieser Kindschaftssachen bevorzugt und zeitnah anzunehmen, soll der Förderung elterlichen Einvernehmens dienen und zugleich dem kindlichen Zeitempfinden gerecht werden. Dieses Bestreben wird fortgeführt mit differenzierten Regelungen zum „Hinwirken auf Einvernehmen" in § 156 FamFG. Dem Hinwirken auf Einvernehmen steht als gesetzessystematisches Gegenstück bei potenzieller Gefährdung des Kindeswohls die Prüfung von Maßnahmen zum Schutz des Kindes gemäß § 157 FamFG gegenüber.

Widersprüche im Rechtssystem: Die Dynamik der Kindeswohldiskussion entsteht aus den vorhandenen Widersprüchen im Koloss Recht. Deshalb kann die Analyse solcher Widersprüche helfen, den Gegenstand und die Aufgaben der Familienrechtspsychologie zu verdeutlichen sowie Tendenzen aufzuzeigen.

Das undefinierte Regelungsobjekt: Obwohl die Familie Regelungsobjekt und Mittelpunkt ist, existiert im Familienrecht kein spezifischer Rechtsbegriff der Familie. Er wird aber postuliert. Das kann daraus abgeleitet werden, dass das Wort „Familie" sowohl im Grundgesetz (Art. 6 Abs. 1) als auch im BGB (z.B. §§ 1357 und 1360) verwendet wird.

Die regulierte Selbstregulation: Das in der Psychologie bekannte Paradoxon, Selbststeuerung von Personen oder Gruppen durch Fremdsteuerung erreichen zu wollen, betrifft hier das Bestreben, die Selbstregulierung der Familie regulieren zu wollen, z.B. durch obligatorische Beratung per gerichtlicher Anordnung gemäß § 156 Abs. 1 FamFG mit Androhung nachteiliger Folgen bei Verweigerung (Kostennachteile gemäß § 81 Abs. 2). Das wird zusätzlich dadurch psychologisch relevant, dass es ja auch für den Konfliktfall gelten soll, der meist mit Stress und Beziehungsstörung verbunden ist, also mit Faktoren, die eine rationale Selbststeuerung erschweren. Einige der im Folgenden genannten Widersprüche ergeben sich aus diesem Paradoxon.

Autonomie und Intervention: Einerseits ist die Familie gemäß Grundgesetz als autonom zu achten und größtmögliche Freiheit von staatlichen Eingriffen ist zu gewährleisten. Andererseits interveniert der Staat, wenn die Rechte des Kindes auf ein selbstbestimmtes Leben bzw. das Wohl des Kindes gefährdet sind. Er nimmt mittels Recht sein „staatliches Wächteramt" (Art. 6 Abs. 2 GG) wahr, auch und gerade gegen die Eltern. Die Privatheit der Familie ist dann nicht mehr geschützt.

Entsprechend ist das Elternrecht – ebenfalls gegründet auf Art. 6 Abs. 2 GG – einerseits Abwehrrecht des Bürgers gegen den Staat und Befugnis zur Ausgestaltung des Kindeswohls. Andererseits schließt es nicht das Interpretationsprimat der Eltern für das Kindeswohl ein. Und es schließt das Eingriffsrecht des Staates bei gefährdender Kindeswohlinterpretation der Eltern nicht aus (Balloff 2018, Coester 2010).

Autonomie und Schutzbedarf: Die Tendenz, den Beteiligten an Familienrechtsbeziehungen und damit -konflikten immer mehr Autonomie und individuellen Entscheidungsraum zuzugestehen, ist unvermeidlich verbunden mit dem Wegfall von teilweise einengenden, aber bei Bedarf auch ordnenden, (vor-)sorgenden, den Schwächeren schützenden Bestimmungen. Damit werden auch den individuell Bedürftigen Schutz, Sicherheit und Orientierung entzogen. Mit anderen Worten: Das autonome Rechtssubjekt, dessen Anspruch auf individuelle Entscheidungsfreiheit rechtlich voll akzeptiert ist, kann in Entscheidungsnot geraten und Beratungsbedarf entwickeln.

Autonomie und Verlangen nach richterlicher Streitentscheidung: Ein Widerspruch zwischen Autonomie und Hilfebedarf, zwischen Selbstbestimmung und Abhängigkeit kann die Folge sein. Dies gilt, wenn die Konfliktparteien nach jahrelanger Streiterfahrung in die Sackgasse geraten und zu der begründeten Erkenntnis gekommen sind, dass eine vernünftige Konfliktlösung aus eigener Kraft nicht möglich ist. Sie streben eine gerichtliche Entscheidung an. Sie delegieren damit die Regelung an Instanzen, die auch fehleranfällig sind und nehmen hin, dass ein bis dahin privater Konflikt öffentlich wird (Tewes 2016). Dies kann durchaus dem Kindeswohl am meisten angemessen sein. Wenn das Recht, sich so zu entscheiden, nicht gewährleistet ist, kann daraus ebenfalls psychische Not entstehen. Juristisch gesehen wird dem Rechtsgewährungsanspruch der Beteiligten nicht mehr Rechnung getragen. Davon unberührt ist die auch vom BVerfG mehrfach formulierte Tatsache, dass eine einvernehmliche Lösung gegenüber einer richterlichen Streitentscheidung prinzipiell vorzugswürdig ist.

Anspruch und Kompetenz: Eng damit verbunden ist die mögliche Kluft zwischen dem Anspruch von Beteiligten an Familienkonflikten, ihre Angelegenheiten selbständig zu regeln, und dem wirklichen Vermögen dazu.

Entregelung erfordert Regelung: Teilweise werden diese Widersprüche wohl vom Gesetzgeber antizipiert und führen zu divergenten Regelungstendenzen, d.h. neuen Widersprüchen. Durch Entregelung entstehende Schutzbedürfnisse werden durch neue Regelungen berücksichtigt. Die größere Autonomie der Eltern bezüglich der gemeinsamen elterlichen Sorge nach Trennung wird z.B. handhabbarer gemacht, indem wiederum „Alleinentscheidungsbefugnisse bei gemeinsamer Sorge" getrennt lebender Eltern geregelt werden (§ 1687 Abs. 1 BGB). Um die Kenntnisnahme der freien Willensbildung bei Gericht zu sichern, sind detaillierte Anhörungsvorschriften im FamFG enthalten.

Objektives Urteilen trotz unbestimmten Rechts: Es kann z.B. nicht explizit formuliert werden, wann ein Kind widerrechtlich einem Elternteil vorenthalten wird oder was es bedeutet, „seit längerer Zeit“ in Familienpflege zu leben (§ 1632 Abs. 4 BGB). Das Recht wird geschmeidig und flexibel handhabbar, es ist angewiesen auf die Kompetenz des Richters beim Interpretieren der Sachlage. Deren Differenziertheit enthält das Risiko der Überforderung. Nachteilige Folgen für eine konforme und transparente Rechtsprechung sind nicht auszuschließen.

1.2.4 Integration – Bausteine einer familienrechtspsychologischen Systematik

Bei der Bestimmung des Gegenstandes der Familienrechtspsychologie in *Abschnitt 1.1* wurde begründet, warum Erleben und Verhalten beim Abbau bzw. bei der Reorganisation familiärer Beziehungen im Mittelpunkt stehen. Ferner wurde betont, dass es dabei nicht nur um das Erleben und Verhalten Betroffener in sich wandelnden Familienbeziehungen geht, sondern auch um das von professionell Beteiligten, z.B. Richtern, Jugendamtsmitarbeitern oder Gutachtern.

Aus diesem Verständnis wird folgende konzeptionelle Schwerpunktachse abgeleitet *(Abbildung 1.1)*.

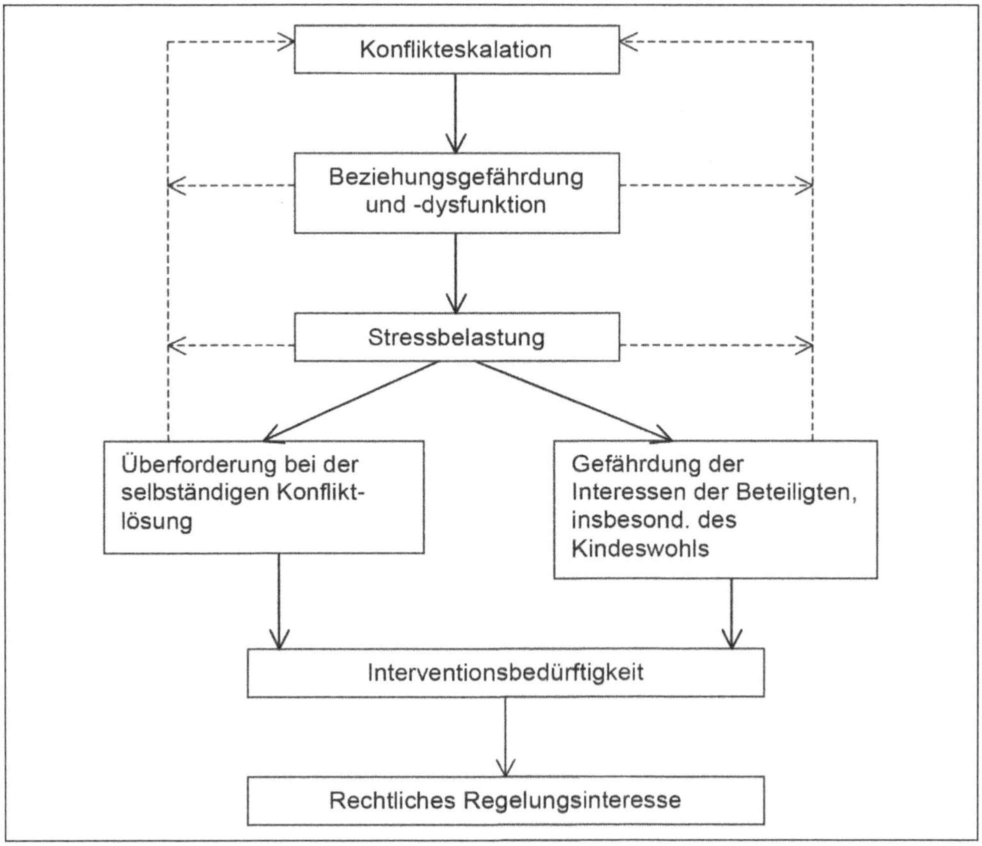

Abb. 1.1: Gegenstand der Familienrechtspsychologie: Schwerpunktachse

Konflikte in der Familie führen über Beziehungsgefährdung zu Stress. Dadurch können beteiligte Rechtssubjekte überfordert und ihre Interessen beeinträchtigt werden. Insbesondere spielen dabei der *Wille des Kindes* und das *Kindeswohl* eine Rolle, da der Schutz des Kindes zentrales Regelungsinteresse des Familien- und Jugendhilferechts ist. Es ergeben sich Rückwirkungen auf die Konfliktlage und Auswirkungen auf Interventionsbedürftigkeit sowie rechtliches Regelungsinteresse.

Als weitere Schwerpunkte sind ableitbar z.B. die Erziehungsfähigkeit der Eltern im Rahmen der Überforderung oder die Intervention als rechtliche und außerrechtliche Konfliktbehandlung. Familienrecht als grobes Instrument zur Regelung familiärer Beziehungen setzt natürlich nicht erst da an, wo Störungen und Komplikationen auftreten. Es will vielmehr familiäre Beziehungen und Lebensformen als notwendige Grundlage einer funktionierenden Gesellschaft gestalten helfen. Dennoch ist Familienrecht vorrangig noch auf konflikthafte Phasen der Familienentwicklung ausgerichtet. Konflikt- und stressbelastete Beziehungsverläufe bilden die Schwelle, bei der Juristen sozialwissenschaftlichen Sachverstand hinzuziehen. Schwerpunkte sind:

- Schwelle für rechtliche Einflussnahme und für familienrechtspsychologischen Zugriff sind meist nicht mehr selbst regulierbare Konflikte. Deshalb werden in diesem Buch nicht nur Konfliktverläufe und -inhalte in den jeweiligen Streitkonstellationen, wie z. B. Sorgerecht oder Umgang, erörtert, sondern der Konfliktbehandlung in übergreifendem Sinne wird ein gesondertes Kapitel *(siehe Kapitel 3)* gewidmet.
- Kern der Konflikte sind gefährdete oder zerrüttete Beziehungen und deren Folgen wie z. B. Verlustängste von Kindern im Trennungsstreit von Erwachsenen oder das Vertrauensdilemma zwischen Partnern.
- Stress hat deshalb einen hohen Stellenwert, weil oft starke negative Affekte wie Trennungsangst bei drohendem Bindungsverlust beteiligt sind. Funktion oder Dysfunktion der Familie spiegeln sich im Maß der Stressbewältigung. Je weniger sie gelingt, desto eher entstehen und wachsen die Interventionsbedürftigkeit der Betroffenen und das Interventionsinteresse des Staates. Stress gehört deshalb zu den zentralen Bausteinen familienrechtspsychologischer Systematik *(Abschnitt 2.4)*.
- Ein zentrales Regelungsinteresse des Familienrechts und des Jugendhilferechts liegt im Schutz der Kinder und Jugendlichen. Das findet seinen Fokus im Begriff „Kindeswohl", damit eng verknüpft im Begriff „Kindeswillen". Es handelt sich zwar um juristisch vorgegebene Begrifflichkeiten, sie sind aber letztlich vor allem dann von Erklärungswert, wenn sie auf der Basis psychologischen Wissens genutzt und in psychologische Fragestellungen übersetzt werden *(Abschnitt 2.5 und 2.6)*.
- Die Erziehungsfähigkeit von Eltern ist ein weiterer konzeptioneller Baustein – auch im Zusammenhang mit dem Schutz der Interessen von Kindern und Jugendlichen, hier bezogen auf elterliches Erziehungsverhalten, das in engem Zusammenhang mit dem Kindeswohl steht *(Abschnitt 2.7)*.

1.2.5 Tendenzen

Die stärkste Beachtung findet Familienrechtspsychologie durch Kritik an Gutachten bzw. Gutachtern. Sie ist kurzfristig, aber verlässlich wiederkehrend, je nach Ideologie oder prozessualer Rolle entgegengesetzt, z.B. der Vorwurf, zu mütterorientiert oder zu väterorientiert zu sein. Ansonsten wechseln überhöhte Ansprüche und pauschale

Abwertung. Die Gutachtenproblematik wurde auch schon als „unübersichtliches und mit Fallstricken übersätes Terrain" *(Tewes 2016)* und das „heikle Verhältnis" zwischen Richter und Gutachter als „prekäre Balance" bezeichnet *(Boehme-Neßler 2014)*. Ein Gutachter wird als heimlicher Richter *(Ernst 2020)* oder als „Buhmann im familienrechtlichen Verfahren" wahrgenommen *(Salzgeber u.a. 2020)*. Immerhin ergab sich aus einer Online-Umfrage mit 300 Familienrichter aus zwölf deutschen Bundesländern, dass 96% der befragten Richter die Qualität von Sachverständigengutachten als grundsätzlich positiv eingestuft haben *(Schmidt 2021)*. Aus rechtspolitischen und gesellschaftlichen Veränderungen resultieren externe Triebfedern, die unweigerlich auch Bedarf an familienrechtspsychologischer Kompetenz mit sich bringen. Einige solcher Tendenzen werden im Folgenden genannt.

a) Im Familienrecht wie im Kindschaftsrecht und im Kinder- und Jugendhilferecht besteht die Tendenz, die Gestaltung der Verhältnisse zwischen Eltern und Kindern, zwischen Mann und Frau mehr der Autonomie der Beteiligten zu überlassen und regelnde Rechtsvorgaben zurückzunehmen. Damit werden Widersprüche erzeugt (s.o.), was auch den Nachfragedruck auf die Psychologie erhöht. Das Zugestehen von Autonomie und Entscheidungsraum bedeutet ja auch, dass ordnende und schützende Regelungen reduziert werden. Damit können gerade für schwächere Beteiligte am Rechtsstreit Sicherheit und Orientierung schwinden und der Beratungsbedarf innerhalb nicht mehr beherrschbarer Konflikte erhöht werden.

b) Das Recht wird zunehmend selbst Instrument zur Entrechtlichung bei der Konfliktbeilegung. Ein Beispiel ist, dass in § 165 FamFG zur Vermittlung im Umgangsverfahren auch die Inanspruchnahme außergerichtlicher Beratung z.B. gemäß §§ 17, 18 und 28 SGB VIII geregelt ist. In § 156 Abs. 1 FamFG wird das Gericht verpflichtet, die Beteiligten auf bestehende Möglichkeiten der Beratung, der Mediation bzw. außergerichtlicher Streitbeilegung hinzuweisen. Die Teilnahme an einer Beratung kann angeordnet werden. Die effektive Umsetzung dieser für die gesamte FamFG-Reform kennzeichnenden Tendenz wird mitbestimmt von der systematischen Nutzung solcher Fächer wie der Rechtspsychologie und -soziologie.

c) Je selbstverständlicher Recht als eine Kommunikationsform aufgefasst wird, desto weniger können sich Gesetzgebung und Rechtsprechung ausschließlich an ihren eigenen Funktionen im formalisierten Rechtsdurchsetzungsverfahren orientieren (Reifner, 1998). Zwar sind Juristen auch im Familienrecht schon immer mit ökonomischen, sozialen und psychologischen Faktoren konfrontiert, deren Komplexität nimmt jedoch in der modernen Gesellschaft zu. Indikatoren dafür sind z.B. steigende Scheidungszahlen, Pluralisierung von familiären Lebensformen und -normen sowie steigende Autonomieansprüche Konfliktbeteiligter. Das verstärkt den Druck, humanwissenschaftliche Denkweisen und Erkenntnisse einfließen zu lassen. Es wird z.B. nötig sein, das Denken in linearer Kausalität durch systematisches Denken in mehrdimensionalen Kausalitäten und in Wahrscheinlichkeiten anzureichern. Die Psychologie kann hier Ergebnisse anbieten.

1.3 Das Spannungsfeld von Diagnostik und Intervention

Mit der Akzeptanz systemischer Sichtweisen setzt sich auch in der Familienrechtspsychologie die Erkenntnis durch, dass Diagnostik und Intervention im Zusammenhang zu sehen und zu praktizieren sind. *Vielfältig und einfallsreich sind die entsprechenden Benennungen:* Modifikationsorientierte Diagnostik, Interventionsdiagnostik, Entwicklungsorientierte Diagnostik, Veränderungsdiagnostik, Prozessdiagnostik.

Den Kern bildet die Tendenz von der selektionsorientierten zur modifikationsorientierten Diagnostik (Amelang/Zielinski 1994, Fisseni 1997). Selektionsorientierte Diagnostik ist z.B. darauf gerichtet, geeignete Personen für bestimmte Anforderungen zu ermitteln, z.B. werden Eltern als mehr oder weniger erziehungskompetent eingeordnet. Modifikationsorientierte Diagnostik vereint den diagnostischen Erkenntnisprozess mit der Zielstellung, Verhalten und Verhaltensdispositionen sowie Beziehungen in Familien zu beeinflussen, familiäre Konflikte zu behandeln und Verhaltensbedingungen zu verändern, um damit zur Optimierung gerichtlicher Entscheidungen beizutragen. Als Vorzug gilt, dass modifikationsorientierte Diagnostik einzelne Personen, Dyaden oder das Familiensystem nicht lediglich als Objekt der Betrachtung ansieht, sondern den Konfliktbeteiligten zu selbstbestimmtem Interessenausgleich und zu eigenständiger Konfliktlösung verhelfen will. Dies bedeutet nicht Beschränkung auf Elternkonsens, sondern schließt Diagnostik des Kindeswillens und kindlicher Bindungen ein, da ja ein Konsens der Eltern nicht zwangsläufig auch im Interesse des Kindes liegen muss, zum Beispiel bei einer Einigung auf ein Wechselmodell, das das Kind weder will noch gut verarbeitet. Insgesamt entspricht das sowohl dem allgemein angestrebten Befriedungsgebot als auch speziell der Zentrierung auf das Kindeswohl als Maßstab.

Verkürzt wird auch oft von der Tendenz vom statusorientierten Vorgehen hin zum lösungsorientierten Vorgehen gesprochen, wobei meist übersehen wird, dass beide nicht unabhängig voneinander sind und ihr Miteinander Tradition in der gutachterlichen Arbeit ist. Statusdiagnostik ist auf den Ist-Zustand von Personen oder Beziehungen gerichtet und liefert „Momentaufnahmen“. Verlaufsdiagnostik will Veränderungen beschreiben und lösungsorientiertes Arbeiten anregen, z.B. in der Willensbildung des Kindes, in der Kooperationsbereitschaft eines Elternteils oder in der Reorganisation einer Familie.

Es gibt in Bezug auf lösungsorientiertes Vorgehen im Allgemeinen und lösungsorientierte Begutachtung im Speziellen keine verbindlichen inhaltlichen Konzepte, keine methodischen Standards, keine Abbruchkriterien oder ethischen Richtlinien, so dass bisher individuelle oder institutionelle Ansätze und Vorlieben dominieren und ein gehöriger Schuss Beliebigkeit im Spiel ist. Durch die FamFG-Reform sind Möglichkeiten lösungsorientierten Arbeitens aber erweitert und gesetzlich fixiert worden. Das Gericht soll nach § 156 Abs. 1 FamFG in jeder Lage des Verfahrens auf ein Einvernehmen der Beteiligten hinwirken, wenn dies dem Kindeswohl nicht widerspricht. Das Gericht kann ferner den psychologischen Sachverständigen über § 163 Abs. 2 FamFG beauftragen, bei der Begutachtung auch auf die Herstellung des Einvernehmens zwischen den Beteiligten hinzuwirken. Das bedeutet nicht, dass ein Verzicht auf Statusdiagnostik vertretbar wäre. Fundierte Persönlichkeitsdiagnostik oder Beziehungsdiagnostik bleibt z.B. Voraussetzung, um transparente und nachvollziehbare Informationen über kindeswohldienliche Sorgerechtsregelungen oder über Kindeswohlgefährdungen und Konfliktprognosen an Verfahrensbeteiligte und Auftraggeber zu liefern. Es ist auch der

Weg, um sinnvolle Arbeitshypothesen über die Erfolgswahrscheinlichkeit von Interventionen zu bilden. Nutzlose, aber zeit- und kostenaufwändige Versuche zum Konfliktabbau, die im Extremfall sogar dringend notwendige richterliche Entscheidungen verzögern, können vermieden werden. *Das Verhältnis von Diagnostik und Intervention ist in folgender Weise zu bestimmen:*

a) Diagnostik und Intervention sind keine sich ausschließenden Alternativen, sondern ergänzen sich. Diagnostische Aktion und Intervention sind auch zuweilen identisch (Offe 2009; Horn u.a. 2009), Diagnostik kann sich ungewollt oder gewollt auf Beziehungen auswirken, z.B. wenn Explorationen beraterische Elemente enthalten und die Selbstreflexion der Betroffenen fördern, wenn ein Hausbesuch bestimmte Verhaltensweisen einer Familie verursacht. Dessen ungeachtet besteht der Kern auch solcher doppelt besetzten Aktionen in den Schlussfolgerungen für das längerfristige Intervenieren oder auch weitere diagnostische Schritte. So reicht der einzelne Umgang als einzige diagnostische Information nicht für eine fundierte Intervention. Probehandeln oder Erprobungsphasen unter Anleitung von Sachverständigen oder Beratern erweitern die Basis für differenzierteres Intervenieren.

b) Mit der Dauer einer Intervention nimmt die Verzahnung von Diagnostik und Eingriff zu.

c) Diagnostik gibt der Intervention Sinn und Richtung und geht ihr in diesem Sinne voran (Balloff 2011, Dettenborn 2010, Lübbehüsen 2009, juristischerseits Vogel 2011, Wilutzki 2009) – als gedankliche Operation oder Handlungsfolge. Wird lösungsorientiertes Vorgehen mit einem Verzicht auf Diagnostik verbunden, so ist das ein Irrweg. Erst die gewissenhafte Diagnose der Konsensfähigkeit und -bereitschaft von Eltern ermöglicht, diese gezielt zu verbessern. Aus dem gesicherten Befund einer Persönlichkeitsstörung lassen sich Schlussfolgerungen auf das Ausmaß von Beratungsresistenz und verbleibende beraterische Zugänge ziehen. Auch für die Diagnostik von Hochkonflikthaftigkeit gilt, dass zunächst die spezifischen Konstellationen bei hochkonflikthaften Eltern (z.B. Konfliktstile und Streitmuster, Kommunikationsverhalten in Trennungssituationen, subjektive Sichtweisen auf Konflikte) zu erkennen sind, ehe entsprechende Beratungsangebote konzipiert werden können (Fichtner u.a. 2011). Mit anderen Worten: Solide Diagnostik kann auch aufwändiges Intervenieren mit geringer Erfolgswahrscheinlichkeit vermeiden helfen. Deshalb kann es angemessen sein, im Beweisbeschluss den Auftrag zum Hinwirken auf Einvernehmen mit der Voraussetzung zu verbinden, dass nach diagnostischer Voreinschätzung eine Intervention aussichtsreich ist (Ernst 2009). Solide Diagnostik kann indizieren, wenn zeitaufwändiges Intervenieren kindeswohlschädlich ist. Sie kann die Tatsache berücksichtigen, dass es nichts gibt, was um jeden Preis sein muss, weder Einvernehmen der Eltern, wenn dabei die Bedürfnisse des Kindes missachtet werden, noch Umgang, wenn das Kind darunter leidet.

d) Solide Statusdiagnostik des Sachverständigen kann gerade in Hochkonfliktfamilien die Grundlage einer richterlichen Entscheidung und damit einer sinnvollen Lösung sein, zumal keine ernsthaften Beweise dafür vorliegen, dass durch eigenaktive Elterneinigung gefundene Regelungen besser sind als gerichtlich angeordnete (Salzgeber 2011).

e) In diesem Sinne kann als Normalverlauf gelten, dass man mit Statusdiagnostik beginnt, in modifikationsorientierte Diagnostik übergeht und letztlich lösungsorientiert arbeitet, wenn durch die Status- und Verlaufsdiagnostik bekannt ist, was für das Kind richtig ist. Eine solche Prozessorientierung ist eine der Bedingungen für erfolgreiche Arbeit.

f) Das Miteinander von Diagnostik und Intervention hängt auch von der konkreten Fragestellung im Einzelfall ab. Bei Kinderschutzmaßnahmen steht oft die Diagnostik unter Zeitdruck und daher psychosoziale Intervention nicht im Vordergrund. Ferner spielt das Streitniveau im Familienkonflikt eine Rolle. Bei hoher Streitverfestigung ist oft eine rasche gerichtliche Entscheidung auf sicherer diagnostischer Grundlage, z.B. mit Gutachten, effektiver als differenzierte Interventionsbemühungen.

Bedeutsam sind auch die Befugnisse der Beteiligten. Die des psychologischen Sachverständigen sind nunmehr durch das FamFG – bis auf eine Ausnahme – klar geregelt. Das Gericht kann ihn gemäß § 163 Abs. 2 FamFG beauftragen, bei der Begutachtung auch auf die Herstellung des Einvernehmens zwischen den Beteiligten hinzuwirken. Die Ausnahme bezieht sich auf die Frage, ob der Sachverständige auch dann intervenieren darf, wenn er keinen entsprechenden Auftrag nach § 163 Abs. 2 FamFG hat. Aus Sicht von Sachverständigen scheint klar, dass das FamFG keinen Rückschritt darstellen kann und den Sachverständigen nicht daran hindern sollte, seine methodischen Kompetenzen zu nutzen, soweit der Fall es hergibt. Aus juristischer Sicht ist der Sachverständige nach wie vor Gehilfe des Gerichts und hat sich nach dessen Auftrag zu richten. Ansonsten handelt er auf eigenes Risiko, auch in Bezug auf die Vergütung. Der Ausweg besteht darin, sich mit dem Gericht in Verbindung zu setzen und eine Ergänzung des Beweisbeschlusses anzuregen. Eigentlich geht ohnehin alles Handeln des Sachverständigen, das auf die „Herstellung des Einvernehmens“ gerichtet ist, über dessen beweisrechtliche Funktion hinaus. Der Sachverständige gerät in eine Doppelrolle. Er soll der Sachaufklärung dienen, aber auch eine Vermittlerfunktion einnehmen, „der Richter, der eine entsprechende Anordnung erlässt, bindet den Sachverständigen in seine Einigungsbemühungen ein. Dies weicht vom Grundmuster des Sachverständigenbeweises zwar evident ab, wird aber mit der Besonderheit personenbezogener Kindschaftsverfahren gerechtfertigt“ (Greger 2010, 445). Die rechtlichen Bedenken zum modifikationsorientierten Handeln von Sachverständigen haben gewechselt, die rechtliche Lage des Sachverständigen aber ist sicherer geworden, sein Hybridstatus ist rechtlich abgesichert.

2 Psychologische Beurteilung familienrechtlicher Probleme – Theoriebausteine

2.1 Zur Systematik

Die in *Abschnitt 1.2.4* genannten konzeptionellen Schwerpunkte sind zwar in ihrem Zusammenhang plausibel, stellen aber eher lose gefügte Flicken eines im Entstehen begriffenen Teppichs dar. Das entspricht der allgemein als unzureichend eingeschätzten theoretischen und methodologischen Basis der Familienrechtspsychologie. Dennoch kann die Schwerpunktachse Konflikt, Beziehungsgefährdung, Stress, Kindeswohl, Kindeswille, Erziehungsfähigkeit als Grundorientierung für die Beurteilung familienrechtlicher Probleme dienen. Selbstverständlich ist, dass Varianten bestehen. Die Bausteine sind fallspezifisch zu fügen.

Um Wiederholungen zu reduzieren, werden diese Schwerpunkte im Sinne von Theoriebausteinen in diesem Kapitel dargestellt und in den Kapiteln 4 – 8 auf die Spezifik der strittigen Fragen bezogen.

2.2 Konflikt

Die Konfliktthematik ist aus drei Gründen ein Baustein familienrechtspsychologischer Systematik.

a) Der wichtigste Grund besteht darin, dass meist von den Betroffenen selbst nicht mehr regulierbare Konflikte familienrechtlich geregelt werden sollen bzw. müssen. Konflikte als Ursache und Begleiterscheinung gefährdeter oder gestörter Familienbeziehungen überfordern und führen zu Interventionsbedürftigkeit oder -notwendigkeit. Der direkte rechtliche Zugriff ist auf *interpersonale* Konflikte der Streitparteien gerichtet.

b) Alle am Konfliktmanagement Beteiligten sind zudem selbst Träger von Konflikten. Interpersonale Konflikte zwischen Richter, Gutachter oder Jugendamtsmitarbeiter einerseits und einer Streitpartei andererseits liegen in der Art der Tätigkeit. Konflikte zwischen Richtern und Rechtsanwälten können über Individuen hinausgehen und die Gestalt von Organisations- oder Berufsgruppenkonflikten annehmen. Aber auch interne Konflikte begleiten jeden am Konfliktmanagement Beteiligten. So kann ein Richter zwischen Entscheidung und Vermittlung einen Rollenkonflikt erleben. Oder er möchte bei einem Sorgerechtsstreit den Vorwurf des sexuellen Kindesmissbrauchs eines Elternteils gegenüber dem anderen prüfen, indem er das Kind befragt. Andererseits möchte er das Kind lieber schonen und vor eventuellen Sekundärtraumatisierungen bewahren. Beispiele für inter- und intrapersonale Konflikte sind in *Tabelle 2.1* systematisiert.

Tab. 2.1: Familienrechtliches Konfliktgefüge

Beispiele	**Interpersonale Konflikte**	**Intrapersonale Konflikte**
Konfliktmanager	Kompetenzstreit zwischen Jugendamt und Gericht; Normauslegungsstreit zwischen Richter und Rechtsanwalt	Richterlicher Rollenkonflikt zwischen Entscheiden und Vermitteln; Kriterienabwägung bei Sorgerechtsentscheidung durch Richter oder Gutachter
Konfliktparteien	Umgangsstreit zwischen Eltern; Interessenwidersprüche zwischen Kind und Eltern	Vertrauensdilemma eines Elternteils; Loyalitätskonflikt des Kindes
Konfliktmanager versus Konfliktparteien	Konflikte zwischen Pflegefamilie und Jugendamt; Konflikte zwischen Verfahrensbeistand und Eltern	

c) Ein dritter Grund ist der Schwierigkeitsgrad effektiven Konfliktmanagements für beteiligte Berufsgruppen. Die adäquate Wahrnehmung, Beurteilung und Bearbeitung aller genannten Arten von Konflikten bedeutet Verantwortung für andere und deren Konflikte ebenso wie Selbstmanagement als ein Teil von Professionalität. Die Wahrscheinlichkeit effektiver Konfliktbehandlung steigt, wenn dabei Kenntnisse zur Konfliktpsychologie eingebracht und genutzt werden können (Sauer-Kramer 2020).

Konflikte werden hier verstanden als Gleichzeitigkeit gegensätzlicher Verhaltenstendenzen, die Ausdrucksform unterschiedlicher Bedürfnisse bzw. Interessen sind. Wir haben Konflikte, weil wir Bedürfnisse haben. Diese können Hintergrund für innere bzw. intrapersonale Konflikte einer Person oder auch für äußere bzw. interpersonale Konflikte sein. Zu den obligatorischen Merkmalen von Konflikten gehören (s. z.B. Berkel 2008, Glasl 2020):

- Unvermeidbarkeit: Da Bedürfnisse unterschiedlich ausgerichtet sind, resultieren Konflikte zwangsläufig.
- Belastung: Da eigene Intentionen auf Widerstand stoßen, Kontinuität unterbrochen wird und Routine verlassen werden muss, entsteht Anspannung.
- Lösungsdruck: Weil Anspannung auf Dauer nicht ertragen wird (Ausnahme: Leidensgewinn durch Konflikt), werden Entspannung, z. B. durch Harmonie oder Ausgleich, sowie Handlungsfähigkeit durch Entscheidung angestrebt.

Eher *fakultative* Merkmale sind:

- Eskalationstendenz: Wenn Konflikte unzureichend erkannt und behandelt werden, weiten sie sich auf immer mehr Themen oder Menschen aus und gewinnen an Schärfe.
- Störungstendenz: Damit steigt die Wahrscheinlichkeit, dass Selbstbewusstsein, Handlungsfähigkeit oder Beziehungen labilisiert werden.
- Affektstimulierung: Je mehr Stress und Überforderung dabei entstehen, desto eher sind Affekte wie Angst oder Ärger bzw. affektiv untersetzte Bedürfnisse wie Rache oder Demütigung beteiligt.
- Entwicklungsantrieb: Konflikte können Quelle der Stabilisierung von Beziehungen oder des Selbstgefühls sowie der Klärung von Sachverhalten sein, wenn sie adäquat erkannt und behandelt werden.

Konflikte treten in ganz unterschiedlichem Gewand auf. Das ist deshalb wichtig, weil je nach Konfliktart und -inhalt verschiedene Richtungen und Methoden der Konfliktbehandlung angebracht sind. Im Folgenden werden einige Beispiele für familienpsychologisch relevante Konfliktarten genannt.

Verteilungskonflikte: Entgegenstehende Interessen an begrenzt verfügbaren Gütern materieller Art, z. B. Wohnraum, Geld, oder immaterieller Art, z. B. Zuwendung oder Zeitumfang von Kontakten zum Kind.

Bewertungs- oder Normkonflikte: Die gleichen Sachverhalte oder Handlungsweisen, z. B. der Erziehungsstil eines Elternteils oder die Verhaltensauffälligkeit eines Kindes, werden unterschiedlich beurteilt in Bezug auf Ausprägung, Wichtigkeit, Folgen usw.

Zielkonflikte: Auffassungen über erstrebenswerte Ziele, z. B. der Kindererziehung, des Geldsparens oder auch einer Trennung sind different.

Prestigekonflikte: Wetteifern um Ansehen und Geltung bei anderen kann das Motiv für Streit zwischen Geschwistern sowie für den Kampf um das Sorgerecht sein („wie steh ich sonst da").

Ablösungskonflikt: Komplikationen beim Verlassen einer engen Beziehung, z. B. zwischen Paaren, zwischen Kind bzw. Jugendlichem und Eltern bzw. Großeltern.

Identitätskonflikt: Widerstand dagegen, dass die Entwicklung der eigenen Identität durch starke Vereinnahmung und Zuwendung durch eine andere Person sowie die Identifikation mit dieser Person behindert wird.

Entwicklungskonflikte: Auseinandersetzungen, z. B. infolge unterschiedlicher Verantwortlichkeitsbereiche oder Interessenspezialisierungen. Dazu gehören die unterschiedliche Gewichtung der Zuständigkeit – meist die Mutter für die Kinder und der Vater für die materiellen Grundlagen, d. h. das Geldverdienen – sowie die Folgen wie Abbau von Gemeinsamkeiten, Aufbau von Abgrenzungen und Ressentiments.

Clankonflikte: Hinter den Streitpersonen stehen Gruppen, z. B. die Herkunftsfamilien der Ehepartner. Sie können durch eigene Erwartungen und Ängste Interessen infiltrieren, die oft als Konfliktpotential gar nicht entdeckt werden. Die Eltern einer Streitpartei wollen die Ablösung des „Kindes" verzögern und produzieren negative Affekte gegen das „Schwiegerkind". Oder die beiden Elternpaare aus den Herkunftsfamilien streiten eskalierend um Vorrechte der Behütung und Versorgung der jungen Eheleute oder der Enkel.

Rollenkonflikte: Geschlechts-, Alters-, Eltern-, Partner- und Berufsrollen bergen Rollenerwartungen anderer, die bewusst nicht mehr akzeptiert werden (Ehefrau will nicht mehr nur Hausfrau sein), die sich unbemerkt verschoben haben (Abbau der Sorgerechtsfunktion eines Elternteils, Parentifizierung eines Kindes) oder die gar nicht erst angenommen werden (Mann lehnt es ab, Hausmann zu werden).

Koalitionskonflikte: Verbündungen von zwei oder mehr Personen gegen eine Person. Dazu gehört z. B. die Ausgrenzung eines Elternteils durch Beeinflussung eines Kindes durch den anderen Elternteil. Kränkung und Gegenwehr des Ausgegrenzten sind die Folge.

Rivalitätskonflikte können die Folge sein, d. h. unkontrolliert ausgetragene Konkurrenz von zwei oder mehr Personen um die Zuwendung einer dritten, so der „Kampf" der Eltern um das Kind, der sich dann als sog. Loyalitätskonflikt im Kind konterkariert.

Auf die vehementen Bewegungen und den Paradigmenwechsel im familienrechtlichen Konfliktmanagement in den letzten Jahren wird eingegangen in *Kapitel 3*.

2.3 Beziehungen und Bindungen in familiären Rechtskonflikten

2.3.1 Beziehungen

Der weitaus größere Teil des Regelbereiches des Familien- und Jugendhilferechts betrifft Beziehungen. Bindungen sind der Kern intensiver und dauerhafter emotionaler Beziehungen *(Abschnitt 2.3.2)*. Ihr Stellenwert nimmt zu, wenn es um die Beziehungen in Familienkonflikten geht. Beziehungen werden zu einem Baustein familienrechtlicher Systematik:

- weil Familien und familienähnliche Lebensformen Beziehungssysteme sind und die Qualität der Beziehungen sehr bedeutsam für die individuelle Entwicklung jedes Beteiligten ist.
- weil in Beziehungen die unterschiedlichen Interessen der Beteiligten entwickelt, entäußert, erkannt oder ignoriert, befriedigt oder frustriert werden.
- weil damit Rechte und Pflichten der Beteiligten gewährleistet oder verletzt, gestützt oder bedroht werden.
- weil Beziehungen dadurch den Kern der rechtlich relevanten Konfliktdynamik in Familien bilden und die Art des familienrechtlichen Zugriffs bestimmen.

Familienrecht will an erster Stelle dazu beitragen, die Beziehungen zu gestalten und zu sichern. Um diese geht es ja auch im Konfliktfall, wenn z.B. für die Entscheidung über das Sorgerecht festzustellen ist, welche Beziehungen für das Kindeswohl förderlich sind und als Schutzfaktor wirken oder wenn in § 1685 Abs. 2 BGB zur Regelung des Umgangs u.a. „sozial-familiäre Beziehungen" geltend gemacht werden. Das familienrechtspsychologische Arbeitsfeld besteht jedoch hauptsächlich aus gefährdeten und zerrütteten Beziehungen, die z.B. durch Verlustängste oder Vertrauenskrisen, abklingende Liebe oder gar Schädigungstendenzen zwischen Partnern gekennzeichnet sind.

Im Einzelnen geht es um eine Vielzahl ganz unterschiedlicher Formen und Typen von Beziehungen, d.h. um Paarbeziehungen, die als Partner- oder als Elternbeziehungen untersucht werden können, um Eltern-Kind-Beziehungen, um Geschwisterbeziehungen oder um Mehrgenerationenbeziehungen. Hinzu kommen Beziehungen des Kindes zu Pflegeeltern, zu Stiefelternteilen oder zu neuen Partnern von Vater oder Mutter usw.

2.3.1.1 Was kennzeichnet Beziehungen?

Zwischenmenschliche Beziehungen umfassen Interaktionen auf der Verhaltensebene und auf der mentalen Ebene zwischen einander bekannten Personen. Auf der Verhaltensebene finden z.B. Abstimmung, Einflussnahme und Abgrenzung statt. Zur mentalen Ebene gehören gegenseitige Erwartungen, Einstellungen, Urteile und Ängste. Die praktische Analyse von Beziehungen wird bestimmt durch folgende Fragen:

Wie sind die gegenseitigen Bilder von den beteiligten Personen und den Interaktionen zwischen ihnen (angemessen, akzentuiert, verzerrt)?

Welche Bedürfnisse (materielle, immaterielle, seelische oder körperliche) sollen in der Beziehung befriedigt werden? Dabei ist zu beachten, dass Beziehungen so unterschiedliche Funktionen haben wie Information, soziale Integration, Zugehörigkeit, Selbstbestätigung oder Abgrenzung. In Bezug auf das Kind wird verwiesen auf die kindeswohldienlichen Bedürfnisse auf Tab. 2.3 in **Abschnitt 2.5.2**.

Welche Machtstrukturen bestimmen die Interaktionen?

Welche Art von Konflikten (s.o.), welche gegenseitigen Erwartungen und Handlungsziele ergeben sich daraus?

Welche individuellen Persönlichkeitseigenschaften der Konfliktbeteiligten bestimmen die Wahrnehmung von Beziehungen und Konflikten sowie das Handeln in Konflikten (Intelligenz, emotionale Erlebnisfähigkeit, Affektstabilität, Sozialkompetenzen, Konflikttoleranz, angemessene Selbstbeurteilung, internes Wertsystem)?

Unter dem konfliktbetonten Aspekt der Familienrechtspsychologie gewinnen die Stress erzeugenden Dysfunktionen in Familienbeziehungen an Bedeutung, z.B. Inbalance von Nähe und Distanz, Einseitigkeit auf der Dimension Starrheit und Durchlässigkeit, missglückte Grenzsetzungen bzw. Grenzüberschreitungen zwischen Individuen (z.B. Parentifizierungen), im Familiensystem oder zwischen Familie und Umwelt, spezifische Beziehungsverstrickungen, dysfunktionale chaotische Kommunikationsmuster und Eskalationszyklen in Konflikten.

2.3.2 Bindungen

2.3.2.1 Bindungstheorie und Kindeswohlbezug

Bindungen von Kindern und Jugendlichen sind für sehr viele familienrechtliche Zusammenhänge, vor allem für die differenzierte Beurteilung des Kindeswohls, zentral bedeutsame Kriterien. Dies gilt unabhängig davon, welchen Stellenwert der Bindungsbegriff gerade in aktuellen Gesetzestexten einnimmt. Derzeit findet sich der Begriff in § 1626 Abs. 3 S. 2 BGB, immerhin im Einführungsparagraphen zum Titel der elterlichen Sorge. Der Bindungsbegriff ist an dieser Stelle auch durchaus bedeutsam, weil er hier in Vorausschau auf die §§ 1684 und 1685 BGB die Bedeutung des Umgangs und damit auch des Bindungserhalts eines Kindes zu seinen Bindungsfiguren hervorhebt. Wenig konsequent erscheint allerdings, dass dann in diesen konkreten Vorschriften zum Umgang auf den Bindungsbegriff verzichtet wird. Auch ansonsten findet er sich unsystematisch z.B. in den §§ 156 FamFG (Hinwirken auf Einvernehmen) oder 159 Abs. 2 FamFG (Persönliche Anhörung des Kindes).

Der Begriff „Bindung“ wird von Juristen eher als Synonym für Beziehungen, von Psychologen und Psychiatern im engeren Sinne der Bindungstheorie verstanden. Nach wie vor wird häufiger von Bindungen als von Beziehungen gesprochen, oft auch da, wo Beziehungen gemeint sind. Dadurch sind oft Missverständnisse vorprogrammiert. Der psychologische Sachverständige sollte an dem im Folgenden dargestellten, wissenschaftlichen Verständnis von Bindung und an entsprechenden bindungsdiagnostische Verfahren orientiert sein und dies auch gegenüber anderen Professionen deutlich machen *(Zumbach u.a. 2020)*. Darüber hinaus besteht in der Familiengerichtsbarkeit wie auch in der Jugendhilfe die Gefahr, dass bindungstheoretisches Wissen vereinfacht und verkürzt wird und dies zu folgenschweren Fehlentscheidungen führen kann *(Köckeritz/Nowacki 2020, Zimmermann/Spangler 2021)*.

Als emotionaler Kern intensiver sozialer Beziehungen sind Bindungen ein Grundthema menschlichen Miteinanders, nämlich das evolutionär entstandene Bedürfnis nach Nähe und ungehindertem Zugang zu einer Schutz und Unterstützung gewährenden Bezugsperson. Inzwischen ist gut nachgewiesen, dass die Qualität der Bindungen etwa wesentlich den Umgang mit Gefühlen, den Aufbau von Selbstwertgefühl und sozialer Kompetenz mitbestimmt.

Nicht alle Beziehungen haben etwas mit Bindungen zu tun. Beziehungen zu einem Lehrer oder Verwandten können ein Schutzfaktor sein, ohne dass Bindungen bestehen. Es gehört oft zu den Kennzeichen familiärer Konflikte, dass die emotionale Basis von Beziehungen bröckelt, weil Bindungspersonen wegfallen oder sich anders, eben weniger feinfühlig, verhalten als zuvor. Trennungen von Bindungspersonen oder Aufenthaltswechsel entgegen den Bindungspräferenzen sind für das Kind meist unvermittelt, schwer erklärbar, verstehbar und beeinflussbar. Sie ziehen deshalb nicht nur schmerzhaftes Verlusterleben in Bezug auf eine Person oder Beziehung nach sich, sondern auch das Erleben von Kontrollverlust, Wut, Angst, Verunsicherung, Ohnmacht, Hilflosigkeit bzw. Trauer. Dies geschieht in alters- und personspezifischer Weise und in Abhängigkeit von den gegebenen Schutz- und Risikofaktoren. Gerade weil die Gefährdung von Bindungen mit intensiven Gefühlen verbunden ist, zieht sie häufig emotionale Störungen nach sich und gilt deshalb selbst als Risikofaktor für die Persönlichkeitsentwicklung *(Lengning/Lüpschen 2019)*. Werden solche Prozesse ignoriert oder falsch beurteilt, können Kinder und Familien zusätzlich und vermeidbar belastet werden.

Die Bindungstheorie stellt systematisches und in beachtlichen Teilen empirisch gesichertes Wissen für Kernbereiche kindlicher Beziehungen zu nahestehenden Personen bereit und damit auch für die Analyse kindlicher Reaktionen in Trennungskonflikten. Sie geht davon aus, dass ein evolutionär entstandenes Verhaltenssystem Nähe zu einer Hauptbezugsperson sichert. Die ursprünglich in Bowlbys (1995, 2021a) erster (eklektizistischer) Phase betonte Exklusivität der Mutter als Bezugsperson wird überwiegend nicht mehr aufrechterhalten. Das ist Bestandteil der Lösung vom einfachen Determinismus früher Prägungen sowie von biologistischen Einengungen. Gerade die gelungene Integration psychoanalytischer, biologischer, lernpsychologischer und kognitiver Ansätze macht den Erklärungswert der Bindungstheorie für familienrechtspsychologische Fragestellungen aus.

Der Verzicht auf das Primat der Mutter hat nicht nur den Blick auf den Vater als Bindungsfigur freigegeben, sondern zog auch die Erkenntnis nach sich, dass Bindungen des Kindes nicht nur bei biologischer, sondern auch bei sozialer Elternschaft entstehen, und dass ein Kind Bindungen zu mehr als einer Person aufbauen kann, die ihm ggf. als „Bindungsreserve“ zur Verfügung stehen.

Die Sicherung von Nähe hat Überlebensfunktion, weil sie Schutz und Hilfe gewährleistet. Mittels genetisch vorgegebener Verhaltensmöglichkeiten (Anschmiegen, Blickkontakt halten, Hinkrabbeln, Rufen, Festklammern, Weinen und Schreien) versucht das Kind, Nähe zur Bezugsperson und dadurch das Gefühl von Sicherheit herzustellen oder zu behalten. Dies ist Bindung als *Bindungsverhalten*, ausgelöst z.B. durch Stress, Müdigkeit, Trennung, Überforderung usw. Der eigene Emotionsausdruck wird als Appell an Bezugspersonen gerichtet, um deren Unterstützungsverhalten zu aktivieren.

Indem diese Versuche erfolgreich sind oder enttäuscht werden, macht das Kind Erfahrungen, die wiederum sein künftiges Verhalten beeinflussen und positive oder negative Erwartungen an die Bezugsperson entstehen lassen.

Insofern sind *Bindungen als innere Zustände* erfahrungsbestimmte, d.h. erlernte, zeitlich relativ stabile, aber veränderbare Motivsysteme, die aus dem Erleben von Bedürfnisbefriedigung (Schutz und Unterstützung) emotionale Nähe und Abhängigkeit entstehen lassen und je nach Qualität soziale und emotionale Kompetenzen fördern können. Sie werden zum emotionalen Kern der sozialen Beziehung zur Fürsorgeperson. Bindungen verkörpern die langfristige Relation zwischen kindlichen Bedürfnissen und deren Befriedigung durch die Zuwendung von Bezugspersonen. Diese Relation kann entwicklungsfördernd oder -hemmend sein.

Im Alter von zwei bis drei Jahren werden Bindungen zu handlungsleitenden Erwartungsmustern in Bezug auf eigenes und fremdes Verhalten, d.h. zu mentalen Vorstellungen über sich selbst und andere, auch zu Vorhersagen über das Verhalten anderer. Bowlby (2021a) hat sie „interne Arbeitsmodelle“ genannt. Aus der Sicht der kognitiven Psychologie geht es um Schemata, d.h. Repräsentationen früherer Verhaltensweisen und Erfahrungen als Grundlage der Interpretation neuer Erfahrungen, und um Scripts, d.h. Wissen über Ereignisabläufe, das Situationsbewertung und Verhaltenssteuerung beeinflusst (Anderson 2001, Bowlby 2021b). Vieles spricht dafür, dass es bei der Beziehung zur Mutter mehr um Fürsorge-Feinfühligkeit geht und bei der Beziehung zum Vater mehr um Spiel-Feinfühligkeit (Köckeritz/Nowacki 2020), die bedeutsam für die Vermittlung von Kulturtechniken ist und sicheres Explorations- bzw. Erkundungsverhalten fördert.

Ist Bindungsverhalten erfolgreich und wird Nähe bzw. Bindung als „gesichert“ erlebt, steigt die Wahrscheinlichkeit des ebenfalls lebenswichtigen Explorationsverhaltens des Kindes. Es ist nach Bowlby (2021b) antithetisch zum Bindungsverhalten, denn die Umgebung zu erkunden, bedeutet auch, sich von der Bindungsfigur zu entfernen.

Das wird nur gewagt bei der Gewissheit einer verlässlichen Basis als Ausgangspunkt der Erkundung und als Zufluchtsort bei möglicher emotionaler Verunsicherung. Sichere Bindung kann Wohlbefinden fördern. Ist die Waage zwischen Bindungs- und Erkundungsverhalten ausgeglichen und kann das Kind situationsangemessen, flexibel und effektiv im Sinne der Bedürfnisbefriedigung mit beiden Verhaltensvarianten umgehen, deutet dies auf sichere Bindung hin *(Abbildung 2.1)*.

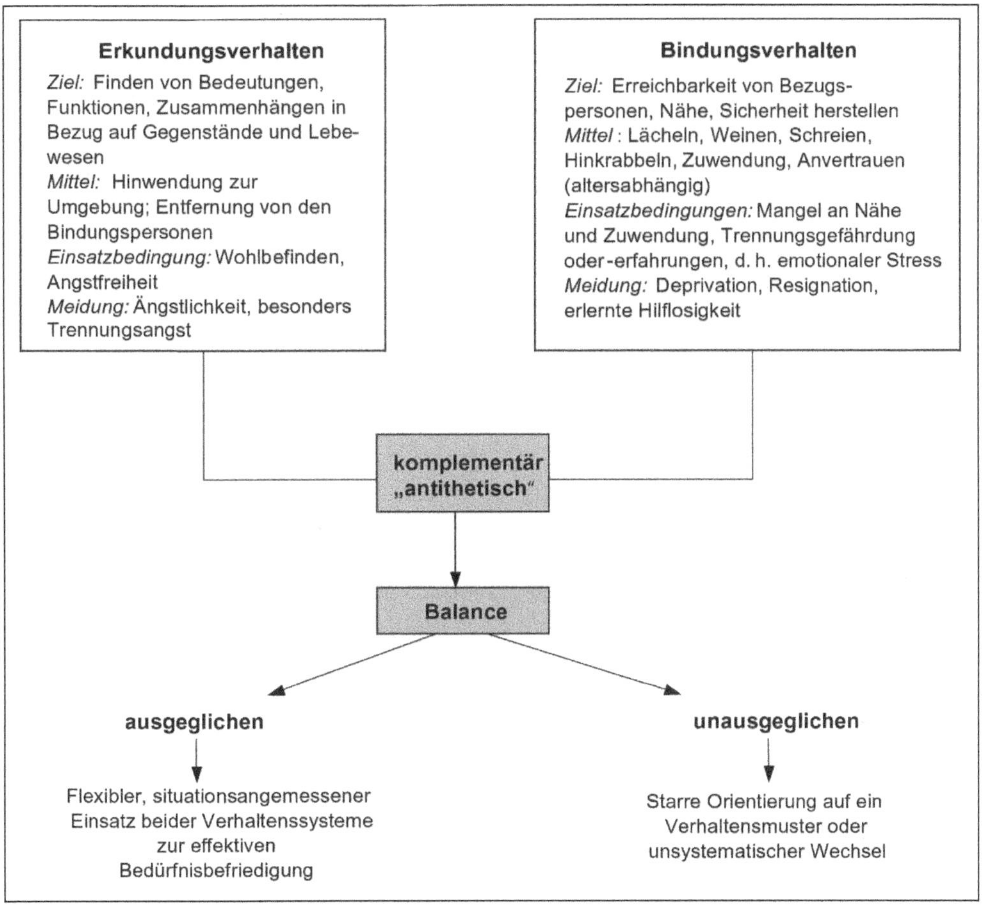

Abb. 2.1: Die Balance von Erkundungs- und Bindungsverhalten

Die Erfahrung stabiler Verfügbarkeit einer Bindungsperson fördert nicht nur Wohlbefinden, sondern schützt auch vor Angstentwicklung. Das ängstliche Kind unterlässt eher das Erkunden und aktiviert Bindungsverhalten, z.B. bei Misslingen und Gefährdung von Bindungsbeziehungen oder bei stressvollen Erfahrungen mit Bindungspersonen. Trennung ist hier der markanteste Stressor. Ist eine Bindung vorhanden, kann Trennung sowohl akute psychische Folgen haben als auch die Persönlichkeitsentwicklung langfristig beeinträchtigen. Gefährdungen werden dem Kind auch durch Mängel im Fürsorgeverhalten von Bindungsfiguren signalisiert, im sog. Feinfühligkeitsverhalten. Dieses Feinfühligkeitsverhalten gilt als komplementär zum Bindungsverhalten des Kindes *(Abbildung 2.2)*. Es ist wesentlicher Bestandteil der Erziehungsfähigkeit. Nach Ainsworth (1977, 2003) beinhaltet *Feinfühligkeit*:

- Signale des Kindes wahrzunehmen (Zugänglichkeit, Schwelle der Aufmerksamkeit für kindliche Reaktionen),
- sie richtig zu interpretieren (unverzerrte, nicht von eigenen Bedürfnissen gelenkte Beurteilung der kindlichen Reaktionen),

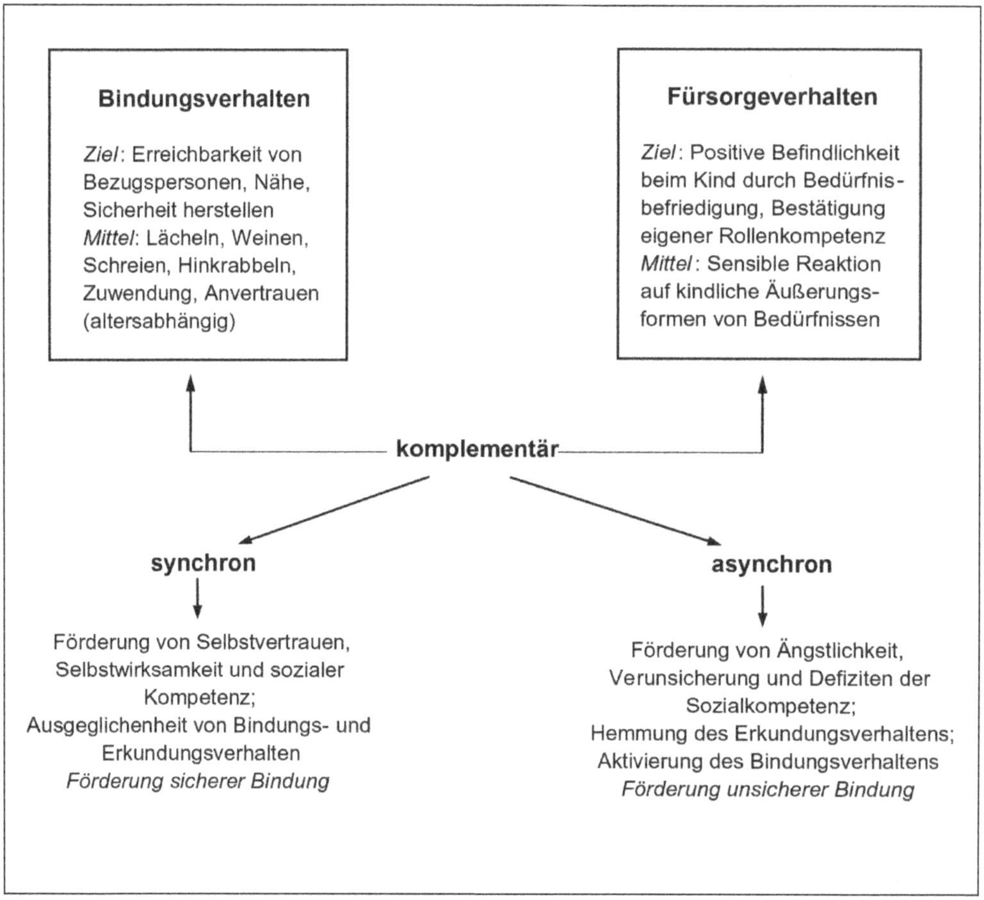

Abb. 2.2: Bindungs- und Fürsorgeverhalten als Komplementärsysteme

- situations- und altersangemessenes Reagieren (Vermeiden von Über- oder Unterstimulierung, angemessene Intensität und Dauer),
- promptes Reagieren (für das Kind als Folge seines eigenen Handelns erkennbare Reaktion).

Feinfühligkeitsverhalten wird mitbestimmt durch Temperamentsmerkmale des Kindes (Zentner 2019), aber auch durch eigene Bindungserfahrungen der Eltern in der Herkunftsfamilie. Abträglich auf das Feinfühligkeitsverhalten können sich etwa instabile Lebens- und Arbeitsbedingungen der Bezugsperson, Stress induzierende Partnerbeziehungen und fehlende soziale Unterstützung auswirken. Zu den Antipoden feinfühligen Verhaltens gehört auch Verwöhnung, ein Übermaß an Zuwendung und Körperkontakt (Spangler/Zimmermann 2021).

Feinfühliges Verhalten vermittelt dem Kind, dass ein Zusammenhang zwischen seinen Äußerungsformen von Bedürfnissen (z.B. Ausdrucksverhalten) und den Reaktionen der Bezugsperson besteht. Damit wird zugleich ein Gefühl der Kompetenz vermittelt, durch eigenes Handeln Effekte in der Umwelt bewirken zu können, in der

Psychologie auch „Kontrollüberzeugungen" oder „Selbstwirksamkeit" genannt. Konkret geht es hier um die Kompetenz, sich zuverlässig Zuwendung einholen oder andere Bedürfnisse befriedigen bzw. Leid und Unsicherheit beenden zu können (Grossmann/Grossmann 2021). Sind solche Verknüpfungen für das Kind nicht erfahrbar, bedeutet dies zunächst Stress. Langfristig bestehen alle Voraussetzungen für das, was Seligman (1999) erlernte Hilflosigkeit als Konsequenz aus der fortdauernden subjektiven Unkontrollierbarkeit Angst auslösender Situationen nennt. Kern ist, dass das Verhältnis der eigenen Handlungen zu deren Konsequenzen unbeständig und ohne erkennbaren Zusammenhang ist. Diese Konsequenzen erscheinen deshalb nicht vorhersehbar und nicht beeinflussbar. Wenn nun ein Kind auch noch diese Unkontrollierbarkeit internal attribuiert, d.h. sich selbst anlastet, hat dies Langzeitfolgen für das Selbstwertgefühl (Fremmer-Bombik 2015). Hiermit hängt zusammen, dass sich Kinder häufig schuldig am Streit ihrer Eltern oder am Fortbleiben eines Elternteils fühlen.

Relativ gut belegt durch Ergebnisse der Bindungsforschung sind Langzeitauswirkungen defizitären Feinfühligkeitsverhaltens. Wenn Kinder als Säuglinge oder Kleinkinder emotional verfügbare und zuverlässige Bezugspersonen hatten und Unterstützung und Annahme erfuhren, verhalten sie sich im Vorschul- und Schulalter häufiger offen und sozial kompetenter. Sie übertragen die früh erfahrenen positiven Affekte auf spätere Bezugspersonen. Bei emotional zurückweisendem Verhalten oder wechselhafter Verfügbarkeit der Bezugspersonen begegnen die Kinder später anderen Menschen eher feindselig, ärgergeneigt oder ängstlich. Die Qualität der Bindungen bestimmt wesentlich den Aufbau von Selbstgefühl und sozialer Kompetenz des Kindes sowie Autonomieentwicklung und Identitätsbildung Jugendlicher mit (Dornes 2006, Grossmann/Grossmann 2021, Lengning/Lüpschen 2019, Spangler u.a. 2000) und wirkt bis ins Erwachsenenalter hinein (Lyvers u.a. 2019).

Kontinuität in der Bindungsqualität bedeutet jedoch nicht lebenslange Fixierung (s.u.).

2.3.2.2 Bindungsmuster

Die bisher bekannten Bindungsmuster sind in diesem Sinne und als Ergebnis des Zusammenspiels von Bindungs- und Feinfühligkeitsverhalten zu verstehen. Weitgehend übereinstimmend und durch empirische Forschung bestätigt werden folgende Bindungsqualitäten unterschieden: sichere Bindungen sowie unsicher-vermeidende und unsicher-ambivalente Bindung als organisierte Bindungsmuster und die desorganisierte Bindung *(siehe Abbildung 2.2 a)*. Die desorganisierte Bindung ist später von Main (1995) beschrieben worden. Sie wird aber eher als eine von Bindungssicherheit/-unsicherheit unabhängige Dimension kindlichen Verhaltens bzw. als Zusatzkategorie angesehen (Zimmermann/Spangler 2021) und in Verbindung gebracht mit emotional widersprüchlichen Bindungserfahrungen bzw. verwirrenden Interaktionen mit Bezugspersonen mit wiederholtem Pflegewechsel, Misshandlung und Vernachlässigung, Distanzverhalten und Rollenkonfusion (Brisch 2013b, Hesse/Main 2017), aber auch mit genetischen Belastungen und neurologischen Störungen des Kindes (Zentner 2019). Das gehäufte Auftreten desorganisierter Bindungsmuster bei Kindern aus konfliktbelasteten Familien ist offenbar durch die Instabilität von Umgebungs- und Personbeziehungen zu erklären. Dass bei Kindesmisshandlung 80 % der Kinder eine Bindungsdesorganisation zeigen (Zimmermann 2007), weist eher auf Angst auslösendes Verhalten jener Bindungspersonen hin, bei denen Schutz gesucht wird. Auf dieses Paradoxon wird mit paradox erscheinendem Bindungsverhalten reagiert.

Die verschiedenen Bindungsmuster unterscheiden sich darin, wie effektiv und mit welchen Folgen Emotionen beim Umgang mit Belastungen reguliert werden, wie die eigenen Emotionen verarbeitet und ausgedrückt und wie davon ausgehend soziale Beziehungen gestaltet werden.

In *Tabelle 2.2* sind Merkmale, Ursachen und Folgen dieser Bindungsmuster zusammengetragen (dazu Becker-Stoll 2002, Grossmann/Grossmann 2021). Bei den Folgen und Ursachen geht es um Wahrscheinlichkeiten. Nie kommen alle genannten Faktoren zusammen vor. Bei den vier Bindungsmustern handelt es sich nicht um psychopathologische Abweichungen, sondern um Varianten im Normalspektrum.

In allgemeinen Bevölkerungsstichproben wird durchschnittlich einem Anteil von 60–70% der befragten Personen eine sichere Bindung zugeschrieben, gefolgt von der unsicher-vermeidenden Bindung und der unsicher-ambivalenten Bindung mit jeweils 10–15% sowie der desorganisierten Bindung mit 5–10% (Berk 2020).

Davon abzugrenzen sind klinisch relevante Bindungsstörungen (Brisch 2021), wie sie in der Nomenklatur des ICD-10 benannt werden, als „reaktive Bindungsstörung des Kindesalters“ (F 94.1) und als „Bindungsstörung des Kindesalters mit Enthemmung“ (F 94.2). Reaktive Bindungsstörungen gelten als Folge schwerer elterlicher Vernachlässigung, von Missbrauch oder schwerer Misshandlung, d.h., sie sind oft mit pathogener Fürsorge bzw. Kindeswohlgefährdung *(Kapitel 6)* verbunden. Symptome sind anhaltende emotionale Störungen wie Furchtsamkeit und Übervorsichtigkeit bei wechselnden Umfeldbedingungen, eingeschränkte soziale Interaktionen mit Gleichaltrigen, gegen sich selbst oder andere gerichtete Aggressionen, Unglücklichsein. Bindungsstörungen mit Enthemmung zeigen sich in tendenziell anhaltendem diffusem und nicht selektivem Bindungsverhalten, in aufmerksamkeitssuchendem, wahllos freundlichem Verhalten und kaum modulierten Interaktionen mit Gleichaltrigen. Mit dem Ausmaß familiärer Traumatisierung und massiven Dauerstresses steigt die Wahrscheinlichkeit späterer Persönlichkeitsstörungen sowie neurobiologischer Schädigungen im Gehirn bzw. schädlicher Auswirkungen auf die Gehirnreifung (Brisch 2021, 2013a).

Bindungsstörungen sind diagnostizierbar ab etwa acht Lebensmonaten. Sie bedürfen der Therapie oder spezialisierter Beratung. Die psychopathologischen Auffälligkeiten sollten über sechs Monate angehalten haben und in verschiedenen Beziehungssystemen aufgetreten sein (Brisch 2013a). Die Prognose gilt als relativ ungünstig.

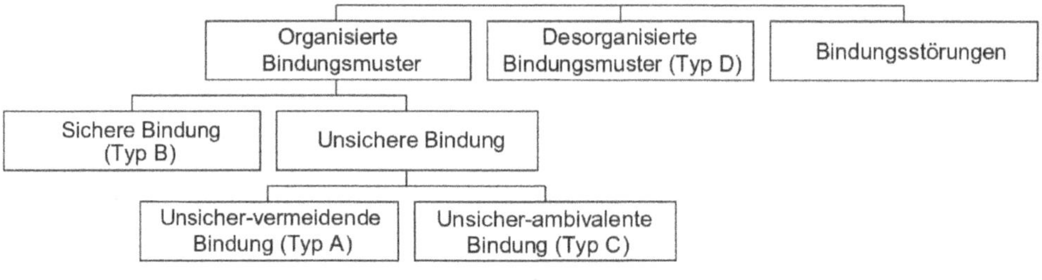

Abb. 2.3: Bindungsvarianten

2.3.2.3 Entwicklung von Bindungen

Was beim Kind als Stressor Bindungsverhalten aktiviert oder Trennungsreaktionen auslöst, hängt stark vom Alter ab. Eigentliche, d.h. personenspezifische Bindung kann mit Beginn der zweiten Hälfte des ersten Lebensjahres angenommen werden. Kriterium dafür sind z.B. die Umsetzung des Bindungsverhaltens in Bewegung zu Bindungsfiguren hin und das Vermissen von Bindungsfiguren bzw. Trennungsängste und heftige affektive und körperliche Reaktionen auf Trennung von ihnen. Grundlage dafür ist, dass mit Beginn der zweiten Hälfte des ersten Lebensjahres eine Reihe wichtiger Entwicklungsfortschritte einsetzt sowie das freie Sitzen und Greiferfahrungen und in Verbindung damit dreidimensionales Sehen. Die Entwicklung des Gedächtnisses erlaubt nun Wissensaufbau und Wiedererkennung von raum-zeitlichen Mustern und Personen. Face-to-face-Interaktionen mit der Bezugsperson werden zunehmend eingesetzt, um zu kommunizieren und Beziehungsemotionen zu regulieren. Die Personen- bzw. Objektpermanenz nach Piaget setzt ein, d.h. die Fähigkeit zu wissen, dass eine Person (oder ein Objekt) auch dann weiterhin vorhanden ist, wenn es gerade nicht wahrgenommen wird. Diese kognitive Kompetenz beginnt, abgesehen von primitiveren Vorformen schon mit drei bis vier Monaten, mit ca. acht Monaten. Interessant ist, dass in diesem Alter auch Trennungs-angst einsetzt, wenn eine Bezugsperson weggeht, und umgekehrt das sog. Fremdeln (Abwenden und/oder Schreien bei unbekannten Personen) beginnt.

Bereits Säuglinge bilden eine Hierarchie in Bezug auf verschiedene Betreuungs- und Bezugspersonen aus. Sie werden entsprechend eingeschätzter Verfügbarkeit und Wichtigkeit in einer bestimmten Rang- und Reihenfolge vom Kind aufgesucht bzw. favorisiert. Mit zunehmendem Alter kann die Hierarchie komplexer werden. Auch Erzieherinnen und Tagespflegepersonen können Bestandteil werden, dies sogar zunehmend, da sie immer mehr in die Betreuung und Erziehung vor allem von Kleinkindern und Vorschulkindern einbezogen sind und Verantwortung übertragen bekommen.

Allerdings sind interne Arbeitsmodelle nicht nur hierarchisch organisiert, sondern auch situationsspezifisch und kontextabhängig. In Fürsorgesituationen wird eher die Mutter beansprucht, in Spielsituationen eher der Vater. Die Störbarkeit durch Trennungen ist in den ersten Lebensjahren besonders groß. Bezugspersonen sind nicht mehr beliebig austauschbar – eine Voraussetzung zum Aufbau tragfähiger Bindungen ist erreicht. Zunächst ist das Kleinkind an die Präsenz der Bindungsperson(en) gebunden, wenn es zum Ende des ersten Lebensjahres die wichtige Entwicklungsaufgabe bewältigt hat, eine Bindung aufzubauen. Zunehmend kann das Kind die Verfügbarkeit seiner Bindungsperson(en) abbilden, einplanen und abfordern. Sein Wissen über Bindungsbeziehungen verdichtet sich zum „internen Arbeitsmodell" (s.o.). Das ermöglicht ihm, die realen Ereignisse zu simulieren, Verhalten der Bindungsperson(en) zu antizipieren und eigenes Verhalten zu planen. Bowlby (2021a) geht davon aus, dass bis zum fünften Lebensjahr ein differenziertes Arbeitsmodell aufgebaut ist. Die Erwartungen in Bezug auf die Verfügbarkeit der Bindungsperson sind überdauernder und bestimmen stabiler die Regulierung negativer Emotionen. Da Bezugspersonen wiederum auf diese Verhaltensweisen reagieren, entstehen komplizierte Wechselwirkungen.

In diesem Entwicklungsprozess verfestigen sich Interaktionsmuster einschließlich der oben genannten Bindungsqualitäten. Sie neigen zu Stabilität, dies um so mehr, je stabiler das Verhalten der Bindungspersonen ist, d.h. aber auch, sie sind änderbar mit Wandlungen im Verhalten der Bindungspersonen oder in den Lebensbedingungen, ins

Tab. 2.2: Die bekannten Bindungsmuster – Ursachen, Merkmale und Folgen

Verhalten von Bindungspersonen	• Stabil verfügbar, hilfsbereit; • feinfühlige Reaktion auf kindliche Signale; • Empathie	• Häufige Zurückweisung; • Misshandlung; verdeckte Feindseligkeit; • unsensibel, überstimulierend	• Inkonsistenz, wechselnd hilfsbereit – zugänglich und abweisend; • ständiger Wechsel zwischen Aufbau und Enttäuschung von Erwartungen; • Drohen mit Verlassen	• Gehemmtes Verhalten als Bindungsperson infolge unverarbeiteter traumatischer Erlebnisse; • Gewalt, Vernachlässigung; • häufiger Wechsel von Bezugspersonen
Bindungsmuster	**sicher**	**unsicher-vermeidend**	**unsicher-ambivalent**	**desorganisiert**
Merkmale	• Emotionales Wohlbefinden; offener Austausch über Gefühle; • unbefangener und realitätsangemessener Umgang mit Belastungen; • effektives Hilfeeinholen u. komplikationsloses Annehmen von Hilfe; • Zuversicht gegenüber Bindungspersonen; • Kompromissbereitschaft bei Konflikten, d. h. insgesamt: effektive Regulation auch widersprüchlicher Gefühle	• Unterdrücken von Gefühlen, Vermeiden von Nähe und Abhängigkeit; • Erwarten von Abweisung; • Verunsicherung bei Belastung; • Verleugnen des Verlangens nach engeren Beziehungen; • Misstrauen; • Verschiebung der Aufmerksamkeit auf Objekte	• Leichter frustrierbar und irritierbar; • Trennungsangst; Erkundungsverhalten reduziert; • Wechseln zwischen Anhänglichkeit und Kontaktwiderstand, zwischen Idealisierung und Abwertung von Beziehungspersonen und Beziehungen; • Neigung zur Kontrolle über Bindungspersonen und permanentes Abfordern von Aufmerksamkeit; geringe Kompromissneigung	• Mangel an klarer Bindungsstrategie; • gehemmte Explorationsaktivität; • Wechsel zwischen Protest bzw. Bestrafung und Fürsorge gegenüber Bindungspersonen; • Wechsel zwischen distanzarm und scheu; • reduzierte Frustrationstoleranz; • weniger Selbstvertrauen; • häufiger lerngestört; Neigung zu Bizarrverhalten und dissoziativen Symptomen

Fortsetzung Tab. 2.2: Die bekannten Bindungsmuster – Ursachen, Merkmale und Folgen

Bindungsmuster	sicher	unsicher-vermeidend	unsicher-ambivalent	desorganisiert
Folgen (Persönlichkeitsentwicklung)	• Höhere Stressresistenz; • Angstreduzierung (Dämpfungshypothese); • ausgeglichene Emotionalität; realistisches Selbstbild; • Vorteile in den Bereichen Sozialkompetenz, Kreativität, Lernfähigkeit, Sprachentwicklung; • häufiger intakte Freundschaftsbeziehungen	• Labilität oder Starrheit bei Stressbelastung (Risikohypothese); • verringerte Belastbarkeit infolge mangelnder Integration und Kohärenz der Gefühle; • häufiger Selbstunzufriedenheit, Ängstlichkeit, Hilflosigkeit; • Probleme beim Aufbau von Sozialbeziehungen; • weniger prosoziale Verhaltensweisen und Empathiefähigkeit; • häufiger Fehlattribution, z. B. von feindseligen Absichten, öfter Aggression als Folge; häufiger Persönlichkeitsstörungen, Depression und Delinquenz im Jugendalter. • spezifisch für unsicher-vermeidende Bindung: Abhängigkeit, Unselbständigkeit und emotionale Selbstbezogenheit ausgeprägter; • häufiger unkritisch überhobenes oder reduziertes Selbstgefühl, mehr vermeidende Copingstrategien		

besondere nach kritischen Lebensereignissen wie Misshandlung, Vernachlässigung und sexuellem Missbrauch (Lengning/Lüpschen 2020), nach schweren Krankheiten, Todesfällen oder Trennungsgeschehen in der Familie. Interessant sind auch jene Befunde, die bei Kindern aus Scheidungsfamilien häufiger als bei Kindern aus Nichtscheidungsfamilien Anzeichen unsicherer Bindung vorfanden (Böhm 1998, Spangler 2003). Ursachen dafür können bereits im ersten Lebensjahr durch das Erleben elterlicher Konflikte gesetzt werden. Erleben Kinder in diesem Alter solche Konflikte, kommt es später zu einer höheren Rate von unsicherer Bindung und Bindungsdesorganisation (Zimmermann u.a. 2021). Ambivalente Bindungsstrategien sind eher zu erwarten, wenn Bezugspersonen zwischen Misshandeln, z.B. unter Alkoholeinfluss, und Fürsorgeverhalten wechseln.

Besonders für die frühe Kindheit zeigen Studien aber auch einen Wechsel von unsicherer zu sicherer Bildungsorganisation, wenn sich das Fürsorgeverhalten von Bindungspersonen verbessert. Es können intraindividuelle Unterschiede gegenüber verschiedenen Bindungspersonen je nach spezifischen Erfahrungen, z.B. in Bezug auf die Feinfühligkeit, auftreten. Stabile Betreuungsverhältnisse gestatten eher die Prognose sicherer Bindungen. Hier liegt die Bedeutung des Kriteriums Kontinuität für Sorgerechtsentscheidungen *(Abschnitt 4.4.7)*. Die Trennung der Eltern und die damit verbundene Neudefinition der Beziehung zu den Eltern bringen meist eine ausgeprägte Instabilität mit sich. Das kann dazu führen, dass sich bei betroffenen Kindern unsichere Bindungen verhärten oder sichere Bindungen erschüttert werden. Schon der Erhalt wenigstens einer Vertrauensbeziehung erhöht die Wahrscheinlichkeit positiv angepassten Verhaltens von Scheidungskindern. Natürlich bleibt der Erhalt der Bindungen zu den beiden Elternteilen die beste Lösung. Wenn aber die Bindungen zu beiden Elternteilen labilisiert und paralysiert werden, dann ist abzuwägen, ob der gezielte Schutz einer Bindung nicht die dem Kindeswohl dienlichere Lösung ist, auch wenn dies im Extremfall Umgangsausschluss bedeutet.

Da sich Bindungen abhängig von konkreten Beziehungserfahrungen entwickeln, variiert die Bindungsqualität eines Kindes vor allem beziehungsspezifisch je nach Bezugsperson, weniger kindspezifisch. Folglich gibt es nicht „das" sicher oder unsicher gebundene Kind. Die Qualität der Bindungen zu den beiden Elternteilen kann also unterschiedlich sein, z.B. sicher zu einem Elternteil und unsicher zum anderen (Grossmann/Grossmann 2021, Zimmermann/Spangler 2021). Darin liegt auch die Chance von Präventions- und Interventionsprogrammen wie SAFE (Brisch 2014), mit denen durch Verbesserung der Bezugsperson-Kind-Interaktion, vor allem der Feinfühligkeit der Bezugspersonen, die Voraussetzungen für eine sichere Bindung geschaffen werden sollen. Dies kann im Einzelfall sinnvoller sein als die Kontakte zu einem Elternteil zu reduzieren.

Auch in der späten Kindheit und im Jugendalter sind Bindungsmuster etwa durch Trennung von Bindungspersonen innerhalb familiärer Konflikte veränderlich, aber diese Veränderlichkeit, d.h. die Abhängigkeit von äußeren Veränderungen, nimmt ab. Das „innere Arbeitsmodell" stabilisiert sich und erhöht die Autonomie des Handelns.

Außerdem nimmt mit dem Hineinwachsen in das Jugendalter die Bedeutung körperlicher Nähe zugunsten von psychischer Nähe und Kommunikation ab. Entsprechend verändert sich Bindungsverhalten. Es äußert sich zunehmend im verbalen Bereich, z.B. durch prüfende Fragen oder das Offenbaren eigenen Erlebens durch Erzählen bzw. Anvertrauen. Schließlich wandelt sich im Jugendalter die Balance von Bindung und Erkundung immer mehr in eine Balance von Verbundenheit gegenüber den Eltern und Autonomie. Häufiger wird auch Bindungsverhalten auf Gruppen und Institutionen ausgerichtet (Becker-Stoll 2002, Beck/Walper 2007). Auf Bindungsmuster im Erwachsenenalter wird hier nicht eingegangen (Gloger-Tippelt 2011).

2.3.2.4 Diagnostik von Bindungen

Der Bedeutsamkeit von Bindungen für das Verständnis familienpsychologischer Zusammenhänge entsprechen die methodischen Möglichkeiten, sie festzustellen, nicht. Die vorhandenen Instrumente sind oft für die Forschung entwickelt, ungenügend dokumentiert, oft nur mit Training anwendbar und auswertbar. Standardisierte Methoden mit Bedeutung für die Einzelfalldiagnostik bilden die Ausnahme. Jedoch ist das Bemühen um maßgeschneiderte familienrechtspsychologische Testdiagnostik im Gange (Besier u.a. 2012, Hommers/Steinmetz-Zubovic 2013, Skatsche/Rominger 2013).

Grundsätzlich gibt es zwei Informationsquellen, das Bindungsverhalten und die mentalen Bindungsrepräsentationen. Ein eher indirekter Zugang ist die Beschreibung von Bindungserfahrungen eines Kindes. Gemeinsamer Nenner aller bindungsdiagnostischen Bemühungen sind Fragen wie: Bei wem sucht das Kind Schutz und Hilfe bei Bedrohung und Kummer? Wen hält es für verlässlich? Wer steht ihm am nächsten? Wer wird am meisten vermisst bei einer Trennung?

1. Bindungsverhalten kann zugänglich werden durch direktes Beobachten in gestalteten oder in spontanen Situationen, in denen Bindungsverhalten aktiviert wird, z.B. durch kurze Trennung von der Bindungsperson. Ein geeigneter Rahmen ist zum Beispiel der Hausbesuch in der Familie. Die Befunde können abgesichert werden durch Berichte anderer Personen, z.B. Lehrer oder Eltern, über deren Beobachtungen und durch Mitteilungen der Kinder und Jugendlichen selbst in Interviews oder Fragebogen.

Das erste und bekannteste Verfahren zur Beobachtung von Bindungsverhalten in einer gestalteten Situation ist die „Fremde Situation" nach Ainsworth u.a. (1969) für Kinder ab dem zweiten Lebensjahr. Hier wird das Verhalten eines Kindes nach zwei kurzen Trennungen von einer Bindungssituation beobachtet und einem der in *Abschnitt 2.3.2.2* beschriebenen Bindungsmuster zugeordnet.

Kinder unterscheiden sich z. B. bezüglich des Zeigens von Trennungsschmerz und von Vertrauen in die Bindungsperson als Quelle von Beruhigung je nach Bindungsqualität. Bei **sicherer Bindung** zeigen sie nach der Trennung kaum Kummer. Nach Wiederkehr der Bindungsperson suchen und behalten sie Nähe und Kontakt zur Bezugsperson. Sie wird gegenüber der fremden Person und den Spielsachen präferiert. Körperlicher Kontakt wird entspannt angenommen.

Kinder mit **vermeidend-unsicherer Bindung** neigen eher dazu, die Bezugsperson nach Wiederkehr zu ignorieren oder gar zu meiden, sie also nicht zur Regulation zu nutzen. Bei Zuwendung, z. B. Aufnehmen des Kindes, oder Abwendung, z. B. Absetzen, wirken sie eher passiv. Auf physiologischer Ebene sind aber Stress-Symptome nachweisbar. Kinder mit **ambivalent-unsicherer Bindung** reagieren in den Phasen des Weggangs der Bezugsperson lautstark und mit negativen Affekten, z. B. Wut. Bei Wiederkehr suchen sie einerseits Kontakt und Nähe, andererseits widersetzen sie sich auch Kontaktversuchen der Bezugsperson. Sie verhalten sich ambivalent. Die Rückkehr zum explorativen Verhalten ist eingeschränkt.

Die Methode ist aufwendig und auf eine begrenzte Altersspanne bezogen. Die Einordnung der beobachteten Verhaltensweisen in dafür entwickelte Kategoriensysteme setzt Training voraus. Das Gleiche gilt für Variationen des „Fremde Situation"-Tests, z.B. „Clown-Session" nach Main und Weston (1981), „Attachment Organisation in Preschool Children" von Cassidy und Marvin (Marvin 2001), „The Preschool Assessment of Attachment" von Crittenden (1994). Dagegen wird im „Attachment-Q-Sort" (Waters 1995) das emotionale Orientierungsverhalten zu einer Bindungsperson als Sicherheitsbasis bei Kindern bis zu fünf Jahren mittels Q-Sort-Methode eingeschätzt. Vorgeschaltet sind Beobachtungen von eineinhalb bis zwei Stunden durch geschulte Beobachter bei mindestens zwei Hausbesuchen. Alternativ bleibt die Möglichkeit der mehr oder weniger strukturierten Alltagsbeobachtung. Sinnvoll kann die Nutzung von Videoaufnahmen und Beobachtungsskalen mit Bindungsbezug sein. Ausgangspunkt ist, dass Kinder auf Trennungen hin Bindungsverhalten je nach Alter in unterschiedlicher Form aktivieren, sei es durch Weinen, Rufen, Angstverhalten, Trennungsprotest, desorganisiertem Verhalten, Resignation und Trauer sowie im Extremfall mit psychosomatischen Reaktionen. Ohne bindungstheoretischen Sachverstand und sachgerechte Beobachtungskriterien ist die Beurteilung gefährlich. Die Gefahr verringert sich, wenn bekanntes Wissen über Bindungsverhalten zu gezielter Suche nach Indikatoren angewandt wird.

Beispiel „Hilfe nutzen": Bekannt ist, dass Hilfe im Vertrauen auf die sichere Basis vor allem bei sicherer Bindung angemessen eingeholt und genutzt wird, wenn Gefahrensituationen vorliegen. Hier zeigt sich, dass Bindungssicherheit in der effektiven Regulation negativer, die eigenen Ressourcen überfordernder Gefühle mithilfe von Bindungspersonen Ausdruck findet. Bei unsicher-vermeidender Bindung wird oft Hilfe verweigert oder nicht gesucht. Der Wechsel zwischen übermäßiger und fehlender Nutzung von Hilfe ist eher für unsicher-ambivalente Bindung typisch. Ziel von Beobachtung kann deshalb sein, wie deutlich und beharrlich Bedürfnisse geäußert werden, ob bei Annahme von Gefahr oder bei unbefriedigtem Bedürfnis Nähe gesucht wird, ob dann angebotene Hilfe angenommen wird und sich das Kind beruhigen lässt. Was macht das Kind, wenn es sich ängstigt, erschrickt oder müde wird?

Beispiel Erkundungsverhalten: Die flexible Balance von Nähe und Entfernung des Kindes von der Bindungsperson, d.h. Bindungsverhalten und Erkundungsverhalten, ist ein Merkmal sicherer Bindung. Bei mangelndem Vertrauen in die sichere Basis ist die Balance gestört.

Beispiel dysfunktionaler Ärger: Bei unsicherer Bindung ist vor allem im Verhältnis zwischen Jungen und Müttern der Ärger eher unangemessen in Intensität und Ausdruck, wird nicht in der auslösenden Situation ausgedrückt und führt nicht zu zielgerichtetem Handeln. Ähnliches gilt für Ängstlichkeit.

Es gelten die üblichen Einwände: Die genannten Verhaltensweisen sind alterstypisch überformt und können auch andere Ursachen haben. Dennoch können entsprechende Beobachtungen genutzt werden, um Hypothesen zu Bindungsmustern zu bilden und/oder zu prüfen. Ein zusätzliches Problem besteht darin, dass bei inaktivem Bindungssystem (bei neutralem Spiel, bei sachbezogener Aktivität, bei formalen Gesprächen, bei kurzfristigen Interaktionen) die Beurteilung der Feinfühligkeit von Bezugspersonen nicht möglich ist. Da das Kind keine Signale für bestehende Bedürfnisse von sich gibt, werden auch keine Anforderungen an die Feinfühligkeit der Bezugsperson gestellt.

2. Bindungsrepräsentationen: Interne Erwartungsmuster und Erfahrungen mit Bindungspersonen sind ab ca. drei Jahren zunehmend handlungswirksam und erkennbar über Spiel, Zeichnung und Sprache. Gängige Methoden meist halbprojektiver Art sind deshalb Bilderfolgen, z.B. mit Trennungsszenen, oder Puppenspielgeschichten, die zu Ende erzählt oder gespielt werden sollen, Familienzeichnungen, Interviews und Fragebögen (Ell 1990, Gloger-Tippelt/König 2016, Oppenheim 1997, Zach 2000). Kinder mit sicherer Bindung malen im Alter von sechs Jahren in Familienzeichnungen die Mitglieder der Familie individueller und weniger stereotyp als Kinder mit unsicherer Bindung. Sie schmücken auch ihre Bilder häufiger mit lebendigen Einzelheiten aus dem häuslichen Alltag aus. Bei den offensichtlich besonders effektiven Geschichtenergänzungsverfahren wird das Bindungsthema aktiviert durch Geschichten mit ungelösten Konflikten oder mit kleineren Schadenshandlungen des Kindes, z.B. Verschütten von Saft, oder mit Inhalten wie Abschied von Eltern, Schmerz durch Sturz und Furcht vor einem Monster im Kinderzimmer. Bindungsrelevante Themen wie Trennung, Angst und Kummer werden angesprochen – mit der Erwartung, dass Kinder ihre Bindungsrepräsentationen darstellen. Kommen nun in den Ergänzungen der Kinder verständnisvolle und vertrauenswürdige Reaktionen, kompetente Hilfe, Schutz- und Fürsorgehandlungen Erwachsener vor, gelten diese als Indikatoren sicherer Bindung. Werden Bedürfnisse nach Nähe, Schutz, Hilfe oder Trost eher unterdrückt, werden eher unsicher-vermeidende Bindungen angenommen. Desorganisierte Bindung äußert sich eher in Geschichtenergänzungen mit bedrohlich-aggressiver bzw. chaotischer Note.

Gloger-Tippelt und König (2016) haben ein Geschichtenergänzungsverfahren zur Bindung 5- bis 8-jähriger Kinder (GEV-B) vorgestellt, in dem in Anlehnung an bereits bekannte Methoden sieben Geschichten über ein Puppenspiel angefangen werden und dann vom Kind ergänzt werden sollen. Aus der Bindungstheorie abgeleitete Auswertungskriterien führen zu vier Abstufungen der Dimension Bindungssicherheit von „sehr sicher" bis „sehr unsicher". Reliabilität und Validität erwiesen sich als befriedigend. Zimmermann und Scheuerer-Englisch (2003) haben ein Bindungsinterview für die späte Kindheit entwickelt. Das häufig verwendete Adult-Attachment-Interview (George u.a. 2001) ist bei Jugendlichen ab 16 Jahren verwendbar. Deutschsprachige Auswertungsmethoden liegen vor (Fremmer-Bombik u.a. 1989; Reiner u.a. 2013).

Ebenfalls in Anlehnung an bereits vorhandene Verfahren (Separation-Anxiety-Test) haben Ziegenhain und Jacobsen für den deutschen Sprachraum Bildkarten mit Bindungsrelevanz entwickelt (Beschreibung in Gloger-Tippelt 2019). Mit analoger Methodik arbeitet der Bochumer Bindungstest (BoBiTe) für 8 bis 14-jährige Kinder nach Trudewind und Steckel (2009). In der Sorge- und Umgangsrechtlichen-Testbatterie (SURT nach Hommers 2009) werden emotionale Beziehungen von Kindern zu ihren Eltern spielbasiert und anhand grafischen Materials erfasst. Das Verfahren stellt ein maßgeschneidertes multimodales Diagnostikum für die Familienrechtspsychologie dar und ist nach den Grundsätzen der klassischen und probabilistischen Testtheorie konstruiert worden.

3. Bindungserfahrungen des Kindes werden eher indirekt beschrieben mittels Ratingskalen oder strukturierten Interviews, die Eltern-Kind-Interaktionen oder bindungsrelevantes Verhalten von Bezugspersonen wie z.B. Feinfühligkeit oder „Wärme" erfassen sollen (Zimmermann/Scheuerer-Englisch 2003). Mit der Feinfühligkeitskala nach Ainsworth (2003) können Zahlenwerte für die Ausprägung des mütterlichen Feinfühligkeitsverhaltens ermittelt werden. Mittels Videobeobachtung einer Spielsituation wird der Child-Adult-Relationship-Index (CARE-Index) nach Crittenden (2005) erhoben, mit dem die Qualität einer Erwachsenen-Kind-Interaktion auch in Bezug auf die Feinfühligkeit sprachunabhängig beurteilt werden kann. Die Qualität und Intensität der emotionalen Beziehung von Kindern im Alter von vier bis sieben Jahren zu den Eltern oder anderen Bezugspersonen werden mit einem Strukturierten Interview zur Erfassung der Eltern-Kind-Interaktion ermittelt (SKEI, Skatsche u.a. 2013). Normen zum Family Relations Test werden von Hommers u.a. (2010, 2012) vorgestellt.

2.3.2.5 Fehlerquellen der Bindungsdiagnostik

Geboten ist, immer mehrere Indikatoren zu integrieren (Prinzip der Aggregation) und kein Ergebnis isoliert zu bewerten, weil eben z.B. Weinen eines Kindes im Kontakt mit einer Bezugsperson ein Anzeichen für misslungene Regulation und damit unsichere Bindung sein kann, aber auch aktiviertes Bindungsverhalten im Rahmen einer sicheren Bindung anzeigen kann. Ergibt sich – wie nicht selten festzustellen – kein ausreichender Hinweis auf eines der Bindungsmuster, sollte das klar ausgedrückt werden. Die methodische Sachlage dürfte dazu führen, dass im Alltag der Tätigkeit von forensischen Psychologen und von Juristen die Beobachtung von Kindern als Zugang bevorzugt wird. Die Sicherheit der Diagnose steigt mit der Menge der Beobachtungen und der Vielfalt der Beobachtungssituationen, in denen Bindungsverhalten aktiviert wird, z.B. in Konfliktssituationen, in Übergabesituationen zwischen getrennt lebenden Eltern, bei Hausbesuchen und bei Betreuungstätigkeiten. Allerdings gilt es, typische Beobachtungsfehler zu vermeiden. Beispiele für solche Fehler sind:

Das Verwechseln von Angst mit Bindung: Wenn ein Kind die Trennung der Eltern erleben musste, setzen oft Trennungsängste ein, weil es den Verlust der elterlichen Einheit erlebt und weitere Verluste befürchtet. Das Kind reagiert mit verstärktem Bindungsverhalten, z.B. mit Suchen von Nähe bis hin zum „Klammern" bei jüngeren Kindern. Daraus auf sichere Bindung zu schließen, hieße, den wirklichen Zusammenhang zu übersehen: Ängstlichkeit, vor allem Trennungsangst oder Trennungserfahrung, schränkt Erkundungsverhalten ein und intensiviert Bindungsverhalten. Die Ausgeglichenheit zwischen beiden ist gestört.

Das Verwechseln von Trennungsreaktion und Bindungsmangel: Vernachlässigte und misshandelte Kinder wirken vordergründig oft emotional nicht gebunden und wenig belastet, sondern eher unbeteiligt. Dies kann aber Bestandteil vorhandener Bewältigungsstrategien als Element von Bindungsverhalten sein und ist oft mit erheblicher emotionaler Belastung verbunden.

Eine andere Variante ist: Oft wird im Streit der Eltern um das Kind nach der Regel „Tatsachen schaffen" gehandelt. Dabei kann es vorkommen, dass derjenige Elternteil, zu dem das Kind bisher eindeutig weniger Zuneigung und emotionale Nähe zeigte, es in eine neue Wohnung mitnimmt und zunächst einige Wochen abschirmt. Wenn danach das Kind beim Zusammentreffen mit dem benachteiligten Elternteil Abstand oder gar Widerstand und Kontaktverweigerung zeigt, wird nicht selten die Auflösung bisheriger Bindungen daraus gefolgert. Aus der Bindungsforschung ist das aber als kindliche Trennungsreaktion in solcher Belastungskonstellation bekannt. Sie ist ohne Bezug zu vorhandenen Bindungen. Der Bezug ist, sich in der unsicheren Gesamtsituation den derzeit verfügbaren Elternteil zu erhalten, sich vor dem Hintergrund erlebter Elternkonflikte loyal zu zeigen (vgl. Loyalitätskonflikte) und diese Beziehung nicht durch Nähe zum anderen Elternteil zu gefährden.

Direktes Schließen von Loyalität auf Bindung: Damit ist zugleich auf die Gefahr hingewiesen, loyales Verhalten eines Kindes gegenüber einem Elternteil als Bindung zu bewerten und die Vielfalt alternativer Erklärungsmöglichkeiten zu übersehen *(Baumann/Bolz 2021)*:

- Ausweichen aus Verunsicherung durch akute Konfliktsituationen zwischen Bezugspersonen,
- bewusste Entscheidung für einen Elternteil beendet Unschlüssigkeit und ermöglicht Aussteigen aus unlösbaren Problemsituationen *(Abschnitt 2.4.7)*,
- loyales Verhalten als Ergebnis von Instrumentalisierung oder Manipulierung eines Kindes *(Abschnitt 2.6.5)*,
- Unterstützung der als unterlegen oder schwächer wahrgenommenen Bezugsperson.

Die Enge-Falle: Oft erscheinen Beziehungen des Kindes zu einer Bezugsperson sehr eng, aber dennoch hinterlassen sie ein Fragezeichen.

Ein elfjähriges Mädchen z. B. mit einer seltenen, aber weitgehend abgeklungenen Krankheit wird weiterhin vom demonstrativ unter der Trennung leidenden Vater so gepflegt wie auf dem Höhepunkt der Erkrankung, d. h. tägliche Urinkontrolle, Treppen herauftragen, zur Schule fahren. Es nimmt diese Fürsorge unbeirrbar an und verteidigt sie, obwohl durch Fakten deren Überflüssigkeit auch für das Kind erkennbar ist. Es zeigt im Gegenzug intensive Kontakte und Zuwendung zum Vater, gegenüber der Mutter geschieht dies eher heimlich. Dem Gutachter gegenüber räumt es ein, dass ihm das Ganze manchmal peinlich sei, dass es aber den Vater, der immer für es da gewesen sei, nicht vor den Kopf stoßen wolle. Im weiteren Verlauf des Familienkonflikts hat es sich aber dafür entschieden, bei der Mutter zu bleiben. Zweifellos ist die Beziehung zum Vater eng. Eine enge Beziehung bedeutet aber nicht unbedingt eine sichere Bindung. Im Vordergrund für das Verhalten dieses Kindes stehen nicht die eigenen Bedürfnisse aus einer sicheren Bindung heraus, sondern die Bedürfnisse des Vaters und dessen Befindlichkeit. In der Bindungsforschung wird diese Variante als „zwanghaft fürsorglich" bezeichnet und als Folge der Überschreitung der Generationsgrenze gedeutet. Unter familienpsychologischem Aspekt geht es um Parentifizierung, d. h., das Kind übernimmt Rollenattribute und Verantwortlichkeiten eines Elternteils.

Die „Enge-Falle“ deutet auf ein konzeptionelles Problem hin, das nicht nur unter diagnostischem Aspekt bedeutsam ist. Es ist umstritten, ob ein quantitativer Aspekt neben der Bindungsqualität zu beachten ist, ob es also eine Bindungsstärke gibt (obwohl in vielen Untersuchungen ganz selbstverständlich auch Ausprägungen von Bindungsqualitäten untersucht werden). Auf jeden Fall sind bei Kindern Bindungshierarchien zu beobachten und zu berücksichtigen. Eine häufige Konstellation ist z.B., dass eine sichere Bindung zu beiden Elternteilen besteht, die jedoch in Bezug auf einen Elternteil stärker ausgeprägt ist, weil dieser in der Vergangenheit stabiler verfügbar war.

Das Übersehen akuter Basisveränderungen: Alle drei bisher genannten Fehler sind Folgen desselben Sachverhalts. Durch die familiären Trennungssituationen, aber auch andere familiäre Transitionsprozesse, verändert sich für ein Kind oft die sichere Basis selbst, weil Bindungspersonen wegbleiben oder sich plötzlich anders verhalten, z.B. nicht mehr feinfühlig, sondern abweisend oder auch plötzlich bemühter als früher sind. Aktiviertes Bindungsverhalten des Kindes kann ins „Leere“ laufen, weil die Eltern mit sich selbst und ihrem Konflikt beschäftigt sind. Das Kind muss reagieren. Dabei vermischen sich ursprüngliche Bindungspräferenzen mit aktuellen Reaktionen und Irritationen des Kindes. Deshalb kann z.B. der Bindungsdiagnostiker sicheres Bindungsverhalten gegenüber einem Elternteil beobachten, in einem Geschichtenergänzungsverfahren jedoch unsichere Bindung feststellen, weil die bisher emotional verfügbare Bezugsperson durch ihr aktuelles, in Trennungskonflikten instabil gewordenes Verhalten nicht mehr als zuverlässig verfügbar erlebt wird.

Die pauschale Negativbewertung unsicherer Bindungen: Auch unsichere Bindungen sind schützenswert. Auch sie ermöglichen es dem Kind, Ablehnung zu bewältigen, sich vor Angst, Enttäuschung bzw. unangenehmen Emotionen überhaupt zu schützen, z.B. in dem die Aufmerksamkeit weniger auf die Bindungsthematik und mehr auf sachbezogene Themen ausgerichtet wird. Unsichere Bindungen sind insofern Ersatzstrategien, eben vermeidend-kontrollierende mit reduzierten Bindungswünschen oder unsicher-ambivalente Strategien, um handlungsfähig zu bleiben. Auch der Wegfall unsicherer Bindungen zieht Verlustempfinden nach sich, bewirkt Verunsicherung, Stress und Trauer. Zudem ist der Anteil unsicher gebundener Kinder in der Normalbevölkerung keineswegs gering. So deuten Metaanalysen von Forschungsstudien darauf hin, dass nur etwa 65 % der untersuchten Kinder sicher, 20 % unsicher-vermeidend und 15 % unsicher-ambivalent gebunden sind (Höner 2009).

Auch wenn es schon aus diesem Grund falsch ist, unsichere Bindungen pauschal negativ zu beurteilen oder gar zu pathologisieren, sind sie doch ein Stressfaktor und erhöhen die Verletzlichkeit eines Kindes. Sie enthalten Risikopotential. Langfristig sind bei unsicheren Bindungen Verhaltensauffälligkeiten wahrscheinlicher, kurzfristig sind strapaziöse Verläufe wie der im Folgenden beschriebene Circulus vitiosus wahrscheinlicher als bei sicheren Bindungen.

Das Übersehen des Circulus vitiosus bei unsicheren Bindungen: Aus der Bindungsforschung ist bekannt, dass das angemessene Einholen und das komplikationslose Nutzen von Hilfe in gefährdenden und belastenden Situationen vor allem bei sicherer Bindung als Bewältigungsstrategie genutzt wird. Personen mit unsicherer Bindung vermeiden dies eher oder wechseln unsystematisch zwischen übermäßiger und fehlender Inanspruchnahme von Hilfe. Oft spielt sogar die Verweigerung von Hilfe eine selbstgefährdende Rolle.

Ursache können z.B. zurückweisende Eltern sein, die das Kind in ein Dauerdilemma führen: Jene Personen, bei denen es am ehesten Schutz bei Gefahr oder Unsicherheit sucht, weisen es ab oder erzeugen gar Angst. Dem Bedürfnis nach Kontakt und Schutz nachzugeben, bedeutet also emotionalen Stress. Aber auch die unbefangene Zuwendung und Suche nach Hilfe bleiben langfristig auf der Strecke. Gerade bei ohnehin reduzierten sozialen Kompetenzen unsicher gebundener Kinder und Jugendlicher kommt also noch hinzu, dass Hilfe und Unterstützung nicht gesucht und angenommen werden. Verwandte, Lehrer oder Gleichaltrige werden nicht einbezogen, gut gemeinte Fragen oder Hilfeangebote werden abgeblockt. Der zugrunde liegende Konflikt, z.B. eine Trennungsgefährdung, wirkt ungebremst und direkter. Die Gründe für die unsichere Bindung, mangelndes Vertrauen, angemessene Zuwendung und Unterstützung zu erhalten, bestätigen sich selbst und verstärken sich im Sinne eines Circulus vitiosus. Bewältigungskompetenzen werden immer mehr labilisiert. Dies zu übersehen, ist ein Mangel an systemischer Sicht.

Die Fehlinterpretation pathologischer Bindung: Wenn Kinder von Bindungspersonen durch Inobhutnahme getrennt werden, bei denen sie Gewalt erfahren oder andere traumatische Erfahrungen gemacht haben, kann das Kind bestrebt sein und wünschen, wieder bei der Bindungsperson zu leben. Dies erscheint oft paradox. Es wird übersehen, dass mangels anderer Bindungspersonen immer noch Schutz und Sicherheit gesucht werden. Da kann dienlich sein, erlebte Gewalt als normal einzuordnen, Argumente der gewaltausübenden Person zu übernehmen oder sogar im Rahmen negativer Selbstattribution Eigenschuld an erfahrener Gewalt zu konstruieren. Ein Ergebnis solcher Bewältigungsstrategien ist, dass ein positives Bild von der Gewalt ausübenden Bezugsperson konserviert wird (zu dessen Ambivalenz gehört, dass Negativaffekte wie Rachefantasien damit einhergehen können.)

Werden diese Verläufe nicht erkannt und „angepasstes" Verhalten des Kindes gar als positiv angesehen, läuft das nicht nur darauf hinaus, familiäre Gewalt zu verharmlosen. Darüber hinaus würde es zu einer erhöhten Gefährdung des Kindes bzw. zu selbstgefährdendem Verhalten beitragen, weil die mentale Fehlreaktionen hingenommen bzw. bestätigt werden und gestörte Bindungen verfestigt werden.

2.3.2.6 Exkurs: Bindungen und Zeiterleben des Kindes

Von erheblicher praktischer Bedeutung sind die wenig bekannten Zusammenhänge zwischen Bindungsaufbau und Zeiterleben des Kindes. Folgende Argumentationskette (Dettenborn 1996, 2010) führt zum Kern: Zeiterleben steht vor allem beim Kind in Zusammenhang mit der Geschwindigkeit von Bedürfnisbefriedigung, die es als notwendig bzw. angenehm empfindet (Bischof-Köhler 2000b, Fraisse 1985). Der Zeitraum, der dafür zur Verfügung steht, dass es seine Bedürfnisse adäquat und stabil befriedigt sieht, ist umso kürzer, je jünger das Kind ist. Die Gründe liegen in der größeren Abhängigkeit von Bezugspersonen und den geringeren eigenen Kompensationsmöglichkeiten bei Bedürfnisfrustration. Es ist ein sinnvoller Schutzmechanismus, dass erst allmählich die Fähigkeit zum Bedürfnisaufschub entsteht und sich damit die erforderliche Geschwindigkeit der Bedürfnisbefriedigung mindert. Bindungspsychologisch gehen damit der Übergang von der Notwendigkeit der Präsenz von Bindungspersonen zur symbolischen Repräsentanz einher sowie die Ausdifferenzierung des „internen Arbeitsmodells". Die schnellere Bedürfnisbefriedigung ermöglicht – als eine psychologische Folge – die beschleunigte Entstehung von Bindungen. Der notwendige Zeitraum zur Entstehung von Bindungen – sensibles Fürsorgeverhalten der Bezugsperson vorausgesetzt – ist umso kürzer, je jünger ein Kind ist. Umgekehrt geht der Abbau von Bindungen umso langsamer, je älter ein Kind ist. Auch inadäquate und instabile Bedürfnisbefriedigung, z. B. durch Wechsel und Trennung von Bindungspersonen, führt umso schneller zu Folgeschädigungen, je jünger das Kind ist, d. h., Trennungssensibilität und Schadensrisiko sind höher.

Für das subjektive Zeitempfinden bedeutet das: Ein Monat Bindung oder Trennung ist für ein zweijähriges Kind „länger" als für ein zwölfjähriges Kind und bedeutet höheren psychischen Aufwand (Bindungssicherung durch Bindungsverhalten oder Trennungsstress) und stärkere psychische Folgen. Oder: Für ein zweijähriges Kind erscheint z. B. ein Monat Trennung als der gleiche Zeitraum wie ein halbes Jahr bei einem Zwölfjährigen, weil die psychische Anstrengung zur Stressbewältigung vergleichbar ist. Ähnlich meint Lempp (1983, 120), dass „sechs Monate für ein zwölfjähriges Kind so viel bedeuten wie vier Wochen für ein zweijähriges Kind und zwei Jahre für einen Fünfzigjährigen".

Daraus ergeben sich enge Bezüge zu kindschaftsrechtlichen Regelungen und rechtspraktischem Handeln, insbesondere zur zeitlichen Strukturierung von Verfahren unter dem Aspekt des Kindeswohlschutzes.

Wenn über die Dauer und Häufigkeit des Umgangs bzw. über Umgangsbeschränkung oder -ausschluss (§ 1684 Abs. 4 BGB) entschieden wird, wenn Umgang durch einen Elternteil vereitelt oder durch zu lange Verfahrensdauer ausbleibt, werden über das kindliche Zeiterleben Risiken erzeugt. Sie betreffen u. a. Entfremdung und Bindungsverlust.

Alle Entscheidungsfindungen, die den Aufenthalt eines Kindes betreffen, gebieten, das kindliche Zeiterleben vor allem da zu berücksichtigen, wo die Vorteile und Risiken des Bindungsaufbaus und das Kriterium Kontinuität der Lebensverhältnisse zu beurteilen sind. Dies betrifft Entscheidungen zur elterlichen Sorge nach Trennung und Scheidung (§ 1671 BGB) und zur Umgangsregelung ebenso wie solche zum Adoptionsverfahren (§§ 1741 ff. BGB), wo etwa der Aufbau von Bindungen nicht zu lange erschwert werden bzw. nicht erst ermöglicht und dann durch Trennung gestört werden sollte.

Wenn Umgangsregelungen unangemessen verzögert werden, können auch Bindungen zum umgangsberechtigten Elternteil paralysiert werden. Ein enger Bezug ergibt sich aus den belastenden Ungewissheiten von Interventionen nach § 1666 BGB (Kindeswohlgefährdung) vor allem dann, wenn das Kind aufgrund vorläufiger Anordnungen aus der gewohnten Umgebung herausgenommen wird. In solchen Schwebezuständen werden je nach altersbedingtem Zeiterleben der Verlust vorhandener Bindungen und der Aufbau perspektivloser Bindungen in neuer, aber nur zeitweiliger Umgebung riskiert, ohne dass stabile Perspektiven bestehen. Deshalb kann im Extremfall eine unkritisch und unverhältnismäßig lang genutzte Kurzzeitpflege sogar zu sekundärer und amtlich organisierter Kindeswohlgefährdung führen.

Weitere Bezüge zum kindlichen Zeiterleben finden sich in § 1674 BGB (Ruhen elterlicher Sorge), § 1688 BGB (Entscheidungsbefugnisse einer Pflegeperson), § 1685 BGB (Umgangsrecht anderer Personen), § 1696 BGB (Änderungen von Anordnungen). Beispielhaft werden diese Zusammenhänge anhand der Herausgabe-Problematik in *Kapitel 7* dargestellt.

Diesen fast allgegenwärtigen Bezügen wird in der familienrechtlichen Praxis nur teilweise Rechnung getragen. Ein sinnvoller Reflex ist die frühe Terminierung des ersten Termins über das Vorrang- und Beschleunigungsgebot gemäß § 155 FamFG oder die frühzeitige Bestellung des Verfahrensbeistandes (§ 158 Abs. 1 FamFG). Dessen ungeachtet dauern Verfahren häufig immer noch unnötig lange, vor allem dann, wenn es beim ersten Termin nicht zu einer Einigung kommt. Noch immer werden Verfahren durch den Zeitablauf und die mit ihm eintretenden Veränderungen z.B. in den Bindungen der Kinder vorentschieden bzw. entschieden. Gerade im Hinblick auf den Bindungsaufbau wäre bei Kindern bis zum dritten Lebensjahr eine Organisationsform notwendig, mit der kurzfristig die Perspektiven eines Kindes geklärt und zumindest mündlich vorgetragen werden können, etwa im Rahmen einer Begutachtung.

Dabei geht es nicht darum, in jedem Verfahren die Schnelligkeit zum wichtigsten Kriterium zu erheben, weil damit nicht automatisch Gerechtigkeit und rechtsstaatliche Verfahrensgarantien gewährleistet sind. Wichtig ist vielmehr der bewusste Umgang mit dem Zeitfaktor unter dem Aspekt, das Kindeswohl zu gewährleisten und nicht durch unangemessene Verfahrensdauer, aber auch nicht durch schematische Handhabung des Beschleunigungsgebots zu gefährden.

2.4 Stresserleben und Coping bei kritischen Familienereignissen

2.4.1 Familiäre Konflikte mit und ohne Stress

Familienrechtlich relevante Ereignisse wie z.B. Scheidung und Trennung, Herausnahme und Herausgabe von Kindern sind eingebettet in krisenhafte familiäre Prozesse. Einerseits können sie Folge und Kulminationspunkt lang andauernden, unkontrollierten und überlastenden Streits sein. In diesem Sinne ist z.B. ein hohes Stressniveau in einer Familie ein recht zuverlässiger Scheidungsprädiktor (Bodenmann 2015b, Korittko/Pleyer 2016). Erhöhte Streitbereitschaft und dysfunktionale Interaktionsmuster können sowohl zur Trennung führen als auch deren konstruktive Verarbeitung verhindern.

Andererseits können solche familienrechtlich relevanten und rechtsanhängigen Konfliktetappen selbst als kritische Lebensereignisse die Ursache für starke Belastung sein. Meist werden ja bisherige Beziehungen grundlegend verändert oder abgebrochen, damit auch die Kontinuität von Erleben und Handeln. Allerdings führt dies keinesfalls zwangsläufig zu strapaziösen Kommunikationsstörungen, psychischer Überforderung und Destabilisierung, zu Kontrollverlust und destruktivem Handeln, also zu Stress. Da negative Verläufe die Interventionsbedürftigkeit der Beteiligten und den Interventionsaufwand von Institutionen wie z.B. Beratungsstellen, Jugendamt, Gericht erhöhen, werden sie jedoch mehr beachtet, häufiger diskutiert und beschrieben. Sie werden als Normalfall angesehen, obwohl der Anteil weniger belastend und konfrontativ verlaufender oder gar konsensuell bzw. „gütig" geregelter Konflikte sogar größer ist.

Aber wovon hängt es ab, ob solche Ereignisse Stress bedeuten oder nicht, ob sich das Stresserleben im Verlauf eines Familienkonflikts erhöht oder mindert, ob gar das Austragen des Konflikts der Persönlichkeitsentwicklung dient und die Beziehungen entlas-tet? Um diese Fragen beantworten zu können, wird eine theoretische Basis benötigt, von der aus sowohl gelungene als auch misslungene Lösungen familienrechtlich relevanter Konflikte erklärt werden können. Eine solche theoretische Grundlage bietet das „transaktionale" Verständnis von Stress, wie es im „salutogenetischen Paradigma" von Antonowsky (1979, 1997) vorbereitet und im Stressmodell von Lazarus (1966, Lazarus/Launier 1981), psychologisch, vor allem auf Individuen bezogen, umgesetzt wurde. Die Anwendung auf die Familie insgesamt oder Paare erfolgt z.B. durch Bodenmann (2015a), (Becker/Laucht 2013), Schneewind (2010).

1. *Stress* wird nicht aufgefasst als Reaktion einer Person oder als Merkmal einer Situation, *sondern als eine Beziehung im Ungleichgewicht: Die Anforderungen der Umwelt überlasten die Kompetenzen einer Person, eines Paares oder einer Familie, mit den Anforderungen umzugehen*. Situationen, in denen das zu befürchten ist, werden als bedrohlich wahrgenommen. Es kommt zum Stress, d.h. *zu einem intensiv unangenehmen Spannungszustand in einer als überfordernd und bedrohlich bewerteten Situation, die zu vermeiden oder zu beenden angestrebt wird.*

2. Stress ist nicht als Zustand, sondern als ein Prozess zu verstehen, der durch aktive Auseinandersetzung der Person oder auch einer Dyade (Paar) mit der Umwelt bestimmt ist. Verändert sich ein Element in der Beziehung zwischen Anforderung und Fähigkeit, so wandelt sich das System insgesamt.

3. Kern sind dabei Bewertungen. Nach Lazarus (1966) wird in einer „primären Einschätzung“ (primary appraisal) die Situation danach bewertet, ob sie für die Person irrelevant oder gar günstig ist oder ob stressbezogene Auseinandersetzungen erforderlich sind. Wird Stressbezug gesehen, wird geprüft, ob bereits eine Schädigung eingetreten ist, ob eine Herausforderung vorliegt oder ob eine Bedrohung besteht.

Nun werden im Falle der wahrgenommenen Bedrohung in einer „sekundären Einschätzung“ (secondary appraisal) die eigenen Potenzen beurteilt, mit der Situation umgehen, sie eventuell bewältigen zu können. Wird eingeschätzt, dass die Anforderungen der Situation die eigenen Ressourcen beanspruchen, setzen Copingbemühungen ein, Bemühungen also, den Stress zu bewältigen. Sie begleiten den Prozess und werden laufend daraufhin geprüft, ob sie effektiv, d.h. stressmindernd, sind. Permanente Neubewertungen finden statt (reappraisal). Situation bzw. Ereignis, Bewertungsebenen und Copingbemühungen stehen in Wechselwirkung und ändern sich dadurch fortwährend. Wird dagegen eingeschätzt, dass die Anforderungen die eigenen Ressourcen überfordern, entsteht Stress und es kommt zu Stressreaktionen, zu psychophysiologischen Folgezuständen. Sie können kurzfristig (Blutdruckschwankung, Reizbarkeit, Konzentrationsschwund) oder langfristig (Psychosomatik, Angst, Leistungsminderung) sein. Die gewiss für das Kind unangenehmen Begleiterscheinungen, z.B. des Herausgabestreites, müssen nicht zu Stressoren werden und Stressreaktionen auslösen, sie können aber.

4. Ob ein potenziell belastender Umstand tatsächlich Stress erzeugt, hängt ab von *einem Komplex von Risiko- und Schutzfaktoren* und dem Kräfteverhältnis zwischen ihnen (Kohlmann u.a. 2021).

2.4.2 Risikofaktoren

Risikofaktoren sind solche Bedingungen im Rahmen des familiären Konflikts, bei deren Vorliegen sich die Wahrscheinlichkeit von Stressreaktionen bei den Beteiligten erhöht. Wenn in einem Herausgabestreit die beteiligten Erwachsenen das Kind einbeziehen, jeweils zur Parteinahme nötigen und dafür „belohnen“, dann ist die Wahrscheinlichkeit für das Erleben von Bedrohung oder Hilflosigkeit größer als bei Kindern, die nicht auf diese Weise einbezogen werden. Die Gruppe der Kinder, die im Herausgabestreit zwischen Erwachsenen Stressreaktionen zeigen, erlebt häufiger Erwachsene, die sich suggestiv und vereinnahmend gegenüber dem Kind verhalten, als die Gruppe der Kinder, die zwar auch im Mittelpunkt eines Herausgabestreites stehen, aber nicht solches Erwachsenenverhalten erleben (relatives Risiko).

Im Wesentlichen sind zwei Gruppen von Risikofaktoren zu unterscheiden, nämlich Personmerkmale (Vulnerabilität) und Umweltmerkmale (Stressoren). Dabei interessieren hier vor allem spezifische Risikofaktoren für Stress in Familienkonflikten. Sie sind teilweise identisch für Kinder, für erwachsene Einzelpersonen und für Paare, teilweise unterscheiden sie sich jedoch. Im Folgenden werden Beispiele genannt, ohne Anspruch auf Vollständigkeit.

2.4.2.1 Personale Risikofaktoren

Für Kinder in familiären Konflikten können einerseits überdauernde, also relativ stabile Persönlichkeitseigenschaften, andererseits akut im familiären Konflikt entstandenes Belastungserleben das Stressrisiko erhöhen. Beispiele werden in *Abbildung 2.4* genannt.

Abb. 2.4: Kindbezogene Risiko- und Schutzfaktoren in Familienkonflikten

Je nach Blickwinkel können Alter, Entwicklungsstand und Geschlecht ebenfalls personbezogene Risikofaktoren oder Moderatorvariablen sein. Je jünger oder je retardierter ein Kind zum Zeitpunkt des kritischen Familienereignisses ist, desto geringer sind eigene Widerstandsressourcen, desto verletzlicher ist es durch externe Belastungsfaktoren. Wiederum bilden enge Mutter-Kind-Beziehungen im Vorschulalter einen Schutzfaktor, im Jugendalter können sie ausufern und zum Risikofaktor werden. Die Vulnerabilität erhöht sich während typischer Entwicklungsübergänge mit neuen Entwicklungsaufgaben wie z.B. Einschulung.

Für erwachsene Einzelbeteiligte an Familienkonflikten, d.h. z.B. Eltern-, Stiefeltern-, Adoptiveltern- und Pflegeelternteile und Partner in Paarbeziehungen, sind wieder relativ stabile Merkmale wie Rigidität, Egozentrizität, erhöhte Konfliktneigung, Neigung zu Stressemotionen wie Ärger oder Aggressivität zu unterscheiden von Erleben und Verhalten im Zusammenhang mit dem konkreten Konfliktereignis wie z.B. einerseits dem Erfahren eines Vertrauensbruchs, labilisierenden Selbstvorwürfen oder Verunsicherungen des Selbstbildes oder andererseits dem Erheben einseitiger Vorwürfe und Beschuldigungen oder der Anwendung dysfunktionaler Konfliktlösestrategien (Rückzug, affektiv-unkontrollierte Konfrontation).

Paarspezifische bzw. familieninterne Risikomerkmale vor allem für dyadischen Stress sind z.B. ungünstige Rollenverteilungen vor allem bezüglich Dominanz und Unterordnung, starre interne Grenzen, inadäquates Reagieren auf Stresssignale des Partners und Merkmale mangelhafter dyadischer Kommunikation wie geringe Bereitschaft zur Selbstöffnung, Festhalten an irrationalen Überzeugungen, Zuschreibung negativer Absichten, Mangel an aktivem Zuhören und unkontrolliertes Streitverhalten (Bodenmann 2015a, Schneewind 2010).

2.4.2.2 Risikofaktoren in der Umwelt (Stressoren)

Für Kinder in familiären Konflikten spielt das Kommunikationsverhalten der erwachsenen Konfliktbeteiligten eine wesentliche Rolle. Beispiele werden in *Abbildung 2.4* genannt. Potenzierend wirken generelle Risikofaktoren wie Alkoholismus oder psychische Erkrankungen von Eltern sowie schon erlebte Trennungen von Bindungspersonen als Vorschädigung.

Für Erwachsene kommen alle Ursachen für das Entstehen des Konflikts auch als Risikofaktoren in Betracht, also z.B. zerrüttete Beziehungen, erlebte Vertrauensmissbräuche, Demütigungen und Ausgrenzungen. Hinzu kommen neue Bedingungen im Konfliktverlauf, z.B. wenn ein Partner nach Trennung materiell schlechtergestellt oder in seinem sozialen Status geschwächt wird, ferner der Verlust an sozialen Beziehungen (bisheriger Freundeskreis, Schwiegerfamilie) und damit an sozialen Ressourcen und Verunsicherung des Selbstbildes. Neue Belastungen können sich ergeben aus plötzlicher Alleinverantwortung für die Kindererziehung oder den eigenen Lebensunterhalt, ferner aus belastenden Veränderungen des Kindes wie Aggression und Widerstand als Stresssignale des Kindes.

Für Dyaden wirken Umwelt-Risikofaktoren oft isolierend, es fehlen Austauschmöglichkeiten im Sinne sozialer Netzwerke, oder unklare Grenzen etwa zwischen Ehepartnern und ihren Eltern führen zu Verstrickungen. Im Bereich von Familienrechtskonflikten haben wir es oft mit einer Risikokumulation zu tun, d.h., mehrere Risikofaktoren sind miteinander verknüpft und verstärken sich gegenseitig. Die Wahrscheinlichkeit dafür nimmt mit der Konfliktintensität zu.

2.4.3 Schutzfaktoren

Schutzfaktoren sind solche Bedingungen im Rahmen eines familiären Konflikts, bei deren Vorliegen sich die Wahrscheinlichkeit von Stressreaktionen bei den Beteiligten mindert. Wieder sind personale und soziale Schutzfaktoren bzw. Ressourcen zu unterscheiden. Personale Schutzfaktoren (Resilienz) umfassen die Möglichkeiten eines Betroffenen, mit den Belastungen aus dem Familienkonflikt effizient und angepasst umzugehen. Dazu zählen einerseits Dispositionen wie sichere Bindungen, emotionale Stabilität und Belastbarkeit, Autonomie, positive Selbsteinschätzung und soziale Kompetenzen, andererseits aktuelle personale Ressourcen, deren Kern die sinnvolle Bewältigung von gerade wirksamen Konflikten und Belastungen bildet. Als eine grundlegende Komponente für beide Bereiche personaler Ressourcen haben sich Kontrollüberzeugungen erwiesen, d.h. die Annahme, Kontrolle über ein Ereignis, hier über ein kritisches Familienereignis, zu haben. Wegen der Bedeutsamkeit dieses Schutzfaktors wird darauf gesondert in *Abschnitt 2.4.6.4* eingegangen. Eine wichtige Voraussetzung zum Erwerb solcher sozialen Kompetenzen und Kontrollüberzeugungen sind Erfahrungen gelungener Bewältigungen (Becker/Laucht 2013).

Soziale Schutzfaktoren im Mikromilieu wie im Makromilieu wirken über Zuwendung, Hilfe, Beratung und Korrektur in privater wie institutioneller Form. Im familiären Rahmen reichen sie für Kinder vom stabilen Fürsorgeverhalten einer Bezugsperson zum Zwecke des Bindungsaufbaus bis hin zu positiven und stützenden Geschwisterbeziehungen, die z.B. in der Längsschnittstudie von Schmidt-Denter und Beelmann (1995) als Merkmal der „Belastungsbewältiger" auffallen. Für Kinder wie Erwachsene sind darüber hinaus Freundschaftsbeziehungen und Zugehörigkeit zu Gruppen bzw. sozialen Netzwerken wichtig. Zu den Schutzfaktoren gehört aber auch die Verfügbarkeit von Beratungsstellen oder die Qualität gerichtlicher Interventionen.

Zuweilen ist es schwierig, Schutzfaktoren abzugrenzen vom Fehlen von Risikofaktoren. Dies erschwert die letztlich wichtige Zusammenschau der Gesamtheit der Bedingungen.

2.4.4 Das Zusammenwirken von Risiko- und Schutzfaktoren

2.4.4.1 Vulnerabilität und Resilienz

Innerfamiliäre Konflikte und insbesondere Trennungen sind zwar Stressoren, die konkreten Stressfolgen erklären sich aus der Art des Zusammenwirkens von Schutz- und Risikofaktoren und fallen deshalb sehr unterschiedlich aus. So kann z.B. ein neuer Partner eines Elternteils nach Trennung für ein Kind zum Stressor werden (Defizitperspektive) oder von Vorteil sein. Potenziell bedeutet ein neuer Stiefelternteil, dass eine neue Bezugsperson gewonnen wurde. Der Effekt ist aber davon abhängig, ob das Kind und auch der neue Stiefelternteil die erforderlichen Anpassungsleistungen erbringen, ob ein Verlust an Zuwendung des leiblichen Elternteils oder gar Ausgrenzungen in der

Stieffamilie damit einhergehen. Auf einige Regeln dieses Zusammenwirkens soll verwiesen werden.

Stressrisiko kann aus sehr hohen Anforderungen, aber auch aus geringen Ressourcen Betroffener resultieren. Fast nie wirkt dabei ein Risikofaktor allein, sondern in einer Risikokonstellation mit eigener Entwicklungsgeschichte. Schutzfaktoren gehören komplementär zu dieser Konstellation als „Gegenkraft" oder als Kehrseite der Medaille.

Erhöhtes Risiko wie auch verstärkter Schutz können dabei aus der Person oder aus der sozialen Umwelt kommen. Sind die Risikopotenzen in der Person hoch und die internen Schutzpotenzen niedrig, ist die Person empfindlicher, weniger widerstandsfähig gegenüber den familiären Konfliktbelastungen und anfälliger für Stresssymptome. Die *Vulnerabilität*, d.h. die Verletzlichkeit durch äußere Risikofaktoren, ist erhöht, sei es, weil das Kind oder der Elternteil selbstwertlabil ist oder weil Angst und falsche Ursachenattribution die Konfliktbewältigung behindern. Erhöhte Vulnerabilität muss weder beim Kind noch bei Erwachsenen Folge des kritischen Familienereignisses sein, sondern kann bereits vorher vorhanden gewesen sein. Jedenfalls kann sie selbst zu einem Risikofaktor werden.

Resilienz bildet das positive Gegenstück zur Vulnerabilität, nämlich die Fähigkeit, bei Risikobedingungen und Belastung durch Stressoren erfolgreich und sozial akzeptabel Widerstand zu leisten und Bewältigungskompetenzen zu entwickeln, d.h. verringerte Anfälligkeit für Stresssymptome zu zeigen. Dahinter stehen erhöhte interne Schutzpotenzen bzw. geringer ausgeprägte Risikofaktoren in der Person. Hierher gehören z.B. jene Kinder, die in Scheidungsprozessen der Eltern kaum belastet sind bzw. Stresssymptome schneller abbauen, oder Erwachsene, die die Partnertrennung schneller verwinden.

Vulnerabilität und Resilienz sind nicht unveränderlich, sondern Produkt von Entwicklungen vor dem familiären Konflikt oder während des Konfliktverlaufes. Das zeigt sich darin, dass durch Interventions- und Trainingsprogramme, durch Mediation, Beratung oder Therapie etwa die Selbstwertstabilität erhöht und die Konfliktbeurteilung modifiziert werden können. Gemeint sind hier Abbau von Vulnerabilität und Aufbau von Resilienz (Fröhlich-Gildhoff 2019).

2.4.5 Bewältigung von Stress

2.4.5.1 Copingarten

Wodurch sind letztlich Bewegungen zwischen internalen und externalen Risiko- und Schutzfaktoren, zwischen Vulnerabilität und Resilienz bestimmt? Wo liegt der variable Kern und damit der Ansatzpunkt für Diagnose und Intervention? Es sind die Bemühungen einer Person oder eines Paares, die belastenden bzw. überlastenden Anforderungen in einer Lebenssituation zu bewältigen, die Balance zwischen Umweltanforderung und Person zu erhalten oder wiederherzustellen. Bemühen um Bewältigung wird als *Coping* bezeichnet. Ergebnis der Forschung ist, dass weniger Stressoren für sich, sondern vielmehr die adaptiven oder maladaptiven Copingstile die gesundheitlichen Folgen eines Konfliktverlaufs bestimmen (Voelcker-Rehage 2021, de Vries u.a. 2011). Als Varianten gilt dabei, die Anforderungen zu meistern oder zu tolerieren oder zu reduzieren bzw. zu minimieren. Stressminderndes Coping wird als kreative Problemlösung in

	problemzentriert (instrumentell)	**emotionszentriert (palliativ)**
person-bezogen	Erwerb von Kompetenzen/ Informationssuche (Literatur, Medien, Training, Kurse, Therapie) zwecks angemessener Konfliktbewertung; Suche und Akzeptierung von Strukturierungshilfen und Unterstützung sowie deren Umsetzung in Handeln; Selbstmanagementanstrengungen/ kognitives Stressmanagement (positive Selbstinstruktion, Anstreben von Kontrollüberzeugungen und Initiatorstatus, Bewusstmachen und Verändern persönlicher Stressoren, Aufbau innerer Distanz, Flexibilisierung von Erwartungen, Akzeptierung eigener Grenzen)	Umbewertung von Sachverhalten, vielen Wünschen und Enttäuschungen; Neuverteilung der Aufmerksamkeit für Probleme; Anwendung von Entspannung, Methoden zur Förderung der emotionalen Neuorientierung; dauerhafte aktive Freizeitgestaltung. Weniger regenerativ, eher kurzfristig wirksam: Bagatellisierung, Vermeidung, Resignation, Autoaggression, Selbstisolierung, sporadische körperliche Aktivitäten zwecks Spannungsabbau, Sichverwöhnen, Aktionismus als Ablenkung
umwelt-bezogen	Selbstbehauptendes Verhalten (Konfrontieren des Konfliktpartners mit dem eigenen Standpunkt, „Nein"-Sagen, Kompromissgrenzen benennen); Durchsetzung (z. B. einer Kontaktsperre oder Aufhebung einer Kontaktsperre zwischen Elternteil und Kind); Gespräche über eigene Probleme und Konflikte; Anstreben eines sozialen Netzwerkes; Verhindern kindeswohlschädlicher Verhaltensweisen Dritter; schrittweise Planung einer Trennung/ Scheidung; Maladaptiv: unkritisch distanzloses Sozialverhalten, inadäquate Vertraulichkeit, ungesteuerter Leistungsehrgeiz	Emotionszentrierte Nutzung von Sozialbeziehungen, Freizeitangeboten, Institutionen; Anstreben von Trost und Mitleid; Rückzug, Aggression

Abb. 2.5: Copingstrategien

überfordernder, mit bisherigen Routinen nicht zu bewältigender Lage verstanden. Die Lage führt zu Neubewertungen der Situation. Das Wechselspiel von Bewältigungsversuchen und Neubewertungen wird mit immer neuen Erfahrungen fortgeführt, bis – im erfolgreichen Falle – die Balance in der Einschätzung von Anforderungen und eigenen Kompetenzen (wieder) erreicht ist oder bei maladaptivem Coping die fortbestehende Dysbalance zur Stressvermehrung führt.

Die Wahrscheinlichkeit effektiven Copings steigt, wenn geprüft wird:

- ob die Stressquelle beeinflusst werden kann,
- wie hoch der Einsatz bzw. die Kosten sind, die dabei
- entstehen,
- und ob die zur Verfügung stehenden Ressourcen und das Wissen über die Stressquelle hinreichend sind.

Wie ist Coping ausgerichtet und angelegt? Im Kern wird nach Lazarus zwischen problemzentriertem (instrumentellem) und emotionszentriertem (palliativem) Coping unterschieden, ferner zwischen umweltbezogener und personbezogener Ausrichtung. Zu einer Vielzahl von feinen Differenzierungen dieser Kriterien gehören auch solche, die spezifisch auf das Kindes- und Jugendalter bezogen sind (Beyer/Lohhaus 2007). Eine wichtige Unterscheidung ist die zwischen individuellem Coping und dyadischem bzw. auf das gesamte Familiensystem bezogenem Coping (Bodenmann 2015a).

Problemzentriertes Coping zielt darauf ab, die Situationsbedingungen zu verändern. Geeignete Ziele sind vor allem potenziell kontrollierbare Stressoren. Das kann auf die Umwelt bezogen sein oder auf die eigene Person. Beispiele sind in *Abbildung 2.4* benannt.

Emotionszentriertes Coping bezieht sich darauf, eigene Gefühle, die sich aus Bewertungen der Situation ergeben, zu verändern und zu kontrollieren. Dies kann langfristig stressmindernd und insofern regenerativ oder auch lediglich kurzfristig wirksam und dann stressvermehrend sein *(Abbildung 2.4)*. Maladaptives Coping kann selbst zum Risikofaktor werden. Die anfänglich eventuell noch nützliche Pufferwirkung, das Erreichen von Abstand, trägt nicht lange.

2.4.5.2 Coping im Kindesalter

Zwar stehen Kindern und Jugendlichen prinzipiell die gleichen Copingstrategien zur Verfügung, die Schwerpunkte genutzten Copings und die inhaltliche Gestaltung der jeweiligen Strategie variieren aber in Abhängigkeit vom Alter und Entwicklungsstand (Hetherington/Kelly 2003, Seiffge-Krenke/Lohaus 2007). Hintergrund sind altersspezifische Sozialkompetenzen und Erfahrungen zur Verarbeitung von Stress in der Konfliktfamilie *(Abbildung 2.6)*.

Während bei Kleinkindern regressive Verhaltensweisen im Vordergrund stehen, zeigen Kinder im Vorschulalter und im frühen Schulalter häufiger Ängste, vor allem Trennungsangst bzw. Verlustangst oft in Bezug auf den verbliebenen Elternteil, zunehmend begleitet von Schuldgefühlen infolge geringen Verstehens von Trennungsgründen und dem Trennungsprozess. Zusätzlich treten im frühen Schulalter „naive" Versuche auf, den Elternkonflikt lösen zu helfen. Sie können als problemzentriertes Coping verstanden werden, das jedoch aufgrund des ausbleibenden Erfolges die Selbstwirksamkeitserwartung labilisiert. Ältere Kinder zeigen häufiger Wut gegenüber Bezugspersonen (Schmidt-Denter 1997). Mit dem Übergang ins Jugendalter ist eine beschleunigte Externalisierung der Sozialbeziehungen, Orientierung auf Außenstehende, insbesondere Gleichaltrige, zu beobachten. Verschiedene Copingstrategien können verknüpft sein. Manche werden in fast jeder Altersstufe genutzt, z.B. die Überidentifizierung mit einem Elternteil und die Überdis-tanzierung zum anderen Elternteil.

In Studien, die eine erhöhte Vulnerabilität in der frühen Kindheit und zunehmende effektive Bewältigung von Stress in der späteren Kindheit und im Jugendalter nachgewiesen haben, kann dies mit der größeren „Routine" älterer Kinder und den dabei entstandenen Bewältigungskompetenzen erklärt werden. Auf jeden Fall nehmen Vorteile für die eigene Persönlichkeits- und Sozialentwicklung und damit verbundene effektive Neuorientierungen im Sinne problemzentrierten Copings mit dem Übergang ins Jugendalter zu. In jedem Alter

	problemzentriert (instrumentell)	emotionszentriert (palliativ)
person-bezogen	Anstreben von Kontrollüberzeugungen: Bemühen um Voraussicht, Beeinflussbarkeit und Verstehbarkeit der Konflikte; Anstreben eines Initiatorstatus; kognitive Distanzierung von den Konfliktträgern und vom Konfliktinhalt	Selbstabwertung und Autoaggression incl. selbstverletzendes Verhalten; Schuldgefühle; Vermeidung; Resignation; Wut und Zorn gegenüber Bezugspersonen; Überidentifizierung mit einem Elternteil und Überdistanzierung zum anderen Elternteil; perseverierende Gedanken
umwelt-bezogen	Selbstbehauptendes Verhalten: Mitteilung des Kindeswillens, Kundtun eigener Meinung über Bezugspersonen; Vermittlungsversuche im Elternstreit; Beenden des Loyalitätskonflikts mittels Durchsetzung oder Verweigern von Kontakten zu Bezugspersonen; Integration in die Stieffamilie; Aktives Einbringen in Trennungskindergruppen; Suchen und Annahme von Hilfe und Unterstützung von Verwandten oder Bekannten; Inanspruchnahme institutioneller Beratungspflichten	Aggression gegenüber Bezugspersonen; einseitige Verbündung mit einer Bezugsperson; Intensivierung der Geschwisterbindung; Orientierung auf Trost und Mitleid durch andere; Öffnen gegenüber Beeinflussungsversuchen und Koalitionsdruck; sozialer Rückzug und Selbstisolierung unter Gleichaltrigen; sprachlicher Rückzug (Schweigen); Streben nach Ablenkung, Realitätswechsel (Hinwendung zu Märchenwelt, Comic-Welt, Computer)

Abb. 2.6: Ausgestaltung von Copingstrategien im Kindes- und Jugendalter

bieten spezielle Interventionprogramme für Kinder wie „Kinder im Blick" eine sinnvolle Unterstützung (Bröning 2013, Schüler/Löhr 2011). Es geht insgesamt um den Zusammenhang zwischen Entwicklung und Bewältigung. Bewältigung baut auf dem erreichten Entwicklungsstand eines Kindes oderJugendlichen auf. Umgekehrt stellt erfolgreiche Stressbewältigung eine Entwicklung dar und Entwicklung setzt Bewältigungsprozesse voraus.

Die genannten Copingarten sind eng verknüpft mit dem Wirken von familienrechtlichen und sozialrechtlichen Interventionen, von Beratung, Mediation und Therapie. Coping in Stresssituationen gelingt eher, wenn Betroffene unterstützt werden, sei es im privaten Raum oder durch professionelle bzw. institutionelle Hilfen, Vorgaben und Korrekturen. Freundschaftlicher Rat oder familiäre Unterstützung durch die Jugendhilfe wie auch richterliche Entscheidungen können Risikofaktoren abbauen und zur besseren Nutzung eigener Ressourcen oder gar veränderter Lebensführung veranlassen. Umgekehrt ist die Effektivität aller Maßnahmen und Hilfen von außen vom Umfang und von der Qualität des Copings bei den Betroffenen abhängig.

Kernziele der Unterstützung von Kindern von außen, insbesondere von Kinderinterventionsprogrammen, sind: Förderung von Kommunikationsfertigkeiten sowie Konfliktlösefertigkeiten, Stärkung des Selbstwertgefühls und des Umgangs mit Macht und Ohnmacht bzw. Abhängigkeit, Förderung von Impulskontrolle und Frustrationstoleranz und soziale Unterstützung durch Gruppen. So wie die verschiedenen Copingformen miteinander verknüpft sind, muss dies auch bei Maßnahmen und Hilfen von außen gewährleistet sein. Entspannungstechniken werden z.B. Kindern oder auch Erwachsenen vermittelt, um emotionszentriertes Coping zu fördern. Sinnvoll wird das aber vor allem dann, wenn dadurch problemorientiertes Coping ausgelöst oder ermöglicht wird, z.B. Hilfen, um die eigene Lebenssituation und -perspektive zu strukturieren und entsprechend zu handeln. Dazu gehört, bei Erwachsenen kindeswohldienliche Verhaltensweisen zu aktivieren oder bei Kindern Grübeleien gegen Gespräche mit Anderen, z.B. über die Trennung der Eltern, einzutauschen. Auch innerhalb von Vermittlung oder Familienberatung müssen sowohl emotionale Neubewertungen gefördert als auch sich daraus ergebende lebenspraktische Veränderungen veranlasst werden, wie z.B. Umzug oder Umschulung eines Kindes. Zu beachten ist immer auch, dass Kinder, die keine sichtbaren Reaktionen zeigen, ermutigt werden müssen, ihre Gefühle auszudrücken. Ansonsten besteht die Gefahr nachteiliger Spätfolgen.

Letztendlich aber sind in einem gewachsenen Familienkonflikt immer Stresserleben und Coping aller Beteiligten stark verwoben. Hängt es nicht auch von der elterlichen Verarbeitung ihrer Trennungsphasen ab, wie Kinder belastende Auswirkungen bewerten und bewältigen? Und bestimmt das wiederum nicht mit, ob Eltern die Balance zwischen erlebten Anforderungen und eigenen Kompetenzen herstellen können? Nur die Sicht auf die Familie als System mit eigener Stressgeschichte gewährleistet dabei eine differenzierte Diagnostik und effektive Intervention.

2.4.6 Wahrgenommene Kontrollierbarkeit kritischer Familienereignisse

Wegen ihrer besonderen Bedeutsamkeit für Stresserleben und Coping bei kritischen Familieereignissen wird im Folgenden gesondert auf zwei Schutzfaktoren eingegangen: Kontrollüberzeugungen und Initiatorstatus.

Einen ganz wesentlichen Einfluss auf die Balance von Risiko- und Schutzfaktoren, von Vulnerabilität und Resilienz hat die subjektive Annahme von Betroffenen darüber, inwieweit sie ein kritisches Familienereignis „unter Kontrolle“ haben, d.h. ihre Kontrollüberzeugung (Thompson 1981, Rotter 1975), Kontrollmeinung (Flammer 1990) oder auch Kontrollillusion (Bandura 1997). Dabei wird unter Kontrolle über den umgangssprachlichen Gebrauch hinaus auch verstanden, wenn Ereignisse oder Zustände und ihre Folgen vorhergesehen, verstanden und erklärt sowie beeinflusst werden können. Die eigentlichen Ressourcen sind aber die Annahmen über das Ausmaß der Kontrolle.

Wenn eine Person glaubt, belastende Ereignisse oder Zustände kontrollieren zu können, wird sie in geringerem Maße durch sie beeinträchtigt. Nimmt eine Person wahr, dass sie bedeutsame Ereignisse oder Zustände nicht kontrollieren kann, so wird das als Kontrollverlust und damit als bedrohlich und beeinträchtigend erlebt. Wie nun reagiert wird, hängt u.a. davon ab, wie bedeutsam das Ereignis für die betroffene Person ist, wie stark die Defizite in der Kontrollüberzeugung sind und wie der Kontrollverlust erklärt wird.

Die wahrgenommene Kontrolle kann mehr oder weniger übereinstimmen mit der objektiv gegebenen Kontrollierbarkeit einer Situation oder eines Zustandes. Unter dem Etikett und in der Geschichte der Kontrollforschung finden sich sehr unterschiedliche Theorien. Hier werden lediglich einige relevante Inhalte von Kontrollüberzeugungen ausgewählt, die enge Bezüge zu kritischen Familienereignissen aufweisen.

Vorhersehbarkeit bezieht sich auf Informationen über Art, Folgen, Zeitpunkt und Dauer eines künftigen Ereignisses, z.B. einer Trennung. Angenommene Vorhersehbarkeit wird als stress- und angstmindernd angesehen, weil sie relative Sicherheit z.B. vor unangenehmen Überraschungen sowie Entspannung bedeuten kann. Sie ermöglicht, eigene Reaktionen optimal einzurichten. Der Mangel an solchen Sicherheitssignalen gilt als Ursache erlernte Hilflosigkeit (Seligman 1999).

Zweifellos kann für viele kritische Familienereignisse gelten, dass die wahrgenommene Vorhersehbarkeit ein Schutzfaktor für Betroffene ist. Wer bestimmte Verhaltensweisen eines Partners als Vorzeichen für eine Abwendung von der Partnerschaft gedeutet hat, ist weniger überrascht, wenn der Partner geht. Ein Kind, dem vorher etwa durch einen Verfahrensbeistand erklärt wurde, wie die Lebensprozesse nach der Elterntrennung verlaufen oder was bei einer richterlichen Anhörung passiert, wird beim Aufbau der Kontrollüberzeugung Vorhersehbarkeit unterstützt. Beratende Aktivitäten jeder Art enthalten diese Komponente.

Die Vorhersehbarkeit steht in engem Zusammenhang mit anderen Kontrollüberzeugungen, etwa der Annahme, Ereignisse beeinflussen zu können. Jemand, der glaubt, seinen Konfliktpartner genug zu kennen, um eine außergerichtliche Konfliktlösung auf Vertrauensbasis auszuschließen, ist sich eher gewiss, die Situation über einen Gerichtsbeschluss günstiger zu gestalten. Je sicherer jemand ist, dass der Konfliktpartner seine Drohungen wahr macht oder auch nicht, desto eher kann er auf die Situation Einfluss nehmen. Umgekehrt wirkt Vorhersehbarkeit nur so lange entlastend, wie gleichzeitig die Möglichkeit gesehen wird, eine aversive Situation zu beeinflussen, ansonsten wird darauf verzichtet. Wenn z.B. ein in den Trennungsstreit der Eltern verstricktes Kind keine Chancen sieht, die missliche Lage zu verbessern, ist es weniger bemüht, die Folgen und Erfolgschancen eigenen Handelns im Voraus zu erkennen.

Beeinflussbarkeit: Die Überzeugung, einem unangenehmen Ereignis oder Zustand ausweichen, es verhindern oder in Dauer, Intensität und Ablauf modifizieren zu können, kann ein weiterer Schutzfaktor sein. Sie erhöht die Frustrationstoleranz und damit unter anderem die Bereitschaft, solche Ereignisse länger zu ertragen. Macht eine Person die Erfahrung, dass ihr Verhalten keine Änderung unangenehmer Ereignisse oder Zustände bewirken kann, wird eigenes Handeln zunehmend als sinnlos bewertet. Es entsteht die Erwartung, dass zwischen eigenem Handeln und Ereignisverlauf kein Zusammenhang besteht. Dies ist – neben der fehlenden Voraussehbarkeit von Ereignissen – die zweite Quelle erlernter Hilflosigkeit nach Seligman (1999). Damit schwindet auch die Kontrollmotivation.

Erklärbarkeit und Verstehbarkeit: Eine eher retrospektive Kontrollüberzeugung liegt vor, wenn eine Person dem kritischen Familienereignis bestimmte Ursachen zuschreibt, wenn sie innere und äußere Einflüsse sinnhaft wahrnimmt als geordnete strukturierte Information. Solche Ursachenzuschreibungen (Kausalattributionen) machen Situationen überschaubarer auch in dem Sinne, dass andere Kontrollüberzeugungen gefördert werden, z.B. die Annahme der Vorhersehbarkeit oder der Beeinflussbarkeit von Ereignissen.

Die am besten untersuchte Kausalattribution betrifft die Annahme einer Person, inwieweit ein Ereignis von ihr selbst oder von anderen Personen abhängt. Hier geht es um sog. internale versus externale Kontrollüberzeugungen nach Rotter (1966). Personen mit internalen Kontrollüberzeugungen, die also meinen, selbst etwas verändern zu können, reagieren länger mit Versuchen, auf die Situation Einfluss zu nehmen, als Personen mit externalen Kontrollüberzeugungen. Bei Misserfolg setzt eher persönliche Hilflosigkeit mit negativen Folgen für das Selbstwertgefühl und für die eigene Kompetenzerwartung ein. Externale Kontrollüberzeugungen führen eher zum Schwinden der Annahme von Beeinflussbarkeit und Vorhersehbarkeit von Ereignissen oder Ereignisfolgen. Sie steigern die Überzeugung von der Unkontrollierbarkeit und damit möglicherweise auch die Angst.

Eine andere Folge scheinen negative Affekte gegenüber jenen Personen zu sein, denen Einfluss auf das Ereignis zugeschrieben wird. So fand sich in den Untersuchungen von Bodenmann (2015b) an Paaren in Stresssituationen, dass Gefühle der Aggression und des Ärgers dem Partner gegenüber stärker ausgeprägt sind, wenn ihm Einflussmöglichkeiten bezüglich der Stresssituation zugeschrieben werden. Die gegenseitige Zuschreibung ist eine der Quellen für Konflikteskalation und Hochkonflikthaftigkeit.

Kompetenzüberzeugung: Einen Spezialfall protektiver Kontrollüberzeugungen bilden Selbstwirksamkeitserwartungen. Sie werden nach Bandura (1997) verstanden als die Überzeugung, schwierige Probleme und Situationen aufgrund eigener Kompetenzen bewältigen zu können. Selbstwirksamkeitserwartungen können allgemeiner oder auf spezifische Bereiche oder Situationen bezogen sein. Allgemeine Selbstwirksamkeitserwartungen sind stabilere Erwartungshaltungen, mit Komplikationen und Widerständen im Alltag zurechtzukommen und dabei auf eigene Fähigkeiten vertrauen zu können. Solche Erwartungshaltungen sind das Ergebnis von Handlungserfahrungen und individueller Lerngeschichte in schwierigen Situationen. Sie erlangen den Stellenwert stabiler personaler Copingfaktoren. Spezifische Selbstwirksamkeitserwartungen sind auf umgrenzte Lebensbereiche, z.B. Umgang mit spannungsvollen sozialen Beziehungen, oder auf spezielle Situationen wie aggressive Konfrontation bezogen. Dazu zählen u.a. die Erwartungen, auch bei provozierendem Verhalten des Konfliktpartners ruhig zu bleiben oder sich gegen ungerechte Vorwürfe angemessen wehren zu können, ohne im Kreislauf von Vorwurf und Gegenvorwurf zu landen.

Bei hoher Selbstwirksamkeitserwartung – allgemein oder spezifisch – sind Aktivität, Anstrengungsbereitschaft und Ausdauer bei eintretenden Komplikationen ausgeprägter. Schwierige Situationen werden eher als Herausforderung interpretiert und deshalb weniger gefürchtet. Es sind z.B. Partner mit höherer Selbstwirksamkeitserwartung, die selbst in verfahrenem Streit Handlungsvorschläge zu einem Neubeginn machen. Auch wenn ältere Kinder gegen feindselige Äußerungen eines Elternteils über den anderen Stellung beziehen, kann dies von höherer Selbstwirksamkeitserwartung zeugen. Die Nachteile geminderter Selbstwirksamkeitserwartung sind spiegelbildlich. Schwierige Situationen werden eher als bedrohlich und überfordernd interpretiert. Versagensbefürchtungen oder allgemeine Ängstlichkeit treten eher ein und führen zum Vermeiden solcher Situationen oder geringerer Ausdauer. Wenn sich allerdings hohe Selbstwirksamkeitserwartung mit Selbstüberschätzung bündelt, sind dysfunktionale Verhaltensweisen von Drohverhalten bis Schikanehandeln, von Ablehnung professioneller Hilfe bis hin zu selbstschädigendem Verhalten wahrscheinlich.

2.4.7 Initiatorstatus und Kontrollüberzeugung

Wie Kontrollüberzeugungen ausgerichtet sind, wie stark sie ausgeprägt sind, wie sie auf Stresserleben und Coping wirken, wird von mehreren Rahmenbedingungen beeinflusst. Eine wesentliche Bedingung ist bei kritischen Familienereignissen, ob eine Person selbst ein Ereignis wie Trennung oder Klageerhebung veranlasst hat oder nicht. Empirisch bestätigt ist, dass gesundheitliche Nachteile bei selbstinitiierter Trennung geringer ausgeprägt sind (Hewitt/Turrell 2011). Die Unterscheidung von Initiator und Non-Initiator (z.B. Diedrick 1991, Rossiter 1991, Waller 2007) ist wichtig, weil Entscheidungen in kritischen Familienereignissen oder -prozessen überwiegend nicht gemeinsam von den Konfliktpartnern getroffen werden, zumindest zunächst nicht. Allgemein wird angenommen, dass der Initiatorstatus (von Lindworsky bereits 1923 als „Weichenstellerwille" eingeführt) mit psychischen Vorteilen, der des Non-Initiators mit Nachteilen verknüpft ist. Bei einigen Kontrollüberzeugungen ist das einsichtig. So sind selbst initiierte Ereignisse bezüglich Belastung, Zeitpunkt und Dauer erklärbarer und voraussehbarer. Der Initiator kann sich besser darauf einrichten. Die internalen Kontrollüberzeugungen werden ausgeprägter sein. Dem Non-Initiator drohen hier eher Defizite. Ihn trifft Trennung unvorbereiteter, überraschender, schmerzlicher. Er wird eher Hilflosigkeit und externe Kontrolle erleben. Da die Möglichkeit der Wahl zwischen verschiedenen Alternativen (Trennung oder nicht, Umgang möglich oder nicht) genommen ist, werden Kompetenzüberzeugungen labilisiert.

Bisherige Untersuchungen, vor allem bei Trennungen, deuten darauf hin, dass der Initiatorstatus eher mit ausgeprägten Kontrollüberzeugungen verknüpft ist und so die Wahrscheinlichkeit erfolgreicher Bewältigung erhöht (Diedrick 1991). Steiner (2009) wies in einer empirischen Untersuchung die Bedeutsamkeit des Initiatorstatus für die angemessene Verarbeitung von Trennung und Scheidung bei Frauen nach. Unklar ist noch, wie lange eventuelle Vorteile des Initiators anhalten. Auch zeigt sich, dass die psychischen Nachteile des Non-Initiators durch familiäre Einbindung ausgeglichen werden können (Kincaid/Caldwell 1995).

Besonders bedenklich sind die genannten Zusammenhänge, wenn sie auf Kinder angewendet werden, befinden sie sich doch oft als Streitobjekt, als Partnerersatz, als Drohmittel und „Waffe" im Kampf Erwachsener, als Opfer von Vorwürfen oder Liebesentzug im Non-Initiatorstatus. Dennoch gibt es eine Reihe von Verhaltensweisen bei Kindern, mit denen sie den Initiatorstatus anstreben oder einnehmen, um Stresserleben zu mindern und handlungsfähig zu bleiben. Dazu zählt z.B., wenn sich ein Kind eigenständig dazu entscheidet, den Umgang mit dem nicht betreuenden Elternteil abzulehnen. Ein anderes Beispiel ist die Überidentifikation mit einem und die Überdistanzierung zum anderen Elternteil.

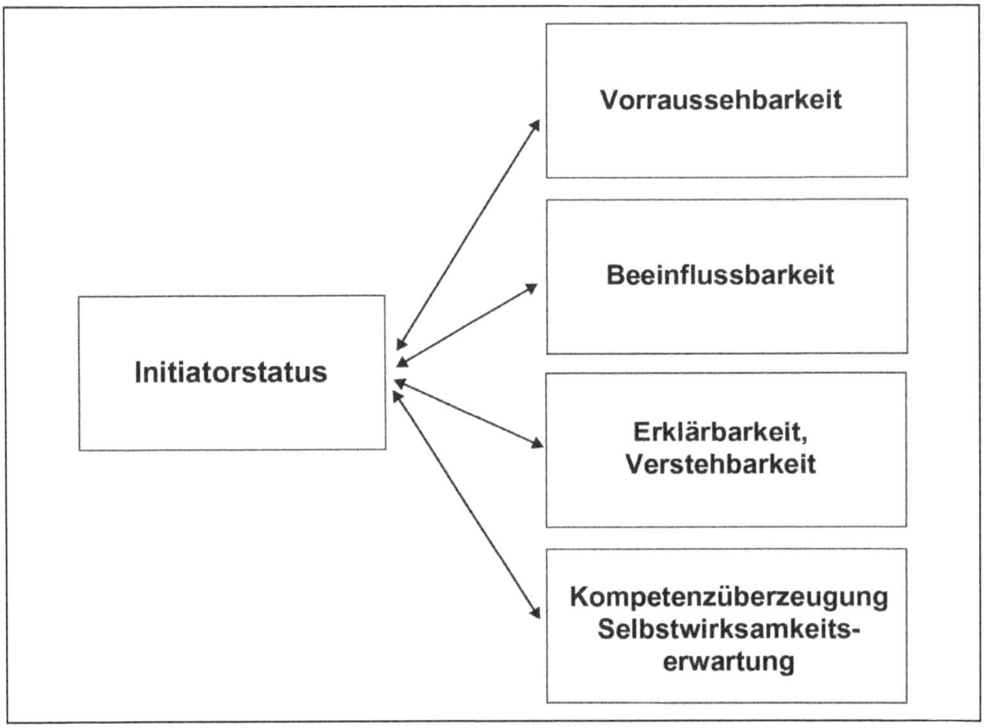

Abb. 2.7: Kontrollüberzeugungen und Initiatorstatus

2.5 Das Wohl des Kindes

2.5.1 Problematik und Funktion des Begriffs

Der Begriff „Kindeswohl" ist Dreh- und Angelpunkt von gerichtlichen Entscheidungen, Jugendamtsaktivitäten, Sachverständigengutachten, Verfahrensbeistandschaften, Umgangspflegschaften und -begleitungen usw. Das hat seinen Grund darin, dass dieser Begriff eines der zentralen Regelungsanliegen des Familienrechts und des Kinder- und Jugendhilferechts fixieren soll, nämlich den Schutz von Kindern und Jugendlichen. Reformen und Gesetzesänderungen der letzten Jahre im Kindschaftsrecht, im Eherecht und in Sorgerechtsregelungen nutzen diese „Instanz", wenn es gilt, widerstreitende Interessen abzuwägen.

Nach § 1697a BGB trifft das Gericht, soweit nichts anderes bestimmt ist, in Verfahren über die im Titel Elterliche Sorge geregelten Angelegenheiten diejenige Entscheidung, die unter Berücksichtigung der tatsächlichen Gegebenheiten und Möglichkeiten sowie der berechtigten Interessen der Beteiligten dem Wohl des Kindes am besten entspricht. An vielen Stellen des BGB wird das Kindeswohl als Maßstab genannt, so z. B. in den §§ 1666 (Abwendung von Gefahr), 1632 (Verbleiben des Kindes bei der Pflegeperson oder Herausgabe), 1671, 1678, 1680 Abs. 2, 1681 Abs. 2 (elterliche Sorge), 1684 Abs. 4, 1685 Abs. 1 (Umgang), 1686 (Auskunftsrecht der Eltern), 1687 Abs. 2, 1688 Abs. 3 (Befugnisse einer Pflegeperson), 1696 Abs. 1 und 2 (Änderung von gerichtlichen Anordnungen), 1741, 1751, 1761 (Annahme Minderjähriger), 1757 (Namensänderung). Im SGB VIII wird auf das Kindeswohl Bezug genommen in den §§ 8a (Schutzauftrag bei Kindeswohlgefährdung), 27 (Anspruch auf Hilfe zur Erziehung), 38 (Einschalten des Jugendamtes bei Ausübung der Personensorge), 42 (Inobhutnahme von Kindern und Jugendlichen), 44 (Pflegeerlaubnis).

Unter *juristischen Aspekten* ist „Kindeswohl“ ein unbestimmter Rechtsbegriff, eine Generalklausel, dessen Auslegung zum Inhalt richterlichen Entscheidens wird.

Unter *kognitionspsychologischen* Aspekten ist der Begriff Kindeswohl der typische Fall einer Invariantenbildung: In einem schwer überschaubaren Feld wechselwirkender Einzelfaktoren wird die Komplexität durch Orientierung auf *einen* Bezugspunkt, das Kindeswohl, reduziert, und sei es auch lediglich ein theoretisches Konstrukt. Dadurch wird die Entscheidungsfindung erleichtert. Ob sie auch verbessert wird, hängt davon ab, ob die gewählte Invariante Erklärungswert besitzt.

Unter *moralischen* Aspekten ist der Bezug auf das Kindeswohl ein Instrument der Rechtfertigung von Gesetzgebungs- oder Rechtsanwendungsakten sowohl im Sinne begründeter Prinzipien als auch im Sinne der Motivveredelung und der missbräuchlichen Kaschierung einseitiger Interessen.

Unter *wissenschaftstheoretischen* Aspekten lässt sich der Begriff „Kindeswohl“ auch als eine definitorische Katastrophe wahrnehmen. Das hat verschiedene Ursachen. Einige dieser Ursachen werden im Folgenden erörtert.

1. Obwohl als Orientierungs- und Entscheidungsmaßstab familiengerichtlichen bzw. kindschaftsrechtlichen Handelns genutzt, wird nirgends im rechtlichen Regelwerk gesagt, was unter „Kindeswohl“ zu verstehen ist. Obwohl als Schlüsselbegriff im Spannungsfeld von Elternrecht und staatlichem Wächteramt fungierend, findet der Begriff „Kindeswohl“ im Grundgesetz keinen Platz, wohl aber häufig in Entscheidungen des Bundesverfassungsgerichtes. In ihnen zeigt sich die verfassungsrechtliche Relevanz des Kindeswohls. Angeregt werden sie aber durch einfachgesetzliche Entscheidungen.

2. Der Begriff „Kindeswohl“ soll als Instrument und Kriterium der Auslegung, z.B. der Kindesinteressen, dienen. Zugleich fehlt es ihm selbst an schlüssiger Auslegung. Weil er kein empirischer Begriff ist, der beobachtbare Fakten benennt, sondern ein hypothetisches Konstrukt, ist er anfällig für Ideologien. Das wird deutlich, wenn Richter oder Sachverständige vor solchen Fragen stehen wie: Soll von schicht- und milieuspezifischen Selbstverständlichkeiten oder von „objektiven“ Entwicklungsstandards ausgegangen werden, wenn zu beurteilen ist, ob ein Kind vernachlässigt und dessen Wohl gefährdet wurde? Bei wohlwollender Tendenz wird dies als Gestaltungsauftrag umschrieben. Häufig wird aber auch wenig zimperlich mit dem Begriff umgegangen. Er wird z.B. beurteilt als frei von normativem Gehalt, als „leere Schachtel“ (Steindorff 1994), hohle Mystifikation (Keiser 1998) oder als „Pauschalfloskel“, als „Worthülse“ (Ell 1990), als Mogelpackung (Goldstein u.a. 1991) oder lediglich als „positiv markierte Möglichkeit“ (Eggen 2021, 344) sowie als ungeeignete Grundlage für eine professionelle Entscheidung (Figdor 2009).

3. Dazu mag beitragen, dass der Begriff „Kindeswohl“ eben nicht in einem schlüssigen, sondern in mehreren Gebrauchskontexten vorkommt. Er soll unterschiedlichen Anforderungen und Zielen gerecht werden, deren logischer Zusammenhang eher lose ist.

4. Kindeswohl gilt als Rechtsbegriff. Aber er ist unter rechtlichen Aspekten allein nicht zu erfassen oder zu erklären, sondern nur mit interdisziplinärem Bezug, insbesondere durch Nutzung psychologischer Aspekte. Aber weder in der Psychologie noch in anderen Disziplinen gibt es Konzepte zum „Wohl“. Allenfalls finden sich welche zum Wohlbefinden oder zur Gesundheit, die aber nicht unmittelbar nutzbar sind.

5. Daraus ergibt sich, dass jeder, der den Begriff Kindeswohl verwendet, seine Kompetenzen überschreitet. Der Jurist ist genötigt, über rechtliche und dadurch implizierte Wertaspekte hinaus auch psychologische Aspekte einzubeziehen. Da er nicht entsprechend ausgebildet ist, sind individuell erworbenes Fachwissen und eher zufällige Alltagskonzepte Grundlage seines Entscheidens. Der Psychologe oder Pädagoge muss in seinen Empfehlungen Wertaspekte und rechtliche Regelungsanliegen einschließen und damit seine Fachkompetenz überschreiten.

Exkurs: Rechtsbegriffe, Beweisbeschlüsse und Gutachter

Das hat weitreichende praktische Folgen. Beispiel: Im Bereich der Sachverständigentätigkeit wird im Rahmen von Kompetenzdiskussionen gefordert, dass Gerichte innerhalb der gerichtlichen Fragestellungen in den Beweisbeschlüssen keine Rechtsbegriffe verwenden sollen, Sachverständige sollen vor Beginn der Begutachtung Verstöße dagegen beim Gericht monieren, da sie sonst ihre Kompetenz überschreiten und den Vorwurf der Befangenheit riskieren würden (Ernst 2016, Bergmann 2018, Salzgeber/Bublath 2019).

Zu diesen Rechtsbegriffen wird durchweg auch der Begriff Kindeswohl gezählt. Der Gutachter hat diesen Begriff (wie auch den Begriff Kindeswohlgefährdung) nicht zu verwenden. Das Gericht hat ihn auch nicht danach zu fragen.

In einer Studie von Sahlfeld/Zumbach-Basu (2021) wurde die Häufigkeit von Rechtsbegriffen in 195 Beweisbeschlüssen von 24 Familiengerichten an familienrechtspsychologische Sachverständige untersucht. In 90,8% der Beschlüsse wurden Rechtsbegriffe verwandt. „Kindeswohl“ war mit 65,6% der am häufigsten genannte Begriff!

Unklar bleibt, inwieweit das Gericht bei der Verwendung dieses Begriffes auch die Bedeutungsinhalte jenseits des bloßen Rechtsbezugs im Auge hatte (was bei strikter Orientierung auf den komplexen Inhalt des Begriffs auch eine Kompetenzüberschreitung und ein Vorgriff auf die gutachterliche Untersuchungsplanung wäre). Der Sachverständige sieht sich mit diesem Begriff konfrontiert, ohne zu wissen, wie er gemeint ist und ohne Zuständigkeit, falls bloßer Rechtsbezug gemeint ist. Immerhin kann er sich aber auf vorhandene Definitionen des Begriffs Kindeswohl im Fach Psychologie beziehen und muss damit seine Kompetenz nicht überschreiten.

Im Rahmen der Kompetenzdiskussionen wird aber vor allem deshalb erwartet, dass in Beweisbeschlüssen Rechtsbegriffe nicht verwendet werden, weil dies als Bestandteil der Delegierung von Rechtsfragen an Sachverständige verstanden wird. Bestandteil der Diskussion ist nun, was stattdessen gerichtlich gefragt werden soll. Alltagssprachliche Umschreibungen sind schwieriger als angenommen und in der Fachliteratur nicht akzeptiert. Abgeleitete psychologische Fragestellungen oder die Verwendung psychologischer Begriffe und Konstrukte durch Gerichte führen zu Fragen zu deren Kompetenz, könnten aber auch als Vorgriff auf oder sogar Eingriff in die gutachterliche Tätigkeit verstanden werden. Auf die Brisanz dieses Problems deutet ein Ergebnis der genannten Studie hin: In 62,6% der familiengerichtlichen Beweisbeschlüsse werden psychologische Konstrukte und Begriffe bzw. psychologische Kindeswohlkriterien genannt. Die Autorinnen geben in diesem

Zusammenhang zu bedenken: „Dies weist darauf hin, dass auch auf Seiten der Richter bei der Verwendung psychologischer Begriffe im Rahmen der Formulierung von Beweisbeschlüssen Kompetenzüberschreitungen entstehen können, da die angemessene und korrekte Auswahl psychologischer Prüfkonstrukte psychologischen Fachwissens bedarf" (Sahlfeld/Zumbach-Basu 2021, 335). Deutlich wird das Problem in Bezug auf das unterschiedliche Verständnis des Begriffs Bindung von Juristen und Psychologen/ Psychiatern (Abschnitt 2.3.2.1).
Der Begriff „Kindeswohl" mit seinem interdisziplinären Hintergrund wird bewegt auf dieser Kompetenzschaukel und steht im Zentrum der Diskussion um die Gestaltung von familiengerichtlichen Beweisbeschlüssen als einem Kerndokument des Verfahrens mit Gutachterbeteiligung.

Die Problematik des Begriffs „Kindeswohl" wird überwiegend als Misere empfunden und hat zu unterschiedlichen Reaktionen geführt. Sie reichen von der Forderung, den Begriff abzuschaffen (Steindorff 1994), über die Proklamation der prinzipiellen Undefinierbarkeit (Balloff 2018, Köster 1997; Figdor 2013). Vorschläge, schwer fassbare Begriffe abzuschaffen, sind auch in anderen Bereichen gescheitert wie etwa bei den Begriffen „Einstellung" in der Psychologie oder „Erziehung" in der Pädagogik, weil eine unverzichtbare und offensichtlich auch nicht ersetzbare Erklärungsfunktion vorliegt.

Die flächendeckende Verwendung des Begriffs „Kindeswohl" im Familien- und Kindschaftsrecht schließt derzeit sowieso aus, ihn ernsthaft abschaffen zu wollen. Darüber hinaus erfüllt er anscheinend trotz aller Mängel und Nachteile in der Rechtspraxis eine unentbehrliche Funktion. Der Begriff ist ein Konstrukt, das nicht richtig oder falsch ist, sondern überwiegend nützlich. Er hat jenes Maß an Erklärungswert, Nachvollziehbarkeit und Appellfunktion sowie jene Stufe an Verallgemeinerung, die eine integrierende Wirkung gestatten. Wenn das so ist, sollte im Vordergrund stehen, den Begriff „Kindeswohl" produktiv und differenziert zu nutzen, d.h. seine Eignung als Erkenntnisinstrument zu forcieren, sein Humanisierungspotential unter den jeweils konkreten sozialen Bedingungen und Rechtsverhältnissen auszuschöpfen.

2.5.2 Definition

Unter familienrechtspsychologischen Aspekten wird hier als Kindeswohl die für die Persönlichkeitsentwicklung eines Kindes oder Jugendlichen günstige Relation zwischen seiner Bedürfnislage und seinen Lebensbedingungen verstanden. Bedürfnisse werden im Sinne von postulierten bzw. zugeschriebenen, insofern „objektiven" Entwicklungserfordernissen, also mehr im Sinne von Bedarf, verstanden *(Tabelle 2.3)*. Als „günstig" wird verstanden, wenn die Lebensbedingungen die Befriedigung der Bedürfnisse insoweit ermöglichen, dass die sozialen und altersgemäßen Durchschnittserwartungen an körperliche, seelische und geistige Entwicklung erfüllt werden, aber auch die individuellen Entwicklungsanforderungen eines konkreten Kindes berücksichtigen.

Der Nachteil dieser Definition ist, dass sich die Unbestimmtheit auf den Begriff „günstig" verlagert. Nicht einmal die Formulierung „günstigste Relation" ist gerechtfertigt, weil damit nur einem der Gebrauchskontexte des Begriffs „Kindeswohl" Genüge getan wäre, und zwar jenem, der unten als „Bestvariante" diskutiert wird. Diese Definition hat aber die Vorzüge,

- dass einseitige Orientierungen vermieden werden, z. B. auf umfassende Anforderungen (Kindeswohl ist „Sorge um …" oder „Zulassung eines glücklichen emanzipierten … Menschen"),
- dass die Gleichsetzung von Kindeswohl und Kindeswille oder Kindesinteressen bzw. ihrer kodifizierten Form, den Kinderrechten, vermieden wird,
- dass das Kindeswohl nicht als konstante Größe und als imaginäres Fixum gesucht wird, sondern als flexibles Attribut jeweils spezifischer und veränderlicher Konstellationen von personalen und sozialen Schutz- und Risikofaktoren aufgefasst wird,
- dass ein heuristisches Prinzip zur immer wieder neuen Interpretation des Kindeswohls im Einzelfall gegeben ist, so wie es angemessen ist, um eine rechtliche Generalklausel auszufüllen. Letztendlich erforderlich ist die individuelle Feststellung des Kindeswohls in der konkreten Fallkonstellation. So kann es z. B. kindeswohldienlich sein, wenn das Betreuungs-Wechselmodell nicht gegen den Willen eines Elternteils angeordnet wird, weswegen dies überwiegende Rechtsprechung der Oberlandesgerichte ist (s. z. B. OLG Hamm NJW 2012). Unter bestimmten Umständen kann es aber „im Hinblick auf das Kindeswohl geboten" (BVerfG, 2. Kammer – Beschl. v. 22.1.2018 – 1BvR 2616/17; OLG Frankfurt a. M., Beschluss vom 06.07.2021 - 3 UF 144/20) erscheinen, das Wechselmodell auch gegen den Willen eines Elternteils anzuordnen.

Tabelle 2.3 zeigt auf der linken Seite eine Auswahl für das Kindeswohl wichtiger Bedürfnisse von Kindern und Jugendlichen. Eine solche Auswahl ist immer mitbestimmt von gerade dominierenden wissenschaftlichen Erkenntnissen, von ideologiehaltigen Annahmen und aktuellen Dringlichkeiten. Welche Bedürfnisse als dominant anzusehen sind, variiert z.B. mit dem Alter, aber auch mit der Erdregion und ihrer Mängellage und mit dem „Zeitgeist" z.B. bezüglich Grenzen der Selbst- bzw. Fremdbestimmung des Kindes. Auch sind aufgeführte Bedürfnisse immer beliebig aufzugliedern oder zusammenzufassen. Jemand könnte das Bedürfnis nach Nähe oder Ferne vermissen, ein anderer das nach Identität oder Kultur. Wenn hier dennoch eine Auswahl angeboten wird, dann um auf Bezugspunkte für die Umsetzung des Kindeswohlbegriffs in seinen verschiedenen Gebrauchskontexten hinzuweisen.

Die auf der rechten Seite von *Tabelle 2.3* genannten Risikofaktoren sind dysfunktionale bzw. misslungene Beziehungen. Sie hemmen die kindliche Entwicklung dadurch, dass Bedürfnisse nicht erfüllt und die Bewältigung von altersangemessenen Entwicklungsaufgaben (Havighurst 1953) behindert werden. Auf ihre Wirkung wird im Zusammenhang mit der Kindeswohlgefährdung eingegangen.

Exkurs: Viele Unklarheiten und Missverständnisse bei der Interpretation des Begriffs Kindeswohl resultieren daraus, dass diese verschiedenen Ebenen nicht ausreichend unterschieden werden.

Innerhalb des Familienrechts und des Kinder- und Jugendhilferechts stellt der Richtpunkt Kindeswohl die einzige Legitimation zum Eingriff des Staates in die Familienautonomie dar. Damit ist die Vorrangigkeit kindlicher Interessen bzw. Rechte gegenüber Elterninteressen oder den Interessen anderer Personen impliziert. Relevante Kinderrechte sind z. B. in § 1 Abs. 1 SGB VIII formuliert: „Jeder junge Mensch hat ein Recht auf Förderung seiner Entwicklung und auf Erziehung zu einer eigenverantwortlichen und gemeinschaftsfähigen Persönlichkeit." Das kann in einzelnen Konfliktlagen aber sehr unterschiedliche Gestalt annehmen; entsprechend vielfältig sind die konkreten Fragen nach dem Wohl des Kindes. Ist es durch gemeinsame Sorge beider Eltern oder Alleinsorge eines Elternteils eher gesichert? Kann es kindeswohldienlich sein, dass Wechselmodell gegen den Willen eines Elternteils zu beschließen? Liegt das Wohl des Kindes im Verbleib bei den Pflegeeltern oder in der Rückkehr zur leiblichen Mutter? Soll trotz sexuellen Missbrauchs der Kontakt zum

Tab. 2.3: Kindeswohl-Bedürfnislage und gefährdende Lebensbedingungen

Bedürfnis	**Gefährdung (soziale Risikofaktoren)**
Körperliche Zufriedenheit durch Nahrung, Pflege, Versorgung	Fehlernährung, mang. Gesundheitsvorsorge, Verhinderung notwendiger Heilmaßnahmen, mang. Schutz vor Suchtstoffen
Sicherheit	Stärke oder Häufung nicht vorhersehbarer unbeeinflussbarer Ereignisse mit negativen Folgen (Bindungsabbrüche, Personverluste); Diskontinuität der Lebensbedingungen; massive Defizite, eingeengter Wohn- und Lebensraum, Lärm
Emotionale Zuwendung in stabilen sozialen Beziehungen im Kern: sichere Bindungen	Häufig wechselnde Bezugspersonen, Erleben von Feindseligkeit, Ablehnung, Gleichgültigkeit, Desinteresse seitens der Bezugspersonen, Fehlerziehungsformen, Instrumentalisierung für Erwachseneninteressen, Belastung mit Konflikten anderer, unnötige emot. Konflikte, Angstreduzierung, Misshandlung, Missbrauch Instabile emotionale Beziehungen, Mangel an Empathie und feinfühliger Fürsorge durch Bezugspersonen; Trennungsangst, Vorschädigung durch Trennung und Bindung
Umwelterkundung	Misslingen sicherer Bindung/Vorhandensein unsicherer Bindungen; mangelnde Anregung, inadäquate Reaktion auf Neugierverhalten bzw. Erkenntnisstreben, Missachtung von Fragephasen
Zugehörigkeit	Ausgrenzung, (Selbst-)Isolierung, Loyalitätskonflikte, unklare Grenzen oder Rollen im Familiensystem, dysfunktionale Regeln, Außenseiterposition in Gruppierungen, unangemessene Anforderungen für Zugehörigkeit.
Anerkennung	Unangemessenes Anspruchsniveau, inadäquate Rückmeldung auf Sozial- und Leistungsverhalten, Kumulation von Misserfolgen im Sozial- und Leistungsverhalten, Überforderung
Orientierung	Pendelerziehung, zu starre oder unklare Grenzen zwischen Kind und Erwachsenem, mangelnde Vermittlung von Moral- und Leistungsnormen, von Pflicht- und Verantwortungsbewusstsein, mangelnde Gelegenheit zur Übernahme von Verantwortung, zur angemess. Konfliktaustragung; mangelnde Identifikationsmöglichkeit und Vorbildwirkung von Bezugspersonen; chaotische Lebensbedingungen
Selbstbestimmung	Ausnutzen von Abhängigkeiten, übermäßige Kontrolle, Missachtung und Vereitelung angemessener Interessen und Verhaltensintentionen, Handlungen; Verhinderung von Verantwortungsübernahme und Partizipation, Falschplatzierung durch Behörden
Selbstverwirklichung	Verhinderung von Individuation, Selbstreflexion, Selbstkontrolle, Einengung von Kreativität
Wissen/Bildung	Mangelnde Anregung und Förderung, Verletzung der Aufsichtspflichten, Demotivierung im Leistungsbereich; Mängel in Bildungs- bzw. Ausbildungsinstitutionen

Kindesvater gestattet werden, weil es insgesamt kindeswohldienlich ist, diese Beziehung aufrechtzuerhalten, oder ist das eine Gefahr für das Kindeswohl? Soll das Kind wegen Alkoholismus der Mutter untergebracht werden oder nicht?

Soweit die Ebene einzelner Regelungsbereiche bzw. Rechtszweige. Sie setzen um, was auf der Grundrechtsebene als komplexe Grundrechtspositionen des Kindes und des Jugendlichen in Art. 1 Abs. 1 und Art. 2 Abs. 2 GG fixiert ist. Dabei wird wiederum davon ausgegangen, welche Grundwerte in Bezug auf die Lebensqualität von Kindern und Jugendlichen auf gesellschaftlicher Ebene in sozialpolitischen Grundsatzentscheidungen umgesetzt werden sollen.

Nach dem gemeinsamen Kern dieser unterschiedlichen Ebenen zu fragen, heißt eigentlich, das Unmögliche zu wollen.

2.5.3 Gebrauchskontexte

Eine Quelle von Komplikationen sind auch die ganz unterschiedlichen Funktionen des Begriffs „Kindeswohl“ in Gesetzestexten. Sie bilden das Bemühen des Gesetzgebers ab, der Vielfalt von Fallkonstellationen mit verschiedenen Beurteilungskriterien beizukommen. Der im Folgenden unterstellten Logik der Gebrauchskontexte entspricht die überwiegende Zahl der Einzelnormen, nicht aber alle. Folgende Funktionen bzw. Gebrauchskontexte sind unterscheidbar: die Bestimmung der Bestvariante, die Bestimmung der Genug-Variante und die Gefährdungsabgrenzung *(s. Abbildung 2.7)*.

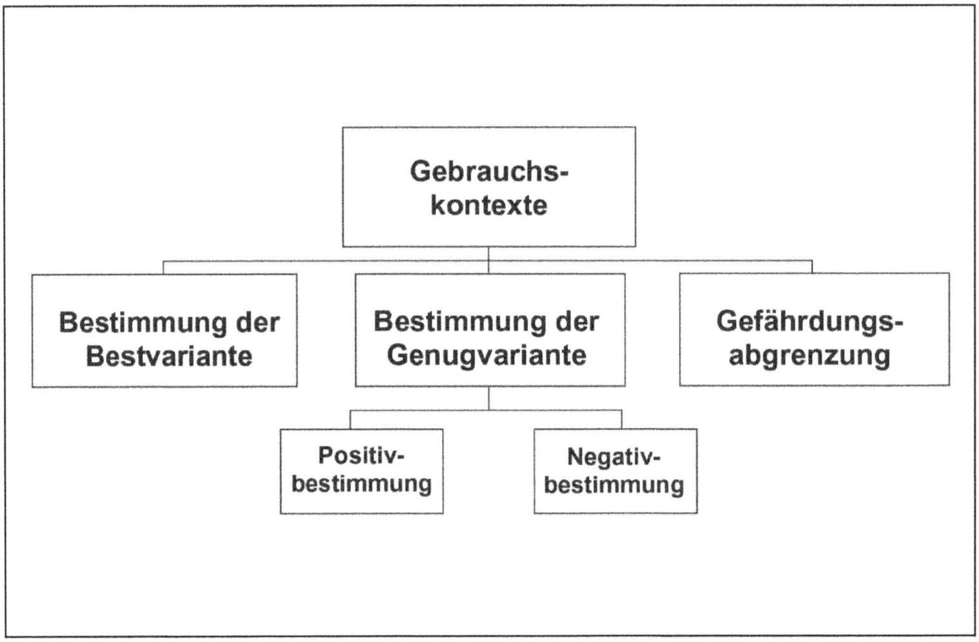

Abb. 2.8: Gebrauchskontexte Kindeswohl

2.5.3.1 Die Bestimmung der Bestvariante

Prototyp ist der § 1671, Abs. 1 BGB, wonach einem Antrag auf Übertragung der Alleinsorge bei Getrenntleben der Eltern stattzugeben ist, wenn die Aufhebung der gemeinsamen Sorge um die Übertragung auf den Antragsteller „dem Wohl des Kindes am besten entspricht". Es wird die für die Persönlichkeitsentwicklung eines Kindes oder Jugendlichen unter den gegebenen Umständen optimale Relation zwischen seiner Bedürfnislage und seinen Lebensbedingungen angestrebt. Wenn angenommen wird, dass eine Regelung dem Kindeswohl „am besten" entspricht, kann dadurch die fehlende Zustimmung eines Elternteils und der Widerspruch des Kindes ausgeglichen werden.

Als Auffangregel (Grüneberg 2022, 1697a Rn. 2) für die Anwendung der Bestvariante fungiert § 1697a BGB (Kindeswohlprinzip). Dort heißt es: „Soweit nichts anderes bestimmt ist, trifft das Gericht in Verfahren über die in diesem Titel geregelten Angelegenheiten diejenige Entscheidung, die unter Berücksichtigung der tatsächlichen Gegebenheiten und Möglichkeiten sowie der berechtigten Interessen der Beteiligten dem Wohl des Kindes am besten entspricht."

2.5.3.2 Die Bestimmung der Genug-Variante

Bei dieser Variante wird nicht Optimalität angestrebt, sondern eine günstige, entwicklungsförderliche Relation von Bedürfnissen und Lebensbedingungen genügt. Diese Variante kann auf zwei Wegen gesichert werden: durch Zulassen von Aktivitäten und durch Entzug von Rechten.

1) Durch Zulassen von Aktivitäten (Positivbestimmung): Die Annahme als Kind (Adoption) ist nach § 1741 Abs. 1 zulässig, „wenn sie dem Wohl des Kindes dient …". Die gleiche Wendung wird benutzt in den §§ 1680 Abs. 2 und 1685 Abs. 1. In sehr freier sprachlicher Gestaltung heißt es in § 1696 Abs. 1: „Eine Entscheidung zum Sorge- oder Umgangsrecht oder ein gerichtlich gebilligter Vergleich ist zu ändern, wenn dies aus trifftigen, das Wohl des Kindes nachhaltig berührenden Gründen angezeigt ist." Weitere sprachliche Variationen („entspricht", „erforderlich ist") finden sich in den §§ 1618 und 1757 Abs. 3 BGB.

Eine günstige Relation zwischen Bedürfnissen und Lebensbedingungen des Kindes genügt. Es muss nicht die günstigste sein, sie kann suboptimal sein. Vor allem aber: Die Aktivität (Annahme, Sorgerechtsausübung) kann bereits abgelehnt werden, wenn sie nicht dem Kindeswohl dient oder entspricht. Eine Gefährdung des Kindeswohls muss nicht drohen.

Es wird – soweit möglich – auch geprüft werden, ob eine andere Lösung zur Verfügung steht, die noch mehr dem Wohl des Kindes dient. Und selbstverständlich enthält diese Variante auch Elemente der Gefährdungsabgrenzung. Zu erwägen, ob eine Lösung dem Kindeswohl dient, heißt auch, die Alternativhypothese zu prüfen, d.h. ob sie eventuell nicht dem Kindeswohl dient. Dabei kann die Reflexion von potenziellen Gefährdungen nicht ausgeblendet werden. Dies gilt in besonderem Maße für das Zulassen einer Aktivität, wie das Wahrnehmen des Auskunftsrechts durch Eltern (§ 1686 BGB) oder die Sorgerechtsausübung (§§ 1680 Abs. 2, 1681 Abs. 2, 1751 Abs. 3 BGB) unter der Voraussetzung, dass sie „dem Wohl des Kindes nicht widerspricht". Nach § 1626a Abs. 2 BGB wird bei nicht miteinander verheirateten Eltern auf Antrag eines Elternteils die elterliche Sorge oder ein Teil der elterlichen Sorge beiden Eltern übertragen, „wenn die Übertragung dem Kindeswohl nicht widerspricht".

Wieder kann postuliert werden: Die Aktivität kann bereits verweigert werden, wenn sie dem Kindeswohl widerspricht nicht erst wenn es gefährdet ist. Die Grenzen sind fließend. De facto handelt es sich um eine abgeschwächte Variante der Gefährdungsabgrenzung (s.u.).

2) Durch Entzug von Rechten und Befugnissen (Negativbestimmung): Das Familiengericht kann nach § 1688 Abs. 2 BGB die Entscheidungs- und Vertretungsbefugnisse einer Pflegeperson entziehen oder nach § 1684 Abs. 4 BGB das Umgangsrecht einschränken oder ausschließen, wenn „dies zum Wohl des Kindes erforderlich ist", ebenso die Alleinentscheidungsbefugnisse getrennt lebender Eltern bei gemeinsamer Sorge (§ 1687 Abs. 2 BGB). Es können also Rechte und Befugnisse bereits entzogen, ausgeschlossen oder eingeschränkt werden, wenn sie für die Gewährleistung des Kindeswohls (Genug-Variante) nicht erforderlich sind, nicht erst, wenn sie kindeswohlgefährdend sind. Das bedeutet eine niedrigere Schwelle des Verwehrens von Rechten und Befugnissen.

Fazit: Bei der Genug-Variante reicht es, wenn eine günstige Relation von Bedürfnissen und Lebensbedingungen hergestellt oder erhalten wird durch Zulassen von Aktivitäten wie Sorgerechtsausübung, Umgang und Annahme oder durch Entzug von Rechten und Befugnissen.

2.5.3.3 Gefährdungsabgrenzung

Der Gesetzgeber kündigt Maßnahmen für den Fall an, dass das *Wohl des Kindes gefährdet* wird.

Die häufigste und wichtigste Anwendung betrifft die §§ 1666 Abs. 1, 1666 a BGB, das heißt Maßnahmen, die erforderlich sind, um die Gefährdung des körperlichen, geistigen oder seelischen Wohls des Kindes abzuwenden. Nach § 1636 Abs. 4 BGB kann das Familiengericht anordnen, dass ein Kind bei der Pflegeperson verbleibt, „wenn und solange das Kindeswohl durch die Wegnahme gefährdet würde". Nach § 1684 Abs. 4 BGB kann eine Entscheidung, die das Umgangsrecht oder seinen Vollzug zeitlich länger einschränkt oder ausschließt, „nur ergehen, wenn andernfalls das Wohl des Kindes gefährdet wäre". Ein Adoptionsverhältnis darf nach § 1761 Abs. 2 nicht aufgehoben werden, wenn dadurch das Wohl des Kindes „erheblich gefährdet würde". Das Jugendamt ist nach § 42 Abs. 1 KJHG berechtigt und verpflichtet, ein Kind oder einen Jugendlichen in seine Obhut zu nehmen, wenn „eine dringende Gefahr für das Wohl des Kindes oder des Jugendlichen" dies erfordert.

Das Kindeswohl ist dabei in §§ 1666, 1666a BGB so ausgelegt, dass der Staat nur unter strikter Wahrung der Verhältnismäßigkeit Maßnahmen ergreifen darf. Es gehört z.B. nicht zum staatlichen Wächteramt, für eine bestmögliche Förderung des Kindes zu sorgen. Das Kind hat keinen Anspruch auf ideale Eltern und optimale Erziehung, vielmehr steht die Abwehr von Gefahren für das Kindeswohl im Vordergrund. Ging es bisher um die positive Bestimmung des Kindeswohls, so steht jetzt im Mittelpunkt, eine Kindeswohlgefährdung abzuwenden. Kindeswohlgefährdung ist die Überforderung der Kompetenzen eines Kindes, vor allem der Kompetenzen, die ungenügende

Berücksichtigung seiner Bedürfnisse in seinen Lebensbedingungen ohne negative körperliche und/oder psychische Folgen zu bewältigen. Durch eine Mängellage wird die Bedürfnislage ignoriert. Das ist der Kern einer für die Persönlichkeitsentwicklung ungünstigen Relation zwischen Bedürfnissen und Lebensbedingungen.

Es wäre aber eine Illusion, eine feste Grenze zwischen „rotem" und „grünem Bereich" anzunehmen. Ob eine körperliche Bestrafung eines Kindes noch lediglich als gesellschaftlich unerwünscht, aber hinnehmbar und rechtlich unbeachtlich, oder als Kindesmisshandlung zu beurteilen ist, hängt z.B. ab von dem Ausmaß und der Häufigkeit von Schlägen, von evtl. verwendeten Hilfsmitteln, von den Folgen, aber auch von schichtspezifischen Gewohnheiten und Normen, vom Vorhandensein ausgleichender Schutzfaktoren in der Familie und von der Vulnerabilität des Kindes. Noch schwieriger ist zu entscheiden, wann das Verhalten der Bezugspersonen als psychische Misshandlung des Kindes zu gelten hat. Die Maßstäbe des Urteilens werden mitbestimmt durch die Profession und das Fachgebiet, von der fachlichen Erfahrung und von persönlichen Normen und Urteilsneigungen.

Es gibt keine allgemein gültigen Mindeststandards, keine Punkte auf einer Skala, also auch keine fixen Subsumtionskriterien für Gefährdung. Dies ist auch das Hindernis, in Analogie zum Strafrechtsbereich, die Kindeswohlprognose methodisch zu erfassen. Es gibt allenfalls Urteilsspielräume. *In Tabelle 2.3* sind auf der rechten Seite soziale Risikofaktoren aufgeführt, deren Gefährdungspotential mit der Intensität und Dauer der Wirkung zunimmt. Einige Bemerkungen zu den dort ausgewählten Faktoren verdeutlichen die Problematik.

a) Die genannten Gefährdungsfaktoren können wiederum eingebunden sein in ganz unterschiedliche Ereigniskonstellationen wie langjährige Zerrüttungsprozesse oder plötzliche Trennung, dissoziales Milieu oder psychische Erkrankung von Bezugspersonen. Daraus ergeben sich unterschiedliche Schlussfolgerungen in Bezug auf Kausalität und Prognose.

b) Die genannten Gefährdungsfaktoren im sozialen Kontext wirken nicht unabhängig von personalen Risikofaktoren wie z.B. unsichere oder fehlende Bindungen oder Selbstwertlabilität. Einerseits ist die Wahrscheinlichkeit der Schädigung durch äußere Belastungen umso größer, je vulnerabler ein Kind ist. Andererseits erhöht intensive Belastung von außen die Vulnerabilität. Wenn z.B. ein Kind bereits eine Trennung von einer Bindungsperson erlitten hat, ist es oft vorgeschädigt. Dabei spielen nicht nur individuelle Dispositionen eine Rolle, sondern auch entwicklungspsychologische Besonderheiten wie z.B. störanfällige Entwicklungsphasen, Diskontinuität, Asynchronität oder Geschlechtsspezifik sowie psychopathologische Varianten der Entwicklung.

c) Das Gefährdungspotential von Risikofaktoren abzuwägen wird dadurch erschwert, dass sie ganz unterschiedliche Folgen haben können. Körperliche Misshandlung kann über leibliche Schädigung hinaus auch psychische Folgen nach sich ziehen und extreme Instrumentalisierung des Kindes durch Scheidungseltern kann das Kind auch körperlich, z.B. über psychosomatische Komplikationen, schädigen. Umgekehrt sind Folgen multikausal, weswegen auch gilt, dass es kein „Missbrauchssyndrom" gibt. Fast alle Folgen sexuellen Missbrauchs können auch andere Ursachen haben.

d) Die Bedeutsamkeit der einzelnen in Tabelle 2.3 genannten Gefährdungsfaktoren unterscheidet sich auch je nach Regelungsgegenstand. So sind z.B. Bindungen des Kindes für Entscheidungen wie Wegnahme von Pflegeeltern nach § 1632 Abs. 4 BGB sicher ein bedeutsameres Kriterium als bei Maßnahmen zur Abwendung von Gefahr im Rahmen des § 1666 Abs. 1 BGB.

e) Zusätzlich erschwerend ist, dass nicht nur gegenwärtig bereits wirkende Gefährdungen beurteilt werden sollen, sondern auch künftige, die eintreten würden, wenn Gericht oder Jugendamt nicht eingreifen würden. Die Formulierungen im Gesetzestext verlangen auch Eventualprognosen. Es muss also noch keine Schädigung vorliegen. Mögliche Schädigungsfolgen mit hoher Wahrscheinlichkeit müssen aber benennbar sein. In § 8a SGB VIII Abs. 1 ist von „gewichtigen Anhaltspunkten" für die Gefährdung des Kindeswohls die Rede.

Exkurs: Kindeswohl, Risikoabwägung, Hypothesenbildung und sekundäre Kindeswohlgefährdung

Gemeinsam ist allen Gebrauchskontexten, dass Entscheidungen bei mangelnder Informationslage und unter Unsicherheit getroffen werden müssen. Solche Entscheidungen werden oft als Dilemma empfunden. Beibehaltung des Lebensmittelpunktes eines Kindes oder dessen Veränderung, Umgangsgewährung wie Umgangsausschluss können das Kindeswohl sichern oder auch gefährden. Sinnvolle Entscheidungen sind nur auf dem Wege differenzierter Risikoabwägungen (Dettenborn 2003) zu finden, d. h., das Gefährdungspotential von Risikofaktoren ist abzuwägen. Dafür gibt es keine allgemeingültigen Bewertungskriterien und keine Punkteskalen. Es gibt nur Urteilsspielräume. Diese lassen sich durch eine methodisch durchdachte Hypothesenbildung und -prüfung ordnen.

Die Hypothesen können simpel sein (alleinige elterliche Sorge entspricht dem Kindeswohl am besten vs. Beibehaltung der gemeinsamen elterlichen Sorge entspricht dem Kindeswohl am besten) oder sie können differenziert sein. Es werden z. B. Teilhypothesen dazu gebildet, was für die „Gewichtigkeit" eines Anhaltspunktes für Kindeswohlgefährdung gemäß § 8a Abs. 1 SGB VIII spricht und damit geeignet ist, die Handlungspflichten des Jugendamtes auszulösen, und was dagegen spricht. Selbst wenn die Hypothesen zunächst simpel sind, so mindern sie doch die Wahrscheinlichkeit einseitiger Sammlung und Bewertung von Informationen. Sie sind Ausgangspunkte zur Differenzierung der Hypothesen. Außerdem sind sie Gewähr für die Erhaltung der Flexibilität in der Urteilsbildung. Voraussetzung ist, dass jede Hypothese auch für falsifizierbar gehalten wird.

Es besteht die berufsethische Pflicht zu solch einer permanenten Hypothesenbildung und -prüfung, auch wenn sie meist mühsamer ist als schnelle Vorannahmen und darauf folgende Selbstbestätigungskreisläufe.

Je weniger Risikoabwägung mit Hypothesenbildung eine Entscheidung vorbereitet, desto größer ist die Gefahr sekundärer Kindeswohlgefährdung. Primäre Kindeswohlgefährdungen können z. B. bestehen in rigider ungerechtfertigter Umgangsvereitelung oder in der Vernachlässigung eines Kindes, also durch Handeln Erwachsener, das in eklatantem Widerspruch zu den Bedürfnissen des Kindes steht und dessen Persönlichkeitsentwicklung beeinträchtigt.

Sekundäre Kindeswohlgefährdungen entstehen durch Fehlreaktionen auf tatsächliche oder scheinbare primäre Kindeswohlgefährdung, und zwar durch Fehlreaktionen der an familiengerichtlichen Entscheidungsprozessen beteiligten Personen und Instanzen (Richter, Sachverständige, Jugendamtsmitarbeiter, Verfahrensbeistände usw.). Es wird z. B. Vernachlässigung eines Kindes durch einen Elternteil fälschlicherweise angenommen oder fälschlicherweise übersehen und jeweils zwangsläufig unangemessenen reagiert.

Die Folgen solcher Fehlreaktionen unterscheiden sich nicht von denen der primären Kindeswohlgefährdung: Es werden auch hier durch Handeln oder Nichthandeln Lebensbedin-

gungen geschaffen, die im Widerspruch zu den Bedürfnissen des Kindes stehen und seine Persönlichkeitsentwicklung gefährden können.

Dahinter steht oft, dass mangels Hypothesenbildung gar keine Entscheidungsalternativen wahrgenommen werden, d. h., der Risikocharakter wird verkannt: Es liegt die Illusion der Gewissheit vor. Anfangs wird aus einem zunächst nachvollziehbaren Ersteindruck, ein Kind werde vernachlässigt, eine unumstößliche, durch nichts beirrbare (Vor-)Annahme. Dann werden aus dem wohlbegründeten Anliegen, möglichst beide Elternteile für das Kind zu erhalten, blinde Dogmen, die Umgang um jeden Preis, auch gemeinsames Sorgerecht oder schnelle Einigung um jeden Preis predigen.

Die sekundäre Kindeswohlgefährdung wird als Thema eher gemieden. Es ist unbequem, und das Haftungsrisiko ist bislang gering. Die Risikofolgen professioneller Fehlreaktionen liegen ausschließlich auf Seiten der betroffenen Erwachsenen oder der Kinder. Um sekundäre Kindeswohlgefährdungen zu vermeiden, sind Bemühungen um eine Standardisierung des Vorgehens und eine Verbesserung der Methoden der Kindeswohlprognose inklusive der Entwicklung von Instrumenten zur Gefährdungseinschätzung notwendig (Zumbach u. a. 2020). Aber auch größere Bereitschaft zur Kommunikation über Risiken und zur regelmäßigen Fehleranalyse, Supervision und Fortbildung sind wichtig. Es geht hierbei um die sinnvolle Nutzung des Gruppenvorteils (Ideenhäufung, Fehlerausgleich, Kompetenzkoordinierung usw.) durch effektive professionsübergreifende Zusammenarbeit oder das in § 8a SGB VIII verlangte „Zusammenwirken mehrerer Fachkräfte" – allerdings bei Wahrung eines ausgewogenen Verhältnisses zu individueller Verantwortung.

2.6 Der Wille des Kindes

2.6.1 Rechtliche Grundlagen

Der Kindeswille gehört zu den besonders problematischen Kriterien hinsichtlich der Beurteilung des Kindeswohls.

Im Familienrecht figuriert der Kindeswille innerhalb des Titels „Elterliche Sorge" des BGB als Entscheidungskriterium. Darauf beschränkt sich diese Abhandlung. *Folgende gesetzliche Grundlagen sind bedeutsam:*

In § 1626 Abs. 2 BGB begegnet er uns in der Formulierung, dass Eltern mit dem Kind – soweit es nach dessen Entwicklungsstand angemessen ist – Fragen der elterlichen Sorge besprechen und „Einvernehmen" anstreben. Das schränkt z. B. das Aufenthalts- und Umgangsbestimmungsrecht der Eltern gemäß §§ 1631 Abs. 1 und 1632 Abs. 2 BGB ein. Allerdings ist, wenn Einvernehmen nicht zu erzielen ist, der elterliche Wille ausschlaggebend, es sei denn, die Grenze zum § 1666 BGB ist überschritten (Sorgerechtsmissbrauch).

In § 1671 (2) BGB wird der Widerspruch eines Kindes ab dem 14. Lebensjahr als ein Grund genannt, dem Antrag eines Elternteils auf Alleinsorge nicht stattzugeben. In § 1746 (1) heißt es, dass zur Annahme des Kindes die Einwilligung erforderlich ist. In anderen Zusammenhängen, wie etwa der Umgangsregelung nach § 1684 oder der Herausgabe, ist der Wille des Kindes zwar nicht Bestandteil des Gesetzestextes, wohl aber Kriterium der Rechtsprechung.

Im FamFG ist die Anhörung des Kindes als das verfahrensrechtliche Werkzeug enthalten, den Kindeswillen zur Kenntnis zu nehmen. Nach § 159 Abs. 2 hat das Gericht das Kind persönlich anzuhören, es sei denn, dass „die Neigungen, Bindungen und der Wille des Kindes für die Entscheidung nicht von Bedeutung sind".

Schließlich ist auf die Rolle des Verfahrensbeistands zu verweisen. Er kann gemäß § 158 Abs. 1 FamFG vom Gericht dem minderjährigen Kind bestellt werden, „soweit dies zur Wahrnehmung der Interessen des Kindes erforderlich ist". Der Verfahrensbeistand tritt an die Stelle des gesetzlichen Vertreters und hat in Ergänzung oder an Stelle des Personensorgeberechtigten die Kindesinteressen in das Verfahren einzubringen. Dabei sollen nach überwiegender Meinung die subjektiven Interessen des Kindes im Vordergrund stehen. Seine Aufgabe ist damit, die Meinungen, Wünsche und Willenstendenzen des Kindes festzustellen und einzubringen.

Es fällt auf, dass sich die Gesetzgebung teilweise schwer tut mit dem Begriff Kindeswillen und begriffliche Annäherungen vorzieht (mit Formulierungen wie „soweit dies zur Wahrnehmung seiner Interessen erforderlich ist", „Widerspruch eines Kindes", „Einvernehmen anstreben"). Insgesamt aber hat sich die Bedeutung des Kindeswillens als Eingangsgröße bei der Bewertung des Kindeswohls und als Prädiktor für die Empfehlungen psychologischer Gutachter erhöht. Die Diskussion zum Kindeswillen ist differenzierter geworden (Balloff 2021, Fahrendholz/Zumbach 2020, Schäder 2019, Zumbach u.a. 2021). Kritik bezieht sich u.a. auf fehlende gesetzliche Grundlagen, so auf den Verzicht auf die Einbeziehung des Kindes beim Anstreben einer einvernehmlichen Lösung im FamFG. Die intensivsten Folgen einer elterlichen Übereinkunft haben die Kinder zu tragen. Kontraindiziert ist deshalb, ihre Rolle als Rechtssubjekte zu mindern und zudem die Gefahr des Scheiterns von scheinbar einvernehmlichen Lösungen zu schaffen, z.B. wenn diese von den Eltern einerseits und dem Kind andererseits völlig unterschiedlich erlebt werden. Dies heißt umgekehrt, dass die Sicherheit von Entscheidungen höher sein kann, wenn Kinder einbezogen werden.

2.6.1.1 Übergreifende Intentionen

Welche Intentionen des Gesetzgebers und der Rechtsprechung, welche sozialwissenschaftlichen Erkenntnisse werden deutlich?

1. *Persönlichkeitsentwicklung setzt Selbstbestimmung voraus:* Das Recht auf freie Entfaltung der Persönlichkeit nach Art. 1 GG oder das Recht auf Erziehung zu einer eigenverantwortlichen und gemeinschaftsfähigen Persönlichkeit nach § 1 Abs. 1 SGB VIII ist nur mit Freiraum für Selbstbestimmung und Mitwirkung zu gewährleisten. In kindeswohlbezogenen Entscheidungsprozessen ist eine Voraussetzung dafür, den Kindeswillen zu beachten. Selbstbestimmtes und verantwortungsbewusstes Handeln als Erziehungsziel ist gefährdet, wenn das Kind lediglich Objekt von Entscheidungen ist. Deshalb sind Kindern und Jugendlichen vom Gesetzgeber auch vielfältige Beteiligungs- und Mitwirkungsrechte gesichert.

2. *Selbstbestimmung soll Grenzen haben:* Der Gesetzgeber verzichtet deshalb auf Generalklauseln zur Mitentscheidung von Kindern, im FamFG auch auf die Einbeziehung des Kindes beim Anstreben einer einvernehmlichen Regelung. Nur in wenigen Normen werden Bezüge zu Selbstbestimmung des Kindes formuliert. Selbst dort werden Grenzen eingeführt, indem Teilmündigkeiten festlegt werden. In § 1671 (2) BGB (Widerspruchsrecht gegen Elternanträge) wird die Vollendung des 14. Lebensjahres, in § 1746 BGB (Einwilligung zur Annahme) werden die Vollendung des 14. Lebensjahres und die Geschäftsfähigkeit für die Beachtlichkeit des Kindeswillens verlangt, ebenso in §§ 159 Abs. 1 und 164 FamFG.

Damit werden zwei Kriterien eingeführt, nämlich Altersstandards und individuelle Kompetenz. Beide können in die Formulierung in § 1626 (2) BGB hineingedeutet werden: Absprache und Einvernehmen mit dem Kind in Fragen der elterlichen Sorge, „soweit es nach dessen Entwicklungsstand angezeigt ist". Der Gesetzgeber schwankt zwischen konventionellen, nicht wirklich begründbaren Altersgrenzen und flexibel-unbestimmten Hinweisen auf den Entwicklungsstand, bei dem unklar bleibt, ob er sich auf die Altersnorm oder die individuelle Kompetenz eines Kindes bezieht.

3. *Die formelle Entscheidungskompetenz liegt nicht beim Kind, sondern beim Richter:* Die dem Kind zugestandene Selbstbestimmung und Mitwirkung dürfen sich nicht zum Nachteil des Kindes auswirken. Sie sind mit anderen Einflussgrößen zu verknüpfen und ins Verhältnis zum Kindeswohl zu setzen. Dies dient dem Schutz des Kindes vor überfordernden Entscheidungen und anderen potenziellen Stressoren.

Diese Intentionen schaffen Orientierung, aber werfen auch Fragen auf: Bedeutet eingeschränkte Selbstbestimmung auch, den Kindeswillen zu ignorieren? Heißt also Kindeswohl anzustreben gar nicht, den Kindeswillen umzusetzen? Wie genau ist das Verhältnis von Elternrecht und Recht auf Selbstbestimmung des Kindes? Werden Kinder nicht zur bloßen Verhandlungsmasse, wenn ihre Stimme beim Anstreben einer einvernehmlichen Regelung keine Rolle spielt? Welche Folgen hat das für die Qualität und die Dauer einer solchen einvernehmlichen Lösung? Welche Rolle spielt das Alter eines Kindes? Ist induzierter Wille noch Kindeswille? Wie soll der Kindeswille festgestellt werden?

Sich zu solchen Fragen der juristischen Handhabung des Kindeswillens zu äußern, sollte leichterfallen, wenn vorher über die psychologische Natur des Kindeswillens nachgedacht wird. Das wird in den folgenden Abschnitten unternommen.

2.6.2 Psychologie des Kindeswillens

2.6.2.1 Definition

Über den Begriff des Willens besteht Nähe zur Psychologie. Tatsächlich entscheiden die psychologisch fachgerechte Diagnostik und Berücksichtigung des Kindeswillens mit darüber, ob den zentralen rechtlichen Regelungsinteressen, nämlich dem Schutz des Kindes, nachgekommen werden kann. Von Seiten des Rechts wird diese Nähe kaum adäquat wahrgenommen. In der Psychologie wurde die Willensproblematik über Jahrzehnte gemieden oder hinter Begriffen wie Motivation oder Entscheidung verborgen. Sie wird nun – vor allem als „Volition" – wiederentdeckt.

Als Kindeswille wird hier die altersgemäß stabile und autonome Ausrichtung des Kindes auf erstrebte, persönlich bedeutsame Zielzustände verstanden. Damit ist nichts zum Bewusstheitsgrad sowie zu den emotionalen und kognitiven Anteilen gesagt. Es ist auch nichts zu den hinter der Willensbildung stehenden Motiven gesagt. Sie sind gesondert zu beurteilen. Es geht um vom Kind selbst definierte Interessen. Dagegen geht es nicht um „wohl verstandenes" Interesse, nicht um „vernünftigen" Willen, nicht um die stellvertretende Abwägung möglicher Zielzustände durch Professionelle. Dar

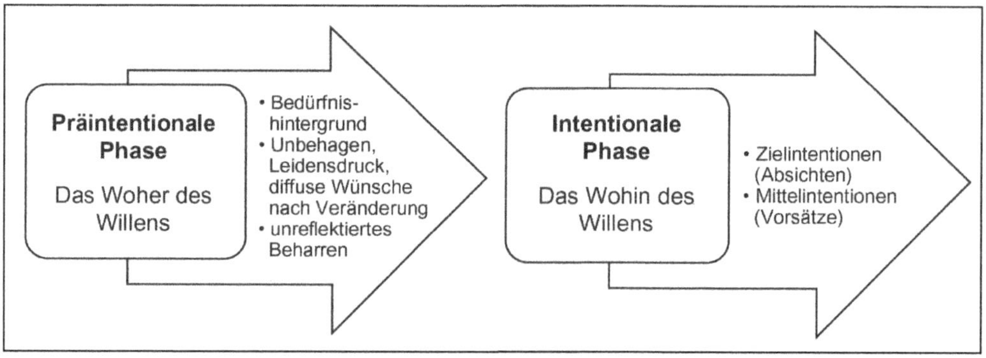

Abb. 2.9: Stadien der Willensbildung

aus ergibt sich, dass auch keine Identität mit dem Begriff „Interessen des Kindes" im § 158 Abs. 1 FamFG besteht. Es ist vom originalen, von allen „Wohlverständnissen" unverfälschten Kindeswillen die Rede.

2.6.2.2 Stadien der Willensbildung

Dem kindlichen Willen ist – wie dem Willen überhaupt – ein Woher und ein Wohin zuzuschreiben. Das *Woher* betrifft den Bedürfnishintergrund. Das Erleben von Bedürfnisbefriedigung wie auch deren Gefährdung führen zu motivationalen Tendenzen auf ganz unterschiedlichem Bewusstheitsgrad. Am Beginn der kindlichen Entwicklung steht die Oszillation von Bindungsbedürfnis und Streben nach Erkundung bzw. Selbstentfaltung im Mittelpunkt solcher motivationalen Tendenzen. Später spielen alle in *Tabelle 2.3* genannten Bedürfnisbereiche eine Rolle. Zentral bedeutsam in jeder Entwicklungsphase bleibt das Bindungsbedürfnis, weshalb der Kindeswille überwiegend Ausdruck vorhandener Bindungen ist.

In dieser Phase des Woher können die eigenen Gefühle, z.B. Zuneigung, Ängste oder Wut, durchaus sinnvoll reguliert werden, aber lediglich im Sinne eines ungerichteten, unbestimmten Strebens nach Veränderung. Dazu zählt z.B., wenn familiäre Bedingungen zu Leidensdruck führen. Die andere Variante ist unreflektiertes Verharren. Fühlt sich ein Kind bei wöchentlichem Wechsel zwischen beiden Elternteilen wohl, dann begegnet es Gesprächen mit Unverständnis, in denen es um mögliche Veränderungen geht. Selbst stärkere emotionale Beziehungen zu einem Elternteil und darauf aufbauende latente Wunschtendenzen werden nicht handlungsleitend, wohl aber sind sie bewusstseinsfähig und, unter bestimmten Voraussetzungen, in Absichten überführbar (s.u.). Das kann einerseits als belastend erlebt werden, weil es mit dem Zwang zur Entscheidung verbunden ist. Es kann aber auch als entlastend aus motivationalen Konflikten und als Gewinn an Handlungsfähigkeit empfunden werden. Der Weg vom Woher zum Wohin, vom präintentionalen zum intentionalen Stadium der Willensbildung ist geebnet.

In der Phase des „Woher" kann dem Kind viel eingeredet werden. Es kann überfordert werden, indem ihm Entscheidungen abverlangt werden, die noch nicht herausgebildet sind, z.B. durch den Gutachter oder den Richter. Es ist aber auch die Phase, in der zuweilen die Entscheidung von außen, z.B. der richterliche Beschluss, das Kind aus überlastender Verantwortung nehmen bzw. aus einem Konflikt „befreien“ kann.

Der Aspekt des *Wohin* meint die Zielorientierung. Nicht mehr nur Aktivierung, sondern die Ausrichtung des Willens steht im Vordergrund, inhaltliche Intentionen werden wirksam, und zwar Zielintentionen und Mittelintentionen bzw. Absichten und Vorsätze.

Zielintentionen (Absichten): Sie stellen die Absicht dar, einen bestimmten Zustand zu erreichen oder beizubehalten, z.B. die Absicht: „Ich will meinen Vater sehen.“ Natürlich zählt auch die klare Absicht dazu, einen Zustand zu vermeiden, z.B. Rückkehr ins dissoziale Elternhaus. Eine Absicht ist jedenfalls der Abschluss einer Phase zielloser Unzufriedenheit oder Bedrückung oder des Konflikts zwischen verschiedenen Wünschen, z.B. einerseits den Vater zu kontaktieren, andererseits die Mutter durch den Umgang nicht zu verletzen. Dadurch dass Zielzustände festgelegt werden, wird das Abwägen unverbindlicher Wünsche beendet. Dies kann als Gewinn an Handlungsfähigkeit erlebt werden. Zu den nachteiligen Folgen gehört, dass sich die Wahrnehmung und Erinnerung von Personen und Beziehungen der Zielintention gemäß, d.h. weniger der Realität folgend, bis hin zur Selbstgefährdung verändern können. Wann entstehen Zielintentionen?

1. Die Wahrscheinlichkeit steigt, wenn Bedürfnisspannungen in der präintentionalen Phase (Woher-Aspekt) ausgeprägt sind. Je stärker z.B. die Bindung zu einem Elternteil und je größer deshalb der Trennungsschmerz, desto eher entsteht die Zielintention, Kontakt zu haben.
2. Je attraktiver ein potenzieller Endzustand ist, desto eher wird er zur Zielintention. Die Attraktivität kann z.B. bei der Entscheidung, wo ein Kind künftig leben will, darin bestehen, dass bei einem Elternteil eher Bindungsbedürfnisse befriedigt werden, oder auch darin, dass größere materielle Vorteile erhofft werden.
3. Je realisierbarer eine Zielintention erscheint, desto höhere Chancen hat sie, präferiert zu werden. Diese Aussage beinhaltet zwei Aspekte. Ein Mädchen hat z.B. miterlebt, wie eine Freundin ihren Willen erreichte, vom zerrütteten Elternhaus weg in ein Heim zu kommen. Sie hält dies deshalb für objektiv leicht erreichbar und strebt es an. Der andere Aspekt ist, dass sie ihre eigenen Potenzen, z.B. Durchsetzungsvermögen, hoch veranschlagt und deshalb diese Zielintention bildet. Damit sind wir aber beim nächsten Faktor.
4. Je ausgeprägter Kontrollüberzeugungen, vor allem Selbstwirksamkeitserwartungen, wahrgenommene Vorhersehbarkeit und Beeinflussbarkeit von Ereignissen und Kompetenzüberzeugungen sind, desto höher ist die Wahrscheinlichkeit, dass Zielintentionen gebildet werden, mit anderen Worten, dass der Initiator-Status eingenommen wird. Je fortgeschrittener dieser Prozess ist, desto riskanter wird es, einen solchen Kindeswillen zu ignorieren. So wird in einem Gerichtsbeschluss die Anordnung eines Betreuungs-Wechselmodells für ein achtjähriges Mädchen entgegen dem Willen eines Elternteils(!) damit begründet, dass sich das Kind bereits vom 6. Lebensjahr an klar dafür ausgesprochen hatte, „bei jedem Elternteil gleich lang zu bleiben“, und dass bei Nichtbeachtung dieses Kindeswillens „Gefahr einer Schwächung der kindlichen Selbstwirksamkeitserwartung“ bestehe“ (KG, 18. Zivilsenat – Beschl. v. 28.02.2012 – 18 UF 184/09; ZKJ 2012, 267).

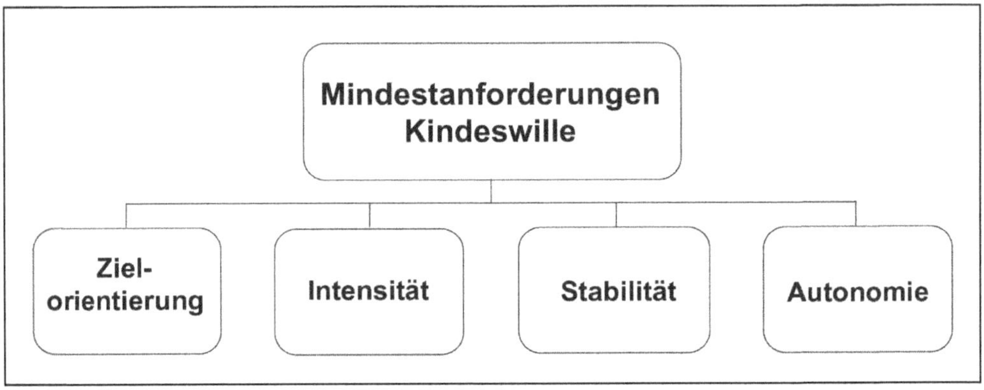

Abb. 2.10: Mindestanforderungen an das Vorliegen eines Kindeswillens (Prüfkriterien für Diagnose und Prognose Kindeswille)

5. Wenn der Druck von außen wächst, steigt die Wahrscheinlichkeit, dass eine Zielintention entsteht. Hierzu zählen all jene Fälle, in denen ein Erwachsener ein Kind bewusst oder unbewusst drängt oder gar bedrängt, eine Entscheidung zu fällen. Das kann ein Elternteil sein oder ein Verwandter, es kann aber auch ein Richter, ein Gutachter oder ein Verfahrensbeistand sein. Es kommt auf die spezielle Konstellation an, ob dabei induzierter Wille entsteht oder ob dem Kind geholfen wird, seine konflikthaften Wunschtendenzen zu reflektieren und zu ordnen.

Mittelintentionen (Vorsätze): Sie dienen der Festlegung, auf welche Weise, wann und wo die Zielintention verwirklicht wird. Ein Kind, das den Umgang mit einem Elternteil ablehnt, nimmt sich vor: „Ich werde weglaufen, wenn er mich von der Schule abholt." Oder es schweigt bei diesem Thema bei jedem Gespräch (Anhörung, Exploration). Damit werden auch Konflikte darüber beendet, welches Mittel der Zielerreichung genutzt werden soll, z.B. offener Protest oder Schweigen. Sie stehen damit im Dienste der Zielintention, wenn sie gebraucht werden.

Vorsätze werden vor allem gebraucht, wenn Zielintentionen als besonders wichtig erlebt und wenn Widerstände und Hindernisse erwartet werden, so dass Zielintentionen allein nicht ausreichen. Dazu zählt, dass dem Kind etwas einfällt, um seinem nicht erhörten Wunsch nach Kontakt zum umgangsberechtigten Elternteil Nachdruck zu verschaffen. Ferner gehört dazu, dass Kinder oder Jugendliche soziale Unterstützung, z.B. des Jugendamtes, anfordern, um eigene Ziele, z.B. den Wechsel von den Pflegeeltern zur leiblichen Mutter, zu verwirklichen.

2.6.2.3 Mindestanforderungen

Um den vielen Missverständnissen und Unschärfen beim Verständnis von Kindeswillen aus dem Weg zu gehen, können die in der Definition genannten Bestimmungsstücke genutzt werden, um Mindestanforderungen zu formulieren. Welche Mindestanforderungen sollten erfüllt sein, um überhaupt vom Vorliegen eines kindlichen Willens ausgehen zu können? Im Folgenden werden vier einfache, für die hier behandelte Problematik brauchbare Merkmale genannt.

1. Zielorientierung: Nicht mehr nur stimmungsabhängiger Leidensdruck oder ungerichtete Veränderungstendenzen, sondern eine handlungsleitende Ausrichtung auf erstrebte Zustände dominiert, d.h. Vorstellungen darüber, was sein soll, z.B. Verbleib bei Pflegeeltern, bzw. was nicht sein soll, z.B. Rückkehr zum schlagenden Elternteil, d.h., Zielintentionen sind vorhanden. Ferner sind Vorstellungen dazu vorhanden, wie etwas erreicht werden kann, d.h. Mittelintentionen sowie die Bereitschaft, sich entsprechend zu verhalten.

2. Intensität: Hier geht es um die Nachdrücklichkeit und Entschiedenheit, mit denen Ziele angestrebt werden. Die Intensität nimmt zu mit der subjektiven Bedeutsamkeit der zugrunde liegenden Bestrebungen und der Attraktivität der Zielzustände. Sie ist erkennbar am Durchhaltevermögen bei Hindernissen und Widerständen, z.B. am Festhalten am Umgangswunsch trotz Widerstand des betreuenden Elternteils.

3. Stabilität: Willenstendenzen sollten über eine angemessene zeitliche Dauer gegenüber verschiedenen Personen und unter verschiedenen Umständen beibehalten werden, d.h. z.B. auch unabhängig von aktuellen emotionalen Zuständen, Tageszeiten usw. Die Wahrscheinlichkeit dafür steigt mit der Intensität. Welche zeitliche Dauer angemessen ist, hängt von der spezifischen Konstellation, z.B. den Lebensbedingungen des Kindes, ab. Unterschiede ergeben sich auch je nach Stadium des Willensbildungsprozesses. Sich von Gespräch zu Gespräch ändernde Wunschtendenzen sind eher für die präintentionale Phase typisch. Das allmähliche Erkennen der eigenen Ansprüche als berechtigt und deren beharrliches Durchsetzen sind eher für die intentionale Phase typisch.

4. Autonomie: Der Wille soll Ausdruck der individuellen, selbst initiierten Bestrebungen sein, quasi ein Baustein zur Selbstwerdung des Kindes, Bestätigung des Subjektseins und Beweis für Selbstwirksamkeitsüberzeugungen des Kindes. Das schließt nicht aus, dass Fremdeinflüsse an der Formierung des Willens beteiligt waren und dass zu den Selbstwirksamkeitsüberzeugungen auch Kontrollillusionen gehören.

Jedes dieser vier Merkmale ist kontinuierlich ausgeprägt. Welcher Ausprägungsgrad auf dem Kontinuum ausreichend ist, um einer Mindestanforderung zu genügen, ist der präzisen Feststellung nicht zugänglich. Gelten kann aber: Das Gewicht des Kindeswillens als Kriterium des Kindeswohls ist umso größer, je ausgeprägter diese vier Merkmale sind – immer vorausgesetzt, dass es nicht um selbstgefährdenden Kindeswillen geht.

Die Merkmale sind zugleich Prüfkriterien für Diagnose und Prognose in Bezug auf den Kindeswillen. Es sind konstitutive Dimensionen, auf die gerade unter entwicklungspsychologischen Aspekten geachtet werden sollte. Mit ihnen sind andere Kriterien und Dimensionen absichtlich hintangestellt, z.B. die unnötige Frage nach Bewusstheit des kindlichen Willens oder die erfolglosen Bemühungen, einen emotionalen und einen rationalen Willen zu unterscheiden, um dann nur „begründeten" oder „reflektierten" Willen usw. anzuerkennen. Dies bewahrt uns davor, unangemessene Maßstäbe für das Alter festzulegen, ab dem ein zielorientiertes, intensives, stabiles und autonomes

Wollen von Kindern vorauszusetzen ist. Erfreulich ist, dass diese vier Mindestanforderungen inzwischen in die rechtspsychologische und in Ausnahmen auch in die juristische Fachliteratur und (wenn auch nach eineinhalb Jahrzehnten) in die Rechtsprechung eingegangen sind.

2.6.2.4 Kindeswille und Kindesalter

Das Alter, ab dem der Kindeswille als rechtlich und psychologisch beachtlich beurteilt wird, ist umstritten. Das Spektrum reicht – sowohl in der Literatur als auch in der Rechtsprechung – von der Meinung, es gäbe keine Grenze nach unten, bis hin zu schwer begründbaren Begrenzungen nach oben. In der Gesetzgebung werden z B. das 12. Lebensjahr (§ 5 Gesetz über die religiöse Kindererziehung) oder das 14. Lebensjahr benannt (§ 1746 Abs. 3 BGB zur Einwilligung in eine Adoption, § 60 FamFG zum Beschwerderecht Minderjähriger, § 159 FamFG zur Persönlichen Anhörung des Kindes). Auch in der Fachliteratur ist freies Mutmaßen nicht selten, so wenn z.B. beschlossen wird, „als Orientierungspunkt“ solle „der 13. Geburtstag angenommen werden“ (Duderstadt 2020, 956).

Die Wahrheit für Altersgrenzen liegt im Kontext und lässt sich jenseits des dritten Lebensjahres nicht durch starre Festlegungen abbilden. Den Kontext bilden der Entwicklungsstand eines Kindes, die Art der rechtlichen Fragestellung und die sozialen Rahmenbedingungen. Die zentrale Einflussgröße ist der Stand der Persönlichkeitsentwicklung eines Kindes oder eines Jugendlichen, der Einfachheit halber meist festgemacht am Alter.

Juristische Einschnitte sind relativ willkürliche, allenfalls aus pragmatischer Sicht vertretbare Markierungen. Inhaltliche Kriterien können am ehesten aus *entwicklungspsychologischen Erkenntnissen* abgeleitet werden. Dabei können uns die gängigen Stufensysteme wenig helfen. Die Entwicklungsstufen des Denkens nach Piaget (1978) oder die Stufen der moralischen Urteilsfähigkeit (Kohlberg 1974) sind nicht nur zu starr und grob, sondern zudem auch umstritten. Für die Frage, ab welchem Altersbereich ein entscheidungsrelevanter kindlicher Wille vorausgesetzt werden kann, halten sie keine Antwort bereit. Hierzu bedarf es empirisch gesicherter Erkenntnisse darüber, wann der *Neuerwerb solcher psychischen Kompetenzen* stattfindet, *die Voraussetzungen zur Willensbildung sind*. Vor allem geht es um den Neuerwerb sozial-kognitiver Fähigkeiten zur strukturierten Wahrnehmung, Speicherung und Beurteilung von Informationen über die eigene Person und über die soziale Umwelt und zur Handlungssteuerung.

Die moderne kognitive Entwicklungspsychologie bietet Erkenntnisse dazu unter der Hypothese, dass Kinder nach einer intuitiven psychologischen Alltagstheorie, genannt „Theory of Mind“, arbeiten (Sodian u.a. 2012, 2018). Die „Theory of Mind“ umfasst kindliche Annahmen über Bewusstseinsvorgänge und Verhalten von Menschen. An dieser Stelle werden insbesondere die altersabhängigen Kompetenzerweiterungen thematisiert, die damit verbunden sind.

Besonders interessant erscheint in diesem Zusammenhang, dass der *Altersbereich von drei bis vier Jahren* im Sinne eines qualitativen Sprungs bzw. einer „Wasserscheide der naiven Theorie über mentale Repräsentationen“ (Silbereisen 1995, 843) diskutiert wird. Astington (2000, 136) geht unter Bezugnahme auf mehrere Autoren und Befunde davon aus, „dass Kinder etwa im Alter von vier Jahren eine repräsentationale Theorie des Den-

Tab. 2.4: Kompetenzerweiterungen im Alter von drei bis vier Jahren, die Willensbildung ermöglichen

Neuerwerb	Alter	Autor
Erwerb des Begriffes Überzeugung	3–4	Sodian u. a. 2012
Fähigkeit, zwischen Realität und Überzeugung zu unterscheiden	3–4	Sodian 1996, 2018
Verstehen falscher Überzeugung; Erinnern an eigene falsche Überzeugung	4	Astington 2000 Mitchell/Lacohée 1991
Unterscheidung von absichtlichen und zufälligen Handlungen	3–4	Piaget 1983 Shultz u. a. 1980
Erwerb der Kernbegriffe Absicht und Überzeugung als Werkzeug zur Vorhersage menschl. Verhaltens	3–4	Perner 1991 Sodian u. a. 2012
Voraussage von Gefühlen (z. B. Traurigkeit nach Misslingen einer Absicht)	3	Harris 1992 Wellman u. a. 2001
Unterscheidung zwischen wirklichen und vorgestellten Dingen bzw. angenommenen Zuständen (reale und geistige Welt)	3	Astington 2000 Harris 1992 Wellman u. a. 2001
Übergang von bloßer Empathie zur emotionalen Perspektivübernahme	3	Selman 1984 Silbereisen 1995
Fähigkeit, bei Interaktionen auf den Informationsstand des Gegenübers Rücksicht zu nehmen	4	Perner/Leekam 1986
Fähigkeit zur Täuschung anderer	3–4	Hala u. a. 1991 Harris 1992 Sodian u. a. 2012
Fähigkeit zum Bedürfnisaufschub bzw. Belohnungsaufschub	3–4	Bischof-Köhler 1996
Selbstkontrolle (Verzicht)	4–5	Perner 1991
Beginn autobiograph. Gedächtnis (Erinnerung an persönl. relevante Ereignisse)	3–4	Schneider/Lindenberger 2018 Perner 1998
Reflexionen über Zukunft	3 1/2–4	Harner 1982
Vorstellungen über Zeitspannen	3–4	Bischof-Köhler 2000b
Übergang vom prälogischen bzw. magischen Denken zum kausalorientierten Denken	3–4	Piaget 1955 Resch 1996
Sprachliche Kompetenzen: Gegensätze benennen; Fragen zu sozialen Beziehungen stellen; Begriffe mit Zeitbezug; mentalist. Ausdrücke (Wollen, Können)	3	Harris 1992 Sodian 2018

kens entwickeln". Gemeint ist damit: Kinder verstehen, dass mittels Denken Situationen konstruiert und interpretiert, also aktiv im Kopf repräsentiert werden. Sie verstehen, dass Menschen innerhalb einer so konstruierten Welt handeln, auch wenn die Repräsentationen falsch sind. Kinder bemerken, dass man selbst oder andere etwas annehmen können, was nicht stimmt. Als übergreifendes Fazit geht es nach Astington (2000, 201) darum, wie Kinder dazu kommen, „Intentionalität zu erkennen, zu verstehen, dass sie selbst und andere Menschen Intentionen, Überzeugungen, Bedürfnisse, Hoffnungen, Ängste und dergleichen haben". Kushnir u.a. (2015) haben nachgewiesen, dass Kinder im Alter von vier Jahren beginnen, Intuitionen über den freien Willen zu entwickeln.

Hier ist der Bezug zum Thema Kindeswille. Die Bedeutsamkeit der Altersschwelle von drei bis vier Jahren zeigt sich in einer Reihe von Kompetenzerweiterungen, die Willensbildung ermöglichen *(Tabelle 2.4)*.

- Wenn Untersuchungen nachweisen, dass Kinder zwischen etwa drei und vier Jahren den Begriff der Überzeugung erwerben und damit *die Fähigkeit, zwischen Überzeugung und Realität zu differenzieren (Sodian u.a. 2012)*, dann ist Kindern in diesem Alter die Nutzung externer Informationen und der kritische Vergleich mit eigenen Annahmen, z.B. über Personen oder familiäre Ereignisse, möglich.

- Gefördert wird das durch das *Verstehen falscher Überzeugungen* – eigener wie der anderer Personen – und die Erinnerung daran im Alter von vier Jahren (Astington 2000, Mitchell/Lacohée 1991).

- Dass Kinder mit drei bis vier Jahren *zwischen absichtlichen und zufälligen Handlungen unterscheiden* können (Piaget 1983), versetzt sie in die Lage, in gewissem Maße familiäre Konflikte und belastende Ereignisse zu beurteilen.

- Vor allem Vierjährige, teilweise auch schon Dreijährige, haben die *Kernbegriffe der Absicht* und der Überzeugung *erworben* (Sodian 2012, Perner 1998) und verfügen damit über ein *Werkzeug zur Erklärung und Vorhersage des Verhaltens* von Bezugspersonen. Verallgemeinert heißt das, Kinder diesen Alters können bereits Informationen über psychische Merkmale einer Person verwenden, um deren Verhalten in anderen Situationen vorauszusagen. Sie können die falsche Überzeugung des anderen in der eigenen Handlungsvorhersage berücksichtigen (Wellman u.a. 2001, Carpenter u.a. 2003). *Die Voraussage von Gefühlen,* z.B. der Traurigkeit nach Misslingen einer Absicht, gelingt bereits mit drei Jahren (Harris 1992, Wellman u.a. 2001). Hier bestehen bereits Grundlagen für die Entwicklung von Loyalitätskonflikten und Parentifizierung.

- Dreijährige können zwischen wirklichen und vorgestellten Dingen, also *zwischen der realen Welt und der geistigen Welt, unterscheiden* (Astington 2000, Harris 1992). Sie sprechen von sich aus Gegensätze zwischen beiden Welten an und stellen Vergleiche an. Sie können über einen angenommenen, aber den Tatsachen nicht entsprechenden Zustand reflektieren, also auch Hypothetisches über die Zukunft erwägen, was ja eine Voraussetzung für kindliche Willensbildung ist.

- Das Gleiche gilt für die Fähigkeit Drei- bis Vierjähriger, *von einer gegebenen Situation, z.B. Streit, auf dadurch ausgelöste Emotionen schließen zu können* (Harris 1992).

- Im dritten Lebensjahr beginnt der Übergang von der bloßen Empathie – als gefühlsmäßigem Betroffensein durch die Gefühlslage des anderen – *zur emotionalen Perspektivenübernahme*, d.h. dem Vergegenwärtigen und Verstehen von Emotionen auf Grund der Lage des anderen. Sie setzt voraus, dass verschiedene Sichtweisen oder Arten des Betroffenseins von einer Situation differenziert werden können, und mündet in komplizierten Koordinationen von Perspektiven in höheren Altersstufen. Wenn die Sichtweise des anderen gesehen werden kann, ist auch eigene Willensbildung abgrenzbar.
- Im vierten Lebensjahr erwerben Kinder die Fähigkeit, bei Interaktionen auf den *Informationsstand des Zuhörers Rücksicht zu nehmen* (sog. referenzielle Kommunikation), z.B. darauf, ob dieser einen Vorfall gesehen hat und darüber etwas wissen kann (Perner/Leekam 1986). Sie erwerben in diesem Alter auch die Fähigkeit zu erkennen, dass etwas im Kopf einer Person als wahr, in dem einer anderen aber als falsch erscheinen kann, oder dass Leute angesichts einer bestimmten Situation nicht immer das Gleiche wollen wie man selbst (Bischof-Köhler 2000b, Bischof 2009).
- Eine Reihe von Untersuchungen weist nach, dass Dreijährige andere Personen bewusst in die Irre führen können, also zur *Täuschung anderer* in der Lage sind. Das schließt ein, dass bereits Kinder in diesem Alter ihren Willen verbergen oder modifiziert mitteilen können. Umgekehrt können Vierjährige zwischen Handlungsintentionen und Scheinintentionen anderer unterscheiden (Rakoczy u.a. 2004), was für die Beurteilung des Verhaltens von Bezugspersonen und damit für die Herausbildung des Kindeswillens bedeutsam sein kann. Das gilt auch für die im Alter von drei Jahren beginnende Fähigkeit, Unterstützung bei schädlichem Verhalten und sogar bei „schlechten" Intentionen anderer zurückzuhalten (Vaish u.a. 2010).
- Für die Qualität kindlicher Willensbekundungen ist es z.B. wichtig, ob Kinder überhaupt in der Lage sind, ein aktuelles Bedürfnis aufschieben zu können, d.h. nicht sofort erfüllen zu müssen, ohne stark frustriert zu sein. Das verlangt, zeitliches Nacheinander von Bedürfnisreaktionen zu organisieren, z.B. eine größere Belohnung später einer kleineren Belohnung sofort vorzuziehen. Die Forschungen zum sog. *Belohnungsaufschub* zeigen, dass diese Kompetenz bei Drei- bis Vierjährigen beginnt (Bischof-Köhler 2000b, Holodynski u.a. 2013). Selbstkontrolle im Sinne des Verzichts wird nach Untersuchungen von Perner (1991) im Alter von vier bis fünf Jahren bedeutsam. Diese Qualitäten des Motivmanagements ermöglichen überhaupt erst, sich frei zu entscheiden, was man „wollen möchte" (Sodian u.a. 2012). Sie indizieren zugleich ein Bewusstsein für Dauer und Zukunft.
- Um den Kindeswillen in Handlungen umzusetzen, stellt die Fähigkeit Vierjähriger, bei Interaktionen Informationsstand, Meinung und Wollen anderer erkennen und berücksichtigen zu können (Bischof-Köhler 2000b, Bischof 2009), eine sehr wichtige Voraussetzung dar.

Diese Kompetenzen im Sinne der Annahme einer „Theory of Mind" sind wiederum nur möglich auf der Grundlage tiefgreifender Veränderungen in der Organisation von Erleben und Verhalten im gleichen Altersbereich. Solche gleichzeitig entstehenden *Rahmenkompetenzen* sind z.B.:

- Sich an persönlich relevante Ereignisse erinnern zu können, ermöglicht den Aufbau des *autobiografischen Gedächtnisses*. Übereinstimmendes Ergebnis entsprechender Forschungen (im Überblick Schneider u.a. 2018) ist, dass im Alter von drei bis vier Jahren die Phase der sog. infantilen Amnesie durch den Beginn autobiografischen Gedächtnisses beendet wird.
- Damit einher geht, dass Dreieinhalb- bzw. Vierjährige aus dem Gegenwartsbezug heraustreten und über Vergangenheit sowie, mit zunächst größeren Schwierigkeiten, über die *Zukunft* und über die künftige Befriedigung von Motiven *reflektieren* (Atance 2008), und sie beginnen, sich *Zeitspannen vorzustellen* (Bischof-Köhler 1996, 2000b).
- Spätestens mit vier, teilweise auch mit drei Jahren dominiert *logisches und kausalorientiertes Denken* das zunächst vorherrschende magische Denken. Zum magischen Denken gehört z.B., dass unbelebten Dingen Motive zugeschrieben werden oder Zufälle in prälogischem Denken als Auswirkung von Handlungen erklärt werden, auch eigener Handlungen oder Absichten (Piaget 1955). Mit der Ablösung von dieser entwicklungspsychologisch zunächst bedeutsamen Phase werden durch Alltagserfahrung begründete kausale Schlussfolgerungen möglich, die sich bereits nicht mehr prinzipiell von denen Erwachsener unterscheiden (Sodian 2018).
- Sprachliche Rahmenkompetenzen, die im dritten Lebensjahr verfügbar werden, sind z.B. die Fähigkeit, Gegensätze zu benennen, Fragen zu sozialen Beziehungen zu stellen, mentalisierende Ausdrücke (Wollen, Können) und Begriffe mit Zeitbezug zu gebrauchen (Sodian/Thoermer 2006).

Der Neuerwerb psychischer Kompetenzen ist ein fortlaufender Prozess. Das Wollen-Können, das Entdecken des „Ich“ als Quelle von Bewirken oder Verweigern, liegt schon vor dem dritten Lebensjahr, aber noch als Selbstzweck, als Training, auch als Quelle von Autonomieansprüchen und Selbstwirksamkeitserwartungen, aber noch nicht als Zielintention vor (Bischof-Köhler 1996). Und nach dem dritten/vierten Lebensjahr setzt sich die Kette neu erworbener Kompetenzen fort.

Fazit des Gesamtüberblickes ist: Erstaunlich früh, nämlich mit drei bis vier Jahren, erwerben Kinder alle notwendigen psychischen Kompetenzen, um einen autonomen und stabilen Willen haben und äußern zu können. *Deshalb ist der Kindeswille ab drei Jahren familienrechtlich bedeutsam und sollte in Personensorgeangelegenheiten ab diesem Alter festgestellt werden, z.B. durch Anhörung gemäß § 159 Abs. 2 FamFG oder durch spezielle Diagnostik bei der Begutachtung*. Das gilt vor allem, wenn es um erlebte, gewollte oder abgelehnte Beziehungen geht, nicht um Formalien wie die Namensänderung nach § 1618 BGB. Dies gilt vor allem für altersgerecht entwickelte Kinder. Bei Entwicklungsverzögerungen oder -beeinträchtigungen, auch bei Gefährdungsrisiken, wie sie in Kinderschutzverfahren nach §§ 1666, 1666a BGB beachtet werden müssen (s.u.), liegen spezifische Voraussetzungen vor.

Die Beachtung des Kindeswillens ab einem Alter von drei Jahren hat erfreulicherweise auch schon Eingang in die juristische Fachliteratur (z.B. MünchKomm-FamFG/Schumann 2018, § 159 Rn. 5; Lettmaier/Staudinger 2020, Coester 2021) und in die Rechtsprechung gefunden (z.B. BGH Beschl. v. vom 31.10.2018 – XII ZB 411/18 und schon BVerfG Beschl. v. 14. Juni 2010 – 1BvG 3189/09).

Vorbehalte sind meist auf das Argument gestützt, dass der Wille ältere Kinder vernunftbezogener ist. Mit dem Alter der Kinder kann zwar die rationale Fundierung des Willens wachsen, zu bedenken sind aber folgende Zusammenhänge:

- Rationale Fundierung ist als Element der Selbstbestimmung nicht von vornherein gewichtiger und respektabler als emotionale Fundierung, weswegen der häufig gesuchte Ausweg der Unterscheidung von emotionalem und rationalem Willen nicht weiterführt. Interessant ist in diesem Zusammenhang das Ergebnis einer explorativen empirischen Studie von Zumbach u.a. (2020), wonach Fünfjährige mit einem höheren sozial-emotionalen Entwicklungsstand differenziertere und flexiblere Strategien benennen können, um ihre Willenshaltungen zum Ausdruck zu bringen als Kinder mit einem niedrigeren sozial-emotionalen Entwicklungsstand. In Bezug auf den kognitiven Entwicklungsstand zeigten sich jedoch keine Unterschiede.
- Häufig wird auch in der Rechtssprechung davon ausgegangen, der Kindeswille gewinne an Gewicht, wenn er mit den Bindungen des Kindes übereinstimmt, oder könne umgekehrt eher disqualifiziert werden, wenn dies nicht der Fall ist. Dahinter steht die Annahme, es gehöre zu den Funktionen des Kindeswillens, die stärkste Personenbindung des Kindes anzuzeigen. Bindungen sind aber anerkannterweise wenig rational fundiert. Solche Annahmen sind deshalb nicht kompatibel mit dem Verlangen nach einem ausschließlich rationalen Kindeswillen.
- Für Konfliktfälle ist durchaus fraglich, ob irrationale Verzerrungen und Momente der Selbstschädigung wirklich tendenziell mit dem Alter abnehmen oder sich z.B. im Jugendalter nur inhaltlich verändern.
- Die Gefahr der Induzierung fremden Willens nimmt sicher mit dem Alter ab, aber in Trennungsnöten und bei Bindungsgefährdungen scheint es doch bei älteren Kindern und Jugendlichen erhebliche Rückfälle zu geben, gegen die die unbefangene Selbstbezogenheit kleinerer Kinder zuweilen mehr schützt. Es ist deshalb grob vereinfachend wenn mit der Begründung, ältere Kinder seien nicht mehr beeinflussbar, eine Altersgrenze bei 9-11 Jahren gezogen wird (OLG Hamm FamRZ 2008, 1371).
- Sicher entwickelt sich die Ausdruckskompetenz z.B. von der nonverbalen zur verbalen Willensäußerung hin. Aber bei angemessener Diagnostik ist jede alterstypische Ausdrucksform aussagekräftig. Und andererseits ist es für keine Altersstufe gerechtfertigt, sich nur auf verbale Willensbekundungen zu stützen. Das Vorurteil, der Wille kleinerer Kinder sei prinzipiell weniger differenziert, vernünftig und beachtlich, gefährdet die Diagnostik am meisten.

Schlussfolgerungen:

1. Jede Altersstufe birgt so spezifische „Störquellen“, die dazu führen können, dass der „bloße“ Wille den Vorstellungen Erwachsener nicht entspricht oder gar wirklich selbstgefährdende Momente enthält.
2. Kleineren Kindern zwar prinzipiell eine entwicklungspsychologische Willensfähigkeit zuzuerkennen, nicht aber eine rechtlich bedeutsame, ist erstens ethisch nicht vertretbar und zweitens unter psychologischen Aspekten offensichtlich ein Missverständnis.
3. Bedenken sind meist auf mögliche individuelle Beeinträchtigungen bezogen, die aber in jeder Altersstufe von Kindern und Jugendlichen vorkommen, z.B. Entwick-

lungsverzögerungen im Verhältnis zu Gleichaltrigen, Überforderung oder massive Fremdbestimmung. So haben Kinder mit geringerem sozialen und emotionalen Entwicklungsstatus begrenztere Ressourcen, ihren Willen zu äußern, was aber nicht dazu berechtigt, diesen Willen zu ignorieren (Zumbach u.a. 2020).
4. Es ist nicht gerechtfertigt, irgendeine Altersstufe als generell defizitär, als Minus-Variante des Erwachsenenwillens, anzusehen.

Gemeinsamer Nenner solcher Altersgrenzziehungen ist das unbegründete Hoffen auf „vernünftige“ Kalküle, die man nicht mehr auf ihre Kindeswohltauglichkeit überprüfen muss.

Nicht selten mischen sich dabei zwei verfehlte Urteilstendenzen: Einerseits werden an den Kindeswillen Anforderungen gestellt, die auch Erwachsene nicht unbedingt erfüllen. Andererseits werden die Kompetenzen von Kindern unterschätzt. So etwa, wenn postuliert wird, es „kann bei dem noch nicht neunjährigen Kind nicht davon ausgegangen werden, dass die verbale Ablehnung ... auf einer unerschütterlichen und begründeten Selbstentscheidung beruht“ (OLG Thüringen, Beschl. v. 17.06.1999 – 1 UF 128/99; FamRZ 1/2000, 47). Ebenso wenn schlicht festgestellt wird: „Bei dem gerade erst acht Jahre alt gewordenen Jungen ist noch nicht von einer hinreichenden geistigen Reife auszugehen, insoweit autonom zu entscheiden“ (OLG Brandenburg, Beschluss vom 6.10.2021 – 10UF75/21). Oder ein Zivilsenat bekundet, er sei trotz des eindeutig ablehnenden Verhaltens eines 13-Jährigen zum Umgang mit seinem Vater „doch davon überzeugt, dass K. zu einer eigenverantwortlichen Entscheidung zu seinem Besten noch nicht befähigt ist“, er könne die Folgen seiner „hartnäckigen Ablehnung“ nicht abschätzen (Nr. 286 KG, 13. ZS-FamS, Beschl. vom 21.07.2000, 13 UF 9842/99; FamRZ 48(6) 2001, 368). Die einzige erkennbare Begründung bleibt, dass der Junge 13 Jahre alt ist. Juristisch wird geschlussfolgert, dass mit der durch Fakten beschriebenen „nachhaltigen“ Ablehnung des Umgangs durch den Jungen „das Recht und die Pflicht des Vaters auf Umgang mit seinem Kind jedoch nicht abzutun“ seien. Das Kindeswohl ist nicht mehr Gegenstand der Erwägung, weshalb der Kindeswille des 13-Jährigen als nachrangig abgetan werden konnte.

In einem Beschluss des OLG Brandenburg vom 08.01.2018 (10 UF 21/17) wird davon ausgegangen, dass „der Kindeswille ohnehin erst ab einem Alter von etwa zwölf Jahren eine einigermaßen sichere Entscheidungsgrundlage bietet.“ In einem Urteil des Oberlandesgerichts Nürnberg (010 UF 194/09) wird mitgeteilt, dass ein 5-jähriges Mädchen, das beim Vater lebt, „wiederholt und gegenüber verschiedenen Personen“ geäußert habe, „dass es lieber bei der Mama wäre“. Das habe es auch gegenüber dem Gericht zum Ausdruck gebracht. Dieses habe jedoch keine Anzeichen dafür gesehen, „dass das Kind an seiner jetzigen Situation verzweifeln würde“. Die Schlussfolgerung lautet: „Bei diesen Gegebenheiten kann dem geäußerten Willen des Kindes, auch in Anbetracht dessen Alters, keine ausschlaggebende Bedeutung beigemessen werden.“ Abgesehen von dem lapidaren Verweis auf das Alter des Kindes werden hier Extremanforderungen an die Intensität des Kindeswillens gestellt. Es wird Verzweiflung an der jetzigen Situation verlangt. Und es wird geprüft, ob das Kind bereit ist, stante pede den Lebensmittelpunkt zu wechseln.

In einem Beschluss des OLG Brandenburg (OLG Brandenburg – 2. FamS v. 20.10.2009 – 10UF 177/08) wird Rechtskunde verlangt und Kindern ab dem Alter von zwölf Jahren zugeschrieben: „Bei Kindern ab dem 12. Lebensjahr ist in der Regel davon auszugehen, dass sie die Bedeutung des Umgangsrechts verstehen und ihr Wille daher beachtlich ist."

Solche Eskapaden und Fehlinterpretationen kindlicher Entwicklung zeigen auf, wie notwendig eine psychologische Fundierung der Rechtsprechung in diesem Bereich ist.

2.6.3 Kindeswohl und Kindeswille

Heißt, den Kindeswillen zu erkennen, ihn zwangsläufig auch als Grundlage von Entscheidungen in Angelegenheiten der Personensorge anzuerkennen? Die Frage ist nur zu beantworten, wenn das Kindeswohl als Maßstab und Kriterium *(Kapitel 3)* solcher Entscheidungen einbezogen wird. Zwei Positionen stehen sich hier gegenüber: Kindeswohl kann nicht gegen den Willen des Kindes gewährleistet werden, so lautet die eine Position. Den Kindeswillen um jeden Preis umzusetzen, kann dem Kindeswohl schaden, lautet die andere.

Die erste Position wird meist damit begründet, dass der Kindeswille der wesentliche Inhalt des Kindeswohls sei (Ell 1990), wobei allerdings Kindeswohl als subjektives Wohlbefinden verstanden wird.

Die zweite Position, die auch hier vertreten wird, trägt der nur allzu bekannten Tatsache Rechnung, dass Menschen unter bestimmten Bedingungen etwas anstreben, was objektiv nicht zu ihrem Besten ist und/oder unter dem Einfluss anderer Personen zum eigenen Ziel wurde. Dies trifft auch für Kinder und Jugendliche in familienrechtlichen Konfliktlagen zu.

Ein dreizehnjähriges Kind verweigert die Rückkehr in das Elternhaus, weil es sich im Kreise einer Drogen missbrauchenden Gleichaltrigengruppe „wohl fühlt". Dabei kann aber auch Gruppendruck und -sog bis hin zur Angst vor negativen Folgen bei Verlassen der Gruppe ausschlaggebender Motivationshintergrund sein, weswegen der Wille nicht hinreichend selbstbestimmt ist.

Ein sechsjähriges Kind lehnt entschieden Kontakt zu seinem umgangsberechtigten Vater ab, an den es sich kaum noch erinnert. Dies begründet es stereotyp mit Redewendungen der sorgeberechtigten und umgangsvereitelnden Mutter.

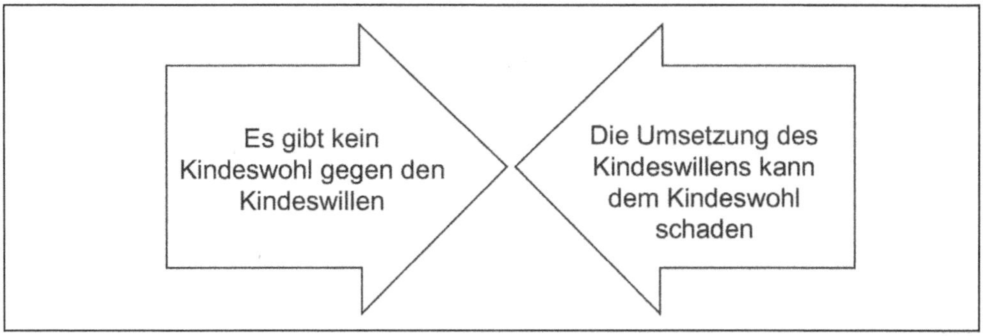

Abb. 2.11: These und Antithese zum Verhältnis von Kindeswohl und Kindeswille

In solchen Konstellationen dem Kindeswillen zu folgen, könnte bedeuten, dass Lebensbedingungen hergestellt werden, die in einem Missverhältnis zur objektiven Bedürfnislage des Kindes stehen. Damit wäre – gemäß der in *Abschnitt 2.5.1* gegebenen Definition – das Kindeswohl gefährdet. Es bestünde ein Schadensrisiko. Ein Schutzbedarf des Kindes wäre gegeben.

Es muss das Prinzip gelten: *so viel Akzeptanz des Kindeswillens wie möglich, so viel staatlich reglementierender Eingriff wie nötig, um das Kindeswohl zu sichern.* Das ist eine Facette eines allgemeinen Grundsatzes: so viel Autonomie der Recht-subjekte wie möglich, so viel staatliche Reglementierung wie nötig.

Die Prüfung des Schutzbedarfs hat aber zwei Seiten. Auf der einen Seite sind mögliche Gefährdungsfolgen zu prüfen, die auftreten, wenn dem kindlichen Willen stattgegeben wird. Die andere Seite betrifft die Prüfung möglicher Gefährdungsfolgen, wenn dem Kindeswillen nicht gefolgt wird, z.B. Resignation, Hilflosigkeit, Labilisierung des Selbstwertgefühls. Die Prüfung bewegt sich im Spannungsverhältnis von Kindeswillen und Kindesschutz. Ein prinzipiell mögliches Ergebnis ist, dass die Selbstbestimmung des Kindes durch den Schutzbedarf des Kindes begrenzt ist oder ausgeschlossen werden muss.

Mit anderen Worten: Der Wille des Kindes ist zwar grundsätzlich zu berücksichtigen, es sei denn, das ist mit dem Wohl des Kindes nicht mehr vereinbar. Das Bundesverfassungsgericht betont in diesem Sinne, es verstoße gegen Art. 6 Abs. 2 S. 1 GG, wenn nicht tragfähig begründet wird, ob ein Kindeswille mit dem Wohl des Kindes vereinbar ist, und weist auf Bedingungen wie Loyalitätskonflikt des Kindes und Beeinflussung durch Bezugspersonen hin (BVerfG, Beschl. vom 14.4.2021 – 1 BvR 1839/20; ZKJ 2/2022, 17; s. auch BGH, Beschluss vom 27. November 2019 - XII ZB 511/18). Würde also die Umsetzung des Kindeswillens dem Kindeswohl schaden, muss das Kind davor geschützt werden, d.h., das Kindeswohl muss dann auch gegen den Kindeswillen gesichert werden. Bei Konfliktlagen, die bei Personensorgeangelegenheiten auftreten, sind es vor allem zwei Konstellationen, die unter diesen Aspekten zu prüfen sind: *der selbstgefährdende Kindeswille und der induzierte Kindeswille* (s.u.).

In den meisten Fällen entspricht der Kindeswille dem Kindeswohl und ist dann eines der wichtigsten Kriterien zur Bestimmung des Kindeswohls. Sein Stellenwert hängt ab von der Fragestellung im konkreten Fall und vom Gebrauchskontext des Begriffs Kindeswohl *(siehe Abschnitt 2.5)*. Geht es um die Bestvariante, z.B. welche Sorgerechtsübertragung dem Kindeswohl „am besten" entspricht, dann ist der Kindeswille tendenziell wichtiger, z.B. weil er dann vorwiegend Ausdruck von Bindungen ist. Anders bei dem Gebrauchskontext der Vermeidung von Kindeswohlgefährdung. Hier rückt die Bedeutung des Kindeswillens zu Gunsten der objektiven Interessen bzw. Bedürfnisse in den Hintergrund, d.h., eine Diskrepanz zwischen Kindeswille und Kindeswohl liegt vor, und zwar mit größerer Wahrscheinlichkeit in Kinderschutzverfahren nach §§ 1666, 1666a BGB. So sind unter den Kindern, die misshandelt, sexuell missbraucht oder grob vernachlässigt wurden, psychische Beeinträchtigungen häufiger von solchem Ausmaß, dass die willentliche Selbstbestimmungsfähigkeit defizitär sein kann. *Es spielen destruktive Motivationen eine Rolle, wie z.B. die folgenden:*

- Ängstliches Anpassungsbemühen an angenommene Erwartungen von Bezugspersonen, damit verbunden ist das Verleugnen eigener Wünsche und Befürchtungen.
- Verleugnen von Gefahren, z. B. im Kontakt mit gefährdenden Bezugspersonen, Umdeuten traumatisierender Handlungen als verdiente Strafe, Verdrängen von schmerzlichen Erfahrungen mit diesen Personen, d. h. Entstehen von Abwehrmechanismen, die so weit gehen können, dass gefährdende Bezugspersonen idealisiert werden.
- Schuldgefühle bzw. Selbstbeschuldigungen, die dem Kind die Hoffnung gestatten, durch noch stärkeres Sich-Fügen z. B. Misshandlungen abwenden und sich das positive Bild der misshandelnden Person aufrechterhalten zu können, und zwar auch dann noch, wenn dies den gemachten Erfahrungen widerspricht.
- Verleugnen und Abwerten eigener Möglichkeiten des Gegenwirkens, d. h. Verlust der Selbstwirksamkeitsüberzeugungen.

Das Risikopotential des schädlichen Handelns der Bezugspersonen kann vom Kind nicht angemessen als Maßstab eigenen Wollens genutzt werden. Lernprozesse werden behindert und können das Ausmaß von Fehlentwicklungen annehmen. Zwar ist dies insgesamt eher selten, aber in Kinderschutzverfahren relativ häufig zu finden.

Exkurs: Kindeswille, Risikoabwägung, Hypothesenbildung und sekundäre Kindeswohlgefährdung

In Analogie zur Kindeswohlproblematik sind auch die Entscheidungen zum Kindeswillen meist Entscheidungen zwischen Unsicherheiten und werden dann als Dilemma empfunden. Akzeptanz wie Nichtakzeptanz des Kindeswillens können das Kindeswohl sichern oder auch gefährden. Auch hier gilt: Sinnvolle Entscheidungen sind nur auf dem Wege differenzierter Risikoabwägungen und durchdachter Hypothesenbildung und -prüfung zu erreichen. Die Hypothesen können simpel sein (Kindeswille ist autonom vs. Kindeswille ist induziert), oder sie können differenziert sein. Es werden z. B. einzelne Motive des Kindes für die Kontaktverweigerung als Hypothesen formuliert. Die Wahrscheinlichkeit einseitiger Sammlung und Bewertung von Informationen wird auf jeden Fall gemindert. Auch hier steigt die Gefahr sekundärer Kindeswohlgefährdung durch Professionelle, je mehr permanente Risikoabwägung und Hypothesenbildung vernachlässigt und Entscheidungsalternativen nicht mehr wahrgenommen werden. Es wird z. B. massive Manipulation des Kindeswillens fälschlicherweise angenommen oder fälschlicherweise übersehen und jeweils mit unangemessenen Sanktionen oder Hilfen reagiert. Verhängnisvolle Selbstbestätigungskreisläufe und Gewissheitsillusionen können die Folge sein.

2.6.4 Selbstgefährdender Kindeswille

Ein Kindeswille ist selbstgefährdend, wenn sein Befolgen Lebensbedingungen herstellen würde, die im Missverhältnis zur objektiven Bedürfnislage des Kindes stehen und damit sowohl das Kindeswohl gefährden als auch Schutzbedarf für das Kind produzieren. Er kann vom Kind selbst entwickelt oder von anderen Personen induziert sein.

Zunächst zu den internen Faktoren, den Beweggründen des Kindes. Die zum Kindeswillen gehörenden Zielintentionen sind damit verbunden, dass möglicher Nutzen und Schaden sowie deren Eintrittswahrscheinlichkeit eingeschätzt werden. Selbstgefährdung resultiert meist daraus, dass solche Einschätzungen unrealistisch und verfehlt sind oder ausbleiben:

Verfehlte Nutzenerwartungen: Häufig begegnen uns kleine Vorteile als Hauptargumente des Kindes bei der Entscheidung für ein Elternteil, z.B. dass das Kind länger aufbleiben kann, dass dort mehr Spielzeug verfügbar oder ein Schwimmbad in der Nähe ist. Die Relation zu anderen Faktoren – nützlichen beim anderen Elternteil oder schädlichen beim präferierten Elternteil – wird unangemessen oder gar nicht erwogen. Bequemlichkeiten wie z.B. weniger Kontrolle, mehr „Freiheiten“ sind vordergründige Zielorientierungen, die sich langfristig zum Nachteil des Kindes auswirken. Das Gleiche gilt für solche Gründe des Verbleibenwollens in einer Drogen missbrauchenden, zur Kriminalität neigenden Gleichaltrigengruppe, wie Zugehörigkeitsgefühl und Anerkennung sowie „Spaß“.

Verfehlte oder fehlende Schadenseinschätzungen: Ein Kind will von den Pflegeeltern weg und zurück zur alkoholabhängigen Mutter, bevor Bindungen zu den Pflegeeltern entstehen konnten. Der Grund sind zwei ältere Geschwister, die noch bei der Mutter leben. Der objektive Schaden, d.h. die Gefährdung durch das Verhalten der Mutter, kann nicht adäquat beurteilt und ins Verhältnis zu dem eventuellen Nutzen aus dem Geschwisterkontakt gesetzt werden. Oder: Ein Kind will nicht wieder ins Heim zurück, sondern beim Vater bleiben, der es rechtswidrig aus dem Heim holte, vom Schulbesuch fernhielt und auf seinem Bauernhof mitarbeiten ließ.

Verfehlte Realisierungseinschätzungen: Der Kindeswille ist bei Entscheidungen über das alleinige Sorgerecht eines Elternteils zuweilen geleitet von „Sonntagsbedingungen“ oder von schulleistungsfernen Wochenendgestaltungen bei einem Elternteil. Oder das Kind urteilt unter dem unmittelbaren Eindruck eines gemeinsamen Urlaubs mit einem Elternteil. Die Wahrscheinlichkeit, dass die angenehmen Kontaktabläufe auch den dauernden Alltag bestimmen, wird unangemessen hoch eingeschätzt.

Verfehlte oder fehlende Einschätzungen können durch interne Risikofaktoren bedingt sein, wie z.B. Verunsicherung und Irritation, erhöhte Vulnerabilität und Überforderung des Kindes im Erwachsenenstreit, auch Entwicklungsverzögerungen, seltener Minderungen der geistigen Leistungsfähigkeit, Fehlentwicklungen der Persönlichkeit, psychische Erkrankungen. Externe Faktoren reichen von der permanent mangelnden Befriedigung angemessener Bedürfnisse bis hin zu irritierenden und alle vernünftigen Maßstäbe auflösenden Angebotswettbewerben von Trennungseltern wie z.B. dem Wetteifer um das größere Kinderhochbett oder das teuerste Fahrrad. Intentionen oder Handlungen eines Kindes, z.B. Überdistanzierung zu einem Elternteil und Überidentifikation mit dem anderen, sind dann oft ein Ausweichen aus Überforderung durch konkurrierende Eltern oder Flucht aus dem Dilemma. Sie können kindeswohlschädlich sein. Das gilt z.B., wenn das Kind den Umgang mit einem Elternteil strikt ablehnt, obwohl er förderlich wäre, oder Umgang haben will, obwohl Gefährdungsmomente offensichtlich sind.

Um solche Willenstendenzen vor sich selbst zu rechtfertigen, werden z.B. die Verhaltensweisen des Elternteils, zu dem das Kind möchte, positiver wahrgenommen, als sie sind, d.h. verkannt, negative werden schneller vergessen oder „übersehen“, d.h. verleugnet, Wohnung und andere Lebensumstände erhalten höheren Aufforderungscharakter. Selektive, d.h. wunschgerechte Wahrnehmung bzw. Erinnerung und die Zielintention verstärken sich gegenseitig. Jede Äußerung anderer Personen, auch der präferierten Person selbst, jede eigene angenehme Begleitemotion wirkt bestätigend oder wird entsprechend umgedeutet. Gleichzeitig vorhandene positive und negative Eigenschaften einer Bezugsperson können nicht mehr integriert werden. Schon erworbene Bilder einer Bezugsperson können wieder zerfallen. Der Prozess der Entfremdung von einem Elternteil ist im Gange (in verzerrter Weise beschrieben im umstrittenen Zustandsbild des „Parental Alienation Syndroms". Darauf wird im *Abschnitt 2.6.8* eingegangen).

Je rigoroser ein Kind durch einen Erwachsenen zu solchen Reaktionen gedrängt wird und je starrer die kompromisslose Zuwendung zu einem Elternteil und die rigorose, nicht nachvollziehbare Abwendung vom anderen Elternteil wird, desto größer ist das Selbstgefährdungspotential.

Die vielfältigen Wirkungsbedingungen lassen sich reduzieren auf ihre Kernsachverhalte: Kindeswohl als Zielgröße, Kindeswille und Erwachseneninteresse. Zwischen ihnen bestehen Standardbeziehungen bzw. immer wiederkehrende Interessenkonstellationen.

Die Idealvariation im Verhältnis der drei Faktoren, d.h. ihre Kongruenz, schließt selbstgefährdenden Kindeswillen aus. Kindeswille und Erwachseneninteresse harmonieren und sind beide kindeswohldienlich.

Ein Kind hat z. B. in einer Pflegefamilie Bindungen aufgebaut und fühlt sich wohl. Es stellt sich deshalb gegen eine „Herausgabe" im Sinne des § 1632 BGB und harmoniert mit den Pflegeeltern. Beider Interessen sind kindeswohldienlich. Es gibt aber ein weiteres Erwachseneninteresse, nämlich das Herausgabeverlangen der leiblichen Eltern.

Der Kindeswille kann aber auch einem kindeswohldienlichen Erwachseneninteresse entgegenstehen und selbst eine Gefährdung des Kindeswohls darstellen.

So, wenn ein Kind oder ein Jugendlicher die Rückkehr in das Elternhaus verweigert und sich gegen den Willen der Eltern in der Wohnung einer ihm bekannten Person auf Dauer aufhält oder sich einer Gruppe drogensüchtiger, kriminalitätsgefährdeter Gleichaltriger anschließt. Der Elternwille hat in diesem Fall Vorrang vor dem Kindeswillen bis zur Schranke der §§ 1666 Abs. 1, 1631 Abs. 2 BGB.

Die Eltern können gem. § 1631 Abs. 3 BGB beim Familiengericht Unterstützung beantragen, und das Familiengericht hat diese zu gewährleisten, soweit es entsprechende Maßnahmen als kindeswohldienlich ansieht. Gewalt wird aber nach dem Gebot der Verhältnismäßigkeit der letzte Schritt nach anderen Eingriffsversuchen sein, es sei denn, Zeitverzug würde akute Gefährdung des Kindeswohls bedeuten. Dem Vorrang des Elternwillens gegenüber dem Kindeswillen entspricht auf der Grundrechtsebene, dass das Grundrecht des Kindes auf freie Entfaltung seiner Persönlichkeit aus Art. 2 Abs. 1 GG dem Erziehungsrecht bzw. der Erziehungspflicht der Eltern aus Art. 6 Abs. 2 GG untergeordnet ist. Weil es dennoch um einen massiven Eingriff in die Freiheitsrechte des Minderjährigen geht, ist familienrechtliche Kontrolle einer solchen Entscheidung notwendig. Dem Minderjährigen ist zur Wahrung seiner Interessen ein Verfahrensbeistand gemäß § 158 FamFG zur Seite zu stellen. Der Minderjährige ist in dessen Beisein anzuhören, bevor über eine längerfristige Unterbringung entschieden wird (BGH XII. ZS Beschl. v. 18.10.2012 – XII ZB 661).

Analog gilt dies auch, wenn sich ein Kind oder ein Jugendlicher gegen die gerichtlich angeordnete mit Freiheitsentzug verbundene Unterbringung gemäß § 1631b BGB stellt. Das heißt, dass ein entgegenstehender Kindeswille nicht das Durchsetzen einer

Aufenthaltsbestimmung durch Anwendung von Zwangsmitteln verhindern kann. Es geht um Instrumente „wohltätigen Zwangs“ (Deutscher Ethikrat 2018, 146), die klaren Kriterien und geregelter Kontrolle unterworfen sein müssen. Als Voraussetzung wird im § 1631b BGB ausdrücklich formuliert, dass die Unterbringung „zum Wohl des Kindes, insbesondere zur Abwendung einer erheblichen Selbst- oder Fremdgefährdung, erforderlich ist“. Als gefährdende Verhaltensweisen in diesem Sinne werden angesehen, wenn die Gefahr besteht, dass ein Minderjähriger sich selbst tötet oder erheblich verletzt, Heilbehandlung oder Nahrungsaufnahme verweigert oder durch sein Verhalten das Risiko von Notwehrmaßnahmen oder rechtlichen Ansprüchen Dritter sowie strafrechtlicher Sanktionen auslösen könnte.

Umgekehrt reicht ein zustimmender Kindeswille bzw. eine „Freiwilligkeitserklärung“ nicht aus, um eine Unterbringung zu erwirken. Auch bei Einverständnis eines Minderjährigen ist die familiengerichtliche Genehmigung als ein am Kindeswohl orientierter Kontrollakt notwendig. Salgo (2011, 548) nennt als Begründungen: Zumeist liegen Gefährdungsmomente oder Störungen vor, die einhergehen mit beeinträchtigter Einsichts- und Entscheidungsfähigkeit. Die Gründe für eine freiheitsentziehende Unterbringung dürften auch die Fähigkeit zur Wahrnehmung altersentsprechender Eigenverantwortung und damit das Selbstbestimmungsrecht einschränken oder aufheben. Auch Sorgeberechtigte dürfen seit 2017 nicht mehr allein über freiheitsbeschränkende Maßnahmen in Bezug auf ihre Kinder entscheiden, da die Folgen gravierender als die einer gerichtlich genehmigten Unterbringung sein können (s. Gesetz zur Einführung eines familiengerichtlichen Genehmigungsvorbehalts für freiheitsentziehende Maßnahmen bei Kindern, BGB i Nr, 48 2017, 2424 bzw. §1631b BGB).

Eine weitere Konstellation ist, dass der Kindeswille zwar mit einem Erwachseneninteresse übereinstimmt, beide aber ein Risiko für das Kindeswohl sind. Das gilt z.B., wenn sowohl ein Kind als auch der betreuende Elternteil Kontakte des Kindes zu dem umgangsberechtigten Elternteil ablehnen, obwohl sie positive Folgen für das Kind hätten. Allerdings gibt es hier auch ein zweites Erwachseneninteresse, das des umgangsberechtigten Elternteils. Es ist auf Kontakte ausgerichtet und kindeswohldienlich. Analog gilt dies für die Übertragung der alleinigen elterlichen Sorge unter bestimmten Bedingungen. Ist ein Elternteil ungeeignet, die elterliche Verantwortung wahrzunehmen, so steht einer Übertragung der alleinigen elterlichen Sorge auf den anderen erziehungsgeeigneten Elternteil nicht entgegen, dass die Kinder derzeit nicht bei ihm leben können, weil sie dies wegen eines induzierten Willens nachdrücklich ablehnen. In diesem Fall kann das Aufenthaltsbestimmungsrecht auf einen Ergänzungspfleger übertragen werden.

Das Typische an solchen Familienkonflikten ist dann auch der Zwiespalt zwischen zwei Erwachseneninteressen, vertreten z.B. von leiblichen Eltern oder Pflegeeltern, Jugendamt oder Adoptiveltern, und die damit verbundene Belastung für das Kind. Die Richtung, in der sich einzelne Verfahrensbeteiligte innerhalb solcher Konstellationen engagieren oder entscheiden, ist unterschiedlich. Die Aufgaben Sachverständiger sind dabei andere als die des Verfahrensbeistands und beider Eingriffe unterscheiden sich von denen des Richters. Aber die differenzierte Sicht auf diese Varianten und ihre Besonderheiten ist für alle Beteiligten eine Voraussetzung gezielten Arbeitens.

2.6.5 Induzierter Kindeswille

Der zweite Anlass, ein Kind vor der Umsetzung des eigenen Willens zu schützen bzw. das Kindeswohl auch gegen den Kindeswillen zu sichern, ist der induzierte Kindeswille. Die Beeinflussung von Kindern bzw. ihres Willens und ihrer Einstellungen ist eine häufige Begleiterscheinung familienrechtlicher Konflikte. Wenn Kinder eine Meinung oder einen Willen äußern, die einer Konfliktpartei nicht genehm sind, wird dies häufig als Ergebnis von Beeinflussung abgewertet. Aber selbst wenn das Kind beeinflusst wurde, ist es dann gerechtfertigt, die so entstandene Willensbekundung als weniger bedeutsam einzuschätzen?

Diese Frage wird kontrovers diskutiert. Zu den Pro-Argumenten gehört z.B., dass durch Beeinflussung entstandener Kindeswille eben eine Induktion eines fremden Willens, also kein eigener Wille, sei, dass er deshalb als Manipulation und nicht als Indiz für Selbstbestimmung einzuordnen sei. Die Bezugsperson mit mehr Kontakt und Macht sei im Vorteil, weil sie mehr manipulieren könne. Zu den Gegen-Argumenten gehört:

- Jeder menschliche Wille ist beeinflussbar, auch der Wille Erwachsener (Lempp 1983, Köster 1997).
- Erziehung sei immer Beeinflussung, weshalb das Kind sogar Anspruch auf Beeinflussung habe (Lempp 1983).
- Insbesondere jede liebevolle Zuwendung sei Beeinflussung (Köster 1997), d.h. dass jede sinnvoll agierende Bezugsperson beeinflusst.
- Wenn mehrere Personen sich dem Kind zuwenden und das Kind die Beeinflussung einer Person annimmt und die der anderen Bezugsperson(en) nicht, dann sei zu fragen, wieso das so ist (Ell 1990).
- Jede Art von Beeinflussung führe zu einer „psychischen Prägung beim Kind", die als Tatsache hinzunehmen sei (Peschel-Gutzeit 1989, Köster 1997).

Erkennbar ist sofort, dass hier Pauschalurteile an der Vielfalt möglicher Beeinflussungen scheitern. Dies ist von praktischer Bedeutsamkeit. Wenn man der Illusion eines einflussfreien Kindeswillens nachhängt, kommt es zu unrealistischen Schlussfolgerungen wie: „Eigene Wünsche des Kindes und seine Erklärungen gewinnen nur an Bedeutung, wenn sie frei und unbeeinflusst sind" (Münchener Kommentar BGB 2012, § 1671 Rn. 41). Andererseits darf die Tatsache, dass menschliche Beziehungen auch immer Einflussnahme beinhalten, nicht zur Unterschätzung manipulierten und induzierten Kindeswillens führen. Notwendig ist, Intensität und Art sowie Effekte entsprechender Einflussnahmen zu unterscheiden.

2.6.5.1 Arten der Induzierung

Zunächst ist die *indirekte* von der *direkten* Induzierung zu unterscheiden. Die *indirekte* Induzierung umfasst das Gewähren und Versprechen von Vorteilen wie Geschenke, Zuwendung und Freizügigkeiten. Die *direkte* Induzierung betrifft konkreter das Verändern von Einstellungen und Willensinhalten von Kindern in Bezug auf bestimmte Personen („er lügt") oder in Bezug auf die Zukunft („sie ist nur so lange nett zu dir, bis du dort lebst"). Induzierte Inhalte sind vorwiegend Furcht, Ablehnung und Feindseligkeit. Bewusst oder unbewusst wird außerdem oft die Furcht erzeugt, dass sich der Induzierende bei erwartungswidrigem Verhalten des Kindes vom Kind abwendet, d. h. Verlustängste entstehen.

Die direkte Induzierung kann offen oder verdeckt erfolgen. *Offen* und damit für das Kind eher erkennbar sind verbale Verdächtigungen des Konfliktpartners, anklagende und abwertende Bemerkungen über ihn vor dem Kind, aber auch negative Äußerungen über erwartungswidrige Verhaltensweisen des Kindes („du wirst schon sehen, was du davon hast, ich habe dich gewarnt"). *Verdecktes* Vorgehen nutzt eher nonverbale Kommunikation, vor allem Mimik und Gestik, Liebesentzug bei induktionsfernem Verhalten des Kindes und mehr Zuwendung bei induktionsgetreuem Verhalten.

Intensitätsstufen induzierenden Verhaltens sind Einwirken im Rahmen alltäglicher Kommunikation, *Aufhetzen* als affektiv-tendenziöse Attacken und *Zwang bzw. Drohung*.

Die Abgrenzung zur Erziehung als Medium von Beeinflussung liegt wohl darin, dass nicht die Absicht dominiert, die Persönlichkeitsentwicklung des Kindes zu fördern, sondern Meinungen des Kindes zu erzeugen, um eigene Ziele in einem Konflikt durchzusetzen und die Erfolgsaussichten des Konfliktpartners zu mindern. Je bewusster das geschieht und je mehr deshalb Fakten entstellt werden, desto stärker liegt Täuschungsabsicht vor. Kompliziert wird dies dadurch, dass Selbsttäuschung vorgeschaltet sein kann oder folgen kann, d.h., der Induzierende glaubt selbst an seine Botschaften, um sein Verhalten vor sich und dem Kind verantworten zu können und Schuldgefühle abzuwehren. Oft ist es schwer, die Grenze zur unbedarften Fehleinschätzung zu ziehen, z.B. wenn das Bettnässen eines Kindes vom Umgang suchenden Elternteil als „Schuld" des betreuenden Elternteils interpretiert wird, nicht aber als Folge der belastenden Gesamtsituation, zu der beide beigetragen haben.

Indirekte Beeinflussung hat oft ihren Höhepunkt erreicht, wenn ein Umgang verhindernder Elternteil in Anwesenheit z.B. eines Jugendamtsmitarbeiter oder Gutachters das Kind auffordern kann, den anderen Elternteil zu besuchen, und sich dabei darauf verlassen kann, dass das Kind weiß oder fühlt, was wirklich von ihm erwartet wird. Oft wird dann überzeugen, wenn dieser Elternteil behauptet, er habe alles versucht, könne aber das Kind doch nicht zwingen.

2.6.5.2 Effekte der Induzierung

Die wesentlichen Effekte sind äußerliche *Anpassung* einerseits und *Verinnerlichung* der induzierten Inhalte andererseits. Die äußerliche Anpassung des Kindes an Intentionen eines Erwachsenen kann die Folge von Ratlosigkeit oder falschen Schuldgefühlen sein. Es kann auch Ergebnis eines Nutzen-Kalküls sein. Das Kind will nachteilige Folgen wie Liebesentzug und Repressalien vermeiden, die eigene Zielintention aber nicht aufgeben. Deshalb werden Pflichtübungen in Gegenwart des Induzierenden absolviert. Ihm wird Recht gegeben, wenn es seinen Konfliktpartner beschimpft. Bei der Übergabe im Rahmen des Umgangskontakts wird der negativ etikettierte Elternteil nicht angesehen und angesprochen, anschließend wird ihm aber herzlich begegnet.

Die Verinnerlichung der induzierten Inhalte bedeutet, dass Bewertungen, also auch Abwertungen, Ängste und Zielintentionen der beeinflussenden Person in die eigenen Einstellungen, Gefühle und Willensbestandteile des Kindes integriert worden sind. Sie sind in das individuelle Selbstkonzept übernommen worden. Ablehnungen und Ängste werden gefühlt, Ziele werden vertreten und angestrebt im Sinne eigener Intentionen und damit eines Initiatorstatus. Sie gehören zur eigenen Identität. Sie mit Erfolg durchzusetzen, kann Selbstvertrauen stärken und Kontrollüberzeugungen fördern, also auch Selbstwirksamkeitserwartungen. Dem entspricht, wenn in einem Leitsatz des OLG Frankfurt a. M. (Beschl. V. 11.05.2005 – 1 UF 94/93) festgestellt wird: „Bei einem von einem Elternteil induzierten Willen eines Kindes ist zu bedenken, ob das Kind ihn sich selbst zu eigen gemacht hat. In diesem Fall ist zu prüfen, ob es mit dem Kindeswohl vereinbar ist, ihn zu übergehen, oder ob dies dann zu einer für das Kind schädlichen Entwicklung führen würde.“

Dem entspricht die Rechtsprechung des Bundesverfassungsgerichts. Im Beschluss vom 17.9.2016 (I1 BvR 1547/16) wird festgestellt: „Dass ein auf einer bewussten oder unbewussten Beeinflussung beruhender Wunsch des Kindes beachtlich sein könne und nur unter bestimmten Voraussetzungen außer Acht gelassen werden könne“. Schon im Beschluss vom 25.4.2015 wird erklärt: „Selbst ein auf einer bewussten oder unbewussten Beeinflussung beruhender Wunsch kann beachtlich sein, wenn er Ausdruck echter und damit schützenswerter Bindungen ist“ (1 BvR 3326/14).

Im Beschluss vom 2.4.2001 (1 BvR 212/98) heißt es, es sei zu berücksichtigen, „dass auch durch Beeinflussung eine echte und damit schützenswerte Bindung entstehen kann ...“.

Eine andere Begründung findet sich im Beschluss vom 7.12.2017 des OLG Koblenz (13 UF 562/17): Ein wegen negativer Beeinflussung eigentlich zu disqualifizierender Wille eines zwölfjährigen Kindes kann zu beachten sein, wenn die Nichtbefolgung des Kindeswillens zu einer schwerwiegenden Kindeswohlgefährdung führen würde.

Je mehr eine Einflussnahme gegen schon vorhandene Einstellungen und Absichten eines Kindes gerichtet ist, desto weniger wahrscheinlich sind verhaltensändernde Effekte. Nur in Ausnahmefällen führt dann Beeinflussung zu stabilen Willensäußerungen, die zu vorhandenen emotionalen Beziehungen im drastischen Widerspruch stehen. Diese Konstellation ist dann bedenklich, meist leicht erkennbar, aber auch instabiler. War eine Induzierung erfolgreich, dann ist das meist darauf zurückzuführen, dass der ursprüngliche Wille tendenziell geringer ausgeprägt war, dass z.B. die Einstellung zur Negativperson ambivalent ausfiel. Die induzierten Inhalte treffen auf eine tendenziell schon vorhandene Bereitschaft. Sie führen dann – wie „normale“ Beeinflussungen – zu psychischer Realität, die nun selbstbestimmt ist. Sie nicht zu beachten, unterscheidet sich nicht mehr vom Ignorieren des Kindeswillens überhaupt.

Fazit: Im Prozess der Induzierung und Verinnerlichung kann eine neue psychische Realität entstehen. Das Kind hat dazu aktiv beigetragen, indem es erlebte und erlittene Dissonanzen zwischen eigenen Wünschen und Einflüssen einer ja meist geliebten Person beseitigt, d.h. einen Ausweg gefunden hat. Dazu war auch nötig, sich mit den induzierten Inhalten auseinanderzusetzen. Die neu-entstandene psychische Realität als bloße Spiegelung fremder Einflüsse abzuwerten und gegen dahinter stehenden Kindeswillen zu entscheiden, kann das Kind in den Zustand zurückversetzen, aus dem es sich befreit hat, d.h. erneut zu Ohnmachtsgefühlen und Selbstwertlabilität führen. Unter juristischen Aspekten stellt dies einen Verstoß gegen die Persönlichkeitsrechte des Kindes dar.

Es ist deshalb oft vorschnell und einseitig, wenn – z.B. im Rahmen der Diskussion über das Parental Alienation Syndrom – behauptet wird, Kinder brauchen in solchen Fällen nicht Akzeptanz, z.B. ihres Willens, sondern Hilfe. Dies kann in Aktionismus mit verstelltem Blick auf das Kindeswohl münden. Häufig entsteht überdies der Eindruck, es soll dem induzierenden Elternteil eine „Lehre" erteilt oder dem benachteiligten Elternteil zu seinem Recht verholfen werden. Das wäre aber eine andere Form der missbräuchlichen Instrumentalisierung des Kindes. Das Fazit musste insgesamt unbefriedigend ausfallen, weil es ein Dilemma beschreibt. Auf die naheliegende Frage, was man nun konkret für das betreffende Kind tun kann, gibt es nur Antworten, die auch mögliche Gefahren für das Kindeswohl einschließen. Die beschriebenen Erfordernisse von Risikoabwägung und Hypothesenbildung werden umso wichtiger.

2.6.6 Die Diagnostik des Kindeswillens

2.6.6.1 Methodische Zugänge

Bei der Diagnostik des Kindeswillens kann ein direkter von einem indirekten Zugang unterschieden werden. Auf direktem Wege werden Informationen des Kindes selbst genutzt. Zum indirekten Vorgehen zählt, andere Personen zu befragen. § 26 FamFG ist in diesem Sinne auch so auszulegen, dass das Gericht alle zur Feststellung des Kindeswillens erforderlichen Ermittlungen einzuleiten und geeignet erscheinende Beweise aufzunehmen hat. Dazu können die Anhörungen von Bezugspersonen und anderen Personen aus der Umgebung des Kindes sowie des Jugendamtes und des Verfahrensbeistandes gehören.

In der Mehrzahl der Fälle ist es nicht sehr problematisch, den Kindeswillen auf direktem Weg zu erfahren, vorausgesetzt, er wird in angemessener Weise erkundet. Die meisten Kinder und Jugendlichen haben den Prozess der Willensbildung so weit hinter sich, dass sie sich eindeutig über verbale Äußerungen und über Handeln akrtikulieren können. Zudem ist die Mehrzahl der Kinder daran interessiert, eigene Standpunkte einzubringen (Birnbaum 2017, Zumbach u.a. 2020). Gespräch und Beobachtung sind also die methodischen Zugänge. Testdiagnos-tik bleibt speziellen Settings durch Fachleute, z.B. im Rahmen der Begutachtung, vorbehalten. Allerdings sind standardisierte Instrumente nicht verfügbar.

Der häufigste Zugang wird über Gespräche gesucht und gefunden. Je nach professionellem Rahmen nehmen sie die Gestalt einer Anhörung nach § 159 FamFG, einer Exploration oder eines Interviews an. Folgende Hinweise sollten dabei beachtet werden (siehe auch Arntzen 1994, Balloff 2019, Kluck 1995):

2.6.6.1.1 Formale Ebene

- Das Gespräch sollte mit dem Kind allein geführt werden, d.h. ohne Eltern oder Anwälte. Ausnahmen können sich aus folgenden Umständen ergeben:

  1. Wenn das Kind die Anwesenheit einer dritten Person wünscht, sollten die Gründe überprüft und zweckfremde Einflussnahme beim Gespräch ausgeschlossen werden.

2. Wenn Besonderheiten im Verhalten und Erleben des Kindes wie extreme Verunsicherung, Angst, Fremdeln usw. den Gesprächszweck gefährden, sollte die Möglichkeit geprüft werden, ob Vertrauenspersonen, z.B. ältere Geschwister, anwesend sein dürfen. Verfügt diejenige Person, die ein Gespräch zu führen hat, über wenig Erfahrung in der Kommunikation mit Kindern, kann es sinnvoll und notwendig sein, einen erfahrenen Dritten, z.B. zu einer Anhörung, hinzuzuziehen.

- Befragungen von Kindern zum Kindeswillen können vor allem bei Äußerungshemmungen effektiver sein, wenn sie ohne Ankündigung in der Kindertagesstätte oder in der Schule erfolgen, statt in Begleitung eines Elternteils im Gericht oder beim Gutachter (allerdings ist Absprache mit den Eltern zu treffen).
- Auf altersgemäße Sprachführung und einfache kurze Sätze achten, „Kindertümelei" dabei aber vermeiden.
- Nicht mehr als ein Gedanke pro Frage, also z.B. keine Doppelfragen.
- Bewusster Einsatz von Fragetypen: Das betrifft z.B. zu wissen, wann geschlossene Fragen (nur Ja oder Nein als Antwort möglich) besser geeignet sind und wann eher offene Fragen, z.B. die so genannten W-Fragen: Was? Wann? Wo? Wie? Warum? Letztere haben bei der Willenserkundung den Vorteil, dass sie differenzierte Antworten fördern, Antwortinhalte vertiefen können und deshalb Intentionen besser erkennen lassen. Die Garantie ist nicht gegeben, durch die Antwort des Kindes seinen Willen zu erfahren. Auch durch verbal oder nonverbal ausgedrückte Vorannahmen und Erwartungen können ungewollt Druck erzeugt und Gefälligkeitsantworten oder Ausweichreaktionen gefördert werden.
- Zeitlichen Druck vermeiden, dem Kind Zeit zum Überlegen und Abwägen lassen, d.h. kein ungeduldiges Drängen. Schweigen sollte ertragen werden.
- Gespräch in angemessener Umgebung führen, im Idealfall in einem Spielzimmer; zumindest Spielzeug sollte zur Verfügung stehen, bei leicht ablenkbaren Kindern kann auch eine reizärmere Raumgestaltung sinnvoll sein.
- Im Anfangsteil („Aufwärmphase") über neutrale Themen sprechen, wie z.B. Kita, Schule, Freunde, Hobbys.
- Zuweilen fördert es gerade bei Vorschulkindern die Bereitschaft zum Sprechen, wenn das Kind nebenher malen oder spielen kann.

2.6.6.1.2 *Inhaltliche Ebene*

- Allgemeine Voraussetzung ist auch bei dieser Gesprächsthematik, freundliche Zuwendung und angstfreies Klima zu gewährleisten.
- Vorbereitung des Gesprächs z.B. mittels Gesprächsleitfaden, dies dient nicht nur der inhaltlichen Planung, sondern verringert die Belastung des Kindes durch die Konzentration auf den Kern. Außerdem bringt die Vorbereitung auch dem Befrager eine kognitive Entlastung während des Gesprächs. Oft wechseln Kinder spontan die Thematik. Der Befrager sollte einerseits darauf eingehen, andererseits aber wieder seinem Gesprächsleitfaden folgen.
- Zur Vorbereitung gehört auch die Bildung von Hypothesen z.B. zu möglichen Motiven des Kindes, Umgangskontakte zu verweigern.
- Direktes Erfragen von Motiven und Willensinhalten bzw. Intentionen, z.B. mit Wa-

rum-Fragen, ist allenfalls angebracht, wenn das Kind Bereitschaft zeigt, darüber zu sprechen, vielleicht sogar signalisiert, dass es froh ist, dass es jemandem seine Meinung mitteilen kann, der das Kind ernst nimmt. Ansonsten sind eher indirekte Fragen effektiv, z.B. danach, was das Kind in bestimmten Situationen oder bei Erlebnissen (z.B. Übergabesituation, Urlaub mit einem Elternteil) gefühlt, gedacht, gewünscht hat, was es getan hat, was gestört hat oder angenehm war.

- Das Kind zur Willensbekundung motivieren, z.B. indem verdeutlicht wird, dass nicht andere über das Kind entscheiden sollten, sondern dass es eine eigene Meinung einbringen kann, d.h. Selbstwirksamkeitserwartungen ansprechen, Initiator-Status anbieten.

Ein vierjähriges Mädchen äußert in Gesprächen beim Gutachter keine Willenstendenzen über seinen künftigen Lebensmittelpunkt, weiß aber, dass es bald entweder bei der Mutter oder beim Vater wohnen wird. Es wird ihm erklärt, dass demnächst eine fremde Person darüber entscheiden wird, ein Richter. In mehreren Stufen wird das Kind gefragt, ob es dem Richter vorher gern noch etwas sagen oder über seine Puppe etwas ausrichten lassen will. Sofern Willenstendenzen bestehen, werden sie dann meist geäußert.

Einem Kind wird zugestanden, dass es sich nicht im „Kampf" der Eltern entscheiden muss. Es werden mögliche Motive genannt oder wiederholt („Spiegeln"), z.B. dass es keinen Elternteil verletzen oder dass es in Ruhe gelassen werden will. Dann wird vorgeschlagen: Lass uns aber gemeinsam überlegen, wie wir es machen können, dass du am Ende zufrieden bist ...

Strecker (2000) empfiehlt, den geheimnisvollen Reiz der Verfahrensakte zu nutzen, und zwar mit den Worten: „Schau, das sind die Namen deiner Eltern und da steht dein Name. Da haben deine Eltern – und vielleicht ihre Anwälte – geschrieben, wie sie die Sache sehen, und wenn du magst, kommt am Ende ein Zettel dazu, auf dem das drauf steht, was du selbst dazu meinst."

- Insofern die Bereitschaft eines Kindes dazu erreicht wird, kann auch über seine Ängste und Nöte gesprochen werden. Damit ist man nicht nur mitten in der Willensdiagnostik, es ist auch ein Schritt dahin, das Kind als Gesamtpersönlichkeit bzw. in seiner Individualität kennen zu lernen und nicht nur als anonymen „Willensträger". Dies erweitert die diagnostische Basis.
- Vom Kind geäußerte Willensinhalte nicht werten oder kritisieren.
- Das Kind sollte nicht in die Rolle eines Kampfrichters und zum Vergeben von Noten für die Elternteile gedrängt werden. Dies kann sowohl Loyalitätskonflikte erzeugen oder verstärken als auch die Erzieherposition der Eltern schwächen.
- Die das Gespräch führende Person sollte an geeigneten Stellen eigenes Erleben mitteilen, z.B. die Unsicherheit über die beste Lösung für das Kind oder das Unbehagen darüber, dass man die Meinung des Kindes nicht kennt. Geeignete Gesprächstechnik ist dabei u.a. der Gebrauch von Ich-Botschaften (Schulz von Thun 2010).
- Es kann eventuell auch notwendig sein, das Kind wissen zu lassen, dass es nicht Schuld an der Elterntrennung hat, dass seine Ängste, seine Trauer und seine Hilflosigkeit, auch die Ambivalenz der Gefühle oder der Widerwillen gegen den Elternstreit normal sind. Verständnis für damit verbundene Gefühle und Konflikte sollten verbalisiert werden, ebenso Verständnis für den Widerwillen gegen die wiederholten Befragungen.
- Bei starken affektiven Reaktionen, z.B. Weinen, das Kind thematisch oder durch Spieltätigkeit ablenken, nicht den Affekt zum Thema machen, nicht Gefühle „ausreden".

- Stadium der Willensbildung beachten: Dominieren die Indikatoren der präintentionalen Phase (Unbehagen, Leidensdruck, ungerichtete Veränderungswünsche, unreflektiertes Beharren) oder die Indikatoren der intentionalen Phase (Absichten, Vorsätze) in verbalen Äußerungen und im Verhalten des Kindes? Eng mit Zielintentionen verbundene Faktoren sind auch für die Diagnostik wichtig: Stärke der Bedürfnisspannungen (z.B. Trennungsängste), Attraktivität potenzieller Endzustände, subjektive Realisierungswahrscheinlichkeit von Zielintentionen, Stärke der Kon-trollüberzeugungen, Außendruck auf Entscheidung des Kindes, Fremderwartungen.
- Mindestanforderungen an Kindeswillen prüfen:

a) Zielorientierung: Äußert das Kind eigene Vorstellungen und Vorschläge z. B. dazu, bei welchem Elternteil künftig sein Lebensmittelpunkt sein soll (elterliche Sorge), oder zum Umfang und zur Gestaltung von Kontakten zu einem Elternteil (Umgang)? Enthalten solche Vorstellungen erkennbare Ziele bzw. Zielzustände? Entsprechen diese Vorstellungen den vorhandenen Bindungen und Beziehungen oder werden diese mit den Äußerungen kaschiert? Werden Absichten für das eigene Handeln abgeleitet? Wird über Wege und Mittel nachgedacht, die Absichten umzusetzen? Sind die Beurteilungen der Handlungsalternativen und -folgen hinreichend realistisch und zielrelevant? Oder gibt es Anzeichen für verfehlte Nutzenerwartungen, für mangelnde Schadensvoraussicht oder für illusionäre Realisierungserwartungen?

b) Intensität: Werden Zielorientierungen nachdrücklich, entschieden und beharrlich beibehalten, auch wenn Hindernisse und Widerstände, z. B. Beeinflussungen, auftreten, auch wenn aktueller Ärger eine Beziehung erschüttert oder Konflikte eskalieren, auch wenn verlockende Versprechungen durch nicht präferierte Personen gemacht werden?

c) Stabilität: Waren die geäußerten Willensinhalte instabil und wechselnd oder über eine angemessene Zeitdauer hinweg gleich bleibend? Wurden sie auch gegenüber verschiedenen Personen und in unterschiedlichen Situationen beibehalten? Unter welchen Bedingungen und wem gegenüber hat das Kind Aussagen zum eigenen Willen gemacht und verändert? Zuweilen ist es sinnvoll, eine entsprechende Aussagengeschichte zu erheben. Damit wird berücksichtigt, dass die Zielintentionen selbst wechseln können. Der kindliche Wille kann zunächst darauf zielen, unter Zurückstellung eigener Beziehungswünsche „Ruhe" haben zu wollen, d. h. Schutz vor elterlichem Streit zu erreichen. Er kann sich dann aber umorientieren auf die ursprünglichen oder neu erwachten Beziehungswünsche, die als attraktiv und berechtigt erkannt werden. Wenn dies ein Prozess von Jahren ist, kann nicht von Instabilität die Rede sein.

d) Autonomie: Sind die Zielorientierungen des Kindes in hinreichendem Maße Ausdruck von Selbstfindung bzw. Selbstwerdung? Stimmen sie hinreichend mit vorhandenen Einstellungen und Bindungen überein oder verdecken sie diese eher? Weisen aus der Erwachsenensprache, vor allem von potenziell induzierenden Personen übernommene Formulierungen, Argumente oder Floskeln auf unselbständige Meinungsbildung hin? Finden sich vom Kind nicht verstandene oder widersinnige Argumente? Wird in auffälliger Weise und stereotyp betont, dass das Kind im Gespräch nichts als die eigene Meinung sagt?

Die Prüfung der Mindestanforderungen enthält zugleich Prognosekriterien in Bezug auf die Entwicklung des Kindeswillens. Sie sind in diesem Sinne dienlich, wenn z.B. Aussagen dazu angestrebt werden, welche Folgen das Ignorieren des Kindeswillens haben kann, wie zum Beispiel in einem Beschluss des OLG Köln vom 28.3.2019 (10 UF 18/19), in dem es heißt: „Nur in extremen Ausnahmefällen dürfte es berechtigt sein, aufgrund eines schwankend geäußerten Willens einer 13-jährigen von der Unbeachtlichkeit dieses Willens auszugehen."

Verschiedentlich wird aber auch empfohlen, die zu erwartende Überwindbarkeit des kindlichen Widerstandes gegen Umgang zum Maßstab dafür zu machen, ob man den Kindeswillen akzeptiert oder nicht. Es heißt dann z.B.: „Ein entgegenstehender Wille des Kindes kann nur dann ausnahmsweise den Ausschluss des Umgangsrechts rechtfertigen, wenn nicht zu erwarten ist, dass der Widerstand des Kindes überwunden werden kann" (OLG Brandenburg, Beschl. vom 03.02.2003 – 9 UF 171/02; Jugendamt 5/2003, 261). Dies ist ein einseitiger Maßstab. Es wird nicht gefragt, was überwundener Widerstand oder gebrochener Wille für Folgen haben kann. Sinnvoll sind aber Erwägungen zur Prognose über den zu erwartenden Widerstand.

2.6.6.2 Komplikationen und Gefahren

Bei der Diagnostik des Kindeswillens sind vor allem zwei Konstellationen problematisch: 1. Das Kind äußert keinen Willen. 2. Der geäußerte Kindeswille entspricht ganz offensichtlich nicht den „wirklichen" Intentionen.

Zu 1.: Das Kind äußert keinen Willen. *Mögliche Gründe dafür sind:*

- Das Kind kann sich nicht entscheiden: Es befindet sich noch in der präintentionalen Phase oder Willensbildung. Die Frage nach Alternativen oder gar der bevorzugten Alternative sind nicht seine Fragen, sondern die interessierter Erwachsener.
- Das Kind will sich nicht entscheiden: Die Verantwortung für die Lösung eines Problems, das Erwachsene geschaffen haben, wird abgelehnt. Das geschieht zuweilen, wenn auch seltener, aus Desinteresse. Häufiger stellt die Verweigerung eine Variante des Selbstschutzes vor Stress, Schuldgefühlen oder Verlust dar. Es wird erwartet, dass solche Folgen in jedem Fall eintreten, gleich wie sich das Kind entscheidet – ein Dilemma also, das gemieden wird. Noch häufiger wird einer Entscheidung ausgewichen, um Bezugspersonen, meist beide Elternteile, vor Nachteilen bzw. Verletzungen zu schützen. Auch hier wird ein Dilemma gemieden.
- Das Kind hat sich entschieden, äußert aber keinen Willen, sondern verbirgt ihn, indem es schweigt oder vorgibt, sich nicht entscheiden zu können oder zu wollen. Meist stehen hier die gleichen Gründe dahinter, die für Kinder genannt wurden, die sich nicht entscheiden wollen. Hinzu kommt zuweilen Angst vor einem Erwachsenen, der sich benachteiligt fühlen könnte. Oder es wird befürchtet, durch eigene Äußerungen negative Folgen für die Eltern zu erzeugen, z.B. Abwertung durch Instanzen oder gar Sanktionen. Zuweilen tragen Eltern oder andere Bezugspersonen auch durch Trauer oder Tränen, durch demonstrative oder indirekt drohende Verhaltensweisen dazu bei.

  In solchen Konstellationen werden auch Professionelle vor ein Dilemma gestellt. Einerseits sollte akzeptiert werden, wenn sich Kinder nicht entscheiden können oder wollen oder ihre Willenstendenzen für sich behalten möchten. Man muss sich nur vergegenwärtigen, wie belastend es auch für Erwachsene ist, z.B. mit zwei verfeindeten Personen permanent Kontakt zu haben. Soweit es um Nicht-Entscheiden-Wollen geht, handelt es sich schließlich auch um eine Variante des Kindeswillens. Andererseits kann es falsch und langfristig zum Nachteil des Kindes sein, vorschnell auf ein so wichtiges Entscheidungskriterium wie den Kindes

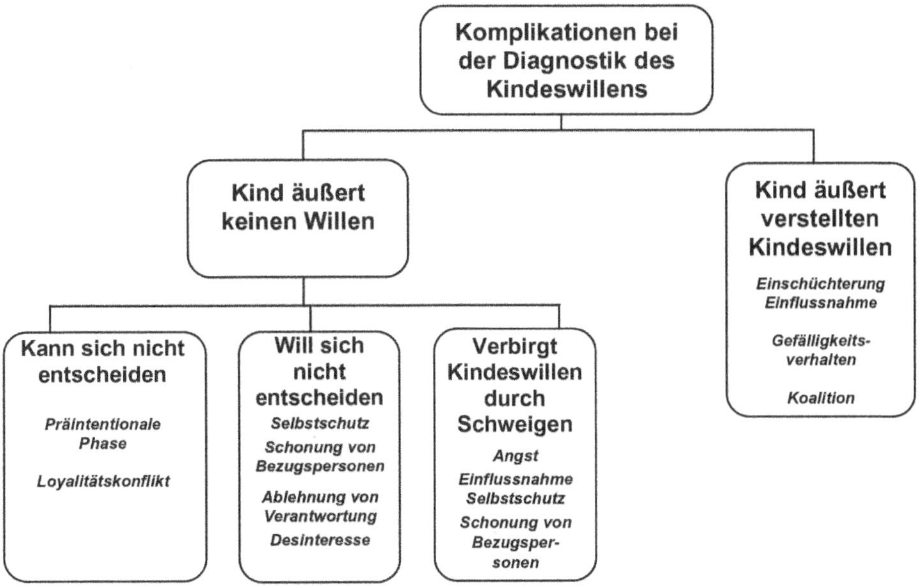

Abb. 2.12 Diagnostik des Kindeswillens – Komplikationen

willen zu verzichten. *Je nach Konstellation des Einzelfalles sollte deshalb geprüft werden:*

- Welche sonstigen Verhaltensweisen, z.B. Bindungsverhalten, nonverbales Verhalten bei Übergabesituationen, ermöglichen Rückschlüsse auf den Kindeswillen? Sie können sich aus eigener Beobachtung oder aus objektiv zu bewertenden Mitteilungen anderer Personen erschließen.
- Ist es sinnvoll und notwendig, psychologische Kompetenz anzufordern, um statt verbaler Willenserkundung die Ebene projektiver Diagnostik über Spielen bzw. spielerische Exploration, z.B. mit Hilfe von Spieltelefonen, oder projektiver Verfahren zu nutzen?
- Ist es eine Hilfe oder überfordert es ein Kind, wenn man den Prozess des Übergangs von der präintentionalen zur intentionalen Phase der Willensbildung fördert? Diffuse Unzufriedenheit und verdrängte Wunschtendenzen bewusst zu machen und in Zielintentionen zu überführen ist oft gut möglich, z.B. mit Hilfe der Gesprächstechnik „Aktives Zuhören" (Schulz von Thun 2010). Als Vorteile sind bei kompetenter Anwendung einerseits zu erwarten, dass sich das Kind in jedem Stadium der Willensbildung akzeptiert fühlt, emotional entlastet wird und offener spricht, andererseits aber vor allem, dass dem Kind beim „Spiegeln" seiner Äußerungen und nach vertiefenden Fragen oft etwas bewusst wird, was bisher nicht reflektiert wurde, z.B. verdrängte Wünsche.

Bei differenzierter Gesprächsführung ist auch nicht auszuschließen, dass Loyalitätskonflikte oder Verlustängste aktualisiert oder verstärkt werden. Ebenso kann aber die

Folge sein, dass das Kind das Gespräch als Befreiung aus dem Konflikt erlebt und dadurch der Prozess der Willensbildung aktiviert wird. Welche Alternative zutrifft und ob damit eine zeitlich begrenzte Labilisierung des Kindeswillens einhergeht, ist durch den Befrager durch permanente Aufmerksamkeit und Metakognition zu registrieren.

Zu 2.: Der geäußerte Wille entspricht nicht dem wirklichen Willen. Das Kind „verstellt" sich beim Äußern des Kindeswillens. Mögliche Gründe dafür sind vor allem verbale Einschüchterung durch eine Bezugsperson oder induzierte Meinungen und Einstellungen, mitunter auch unangemessen insistierendes Befragerverhalten. Soweit es um induzierten Kindeswillen geht, ist die Phase der äußeren Anpassung relevant (s. oben). Erkennbar kann das werden an der Diskrepanz der Willensbekundungen zu vorhandenen Bindungen, an der Ambivalenz der Bekundungen, ferner am Zitieren des Induzierenden („und Papa hat Mama auch nie die Einkaufstasche getragen") oder der Akten („Mama war mehrmals alkoholrückfällig"). Ein Hinweis ist auch Gefälligkeitsverhalten dem Induzierenden gegenüber, z.B. Zustimmung beim Abwerten des anderen Elternteils, Vermeiden von Blickkontakt mit dem umgangsberechtigten Elternteil in Übergabesituationen, solange der betreuende Elternteil anwesend ist. Hier wird wiederum deutlich, dass der alleinige Bezug auf verbale Äußerungen des Kindes den Kindeswillen ungenügend abbildet.

2.6.7 Der Umgang mit dem Kindeswillen

Auf vier Ebenen ist es möglich und notwendig, differenziert und kindeswohldienlich mit dem Kindeswillen umzugehen: Kenntnisnahme, Prüfung, Berücksichtigung, Nachsorge.
Kenntnisnahme des Kindeswillens ist Voraussetzung dafür, die folgenden Ebenen überhaupt erst erreichen zu können. Der Kindeswille sollte deshalb ab einem Kindesalter von drei Jahren immer zur Kenntnis genommen werden, weil sonst gar nicht festgestellt werden kann, wie bedeutsam er ist. Den Kindeswillen nicht festzustellen bedeutet, die Hypothesen für die Lösung anderer Probleme einzuengen. Das Gewicht anderer Kindeswohlkriterien ist oft nur in Relation zum Kindeswillen festzustellen. Auffälligkeiten im Kindeswillen, wie z.B. grobe Diskrepanz zu Bindungen oder zu bekannten Lebensbedingungen, können diagnostischen Wert für andere Beurteilungskriterien haben, z.B. die Erziehungskompetenzen von Bezugspersonen.

Bis zur Kenntnisnahme im Verfahren hat der Kindeswille eine Reihe von Hürden zu überwinden. Eine relativ hohe ist die Anhörung gemäß § 159 FamFG. Obwohl völkerrechtlich (Art. 12 UN-KRK) und grundgesetzlich (Art. 103 Abs. 1 GG) verankert, wird aus verschiedensten Gründen darauf verzichtet. *Die häufigsten Begründungen sind:*

- Elterliche Einigung (ohne Beteiligung des Kindes) ist erreicht und soll nicht kontrolliert oder kompliziert werden,
- Kind ist zu jung, zu unreif usw.
- Kindeswille ist manipuliert oder manipulierbar.
- Belastung des Kindes durch die Anhörung ist zu groß.
- Die Eltern wissen am besten, was gut für das Kind ist.

Oft sind es Rationalisierungen dahinter stehender emotionaler Gründe wie Angst, Unsicherheit oder Kompetenzselbstzweifel in Bezug auf die Kommunikation mit Kindern, ferner auch Unwille darüber, dass eine mit Anstrengungen erreichte Einigung der Eltern wieder infrage gestellt werden könnte.

Am ehesten ist noch das Argument der Belastung des Kindes durch die Anhörung tragfähig. Fallspezifisch ist zu prüfen, ob das Kind sich genötigt und überfordert sieht, über familiäre Interna und eigene Intentionen mit fremden Personen zu reden, oder ob die Möglichkeit, sich mitzuteilen, und das interessierte Zuhören Dritter entlastend wirken. Soweit Untersuchungen vorliegen, werden die Belastungen von Kindern als langfristig unerheblich eingeschätzt (Karle u.a. 2010, Schweppe/Bussian 2012) bzw. positive Folgen wie Informieren der Kinder, Eingehen auf Kindesbedürfnisse, Korrektur von Fehlvorstellungen und Befürchtungen als höher eingeschätzt (Zitelman 2001). Allerdings kommt es auch hier auf die Dosierung an. Mehrfachanhörungen bzw. -befragungen, evtl. noch parallel zum familiengerichtlichen Verfahren in einem strafrechtlichen Ermittlungsverfahren, erhöhen die Wahrscheinlichkeit, ein Kind unangemessen zu belasten.

Dadurch dass das Hinwirken auf Einvernehmen im FamFG stark betont wird, ist die erste der o. g. Begründungen (eine elterliche Einigung ist erreicht und soll nicht gefährdet werden) eindeutig häufiger geworden. Dabei wird meist irrtümlich, weil pauschal, angenommen, dass elterliches Einvernehmen den Verzicht auf die Anhörung des Kindes rechtfertigt bzw. auch ohne Berücksichtigung des Kindeswillens dauerhaft effektiv ist oder noch grundsätzlicher: dass eine so vereinbarte Regelung die Interessen eines Kindes besser berücksichtigt als eine richterliche Entscheidung.

Eine weitere Hürde kann die Mediation sein. Anders als die Anhörung bedarf die Beteiligung des Kindes an der Mediation nicht der Zustimmung der Eltern. Doch wer prüft, ob eine Mediation ohne Beteiligung des Kindes noch effektiv sein kann oder ob ein Kind an einer in der Mediation erreichten Umgangsvereinbarung beteiligt war? Das Mediationsverfahren entbehrt einer gesetzlichen Regelung, nach der Kinder einzubeziehen sind. Wird z.B. ein Gerichtsverfahren in separate Mediation übergeleitet, greifen die Beteiligungs- und Anhörungsrechte des Kindes nicht mehr. Der Kindeswille kann durch eine Lücke fallen. Analog zum Richter verstößt auch beim Mediator die Kommunikation mit dem Kind nicht gegen seine Neutralität oder Allparteilichkeit, im Gegenteil kann auch er dauerhaft wirksame Problemlösungen bei Kenntnisnahme der Sicht des Kindes auf die Dinge besser erreichen (Balloff 2012, Ivanits 2018).

Die *Prüfung des Kindeswillens* kann erfolgen in Bezug auf seine psychologische Qualität und seine rechtliche Beachtlichkeit im Rahmen der gesetzlichen Rahmenbedingungen. Sowohl psychologische als auch juristische Kompetenz ist also notwendig. Die psychologische Qualität ist zu prüfen mit Bezug auf bereits genannte Merkmale, so z.B. das Stadium der Willensbildung, die beschriebenen Mindestanforderungen, die Fundierung im Entwicklungsstand des Kindes sowie den Ausschluss von Selbstgefährdung. Ein wichtiger Detailaspekt ist ferner, die Gründe für ablehnende Willensäußerungen eines Kindes differenziert zu prüfen. Die Vielfalt möglicher Gründe, z.B. für die Ablehnung des Umgangs, wird oft unterschätzt *(Abschnitt 5.4.3.3)*.

Die *Kindesanhörung* im Familienrecht ist ein wichtiger Schritt und zugleich eine kritische Phase bei der Kenntnisnahme und Prüfung des Kindeswillens. Zudem ist sie eine Möglichkeit, elternzentrierten Tendenzen im familiengerichtlichen Verfahren zu begegnen, die in der Erwartung bestehen, dass die Einigung der Eltern gemäß § 156 Abs. 1 und 2 FamFG grundsätzlich kindeswohldienlich ist, ohne kindliche Bedürfnisse und Kindeswillen zur Kenntnis genommen zu haben.

Psychologische Kompetenz und kindeswohldienliche Berücksichtigung des Kindeswillens korrelieren in der Kindesanhörung besonders eng. Diffizil ist schon die Auswahl des Zeitpunktes, zu dem das Kind in den Vermittlungsprozess vor dem Familiengericht einbezogen werden soll. Zwar sollte die Anhörung des Kindes zum Kindeswillen möglichst frühzeitig im ersten Termin in Abwesenheit der Bezugspersonen erfolgen, damit es sich möglichst frei äußern kann und nicht in Loyalitätskonflikte gerät. Jedoch stehen dem Gericht im ersten Termin des beschleunigten Verfahrens auch nur wenige Informationen über das Kind und seine etwaigen Belastungen zur Verfügung. Diese Informationen sollten vorher von den Bezugspersonen und beteiligten Professionellen eingeholt werden. Bei geringem Konfliktniveau der Bezugspersonen besteht die Möglichkeit, darüber hinaus das Kind im Anschluss an eine Einigung zusätzlich in den Anhörungstermin mit den Bezugspersonen einzubeziehen, sofern sicherzustellen ist, dass das Kind dadurch keine psychische Belastung erfährt. Hier könnte das Kind dann etwa von den Bezugspersonen selbst unter Hilfestellung des Gerichtes über das Einigungsergebnis informiert werden. Einigen sich die Eltern im ersten Termin nicht, ist die Gefahr, dass das Kind kein Gehör findet, geringer. Dem Familiengericht wird im laufenden Verfahren mehr Zeit zur Verfügung stehen und es werden vermehrt auch andere Professionen in das Verfahren einbezogen, die dem Kind im rechtlichen und psychologischen Sinne Gehör verschaffen können, sei es durch einen Verfahrensbeistand oder einen Sachverständigen.

Noch diffiziler sind die inhaltlichen Erfordernisse an eine sachgerechte Anhörung des Kindes. Im Prinzip gelten hier jene Kriterien, die im Abschnitt zur Psychodiagnostik des Kindeswillens dargestellt wurden *(Abschnitt 2.6.6)*. Darüber hinaus ist empfehlenswert, dass bei der Anhörung nur ein Richter anwesend ist und dieser am Ende zusammenfasst, wie er die Mitteilungen des Kindes verstanden hat. Dem Kind sollte gesagt werden, dass die Eltern über den Inhalt der Anhörung informiert werden. Die Anwesenheit der Eltern bei der Kindesanhörung wurde vom Bundesverfassungsgericht (Beschl. v. 5.6.2019 – 1 BvR 675/19) als „regelmäßig nicht sachgerecht" eingeschätzt, „weil dem Kind dann keine unbefangenen Äußerungen möglich sind."

Die *Berücksichtigung des Kindeswillens* hängt davon ab, in welchem Verhältnis er zum Kindeswohl und zu anderen Kindeswohlkriterien steht. Eine formelle Entscheidungskompetenz des Kindes besteht nicht – zu seinem Schutz. Auch wenn der Kindeswille in begründeter Weise nicht berücksichtigt wird, kann das Schutzbedarf erzeugen. Soll der Kindeswille akzeptiert werden, kann es auch notwendig sein, das Kind bei seinen Bemühungen zu unterstützen, die eigenen Intentionen einzubringen und umzusetzen. Dabei sollte dem Kind Klarheit darüber verschafft werden, dass letztendlich das Gericht entscheidet.

Die *Nachsorge* ist ein Anspruch von ethischem Rang für jede beteiligte Berufsgruppe, vor allem wenn im Interesse des Kindes gegen seinen Willen empfohlen oder entschieden wird. Ob und wie die Entscheidung, vor allem die Entscheidung gegen seinen Willen, dem Kind zu erklären und zu begründen ist, hängt ab vom Alter des Kindes, von seinen sozial-kognitiven Kompetenzen und seiner Resilienz. Wird das ohne Grund vernachlässigt, können alle jene Merkmale eintreten, die als Folge der Manipulation kindlichen Willens beschrieben wurden wie z.B. Labilisierung von Selbstvertrauen, Verlust von Orientierung und Handlungsfähigkeit. Hilfreich können Interventionsangebote sein, die

Strategien zur mentalen Bewältigung des Elternkonfliktes vermitteln, ferner Trennungskindergruppen und wissenschaftlich fundierte Angebote wie „Kinder im Blick" (Bröning 2013) oder das Programm „Kinder aus der Klemme" (van Lawick/Visser 2017).

Aber auch, wenn entsprechend dem Willen des Kindes empfohlen oder entschieden wurde, kann Nachsorge angebracht sein. Zuweilen begründen Kinder ihren Willen mit Fakten, die das Verhalten eines Elternteils oder beider Eltern wenig vorteilhaft erscheinen lassen. Dies wird vom Richter oder vom Sachverständigen den Eltern mündlich oder schriftlich zur Kenntnis gegeben. Es kann im Interesse des Kindes liegen, hier die Eltern entsprechend vorzubereiten und unangemessenen elterlichen Reaktionen dem Kind gegenüber vorzubeugen.

Angemessen im Sinne der Nachsorge ist auch, wenn eine Anhörung damit beendet wird, dem Kind zusammenfassend mitzuteilen, was aus seinen Äußerungen entnommen wurde und wie das Verfahren weitergehen wird. Entsprechend verlangt § 159 Abs. 4: „Das Kind soll über den Gegenstand, Ablauf und möglichen Ausgang des Verfahrens in einer geeigneten und seinem Alter entsprechenden Weise informiert werden, soweit nicht Nachteile für seine Entwicklung, Erziehung oder Gesundheit zu befürchten sind." Sinnvoll ist auch eine Protokollierung der wesentlichen Inhalte, auch der konkreten Fragen und Antworten zu Kernsachverhalten, als Aktenstück.

Ein weiterer wichtiger Aspekt der Nachsorge besteht darin, dass eine familiengerichtliche Entscheidung auf einen bestimmten Zeitpunkt bezogen ist und vom Kindeswillen zu diesem Zeitpunkt ausgeht. Die kindliche Entwicklung schreitet aber fort, auch im Bereich der Bedürfnisse und der Willensbildung. Die ursprüngliche Grundlage für eine Entscheidung kann sich verändern. Der Bedeutsamkeit der Nachsorge steht entgegen, dass niemand dafür systematisch zuständig und verantwortlich ist.

2.6.8 Kindeswille und Extremkonflikte

2.6.8.1 Parental Alienation Syndrom (PAS) als Streitobjekt

2.6.8.1.1 Was ist PAS?

Zu den extremen Ausprägungen der geschilderten Konflikte, vor allem zwischen Kindeswillen und Loyalitätsdruck von Bezugspersonen, gehört die massive Beeinflussung eines Kindes durch einen Elternteil mit der Folge der Entfremdung des Kindes vom anderen Elternteil. Die Reihe praktischer Bemühungen und spezifischer theoretischer Erklärungen zu diesem Phänomen ist lang. Viel diskutiert ist der Versuch, das so genannte Parental Alienation Syndrom (PAS) als speziellen Befund zu etablieren.

Das PAS geht zurück auf den US-amerikanischen Kinderpsychiater Gardner, der diesen Begriff Mitte der 1980er Jahre prägte. Er fand zunächst rasche Verbreitung auch in Deutschland und zog lebhaft-feindselige Diskussionen, vorschnelle Schlüsse und Glaubensbekenntnisse einschließlich eines fragwürdigen Aktivismus in den Interventionsvorstellungen nach sich.

Allerdings wurden sehr bald auch grundsätzliche Bedenken geäußert und die Entbehrlichkeit des Konzepts begründet (Stadler/Salzgeber 1999b, Rexilius 1999, Rohmann 2005). Inzwischen sind – wie in den USA – eine differenzierte Sicht und auch Ernüchterung eingetreten. Dazu haben zunächst sowohl die deutsche Übersetzung von Gardner (2002) als auch fundamentalkritische Arbeiten beigetragen, z.B. der

US-amerikanischen Autorin Bruch (2002), die von einem „PAS-Debakel“ spricht und dem Konzept sowohl eine wissenschaftliche Grundlage als auch eine stabile empirische Basis abspricht. Klarheit wurde auch dadurch geschaffen, dass in den USA das PAS nicht in die Neufassung des „Diagnostic and Statistical Manual of Mental Disorders“ (DSM-V) aufgenommen wurde. Die Nutzung als gesichertes Diagnosekriterium im Sinne gebräuchlicher internationaler Klassifikationen psychischer Störungen ist nicht gerechtfertigt. Dennoch lohnt die Diskussion des Konzepts, einerseits weil die Phänomenologie des kindlichen Verhaltens unter Manipulation und Entfremdung brauchbar mit acht „Kardinalsymptomen“ beschrieben wird, andererseits eignet sich die Auseinandersetzung mit der Einseitigkeit des Konzepts, um die komplizierte Problematik von Fremdbeeinflussung und Kindeswillen zu vertiefen.

Definition: Massive Manipulation oder „Programmierung“ eines Kindes durch einen Elternteil wird nach Gardner (1992) als Ursprung für das PAS verstanden. Das Kind spaltet seine Eltern auf. Der geliebte, als gut wahrgenommene Elternteil steht auf der einen Seite und ihm wendet sich das Kind in schwer nachvollziehbarer und kompromissloser Art zu. Auf der anderen Seite steht der heftig negativ bewertete Elternteil, von dem sich das Kind in ebenso schwer nachvollziehbarer, weil objektiv nicht begründbarer Feindseligkeit abwendet. Sowohl das manipulierende Verhalten eines Elternteils als auch das nachfolgende polarisierende Verhalten des Kindes bilden das Syndrom. Die Manipulation durch den betreuenden Elternteil gilt als notwendige, aber nicht hinreichende Voraussetzung für das Verhalten des Kindes. Bestandteil des Prozesses ist, dass ihn das Kind zunehmend mit trägt und selbst Abwertungen und Vorwürfe gegen den abgelehnten Elternteil entwickelt und einbringt.

Entstehung: Exzessive Konflikte im Trennungsverlauf motivieren den betreuenden Elternteil, z.B. aus Rache, Verlustängsten oder falschen Schutztendenzen heraus, das Kind teils unbewusst, teils bewusst so zu beeinflussen, dass es die negative Haltung zum anderen Elternteil übernimmt und diesen ablehnt. Die Zuneigung und Liebe des Kindes werden exklusiv beansprucht. Das Kind modifiziert allmählich seine Bewertungen der Elternteile. Es übernimmt nicht nur die Abwertungen des abwesenden Elternteils, sondern fügt eigene Argumente, Gründe und Beispiele hinzu – je nach sozialkognitivem Entwicklungsstand. Es wird darin bestärkt durch belohnendes Verhalten des betreuenden Elternteils und dessen Freunde und Angehörige. Koalitionen bilden sich. Zum intensiv affektbesetzten und kognitiv erstarrten Agieren des manipulierenden Elternteils gehört, dass die Gefahr nicht erkannt oder hingenommen wird. Entsprechende Hinweise von Fachleuten werden meist aggressiv abgewehrt.

Phänomenologie des kindlichen Verhaltens: Als typisch hat Gardner (1992) acht „Kardinalsymptome“ unterschieden:

- Herabsetzungskampagnen, d. h., der abgelehnte Elternteil wird als bösartig, hinterhältig oder gefährlich verunglimpft.
- Absurde Rationalisierungen der Vorwürfe, z. B. ist der Vater böse, denn er hat schon früher der Mutter nicht die Tasche getragen. Oder ein Kind kolportiert: „Wir müssen uns einen neuen Papa suchen, der nicht raucht. Das macht krank.“
- Fehlende Ambivalenz, d. h., es gibt keine Zwischentöne. Alles Gute liegt beim betreuenden Elternteil. Angenehme Erinnerungen an den anderen Elternteil werden nicht zugelassen.

- Die Betonung der eigenen Meinung wird eingesetzt, um sich selbst und andere zu überzeugen, und sei es, indem stereotyp hinzugefügt wird: „Ich weiß es genau."
- Die reflexartige, ungeprüfte Parteinahme für den betreuenden Elternteil („Mama hat sich schon früher mehr um mich gekümmert und bei Papa gibt's nur Tütensuppen.").
- Ausdehnung der Feindseligkeit auf Angehörige des abgelehnten Elternteils, d. h., dessen Mutter oder neue Freundin wird auch verunglimpft.
- Fehlende Schuldgefühle, d. h., die eigene Feindseligkeit wird gerechtfertigt und schließt nicht aus, dass Geschenke oder Geld gefordert und ihr Ausbleiben heftig beklagt werden.
- „Geborgte" Szenarien sind Redewendungen, die von der manipulierenden Person übernommen werden, ohne verstanden worden zu sein („wir halten das nicht mehr aus", sagt eine Vierjährige, kann aber nicht sagen, was).

Es müssen nicht alle Symptome vorliegen. Offen ist auch, wie viele vorliegen müssen, weshalb die Diagnose PAS auf dieser Grundlage nicht möglich ist. Trotzdem werden in Abhängigkeit von der Anzahl der Symptome von Gardner drei Schweregrade unterschieden und mit therapeutischen und rechtlichen Interventionsarten verknüpft.

2.6.8.1.2 Was bringt PAS?

Die Konstellation des induzierten Kindeswillens *(Abschnitt 2.6.5)* gehört zum Grundsachverhalt des sog. PAS. Es geht um die Steigerung eines altbekannten Dilemmas von Kindern im Spannungsfeld zerstrittener Erwachsener. Es wurde eindrucksvoll von Ell (1990b) als Gegensatz von Überidentifizierung mit einem und Überdistanzierung vom anderen Elternteil geschildert. Arntzen (1994) spricht von Gegeneinstellung, Lempp (1983) von „identifikatorischer Übernahme von Elternargumenten". Der Neuheitsanspruch des Konzepts ist insofern unbegründet.

Mit dem Konzept sind jedoch problematische Ansprüche und fragwürdige Schlussfolgerungen verbunden. Radikale Positionen bergen Einseitigkeiten und Gefahren:

- Es besteht die Gefahr, beteiligte Erwachsene als erziehungsungeeignet oder in Rückgriff auf das Schuldkonzept als Täter zu etikettieren. Häufig wird der entfremdende Elternteil pathologisiert, bei Gardner (2002) am häufigsten als „paranoid" und „Psychopath" sowie in seinem Verhalten einem Sektenführer ähnlich. Der Prozesscharakter des familiären Konfliktgeschehens wird ungenügend berücksichtigt.
- Die Willensbildung des Kindes wird vorschnell entwertet oder gar pathologisiert (Dettenborn 2010, Maywald 2013).
- Die undifferenzierten Empfehlungen für familienrechtliche Reaktionen offenbaren einseitige Auffassungen von der Kindeswohlgefährdung, aber auch unangemessene Annahmen zum Erleben und Verhalten von Trennungskindern. Die Folge sind Interventionsempfehlungen, die selbst eine Kindeswohlgefährdung darstellen können (Bruch 2002).
- Die ungenügende theoretische und empirische Fundierung des Ansatzes, die mangelnde Trennschärfe der Syndrombeschreibung sowie die äußerst divergenten, letztlich unbrauchbaren Häufigkeitsschätzungen stehen in enormem Widerspruch zu den pauschalisierenden und hochgesteckten Ansprüchen in Diagnostik und Intervention. Von Figdor (2013, 220) wird theoretischer und methodischer Reduktionismus moniert und resümiert: „Die Antworten, die das PAS-Konzept [...] gibt, sind jedoch in einer nicht hinnehmbaren Weise simplifizierend, auf der Ebene der Theoriebildung ein unerhörter Rückschritt und auf der Ebene der Praxis in hohem Maße ethisch bedenklich. Es sollte möglichst rasch ad acta gelegt werden."

2.6.8.1.3 *Die Negierung des Kindeswillens*

Die Ideologie des PAS steht im Widerspruch zu einem sehr sinnvollen Prinzip: so viel Akzeptierung des Kindeswillens wie möglich, so viel regulierender Eingriff wie nötig, um das Kindeswohl zu sichern. Dabei geht es nicht um unkritische Respektierung und Umsetzung des Kindeswillens. Diese können ebenso gefährden und damit Schutzbedarf auslösen wie unangemessene Eingriffe in die Willensbildung des Kindes. Innerhalb der orthodoxen PAS-Konstruktion ist kein Platz für Kindeswillen als Wirkfaktor. Er wird für längst zerstört und nicht mehr existent erklärt (z.B. Fischer 1998, Jopt/Behrend 2000, Kodjoe/Koeppel 1998a, b). Diese Position verhindert, das Kindeswohl angemessen zu beurteilen. Richtig ist, dass formal die Entscheidungskompetenz auch bei der Entfremdungskonstellation nicht beim Kinde liegt und die prinzipiell zugestandene Selbstbestimmung sich nicht nachteilig für das Kind auswirken darf. Aber es kann nicht nur der Input durch den betreuenden Elternteil zum Maßstab gemacht werden, ebenso wenig das Leid des abwesenden Elternteils, wenn man nicht Gefahr gehen will, das Kindeswohl aus den Augen zu verlieren. Entscheidend ist, wie das Kind diese Konstellation verarbeitet, welche Effekte sich für die psychische Regulation beim Kind ergeben.

2.6.8.2 Kindeswille und Entfremdungsgeschehen

2.6.8.2.1 *Beeinflussung, Stress, Entfremdung*

Massive Beeinflussung des Kindes durch einen Elternteil und Entfremdung vom anderen Elternteil als Folge sind regelmäßige Begleiterscheinungen von hochkonflikthaften Familienrechtsstreitigkeiten. Sie bedeuten Stress für das Kind. Wie das Kind diesen Stress verarbeitet, hängt ab von seiner allgemeinen Resilienz und von der aktuellen Verarbeitung des konkreten Stresses in der Entfremdungssituation.

Die allgemeine Resilienz als Ergebnis des Verhältnisses von Schutz- und Risikofaktoren kann ganz unterschiedlich ausgeprägt sein. Resilienz und Vulnerabilität sind aber ausschlaggebend dafür, wie ein Kind Stressressourcen mobilisieren kann. Die Scheidungsforschung bestätigt, dass die Konfliktverläufe für die Kinder nicht generell als traumatisierende Ereignisse eingestuft werden können und dass nicht pauschal kindliche Hilflosigkeit angenommen werden kann. Vielmehr bestätigen gerade Erfahrungen mit Interventionsprogrammen, dass betroffene Kinder die Zeit auf ganz unterschiedliche Art nutzen, um sich mit der Lage und den Konflikten auseinanderzusetzen, und dass dabei auch kreative Lösungsversuche unternommen werden (Bröning 2013, van Lawick/Visser, 2017).

Die aktuelle Verarbeitung der konkreten Belastung in einer Entfremdungssituation ist ein Prozess. Er besteht im Wesentlichen aus den zwei in *Abschnitt 2.6.5* genannten Phasen, der äußerlichen Anpassung und der gestaltenden Verinnerlichung der induzierten Inhalte. In der ersten Phase überwiegt die Reaktion. Die zweite Phase ist Aktion. Je nachdem, in welcher der beiden Phasen wir das Kind antreffen, sind die Qualität und das Gewicht des Kindeswillens ganz unterschiedlich zu beurteilen.

Oft werden Beispiele dafür angeführt, dass Kinder, die sich weigern, den anderen Elternteil zu besuchen, dies auf autoritäre Anweisung z.B. eines Jugendhilfemitarbeiters hin dann doch bereitwillig tun. Abgesehen davon, dass immer Beispiele für jede Variante, also auch das Gegenteil, genannt werden können, ist Folgendes zu beachten: Wenn das Kind ohne Gegenwehr einer solchen Aufforderung folgt, dann ist der Kindeswille zur Verweigerung eben nicht im intentionalen Stadium. Die genannten Kriterien für einen bedeutsamen Kindeswillen sind nicht hinreichend ausgeprägt. Das Kind ist evtl. froh, durch die Aufforderung zum Kontakt aus der Unentschlossenheit geholt zu werden. Das schließt Proteste gegen den Sozialarbeiter oder Richter, der Kontakt angeordnet hat, nicht aus. Sie sind meist eine Information an den manipulierenden Elternteil: Ich bin gezwungen zu gehen, es ist nicht meine Schuld.

Gemeinsam ist der äußerlichen Anpassung und der gestaltenden Verinnerlichung, dass Bewältigungsstrategien (s.u.) mehr oder weniger gut aktiviert werden.

2.6.8.2.2 Bewältigungsprozesse und Kindeswille

Wie das Kind die Stressbelastungen in der Entfremdungssituation aktuell verarbeitet bzw. „übersteht", hängt davon ab, welche Bewältigungsstrategien ihm zur Verfügung stehen und wie diese schließlich die kindliche Willensbildung (Abschnitt *Eigenanteil* und *Initiatorstatus*) beeinflussen.

Die Allianzbildung und Überidentifizierung des Kindes mit einem Elternteil und die rigorose, feindselige Distanzierung vom anderen Elternteil können eine sinnvolle Strategie der Stressbewältigung durch das Kind sein. Mehrere psychologische Theorien stehen zur Verfügung, um das Verhalten von Kindern in Entfremdungssituationen zu erklären.

Zu unterscheiden sind spezielle Theorieansätze zur Stressbewältigung im engeren Sinne und allgemeinere Theorien, die ebenfalls geeignet sind, kindliche Stressbewältigung zu erklären.

Zu den speziellen Theorieansätzen zur Stressbewältigung zählt die in *Abschnitt 2.4.5* behandelte Unterscheidung zwischen problemzentriertem (instrumentellem) und emotionzentriertem (palliativem) Coping (Folkman/Lazarus 1980). Problemzentriertes Coping zielt darauf ab, die Situationsbedingungen zu verändern. Das kann auf die Umwelt bezogen sein oder auf die eigene Person. Emotionzentriertes Coping bezieht sich darauf, eigene Gefühle zu verändern und zu kontrollieren. Meist geht es um negative Gefühle, bei Kindern im Vorschulalter und im frühen Schulalter häufiger Hilflosigkeit, Ängste, vor allem Trennungsangst bzw. Verlustangst, auch Schuldgefühle infolge geringen Verstehens von Trennungsgründen, bei älteren Kindern häufiger Wut gegenüber Bezugspersonen. Negative Gefühle werden reduziert, indem die Bedeutung bestimmter Sachverhalte anders bewertet und die Aufmerksamkeit für Fakten neu verteilt wird. Kinder mit geringer entwickelten sozialen und emotionalen Kompetenzen sind auch in ihren Ressourcen begrenzt, ihren Willen differenziert zu äußern.

Beide Bewältigungsstrategien finden sich in Bezug auf beide Elternteile. Zuwendung kann ebenso wie Abwendung von einem Elternteil problemzentriert sein. „Naive" Versuche, den Elternkonflikt lösen zu helfen, sind zwar auch problemzentriert, aber maladaptiv, weil der sichere Misserfolg die Selbstwirksamkeitserwartung labilisiert. Emotionzentriertes Coping kann das Verhalten und Erleben gegenüber beiden Elternteilen – wenn auch inhaltlich konträr – ausrichten. Beispiele sind die intellektualisierenden Erklärungen der eigenen polarisierenden Verhaltensweisen des Kindes gegenüber beiden Elternteilen, die Informationsselektion beim Urteil über Verhaltensweisen beider Elternteile, die absurden Rationalisierungen für die ungeprüfte Parteinahme für ein Elternteil und die rigorose Abwendung vom anderen Elternteil.

Allgemeine psychologische Theorien, meist aus der Sozialpsychologie oder der Kognitionspsychologie, bringen eher Hinweise darauf, welche Vorteile dem Kind seine Reaktionen im Entfremdungsgeschehen bringen, welche kindlichen Bedürfnisse damit erfüllt werden.

Besonders hohen Erklärungswert haben Kontrollüberzeugungen bzw. die dazugehörigen psychologischen Kontrolltheorien. Wie bei Erwachsenen, so hat auch bei Kindern die subjektiv wahrgenommene Kontrollierbarkeit eines kritischen Familienereignisses einen ganz wesentlichen Einfluss auf die Bewältigung von Stresserleben. Es geht um die Annahme von Kindern, inwieweit sie ein kritisches Familienereignis „unter Kontrolle“ haben, d.h. Kontrollüberzeugungen wie Vorhersehbarkeit, Beeinflussbarkeit, Erklärbarkeit von Ereignissen sowie die Selbstwirksamkeitsüberzeugung. Darauf wurde unter dem Aspekt von Stress und Coping ausführlich in *Abschnitt 2.4* eingegangen.

Der hohe Erklärungswert ergibt sich daraus, dass Kinder in solchen Situationen einen erheblichen Kontrollverlust erleben. Schließlich müssen sie eigene Gefühle verleugnen, Bindungsabbrüche hinnehmen und Konflikte zwischen erlebter Realität und suggerierter Realität sowie zwischen eigenen Einstellungen und gezeigtem Verhalten ertragen. Nach Möglichkeiten, wieder die Kontrolle über die Situation zu erlangen, wird gesucht durch Überdistanzierung von einem und Überidentifikation mit dem anderen Elternteil, schließlich durch Neubewertungen und Handlungen jener Art, wie sie in den acht Kardinalsymptomen von Gardner beschrieben sind. Besondere Bedeutung kommt dabei offenbar Kompetenzüberzeugungen zu. Da es den betroffenen Kindern in ihrer abhängigen Position erschwert ist, reale Kontrolle über das Entfremdungsgeschehen zu gewinnen, greifen sie auch zu Surrogaten, z.B. Pseudo-Selbstgewissheit in der eigenen Meinungsbildung. Im Ergebnis autosuggestiver Prozesse entstehen eher Kontrollillusionen, die dessen ungeachtet handlungsfähig machen, wenn auch zeitlich begrenzt.

Eine andere Möglichkeit ist, das Verhalten von Kindern in Entfremdungskonstellationen als Komplexitätsreduktion zu begreifen. Die angehäuften Konflikte stellen für das Kind eine überfordernde Umgebungskomplexität dar, die Vereinfachungsdruck erzeugt. Durch (über-)vereinfachende (Re-)aktionen wird die Diskrepanz zwischen Umgebungskomplexität und interner Komplexität des Kindes beseitigt. Je stärker die Diskrepanz zwischen Umgebungskomplexität und interner Komplexität des Kindes ausfällt, desto größer ist die Wahrscheinlichkeit der Übervereinfachung. Das simple Gut-Böse-Schema in Bezug auf die Elternteile und deren Herkunftsfamilien stellt eine Invariantenbildung dar, die kognitiv und emotional entlastet. In ähnlicher Weise nutzen Jopt und Behrend (2000) die Theorie der kognitiven Dissonanz nach Festinger (1957) als Erklärungsbasis. Immer geht es um Strategien zur Bewältigung von Stress mit kreativen Anteilen der Problemlösung.

2.6.8.2.3 Eigenanteil des Kindes – Initiatorstatus

Was ist der gemeinsame Nenner dieser mentalen Aktionen? Was sind die übergreifenden Effekte?

Keinesfalls ist das Kind unter Loyalitätsdruck und Entfremdung nur passiv Beteiligter. Das Kind wird zum Akteur. Es bringt als aktiver „Mitspieler" einen Eigenanteil in den Konfliktverlauf ein. Der sog. Initiatorstatus wird eingenommen, der im Vergleich zum Non-Initiator-Status als die bessere Grundlage gilt, um Belastungen und Konflikte zu bewältigen und Stresserleben zu mindern.

Es wird in erster Linie die Handlungsfähigkeit in den „verrückten" Beziehungen der Familie erhalten oder wiedergewonnen. Statt Trichter für Induktionen zu sein und sich durch unauflösbare Widersprüchlichkeiten lähmen zu lassen, wird die wuchernde Komplexität verringert, übersichtlich gemacht, Angst und Ohnmachtsgefühle werden reduziert, unabhängig davon, ob Urteile und Handlungen des Kindes lediglich auf subjektiver Selbstgewissheit basieren oder realitätsbezogen sind. Illusionsbildung inkl. Kontrollillusion kann eine sinnvolle Strategie darstellen, wenn reale Kontrollmöglichkeiten für das Kind gering sind. Zu bedenken sind auch Vorteile für die Eltern. Bei Kindern, die sich über effektive Stressbewältigung hin zu einem Initiatorstatus bewegen, verringert sich die Wahrscheinlichkeit von Überforderung und Verhaltensauffälligkeiten.

Vor allem, wenn sich das Kind bereits in der Phase der Verinnerlichung befindet, werden Abwertungen des abzulehnenden Elternteils und die Zuwendung zum betreuenden Elternteil sowohl gefühlt als auch kognitiv verankert. Sie gehören zur Identität des Kindes. Es ist eine neue psychische Realität entstanden. Das Kind wählt aus verschiedenen Handlungsalternativen eine aus, d.h., es werden also durchaus Entscheidungen getroffen. Es ist die intentionale Phase der Willensbildung erreicht. Zielorientiertheit, Intensität und Stabilität als Merkmale sind unverkennbar. Die Autonomie als viertes Merkmal ist ebenfalls nicht zu bestreiten, denn alle genannten Voraussetzungen dafür sind gegeben und die Beteiligung von Fremdeinflüssen schließt bekanntlich die Autonomie des Willens nicht aus.

Dies anzuerkennen, hindert nicht daran, die ursprüngliche Verknüpfung mit Fremdeinflüssen zu bedenken. Falsch ist nur, im Sinne von Entweder-Oder den kindlichen Willen nicht als neu entstandene psychische Realität zu akzeptieren. Unvermindert gilt das Prinzip: so viel Akzeptierung des Kindeswillens wie möglich, so viel regulierender Eingriff wie nötig, um Kindeswohl zu sichern.

Zu der hier vertretenen Position gibt es eine Reihe möglicher Einwände und Fragen. Auf drei soll im Folgenden eingegangen werden:

Ist dieses Bemühen um Handlungsfähigkeit und um Kontrolle der eigenen Lebensbedingungen nicht selbst wieder belastend? Es ist Bewältigungsstress, der durch antizipierte oder faktische Bewältigung lähmender Stressoren entsteht und alle potenziellen Vorteile von Coping birgt. Das unterscheidet ihn vom Krisen- bzw. Duldungsstress, bei dem die erlebte Unfähigkeit zur Situationsbewältigung und die Wahrnehmung objektiver Hindernisse als Stressoren wirken (Schneewind 2010).

Wie stabil sind die Vorteile für das Kind? Es ist tatsächlich noch unklar, wie lange die positiven Folgen des Initiatorstatus anhalten. Aber es sind Gegenfragen zu stellen: Sind Erwachsene normalerweise in ihrem Alltag strikt gewillt, langfristige Folgen bevorzugt zu beachten? Oder sind Nahzielorientierung und „Unfähigkeit zum Belohnungsaufschub" nicht wohlbekannte Entscheidungsgrundlagen und damit auch traditioneller Gegenstand psychologischer Forschung?

Spielen nicht beim Eigenbeitrag des Kindes Wahrnehmungs-, Erinnerungs- und Urteilsverzerrungen eine Rolle? Dem ist entgegenzuhalten, dass solche Verzerrungen eine normale Begleiterscheinung menschlicher Informationsverarbeitung sind. Nicht umsonst spricht man in der Sozialpsychologie von „systematischen" Urteilsverzerrungen. Sie halten Individuen funktionsfähig, z.B. indem sie die Ökonomie psychischer Prozesse garantieren, das Verhältnis zwischen Aufwand und Effekt günstig gestalten und das System vor dem Zusammenbruch bewahren.

2.6.8.2.4 Interventionsrisiko und Entfremdung

Kindeswohl im Dilemma – die Risiken

Der Prozess der Entfremdung ist ein fortlaufendes Wechselspiel folgender Aktionen: 1. Manipulation durch den betreuenden Elternteil, 2. Anpassung des Kindes an den betreuenden Elternteil durch polarisierendes Verhalten mit der Gefahr psychischer Schädigung, 3. Bewältigung und Willensbildung durch das Kind. Für alle beteiligten Professionen besteht die Gefahr, nur Teilzusammenhänge in diesem Wechselspiel zu erkennen. Eine isolierte Sicht auf Teilzusammenhänge zieht unvermeidlich einseitige Schlussfolgerungen auf notwendige Maßnahmen und damit die Gefahr sekundärer Kindeswohlgefährdungen nach sich. Es besteht immer die Notwendigkeit, sich zwischen zwei Risiken zu entscheiden (Dettenborn 2010). Im Folgenden werden die beiden Risiken genauer betrachtet *(Abbildung 2.13)*.

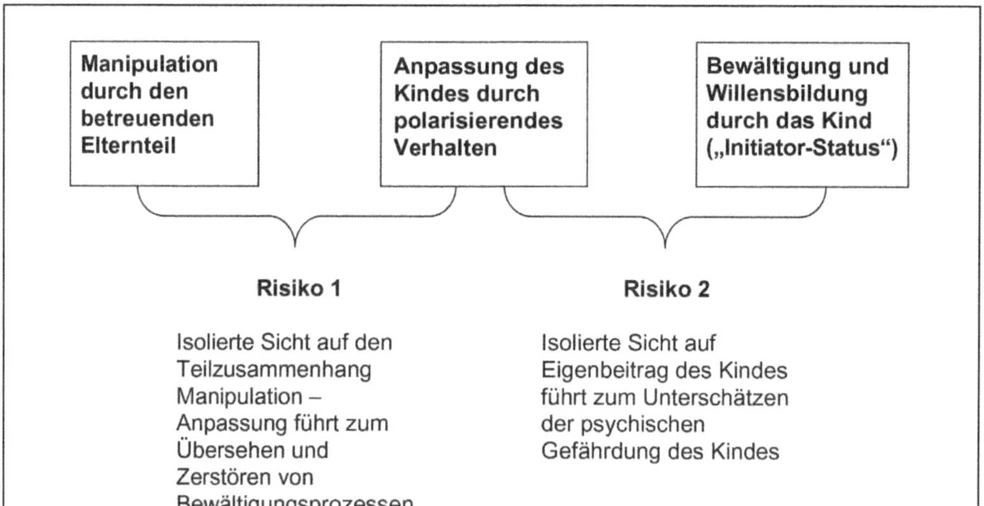

Abb. 2.13: Risikoabwägung bei Entfremdungsgeschehen

Risiko 1: Bei diesem Risiko wird vom außen stehenden Beurteiler nur der Zusammenhang zwischen Manipulation durch einen Elternteil und dem polarisierenden Verhalten (Überdistanzierung und Überidentifikation) des Kindes gegenüber den Eltern gesehen. Deshalb wird vorrangig oder ausschließlich die Gefahr registriert, dass das Kind infolge der permanenten Nötigung durch den betreuenden Elternteil eigene Wünsche verleugnet, dass die rigorose Einengung das Selbstgefühl und die Identitätsbildung des Kindes beeinträchtigen. Dies zu stoppen, wird als Lösung des Gesamtproblems angesehen und als einziger Weg, die Gefährdung des Kindeswohls zu vermeiden

Die Kehrseite ist, dass der andere Teilzusammenhang übersehen wird, nämlich der zwischen Anpassungsverhalten und Bewältigung bzw. Willensbildung. Es wird pauschal davon ausgegangen, dass das Kind nicht mehr in der Lage ist, sich um Bewältigung zu bemühen. Kindliche Willensbildung wird ausgeschlossen. Sie kann dann nicht mehr als Schutzfaktor erkannt, anerkannt und genutzt werden. Ressourcen des Kindes werden ignoriert und schließlich paralysiert. Es wird riskiert, dass das Kind durch Interventionen in den Zustand zurückversetzt wird, aus dem es sich durch die beschriebenen Bewältigungsstrategien gelöst hat. Es wird riskiert, das Kindeswohl auf diesem Wege zu gefährden.

Entsprechend sind innerhalb des Risikos 1 die Interventionen einseitig ausgerichtet.

Interventionen gegen den betreuenden Elternteil: Sie sollen diesen Elternteil zu einer Korrektur seines verantwortungslosen Verhaltens bewegen. Sie werden einerseits als vorrangig angesehen, andererseits ist bekannt, dass besonders verfestigte Einstellungen und der Glaube dieses Elternteils, das Richtige zu tun, die Erfolgswahrscheinlichkeit von Intervention mindern, besonders auf der Ebene von Gesprächen, Beratung oder Familientherapie. Diese Erfahrung trägt wohl dazu bei, dass als eine Extremvariante solcher Interventionen der Sorgerechtsentzug immer häufiger diskutiert wird. Solange es bei der Androhung bleibt, ist Risiko 1 noch nicht betroffen. Erfolge bei minder schweren Ausprägungen des Entfremdungsgeschehens, also noch vorhandener Beeindruckbarkeit des Manipulierenden, rechtfertigen solche Versuche. Auch die Realisierung des Sorgerechtsentzugs kann eine gerechtfertigte Maßnahme sein, wenn sie ausreichend geprüft und die Folgen für das Kind abgewogen wurden. Dazu gehören die Fragen nach den vorhandenen Bindungen des Kindes und der Qualität des Kindeswillens. Ist die Trennung aus der Bindung zum betreuenden Elternteil die größere Kindeswohlgefährdung? Ist die Abwertung des kindlichen Willens die größere Gefahr für das Kindeswohl? Diese Fragen werden gar nicht gestellt, wenn lediglich über die reduzierte Erziehungsfähigkeit des betreuenden Elternteils reflektiert wird und dann Sorgerechtsentzug, Amtsvormundschaft, Herausnahme oder Fremdunterbringung als einzige Möglichkeit diskutiert werden, das staatliche Wächteramt auszuüben.

Natürlich kann das Verhalten des betreuenden Elternteils so eindeutig schädlich für das Kind sein, dass die Erziehungsfähigkeit fraglich wird und zu prüfen ist. Dann ist es aber sinnvoller, sich an den Maßstäben der §§ 1666 Abs. 1 bzw. 1631 Abs. 2 BGB zu orientieren. Es bedarf nicht des Umweges über die Unsicherheiten einer PAS-Diagnose.

Bei ungeprüfter und einseitiger Befürwortung solcher Maßnahmen wie Sorgerechtsentzug und Fremdunterbringung entsteht der Eindruck, dass es darum geht, den manipulierenden Elternteil zu maßregeln oder dem benachteiligten Elternteil zu „seinem Recht" zu verhelfen. Dies wäre nur eine andere Form der missbräuchlichen Instrumentalisierung des Kindes für die Interessen eines Elternteils. Hierher gehört z.B., wenn es in einer Urteilsbegründung heißt, ein Ausschluss des Umgangsrechts für den Vater komme nicht in Betracht, weil das eine nicht hinnehmbare Belohnung des Verhaltens der Mutter wäre.

Dasselbe gilt, wenn Ordnungsgeld oder Ordnungshaft (§ 89 FamFG) bzw. Zwangsgeld oder Zwangshaft (§ 35 FamFG) ohne die notwendige Kalkulation von Folgen angestrebt werden, z.B. um den Kontakt eines Kindes zum ausgegrenzten Elternteil zu erzwingen. Juristisch geht es darum, „den Willen des Rechtsungehorsamen zu beugen" (Peschel-Gutzeit 1989, 165). Lernpsychologisch geht es um Verstärkerlernen, d.h. Verlernen durch Bestrafung. Wir wissen, dass damit nicht die hinter einem Verhalten stehenden Einstellungen und Bedürfnisse geändert werden, sondern allenfalls äußeres Verhalten, solange Kontrolle möglich ist.

Erfahrungen, auch in anderen Ländern, zeigen, dass solche Maßnahmen dennoch den angezielten Erfolg haben können. Die Erfolgswahrscheinlichkeit wird aber eben erhöht, wenn mögliche Konsequenzen, vor allem für das Kind, bedacht werden. Wirkt sich die finanzielle Belastung eines Elternteils durch Ordnungsgeld nachteilig auf den Lebensstandard des Kindes aus? Wie gestalten sich die Lebensbedingungen des Kindes, wenn der betreuende Elternteil in Haft kommt? Auch: Was geschieht mit dem Kind, das nach erzwungenen Kontakten mit all seiner Abhängigkeit zurückkommt zum manipulierenden Elternteil? Wurde lediglich eine physische Begegnung erzwungen oder auch eine psychische Begegnung, d.h. eine gelebte Beziehung zwischen dem Kind und dem Umgangselternteil?

Die Antwort auf solche Fragen lautet oft: Der manipulierende Elternteil dürfe nicht durch Duldung in seinem Handeln bestärkt werden. So richtig das ist, zuvor ist zu beurteilen, ob diese gegen einen Erwachsenen gerichtete Aktivität nicht vielmehr das Kind trifft und damit gewissermaßen „nach hinten" losgeht. Das mehrfach vom BVerfG betonte Prinzip ist einzuhalten, dass diese Abwägung nicht an einer Sanktionierung elterlichen Fehlverhaltens eines Elternteils, sondern vorrangig am Kindeswohl zu orientieren ist (z.B. BVerfG, Beschl. vom 16.11.2005 – 1 BvR 2349/05; BVerfG, Beschl. vom 14.05.2007 – 1 BvR 945/07).

Mit alldem ist nichts gegen die begründete Anwendung von Zwangsmaßnahmen gesagt, nur etwas gegen ihre blinde Nutzung im Interesse eines einseitig verstandenen Kindeswohls oder gar im Interesse von Elternrechten oder Elternabstrafung.

Interventionen gegen das Kind: Sie werden meist damit begründet, dass die Maßnahmen gegen den betreuenden Elternteil erfolglos blieben. Das ist zwar ein eigenartiges, aber gebräuchliches Argument. So stellen Jopt und Behrend (2000, 265) fest, es sei kein gangbarer Weg, darauf zu warten, dass sich Einstellungsänderungen bei diesem Elternteil ergeben. Die Schlussfolgerung lautet: „Deshalb muss mit allen zur Verfügung stehenden Mitteln versucht werden, die zu Lasten des Kindes gehende Symbiose aufzubrechen und den Erwachsenen dazu zu bewegen, seine fälschliche Gleichsetzung kindlicher Solidarität mit kindlichem Willen endlich aufzugeben, wobei – wenn alle anderen Bemühungen gescheitert sind – letztlich auch vor dem Einsatz von Gewalt gegenüber dem Kind nicht zurückgeschreckt werden darf". Diese Empfehlung verstößt gegen die Regelung in § 90 Abs. 3 FamFG: „Anwendung unmittelbaren Zwanges gegen ein Kind darf nicht zugelassen werden, wenn das Kind herausgegeben werden soll, um das Umgangsrecht auszuüben" und ist auch unabhängig davon unangemessen. Die Autoren bezeichnen es als neues Therapiekonzept, das Kind nicht nur stundenweise von seiner Restfamilie zu trennen, „statt dessen [sic!] kommt es darauf an, den Betreuenden vorübergehend aus der kindlichen Lebenswelt auszugrenzen“ (Jopt/Behrend 2000, 269). Gemeint ist die Fremdunterbringung des Kindes. Es wird nicht erwogen, was das Kind will und wie es um die Qualität des eventuell gegen Wiederannäherung gerichteten kindlichen Willens steht. Es wird nicht erwogen, welche Folgen es haben könnte, wenn das Kind aus den Bindungen an den betreuenden Elternteil getrennt wird. Die Gefahr, das Kind in Aktionen gegen oder für Elternteile zu instrumentalisieren, wird nicht reflektiert.

Risiko 2: Hier wird nur der Zusammenhang zwischen Anpassungsverhalten und den Prozessen von Bewältigung bzw. Willensbildung beachtet. Es wird erkannt oder erhofft, dass ein Kind zunehmend Kontrollbedürfnisse entwickelt und autonome Entscheidungen trifft, dadurch handlungsfähig ist, einen Initiatorstatus einnimmt und sich dadurch vor Stressüberlastung schützt. Eine Steigerungsform ist, dass jede Wunschtendenz, auch instabile und eindeutig suggerierte Äußerungen, als kindlicher Wille interpretiert wird.

Die Kehrseite ist, dass der andere Teilzusammenhang übersehen wird, nämlich die mögliche psychische Schädigung des Kindes durch das manipulative Verhalten des betreuenden Elternteils. Es wird nicht erkannt oder anerkannt, dass Bewältigungsprozesse und autonome Willensbildung erschwert sind und deshalb eventuell als Schutzfaktor gar nicht wirken können. Gründe dafür können sein, dass die allgemeine Resilienz des Kindes gering ist, dass die allgemeinen Ressourcen oder die spezifische Widerstandskraft bereits durch lang andauernde Konflikte gemindert sind. Wenn dann noch besonders massive Instrumentalisierungen hinzukommen, kann die Wahrscheinlichkeit aktiver Bewältigung durch das Kind weiter sinken.

Zu Interventionen in dieser Richtung gehört z.B. das ungerechtfertigte Aussetzen von Kontakten zwischen Kind und abwesendem Elternteil. Eine solche Aussetzung ist nur dann gerechtfertigt, wenn sie das kindliche Wohl im geringeren Maße gefährdet als die Durchsetzung von Kontakten. Auch wenn die Aussetzung die häufigste gerichtliche Reaktion ist, so bedeutet dies nicht, dass sie in diesem Umfang auch die optimale war. Riskant ist diese Maßnahme, wenn sie nur ein Ausweichen vor Schwierigkeiten ist, wenn keine Fristen für die Aussetzung festgelegt werden, obwohl das sinnvoll wäre.

Risikoabwägung

Beide Risiken sind Ergebnis mangelnder Balance bei der Abwägung aller Faktoren, die nachteilig für das Kindeswohl sein können. Die Gefahr der Kindeswohlgefährdung besteht deshalb bei beiden Risiken.

Risiko 2 liegt eher dann vor, wenn (noch) die reaktive Anpassung des Kindes an die Manipulationen des betreuenden Elternteils dominiert. Wuchern diese manipulativen Verhaltensweisen tatsächlich in psychopathologische Dimensionen hinein und findet das Kind nicht zu Bewältigungsstrategien, dann eskaliert dieses Risiko.

Risiko 1 wird umso größer, je mehr das Kind in die aktive Phase der Verinnerlichung übergegangen und intentionale Willensbildung beteiligt ist. Eine präzise Trennung ist nicht möglich, weil bekanntlich die Grenzen zwischen Manipulation und Selbstmanipulation, zwischen Gedrängtwerden und Selbstwollen fließend sind. Aber immerhin sollte diese Unterscheidung als diagnostische Basis nicht übersehen werden. Als Regel dürfte auch richtig sein, dass mit der Zeitdauer des Entfremdungsprozesses das Risiko 1 steigt, ferner mit dem Alter des Kindes.

Zuweilen wird Risiko 1 dadurch erhöht, dass die oft tragischen Folgen für den ausgegrenzten Elternteil betont werden. Diese Folgen sollen hier keinesfalls bagatellisiert werden. Nur ist das eben ein anderer Aspekt als der des Kindeswohls. Und es gibt auch Fälle, in denen der betroffene Elternteil es geschafft hat nachzuvollziehen, was es für das Kind bedeutet, gegen seinen eigenen Willen und gegen den Druck des betreuenden Elternteils Kontakt aufzunehmen, oder was das Kind erlebt, wenn es trotz seines Widerstandes und trotz enger Bindungen vom betreuenden Elternteil getrennt wird.

Das Gewicht des Eigenbeitrages von Kindern als passive Anpassung abzuwerten, erhöht die Wahrscheinlichkeit des Risikos 1. Die Vielfalt der Gründe von Kindern für Kontaktabbruch wird ignoriert. Dabei geht es immer um die Reduzierung von Komplexität bzw. um Übervereinfachung. Nicht nur der kindliche Wille wird ausgeblendet (und damit Risiko 1), es werden auch die Eltern nur noch in Täter- und Opferrolle als Besetzung für eine Gut-Böse-Inszenierung reflektiert. Der familiäre Konflikt wird auf die Nachtrennungsphase reduziert.

Die Gefahr besteht in der Verführungskraft kurzschlüssiger Ideologien und simplifizierender Lösungsvorschläge, in der Suggestion von Effektivität bei geringerem Aufwand. Zuweilen wird dies deutlich, wenn mit Beispielen argumentiert wird, in denen etwa die gerichtliche Anordnung zum Kontakt als Entlastung und Hilfe für das Kind geschildert wird, weil es jetzt den abwesenden Elternteil besuchen kann, ohne dass ihm das vom manipulierenden Elternteil als Verrat vorgeworfen werden kann. Aber es gibt eben auch Gegenbeispiele. Die Aussetzung des Umgangs wird angeordnet und vom Kind als erleichternd wahrgenommen, weil es sich nicht mehr rechtfertigen muss für seine Kontaktverweigerung. Für beide Aspekte gibt es inzwischen auch Urteile, die dem Problem gerecht werden. Deshalb kann von jeder Position mit passenden Beispielen und Musterurteilen argumentiert werden.

Angemessene Interventionen werden auch in der Zukunft vor allem dann gefunden, wenn die Gesamtheit der Wirkungszusammenhänge gesehen wird. Auch hier gilt, dass der zu erwartende Nutzen einer Intervention die damit verbundenen Nachteile deutlich überwiegen muss. Eine gut gemeinte familiengerichtliche Maßnahme kann eben nachteiligere Folgen für das Kind haben als der Verzicht darauf. Sinnvoll ist wenn die beiden Hauptaspekte des Kindeswohls im konkreten Fall abgewogen werden. Jede der genannten Interventionen – außer Gewaltanwendung gegen das Kind – kann unter bestimmten Umständen gerechtfertigt sein. Das Abwägen der Kindeswohlaspekte ist nicht möglich ohne psychologischen Sachverstand. Wer Interventionen veranlasst, sollte ihn haben oder – in Gestalt eines psychologischen Sachverständigen – hinzuziehen.

Dabei wird immer die bedauerliche Tatsache anzuerkennen sein, dass es bei dieser Art Konflikt keine in jeder Hinsicht befriedigende Lösung gibt. Es werden stets problematische „Reste“ bleiben, auch bezüglich des Kindeswohls. Sie werden nicht minimiert durch Simplifizierungen des Problems, sondern durch Abwägen der Risiken.

Es sollte zum fachlichen Standard werden, die Risikoabwägungen offen zu legen, die einer Entscheidung oder Empfehlung zugrunde liegen. Wird dies für alle Beteiligten zur Selbstverständlichkeit, sind Qualitätskontrolle und -sicherung eher gewährleistet. Die Substanz von Entscheidungen ist überprüfbar.

2.7 Erziehungsfähigkeit

2.7.1 Definition

Erziehungsfähigkeit bedeutet, an den Bedürfnissen und Fähigkeiten eines Kindes orientierte Erziehungsziele und Erziehungseinstellungen auf der Grundlage angemessener Erziehungskenntnisse ausbilden und unter Einsatz ausreichender persönlicher Kompetenzen in der Interaktion mit dem Kind in kindeswohldienliches Erziehungsverhalten umsetzen zu können.

Der Erziehungsfähigkeit wird dabei ein Erziehungsbegriff zugrunde gelegt, der nicht ausschließlich absichtsvolles und/oder positives Handeln einschließt, wie der intentionale Erziehungsbegriff von Brezinka (1978), sondern auch absichtliches oder unabsichtliches Fehlverhalten und/oder Unterlassen, aus dem sich Kindeswohlgefährdungen ergeben können. Am nächsten kommt dem ein funktionaler Erziehungsbegriff (Klauer 1981), der Erziehung als prozesshafte Interaktion mit Wechselwirkungen ins Zentrum stellt und dem Sozialisationsbegriff nahekommt. Förderkompetenz, Kooperationsverhalten und Bindungstoleranz werden als Teile der Erziehungsfähigkeit verstanden, obgleich sie in diesem Buch gesondert dargestellt werden *(Kapitel 4 bis 8)*.

Erziehungsfähigkeit beinhaltet manifeste und beobachtbare Merkmale, d.h. Erziehungsverhalten, dem latente, nicht beobachtbare Merkmale, d.h. Verhaltensdispositionen, zugrunde liegen: Erziehungsziele, -einstellungen, -kenntnisse und spezielle Kompetenzen. Diese im Sinne eines Selbstorganisationsprozesses lebensgeschichtlich gewachsenen Verhaltensdispositionen beeinflussen Erziehung aber nicht allein, weitere Wirkfaktoren sind die psychischen Ressourcen des Erziehenden, Charakteristika des Kindes und kontextuelle Quellen von Stress und Unterstützung, wie die Qualität der Paar- und Elternbeziehung und die sozialen und materiellen Rahmenbedingungen (Belsky 1984, Leerzeichen einfügenWalper 2008, Schneewind 2010a). Da Verhaltensdispositionen deshalb nur bedingt aussagekräftig sind (Ratzke u.a. 2008), ist zur Einschätzung der Erziehungsfähigkeit vorrangig das konkrete auf das einzelne Kind wirkende Erziehungsverhalten heranzuziehen.

2.7.2 Die Fragestellung der Erziehungsfähigkeit im familiengerichtlichen Verfahren

Erziehungsfähigkeit ist kontinuierlich ausgeprägt, d.h., wir finden ein Kontinuum von optimaler Erziehungsfähigkeit bis zu völliger Erziehungsunfähigkeit. Nicht alle Ausprägungsgrade sind von gleichem Interesse für familienrechtspsychologische Fragestellungen. Es sind im Wesentlichen zwei Konstellationen, die Fragen zur Erziehungsfähigkeit aufwerfen:

1. Die Bestimmung eines Grenzwertes, unter dem eine ausreichende Erziehungsfähigkeit nicht mehr als gegeben angesehen werden kann *(Kapitel 6)*.
2. Die Bestimmung von Vergleichswerten, die eine Abwägung zwischen zwei oder mehreren Erziehenden zulässt, wessen Erziehungsfähigkeit dem Kindeswohl eher dienlich ist *(Kapitel 4)*.

Im ersten Fall geht es um jenen Gebrauchskontext des Begriffes „Kindeswohl“, der in *Abschnitt 2.5* als Gefährdungsabgrenzung beschrieben wurde. Fragestellungen, ob die Erziehungsfähigkeit eines Erziehenden derartige Mängel aufweist, dass eine Kindeswohlgefährdung gegeben oder zu befürchten ist, sind in Kinderschutzverfahren zu finden. Im zweiten Fall ist je nach Regelungsobjekt die Genug-Variante oder die Bestvariante als Kindeswohlgebrauchskontext angesprochen. Die Fragestellung lautet, welche Bezugsperson (Elternteil, Pflegeperson) aufgrund ihrer Erziehungsfähigkeit besser geeignet ist, dem Kind positive Entwicklungschancen zu eröffnen.

Im ersten Fall, im Fall des Kinderschutzes, ist die Notwendigkeit der Anwendung der Erziehungsfähigkeit als Sorgerechtskriterium im familienrechtlichen Verfahren unumstritten. Das Überschreiten der Gefährdungsgrenze legitimiert den Staat in das Elternrecht einzugreifen (Wächteramt). Anders ist dies im zweiten Fall. Hier wird argumentiert, dass das Recht der Eltern auf Erziehung, solange sich keine Gefährdung des Kindeswohls ergibt, nach Artikel 6 GG grundrechtlich geschützt ist, deshalb keiner Bewertung zu unterziehen ist und der Erziehungsfähigkeit als Sorgerechtskriterium eine nur untergeordnete Rolle zukommen kann (Salzgeber 2020, Rn. 962). Dem ist entgegenzuhalten, dass Sorgerechtskriterien nicht isoliert betrachtet werden können und die Diskussion anderer Kriterien oft die Bewertung bestimmter Teilaspekte der Erziehungsfähigkeit einschließt. So korrespondiert Erziehungsfähigkeit über Feinfühligkeitsverhalten mit dem Kriterium der Bindungen des Kindes und über Empathie mit den Kriterien der elterlichen Bindungstoleranz und Kooperationsbereitschaft, beides bedeutsame Teilbereiche der Erziehungsfähigkeit. Somit ist es unverzichtbar, die Erziehungsfähigkeit auch unterhalb der Gefährdungsgrenze zu bewerten.

Auf eine Differenzierung zwischen Erziehungsfähigkeit und Erziehungskompetenz wird mit Verweis auf den bereits beschriebenen kontinuierlichen Ausprägungsgrad der Erziehungsfähigkeit verzichtet und dieser Begriff in allen rechtlichen Zusammenhängen verwendet. Zumbach und Oster (2020) verweisen dagegen auf die Definitionen der American Psychological Association (2010, 2013), die den Begriff „Parenting Capacity“ in Kinderschutzverfahren gebraucht und „Parenting Attributes“ in Verfahren zur Regelung der elterlichen Sorge und des Umgangs nach Trennung der Eltern. Auch die Autorinnen sprechen sich für eine Verwendung unterschiedlicher Begrifflichkeiten in unterschiedlichen familienrechtlichen Kontexten aus. Hiergegen spricht jedoch, dass diese Abgrenzung bei Richtern und anderen Verfahrensbeteiligten eher für mehr Verwirrung sorgen dürfte, zumal sich Inhalte dieser Verfahren auch überschneiden, etwa wenn in einem Umgangsverfahren Misshandlungs- oder Vernachlässigungsvorwürfe erhoben werden.

2.7.3 Individuelle Bestimmungsgrößen der Erziehungsfähigkeit

2.7.3.1 Erziehungsziele

Unter Erziehungszielen sind Erwartungen und Forderungen des Erziehenden an das Handeln und Erleben eines Kindes zu verstehen, die von diesem realisiert werden sollen. Sie richten sich einerseits darauf, erwünschte Verhaltensweisen und Persönlichkeitseigenschaften herauszubilden und aufrechtzuerhalten, andererseits unerwünschte abzubauen.

Erziehungsziele lassen sich in Nah- und Fernziele untergliedern und differieren im jeweiligen Abstraktionsgrad: Sie reichen von konkreten Alltagsanforderungen („Das Kind soll sein Zimmer aufräumen.“) bis hin zu abstrakteren Fernzielen („Das Kind soll ein erfülltes Leben führen.“).

Als kindorientiert lassen sich jene Erziehungsziele bezeichnen, die alters-, entwicklungs- und geschlechtsspezifische, psychische und physische Bedürfnisse *(Tabelle 2.3)* und Fähigkeiten des Kindes angemessen berücksichtigen.

Erziehungszielen liegen individuelle Werte, komplexe Schemata aus Kognitionen, Emotionen und Motivationen als Folge der ontogenetischen Entwicklung und Teil des Selbstkonzeptes des Erziehenden zugrunde. Die Erwartung, die Antizipation zukünftiger Handlungsergebnisse und die damit verbundene Vorwegnahme zukünftiger emotionaler Zustände (z.B. Zufriedenheit versus Unzufriedenheit), lässt Verhalten entstehen und aufrechterhalten (Heckhausen/Heckhausen 2010). Auch Erziehungsziele können als vorweggenommene Ergebnisse und Folgen erzieherischen Handelns definiert werden, wirken aber nur, wenn sie sich auch in konkretem Erziehungsverhalten manifestieren.

Es gehört zur Erfüllung des kindlichen Bedürfnisses nach Zugehörigkeit, dass Erziehungsziele sich ausreichend an gesellschaftlich akzeptierten Werten orientieren und eine Integration des Kindes in die soziale Gemeinschaft ermöglichen. Die gesellschaftliche Akzeptanz von Werten und daraus resultierenden Erziehungszielen unterliegt dabei stetigem Wandel. So deuten Untersuchungen (Köcher 2009) darauf hin, dass bestimmte Erziehungsziele, hier in Zieldimensionen zusammengefasst, an Bedeutung gewinnen:

- Individualität: Selbstvertrauen, Selbstbewusstsein, Persönlichkeitsentfaltung, Durchsetzungskraft, Willensstärke, Mut, Entscheidungsfreude,
- Bildung: Wissensdurst, Weltläufigkeit, Neues Kennenlernen,
- Emotionalität: Gefühle zeigen.

Andere Ziele treten dagegen eher in den Hintergrund:

- Normorientierung: Pünktlichkeit, Sparsamkeit, Ordnung, Fleiß,
- Soziale Konformität: Anpassungsfähigkeit, Bescheidenheit, Zurückhaltung,
- Religiöse Orientierung,
- Geschlechtsrollenorientierung.

2.7.3.2 Erziehungseinstellungen

Einstellungen sind kognitive Konstrukte mit emotionalen und motivationalen Bezügen, Positionen, aus denen heraus Dinge wahrgenommen werden und die Orientierung ermöglichen. Auf ihrer Grundlage getroffene Bewertungen (über Personen, Sachen, Ideen, Handlungen etc.) erzeugen Bereitschaften und motivieren zu bestimmtem Verhalten. Vielfältige Einstellungen können über das Erziehungsverhalten auf ein Kind wirken. Hierzu zählen Einstellungen zum Kind, zu dessen Entwicklungsbedingungen, zu Erziehungsfragen, zu Erziehungsmethoden und -mitteln, aber auch Einstellungen zur eigenen Person oder zu allgemeinen Themen wie zu weltanschaulichen Fragen. Einstellungen müssen nicht zwangsläufig in konkrete Erziehungsziele münden, sondern vermitteln sich oft auch indirekt über das allgemeine Verhalten des Erziehenden (Lernen am Modell). *Auf einige wesentliche Einstellungen soll Bezug genommen werden:*

Interesse am Kind: Diese wichtige Grundeinstellung beeinflusst die Motivation, sich eines Kindes adäquat anzunehmen, maßgeblich. Sie bildet sich in Abhängigkeit von verinnerlichten Normen, individuellen Bedürfnissen, aber auch emotionalen Verknüpfungen heraus, z.B. durch die Merkmale Erwünschtheit oder Zuneigung. Interesse am Kind fördert die Motivation zur Verantwortungsübernahme und zum erzieherischen Handeln. Bedeutsam ist hierbei auch, welcher Wert dem Kind gegenüber anderen Werten zugemessen wird. Auch konkurrierende Werte können zur Handlungsrealisierung drängen und Entscheidungskonflikte hervorrufen.

Einstellung zum erzieherischen Engagement: Diese Einstellung führt zu der Frage, ob für das Kind genügend Zeit und mentale und materielle Ressourcen aufgebracht werden. Sie wird vom Interesse am Kind mitbestimmt, Einfluss haben aber auch subjektive Annahmen über den Sinn von Aktivität und Passivität im erzieherischen Handeln. Diese Annahmen können sich auf die Person des Erziehenden beziehen, z.B. auf die Wirksamkeit seines Handelns (s.u.). Sie können sich aber auch auf das Kind richten: Reift ein Kind von selbst oder sind erzieherische Einflussnahmen notwendig? Wenn ja, in welchem Maße und zu welchem Zeitpunkt? Extreme können in passiver Gleichgültigkeit und pädagogischer Überaktivität liegen.

Akzeptanz der Persönlichkeit des Kindes: Die Bereitschaft, Grundzüge der kindlichen Persönlichkeit anzunehmen, seine Individualität anzuerkennen und vorhandene Fähigkeiten und Interessen zu fördern, kann je nach Ausprägung etwa dazu beitragen, ob ein Kind unter- bzw. überfordert wird.

Einstellung zur Emotionalität: Diese Haltung beinhaltet die Frage, ob eine Bezugsperson bereit ist, Emotionalität zu zeigen, vor allem aber, welche Bedeutung sie dem Austausch von Zärtlichkeit in der Beziehung zum Kind beimisst. In ihr kommt aber auch die oben erwähnte Grundeinstellung (Interesse am Kind) zum Ausdruck. Die Haltung kann sich zwischen den Polen einer warmen und liebevollen oder kalten und feindseligen Einstellung bewegen und hat damit etwa über die elterliche Feinfühligkeit wesentlichen Einfluss auf die Qualität der kindlichen Bindung *(Abschnitt 2.3)*.

Einstellung zur Empathie: In engem Zusammenhang zur Emotionalität ist auch die Einstellung zur Einfühlsamkeit zu sehen. Zentral ist hier, in welchem Maße Bereitschaft besteht, sich in ein Kind einzufühlen, sich seine Perspektive zu vergegenwärtigen, ihr Bedeutung beizumessen und Einflussmöglichkeiten auf das eigene Handeln zu geben. Empathie ist damit wesentlicher Bestandteil von Feinfühligkeit, spiegelt sich bspw. aber auch in der Frage wider, ob ein Kind in den Elternstreit involviert und ggf. in stresserzeugende Loyalitätskonflikte verstrickt wird *(Abschnitt 3.4)*.

Verständnisbereitschaft: Welche Bereitschaft besteht, Fehlverhalten des Kindes zu tolerieren? Während eine überzogen nachsichtige Einstellung erzieherische Inkonsistenz fördert, sie vielleicht sogar argumentativ unterlegt und eher erzieherische Konfliktscheue und Ausweichverhalten verdecken soll, stellt das andere Extrem eine verständnislose Einstellung dar, bis hin zur „Beziehungslosigkeit", wie sie nicht selten bei Autonomiekonflikten von Jugendlichen vorzufinden ist.

Einstellung zum Wohlbefinden: Welche Bedeutung wird der sozialen Integration des Kindes, der Herausbildung enger Vertrauensbeziehungen und dem Zustandekommen positiver Lebensereignisse beigemessen? Welchen Stellenwert nehmen Fröhlichkeit und Gemeinsamkeit in der eigenen Beziehung zum Kind ein? Wird eine gute, tragfähige und von beiden Seiten akzeptierte Beziehung als Grundlage einer positiven Erziehung angesehen?

Einstellung zur Behütung: Sie ist einmal von der Bedeutung abhängig, die dem Kind zugemessen wird, aber auch von pädagogischen Einstellungen, der Ängstlichkeit und Risikobereitschaft eines Erziehenden. Diese Einstellung ist zwischen den Polen Überbehütung und Vernachlässigung angesiedelt.

Einstellung zur Permissivität: Die Bereitschaft, einem Kind Handlungsspielräume zu eröffnen, hängt von der Einstellung zur Regel- und Kontrolldichte ab. Wie viel Eigenverantwortung des Kindes wird für notwendig erachtet? Welche Bereitschaft besteht, Risiken einzugehen und dem Kind Vertrauen entgegenzubringen? Eine permissive Erziehungshaltung tendiert zu unzureichender Grenzsetzung und mangelnder Führung, rigide Grenzsetzung bis hin zur Überwachung kann dagegen das Bedürfnis des Kindes nach Autonomie verletzen und einer angemessenen Selbständigkeitsentwicklung entgegenstehen.

Einstellung zu Strafe und Strafintensität: Diesbezügliche Erziehungsgrundsätze beinhalten die Frage, ob und wenn ja welche Strafen mit welcher Intensität für richtig oder falsch erachtet werden. Einstellungen zu Körperstrafe, zu Liebesentzug bis hin zu entwürdigenden Erziehungsmitteln *(Kapitel 6)* sind hier entscheidend.

Selbstwirksamkeitsüberzeugung: Im Zentrum steht hier die Einstellung, in welchem Maße die Entwicklung eines Kindes von dem eigenen Handeln oder den eigenen Eigenschaften abhängt. Ist diese Überzeugung groß, spricht man von internaler Kontrollüberzeugung, überwiegt dagegen die Ansicht, dass sie von anderen Personen, vom Schicksal oder vom Zufall abhängt, wird eine externale Kontrollüberzeugung angenommen. Beide Extreme bergen Risiken in sich. Auf der Ebene des Erlebens kann überzogene Internalisierung Omnipotenzempfinden fördern, überzogene Externalisierung Gefühle der Macht- und Hilflosigkeit. Auf der Verhaltensebene vermindert überzogene Externalisierung eher den erzieherischen Einfluss und mündet in inkonsistentem Erziehungsverhalten, da der Glaube, auftretende Widerstände überwinden zu können, gering ist.

2.7.3.3 Erziehungskenntnisse

Erziehungsziele und -einstellungen basieren zu einem nicht unbeträchtlichen Teil auf Erziehungswissen, das als wesentlicher Bestandteil der Erziehungsfähigkeit anzusehen ist. Wissen ist dabei auf zwei Ebenen erforderlich: erstens allgemeines Erziehungswissen, hierzu gehören Kenntnisse über Erziehungsinhalte, -methoden und -mittel, und zweitens spezifisches Wissen über das Kind.

Allgemeines Erziehungswissen beinhaltet entwicklungspsychologische Kenntnisse, Wissen darüber, welche Entwicklungsschritte ein Kind in einem bestimmten Entwicklungsalter macht, was es für diese Entwicklung an personellen und instrumentellen Rahmenbedingungen braucht und auf welchen Wegen es zu fördern ist. Gemeint sind hier keine wissenschaftlichen Kenntnisse, die wohl den wenigsten Erziehenden zugänglich sind, gemeint ist vielmehr Wissen, das in der Regel von Generation zu Generation tradiert wird und in Alltagstheorien über Erziehung mündet. Relevant wird dieses Wissen z. B. für das Feinfühligkeitsverhalten, wenn kindliche Bedürfnisäußerungen eingeordnet und interpretiert werden und dies dann Handlungen des Erziehenden leitet. Grundsätzlich kann gelten, dass differenziertes Wissen über die kindliche Entwicklung die Chance eines angemessenen Erziehungsverhaltens erhöht.

Spezifisches Wissen über das Kind meint dagegen Kenntnisse und Annahmen über die individuellen Dispositionen des konkreten Kindes. Erziehungsverhalten wird umso angemessener und förderlicher sein, je zutreffender Interpretationen und Bewertungen vorgenommen werden können, je genauer also das Wissen über die Persönlichkeit, die Bedürfnislage und damit über die Beweggründe für Handlungen des Kindes ist. So hat etwa die vorhandene Fähigkeit eines Erziehenden, mentale Zustände des Säuglings zu dekodieren und in der Interaktion adäquat zu benennen (mind-mindedness) und zu berücksichtigen, Einfluss auf die Entwicklung einer sicheren Bindung (Grossmann/ Grossmann 2021, Keller 2019, Meins u.a. 2001).

2.7.3.4 Kompetenzen des Erziehenden

Ein Teilbereich umfassender Erziehungsfähigkeit beinhaltet das Repertoire an kognitiven, emotionalen und sozialen Fähigkeiten (Kompetenzen), das einem Erziehenden zur Umsetzung von Erziehungszielen und -einstellungen in konkretes Erziehungsverhalten zur Verfügung steht. Herausgehoben und diskutiert sollen hier lediglich zwei übergeordnete Fähigkeiten werden, jene zur willentlichen Stabilität und jene zur Feinfühligkeit.

Willentliche Stabilität beeinflusst alle Bereiche des Erziehungsverhaltens, indem sie je nach Ausprägung Konsistenz bzw. Inkonsistenz fördert. Neben Motivation und Zielsetzungskompetenz bedarf es zur Realisierung von Handlungen der Fähigkeit, Hindernisse und Widerstände bei der Zielerreichung zu überwinden. Sie steht in engem Zusammenhang mit der Selbstwirksamkeitsüberzeugung, der subjektiven Erfolgserwartung als Folge eigener Urheberschaft (Bandura 1977, Heckhausen/Heckhausen 2010). Je ausgeprägter sie ist, desto engagierter und stabiler ist die Einflussnahme auf die Entwicklung des Kindes. Für das Kind bedeutet dies, dass das Erziehungsverhalten vom Kind vorhersagbarer und zuverlässiger erlebt wird. Hoffnungen werden seltener enttäuscht. Das Kind wird dadurch überhaupt erst in die Lage versetzt, eigene Verhaltensweisen klaren erzieherischen Konsequenzen zuzuordnen (Konsequenzerwartung). Dies vermittelt Orientierung und Sicherheit. Anhaltende Inkonsistenz im Erziehungsverhalten führt dagegen zu Verunsicherungen und kann den Widerstand gegen Regeleinhaltungen verstärken und damit das Erziehungsklima verschlechtern.

Um Stabilität im erzieherischen Handeln zu erreichen, ist auch eine ausreichend rational geprägte Handlungssteuerung erforderlich. Das heißt im Umkehrschluss: Erzieherische Handlungssteuerung darf nicht übermäßig von wiederkehrenden Gefühlsschwankungen abhängig sein, wie sie etwa im Zusammenhang mit Lebenskrisen (z.B. Trennungen) oder aber auch Suchterkrankungen (z.B. Alkoholismus) auftreten können.

Erzieherische Stabilität bedeutet jedoch nicht Rigidität. Veränderungen in der Entwicklung des Kindes sind ausreichend zu berücksichtigen, indem Handlungsspielräume schrittweise erweitert werden. Mit zunehmendem Alter und Entwicklungsstand des Kindes müssen Grenzsetzungen neu bewertet und dem zunehmenden Verselbständigungsprozess und Autonomiebestreben des Kindes angeglichen werden. Informationen über diese sich kontinuierlich wandelnden Entwicklungsbedingungen des Kindes müssen verarbeitet werden und das Erziehungsverhalten modifizieren. Es bedarf zudem der Fähigkeiten zur Reflexion und Selbstkritik, um negative Wirkungen in der Erziehung erkennen, auf eigenes erzieherisches Verhalten zurückführen und Unterstützung annehmen zu können.

Eng verbunden mit der Fähigkeit zur willentlichen Stabilität ist die Ich-Stärke des Erziehenden, die bei ausreichender Ausprägung zu Gelassenheit, Souveränität und Autonomie befähigt und so die Grundlage für eine angemessene pädagogische Distanz liefert. Erziehungsverhalten orientiert sich so an den Bedürfnissen des Kindes und nicht an den eigenen. Fehlverhalten des Kindes löst weniger Unsicherheit aus und führt weniger schnell zu einer Labilisierung des Erziehungsverhaltens.

Die *Fähigkeit zur Feinfühligkeit* ist eine Voraussetzung für den Aufbau einer sicheren Bindung des Kindes *(Abbildung 2.2)*. Ainsworth (1977) beschreibt vier wesentliche Aspekte der Feinfühligkeit. Sie umfassen die Fähigkeiten:

(1) kindliche Signale mit größter Aufmerksamkeit wahrzunehmen, ohne dass es durch innere Beschäftigung mit eigenen Bedürfnissen und Befindlichkeiten zu großen Verzögerungen kommt,
(2) Signale des Kindes aus dessen Perspektive richtig zu deuten und die Gründe für ein bestimmtes Verhalten zu erkennen, ohne dass es zu Fehlinterpretationen aufgrund eigener Bedürfnisse und deren Projektion kommt,
(3) den Bedürfnissen des Kindes angemessen auf die Signale des Kindes zu reagieren, dabei Über- bzw. Unterstimulationen zu vermeiden und
(4) innerhalb der kindlichen Frustrationszeit, etwa im Hinblick auf die Stillzeit, zu reagieren.

Diese angesprochenen Grundfähigkeiten eines Erziehenden, die sich hier auf die Interaktion mit Kleinkindern beziehen, sind mit unterschiedlicher Ausprägung für alle Altersgruppen von Kindern und Jugendlichen bedeutsam.

Ein wesentlicher Aspekt der Feinfühligkeit ist die Fähigkeit zur Empathie, d. h. die Fähigkeit, Gefühle und Gedanken eines Kindes zu erfassen, sich bewusst darauf einzustellen und sie bei der Planung eigenen Verhaltens zu berücksichtigen. Das psychologische Konzept der Empathie beinhaltet kognitive und emotionale Anteile. Kognitive Empathie beschreibt die eher rational gefärbte Perspektivenübernahme, affektive Empathie das Sich-Einfühlen (Walbott 2000). Hierbei kann ein zweistufiger Prozess vermutet werden: Die Rollenübernahme steigert die einfühlende Reaktion und diese bewirkt helfendes Eingreifen. Bedeutsam sind dabei der Vergleich der eigenen mit der anderen Person und ein daraus resultierender Rückschluss auf die Gefühlslage des anderen.

Eng verknüpft mit der Empathie ist das Konzept der Interaktionskompetenz (Argyle 1972), das als eine bedeutsame Komponente die nonverbale Sensitivität beschreibt, nämlich die Fähigkeit, Hinweisreize anhand von Mimik, stimmlichem Ausdruck und Körperbewegung zu erkennen und bezüglich der Befindlichkeit und der Emotionen der anderen Person angemessen zu verarbeiten. Diese nonverbale Sensitivität kann auch als Dekodierungsfähigkeit für Emotionen beschrieben werden, die nicht ausschließlich, aber insbesondere bei Kleinkindern erforderlich und hier Voraussetzung für das Entstehen spezifischen Wissens über das Kind ist. Die Bedeutung dieser Fähigkeit für den Bindungsaufbau wurde bereits dargelegt *(Abschnitt 2.7.3.3)*.

2.7.3.5 Erziehungsverhalten

Erziehungsziele, -einstellungen und -kompetenzen münden als Verhaltensdispositionen unter dem zusätzlichen Einfluss von Kontextfaktoren in Erziehungsverhalten und werden wiederum vom Erziehungsverhalten geformt. Entsprechend dem zugrunde gelegten funktionellen Erziehungsbegriff *(Abschnitt 2.7.1)* werden unter Erziehungsverhalten aktive verbale oder nonverbale Handlungen, aber auch passive Unterlassungen eines Erziehenden verstanden, die bewusst oder unbewusst, positiv oder negativ auf die Entwicklung eines Kindes wirken. Damit drückt sich Erziehungsfähigkeit primär im konkreten Erziehungsverhalten gegenüber dem Kind aus, das zu bewerten ist. Verhaltensdispositionen und Kontextvariablen erlangen im Bewertungsprozess der Erziehungsfähigkeit vor allem prognostische Bedeutung. Sie können auf das Erziehungsverhalten mehr oder minder stabilisierend wirken. Gefestigte Haltungen und Überzeugungen können ihm bspw. einen eher beständigen, überwindbare Lebenskrisen einen eher vorübergehenden Charakter verleihen. Bedeutsam ist dies etwa bei der Einschätzung von Risikofaktoren *(Kapitel 6)*.

Das Erziehungsverhalten lässt sich über diagnostische Leitfragen zu bestimmten Verhaltensdimensionen operationalisieren. Beispiele hierfür sind:

Erzieherisches Engagement:

- Werden im Handeln Prioritäten zugunsten des Kindes gesetzt? Werden konkurrierende Interessen zurückgestellt und ausreichende mentale und zeitliche Ressourcen geschaffen? Werden etwa nach der Geburt berufliche und private Interessen zurückgestellt? Wird Elternzeit genommen? Wird Zeit mit dem Kind verbracht? Werden gemeinsame Aktivitäten durchgeführt? Werden Umgangskontakte regelmäßig wahrgenommen?
- Wird mit ausreichender Zuverlässigkeit gehandelt? Wird das Kind regelmäßig in die Betreuungseinrichtung gebracht und abgeholt? Werden Elternsprechstunden in der Schule wahrgenommen? Werden notwendige Förderungen oder Behandlungen des Kindes sichergestellt?
- Werden durch eigenes Verhalten kindliche Belastungen vermieden? Wird bindungstolerant gehandelt oder wird das Kind im Elternkonflikt instrumentalisiert? Kommt es gar zu vernachlässigenden Unterlassungen, misshandelnden Schädigungen oder zu Gewalthandlungen vor dem Kind?
- Wird ein Übermaß an erzieherischen Engagement gezeigt, das die Entwicklung des Kindes belastet? Wird die schrittweise Loslösung und Verselbständigung, die Autonomieentwicklung des Kindes erschwert oder beeinträchtigt? Werden dabei etwa Ängste der Eltern auf das Kind übertragen?

Emotionales Fürsorgeverhalten:

- Wird Feinfühligkeit im Handeln gegenüber dem Kind deutlich? Werden kindliche Signale in bindungsrelevanten Situationen emotionaler Verunsicherung und Belastung wahrgenommen? Werden sie richtig gedeutet? Wird zeitnah reagiert? Geschieht dies den Bedürfnissen des Kindes angemessen und liebevoll? Geschieht dies mit ausreichender Konsistenz? Welche Rückschlüsse lässt das gezeigte Bindungsverhalten des Kindes auf das von ihm erlebte Feinfühligkeitsverhalten zu?
- Wird darüber hinaus Empathie im Handeln deutlich? Werden etwa vermeidbare Belastungen vom Kind ferngehalten? Wird Wertschätzung gezeigt oder Geringschätzung, Anteilnahme oder Teilnahmslosigkeit? Werden Gefühlsäußerungen des Kindes erfasst und wird darauf eingegangen?
- Zeigt sich im Handeln Akzeptanz der Fähigkeiten und Interessen des Kindes? Kennt sie der Erziehende? Sind im Handeln Tendenzen der Über- bzw. Unterforderung zu erkennen? Sind gestellte Forderungen kindangemessen?
- Wird dem Kind gegenüber Zärtlichkeit, Liebe und Fröhlichkeit gezeigt in Abgrenzung zu Feindseligkeit?

Förderverhalten:

- Werden die körperlichen Grundbedürfnisse des Kindes erfüllt? Werden ihm etwa altersangemessener Wohn- und Schlafraum, Bekleidung und Nahrung zur Verfügung gestellt? Wird das Kind je nach Entwicklungsstand durch Umsichtigkeit vor Gefahren geschützt?
- Wird seine medizinische Versorgung sichergestellt? Werden notwendige Untersuchungen, Behandlungen und Therapien initiiert und begleitet?
- Werden entwicklungsgemäße Anregungsbedingungen und Lernchancen bereitgestellt? Wird es in Lernsituationen (Spielen, Basteln, Hausaufgaben etc.) angemessen unterstützt? Werden schulische Fördermaßnahmen initiiert und begleitet?
- Werden dem Kind angemessene Werte und Regeln vermittelt?
- Wird die soziale Integration des Kindes und damit sein Wohlbefinden gefördert? Werden positive Entwicklungsgelegenheiten außerhalb des Elternhauses geschaffen und negative vermieden?

Lenkungsverhalten:

- Zeigt das Erziehungsverhalten Konsistenz? Werden Versprechen eingehalten? Werden Forderungen konsequent, aber nicht rigide durchgesetzt? Wird auf Regelverstöße verständnisvoll oder verständnislos reagiert?
- Wie werden dem Kind Regeln und Grenzen vermittelt? Werden sie erklärt? Werden Erziehungsfragen diskutiert? Wird erwünschtes Verhalten gelobt oder unerwünschtes getadelt?
- Wird gestraft? Wenn ja, welches Maß an Strafintensität wird gezeigt?
- Welche Regeldichte und Kontrollintensität wird gezeigt? Werden altersangemessene Handlungsspielräume zum Erfahren der Eigenverantwortlichkeit eröffnet? Drückt sich im Handeln Vertrauen gegenüber dem Kind aus?

Diagnostische Erhebungsmethoden sind auch hier Verhaltens- und Interaktionsbeobachtung, Exploration und testpsychologische Untersuchung.

Bei der *Verhaltens- und Interaktionsbeobachtung* wird das Erziehungsverhalten durch einen Beobachter wahrgenommen und bewertet. Sowohl die Verhaltensbeobachtung Einzelner wie auch die Interaktionsbeobachtung von Personengruppen – im Zusammenhang mit der Erziehungsfähigkeit in der Regel eine Eltern-Kind-Interaktion – kann frei oder strukturiert erfolgen. Eine unstrukturierte Beobachtung ist alltagsnäher, eine strukturierte Beobachtung mit Vorgaben ermöglicht eine bessere Vergleichbarkeit etwa zwischen Elternteilen (Zumbach u.a. 2020). Ein strukturiertes Verfahren ist hier etwa die Heidelberger Marschak Interaktionsmethode (H-MIM) von Ritterfeld und Franke (1994) mit (Spiel-)Aufgaben, die vom Elternteil und Kind gemeinsam bewältigt und nach den Kriterien Emotionalität, Führung und Umgang mit Stress ausgewertet werden. Auch Auswertungen freier Verhaltens- oder Interaktionsbeobachtungen sollten kriteriengeleitet erfolgen. Als Beispiel für einen kriteriengestützten Beobachtungsbogen kann das Eltern-Kind-Interaktionsprofil (EKIP) dienen (Cizek/Geserick 2004). Videogestützte Auswertungen sind möglich (Jacob 2016) und erhöhen die Transparenz, sind jedoch meist nicht ohne Schulung durchführbar und auch aufgrund der Sichtung des Materials im familiengerichtlichen Kontext aufwendig. Rückschlüsse vom Erziehungsverhalten auf ihm zugrunde liegende Verhaltensdispositionen bedürfen der Interpretation des Beobachters. Sie sind zurückhaltend vorzunehmen und mit anderen diagnostischen Zugängen zur Erziehungsfähigkeit abzugleichen.

Einen diagnostischen Zugang zur Erziehungsfähigkeit bietet die Selbstwahrnehmung des Erziehenden, erhoben über Exploration und Selbstbeurteilungsinstrumente. Letztere sind meist Adaptionen angloamerikanischer Verfahren, wie etwa das „Eltern-Belastungsscreening zur Kindeswohlgefährdung" (EBSK) von Deegener u.a. (2009), dem das „Child Abuse Potential Inventory" von Milner (1980) zugrunde liegt, oder der „Erziehungsfragebogen" (EFB) von Naumann u.a. (2010), der auf der „Parenting Scale" (PS) von Arnold u.a. (1993) aufbaut und Erziehungsverhalten bei einem als unangemessen empfundenem Verhalten des Kindes abfragt. Ebenso beruht das „Eltern-Belastungs-Inventar" (EBI) von Tröster (2010) auf dem „Parenting Stress Index" (PSI) von Abidin (1983). Selbstwahrnehmungen erlangen für die Einschätzung der Erziehungsfähigkeit jedoch erst Relevanz, wenn sie sich im tatsächlichen Erziehungsverhalten widerspiegeln oder hierfür eine hohe Wahrscheinlichkeit besteht. Bei Datenerhebungen im familienrechtlichen Kontext kann nie ausgeschlossen werden, dass Selbstdarstellungen positiv gefärbt sind oder auch Unwahrheiten enthalten. Zudem muss sich die Selbstwahrnehmung auch nicht mit der Fremdwahrnehmung anderer, z.B. der des Kindes, decken.

Für die Frage einer am Kindeswohl orientierten Bewertung der Erziehungsfähigkeit ist deshalb die Fremdwahrnehmung des Erziehungsverhaltens durch das Kind von besonderem Interesse. Erhebungsmethoden sind auch hier die Exploration und der Einsatz standardisierter Tests. Zu ihnen zählen etwa Teile des „Familiendiagnostischen Testsystems" (FDTS) von Schneewind (1987), die die Perspektive des Kindes auf elterliche Erziehungseinstellungen, Erziehungsziele und Erziehungspraktiken wiedergeben. Das „Erziehungsstil-Inventar" von Krohne und Pulsack (1995) bildet die vom Kind wahrgenommenen elterlichen Erziehungstendenzen Unterstützung, Einschränkung, Lob, Tadel, Strafintensität und Inkonsistenz ab. Die bereits an anderer Stelle erwähnte „Sorge- und Umgangsrechtlichen-Testbatterie" (SURT) von Hommers (2009) erfasst die Sicht des Kindes auf emotionale Beziehungen und Präferenzen zu seinen Eltern und deren Kompetenzen. Das „Strukturierte Interview zur Erfassung der Eltern-Kind-Interaktion" (SKEI) von Skatsche u.a. (2013) dient der Einschätzung der Wahrnehmung des Kindes über die Qualität und Intensität seiner emotionalen Beziehungen zu den engen Bezugspersonen.

Auch hier kann nicht davon ausgegangen werden, dass die erhobene kindliche Fremdwahrnehmung in jedem Fall das tatsächliche Erziehungsverhalten wiedergibt. Befinden sich Kinder in Loyalitätskonflikten und/oder wirken Verlustängste, können Idealisierung und Überdistanzierung ihren Niederschlag finden.

Kindliche Einschätzungen über Verhaltensdispositionen erwachsener Bezugspersonen gewinnen besonders bei älteren Kindern, die Erziehungsverhalten bewusst reflektieren und bewerten, an Bedeutung. Sie lassen sich aber auch bei jüngeren Kindern erkennen. So wurde im Zusammenhang mit dem Bindungsaufbau auf innere Arbeitsmodelle verwiesen, die letztlich auch eine Bewertung von Erziehungseinstellungen enthalten und das Verhalten des Kindes wesentlich beeinflussen *(Abschnitt 2.3.2.1)*.

Einen weiteren diagnostischen Zugang zur Erziehungsfähigkeit bietet die Exploration Dritter, d.h. Betreuungs- und Kontaktpersonen des Kindes (z.B. Erzieher, Lehrer, Jugendamtsmitarbeiter). Die Exploration von Ärzten, Psychologen und Psychiatern des Kindes kann aber auch zur Feststellung etwaiger psychischer und/oder physischer Beeinträchtigungen des Kindes notwendig sein, die wiederum Hinweise auf Einschränkungen der Erziehungsfähigkeit liefern können. Ferner kann auch ein spezieller Förderbedarf des Kindes deutlich werden, der bestimmte Anforderungen an die Erziehungsfähigkeit der Bezugsperson stellt. Die Exploration von Ärzten, Psychologen und Psychiatern der Erziehenden kann erforderlich sein, wenn Erkrankungen die Erziehungsfähigkeit beeinträchtigen *(Kapitel 6)*.

Die Einschätzung der Erziehungsfähigkeit wird umso zuverlässiger werden, je mehr sie auf verschiedenen systematisch erhobenen Indikatoren beruht, zu verschiedenen Zeitpunkten und wertneutral durchgeführt wird, insbesondere wenn Berührungspunkte mit anderen Kulturkreisen bestehen.

Was die Bewertung des Erziehungsverhaltens betrifft, so ist es umso kindeswohldienlicher, je deutlicher es die kindlichen Grundbedürfnisse berücksichtigt (siehe *Tabelle 2.3*), sich darüber hinaus aber auch an den konkreten Bedürfnissen und Fähigkeiten des einzelnen Kindes orientiert. Entscheidend ist die Passung zwischen Fähigkeiten des Erziehenden und Bedürfnissen des Kindes (Schneewind 2010a).

Maccoby und Martin (1983) unterscheiden unter Berücksichtigung der Variablen Emotionalität/Zuwendung und Forderung/Kontrolle vier Grundtypen von Erziehungsverhalten (früher Erziehungsstile), deren Klassifikation zum Teil bis in die 60er Jahre des vorigen Jahrhunderts zurückreicht (Lewin 1953, Baumrind 1971):

- autoritäres Verhalten mit geringer Akzeptanz und Feinfühligkeit gegenüber dem Kind, aber starker Kontrolle und einer fordernden Haltung,
- vernachlässigendes Verhalten mit wenig Akzeptanz und Feinfühligkeit und wenigen Grenzsetzungen und Forderungen,
- permissives Verhalten mit hoher Akzeptanz und Feinfühligkeit, aber wenig Kontrolle und geringen Forderungen,
- autoritatives Verhalten, das durch hohe Akzeptanz und Feinfühligkeit bei gleichzeitig deutlicher Grenzsetzung und Forderungen gekennzeichnet ist.

Untersuchungen zeigen, dass autoritatives Erziehungsverhalten, das letztlich bindungsförderndes Verhalten („attachment parenting") mit Konstanz, Konsequenz und Normen- und Wertevermittlung verbindet, am ehesten zu emotional angepasstem, selbständigem, leistungsfähigem und positivem sozialen Verhalten eines Kind beiträgt (Baumrind 1991). Von einem so geprägten Erziehungsverhalten profitiert das Kind auch bei Umgangskontakten am ehesten (Amato/Gilbreth 1999, Walter 2009). Ungünstig wirken dagegen Mängel in den oben beschriebenen Verhaltensdimensionen, auf die im Buch immer wieder Bezug genommen wird. Einen Überblick über aktuelle Forschungsergebnisse geben Jacob und Jacob (2019). Offenbar findet dieses autoritative Erziehungsverhalten, das am ehesten den gesetzlichen Vorgaben der §§ 1618a und 1626 Abs. 2 BGB entspricht, auch zunehmend Akzeptanz. Erkennbar ist offenbar eine immer deutlichere Abkehr von autoritärem Verhalten, insbesondere von körperlichen Strafen. Erziehung wird immer mehr auf Diskussion, Überzeugung und Kompromisssuche ausgerichtet (Köcher 2009).

Ergänzt werden kann dieser Ansatz um eine weitere Dimension, nämlich die der Gewährung von Eigenständigkeit (Sternberg 1999), die Schneewind (2010a) zur Prägung des Begriffes „Freiheit in Grenzen" für ein Erziehungskonzept veranlasste. Es zeichnet sich aus durch hohe elterliche Wertschätzung, Forderungen und Grenzsetzungen sowie das Gewähren und Fördern von Eigenständigkeit.

Bewertungen des Erziehungsverhaltens sollten mit Zurückhaltung vorgenommen werden. *Dies gilt in vielerlei Hinsicht:*

- Abweichungen von Positivbeschreibungen, wie dem beschriebenen autoritativen Erziehungsverhalten, sollten nicht vorschnell als Erziehungseinschränkung bewertet werden. Positivlisten können als Orientierung dienen, sind aber auch von kompetenten Erziehenden nicht immer durchgängig zu erfüllen. Grundsätzlich ist eine Vielfalt von Erziehungsverhalten und Verhaltensdispositionen zu tolerieren, sofern nicht Grundbedürfnisse des Kindes verletzt oder dessen Interessen und Fähigkeiten ignoriert werden. Dies schließt aus, lediglich mittelschichtorientiertes oder durch westliche Kultur geprägtes Erziehungsverhalten anzuerkennen.
- Erziehung ist zudem als Interaktion zu verstehen. Nicht nur der Erziehende wirkt auf das Kind, sondern auch das Kind auf den Erziehenden. Erziehungsfähigkeit kann gegenüber unterschiedlichen Kindern in Abhängigkeit von deren Persönlichkeitsmerkmalen unterschiedlich ausfallen und kann deshalb immer nur im Einzelfall, also im Verhältnis eines bestimmten Erziehenden zu einem bestimmten Kind, bewertet werden. So kamen Avinun und Knafo (2014) nach einer Meta-Analyse von 32 Zwillingsstudien zu dem Ergebnis, dass Kinder zu etwa 23% das Verhalten der Eltern beeinflussten. So kann ein Kind mit einem bestimmten Störungsbild und daraus resultierendem erhöhten Förderbedarf höhere Ansprüche an den Erziehenden stellen als ein Geschwister, das dieses Störungsbild nicht zeigt.
- Da Erziehungsverhalten kontextabhängig ist, wirken Veränderungen der Umgebungsvariablen auch auf die Erziehungsfähigkeit, sie mindern oder fördern sie. Dies ist u. a. Anknüpfungspunkt für unterstützende Jugendhilfemaßnahmen.
- Erziehungsfähigkeit kann deshalb auch immer nur zu einem gegebenen Zeitpunkt bewertet werden. Variablen der Erzieherpersönlichkeit, des Kindes, aber auch des Erziehungskontextes verändern sich, zum Negativen bei krisenhaften Zuspitzungen im Lebensverlauf oder zum Positiven nach der Überwindung kritischer Lebensereignisse. Immer sind deshalb auch Entwicklungsperspektiven der Erziehungsfähigkeit zu berücksichtigen *(Abschnitt 6.4.9)*.
- Letztlich sind auch fachliche Grenzen der Beurteilbarkeit zu berücksichtigen. Nicht nur die diagnostischen Zugänge sind im familienrechtlichen Verfahren oft kompliziert, auch die Wirkmechanismen von Erziehung auf das Kind sind mehrdimensional, komplex und dynamisch und deshalb nicht nur empirisch, sondern auch im Einzelfall schwer zu erfassen. Monokausale Zusammenhänge lassen sich kaum finden. Bewertungen sollten deshalb nur mit der gebotenen Zurückhaltung vorgenommen werden.

3 Konfliktbehandlung im familienrechtlichen Bereich

3.1 Die Zugänge zum Konflikt

Konfliktbehandlung oder -management umfasst die adäquate Wahrnehmung und gezielte Beilegung interpersonaler Konflikte *(Abschnitt 2.2)*. Dabei sind zwei Zugänge zu unterscheiden: Der eine ist der rechtsnormgebundene, der andere der eher rechtsnormgelöste Zugang. Verkürzt wird oft von gerichtlicher und außergerichtlicher oder psychosozialer Konfliktbehandlung gesprochen (zur hier vertretenen Systematik siehe *Abbildung 3.1*). Lösungsorientiert sind beide, da auch eine gerichtliche Entscheidung eine Lösung darstellt.

Zunächst zum *rechtsnormgebundenen Zugang*: Hier kann der *justizielle Eingriff* über die Kompetenz des Richters einerseits und die übergreifende Einflussnahme mittels *Gesetzgebung* andererseits unterschieden werden. Letztere stellt die Weichen z.B. durch die Vorgabe, auf Einvernehmen hinzuwirken (§ 156 FamFG Abs. 1) oder durch die Einrichtung eines Vermittlungsverfahrens gemäß § 165 FamFG.

Davon unterschieden wird hier die *rechtsnormgelöste Konfliktbehandlung*. Sie bedeutet nicht Verzicht auf Rechtsnormen, sondern nur, dass das Recht nicht Kern der regulierenden Aktivität, vielmehr Rahmenbedingung im Hintergrund und Bezugspunkt für Kontrollerwägungen ist. Dazu gehört z.B. in der Mediation der Bezug auf rechtliche Normierungen etwa zum Unterhalt oder zum Gewinnausgleich, ebenso der Trend zur rechtlichen Regulierung der Mediation u.a. im Mediationsgesetz. Rechtsnormgelöste Konfliktbehandlung kann in zwei Formen stattfinden: Die erste Form ist die *direkte Interaktion* der Streitparteien. *Negativvarianten* sind vor allem kompetitive Verhaltensweisen, u.a. Intrigen, unintegre Argumentationen, Rechtfertigungen und Schuldzuweisungen, Prestigekämpfe, d.h. Vermeidung von „Gesichtsverlust“, Drohen, Eröffnen von Nebenkampfplätzen und Blockieren. Die *Positivvariante* ist die Kooperation, im Kern das konstruktive Verhandeln. Die zweite Form ist *die Einbeziehung eines neutralen Dritten*, d.h. eines professionellen Beraters, Schlichters oder Vermittlers mit fachlicher Kompetenz, aber ohne den Auftrag, den Konflikt zu entscheiden.

In der Vergangenheit mangelte es an einem sinnvollen Wechsel zwischen beiden Strategien der Konfliktbehandlung. Der Weg in die rechtsnormfixierte Konfliktbearbeitung wurde oft als Einbahnstraße wahrgenommen und der komplexe Konflikt auf das Gegeneinander von Rechtsansprüchen reduziert. Hier ist nun ein bemerkenswerter Wandel im Gange.

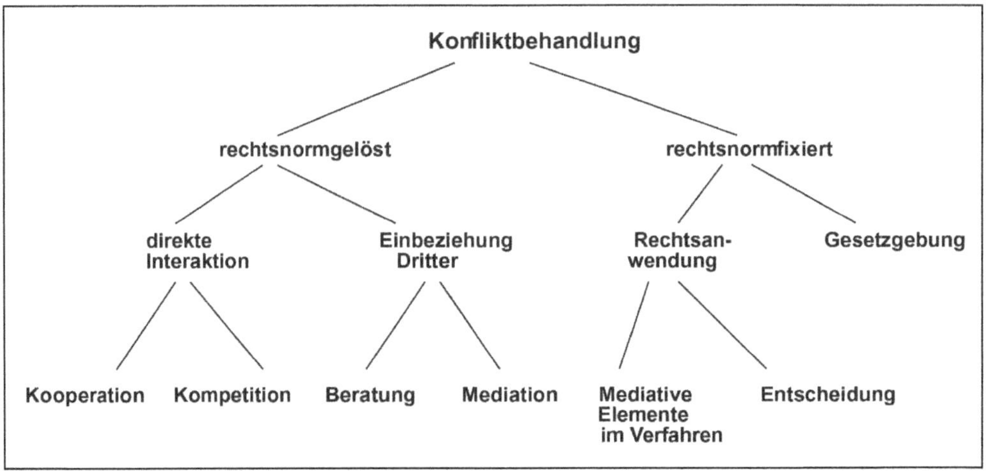

Abb. 3.1: Rechtsnormbezug in der Konfliktbehandlung

3.2 Der Paradigmenwandel im familienrechtlichen Konfliktmanagement

3.2.1 Von der engen Verfahrenssicht zum psychologischen Konfliktmanagement

Insbesondere im zivilrechtlichen und damit auch im familienrechtlichen Bereich vollzieht sich seit den 1980er Jahren ein kontinuierlicher Paradigmenwechsel. Kernpunkte sind Gewichtsverlagerungen vom Modell der rechtsnormfixierten Konfliktentscheidung hin zur rechtsnormgelösten Konfliktvermittlung und -verhandlung, von der einseitigen Sicht auf das Verfahren und seinem juristischen Streitgegenstand hin zu den damit verbundenen sozialen Konfliktinhalten wie Bedürfnissen oder Ängsten von Menschen, d.h. von einer bloßen Streitentscheidungslehre hin zu einer erweiterten Verfahrenslehre, die Ausdruck einer neuen Streitkultur und eines zeitgemäßen Konfliktmanagements ist. Vereinfacht gesagt geht es um die Tendenz von der bloßen Juristerei zum sozialwissenschaftlichen, vor allem psychologischen Konfliktmanagement mit verstärkter Orientierung auf außergerichtliche Interventionsmodelle, vor allem Mediation, Beratung, Familien- und Paartherapie bzw. Psychotherapie.

Der eigentliche Kern des beschriebenen Wandels ist nicht das Weg vom einen und das Hin zum anderen Paradigma. Vielmehr besteht er darin, dass beide Herangehensweisen als passungsfähig und durchlässig erkannt werden. Es geht um komplementäre Methoden der Konfliktbehandlung, die unterschiedliche Aspekte von Konflikten fokussieren und entsprechende Schwerpunkte beim Beilegen des Konflikts setzen. Der Fokus kann wechseln, weil sich Konflikte entwickeln und das Verhalten der Streitparteien ändert. Es entstehen Schnittstellen zwischen gerichtlichen Verfahren und außergerichtlichen Konfliktlösungswegen. Eine Mediationsvereinbarung kann die gerichtliche Entscheidung ersetzen oder als deren Grundlage dienen, sie ist Alternative oder Ergänzung zum gerichtlichen Verfahren. Ziel ist, die Wahrscheinlichkeit einvernehmlicher

Lösungen dadurch zu erhöhen, dass das Verfahren stärker für vermittelndes Denken geöffnet wird. Kriterium muss sein, welche Vorgehensweise dauerhaft die bessere Lösung schafft, d.h. dem Wohl des Kindes am meisten entspricht und dabei die elementaren Interessen der Beteiligten am umfassendsten berücksichtigt.

Der Wechsel zwischen rechtsnormgelöster und rechtsnormfixierter Konfliktbehandlung kann in jeder Konfliktsphase von allen beteiligten Akteuren vollzogen werden. Sowohl in der Gesetzgebung als auch in der Rechtsprechung ist dieser Wechsel zunehmend bedeutsam geworden. Der Gesetzgeber gibt dem Familienrichter entsprechende Schritte vor. Dazu gehört z.B., dass dieser im Rahmen seines Hinwirkens auf Einvernehmen gemäß § 156 Abs. 1 FamFG auf Beratungsstellen oder Mediation oder „sonstige Möglichkeit der außergerichtlichen Konfliktbeilegung" hinweisen soll und die Teilnahme an einer entsprechenden Beratung anordnen sowie nach § 136 FamFG das Verfahren aussetzen kann.

Wird keine außergerichtliche Einigung erzielt, wird das Verfahren vom Gericht fortgeführt, in Kindschaftssachen im Sinne des Beschleunigungsgebots gemäß § 155 Abs. 4 FamFG i.d.R. nach drei Monaten.

Bedeutsam ist die Regelung in § 23 Abs. 1 FamFG, wonach verlangt wird, dass Anträge „in geeigneten Fällen die Angabe enthalten (sollen), ob der Antragstellung der Versuch einer Mediation oder eines anderen Verfahrens der außergerichtlichen Konfliktbeilegung vorausgegangen ist…". (Analog in Bezug auf Klageerhebung in § 253 Abs. 3 Nr. 1 ZPO). Konfliktpartner und ihre Anwälte werden angehalten zu überlegen, ob solche außergerichtlichen Versuche der Konfliktbeilegung sinnvoll sein könnten und ausgeschöpft wurden. Hier soll eine Rechtsnorm zum Umdenken anregen und hat damit Zugfunktion.

Wenn Eltern selbst zwischen den beiden Formen der Konfliktbehandlung wechseln, geschieht das oft affektiv, z.B. wenn sie einen Berater als parteiisch empfinden oder wenn die Rechtsebene wieder verlassen wird, weil erkannt wurde, welche materiellen und ideellen Kosten durch die Nutzung des Rechts entstehen. Es geschieht aber auch rational und kalkuliert, weil beispielsweise klar ist, dass der Wechsel zur Rechtsebene der einzige Weg ist und jahrelange Bemühungen auf der Verhandlungsebene nur Misserfolg brachten, z.B. keinen Unterhalt, keinen Umgang mit dem Kind oder kein Ende der Gewalt in der Familie. Der eingebrachte Vertrauensvorschuss durch eine kooperative Konfliktstrategie wurde immer wieder durch kompetitive Strategien oder Machtspiele des Streitpartners enttäuscht. Die Phase der Hochkonflikthaftigkeit ist erreicht. Oder als Positivvariante: Die Rechtsebene wird nicht genutzt bzw. wieder verlassen, weil sich Eltern trotz Scheidung ihrer weiter bestehenden Elternverantwortung bewusst werden und, statt um das Kind zu streiten, sich einvernehmlich abstimmen.

Antriebe des Wandels: Was sind eigentlich die Antriebe für den Paradigmenwandel? Sie beginnen bei profanen Kalkülen, z.B. der Hoffnung, dass der Arbeitsanfall und die Überlastung der Familiengerichte gemindert werden könnten, dass gar auf diesem Wege dem Streben nach dem „schlanken Staat" Genüge getan werden könnte. Eine positive Korrelation zum letztlich gültigen Kriterium, der Sicherung des Kindeswohls, ist dabei nicht ohne weiteres ableitbar.

Ein weiterer Antrieb ist sicher auch die mühsam wachsende Erkenntnis, dass sich ein familiärer Streitgegenstand oft nur unzureichend mit juristischer Logik bearbeiten lässt und dass die Reduzierung auf Rechte und Pflichten, auf Anspruch und Klagepunkt die

Sachverhalte unangemessen verkürzt. Im Grunde setzt sich damit auch im Recht wie zuvor schon in der Wirtschaft die Erkenntnis durch, dass neben der Sach- immer auch eine Beziehungsebene existiert und deren Klärung meist erst vernünftige Ergebnisse auf der Sachebene ermöglicht. Schließlich ist ein Antrieb zum Paradigmenwandel auch in gesellschaftlich übergreifenden Tendenzen hin zum Pluralismus und Liberalismus, zur Selbstbestimmung des Einzelnen als Wert zu suchen.

3.3 Mediation als Inflation und richterliche Tätigkeit

Inflationär und oft unscharf, als Zauberwort und Sammelbegriff werden die Begriffe Mediation und mediatives Vorgehen für jedwede interventive Aktivität gebraucht. Auch die Begriffsbestimmungen in § 1 des Mediationsgesetzes haben daran wenig geändert. Hier wird Mediation „als ein vertrauliches und strukturiertes Verfahren, bei dem Parteien mithilfe eines oder mehrerer Mediatoren freiwillig und eigenverantwortlich eine einvernehmliche Beilegung ihres Konflikts anstreben", per Gesetz definiert. Der Mediator ist danach „eine unabhängige und neutrale Person ohne Entscheidungsbefugnis, die die Parteien durch die Mediation führt".

Die Unschärfe der Begriffe betrifft auch die richterliche Tätigkeit und führt zu einer wichtigen Frage. Sollte der Richter als Mediator tätig sein? Die Meinungen darüber gehen weit auseinander. „Schuster, bleib bei deinen Leisten" und „vermeide Kompetenzüberschreitungen oder Allmachtsfantasien" mahnen die einen. Der Richter müsse sein Tätigkeitsprofil entsprechend erweitern, fordern die anderen. Dabei ist die Frage eigentlich recht einfach zu beantworten. Der Richter kann mediativ tätig sein, sofern er eine besondere Qualifikation und Spezialkompetenz dafür erworben hat und sofern er sich berechtigt glaubt, im Rahmen des familiengerichtlichen Verfahrens diese Kompetenz sinnvoll einbringen zu können. Eine solche Berechtigung ist explizit formuliert in § 36 Abs. 5 FamFG: „Das Gericht kann die Beteiligten für den Versuch einer gütlichen Einigung vor einen hierfür bestimmten und nicht entscheidungsbefugten Richter (Güterichter) verweisen. Der Güterichter kann alle Methoden der Konfliktbeilegung einschließlich der Mediation einsetzen." Durch § 41 Nr. 8 ZPO wird ausdrücklich geregelt, dass ein Güterichter „von der Ausübung seines Richteramtes dann ausgeschlossen ist, wenn er an einem Mediationsverfahren oder an einem anderen Verfahren der außergerichtlichen Konfliktbeilegung mitgewirkt hat".

Damit ist die Möglichkeit gesetzlich verankert, die Beteiligten für den Versuch einer gütlichen Einigung an einen Güterichter zu verweisen. Als aussichtsreich gilt ein solcher Güteversuch besonders dann, wenn die Beteiligten für eine einvernehmliche Konfliktlösung offen sind.

Die traditionelle Rechtsanwendung mit ihren Kanons der Normauslegung sowie die Orientierung auf Urteile oder Beschlüsse sind prinzipiell anders angelegt als die Mediation im engeren Sinne. Die Teilnahme an einer Mediation ist freiwillig, was ja für das gerichtliche Verfahren nicht gilt und weshalb auch im Gegensatz zur Beratung (§ 156 Abs. 1 FamFG) das Familiengericht die Teilnahme an einer Mediation nicht anordnen kann. Mediation ist gebunden an bestimmte Durchführungsvoraussetzungen sowie an methodische Vorgaben in Bezug auf Inhalt und Struktur (Krabbe/Thomsen 2017, Montada/Kals 2007).

Soweit der Richter auf Einvernehmen hinwirkt (§ 156 Abs. 1 FamFG) oder Vermittlungsverfahren gemäß § 165 FamFG oder Anhörungen z. B. gemäß § 160 FamFG leitet, ist das nicht eo ipso Mediation. Je nach Kompetenz und Anspruch des Richters bleibt es entweder bei Minimalformen wie etwa dem formalen Gewähren rechtlichen Gehörs oder es werden kommunikative Prozesse in Gang gesetzt und die Konfliktparteien in die Konfliktbehandlung einbezogen, soweit dies im konkreten Fall sinnvoll ist. Das ist nicht möglich, ohne psychosoziales Wissen zu nutzen. Der Richter kann eine sinnvolle Variante darin sehen, Hilfe zur Selbsthilfe zu vermitteln, ohne gleichzeitig selbst zu entscheiden. Er kann unterschiedlich intervenieren, indem er etwa Feedback zum Parteienverhalten gibt, aktiv zuhört, Problembereiche definiert und ordnet oder Handlungsalternativen diskutiert und die Parteien davon überzeugt. Dabei kann es durchaus angemessen und angezeigt sein, Elemente mediativen Vorgehens zu verwenden und die Konfliktbearbeitung damit zu bereichern. Je nach Fallspezifik, Parteienkonstellation und Streitthema können damit die Wirkungsmöglichkeiten richterlicher Tätigkeit erweitert werden. Voraussetzungen sind entsprechende Kompetenz und das Wissen darum, wann überhaupt mediative Elemente sinnvoll und zulässig sind.

Als Fazit bleibt festzuhalten: Die Streitentscheidung bleibt die übergreifende Handlungsmaxime eines Richters, sie wird bereichert durch mediative Elemente. Es kann nicht darum gehen, die Rolle des Familiengerichts als Mittelpunkt des Familiengerichtsverfahrens zu nivellieren, seine Entscheidungsbefugnis zu relativieren oder gar durch andere Aufgaben zu ersetzen. Das Optimieren des Zusammenwirkens mit anderen beteiligten Institutionen und Professionen bedeutet nicht, dass das Familiengericht lediglich ein Baustein in „Netzwerken" ist und sich von vornherein auf bloße Moderation der Interessen der Beteiligten unter Verzicht auf eine gerichtliche Entscheidung beschränkt. Anders ist die Sachlage beim Güterichter, der ja prozessrechtlich nicht zugleich der nach der Geschäftsordnung entscheidungsbefugte Richter sein kann.

Im Unterschied zur Mediation besteht zwischen entscheidungsbefugtem Richter und Streitparteien ein Autoritäts- bzw. Machtgefälle. Zu den Vorteilen zählt, dass Empfehlungen oder gezielte Fragen mehr Gewicht haben und z. B. die Streitparteien eher dazu bewegen können, überhaupt miteinander zu sprechen oder die Interessen des Kindes zu reflektieren. Zu den Nachteilen gehört, dass die Streitparteien immer befürchten müssen, ihre Äußerungen könnten die Entscheidung zu ihren Ungunsten beeinflussen. Der für die Mediation typische „Vertrauensraum" ist nicht in gleicher Art gegeben. Eine Folge kann sein, dass der für Mediation erforderliche Grad an offener Kommunikation und vertraulicher Information dem Dilemma zwischen Kooperation und Kompetition erliegt. Auch könnten Zugeständnisse an den anderen nicht immer aus Einsicht gemacht werden, sondern lediglich, um befürchtete Nachteile zu vermeiden. Auch hier gilt, dass das Machtgefälle nicht beseitigt, sondern reflektiert und kontrolliert werden kann und soll. Auf die veränderte Sachlage beim nicht entscheidungsbefugten Güterichter gemäß § 36 Abs. 5 FamFG wird hier nicht eingegangen.

Vieles gilt analog für den Sachverständigen, wenn er vom Richter gemäß § 163 Abs. 2 FamFG beauftragt wird, „auch auf die Herstellung des Einvernehmens zwischen den Beteiligten" hinzuwirken. Die Verwendung mediativer Elemente kann sinnvoll sein. Eine fachgerechte Mediation ist möglich, wenn Spezialkompetenzen erworben wurden und wenn die Grenzen der Methode beachtet werden. Nicht jede Eskalationsstufe in der Konfliktentwicklung ist geeignet, bei Hochstrittigkeit sind schnell die Grenzen erreicht. Ausschlusskriterien dürfen nicht übersehen werden. Ferner ist zu beachten, dass sich der gerichtliche Kostenrahmen auf die zeitliche Dauer einer solchen Intervention erstreckt. Problematisch bleibt, die Prinzipien der Vertraulichkeit und der Freiwilligkeit zu wahren.

3.4 Mediation, Beratung und Freiwilligkeit

Probleme in Bezug auf die Freiwilligkeit sind oft Folge eines zu pauschalen Verständnisses von Pflicht und auch der Belastung mit Begriffen wie Zwangsmediation oder Pflichtberatung. Im Rahmen der Mediation ist noch nicht selbstverständlich geworden, dass sich Pflicht nur auf eine Pflicht zur Erprobung des Mediationverfahrens beziehen sollte, mit dem Ziel, dass Betroffene beurteilen können, ob dieser Weg für sie gangbar ist, und mit der Hoffnung, dass aus externem Anschub eigener Antrieb wird. Die positiven Erfahrungen mit o.g. Ausrichtung des Pflichtbegriffes in Ländern wie den USA oder Norwegen (Lack-Strecker 2010) berechtigen zu solchen Hoffnungen. Zu diesen Erfahrungen gehört auch, dass Betroffene eine Teilnahme an der Mediation im Nachhinein positiv beurteilen und anderen Scheidungspaaren empfehlen würden, dass Teilnahmehemmnisse wie mangelnde Vorstellungen von der Methode und Gewöhnung an den Gerichtsweg abgebaut werden.

Es kann aber nicht um die Pflicht zur Mediation selbst und schon gar nicht um die Pflicht zur Einigung durch Mediation gehen. Unverzichtbares Element der Freiwilligkeit muss die Entscheidung bleiben, ob Betroffene nach der Erprobung die Mediation fortführen oder den gerichtlichen Streitweg gehen möchten. Auch diese Entscheidung ist als Ausdruck von Selbstbestimmung zu akzeptieren (Lack-Strecker 2010). Wenn beide Elternteile Mediation ablehnen, ist das auch eine Einigung.

Schließlich ist das Zeitproblem zu beachten. Professionelle Mediation ist an zeitliche Ressourcen gebunden, die im Rahmen des Familiengerichtsverfahrens nicht zur Verfügung stehen, es sei denn, das Verfahren wird ausgesetzt.

3.4.1 Pflichtberatung ohne Scheinakzeptanz

Es kann auch nicht darum gehen, dass in jedem Falle und unter allen Umständen das Mitwirken der Beteiligten an einer einverständlichen Lösung, z.B. durch Beratung, durchzusetzen ist, auch indem z.B. eine Entscheidung verweigert und damit der Rechtsgewährungsanspruch ignoriert wird. Es gibt gute Erfahrungen mit der Pflichtberatung (Bröning 2011, Vergho 2001, Banholzer u.a. 2012) und die Akzeptanz von Zwang in der Beratung hat deutlich zugenommen (Fichtner 2015). Graubereiche zwischen Einsicht, widerstrebender Einwilligung, Beugung und Scheinakzeptanz sind hinzunehmen. Es wird auch hier auf die Chance gebaut, dass bei kompetenter Beratung die Fremdmotivation zu Eigenmotivation wird und neue Denkhorizonte eröffnet werden, damit die Bereitschaft im Dialog gefördert wird. Schon diese Chance berechtigt zu einem obligatorischen Probestadium, nicht aber dazu, Beratung auch gegen den entschlossenen Widerstand der Beteiligten fortzusetzen. Auch verordnete Beratung kann nicht automatisch das Dilemma von Kooperation und Kompetition beseitigen. Ein Misslingen muss als Variante anerkannt werden. Es kann gute Gründe haben. Aber auch der Berater muss je nach Beratungsfähigkeit der Eltern entscheiden können, ob er die Beratung fortsetzen will. Der Verzicht von Eltern auf autonome Konfliktlösung oder Hinwirken auf Einvernehmen kann auch Ausdruck von Verantwortungsbewusstsein sein und die eigenen Kompetenzen real abbilden. Wollen beide Elternteile verzichten, ist dies ebenfalls eine Form von Einigung.

Je größer das Zwangselement, je geringer die Zustimmung zur Beratung und die Bereitschaft zur Mitverantwortung, desto höher ist die Wahrscheinlichkeit, dass Lösungen instabil sind, dass Konflikte verlängert werden, dass Scheinakzeptanz oder Scheineinvernehmen eine Rolle spielt, z.B. weil ein Elternteil „seine Ruhe" haben will. Es werden keinesfalls günstigere Lebensbedingungen für das Kind garantiert. Im Gegenteil kann es zu sekundären Kindeswohlbeeinträchtigungen oder gar -gefährdungen kommen. Insofern sind positive Erfahrungen mit Pflichtberatung nicht generalisierbar. Ein rechtlich regulierter Algorithmus zum flexiblen Umschalten auf andere Handlungsstrategien bleibt unentbehrlich. Eine Entscheidung ohne den Versuch intervenierender Hilfen kann genauso kontraindiziert sein wie eine deeskalierende Intervention als Selbstzweck. Es geht wiederum um die Abwägung von Risiken.

Keine Einigungspflicht: Einigungspflicht kann deshalb kein Ausgangspunkt sein. Weder Pflicht zur Erprobung des Mediationverfahrens noch Beratungspflicht bedeuten Einigungspflicht. Wenn mit einem gewissen Druck des Verfahrens Anfangswiderstände gegen das Mitwirken an einer einverständlichen Lösung gemindert oder überwunden werden sollen, so darf das bei Misserfolg keinesfalls dazu führen, dass die gerichtliche Entscheidung verweigert wird. Das ist sowohl rechtlich (Rechtsgewährungsanspruch) als auch unter psychologischem Aspekt unangemessen. Je stärker der von außen gesetzte Einigungsdruck ist, desto höher ist die Wahrscheinlichkeit, dass sich nicht alle Beteiligten hinreichend repräsentiert sehen und dass bedeutsame Interessen der Beteiligten nicht angemessen berücksichtigt werden. Damit sinkt die Nachhaltigkeit einer Regelung. Schließlich sind auch die Grenzen der effektiven Integration außergerichtlicher Konfliktbehandlung vor allem bei Hochkonflikthaftigkeit *(Abschnitt 3.6.2)* zu beachten.

Deshalb sind in der Gesetzgebung der Forderung nach einvernehmlicher Regelung im Einzelfall Grenzen gesetzt und Freiräume gestaltet für den Fall, dass eine gerichtliche Entscheidung im Interesse des Kindes notwendig ist. In diesem Sinne wird in § 156 Abs.1 S. 1 FamFG formuliert, dass das Gericht in Kindschaftssachen, die die elterliche Sorge bei Trennung und Scheidung, den Aufenthalt des Kindes, das Umgangsrecht oder die Herausgabe des Kindes betreffen, zwar in jeder Lage des Verfahrens auf ein Einvernehmen der Beteiligten hinwirken soll, aber nur dann „wenn dies dem Kindeswohl nicht widerspricht".

3.5 Kooperation und Kompetition – Vorteile und Nachteile

Ein Faktor im familienrechtlichen Konfliktmanagement ist das Zueinander bzw. Durcheinander kompetitiver und kooperativer Handlungsimpulse. In Tabelle 3.1 sind in Anlehnung an Breidenbach (1995) wesentliche Vor- und Nachteile der rechtsnormfixierten und -gelösten Konfliktbearbeitung aufgeführt.

Den Konflikt hauptsächlich als Rechtsproblem zu sehen, bedeutet, Rechtsanwendung zu favorisieren. Der Konflikt wird seziert, es bleiben in Rechte und Pflichten bzw. in Ansprüche zerlegte, entscheidbare Sachverhalte. Nicht dazugehörige Bestandteile der meist komplexen Konfliktlage werden ausgesondert oder nachrangig. Sie können dann die Entscheidungsfindung auch nicht mehr behindern. Das Recht eines Elternteils auf Umgang mit dem Kind kann nicht durch Erwägungen zur Schuld an der Elterntrennung in Frage gestellt werden. Dieser Effekt wird oft hervorgehoben als juristische Kompetenz, die Komplexität des Konflikts erfolgreich reduzieren zu können. Tatsächlich ermöglicht die Konzentration auf die methodischen Werkzeuge und die Logik des Rechts die Konfliktbearbeitung innerhalb eines Faches. Sie kann die notwendige Teilstrategie eines komplexen Konfliktmanagements darstellen. Sie kann aber auch der einzig effektive Weg sein, wenn andere erfolglos sind, z.B. infolge zu großer Machtungleichheit der Streitparteien oder ausgeprägt querulatorischer Tendenzen oder der fehlenden Mediationseignung einer Streitpartei.

Die rechtsnormgelöste Konfliktsicht schließt dagegen die sozialen und psychischen Bestandteile und Determinanten des Konflikts ein. Der Zugang zu den tiefer liegenden Ursachen des Konfliktverhaltens wird erleichtert. Es interessiert, ob eine Trennungsabsicht Teil eines Identitätskonflikts ist oder Folgezustand eines „Clankonflikts", ob der Kampf um das Sorgerecht ein Rivalitätskonflikt oder ein Prestigekonflikt ist oder sich auf materielle Verteilungskonflikte („wer müsste wem Unterhalt zahlen") reduziert.

Auf der psychologischen Ebene geht es um eine Spezialvariante der Unterscheidung zwischen Beziehungs- und Sachebene. Die Beziehungsebene betrifft das soziale Zueinander oder Gegeneinander im Sinne von Abhängigkeiten, Erwartungen, Über- oder Unterlegenheiten, Machtkonstellationen, Rivalitäten oder bisherige Erfahrungen miteinander. Es geht ferner um emotionale Kennzeichen wie eben Liebe oder Hass, Sympathie oder Antipathie, Misstrauen, Hemmungen, Vergeltungswünsche oder Kränkungen. Auf der Sachebene stehen Fakten, Sachverhalte und sachlogischer bzw. rechtslogischer Umgang damit im Vordergrund. Das kann aber keine strikte Trennung sein. Zwar ist die gerichtliche Regulierung z.B. eines Sorgerechtsstreits insofern eine Versachlichung, dass Kriterien wie Bindungen und Wille des Kindes oder Förderkompetenzen der Eltern ein objektiver Sachbezug unterstellt wird. Doch sie kann sich nur begrenzt den Beziehungsaffekten der Parteien und ihrer anwaltlichen Forcierung widmen. Und in der außergerichtlichen Konfliktbehandlung werden oft auch Sachkriterien, wie z.B. finanzielle Rahmenbedingungen, oder auch Rechtsnormative, wie z.B. Unterhaltstabellen, zum Gegenstand. Der Bezug zur Beziehungs- und Sachebene kann also allenfalls Akzentuierungen markieren, die aber unter psychologischen Aspekten bedeutsam sind.

Tab. 3.1: Merkmale rechtsnormfixierter und -gelöster Konfliktbearbeitung

Rechtsnormfixierte Konfliktbearbeitung	Rechtsnormgelöste Konfliktverarbeitung
Entscheidungsorientiert	Be- und Verhandlungsorientiert
Übersetzung in entscheidbare Sachverhalte	Berücksichtigung sozialer Beziehungen und individueller Motivation (Bedürfnisse, Ängste)
Liquidierung von Ungleichheiten in der Verhandlungsmacht	Abhängigkeit von gleicher Machtverteilung
Interessen treten als Rechtsansprüche auf	Interessen sind Ausdruck individ. Strategien und sozialer Beziehungserfahrungen
Fördert eher Kompetition und Polarisierung	Fördert eher Kooperation
Positionsdenken dominiert	Interessenorientierung
Nullsummenspiele wahrscheinlicher	Win-win-Situationen wahrscheinlicher

3.5.1 Kompetitive Anspruchspositionen

Gegeneinander stehende Rechtspositionen bzw. Rechtsansprüche, also *kompetitive Anspruchspositionen*, werden bevorzugt,

- wenn sich Interessen als unvereinbar erweisen und eine Einigung ohne Recht unwahrscheinlich ist und deshalb auch auf deren Vorteile verzichtet wird („der wird nie nachgeben"),
- wenn Vorteile aus kooperativem Verhalten nicht erkannt und nicht für möglich oder für ungenügend gehalten werden („was bringt mir ihr Versprechen, das Kind zum Umgangstermin zu bringen"),
- wenn die eigene Position, berechtigt oder unberechtigt, für so durchsetzbar gehalten wird, dass Kooperation überflüssig ist („ich kriege mein Elternrecht auch ohne Diskussion"),
- wenn Übervorteilung oder Täuschung durch den Konfliktpartner befürchtet oder erlebt wird, indem z. B. angenommen wird, dass er Versprechen nicht einhält („er wird weiter das Kind gegen mich beeinflussen und allen was vorspielen") oder Zugeständnisse entgegennimmt, aber die „Gegenleistung" verweigert („ich werde weiter seine Koch- und Putzfrau sein und wenn ihm was nicht passt, schlägt er wieder zu").
- wenn Machtvorteile des Konfliktpartners gesehen werden, z. B. Überlegenheit in Wissen oder Rhetorik, Auswirkungen eines höheren Sozialstatus, Möglichkeiten der Nötigung, z. B. indem Verwandte oder Bekannte falsch informiert und beeinflusst werden.

Eine kooperative und kreative Suche nach Lösungen fällt Menschen leichter, wenn emotionale Kränkungen zuvor aufgelöst wurden.

3.5.2 Interessenausgleich und Kooperation

Für den *Verzicht auf Rechtspositionen* gibt es – abgesehen von Trivialmotiven wie Kostenmeidung – zwei Varianten. Die erste Variante ist die Gewissheit, auch ohne Recht eigene Interessen durchsetzen zu können, nämlich durch Macht, auch gegen die Interessen des Schwächeren, z.B. durch Drohungen, durch Mitnehmen der Kinder aus der bisher gemeinsamen Wohnung, durch einseitige finanzielle Veränderungen. Dazu gehört allerdings immer der Machtunterlegene. Er kann sich „sein Recht" holen, indem er die Rechtsordnung als Machtquelle beansprucht. Der Vorteil des Rechts als Machtausgleich wird wirksam. Die zweite Variante des Verzichts auf bloße Rechtspositionen ist das Bestreben, über Interessenausgleich und Kooperation Konflikte beizulegen. Als Gründe dafür können wirken:

- dass mögliche Vorteile dieses Weges bekannt sind und angestrebt werden, wie z.B. geringere Kosten materiell wie ideell, geringere Gefahr nachfolgender Beziehungsbelastung (Ury u.a. 1996),
- der Wunsch, den Konfliktpartner durch Vorleistung zum Kooperieren zu bewegen („wenn ich bereit bin, den Antrag auf alleiniges Sorgerecht zurückzuziehen, wird er auch dem gemeinsamen Sorgerecht zustimmen"),
- Wissen um die Notwendigkeit, kooperatives Verhalten des Konfliktpartners nur über eigene Kooperationsvorleistung auslösen zu können,
- Beurteilung der eigenen Position als zu schwach und über kompetitive Strategien nicht durchsetzbar, deshalb eher notgedrungenes Ausweichen in Kooperation („wenn ich betreutem Umgang zustimme, werde ich das Kind wenigstens sehen, trotz der massiven Beschuldigungen").

Das Anstreben kooperativer Lösungen wird oft dadurch erschwert, dass emotionale Verletzungen sowie Misstrauen nicht hinreichend aufgelöst sind. Auch deshalb ist es wichtig, das Ganze als Prozess mit Entwicklungsstufen zu verstehen. Insofern ist die Empfehlung des Wissenschaftlichen Beirats beim BMFSFJ interessant, ein gestuftes Beratungsangebot für Eltern in der Klärungsphase vor einer Trennung und für getrennte Eltern mit unterschiedlichem Konfliktniveau bundesweit zu etablieren und dabei unterschiedliche Formate der Elternbildung und Mediation zu integrieren (Prayon-Blum/Fegert 2022).

3.5.3 Autonomie als Vorteil und Bürde

Diese Typik der Konstellationen zeigt: Jeder der Konfliktbeteiligten ist normalerweise sowohl von kompetitiven wie auch von kooperativen Impulsen bewegt. Welche Impulse dominieren, hängt von Merkmalen der Situation, von der Art des Konflikts und der Stufe seiner Eskalation, aber auch von der Beziehungsspezifik ab, u.a. vom sog. *Vertrauensdilemma (Abschnitt 3.6)*.

Je mehr rechtsnormgelöster Interessenausgleich, desto abhängiger wird der Erfolg von der Machtverteilung zwischen den Parteien. Die Kraft des Rechts, Machtungleichheit zu beseitigen, haben Beratung und Mediation kaum. Der Elternteil, der das Sorgerecht als Machtvorsprung bei der Umgangsvereitelung bislang erfolgreich nutzte, lässt sich diesen nicht so leicht nehmen. Andererseits steigen die Chancen autonomer Konfliktlösung. Aber Selbstbestimmung kann anstrengend sein, weil sie verlangt, Handlungsfreiräume auszufüllen und sich mit den Interessen anderer auseinanderzusetzen. Gerade im Familienrecht stehen oft hohe Affektbeteiligung und irrationales Streitverhalten einer souveränen, autonomen Konfliktlösung im Wege. Das vom Konfliktmanager postulierte Menschenbild scheitert dann ebenso kläglich wie der Anspruch der Streitparteien, ihre Konflikte selbständig lösen zu wollen. Die „Macht" der Sorgerechtsinhaberschaft kann statt zum Kommunizieren zum Verweigern jeder Kooperation und Beratung führen und die Machtinstanz „Familiengericht" kann sich dazu veranlasst sehen, den Verweigerer zu entmachten. Der Gesetzgeber antizipiert diese Konstellationen teilweise, indem er bei Scheitern eigenständiger Konfliktlösung den Rückgriff auf ordnungsrechtliches Instrumentarium und die Wächterfunktion des Staates zur Gefahrenabwehr absichert. Funktioniert z. B. das Vermittlungsverfahren bei Vereitelung oder Erschwerung des Umgangs nach § 165 FamFG nicht, kann das Gericht gemäß § 165 Abs. 5 Ordnungsmittel verhängen und Regelungen zu Umgang oder elterlicher Sorge beschließen.

Wir sind im Bereich der Hochkonflikthaftigkeit bzw. Hochstrittigkeit angelangt.

3.6 Konfliktentwicklung bei Trennung und Scheidung

3.6.1 Konflikteskalation und Hochkonflikt

Erklärungen zur Konfliktentwicklung reichen von der Annahme einfacher Aufwärts- oder Abwärtsbewegungen über Modelle von Zirkelprozessen bis hin zu Spiralen nach oben oder unten (Glasl 2020, Haller/Milde 2003). Übergreifend ist das Bedürfnis, die Konfliktentwicklung zu strukturieren und zu fraktionieren. Plausibel ist das, weil voneinander unterscheidbaren Eskalationsstufen unterschiedliche Interventionen sinnvoller zugeordnet werden könnten, weil die viel diskutierte Hochkonflikthaftigkeit besser abgegrenzt werden könnte und auch Abbruchkriterien beim Hinwirken auf Einvernehmen besser zu definieren wären.

Ein gemeinsames Problem der meisten Modelle ist, dass über weite Strecken der Konfliktentwicklung kontinuierlich ablaufende Prozesse willkürlich in Stufen eingeordnet und separiert werden. Zwar gelingt es, die wachsende Ausprägung einzelner Merkmale mit zunehmender Konfliktintensität nachzuweisen, die Einpassung in Stufen ist jedoch stets verbunden mit beträchtlichen Überlappungen.

Dies gilt insbesondere für mentale Prozesse. Beispielsweise eine ablehnende Einstellung zum Konfliktpartner, dessen pauschal negative Wahrnehmung hin zum Feindbild, Frustration, Selbstglorifizierung, Polarisierung im Denken und Fühlen, Verbitterung und Verhärtung auf immer niedrigerem Regressionsniveau, all das sind ständige Begleiter, insbesondere bei Konflikten, die vor dem Familiengericht ausgetragen werden. Hinlänglich gesichert ist, dass sich mit zunehmender Konflikthaftigkeit in den Bereichen Kooperation und Anpassung soziale Kompetenzen häufig reduzieren. Die Fertigkeiten, Spielräume in der Konsensfindung wahrzunehmen, verringern sich.

Bekannt ist auch, dass mit der Konfliktintensität die Vulnerabilität in der Stresssituation wächst, dass Kränkung, mangelnde Impulskontrolle und wenig differenzierte psychische Bewältigungsmechanismen eine größere Rolle spielen und schließlich in krisenbedingte Regression und in monothematische Versteifung auf „Gerechtigkeit" als Lebensziel münden können (*Abschnitt 3.9* zur Querulanz).

Hinlänglich gesichert ist eine Reihe Begleiterscheinungen zunehmender Konflikthaftigkeit:

- Soziale Kompetenzen zum Kooperieren vermindern sich,
- die Fertigkeiten, Spielräume in der Konsensfindung wahrzunehmen, verringern sich,
- die Vulnerabilität in der Stresssituation wächst,
- Kränkung, mangelnde Impulskontrolle und weniger differenzierte psychische Bewältigungsmechanismen spielen eine größere Rolle,
- und können in krisenbedingte Regression und in monothematische Versteifung auf „Gerechtigkeit" als Lebensziel münden *(Abschnitt 3.9)*,
- die Wahrnehmung der Kinder als Träger eigener Bedürfnisse kann schwinden infolge der Konzentration auf eigene Probleme und Bedürfnisse,
- Empathieverlust ermöglicht Verhaltensweisen, mit denen die Kinder instrumentalisiert, funktionalisiert, verstrickt und überfordert werden.

Einfluss auf die Konfliktentwicklung können Persönlichkeitsstörungen oder psychopathologische Auffälligkeiten bei einem der beteiligten Konfliktpartner nehmen. Sie haben bei der Partnerfindung keine Rolle gespielt, oft werden sie dann aber in der Trennungskrise „entlarvt".

Es geht um kognitive und affektive Prozesse, die auf jeder Etappe der Konfliktentwicklung ihre Rolle spielen, lediglich mit unterschiedlicher Auftretenswahrscheinlichkeit und -intensität. Gemeinsam ist ihnen nur, dass sie die Beurteilung der Konflikte durch die Betroffenen verzerren, sodass diese Selbstbeurteilung als Stufenkriterium ungeeignet ist.

Auch das Konfliktniveau vor der Trennung ist für die Einschätzung des späteren Konfliktniveaus prognostisch wenig aussagekräftig. Aussagen zur Funktionalität oder Dysfunktionalität in den Beziehungen der Konfliktpartner in der Phase der Reorganisation führen nicht weiter. Totale Resignation und stabiler Rückzug eines Konfliktpartners sind ebenso ein Ausdruck von Dysfunktionalität und mit hoher Wahrscheinlichkeit nicht kindeswohldienlich.

Der Ausweg besteht darin, allein das reale Konfliktverhalten als Maßstab für die Beurteilung von Eskalationsstufen heranzuziehen. Hierdurch wird die Definition der Konfliktintensität durch die Beschränkung auf beobachtbares Verhalten operationalisiert. Ein solches Modell wurde mittels Analyse von Gerichtsgutachten extrahiert *(Abb. 3.2)*. *Übergreifend werden drei Eskalationsstufen der Konfliktentwicklung unterschieden:*

- Wortkonflikte,
- basales Konflikthandeln,
- Hochkonflikthaftigkeit.

Die Stufen bauen aufeinander auf. Wortkonflikte können selbstverständlich Bestandteil der höheren Konfliktstufe, d.h. des basalen Konflikthandelns, sein. Es geht um dominante Merkmale des Agierens, nicht um das ausschließliche Auftreten einzelner Merkmale.

Auf der Ebene Wortkonflikte werden unterschieden:

Meinungsverschiedenheiten: Abwehr angenommener Benachteiligung, Beeinträchtigung, gegenseitiges Ansprechen von Ungerechtigkeit, verhärtete Standpunkte in Bezug auf Partnerverhalten, Zeitaufwand für das Kind, Erziehungsstile oder Finanzen. Oft sind Missverständnisse der Fall. Verärgerung und Verkrampfung konkurrieren mit dem Bemühen um kognitive Steuerung und Konsens.

Feindselige Polemik: Streitverhalten mit Anzeichen für Wahrnehmungsverzerrungen, selektive Wahrnehmung und selektives Gedächtnis, Fehlattributionen und -interpretationen (in Bezug auf Handlungen und Absichten des anderen sowie auf Überlegenheit und Abhängigkeit); ansatzweise Realitätsverweigerung; Simplifizierung von Problemen; zunehmend generalisierte Negativbeurteilung des Konfliktpartners; gelegentlich aggressive Argumente auch auf Beziehungsebene; Misstrauen, fixierte Denkstrukturen, reduziertes Selbstwirksamkeitserleben.

Drohungen ohne Ultimatum: Gegenseitiges unbestimmtes Drohverhalten. Androhung von Sanktionen oder Nachteilen wie Kommunikationsabbruch oder Umgangsverweigerung.

Auf der Ebene des basalen Konflikthandelns werden unterschieden:

Setzen von Einschränkungen ohne Schikanetendenz: Verkürzung der Übergabesituationen; kein Zutritt zur Wohnung des betreuenden Elternteils für den umgangsberechtigten Elternteil; unvollständige Informationen; selektives Eingehen auf Anliegen oder Anfragen.

Informelle Negativdarstellung von Verhaltensweisen des Konfliktpartners bei Dritten (Kita, Schule usw.).

Behördlich-formelle Externalisierung: Kontaktaufnahme zu professionellen Dritten mittels Antrag, Klage, Beschwerde, Anzeige usw.; Beauftragung eines Rechtsanwalts.

Auf die Ebene Hochkonflikthaftigkeit wird im nächsten Abschnitt eingegangen. Die grobe Unterscheidung der Eskalationsstufen ist eine geeignete Basis sowohl für die qualitative Diagnostik als auch für die Anwendung von Testverfahren.

3.6.2 Hochkonflikthaftigkeit als Verhalten

Obgleich Hochkonflikthaftigkeit im Trennungs- und Scheidungsfamilien nur eine Extremphase der Konfliktentwicklung darstellt, ist sie zum Thema vielfältiger Bemühungen geworden. Das vielfältige Bemühen um eine Definition des Phänomens und um Konzepte zum Hochkonfliktabbau scheint auf den ersten Blick im Widerspruch zum Anteil von ca. 5% der Hochverstrittenen an der Gesamtzahl der Trennungs- und Scheidungspaare zu stehen. Der Aufwand ist dennoch aus mehreren Gründen zu rechtfertigen:

- Diese Gruppe erschwert das in den §§ 156, 163 Abs. 2 FamFG gesetzlich fixierte durchgängige Hinwirken auf Einvernehmen beträchtlich.
- Sie verursacht erheblichen Aufwand und bindet unverhältnismäßig viele Helfer ein.
- Das Verständnis von Hochkonflikthaftigkeit ist bedeutsam für die Entwicklung und sinnvolle Zuordnung von Interventionen und Abbruchkriterien.

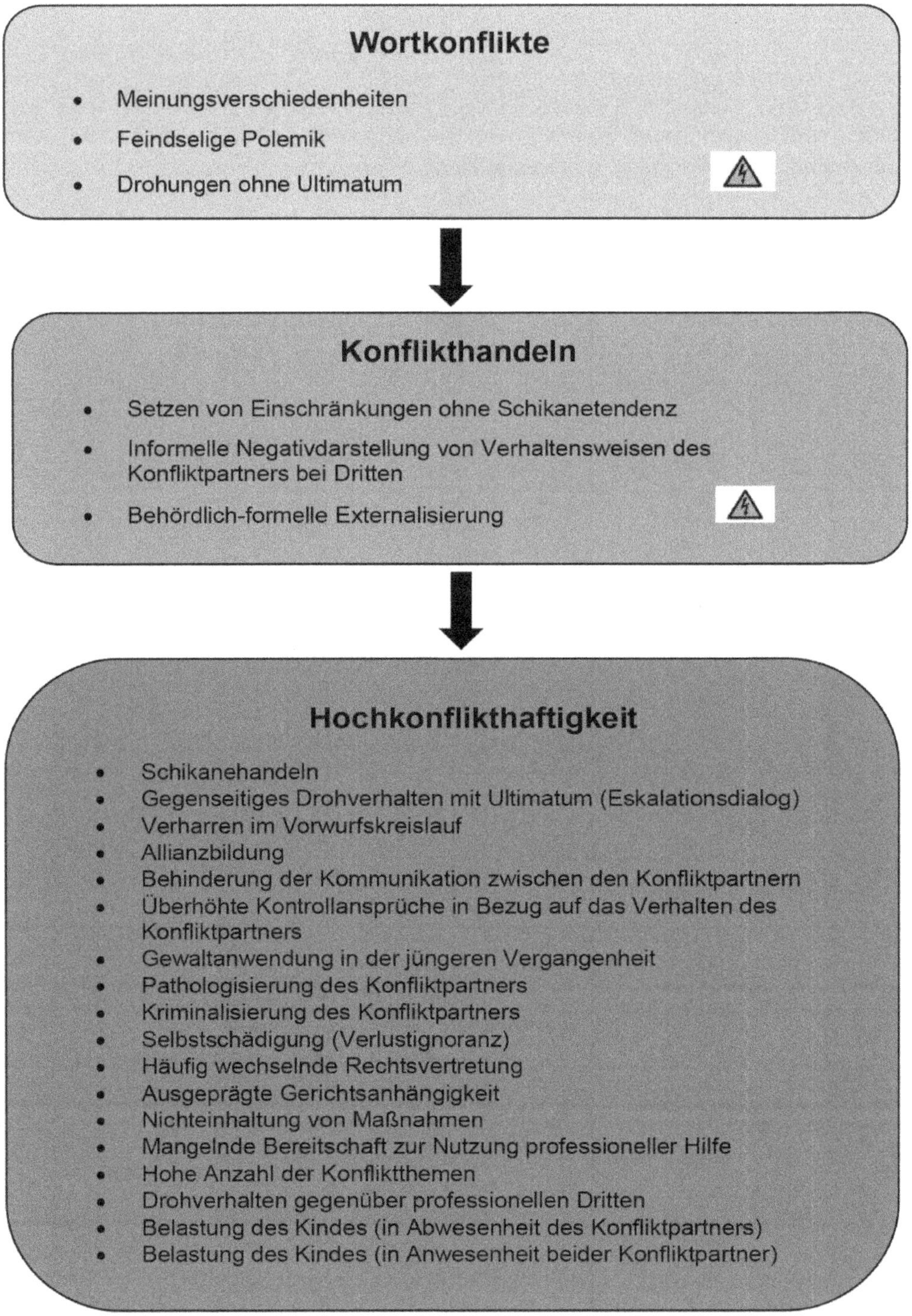

Abb. 3.2: Stufen der Konflikteskalation

- Es ist damit auch geeignet, die Verschwendung von Ressourcen zu mindern, weil mit zunehmender Konfliktintensität die Chancen zum Konfliktabbau schwinden.
- Die Kinder in solchem Kontext sind außergewöhnlichen Belastungen ausgesetzt und zeigen deutlich ausgeprägtere Folgeschäden. Die Grenze zur Kindeswohlgefährdung kann erreicht bzw. überschritten werden.
- Oft geht es um materielle bzw. finanzielle Regelungen, durch die die Kinder indirekt betroffen sein können.

Studien extrahieren ganz spezifische Merkmale oder Bedingungen, die eine Entwicklung zum Hochkonflikt begünstigen. Dazu gehören z.B. diskrepante Konfliktstile, destruktive Streitmuster, mangelnde Abgrenzung und geringere Verbundenheit zwischen den Elternteilen, unterschiedliche Bindung der beiden Partner aneinander, Divergenzen in der Erziehung beider Elternteile oder eher triviale Merkmale wie geringe Verträglichkeit und Kooperation (Alberstötter 2004, Fichtner 2012). Zu der Annahme, dass Persönlichkeitsbesonderheiten oder Persönlichkeitsstörungen der Eltern im Kern Hochkonflikthaftigkeit verursachen, liegen auch international sehr widersprüchliche und deshalb nicht verwertbare Ergebnisse vor (Fichtner 2012, Spindler2009, Walper u.a. 2011). *In einer Studie des DJI (Fichtner u.a. 2010) fanden sich immerhin folgende Unterschiede:* Hochkonflikthafte Eltern zeigten geringere „Verträglichkeit“ (inkl. Kooperation, Nachgiebigkeit, Vertrauen), weniger Offenheit, d.h. weniger Interesse an neuen Erfahrungen, stattdessen dominierten verfestigte Ansichten. Mit dem Konfliktniveau verminderte sich das Selbstwirksamkeitserleben.

Soziodemographische Unterschiede wurden bisher nur selten gefunden: So verfügen Hochstrittige z.B. über geringere ökonomische Ressourcen, waren vor der Trennung kürzer zusammen und auch seltener verheiratet. Insgesamt liegen instabilere Kontextfaktoren vor (Bröning 2011).

Gemeinsamer Hintergrund für die unbefriedigende Trennschärfe ist hier – wie bei der Unterscheidung von Eskalationsstufen überhaupt, dass die einzelnen Merkmale wie geringe Kooperativität oder destruktive Steitmuster in jeder Phase der Konfliktentwicklung bestimmend werden können, und zwar mit unterschiedlicher Auftretenswahrscheinlichkeit, aber kaum abgestuft.

Ein Ausweg besteht in der Orientierung auf reales, beobachtbares Konfliktverhalten. Hochkonflikthaftigkeit/Hochstrittigkeit wird deshalb hier definiert als Komplex von schwer korrigierbaren Verhaltensweisen Konfliktbeteiligter, der eine sinnvolle Lösung von Umgangs- oder Sorgerechtskonflikten sowie materiellen oder finanziellen Konflikten dauerhaft behindert.

Diagnostik von Hochkonflikthaftigkeit heißt deshalb, die Häufigkeit von Verhaltensweisen zu bestimmen, die für Hochkonfliktverhalten typisch sind. Diese Häufigkeit erlaubt, Eskalationsstufen zu unterscheiden.

3.6.3 Eskalationskriterien bei Hochkonflikthaftigkeit

Für die Hochkonflikthaftigkeit werden hier die folgenden 18 Kriterien unterschieden:

1. Schikanehandeln

- Ausnutzen von Missverständnissen und Irrtümern für Strafaktionen, Sperren und Ausgrenzung. Grenzsperre beantragen aus irrelevanten Gründen.
- Den Konfliktpartner vor vollendete Tatsachen wie Umgangsabbruch stellen.
- Verweigern von Informationspflichten gegenüber dem anderen Elternteil.
- Öffentlicher unkorrigierbarer Schluss von unsicheren Fakten auf reales Verschulden des Konfliktpartners. Beispiel: Einnässen bei Umgang wird als Folge von mangelnder Fürsorge oder sexuellen Missbrauchs definiert.
- Öffentliche Behauptung von Fehlverhaltensweisen des Konfliktpartners wider besseren Wissens. Beispiel: Absichtlich verspätetes Zurückbringen des Kindes nach Umgangsterminen wird behauptet.
- Einbehalten/bewusstes Vorenthalten von Unterlagen; Nichtaushändigen des Reisepasses des Kindes.
- Nichtanerkennen und Umdeuten von Beweisen für Wohlverhalten des Konfliktpartners.
- Gezieltes Provozieren durch grob ungerechtes Verhalten.
- Zeitverzögerung bei Bedarf (Versäumen von Terminen, Verzögerung von Entscheidungen, Verweigerung von Antwort und Reaktion).
- Degradierungszeremonien, Demütigungen.
- Nachteilige Informationen an die Arbeitsstelle des Konfliktpartners oder das Arbeitsamt, Versicherungen usw. geben.
- Lügen eines Konfliktpartners mit erheblichem Bezug zum Konfliktgegenstand werden zweifelsfrei festgestellt.

2. Gegenseitiges Drohverhalten mit Ultimatum (Eskalationsdialog)

Ankündigen von Strafaktionen oder Nachteilen bei Nichterfüllung von Bedingungen oder Zeitvorgaben. Dieses Verhalten ist damit verbunden, sich unter Zugzwang zu setzen, den Druck auf sich selbst und den Konfliktpartner zu erhöhen. Alternative Handlungsmöglichkeiten werden reduziert. Der Kontrollverlust über die Kosten der Konfliktaustragung wird hingenommen.

Beispiele: Verzichtet der Konfliktpartner nicht auf einen zusätzlichen Umgangstag in der Woche, werden keine Festtagstermine gewährt. Wenn kein Verzicht auf Übernachtung beim Umgang vorliegt, dann findet eine Bloßlegung eines Suizidversuchs in der Vergangenheit statt. Wenn keine Zustimmung zur ausgewählten Schule erfolgt, dann wird der Antrag auf alleiniges Sorgerecht gestellt.

3. Verharren im Vorwurfskreislauf

Gespräche mit dem Konfliktpartner über Sachfragen münden regelmäßig in gegenseitigen Vorwürfen. Ermahnungen des professionellen Dritten werden akzeptiert, können aber nicht eingehalten werden. Stereotypie der Vorwürfe.

4. Allianzbildung

Einbeziehen der Familie und von Freunden, Beeinflussung gegen den Konfliktpartner, direkter oder indirekter Druck zum Koalieren.

5. Behinderung der Kommunikation zwischen den Konfliktpartnern
Nichtbeantworten von E-Mails, SMS oder Briefen; Vermeiden von Telefonkontakten; Geheimhalten von Telefonnummern; Verweigern von Gesprächen.

6. Überhöhte Kontrollansprüche in Bezug auf das Verhalten des Konfliktpartners
Forderung nach lückenloser Rechenschaft über den Verlauf von Umgangsterminen oder nach langfristiger Vorankündigung von Unternehmungen. Forderung eines Nachweises von Skiunterricht in vorgeschriebenem Umfang bei Winterurlaub des umgangsberechtigten Elternteils mit dem Kind. Ständige Kontrollanrufe während des Umgangs.

7. Gewaltanwendung in der jüngeren Vergangenheit
Körperliche Gewalt zwischen den Konfliktpartnern hat in den letzten sechs Monaten stattgefunden. Zu beachten ist hier allerdings, dass Hochstrittigkeit und Partnerschaftsgewalt unterschiedliche Phänomene sind. Sie können aber ineinander übergehen, wenn Gewalt zur Austragungsformen des familienrechtlichen Konflikts wird, z.B. zwischen Versöhnungsphasen.

8. Psychopathologisierung des Konfliktpartners
Spekulative bzw. instrumentelle Behauptungen über psychische Devianzen; unangemessene Bezugsetzungen zwischen bestätigten Diagnosen und dem familienrechtlichen Konflikt.

9. Kriminalisierung des Konfliktpartners
Unbegründete Behauptungen über kriminelles Verhalten; unangemessene Bezugsetzungen zwischen bestätigten Straftaten und dem familienrechtlichen Konflikt.

10. Selbstschädigung (Verlustignoranz)
Inkaufnehmen von Schäden/Nachteilen, die größer sind als der angestrebte Nutzen, zunehmend mit der Höhe der Verluste. Fortsetzen kostenintensiver Strategien trotz fehlender Erfolge.

Beispiel: Ein Elternteil gibt dem anderen, der ausgezogen ist, seine Möbel nicht heraus, so dass sich dieser keine eigene Wohnung einrichten kann und deshalb zur eigenen Mutter an einen Ort in 500 km Entfernung zieht. Beispiel: Verzicht auf Umgang, wenn die eigenen Umgangsforderungen nicht erfüllt werden.

11. Häufig wechselnde Rechtsvertretung
Die Rechtsvertretung wird mehr als einmal gewechselt.

12. Ausgeprägte Gerichtsanhängigkeit
Mehr als zwei offene und abgeschlossene familiengerichtliche Verfahren.

13. Nichteinhaltung von Maßnahmen
Ignorieren gerichtlicher Anordnungen, Nichteinhalten von Vereinbarungen, Unterlaufen von Interventionen.

14. Mangelnde Bereitschaft zur Nutzung professioneller Hilfe
Ablehnung von Hilfe und Unterstützung, Misslungene Vermittlungsversuche in der Vergangenheit, Scheinakzeptanz, Scheinanpassung, Ablehnung von Kompromissvorschlägen.

15. Hohe Anzahl der Konfliktthemen
Verschränkung von Sorgerechts-/Umgangsproblematik mit materiellen Konflikten (Unterhalt, Finanzen bzw. Schulden, Eigentumsregulierungen) und mit Partnerverhalten nach Trennung.

16. Drohverhalten gegenüber professionellen Dritten
Drohungen gegenüber Jugendamt, Gericht, Gutachtern, Verfahrensbeistand usw., z.B. in Bezug auf Herstellen von Öffentlichkeit wie Einschaltung von Massenmedien; Versuche massiver Einflussnahme auf das professionelle Umfeld; Ungerechtfertigte Dienstaufsichtsbeschwerden oder Befangenheitsanträge; Querulanzverhalten.

17. Belastung des Kindes bei Abwesenheit des Konfliktpartners
Verbale und nonverbale Beeinflussung des Kindes; gezieltes Herabsetzen des Konfliktpartners beim Kind; Schüren von Angst vor dem Konfliktpartner; offene Koalitionsbildung mit dem Kind; Behindern des Kontakts zwischen Kind und dem Konfliktpartner; Ausfallenlassen von Umgangsterminen ohne angemessene Begründung mit der Tendenz zur Umgangsvereitelung; Behinderung der Kommunikation zwischen Kind und Konfliktpartner; Beispiele: keinen Telefonkontakt zulassen; Behindern der Kommunikation zu Geburtstagen und Festtagen; Nichtüberreichen von Geschenken des anderen Elternteils für das Kind.

18. Belastung des Kindes bei Anwesenheit beider Konfliktpartner
Gezieltes Herabsetzen und Diffamieren des Konfliktpartners vor dem Kind während dessen Anwesenheit; handgreiflicher Streit um das Kind; Beispiele: Kind aus dem Arm reißen; Kind ins Auto zerren; Kind wegführen; Behinderung des direkten Kontakts zwischen Kind und dem anderen Elternteil (Tür nicht aufmachen, Straßenseite wechseln).

3.6.4 Umgang mit den Eskalationskriterien

Es sind qualitative Merkmale in den zwei Abstufungen vorhanden/nicht vorhanden.
Für den Umgang mit diesen Kriterien gibt es prinzipiell zwei Möglichkeiten:

1. Den konkreten Fall auf die Kriterienliste projizieren und prüfen, welche Kriterien zutreffen. Bei kontinuierlichem Gebrauch dieser Kriterienliste bildet sich eine interne „Skala" zur Beurteilung der Konfliktausprägung. Diese Art der Nutzung berücksichtigt, dass die einzelnen Kriterien sehr unterschiedlich ausgeprägt sein können, dass schon wenige Kriterien oder im Extremfall ein Kriterium einen Hochkonflikt kennzeichnen oder eine Interventionsart ausschließen können (z.B. Mediation bei Suchtkrankheiten oder Gewalt in der Familie). Umgekehrt ist kein zwingender Schluss von einem Merkmal auf Hochkonflikthaftigkeit gerechtfertigt.

Hier besteht Gemeinsamkeit mit Prognosekriterien jedweder Art, z.B. auch in der Kriminalprognose, weil einer fallspezifischen Prognose immanent ist, dass nicht alle Kriterien in jedem Fall sinnvoll anzuwenden und notwendig sind. Einzelne Kriterien haben unterschiedliches Gewicht und prognostische Bedeutsamkeit (Brettel 2012, Dahle 2010). Die prognostische Vieldeutigkeit von Einzelfaktoren bedeutet Stress für den Urteiler im Einzelfall und gibt Subjektivismen und unkontrollierten Routinen Raum.

Analog zur Bewertung von Realkennzeichen bei der Glaubhaftigkeitsbegutachtung (BGH-Urteil vom 30. Juli 1999 – 1 StR 618/98 – LG Ansbach) gilt: Schlussfolgerungen sind aus der Gesamtheit aller Indikatoren abzuleiten. Durch deren Zusammenwirken werden Fehleranteile gesenkt. Das Prinzip der Aggregation von Daten liegt zugrunde.

2. Nutzung der Kriterienliste als Nominalskala. Die Quantifizierung wird durch Auszählung der „typischen" Verhaltensweisen erreicht. Durch Punktvergabe und -summierung erfolgt eine numerische Auswertung. Es geht um ein Nominaldatenverfahren, in dem ein qualitatives Kategoriensystem verwendet wird, um Häufigkeitsunterschiede im Auftreten bestimmter Merkmale zu erfassen und auf diesem Wege die Klassifikation hochstrittiger Verhaltensweisen zu ermöglichen. Dies wird angestrebt durch die Festlegung von Cut-Werten für Stufeneinteilungen oder Abbruchkriterien, d.h. durch ungewichtete additative Indizes, die einfachste Form der Indexbildung nach Döring und Bortz (2016). Eskalationsstufen werden demnach durch Punktsummen unterschieden. Je mehr Eskalationskriterien beteiligt sind, desto höhere Stufen werden erreicht.

Die Liste enthält 18 Kriterien, die jeweils mit einem Punkt bewertet werden. Sind für mindestens einen Konfliktpartner eine Persönlichkeitsstörung oder eine psychopathologische Devianz mit Belang für den Konflikt festgestellt worden, werden zwei Punkte hinzugefügt. Als Maximum ergeben sich 20 Punkte. *Es werden drei Stufen der Hochkonflikthaftigkeit unterschieden:*

1–5: Stufe 1: geringe Hochkonflikthaftigkeit
6–10: Stufe 2: mittlere Hochkonflikthaftigkeit
Ab 11: Stufe 3: ausgeprägte Hochkonflikthaftigkeit.

Auf Stufe 3 wird davon ausgegangen, dass Hinwirken auf Einvernehmen nicht mit hinreichender Erfolgswahrscheinlichkeit durchführbar ist. Eine Projektion auf einzelne Interventionsarten ist möglich.

3.6.5 Hochkonflikt und Intervention

3.6.5.1 Spezifische Interventionsbedingungen

Um die ohnehin reduzierten Erfolgschancen von Interventionen bei Hochstrittigkeit zu nutzen, ist es erforderlich, die spezifischen Wirkungsbedingungen und -spielräume von Interventionen zu berücksichtigen, insbesondere die beschriebenen dysfunktionalen Verhaltensweisen der Beteiligten bei der Konfliktbewältigung und Beziehungsgestaltung.

Die veränderten Wirkungsmöglichkeiten und -spielräume äußern sich – zunehmend mit dem Ausmaß des Hochkonflikts – in den folgenden zehn Tendenzen:

1. Infolge der extrem verfestigten Streitpositionen und des verfehlten Konfliktverhaltens ist die Wahrscheinlichkeit gemindert, dass die Interessen aller Beteiligten berücksichtigt werden können. Damit sinkt auch die Wahrscheinlichkeit, dass sich alle Beteiligten in einer vereinbarten Regelung repräsentiert sehen, was wiederum die Nachhaltigkeit einer Regelung mindert.

2. Mit der Hochkonflikthaftigkeit sinkt auch die Wahrscheinlichkeit, dass Beschleunigung gemäß § 155 FamFG zur Effektivität der Konfliktlösung beiträgt. Die Verfestigung der Streitpositionen und die reduzierte Offenheit für neue Erfahrungen erfordern langfristige Arbeit, deren Effektivität durch ein pauschal verstandenes Beschleunigungsgebot gehemmt werden kann.

3. Zunehmende Hochkonflikthaftigkeit geht einher mit abnehmender Akzeptanz von Interventionen seitens der Konfliktparteien. Interventionsbemühungen werden von hochkonflikthaften Eltern kritischer und distanzierter bewertet als von anderen Eltern (Fichtner u.a. 2010).

4. Vor allem die Bereitschaft zu gemeinsamen Gesprächen sinkt. Je ausgeprägter die Hochkonflikthaftigkeit, desto bedeutsamer ist es, vor allem am Beginn separat mit den Konfliktparteien zu arbeiten und interventive Einzelangebote zu realisieren, bevor mit beiden Elternteilen gemeinsam gearbeitet wird.

5. Je ausgeprägter die Hochkonflikthaftigkeit, desto angemessener sind Interventionen, die auf Verhaltensregulierung (inkl. Verhaltensbegrenzung) zielen statt auf mentale Veränderungen.

6. Wirksam werden vor allem einfachere Lernformen (Verhaltenskonditionierung durch Belohnung oder „Strafe“, Vermeiden negativer Folgen). Höhere Lernformen wie Lernen durch Einsicht treten in den Hintergrund.

7. In der Folge verändern sich weniger die vorhandenen Einstellungen und Verhaltensbereitschaften, sondern vorwiegend das äußere Verhalten. Diese Verhaltensänderungen werden vor allem unter Kontrolle und Sanktionsfurcht aufrechterhalten.

8. Damit erhöht sich die Notwendigkeit, aber auch die Möglichkeit, Vorgaben, Aufträge, Vereinbarungen und Ergebniskontrollen präziser zu formulieren und auf konkretes Verhalten zu beziehen.

9. Weiter nimmt die Notwendigkeit zu, auf das ordnungsrechtliche Instrumentarium und die Wächterfunktion des Staates zurückzugreifen und damit auf Maßnahmen mit Zwangscharakter und Sanktionsdruck wie z.B. Begleiteter Umgang, Umgangspflegschaft, Androhung und Festsetzung von Ordnungsmitteln oder Änderungen der Sorgerechtsregelung.

10. Mit zunehmender Hochkonflikthaftigkeit wird es schwieriger, die Kinder vor Überforderungen und Belastungen zu schützen und den Eltern dies zu verdeutlichen. Das Risiko der Kindeswohlgefährdung steigt.

Diese Tendenzen mögen im Einzelnen desillusionierend wirken. Weniger Illusionen bedeuten aber dann auch, dass weniger Ressourcen durch unangemessene Interventionsbemühungen vergeudet werden. Gleichwohl kann aber die Effektivität des Intervenierens unter bestimmten Bedingungen erhöht werden. Hochkonflikthaftigkeit stellt dabei besondere Anforderungen an den Intervenierenden und verlangt ihm ein hohes Maß an zeitlicher Verfügbarkeit und Fachlichkeit ab.

Der Schlüssel liegt in der genauen Passung von Konfliktniveau und Intervention. *Fehler können hier in zwei Richtungen auftreten:*

1. Die Intervention greift angesichts des hohen Konfliktniveaus zu schwach in den Verantwortungsbereich der Konfliktparteien ein. Die Selbstregulierungskräfte werden überschätzt. Maßnahmen bleiben wirkungslos und tragen damit zu einer weiteren Eskalation und/oder Verlängerung des Konflikts bei. Die Belastungen des Kindes steigen, auch aufgrund des spezifischen Zeitempfindens.

2. Die Intervention greift durch Verhaltensregelung zu stark in den Verantwortungsbereich der Konfliktpartner ein. Die Selbstregulierungskräfte werden unterschätzt. Die Intervention entspricht nicht mehr dem Verhältnismäßigkeitsgrundsatz. Das Risiko von Nachfolgekonflikten und daraus resultierenden Belastungen des Kindes steigt.

3.6.5.2 Die Grenzen und Möglichkeiten des Hinwirkens auf Einvernehmen bei Hochkonflikthaftigkeit

Hochkonflikthaftigkeit schließt Hinwirken auf Einvernehmen in familiengerichtlichen Verfahren nach § 156 FamFG nicht aus. Die Erfolgschancen sind aber gemindert. Deshalb ist es wichtig, die Möglichkeiten des Prognostizierens und Einwirkens realistisch einzuschätzen. Hinwirken auf Einvernehmen zielt in starkem Maße darauf ab, Einstellungen und Verhaltensbereitschaften zu modifizieren. Dies ist aber unter Hochkonflikthaftigkeit nur bedingt möglich.

Die Wahrscheinlichkeit des ersten der o. g. beiden Fehlermöglichkeiten ist höher. Damit steigt auch die Gefahr, dass Selbstregulierungskräfte der Beteiligten überschätzt und Konflikte eher verlängert als gelöst werden. Das Hinwirken auf Einvernehmen aber völlig außer Acht zu lassen (zweite Fehlermöglichkeit), birgt die Gefahr, dass Selbstregulierungskräfte der Beteiligten nicht erkannt und die Chancen einvernehmlicher Lösung vertan werden.

Im außergerichtlichen Bereich ist es meist notwendig einzuschätzen, wie lange bis dato ergebnislos verlaufende Versuche des Herstellens von Einvernehmen fortgesetzt und damit auch unter fachlichen und ethischen Gesichtspunkten verantwortet werden können. Da diesen Interventionen keine eigene rechtlich legitimierte Macht zur Verfügung steht, ist bei Erfolglosigkeit in der Regel nur ihr Abbruch anzustreben. Den Konfliktpartnern kann alternativ geraten werden, sich zur Regelung des Konflikts an das

Familiengericht zu wenden. Bei Verdacht einer Kindeswohlgefährdung (s.u.), muss allerdings eine Kinderschutzmeldung erfolgen.

Ist bereits ein familiengerichtliches Verfahren anhängig, wovon auf der Eskalationsstufe des Hochkonflikts in der Regel auszugehen ist, verfügt das Familiengericht in Kooperation mit der Jugendhilfe über die gesamte Interventionspalette. Schon dies wirkt oft disziplinierend und verhaltensbegrenzend. Die Konfliktpartner, die die gerichtliche Entscheidung erwarten, werden damit in vielfacher Hinsicht, auch bezüglich ihrer Kooperationsbereitschaft, geprüft.

Dies erzeugt Druck und kann zudem motivieren, vom Familiengericht vorgeschlagene Interventionen anzunehmen. Gleichwohl stellt sich auch für das Familiengericht die Frage nach der konkreten, verhältnismäßigen Intervention.

Das A und O des Navigierens in diesem extrem bedingungsabhängigen Interventionsrahmen ist, das Niveau der Konflikteskalation möglichst genau einzuschätzen. Hier können nun die oben aufgeführten Kriterien erhoben und nach den beiden dort beschriebenen Methoden bewertet werden.

Die Arbeit mit Cut-Werten ist jedoch begrenzt. Zwar kann davon ausgegangen werden, dass ab Stufe 2 (mittlere Hochkonflikthaftigkeit) die Voraussetzungen für erfolgreiches Hinwirken auf Einvernehmen erheblich gemindert sind und dass ab Stufe 3 (ausgeprägte Hochkonflikthaftigkeit) Hinwirken auf Einvernehmen nicht mit hinreichender Erfolgswahrscheinlichkeit durchführbar ist. Jedoch kann schon einzelnen Merkmalen bei der Wahl der Interventionsrichtung eine besondere Bedeutung zukommen. So wären mangelnde Bereitschaft zur Nutzung professioneller Hilfe und die Nichteinhaltung von Maßnahmen Merkmale, die für Verhaltensbegrenzungen sprechen würden.

3.6.5.3 Hochkonflikthaftigkeit und Kindeswohlgefährdung

Hochkonflikthaftigkeit und Kindeswohlgefährdung sind nicht identisch. Zur Einschätzung des Gefährdungsrisikos reichen die beschriebenen Merkmale der Hochkonflikthaftigkeit allein nicht aus. Sie beziehen sich auf das Erwachsenenverhalten. § 1666 BGB erfordert aber auch den Nachweis einer drohenden oder gegebenen Gefährdung, hier wohl vor allem des seelischen Wohls des Kindes. Es ist also zu prüfen, ob eine gegenwärtige Gefahr vorliegt, die bei ungehindertem Geschehensablauf eine erhebliche Schädigung des Kindes mit ziemlicher Sicherheit voraussehen lässt. Sicher haben einige Kriterien für Hochkonflikthaftigkeit erhöhtes Potenzial für Kindeswohlgefährdung. Das trifft z.B. auf die Kriterien 17 und 18 (Belastungen des Kindes bei Anwesenheit und Abwesenheit des Konfliktpartners) zu. Relevant ist auch das Kriterium 7, d.h. Gewalthandlungen der Konfliktpartner untereinander.

Gemäß § 36a Abs. 1 S. 2 FamFG werden zwar Mediationsverfahren in Bezug auf Gewaltschutz nicht ausgeschlossen, aber an besondere Voraussetzungen geknüpft. Es sind „die schutzwürdigen Belange der von Gewalt betroffenen Person zu wahren“. Orientierungspunkt in der Gesetzesbegründung sind die Empfehlungen des Ministerkomitees an die Mitgliedstaaten über Familienmediation Nr. R/98(1) vom 21.01.1998, in denen gefordert wird, dass „der Mediator besonders berücksichtigen soll, ob zwischen den Parteien Gewalt aufgetreten ist oder künftig auftreten kann und welche Auswirkung dies auf die Verhandlungspositionen der Parteien haben kann, und überlegen soll, ob unter diesen Umständen das Mediationsverfahren angebracht ist". Außerdem sind gerichtliche Entscheidungen gemäß § 1666 BGB auch bei laufendem Konfliktbeilegungsverfahren möglich, wenn das Kindeswohl gefährdet ist.

Im Kern geht es aber um die Frage, ob drohende oder bereits gegebene Folgen des hochkonflikthaften Verhaltens für das konkrete Kind erkennbar sind. Schon deshalb ist bei der Arbeit mit Hochkonflikthaften immer auch eine Einbeziehung des Kindes zu fordern. Prinzipiell geht es um die Frage, wann Kinder unter den Bedingungen der Hochkonflikthaftigkeit erhebliche Beeinträchtigungen erleiden, die ihre Entwicklung behindern und im Extremfall behandlungsbedürftig sind. Der gegenwärtige Erkenntnisstand erlaubt nur allgemeine Regelhaftigkeiten.

Die Wahrscheinlichkeit einer Kindeswohlgefährdung steigt,

a) wenn die hochkonflikthaften Verhaltensweisen mit deutlich reduzierter Erziehungsfähigkeit der Konfliktpartner verbunden sind,
b) wenn ein betroffenes Kind bereits ausgeprägte Verhaltensauffälligkeiten, erhebliche psychische oder psychosomatische Beeinträchtigungen, Stresssymptome oder Entwicklungsrückstände zeigt, die nicht anders erklärt werden können und über geläufige Belastungsreaktionen von Trennungskindern hinausgehen,
c) wenn die für das Kind Verantwortung tragenden Konfliktpartner die Belastungen des Kindes nicht erkennen können oder wollen und/oder Hilfe und Unterstützung für das Kind verhindern.

Es geht um Wahrscheinlichkeiten. Schutz vor Kindeswohlgefährdung bedeutet nicht nur, das Kind vor den Folgen von Hochkonflikthaftigkeit in den Elternbeziehungen zu bewahren. Es bedeutet auch, das Kind vor den Folgen falscher Beurteilung des Zusammenhangs zwischen Hochkonflikthaftigkeit und Kindeswohlgefährdung und damit vor schädlichen Eingriffen zu schützen, das heißt falsche Verdachtsbildung und einseitige Auffassungen vom Kindeswohl zu vermeiden.

3.6.5.4 Vernetzung und Kontrolle

Die Orientierung an den Kriterien der Hochkonflikthaftigkeit erleichtert es, die Potenzen und damit auch die Erfolgschancen der zur Verfügung stehenden, in ihrer Eingriffsintensität abgestuften Interventionsarten zu prüfen. Dies ist jedoch von einzelnen Interventionsakteuren nur schwer zu leisten. Der professionellen Vernetzung unter Wahrung datenschutzrechtlicher Bestimmungen kommt deshalb bei Hochkonflikten besondere Bedeutung zu. Allerdings sind auch dafür die Bedingungen infolge des Widerstands seitens der Konfliktparteien oft erschwert. Andererseits ist aufgrund der Intensität und Ausdehnungstendenz des Konflikts die Zahl der involvierten Professionen meist größer und damit auch die Vernetzungskapazitäten und die auszutauschende Informationsmasse.

Durch Nutzung solcher Gruppenvorteile wie Ideenhäufung und Fehlerausgleich steigt die Wahrscheinlichkeit ausgewogener Sichtweisen. Risiken können z.B. minimiert werden durch bessere Risikokommunikation, d.h. durch einen transparenten Austausch über die vorhandene Risikokonstellation. Risiken sind ja auch sozial oder mental konstruierte Phänomene, d.h. subjektive Bewertungen vor dem Hintergrund eigener Erfahrungen und beruflicher Routinen, die nicht unbedingt der konkreten Risikokonstellation entsprechen. Sie haben oft größeren Einfluss als objektive Fakten.

Zudem kann dem Übergreifen des Konflikts auf das professionelle System z.B. besser begegnet werden. Dem Familiengericht selbst kommt hier im Einzelfall allerdings eine Ausnahmerolle zu, da es seine Unabhängigkeit zu wahren hat.

Gemäß § 156 Abs. 1 FamFG soll das Familiengericht in jeder Lage des Verfahrens auf Einvernehmen hinwirken, wenn dies dem Kindeswohl nicht widerspricht. Scheitern die Bemühungen, hat es (nochmals) auf Möglichkeiten der Beratung z.B. gemäß §§ 17, 18 und 28 SGB VIII durch die Jugendhilfe hinzuweisen, in geeigneten Fällen auf die Möglichkeiten der Mediation oder der sonstigen außergerichtlichen Streitbeilegung. Diese Formulierung hebt zwar die Mediation hervor, schließt letztlich aber die gesamte Bandbreite möglicher streitschlichtender Interventionen ein, zu der neben Beratung und Mediation grundsätzlich auch die Therapie zu zählen ist.

Eingangskriterien im Zusammenhang mit einer angestrebten Konfliktminderung sind dabei: Freiwilligkeit der Inanspruchnahme, Bereitschaft zu gemeinsamen Gesprächen und beiderseitiger Wille zur Verständigung. Bei Hochkonflikt sind es zugleich schwer überwindbare Hürden. Selbst wenn im familiengerichtlichen Verfahren bekundet wird, „freiwillig" gemeinsame Gespräche zu führen, fehlt es bei der Umsetzung oft am Willen, sich zu verständigen. Über eine enge Vernetzung der Träger dieser Maßnahmen mit dem Familiengericht ist deshalb auszuschließen,

- dass die Intervention gar nicht umgesetzt wird, meist verbunden mit Verantwortungszuweisungen an die andere Seite, oder
- dass sie zwar umgesetzt wird, aber lediglich eine Scheinakzeptanz besteht und im Verlauf der Intervention Abbruchkriterien deutlich werden.

Um dem entgegenzuwirken, ist die Kontrolle des Familiengerichts notwendig. Ein Hemmnis stellen dabei oft datenschutzrechtliche Bestimmungen dar, die eine Vernetzung und eine auf der Ebene des Hochkonflikts sinnvolle Berichterstattung über den Verlauf der Intervention erheblich erschweren. Wichtig wäre solch eine permanente Berichterstattung, um den Druck des Familiengerichts zur Inanspruchnahme aufrechtzuerhalten, aber auch um bei einem Scheitern eine Grundlage für nachfolgende gerichtliche Entscheidungen zu haben. Durch mangelnde Vernetzung und Informationsweitergabe verpufft so oft selbst die Wirkung einer vom Gericht nach § 156 Abs. 1 FamFG angeordneten Beratung.

Gute Erfahrungen gibt es damit, dass das Familiengericht bei Bedarf in die Vereinbarung mit den Eltern den Passus aufnimmt, wonach die Beratungsstelle nach einem Zeitraum von sechs bis acht Wochen einen ersten Zwischenbericht liefern muss.

3.6.5.5 Wege und Abwege

Mediation wird in dem am 26.07.2012 in Kraft getretenen Gesetz zur Förderung der Mediation und anderer Verfahren der außergerichtlichen Konfliktbeilegung (BGBl. I, 1577) in Abs. 1 definiert als „ein vertrauliches und strukturiertes Verfahren, bei dem Parteien mithilfe eines oder mehrerer Mediatoren freiwillig und eigenverantwortlich eine einvernehmliche Beilegung ihres Konflikts anstreben". Die Methode zielt darauf ab, die hinter bestimmten Streitthemen liegenden Interessen und Bedürfnisse zu identifizieren und die Parteien darin zu unterstützen, alternative Lösungen zu finden. Kooperation soll verbessert und das wechselseitige Verstehen gestärkt werden, um zu konkreten Vereinbarungen zu kommen. Im Rahmen familiengerichtlicher Auseinandersetzungen wird die Methode häufig überschätzt und als Sammelbegriff für allerlei interventive Aktivität gebraucht. Durch das Mediationsgesetz ist eine verbindlichere Grundlage geschaffen.

Sie ändert jedoch nichts daran, dass der Methode bei Hochkonflikthaftigkeit Grenzen gesetzt sind. Gerade für die Mediation sind explizite Abbruchkriterien formuliert, die dem Hochkonflikt immanent sind: mangelnde Fairness, mangelnde Offenheit, gravierende Drohungen oder Gewalthandlungen, unauflösliches Machtgefälle und nicht ruhendes Gerichtsverfahren (Thomsen 2011). Werden solche Kriterien nicht beachtet, läuft die Methode ins Leere. Gerade bei Hochkonflikthaftigkeit gilt, dass erzielte Vereinbarungen nicht zwangsläufig reale Kooperationsbereitschaft der Beteiligten und Nachhaltigkeit einer Regelung gewährleisten. Kommt es zu Vereinbarungen, bleibt es oft bei Kurzzeiteffekten.

Sinnvoll könnte es in diesen Fällen sein, die mit dem Inkrafttreten des Mediationsgesetzes veränderte Fassung des § 23 Abs. 1 S. 3 FamFG anzuwenden, wonach bereits in der Antragsschrift eine Äußerung dazu enthalten sein soll, ob einem Mediationsverfahren „Gründe entgegenstehen". Da es um eine „Soll-Vorschrift" geht, kann die Antragsschrift auf entsprechende Angaben verzichten, wenn eine Mediation grundsätzlich nicht in Betracht kommt. Die dargestellten Hindernisse bei ausgeprägter Hochkonflikthaftigkeit können Gründe sein, die einem Mediationsverfahren entgegenstehen.

Bei Hochkonflikthaften ist auch eine ablehnende Haltung gegenüber Mediation wahrscheinlicher. Deshalb ist Klarheit in Bezug auf die Freiwilligkeit der Teilnahme wichtig. Diese Klarheit wurde oft verhindert, indem Begriffe wie Zwangsmediation oder Pflicht zur Mediation unkontrolliert gebraucht wurden, was im Falle von Hochkonflikthaftigkeit besonders ineffektiv ist. Klärend wirken dann die Formulierungen des FamFG. Nach § 36a Abs. 1 FamFG (Mediation, außergerichtliche Konfliktbeilegung) kann das Gericht „einzelnen oder allen Beteiligten eine Mediation oder ein anderes Verfahren der außergerichtlichen Konfliktbeilegung vorschlagen". Gem. § 156 Abs. 1 S. 3 FamFG gilt aber: „[...] das Gericht kann anordnen, dass die Eltern einzeln oder gemeinsam an einem kostenfreien Informationsgespräch über Mediation oder über eine sonstige Möglichkeit der außergerichtlichen Konfliktbeilegung bei einer von dem Gericht benannten Person oder Stelle teilnehmen und eine Bestätigung hierüber vorlegen". Angegliedert ist die auch schon vorher bestehende Systematik aus Anordnung und Auferlegung der Kosten bei Nichtbefolgung durch § 81 Abs. 2 Nr. 5 FamFG, wonach „das Gericht die Kosten des Verfahrens ganz oder teilweise einem Beteiligten auferlegen (soll), wenn der Beteiligte einer richterlichen Anordnung zur Teilnahme an einem kostenfreien Informationsgespräch über Mediation oder über eine sonstige Möglichkeit der außergerichtlichen Konfliktbeilegung nach § 156 Abs. 1 S. 3 [...] nicht nachgekommen ist, sofern der Beteiligte dies nicht genügend entschuldigt hat".

Das heißt: Keine Pflicht zur Mediation, wohl aber Pflicht zur Erprobung des Mediationsverfahrens mit der Hoffnung, dass aus dem externen Anschub ein eigener Antrieb wird. *Beratung* fokussiert wie die Mediation konkrete Streitthemen und schließt dabei im familiengerichtlichen Kontext (gerichtsnahe Beratung) sowohl rechtlichen wie auch psychologischen Rat ein z.B. gemäß §§ 17, 18 und 28 SGB VIII. Das Wissensgefälle zwischen dem Intervenierenden und den Konfliktpartnern soll gemindert bzw. ausgeglichen werden, um Einsichten zu fördern und so auf das Konfliktverhalten einzuwirken. Der Beratungserfolg ist an Voraussetzungen gebunden, die bei Hochkonflikthaftigkeit eher fraglich sind. Ein Mindestmaß an Empathie ist unabdingbar, aber aufgrund fehlender Selbstreflexion und Gefühlen von Hass und Verzweiflung meist nicht gegeben. So kommt selbst die Frage „Was bedeutet das für Ihr Kind?“ oft an ihre Grenzen. Figdor (2013, 154) stellt eher resignierend fest: „Hochstrittige Elternpaare suchen keine Berater oder Mediatoren, sondern Anwälte: juristische, psychologische oder pädagogische Anwälte für die Realisierung ihrer Anliegen.“ Funktioniere das nicht, würden Berater oder Mediatoren schnell zu „Bedrohern“ auf der Seite der feindlichen Partei.

Verordnete Beratung kann weder solche Kompetenzdefizite noch das Dilemma von Kooperation und Kompetition beseitigen. Ein Misslingen muss als Variante akzeptiert und möglichst antizipiert werden. Positive Erfahrungen mit Pflichtberatung (Bröning 2011, Vergho 2001) sind nicht übertragbar auf die Konstellation der Hochkonflikthaftigkeit. Auch hier ist allenfalls die Pflicht zum Probestadium sinnvoll. Ansonsten steigt die Wahrscheinlichkeit, dass Konflikte verlängert oder nur instabil gelöst werden, dass Scheinakzeptanz eine Rolle spielt. Keinesfalls werden günstigere Lebensbedingungen für das Kind garantiert. In einem Teil der Fälle kann die Hoffnung berechtigt sein, dass Beratungswiderstände wie Schuldgefühle, Scham, narzisstische oder aggressive Regungen im Rahmen einer Pflichtberatung abgeschwächt werden können.

Da Eltern mit Hochkonfliktniveau sich häufiger ablehnend gegenüber Beratung verhalten, hat es sich als sinnvoll erwiesen, wenn vor allem zu Beginn zunächst Einzelangebote an die Eltern gemacht oder zumindest Einzelgespräche geführt werden, bevor mit beiden Elternteilen gemeinsam gearbeitet wird. Eine entsprechende Schrittfolge, in der zuletzt auch die Kinder einbezogen werden, stellen Dietrich u.a. (2010) vor.

Bei geeigneten Interventionen ist es schon deshalb sinnvoll, Kinder angemessen einzubeziehen, weil deren in Trennungskonflikten oft gegebene Ohnmacht und Hilflosigkeit bei Hochkonflikthaftigkeit ungleich höher ausgeprägt ist. Ihre Bedürfnisse werden noch weniger beachtet, da die Eltern noch mehr auf sich und ihren Konflikt ausgerichtet sind. Selbstwertgefühl und Selbstwirksamkeitserleben der Kinder werden in höherem Maße destabilisiert. Deshalb ist eine Unterstützung der Kinder notwendig, besonders beim Erwerb angemessener Konfliktbewältigungsstrategien, die sie ja gerade von den Eltern nicht lernen können.

Therapie bearbeitet weniger als die Beratung konkrete Streitthemen, sondern versucht eher, grundlegende Einstellungen und Verhaltensweisen zu ändern und Befindlichkeitsstörungen (Leidensdruck) zu mindern. Sie ist aber auch langwieriger als Mediation oder Beratung. Ob Paar- oder Familientherapie, die Bereitschaft zu intensiver und auch vertrauensvoller Zusammenarbeit der Konfliktpartner wird vorausgesetzt. Diese Bereitschaft ist aber schon auf der Ebene des basalen Konflikthandelns als eher gering einzuschätzen. Vor allem nach einer Trennung besteht hierzu kaum Motivation. Alle Formen der Beratung und Therapie Hochverstrittener laufen Gefahr, dazu benutzt zu werden, die Strategie destruktiven Bekämpfens fortzuführen. Auch unter diesem Aspekt sind am ehesten noch einzeltherapeutische Verfahren sinnvoll, mit denen einzelne Konfliktpartner und das Kind gestützt werden können. So ergab sich auch in der DIJ-Studie (Fichtner u.a. 2010), dass hochkonflikthafte Eltern am ehesten Einzelangebote wie Einzeltherapie und Einzelberatung als hilfreich zur Konfliktreduktion bewerten. Spindler (2012, 431) empfiehlt Cotherapie und Teamarbeit mit dem Hinweis darauf, dass die Arbeit mit Hochstrittigen „leicht als auslaugend, aufwändig und erschöpfend erlebt" wird.

Sofern Therapien für betroffene Kinder begonnen werden, ist ebenfalls zu prüfen, von welchen Erwartungen der Eltern sie begleitet und beeinflusst werden, z. B. Nachweis der Schädlichkeit des anderen Elternteils, Verschiebung emotionaler Elternprobleme auf das Kind, Anstreben von Vorteilen im Ringen um Umgang oder Aufenthaltsbestimmung. Die Verhaltensmerkmale der Hochstrittigkeit können sich fortsetzen bis hin zur versuchten Allianzbildung mit dem Psychotherapeuten oder Berater.

Auch Elternkurse müssen freiwillig wahrgenommen werden, die Schwelle ist hier aber niedriger, wenn die Kurse keine gemeinsamen Elterngespräche und kein Zusammentreffen mit dem Konfliktpartner beinhalten. Allerdings wirken die Kurse vor diesem Hintergrund nur mittelbar auf Einvernehmen hin, etwa indem psychoedukative Elemente zur Konfliktbewältigung und zur Beachtung der kindlichen Interessen eingesetzt und eingeübt werden.

Scheitern die beschriebenen Bemühungen des Familiengerichts, die Konfliktpartner in außergerichtliche Interventionen einzubinden, stehen zwei weitere Optionen zur Verfügung, auf Einvernehmen hinzuwirken: die Verfahrensbeistandschaft und die Begutachtung. Zu den Vorteilen dieser Maßnahmen gehört, dass sie nicht in das jugendamtliche, sondern in das familiengerichtliche Verfahren eingebunden sind. Diese Interventionen verfügen durch die enge Vernetzung und dezidierte Berichterstattung doch über eine weitaus höhere delegierte Macht des Familiengerichts, was den Maßnahmen mehr Nachdruck verleiht.

Über Verfahrensbeistandschaft gemäß § 158b Abs. 2 FamFG kann im Auftrag des Familiengerichts am Zustandekommen einer einvernehmlichen Regelung mitgewirkt werden. Die Wirkungsgrenzen im laufenden Verfahren sind jedoch schnell erreicht und nach erfolgter gerichtlicher Regelung ist der Verfahrensbeistand nicht mehr beteiligt, auch wenn diese Regelung von einem Elternteil vereitelt wird.

Begutachtung kann auf Einvernehmen hinwirken, wenn das Familiengericht dies gemäß § 163 Abs. 2 FamFG anordnet. Zu den Vorzügen gehören der größere zeitliche Rahmen, die fachlich fundierte gutachtliche Empfehlung für die familiengerichtliche Entscheidung sowie der Umstand, dass über die Begutachtungspflicht familiengerichtliche Macht delegiert wird, die zum Tragen kommt, wenn kein Einvernehmen hergestellt werden kann.

Anders als bei außergerichtlichen Interventionen und differenzierter als in der Verfahrensbeistandschaft wird in der Begutachtung das Verhalten der Konfliktpartner, insbesondere Kooperationsfähigkeit und Bindungstoleranz, während des Vermittlungsversuchs bewertet. Das Ergebnis fließt in Empfehlungen ein. Deshalb ist es erforderlich, ein mögliches Scheitern der Vermittlungsbemühungen von Beginn der Begutachtung an als Option einzubeziehen und die Untersuchungen so aufzubauen, dass dem Familiengericht auch beim Abbruch der Bemühungen eine psychologisch und psychodiagnostisch fundierte Empfehlung gegeben werden kann.

3.6.5.6 Gebrauch von Machtmitteln

Schätzt das Gericht im ersten Termin oder zu einem späteren Zeitpunkt des Verfahrens ein, dass die Erfolgschancen des Hinwirkens auf Einvernehmen aufgrund ausgeprägter Hochkonflikthaftigkeit gering sind, bleibt der Zugriff auf abgestufte rechtlich legitimierte Machtmittel. Der Gesetzgeber hat das Scheitern eigenständiger Konfliktlösung antizipiert und den Rückgriff auf die Wächterfunktion des Staates über die Machtinstanz Familiengericht gesichert, das heißt Ausübung der Legitimationsmacht mit Zwangsmitteln und Sanktionsdruck. Deren Effektivität wird gesteigert, wenn folgende Prinzipien beachtet werden:

- Wahrung der Verhältnismäßigkeit,
- Ausrichtung der Maßnahmen darauf, dass selbstbestimmtes Handeln im Rahmen der gegebenen Möglichkeiten gefördert und Gefühle der Resignation und Ohnmacht vermieden werden,
- angemessene Prüfung, ob das Ziel nicht auch durch zwangsfreier Maßnahmen erreichbar ist,
- konsequente Realisierung individuell angepasste Erklärung der Maßnahmen,
- Prüfung, dass der zu erwartende Nutzen der mit Zwang verbundenen Maßnahme damit verbundene Nachteile überwiegt.

Einige dieser Machtmittel sollen beispielhaft im Zusammenhang mit einem eskalierten Umgangskonflikt beschrieben werden:

Regelung des Umgangs: Nach § 1684 Abs. 3 S. 1 BGB kann das Familiengericht über den Umfang des Umgangsrechts entscheiden und seine Ausübung, auch gegenüber Dritten, näher regeln. Wenn das Familiengericht schon im ersten Termin keine Einigung zum Umgangsrecht erzielen kann, hat es nach § 156 Abs. 3 FamFG mit den Beteiligten und dem Jugendamt hier den Erlass einer einstweiligen Anordnung zu prüfen. Ordnet es die Teilnahme an einer Beratung oder schriftlichen Begutachtung an, soll der Umgang durch einstweilige Anordnung geregelt oder ausgeschlossen werden.

Eine solche präzise Kontaktregelung gibt Struktur und kann den Konfliktpartnern auch auf der zweiten Stufe des Hochkonflikts noch Sicherheit geben. Werden Maßnahmen nicht eingehalten, kann die Androhung bzw. der Einsatz weiterer Machtmittel erforderlich sein.

Die familiengerichtliche Anordnung zur Einhaltung der Wohlverhaltenspflicht gemäß § 1684 Abs. 2 BGB stellt eine erste Steigerungsmöglichkeit dar. Eltern haben danach alles zu unterlassen, was das Verhältnis des Kindes zum jeweils anderen Elternteil beeinträchtigt oder die Erziehung erschwert. Entsprechendes gilt, wenn sich das Kind in der Obhut einer anderen Person befindet. Hierdurch sollen Belastungen des Kindes in Abwesenheit und in Anwesenheit der Konfliktpartner unterbunden werden.

Wird diese Pflicht dauerhaft oder wiederholt erheblich verletzt, kann das Gericht Konsequenzen anordnen – wie z. B. eine Umgangspflegschaft und damit den befristeten Teilentzug des Sorgerechts –, aus denen sich Sanktionsdruck ergibt. Trotz dieses Drucks bleiben solche Anordnungen selbst bei beginnender Hochkonflikthaftigkeit oft wirkungslos, wenn Konfliktpartner im Vorwurfskreislauf und im Täter-Opfer-Denken verharren und infolge von Wahrnehmungsverschiebungen ihre Eigenanteile an den kindlichen Belastungen nicht mehr erkennen.

Begleiteter Umgang stellt einen ersten Zwischenschritt vor dem befristeten Sorgerechtseingriff dar. Ein Vorteil liegt darin, dass nicht nur auf der verbalen, sondern auch auf der Handlungsebene eingegriffen wird. Wiederkehrende Konfliktsituationen im Rahmen des Umgangs werden begleitet, wodurch den Konfliktpartnern Struktur und Sicherheit geben werden kann. Gleichzeitig werden die Verhaltensmöglichkeiten zumindest eines Konfliktpartners begrenzt. Das betrifft die Möglichkeiten, den Umgang zu gestalten, und damit auch die Möglichkeiten, das Kind während des Umgangs unangemessen zu belasten, z.B. indem der andere Elternteil entwertet oder das Kind manipuliert wird.

Zu berücksichtigen ist, dass Verhaltensbegrenzungen negative Einstellungen verschärfen und Konflikte verschleppen können. Diese Nachteile sind ins Verhältnis zu setzen zu den Vorteilen der Kontrolle durch begleiteten Umgang.

Ordnungsmittel: Ein weiterer Zwischenschritt vor dem befristeten Eingriff ins Sorgerecht stellt nach § 89 FamFG die Vollstreckung von Entscheidungen zur Herausgabe des Kindes oder zur Regelung des Umgangs dar. Bei Zuwiderhandlung gegen einen solchen Vollstreckungstitel kann das Gericht gegenüber dem Verpflichteten Ordnungsgeld oder auch Ordnungshaft anordnen *(Abschnitt 5.4.4)*. Die Grenzen auch dieser Interventionen sind bei ausgeprägter Hochkonflikthaftigkeit erreicht, wenn zu einer rigiden Haltung, gerichtlich angeordnete Maßnahmen zu unterlaufen, das Merkmal Selbstschädigung hinzukommt und auch weitere familienrechtliche Konsequenzen ignoriert werden. Grenzen sind aber auch erreicht, wenn Ordnungsmittel das Kind unzumutbar treffen und belasten.

Weitergehende Eingriffe ins Sorge- und Umgangsrecht: Bleiben alle milderen Maßnahmen erfolglos, kann das Familiengericht in Abwägung aller relevanten Kriterien das Sorgerecht einem Elternteil bei Antragstellung dauerhaft teilweise oder ganz allein zuteilen. Das Familiengericht kann Konfliktpartnern auch Verbote erteilen, etwa vorübergehend oder auf unbestimmte Zeit die Familienwohnung zu nutzen, sich in einem bestimmten Umkreis der Wohnung aufzuhalten oder Verbindung zum Kind aufzunehmen. Dies kann nur unter den Voraussetzungen einer nachzuweisenden oder drohenden Kindeswohlgefährdung geschehen.

Letztlich kann das Familiengericht das Sorgerecht auch beiden Eltern teilweise oder ganz entziehen oder auch das Umgangsrecht auf Dauer einschränken oder ausschließen. Voraussetzung ist auch hier jeweils der Nachweis einer Kindeswohlgefährdung. Solche Eingriffe sind als das letzte Mittel zu betrachten, Kinder vor den Folgen der Hochkonflikthaftigkeit ihrer Bezugspersonen zu schützen. Flankierende Gespräche und Beratungen sind zu keinem Zeitpunkt ausgeschlossen.

3.7 Das Vertrauensdilemma

Auch im Vertrauensdilemma drückt sich das Wechslspiel von kompetitiven und kooperativen Impulsen der Konfliktbeteiligten aus. Einerseits ist der angestrebte Nutzen der Kooperation nur erreichbar, wenn die Konfliktparteien wenigstens ein Mindestmaß an gegenseitigem Vertrauen aufbringen. Andererseits kann Vertrauen missbraucht werden. Solcher Missbrauch gehört meist zu den Erfahrungen der Parteien in lang andauernden Familienkonflikten. Oft wird z.B. befürchtet, dass Offenbarungen über eigene Befindlichkeiten, Ängste, Motive, Bedürfnisse umgedeutet und als „Waffen“ im Streit genutzt werden. Die Versuchung, nicht mit offenen Karten zu spielen oder dem Anderen in die

Karten zu schauen, ist groß. Vertrauen ist bei zerstrittenen Parteien ein knappes Gut. Nach der sozialpsychologischen Gütertheorie („commodity-theory“ nach Brock 1968) wird es mit dem Ausmaß der Knappheit und der Nachfrage bzw. Erwünschtheit höher bewertet, d.h., die Preise werden hochgesetzt, hier z.B. die Anforderungen an „Beweise“ für Vertrauenswürdigkeit. Das kann sinnvoll oder auch konfliktverschärfend sein. Ist der um das Umgangsrecht ringende Elternteil auf Vertrauen angewiesen, z.B. dass ein Elternteil das Kind nicht entführt, werden höhere Gegenleistungen für Vertrauen von diesem verlangt.

Vertrauen wird hier verstanden als die aus der Erfahrung gewonnene Sicherheit einer Streitpartei, dass die andere sich künftig gemäß geltenden sozialen bzw. rechtlichen Normen verhalten wird, und zwar in der subjektiven Auslegung der Normen durch die vertrauende Person. Gerade weil Vertrauen auf künftige Verhaltensweisen anderer bezogen ist, die der eigenen Kontrolle weitgehend entzogen sind, besteht Ungewissheit und muss Risiko in Kauf genommen werden. Der Vertrauende wird verletzbarer (Hartmann 2020), was der Vertrauenswürdige nicht ausnutzt.

Erfahrungen führen zu Zuschreibungen von positiven Absichten, z.B. „er möchte die Zeugnisse des Kindes sehen, weil er sich für die Entwicklung des Kindes interessiert“, „sie schlägt Beratungstermine vor, weil sie sich auch selbst prüfen will“. Je stärker und je überdauernder das Motiv eingeschätzt wird und je öfter das mit Erfolg geschieht, desto eher wird von Berechenbarkeit im Handeln ausgegangen. Letztlich führt dies dazu, dass über situative Glaubwürdigkeit hinaus andauernde Vertrauenswürdigkeit zugeschrieben wird, d.h. nicht nur aktuelle Motive, sondern eine Haltung oder eine Eigenschaft. Allerdings scheint auch die Bereitschaft unterschiedlich ausgeprägt zu sein, Vertrauen zu gewähren. Vertrauensvolle Personen nehmen vermehrt vertrauensvolle Botschaften wahr, Misstrauische eher Misstrauen. Vertrauen als Merkmal der Beziehungen der Konfliktpartner erhöht die Wahrscheinlichkeit sinnvoller Konfliktlösung. *Dabei spielen u.a. folgende Vorteile eine Rolle:*

- Vertrauen erhöht die Toleranz gegenüber mehrdeutigen Vorkommnissen. Berichtet z.B. ein Kind vom Umgangstermin, der Vater habe sich nicht um es gekümmert, wird die vertrauende Mutter eher zurückhaltend und mit Vertrauensvorschuss reagieren, d.h., eine Mitteilung kann nicht die gewachsene Haltung verändern.
- Vertrauen reduziert die Komplexität von Problemen (Luhmann 1973), z.B. die der Nachscheidungssituation. Die vielen Ungewissheiten und Unwägbarkeiten dieser Situation werden gemindert, wenn in bestimmten Bereichen an Informationen oder Absichten geglaubt werden kann oder wenn zwar verunsichernde, aber nicht zu ändernde Gefahren verdrängt werden können. Entscheidungen können eher getroffen werden.
- Vertrauen erhöht die Informationsbereitschaft und Selbstöffnung, was wiederum die Wahrscheinlichkeit von Informationsaustausch steigert und die Voraussetzungen für Kooperation schafft. Umgekehrt kann Selbstöffnung, also das „Sich-jemandem-Anvertrauen“, zu mehr Vertrauen führen (Petermann 2013).
- Vertrauen kann Gegenvertrauen fördern. Bewirkt Vertrauen eines Streitpartners, dass er zu Kooperation bereit ist, erhöht das die Wahrscheinlichkeit, dass der andere Konfliktbeteiligte auch kooperiert. Vertrauen und Kooperation korrelieren also miteinander, sie können sich auch gegenseitig bedingen.

Die Realität familienrechtlicher Streitigkeiten ist allerdings durch geringes und mit der Dauer eines Konflikts abnehmendes Vertrauen gekennzeichnet. Komplikationen in der Vertrauensbildung bzw. Vertrauensverlust sind eine Begleiterscheinung des Überganges von Hoffnungen und Idealen in Enttäuschung. Dem Konfliktpartner werden negative Motive und Absichten zugeschrieben. Das kann begründet sein aus entsprechenden Beziehungserfahrungen, in denen Missgunst, Bevormundung, Übervorteilung, Unzuverlässigkeit, Unehrlichkeit, Abwertung oder Bedrohung eine Rolle spielten. So wurde z.B. trotz gegenteiliger Zusicherung das Kind doch immer wieder negativ beeinflusst oder ohne Zustimmung aus dem Kindergarten abgeholt. Zwar gilt der Konfliktpartner dann auch als berechenbar, aber es wird „vertraut“ auf negative Absichten bzw. Vertrauensbruch. Misstrauen in diesem Zusammenhang kann sinnvoll und auch oft im Interesse des Kindeswohls angebracht wie auch eine Fehlattribution negativer Absichten sein.

Gegenseitiges Misstrauen kann selbst bei gemeinsamen Teilinteressen dazu führen, dass strategische Vorteile dadurch angezielt werden, dass zuerst und einseitig konfliktverschärfend gehandelt wird, während der Konfliktpartner infolge seiner Zurückhaltung Nachteile erfährt – egal, ob er eine Eskalation des Konflikts nur hingenommen hat, dies ist meist die Folge. In der empirischen Untersuchung von Fichtner u.a. 2011) ließ sich nachweisen, dass besonders bei hochkonflikthaften Trennungsfamilien das gegenseitige Misstrauen ein zentrales Thema ist und von den Eltern projiziert wird auf unterschiedliche Kontexte wie Versorgung und Erziehung der Kinder, finanzielle Fragen, Beziehungen zu neuen Partnern, Verwandten, Teilnahme an Beratung usw.

Will man dieses Vertrauensdilemma mindern, so ist es wenig sinnvoll, dem Konfliktpartner grundsätzlich die Vertrauenswürdigkeit abzusprechen, weil damit zugleich dessen moralische Integrität angezweifelt wird. Die Gefahr von Gesprächs- oder Beziehungsabbrüchen erhöht sich. Sinnvoller ist es, folgende Fragen zu stellen: Welche negativen Motive werden zugeschrieben? Warum werden positive Motive nicht attribuiert? Welcher Vertrauensbeweis wird vom jeweils anderen erwartet bzw. gewünscht? Wie ist der Vergleich der Antworten zu bewerten, z.B. anhand solcher Kriterien wie „fair“ oder „sachgerecht“? Darauf können Korrekturen auf der kognitiven Ebene aufbauen, z.B. indem Missverständnisse beseitigt, falsche Motivzuschreibungen und wirkliche Motive bzw. Absichten geklärt werden. Schwieriger ist, den Ursachen für Vertrauenskrisen im motivationalen bzw. willentlichen Bereich zu begegnen, d.h. wenn Vertrauen aus prinzipieller Einstellung heraus verweigert wird oder wenn einem Konfliktpartner gleichgültig ist, welche Motive ihm der andere zuschreibt. Hier liegen die Ursachen meist tiefer, die Vertrauensebene ist nur die Oberfläche. So kann es sinnvoll sein, die Beweggründe des rigiden Vertrauensverweigerers zu prüfen. In Betracht kommen dabei auch Absichten wie: die Rechte anderer zu beschneiden und die eigenen Pflichten aufzuweichen, Interventionen zu unterbinden und sich Verhandlungen zu entziehen, Konfliktlösungsbeiträge anderer zu diskreditieren, Personen oder ihren moralischen Status zu degradieren, Druckmittel zu gewinnen.

Je nachdem, welche Beweggründe in der Vertrauenskrise aufeinandertreffen, ergeben sich Potentiale für vertrauensbildende Maßnahmen oder Beziehungsgestaltungen. Sie fallspezifisch herauszufinden und gesprächstechnisch einzubringen, fällt in den Bereich von Mediation und Beratung, aber auch von Verhandlung. Nützlich sind dabei strukturierte Vorgehensweisen. *Ein Drei-Phasen-Modell des Vertrauensaufbaus stellt z.B.* Petermann (2013) *vor:*

1. Phase: Herstellen einer vertrauensvollen Kommunikation. Im Vordergrund steht das Bemühen um gezieltere Zuwendung und Verstehen durch Einfühlungsvermögen seitens der Person, die Vertrauen aufbauen möchte. Eingeschlossen ist das Bemühen, auch die Ängste und Wünsche des anderen sensibler wahrzunehmen. Das erschwert Fehlattributionen und Vorurteile.

2. Phase: Abbau bedrohlicher Handlungen. Bedrohungsgefühle entstehen immer dann, wenn der Partner Informationen des anderen nicht einordnen kann, sich benachteiligt oder einfach nicht angesprochen fühlt. Dies wird als Mangel an Sicherheitssignalen interpretiert. Es verkörpert Risiko. Indiziert ist dann, Berechenbarkeit zu vermitteln, z. B. durch eindeutige, durchschaubare Handlungszüge. Voraussetzung ist, dass in Absprachen ein Mindestmaß an Klarheit über die Erwartungen dargestellt wurde. Sonst sind Missverständnisse leicht zu provozieren.

3. Phase: Gezielter Aufbau von Vertrauen durch entsprechende Handlungen. Es geht um Handlungsaufforderungen oder um das Schaffen von Bedingungen mit klaren Vorgaben, aus denen es kein Ausweichen gibt. Vorstellbar wäre das Angebot des erweiterten Umgangs an den Kindesvater unter der Bedingung, dass er nicht die Betreuung während der Umgangszeiten anderen Personen überlässt. Aus mehrfacher Erfahrung, dass das eingehalten wird, erwächst Vertrauen.

Im Übrigen spielt Vertrauen auch in den Beziehungen der Konfliktparteien zu allen „Dritten“, d. h. Juristen, Jugendamtsmitarbeitern, Beratern, Mediatoren und Gutachtern eine Rolle. Es sind schon insofern Vertrauensberufe, als datenschutzrechtliche Bestimmungen und berufsethische Gebote einzuhalten sind. Je nach der Art der Profession geht es darum, den meist vorhandenen Vertrauensvorschuss zu nutzen oder auszubauen und dadurch die eigene Arbeit effektiver zu gestalten.

3.8 Einwandbegegnung

3.8.1 Funktionen, Formen und Inhalte von Einwänden

Einwände haben auch innerhalb der Konfliktbehandlung im familienrechtlichen Bereich viele Gesichter. Informell können sie von mehr oder weniger Affekt begleitet jedem begegnen, der Konflikt-, Mediations- oder Beratungsgespräche mit Familien oder einzelnen Familienmitgliedern durchführt, ebenso dem Richter bei der Verhandlungsführung. Auch beim Austausch zwischen den beteiligten Professionen wie z.B. Jugendamtsmitarbeitern, Verfahrensbeistand, Sachverständigen und Richtern spielen Einwände eine Rolle, z.B. bei einer Anhörung oder auch in der Gerichtsverhandlung. Neben diesen informellen können auch formale Einwände auf prozessrechtlicher Basis vorkommen, z.B. Befangenheitsanträge gegen Richter oder Sachverständige, Einsprüche und Berufungen. Im Folgenden geht es vor allem um *informelle* Einwände.

Die Funktionen von Einwänden unterscheiden sich vor allem danach, ob sie auf der Sach- oder der Beziehungsebene angesiedelt sind. Auf der Sachebene können Einwände signalisieren, dass Informationen fehlen, dass ein Missverständnis oder Irritationen vorliegen. Es kann darum gehen, Normen grundsätzlich anzuzweifeln oder auf reale Mängel oder Verfahrensfehler hinzuweisen und nachteilige Folgen abzuwenden, wenn z.B. ein wichtiger Zeuge ganz offensichtlich lügt oder nicht geladen wurde oder wenn Fakten vorliegen, die einen Verstoß gegen die richterliche Pflicht zur Unparteilichkeit und Neutralität (Gleichbehandlungsgebot Art. 3 Abs. 1 GG) darstellen. Auf der Beziehungsebene sind Einwände vor allem Ausdruck negativer Emotionen gegen Personen und deren Äußerungen und Entscheidungen oder deren vermutete Einstellungen sowie gegen Institutionen. *Am häufigsten sind die folgenden Emotionen beteiligt:*

Ungeduld: Die Dauer eines Gesprächs oder Verfahrens wird als belastend erlebt. Die sich wiederholende, kreisförmige oder unverständliche bzw. als unsinnig eingeschätzte Argumentation anderer wird unerträglich.

Beleidigtsein: Wenn Äußerungen oder Verhaltensweisen anderer als herabsetzend, abwertend oder als Verdächtigung interpretiert werden, ist oft Kränkung das Motiv eines Einwandes.

Angst und Misstrauen: Auf diesen Hintergrund von Einwand und Einspruch wurde anhand des Vertrauensdilemmas ausführlich in *Abschnitt 3.7* eingegangen.

Feindseligkeit: Die bisher genannten Emotionen können die Bereitschaft zu aggressivem Verhalten, zur Zuschreibung von negativen Eigenschaften und Absichten erhöhen.

Ärger: Er entsteht meist als Folge von Frustrationserleben, von erlittenen Kränkungen, z. B. wenn andere als ungerecht, überheblich, stur, feindselig erlebt werden, und erhöht die Bereitschaft zu aggressivem oder unkooperativem Verhalten.

Zu den Merkmalen solcher Emotionen als Hintergrund von Einwänden gehören oft:

- Die Emotionen können auf die eigene Person bezogen sein, z. B. Ärger über eigenes Verhalten oder Fehlverhalten, wie die Zustimmung zu einer früheren Vereinbarung, oder über einen Täuschungsversuch, der durchschaut wurde.
- Vorurteile oder vorgefasste Meinungen gegen eine Person, gegen eine ganze Profession oder eine Institution können beteiligt sein.
- Es spielen übergreifende Persönlichkeitsdispositionen eine Rolle, wie z. B. erhöhte Ängstlichkeit oder affektive Reizbarkeit, geringe Frustrationstoleranz.
- Es wirken sich ungerechtfertigte Einschränkungen eigener Ansprüche oder Hoffnungen durch andere aus.
- Den anderen Konfliktteilnehmern wird Verantwortlichkeit zugeschrieben, unabhängig davon, wie berechtigt das ist.
- Es wird keine Rechtfertigung für das Verhalten des anderen erkannt oder anerkannt.
- Wenn die in den letzten drei Punkten genannten Erlebnisinhalte nicht beteiligt sind, kommt in Betracht, dass der Einwand als Vorwand, als Mittel der Täuschung oder als Kulisse für andere Absichten dient.

3.8.2 Grundsätze der Einwandbegegnung

Wenn ein Mindestmaß an Vertrauensbasis für ein Gespräch oder in einem Verfahren angestrebt und eine konstruktive Konfliktlösung zumindest nicht ausgeschlossen wird, dann ist es effektiver, Einwänden sinnvoll zu begegnen, statt Macht und Amtsautorität vordergründig zu gebrauchen und mit manipulativer Rhetorik oder Killerphrasen zu arbeiten. Mit Bezug auf Zuschlag und Thielke (1998) werden folgende Grundsätze genannt:

- Den Einwand ernst nehmen, d.h. Berechtigung und Abhilfemöglichkeiten prüfen.

- Keine Angst vor Einwänden, weil unausgesprochene Einwände eine verborgene Belastung des weiteren Gesprächs sind.
- Argumentation auf der Sach- und auf der Beziehungsebene beachten, um differenziert reagieren zu können. Überzeugende Sachargumentation auf einen Einwand hin kann erfolglos bleiben, weil der Einwand die Funktion hatte, eine Emotion, z. B. Ärger, loszuwerden. Umgekehrt besteht die Gefahr, selbst auf die Beziehungsebene zu gleiten (Misstrauen gegen Einwender, Kränkung), obwohl der Einwand als Sachargument gedacht war.
- Eine ruhige, freundliche Gesprächsatmosphäre ermöglicht eher eine sachliche Einwandsprüfung als Hektik und aggressive Stimmung.
- Aufmerksames Zuhören bringt Informationen über Art und Inhalt des Einwandes und vermittelt den Eindruck, dass der Einwand ernst genommen wird. Die Wahrscheinlichkeit von Kränkungen, Aggressionen oder Kommunikationsverweigerung wird vermindert. Die Gesprächstechnik des Aktiven Zuhörens kann dabei verwendet werden. Der sinnvolle Abschluss des Zuhörens ist, dem Einwender zu vermitteln, dass sein Einwand verstanden wurde. Damit kann die Akzeptanz der konkreten Einwandbegegnung erhöht werden.

3.8.3 Techniken der Einwandbegegnung

Je nach Anlass, Thema, Zielstellung und Verlauf eines Gespräches, je nach Redlichkeit eines Einwandes und der Art und Weise des Einbringens von Einwänden können unterschiedliche Techniken des Umgangs mit Einwänden angemessen sein. Deshalb können die im Folgenden ausgewählten Techniken (überwiegend nach Zuschlag und Thielke 1998) auch kein generell gültiges Rezept ergeben. Die Darstellung nimmt Bezug auf die speziellen familienrechtspsychologischen Anwendungsprobleme.

Rückfragen: Beispiele sind: „Habe ich Sie richtig verstanden, Sie meinen, dass ...?" „Was veranlasst Sie zu Ihrer Annahme?" Angezielt wird, den Einwand erklären, präzisieren und begründen zu lassen. Zu den Zielen bzw. Vorteilen kann auch gehören, Zeit für eine treffende Antwort zu gewinnen, Überraschung zu kaschieren, Missverständnisse zu vermeiden, den Gesprächspartner in „Zugzwang" zu versetzen. Zu den Nachteilen gehören der Zeitverbrauch und das Risiko, affektive Reaktionen zu provozieren.

Rhetorische Entgegnung oder Frage: Beispiele sind: „Sind wir da in unserem Interesse an einer sinnvollen Umgangsregelung so weit auseinander?", „Ihre Grundidee zu einer Umgangsvereinbarung ist durchaus interessant". Zu den Zielen bzw. Vorteilen gehört, dem Gesprächspartner das Gefühl zu vermitteln, er werde verstanden bzw. bestätigt, es bestehe Einklang. Das Gesprächsklima kann verbessert und die Konsensbereitschaft des anderen eventuell erhöht werden. Zu den Nachteilen zählt die Gefahr eines phrasenhaften oder seichten Gesprächsverlaufs. Bei unzureichendem Geschick und/oder mangelnder Authentizität können Misstrauen und Unwillen erzeugt werden. Dies gilt auch für das „Taktische Bestätigen" als einer Variante. Mit Äußerungen wie „Ja, das verstehe ich gut" oder „Das ärgert Sie" sollen Vorteile auf der Beziehungsebene erreicht werden, nämlich die gefühlsmäßige Einstellung des Gesprächspartners zu stabilisieren, Vorurteile und Ängste abzubauen und Vertrauen zu erzeugen.

Reflexion: Eine Steigerung in dieser Richtung ist, wenn dem Gesprächspartner sein Einwand „gespiegelt“ bzw. paraphrasiert wird, d.h., der wesentliche Inhalt wird in eigenen Worten zusammengefasst, z.B. „Sie befürchten also zurzeit, dass ...“. Dadurch wird zugleich rückgemeldet, dass zugehört und der Einwand richtig verstanden wurde. Missverständnissen wird vorgebeugt, die Mitteilungsbereitschaft wird verstärkt. Dies bringt Information, es kann aber auch überborden und zu Weitschweifigkeiten führen. Die Führung des Gesprächs kann verloren gehen. Bei Überdosierung dieser Methode kann es zu Störungen durch Unwillen und Abkehr des Gesprächspartners kommen, z.B. weil er sich nicht ernst genommen fühlt.

Wenden von Einwänden: Hier geht es um das „Ja, aber ...“-Prinzip. Die taktische Zustimmung zum Einwand soll dazu führen, dass sich der andere akzeptiert fühlt. Zugleich wird der Gegen-Einwand eingewoben. Das „Aber“ kann mehr oder weniger auffällig sein. Es kann auch „allerdings“ oder „andererseits“ heißen, es kann auch als Gegenfrage formuliert sein, z.B. „Haben Sie dabei bedacht ...?“. Wieder besteht die Gefahr, dass die Taktik durchschaut und Ärger provoziert wird, vor allem bei zu häufigem Gebrauch.

Abwägen von Vor- und Nachteilen: Ein Spezialfall des Wendens von Einwänden ist, die Aufmerksamkeit darauf zu lenken, dass „alles zwei Seiten hat“. Eine betreuende Mutter verweigert beharrlich, die Umgangsregelung des Kindes mit dem Vater auf ein Wochenende mit Übernachtung auszuweiten. Die Begründung ist diffuses Misstrauen. Dieser Einwand wird ihr nicht ausgeredet oder lächerlich gemacht. Vielmehr wird als Vorteil entgegengehalten, dass die Mutter auch freie Wochenenden hätte, an denen sie viel unternehmen könnte.

Umdeuten: Der Widerstand einer Mutter gegen den Wunsch des Vaters nach einer längeren Urlaubsreise mit dem Kind wird nicht als Aggression, sondern als Sorge thematisiert. Das ist das Prinzip des Umdeutens, innerhalb des Neurolinguistischen Programmierens (NLP) als „Reframing-Technik“ bekannt geworden. Ein Einwand wird in einen neuen Rahmen gesetzt. Der Sachverhalt wird anders gesehen, er erhält in einem anderen emotionalen Zusammenhang eine neue Bedeutung.

Relativieren: Ein Einwand wird in Bezug gesetzt zu anderen möglichen Entgegnungen. Es wird klargestellt, dass er nur einer von mehreren möglichen Gegenmeinungen ist. Auch kann gefragt werden, ob wirklich alle wichtigen Konsequenzen für verschiedene Beteiligte, z.B. das Kind, ausreichend bedacht wurden.

Zurückstellen des Einwandes: Es wird um Einverständnis gebeten, später auf den Einwand einzugehen, weil erst ein Problem zu Ende geführt werden soll oder der Gegenstand des Einwandes sowieso zu einem späteren Zeitpunkt geplant war.

Umkehrung: Der Einwand wird angezweifelt mit einem Gegeneinwand, z.B.: „An Ihren Bedenken fehlt mir der Bezug zu den Wünschen des Kindes“, „Steht dieser Einwand nicht in Widerspruch zu dem, was Sie vorhin gesagt haben?“ Zu den Zielen zählt, den Gesprächspartner zum Nachdenken zu veranlassen oder zu verunsichern und selbst Zeit zum Nachdenken zu gewinnen.

Offenbarung: Zuweilen kommt es z. B. im Jugendhilfebereich vor, dass ein Gesprächspartner ständig Vorschläge ablehnt, Problemlösungen verwirft und deshalb selbst zum personifizierten Einwand wird. Da dies ein Agieren auf der Beziehungsebene ist, kann deren bewusstes Ansprechen sinnvoll sein, z. B. „Ich habe den Eindruck, dass Sie kein ernsthaftes Interesse daran haben, mit mir (uns) gemeinsam das Problem zu lösen". Es kann die Frage angeschlossen werden, unter welchen Voraussetzungen denn überhaupt eine Diskussion stattfinden könnte. Ziel ist, ein fruchtloses, nur scheinbar auf der Sachebene stattfindendes Gespräch zu unterbrechen bzw. auf der Beziehungsebene fortzusetzen. Die eigenen Bedenken können formuliert und die Gründe der Blockierung durch den anderen erkundet werden.

Stärkung des eigenen Arguments: Wenn der Einwand nicht entkräftet werden soll oder kann, bleibt die Möglichkeit, das eigene Argument zu untermauern. Das kann geschehen, indem ausgeführt wird, dieses eigene Argument entspreche der Meinung der Mehrheit oder der Fachwelt oder einer namentlich genannten Kapazität auf diesem Gebiet, es sei durch das Gesetz oder durch empirische Untersuchungen gestützt. Damit können zuweilen nutzlose und langwierige Diskussionen verkürzt oder schwer korrigierbare Ansichten verunsichert werden. Der Vorwurf des Autoritätsbeweises ist allerdings nicht auszuschließen.

Abfragen weiterer Einwände: Der Gesprächspartner wird gefragt, welche weiteren Argumente seinen Standpunkt noch verdeutlichen oder vervollständigen können oder ob es noch weitere Einwände gibt. Informationsgewinn kann auf der Sachebene angezielt werden, die Vermittlung von Akzeptanz auf der Beziehungsebene. Zu den Risiken gehören Misstrauen und das Gefühl, in die Enge getrieben zu werden.

Unterstellen einer Annahme: Ein Richter sagt zu einem Vater: „Mal angenommen, die besprochenen Zwangsmaßnahmen veranlassen die Kindesmutter, dem Umgang zwischen Ihnen und Ihrer Tochter zuzustimmen" oder „Wenn wir davon ausgehen, Ihre Meinung ist richtig, dann …". Er kann damit z. B. erreichen, dass überhaupt Raum und Bereitschaft entstehen, über verschiedene Alternativen oder Folgen zu sprechen. Es kann der Eindruck vermieden werden, dass es bereits Festlegungen gibt. Dadurch kann mehr Offenheit erreicht werden. Außerdem ergeben sich diagnostisch wertvolle Rückschlüsse auf die Fähigkeit und Bereitschaft des Gesprächspartners zu flexibler Problemlösung und zum Nachdenken über Folgen.

3.9 Querulanz als spezifische Konfliktquelle

3.9.1 Der Querulant als Teilnehmer am Rechtsgeschehen

Die Wahrscheinlichkeit von Kooperation bzw. von Konfliktbeilegung überhaupt schwindet, und affektive Aufschaukelungen häufen sich, wenn Streitparteien hartnäckig durch Beschwerdeverfahren, Befangenheitsanträge, unreale Ansprüche oder gar Beleidigungen usw. Juristen, Gutachter oder Jugendämter übermäßig und beratungsresistent beschäftigen. Die dadurch Beschäftigten sind versucht, die Akteure mit dem

Wort „Querulant“ zu etikettieren. Zwar reicht die Beurteilung des Phänomens von „Salz in der Suppe“ bis „Plage“, und die vermutete Häufigkeit variiert offenbar mit der eigenen Toleranz, dennoch geht es um ein Thema von gleich bleibender Aktualität im justiziellen und besonders im zivilrechtlichen Bereich. Der Begriff soll seinen Ursprung im römischen Recht haben (Möllhoff 1990). Er wurde u.a. in der Allgemeinen Gerichtsordnung für die Preußischen Staaten von 1793 definiert. Eine aktuelle gesetzliche Definition fehlt, wodurch Gutdünken und Beliebigkeit im Gebrauch des Begriffs gefördert werden.

Nach Dinger und Koch (1992, 5) gelten „im Bereich der Justiz als Querulanten solche Personen, die durch ständige Prozesse und Beschwerdeverfahren die Arbeitskapazität von Justizpersonen stark beanspruchen, ohne dass die bestehenden Konflikte befriedigend gelöst werden können“. Wir folgen dieser Definition, da sie weitgehend ohne Bewertung auskommt, auf der Verhaltensebene bleibt und damit erlaubt, Querulanz im Rahmen moderner psychologischer Paradigmen, z.B. als Interaktionsphänomene, zu betrachten. Im Folgenden werden mögliche Sichtweisen auf das Querulanzproblem beschrieben.

3.9.2 Beurteilung von Querulanz

3.9.2.1 Querulanz als Eigenschaft

Lange Zeit dominierten einseitig eigenschaftsorientierte Auffassungen. Sie bestimmen wohl auch heute noch Alltagsurteile. Es werden Merkmale zugeschrieben wie z.B. hartnäckig, uneinsichtig, streit- und nörgelsüchtig, verletzbar, geltungsbedürftig, misstrauisch oder von übertriebenem Gerechtigkeitssinn getrieben. Eine Steigerung sind psychopathologische Erklärungen. Von der Annahme ererbter Affektanomalie (Schüle 1886) über die Paranoia-Theorie Kraepelins (1893), die Psychopathievermutung von Raecke (1926), die „Rechtsneurose“ bei Kolle (1931) – bis hin zu psychoanalytischen Bezüge zu Narzissmus oder zur ständigen Wiederholung des Kampfes gegen väterliche Autorität. Für Saß (2010, 223) stellt Querulanz eine „krankhafte Steigerung einer Tugend, des Rechtsgefühls“ dar, in besonders ausgeprägter Form durch den „Kampfparanoiker“ vertreten. Und im Rechtslexikon von 2012 steht noch immer: „Bei Querulanten handelt es sich meist um psychisch kranke Menschen.“(Rechtslexikon.net. 2012, o. S.). Zwar ist die einseitige Orientierung auf psychopathologische Grundlagen querulatorischen Verhaltens unangemessen. Dessen ungeachtet zeigen sich extreme Varianten, die diesen Bezug rechtfertigen. Wahrscheinlich ist Dietrich und Claassen (2012, 44) zuzustimmen, die von einem Spektrum mit fließendem Übergang „vom Gesunden bis zum ausgeprägtem Wahn“ ausgehen. Soweit nach Merkmalen krankhaften Ausmaßes gesucht wird, können bestehende Klassifikationen psychischer Störungen wie DSM-V oder ICD-10 Orientierung geben. So wird im ICD-10 (Bundesinstitut für Arzneimittel und Medizinprodukte 2022) unterschieden zwischen „Querulantenwahn“ als Form einer anhaltenden wahnhaften Störung (F 22.8) und der querulatorischen Persönlichkeitsstörung als spezielle Ausprägung der paranoiden Persönlichkeitsstörung.

Unverändert besteht die Not, querulatorische Verhaltensweisen angemessen einzuordnen. Dies führt dazu, dass in psychologischen und psychiatrischen Gutachten wie auch im Denken und Urteilen von Juristen oder anderen Verfahrensbeteiligten vorschnell auf psychopathologische Kategorien oder in degradierendem Duktus auf randnormale Eigenschaften (s.o.) zurückgegriffen wird. Sinnvoll ist aber, weiter gefasste und flexiblere Erklärungsmöglichkeiten zu nutzen.

3.9.2.2 Querulanz als fehlgelerntes Verhalten

Hier wird davon ausgegangen, dass diese Variante des Verhaltens durch Erfahrungen mit der Umwelt erlernt wurde. Die Relevanz des klassischen Konditionierens könnte im oft festgestellten „Schlüsselereignis" als dem Beginn des querulatorischen Kampfes um Recht erkennbar sein. Das Schlüsselereignis besteht in einer real erlebten rechtlichen Benachteiligung, die zu Reiz-Reaktions-Verknüpfungen im Sinne eines Prägeerlebnisses führt, zu Reizgeneralisierungen („alles, was mit Justiz zu tun hat, will mich bedrohen") oder zu Reaktionsgeneralisierungen („in jeder Angelegenheit werde ich bis zum vollen Erfolg um mein Recht kämpfen"). Zu den Untersuchungsergebnissen von Dinger und Koch (1992) gehört, dass querulatorisch Rechtsuchende häufig von solchen Ereignissen berichten, die als ungerechte, abwertende Behandlung durch Rechtspersonen erlebt werden. Immerhin nennen in den Befragungen auch die Richter für ein Drittel und die Staatsanwälte für ca. zwei Drittel der erlebten Querulanzfälle ungünstige oder fehlerhafte Behandlung durch die Justiz als solche Schlüsselerlebnisse.

Im Sinne des Verstärkerlernens haben eventuelle Erfolgsketten in anderen sozialen Beziehungsfeldern auch lange vor der ersten Konfrontation mit dem Recht die Wahrscheinlichkeit erhöht, dass queruliert wird. Wenn man schließlich noch kognitives Lernen einbezieht, so kann die Selbstwirksamkeitserwartung (Bandura 1977) überhöht sein, d.h., sowohl die Erwartung vom Erfolg eigenen Handelns als auch die eigenen Potenzen zum Erreichen des Erfolgs werden überschätzt. Dass auch Misserfolge nicht korrigierend wirken, kann auf selbstverstärkende Kognitionen zurückgeführt werden. Sie können durch Umdeuten negativer Effekte des Querulierens in Erfolge („ich habe eine weitere Verhandlung erzwungen") entstehen.

3.9.2.3 Querulieren als motiviertes, zielgerichtetes Handeln

Hier wird nach handlungsleitenden Motiven, nach Handlungsplänen und Zielen gefragt. Es finden sich besonders häufig lebenszielartige Ausrichtungen darauf, gesellschaftliche Zustände allgemein oder justizielle Zustände im Speziellen zu verbessern, bestimmte Forderungen durchzusetzen oder Unrecht zu verhindern. Im Verlauf eines Konflikts steigern sich Ansprüche und verselbstständigen sich Ziele. Als Beispiel kann jener Vater dienen, der nach mehrjährigen gerichtlichen Auseinandersetzungen erreichte, dass der Umgangsausschluss rückgängig gemacht wurde, dann aber weiter prozessierte, um Rehabilitation und Gerechtigkeit gegenüber der Kindesmutter durchzusetzen und schließlich über Internet und andere Publikationen um „Rechte für alle Väter" kämpfte. Oft werden die mit dem querulatorischen Handeln verbundenen Intentionen zunehmend zentral und zum monothematischen Lebensziel, der Kampf mit dem Recht wird Lebensgestaltung. Die Mittel werden rigoroser, die Schriftsätze häufiger und länger, Anlagen und Fußnoten umfangreicher, die Vielfalt an Hervorhebungen durch Unterstreichung, Markierung mit Farbe oder Großschrift nehmen zu.

3.9.2.4 Querulieren als gestörte Kommunikation

Je länger ein Konflikt zwischen einem Querulanten und einem Repräsentanten des Rechts andauert, desto mehr verlagert er sich von der Sach- auf die Beziehungsebene. Der Querulant interpretiert den mangelnden Erfolg in der Sache als Angriff auf die eigene Person, reagiert gekränkt und greift zu Attacken auf der Beziehungsebene. Er zweifelt die Neutralität des Richters an oder stellt Befangenheitsanträge. Der eigentlich angezielte Sachaspekt tritt in den Hintergrund.

Der faire Rechtsrepräsentant sieht sich genötigt, über die Motive und Ziele des Querulanten nachzudenken, sei es, weil er ihn nicht ungerecht behandeln will, sei es um seiner Selbstachtung willen. Er kann sich bemühen, das Verhalten als Beispiel engagierten Durchsetzens von Rechten zu interpretieren. Bei Autoritätsbefangenheit kann er den Widerstand als gegen ihn als Person gerichtet deuten, d.h. die Motive disqualifizieren und nun den Querulanten erst recht in seine Schranken verweisen wollen. Er ist auf die Beziehungsebene geglitten. Allerdings ist er dabei an die Formen rechtlicher Prozeduren und an Prozessnormen gebunden. Diese können aber auch trefflich als Versteck oder als Mittel des Agierens auf der Beziehungsebene dienen. Schnell kommt es dann zur Diskrepanz zwischen den verbalen Informationen zum Inhaltsaspekt und den nonverbalen Informationen zum Beziehungsaspekt. Der Richter redet über rechtliche Regelungen, die „leider" nur dies oder das zulassen, und sendet nonverbal Gekränktsein über den Widerstand oder gar Häme. Der Querulant kann „nachziehen" bzw. „mit gleicher Münze" heimzahlen.

Wer nun zuerst die Sachebene verließ und den Konflikt auf der Beziehungsebene austrug – der Querulant oder der Rechtsrepräsentant –, das ist oft eine Frage der Interpretation bzw. in der Terminologie der Kommunikationstheorie eine Frage der willkürlichen Interpunktion in eigentlich kreisförmigen Abläufen. Jedes Verhalten ist Ursache und Wirkung (Watzlawick u.a. 2017). Aber der Richter kann im Rahmen seiner Amtsmacht eine (rechts-)gültige Interpunktion setzen, indem er z.B. eine Ordnungsstrafe für den Querulanten beschließt. Das kennzeichnet eine weitere kommunikationstheoretische Prämisse: Wir haben es mit einer komplementären Kommunikation (Watzlawick u.a. 2017) zu tun, d.h. mit Ungleichheit infolge der Legitimationsmacht des Richters. Je starrer diese gehandhabt wird, desto mehr trägt sie zur Konfliktentwicklung bei. Die Legitimationsmacht des Richters schließt Verantwortung für Metakommunikation ein. Dies kann z.B. bedeuten, dass er sich gewissermaßen aus den kommunikativen Kreisprozessen oder Sackgassen „erhebt" und prüft, wer eigentlich auf welcher Ebene – Inhalts- oder Beziehungsebene – kommuniziert, welche Art von Botschaften ausgetauscht werden, wie Macht oder Ohnmacht die Kommunikation verändern. Es könnte helfen, den Querulanten besser zu verstehen, den eigenen Anteil am Konfliktgeschehen zu erkennen und Lösungen abzuleiten.

3.9.2.5 Querulanz als Zuschreibungseffekt

Der „Labeling-Ansatz" – entwickelt bei der Erklärung kriminellen Verhaltens – geht am konsequentesten von der individuumsbezogenen zur interaktionalen Sicht über. Querulanz ist nach diesem Ansatz ein Ergebnis justizieller Zuschreibungen und sozialer Konstruktion (Blankenburg 2002). Es gäbe sie nicht, würde niemand dieses Etikett

„Querulant" einer Person zuordnen. Mit Verzicht auf die Zuschreibung verschwindet das Phänomen. Die Zuschreibung ist als Prozess zu verstehen: Am Beginn verletzt der Querulant noch keine Rechtsnorm. Aber das Streben nach „seinem Recht" oder der Gerechtigkeit setzt er exzessiver als andere Rechtssuchende in Handeln um. Das bereitet dem Sachwalter des Rechts Mühe und Aufwand. Daraus wird die Rechtfertigung abgeleitet, dieses Handeln als unnormal abzuwerten oder gar zu sanktionieren. Dies kann informell und subtil oder auch formell und öffentlich geschehen. Eine spezielle Variante ist das Zuschreiben böswilliger Absichten. Eine Steigerungsform ist, dass nicht mehr nur das Verhalten als deviant etikettiert wird, sondern die Persönlichkeit, z.B. indem zudem die geistige Verfassung in Frage gestellt wird. Das erhöht die Palette möglicher formeller Sanktionen, z.B. Begutachtung oder Absprechen der Prozessfähigkeit.

Fazit: Keiner der genannten Erklärungsansätze kann allein genügen. Sie sind nicht nur kompatibel, sondern ergänzen und überschneiden sich. Ohne lerntheoretische Annahmen kommt kaum ein anderer Ansatz aus. Eskalationen des Querulierens durch Zuschreibung funktionieren nur mit Kommunikationsparadoxa wie dem Prinzip „Mehr desselben". Die Möglichkeit des Zugriffs auf verschiedene Modelle erweist sich letztlich als günstig, ja unverzichtbar, weil das Phänomen „Querulanz" so viele Facetten hat.

3.9.3 Umgang mit Querulanz

Auf zwei Ebenen kann der Umgang des Rechtsrepräsentanten mit einschlägigen Verhaltensweisen gesteuert werden, über Selbstmanagement, d.h. die Regulierung eigener Reflexionen, Urteilsneigungen und Verhaltenssituationen, und über Interaktionsmanagement, d.h. die Regulierung von Aktionen und Reaktionen. Beides ist auch Konfliktmanagement. Im ersten Fall geht es um die unweigerlich entstehenden inneren Konflikte, im zweiten um die interpersonellen Konflikte.

3.9.3.1 Selbstmanagement

Vermeidung pauschalisierender Typenbildung: *Den* Querulanten gibt es nicht. Zwar gibt es durchgehende Merkmale und auch Folgen, z.B. erhöhter Arbeitsanfall, die zur Typisierung veranlassen, aber die Unterschiede fallen eigentlich viel mehr ins Gewicht. Es können berechtigte Anliegen vorliegen oder auch nicht. Die Mittel waren zunächst angemessen und erst brüske Abwehr führt zum Exzess, oder die Mittel waren von vornherein inadäquat. Die Öffentlichkeit wird einbezogen oder eher vermieden. Der juristische Sachverstand kann ausgeprägt oder gering sein. Verfestigte Verhaltensdispositionen bzw. Persönlichkeitseigenschaften können den Antrieb bilden, aber auch die aktuellen Reaktionen auf Ereignisse oder Situationen.

Eine sinnvolle Selbstprävention könnte sein, den Begriff „Querulant" aus dem Arbeitsvokabular zu streichen. Er öffnet eine Schublade und verkörpert Vorurteile. Er hat eine Entlastungsfunktion und fördert undifferenzierte Abwehr („Solche Leute sind gestört, ich kann das nur eindämmen"). Damit wirkt sein Gebrauch potenziell eskalierend und kann zu einer sich selbst erfüllenden Prophezeiung führen. Wenn hier der Begriff verwendet wird, so vor allem, um Verständigung über ein Phänomen auf der Metaebene zu erreichen, das üblicherweise so etikettiert ist.

Differenzierte Motivbeurteilung: Wie für jedes menschliche Verhalten gilt auch hier, dass es nicht *das* Motiv gibt, sondern meist mehrere. Sie können in ihrer Bedeutung wechseln, sie können egozentrisch oder sozial ausgerichtet sein. Der Repräsentant des Rechts kann es nicht vermeiden, sich nach Motiven des Querulierenden zu fragen. Was er feststellt, ist aber auch Ergebnis seiner Urteilstendenzen. Sie bestimmen mit, ob das unbequeme Verhalten des widerständigen Rechtsteilnehmers als Ausdruck von Verzweiflung und Hilflosigkeit erkannt oder als Folge psychopathologischer Eigenschaften angesehen wird, ob soziales Engagement oder Gerechtigkeitsstreben als Beweggrund zuerkannt wird, ob die auslösende Funktion von Verfahrensfehlern berücksichtigt oder ob infolge hoher Autoritätsbefangenheit ein Angriff auf die eigene Person attribuiert wird – letztendlich ob pauschal Etiketten verteilt werden wie Streithammel, Prozesshansel, Querkopf, Rechthaber und Krakeeler.

Den interaktiven Prozess sehen: Durch den hohen Aktivitätsgrad und die Beharrlichkeit des Rechtsuchenden wird eine Entwicklung in Gang gesetzt, in die der Rechtsrepräsentant oft „hineingezogen" wird. Er nimmt, ob er will oder nicht, an einer Interaktion teil, die sich verändert. Er beeinflusst die Veränderung mit, produktiv bzw. konfliktmindernd oder eskalativ. Sieht er den Konflikt als interaktiven Prozess mit Selbstbeteiligung, erweitert er die eigenen Reaktionsmöglichkeiten. Das kann Stresserleben mindern und dient insofern auch dem Selbstschutz. Selbstreflexion ist dabei eingeschlossen, z.B. über die Motive des eigenen Reagierens. Geht es wirklich um sachadäquate Problemlösung? Oder steht das Streben nach Sieg und persönlicher Genugtuung im „Kampf" mit dem Querulanten im Vordergrund oder die Absicht, Belastungen zu reduzieren? Welche Belastungen werden erlebt? Überforderung von Kapazitäten, z.B. Zeitverbrauch, Stresserleben durch Ärger, Erregung über die Konfrontation mit sachfremden, rechtsfernen Zielen und Mitteln? Oder wirkt gar belastend, dass tatsächliche Unrechtmäßigkeiten bzw. Ungerechtigkeiten, institutionelle Missstände oder individuelle Versäumnisse der Rechtsperson Gegenstand des Widerstandes sind?

Metakommunizieren: Der Repräsentant des Rechts hat die Verantwortung für die Konfliktbearbeitung. Rechtlich drückt sie sich z.B. in der Prozessleitung nach § 136 ZPO aus, psychologisch u.a. in der Verantwortung für effektive Kommunikation. Eine Möglichkeit dazu ist Metakommunikation, d.h. „der Blick von oben" auf den Austausch von Informationen, an dem er selbst beteiligt ist.

Grenzen des Rechts erkennen: Die Affektbesetztheit vorangeschrittener Auseinandersetzung in Querulanzfällen verschließt oft den Blick dafür, dass eine Lösung mit Mitteln des Rechts gar nicht möglich ist, weil die Ansprüche des Querulanten bereits die Rechtsebene verlassen haben oder weil es mit dem gegebenen Rechtssystem nicht möglich ist, zugleich alle geltenden Normen durchzusetzen und jedem Einzelfall gerecht zu werden (Dinger/Koch 1992). Arbeitskapazitäre Grenzen kommen hinzu (Zeitvolumen, Stellenplan). Solche Grenzen des Rechts einzuberechnen, kann der eigenen Psychohygiene dienlich sein.

3.9.3.2 Interaktionsmanagement

Gerade weil Querulanz so unterschiedlich verursacht ist und in Erscheinung tritt, sind einfache Rezepte des Umgangs damit nicht sinnvoll. Eine sachliche und offene Information über die sichere Erfolglosigkeit weiterer Anträge des Querulanten führt z.B. in einem Fall zu Stillstand, im anderen Fall löst sie eine Flut weiterer Schreiben und Anrufe aus. Vielleicht liegt es daran, dass Empfehlungen und Reaktionen so weit auseinander-gehen. Sie reichen vom Vorschlag spezifischer repressiver Querulanten-Paragraphen über Ermahnungen zu mehr Gelassenheit, aber auch Vorsicht im Umgang mit Querulanten, bis hin zur Forderung, vorhandene Möglichkeiten des Rechts effektiver zu handhaben.

Bei den Forderungen nach mehr Gebrauch des Rechts wie auch im realen Rechtsgeschehen spielen dabei eine Rolle:

- Prüfung der Prozessfähigkeit bzw. -unfähigkeit,
- Prüfung der Geschäftsfähigkeit bzw. -unfähigkeit,
- Entmündigung oder Pflegschaft,
- Vorwurf des Rechtsmissbrauchs bzw. der missbräuchlichen Nutzung von Klagen und Rechtsbehelfen (z. B. zur Abwehr eindeutig missbräuchlicher, wiederholender und den Streit verlängernder Anträge zur selben Sache),
- Auferlegung von Missbrauchsgebühren (bis zu 2600 € laut § 34 BVerfGG). Begründet wird dies im Beschluss des Bundesverfassungsgerichts vom 23. Februar 2016 (2 BvR 63/16) mit den Worten: „Das Bundesverfassungsgericht muss es nicht hinnehmen, dass es durch eine derart sinnentleerte Inanspruchnahme seiner Arbeitskapazität bei der Erfüllung seiner Aufgaben behindert wird und dadurch anderen Rechtsuchenden den ihnen zukommenden Grundrechtsschutz nur verzögert gewähren kann".

So notwendig solche äußersten Mittel sein können, so sehr ist immer zu bedenken, dass sie querulatorische Aktivitäten steigern und insofern Konflikte verschärfen können. Eine Alternative unter lernpsychologischer Sicht ist beispielweise (bei entsprechenden Voraussetzungen):

Statt Sanktionierungen zu verhängen, um unerwünschtes Querulieren zu unterdrücken, eher die Attraktivität, d.h. den Belohnungswert, alternativen Verhaltens zu steigern, z.B. der gerichtlichen oder vorgerichtlichen Einigung. Auf welchem Weg dies geschieht, hängt auch von der Kreativität des Rechtsrepräsentanten ab. Oft stehen z.B. Bedürfnisse nach Anerkennung im Mittelpunkt querulatorischen Agierens. Wie vermag der Richter diesem Bestreben gerecht zu werden und eventuell sogar dem Querulanten die Vorteile einer Einigung im Konflikt als positiv für das Geltungsstreben zu vermitteln? Und kann nicht oft ohne große Mühe dem Bedürfnis nach Beachtung entsprochen werden durch erkennbare Sorgfalt beim Bearbeiten des Anliegens, bei der Abfassung von Schriftstücken, auch durch das Eingehen auf Rückfragen? In Frühstadien haben die Methoden der Mediation ihre Berechtigung. Das Gespräch kann sinnvoll sein, darf aber nicht zum Selbstzweck verkommen. Wenn es vom Querulanten nicht gesucht oder wenn es missbraucht wird als weiteres Forum exzessiver Ansprüche, dann geht es nicht mehr um die Suche nach der „richtigen" Gesprächsführung. Aber oft ist es auch erst das Gespräch, das diesen Status erkennen lässt.

Wenn die Möglichkeiten des Rechts mit dem vorliegenden Konflikt überfordert sind, dann sollte das offen dargelegt werden. Es ist dann sinnvoller, die Ohnmacht des Rechts zu vermitteln, als sich auf Scheingefechte jenseits des Rechts einzulassen.

Viele der genannten Reaktionsmöglichkeiten stoßen oft an die Grenzen des Machbaren, z.B. vom Zeitbudget her, aber auch unter dem Aspekt, dass das Bemühen um den Querulanten nicht zur Benachteiligung anderer Prozessteilnehmer führen darf. Der Diffizilität dieser Problematik entspricht die mangelnde Präsenz des Themas Querulanz in der Aus- und Weiterbildung von Juristen nicht.

4 Die elterliche Sorge

4.1 Rechtliche Grundlagen

4.1.1 Elterliche Sorge

Sind Eltern bei der Geburt eines Kindes miteinander verheiratet, so setzt es § 1626a BGB stillschweigend voraus, steht ihnen die elterliche Sorge gemeinsam zu. Sind sie es nicht, steht der Mutter die Sorge allein zu. Das gemeinsame Sorgerecht für ein nichtehelich geborenes Kind können Eltern erlangen,

- indem sie einander heiraten (§ 1626a Abs. 1 Nr. 2 BGB),
- eine gemeinsame Sorgeerklärung abgeben (§ 1626a Abs. 1 Nr. 1 BGB) oder
- das Familiengericht ihnen die gemeinsame Sorge überträgt (§ 1626a Abs. 1 Nr. 3 BGB).

Diese Übertragung der elterliche Sorge oder eines Teilbereichs auf beide Eltern ist auf Antrag eines Elternteils durch das Familiengericht möglich, wenn die Übertragung dem Kindeswohl nicht widerspricht. Letzteres wird vermutet, wenn der andere Elternteil keine Gründe vorträgt, die der Übertragung der gemeinsamen Sorge entgegenstehen können und solche Gründe auch sonst nicht ersichtlich sind (§ 1626a Abs. 2 BGB). Es erfolgt eine negative Kindeswohlprüfung, eine positive Feststellung, dass die gemeinsame Sorge dem Kindeswohl entspricht, ist nicht erforderlich, womit der Gesetzgeber unter Berufung auf frühere Rechtsprechung des Bundesverfassungsgerichts (BVerfG, 1 BvL 20/99 vom 29.01.03) der sozialwissenschaftlichen Erkenntnis Rechnung trug, dass die gemeinsame elterliche Sorge grundsätzlich den Bedürfnissen des Kindes nach Beziehungen zu beiden Elternteilen entspricht (BT-Drs. 17/11048).

Das familiengerichtliche Verfahren hat nach § 155a Abs. 2 i.V.m. § 155 FamFG Vorrang und wird beschleunigt durchgeführt. Das Gericht stellt dem anderen Elternteil den Antrag auf Übertragung der gemeinsamen Sorge zu und setzt ihm eine Frist zur Stellungnahme, die für die Mutter frühestens sechs Wochen nach der Geburt endet. Werden keine Gründe gegen die gemeinsame elterliche Sorge benannt oder sonst ersichtlich, wird nach § 155a Abs. 3 FamFG ein vereinfachtes Verfahren durchgeführt: Das Familiengericht soll dann im schriftlichen Verfahren ohne Anhörung des Jugendamts und ohne persönliche Anhörung der Eltern entscheiden. Werden Gründe benannt oder auf sonstige Weise bekannt, die der gemeinsamen elterlichen Sorge entgegenstehen können, hat das Gericht nach § 155a Abs. 4 FamFG binnen Monatsfrist einen Termin zu bestimmen, in dem es die Sache mit den Beteiligten erörtert und das Jugendamt anhört. Eine zum Schutz der Mutter bestehende Karenzfrist von sechs Wochen nach der Geburt ist auch bei der Terminierung zu berücksichtigen.

Nach § 1627 BGB haben Eltern die gemeinsame elterliche Sorge grundsätzlich in eigener Verantwortung und in gegenseitigem Einvernehmen zum Wohle des Kindes auszuüben. Bei Meinungsverschiedenheiten müssen sie versuchen, sich zu einigen. Gelingt es gemeinsam sorgeberechtigten Eltern nicht, eine Angelegenheit oder eine Art von Angelegenheiten von erheblicher Bedeutung (s.u.) einvernehmlich zu regeln, kann das Familiengericht die Entscheidung über diese Angelegenheit nach § 1628 BGB einem Elternteil auf Antrag übertragen. Es weist dabei lediglich Entscheidungsbefugnisse zu, trifft jedoch keine Entscheidung, da dies dem Verhältnismäßigkeitsgrundsatz widersprechen würde. Prüfkriterium ist das Kindeswohl (Grüneberg 2022, § 1628 Rn. 8 und 9).

Der Ehegatte eines allein sorgeberechtigten Elternteils, der nicht Elternteil ist, hat im Einvernehmen mit dem Sorgeinhaber die Befugnis zur Mitentscheidung in Angelegenheiten des täglichen Lebens (§ 1687b Abs. 1 BGB). Diese Befugnis kann vom Familiengericht eingeschränkt oder ausgeschlossen werden, wenn dies zum Wohle des Kindes erforderlich ist, sie besteht nicht, wenn die Ehegatten dauerhaft getrennt leben (§ 1687b Abs. 3 und 4 BGB). Der Ehegatte ist bei Gefahr im Verzug berechtigt, alle Rechtshandlungen vorzunehmen, die zum Wohl des Kindes notwendig sind, muss jedoch den Sorgeinhaber unverzüglich benachrichtigen (§ 1687b Abs. 2 BGB). Gleiches sieht das Lebenspartnerschaftgesetz für eingetragene Lebenspartnerschaften vor. § 9 Abs. 1–4 LPartG gilt hier entsprechend.

4.1.2 Elterliche Sorge bei Trennung

Leben Eltern nicht nur vorübergehend getrennt und beantragt kein Elternteil die Abänderung einer bestehenden gemeinsamen elterlichen Sorge, bleibt sie ohne gerichtliche Prüfung bestehen. Der Gesetzgeber geht nicht von einer grundsätzlichen Gefährdung des Kindes im Trennungsprozess der Eltern und besonderen Verantwortung des Staates zur Ausübung seines Wächteramtes nach Artikel 2 Abs. 2 S. 2 GG aus. Es gelten lediglich die Eingriffsvoraussetzungen des § 1666 BGB *(Kapitel 6)*.

Die oben erläuterten §§ 1627 und 1628 BGB gelten auch nach einer Trennung. Gleichwohl regelt § 1687 BGB für diesen Fall Alleinentscheidungsbefugnisse. Anknüpfungspunkt ist, neben dem gemeinsamen Sorgerecht, das dauerhafte Getrenntleben der Eltern, wobei eine räumliche Trennung nicht erforderlich ist, aber der erkennbare ernsthafte Trennungswille mindestens eines Elternteils. Alleinentscheidungsbefugnisse sollen die Praktikabilität der gemeinsamen elterlichen Sorge erhöhen, da die Notwendigkeit zur ständigen Kommunikation zu Auseinandersetzungen über vergleichsweise unwesentliche Streitfragen führen und dies den Fortbestand der gemeinsamen Sorge gefährden könnte.

Ausschlaggebend für unterschiedliche Entscheidungsbefugnisse ist dabei der rechtmäßige, also der einvernehmlich geregelte oder aufgrund einer gerichtlichen Entscheidung bestehende gewöhnliche Aufenthaltsort des Kindes. Die Frage, ob der gewöhnlich nicht betreuende Elternteil an einer Entscheidung zu beteiligen ist, orientiert sich an der Tragweite der zu treffenden Entscheidungen. § 1687 BGB differenziert zwischen drei Entscheidungsbefugnissen:

- *Angelegenheiten, deren Regelung für das Kind von erheblicher Bedeutung ist:* Für diese Entscheidungen ist nach § 1687 Abs. 1 S. 1 BGB das Einvernehmen beider sorgeberechtigten Elternteile erforderlich. Zu diesen Entscheidungen, die nur schwer oder gar nicht abzuändernde Auswirkungen auf die Entwicklung des Kindes haben, gehören etwa Abstimmungen über Erziehungsgrundsätze, die Wahl des Kinderbetreuungsmodells *(Abschnitt 4.5)*, die Regelung des Umgangs, die Aufenthaltsbestimmung, vor allem wenn Wohnortwechsel unter Umständen sogar ins Ausland erfolgen sollen (auch Heim- und Internatsunterbringungen), die Wahl der Kinderbetreuungseinrichtung, die Ausbildungs- und Berufswahl (z.B. die Wahl der Schulart, der konkreten Schule und Schulwechsel), Fragen der religiösen Erziehung (z.B. der Religionszugehörigkeit, der Taufe und der Teilnahme am Religionsunterricht), der medizinischen Versorgung (z.B. medizinische Eingriffe mit erheblichen Risiken, auch Schutzimpfungen (BGH, XII ZR 157/16 vom 03.05.17) und der Verwaltung des Kindesvermögens.

- *Angelegenheiten des täglichen Lebens*: Diese Entscheidungen kann nach § 1687 Abs. 1 S. 2 BGB der Elternteil, bei dem sich das Kind gewöhnlich aufhält, allein treffen. Gemeint sind Entscheidungen, die häufig vorkommen und nicht von grundlegender und unabänderbarer Bedeutung für die Entwicklung des Kindes sind. Dies schließt auch die Befugnis ein, dazugehörige Rechtsgeschäfte für das Kind allein zu tätigen. Hierzu gehören wiederkehrende (Routine-)Entscheidungen, die alltagspraktische Fragen der täglichen Betreuung, des schulischen und beruflichen Lebens, der gewöhnlichen medizinischen Versorgung und der Vermögensverwaltung betreffen. Diese Alleinentscheidungsbefugnis orientiert sich am Eingliederungsmodell, nicht am paritätischen Wechselmodell mit gleich verteilten Betreuungsanteilen beider Elternteile *(Abschnitt 4.5.1)*. Auch vom BGH (XII ZB 601/15 vom 01.02.17) wurde offen gelassen, ob die Alltagssorge wie die tatsächliche Betreuung mit dem Kind in diesen Fällen mit dem jeweiligen Aufenthalt des Kindes wechselt (Grüneberg 2022, § 1687 Rn. 2b; Hammer 2015).

- *Angelegenheiten der tatsächlichen Betreuung:* Eine Alleinentscheidungsbefugnis in Angelegenheiten der tatsächlichen Betreuung steht nach § 1687 Abs. 1 S. 4 BGB dem gewöhnlich nicht betreuenden Elternteil zu, wenn sich das Kind bei ihm aufhält (Umgang). Die Befugnis ist auf die tatsächliche Betreuung beschränkt und schließt mit Ausnahme des Notvertretungsrechts (s.u.) kein Vertretungsrecht ein. Hierzu zählen etwa Fragen zu Bettgehzeiten, der Bekleidungswahl, der Freizeitgestaltung, der Hygiene (Völker/Clausius 2021, § 1 Rn. 337).

Neben diesen Regelungen gilt das Notvertretungsrecht, auf das § 1687 Abs. 1 S. 5 BGB verweist. Nach § 1629 Abs. 1 S. 4 BGB ist jeder Elternteil bei Gefahr im Verzug dazu berechtigt, alle Rechtshandlungen vorzunehmen, die zum Wohl des Kindes notwendig sind; der andere Elternteil ist unverzüglich zu benachrichtigen.

Nach § 1687 Abs. 2 BGB kann das Gericht die Alleinentscheidungsbefugnisse in Angelegenheiten des täglichen Lebens und der tatsächlichen Betreuung einschränken oder ausschließen, wenn dies zum Wohle des Kindes erforderlich ist. Die Eingriffsschwelle liegt damit niedriger als bei § 1666 BGB (Grünberg 2022, § 1687, Rn 11).

Im Zusammenhang mit allen zu treffenden Entscheidungen ist hervorzuheben, dass auch für Eltern mit gemeinsamem Sorgerecht die Wohlverhaltensklausel des § 1684 Abs.

2 S. 1 BGB gilt. Die Eltern haben alles zu unterlassen, was das Verhältnis des Kindes zum jeweils anderen Elternteil beeinträchtigt oder die Erziehung erschwert *(Kapitel 3 und 5)*.

Die Übertragung der Alleinsorge bei dauerhaftem Getrenntleben der Eltern regelt § 1671 Abs. 1 BGB. Sie erfolgt nur auf Antrag, antragsberechtigt sind lediglich die Eltern. Beantragt nur ein Elternteil die gesamte oder Teile der Alleinsorge, so kann das Familiengericht die Sorge auch nur diesem Elternteil übertragen. Ansonsten muss ein Gegenantrag des anderen Elternteils gestellt werden. Wie beim Zusammenleben der Eltern kann ein Kind eine Entscheidung über die elterliche Sorge nur erreichen, wenn die Eingriffsvoraussetzungen des § 1666 BGB erfüllt sind. Gleiches gilt für das Jugendamt *(Kapitel 6)*. Auch Entscheidungen des Familiengerichts, die über gestellte Anträge der Eltern hinausgehen, sind nach § 1671 Abs. 4 BGB nur unter den Voraussetzungen des § 1666 BGB möglich.

§ 1671 Abs. 1 BGB lässt folgende Regelungen des Sorgerechts zu:

- *Die Beibehaltung des gemeinsamen Sorgerechts:* Dies ist der Fall, wenn der Antrag eines oder beider Elternteile auf Übertragung der gesamten oder teilweisen Alleinsorge zurückgewiesen wird, weil die Aufhebung der gemeinsamen Sorge dem Wohl des Kindes nicht am besten entspricht.
- *Die Übertragung der gesamten elterlichen Sorge auf einen Antragsteller:* Sie hat für den anderen Elternteil den Entzug des Sorgerechts zur Folge. Er behält ein Umgangsrecht nach § 1684 BGB und ein Recht auf Auskunft nach § 1686 BGB.
- *Die Übertragung von Teilbereichen der elterlichen Sorge auf einen Antragsteller:* Diese Regelung belässt grundsätzlich beiden Elternteilen die gemeinsame elterliche Sorge, überträgt dem Antragsteller jedoch Teile der elterlichen Sorge, oft das Aufenthaltsbestimmungsrecht.
- *Die zeitliche Aufspaltung der elterlichen Sorge:* Hier kann etwa einvernehmlich geregelt werden, dass die elterliche Sorge mit einem bestimmten Zeitpunkt auf den anderen Elternteil übergeht (Grüneberg 2022, § 1671 Rn. 56).

Es gilt der Grundsatz der Verhältnismäßigkeit, d.h., das Gericht soll, sofern dies mit dem Kindeswohl zu vereinbaren ist, möglichst Teilentscheidungen treffen, ansonsten aber die gemeinsame elterliche Sorge bestehen lassen.

Nach § 1671 Abs. 1 BGB ist einem Antrag zur Regelung der elterlichen Sorge stattzugeben, wenn

1. der andere Elternteil zustimmt, es sei denn, dass ein Kind, das das vierzehnte Lebensjahr vollendet hat, der Übertragung widerspricht oder
2. zu erwarten ist, dass die Aufhebung der gemeinsamen Sorge und die Übertragung auf den Antragsteller dem Wohl des Kindes am besten entspricht.

Liegt ein übereinstimmender Elternvorschlag vor und widerspricht ein mindestens 14 Jahre altes Kind nicht, so kann das Familiengericht von einem gemeinsamen Elternvorschlag nicht abweichen. Eine Ausnahme ist lediglich bei einer etwaigen Kindeswohlgefährdung gegeben (s.o.).

Liegt kein übereinstimmender Elternwille vor oder liegt er vor und ein mindestens 14-jähriges Kind widerspricht, hat das Familiengericht in ein am Kindeswohl orientiertes Prüfverfahren nach Nummer 2 einzutreten. Der Widerspruch des Kindes beinhaltet zwar kein Vetorecht, verhindert aber die bloße Übernahme eines gemeinsamen Elternvorschlages durch das Gericht.

Entsprechend der Systematik von Nummer 2 erfolgt die Kindeswohlprüfung in zwei aufeinanderfolgenden Stufen (doppelte Kindeswohlprüfung). Es ist zu prüfen, ob

1. die Aufhebung der gemeinsamen elterlichen Sorge und, wenn ja, ob
2. die Übertragung auf den Antragsteller dem Wohl des Kindes am besten entspricht.

Zwar geht der BGH von einem „ethischen Vorrang", dem Idealbild einer von beiden Elternteilen auch nach ihrer Trennung verantwortungsbewusst im Kindesinteresse ausgeübten gemeinschaftlichen elterlichen Sorge und einer daraus resultierenden Verpflichtung zum Konsens aus, die bloße Pflicht vermag jedoch eine tatsächlich nicht bestehende Verständigungsmöglichkeit nicht zu ersetzen. Wie das BVerfG hebt auch der BGH hervor, dass die gemeinsame elterliche Sorge nicht als Regelfall vorgesehen ist und keine gesetzliche Vermutung besteht, dass sie im Zweifel die für das Kind beste Form der Wahrnehmung elterlicher Verantwortung und die alleinige elterliche Sorge lediglich eine Ausnahmeregelung darstellt (BGH, XII ZB 158/05 vom 12.12.07; BVerfG, 1 BvR 1140/03 vom 18.12.03). Gleichwohl zeigt die Rechtspraxis, dass 2019 nur noch etwa 2 % der Eltern in Deutschland im Zusammenhang mit Ehescheidung eine Regelung der elterlichen Sorge beantragten. Übertrug das Familiengericht das Sorgerecht auf einen Elternteil, so geschah dies in 69 % der Fälle auf die Mutter (Hochgürtel/ Sommer 2021).

Mit Inkrafttreten des Gesetzes zur Reform der elterlichen Sorge nicht miteinander verheirateter Eltern am 19.05.13 ist es dem Vater gemäß § 1671 Abs. 2 BGB bei nicht nur vorübergehendem Getrenntleben der Eltern und Alleinsorge der Mutter gemäß § 1626a Abs. 3 BGB möglich, die volle oder partielle Alleinsorge zu beantragen. Dem Antrag ist stattzugeben, wenn die Mutter zustimmt, die Übertragung nicht dem Kindeswohl widerspricht und das bereits 14-jährige Kind nicht widerspricht (§ 1671 Abs. 2 Nr. 1 BGB) oder die gemeinsame elterliche Sorge nicht in Betracht kommt und zu erwarten ist, dass die Übertragung auf den Vater dem Wohl des Kindes am besten entspricht (§ 1671 Abs. 2 Nr. 2 BGB).

Auch bei einvernehmlicher Übertragung gemäß § 1671 Abs. 2 Nr. 1 BGB besteht eine Prüfpflicht des Familiengerichts. Der Gesetzgeber hat dies mit dem Austausch der Sorgeberechtigten begründet, wonach der bisher an der Sorge nicht beteiligte Vater allein die Verantwortung übernimmt, während die Mutter vollständig aus der Verantwortung ausscheidet. Dies ziehe regelmäßig größere Veränderungen für das Kind nach sich, als wenn einer von zwei bisher gemeinsam Sorgeberechtigten ausscheide. Zudem biete der Konsens in gemeinsamer Sorge bereits erprobter Eltern in Hinblick auf das Kindeswohl eine verlässlichere Basis als der bisher nicht gemeinsam Sorge tragender Eltern (BT-Drs. 17/11048, 19).

Gemäß den Vorgaben des Bundesverfassungsgerichts hat gemäß § 1671 Abs. 2 Nr. 1 BGB nun auch der Vater eines nichtehelichen Kindes die Möglichkeit, die Alleinsorge bei dauerhaftem Getrenntleben gegen den Willen der Mutter zu erhalten. Grundlage ist hier eine positive Kindeswohlprüfung des Familiengerichts, die Übertragung muss dem Kindeswohl am besten entsprechen.

Grundsätzlich ist es die gemeinsame Entscheidung der Eltern, wie die Betreuung des Kindes bei Getrenntleben geregelt wird. Einzige Grenze bildet hier eine etwaige Kindeswohlgefährdung. Im Streitfall entscheidet das Familiengericht, indem es bei entsprechendem Antrag der Eltern eine Einigung herbeiführt oder das Aufenthaltsbestimmungsrecht regelt und einem Elternteil überträgt. Lange Zeit wurde diskutiert, ob über ein paritätisches Wechselmodell, bei dem das Kind zu 50 % von jedem Elternteil betreut wird *(Abschnitt 4.5)*, im Rahmen eines sorgerechtlichen oder im Rahmen eines umgangsrechtlichen Verfahrens zu entscheiden ist (Deutscher Familiengerichtstag 2014, AK 7; Völker/Clausius 2021, § 1 Rn. 327). In einer Grundsatzentscheidung hat der BGH nun ausgeführt, dass eine gerichtliche Umgangsregelung, die im Ergebnis zu einer auf ein paritätisches Wechselmodell ausgerichteten Umgangsregelung führt, vom Gesetz nicht ausgeschlossen wird (BGH, XII ZB 601/15 vom 01.02.17).

Ferner führt der BGH aus, dass eine Ablehnung des Wechselmodells durch einen Elternteil dieses für sich genommen noch nicht verhindere (so auch KG Berlin, 18 UF 184/03 vom 28.02.12). Entscheidender Maßstab sei vielmehr das im konkreten Einzelfall festzustellende Kindeswohl. Die auf ein paritätisches Wechselmodell gerichtete Umgangsregelung setze eine bestehende Kommunikations- und Kooperationsfähigkeit der Eltern voraus und es entspreche dem Kindeswohl nicht, ein Wechselmodell zum Zweck der Herbeiführung einer solchen anzuordnen. Sei das Elternverhältnis erheblich konfliktbelastet, liege eine solche Anordnung in der Regel nicht im wohlverstandenen Interesse des Kindes.

Angesichts der in § 1671 BGB festgeschriebenen Elternautonomie soll eine Reihe von Bestimmungen sicherstellen, dass ein gütlicher Einigungsprozess der Eltern gefördert und unterstützt wird. Eltern sollen vor allem Kenntnis von ihren Rechtsansprüchen auf Beratungsleistungen der Jugendhilfe erhalten *(Abschnitt 9.2)*, von ihnen profitieren und durch sie zu einer einvernehmlichen Sorgerechtslösung finden können.

Bei Beantragung der Scheidung muss der Antrag deshalb gemäß § 133 FamFG Angaben darüber enthalten, ob minderjährige Kinder involviert sind und ob eine Regelung über die elterliche Sorge getroffen wurde. Sind Kinder involviert, teilt das Familiengericht nach § 17 Abs. 3 SGB VIII Name und Anschrift der Eltern dem Jugendamt mit, damit dieses die Eltern möglichst frühzeitig über sein Leistungsangebot informieren kann. Um sicherzustellen, dass Eltern im Falle der Scheidung auch bei der Beibehaltung der gemeinsamen elterlichen Sorge das Wohl der Kinder im Blick haben und sich bewusst und in Kenntnis der rechtlichen Gestaltungsmöglichkeiten entscheiden, hat das Gericht die Eltern nach § 128 Abs. 2 FamFG zur elterlichen Sorge und zum Umgangsrecht anzuhören und auf bestehende Beratungsmöglichkeiten der Jugendhilfe hinzuweisen.

Bei Beantragung der elterlichen Sorge gemäß § 1671 BGB gilt für das familiengerichtliche Verfahren, sofern der Aufenthalt des Kindes streitig ist, das Vorrangs- und Beschleunigungsgebot (§ 155 Abs. 1 FamFG). Das Familiengericht soll die Sache mit den Beteiligten, die persönlich zu erscheinen haben, spätestens einen Monat nach Beginn des Verfahrens in einem Termin erörtern und das Jugendamt anhören.

Das Gericht soll ferner in jeder Lage des Verfahrens auf Einvernehmen der Beteiligten hinwirken, wenn dies dem Kindeswohl nicht widerspricht (§ 156 Abs. 1 S. 1 FamFG). Letzteres könnte etwa bei Hochstrittigkeit der Eltern der Fall sein, wenn durch vergebliche Vermittlungsversuche für das Kind eine unzumutbare Verzögerung und/oder Belastung eintritt *(Abschnitt 3.5)*. Das Gericht weist die Beteiligten auf Beratungsangebote der Jugendhilfe, insbesondere zur Entwicklung eines einvernehmlichen Konzepts für die Wahrnehmung der elterlichen Sorge, und in geeigneten Fällen auf die Möglichkeit von Mediation oder sonstiger außergerichtlicher Streitbeilegung hin. Es kann anordnen, dass die Eltern an einer Beratung teilnehmen. Die Anordnung ist nicht mit Zwangsmitteln durchsetzbar (§ 156 Abs. 1 S. 5 FamFG). Eine Weigerung lässt aber ggf. Schlüsse auf die Kooperationsbereitschaft als Aspekt der Erziehungsfähigkeit zu und kann nach § 81 Abs. 2 Nr. 5 FamFG zur Auferlegung der gesamten Kosten führen (Völker/Clausius 2021 § 1 Rn. 391).

Im Verfahren hat das Gericht gemäß § 26 FamFG von Amts wegen die zur Feststellung der entscheidungserheblichen Tatsachen erforderlichen Ermittlungen durchzuführen. Hierzu gehören die bestmögliche Gewährung rechtlichen Gehörs (Art. 103 Abs. 1 GG) und die Sachaufklärung durch Anhörung des Kindes (§ 159 FamFG), der Eltern (§ 160 FamFG) und des Jugendamtes (§ 162 FamFG).

§ 159 Abs. 1 FamFG schreibt in Verfahren zur elterlichen Sorge die persönliche Anhörung des Kindes vor. Diese Vorschrift wurde mit Inkrafttreten des Gesetzes zur Bekämpfung sexualisierter Gewalt gegen Kinder am 01.07.21 erweitert. Ohne Altersgrenze besteht nun eine grundsätzliche Pflicht zur persönlichen Anhörung des Kindes, um der Rechts- und Subjektstellung des Kindes im Verfahren besser Rechnung zu tragen. Einzelfallausnahmen regelt § 159 Abs. 2 BGB. Das Kind soll nach § 159 Abs. 4 FamFG über den Gegenstand, Ablauf und möglichen Ausgang des Verfahrens in einer geeigneten und seinem Alter entsprechenden Weise informiert werden, soweit nicht Nachteile für seine Entwicklung, Erziehung oder Gesundheit zu befürchten sind. Ihm ist Gelegenheit zur Äußerung zu geben. Hat das Gericht dem Kind nach § 158 FamFG einen Verfahrensbeistand bestellt, soll die persönliche Anhörung in dessen Anwesenheit stattfinden. Im Übrigen steht die Gestaltung der persönlichen Anhörung im Ermessen des Gerichts. Folgt man den Ergebnissen einer bundesweit durchgeführten Untersuchung zur Kindesanhörung, so erfolgte diese bisher bei fast 90 % der befragten Richter ab dem dritten Lebensjahr (Karle u.a. 2010; so auch BVerfG 1 BvR 156/07 vom 23.03.07).

Die Bestellung eines Verfahrensbeistandes für das Kind nach § 158 Abs. 3 Nr. 1 und 2 FamFG ist – hier im Falle der Trennung der Eltern – in der Regel dann erforderlich, wenn das Interesse des Kindes zu dem seiner gesetzlichen Vertreter in erheblichem Gegensatz steht oder eine Trennung des Kindes von der Person erfolgen soll, in deren Obhut es sich befindet *(Abschnitt 9.3)*.

4.2 Die psychologische Problematik und ihre Beurteilung

4.2.1 Die juristischen und psychologischen Fragestellungen

Entsprechend den oben dargestellten unterschiedlichen rechtlichen Möglichkeiten der §§ 1626a und 1671 BGB ergeben sich zwei grundlegende juristische Fragen:

1. Entspricht die gemeinsame elterliche Sorge dem Wohl des Kindes am besten?
2. Entspricht die alleinige elterliche Sorge (im Ganzen oder in Teilbereichen) eines Elternteils dem Kindeswohl am besten?

Aus der ersten juristischen Frage sind folgende Hypothesen abzuleiten:

1. Das Einrichten bzw. Beibehalten der gemeinsamen elterlichen Sorge entspricht dem Kindeswohl am besten.
2. Der Verzicht auf bzw. die Aufhebung der gemeinsamen elterlichen Sorge entspricht dem Kindeswohl am besten.

Nicht bei jeder Unstimmigkeit ist von einem Verzicht bzw. einer Aufhebung der gemeinsamen elterlichen Sorge auszugehen, so etwa nicht, wenn lediglich über Alltagsfragen gestritten wird. Auch der entgegenstehende Wille eines Elternteils reicht hierfür nicht aus (BVerfG, 1 BvR 420/09 vom 21.07.10; BGH, XII ZB 419/15 vom 15.06.16). *Eine am Kindeswohl orientierte gemeinsame Ausübung der Elternverantwortung erscheint etwa dann nicht gegeben, wenn:*

- eine tragfähige soziale Beziehung zwischen den Eltern, etwa aufgrund bestehender Gewaltstrukturen (BVerfG, 1 BvR 1140/03 vom 18.12.03) oder des Festhaltens an einem Vorwurf des sexuellen Missbrauchs (BGH, XII ZB 158/05 vom 12.12.07) nicht erkennbar ist,
- ein Mindestmaß an Übereinstimmung in wesentlichen Bereichen der elterlichen Sorge nicht besteht (BVerfG, 1 BvR 1140/03 vom 18.12.03) und es den Eltern nicht gelingt, wichtige Grundsatzentscheidungen im Leben des Kindes gemäß § 1687 Abs. 1 S. 1 BGB gemeinsam zu treffen, wozu auch die Grundentscheidungen über den Umgang des nicht betreuenden Elternteils mit dem Kind zählen (BGH, XII 419/15 vom 15.06.16),
- nicht zu erwarten ist, dass die Eltern in absehbarer Zeit zur Kooperation zurückfinden und etwa anhaltende Spannungen, ggf. auch über Nebenfragen, das Kind belasten,
- eine Einzelentscheidung gemäß § 1628 BGB *(Abschnitt 4.1)* oder die Aufhebung der gemeinsamen elterlichen Sorge in Teilbereichen (BGH, XII ZB 158/05 vom 12.12.07) den elterlichen Dissens nicht ausreichend mindern kann (BGH, XII ZB 33/04 vom 11.05.05) oder wenn
- eine andere gravierende Einschränkung der Erziehungsfähigkeit im Sinne des § 1666 BGB *(Kapitel 6)* die gemeinsame elterliche Sorge unmöglich macht (Grüneberg 2022, § 1671, Rn. 22).

Psychologisch konkretisieren und prüfen lassen sich die Hypothesen primär über das Sorgerechtskriterium der elterlichen Kooperationsfähigkeit und -bereitschaft *(Abschnitt 4.4.6)*. Angesprochen sind das Konfliktniveau der Eltern *(Abschnitt 3.6)* und Teilbereiche ihrer Erziehungsfähigkeit, etwa die Fähigkeit und Bereitschaft, Eigeninteressen zugunsten des Kindes zurückzustellen, sich empathisch in dessen Befindlichkeit einzufühlen, dessen Perspektive einzunehmen und Belastungen von ihm fernzuhalten. Entscheidend sind hier, wie auch in allen anderen Bereichen der Erziehungsfähigkeit, konkrete tatsächliche Anhaltspunkte auf der Verhaltensebene und die gegebene, aber auch zu prognostizierende Wirkung auf das Kind (Abschnitt 2.7; BGH, XII ZB 419/15 vom 15.06.16).

Bei der Prüfung der Hypothesen sind zwei potenzielle Fehler auszumachen, die später zu diskutierende Schadensrisiken für das Kind in sich tragen:

1. Gründe für die Verneinung der gemeinsamen elterlichen Sorge werden nicht erkannt oder gewürdigt.
2. Gründe für die Bejahung der gemeinsamen elterlichen Sorge werden nicht erkannt oder gewürdigt.

Gelingt es den Eltern auch mit Hilfe unterschiedlicher Unterstützungsangebote nicht, ausreichend zu kooperieren, so wird der Verzicht auf bzw. die Aufhebung der gemeinsamen elterlichen Sorge dem Kindeswohl am besten entsprechen. Beantragt ein Elternteil nun die alleinige elterliche Sorge oder stellen beide Elternteile diesbezüglich widerstreitende Anträge, beginnt ein zweiter Prüfprozess, nämlich ob ein beantragender Elternteil besser geeignet erscheint, die Alleinsorge auszuüben. Hier schließt sich nun die zweite der oben genannten juristischen Fragen an. *Sie mündet in folgende Prüfhypothesen:*

1. Die Übertragung der vollen bzw. partiellen Alleinsorge auf den Antragsteller entspricht dem Kindeswohl am besten.
2. Die Übertragung der vollen bzw. partiellen Alleinsorge auf den beantragenden Elternteil entspricht dem Kindeswohl nicht am besten.

Die potenziellen Fehlerquellen sind hier:

1. Gründe, die gegen eine Übertragung der Alleinsorge auf den beantragenden Elternteil sprechen, werden nicht erkannt oder unterbewertet.
2. Gründe, die für eine Übertragung der elterlichen Sorge sprechen, werden nicht erkannt oder zu gering gewichtet.

Auch diese juristische Fragestellung kann durch psychologische Fragen operationalisiert und einer fachlich fundierten Beantwortung zugänglich gemacht werden. Konkret wird versucht, den Begriff des Kindeswohls bei Trennung der Eltern mit psychologischen Inhalten zu füllen und daraus Bewertungskriterien abzuleiten. *Die heute als relevant anzusehenden Sorgerechtskriterien zur Regelung der Alleinsorge lassen sich in kind- und elternbezogene Kriterien unterteilen:*

- Zu den elternbezogenen Kriterien gehört die Erziehungsfähigkeit, insbesondere die hier wesentlichen Teilaspekte der Kooperationsbereitschaft und -fähigkeit und der Bindungstoleranz.
- Zu den kindbezogenen Sorgerechtskriterien gehören der Kontinuitätsgrundsatz, die Beziehungen und Bindungen des Kindes zu den Eltern, der Wille des Kindes und ggf. die Geschwisterbeziehungen.

Wie bereits in *Abschnitt 2.7.2* dargestellt, sollte eine Hierarchisierung der Sorgerechtskriterien unterbleiben. Sie stehen nicht isoliert, sondern sind miteinander verknüpft. Zudem birgt jede Hierarchisierung die Gefahr einer reduzierten Betrachtung und Prüfung einzelner Kriterien in sich. In Abhängigkeit von Alter, Entwicklungsstand, aber auch individueller Lebenssituationen eines Kindes kann zwar jedes der oben genannten Kriterien an Gewicht gewinnen oder in den Hintergrund treten, letztlich entscheidet aber immer ein sorgsames Abwägen aller Kriterien und ein Miteinander-in-Beziehung-Setzen über die Empfehlung oder die Entscheidung im Einzelfall.

4.2.2 Ziele der Sorgerechtsregelung

Der Einfluss professioneller Dritter auf familiäre Wirklichkeiten ist begrenzt. Übergeordnetes Ziel der Verfahren der Jugendhilfe und des Familiengerichts und der ggf. notwendigen gerichtlichen Sorgerechtsregelung kann es nur sein, dem Kindeswohl am besten dienliche Rahmenbedingungen zu schaffen, deren Ausfüllung dann den Eltern obliegt. Maßgeblich hierfür ist, die beeinflussbaren kindlichen Belastungs- und Schutzfaktoren zu beachten. Kindeswohldienlich sind Verfahren und Regelungen, wenn sie Risikofaktoren mindern und Schutzfaktoren fördern und eine für die Persönlichkeitsentwicklung des Kindes möglichst günstige Relation zwischen seiner Bedürfnislage und seinen Lebensbedingungen schaffen (siehe Definition des Kindeswohls in *Kapitel 2*). *Verfahren und Regelung kommen der Kindeswohlorientierung näher, wenn sie eine Reihe von miteinander in Wechselwirkung stehenden Teilzielen anstreben, von denen das Kind profitieren kann:*

- Reduzierung des Elternkonflikts
- Minderung kindeswohlabträglichen Elternverhaltens
- Förderung bzw. Erhalt von Bindungen und engsten Beziehungen des Kindes
- Zeitnahe und passgenaue Unterstützung der Eltern
- Zufriedenheit der Eltern mit Verfahren und Regelung
- Stabilität der Regelung
- Entlastung der Eltern und Stärkung ihrer Verfügbarkeit für das Kind
- Erhalt sozialer Ressourcen und Kontinuitäten
- Beteiligung des Kindes
- Berücksichtigung kindlicher Ressourcen
- Kurze Verfahrensdauer
- Unterstützung und Schutz des Kindes

4.2.3 Die Vorteile einer gelungenen Sorgerechtsregelung

Reduzierung des Elternkonflikts: Sorgerechtsverfahren und Sorgerechtsregelung sind wohl am ehesten als gelungen anzusehen, wenn es gelingt, einen zentralen Belastungsfaktor des Kindes zu mindern, den Konflikt der Eltern. Die Vorteile für das Kind sind bekannt: Emotionale Konflikte und kognitive Dissonanzen mit daraus resultierenden Überforderungen lassen nach und es lernt am Modell der Eltern, dass familiäre Konflikte überwindbar sind. Gegebenenfalls kann es den Konfliktverlauf sogar positiv interpretieren, wenn der Konflikt effektiv und konstruktiv bewältigt wurde, und als wichtige Erfahrung für die eigene spätere Beziehungsgestaltung nutzen. Auf der Elternebene ist ein geringes Konfliktniveau eine wesentliche Voraussetzung, um die gemeinsame elterliche Sorge einrichten bzw. beibehalten oder sich zumindest in der Betreuung und Erziehung des Kindes wechselseitig unterstützen zu können.

Minderung kindeswohlabträglichen Elternverhaltens: Vor allem muss jenes Fehlverhalten der Eltern reduziert werden, das in Form von häufigen Streitigkeiten vor dem Kind bis hin zu gewalttätigen Auseinandersetzungen und/oder Verstößen gegen die Wohlverhaltensklausel des § 1684 Abs. 2 S. 1 BGB auftritt und in der direkten Instrumentalisierung des Kindes im eskalierten Elternkonflikt enden kann. Dieses Fehlverhalten, vor allem aber dessen Wirkung, wird in der Regel nur deutlich, wenn das Kind im jugendamtlichen und gerichtlichen Verfahren persönlich gesehen und gehört wird. Der Beteiligung des Kindes (s. u.) kommt somit auch die Funktion zu, seine etwaige Überforderung oder vor dem Hintergrund von Hochkonflikthaftigkeit sogar Gefährdung *(Abschnitt 3.6.5.3)* zu erkennen und entsprechende Unterstützungsmaßnahmen zu seiner Entlastung und ggf. auch zu seinem Schutz einzuleiten.

Förderung und Erhalt von Bindungen und engsten Beziehungen des Kindes: Eine Sorgeregelung ist grundsätzlich als gelungen anzusehen, wenn sie dem Kind Bindungen und tragfähige Beziehungen zu den engsten Bezugspersonen, in der Regel den Eltern, erhält oder schafft. Das Kind kann am Modell der Eltern lernen, dass familiäre Beziehungen selbst bei Getrenntleben positiv und respektvoll gelebt werden und elterliche Verantwortung gemeinsam getragen wird. Es kann von den unterschiedlichen erzieherischen Kompetenzen profitieren, Erziehungsvielfalt erleben und sich im Rahmen seiner Persönlichkeitsentwicklung und Identitätsfindung an beiden orientieren. Erlebt es eine Trennung, mindert ein an den Bedürfnissen des Kindes (s. u.) orientierter Beziehungserhalt das Verlusterleben und den emotionalen Trennungsstress.

Zeitnahe und passgenaue Unterstützung der Eltern: Fehlt es Eltern an der Fähigkeit oder Bereitschaft, auf konstruktive Weise eine kooperative Basis für die gemeinsame Elternschaft zu schaffen, so ist das Gelingen im erfolgreichen Versuch zu sehen, diese herzustellen und so das Konfliktniveau zu reduzieren. Kennzeichen eines gelungenen Jugendhilfeverfahrens ist es dann, den Eltern passgenaue, entweder vorgeschaltete oder das Gerichtsverfahren begleitende Unterstützungsangebote nach §§ 17 und 28 SGB VIII anzubieten *(Abschnitt 9.2)*. Werden diese nicht angenommen oder scheitern sie, deutet dies auf Hochkonflikthaftigkeit hin. Ausgehend von konkreten Merkmalen zur Einschätzung des Intensitätsgrades des Hochkonflikts *(Abschnitt 3.6.3)* sind dann abgestufte gerichtlich initiierte Vermittlungsversuche notwendig. Scheitert auch das gerichtsnahe Mitwirken am Einvernehmen durch den Verfahrensbeistand *(Abschnitt 9.3)* und die modifikationsorientierte Begutachtung mit dem Zusatzauftrag des Hinwirkens auf Einvernehmen *(Abschnitt 9.6)*, wird die Übertragung der teilweisen oder letztlich gesamten Alleinsorge auf einen antragstellenden Elternteil als die gelungenere Regelung anzusehen sein. Das Kind kann so zumindest davor bewahrt werden, im Elternkonflikt anhaltend instrumentalisiert und belastet zu werden. Diese Option ist allerdings Ausdruck eines familienrechtlichen Dilemmas, das dann lediglich in die Suche nach der am wenigsten schädlichen Alternative mündet. Das Dilemma umfasst in letzter Konsequenz die Frage, mit welchen Mitteln ein Kind bei eskalierten familiären Konflikten am besten geschützt werden kann, entweder durch Ruhe, aber dem weitestgehenden bzw. völligen Verlust eines Elternteils, oder durch Beziehungserhalt, aber dem anhaltenden Elternkonflikt. Im ersten Fall leidet das Kind unter dem Verlust einer wichtigen Bindungsfigur, im zweiten unter dem anhaltenden Konflikt der Eltern. Der einzige Weg aus diesem Dilemma liegt in der Verminderung der elterlichen Auseinandersetzungen.

Zufriedenheit der Eltern mit Verfahren und Regelung: Die Zufriedenheit der Eltern mit dem Verlauf des Verfahrens und der abschließenden Regelung gibt u. a. darüber Auskunft, ob deren Kooperationsbereitschaft gestärkt wurde oder weitere Konflikte drohen. Als gelungen ist eine Regelung dann anzusehen, wenn sie von beiden Eltern akzeptiert oder zumindest toleriert werden kann. Dies wird umso eher geschehen, je mehr sich Eltern in ihren Bedürfnissen wahrgenommen fühlen und die Interessen des Kindes und der eigenen Person befriedigt sehen. Ein zentrales Moment ist dabei das Betreuungsmodell *(Abschnitt 4.5)* und die daraus resultierende jeweilige Kontakthäufigkeit zum Kind. Der Bindungs- und Beziehungserhalt (s.u.) hat so eine doppelte Funktion, neben den Kontaktbedürfnissen des Kindes auch die beider Eltern zu befriedigen.

Stabilität der Regelung: Konfliktreduzierung und Zufriedenheit führen letztlich zu dauerhaften Regelungen, die Eltern und Kind Sicherheit geben und ihnen stabile Zukunftsperspektiven eröffnen. Dauerhaftigkeit bedeutet dabei nicht Starrheit, denn das Betreuungsmodell des Kindes muss immer wieder seinen sich verändernden Lebensbedingungen und Bedürfnissen angepasst werden. Dauerhaft und damit gelungen werden deshalb Verfahren und Regelungen sein, die die Befindlichkeiten und Bedürfnisse der Eltern und des Kindes angemessen berücksichtigen und die Kooperationsfähigkeit der Eltern so fördern, dass später auch notwendige Neuanpassungen flexibel vorgenommen werden können.

Entlastung der Eltern: Von einer gelungenen Sorgerechtsregelung profitieren beide Elternteile. Ein möglichst einvernehmlich geregeltes Betreuungsmodell, das ein mehr oder minder gemeinsames Sorgen beinhaltet, ermöglicht Absprachen über pädagogische Fragen, das Teilen der erzieherischen Verantwortung und schafft beiden Elternteilen Freiräume für die Gestaltung des eigenen Lebens. Auch bei einem nicht völlig paritätischen Wechselmodell profitiert der getrennt lebende Elternteil von einer Regelung, wenn seinem Wunsch nach Aufbau und/oder Aufrechterhaltung einer tragfähigen Beziehung ausreichend Rechnung getragen wird. Die Minderung elterlicher Spannungen reduziert die psychischen Belastungen beider Eltern. Dies alles stärkt deren Erziehungsfähigkeit und hilft beiden, insbesondere aber auch dem überwiegend betreuenden Elternteil, trotz eigener Belastungen *(Abschnitt 4.3)* eine angemessene Zuwendung und Kontrolle gegenüber dem Kind aufrechtzuerhalten. Vor dem Hintergrund einer Trennung erleichtert eine gelungene Regelung beiden Eltern, die Folgen zu bewältigen, sich mittel- und langfristig an die neue Lebenssituation anzupassen und die familiären Beziehungen zu reorganisieren. Werden zudem angemessene Rahmenbedingungen geschaffen, so können sich beide eher als unter emotionaler oder auch ökonomischer Belastung dem Kind zuwenden, ihren erzieherischen Aufgaben nachkommen und es bei der Verarbeitung der Trennung unterstützen. Damit wird das Schadensrisiko des Kindes vermindert.

Erhalt sozialer Ressourcen und Kontinuitäten: Die Beziehungen des Kindes zu den Eltern zu fördern und zu erhalten, bedeutet grundsätzlich auch, seine Beziehungen zum erweiterten Kreis der Herkunftsfamilie zu schützen. Diese Kontakte bilden für das Kind eine wichtige Grundlage für die Herausbildung seines Zugehörigkeitsgefühls und seiner Identität. Ferner kann es vielfach von diesen personellen und materiellen Ressourcen profitieren, ggf. auch im Sinne sozialer Schutzfaktoren *(Abschnitt 2.4.3)*. Auch ein positiv wirkendes soziales Umfeld außerhalb der Familie schützt das Kind. Gewachsene Beziehungen zu Vertrauenspersonen und Freunden, die durch ihr Verhalten auf das Kind emotional stabilisierend wirken und ihm durch ihre Unterstützung die

Bewältigung des elterlichen Konflikts oder gar der elterlichen Trennung erleichtern, stärken seine Resilienz und sollten dem Kind erhalten werden, etwa wenn nach einer Trennung Kontinuitätsbrüche drohen. Durch den Erhalt des sozialen Umfeldes wird auch die Summe von Anpassungsleistungen reduziert, die dem Kind abverlangt werden, wenn es etwa zusätzlich zur Trennung der Eltern noch den Verlust des gesamten sozialen Umfeldes erleben würde.

Beteiligung des Kindes und Beachtung seines Willens: Der Beteiligung des Kindes im Verfahren der Jugendhilfe und des Familiengerichts, sei es durch Exploration oder Verhaltensbeobachtung, kommt nicht nur aus rechtlicher Sicht, etwa im Sinne der Gewährung rechtlichen Gehörs *(Abschnitt 4.1)*, große Bedeutung zu, sie hat auch aus psychologischer Sicht wichtige Funktionen. Zum einen dient sie dazu, eine mögliche Überforderung oder Gefährdung des Kindes durch einen ggf. eskalierten Elternkonflikt zu erkennen und entsprechende Unterstützungsmaßnahmen zu seiner Entlastung und möglicherweise auch zu seinem Schutz einzuleiten. Zum anderen dient sie der Diagnostik und Berücksichtigung des kindlichen Willens. Denn die angemessene Beachtung dieses Willens – angemessen meint hier, das Kind nicht mit einer Übernahme von Entscheidungen und Verantwortung zu überfordern – fördert beim Kind die Überzeugung, kritische Ereignisse im eigenen Leben durch eigenes Handeln beeinflussen und mitgestalten zu können. Dies mindert Stress und schützt vor zukünftiger Überforderung, da die Selbstwirksamkeitsüberzeugung einen zentralen Schutzfaktor vor Überforderung darstellt und generell hilft, kritische Lebensereignisse zu bewältigen *(Abschnitt 2.4.5)*. Der Wille des Kindes kann sich dabei in Zusammenhang mit Sorgerechtsregelungen auf ein bestimmtes Betreuungsmodell richten, fast immer aber auf eine Reduzierung des Elternkonflikts.

Berücksichtigung kindlicher Ressourcen: Nur die Beachtung der kindlichen Persönlichkeit, seiner altersabhängigen Bedürfnisse und Fähigkeiten und seines individuellen Temperaments kann die Gefahr von Überforderungen verhindern oder zumindest verringern. Beim kleinen Kind haben sich das Sorgerechtsverfahren und die Regelung etwa an unterschiedlich ausgeprägten emotionalen Abhängigkeiten von den jeweiligen Bindungsfiguren, an seinem besonderen Zeitempfinden und seiner erhöhten Vulnerabilität im Sinne einer reduzierten Verfügbarkeit von Bewältigungsstrategien zu orientieren, bei älteren Kindern an dessen ausgeprägten Interessen in der Gleichaltrigengruppe, beim lernschwachen Kind an der erhöhten Sensibilität für schulische Veränderungen (Schulwechsel), beim wenig kontaktfreudigen Kind an dessen möglichen Integrationsschwierigkeiten an einem neuen Wohnort. Eine gelungene Sorgerechtsregelung muss darauf abzielen, dem Kind die bestmöglichen Entwicklungsbedingungen zu schaffen.

Kurze Verfahrensdauer: Es kann grundsätzlich davon ausgegangen werden, dass eine zügige Regelung strittiger Sorgerechtsfragen die Belastungen aller Betroffenen reduziert. Auf die Vorteile des beschleunigten Verfahrens wurde bereits hingewiesen, insbesondere dass dadurch der Konflikteskalation und daraus resultierenden Belastungen des Kindes entgegengewirkt werden kann *(Abschnitt 3.6.5.3)*. Kann darüber hinaus eine durch Auseinandersetzungen, Ungewissheiten und Übergang gekennzeichnete gerichtliche Auseinandersetzung ohne unnötige formale Verzögerungen bewältigt werden, kann dies die familiäre Reorganisation beschleunigen *(Abschnitt 4.3.1)*. Auch das Kind, das eine Trennung der Eltern erlebt, kann sich so schneller neu orientieren. Es kommt zudem dem Zeitempfinden des kleinen Kindes zugute, wenn es nicht aus formalen Gründen zu Verlängerungen einer instabilen und unsicheren Lebenssituation kommt *(Abschnitt 2.3.2.6)*. Bei der Überwindung des Konflikts können jedoch insofern Spannungsfelder entstehen, als dass Eltern einerseits Raum und Zeit für die Erarbeitung einer eigenständigen Lösung brauchen, dies andererseits aber die belastende Situation des Kindes verlängert. Hier ist eine Schadensabwägung vorzunehmen. Kriterium ist das Kindeswohl.

Unterstützung und Schutz des Kindes: Nicht zuletzt muss sich die Qualität eines Sorgerechtsverfahrens daran messen lassen, welche konkrete Unterstützung das Kind bekommt. Als gelungen ist dies zu bewerten, wenn es von den beteiligten Professionen seinem Alter angemessen durch das Verfahren begleitet, daran beteiligt (s.o.) und dabei – etwa durch vermeidbare Mehrfachbefragungen – nicht unnötig belastet sowie seinem Alter angemessen über den Ablauf informiert wird. Eine besondere Verantwortung kommt hier dem Verfahrensbeistand zu, sofern er bestellt ist *(Abschnitt 9.3)*. Die Notwendigkeit der direkten Unterstützung des Kindes erstreckt sich aber schon auf das Jugendhilfeverfahren. So ist es im Falle der Trennung und Scheidung der Eltern nach § 17 Abs. 2 SGB VIII bei der Unterstützung der Eltern in der Entwicklung eines einvernehmlichen Konzepts der elterlichen Sorge angemessen zu beteiligen. Je nach individueller Bedürfnislage kann aber auch zusätzlicher Unterstützungsbedarf deutlich werden und etwa die Finanzierung der Teilnahme an einer Trennungs- und Scheidungskindergruppe oder anderer Jugendhilfeleistungen notwendig machen.

4.2.4 Die Eigendynamik einer misslungenen Sorgerechtsregelung

Eskalation des Elternkonflikts: Eskaliert der Konflikt der Eltern oder erfüllt er gar die Merkmale der Hochkonflikthaftigkeit *(Abschnitt 3.6.3)* und wird dies unterschätzt, so kann ein eigentlicher Schutzfaktor des Kindes, nämlich der Kontakterhalt zu beiden Eltern, zum Schadensrisiko werden. Elternkonflikte können in einen „Teufelskreis" münden, indem sich Handlungen beider Seiten wechselseitig verstärken. Der Konflikt nimmt immer mehr Raum im emotionalen Erleben ein. Wahrnehmungen verengen sich, Einstellungen werden rigider. Während zu Beginn noch kooperatives Verhalten möglich ist und ein Kompromiss (Win-win-Lösung) angestrebt wird, lässt der zunehmende Radikalisierungsprozess bald nur noch einen Gewinner zu (Win-lose-Lösung). In seiner destruktivsten Phase nehmen dann beide Seiten schmerzhafte Verluste in Kauf, nur damit der andere noch größeren Schaden nimmt (Lose-lose-Lösung). Diese Dynamik des Konfliktgeschehens wird von einer Reihe sich wechselseitig verstärkender Wirkmechanismen vorangetrieben (Glasl 2020):

- *Projektion:* Eigene Schwächen sind mit dem idealisierten Selbstbild nicht vereinbar. Sie werden externalisiert, nach außen verlagert und dem anderen Elternteil zugeordnet, in ihn hineinprojiziert. Der andere wird zum Verursacher. Es entsteht eine starke Diskrepanz zwischen dem eigenen positiv überzogenen Selbstbild und dem abgewerteten Bild des anderen.

- *Schuldgefühle:* Mit der Eskalation des Elternkonflikts entsteht ein negativ gefärbter Affektstau. Ärger und Wut werden unterdrückt, bis es zu emotionalen Durchbrüchen kommt, die als überzogen und damit auch als schuldhaft erlebt werden und Frustrationen hervorrufen. Es entsteht ein Rechtfertigungsdruck, der zu erneuten Projektionen führt, das Verhalten des anderen Elternteils wird für das eigene Handeln als verursachend beschrieben. Die Eskalationsdynamik schreitet weiter voran.
- *Ausweitung der Konfliktfelder:* Diese dient zum einen strategischen Zwecken, im Sinne der Beweissicherung. Einer Beweisnot ist vorzubeugen und neue Argumente werden gesucht. Verstärkt wird diese Tendenz dadurch, dass sich die Gegenseite Argumenten immer mehr verschließt. Abseits strategischer und bewusster Überlegungen weiten sich die Konfliktfelder aber auch unbewusst aus, indem andere, bisher unstrittige Bereiche angesteckt werden.
- *Ausweitung des involvierten Personenkreises:* Mit zunehmender Eskalation steigt das Bedürfnis nach Unterstützung, nach Bündnispartnern. Antrieb kann aber auch die Angst vor einem drohenden Imageverlust sein. Um dem vorzubeugen, wird selbst der Konflikt in die soziale Umgebung getragen. Kommt es zu dieser Grenzüberschreitung, folgen Gegenmaßnahmen und eine weitere Eskalationsstufe wird erreicht. Da jede Ausdehnung die eigenen Einflussmöglichkeiten auf den Konfliktverlauf reduziert, wird er weniger steuerbar. Der eigentlich angestrebte Machtzuwachs führt paradoxerweise zu einem Machtverlust.
- *Kognitive Komplexitätsreduktion:* Mit der Ausdehnung der Streitfragen und der Erweiterung des involvierten Personenkreises wird der Konflikt zusätzlich komplexer und weniger durchschaubar. Da die entstehende Komplexität intellektuell nur noch begrenzt erfassbar ist, zeigt sich die Tendenz zur Vereinfachung. Entstehender Stress reduziert die Fähigkeit zum Erfassen komplexer Zusammenhänge zusätzlich. Es bilden sich Simplifizierungen und Stereotype heraus. Auch dies ist eine paradoxe Entwicklung: Steigende Komplexität führt zu steigender Vereinfachung.
- *Kausalitätsumkehrung:* Schon die Ausgangslage des Konflikts ist durch unterschiedliche Positionen und Ansichten bestimmt. Ausgehend von diesen unterschiedlichen Ansichten werden in der spiralförmig verlaufenden Konfliktentwicklung von den Parteien unterschiedliche Interpunktionen der Ereignisfolgen gesetzt (Watzlawick u.a. 2017), Ursachen und die daraus resultierenden Wirkungen anders interpretiert und eigenes Handeln jeweils auf ursächliches Handeln des anderen bezogen. Die Sichtweisen der Konfliktparteien entfernen sich dadurch zunehmend voneinander.
- *Entpersönlichung:* Die oben beschriebene Reduktion von Erklärungsmustern verengt nicht nur den Blick auf das Geschehen, sondern auch auf die Persönlichkeit des anderen Elternteils. Auch hier entstehen Vereinfachungen. Das immer negativer gefärbte Bild des anderen verfestigt sich und wird vor dem Hintergrund der Stereotypie zunehmend bestätigt und verstärkt.
- *Personifizierung:* Neben die Entpersönlichung tritt im eskalierenden Konflikt die Personifizierung. Die Ursachen des Konflikts werden nicht mehr an Sachfragen, sondern an der Person festgemacht. Das Problem ist nicht mehr die Sichtweise des anderen zu Inhalten, sondern zunehmend der andere selbst.
- *Pessimistische Antizipation:* Wesentliches Merkmal dieses Mechanismus ist Misstrauen. Der anderen Konfliktpartei werden negative Absichten unterstellt, die eigenes Handeln als Prävention begründen. Handlungsziel ist es, einen Vorsprung zu erlangen, um einer Unterlegenheit zuvorzukommen. Dieses Streben ruft aber wie-

derum das Misstrauen der anderen Seite hervor und führt zum Vertrauensdilemma *(Abschnitt 3.7)*.

Das Erleben immer wieder eskalierender elterlicher Auseinandersetzungen kann bei Kindern Angst, Wut und Trauer auslösen und zu Symptombildungen führen. Wechselseitige Abwertungen vor dem Kind beeinträchtigen dessen Möglichkeiten, sich mit seinen Eltern positiv zu identifizieren. Bestehende Bindungen und Beziehungen können vor diesem Hintergrund zu Verlustängsten, emotionalen Konflikten und beim älteren Kind zu kognitiven Dissonanzen und Loyalitätskonflikten führen. Kinder fühlen sich grundsätzlich beiden Eltern verbunden und verpflichtet, können den nicht übereinstimmenden Erwartungen beider Eltern aber nicht entsprechen. *Verschiedene Reaktionen sind hier beobachtbar:*

- *Rückzug:* Das Kind bewältigt den anhaltenden Elternkonflikt, indem es sich verschließt. Es muss so keine der sich widersprechenden elterlichen Erwartungen enttäuschen, vermeidet Konflikte und vermindert seine Verlustängste. Eine erste Gefahr liegt in der Selbstüberforderung, da es mit dem Rückzug oft auch die Möglichkeit verliert, bei den Eltern oder im involvierten Verwandten- und Bekanntenkreis Unterstützung zu suchen. Eine weitere Gefahr resultiert daraus, dass das Kind im familiengerichtlichen Verfahren keinen bestehenden eigenen Willen äußert, in der Konsequenz einen letztlich nicht gewollten Verfahrensausgang hinnehmen muss und mit der aktiven Einflussnahme auch die Selbstwirksamkeitsüberzeugung einbüßt.
- *Streben nach einer ausgeglichenen Lösung:* Dieses Kind strebt nach einer „gerechten" Regelung, nicht selten nach dem paritätischen Wechselmodell. Auch dies kann eine Bewältigungsstrategie darstellen, antizipierten Loyalitätskonflikten auszuweichen. Verstärkt und aufrechterhalten werden kann dies durch Verlustängste. Eine Gefahr ist auch hier, dass das Kind eigene Gefühle, Bedürfnisse und Wünsche zurückhält, sich nicht mehr an eigenem Empfinden, sondern an dem der Erwachsenen orientiert.
- *Wechselnde Loyalitätsbekundungen:* Hier beweist das Kind beiden Eltern seine Loyalität, indem es ihren jeweiligen Erwartungen entspricht und sich entsprechend äußert bis dahin, dass es den jeweils abwesenden Elternteil abwertet oder gar ungerechtfertigterweise belastet. Aus seiner Not heraus kann dieses Kind ungewollt zu einer erheblichen Verschärfung des Elternkonflikts beitragen, indem es Vorurteile der Eltern übereinander verstärkt.
- *Einseitige Loyalitätsbekundung und Parteinahme:* Eine weitere Reaktion älterer Kinder stellt die Parteiname für einen Elternteil dar, dieser wird idealisiert, der andere abgewertet. Indem sich das Kind einer Seite – meist dem betreuenden Elternteil – zuordnet, findet es hier Sicherheit und kann den oben beschriebenen kognitiven Dissonanzen ausweichen. Auch diese Strategie führt zur Bewältigung des Loyalitätskonflikts. Die Gefahr liegt zum einen in der Entfremdung vom anderen Elternteil, zum anderen in der belasteten Identitätsfindung, da es aufgrund der Abwertung kaum zu einer positiven Integration dieses Elternteils in das Selbstbild des Kindes kommen kann.

Verstärkung oder Beibehaltung kindeswohlabträglichen Elternverhaltens: Die Belastungen eines Kindes steigen, je mehr es selbst ins Zentrum des Konflikts gerät. Manchmal wird es dabei auch gezielt instrumentalisiert und zum Bündnispartner gemacht. Dies fördert die oben beschriebene Parteinahme und deren Gefahren. Nimmt es selbst ein Machtungleichgewicht wahr, kann es auch versuchen, den vermeintlich schwachen Elternteil zu schützen. Es übernimmt dann Elternfunktionen, es kommt zu einer Rollenumkehr (Parentifizierung), die oft mit „Pseudoreife“ und psychischer Überforderung einhergeht. Ein anhaltend hohes Konfliktniveau kann die Selbstwirksamkeitsüberzeugung des involvierten Kindes verringern, wenn Versuche, Streit zu mindern, fehlschlagen. Es entwickelt eher passive und vermeidende Bewältigungsmuster, die sich langfristig als weniger wirksam erweisen. Einschränkungen der Erziehungsfähigkeit zeigen sich zudem auch darin, dass es heftig streitenden Eltern nicht gelingt, Erziehungsziele und -methoden abzustimmen. Einer „erzieht“ gegen die Vorstellungen des anderen und verstößt gegen die oben genannte Wohlverhaltensklausel. Ein solcher Machtkampf um die bessere Erziehung führt zu interpersoneller Inkonsistenz im Erziehungsverhalten und vermindert die Wirksamkeit pädagogischer Interventionen. Das Kind wird irritiert und orientierungslos reagieren. Langfristig kann es lernen, sich pädagogischen Anforderungen zu entziehen und die Eltern gegeneinander auszuspielen. Sind Grenzsetzungen zu unterschiedlich, kann ein Kind sich auch dem Elternteil zuwenden, der größere Freiräume gewährt. Ist dies der getrennt lebende Elternteil, so erschwert dies die Erziehungsarbeit des betreuenden Elternteils erheblich, da dieser den Alltag bewältigen und zwangsläufig engere Grenzen setzen und höhere Anforderungen an das Kind stellen muss.

Unzureichende Unterstützung der Eltern: Nicht nur, aber vor allem in Zusammenhang mit Hochkonflikt stellen sich die Fragen einer angemessenen Diagnostik und damit realitätsnahen Einschätzung und ausreichender und vor allem passgenauer Unterstützungsangebote der Jugendhilfe und des Familiengerichts an Eltern und Kind *(Abschnitt 3.6.5)*. Probleme können hier in mehrfacher Hinsicht entstehen:

- Das Streitpotential bleibt bei der Wahl der Intervention unberücksichtigt.
- Es wird falsch eingeschätzt.
- Es kann richtig eingeschätzt werden, aber es fehlt an passenden Hilfen.

Unberücksichtigt bleibt das Streitpotential oft, indem Eltern in bestimmte Interventionen geführt werden, ungeachtet der inhaltlichen Begrenzungen dieser Maßnahme. Es wird auf eine angemessene Diagnostik des Konfliktniveaus verzichtet und fälschlicherweise pauschal davon ausgegangen, dass etwa Mediation für alle Eskalationsstufen eines Sorgerechtskonflikts eine geeignete Intervention darstellt. Fehler können aber auch bei der diagnostischen Einschätzung des Konfliktsniveaus entstehen und liegen meist in einer Unterschätzung des Streitpotentials, was zu ungeeigneten Maßnahmen führt, die nicht angenommen oder unterlaufen werden oder aber unwirksam bleiben. Gefahrenrisiken für das Kind bestehen hier in einer vermeidbaren Verlängerung des Verfahrens (s.o.) und anhaltenden Belastung durch unverminderte oder ungebremst eskalierende Konflikte. Die Frage der Bereitstellung passgenauer Hilfen beinhaltet die ausreichende Qualifikation der beteiligten Professionen und deren Vernetzung, aber auch die noch nicht abgeschlossene Entwicklung diagnostischer Mittel und stufenweise abgestimmter Interventionen sowie deren flächendeckende Verfügbarkeit.

Misslingen kann eine Regelung aber auch, wenn der elterliche Konflikt überschätzt und/oder die Möglichkeiten, ihn zu reduzieren, unterschätzt werden. Vorschnell wird in die gemeinsame Sorge eingegriffen und ein Elternteil verliert die gesamte elterliche Sorge oder wesentliche Teile von ihr. Hier können zwei unerwünschte Effekte eintreten, wenn die damit einhergehende Herausnahme aus der elterlichen Verantwortung subjektiv als ungerechtfertigte und kränkende Entrechtlichung empfunden wird. Die Regelung kann Rückzugstendenzen des getrennt lebenden Elternteils vom Kind fördern. Aus der Perspektive des Kindes kehrt damit zwar Ruhe ein, gleichzeitig erlebt es aber den Verlust eines Elternteils und ggf. des zu ihm gehörenden Familienteils mit den oben beschriebenen Folgen. Oder es werden weiter gerichtliche Anträge, etwa zur Abänderung des Sorgerechts oder zum Umgangsrecht, gestellt. Folge ist, dass das Kind über weitere gerichtliche Auseinandersetzungen erneute psychische Belastungen erlebt und die anfängliche Regelung das Ziel der Dauerhaftigkeit verfehlt.

Unzufriedenheit mit der Regelung: Gelingt es nicht, bei den Eltern Akzeptanz oder Toleranz bzgl. des Verfahrens, vor allem aber der Sorgerechtsregelung, herzustellen, bleibt deren Kooperations- und Erziehungsfähigkeit oft geschwächt. Statt sich wechselseitig in der Erziehung und Betreuung des Kindes zu unterstützen, kann das Gegenteil eintreten, ein Elternteil erschwert die Erziehungsarbeit des anderen. Die Aufrechterhaltung eines hohen Konfliktniveaus, die Unzufriedenheit mit der Regelung und anhaltende gerichtliche Auseinandersetzungen können beide Eltern psychisch labilisieren. Betroffen sind dann viele elterlichen Kompetenzen, auch jene, sich gegenüber dem Kind feinfühlig und unterstützend zu zeigen. Problematisch ist dies für das Kind in jedem Fall, besonders aber, wenn es sich um einen betreuenden Elternteil handelt. Lebte das Kind zuvor mit beiden Elternteilen zusammen, so tritt nun dreierlei ein: Es erlebt ein kritisches Lebensereignis, verliert dabei mehr oder minder den nun getrennt lebenden Elternteil und erlebt den verbleibenden Elternteil psychisch belastet und weniger zugewandt. So verliert es Zuwendung und Unterstützung beider Eltern in einer Lebensphase, in der es diese gerade benötigt.

Nichtbeachtung von Einschränkungen der Erziehungsfähigkeit: Schadensrisiken können für ein Kind auch entstehen, wenn Einschränkungen der Erziehungsfähigkeit eines Elternteils nicht ausreichend berücksichtigt werden, er also Mitinhaber der elterlichen Sorge bleibt oder wird oder die Sorge bzw. wesentliche Teile von ihr sogar allein übertragen bekommt. Die konkreten Auswirkungen sind von den jeweiligen Erziehungsmängeln abhängig. Folgen können bis hin zu Kindeswohlgefährdungen reichen. Im Zusammenhang mit der elterlichen Trennung entstehen negative Folgen für das Kind jedoch überwiegend dadurch, dass die Sorge dem ungeeigneteren Elternteil übertragen wird. Sie liegen gewöhnlich in schlechteren Sozialisationsbedingungen und geringeren Chancen für eine angemessene Persönlichkeitsentwicklung.

Bindungs- und Beziehungsverlust: Spezifische Schadensrisiken eines eskalierten Elternkonflikts treten ein, wenn ein Sorgeinhaber die Bindungen des Kindes zum anderen Elternteil nicht respektiert und fördert und diese mangelnde Bindungstoleranz im Verfahren oder bei der Sorgeregelung unzureichend berücksichtigt wird. Sie reichen von einer Verschlechterung der Beziehung des Kindes zu diesem Elternteil, meist dem getrennt lebenden, bis hin zu seiner völligen Ausgrenzung. Auch wenn die gemeinsame elterliche Sorge vorschnell ausgeschlossen oder aufgehoben wird, kann dies im ungünstigsten Fall die Ausgrenzung eines Elternteils fördern, etwa wenn entsprechendes Dominanzstreben des betreuenden und dann alleinsorgeberechtigten Elternteils keine ausreichende Beachtung erfährt. Oder die Alleinsorge eines Elternteils wird vom anderen als Entlassung aus der elterlichen Verantwortung wahrgenommen oder als ungerechtfertigte, tiefe Kränkung empfunden und er zieht sich zurück.

Das Schadensrisiko des Kindes tritt in beiden Fällen durch den weitgehenden oder völligen Verlust einer Bezugsperson oder gar Bindungsfigur ein. Gefahren für das Kind sind hier vor allem in seiner grundlegenden emotionalen Verunsicherung und im Stresserleben – gerade in einer kritischen Lebenssituation – zu sehen und können in jeder Altersstufe auftreten, jedoch je nach Entwicklungsstand und Persönlichkeit des Kindes auf unterschiedliche Vulnerabilitäten treffen *(Abschnitt 2.4)*. Längsschnittstudien zeigen, dass kritische Lebensereignisse, wie die Trennung der Eltern, ein ursprünglich sicheres Bindungsverhalten in ein unsicheres transformieren und die Persönlichkeitsentwicklung des Kindes nachhaltig und langfristig beeinträchtigen können (Spangler 2003, Grossmann/Grossmann 2021, Zimmermann/Spangler 2021). Vor allem jüngere Kinder können ihre „sichere Basis", von der aus sie ohne übermäßige Angst ihre Umwelt erkunden, verlieren. Das Verhältnis zwischen Bindungs- und Explorationsverhalten kann aus dem Gleichgewicht geraten, Verlustängste können dazu führen, dass das Kind sich nicht mehr von der übrig gebliebenen Bindungsfigur entfernt, um altersgemäß seine Umwelt zu erkunden.

Ein weiteres Schadensrisiko kann aus dem Verlust an elterlicher Erziehungsvielfalt erwachsen. Da kein Elternteil über allumfassende Erziehungskompetenz verfügen kann, liegen grundsätzlich in der Ergänzung unterschiedlicher Erziehungsstärken und in der wechselseitigen Kompensation von Erziehungsschwächen die größten Chancen für eine positive emotionale, soziale und kognitive Entwicklung des Kindes. Genau dies ist beim Verlust eines Elternteils nicht mehr gegeben.

Das Kind erfährt letztlich am negativen Vorbild der Eltern, dass Beziehungskonflikte gravierende Folgen haben und Verluste nach sich ziehen. Dies kann sein eigenes Konfliktverhalten prägen, auch sein Verhalten in späteren eigenen Partnerschaften.

Verlust sozialer Ressourcen und Kontinuitäten: Zu bedenken ist dabei auch, dass zu diesen Verlusten nicht selten auch der des dazugehörigen erweiterten Familiensystems gehört. Das Kind verliert dann familiäre Ressourcen und Identifikationsmöglichkeiten in vielfachem Sinne, im ungünstigsten Fall die Hälfte seiner Wurzeln, was insbesondere bei bikultureller Abstammung sehr negative Auswirkungen haben kann.

Der Nachteil einer misslungenen Sorgerechtsregelung kann auch darin bestehen, dass ein vermeidbarer Wohnortwechsel Verluste im sozialen Umfeld nach sich zieht, die das Kind zusätzlich belasten und überfordern *(Abschnitt 4.4.1)*. Die Bedeutung der Verwurzelung des Kindes in seiner sozialen und räumlichen Umgebung wird übersehen oder unterbewertet. Die Gefahr einer daraus resultierenden psychischen Labilisierung besteht insbesondere dann, wenn das Kind dadurch soziale Netzwerkressourcen, etwa Ansprechpartner in Kindertagesstätte oder Schule, seinen Freundeskreis oder erwachsene Verwandte (s.o.), verliert, vor allem wenn diese es bei der Bewältigung der Trennung unterstützten. Auch die Möglichkeit, erschüttertes Selbstwertgefühl durch positive Erfahrungen in anderen sozialen Gruppen, also im gewohnten und sicheren Umfeld, zu kompensieren, kann dem Kind erschwert oder genommen werden.

Aber nicht allein der Verlust des Bestehenden, sondern auch die Erschließung des Neuen kann das Kind fordern, wenn ihm zusätzliche Anpassungsleistungen (Integration in neuem Wohnumfeld, Kindertagesstätte, Schule) abverlangt werden.

Unzureichende Beteiligung des Kindes und mangelnde Beachtung seines Willens: Bleibt das familiengerichtliche Verfahren für das Kind undurchschaubar, weil ihm die hierfür notwendigen Informationen und Unterstützung fehlen, wird es seine Möglichkeiten der Einflussnahme u. U. nicht erkennen und nutzen. Dies wiederum schwächt seine Selbstwirksamkeitsüberzeugung mit den bereits beschriebenen Folgen. Dies kann aber auch zu Entscheidungen führen, die an seinen Bedürfnissen oder an seinem Willen völlig vorbeigehen.

Findet der Wille des über dreijährigen Kindes im Sorgerechtsverfahren keine ausreichende Beachtung, wird es nicht ausreichend gehört oder wird ihm vermittelt, sein Wille sei nicht von Bedeutung, so kann dies seinen emotionalen Stress steigern und die Erkenntnis und das Gefühl fördern, die Folgen der elterlichen Trennung nicht kontrollieren und steuern zu können. Die sich langsam bildende und immer mehr verfestigende Selbstwirksamkeitsüberzeugung des Kindes, der Glaube an die Wirksamkeit eigenen Handelns, wird geschwächt. Dies betrifft nicht nur die aktuelle Situation, sondern kann sich als negative Erfahrung auch auf die Einschätzung zukünftiger kritischer Lebensereignisse auswirken. Sie können als nicht beeinfluss- und bewältigbar bewertet werden und damit auch das zukünftige Stresserleben des Kindes erhöhen *(Abschnitt 2.4)*.

Dem Willen eines Kindes kann allerdings nur gefolgt werden, wenn er nicht selbstgefährdend ist. Der subjektive Kindeswille entspricht nicht immer dem objektiven Kindesinteresse und muss deshalb mit anderen Sorgerechtskriterien, hier primär der Erziehungsfähigkeit der Eltern, abgeglichen werden. Das Schadensrisiko liegt hier in der Entscheidung des Kindes für ungünstigere Lebensbedingungen.

Aber auch Regelungen, die dem explizit zum Ausdruck gebrachten Kindeswillen entgegenlaufen, tragen Risiken in sich. Lebt es gegen seinen Willen in neuen Lebensverhältnissen, kann dies zu erheblichen Erziehungsschwierigkeiten führen, indem sich Aggressionen des Kindes gegen den nun betreuenden Elternteil richten, der durch seinen Sorgerechtsantrag Mitverantwortung an der gerichtlichen Entscheidung und nicht gewollten Lebenssituation trägt. Die Erziehungsarbeit kann durch aktiven Widerstand des Kindes erschwert werden oder aber dadurch, dass der betreuende Elternteil sich mit einem idealisierten Bild des nun getrennt lebenden Elternteils messen muss. Auch eine Integration des Kindes in eine Stieffamilie kann erschwert werden. Bleibt der Wille des Kindes bestehen, beim anderen Elternteil leben zu wollen, kann die anhaltende und ungestillte Sehnsucht letztlich sogar den Bestand der neuen familiären Einheit bedrohen.

Die Vorteile einer Beteiligung des Kindes können sich ins Gegenteil wandeln, wenn es zu vermeidbaren Mehrfachbefragungen kommt. Gefahren für das Kind entstehen hier insbesondere bei einer Häufung von Risikofaktoren. So kommt es zu Mehrfachbefragungen in der Regel nur, wenn ein Elternkonflikt eskaliert und sich dann über einen längeren Zeitraum erstreckt, ferner wenn viele Professionen mit unterschiedlichen Rollen und Aufgaben am jugendamtlichen und familiengerichtlichen Verfahren beteiligt sind. Psychische Belastungen können auch bei Hochkonflikt durch Mehrfachbefragungen immer wieder aktualisiert werden, durch die Befragung selbst, vor allem aber durch das instrumentalisierende Verhalten der in den Hochkonflikt verstrickten Eltern. Hinzu kommen die vielen Personen, mit denen sich das Kind konfrontiert sieht und denen es sich immer wieder öffnen soll.

Ein weiteres Schadensrisiko kann in der fachlich unangemessenen Befragung liegen. Wird dem Kind hier etwa das Gefühl vermittelt, es entscheide selbst über seinen Lebensmittelpunkt, besteht die Gefahr einer psychischen Überforderung. Entscheidungsdruck verstärkt Loyalitätskonflikte und Verlustängste, aber auch Schuldgefühle gegenüber dem Elternteil, gegen den sich das Kind letztlich entscheiden muss. Wesentlich ist es deshalb immer, dem Kind altersgemäß zu vermitteln, dass es seinen Willen kundtun darf, dies aber nicht muss. Insistierende Befragungstechniken sind in jedem Fall zu vermeiden.

Mangelnde Berücksichtigung kindlicher Ressourcen: In Abhängigkeit von Alter, Entwicklungsstand und Persönlichkeit besitzt jedes Kind unterschiedliche Vulnerabilitäten *(Abschnitt 4.3.2.3)*. Werden diese bei der Sorgerechtsentscheidung nicht ausreichend gewürdigt, kann dies lang anhaltende Überforderungen und daraus resultierende Fehlanpassungen des Kindes hervorrufen. So wird es ein kleineres Kind in der Regel schwerer haben, den Verlust einer Bindungsperson zu verkraften, weil ihm ein geringeres Maß an Bewältigungsstrategien zur Verfügung steht. Es werden auch nicht alle Kinder über eine ausreichende psychische Robustheit verfügen, wechselweise eine Woche bei dem einen und die andere bei dem anderen Elternteil zu leben *(Abschnitt 4.5)*. Kinder mit Kontakt- oder Anpassungsschwierigkeiten werden mehr Ressourcen benötigen, um sich an einem neuen Wohnort zu integrieren.

Zusammenfassend lässt sich sagen, dass misslungene Regelungen des Sorgerechts die Gefahr einer verzögerten Bewältigung der Nachtrennungssituation durch das Kind erhöhen und Fehlentwicklungen provozieren können. Kommt es aufgrund der oben genannten Punkte zu Nachfolgekonflikten der Eltern und/oder führen sie zu einer Labilisierung der Lebenssituation des Kindes, kann sich eine nachteilige Sorgerechtsregelung zudem als so instabil erweisen, dass eine Korrektur notwendig wird. Dies beinhaltet für das Kind aber erneute Belastungen, da etwa Wechsel des Erziehungsklimas und der sozialen Umgebung zu erneuten konfliktbeladenen Lebensumbrüchen führen können.

Nachteile erwachsen aber auch den Eltern. Destruktive Verstrickungen und lang anhaltende Auseinandersetzungen fordern auch von ihnen einen hohen emotionalen Preis: die Verarbeitung der Trennung wird erschwert und eine Überwindung der Belastungen wird verzögert, wenn nicht sogar auf lange Zeit unmöglich gemacht. Durch eine misslungene Regelung kann der betreuende Elternteil in eine Überforderungssituation geraten und muss die Folgen einer möglichen Fehlanpassung des Kindes an die Nachtrennungssituation, die in unterschiedlichster Symptombildung liegen können, auffangen. Für den getrennt lebenden Elternteil wächst mit anhaltenden Konflikten dagegen vor allem die Gefahr, zusätzlich zur familiären Einheit die Beziehung zum Kind nur noch eingeschränkt oder gar nicht mehr zu erleben.

4.3 Trennungsfolgen

4.3.1 Folgen für die Eltern

Da die Trennung und Scheidung der Eltern nicht immer, aber in der überwiegenden Zahl, Hintergrund familiengerichtlicher Auseinandersetzungen ist, soll hierauf im Folgenden ausführlicher eingegangen werden. Trennung ist dabei kein punktuelles Ereignis, sondern ein oftmals lang andauernder Prozess. Er beginnt oft schleichend mit der Phase der Beziehungs- oder Ehekrise, ihr folgt die Phase der räumlichen Trennung und bei Verheirateten die der juristischen Scheidung, dieser wiederum folgt eine Phase der Alleinerziehung und/oder oft die der Gründung einer Stieffamilie *(Abbildung 4.1)*. Jede Phase stellt unterschiedliche Herausforderungen an Eltern und Kind und verlangt neue emotionale Auseinandersetzungen und Anpassungsleistungen.

Zahlreiche angloamerikanische und europäische Studien belegen, dass Geschiedene im Vergleich zu Verheirateten tendenziell eher unglücklich und sozial isoliert sind und mehr gesundheitliche Probleme haben (Amato 2014). Die Palette emotionaler Belastungssymptome auf Seiten der Erwachsenen ist breit und tritt oft schon in der Trennungskrise auf. Häufig werden genannt: Selbstzweifel, Minderwertigkeitsgefühle, Trauer, Depressivität bis hin zu Suizidgedanken, Angst, Aggressivität, Hass, Rachegefühle, Nervosität, Schlaf- und Konzentrationsstörungen, Kopfschmerzen, Essstörungen und Suchtmittelmissbrauch. Bei weitem nicht alle Eltern zeigen aber Belastungen. Die Trennung kann durchaus als Befreiung und Fortschritt erlebt werden. *Faktoren, die die Bewältigung einer Trennung für Erwachsene erleichtern, sind:*

- geringes Alter, da Trennung eher als Chance für einen Neuanfang angesehen wird,
- eine kurze Beziehungsdauer, da der Verlust an gemeinsamer Geschichte geringer ist und weniger gemeinsame Zukunftspläne aufgegeben werden müssen,
- eine positive Einstellung zur Trennung, die eher vorliegt, wenn in ihr auch Chancen erkannt werden,
- der Initiatorstatus, u. a. da hier Trennungsgründe gegeben sind und eine Einstellung auf die Trennung möglich ist *(Abschnitt 2.4.7)*,
- eine sichere und gleich bleibende ökonomische Situation, die besonders bei Alleinerziehenden, von denen 2919 in der Bundesrepublik 88 % Mütter waren (Hochgürtel/Sommer 2021), bei etwa einem Drittel (Kott 2021) nicht gegeben ist und durch geringere Verdienstmöglichkeiten bei Doppelbelastung durch Beruf und Alleinerziehung auch langfristig erschwert wird, vor allem wenn zusätzlich noch Unterhaltszahlungen für das Kind ausbleiben (Walper 2020),
- ein unterstützendes soziales Netzwerk, etwa in der Herkunftsfamilie oder in einer neuen Partnerschaft, das psychische, aber auch materielle Unterstützung und Hilfe bietet (Perrig-Chiello/Knöpfli 2019),
- der Kontakterhalt zu den Kindern, der zusätzliche Verlusterfahrungen verhindert.

Untersuchungsergebnisse, nach denen die Initiative zur Trennung überwiegend von Frauen ausging (Amato 2014, Schmidt-Denter/Beelmann 1995), bilden zumindest die aktuellen statistischen Scheidungszahlen für das Jahr 2019 nicht ab. In 88 % der Fälle beantragte eine Ehepartnerin oder ein Ehepartner die Scheidung mit Zustimmung der anderen Seite, in 7 % der Fälle wurde der Scheidungsantrag gemeinsam eingereicht (Hochgürtel/Sommer 2021). Befunde, nach denen Männer sich nach einer Trennung im

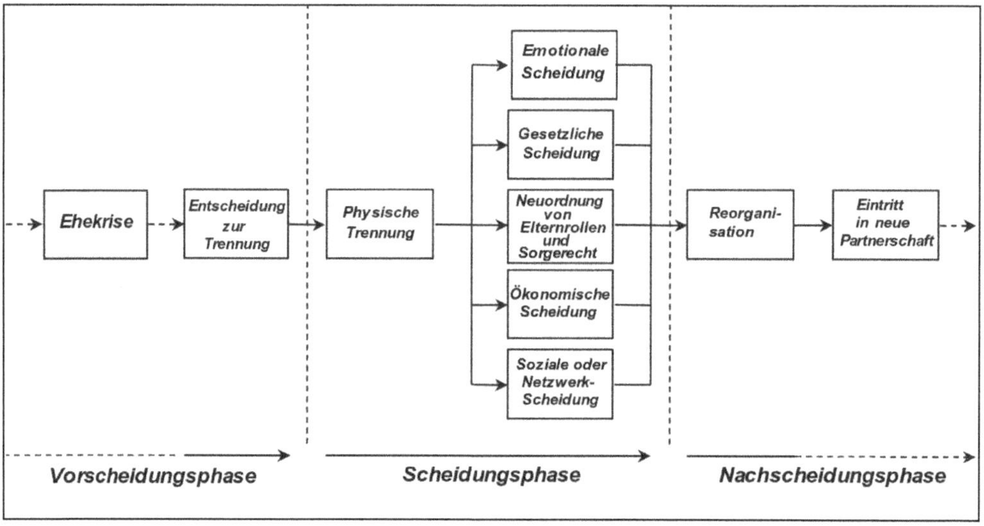

Abb. 4.1: Scheidungsphasen in Anlehnung an Bohannan (1970) und Brown (1976)

Durchschnitt eher stabilisieren als Frauen (Schmidt-Denter u.a. 1995), konnten in anderen Untersuchungen bestätigt werden (Knöpfli 2016, Willitts u.a. 2004). Dies könnte ein Indiz dafür sein, dass Frauen größere Anpassungsleistungen erbringen, etwa Beruf und Alleinerziehung der Kinder verbinden müssen. Männern fällt es dagegen leichter, private Schwierigkeiten durch berufliche Aktivitäten zu kompensieren und neue Partnerschaften einzugehen.

4.3.2 Folgen für das Kind

4.3.2.1 Verlauf

Auch wenn die Zahl der von Scheidung betroffenen Kinder in Deutschland rückläufig ist – 2019 erlebten 122.000 minderjährige Kinder die Scheidung ihrer Eltern, 2003 waren es 170.300 (Hochgürtel/Sommer 2021) – deutet dies nicht zwangsläufig auf eine höhere Stabilität von Familien hin. Walper (2020) weist zurecht darauf hin, dass viele Trennungen nicht statistisch erfasst werden, vor allem da die Zahl nichtehelicher Lebensgemeinschaften steigt. 2009 waren noch 73 % der Eltern minderjähriger Kinder Ehepaare und 9 % unverheiratet zusammenlebend. 2019 waren nur noch 70 % der Eltern verheiratet, während 12 % in Lebensgemeinschaften lebten. Die Zahl Alleinerziehender veränderte sich im Zeitraum von 10 Jahren nicht und lag bei 19 % (Hochgürtel/Sommer 2021).

Auch dem Kind werden in den einzelnen Trennungsphasen viele sehr unterschiedliche Anpassungsleistungen abverlangt. Es ist deshalb schwer, Belastungssymptome einzelnen Ereignissen, wie der räumlichen Trennung, zuzuordnen. So kann ein Kind schon auf heftige elterliche Spannungen und/oder Auseinandersetzungen im Vorfeld der Trennung mit Auffälligkeiten reagieren. Unter Umständen stellt die Trennung der Eltern dann für das Wohl des Kindes sogar die beste und eine entlastende Lösung dar. Die Loslösung aus destruktiver Familienbeziehung kann dem Kind durchaus einen Ausweg aus einem Stressmuster zeigen, ihm die Möglichkeit zu persönlichem Wachstum bieten und es vor weiteren Konflikten schützen. Es profitiert zudem davon, wenn Eltern sich selbst wieder psychisch stabilisieren. Kinder in Ein-Eltern-Familien können durchaus besser angepasst sein als Kinder in konfliktbehafteten vollständigen Familien.

Ob und wie Kinder die Trennung der Eltern bewältigen, hängt von einer Reihe von moderierenden Belastungs- und Schutzfaktoren ab, die Amato (2000) in einer Scheidungs-Stress-Bewältigungsperspektive zusammenfasste. *Als wesentliche Stressoren der Kinder identifizierte er dabei:*

- die Konflikte und Spannungen der Eltern,
- den reduzierten Kontakt zum getrennt lebenden Elternteil,
- die Abnahme von Zuwendung und Kontrolle durch den betreuenden Elternteil,
- ökonomische Einbußen und
- Stressoren, die vor allen in zusätzlichen Anpassungsleistungen durch Veränderungen im sozialen Umfeld entstehen.

Als moderierende Schutzfaktoren für kindlichen Stress beschrieb er:

- die Interpretation der Trennung oder Scheidung durch die Kinder,
- individuelle Ressourcen (kognitiver und emotionaler Entwicklungsstand, Persönlichkeitsfaktoren),
- interpersonelle Ressourcen (unterstützende Beziehungen) und
- strukturelle Ressourcen (Schichtzugehörigkeit, regionale Infrastruktur, gesetzliche Regelungen und Leistungen).

Dies kann erklären, dass nicht alle Kinder nach der Trennung Symptombelastungen zeigen. Nur etwa die Hälfte der Kinder weisen Auffälligkeiten auf, die in der Regel mit zunehmendem Abstand vom Trennungszeitpunkt abnehmen und bei den meisten Kindern nach ca. zwei Jahren abgeklungen sind (Napp-Peters 1988, Wallerstein/Blakeslee 1989, Furstenberg/Cherlin 1993).

Nach Schmidt-Denter/Beelmann (1995), die eine der wenigen deutschen Langzeitstudien durchführten, zeigten 54 % der von ihnen untersuchten Kinder durchschnittlich 9,9 Monate nach der Trennung Verhaltensauffälligkeiten u.a. in Form von emotionaler Labilität, Kontaktangst, unrealistischem Selbstkonzept, unangepasstem Sozialverhalten und instabilem Leistungsverhalten. 15 Monaten später waren es nur noch 40 %, weitere 15 Monate später noch 30 % im Vergleich zu etwa 20 % der Kinder aus vollständigen Familien. *In der Re-Stabilisierung waren drei Verlaufstypen zu unterscheiden:*

- *Hochbelastete:* 48 % der Kinder zeigten zu allen Untersuchungszeitpunkten gleich hohe Auffälligkeiten. Sie erlebten eine negative Beziehung zum getrennt lebenden Elternteil (Vater), einen verschlechterten Erziehungsstil des betreuenden Elternteils (Mutter) und ungelöste Partnerschaftsprobleme und Unzufriedenheiten mit der Sorge- und Umgangsregelung auf der Elternebene.

- *Belastungsbewältiger:* 34 % der Kinder stabilisierten sich nach anfänglich hohen Belastungen bald. Auch sie zeigten negative Gefühle gegenüber dem getrennt lebenden Elternteil (Vater), erhielten aber Unterstützung in der stabilen und positiven Beziehung zum betreuenden Elternteil (Mutter) und durch Geschwister. Gespräche mit der Mutter erleichterten zudem die Bewältigung der väterlichen Abwesenheit.
- *Geringbelastete:* 18 % der Kinder zeigten nie Auffälligkeiten. Sie erfuhren viele positive Gefühle in der Beziehung zum getrennt lebenden Elternteil (Vater), hatten Halt im Geschwistersystem und erlebten einen unverändert unterstützenden Erziehungsstil der Mutter. Die Eltern konnten ihre Trennung als richtige Entscheidung akzeptieren und sahen die Kontakte des Kindes zum jeweils anderen Elternteil als günstig an.

Andere Untersuchungsergebnisse weisen darauf hin, dass sich bei einem Drittel der betroffenen Kinder langfristig erhöhte Risiken einer psychischen Erkrankung, delinquenten Verhaltens, vor allem aber eigener partnerschaftlicher Probleme zeigen (Wallerstein/Lewis 2001, Walper/Langmeyer 2008). Wallerstein und Lewis (2001) betonen dabei den kumulativen Charakter der Trennungserfahrung, der Kindern und später Jugendlichen immer neue Anpassungen abverlangt und das Erleben bis ins Erwachsenenalter negativ beeinflussen kann.

Internationale und deutsche Forschungsergebnisse (Amato 1996, Beckh u.a. 2013, Diekmann/Engelhardt 1995, 2008, Dieckmann/Schmidheiny 2013, Diefenbach 2000) weisen auf eine intergenerative Transmission des Scheidungsrisikos hin. Nach Beckh u.a. (2013) beurteilen Erwachsene aus Trennungsfamilien ihre Beziehungsfähigkeit schlechter, schreiben sich mehr negative Beziehungseigenschaften zu und fühlen sich in Beziehungen machtloser als Erwachsene aus Kernfamilien. Laut Diekmann/Engelhart (1995) leben Ehefrauen und -männer aus geschiedenen Herkunftsfamilien vor der Ehe häufiger unverheiratet zusammen, haben häufiger vor der Ehe Kinder und verfügen in der Ehe seltener über Wohneigentum als solche aus vollständigen Herkunftsfamilien – Indizien für eine größere Vorsicht beim Eingehen der Ehe und für geringere Investitionen in die Ehe. Nach Diekmann und Engelhardt (1995) zeigt sich der Transmissionseffekt zwar bei beiden Geschlechtern, verstärkt jedoch bei Männern. Diese gehen eher Frühehen ein, haben weniger Kinder und eine geringere religiöse Bindung, was in der Summe eine Erhöhung des Scheidungsrisikos bewirkt. Beckh u.a. (2013) beschreiben, dass Männer aus Trennungsfamilien in ihren Partnerschaften eine geringere Fähigkeit zeigen, Erfahrungen und Gefühle zu teilen, aber auch eigene Ansichten, Wünsche und Bedürfnisse offen zu äußern, ohne die Beziehung gefährdet zu sehen. Frauen aus Trennungsfamilien schreiben sich selbst und dem Partner dagegen eher negative Beziehungseigenschaften zu und vermissen Nähe. Das Alter der Kinder zum Zeitpunkt der elterlichen Scheidung hat dagegen offenbar keinen Effekt auf das Transmissionsrisiko.

Zur Erklärung der intergenerativen Transmission des Scheidungsrisikos werden meist vier Hypothesen diskutiert:

- *Säkularisierungshypothese:* Konfessionell und insbesondere katholisch geschlossene Ehen haben nicht nur in der Elterngeneration (Schnor 2012), sondern auch in der nachfolgenden Generation ein geringeres Scheidungsrisiko als etwa konfessionslose (Dieckmann/Engelhardt 2008).
- *Stresshypothese:* Demnach stellt die Trennung der Eltern einen Push-Faktor dar, der bei betroffenen Kindern bewirkt, früh Erwachsenenrollen zu übernehmen, früh selbständig zu werden und früh zu heiraten.

- *Sozialisationshypothese:* Kinder lernen am Modell ihrer Eltern eine spezifische Einstellung zu Ehe und Partnerschaft und bestimmte (destruktive) Formen der Konfliktregelung. In der sich an die Trennung anschließenden Phase der Alleinerziehung erfahren sie zudem ein geringeres Ausmaß disziplinierender Kontrolle und einen höheren Einfluss der Peergruppe.
- *Deprivationshypothese:* Sie zielt auf die überwiegende ökonomische Schlechterstellung der Nachscheidungsfamilie ab. Auch hierin ist ein Push-Faktor zu erkennen, der Kinder zu einem früheren Verlassen des Elternhauses und zum Eingehen weniger stabiler Frühehen bewegt.

4.3.2.2 Geschlecht

Inwieweit kindliche Reaktionen auf die Trennung in ihrer Intensität vom Geschlecht abhängig sind, ist umstritten. Einige Studien (Wallerstein/Kelly 1980, Hetherington u.a. 1985) kommen zu dem Schluss, dass Jungen direkter auf das Trennungsgeschehen reagieren, es aber auch schneller verarbeiten, Mädchen dagegen zuerst weniger auffällig sind, später jedoch Anpassungsschwierigkeiten zeigen. Andere Untersuchungen belegen dagegen eine eher vergleichbare Belastungsintensität beider Geschlechter (Huss/Lehmkuhl 1997, Schmidt-Denter 1997). Weitgehende Übereinstimmung herrscht darin, dass Jungen und Mädchen in unterschiedlicher Weise reagieren. Während Jungen zu externalisiertem Verhalten wie Aggressivität, Ungehorsam und Lügen neigen, zeigen Mädchen eher internalisierte Reaktionen wie Depression, Angst und Rückzug (Furstenberg/Cherlin 1993, Dietrich/Paul 2006a, Fthenakis u.a. 2008).

4.3.2.3 Alter und Entwicklungsstand

Kinder sind mit zunehmendem Alter immer weniger abhängig von ihren Eltern, ihre kognitiven Fähigkeiten und Bewältigungskompetenzen wachsen und ihre Interpretationen des Trennungsgeschehens verändern sich. Damit verändern sich auch ihre Reaktionen. Jüngere Kinder sind in der Regel verletzlicher als ältere und zeigen eher Belastungsreaktionen (Schmidt-Denter 1997).

4.3.2.3.1 Erstes Lebensjahr

Kinder verfügen über die angeborene Fähigkeit der Gefühlsansteckung, mit der sie sich an den Emotionen anderer Personen orientieren. Schon Neugeborene lassen sich etwa vom Schreien anderer Säuglinge anstecken, was als erstes Anzeichen für die Entwicklung von Empathie betrachtet wird (Geangu u.a. 2010). Etwa Mitte des ersten Lebensjahres mündet diese Fähigkeit in das soziale Referenzieren, sie rückversichern sich nun am Affektausdruck ihrer Bezugspersonen, wie eine verunsichernde Situation zu bewerten ist (Bischof-Köhler 2000a, Berk 2020). Schon Neugeborene reagieren deshalb auf das Miterleben elterlicher Auseinandersetzungen irritiert und überfordert, je mehr diese durch intensive Gefühle wie Ärger, Angst oder Trauer gekennzeichnet sind. Die Wirkung ist dabei eine doppelte: Eltern verursachen den Stress ihrer Kinder und fallen als die einzigen Personen aus, die in der Lage wären, den Kindern bei der Stressregulation zu helfen.

Neugeborene und Säuglinge sind in hohem Maße von ihren betreuenden Elternteilen oder Bezugspersonen abhängig, die ihnen nahezu alle Erfahrungen vermitteln und über intuitiv-sensitives Erziehungsverhalten und kindgerechte Ansprache ihren Wachheits-, Erregungs- und eben auch den Emotionszustand regulieren. Angeborene Basisemotionen wie Freude, Ärger, Furcht, Traurigkeit oder Ekel lösen bei Säuglingen Motivationen aus und dienen ihnen zur Mitteilung von Bedürfnissen und als vorrationales Regulativ eigenen und fremden Handelns. Enge und wiederkehrende Interaktionsrhythmen fördern so von Geburt an das wechselseitige Kennenlernen und eine sich vertiefende Passung zwischen Eltern und Kindern (Rauh 2008). Spezifisches Wissen über das Kind *(Abschnitt 2.7.3.3)* ist auf Elternseite schon nach wenigen Tagen bedeutsam, um adäquate Feinfühligkeit zu zeigen: Die Bedürfnisse des Neugeborenen und später auch des Säuglings müssen richtig eingeschätzt und angemessen sowie angesichts seiner mangelnden Fähigkeit zum Bedürfnisaufschub zeitnah befriedigt werden. Diese schnell eintretende Passung und die Sicherheit gebende Routine in den Interaktionen mit den Eltern haben zur Folge, dass Kinder schon früh auf den teilweisen oder gänzlichen physischen und/oder psychischen Verlust eines Elternteils mit Irritationen reagieren. Aufgrund der noch nicht vorhandenen Fähigkeit zum Bedürfnisaufschub wird dieser schon nach kurzer Zeit als sehr schmerzlich empfunden. Elternverlust kann durch Weggang oder Kontaktreduzierung eintreten, aber auch durch die Überforderung eines Elternteils mit emotionalen und/oder materiellen Belastungen und einer daraus resultierenden Einschränkung der Sensitivität und Feinfühligkeit.

Auch die Entwicklung des vorsprachlichen Denkens ist über einfache Reflexe und die sich entwickelnden Wahrnehmungsfähigkeiten, etwa die wachsende Augenkontrolle, eng an Interaktionen mit der durch die Eltern vermittelten Umwelt gebunden. Sensorische Erlebnisse und motorische Handlungen bei Kindern diesen Alters werden in anpassungsfähigen kognitiven Schemata abgebildet (sensomotorisches Stadium), Intelligenz ist noch nicht symbolisch repräsentiert (Piaget 1969). Es kommt auf Seiten von Neugeborenen schon nach wenigen Tagen zu ersten einfachen Wiedererkennungsprozessen (Rekognitionen) der Bezugspersonen (Elsner/Pauen 2018) über den Geruch (Slater u.a. 2007), die Stimme (DeCasper/Fifer 1980) und die Gesichtswahrnehmung (Bartrip u.a. 2001).

Die eigentliche Objekt- und Personenpermanenz, also die kognitive Repräsentanz verschwundener Gegenstände und Personen (freie Reproduktion), stellt sich nach Piaget (1969) dagegen erst zwischen dem achten und zwölften Lebensmonat ein, wobei neuere Forschungsergebnisse darauf hindeuten, dass Kinder schon früher über Objektwissen verfügen, jedoch erst später fähig sind, dies in Suchverhalten umzusetzen (Sodian 2018). Ein zentrales emotionales Entwicklungsthema des ersten Lebensjahres ist der damit einhergehende Aufbau von Bindungen, wobei das Finden von Bindungssicherheit wesentlich von der oben beschriebenen Feinfühligkeit der Eltern abhängt, die eine zuverlässige zeitliche Verfügbarkeit voraussetzt *(Abschnitt 2.3.2)*. Partieller oder völliger Elternverlust wird Kinder im weiteren Verlauf des ersten Lebensjahres umso mehr irritieren, je mehr ein Elternteil ihnen bis dahin beim Bindungsaufbau als sichere Basis zur Verfügung stand. Emotionale Verunsicherung und Stress werden sich bei diesen Kindern verstärken, wenn es zur Kumulation derartiger Effekte kommt, indem ein Elternteil geht und der andere mit der Bewältigung der elterlichen Trennung emotional belastet oder überfordert ist und deshalb eingespielte Routinen in gewachsenen Eltern-Kind-Dyaden unterbrochen werden. Regulationsstörungen wie etwa Ein- und Durchschlafstörungen oder Probleme bei der Nahrungsaufnahme, aber auch Verzögerungen oder gar Rückschritte in der allgemeinen Entwicklung können auftreten. Verlieren Kinder gegen Ende des ersten Lebensjahres eine Bindungsfigur, können sie mit Verlustängsten reagieren und etwa durch eher passives weinerliches Verhalten und/oder aktives Krabbeln oder Laufen vermehrt die kontinuierliche Anwesenheit des verbliebenen oder auch des dann besuchenden Elternteils fordern und sensibel auf jede Art von Trennung reagieren.

4.3.2.3.2 Zweites und drittes Lebensjahr

Mit dem beginnenden Ich-Bewusstsein lernen Kinder im zweiten Lebensjahr, sich als Handlungsträger und Besitzer eigener Gefühle, Ziele und Wünsche wahrzunehmen (beginnende Selbstwirksamkeit) und diesen mit dem Einsetzen der Trotzphase auch Nachdruck zu verleihen. Sie beginnen, zwischen sich und ihrer Umwelt zu differenzieren und sich selbst als Subjekt zu erkennen. Schrittweise entwickelt sich ein Selbstkonzept. Etwa Ende des zweiten Lebensjahres gleiten Kinder vom sensomotorischen Stadium in die Phase des präoperationalen Denkens. Ereignisse und Handlungen sind nun als Vorstelllungen mental repräsentiert und Kinder können auf dieser Grundlage interagieren. Das Denken ist aber noch durch das Fehlen logischer mentaler Operationen limitiert. So kommt es zu magisch-animistischem Denken, mit dem sie sich Zusammenhänge fantasievoll erklären, die sie anders noch nicht verstehen können. Das Denken zentriert sich dabei auf einen offensichtlichen Aspekt, andere werden vernachlässigt. Es ist egozentristisch, es fehlt den Kindern noch an der Fähigkeit, neben der eigenen auch andere Perspektiven einzunehmen (Sodian 2018).

Das Interesse an sozialen Kontakten zu anderen Kindern und erstem gemeinsamen Spiel wächst, meist jedoch noch in Form von Einzel- und Parallelspiel. Ab Mitte des zweiten Lebensjahres beginnen Kinder im Zusammenhang mit dem emotionalen Ausdrucksverhalten eines anderen schon Empathie zu empfinden. Dieses Mitfühlen gilt als Basis für die Ausdifferenzierung prosozialen Verhaltens mit entsprechenden Emotionen wie Mitleid, das in Ansätzen schon bei Zweijährigen als frühestes moralisches Gefühl auftritt (Bischof-Köhler 2000a, Keller 2001, Berk 2020).

Trotz der beginnenden Individualisierung und Soziabilität ist die Qualität der familiären Fürsorge und Beziehungen auch für Kinder im zweiten und dritten Lebensjahr noch von zentraler Bedeutung. Sie lernen zunehmend, ihren Emotionsausdruck als Kommunikationsmittel einzusetzen. Fortschritte in der Sprachentwicklung befähigen sie immer mehr, sich auszudrücken und anderen mitzuteilen. Sie verfügen aber noch kaum über kognitive und soziale Stressbewältigungsstrategien. Hinsichtlich der Stressregulation sind sie nach wie vor vom feinfühligen Verhalten ihrer Bezugspersonen abhängig. Damit bleiben auch Zwei- und Dreijährige sehr anfällig für jegliche Art von Störungen dieser zentralen Beziehungen.

Durch die sich ausdifferenzierende Fähigkeit des Mitfühlens einerseits und die nach wie vor kaum vorhandene Fähigkeit zur eigenständigen Stressregulation (Holodynski u.a. 2013) andererseits reagieren diese Kinder sensibel und verletzlich auf das Miterleben elterlicher Konflikte. Auf den partiellen oder völligen Verlust eines Elternteils, vor allem wenn er eine Bindungsfigur darstellte, reagieren sie oft mit heftigem Protest, sie zeigen Wut, Angst und Trauer. Kommt es bei Kindern zu einschneidenden emotionalen Verunsicherungen, so kann dies in dieser, aber auch in späteren Entwicklungsstufen zu einer anhaltenden Veränderung der Bindungsqualität von einem sicheren zu einem unsicheren Bindungsmuster führen *(Abschnitt 4.2.4)*.

Die gewachsenen Fähigkeiten und Ausdrucksmöglichkeiten dieser Kinder beeinflussen auch die möglichen Folgeerscheinungen. Regressives Verhalten kann sich in Schlafstörungen zeigen, in einem exzessiven Gebrauch von Übergangsobjekten oder in Rückschritten in der Sauberkeitsentwicklung (Fthenakis u.a. 2008). Emotionale Verunsicherung durch den Verlust einer Bindungsfigur mündet nun auch in trotzig-aggressive Reaktionen. Verlustängste führen aufgrund der gewachsenen motorischen Fähigkeiten zu aktivem Nähesuchen gegenüber dem verbliebenen oder besuchenden Elternteil, aber auch zu Verweigerungen des Kindertagesstättenbesuchs (Klammern) und zu Verminderungen des Explorations- und Spielverhaltens.

4.3.2.3.3 Viertes und fünftes Lebensjahr

Bei Kindern diesen Alters differenziert sich die Selbstwahrnehmung weiter aus, es bildet sich das kognitive Selbst, die bewusste Wahrnehmung der eigenen Person in Abgrenzung zu anderen. Die „Theory of Mind", die Fähigkeit, sich selbst und anderen mentale Zustände wie Denken, Wissen und Fühlen zuzuschreiben, entwickelt sich weiter (Sodian u.a. 2012). Dies sind Grundlagen für die sich langsam aufbauende Fähigkeit zur Perspektivenübernahme, sie beginnen zu erkennen, dass andere nicht die gleiche Weltsicht haben, und versuchen, sich deren Verhalten zu erklären. Da ihre kognitiven Fähigkeiten, Handlungsmotive anderer Menschen zu erfassen, aber noch sehr gering ausgebildet sind, dominieren egozentrische Erklärungsmuster bis ins fünfte Lebensjahr hinein. Diese Kinder neigen auch nach wie vor dazu, Fantasie und Realität zu vermischen (Hasselhorn/Schneider 2018).

Handlungsziele beginnen nun attraktiv zu sein, weil ihr Erreichen die eigene Tüchtigkeit belegt und positive Rückschlüsse auf das kognitive Selbstbild und den daraus resultierenden Selbstwert zulassen. Erfolge und Misserfolge begleitende Emotionen wie Stolz und Scham oder Schuld treten auf. Es entwickeln sich anfangs meist positiv überzogene Überzeugungen der eigenen Selbstwirksamkeit, ein Bewusstsein darüber, absichtsvollen Einfluss auf die Umwelt nehmen zu können. Parallel dazu entstehen aber auch sekundäre Kontrollstrategien, um das Selbst vor negativen Selbstbewertungen und die motivationalen Ressourcen für Wirksamkeitsstreben zu schützen, etwa indem Misserfolge geleugnet und Handlungsziele im Nachhinein uminterpretiert werden (Heckhausen/Heckhausen 2010).

Vier- und Fünfjährige suchen dementsprechend schon nach Gründen für den Weggang eines Elternteils, sie tun dies aufgrund ihrer immer noch egozentrischen Weltsicht aber häufig bei sich selbst, etwa in zurückliegendem Ungehorsam oder anderem Fehlverhalten. Schuldgefühle und Selbstvorwürfe können Folgen sein und ihr Selbstwertgefühl beeinträchtigen. Ihr mangelnder Einfluss auf das Geschehen erzeugt zudem Hilflosigkeit und labilisiert ihre sich gerade entwickelnde Selbstwirksamkeitsüberzeugung.

Bezugspersonen außerhalb des engsten Familienkreises und Gleichaltrige gewinnen immer mehr an Bedeutung. Die Integration in eine Tagesbetreuung ist in der Regel erfolgt. Das Spielverhalten verändert sich vom Einzel- oder Parallelspielen hin zu kooperativeren Regel- und Rollenspielen, soziale Austauschregeln werden erlernt und erste Freundschaften geschlossen (Schneider/Hasselhorn 2018). Gleichwohl sind diese

Kinder aber noch kaum in der Lage, sich außerhalb der Familie Unterstützung zu suchen, die ihnen helfen könnte, familiäre Konflikte zu bewältigen. Einige versuchen den Belastungen zu entgehen, indem sie etwa ihre negativen Gefühle leugnen und sich in positive Fantasien flüchten oder Erklärungen des betreuenden Elternteils vorbehaltlos übernehmen (Wallerstein/Kelly 1980, Figdor 1998). Wird das Vertrauen dieser Kinder in die Stabilität ihrer emotionalen Beziehungen und Bindungen erschüttert, können sich Gefühle wie Verlustangst, Trauer und Einsamkeit einstellen. Sie wollen sich nicht mehr von ihren Bezugspersonen trennen. Aggressionen finden gegenüber Geschwistern, Gleichaltrigen oder im Spiel ihren Ausdruck, andere Kinder neigen zu regressivem Verhalten.

Im Vorschulalter bildet sich bei Kindern ein grundlegendes Zeitverständnis, die kognitive Repräsentanz einer Zeitachse, mit der die Fähigkeiten verbunden sind, Vergangenheit und Zukunft in der Gegenwart abzubilden und sich auf eine mentale Zeitreise zu begeben (Bischof-Köhler 1998). Damit leben Kinder nicht mehr ausschließlich in der Gegenwart und es ist ihnen möglich, Bedürfnisse aufzuschieben und deren Befriedigung in der Zukunft zu antizipieren. Dies befähigt sie, zeitlich längere Trennungen von einer Bindungsfigur auszuhalten und damit auch verschiedene Betreuungsmodelle *(Abschnitt 4.5)* zu leben.

Auch die Gedächtnisleistungen steigen und das autobiografische Gedächtnis als Teil des episodischen Langzeitgedächtnisses ermöglicht es Kindern am Ende dieser Altersspanne, sich an mehr als zwei Jahre zurückliegende Ereignisse zu erinnern (Fivush 2009). Elternkonflikte prägen sich damit beim Kind stärker ein und begleiten es länger. Etwaige Schutzfaktoren infantiler Amnesie verlieren an Bedeutung.

4.3.2.3.4 Sechstes bis neuntes Lebensjahr

Obwohl moralische Wertmaßstäbe bei Kindern zwischen dem sechsten und dem neunten Lebensjahr noch nicht verinnerlicht sind, moralisches Wissen und Handeln oft noch auseinanderliegen und sich selbst begünstigende Lösungen bevorzugt werden, wird Mitgefühl mit dem „Opfer“ empfunden (Keller 2001, 2005; Nunner-Winkler/Paulus 2018). Dies macht diese Kinder für Instrumentalisierungen empfänglich *(Kapitel 3 und 5)*. Kinder dieser Altersstufe verbünden sich jedoch kaum mit einem Elternteil gegen den anderen, sondern versuchen eher, es beiden Eltern recht zu machen. Deshalb sind sie häufig dem Gefühl innerer Zerrissenheit ausgesetzt (Wallerstein/Kelly 1980). Viele dieser Kinder vermissen den abwesenden Elternteil nach einer Trennung stark. Verlustängste und tiefe Trauer hindern sie daran, ggf. empfundene Aggressionen gegenüber diesem Elternteil zum Ausdruck zu bringen, selbst wenn sie sich im Stich gelassen und abgelehnt fühlen. Aggressionen können dann gegenüber Gleichaltrigen zum Ausdruck kommen und neben Leistungsproblemen zu Schulschwierigkeiten führen. Einige ziehen aber auch Kraft aus einer positiven Schulsituation. Insgesamt fällt es diesen Kindern schwer, Erleichterung zu finden. Sie können das Geschehene und die daraus resultierenden Gefühle schwerer als jüngere Kinder leugnen oder verdrängen.

Da ihr Zeitempfinden schon dem der Erwachsenen ähnelt, können sie zukünftige Situationen antizipieren. Dementsprechend erschüttern nicht nur die aktuell instabilen Familienverhältnisse, sondern auch die unsicheren Zukunftsperspektiven ihr Sicherheitsbedürfnis. Die oft als existentiell empfundene aktuelle Bedrohung löst Zukunftsängste aus, die teilweise durch unrealistische Fantasien verstärkt werden, z.B. die gesamte Familie zu verlieren und bei Fremden aufwachsen zu müssen. Anders als jüngere können diese Kinder ihre Trauer, ihr Verlangen nach der Rückkehr des getrennt lebenden Elternteils und ihren Wunsch nach einer Wiedervereinigung der Familie (Balloff/Walter 1991) eher ausdrücken.

Kinder im frühen Grundschulalter erreichen die konkret-operationale Phase der kognitiven Entwicklung (Piaget 1969), ihr Denken wird flexibler und organisierter. Das egozentrische Weltbild hat sich mit der nun weiterentwickelten Fähigkeit zur Perspektivenübernahme aufgelöst. Sie können verschiedene Aspekte einer Situation erfassen und konkrete gegenwärtige Probleme lösen. Ihre Abstraktionsfähigkeiten sind allerdings noch beschränkt (Sodian 2018). Diese Kinder können die Gründe der elterlichen Trennung schon besser erfassen, führen sie in der Regel nicht mehr auf sich selbst zurück und fühlen sich weniger schuldig. Sie versuchen unkontrollierbare Situationen durch primäre Kontrollstrategien zu bewältigen, etwa die objektive Situation zu verändern, um sie in Einklang mit ihren Bedürfnissen zu bringen. Sie streben deshalb häufig danach, ihre streitenden Eltern zu versöhnen, zu besänftigen und zu trösten (Fthenakis u.a. 2008). Über sekundäre Kontrollstrategien, die die eigene (psychische) Anpassung an die Situation zum Ziel haben, verfügen Kinder in diesem Alter kaum (Beyer/Lohaus 2007, Heckhausen/Heckhausen 2010).

4.3.2.3.5 Neuntes bis elftes Lebensjahr

Kinder ab dem neunten Lebensjahr versuchen angesichts des Trennungskonflikts oft gelassen und mutig zu erscheinen, obwohl Trauer, Angst, Hilflosigkeit und Einsamkeit empfunden werden. Diese Parallelität von Leugnung und innerer Qual beschreiben Wallerstein/Kelly (1980) als typisch für diese Altersgruppe. Diese Kinder können primäre zugunsten sekundärer Kontrollstrategien (Heckhausen/Heckhausen 2010) aufgeben. Oft steht keine direkte Einflussnahme auf kritische und stressbeladene Ereignisse im Vordergrund, sondern sich ausdifferenzierende selbstablenkende Strategien, wie etwas anderes tun oder denken. Das Leugnen belastender Gefühle beschränkt jedoch die Möglichkeiten, sich Unterstützung zu suchen. Schamgefühle bewirken zusätzlich, den eskalierenden Elternstreit oder gar die Trennung vor der Außenwelt zu verbergen, selbst wenn sie im Umfeld bereits zur Normalität zählt. Kinder diesen Alters reagieren vermehrt psychosomatisch (Wallerstein/Kelly 1980, Napp-Peters 1988).

Grundsätzlich sind die Bewältigungsstrategien und -möglichkeiten dieser Altersgruppe jedoch vielfältig. Im Gegensatz zu jüngeren Kindern sind diese Kinder eher in der Lage, Kummer durch aktives Handeln zu bewältigen und auch direkten Einfluss auf die Eltern auszuüben. Scheitern diese Versuche aber, ruft die erlebte Machtlosigkeit eine besondere Kränkung hervor. Viele haben das Gefühl, von den Eltern, die mit eigenen Verarbeitungsprozessen beschäftigt sind, nicht wahrgenommen zu werden. Dies erschüttert ihr Zugehörigkeitsgefühl zur Familie, das einen wesentlichen Beitrag zum Aufbau einer Identifikation in dieser Altersstufe leistet. Sie fühlen sich verlassen und ihr Selbstwertgefühl leidet darunter.

Kindern in der späten Kindheit gelingt es immer genauer und differenzierter, Ursachen und Konsequenzen von Emotionen zu beschreiben, auch weil sie nun weniger an äußeren Anlässen festgemacht werden, sondern Aspekte des inneren Erlebens berücksichtigt werden (Bischof-Köhler 2010). Das Wissen um moralische Verpflichtungen erlangt in dieser Altersgruppe allmählich Verbindlichkeit für das eigene Selbst (Keller 2001). Da Loyalität, definiert als innere Selbstverpflichtung, ein eigenes verinnerlichtes moralisches Wertesystem voraussetzt, an dem eigene Handlungen gemessen werden, sollte erst etwa ab diesem Alter von Loyalitätskonflikten des Kindes im Elternkonflikt gesprochen werden.

Neu ist in dieser Altersstufe der klare, intensive und objektbezogene Zorn, der von Trauer und Hilflosigkeit entlasten kann. Diese Kinder ergreifen einseitig Partei und bekunden damit ihre Loyalität zu einem Elternteil. Dieses von Wallerstein und Kelly (1980) als Ausrichtung („alignment“) bezeichnete Phänomen tritt gehäuft dann auf, wenn ein Elternteil eine neue Beziehung eingeht. Vor allem gehen Kinder diese enge Verbindung mit einem Elternteil ein, der in hohem Maße bekümmert und verletzt ist. Sie werden gebraucht und erlangen eine größere Wichtigkeit in der Eltern-Kind-Beziehung. Allianzen dieser Art sind hier vermehrt zwischen Müttern und Söhnen und zwischen Vätern und Töchtern zu beobachten.

4.3.2.3.6 Zwölftes Lebensjahr und älter

Mit Beginn der Pubertät (ab etwa dem 12. Lebensjahr) – und damit der Jugendphase im entwicklungspsychologischen Sinne – tritt eine wachsende Psychologisierung des Fremd- und Selbstverständnisses ein (Bischof-Köhler 2000a). Moralische Gefühle und moralisches Wissen beginnen erst ab diesem Alter zu verlässlichen Motiven moralischen Handelns und Teil eines moralischen Selbst zu werden, das bestimmte moralische Werte (Einfühlung, Fürsorge, Streben nach Gerechtigkeit) als verbindlich ansieht. Jugendliche beginnen sich als Personen mit bestimmten Werthaltungen zu verstehen und versuchen zunehmend, Übereinstimmung zwischen ihren moralischen Werten und ihrem Handeln zu erzielen (Keller 2001). Dementsprechend werden auch Bewertungen anderer vorgenommen. Moralentwicklung ist aber nicht nur Entwicklungs-, sondern auch ein Personenmerkmal, und das moralische Urteil ist auch für Jugendliche nicht immer handlungsleitend, auch anderen Wertebindungen wird Bedeutung beigemessen (Nunner-Winkler/Paulus 2018).

Im Zentrum des Jugendalters steht die Verselbständigung und damit die zunehmende Selbststeuerung und Identifikationsfindung durch die fortschreitende Ausdifferenzierung des Selbstkonzeptes. Jugend ist aber durch sich abwechselnde Vorwärtsentwicklungen zur Unabhängigkeit und Selbständigkeit und Rückwärtsbewegungen zu kindlich abhängigen Verhaltensmustern gekennzeichnet. Eltern werden mal idealisiert und kraftvoll, mal schwach und ablehnungswürdig wahrgenommen, bis ein realistisches Bild entsteht. Die Familie erfüllt auch in der Jugend die Funktion einer sicheren Basis, in die Jugendliche zurückkehren und in der sie Geborgenheit finden können.

Die elterliche Trennung nimmt Jugendlichen oft diese Sicherheit. Die Familie ist nicht mehr Ort des „Auftankens“. Für die Eltern, mit eigenen Problemen beschäftigt, treten die Bedürfnisse der Jugendlichen in den Hintergrund. Dies ruft bei vielen Jugendlichen intensive Trauer und das Gefühl hervor, allein im Leben stehen zu müssen, bevor die eigene Bereitschaft dazu besteht. Sind Jugendliche in Loyalitätskonflikte verstrickt, kann dies auch zu einer Distanzierung, ggf. sogar von beiden Elternteilen, führen. Andere versuchen, den als hilfsbedürftig empfundenen Elternteil zu beschützen.

Einige reagieren mit beschleunigter Verselbständigung, andere regredieren, suchen sich jüngere Spielpartner oder ziehen sich aus altersgemäßen Aktivitäten zurück. Schulische Schwierigkeiten können auftreten, auch weil trennungsbedingte Einschränkungen der elterlichen Erziehungsfähigkeit – wie Selbstbezogenheit, mangelnde Kontrolle, mangelndes Einfordern von Disziplin, Inkonsequenzen – dem Jugendlichen äußeren Halt und Struktur nehmen. Einige fühlen sich dadurch in ihrer eigenständigen Urteilsfähigkeit verunsichert und ihren sexuellen, aber auch aggressiven Impulsen ohne richtungweisende äußere Unterstützung überlassen. Intensive Aggressionen können zu verbalen, manchmal auch tätlichen Auseinandersetzungen auch mit den Eltern oder neuen Partnern der Eltern führen. Aggressionen kompensieren dabei oft Gefühle von Verletzlichkeit und Ohnmacht und/oder sind Reaktionen auf das Verhalten der Eltern, eigene Bedürfnisse in den Vordergrund zu stellen. Andere Jugendliche sind fähig, dies zu bewältigen und machen wertvolle Erfahrungen.

Das konflikthafte Trennungsgeschehen verändert oft das Bild, das sich Jugendliche von den Eltern und deren Beziehung gemacht haben, ins Negative. Dadurch entstehen Ängste, dass sich das am Modell der Eltern erfahrene Scheitern der Beziehung im eigenen Leben wiederholen könnte. Die familiäre Krise kann aber auch stärkend auf das emotionale und moralische Wachstum wirken, indem vom negativ empfundenen Elternbild abweichende Schlüsse für die eigene Lebensgestaltung gezogen werden. Auch die häufigen negativen ökonomischen Folgen lassen Zukunftsängste entstehen, wie etwa die Frage der Ausbildungsfinanzierung.

Jugendliche haben das formal-operationale Stadium des Denkens (Piaget 1969) erreicht und damit die Möglichkeit, Probleme auf hypothetischer Ebene zu lösen und auf dieser Ebene auch logische Schlussfolgerungen zu ziehen. Die Fähigkeit, „was wäre wenn…“, zu denken, ermöglicht es ihnen, sich auf abstrakte Art und Weise mit Problemen und Konflikten auseinanderzusetzen. Anders als jüngere Kinder können Jugendliche die Ursachen der Scheidung realistisch einschätzen. Probleme können systematisch analysiert und abgearbeitet werden. Jugendliche, Mädchen etwas stärker als Jungen, zeigen im Zusammenhang mit familiären Konflikten auch stärkere Bereitschaft, sich soziale Unterstützung zu holen, in Gesprächen mit Gleichaltrigen, aber auch mit erwachsenen Bezugspersonen. Vermehrt nehmen sie dabei Unterstützungssysteme außerhalb der Familie in Anspruch, was Erleichterung und Verständnis verschafft (Napp-Peters 1988). Dementsprechend ähneln die Bewältigungsstrategien Jugendlicher immer mehr denen der Erwachsenen.

4.4 Beurteilungskriterien zur Regelung der elterlichen Sorge

4.4.1 Das Kontinuitätsprinzip

Dem Kontinuitätsprinzip liegt die Annahme zugrunde, dass ein Kind ein grundlegendes Bedürfnis nach gleich bleibenden und stabilen Lebensverhältnissen hat und deren Erhalt dem Kindeswohl am ehesten entspricht. Dieses Bedürfnis erstreckt sich auf verschiedene Bereiche, zwischen denen im Einzelfall auch durchaus Widersprüche auftreten können (s.u.). Bedeutsam für ein Kind sind:

- der Erhalt der Betreuungs- und Erziehungskontinuität,
- der Erhalt des sozialen Umfeldes,
- der Erhalt der räumlichen Kontinuität.

Eine psychologische Begründung findet der Kontinuitätsgrundsatz darin, dass ein Kind schon die Trennung der Eltern und damit den Verlust der familiären Einheit als kritisches Lebensereignis zu bewältigen hat. Verändern sich nun zusätzlich auch die Betreuungs- und Erziehungsverhältnisse, indem die Hauptbetreuungsperson und -bindungsfigur wechselt und das soziale und räumliche Umfeld, etwa durch einen Umzug, können sich Stressoren summieren und insbesondere personelle Ressourcen verloren gehen. Damit vermindern sich die Bewältigungskompetenzen und es können Fehlanpassungen des Kindes hervorgerufen werden.

Dennoch ist es eine Simplifizierung, aus jedem Bruch der Kontinuität a priori eine Belastung des Kindes zu schlussfolgern. Nicht immer werden positive Lebensumstände aufgegeben und Veränderungen in den familiären und äußeren Lebensbedingungen können auch als Herausforderung begriffen werden und Wachstumsschritte nach sich ziehen. Wie Brüche der Kontinuität auf das Kind wirken, hängt dabei nicht nur von den äußeren Bedingungen, sondern in hohem Maße auch von Dispositionen des Kindes, wie Alter, Entwicklungsstand und Vulnerabilität, ab. Bedeutsam ist, wie ein Kind Veränderungen selbst begreift, bewertet und bewältigt. Aber auch wenn Veränderungen belastend wirken, ist perspektivisch zu prüfen, ob ein Verbleib des Kindes in seiner gewohnten Umgebung nicht das größere Schadensrisiko darstellt. Hier ist eine Abwägung mit anderen relevanten Sorgerechtskriterien zu treffen.

Der *Erhalt der Betreuungs- und Erziehungskontinuität* ist vor allem für jüngere Kinder von Bedeutung, die sehr trennungssensibel reagieren *(Abschnitt 4.3.2.3)*. Folgt man diesem Kontinuitätsgedanken, so sind dem Kind förderliche Erziehungsbedingungen möglichst so zu erhalten wie vor der Trennung. Waren beide Eltern gleichermaßen an der Erziehung beteiligt, bleibt die erzieherische Kontinuität für ein Kind am besten gewahrt, wenn beide Eltern auch weiterhin möglichst umfangreich in der erzieherischen Verantwortung bleiben und das Betreuungsmodell entsprechend gestaltet wird *(Abschnitt 4.5.2.1)*. Die Ausübung der gemeinsamen elterlichen Sorge nach der Trennung und Scheidung erscheint unter diesen Voraussetzungen als die erstrebenswerteste Lösung, sofern sich daraus keine Schadensrisiken für das Kind ergeben. Sorgte ein Elternteil weitestgehend allein für ein Kind, war er etwa aufgrund einer sehr intensiven Berufstätigkeit des anderen Elternteils die Hauptbezugsperson des Kindes, so sollte eben dieser Elternteil das Kind auch nach der Trennung überwiegend betreuen und erziehen. Die Annahme, einem Kind mit dem Erhalt der Hauptbezugsperson Erziehungskontinuität zu gewährleisten, setzt allerdings voraus, dass die Erziehungsbedingungen auch über die Trennung hinweg konstant bleiben. Dass hiervon nicht per se ausgegangen werden kann, wurde bereits im Zusammenhang mit den Anpassungsleistungen erörtert, die Erwachsene im Trennungsprozess zu bewältigen haben *(Abschnitt 4.3.1)*. Zudem hängt es auch von der Lebensplanung eines Elternteils ab, wie und in welchem Umfang er dem Kind weiterhin zur Verfügung stehen kann.

Der *Erhalt des sozialen Umfelds*, der außerhalb des engeren familiären Gefüges liegenden sozialen Beziehungen zu erwachsenen und gleichaltrigen Bezugspersonen, gewinnt an Bedeutung, je älter ein Kind ist. Das soziale Umfeld kann insbesondere auch eine Ressource bei der Bewältigung kritischer Lebensereignisse darstellen *(Abschnitt 2.4.3)*. Zuallererst sind hier Kontakte zum erweiterten Familienkreis, also über die Kernfamilie hinaus, zu nennen. Auch die Frage, welcher Elternteil eher in der Lage ist, den Erhalt der verwandtschaftlichen Beziehungen zum Kind sicherzustellen, sollte deshalb Einfluss auf eine eventuell zu treffende Sorgerechtsregelung haben. Spätestens ab dem dritten Lebensjahr gewinnen Kinder auch zunehmend Zugang zu anderen sozialen Gruppen, in der Kindertagesstätte, der Schule, in Vereinen, aber auch im Wohnumfeld. Sie nehmen verstärkt am sozialen Leben der Gemeinde teil und gehen dabei zunehmend außerfamiliäre Beziehungen ein. Speziell für Jugendliche können diese Beziehungen so große Bedeutung erhalten, dass sie dafür auch den Elternteil aufzugeben bereit sind, zu dem sie an sich die intensivere Beziehung haben.

Letztlich ist auch der *Erhalt des räumlichen Umfeldes*, die vertraute Wohnung und Wohnumgebung, an die sich ein Kind oder ein Jugendlicher gewöhnt hat, von Bedeutung. Ein Wechsel des räumlichen Umfeldes stellt ein nichtnormatives Lebensereignis (Filipp 1995) dar, das der Bewältigung bedarf. Es sollte nicht unterschätzt werden, dass Menschen auch Bezüge zur sächlichen Umwelt eingehen, sich an Dinge gewöhnen, die ihnen vertraut sind, und daraus Geborgenheit erfahren. Es bildet sich eine Ortsidentität, das Kind oder der Jugendliche bezieht Dinge und Orte in sein Selbstkonzept ein (Fuhrer u.a. 1995). Ein Wohnortwechsel beinhaltet aber nicht nur einen Ablösungsprozess von der alten, sondern auch einen Anpassungsprozess an die neue Umgebung. Beide Prozesse können durch eine Reihe von Faktoren erschwert werden. *Beispielhaft sind zu nennen:*

- die grundsätzliche Unerwünschtheit der räumlichen Veränderung,
- die Nichterfüllung von Erwartungen in der neuen Umgebung z. B. hinsichtlich der vorhandenen Infrastruktur (Schulweg, Jugendfreizeitangebote etc.),
- ein mit der räumlichen Veränderung einhergehender sozialer Abstieg (schlechtere Wohnung und Wohnumgebung) und
- ein mit dem räumlichen Wechsel einhergehender Wechsel des Kulturkreises.

Welche Problembereiche lassen sich bei der Bewertung der Kontinuität im Zusammenhang mit der elterlichen Trennung erkennen?

Diskrepanzen zwischen erzieherischer Kontinuität und anderen kindbezogenen Sorgerechtskriterien: In der Regel wird ein Kind eine Bindung zu dem Elternteil aufbauen, der es betreut. Und es wird sich wünschen, bei ihm zu leben. Ein Grund für Diskrepanzen ist, dass aber nicht die Tatsache der Betreuung Bindung entstehen lässt, sondern eine Variable der Erziehungsfähigkeit, das elterliche Feinfühligkeitsverhalten. Aber auch Interessenübereinstimmungen zwischen Kind und Elternteil und Identifikationen können bewirken, dass ein Kind sich nicht mit dem hauptsächlich betreuenden, sondern mit dem anderen Elternteil stärker verbunden fühlt, obwohl dieser zeitlich in geringerem Maße zur Verfügung steht und sich weniger an der Erziehung beteiligt oder beteiligen kann. Da derartige Diskrepanzen immer aber auch auf Einschränkungen der Erziehungsfähigkeit hinweisen können – beim betreuenden Elternteil auf mangelndes Feinfühligkeitsverhalten, beim anderen auf eine Beeinflussung des Kindes – ist eine sorgfältige Prüfung notwendig.

Mitnahme des Kindes im Trennungsprozess: Spontanes Handeln, aber auch Wissen über die Bedeutung des Kontinuitätsgrundsatzes im familiengerichtlichen Verfahren können dazu führen, dass schon zum Zeitpunkt der räumlichen Trennung durch die Mitnahme des Kindes neue Lebensbedingungen geschaffen werden, die sich im Laufe der Verfahrensdauer verfestigen. Hier werden Tatsachen geschaffen, die, auch wenn dies aus der Perspektive des benachteiligten Elternteils ungerecht erscheint, Einfluss auf eine Sorgerechtsentscheidung haben können. Dies berührt auch die Frage, wie lange Eltern bei einer solchen Fallkonstellation im Rahmen der Jugendhilfe beraten werden sollen oder wie lange sich familiengerichtliche Verfahren hinziehen. Die Hilfestellungen zur Findung einer einvernehmlichen Lösung machen kaum Sinn, wenn allein schon die Zeit das Urteil spricht. Das kindliche Zeitempfinden ist hier zu beachten *(Abschnitt 2.3.2.5)*.

4.4.2 Die Beziehungen und Bindungen des Kindes

Eng mit den oben dargestellten Sorgerechtsaspekten der Betreuungs- und Erziehungskontinuität korrespondiert das Kriterium der Beziehungen und Bindungen des Kindes. Beziehungen beschreiben soziale Interaktion dabei umfassender. Bindungen, im psychologischen Sinne, spiegeln nur einen Teilaspekt emotionaler Beziehungen wider, sind aber dennoch der Kern intensiver und dauerhafter emotionaler Beziehungen *(Abschnitt 2.3)*. Eine Reduzierung menschlicher Beziehungen auf den Teilaspekt Bindung wäre, ungeachtet seiner Bedeutsamkeit, gerade im Rahmen von Sorgerechtsentscheidungen unzulässig (Walter 2013). Beziehungen von Kindern zu Eltern lassen sich durch verschiedene Qualitätsmerkmale beschreiben. In Anlehnung an Schneewind (2010a, 2012) wurden bereits in *Abschnitt 1.2.2* Kriterien beschrieben, die Familie von anderen Beziehungssystemen unterscheiden und aus der Perspektive von Kindern wie folgt dargelegt werden können:

- *Abgrenzung:* Die Beziehung von Kindern zu Eltern ist durch Regeln raumzeitlich von anderen Personen abgehoben, sie bewegt sich zwischen den Polen Geborgenheit/Orientierung und Abschottung.
- *Privatheit:* Sie beschreibt einen vorhandenen und umgrenzten Lebensraum, in dem ein Verhaltensaustausch von Kindern und Eltern möglich ist.
- *Dauerhaftigkeit:* Sie beinhaltet auf Gemeinsamkeit ausgerichtete Bedingungen, Verpflichtungen und Ziele, die sich bei Kindern etwa in der Loyalität, aber auch Beständigkeit und Gerechtigkeit in der Beziehungsgestaltung zu den Eltern zeigen.
- *Nähe:* Sie spiegelt sich in der Realisierung von physischer, geistiger und emotionaler Intimität und Verbundenheit wider, etwa in wiederkehrenden einflussreichen Interaktionen, in denen Kinder das Interesse ihrer Eltern an ihnen und deren Engagement erfahren. Sie beschreibt auch den Grad der wechselseitigen Selbstöffnung, des Austauschs privater Gedanken und Gefühle, auch über Unzulänglichkeiten, und spiegelt das Ausmaß von Vertrauen und Privatheit wider.

Diese Kriterien können durch weitere ergänzt werden, die Beziehungen von Kindern zu Eltern kennzeichnen und beschreibbar machen, auch wenn sie mit anderen Beziehungssystemen geteilt werden (Hinde 1993, Asendorpf/Banse 2000, Walter 2013):

- *Ähnlichkeit und Unähnlichkeit:* Gemeint sind Persönlichkeitsmuster, etwa Interessen und Lebensstile, die geteilt oder nicht geteilt werden und mehr oder minder gemeinsame Interaktionen und Erlebnisse begründen.
- *Unterstützung:* Sie bezieht sich auf unterschiedliche Bereiche, etwa die emotionale, instrumentelle und informationelle Unterstützung, die Kinder in ihren Beziehungen zu den Eltern erleben.

- *Symmetrie und Komplementarität:* Sie beinhalten Aufgaben- und Rollenverteilungen, wobei Beziehungen von Kindern zu Erwachsenen anfangs komplementären Charakter haben, begründet in dem Altersunterschied und dem unterschiedlichen Wissens- und Erfahrungsstand, der sich mit wachsender Selbständigkeit des Kindes immer mehr zu einem symmetrischen wandelt.
- *Machtverteilung und Machtausübung:* Diese Beziehungselemente erleben Kinder im elterlichen Lenkungsverhalten *(Abschnitt 2.7)*, womit neben dem Grad der Unterstützung (s. o.) ein zweiter wesentlicher Aspekt des Erziehungsstils angesprochen ist.
- *Autonomie und Verbundenheit:* Diese Kriterien beschreiben Pole wechselseitiger Passung und Anpassung, wobei Kinder bei ausreichender Verbundenheit zunehmenden Raum für altersangemessene Autonomiebestrebungen, wie sie sich auch im § 1632 Abs. 2 BGB widerspiegeln, erhalten müssen.

Bindungen beschreiben, ob und wie seitens des Kindes Bezugspersonen in emotionalen Notsituationen aufgesucht werden, um Sicherheit zu erlangen. In der Regel ist davon auszugehen, dass ein Kind in seiner Entwicklung zu beiden Elternteilen emotionale Bindungen aufbauen konnte. Grundsätzlich müssen ihm deshalb auch nach der elterlichen Trennung beide Bindungsfiguren erhalten werden. Dies kann durch die Aufrechterhaltung der gemeinsamen Sorge, vor allem aber durch adäquate Betreuungsmodelle *(Abschnitt 4.5)* geschehen. Lassen elterliche Spannungen und zu befürchtende Schadensrisiken für das Kind dies nicht zu, so kann nach Übertragung der Sorge oder wesentlicher Teilbereiche auf einen Elternteil der andere ein umfangreiches Umgangsrecht erhalten. Das Sorgerechtskriterium der Bindungstoleranz *(Abschnitt 4.4.7)* erhält hier eine zentrale Bedeutung.

Die Frage, bei welchem Elternteil ein Kind seinen Lebensmittelpunkt haben soll, macht einen Vergleich der Beziehungen und Bindungen erforderlich. Zu beantworten sind die Fragen: Zu welchem Elternteil besitzt das Kind eine bessere Beziehung? Welche Bindungsqualitäten machen dabei den Kern aus? Und: Welche Bindungsintensität ist der kindlichen Entwicklung angemessener? Die Frage nach den Bindungsqualitäten zielt auf die Unterscheidung zwischen sicherer bzw. unsicherer Bindung ab. Ein Kind kann dabei zu seinen Elternteilen qualitativ ähnliche, aber auch qualitativ unterschiedliche Bindungen aufgebaut haben. Hinzu kommen bindungstheoretische Erkenntnisse, dass Kinder zwar zu mehreren Bezugspersonen qualitativ ähnliche Bindungen aufbauen, sich jedoch Bindungshierarchien herausbilden können, so dass eine Bindungsperson in bindungsrelevanten Situationen (emotionalen Verunsicherungen) der anderen vorgezogen wird (Grossmann/Grossmann 2021, Brisch 2014, Zimmermann/Spangler 2021). Es kann angenommen werden, dass ein teilweiser Verlust einer in der Bindungshierarchie höher stehenden Person für das Kind ein größeres Schadensrisiko darstellt als ein teilweiser Verlust untergeordneter Bindungspersonen.

Was sind nun spezifische Schwierigkeiten der Bewertung von Beziehungen und Bindungen im elterlichen Trennungsgeschehen?

Gleichwertige Bindungen zu beiden Eltern: Die Feststellbarkeit unterschiedlicher Bindungsqualitäten und -intensitäten stößt oft an ihre Grenzen, wenn beide Elternteile vergleichbar feinfühliges und liebevolles Fürsorgeverhalten zeigen und das Kind folgerichtig gleichwertige Bindungen zu beiden Elternteilen aufgebaut hat. Aufgrund der eher groben diagnostischen Mittel kann selbst durch eine psychologische Begutachtung eine etwaig vorhandene Bindungshierarchie nicht eindeutig feststellbar sein.

Dies ist dann auch zu benennen. Andere Sorgerechtskriterien gewinnen hier an Bedeutung.

Unterschiedliche Tendenzen in Bindungen und Beziehungen: Bevorzugt ein Kind die Mutter in der Bindungshierarchie, den Vater aber als Spielpartner, treten Spannungen auf, die im Kern bereits im Rahmen der Erziehungsfähigkeit erörtert wurden. Beide Eltern haben unterschiedliche, sich ergänzende Förderkompetenzen. Wirklich lösbar ist ein solcher Konflikt nur, wenn dem Kind beide Elternteile durch ein angemessenes Betreuungsmodell ausreichend erhalten werden. Die Wahl des Lebensmittelpunktes wird sich im Konfliktfall eher an den emotionalen Bindungen orientieren. Dennoch ist es bei der Bewertung von Eltern-Kind-Beziehungen unerlässlich, alle Interaktionsebenen einzubeziehen. Erst eine umfassende Betrachtung ermöglicht es, die spezifische Bedeutung des jeweiligen Elternteils für das Kind zu erfassen.

Prognostizierbarkeit: Trennungsbedingte psychische Belastungen der Eltern können negative Auswirkungen auf das Feinfühligkeitsverhalten haben. Dies kann bei einem Kind, das zuvor eine sichere Bindung zu einem Elternteil oder beiden Eltern hatte, emotionale Verunsicherungen hervorrufen und zeitweise zu einer Labilisierung der Bindungen führen (s.o.). Auch hier gilt, dass keine vorschnellen Bewertungen vorgenommen werden dürfen.

Bindungsrelevante Folgen emotionaler Belastungen des Kindes: Der Auszug eines Elternteils kann ein Kind emotional verunsichern und Verlustängste hervorrufen. Ein kleineres Kind wird dann sehr viel schneller Bindungsverhalten aktivieren, sein Explorationsverhalten reduzieren und sich an den betreuenden Elternteil klammern. Es wird sich eventuell nur schwer trennen, nicht mehr die Kindertagsstätte oder andere Kinder besuchen und nur noch bei Licht oder im Bett des Elternteils schlafen. Dies alles können Anzeichen für eine unsichere Bindung sein, ohne dass hier ein mangelndes Feinfühligkeitsverhalten eines Elternteils zugrunde liegen muss. Hieraus ergeben sich differentialdiagnostische Probleme, denen nur durch die Exploration der Bindungsgeschichte des Kindes begegnet werden kann. Erst wenn festzustellen ist, seit wann ein Kind ein derartiges Verhalten zeigt, lässt sich diese in der Regel temporäre Bindungsunsicherheit von einer anhaltenden unsicheren Bindung oder gar einer Bindungsstörung abgrenzen.

Parentifizierung: Die Erfahrung der räumlichen Trennung und die psychische Belastung eines Elternteils können auf Seiten des Kindes Verlustängste hervorrufen. Es übernimmt Verantwortung für den leidenden Elternteil, es kommt zu einer Umkehr im Schutzverhalten. Das Kind sorgt sich um diesen Elternteil, hält sich in seiner Nähe auf, ist deshalb überfordert und zeigt wenig Explorationsverhalten. So findet sich eine nach außen eng erscheinende Beziehung, die das Kind aber nicht schützt, sondern belastet. Es übernimmt Elternfunktionen und kann sich trotz vorhandener Überforderung nicht von diesem Elternteil lösen, auch wenn zum anderen Elternteil eine sichere Bindung besteht.

4.4.3 Die Geschwisterbeziehungen

Beziehungen mit den in *Abschnitt 4.4.2* beschriebenen Merkmalen entstehen nicht nur zwischen Kindern und Erwachsenen, sondern auch zwischen Geschwistern. Der psychologische Bindungsbegriff wird hier nur anzuwenden sein, wenn zwischen den Kindern ein großer Altersunterschied und ein Kompetenzgefälle bestehen. In der Regel wird der Begriff der Beziehung zu verwenden sein.

Geschwister erlangen auch bei der Trennung und Scheidung der Eltern eine hohe Relevanz, da in Deutschland drei von vier Kindern in Geschwisterkonstellationen leben. 2019 wuchsen 47 % der insgesamt etwa 13,5 Millionen Kinder mit einem minder- oder volljährigen Geschwister und 28 % mit mindestens zwei Geschwistern auf (Hochgürtel/Sommer 2021). *Die Beziehung zwischen Geschwistern stellt eine Besonderheit dar, sie ist eine in der Regel am längsten währende, unaufkündbare und annähernd egalitäre Beziehung (Schneewind 1995, 2010a), die sich im Positiven durch folgende Merkmale auszeichnen kann (Schmidt-Denter 1993):*

- aktives Suchen nach Zusammensein,
- Kooperation, Sympathie und Hilfsbereitschaft,
- eine spezielle Sprache, zu der andere nicht sofort Zugang finden,
- gegenseitige Verteidigung gegen Außenstehende,
- häufige niederlagelose Konfliktlösung und Rituale des Verzeihens.

Die Geschwisterbeziehung dient oft als Experimentierfeld, auf dem unterschiedlichste soziale Kompetenzen erworben werden können. Je enger die Geschwisterbeziehung ist, umso häufiger kommt es zu Konflikten. Insbesondere bei gleichgeschlechtlichen Geschwistern mit geringem Altersabstand ist die Beziehung oft von großer Nähe und Intimität gekennzeichnet, gleichzeitig aber auch von negativen Gefühlen wie Eifersucht, Neid und Ablehnung (Kasten 2012).

Hinsichtlich der Frage, welche Funktion die Geschwisterbeziehung im Familiensystem insbesondere bei Trennung haben kann, werden primär zwei Hypothesen diskutiert (Karle 2012):

- die Kongruenzhypothese, nach der die Qualität der Elternbeziehung die Qualität der Geschwisterbeziehung maßgeblich beeinflusst, also eine positive Elternbeziehung sich positiv auf die Geschwisterbeziehung auswirkt (hohe emotionale Wärme, geringer Konflikt) und eine konflikthafte Elternbeziehung das Geschwistersystem dagegen belastet (Hetherington/Kelly 2003),
- die Kompensationshypothese, nach der sich auf der Geschwisterebene eine Gegenbewegung abzeichnet und Elternkonflikte dort durch Nähe und Unterstützung abgepuffert werden (Wallerstein u.a. 2002).

Die Geschwisterbeziehung kann unter positiven Vorzeichen elterliche Erziehungsdefizite im Trennungsprozess kompensieren (Kompensationshypothese), ggf. auch einen unzureichenden Beitrag der Eltern zum Bindungssystem auffangen (s.o.) und eine wesentliche Ressource bei der Bewältigung des familiären Konflikts darstellen.

Die größere Sicherheit, die ein Geschwisterkind findet, fördert offenbar auch dessen aktive Auseinandersetzungsfähigkeit und -bereitschaft. Ein Einzelkind zeigt eine größere Bereitschaft zum Verdrängen insbesondere negativer Gefühle, ein Geschwisterkind ist eher in der Lage, Gefühle wie Missbilligung, Abneigung oder Feindseligkeit zuzulassen (Beelmann/Schmidt-Denter 1991). Auch Lange/Lehmkuhl (2012) kommen zu dem Ergebnis, dass eine positive Geschwisterbeziehung ein Schutzfaktor vor den Belastungen eines kritischen Lebensereignisses sein kann, und betonen, dass die Geschwisterbeziehung gestärkt werden sollte, um die Vulnerabilität für emotionale Probleme zu verringern. Walper u.a. (2009) kommen unter Bezugnahme auf weitere empirische Befunde zu dem Ergebnis, dass sich dennoch keine der beiden Hypothesen be- oder widerlegen lässt und offensichtlich beide Entwicklungen möglich sind. Dies verstärkt die Notwendigkeit einer sorgsamen Einzelfalleinschätzung.

Obwohl eine Geschwistertrennung bei Sorgerechtsregelungen grundsätzlich vermieden werden sollte, zitiert Karle (2012) verschiedene Untersuchungen, die immerhin eine Trennungsquote von etwa 20 % bis 30 % beziffern, insbesondere bei gutachterlichen Empfehlungen (Lempp 1983, Arntzen 1994,Müller 2002). *Die Untersuchung von Müller identifizierte Karle (2012) zufolge folgende Empfehlungsgründe für eine Geschwistertrennung:*

- der von den Kindern klar geäußerte Wunsch bzw. Wille,bessere Betreuungsmöglichkeiten,
- die Absicht, dadurch Umgangskonflikte zu vermeiden,
- „Gerechtigkeitsdenken" bei Kindern im Sinne einer Zuordnung zu unterschiedlichen Elternteilen bzw.
- verfestigte „Lagerbildung",
- eine steigende Tendenz bei größerer Geschwisterzahl und
- größerer Altersunterschied zwischen den Geschwistern.

Welche Probleme ergeben sich bei der Bewertung der Geschwisterbeziehung im Trennungsgeschehen?

Überbewertung von geschwisterlichen Auseinandersetzungen: Die Geschwisterebene ist, wie oben dargestellt, ein Lernfeld gleichberechtigter Beziehungen, in der starke emotionale Ambivalenzen auftreten können. Gefühle können zwischen Liebe und Hass, Rivalität und Loyalität schwanken. Aggressionen, die durch den Elternkonflikt entstehen, können auf die Geschwisterebene umgeleitet werden, weil sie hier ohne Verlustängste ausagiert und kompensiert werden können. Da Abhängigkeiten und Respekt weniger ausgeprägt sind, fällt es einem Kind auch leichter, sich über ein Geschwister negativ zu äußern als über seine Eltern. Dies alles darf nicht vorschnell als Beleg für eine belastete Geschwisterbeziehung dienen. Es besteht die Gefahr, die Qualität der Geschwisterbeziehung zu unterschätzen.

Überforderungen auf der Geschwisterebene: Was für ein Geschwisterkind Unterstützung bedeutet, kann für das andere Belastung sein. Ähnlich wie bei einer Parentifizierung kann ein älteres Kind sich mit der Sorge um ein Geschwister überfordern und eigene entwicklungsangemessene Bedürfnisse in unangemessener Weise zurückstellen. Auch hier kann es nur begrenzt Aufgabe von Kindern sein, Elternfunktionen zu übernehmen, zumal diese Kinder selbst aufgrund des emotionalen Ausfalls der Eltern keine ausreichende emotionale Stütze erfahren. Dies sollte zu keiner Geschwistertrennung führen, aber Anlass zur Prüfung sein, ob unterstützende Maßnahmen der Jugendhilfe erforderlich sind.

Spannungen zwischen Elternbindung und Geschwisterbeziehung: Tendieren Geschwister in ihren Bindungen zu unterschiedlichen Elternteilen, muss der Elternbindung oft Vorrang vor der Geschwisterbeziehung eingeräumt werden. Dies ist vor allem der Fall, wenn die Geschwister durch unterschiedliche Elternteile eine unverzichtbare emotionale Stütze erfahren. In einem solchen Ausnahmefall der Geschwistertrennung ist durch eine angemessene Regelung des Umgangs dafür Rechnung zu tragen, dass die Geschwister ausreichend Kontakt behalten.

Falsche Präferierung von Elternwohl vor Kindeswohl: Eine Gefahr besteht auch darin, dass Eltern eine Geschwistertrennung favorisieren, um eigenes Leid zu verringern und wenigstens ein Kind bei sich zu behalten. Der Vorschlag der Geschwistertrennung kann eine Funktionalisierung der Kinder im Elternkonflikt darstellen und den Kindesinteressen entgegenstehen.

4.4.4 Der Wille des Kindes

In der Mehrzahl der Fälle entspricht es dem Willen eines Kindes, beide Eltern zu behalten, vor allem wenn es sichere Bindungen zu beiden Elternteilen besitzt. Selbst bei kleineren Kindern reduziert sich die Willenshaltung im Zusammenhang mit einer zu treffenden Sorgerechtsentscheidung nicht allein auf die Frage des zukünftigen Lebensmittelpunktes bei einem und die Häufigkeit der Kontakte zum anderen Elternteil. Die Erfahrungen zeigen, dass sich der Wille eines Kindes vor dem Hintergrund anhaltender elterlicher Konflikte vor allem auf eine Verbesserung des familiären Klimas und auf eine Beendigung des elterlichen Streits richtet. Auch die häufig vorhandenen Wiederversöhnungswünsche belegen dies und werden bei geringerem Konfliktniveau offenbar häufiger geäußert (Balloff/Walter 1991, Gründel 1995). Auch hier gilt es, dem kindlichen Willen Gehör zu verschaffen, ihn zu beachten und der ihm innewohnenden Tendenz, soweit sie realisierbar ist, im familiengerichtlichen Verfahren zu folgen. Den elterlichen Konflikt zu vermindern, heißt in der Regel, dem Willen eines Kindes am ehesten nachzukommen.

Von einer eindeutigen Willenshaltung ist dann auszugehen, wenn der verbal geäußerte Wille und das beobachtbare Verhalten des Kindes übereinstimmen, sie über einen längeren Zeitraum Konstanz zeigen, von einer angemessenen und nachvollziehbaren Intensität sind, und ein möglichst hohes Maß an autonomer Entscheidung erkennbar ist. Die Nichtachtung eines solchen Willens verletzt nicht nur das Selbstbestimmungsrecht eines Kindes, sondern trägt auch zu einer Labilisierung der Selbstwirksamkeitsüberzeugung bei, erhöht damit sein emotionales Stresserleben und das Risiko einer Schädigung *(Abschnitt 2.3.2.1)*.

Welche Probleme können bei der Bewertung des kindlichen Willens im Trennungsgeschehen der Eltern erkannt werden?

Über-Identifikation und Über-Distanzierung: Spiegelt sich im kindlichen Willen eine überzogene, nicht mehr nachvollziehbare Intensität wider, sollte dies zur Vorsicht mahnen. Eine angemessene Willensäußerung eines Kindes beinhaltet in der Regel ein recht ausgeglichenes Elternbild, das sowohl positive als auch negative Beziehungsaspekte wiedergibt. Selbst wenn sich eine begründbare und nachvollziehbare Ablehnung eines Elternteils findet, sollten Fehlverhalten und kindliche Reaktionen in einem hierzu angemessenen Verhältnis stehen. Eine Über-Identifikation auf der einen und Über-Distanzierung auf der anderen Seite, eine Schwarz-Weiß-Malerei in der Elternsicht des Kindes also, findet sich im Vergleich zu der Vielzahl von Trennungsfällen eher selten, ist dann aber oft von erheblicher Brisanz. *Da auf diese Fallkonstellationen noch gesondert eingegangen wird (Kapitel 5), sei hier darauf hingewiesen, dass diesem Verhalten mindestens drei mögliche Ursachen zugrunde liegen können und abgeklärt werden müssen:*

- ein Fehlverhalten des abgelehnten Elternteils gegenüber dem Kind oder einer anderen Person im Beisein des Kindes,
- eine Beeinflussung des Kindes gegen den abgelehnten Elternteil oder
- ein Einsatz der Über-Identifikation und Über-Distanzierung als Bewältigungsstrategie für einen als zu belastend wahrgenommenen elterlichen Konflikt durch das Kind.

Ambivalente Willensäußerung: Wenn es dem kindlichen Willen an Stabilität und Zielgerichtetheit fehlt, können dem sehr verschiedene Ursachen zugrunde liegen:

- eine geringe Willensausprägung im Sinne einer Unentschlossenheit,
- die Vermeidung einer klaren Willensäußerung (s.u.),
- eine sichere Bindung und positive Beziehung zu beiden Elternteilen,
- Verlustängste oder aber auch
- eine unsichere Bindung.

Vermeidung jeglicher Willensäußerung: Auch hinter dem nicht geäußerten Willen verbergen sich verschiedene Möglichkeiten, die der weiteren Erkundung bedürfen:

- ein nicht vorhandener Wille,
- eine Angst, mit der Äußerung einer grundsätzlich vorhandenen Willenstendenz zu einem Elternteil den anderen zurückzuweisen, zu kränken und vor dem Hintergrund der bereits erlebten Zerrüttung der Familie zu verlieren (Verlustangst) und
- eine psychische Überforderung des Kindes mit der Erwartung, sich zwischen zwei geliebten Elternteilen entscheiden zu müssen.

Vor dem Hintergrund einer solchen kindlichen Haltung sollte weder indirekt noch direkt Druck auf das Kind ausgeübt werden. Auch die Weigerung, seinen Willen zu äußern und eine Entscheidung zu treffen, stellt eine Willensäußerung dar. Nicht selten ist sie für Kinder der einzige Schutz davor, in den elterlichen Streit einbezogen zu werden.

Parentifizierung: Bei der bereits beschriebenen Rollenumkehr *(Abschnitt 4.4.2)* kann es auf Seiten des Kindes zu Idealisierungen und Ängsten kommen, einen als schwach und hilfsbedürftig erlebten Elternteil mit dem Wunsch zu belasten, beim anderen Elternteil leben zu wollen. Starke Loyalitätskonflikte sind die Folge und belasten das Kind.

„Gerechte" Aufteilung der Betreuungsanteile: Auch die Motive eines Kindes, das sehr darum bemüht ist, beide Eltern genauso oft zu sehen, sollten hinterfragt werden. Auch hierhinter können sich verschiedene Beweggründe verbergen:

- eine gleichwertige Beziehung und Bindung zu beiden Elternteilen,
- Ängste vor den Reaktionen des Elternteils, gegen den sich der Wille richten würde,
- Verlustängste in die gleiche Richtung und/oder
- eine Strategie, den Elternkonflikt zu bewältigen.

4.4.5 Die Erziehungsfähigkeit

Auf die Bedeutung der Erziehungsfähigkeit für das familiengerichtliche Verfahren zur Regelung der elterlichen Sorge wurde bereits eingegangen *(Abschnitt 2.7)*. Hier geht es nur im Ausnahmefall um die Frage, ob ein Elternteil zur Erziehung des Kindes fähig ist, meist handelt es sich darum, welcher Elternteil für die Erziehung des Kindes besser geeignet ist, wenn nach der Trennung der Erhalt gleicher Betreuungsanteile nicht möglich ist. Auch im Rahmen der Erziehungsfähigkeit ist auf die Bedeutung hinzuweisen, die der Erhalt beider Elternteile für das Kind hat. Eltern differieren in ihrem Erziehungsverhalten, in ihren Zielen, Einstellungen, vor allem aber in ihren Kompetenzen. Sie ergänzen sich und ein Kind sollte von dieser Erziehungsvielfalt möglichst auch nach der Trennung profitieren. Auch kann das positive Handeln eines Elternteils den anderen stützen, ihn entlasten und damit dessen Erziehungsfähigkeit stärken.

Muss ein Kind angesichts drohender Schadensrisiken, etwa bei erheblichen und nicht auflösbaren Kooperationsdefiziten, jedoch einem Elternteil zugesprochen werden, so ist zu fragen, wessen Erziehungsverhalten, gestützt auf Erziehungsziele, -einstellungen und -kompetenzen, die Bedürfnisse des Kindes besser befriedigen und wer dessen Fähigkeiten besser fördern kann. Zu fragen ist nach der besseren Passung zwischen Elternteil und Kind. Aus der spezifischen Bedürfnislage und den konkreten Fähigkeiten des Kindes sind pädagogische Förderaspekte abzuleiten und dem tatsächlichen Erziehungsverhalten und den Erziehungspotentialen der Eltern gegenüberzustellen.

Was erschwert nun die Bewertung der Erziehungsfähigkeit im elterlichen Trennungsgeschehen?

Unterschiedliche Kompetenzen der Elternteile: Bei unterschiedlichen Kompetenzen beider Elternteile ist vor dem Hintergrund möglicher Schadensrisiken abzuwägen, welche Förderkompetenzen nur im engen Zusammenleben zwischen Elternteil und Kind zum Tragen kommen. In der Regel wird hier jenen Kompetenzen Vorrang einzuräumen sein, die von elterlicher Seite mit den emotionalen Bindungen des Kindes korrespondieren. Ist der nicht betreuende Elternteil ein attraktiverer Spielpartner und fördert er das Kind intellektuell besser, so lassen sich diese Elternfunktionen auch im Rahmen einer umfangreichen Umgangsregelung verwirklichen. Leidet das Kind aber unter der zu häufigen Abwesenheit der bevorzugten emotionalen Bindungsperson, wird sich dies auch negativ auf das Spielverhalten und die intellektuelle Entwicklung auswirken.

Zeitweise Einschränkungen der Erziehungskompetenzen: Erziehungsfähigkeit ist kontextabhängig. Elterliche Auseinandersetzungen, Verarbeitungsprozesse und Anpassungserfordernisse können Belastungen hervorrufen, die die Erziehungskompetenzen mindern. Beispielsweise korreliert die Fähigkeit zur Empathie mit der psychischen Befindlichkeit eines Elternteils. So schildern Kinder ihr Leiden, wenn ihre Eltern in den Phasen des Trennungsprozesses aus unterschiedlichen Gründen mit sich selbst beschäftigt sind. Bei Bewertungen ist zu beachten, dass sich Erziehungsdefizite dieser Art in der Regel mit abnehmenden elterlichen Auseinandersetzungen und fortschreitender Verarbeitung der Trennung und Anpassung an die neue Lebenssituation mindern *(Abschnitt 4.3.1)*.

4.4.6 Die elterliche Kooperationsfähigkeit und -bereitschaft

Elternbezogene Sorgerechtskriterien sind eng miteinander verknüpft. Kooperationsfähigkeit und -bereitschaft sind ebenso wie die Bindungstoleranz als Teilbereiche der Erziehungsfähigkeit anzusehen. Und auch die elterliche Kooperation und die Bindungstoleranz stehen in Wechselbeziehung. Fehlt es an Kooperationsfähigkeit und -bereitschaft, ist in der Regel auch die Bereitschaft begrenzt, bestehende Bindungen des Kindes zu anderen Personen zu tolerieren und zu fördern. Fähigkeiten und Bereitschaften sind Verhaltensdispositionen, sie erlangen nur Bedeutung, wenn sie sich im Verhalten niederschlagen oder dies wahrscheinlich ist. Das elterliche Kooperationsverhalten wirkt auf das Kind und beeinflusst dessen Erleben.

Kooperationsverhalten ist kontinuierlich ausgeprägt. Konstruktives Kooperationsverhalten korreliert dabei mit einem geringen Konfliktniveau und kongruenter, d.h. in sich stimmiger und offener Kommunikation. Destruktives Kooperationsverhalten ist durch Kommunikationsstörungen gekennzeichnet und kann mit einseitigem oder beidseitigem Rückzug, aber auch mit einem hohen Konfliktniveau einhergehen. Das Kind erlebt dann entweder den Verlust eines Elternteils oder anhaltend destruktives Kooperationsverhalten, das im Extremfall, etwa bei gewalttätigen Konflikten der Eltern, das Kindeswohl derart gefährden kann, dass ein Sorgerechtsentzug zu erwägen ist *(Kapitel 6)*.

Bedeutung erlangt das Kriterium der Kooperationsfähigkeit und -bereitschaft daher für alle Stufen der Sorgerechtsregelung bei elterlicher Trennung, also für die Fragen,

- ob die gemeinsame elterliche Sorge fortbestehen kann,
- wie stark in das elterliche Sorgerecht eingegriffen werden muss (Können Teile elterlicher Sorge bei den Eltern gemeinsam verbleiben?),
- wem die elterliche Sorge oder Teilbereiche übertragen werden sollen und
- welches Betreuungsmodell empfehlenswert ist.

Welcher Umfang an elterlicher Kooperation ist für die Ausübung der gemeinsamen elterlichen Sorge aber notwendig? Ausgehend von den bestehenden Alleinentscheidungsbefugnissen ist zuerst zu fragen, ob die Kooperationsfähigkeit und -bereitschaft ausreichen, anfallende Grundsatzentscheidungen im Leben des Kindes gemeinsam zu treffen. Ist dies nicht der Fall, so ist weiter zu fragen, ob zukünftig positive Veränderungen zu erwarten sind, ob beispielsweise zur Verbesserung der Kooperation Beratung in Anspruch genommen wird oder ob hierfür Bereitschaft besteht. Vor allem aber ist nach den daraus resultierenden Schadensrisiken des Kindes zu fragen. Ist es durch die elterlichen Kooperationsdefizite belastet? Und ist zu erwarten, dass die Aufhebung der gemeinsamen elterlichen Sorge Entlastung bringt? Können die Eltern in Grundsatzfragen des Kindes keinen Konsens finden, blockieren sie sich dadurch wechselseitig, ist auch keine positive Veränderung absehbar und ist das Kind dadurch belastet, so wird die Aufrechterhaltung der gemeinsamen elterlichen Sorge nicht im Interesse des Kindeswohls sein.

Ähnlich sind die Fragen hinsichtlich des Fortbestands von Teilbereichen der gemeinsamen elterlichen Sorge zu stellen. Hier ist die Frage des Umfangs der Kooperationsdefizite bedeutsam. Streiten Eltern beispielsweise lediglich um den Wohnort des Kindes, kann die Übertragung des Aufenthaltsbestimmungsrechts auf einen Elternteil unter Umständen genügen, Konflikte zu beenden und das Kind zu entlasten.

Muss letztlich die Übertragung der Alleinsorge auf einen Elternteil geprüft werden, stellt sich die Frage der Kooperationsfähigkeit nochmals. Nun geschieht dies allerdings unter dem Gesichtspunkt, ob Unterschiede in der Kooperationsfähigkeit und -bereitschaft zwischen den Elternteilen erkennbar sind. In Abwägung mit anderen Sorgerechtskriterien hat der Elternteil Vorteile, die Alleinsorge zu erhalten, der konfliktvermeidend wirkt, den Konsens sucht oder Schritte zur positiven Veränderung einleitet.

Im Zusammenhang mit elterlicher Trennung ist nicht ausschließlich das Kooperationsverhalten der Eltern untereinander zu bewerten. Kooperation ist auch mit anderen Institutionen notwendig, wenn z.B. zur Reduzierung des Elternkonflikts oder zur Förderung eines belasteten Kindes Leistungen der Jugendhilfe in Anspruch genommen werden sollten. Kooperiert werden muss darüber hinaus aber auch mit der Schule und der Kindertagesstätte eines Kindes. Auch dies können im Einzelfall relevante Bewertungsebenen sein.

Dispositionen des Kooperationsverhaltens sind die Kooperationsfähigkeit und -bereitschaft. Die *Kooperationsfähigkeit* beinhaltet die Frage, ob ein Elternteil aufgrund seiner psychischen Kompetenzen in der Lage ist, im Trennungsgeschehen mit dem anderen Elternteil konstruktiv zu kooperieren. Neigt der Elternteil vielleicht zu affektiver Labilität, zu wiederkehrenden affektiven Durchbrüchen, die sein Konfliktverhalten bestimmen? Ist er fähig, Konflikte auszutragen, oder weicht er direkten Gesprächen aus, unterläuft aber Absprachen? Unter systemischen Gesichtspunkten ist natürlich auch das Verhalten des Gegenübers von Bedeutung, die Frage also, welches Verhalten löst welche Reaktion aus und provoziert welche Gegenreaktion. Auf die wesentlichen Gesichtspunkte hierzu wurde bereits eingegangen *(Kapitel 3)*. Grundsätzlich steht also bei der Kooperationsfähigkeit die Frage des Könnens im Vordergrund. Diese Frage ist vorrangig zu klären. Nur bei ausreichender Kooperationsfähigkeit besteht Entscheidungsspielraum für Kooperationsbereitschaft, für die Frage des Wollens.

Der *Kooperationsbereitschaft* liegen Bedürfnisse, Interessen, Einstellungen und daraus resultierende Motivationen zugrunde, die je nach Ausformung kooperatives Verhalten fördern oder verhindern. Gründe für kooperatives und kompetitives Verhalten wurden in *Abschnitt 3.5* dargestellt. Bedürfnisse, Interessen und Einstellungen können sich dabei etwa auf den anderen Elternteil, das Kind oder das Für und Wider kooperativen Verhaltens selbst beziehen. Wird der andere Elternteil als wichtig für das Kind angesehen? Dominiert das Interesse an Rache oder das Interesse am Wohlergehen des Kindes? Wie wird die Wirkung mangelnder Kooperation auf das Kind überhaupt bewertet? Wird kooperatives Verhalten gegenüber dem anderen Elternteil als Erfolg versprechend angesehen? Wie wird das Machtverhältnis eingeschätzt? Mehr als die Kooperationsfähigkeit ist die Kooperationsbereitschaft kontextabhängig und unterliegt zeitlichen Veränderungen. Es ist zu beachten, dass eine Bewertung meist in der akuten Trennungskrise erfolgt, zu einer Zeit also, in der erlittene Kränkungen, Enttäuschungen und Vertrauensverlust das Erleben und Verhalten bestimmen und dies auch Auswirkungen auf die Kooperation hat. Neben dem gegebenen Kooperationsverhalten sind deshalb immer auch Entwicklungspotentiale und -perspektiven zu berücksichtigen (s.o.).

Aussagekräftige Ergebnisse über das Kooperationsverhalten sind über einen *modifikationsorientierten Bewertungsprozess* zu erhalten *(Abschnitt 1.3)*. Ausgehend von der Analyse der gegebenen elterlichen Kooperation werden zuerst Interventionen gesetzt und anschließend Gründe für deren Erfolg oder Misserfolg herausgearbeitet und bewertet. So werden mit den Eltern etwa Absprachen hinsichtlich der Gestaltung des Geburtstages oder des Arztbesuches eines Kindes getroffen, anschließend wird der tatsächliche Verlauf dann mit den Eltern analysiert. Im Begutachtungsprozess bietet der zusätzliche Auftrag, auf Einvernehmen hinzuwirken, hierfür Möglichkeiten.

Die Analyse des elterlichen Kooperationsverhaltens sollte sich dabei nicht ausschließlich an Defiziten orientieren. Um angemessen intervenieren zu können, ist es im Gegenteil von großer Bedeutung, *Kooperationsressourcen* zu identifizieren. Hier sind wichtige Hinweise auf bestehende Kooperationsfähigkeiten und entsprechende Bereitschaften zu finden. Werden Ressourcen mit den Eltern gemeinsam gesucht, so stellt dies bereits eine erste wichtige Intervention dar: Der Blick wird auf bestehende Einigkeiten und Kompetenzen gelenkt. Zentrale Fragen sind hier also: Sind Bereiche konstruktiver Kooperation erkennbar? Welche Bereiche sind dies? Wurden etwa schulische Angelegenheiten des Kindes immer zur Zufriedenheit aller geregelt? Oder wurden einzelne Kooperationsdefizite bereits überwunden und Konflikte eigenständig gelöst? Konnten die Eltern etwa eigenständig die Ferienaufenthalte des Kindes regeln? Wie wurde dies erreicht?

Die Analyse der *Kooperationsdefizite* sollte Ausmaß, Inhalte und Hintergründe berücksichtigen. Hinweise bietet die Menge bestehender Konfliktfelder. Wie sind unterschiedliche Konfliktinhalte miteinander verknüpft? Welche Haltung haben die Eltern zu den Konfliktinhalten? Welche Interessen und Bedürfnisse verknüpfen sich mit den Inhalten? Und kennen sie die Inhalte und die dahinter stehenden Interessen und Bedürfnisse, die für den anderen bedeutsam sind?

Die Analyse der bisherigen *Kooperationsentwicklung* kann Hinweise auf Dauer und Intensität etwaiger Konflikte geben. Wie lange gibt es bereits Kooperationsdefizite? Wie äußern sie sich? Werden und wenn ja wie werden Konflikte ausgetragen? Neigen die Konflikte permanent zur Eskalation? Liegen Merkmale der Hochkonflikthaftigkeit vor *(Abschnitt 3.6.3)*? Sind Wendepunkte im Kooperationsverlauf erkennbar? Wie stark ist das soziale Umfeld in Konflikte involviert? Lassen sich im sozialen Umfeld Ressourcen zur Kooperationsverbesserung erkennen?

Von zentralem Interesse ist die *Involvierung des Kindes*, da sie erste Rückschlüsse auf dessen Belastungen erlaubt. Welche Auswirkungen haben Kooperationsdefizite und Konflikte auf die gemeinsame Elternschaft und das Kind? Herrscht ein Nebeneinander unterschiedlichen Erziehungsverhaltens, ohne dass Absprachen möglich sind? Findet vor dem Kind eine wechselseitige Abwertung in den Elternfunktionen statt? Wird es instrumentalisiert? Wird das Kind Zeuge heftiger oder gar gewalttätiger Auseinandersetzungen der Eltern?

Die Analyse der *elterlichen Beziehungsstruktur* ist für die Gestaltung von Interventionen von Bedeutung, aber auch für die Einschätzung von Entwicklungsperspektiven. Wie stark sind die Eltern emotional miteinander verstrickt? Ist die Trennung innerlich vollzogen worden? Gibt es Abhängigkeitsstrukturen, die für die Kooperationsentwicklung relevant sind? Sind die Abhängigkeitsstrukturen symmetrisch oder asymmetrisch? Besteht ein Machtungleichgewicht?

Um die Fähigkeit und die Bereitschaft zur Kooperation einzuschätzen, sind *Dispositionen der Eltern* einzubeziehen. Sind etwa Störungen psychischer Funktionsbereiche erkennbar, die Kooperationsdefizite (mit-)verursachen? Haben Geschehnisse der Trennungskrise, beispielsweise Gewalthandlungen, die Kooperationsfähigkeit vermindert? Welche Einstellung besteht zum anderen Elternteil, zur Beziehung zwischen ihm und dem Kind und zum Kind selbst? Wird Kooperation als sinnvoll und Erfolg versprechend erachtet? Wie werden Konflikte generell empfunden, konstruktiv oder destruktiv? Wie werden bisherige Lösungsversuche beurteilt?

Liegt eine mangelnde Fähigkeit oder Bereitschaft zur Kooperation vor, so sind mit den Eltern ausgehend von dieser Analyse nun Veränderungsnotwendigkeiten des Kooperationsverhaltens zu erörtern und, je nach Rolle und Aufgabe im familiengerichtlichen Verfahren *(Kapitel 9)*, Interventionen durchzuführen oder zu initiieren. Auf die Bandbreite möglicher Interventionen in Abhängigkeit vom Konfliktniveau wurde bereits in *Kapitel 3* eingegangen.

Einsichtsfähigkeit der Eltern sind hierzu ebenso erforderlich, wie der Wille zur Abänderung der Kooperationsdefizite, letztlich die Ausprägung der Veränderungsbereitschaft. Dies sind auch die Kriterien, die vor allem bei einer Nichtannahme bzw. einem Misserfolg der Intervention dann letztlich zur Bewertung des Kooperationsverhaltens herangezogen werden.

4.4.7 Die elterliche Bindungstoleranz

In der Erkenntnis, wie bedeutsam der Erhalt emotionaler Bindungen für ein Kind ist *(Abschnitt 2.3.2.1)*, findet das Kriterium der Bindungstoleranz seine Berechtigung. Die Verwendung des Begriffs Toleranz ist insofern irreführend, als dass die Fähigkeit und Bereitschaft, den Kontakt zum anderen Elternteil aktiv zu fördern und zu unterstützen, gemeint sind, und nicht, ihn nur zu tolerieren. Bindungstoleranz stellt so einen Teilbereich der Erziehungsfähigkeit dar. Viele Gründe, die zu einer Minderung der Bindungstoleranz führen können, wurden bereits beim elterlichen Kooperationsverhalten angesprochen. Im Kern wird Bindungstoleranz durch eine verminderte Fähigkeit und/oder Bereitschaft herabgesetzt, ein Kind vor Erwachsenenkonflikten zu schützen und Bindungspersonen trotz eigener Konflikte in ihrer Bedeutung für das Kind zu achten.

Bindungstoleranz im elterlichen Trennungskonflikt bezieht sich in der Regel auf die emotionale Beziehung des Kindes zum anderen Elternteil. Durch die einem eskalierenden Streitgeschehen innewohnende Tendenz zur Ausdehnung *(Abschnitt 3.6)* können aber auch Bindungen des Kindes zu anderen Personen durch Intoleranz gefährdet werden. Das Kriterium der Bindungstoleranz ist dann z.B. auch auf den erweiterten Familienkreis anzuwenden.

Die Grundfrage, ob ein Elternteil den Kontakt des Kindes zu wichtigen Bindungspersonen fördert oder durch Handlungen erschwert, kann zuallererst über die Haltung des Kindes erhellt werden. Ist etwa festzustellen, dass ein Kind Kontaktwünsche zu beiden Elternteilen offen ausdrücken kann, sind negative Beeinflussungen weitgehend auszuschließen oder bleiben zumindest ohne Wirkung. Äußert sich ein Kind sehr negativ über einen Elternteil oder lehnt es gar den Kontakt zu ihm ab, so sind meist drei mögliche Ursachen, oft auch Mischformen, zu prüfen:

- Beruht die ablehnende Haltung des Kindes auf eigenen Erfahrungen mit diesem Elternteil? Wird diese Frage bejaht, so können daraus ggf. Gründe für eine Aufhebung der gemeinsamen elterlichen Sorge und eine Übertragung der Alleinsorge auf den anderen Elternteil abgeleitet werden.
- Wird die erste Frage verneint, so ist zu prüfen, ob die ablehnende Haltung des Kindes durch Einflussnahmen des anderen Elternteils hervorgerufen wurde, eben durch mangelnde Bindungstoleranz. Die Bandbreite der zugrundeliegenden Motive kann dabei vielfältig sein.
- Finden sich auch hierfür keine Hinweise, so kann die ablehnenden Haltung auch eine bereits als „alignment" beschriebene Bewältigungsstrategie des Kindes im Elternkonflikt darstellen, eine vom Kind ausgehende Ausrichtung auf einen Elternteil.

Anhand des Streitgeschehens ist meist nachzuvollziehen, welche Bindungstoleranz der überwiegend betreuende Elternteil zeigt, ob er etwa die Beziehungen des Kindes zum getrennt lebenden Elternteil fördert oder nicht, ob er Umgang zulässt oder ihn vereitelt. Schwieriger ist die Beurteilung der Frage, wie sich ein Elternteil verhalten wird, der das Kind bisher nie überwiegend versorgte. Würde er, wenn er die Sorge für das Kind erhielte, die Bindungen des Kindes zum anderen Elternteil tolerieren und fördern? Die gegebenen verbalen Zusagen haben in hochstrittigen Fällen erfahrungsgemäß oft nur begrenzte Aussagekraft.

4.5 Betreuungsmodelle bei Getrenntleben der Eltern

Wie ein Getrenntleben und insbesondere eine Trennung nach früherem Zusammenleben mit beiden Eltern und anderen wichtigen Bezugspersonen vom Kind erlebt und bewältigt wird, hängt wesentlich von dem Betreuungsmodell und den Betreuungsbedingungen ab, weniger von der dahinter liegenden rechtlichen Konstruktion.

So gewinnt die gemeinsame elterliche Sorge nach einer Scheidung in Deutschland immer mehr an Akzeptanz. Nach Inkrafttreten der Kindschaftsrechtsreform 1998, die Eltern die Möglichkeit der Beibehaltung der gemeinsamen elterlichen Sorge nach einer Scheidung eröffnete, berichtete Proksch (2001), dass 1999 etwa 70 % und 2000 über 75 % der Eltern keine Übertragung der Alleinsorge mehr beantragten oder die Familiengerichte den Eltern die gemeinsame Sorge trotz gegenteiliger Anträge gemeinsam übertrug. 2019 beantragten nur noch 2 % der Eltern nach einer Scheidung die Alleinsorge, die zu 69 % die Mutter erhielt (Hochgürtel/Sommer 2021). Auch wenn nun 98 % der Eltern nach einer Scheidung in Deutschland die gemeinsame elterliche Sorge beibehalten, sagt dies jedoch wenig über die tatsächliche Betreuungspraxis der Kinder aus.

Ein angemessenes Betreuungsmodell für ein gemeinsames Kind bei Getrenntleben zu finden, stellt für viele Eltern und auch Fachkräfte eine große Herausforderung dar. Nicht immer sind es die Bedürfnisse und Interessen des Kindes, beide Elternteile zu behalten, die Eltern veranlassen, sich für ein bestimmtes Betreuungsmodell zu entscheiden (Koska 2006). Kurz nach einer erfolgten Enttäuschung und/oder Trennung ist oft das Vertrauen in die Beständigkeit der gemeinsamen Beziehung, aber auch in die Zuverlässigkeit und Kompetenz des jeweils anderen Elternteils erschüttert. Verhandlungen über Betreuungsanteile werden dann oft von Sorgen um das Kind, aber nicht selten auch von der Rolle, die jeder Elternteile zukünftig im Leben des Kindes spielen wird, überschattet. Verlustängste in Bezug auf das Kind, die Furcht, dem anderen Elternteil nach einer selbstverschuldeten Trennung wehzutun, das Erhalten oder Vermeiden von Kindesunterhaltszahlungen, berufliche Interessen oder der Wunsch, Zeit für eine neue Partnerschaft zu haben, können bei Eltern den Ausschlag dafür geben, ein bestimmtes Modell zu favorisieren.

Ausschlaggebend für die Empfehlungen bzw. Entscheidungen beteiligter Fachkräfte im familiengerichtlichen Verfahren soll allein das Kindeswohl sein (§ 1697a BGB). Aber auch Tendenzen, strittige Eltern durch mehr oder minder gleichverteilte Betreuungsanteile gerade vor dem Hintergrund von Hochkonflikthaftigkeit zu beruhigen und zum Einvernehmen zu bewegen, können nicht immer ausgeschlossen werden. Ohne Zweifel stellt auch dies einen Gewinn für das Kind dar, es ist aber immer auch eine Risikoabwägung vorzunehmen, ob ein Betreuungsmodell, mit dem eine Beruhigung des Elternkonflikts erreicht werden konnte, auch ansonsten den Bedürfnissen des Kindes entspricht.

4.5.1 Formen und Häufigkeiten

Es lassen sich grundsätzlich drei Betreuungsmodelle unterscheiden:

- *Eingliederungs- oder Residenzmodell:* Das Kind hat einen festen Lebensmittelpunkt am Wohnort eines Elternteils und besucht den getrennt lebenden Elternteil.
- *Wechselmodell:* Das Kind wechselt zwischen den Wohnorten der Eltern und lebt etwa zu gleichen Teilen bei der Mutter und beim Vater.
- *Nestmodell:* Das Kind lebt an einem Wohnort und die Eltern ziehen wechselweise ein.

Abgrenzungsprobleme entstehen durch die Fragen, bis wann von einem Residenzmodell gesprochen werden kann und ab wann von einem Wechselmodell, und auch, mit welchen Betreuungsanteilen ein Nestmodell gestaltet wird. Eine klare Definition hierzu findet sich in der Literatur nicht, letztlich sind die Übergänge fließend. In Anlehnung an McIntosh/Smyth (2012) wird vorgeschlagen, von einem Residenzmodell zu sprechen, wenn das Kind sich bis zu 30 % der Betreuungszeit beim getrennt lebenden Elternteil aufhält, und von einem Wechselmodell bei einer Betreuungsverteilung von 30/70 % bis zu 50/50 %. Sind die Betreuungszeiten annähernd gleich verteilt, so empfiehlt es sich ferner, von einem paritätischen Wechselmodell zu sprechen.

Das Nestmodell schließt einen gleich bleibenden Wohnort des Kindes ein, darüber hinaus stellt sich aber ebenfalls die Frage der Dauer und der Wechselhäufigkeit in den Kontakten zu den Eltern, da auch hier das zeitliche Betreuungsmodell – welcher Elternteil wohnt wie lange mit dem Kind zusammen – zu klären ist. Je nach konkreter Regelung kann das Nestmodell bezüglich der Betreuungsanteile also eher den Charakter eines Residenz- oder eines Wechselmodells aufweisen.

Obwohl sich international viele Gesetzeslagen zugunsten des Wechselmodell verändern und dort auch die Zahl praktizierter Wechselmodelle offensichtlich stetig steigt, ist der Forschungsstand zu den unterschiedlichen Betreuungsmodellen nach wie vor unzureichend und uneindeutig. Schon die zeitlichen Definitionen des Wechselmodells (Prozentanteile, die ein Kind mindestens bei einem Elternteil verbringt, Zahl der dortigen Übernachtungen) variieren in den Studien. Hierbei macht es auch einen Unterschied, ob wie in Belgien eine Aufenthalts-Koelternschaft von den Gerichten priorisiert wird und auch gegen den Willen eines Elternteils angeordnet werden kann (Scheiwe 2018) oder ob letztere Fälle wie in Deutschland von Familiengerichten eher mit Zurückhaltung betrachtet werden (Emery 2021, McIntosh/Smyth 2012, Walper u.a. 2020).

Nach McIntosh und Smyth (2012) schwanken die Häufigkeiten des Wechselmodells – definiert ab einem Betreuungsverhältnis von 30 % zu 70 % einschließlich Übernachtungen – international zwischen 9 % und 30 %, in Großbritannien zwischen 9 % und 17 % und in Australien zwischen 16 % und 17 %. In den Vereinigten Staaten liegt die Häufigkeit etwa bei 20 %, wobei dies zwischen einzelnen Bundesstaaten stark differiert. Nach Meyer u.a. (2017) wurde das Wechselmodells im US-Bundesstaat Wisconsin 2010 in etwa 50 % aller Fälle praktiziert, allerdings definiert ab einem Betreuungsverhältnis von 25 % zu 75 %.

Australische Zahlen zeigen zudem, dass die elterliche Wahl des Betreuungsmodells stark vom Kindesalter abhängt. 2008 lag der Anteil der Kinder im Wechselmodell, definiert ab 35 % zu 65 % Übernachtungen, bei 0- bis 2-Jährigen bei 7,5 %, bei 3- bis 4-Jährigen bei 20,3 %, bei 5- bis 11-Jährigen bei 25,7 %, bei 12- bis 14-Jährigen bei 20,2 % und bei 15- bis 17-Jährigen bei 10,8 %. Unter Zugrundelegung des paritätischen Wechselmodells (48 % zu 52 % Übernachtungen mit jedem Elternteil) lagen die Zahlen für 0- bis 2-Jährige bei 2,1 %, für 3- bis 4-Jährige bei 9,3 %, für 5- bis 11-Jährige bei 11,6 %, für 12- bis 14-Jährige bei 7,8 % und für 15- bis 17-Jährige nur noch bei 3,3 % (Kaspiew u.a. 2009). Emery (2021) nennt die Vorschul- und Schulzeit „sweet spot", die effektivste Zeitspanne für das Wechselmodell. Kleinere Kinder können durch zu häufige Wechsel in ihrer Bindungssicherheit beeinträchtigt werden (McIntosh u.a. 2011), Jugendliche können in ihren eigenen Zeitplänen gestört werden (Maccoby/Mnookin 1993).

In seiner bereits erwähnten Studie stellte Proksch (2001) für Deutschland im Jahr 1999 fest, dass etwa 85 % der erfassten Kinder nach Trennung und Scheidung überwiegend bei der Mutter lebten, 10 % überwiegend beim Vater und weniger als 3 % der Kinder zwischen den Elternteilen zu gleichen Teilen wechselten. Dies geschah auch weitgehend unabhängig vom zugrunde liegenden Sorgerechtsmodell, bei bestehender gemeinsamer Sorge wurden die Kinder zu 82 % von der Mutter, zu 12,5 % vom Vater und zu etwa 4 % von beiden Eltern betreut. Walper (2016) berichtete auf der Grundlage zweier relevanter deutscher Datensätze (AID:A und Pairfam), dass auch etwa 15 Jahre später nur 4-5% der Befragten das Wechselmodell, hier definiert als mindestens 60/40 Betreuung mit entsprechend vielen Übernachtungen bei beiden Elternteilen, praktizierten. Die Kinder der anderen Eltern lebten das Residenzmodell. Zumindest die Daten der AID:A Studie bestätigten auch die oben schon erwähnten internationalen Befunde, wonach die Wahl des Wechselmodells mit dem Alter variiert: 2,8 % der Kinder mit Wechselmodell waren unter 6 Jahre alt, 9,6 % zwischen 6 und 9 Jahre alt, 8,7 % zwischen 9 und 12 Jahre alt und nur 3 % zwischen 12 und 18 Jahre alt.

In diesen Zahlen zu den praktizierten Betreuungsanteilen bei Getrenntleben der Eltern spiegelt sich eine Lebensrealität wider, die auch in sog. intakten Familien gelebt wird. Mit dem Übergang zur Elternschaft werden traditionelle weibliche und männliche

Rollenauffassungen übernommen, was sich u.a. darin äußert, dass Hausarbeit und Erziehungsverantwortung ab dann vorrangig den Müttern überlassen bleibt (Fthenakis u.a. 2008, Schneewind 2010a). Es mag sein, dass Eltern sagen, „wir teilen uns die Betreuung unserer Kinder“ (Sünderhauf 2013, 29), die Realität sieht dann aber anders aus. Samtleben (2019) berichtet auf der Datengrundlage des Sozio-ökonomischen Panels (SOEP), einer auf Selbsteinschätzung beruhenden Befragung von Männern und Frauen, dass 2016 etwa 63% der Hausarbeit und Kinderbetreuung von Frauen erledigt wurde. Und auch dem Neunten Familienbericht 2021 ist unter Berufung auf die Zeitverwendungerhebung des Statistischen Bundesamtes (2015) zu entnehmen, dass Mütter in Paarhaushalten mit mindestens einem Kind unter 18 Jahren pro Tag durchschnittlich 109 und Väter 51 Minuten für Kinderbetreuung aufwenden (BT-Drs. 19/27200, 152).

2020 waren etwa 25% der Elterngeldempfänger Väter, 72% von ihnen planten jedoch, den Erziehungsurlaub nur zwei Monate zu nehmen. Die durchschnittlich geplante Dauer des Elterngeldbezugs lag bei Müttern bei 14,5 Monaten und bei Vätern bei 3,7 Monaten (Statistisches Bundesamt 2021a). Brehm (2021) hebt hervor, dass der Anteil von Vätern bei der Inanspruchnahme von Elternzeit seit den frühen 1990er Jahren zwar gewachsen ist, immer noch aber 92% aller Elternzeitmonate von Müttern genommen werden.

Insgesamt ist der Forschungsstand – obwohl sich auf internationaler Ebene viele Gesetzeslagen zugunsten des Wechselmodells verändern – zu den unterschiedlichen Betreuungsmodellen nach wie vor unzureichend und uneindeutig (Koska 2006, 2014; McIntosh/Smyth 2012), weil die familiären Situationen sehr komplex sind, aber auch die Grenzziehungen zwischen Residenz- und Wechselmodell (etwa hinsichtlich der Prozentanteile und der Übernachtungen des Kindes in den unterschiedlichen Haushalten) variieren und/oder nicht sauber zwischen der juristischen gemeinsamen Sorge und den faktisch praktizierten Betreuungsanteilen differenziert wird (u.a. Fichtner/Salzgeber 2006 und Koska 2014 mit diesbezüglicher Kritik an Bausermann 2002).

Ohne Zweifel spielen bei der Wahl des Betreuungsmodells nicht nur Rollenvorstellungen, sondern auch ökonomische Faktoren eine Rolle, etwa die immer noch besseren Verdienstmöglichkeiten des Mannes, der dann eher in der Lage ist, die Familie wirtschaftlich abzusichern. Gleichwohl entstehen aber durch jedes Betreuungsmodell für ein Kind psychische Lebensrealitäten, die dann bei einer potenziellen Trennung in den Beziehungen, Bindungen und im Willen deutlich und bei der familiengerichtlichen Regelung der Betreuungsanteile wirksam werden können. Dies gilt allerdings auch für die anderen Fallkonstellationen, wenn der Vater sich von Geburt an überwiegend für die Betreuung des Kindes engagiert oder dies beide Eltern gleichermaßen tun.

Wenn ökonomische Faktoren die Wahl des Betreuungsmodells oft schon beim Zusammenleben beeinflussen, so tun sie dies erst recht bei Getrenntleben. Unterschiedliche Modelle verursachen unterschiedliche Kosten. So stellt sich im Falle des Wechselmodells zumindest eher als beim Residenzmodell die Frage, dem Kind oder den Kindern an den Wohnorten beider Eltern angemessene Wohnbedingungen (Kinderzimmer, Spielzeug, Kleidung) zur Verfügung zu stellen. Das Nestmodell beinhaltet noch höhere finanzielle Belastungen, da die getrennt lebenden Eltern, ungeachtet der Schwierigkeiten, dieses Modell mit eventuellen neuen Partnerschaften und weiteren Kindern in Einklang bringen zu müssen, letztlich die Kosten für drei Wohnungen zu tragen haben, die des Kindes oder der Kinder, die des Vaters und die der Mutter. Schon aufgrund dieser finanziellen Anforderungen stellt das Nestmodell wohl eher eine Lösung für die gehobene Mittelschicht dar (Rakete-Dombek 2002). In der Beratungspraxis stößt diese Form der Betreuung von Kindern nach der Trennung auch eher auf Unverständnis der Eltern oder Bezugspersonen, da sie es sich für die Gestaltung ihres eigenen Lebens kaum vorstellen können, an zwei Wohnorten zu leben.

Über die Arbeitsbelastungen der Eltern sind die materiellen Ressourcen eng mit den zeitlichen Ressourcen verknüpft. Dies wiederum hat Konsequenzen für die Kinderbetreuung, insbesondere bei Getrenntleben und der Notwenigkeit beider Elternteile, einer Berufstätigkeit nachzugehen. Eine funktionierende, sich ergänzende Betreuungsteilung im Wechselmodell kann hier allerdings auch Entlastung schaffen und es beiden Eltern besser als bei einem Residenzmodell ermöglichen, einer Berufstätigkeit nachzugehen.

Was die Beständigkeit der Betreuungsmodelle angeht, zeichnen vorliegende Studien kein einheitliches Bild. Maccoby u.a. (1993) kamen im amerikanischen Stanford Child „Custody Project" zu dem Ergebnis, dass das Wechselmodell im Vergleich zum Residenzmodell über die Jahre eine beträchtlich höhere Instabilität aufweist. Auch McIntosh/Smyth (2012) verweisen auf Ergebnisse jüngerer australischer Studien von Smyth u.a. (2008), denen zufolge nach vier bis fünf Jahren nur noch 49 % der Wechselmodelle, aber 87 % der Residenzmodelle existierten. Berger u.a. (2008) kommen dagegen in einer amerikanischen Studie zu dem Ergebnis, dass nach drei Jahren bei den Kindern im Wechselmodell kein „maternal drift", also keine Verlagerung der Betreuungsanteile hin zur Mutter, festgestellt werden konnte.

Eine australische Hochkonfliktstudie fand heraus, dass nach drei Jahren nur noch 27 % der Eltern das Wechselmodell und 41 % das Residenzmodell praktizierten. 32 % der Eltern hatten das Betreuungsmodell geändert, 18 % hin zum Residenzmodell, immerhin aber auch 14 % hin zum Wechselmodell. Die Autoren betonen, dass eine kooperative Elternbeziehung ein Schlüssel für die Aufrechterhaltung des Wechselmodells war. Väter waren hier bereits in der frühen Kindheit aktiv an der Betreuung des Kindes beteiligt, zeigten gegenüber den Müttern über die Zeit mehr positive Aufmerksamkeit und Achtung – eher als umgekehrt – und erschienen in der Erziehung souveräner (McIntosh u.a. 2011).

4.5.2 Psychologische Beurteilungskriterien

4.5.2.1 Bisherige Betreuungsanteile

Haben die Eltern oder Bezugspersonen im Vorfeld zusammengelebt oder bereits eine gemeinsame Betreuung des Kindes praktiziert, können vor allem der Kontinuitätsgrundsatz, die gewachsenen Beziehungen und Bindungen und der Wille des älteren Kindes als Leitlinien dienen.

Primär geht es zuerst darum, dem Kind die gelebte Beziehungs- und Erziehungskontinuität, sofern sie sich bisher als entwicklungsangemessen erwiesen hat, zu erhalten und vermeidbare Anpassungsleistungen zu ersparen. Die familiäre Trennung stellt für das Kind oft eine von Verunsicherungen und Stress begleitete Herausforderung dar. Einschneidende Veränderungen der bis dato praktizierten Betreuung können zusätzliche Verlusterfahrungen zur Folge haben und dem Kind emotionale und soziale Ressourcen nehmen, die es gerade bei der Bewältigung dieses kritischen Lebensereignisses dringend braucht.

Wechselten sich die Eltern bisher in der Betreuung des Kindes ab, sei es in einem Verhältnis von 30/70 oder 50/50, so sollte dies auch weiterhin angestrebt werden, um dem Kind die gewachsenen Beziehungen und Bindungen in bisherigem Umfang zu erhalten. Es ist zudem als zentral für das Gelingen insbesondere eines Wechselmodells anzusehen, dass das Kind zu beiden Elternteilen eine gewachsene positive Beziehung und Bindungen besitzt.

Wurde das Kind aber weit überwiegend von einem Elternteil versorgt und ist es nur an ihn gebunden, so wird es diesen Elternteil in bindungsrelevanten Situationen unweigerlich vermissen, wenn es sich mehr als vorher üblich beim anderen Elternteil aufhält. Wie unten näher beschrieben, ist der Beziehungs- und Bindungserhalt insbesondere für kleine Kinder, die hinsichtlich ihrer emotionalen Regulation von ihren engsten Bezugspersonen bzw. Bindungsfiguren abhängig sind, von großer Bedeutung. Schon das Vorhandensein einer ausgeprägten Bindungshierarchie sollte Anlass dafür sein, auf ein paritätisches Wechselmodell zu verzichten.

Es ist richtig und wichtig, dem Kind beide Elternteile zu erhalten, warum es dafür aber den teilweisen Verlust eines vorher überwiegend betreuenden und in der Bindungshierarchie vorn rangierenden Elternteils hinnehmen soll, ist psychologisch nicht begründbar. Verantwortungsvolle Elternschaft beginnt nicht mit der Trennung vom anderen Elternteil, sondern mit der Geburt des Kindes.

Ein zweiter wesentlicher Aspekt der Kontinuität betrifft die Aufrechterhaltung einer bis dato förderlichen sozialen und räumlichen Kontinuität. Diese Notwendigkeit besteht noch nicht bei Neugeborenen und Säuglingen, die noch stark auf die Familie und ihre engsten Bezugspersonen bezogen sind. Aber schon mit Vollendung des ersten Lebensjahres setzt eine zunehmende Außenorientierung des Kindes ein und das soziale Umfeld gewinnt an Bedeutung. Soziale und räumliche Stabilität erspart jedoch vor allem dem älteren Kind und Jugendlichen Anpassungsleistungen durch Wechsel der Kindertagesstätte, der Schule und ggf. des Freundeskreises und erhält vorhandenen Ressourcen.

Soll gleichwohl ein Wechselmodell praktiziert werden, entsteht die Notwendigkeit einer relativen Nähe der elterlichen Wohnorte. Auch sie resultiert aus dem Kontinuitätsgedanken. Seine Bedeutung nimmt zu, je älter das Kind ist. Ihm soll mit dem Wechsel der Wohnorte der zusätzliche Wechsel des sozialen Umfeldes erspart werden, was mit Eintritt in die Tagesbetreuung organisatorisch ohnehin schwierig und mit Schuleintritt unmöglich wird. Leben die Eltern oder Bezugspersonen weit entfernt in unterschiedlichen Städten oder Staaten, kann ein Wechselmodell nicht mehr praktiziert werden und auch ein Residenzmodell wird sich u.U. auf Ferienkontakte beschränken müssen.

Die Ergebnisse einer englischen Studie von Fortin u.a. (2012), in der junge Erwachsene zwischen 18 und 35 Jahren retrospektiv über ihre Erfahrungen mit der elterlichen Trennung befragt wurden, belegen, dass die Einbeziehung des Kindes in die Entscheidung über das Betreuungsmodell *(Abschnitt 4.5)* mit positiven Umgangserfahrungen verbunden war. Dies unterstreicht nochmals die bereits in *Abschnitt 2.6* und an anderen Stellen des Buches dargestellte Notwendigkeit einer angemessenen Berücksichtigung des kindlichen Willens, nicht zuletzt im Zusammenhang mit der wahrgenommenen Kontrollierbarkeit und Bewältigung des kritischen Lebensereignisses der elterlichen Trennung *(Abschnitt 2.4.6)*.

Kontinuität, Beziehungen und Bindungen und Wille des Kindes können jedoch nicht als Richtlinie dienen, wenn ein Betreuungsmodell für ein Neugeborenes gefunden werden soll. Zentraler Aspekt ist hier nicht der Erhalt, sondern der Aufbau emotionaler Beziehungen und Bindungen des Kindes zu möglichst beiden Elternteilen. Hierauf wird im Abschnitt zum Betreuungsmodell in der frühen Kindheit eingegangen *(Abschnitt 4.5.2.5)*.

4.5.2.2 Wechselhäufigkeit

Es ist das Los nahezu aller Kinder, bei Getrenntleben der Eltern zwischen verschiedenen Lebenswelten zu wechseln. Dies ist der Preis, den sie dafür zahlen, keinen Elternteil zu verlieren. Ob ein Kind häufige Wechsel als Bereicherung oder als Belastung empfindet, wird durch vielerlei Faktoren beeinflusst. Alter und Entwicklungsstand können dabei ebenso bedeutsam sein, wie unterstützendes Elternverhalten, die Kooperation der Eltern untereinander oder Kontextvariablen wie die Nähe der elterlichen Wohnorte. Diese Frage kann nur im Einzelfall beantwortet werden und wird sich insbesondere bei kleineren Kindern in der Praxis oft erst nach einer Probephase entscheiden lassen.

Betreuungsmodelle schwanken zwischen zwei Polen: Modelle mit langen Betreuungsphasen und niedriger Wechselfrequenz stehen Modellen mit kurzen Betreuungsphasen und hoher Wechselfrequenz gegenüber. Entstehen dabei zu lange Trennungen von einem Elternteil, der eine zentrale Bindungsfigur darstellt, können insbesondere bei kleineren Kindern emotionale Verunsicherungen auftreten *(Abschnitt 4.3.2.3)*. Sie können ihre Bedürfnisse schwerer als ältere aufschieben und es kann eine nur schwer stillbare Sehnsucht nach dem gerade abwesenden Elternteil entstehen. Sind die Wechselphasen dagegen kurz, um genau dem oben Genannten entgegenzuwirken, entsteht ein anderes Problem, nämlich das der mangelnden Orientierung und Überforderung durch eine zu hohe Wechselfrequenz. Jedem Kind, das ein Wechselmodell lebt, wird ein hohes Maß an Flexibilität abverlangt, sich immer wieder den anderen Lebensbedingungen anzupassen.

4.5.2.3 Konfliktniveau der Eltern

Ist die Kooperationsfähigkeit oder -bereitschaft der Eltern gering und bleibt das Kind in Auseinandersetzungen involviert, so sind häufige Kontakte zu beiden Elternteilen und hochfrequente Wechsel zwischen „verfeindeten Lagern" in besonderer Weise belastend (Wallerstein/Lewis 2001, McIntosh u.a. 2011, Lamb 2012). Es ist also eher die Zahl der Übergänge als die Menge der Gesamtzeit beim getrennt lebenden Elternteil, die das Kind im Hochkonflikt belastet.

Maccoby u.a. (1993) fanden heraus, dass ältere Kinder sich psychisch umso schlechter anpassten, je mehr sie sich zwischen den Eltern gefangen fühlten. Sie wurden zum Informationsträger zwischen den Eltern gemacht, über den anderen ausgefragt oder vor ihnen wurde schlecht über den anderen gesprochen. McIntosh u.a. (2011) kamen in ihrer Untersuchung zu dem nachvollziehbaren Umkehrschluss: Eltern mit einem gut funktionierenden Wechselmodell versuchten die Kompetenzen des anderen Elternteils zu respektieren, waren in ihren Einstellungen eher flexibel und nachgiebig als rigide und lebten obendrein nah beieinander. Tragfähige Beziehungen des Kindes mit jedem Elternteil und wechselseitige elterliche Unterstützung hatten in dieser Untersuchung größeren Einfluss auf das Wohlergehen der Kinder als das Betreuungsmodell an sich.

Die Auffassung, das Wechselmodell an sich würde die Kooperationsfähigkeit und -bereitschaft fördern und ein geringes Konfliktniveau der Eltern solle deshalb nicht zur Voraussetzung für die Initiierung eines Wechselmodell gemacht werden (Sünderhauf 2013, 100), kann vor diesem Hintergrund nicht geteilt werden. Je mehr das Wechselmodell zum paritätischen Betreuungsmodell wird, desto größer ist der Absprachebedarf in vielfältigen alltäglichen Betreuungsfragen des Kindes, was unweigerlich ein höheres Maß an Kooperationsfähigkeit und -bereitschaft erfordert. Und ob eine getrennte Elternschaft mit wenig Kommunikation und Austausch zwischen den Eltern vor dem Hintergrund eines paritätischen Wechselmodells funktionieren und einem Kind zugutekommen kann (Sünderhauf 2013, 101), erscheint ebenso fraglich. Die oben genannten Untersuchungsergebnisse sprechen dagegen.

Nicht unerwähnt bleiben kann, dass alle in *Kapitel 5* benannten Ausschlussgründe des Umgangs auch bei der Wahl des Betreuungsmodells Berücksichtigung finden müssen.

4.5.2.4 Rigidität versus Flexibilität der Regelung

Betreuungsregelungen müssen den Bedürfnissen des Kindes auf zweierlei Weise anpasst werden: Sie müssen Raum für aktuelle Bedürfnisse des Kindes lassen und sie müssen sich Schritt für Schritt den sich verändernden Alterserfordernissen *(Abschnitt 4.5.2.5)* anpassen. Die Rigidität einer einstmals stimmigen Regelung kann für älter werdende Kinder eine Belastung darstellen, Widerstände hervorrufen und zum gänzlichen Scheitern führen.

Die Rigidität einer Regelung ist oft eng verknüpft mit dem hohen Konfliktniveau der Eltern oder anders ausgedrückt, mit deren mangelnder Bereitschaft und Fähigkeit, im Interesse des Kindes zu kooperieren und die Regelung anzupassen. Familien, die in der Stichprobe von McIntosh u.a. (2011) ein starres und rigides Wechselmodell fortsetzten und es nie oder kaum an die kindlichen Bedürfnisse anpassten, waren durch stärkere Ehe- und Nachtrennungskonflikte, Bitterkeit und ein geringeres Kooperationsniveau charakterisiert.

Aber auch die zu hohe Flexibilität einer Regelung kann für Eltern und Kind zum Problem werden, wobei hier nicht die Unzuverlässigkeit eines Elternteils gemeint ist, sondern die ihm abverlangte berufliche Flexibilität, die oft verhindert, dass sich klare Regelungen finden lassen. Zwar kann von einem Elternteil grundsätzlich erwartet werden, dass er die Interessen des Kindes über die eigenen stellt, aber auch dieser Bereitschaft sind Grenzen gesetzt, wenn Eltern einen Beruf ausüben, der Schichtdienst, wiederholte Reisetätigkeit oder unregelmäßige Verfügbarkeit am Arbeitsplatz beinhaltet. Dies erschwert dann auch eine Empfehlung oder eine klare gerichtliche Regelung, in der oft nicht mehr als ein Gesamtkontingent an wechselseitigen Kontakten einschließlich einer Ferienreglung festgelegt werden kann. Diese Eltern werden immer eine höhere Kooperationsbereitschaft und -fähigkeit benötigen, um den Umgang den sich verändernden beruflichen Gegebenheiten eines oder beider Elternteile anzupassen.

Für außergerichtliche Vereinbarungen oder gerichtliche Entscheidungen sollte grundsätzlich gelten: Je geringer das Konfliktniveau der Eltern ist, desto flexibler kann eine Regelung sein, desto weniger sind diese Eltern auf starre Vorgaben angewiesen. Je höher das Konfliktniveau der Eltern ist, desto sinnvoller ist ein engmaschiges Reglement, das eine feste Struktur vorgibt und damit Sicherheit schafft.

4.5.2.5 Altersabhängigkeit der Regelung

Alter und der Entwicklungsstand spielen deshalb eine so entscheidende Rolle für das Betreuungsmodell, weil sich die Bedürfnislagen der Kinder verändern und dies wiederkehrende Anpassungen erforderlich macht. Bereits in *Abschnitt 4.3.2.3* wurden grob die unterschiedlichen Entwicklungsphasen und -schritte des Kindes im Zusammenhang mit den Folgen der elterlichen Trennung skizziert. Auf sie kann hier Bezug genommen werden.

4.5.2.5.1 Erstes bis drittes Lebensjahr

In den drei ersten Lebensjahren befinden sich Kinder in der Phase des Aufbaus und der Konsolidierung ihrer emotionalen Bindungen. Sie benötigen hierfür ein hohes Maß an Betreuungskontinuität und reagieren nicht nur auf Beziehungsabbrüche, sondern auch auf längere Beziehungsunterbrechungen sehr sensibel. Oft halten sie längere Trennungen von ihren bevorzugten Bindungsfiguren selbst dann nicht aus, wenn ihnen eine adäquate zweite Bindungsfigur zur Verfügung steht, die in der Bindungshierarchie unter der ersten rangiert. Kleinkinder bevorzugen insbesondere im Alter zwischen sechs und 24 Monaten oft den Elternteil, der die meiste Pflege anbietet, und suchen diesen auf, wenn sie gestresst sind. Der nicht bevorzugte Elternteil bleibt aber emotional wichtig und wird für andere soziale und emotionale Bedürfnisse gesucht oder als Ersatz, wenn der bevorzugte Elternteil nicht verfügbar ist. Die deutliche Präferenz für eine Bindungsfigur verringert sich mit dem Alter und verschwindet oft mit etwa 18 Monaten. Kleinkinder können dann Übergänge zwischen den Eltern besser verkraften, zeigen zwar noch Widerstand, ähnlich wie bei täglichen Übergängen in die Tagesbetreuung, trösten sich aber für gewöhnlich schnell, wenn der Übergang vollzogen ist. Voraussetzung ist, dass sich beide Eltern engagieren und dem Kind einen Bindungsaufbau ermöglichen (Lamb 2012).

Es ist folglich bei der Wahl des Betreuungsmodells oder bei diesbezüglichen Empfehlungen zu berücksichtigen, wie lange ein Kind dieser Altersgruppe eine Trennung von der Hauptbindungsfigur aushalten kann, ohne Sehnsucht zu bekommen und darunter zu leiden. Eine wesentliche Variable sind in den ersten drei Lebensjahren offenbar Übernachtungen und es stellt sich die Frage, ab wann ein Kind beim getrennt lebenden Elternteil übernachten soll und wie viele Nächte es gemeinsam mit ihm verbringt, wenn es dies nicht von Geburt an gewohnt sein sollte.

Solomon/George (1999) gingen den Effekten von Übernachtungen kleiner Kinder beim getrennt lebenden Elternteil (Vater) nach und fanden in der Gruppe der Übernachtungskinder im Alter zwischen zwölf und 20 Monaten eine unerwartet hohe Zahl von desorganisierten Bindungsmustern. Kinder mit Übernachtungen beim Vater wurden weniger häufig als sicher und eher als desorganisiert oder unklassifizierbar in der Bindung zu ihrer Mutter bewertet als Kinder, die keine Übernachtung erlebten oder in intakten Familien aufwuchsen. Die Effekte waren moderiert durch den psychologischen

Kontext des Übernachtungsbesuchs: Mütter von sicher gebundenen Kindern in der Übernachtungsgruppe beschrieben sich selbst als aktiv und effektiv in der psychischen Unterstützung ihrer Kinder bei den Übergängen zu den Besuchen und berichteten über weniger Konflikte mit dem Vater. Andersherum erlebten desorganisierte Kinder die Mütter vor und nach Trennungen, also genau dann, wenn das Bindungssystem stark aktiviert war, offenbar als eher vergesslich oder manchmal auch zornig und bedrohlich. Diese Ergebnisse deuten auf die Rolle der Mutter, besser der primären Bindungsfigur als „Gatekeeper“ hin, als Vermittlerin der Übergänge des Kindes zum Elternteil, hier dem Vater. Weitgehend unberücksichtigt blieb in dieser Untersuchung allerdings die Beziehungs- bzw. Bindungsqualität zwischen Kind und Vater vor der elterlichen Trennung und der daraus resultierende Einfluss auf die Abhängigkeit von der Mutter und die Trennungsreaktionen des Kindes.

Aber auch McIntosh u.a. (2011) fanden heraus, dass Kinder bis zur Vollendung des zweiten Lebensjahres, die eine oder mehrere Nächte pro Woche beim getrennt lebenden Elternteil verbrachten, ein höheres Irritationsniveau (Quengeln, nicht allein beschäftigen, anhaltendes Weinen, höhere Aufmerksamkeit fordern und mehr Nähe suchen) aufwiesen als Kinder ohne diese Erfahrungen. Auch ältere Kinder zwischen zwei und drei Jahren, die im Wechselmodell lebten, beschäftigten sich im Vergleich zu Kindern aus dem Residenzmodell weniger ausdauernd und zeigten mehr belastete Verhaltensweisen in den Eltern-Kind-Interaktionen und der Pflege (Weinen, Klammern, häufige Unruhe, ernste Grundstimmung, keine Reaktionen auf Verletzungen, oft sehr aufgeregt sein, Essprobleme und aggressives Verhalten gegenüber dem Elternteil). Die Autoren kamen zu dem Schluss, dass das Wechselmodell allein einen unabhängigen und signifikant schädlichen Einfluss auf die emotionale Regulation und das Verhalten von Kindern unter vier Jahren hat, ungeachtet anderer Faktoren wie etwa der elterlichen Kooperationsfähigkeit.

Diese immer noch unzureichenden Untersuchungsergebnisse legen zusammengefasst nahe, dass für die Altersgruppe der 0- bis 3-Jährigen ein Betreuungsmodell mit Übernachtungen bzw. langen Trennungsphasen von der Hauptbindungsfigur kaum empfohlen werden kann, zumindest dann nicht, wenn das Kind keine annähernd gleichwertigen Beziehungen und Bindungen zum getrennt lebenden Elternteil besitzt. Hier erscheinen hochfrequente und stundenweise Kontakte angezeigt, damit das Kind seine Beziehung zum nicht bevorzugten Elternteil aufrechterhalten kann (Fthenakis u.a. 2008).

Wurde die Versorgung und Betreuung des Kindes vor der Trennung aber geteilt, wurde es von beiden Eltern zu Bett gebracht und hat es aus dieser Betreuungspraxis heraus zu beiden annähernd gleichwertige Beziehungen und Bindungen aufbauen können, kann auch ein Wechselmodell mit Übernachtungen praktiziert werden, da das Kind ansonsten ja auch den partiellen Verlust des nun getrennt lebenden Elternteils zu bewältigen hätte. Auch hier gilt der Grundsatz der Betreuungskontinuität.

Bezogen auf Neugeborene weist Lamb (2012) berechtigterweise darauf hin, dass regelmäßige und fast tägliche Kontakte und Interaktionen in verschiedenen Kontexten (füttern, spielen, beruhigen, ins Bett bringen etc.) erforderlich sind, wenn es überhaupt eine Bindung zu dem getrennt lebenden Elternteil aufbauen soll. Auch diesem Gesichtspunkt muss bei Vereinbarungen, Empfehlungen und/oder Entscheidungen Rechnung getragen werden. Sinnvoll sind also für diese Kinder häufige Tageskontakte, wobei deren Länge mit den Bedürfnissen und dem Temperament des Kindes in Einklang stehen muss.

4.5.2.5.2 *Viertes und fünftes Lebensjahr*

Der Bindungsaufbau der Vorschulkinder hat nun ein Stadium erreicht, in dem sie oft schon längere (tageweise) Trennungen von Bindungsfiguren verkraften können. Gegen Umgangskontakte mit auch mehrmaligen Übernachtungen beim getrennt lebenden Elternteil ist in der Regel nichts einzuwenden. Und auch ein Wechselmodell erscheint in dieser Altersgruppe erstmals verkraftbar, immer wieder vorausgesetzt, dass es annähernd gleichwertige Bindungen und Beziehungen zu beiden Elternteilen aufbauen und erhalten konnte. Ferner ist zu prüfen, ob Wunsch und Wille des Kindes damit übereinstimmen, denn ab diesem Alter gewinnt der Kindeswille als ein weiterer Faktor an Bedeutung.

Kinder dieser Altersgruppe haben den kognitiven Entwicklungsstand erreicht, getrennt lebende Personen über längere Zeiträume in Erinnerung zu behalten, es hängt aber dennoch von ihrem Temperament ab, wie lange sie Trennungen von ihren Bindungsfiguren aushalten, daran sollte sich das Betreuungsmodell orientieren. Betreuungsmodelle können nun Übernachtungen beinhalten. So kamen McIntosh u.a. (2011) zu dem Ergebnis, dass sich zumindest bei den vier und fünf Jahre alten Kindern keine unabhängigen Effekte des Betreuungsmodells auf die emotionale oder Verhaltensregulation der Kinder mehr zeigten.

In der Regel sollten Wechsel jedoch nach wenigen Tagen erfolgen, ein wöchentlicher Wechselrhythmus könnte für viele Kinder dieser Altersstufe noch eine Überforderung darstellen, da sie derart lange und regelmäßige Trennungen vom anderen Elternteil noch nicht aushalten. Gleiches gilt für Ferienbeurlaubungen, die sukzessive aufgebaut werden sollten.

Zu berücksichtigen ist beim Betreuungsmodell auch, dass Kinder dieser Altersgruppe bereits eigene Sozialkontakte aufbauen, deren Aufrechterhaltung und Förderung in den Alltag integriert werden müssen.

4.5.2.5.3 *Sechstes bis elftes Lebensjahr*

Noch stärker als Vorschulkinder sind Kinder im Grundschulalter aufgrund ihres Entwicklungsstandes in der Lage, alle Betreuungsmodelle einschließlich längerer Ferienaufenthalte beim getrennt lebenden Elternteil zu erfahren. Entwicklungsbedingte Einschränkungen gibt es in dieser Altersgruppe kaum. Insbesondere das Wechselmodell scheint bei den meisten Kindern ein Modell der mittleren Kindheit zu sein, weil kleine Kinder oft zu trennungssensibel reagieren und Jugendliche sich aus der Familie abzulösen beginnen.

Mit Eintritt in die Schule wird das Betreuungsmodell allerdings stärker als zuvor auch durch äußere Rahmenbedingungen (Schulalltag, Ferienzeiten, Freizeitaktivitäten) bestimmt. Immer bedeutsamer werden hier nun schon die Gleichaltrigengruppe und die Einbindung des Kindes in andere soziale Systeme, neben der Schule und dem Hort auch in Vereine und Kreativgruppen. Zunehmend bestimmen diese außerfamiliären Systeme den Alltag des Kindes und prägen damit auch das Betreuungsmodell, das um diese Aktivitäten herum gestaltet werden muss, wenn es die kindliche Akzeptanz finden soll.

Grundschulkinder zeigen bald so viel Eigenständigkeit, dass sie, in Abhängigkeit von der Entfernung der elterlichen Wohnsitze, Wege allein bewältigen und Kontakte vereinzelt auch spontan gestalten können. Dies verringert die Notwenigkeit direkter Übergaben des Kindes zwischen den Eltern, was vor dem Hintergrund etwaiger Konflikte allen Beteiligten Erleichterung verschaffen kann.

4.5.2.5.4 Zwölftes Lebensjahr und älter

Das aus entwicklungspsychologischer Sicht etwa mit dem 12. Lebensjahr beginnende Jugendalter (Abschnitt 4.3.2.3) ist durch wachsende Autonomiebestrebungen und den beginnenden Ablösungsprozess gekennzeichnet. Dem muss das Betreuungsmodell insofern Rechnung tragen. Immer weniger wird es möglich sein, ein Modell aufrechtzuerhalten, ohne die Jugendlichen an der Gestaltung zu beteiligen und deren Bedürfnisse und deren Willen zu berücksichtigen. Wie in anderen Lebensbereichen bedarf es auch hier Aushandlungsprozessen, in denen dem Willen der Jugendlichen besonders große Bedeutung zukommt. Wechselmodelle, die wohl am ehesten für die Phase der mittleren Kindheit passen (Vorschul- und Grundschulalter), können nun auf zunehmenden Widerstand stoßen, da den Jugendlichen auch der eigene intime Lebensbereich und damit die räumliche Kontinuität immer wichtiger wird und sich die diesbezügliche Einstellung zunehmend der eines Erwachsenen annähert. Aushandlungen sollten aber nicht in einem völligen Rückzug eines Elternteils münden, da Jugendliche dies wiederum oft als interessen- und lieblos bewerten. Flexible Regelungen sollten an die Stelle klarer Regelungen treten, die es beiden Elternteilen ermöglichen, mit dem Jugendlichen Freizeit, aber auch Alltag zu gestalten.

Die Pubertät stellt auch eine sog. intakte Familie vor große Herausforderungen. Gleiches gilt für getrennt lebende Eltern. Die Kommunikation auf Elternebene gewinnt hier nochmals eine besondere Bedeutung, um dem Jugendlichen als Ansprechpartner zur Verfügung zu stehen und ihn zu unterstützen, aber auch um Lenkungsverhalten (Regeldichte, Grenzsetzungen etc.) abzusprechen und damit über die Elternhäuser hinweg konsistent zu halten.

4.5.2.6 Geschwister

Die Geschwisterzahl kann aus verschiedenen Gründen Auswirkungen auf das Betreuungsmodell haben. Zuerst sind finanzielle Gründe zu nennen. Die Bereitstellung zweier Wohnungen mit entsprechender Zimmerzahl dürfte ab einer bestimmten Kinderzahl für Durchschnittsverdiener eine große finanzielle Herausforderung darstellen, zumal die Betreuung vieler und ggf. kleiner Kinder aufgrund der damit naturgemäß zusammenhängenden Belastungen der Eltern oftmals nur eine Teilzeitbeschäftigung ermöglicht. Dies würde im Falle einer paritätischen Betreuung beiden Eltern kaum eine volle Berufstätigkeit ermöglichen.

Einerseits sollte das Betreuungsmodell so gestaltet werden, dass die Geschwisterbeziehungen als wesentlicher Bestandteil der Familie erhalten bleiben, andererseits sollten sich darin aber auch die individuellen Bedürfnisse der Kinder nach Nähe und altersangemessener Freizeitgestaltung widerspiegeln. Dies kann umgesetzt werden, indem die Kinder auch einmal unterschiedliche Zeiten bei den Eltern verbringen und dadurch mehr Zuwendung und individuelle Betreuung erfahren.

Zusammenfassend ist davon auszugehen, dass es kein Regelmodell für die Betreuung eines Kindes durch getrenntlebende Eltern gibt. Dies gilt insbesondere auch für das paritätische Wechselmodell, da die Forschungslage uneindeutig ist. Diesbezüglich ist Emery (2021) zu folgen, der hervorhebt, dass eine kooperative Zusammenarbeit den

Eltern die Möglichkeit bietet, unbeantwortete Forschungsfragen für ihr Kind individuell zu beantworten. Sie können vorsichtig experimentieren und herausfinden, welches Betreuungsmodell für ihr Kind das geeignete ist. Sie können ein Modell über mehrere Wochen ausprobieren und gegebenenfalls abändern und anpassen. Ein solches Vorgehen kann auch im familiengerichtlichen Kontext noch funktionieren, wenn das Konfliktniveau der Eltern nicht zu hoch ist. Verfahren, aber auch Begutachtungen können im Einvernehmen mit den Beteiligten und in Absprache mit dem Familiengericht unterbrochen werden, um Eltern und vor allem kleineren Kindern Gelegenheit zu geben, Erfahrungen mit neuen Betreuungsmodellen zu sammeln und bei Bedarf Korrekturen vorzunehmen.

5 Der Umgang mit dem Kind

5.1 Rechtliche Grundlagen

Das Umgangsrecht steht ebenso wie die elterliche Sorge unter dem Schutz des Artikel 6 Abs. 2 S. 1 GG, wonach Pflege und Erziehung der Kinder das natürliche Recht der Eltern und die zuvörderst ihnen obliegende Pflicht sind. Beide Rechtspositionen erwachsen aus dem Elternrecht und der damit verbundenen Elternverantwortung und sind von den Eltern im Verhältnis zueinander zu respektieren. Das Umgangsrecht soll dem Umgangsberechtigten dazu dienen, sich von dem Befinden und der Entwicklung des Kindes durch Augenschein und gegenseitige Absprache fortlaufend zu überzeugen, verwandtschaftliche Beziehungen aufrechtzuerhalten, einer Entfremdung vorzubeugen und dem Liebesbedürfnis beider Teile Rechnung zu tragen. Dem Elternrecht ist dabei in solchem Umfang zu entsprechen, wie es mit dem Kindeswohl in Einklang zu bringen ist (BVerfG, 1 BvR 3189/09 vom 14.07.10). Darüber hinaus ist das Umgangsrecht auch in Artikel 8 Abs. 1 der Europäischen Menschenrechtskonvention verankert, wonach jede Person das Recht auf Achtung ihres Privat- und Familienlebens hat (EGMR, Nr. 25735/94 vom 13.07.00).

Der Gesetzgeber hebt bereits in der Generalklausel zur elterlichen Sorge die Bedeutung hervor, die der Umgang in der Regel für das Wohl des Kindes hat. Dies gilt in Bezug auf die Eltern, aber auch in Bezug auf andere Personen, zu denen das Kind Bindungen besitzt, sofern deren Aufrechterhaltung für seine Entwicklung förderlich ist (§ 1626 Abs. 3 BGB). Diese Formulierung des Umgangsrechts findet ihre Konkretisierung in den §§ 1684 und 1685 BGB.

§ 1684 Abs. 1 BGB benennt, dass das Kind das Recht auf Umgang mit jedem Elternteil hat; jeder Elternteil ist zum Umgang mit dem Kind verpflichtet und berechtigt. Umgangsberechtigt im Sinne des § 1684 BGB sind der rechtliche Elternteil, also die Mutter, die das Kind geboren hat (§ 1591 BGB), und der Mann, der zum Zeitpunkt der Geburt mit der Mutter des Kindes verheiratet war, der die Vaterschaft anerkannt hat oder dessen Vaterschaft gesetzlich festgestellt wurde (§ 1592 BGB). Rechtliche Eltern können auch diejenigen sein, die das Kind adoptiert haben, etwa im Falle der Stiefkindadoption der Ehe- bzw. Lebenspartner oder im Falle der Fremdadoption die anders- oder gleichgeschlechtlichen Adoptiveltern (*Kapitel 8*).

Das Kind ist nicht Rechtsobjekt, sondern Rechtssubjekt, was durch den eigenen einklagbaren Rechtsanspruch auf Umgang gem. § 1684 Abs. 1 S. 1 BGB verdeutlicht wird. Von der Bestimmung soll zudem eine Signalwirkung ausgehen, sowohl für den umgangsvereitelnden Elternteil als auch für den, der sich dem Umgang entzieht (BT-Drs. 13/8511, 67f). Trotz dieses Rechtsanspruchs des Kindes auf Umgang und der korrespondierenden Umgangspflicht des Elternteils ist eine Durchsetzung des Umgangs gegen den Willen eines Elternteils differenziert zu betrachten. Kann ein Umgang nur mit

Ordnungsmitteln gegen einen umgangsunwilligen Elternteil durchgesetzt werden, wird er in der Regel nicht dem Kindeswohl dienen und eine zwangsweise Durchsetzung der Umgangspflicht hat dann zu unterbleiben. Gibt es aber im Einzelfall hinreichende Anhaltpunkte dafür, dass ein erzwungener Umgang dem Kindeswohl dienen wird, kann dieser Umgang auch mit Ordnungsmitteln gegenüber dem zum Umgang Verpflichteten durchgesetzt werden (BVerfG, 1 BvR 1620/04 vom 01.04.08).

Neben Eltern haben nach § 1685 BGB auch weitere Personen ein Umgangsrecht, hier allerdings nur, wenn der Umgang dem Wohl des Kindes dient. Hierzu zählen Großeltern und Geschwister (§ 1685 Abs. 1 BGB) und enge Bezugspersonen des Kindes, wenn diese tatsächliche Verantwortung für das Kind tragen oder getragen haben, aus der eine sozial-familiäre Beziehung resultiert. Von einer Übernahme tatsächlicher Verantwortung ist dem Gesetz nach in der Regel dann auszugehen, wenn diese Person zusammen mit dem Kind längere Zeit in häuslicher Gemeinschaft gelebt hat (§ 1685 Abs. 2 BGB). Ein Recht des Kindes auf Umgang hat der Gesetzgeber nicht vorgesehen, was wenig nachvollziehbar ist.

Eine besondere Rolle im Umgangsrecht nimmt der leibliche Vater ein, der nicht rechtlicher Vater ist. Steht ihm ein Umgang nach § 1685 Abs. 2 in Verbindung mit Abs. 1 BGB nicht zu, da er keine sozial-familiären Beziehung aufbauen konnte, hat er gemäß § 1686a BGB unabhängig davon ein Umgangsrecht, wenn er nachhaltiges Interesse am Kind gezeigt hat und der Umgang dem Kindeswohl dient. Voraussetzung ist der Nachweis der biologischen Vaterschaft, den der leibliche, nicht rechtliche Vater durch eidesstattliche Versicherung und bei Erforderlichkeit auch durch einen Vaterschaftstest erbringen muss (§ 167a FamFG) und den insbesondere die Mutter unter bestimmten Voraussetzungen zu dulden hat (BT-Drs. 17/12163, 10).

Nach § 1684 Abs. 2 BGB haben beide Eltern (dies gilt nach § 1685 Abs. 3 BGB auch für den Personenkreis des § 1685 BGB und nach § 1686a Abs. 2 BGB auch für den leiblichen, nicht rechtlichen Vater) alles zu unterlassen, was das Verhältnis des Kindes zum jeweils anderen Elternteil beeinträchtigt oder die Erziehung erschwert. Entsprechendes gilt, wenn sich das Kind in der Obhut einer anderen Person befindet. Diese *Wohlverhaltensklausel* ist zwar nur als Unterlassungspflicht normiert, beinhaltet aber auch eine Loyalitätsverpflichtung. Hieraus wird die Pflicht des betreuenden Elternteils oder desjenigen, in dessen Obhut sich das Kind befindet (etwa Pflegeeltern), zum aktiven Handeln und zur Unterstützung des Kindes auch bei der Überwindung von Widerständen gegen den Umgang abgeleitet (OLG Karlsruhe, 2 WF 176/04, Beschl. vom 26.10.04; Völker/Clausius 2021, § 2 Rn. 16). Im Zulassen des Umgangs spiegelt sich die Bindungstoleranz als wesentlicher Teil der Erziehungsfähigkeit des betreuenden Elternteils wider.

Das Abholen und Bringen des Kindes obliegt dem Umgangsberechtigten, der auch die damit verbundenen Kosten trägt (BGH, XII ZR 206/93 vom 09.11.94). Eine Ausnahme kann gegeben sein, wenn die Umgangsregelung im Einzelfall dazu führt, dass der Umgang für den Umgangssuchenden unzumutbar und damit faktisch vereitelt wird, etwa wenn er aufgrund der unterschiedlichen Wohnorte der Eltern nur unter einem erheblichen Zeit- und Kostenaufwand ausgeübt werden kann. In diesen Fällen obliegt es den Gerichten zu prüfen, ob der betreuende Elternteil zur Beteiligung an dem für das Holen und Bringen der Kinder erforderlichen zeitlichen und organisatorischen Aufwand zu verpflichten ist, um hierdurch einer faktischen Vereitelung des Umgangsrechts vorzubeugen (BVerfG, 1 BvR 2029/00 vom 05.02.02).

Neben persönlichen Kontakten stehen auch mittelbare Kontakte über Telefonate, Briefe oder elektronische Medien mit dem Umgang in Zusammenhang (Völker/Clausius 2021, § 2 Rn. 98f).

Hält sich ein Kind beim Umgangsberechtigten auf, so hat dieser die Befugnis zur alleinigen Entscheidung in Angelegenheiten der tatsächlichen Betreuung. Für sorgeberechtigte Elternteile, bei denen das Kind nicht überwiegend lebt, regelt dies § 1687 Abs. 1 S. 4 BGB, für nicht sorgeberechtigte Elternteile § 1687a BGB. Für Umgangsberechtigte nach § 1685 BGB besteht hierzu keine gesetzliche Regelung, sie wird aus den oben genannten Vorschriften hergeleitet. Die Alleinentscheidungsbefugnis in Angelegenheiten der tatsächlichen Betreuung betrifft inhaltlich etwa die Fragen, „was das Kind zu essen bekommt oder wann es ins Bett geht" (BT-Drs. 13/4899, 108). Auch andere Umgangsmodalitäten kann der Umgangsberechtigte nach gängiger Rechtspraxis grundsätzlich allein bestimmen, etwa den Ort des Umgangs, in der Regel das Wohnumfeld des Umgangsberechtigten (KG 13 WF 146/15, Beschluss vom 08.10.15), und die Anwesenheit Dritter (Grüneberger 2022, § 1684 Rn. 11). Eine Kontrolle des Umgangs durch den betreuenden Elternteil verstößt grundsätzlich gegen die Wohlverhaltenspflicht (Grüneberger 2022, § 1684 Rn. 13). Darüber hinaus ist der Umgangsberechtigte bei Gefahr im Verzug berechtigt, alle Rechtshandlungen vorzunehmen, die zum Wohl des Kindes notwendig sind. Der (andere) Sorgeinhaber ist davon unverzüglich zu unterrichten (Verweis auf § 1629 Abs. 1 S. 4 BGB, § 1687 Abs. 1 S. 5 BGB bzw. § 1687a BGB).

Das Familiengericht kann die genannten Alleinentscheidungsbefugnisse nach § 1687 Abs. 2 BGB einschränken oder ausschließen, wenn dies zum Wohl des Kindes erforderlich ist.

Grundsätzlich regeln Eltern und andere Umgangsberechtigte den Umgang mit dem Kind eigenständig. All diese umgangsberechtigten Personen einschließlich des Kindes haben gemäß § 18 Abs. 3 SGB VIII einen diesbezüglichen Beratungsanspruch gegenüber der Jugendhilfe *(Abschnitt 9.2)*.

Im Konfliktfall kann das Familiengericht tätig werden. In den Fällen der §§ 1684 und 1685 BGB sind die Verfahren grundsätzlich nicht antragsgebunden (anders nach § 167 a FamFG im Fall des 1686 a BGB), obwohl sie nicht selten durch einen „Antrag" eingeleitet werden (Grüneberg 2022, § 1684 Rn. 9). Es gilt der Amtsermittlungsgrundsatz (§ 26 FamFG), wonach das Familiengericht von Amts wegen ein Verfahren einzuleiten hat, wenn es von Tatsachen erfährt, die eine Entscheidung tragen können. Es hat dann die zur Feststellung der entscheidungserheblichen Tatsachen erforderlichen Ermittlungen durchzuführen. Ein Amtsermittlungsverfahren kann nach § 24 Abs. 1 FamFG etwa von einem Umgangsberechtigten, einem Kind oder auch Dritten (wie dem Jugendamt) angeregt werden. Im Rahmen einer förmlichen Beweisaufnahme (§ 30 FamFG) kann das Familiengericht hierzu auch einen Sachverständigen (*Kapitel 9.6*) hinzuziehen, wenn es dies für notwendig erachtet. Es muss Umfang und Ausübung oder Einschränkung bzw. Ausschluss des Umgangs konkret regeln (BGH, XII ZB 88/92 vom 27.10.93).

Das Umgangsverfahren ist nach § 155 FamFG vorrangig und beschleunigt durchzuführen. Spätestens einen Monat nach Beginn des Verfahrens soll eine erste Erörterung stattfinden, zu der das Familiengericht das persönliche Erscheinen der verfahrensfähigen Beteiligten anordnet.

Nach § 159 Abs. 1 FamFG hat das Familiengericht das Kind persönlich anzuhören und sich einen persönlichen Eindruck von ihm zu verschaffen. Auf Einzelheiten der Vorschrift und insbesondere die mit dem Gesetz zur Bekämpfung sexualisierter Gewalt gegen Kinder vom 01.07.21 in Kraft getretenen Veränderungen wurde bereits in *Abschnitt 4.1.2* eingegangen. Das Familiengericht soll auch die Eltern persönlich anhören (§ 160 FamFG). Abgesehen werden kann von der Anhörung der Eltern nur aus schwerwiegenden Gründen. Das Gericht hat ferner das Jugendamt anzuhören und kann es auf dessen Antrag hin am Verfahren beteiligen (§ 162 FamFG). Auch Pflegepersonen sind anzuhören und das Gericht kann auch sie im Interesse des Kindes als Beteiligte hinzuziehen, wenn das Kind seit längerer Zeit in Familienpflege lebt (§ 161 FamFG). Das Familiengericht hat dem minderjährigen Kind einen fachlich und persönlich geeigneten Verfahrensbeistand (*Abschnitt 9.3*) so früh wie möglich zu bestellen, soweit dies zur Wahrnehmung der Interessen des Kindes erforderlich ist (§ 158 Abs. 1 FamFG). Die Bestellung ist stets erforderlich, wenn der Ausschluss des Umgangsrechts nach § 1684 BGB in Betracht kommt (§ 158 Abs. 2 Nr. 2 FamFG) und sie ist in der Regel erforderlich, wenn eine wesentliche Beschränkung des Umgangsrechts in Betracht kommt (§ 158 Abs. 3 Nr. 4 FamFG).

Maßstab einer familiengerichtlichen Entscheidung über den Umgang ist nach § 1697a BGB allein das Kindeswohl. Das Familiengericht kann nach § 1684 Abs. 3 BGB über den Umfang des Umgangsrechts entscheiden und seine Ausübung auch gegenüber Dritten näher regeln. Es kann die Beteiligten, also sowohl den betreuenden Elternteil als auch den Umgangssuchenden, zur Erfüllung der Wohlverhaltensklausel anhalten. Im Falle des Umgangs des Kindes mit einem leiblichen Elternteil kann das Familiengericht eine zu befristende Pflegschaft für die Durchführung des Umgangs anordnen (Umgangspflegschaft), wenn die Wohlverhaltenspflicht dauerhaft oder wiederholt verletzt wird (§ 1684 Abs. 3 BGB). Die Umgangspflegschaft umfasst das Recht, die Herausgabe des Kindes zur Durchführung des Umgangs zu verlangen und für die Dauer des Umgangs dessen Aufenthalt zu bestimmen. Die Einrichtung einer Umgangspflegschaft stellt somit einen Eingriff ins Elternrecht dar, ohne dass aber eine Kindeswohlgefährdung nach § 1666 BGB nachgewiesen werden muss. Der staatliche Eingriff in das Elternrecht erfolgt grundrechtsdogmatisch nicht aufgrund einer Kindeswohlgefährdung, sondern entspringt der Verpflichtung des Staates, die Grundrechtspositionen der Eltern aus Artikel 6 Abs. 2 GG zu einem bestmöglichen Ausgleich zu bringen und Konkordanz herzustellen (Völker/Clausius 2021, § 2 Rn. 39). Im Falle anderer Umgangsberechtigter kann eine Umgangspflegschaft deshalb konsequenterweise nur angeordnet werden, wenn die Voraussetzungen des § 1666 Abs. 1 BGB erfüllt sind (§ 1685 Abs. 3 BGB).

Das Familiengericht kann Anordnungen zu Örtlichkeiten, Übergabesituationen, aber auch zur An- bzw. Abwesenheit Dritter treffen. Nach § 1684 Abs. 4 BGB kann das Familiengericht das Umgangsrecht einschränken oder ausschließen, soweit dies zum Wohle des Kindes erforderlich ist. Eine Entscheidung, die das Umgangsrecht oder seinen Vollzug für längere Zeit oder auf Dauer einschränkt oder ausschließt, kann aber nur ergehen, wenn andernfalls das Wohl des Kindes gefährdet wäre.

Das Familiengericht kann nach § 1684 Abs. 4 S. 3 und 4 BGB ferner anordnen, dass der Umgang nur stattfinden darf, wenn ein mitwirkungsbereiter Dritter anwesend ist.

Dritter kann auch ein Träger der öffentlichen Jugendhilfe oder ein Verein sein, der dann bestimmt, welche Einzelperson die Aufgabe wahrnimmt. Ziel dieses begleiteten Umgangs (*Kapitel 9.5*) ist es, mögliche Gefahren für das Kind abzuwenden.

Ein völliger Ausschluss des Umgangs kommt wegen des Verhältnismäßigkeitsgrundsatzes nur in Betracht, wenn ein begleiteter Umgang nicht ausreicht, das Wohl des Kindes zu gewährleisten (Grüneberger 2022, § 1684 Rn. 34). Einschränkung oder Ausschluss des Umgangs (*Kapitel 5.3*) sind Interventionen des Staates zur Gefahrenabwehr und durch das in Artikel 6 Abs. 2 S. 2 GG festgeschriebene Wächteramt des Staates legitimiert. Gründe hierfür müssen konkret und gegenwärtig sein. Sie betreffen Fälle von Kindeswohlgefährdungen (*Kapitel 6*).

Bei Umgangskonflikten soll das Familiengericht in jeder Lage des Verfahrens auf Einvernehmen hinzuwirken, wenn dies dem Kindeswohl nicht widerspricht. Es weist auf Möglichkeiten der Beratung und außergerichtlichen Streitbeilegung hin. Es kann die Teilnahme der Eltern an einer Beratung anordnen, dies jedoch nicht mit Zwangsmitteln durchsetzen. Wird kein Einvernehmen erzielt, hat das Familiengericht – hier in Kindschaftssachen, die das Umgangsrecht betreffen – den Erlass einer einstweiligen Anordnung zu prüfen. Wird die Teilnahme an einer Beratung oder eine schriftliche Begutachtung angeordnet, soll es den Umgang durch einstweilige Anordnung regeln oder ausschließen (§ 156 FamFG).

Liegt bereits eine gerichtliche Entscheidung über das Umgangsrecht vor und macht ein Elternteil geltend, dass der andere den Umgang vereitelt oder erschwert, so kann das Familiengericht nach § 165 FamFG auf Antrag eines Elternteils vermitteln, dies aber ablehnen, wenn bereits ein Vermittlungsverfahren oder eine anschließende außergerichtliche Beratung erfolglos geblieben ist. Es hat die Eltern auf bestehende Beratungsmöglichkeiten der Jugendhilfe, auf die möglichen Folgen des Unterbleibens des Umgangs für das Wohl des Kindes, aber auch auf Rechtsfolgen, die sich aus einer Vereitelung oder Erschwerung des Umgangs ergeben können, hinzuweisen.

Vereitelt ein Elternteil den Umgang, so kann das Familiengericht den Umgang auch mit Ordnungsmitteln durchsetzen. Voraussetzung ist eine familiengerichtliche Entscheidung zum Umgang, aber auch ein gerichtlich gebilligter Vergleich nach § 156 Abs. 2 FamFG. Eine Durchsetzung des Umgangs unter Anwendung unmittelbaren Zwanges gegen das Kind ist dabei nach § 90 Abs. 2 FamFG und dem Verhältnismäßigkeitsgrundsatz nicht möglich, das Familiengericht kann aber gegen einen umgangsvereitelnden Sorgeberechtigten Ordnungsgeld und, wenn die Anordnung eines Ordnungsgeldes keinen Erfolg verspricht, Ordnungshaft anordnen (§ 89 Abs. 1 FamFG). Das Familiengericht kann einem vereitelnden Sorgeberechtigten ferner die elterliche Sorge unter den Voraussetzungen der §§ 1666, 1671 und 1696 BGB teilweise oder ganz entziehen. Ist eine Trennung des Kindes vom umgangsvereitelnden Sorgeinhaber mit dem Kindeswohl nicht vereinbar, kann das Familiengericht letztlich auch lediglich den Vollzug einer früheren Entscheidung über das Umgangsrecht einschränken oder ausschließen (§ 1684 Abs. 4 BGB). Damit findet der Umgang zwar nicht statt, der Umgangsberechtigte behält aber sein Umgangsrecht. Eine solche Entscheidung soll einerseits verhindern, dass in Fällen, in denen es in erster Linie am Verhalten des Sorgerechtsinhabers liegt, dass der Umgang einem Kind schadet, falsche Signale gesetzt und Umgangsvereitelung quasi belohnt werden, andererseits soll sie dem Umgangssuchenden leichter verständlich werden (BT-Drs. 13/4899, 106).

5.2 Die psychologische Problematik im Umgangsstreit und ihre Beurteilung

5.2.1 Umgang und Umgangsstreit

Die dem Kindeswohl dienlichste Regelung des Umgangs ist jene, die die beteiligten Personen, ausgehend von ihren eigenen Intentionen und Bedürfnissen, vereinbaren und umsetzen. Befragungen zeigen, dass der Umgang in 58 % der Trennung Familien einvernehmlich geregelt wurde (Bundesfamilienministerium 2021). Das gelingt umso eher, je niedriger das Konfliktniveau zwischen den Eltern ist. Es darf aber nicht verkannt werden, wie schwer es dem betreuenden Elternteil innerhalb des Trennungsstreites fallen kann, das Kind dem abgelehnten anderen Elternteil zu überlassen, sei es nur zeitweise, und im Sinne der Wohlverhaltenspflicht nach § 1684 Abs. 2 BGB auch noch die Umgangsbereitschaft des Kindes zu fördern. Verkannt werden darf ferner nicht, wie sehr es den umgangsberechtigten Elternteil belasten kann, das gemeinsame Kind nur noch in vorgegebenen Zeiträumen treffen zu können. Dabei trotz negativer gegenseitiger Affekte der Erwachsenen die Elternebene von der Partnerebene zu trennen, kostet Selbstüberwindung. Hier wird bedeutsam, wie effektiv das Familiengericht auf Einvernehmen hinzuwirken versteht, ohne dabei den Kindeswohlaspekt zu vernachlässigen (*Abschnitt 5.1*). Eine konkfliktorientierte Vertretung mit konfrontativen Empfehlungen ist der Gegenentwurf. Wenn der Konflikt eskaliert, wenn nötige Voraussetzungen wie Fähigkeit zur Artikulation eigener Bedürfnisse, Kompromissfähigkeit und -bereitschaft, Kooperationsbereitschaft und Konflikttoleranz nicht ausreichen, ist meist Hilfe von außen nötig. Die Beteiligten sind mit dem Konflikt überfordert. Das staatliche Wächteramt wird beansprucht, weil es nicht zu verantworten wäre, die zerstrittenen Erwachsenen und vor allem die betroffenen Kinder sich selbst zu überlassen. Das zwingt Gerichte dann zu perfektionistisch erscheinenden Regelungen, z.B. zu Stunde und Ort der Übergabe eines Kindes zwischen den Elternteilen.

Ein Drittel bis die Hälfte der Mütter setzt Kontakten Widerstand entgegen. Die Reaktion der Väter ist unterschiedlich. Die meisten Väter wollen – zumindest unmittelbar nach der Trennung – ihre elterliche Verantwortung weiterhin wahrnehmen, auch in Form regelmäßiger Kontakte, einerseits aus Interesse und Zuneigung zum Kind, andererseits auch mit dem Ziel ihrer eigenen Reorganisation bzw. Redefinition in ihrer Vaterrolle. Nicht immer wird das an der Häufigkeit der Kontakte unbedingt deutlich, sondern schon eher in dem Bestreben, bei Umgangskontakten etwas Besonderes zu bieten, was ihnen oft Stigmatisierungen als Wochenendväter oder „Disneylanddaddys" einbringt.

Andererseits belegen Studien, dass die Kontakthäufigkeit zum Vater im Durchschnitt in den Jahren nach der Trennung abnimmt (Lux z.B. 2021, Keil/Langmeyer 2020). Eine beträchtliche Anzahl von Vätern hält von sich aus nach der Trennung den Kontakt zum Kind. Die Zahlen schwanken zwischen 20 und 60 % in Abhängigkeit vom Alter des Kindes, vom Abstand zur Trennung der Eltern und von der Dauer des Zusammenlebens mit dem Kind (Friedrich z.B. 2017, Della Casa z.B. 2009, Buchanan/Heiges 2001). Umgangsverzicht ist zwar nicht rechtswirksam, aber mit rechtlichen Mitteln auch nicht sinnvoll zu korrigieren. Auf die häufigsten Gründe für Abbruch bzw. Einschränkung des Umgangs wird in *Abschnitt 5.2.7* eingegangen.

Den Kern von Umgangskonflikten mit Regelungsbedarf zwischen kooperationsunwilligen oder -unfähigen Erwachsenen bildet oft der Widerstand des betreuenden

Elternteils gegen den Umgang. Er wird überwiegend begründet mit nachteiligen Auswirkungen des Umgangs auf das Kind, mit dem ablehnenden Kindeswillen, mit der Überforderung des Kindes, mit der mangelnden Zuwendung zum Kind, mit Verletzungen der Wohlverhaltensklausel durch den umgangsuchenden Elternteil, mit Entführungsgefahr, mit dem Argument, dass der umgangssuchende Elternteil sich früher auch nicht um das Kind gekümmert habe und in Extremfällen mit Vorwürfen in Bezug auf sexuellen Missbrauch oder Misshandlung.

Inwieweit Realitätsverzerrung und tendenziöse Sichtweisen beteiligt sind, ist in jedem Falle zu prüfen. Ein häufiger Grund für das Ausbleiben von Umgangskontakten ist hier auch, dass der Widerstand des betreuenden Elternteils gegen den Umgang und der entsprechende Loyalitätsdruck auf das Kind dazu führen, dass das Kind die überfordernde Konfliktlage bewältigt, indem es sich – oft im Übermaß und wenig nachvollziehbar – mit dem betreuenden Elternteil identifiziert und vom umgangssuchenden Elternteil distanziert. Mit dem Ausmaß der Entfremdung steigt die Wahrscheinlichkeit, dass der umgangssuchende Elternteil „aufgibt".

Der Anteil konfliktbeladener Umgangsstreitigkeiten konnte bisher durch keine Rechtsreform verringert werden. Den Hochkonfliktfamilien als Kerngruppe kommt sogar zunehmende Beachtung zu.

5.2.2 Umgang und Kindeswohl

Die grundlegende Vorstellung des Gesetzgebers ist in § 1626 Abs. 3 BGB formuliert: Zum Wohl des Kindes gehört in der Regel der Umgang mit beiden Elternteilen. Dies ist gut begründbar als Idealnorm, stößt aber im Alltag auf Grenzen und berücksichtigt nicht die vielen spezifischen Konstellationen im Trennungsgeschehen. Wenn im konkreten Fall zu beurteilen ist, ob der Umgang tatsächlich dem Wohl des Kindes dient oder nicht, sollten immer Prüfkriterien als Filter dienen, die sich durch empirische Studien als evident erwiesen haben. Sie stellen vermittelnde Bedingungen zwischen Umgang und Kindeswohl dar. Dazu zählen (Balloff 2018, Fahrendholz/Zumbach 2020):

- das Konfliktniveau in der elterlichen Beziehung,
- die Bindungstoleranz der Eltern (des getrennt lebenden Elternteils bei der Umgangsgestaltung sowie des betreuenden Elternteils bei der Förderung der Umgangskontakte),
- die Fähigkeit und Bereitschaft des getrennt lebenden Elternteils zur kindgemäßen Kontaktgestaltung, d.h. Umgangs- bzw. Betreuungskompetenz,
- die emotionale Nähe des Kindes zum getrennt lebenden Elternteil,
- die Stressresistenz des Kindes,
- der Kindeswille,
- Vorliegen bzw. Risiko kindeswohlgefährdender Verhaltensweisen wie Gewalt zwischen den Eltern, physische oder psychische Misshandlung des Kindes, sexueller Missbrauch usw.

Der massivste Einfluss geht vom Faktor Konflikt zwischen den Eltern aus. Er ist auch am besten durch empirische Studien nachgewiesen, diese stehen der pauschalen Erwartung eines positiven Zusammenhangs zwischen Umgang und Kindeswohl entgegen.

Vielmehr führen ausgeprägte elterliche Konflikte über längere Zeit zu kindeswohlschädlichen Belastungen durch Umgang. Der kindeswohldienliche Effekt von Umgang tritt vor allem bei geringem Konfliktniveau der Eltern ein (Lamela/Figoeiredo 2016, Trinder u.a. 2008, Walper 2006). Dann kann auch eine weitere wichtige Bedingung kindeswohldienlichen Umgangs wirksam werden, nämlich die Qualität der Umgangskontakte, die wichtiger ist als deren Dauer und Häufigkeit (Adamsons/Johnson 2013). Bei hohem Konfliktniveau der Eltern mit Begleiterscheinungen wie Koalitionsdruck und Loyalitätskonflikt des Kindes können häufige Kontakte zum getrennt lebenden Elternteil ihr entwicklungförderliches Potenzial nicht entfalten und haben sich als nachteilig für das Kind erwiesen (Walper u.a. 2011), so dass die positive Beziehung zu nur einem Elternteil sogar die bessere Variante sein kann. Zumindest gilt nach Rechtsprechung des BVerfG (1 BvR 335/12 vom 29.11.2012), dass eine Destabilisierung des Kindes durch Umgangskontakte nicht vertretbar ist. Das Elternrecht auf Ausübung des Umgangs müsse entsprechend zurücktreten. In der Praxis sei es wichtig, etwaige Schädigungen des Kindes im Zusammenhang mit Umgangskontakten zu dokumentieren. Gegebenenfalls müsse das Gericht auch einen dem Umgang entgegenstehenden Kindeswillen und die Folgen eines gegen diesen Willen angeordneten Umgangs berücksichtigen.

Allerdings laufen auch selbstregulative Prozesse ab, denn bei starken Konflikten zwischen den Eltern gehen die Kontakte zwischen dem Kind und dem getrennt lebenden Elternteil deutlich stärker und schneller zurück als bei konfliktarmen Elternbeziehungen. Dabei spielt nicht nur hoher Koalitionsdruck der Mütter, sondern auch der Väter eine Rolle (Walper 2006).

Die Bedeutsamkeit des Faktors Elternkonflikte unterstreicht, wie wichtig das Hinwirken auf Einvernehmen ist. Unangemessen wären jedoch monokausale Schlussfolgerungen ohne weitere Prüfung und daraus abgeleitete Reduzierungen von Kontakten. Vielmehr kommt es auf eine differenzierte Ursachenanalyse und daraus abgeleitete Interventionen an. Dabei sind die oben genannten vermittelnden Bedingungen zu berücksichtigen. Dies wird z.B. dadurch kompliziert, dass sich belastende Verhaltensweisen beider Elternteile verschränken und zum Kern der Hochkonflikthaftigkeit werden.

Der Zugang zur Problematik wird erleichtert, wenn Fragestellungen auf der juristischen und auf der psychologischen Ebene adäquat formuliert und unterschieden werden.

5.2.3 Die juristischen Fragestellungen

Es werden zwei Gruppen von Umgangssuchenden unterschieden, nämlich einerseits Eltern und andererseits nichtelterliche Bezugspersonen, d.h. Großeltern und Geschwister sowie enge Bezugspersonen des Kindes. Ihnen sind unterschiedliche Voraussetzungen zugeordnet, unter denen Umgang gewährt oder verwehrt bzw. eingeschränkt werden kann (*Abschnitt 5.1*). Deshalb unterscheiden sich auch die juristischen Fragestellungen in strittigen Fällen.

Umgangsrecht der Eltern: Der Gesetzgeber hat den Umgang als Pflicht jedes Elternteils und als Recht sowohl der Eltern als auch des Kindes fixiert (§ 1684 Abs. 1 BGB). Der Umgang wird als „in der Regel" zum Wohl des Kindes gehörender Normalfall angesehen (§ 1626 Abs. 3 BGB). *Dieser Ausgangslage ist im Sinne der juristischen*

Fragestellung dadurch Rechnung zu tragen, dass vor der Entscheidung zwei Hypothesen geprüft werden:

1. Es liegen Bedingungen vor, durch die bei Umgang bzw. bei uneingeschränktem Umgang das Wohl des Kindes gefährdet wird.
2. Solche Bedingungen liegen nicht vor (dann würden Ausschluss oder Einschränkung des Umgangs Schadensrisiken für das Kind in sich bergen).

Eine neutrale, methodisch fundierte Beurteilung erfordert, beide Hypothesen auf der Basis von jeweils gezielt gesammelten Informationen zu prüfen und schließlich eine zu bejahen und dies mit Fakten zu begründen. *Je konsequenter und sachkompetenter dieses Stadium der Urteilsbildung eingehalten wird, desto weniger wahrscheinlich werden die zwei prinzipiellen Fehlertypen, die hier auftreten können:*

Gewährung von Umgang

(niedere Schwelle)
bereits wenn
keine Gefährdung des Kindeswohls

z. B. durch permanenten Verstoß gegen die Wohlverhaltensklausel, fehlende Förderkompetenz, Affektlabilität, Alkoholabhängigkeit, Entziehungsgefahr, sexuellen Missbrauch

Zutreffend für umgangsberechtigten Elternteil, § 1684, Abs. 4 BGB

(höhere Schwelle)
erst bei dem Vorhandensein
entwicklungsfördernder Bedingungen

Zutreffend für „andere Personen" § 1626, Abs.3 bzw. Personen gemäß § 1685 BGB

Verwehrung von Umgang
(Ausschluss bzw Einschränkung)

(niedere Schwelle)
bereits bei dem Fehlen
entwicklungsfördernder
Bedingungen
Missbrauch
Zutreffend für „andere Personen" § 1626, Abs. 3 bzw. Personen gemäß § 1685 BGB

(höhere Schwelle)
erst wenn
Gefährdung des Kindeswohls

z. B. durch permanenten Verstoß gegen die Wohlverhaltensklausel, fehlende Förderkompetenz, Affektlabilität, Alkoholabhängigkeit, Entziehungsgefahr, sexuellen Missbrauch

Zutreffend für umgangsberechtigten Elternteil, § 1684, Abs. 4 BGB

Abb. 5.1: Die zwei Schwellen der Gewährung und Verwehrung von Umgang

1. Unzutreffende Feststellung kindeswohlgefährdender Bedingungen beim Umgang mit der Folge fehlerhaften Ausschlusses oder fehlerhafter Einschränkung des Umgangs.
2. Nichterkennen oder Unterbewerten kindeswohlgefährdender Bedingungen beim Umgang mit der Folge fehlerhaften Verzichts auf Ausschluss und Einschränkung.

In beiden Fällen werden grundlegende Bedürfnisse von Kindern, aber auch legitime Ansprüche von Eltern oder anderen Personen fehlerhaft beurteilt. Beides kann zu nachteiligen Folgen für das aktuelle Lebensgefühl des Kindes und dessen Persönlichkeitsentwicklung, aber auch zu ungerechtfertigten Einschränkungen von Elternrechten bzw. von Rechten anderer Personen führen.

Zu den nichtelterlichen Bezugspersonen: Zunächst sind selbstverständlich auch hier kindeswohlgefährdende Bedingungen beim Umgang auszuschließen. Das reicht aber nicht, es wird als Bedingung gesetzt, dass der Umgang dem Kindeswohl dient (§ 1685 Abs. 1 u. 2 BGB). So ist der Umgang von Großeltern nicht kindeswohldienlich, wenn die Großeltern den Erziehungsvorrang der Eltern missachten und wenn die Eltern und die Großeltern zerstritten sind und dadurch einen Loyalitätskonflikt beim Kind erzeugen (BGH, Beschl. v. 12. 7. 2017 – XII ZB 350/16). Die Voraussetzungen für ein Umgangsrecht fehlen. Es geht um jenen Gebrauchskontext des Begriffes Kindeswohl, der in *Abschnitt 2.5* als Genug-Variante beschrieben wurde. Als Regelfall wird dies nur angenommen, wenn Bindungen zum Kind bestehen und wenn es der Entwicklung des Kindes förderlich ist, sie aufrechtzuerhalten (§ 1626 Abs. 3 BGB). Die Grundfrage in strittigen Fällen heißt deshalb zunächst schlicht: Ist der Umgang zur Sicherung des Kindeswohls erforderlich? *Als Hypothesen sind folglich zu prüfen:*

1. Es liegen Bedingungen dafür vor, dass der Umgang zum Wohle des Kindes erforderlich wäre.
2. Es sind keine Bedingungen dafür erkennbar, dass ein Umgang dem Kindeswohl förderlich wäre.

Die prinzipiellen Fehler sind in diesem Falle:

1. Nichterkennen oder Unterbewerten kindeswohlförderlicher Bedingungen.
2. Unzutreffende Feststellung kindeswohlförderlicher Bedingungen.

Die andersartige Fragestellung indiziert eine höhere Schwelle der Gewährung bzw. eine niedrigere Schwelle des Verwehrens von Umgang (*Abbildung 5.1*).

5.2.4 Die psychologischen Fragestellungen

Wieder ist es sinnvoll, die juristischen Fragestellungen in psychologische Fragestellungen zu „übersetzen". Die psychologischen Fragestellungen variieren fallspezifisch. Dennoch ergeben sich aus den wichtigsten psychologisch relevanten Kriterien einige Ankerfragen, die oft relevant sind. *Fragen nach kindbezogenen Kriterien:*

- Welche emotionalen Beziehungen und Bindungen hat das Kind zur umgangssuchenden Person?
- Wie ist der Wille in Bezug auf regelmäßigen Umgang mit dieser Person zu beurteilen?
- Wie sind die Stressressourcen des Kindes zu beurteilen, um erschwerende Bedingungen des Umgangs zu verkraften, z.B. Widerstand des betreuenden Elternteils?

Fragen nach elternbezogenen Kriterien:

- Wie sind Fähigkeit und Bereitschaft der umgangssuchenden Person zu beurteilen, über die Folgen eigenen Verhaltens für das Kind zu reflektieren?
- Wie sind Fähigkeit und Bereitschaft der umgangssuchenden Person zu beurteilen, im erforderlichen Maße Verantwortung für das Kind zu übernehmen und dennoch die grundsätzliche Zuständigkeit des betreuenden Elternteils für die Erziehung des Kindes zu akzeptieren, vor allem wenn dieser das alleinige Sorgerecht innehat?
- Wie ist die Beziehung zwischen betreuender und umgangssuchender Person zu beurteilen und wie wirkt sie sich auf das Kind aus?
- Gehen von der betreuenden Person Aktivitäten zur Vereitelung des Umgangs aus, die als Belastungsfaktor für das Kind zu berücksichtigen sind?

Zu jeder dieser Fragen lassen sich differenzierende Unterfragen stellen (Dettenborn 2010, Balloff 2018, Westhoff u.a. 2000).

Bei nichtelterlichen Umgangssuchenden wäre zusätzlich zu fragen: Welche Faktoren in den Beziehungen zum Kind fördern dessen Persönlichkeitsentwicklung?

Wiederum lässt jede Fragestellung zu den Kriterien zwei Hypothesen zu, sonst läge kein Entscheidungssachverhalt vor, und wiederum eröffnen sich jeweils zwei Fehlermöglichkeiten, die fälschliche Bejahung oder die fälschliche Verneinung der Frage.

5.2.5 Ziele des Umgangsrechts

Es ist zwischen Haupt- und Nebenzielen zu unterscheiden. Bei elterlichen Umgangssuchenden sind Hauptziele, die Eltern-Kind-Beziehung mit jedem Elternteil auf kindeswohldienliche Weise zu pflegen, die fort geltende Elternverantwortung zu gewährleisten, ferner emotionale Bedürfnisse des Kindes und des umgangsberechtigten Elternteils zu befriedigen sowie Informationen über Befinden und Entwicklung des Kindes zu erhalten. Als Nebenzweck kann vor allem die Vorsorge für den Fall der Sorgerechtsänderung gelten, d.h., es treten Umstände ein, die dazu führen, dass ein umgangsberechtigter, aber nicht sorgeberechtigter Elternteil selbst (wieder) sorgeberechtigt wird, z.B. nach Änderung der Sorgerechtsentscheidung gemäß § 1696 BGB, nach dem Tod des sorgeberechtigten Elternteils gemäß § 1680 BGB, bei Entzug des Sorgerechts gemäß § 1680 Abs. 3 BGB, bei längerer Krankheit, bei dauerndem Ruhen des Sorgerechts gemäß § 1678 Abs. 1 u. 2 BGB.

Der Charakter einer Idealnorm vor allem bezüglich der Hauptziele des Umgangs ist unverkennbar. Die Anzahl der Umgangsrechtskonflikte zeigt, dass die Realität davon abweicht. Davon zeugt allein schon die Tatsache, dass bis zu 50% der Kinder nach der Trennung der Eltern den Kontakt zum getrennt lebenden Elternteil im Verlauf der nächsten Jahre verlieren (Wallerstein/Blakeslee 1989, Walper 2006, Tazi-Preve u.a. 2007).

Die Mittel, um die genannten Ziele zu erreichen, sind die Gegenseitigkeit des Rechts auf Umgang beim Kind und bei den Eltern und die Korrespondenz von Recht auf und Pflicht zum Umgang bei den Eltern. Die Wirkung ist vor allem als bewusstseinsbildender Appell gedacht, die Bedeutsamkeit des Umgangs mit beiden Elternteilen für das Kind ernster zu nehmen. Die Durchsetzbarkeit ist an weitere Hilfsmittel gekoppelt (vgl. *Kapitel 5.1.1*).

Analog gilt dies gemäß § 1685 BGB für den Umgang mit Großeltern, Geschwistern, Stief- und Pflegeeltern sowie (früheren) Ehegatten oder Lebenspartnern eines Elternteils, die längere Zeit mit dem Kind in häuslicher Gemeinschaft gelebt haben. Hauptziel ist hier, Beziehungen zu üblicherweise nahestehenden Bezugspersonen kindeswohldienlich zu realisieren und deren Potential hinsichtlich der Entwicklungsförderung und des sozialen Lernens zu nutzen. In § 1626 Abs. 3 BGB wird ausdrücklich konstatiert, dass der Umgang mit „anderen Personen, zu denen das Kind Bindungen besitzt", in der Regel zum Wohl des Kindes gehört. Überraschend und nicht erklärbar ist, dass nun an dieser Stelle der Begriff „Bindung" genutzt wird, da er doch an anderen Stellen fallen gelassen wurde. Die Mittel der Zielerreichung sind vor allem insofern reduziert, als dass – vom Gesetzgeber inkonsequenterweise – den „anderen Personen" keine Pflicht zum Umgang auferlegt ist und kein Recht des Kindes auf Umgang mit diesen Personen fixiert wurde.

Problematisch und lebensfremd erscheint zuweilen, wenn erwartet wird, dass Umgang Erziehungsabstinenz bedeutet. Zum Umgangskontakt gehört, dass die umgangssuchende Personen in der Lage ist, das Kind emotional und materiell zu versorgen, zu beaufsichtigen, anzuleiten, je nach Situation durch Ge- und Verbote (z.B. in Bezug auf Körperpflege, Schlafenszeiten, Kleidung, Pünktlichkeit, Hausaufgaben) Orientierung zu geben. Die Grenzen zur Erziehung sind fließend. Zu den Zielen des Umgangs gehört allerdings nicht, den betreuenden Elternteils pädagogisch zu überwachen und zu reglementieren. Vor allem Miterziehung im Sinne eines Eingriffs in die Erziehung des allein sorgeberechtigten Elternteils und der Gegensteuerung, der eigenmächtigen „Ergänzung" über die Unterstützung im Einvernehmen hinaus ist obsolet. Dazu kann auch zählen, wenn die Ansprüche des Kindes durch immer größere Geschenke oder ausgesucht attraktive Erlebnisse überhöht werden. Statt den betreuenden Elternteil übertreffen zu wollen, sollten größere Geschenke mit ihm abgesprochen werden. Unangemessen ist auch das ständige Hinterfragen alltäglicher Anordnungen oder der Versuch, über das Kind wieder Zugang zum Leben des anderen Elternteils zu suchen.

Bei gemeinsamer elterlicher Sorge hat der betreuende Elternteil gemäß § 1687 Abs. 1 S. 2 BGB in allen Angelegenheiten des täglichen Lebens die alleinige Entscheidungsbefugnis, Einvernehmen ist nur in Angelegenheiten von erheblicher Bedeutung notwendig, d.h. wenn sich Entscheidungen schwerwiegend auf die Entwicklung des Kindes auswirken können, z.B. Berufswahl, erhebliche medizinische Eingriffe, Schulart oder Vermögensregelungen.

Umgangsrechtliche Regelungen dürfen ebenso wenig dazu dienen, kindeswohlgefährdende Intentionen des betreuenden Elternteils zu rechtfertigen. So sind Bestrebungen, das Kind „ungestört" vom Umgangsberechtigten in eine neue Familie einzugliedern, oder Befindlichkeiten des betreuenden Elternteils kein Grund für Umgangseinschränkungen, sondern nachrangig gegenüber dem Recht des Kindes auf Umgang mit dem anderen Elternteil.

5.2.6 Die Vorteile gelungenen Umgangs

Inwieweit die Hauptziele des Umgangsrechts tatsächlich für alle Beteiligten umgesetzt werden, hängt von deren konkreten Interaktionen und der Qualität ihrer Beziehungen ab. Die positiven Folgen gelungenen Umgangs zwischen Kind und umgangsberechtigtem Elternteil sind unterscheidbar in unmittelbare und langfristige Folgen (*vgl. Tabelle 5.1*).

Die unmittelbaren Vorteile für das Kind sind *Wunscherfüllung/Willensbeachtung:* Im Regelfall ist es der Wunsch des Kindes, zu beiden Eltern enge Beziehungen oder zumindest Kontakt aufrechtzuerhalten. Das wird auch indiziert durch den von ca. 80 % der Kinder geäußerten Wunsch, die Eltern mögen sich wieder vertragen (Arntzen 1994). Mit dem Kontaktwunsch wird im Regelfall angestrebt, den Verlust eines Elternteils aus dem bisherigen Lebensalltag und die Auflösung der bisherigen Beziehungen zu minimieren. Der Kontaktwunsch als Regelfall schwindet erst, wenn die Beziehungen zwischen Kind und umgangsberechtigtem Elternteil schon vorher problematisch waren oder destruktives Verhalten eines Elternteils oder beider Elternteile im Trennungsprozess auf die Beziehungen einwirkt. Den Kindeswillen angemessen zu berücksichtigen, ist ein Aspekt der Achtung der Persönlichkeit des Kindes und damit auch ein Kernelement des Kindeswohls. Wird er negiert, werden eher Stresserleben, aggressive oder resignative Reaktionen ausgelöst. Als Regel kann deshalb gelten, dass dem zielgerichteten, intensiven, stabilen und autonomen Willen des Kindes zum Umgang zu folgen ist, sofern er nicht selbstgefährdend ist.

Regelfall oder Risikofall – die Beurteilung ist davon abhängig, dass dem Kind unabhängig vom Alter im Verfahren Gelegenheit gegeben wird, alle Intentionen, Wunschtendenzen oder Kalküle sowie die Ursachen dafür erkennbar zu machen. Wieder gilt, dass keine aus der Sicht Erwachsener konstruierten Kriterien oder Altersschwellen der Maßstab dafür sein können, ab wann der Kindeswille erkundet und berücksichtigt werden kann, sondern allein die Tatsache, dass Kinder ab ca. drei Jahren relativ stabile Willensziele bilden und verfolgen können (ausführlich *Abschnitt 2.6*).

Erleichterte Scheidungsverarbeitung/Stressreduktion: Dass die Trennung der Eltern auch eine Trennung des Kindes von einem Elternteil bedeutet, führt oft zu Belastungen durch Verlustängste bzw. durch den Ausfall einer Identifikationsfigur, damit zur Verleugnung eines Teils seines Selbst, seiner bisher auf beiden Elternteilen gegründeten Identität. Je nach Elternverhalten entstehen Schuldgefühle und Loyalitätskonflikte, Aggressionen oder Resignation. Damit verbundenes Stresserleben kann bei sinnvoller Umgangsgestaltung gemindert werden.

Entlastung der Beziehung zum betreuenden Elternteil: Trennungsprozesse können zu offenen oder latenten Vorwurfshaltungen oder Schuldzuweisungen des Kindes an den betreuenden Elternteil oder zu Unlustspannungen führen. Sie sind oft Ergebnis des zunehmend als beengend erlebten gegenseitigen Schutz- und Hilfebemühens. Sättigungserleben in monotonen und auf Dauer überfordernden Beziehungen, enttäuschte gegenseitige Erwartungen können in Aggressionen umschlagen, auch in Idealisierungen des Umgangssuchenden, die wiederum diesen Prozess forcieren.

Die Wahrscheinlichkeit solcher Entwicklungen kann zumindest verringert werden, die Enge und die gegenseitige Abhängigkeit in der dyadischen Beziehung können gemildert werden, wenn Umgangssuchende regulierend und ausgleichend wirken. Verschiedene

Tab. 5.1: Die Vorteile gelungenen Umgangs

Person / Vorteile	Kind	Betreuender Elternteil	Umgangsberechtigter Elternteil
UNMITTELBAR	■ Beachtung des Willens, ■ Selbstwirksamkeit, ■ Situationskontrolle, ■ Erleichterte Scheidungsverarbeitung, ■ Entlastung der Beziehung zum betreuenden Elternteil, ■ Entlastung der Beziehung zu Außenstehenden	■ Entlastung (Freizeitangebote, Identifikationsmöglichkeiten, Erziehungsaspekte), ■ Stressreduktion durch weniger belastetes Kind, ■ Mehr „freie" Stunden, Tage, Wochenenden	■ Befriedigung emotionaler Bedürfnisse gegenüber dem Kind ■ Möglichkeit, die fortgeltende Elternverantwortung wahrzunehmen ■ Information und Teilhabe bezüglich Kindesentwicklung
LANGFRISTIG	■ Normgemäße Persönlichkeitsentwicklung (Sozial- und Selbstkompetenz, Leistungshaltung), ■ Vorsorge für Notsituationen	■ Stabil altersgemäß entwickeltes Kind, ■ Entspanntes Langzeitverhältnis zum Kind, ■ Vermeidung von Idealisierungen des umgangsberechtigten Elternteils, von Sättigungserleben, Unlustspannungen, Schuldgefühlen, Aggressionsspiralen, Erziehungssackgassen, Abhängigkeiten	

Erziehungsstile und Identifikationsmöglichkeiten können sich ergänzen. Auch ist zu bedenken, dass Kinder bzw. Jugendliche in verschiedenen Entwicklungsphasen unterschiedliche Bedürfnisse, z.B. in Bezug auf Identifizierung und Geschlechtsrollenfindung, haben, die von Vater und Mutter spezifisch befriedigt werden können.

5.2.6.1 Die langfristigen Folgen für das Kind

Alle positiven Folgen auf längere Sicht lassen sich übergreifend als Vorteile für die Persönlichkeitsentwicklung verstehen. Forschungsergebnisse zeigen immer wieder, dass die belastenden Bedingungen der elterlichen Trennung das Kind nicht irreversibel beeinträchtigen müssen (Amato/Anthony 2014, Hetherington u.a. 1982, Schmidt-Denter/Beelmann 1997, Wallerstein/Kelly 1980), sondern sich sehr unterschiedlich in Intensität und Dauer auswirken, und zwar in Abhängigkeit von den Begleitbedingungen. Dazu gehören auch die Kontakte und Beziehungen zum umgangsberechtigten Elternteil. Sie können dazu beitragen, Sozial- und Selbstkompetenz sowie die Leistungshaltung des Kindes zu fördern und angemessene Konfliktbewältigungsstrategien zu entwickeln, weil das Spektrum sozialer Lerngelegenheiten erweitert ist. Sie ermöglichen und erhalten den Aufbau spezifischer Bindungen zum umgangsberechtigten Elternteil, gewährleisten dessen Potential als Identifikationsfigur und später auch die Auseinandersetzung mit der eigenen Herkunft.

Eine Reihe von Studien zeigt, wie förderlich es für das Wohlbefinden, das Selbstwertgefühl, das störungsfreiere Sozialverhalten, die Schulleistung und die Scheidungsverarbeitung von Kindern in Nachscheidungsfamilien war, wenn die umgangsberechtigte Person – meist der Vater – eine gute Beziehung und emotionale Nähe zum Kind aufrechterhielt (Amato/Gilbreth 1999, Schick 2000, Walper 2006). Jedoch zeigen die Untersuchungen inzwischen eindeutig, dass nicht die bloße Kontakthäufigkeit positive Auswirkungen auf das Kindeswohl hat, sondern dass dieser Zusammenhang über wichtige Zusatzbedingungen vermittelt ist. Zu den wichtigsten gehören: geringes Konfliktniveau der Eltern, geringer Koalitionsdruck der Eltern auf das Kind, emotionale Sicherheit und Nähe des Kindes in Bezug auf den getrennt lebenden Elternteil (Amato/Gilbreth 1999, im Ergebnis eine Metaanalyse von 63 Studien).

Schmidt-Denter und Beelmann (1997) unterscheiden in ihrer Längsschnittstudie durch Trennung der Eltern hoch belastete Kinder, Belastungbewältigter (rasche Abnahme der Belastung) und gering belastete Kinder. Sie konnten nachweisen, dass bei gering Belasteten positive Gefühle in der Beziehung zum getrennt lebenden Elternteil dominierten, während eine negativ erlebte Beziehung zum getrennt lebenden Elternteil vor allem bei hoch Belasteten vorkam und zu den wichtigsten Risikofaktoren für die kindliche Entwicklung gehört.

Bei geringem oder keinem Kontakt zwischen Kind und umgangsberechtigtem Elternteil ist aber – wie bei der Scheidungsfolgenforschung insgesamt – nicht von einer starren Wenn-Dann-Beziehung auszugehen. Vielmehr gibt es auch Untersuchungen, die keine oder eine negative Korrelation zwischen niedriger Kontakthäufigkeit und Wohlbefinden des Kindes aufzeigen. Darauf wird in *Abschnitt 5.3* eingegangen.

5.2.6.2 Unmittelbare Vorteile für den betreuenden Elternteil

Alle Vorteile für das Kind sind mehr oder weniger direkt auch Vorteile für den betreuenden Elternteil. Schon dies allein unterstreicht, wie bedeutsam die Wohlverhaltensklausel nach § 1684 Abs. 2 ist. Als unmittelbare Vorteile sind vor allem die Entlastung im Angebot von Erziehungseinflüssen, Identifikationsmöglichkeiten und Freizeitgestaltungen, das Teilen von Verantwortung und der Austausch zu nennen. Auch kann der betreuende Elternteil durch Umgang zeitlich entlastet werden, weil er während der Umgangstermine über „freie" Stunden, Tage oder Wochenenden verfügen kann. Da sich das Kind währenddessen ein realistisches Bild vom Umgangsberechtigten machen kann, kann sich die Beziehung zwischen Kind und betreuendem Elternteil festigen.

5.2.6.3 Langfristige Vorteile für den betreuenden Elternteil

Stabile altersgemäße Persönlichkeitsentwicklung des Kindes: Insbesondere die genannten positiven Folgen des gelungenen Umgangs für die Persönlichkeitsentwicklung des Kindes münzen sich in Vorteile für den betreuenden Elternteil um. Die erworbene Sozial- und Selbstkompetenz des Kindes erleichtern die Beziehungsgestaltung und die notwendige erzieherische Einflussnahme.

Entspannteres Langzeitverhältnis des Kindes zum betreuenden Elternteil: Ein über Jahrzehnte sich bestätigendes Ergebnis einschlägiger Forschungen ist, dass sich das ungerechtfertigte Vereiteln des Umgangs später auswirken kann in negative Beziehungen des Kindes zum früher vereitelnden Elternteil, z.B. durch verunsicherte Gefühlsbeziehungen, Vorwürfe, Abgrenzung und Aggression (Arntzen 1994, Figdor 2013, Rowen/Emery 2014). Nach einer Phase der verstärkten Zuwendung kann eine Phase der Distanzierung folgen. Ein eindrucksvoller Beleg dafür findet sich in der Längsschnittuntersuchung von Beelmann und Schmidt-Denter (1991). Bei Kindern, die seltenen bzw. keinen Kontakt zum Vater hatten (in allen untersuchten Fällen lebte das Kind bei der Mutter), zeigten sich später im Vergleich zu Kindern mit häufigem Kontakt stärkere emotionale Auseinandersetzungen mit ihren Müttern sowie Abneigung und Feindseligkeit. Den Beginn der Distanzierungsphase lokalisieren die Autoren im Ergebnis ihrer Längsschnittdaten übereinstimmend mit Hetherington u.a. (1982) ca. 30 Monate nach dem Trennungszeitpunkt.

Vermeidung von Idealisierungen des umgangsberechtigten Elternteils: Auch bei massiven Negativbeeinflussungen bauen sich oft über Jahre Idealbilder auf, denen der anwesende Elternteil mit seinen Alltagspflichten zur Erziehung oft nicht standhalten kann, die aber durch Realerfahrungen vermieden werden können.

Vermeidung von Notreaktionen in der Erziehung: Ergebnis der Alleinerziehungsforschung ist, dass dem Sättigungserleben des Kindes durch Alleinerziehende vor allem durch zwei Reaktionen begegnet wird, nämlich durch erhöhte Nachgiebigkeit mit der Folge mangelnder Orientierung und Grenzsetzung oder durch erhöhten Druck mit der Folge des Hineingleitens in Aggressionsspiralen und gegenseitige Schuld- und Versagensgefühle sowie Enttäuschungen. Der betreuende Elternteil wird dabei doppelt getroffen, einmal durch das eigene Stresserleben und zum anderen dadurch, dass die kindliche Entwicklung verzögert wird, z.B. in Bezug auf Identitätsbildung, Selbständigkeit und Elternablösung, und dadurch Langzeitprobleme für Kind und Elternteil entstehen können.

Selbstbezug
Befriedigung emotionaler Bedürfnisse gegenüber dem Kind
Selbstachtung/Selbstwertschutz
Selbstrechtfertigung
Schmerzmeidung, z. B. Scheidungsfolgen
Vermeidung von Alleinsein
Partnerersatz
Gewinn von Informationen über anderen Elternteil

Sozialbezug
Sozialbezug Kind
Emotionale Bindung, Liebe
Verantwortungshaltung, Fürsorgebereitschaft gegenüber Kind
Erleichterung der Scheidung für das Kind
Verhinderung nachteiliger Trennungsfolgen für das Kind
Machtmotivation

Sozialbezug des betreuenden Elternteils
Hilfe (z. B. Förderung, Erziehung des Kindes)
Verbindung aufrechterhalten oder wiedergewinnen
Schädigung (z. B. Einmischen, Fehler nachweisen)
Machtmotivation
Durchsetzung (Sieg im Kampf um Umgang, „mein Recht")

Sozialbezug Umgebung
Imagepflege
Darstellungsbedürfnisse
Prestigegewinn

Sachbezug
Verantwortungshaltung (ethisches Prinzip)
„Jedes Kind sollte beide Eltern haben"

Abb. 5.2: Ebenen in der Motivation des Umgangssuchenden

5.2.6.4 Die Vorteile für den umgangsberechtigten Elternteil

Der Kontakt zum Kind ermöglicht die Teilhabe an dessen Leben und die Wahrnehmung von Verantwortung für das Kind. Damit verringert sich das Gefühl, neben der Familie auch das Kind verloren zu haben. Die Wahrscheinlichkeit von Inkompetenzgefühlen und Labilisierung des Selbstwertes sowie von sozialer Stigmatisierung ist geringer. Welche Vorteile vom Umgangsberechtigten umgesetzt oder überhaupt angestrebt werden, hängt allerdings auch von seiner Motivation zum Umgang ab. Eine Übersicht über Facetten der Umgangsmotivation wird in *Abb. 5.2* gegeben.

5.2.7 Die Eigendynamik misslungenen Umgangs

Die Vorteile gelungenen Umgangs kommen nicht zur Geltung, wenn sich die Dynamik des Konfliktverlaufs verselbständigt und im Kampf um den Umgang fortsetzt. Die Verhaltensweisen der Hauptbeteiligten sind nur in ihrer gegenseitigen Abhängigkeit verstehbar, also in systemischer Sicht. *Der Kern der Interaktion kann an folgenden prototypisch gedachten Stationen eines Kreislaufs verdeutlicht werden:*

1. Ausgangsverhalten der Eltern: Will man überhaupt in diesen endlosen Schleifen nach Interpunktionen (Watzlawick u.a. 2017) suchen, so sind sie am ehesten bei den Eltern zu finden. Der Ursprung der konflikthaften Dynamik liegt meist bei ihnen, weil es die Kinder bis auf wenige Ausnahmen für selbstverständlich halten, weiterhin mit beiden Elternteilen Kontakt zu haben. Was hindert die Eltern daran, auch so zu denken? *Beim betreuenden Elternteil können u.a. folgende Faktoren eine Rolle spielen:*

- Kränkung durch und Vergeltung für Weggang des anderen Elternteils,
- Unvermögen zu akzeptieren, dass das Kind dennoch dem anderen Elternteil zugetan ist,
- Verlustängste, bezogen auf das Kind,
- Exklusivansprüche in Bezug auf die Zuneigung des Kindes, Nichtertragenkönnen von Zuneigung zum anderen Elternteil,
- Angst vor eventuell zunehmendem Einfluss des anderen Elternteils auf das Kind,
- Vergessenwollen der negativ bewerteten Erfahrungen oder Zeiten der Partnerschaft und Abwehr der dabei störenden Umgangskontakte,
- Abgrenzen der neuen Gemeinschaft mit einem neuen Lebenspartner gegen früheren Partner,
- Bequemlichkeit, d.h. Vermeiden von Aufwand zur Integration des Umgangs in das Familiengeschehen wie Vorbereitung des Kindes, Erklären der Existenz von „zwei Vätern“, Stiefgeschwister informieren,
- übergreifend: Widerstand zu erkennen oder anzuerkennen, dass die eigenen subjektiven Interessen im Widerspruch zu den Interessen des Kindes stehen können.

Beim umgangsberechtigten Elternteil können u.a. folgende Motive zur Blockierung des Kontaktes zum Kind führen:

- Desinteresse, Vermeidung von Einschränkungen der eigenen Freiheit,
- Resignation angesichts der drohenden Rivalität zum neuen Lebenspartner des sorgeberechtigten Elternteils, dessen Gewinn an Einfluss auf das Kind und an Liebe vom Kind,
- Befürchten bzw. Akzeptieren entschiedener Ablehnung des Kindes,
- emotionale Kränkung, eventuell inklusive Vergeltung für Kränkung,
- Vergessenwollen der negativ bewerteten, aber gleichgültig gewordenen Beziehungen zur ehemaligen Familie,
- Resignation und Rückzug angesichts massiver Bemühungen des betreuenden Elternteils, Umgangskontakte zu verhindern, u.a. auch mit dem Anliegen, dem Kind die aus diesem „Kampf“ entstehenden Belastungen zu ersparen.
- Überforderungsängste,
- Umzug oder weite Entfernung.

Meist setzt der Umgangsstreit die schon lange vor oder während der Trennung abgelaufenen Konflikte fort. Ihnen ist gemeinsam, dass Eltern- und Partnerebene ungenügend getrennt werden und eigene Befindlichkeiten und Interessen größeres Gewicht für das Verhalten haben als die des Kindes.

Beide Elternteile können die unkontrollierte Konfliktdynamik fördern durch mangelnde Bereitschaft zu rationaler Kommunikation und Kooperation, Umdeutung von Fakten und Handlungen anderer, Beeinflussung des Kindes und die bewusste oder unbewusste Forderung nach Parteinahme, Abwertung des anderen Elternteils z.B. mittels Zuschreibung feindseliger Absichten und moralischer Disqualifikation, Maladisierung, insbesondere Psychiatrisierung und Kriminalisierung. Beim betreuenden Elternteil kommt ein Vorsprung an „Macht" dann zustande, wenn er faktisch die Obhut ausübt oder das Sorgerecht oder das Aufenthaltbestimmungsrecht innehat. Damit verbundene Befugnisse können missbraucht werden. Solche Formen des Missbrauchs sind z.B., wenn Erkältungen oder auch nur Müdigkeit des Kindes nach dem Umgang auf mangelnde Fürsorge des umgangsberechtigten Elternteils oder die Verschlimmerung eines Hautausschlages auf das Rauchen in dessen Haushalt zurückgeführt werden – Dinge, die dann oft als Vorwand genommen werden, um Umgang zu unterbinden. Besonders belastend für das Kind ist es, wenn der betreuende Elternteil diese Verhaltenstendenz begleitet oder untersetzt mit Verlautbarungen wie: „Ich lege dem Umgang keine Steine in den Weg, wenn das Kind will." Meist werden Argumente dafür gefunden, dass das Kind nicht will bzw. eigentlich gar nicht wollen kann. Auch dem Kind selbst gegenüber wird verbalisiert, dass es sich selbst entscheiden könne. Das Kind erlebt einander widersprechende Mitteilungen des Erwachsenen. Einerseits appelliert dieser – oft auch nonverbal untersetzt – an das Kind, den Umgang abzulehnen. Andererseits deklariert dieser Erwachsene vor Gericht oder beim Gutachter scheinbar sein Einverständnis mit dem Umgang. Für das Kind ist dies oft eine Zwickmühle, eine Beziehungsfalle bzw. – in der Terminologie der Kommunikationspsychologie – eine Doppelbindung (Watzlawik z.B. 2017). Sie kann zu belastenden Dissonanzen im kindlichen Erleben führen. Eine adäquate Reaktionsweise gibt es nicht, weil das Verhalten des Elternteils paradox ist. Dem Kind wird auch gewahr, dass es unerwünscht ist, diese Diskrepanz etwa zu thematisieren.

Auch der umgangsberechtigte Elternteil steuert oft etwas zur Konfliktentstehung bei, z.B. indem er Absprachen nicht einhält oder nachträglich umdeutet, die Rückgabe des Kindes verzögert oder dem Kind verdeutlicht, dass er seine Zuneigung zum neuen Lebenspartner des betreuenden Elternteils für ungut hält. Noch gravierender ist, wenn der Umgang zur Gegenerziehung genutzt oder gar das Kind dazu gedrängt wird, zum umgangsberechtigten Elternteil zu wechseln – mental oder leiblich.

2. Reaktionen des Kindes: Sie hängen ab vom Ausmaß elterlicher Unvernunft, von der Dauer der Konflikte, dem Alter des Kindes, von der Bindung an die Eltern, der Verfügbarkeit unterstützender Bezugspersonen im Umfeld usw. Auf der Ebene des Erlebens münden die inneren Konflikte zumindest in Schuldgefühle, wenn Umgang doch angestrebt oder wahrgenommen wird. Sie gefährden die Handlungsfähigkeit des Kindes. Es sucht Auswege aus dem Dilemma. Zu den häufigsten Auswegen gehören die schon an anderer Stelle geschilderte Überidentifikation mit dem sorgeberechtigten Elternteil und die Überdistanzierung zum anderen Elternteil. Es kommt zu Schwarz-Weiß-Malerei in der Beschreibung der Eltern. Die Überidentifikation mit dem sorgeberechtigten Elternteil dient dazu, diesem Zuwendung und Liebe zu sichern. Sie schließt ein, dass die Bedürfnisse dieses Elternteils im Umgangsstreit für das Kind zentral bedeutsam und von ihm geschützt und eigene Bedürfnisse unterdrückt werden. Ein Rollenumtausch im Kind-Eltern-Verhältnis im Sinne der Parentifizierung findet statt.

Mit der zunehmenden Verstrickung in diese Beziehung fühlt sich das Kind oft immer mehr genötigt, die Feindseligkeit des unterstützten Elternteils aktiv zu ergänzen – durch praktizierte Überdistanzierung zum umgangssuchenden Elternteil. Sie geht einher mit selektiver Wahrnehmung, z.B. werden bisher positiv beurteilte Verhaltensweisen des nun abgelehnten Elternteils wie bemühte Hilfe negativ, z.B. als aufdringlich, bezeichnet. Frühere Vorkommnisse wie Anschreien werden – nach Erinnerungshilfe durch den betreuenden Elternteil – als zentral bedeutsam erinnert. Generalisierte Negativurteile wie „lügt immer“ werden übernommen und zuweilen absurd begründet. Solche Selbstrechtfertigungen werden aber benötigt, um dem Konflikt auszuweichen. Entfremdung vom umgangssuchenden Elternteil findet statt.

Je jünger Kinder sind, desto unkritischer und meist auch weniger belastet bewältigen sie die beschriebenen Polarisierungsleistungen, desto unbefangener und direkter setzen sie ihre eigenen Bedürfnisse, z.B. nach sicherer Zuwendung, um, ohne sich durch Bedürfnisse anderer irritieren zu lassen. Schon bei Kindern im mittleren Alter und zu Beginn des Schulalters wirken sich inzwischen erworbene soziale Kompetenzen aus, je nach anderen Bedingungen erschwerend oder erleichternd. Die Fähigkeit, Konfliktsituationen auch aus der Perspektive anderer wahrzunehmen, kann die eigene Entscheidungsfindung verkomplizieren, weil das erlittene Unrecht anderer nachgefühlt wird. Die im Entstehen begriffenen, aber eben noch unfertigen Vorstellungen von Verantwortlichkeit ermöglichen Reflexionen über Schuld, auch eigene, können aber realitätsfern sein. Die Versuchung, die Schiedsrichterrolle im elterlichen Streit wahrzunehmen, steigt mit dem Entdecken eigener Kompetenzen. Ältere Kinder und Jugendliche sind meist weniger abhängig von den Intentionen und Einflussversuchen der Elternteile, da sie einerseits über differenziertere interne Informationen verfügen wie ausgeprägtere Einstellungen zu den Elternteilen und Erfahrungen mit ihrem Konfliktverhalten. Andererseits läuft die Ablösung von den Eltern. Die Hinwendung zu Gleichaltrigen führt zu alternativen Informationen, zu Irritationen, zu Peinlichkeits- und Schamerleben oft mit der Folge unbedachter affektiver Distanzierung von den Eltern.

3. Reaktion der Eltern: Am stärksten wird die unkontrollierte Eigendynamik des Umgangskonflikts dadurch „gefördert“, dass die unter Punkt 1 genannten Verhaltensweisen der Eltern nach dem Prinzip „Mehr desselben“ (nach Watzlawick 2021) verstärkt werden, weil aus dem bisher mangelnden Erfolg geschlossen wird, sie seien vom Kind oder vom ehemaligen Partner nicht ausreichend verstanden oder berücksichtigt worden. Wird also noch immer Umgang angestrebt, werden negative Handlungsweisen des Umgangssuchenden noch öfter und drastischer thematisiert, das Kind wird nachhaltiger gefragt, ob es sich daran erinnert. Es werden immer neue Fakten, z.B. aus dem stattgefundenen Umgang, als Beweis für Rücksichtslosigkeit oder Unmoral umgedeutet. Der latente Druck auf das Kind, Partei zu nehmen, wächst. Eigenes Leiden wird signalisiert. Schuldgefühle werden aktiviert, z.B. „wenn du dort bist, geht es mir schlecht“. Vorteile werden gewährt, der Erziehungsstil wird nachgiebiger, „weicher“, Liebesentzug bei unerwünschtem Verhalten kommt vor. Das heißt, es wird vom Elternteil Reziprozität eingefordert, eine Balance von Geben und Nehmen, ausgewogene Austauschbeziehungen, die eigentlich für die Partnerbindung typisch sind. Spezifisch für die Eltern-Kind-Bindung sind jedoch der Verzicht auf die Einhaltung von Reziprozität und die Hinnahme von Ungleichgewicht. Werden aber vom Kind Gegenleistungen für emotionale Zuwendung und Fürsorge eingefordert, so ist das eine drastische

Überforderung, mit der schnell die Grenze zur Kindeswohlgefährdung überschritten werden kann.

Eine andere Variante ist die Belastung des Kindes mit Problemen aus der aufgelösten Partnerschaft, mit denen es sich nicht identifiziert, durch die es eher überfordert ist. Der betreuende Elternteil lässt das Kind den ehemaligen Partner fragen, wann er endlich den Mietvertrag oder die Kreditunterlagen „herausrückt". Dieser fängt an, vor dem Kind zu argumentieren, will es überzeugen von seinen Gründen und davon, dass das Verlangen nur eine bösartige Finte ist. Das Kind lebt wieder in dem Dilemma, einen Elternteil als Angreifer sehen zu müssen, und somit in einem Loyalitätskonflikt.

Verliert das Kind die Freude an einem Umgang unter solchen Umständen, kommt es etwa mürrisch, schuldbewusst und verschlossen von einem Umgangstermin zurück, werden vom betreuenden Elternteil die Ursachen im Verhalten des abgelehnten Elternteils gesucht, gefunden und dem Kind wie auch allen Instanzen mitgeteilt. Sehr oft genutzt wird dabei das Ruheargument: Das Umgangsverlangen wird als störend, weil unruhestiftend bezeichnet. Werde die „Ruhe" wiederhergestellt, sei das Kind auch weniger belastet.

Gerät nun der Umgangssuchende aufgrund solcher Bemühungen in Affekt und handelt im Sinne sich selbst erfüllender Prophezeiungen so, dass alle Argumente gegen ihn als richtig erscheinen und sich das Kind darüber hinaus schämt oder ängstigt, verweigert das Kind schließlich den Umgang. Dies dient dem betreuenden Elternteil als Beweis für das Unvermögen des anderen Elternteils oder die Abneigung des Kindes gegen diesen. Der umgangssuchende Elternteil wertet es als Folge massiver Einflussnahme auf das Kind. Verweigert das Kind unter diesen Umständen den Umgang, kann das zu einer Beruhigung des Kindes führen. Nun verweist der betreuende Elternteil darauf, dass er schon immer den Kontakt mit dem anderen Elternteil als Quelle der Beunruhigung für das Kind erkannt hat.

Fazit: Infolge der Beschäftigung mit ihren eigenen Problemen erkennen die Eltern die Konflikte des Kindes nicht oder sind nicht fähig oder willens, kindeswohlangemessen darauf zu reagieren. Je länger der Konflikt anhält, desto gewohnheitsmäßiger wird reagiert und desto schwieriger wird die differenzierte Reflexion der Lage.

4. Reaktion des Kindes: Auch das Kind kann mit einer Verstärkung der unter Punkt 2 genannten Verhaltensweisen reagieren. Schuldgefühle oder Hilflosigkeit können sich erhöhen, ebenso Resignation oder Aggression auch gegen denjenigen Elternteil, mit dem es sich bisher identifiziert hat. Die Wahrscheinlichkeit psychosomatischer Symptome erhöht sich, z.B. Bauchschmerzen, um vom Elternstreit abzulenken, Kopfschmerzen, um nicht agieren zu müssen, Bettnässen als Regression. Dem Kind werden immer wieder Verhaltensweisen abverlangt wie Überanpassung, Unterdrückung eigener Bedürfnisse, Selbstverleugnung, „Ausspielen" und Täuschen von Erwachsenen. Es besteht die Gefahr, dass solche Verhaltensweisen in Persönlichkeitsdispositionen und Verhaltensmerkmale übergehen, also nachteilige Folgen für Sozialkompetenzen, Selbstwertgefühl und Konfliktverhalten haben.

Mit dem Fortschreiten der hier in vier Stadien beschriebenen zirkulären Prozesse gerät das in *Abschnitt 2.6.8.2.1* beschriebene Entfremdungsgeschehen in sein Endstadium.

5.3 Einschränkung oder Ausschluss des Umgangs

5.3.1 Eingriffsschwellen und Voraussetzungen

Zwei Eingriffsschwellen werden im § 1684 Abs. 4 BGB unterschieden. Gemäß der ersten Eingriffsschwelle kann das Familiengericht grundsätzlich den Umgang einschränken oder ausschließen, soweit dies zum Wohle des Kindes erforderlich ist (Abs. 4 S. 1). Die zweite Eingriffsschwelle greift, wenn Umgang „für längere Zeit" eingeschränkt oder ausgeschlossen werden soll, und setzt voraus, dass „andernfalls das Wohl des Kindes gefährdet wäre" (Abs. 4 S. 2). Diese Norm trifft auch zu, wenn es darum geht, den Vollzug früherer Entscheidungen über das Umgangsrecht einzuschränken oder auszuschließen. Gemeinsam ist beiden Schwellen das Gebot der Verhältnismäßigkeit. Es ist immer zu prüfen, ob mildere Mittel zielführend sind. Einschränkungs- und Ausschlussgründe sind dabei in ihrer Wirkung auf das Kind zu bewerten. Kindfaktoren wie Alter, Entwicklungsstand, psychische Belastbarkeit, Bewältigungskompetenzen und Willenshaltung sind zu berücksichtigen. Den aus dem Umgang resultierenden Belastungen sind jene Belastungen gegenüberzustellen, die aus Umgangseinschränkung oder -auschluss erwachsen können, z.B. der Verlust von positiven Beziehungsinhalten und von Bindungen.

Eine weitere gemeinsame Voraussetzung ist der Grundsatz, dass schwellenspezifische Anlässe konkret benennbar sein müssen. Je intensiver in das Umgangsrecht eingegriffen wird, desto notwendiger ist die Einholung eines psychologischen Gutachtens.

5.3.1.1 Zur Eingriffsschwelle Erforderlichkeit

Voraussetzung ist, dass Maßnahmen zeitlich klar begrenzt sind, d.h. an kürzeren Zeitspannen orientiert sind. Als Einschränkung gilt jedoch, dass ein völliger Ausschluss des Umgangs, auch für kürzere Dauer, der schwerste Eingriff in das Umgangsrecht ist und nur nach einer Kindeswohlgefährdung angemessen ist. Insofern greift hier bereits die zweite Eingriffsschwelle (s.u.).

Eine weitere Voraussetzung ist, dass nachvollziehbare Anlässe zu der Befürchtung gegeben sein müssen, das Kind werde ohne Einschränkung oder Ausschluss des Umgangsrechts unangemessen psychisch belastet.

Diese Regelung hat den Vorzug, dass sie nicht mehr vom Elternstreit ausgeht, sondern sich konsequent am Kindeswohl orientiert. Ein Nachteil besteht darin, dass die Grenze zur Eingriffsschwelle Kindeswohlgefährdung fließend ist. Sie ist umso eher erreicht, je stärker das Kindeswohl betroffen ist.

Anlässe zum Eingriff auf diesem Niveau sind beispielsweise: Eingewöhnungsschwierigkeiten eines Kindes in eine neue Umgebung, Schulwechsel, Fälle von Wiederanbahnung des Umgangs nach längerer Unterbrechung, mangelnde Akzeptanz einer Therapie für das Kind durch den Umgangsberechtigten oder absehbar zeitlich bedingte z.B. pubertär gesteuerte Ablehnung des Umgangs durch das Kind. Möglich ist auch, dass einem Umgangsberechtigten, der bisher dieses Recht nur unzuverlässig wahrgenommen hat, ermöglicht werden soll, die Ernsthaftigkeit und Nachhaltigkeit seines Umgangsbestrebens in begrenztem Rahmen nachzuweisen.

5.3.1.2 Zur Eingriffsschwelle Kindeswohlgefährdung

Maßstab ist die Orientierung an § 1666 bzw. § 1696 BGB. Der Ausschluss des Umgangsrechts setzt voraus, dass mit hoher Wahrscheinlichkeit ein Umgang nicht stattfinden kann, ohne dass das Kindeswohl gefährdet wird. Relevant sind Extremkonstellationen, etwa wenn Kinder traumatisiert werden oder Umgangskontakte nur mit kindeswohlgefährdenden Zwangsmitteln durchzusetzen sind.

Voraussetzung ist, dass einer festgestellten Gefährdung des Kindeswohls nicht mit milderen Maßnahmen begegnet werden kann (Grundsatz der Verhältnismäßigkeit). Mildere Maßnahmen wären z.B. Umgangsregelungen, in denen zeitliche und örtliche Begrenzungen angeordnet werden, Aussetzung des Vollzugs des Umgangs oder Auflagen. Die hohe Quote vollständigen Kontaktabbruchs nach vollständigem Umgangsausschluss weist auf die Notwendigkeit hin, mildere Maßnahmen zu erwägen, wo das sinnvoll ist. Das Ruhen des Umgangs wegen trennungsbedingten Elternstreits zu empfehlen, ist z.B. nur selten angemessen.

Die Auslegung des unbestimmten Rechtsbegriffs „längere Zeit" in § 1684 Abs. 4 ist der Rechtsprechung überlassen. Wichtige Kriterien sind Stärke und Folgen des Eingriffs, das Zeitempfinden des Kindes (*Abschnitt 2.3.2.5*), damit das Alter des Kindes, aber auch die bisherige Kontaktfrequenz.

5.3.2 Gründe für Einschränkung oder Ausschluss des Umgangs

5.3.2.1 Gründe auf Seiten beider Bezugspersonen

Häufig werden in den Rechtsstreit zweifelhafte Argumente eingebracht, die daraufhin zu prüfen sind, ob sie einen Eingriff rechtfertigen. *Dazu gehören beispielsweise:*

- Subjektive Ängste und missliche Befindlichkeiten des betreuenden Elternteils vor allem nach Umgangskontakten (z.B. Angst vor Beeinflussung des Kindes oder vor Gefährdung des Hineinwachsens des Kindes in die neue Familie; Angst vor Behalten des Kindes nach Umgang bzw. vor Entführung).
- Reaktionen auf vermeintliche oder reale, aber nicht massive Verhaltensauffälligkeiten des Kindes.
- Subjektive Interpretationen diffuser Hinweiszeichen auf eventuelle Kindesmisshandlung oder Missbrauchshandlungen, z.B. Auffälligkeiten im Spielverhalten oder in Kinderzeichnungen sowie sog. sexualisiertes Verhalten.
- Rechtlich anderweitig relevante Sachverhalte (z.B. Anfechtung der Ehelichkeit des Kindes, Konflikt um Unterhaltszahlungen, Haft des umgangssuchenden Elternteils).
- Einzelne Interaktionen zwischen den Beteiligten (z.B. Streit zwischen den Elternteilen bei Umgangskontakten, Geheimnisse zwischen dem Umgangssuchenden und dem Kind vor dem betreuenden Elternteil inkl. heimlicher Kontaktaufnahme).

Immer können jedoch spezielle Umstände hinzukommen, durch die in solchen Konstellationen dennoch Ausschlussgründe relevant werden. Dazu kann z.B. zählen, wenn das Kind schon einmal entführt wurde oder wenn die Haftgründe beim umgangssuchenden Elternteil die Familie oder speziell das Kind betreffen. Die Komplexität des

Bewertungsprozesses erschwert eine Festlegung allgemein gültiger Kriterien für Einschränkung oder Ausschluss des Umgangs.

Belastet anhaltender Streit der Bezugspersonen das Kind, ist es oft nicht möglich, einseitige Verantwortlichkeiten zuzuordnen. Eskalationen entstehen durch das negative Wirken beider Bezugspersonen auf das Kind, durch unzureichende Bereitschaften und/oder Fähigkeiten, das Kind vor psychischen Belastungen zu bewahren. Ängste des Kindes vor Übergabesituationen bis hin zu völliger Umgangsverweigerung können die Folge und Hinweis auf derartige Konflikte sein.

Auf das schädliche Wirken anhaltend heftiger Konflikte wurde ausführlich in *Abschnitt 5.2* eingegangen. Wenn mildere Mittel erfolglos waren, gilt je nach Ausmaß der Belastung des Kindes eine der beiden oben genannten Eingriffsschwellen.

5.3.2.2 Gründe auf Seiten des Umgangssuchenden

Da die Aufgabe, das Kind zu erziehen, für den Umgangssuchenden nicht im Vordergrund steht, kann bezüglich möglicher Einschränkungen des Umgangs auch nicht die allgemeine Erziehungsfähigkeit als Maßstab (*Abschnitt 2.7*) gelten. Allenfalls wird in solchen Fällen von eingeschränkter Erziehungsfähigkeit des Umgangssuchenden auszugehen sein, in denen das Kind aufgrund eines Sorgerechtsentzuges in einer Pflegestelle oder einem Kinderheim untergebracht ist oder eine mangelnde Erziehungseignung dazu führte, dass die Alleinsorge auf den anderen Elternteil übertragen wurde.

Die Mindestanforderungen, die an das Verhalten und die Haltung eines Umgangssuchenden gegenüber dem Kind gestellt werden, liegen niedriger als jene, die an eine Bezugsperson, die ein Kind umfassend erziehen und versorgen soll, zu stellen sind. Der Umgangssuchende soll zwar dazu beitragen, die Grundbedürfnisse des Kindes zu befriedigen, primär ist dies aber die Aufgabe desjenigen, in dessen Obhut sich das Kind befindet. So ist der Umgangsberechtigte nicht für die umfängliche Gesundheitsfürsorge des Kindes verantwortlich. Er sollte aber wohl in der Lage sein, in Notsituationen adäquat zu reagieren und das Kind angemessen zu versorgen, wenn es bei ihm ist. Es wird auch nicht als seine Aufgabe anzusehen sein, für eine ausreichende Bildung des Kindes zu sorgen, bestenfalls kann er es im Rahmen der Umgangskontakte zusätzlich fördern.

Vom Umgangssuchenden ist in erster Linie *Umgangsfähigkeit* zu verlangen. Umgangsfähigkeit betrifft die Bereitschaft und Fähigkeit eines Elternteils, bei den Umgangskontakten die Bedürfnisse und Fähigkeiten eines Kindes zu erkennen, diese in angemessener Weise zu berücksichtigen und den Kontaktverlauf auf kindeswohldienliche Weise zu gestalten. Dazu zählt u.a. auch Betreuung, Versorgung und Schutz des Kindes sowie ein Mindestmaß an Verhaltensorientierung zu gewährleisten, Eltern- und Paarebene zu trennen und jedwede Manipulation des Kindes bzw. dessen Beeinflussung gegen den anderen Elternteil zu vermeiden.

In jedem Fall wird eine tolerierbare Schwelle vor allem da unterschritten, wo es im Rahmen des Umgangs zu Verletzungen der kindlichen Bedürfnisse nach Sicherheit, emotionaler Zuwendung, Anerkennung und Orientierung kommt. Das kann zutreffen, wenn ein umgangsberechtigter Elternteil vereinbarte Umgangstermine nur unzuverlässig einhält oder über einen längeren Zeitraum keine Kontakte wahrnimmt, obwohl diese vom Kind gewünscht und vom betreuenden Elternteil angeboten werden. (Auf Motive wird in Abschnitt 5.2.7 eingegangen.) Zumindest überwiegend sind mangelnde

Einfühlung in die Befindlichkeit des Kindes oder Unkenntnis über die Wirkungen eines solchen Verhaltens beteiligt.

In seiner Wirkung auf das Kind kann ein solches Verhalten den Charakter einer psychischen Vernachlässigung oder Misshandlung annehmen und eine Einschränkung oder einen Ausschluss des Umgangs begründen. Wiederkehrende Enttäuschungen und Kränkungen können zu einer Entfremdung und letztlich zu einer bewussten und nachvollziehbaren Abkehr vom Umgangssuchenden führen. Ist dies der Fall, kann eine dadurch begründete Kontaktverweigerung des Kindes ausreichen, spätere Umgangsbegehren abzulehnen. Aber auch wenn der Kontaktwunsch erhalten bleibt, können Wechselbäder von Hoffnung und Enttäuschung das Kind emotional verunsichern und sein Selbstwertgefühl beeinträchtigen.

Die Instrumentalisierung des Kindes, in der ebenfalls mangelndes Interesse und unzureichende Empathie ihren Ausdruck finden, ist ähnlich zu bewerten. Die Gefährdungsmomente resultieren hier daraus, das Kind über die betreuende Bezugsperson auszufragen oder es als Informationsträger zu missbrauchen. Loyalitätskonflikte und/oder Schuldgefühle können die Folge sein.

Der Beeinflussung des Kindes gegen den betreuenden Elternteil und/oder dem Zulassen einer Beeinflussung durch Dritte können unterschiedliche Einschränkungen der Umgangsfähigkeit zugrunde liegen. Erfolgt die Beeinflussung unbewusst, so kann mangelnde Affektkontrolle hierfür verantwortlich sein: Negative Emotionen gegen den betreuenden Elternteil sind nicht ausreichend steuerbar. Häufig wird aber von mangelnden Sozialkompetenzen, z.B. ungenügender Empathie, oder von egozentrischer Ausrichtung auf eigene Interessen auszugehen sein. Beziehungsprobleme erlangen im Konflikt der Bezugspersonen eine Überwertigkeit und führen dazu, dass die Belange des Kindes in den Hintergrund treten. Im eigentlichen Sinne handelt es sich hier um eine Sonderform der Interessenlosigkeit am Kind, indem andere Interessen, z.B. einen Machtkampf für sich zu entscheiden, eine höhere Bewertung erhalten.

Diese Form des emotionalen Missbrauchs kann auf Seiten des Kindes Loyalitätskonflikte hervorrufen oder verstärken, die Autorität der betreuenden Bezugsperson gegenüber dem Kind schwächen, dessen Erziehung erschweren und damit Erziehungskonflikte provozieren. Sie hat damit insgesamt kindeswohlgefährdenden Charakter.

Es gilt inzwischen als realitätsfern anzunehmen, dass Umgang nicht auch Erziehung beinhalte (Balloff 2018), umfassen doch solche Kontakte auch Ge- und Verbote z.B. in Bezug auf Körperpflege, Lob, liebevolle Zuwendung, Kontrolle z.B. in Bezug auf Schulaufgaben. Darüber hinaus kann auch als realitätsnah gelten, umgangsberechtigten Eltern im Zusammenhang mit ausgedehnten Wochenend- und Ferienaufenthalten des Kindes oder gar bei paritätischem Wechselmodell das Erziehungsrecht im Sinne des § 7 Abs. 1 Nr. 6 SGB VIII zuzusprechen. Danach ist Erziehungsberechtigter auch „jede sonstige Person über 18 Jahre, soweit sie auf Grund einer Vereinbarung mit dem Personensorgeberechtigten nicht nur vorübergehend und nicht nur für einzelne Verrichtungen Aufgaben der Personensorge wahrnimmt." Schädlich ist aber, eine Gegenerziehung zu etablieren. Gewisse Unterschiede werden immer auftreten, dadurch dass verschiedene Bezugspersonen über verschiedene Kompetenzen verfügen und sich ergänzen. In Grenzen kann dies für ein Kind anregend sein. Der Einfluss stark divergierender oder gar konkurrierender Erziehung ist dagegen sehr kritisch zu bewerten. Dies gilt besonders dann, wenn das Kind erlebt, dass beim Umgang die erzieherischen Bemühungen des betreuenden Elternteils ständig infragegestellt oder konterkariert werden und damit dessen Sorgerechtsposition gezielt unterminiert wird.

Ebenso wie mangelnde intrapersonale Konsistenz birgt auch mangelnde interpersonelle Konsistenz, z.B. durch unterschiedliche Grenzsetzung und Wertvermittlung der Bezugspersonen, die Gefahr in sich, dass ein Kind keine ausreichende Orientierung erfährt. Irritationen erschweren es dem Kind, pädagogische Anforderungen zu verstehen und ihnen zu genügen. Dies kann Ängste verstärken und depressive Verstimmungen hervorrufen. Gelingt es den Bezugspersonen nicht, zu kooperieren und ihre Maßstäbe und Anforderungen anzugleichen, kann daraus eine psychische Gefährdung des Kindes erwachsen, die es erforderlich macht, den Umgang einzuschränken.

Von einer Erziehung gegen die Erziehungsvorstellungen des Sorgeinhabers abzugrenzen sind dagegen Probleme, die oft unweigerlich durch die Besonderheit der Umgangssituation entstehen. So liegt es durchaus im Interesse des Kindeswohls, wenn sich ein Umgangsberechtigter an Besuchswochenenden viel Zeit für das Kind nimmt und seinen Tagesablauf auf das Kind abstimmt. Schwierigkeiten, die allein aus der Tatsache herrühren, dass das Kind beim Umgangssuchenden eine besonders angenehme Situation und beim Sorgeinhaber dagegen den Alltag mit all seinen notwendigen Anforderungen erlebt, berechtigen nicht dazu, den Umgang einzuschränken oder auszuschließen. Hier bestehen Möglichkeiten, den Umgang des Kindes auch auf Wochentage zu verschieben oder gar auszudehnen, um das Kind den Alltag beim Umgangsberechtigten erleben zu lassen.

Kindesmitnahme ist in familiären Trennungssituationen kein seltenes Phänomen. Entscheidungen über den Aufenthaltsort eines Kindes werden nicht gemeinsam getroffen, es werden vollendete Tatsachen geschaffen. Oft ist dies Ausdruck einer eingeschränkten Erziehungskompetenz. Erlittene Kränkungen, Racheimpulse und Misstrauen erschweren die Kooperation (*Kapitel 4*) der Bezugspersonen, Verlustängste gegenüber dem Kind bestimmen das Handeln.

Exkurs: *Schwierig sind Konstellationen, bei denen aus bikulturellen Familien stammende Kinder in ein anderes Land entführt werden oder eine Mitnahme des Kindes angedroht oder befürchtet wird. Eine Sorgerechtsverletzung liegt vor, wenn ein Elternteil, der nicht im Besitz der alleinigen elterlichen Sorge oder des Aufenthaltsbestimmungsrechtes ist, das gemeinsame Kind gegen den Willen des anderen Elternteils ins Ausland bringt. Liegt gemeinsames Sorgerecht vor, müssen beide Eltern gemeinsam über den Aufenthaltsort des Kindes entscheiden. Lediglich eine Variante ist, dass ein Kind nach einem vereinbarten Besuch im Ausland nicht zurückgebracht wird.*

Kommt es zu solchen Vorfällen, greifen das Haager Übereinkommen über die zivilrechtlichen Aspekte internationaler Kindesentführung (HKÜ) sowie das weniger genutzte Europäische Sorgerechtsübereinkommen (ESÜ). Beide Abkommen haben das Ziel, die sofortige Rückführung widerrechtlich ins Ausland verbrachter bzw. dort zurückgehaltener Kinder zu erwirken. In allen Ländern, die das HKÜ bzw. das ESÜ unterzeichnet haben, wurden eigene Behörden benannt, an die sich betroffene Elternteile wenden können, um einen Antrag auf Rückführung eines Kindes zu stellen. In Deutschland ist diese Behörde beim Generalbundesanwalt in Bonn angesiedelt. Die etwas komplizierte genaue Bezeichnung lautet: Zentrale Behörde nach dem Sorgerechtsübereinkommen-Ausführungsgesetz. Bei Entführungen in Länder außerhalb des Geltungsbereichs des HKÜ ist die Rückholung eines Kindes auf juristischem Wege äußerst schwierig.

Das Haager Übereinkommen über die zivilrechtlichen Aspekte internationaler Kindesentführung ist ein völkerrechtlicher Staatsvertrag und benennt explizit zwei Ziele: Die sofortige Herstellung des Status quo ante, indem das entführte Kind schnellstmöglich in den Staat seines gewöhnlichen Aufenthaltes (Herkunfsstaates) zurückgebracht wird und die Beachtung der in einem Vertragsstaat bestehenden Sorgerechts- und Umgangsrechtsregelungen in den anderen Vertragsstaaten. Voraussetzungen für einen Rückführungsantrag sind das widerrechtliches Verbringen und die Auslegung des Begriffs des gewöhnlichen Aufenthalts. Die Entscheidung des EuGH zur Auslegung dieses Begriffs (EuGH, Urteil vom 02.04.2009, Rs. C-523/07) ist fokussiert auf: „… insbesondere die Dauer, die Regelmäßigkeit und die Umstände des Aufenthalts in einem Mitgliedstaat sowie die Gründe für diesen Aufenthalt und den Umzug der Familie in diesen Staat, die Staatsangehörigkeit des Kindes, Ort und Umstände der Einschulung, die Sprachkenntnisse sowie die familiären und sozialen Bindungen des Kindes in dem betreffenden Staat zu berücksichtigen. Es ist Sache des nationalen Gerichts, unter Berücksichtigung aller tatsächlichen Umstände des Einzelfalls, den gewöhnlichen Aufenthalt des Kindes festzustellen." Der Rückführungsantrag kann beim Bundesamt für Justiz gestellt werden, auf dessen Webseite Antragsformulare angeboten werden.

Mitnahmehandlungen allgemein werden oft im Vorfeld mehr oder weniger ernsthaft angedroht, was zu Ängsten, Fehlinterpretationen und (oft instrumentellen) Unterstellungen, Überreaktionen und in deren Folge zu Konflikteskalationen führt. Soweit es zu unberechtigten Falschbeschuldigungen kommt, geht es teilweise um emotional bedingte Fehleinschätzungen, teilweise aber auch um die Absicht, Vorteile bei einer anstehenden Sorgerechts- oder Umgangsregelung zu erlangen. Dies macht eine vorurteilsfreie Prüfung erforderlich. Fehlerquellen und Schadensrisiken liegen im Abweisen einer berechtigten, aber auch in der unberechtigten Annahme einer Entzugsgefahr. Wieder sind verschiedene Kindeswohlaspekte abzuwägen. Die Gefährdungsmomente einer tatsächlichen Kindesmitnahme liegen für das Kind primär im zeitweisen oder völligen Verlust einer Hauptbezugsperson und des gesamten sozialen Umfeldes. Verstärkt wirken diese Momente, wenn das Kind in einen mehr oder minder fremden Kulturkreis verbracht wird.

Verstärken sich Verdachtsmomente, so sind Maßnahmen zum Schutz des Kindes zu ergreifen. Hierzu gehören zuerst familiengerichtliche Einschränkungen des Umgangs, insbesondere der begleitete Umgang (*Kapitel 9.5*), aber auch die vom Familiengericht zu veranlassende Aufnahme des Kindes in das INPOL-Verzeichnis des Bundesgrenzschutzes. Auch Pässe des Kindes können zeitweise beim Familiengericht hinterlegt werden. Ein Ausschluss des Umgangs erscheint vor allem dann angezeigt, wenn ein Kind nach versuchter Entführung oder tatsächlicher Kindesmitnahme seine Verweigerungshaltung mit Ängsten vor dem Umgangssuchenden begründet. Immer ist aber zu berücksichtigen, dass auch ein Einschränken oder ein Ausschluss des Umgangs den Verbleib des Kindes nicht völlig garantieren und eine illegale Mitnahme auch provozieren kann. Auch weitere Gefahren können mit einer ungerechtfertigten Einschränkung des Umgangs verbunden sein, z.B. kann das Kind eine wichtige Bezugsperson und, bei bikultureller Herkunft, den Zugang zum anderen Kulturkreis verlieren. Bei den Fragen, die zu prüfen sind, spielen auch psychologische, soziale, ökonomische, kulturelle sowie politische Aspekte eine Rolle.

Gesellschaftlich missbilligtes Verhalten des Umgangssuchenden kann in verschiedenen Formen seinen Ausdruck finden. Wiederholte Gewaltausübung oder „Stalken" des betreuenden Elternteils sind mit Umgang nicht zu vereinbaren. Normwidrige bzw. strafbare Handlungen, die nicht gegen das Kind bzw. die Familie gerichtet waren, können zwar von Fehleinstellungen gegenüber sozialen Normen zeugen und bedeuten mangelnden Vorbildcharakter, aber sie rechtfertigen nicht per se, den Umgang einzuschränken oder auszuschließen. Ein Argument ist, dass ein Kind durchaus lernen sollte, eine geliebte Person mit ihren Fehlern anzunehmen. Kontakte können zudem verhindern, dass ein Kind ein überzogen negatives Bild des Umgangssuchenden übernimmt, das ihm von der Umwelt vermittelt wird. Im Einzelnen wird die Frage des Umgangs aber von der Schwere des Normverstoßes und der Einstellung des Umgangssuchenden zu seinem Fehlverhalten abhängig zu machen sein. Umgang in Strafvollzugsanstalten sowie bei Freigang oder Beurlaubung kann angemessen sein, sofern das Kind dies wünscht und es sich dabei nicht um selbstgefährdenden Kindeswillen handelt. Hat sich die vorangegangene Straftat gegen Familienmitglieder gerichtet, sind direkte und indirekte Auswirkungen auf das Kind besonders genau zu prüfen – so z.B. die Gefahr der Retraumatisierung eines Kindes, das Umgang mit seinem Vater verweigert, nachdem es miterlebt hat, wie dieser die Mutter des Kindes getötet hat, so dass die Ansprüche des Vaters (Information, Umgang) hinter dem Selbstbestimmungsrecht des Kindes zurückstehen (OLG Brandenburg, Beschluss vom 3.2.2021 – 9UF233/20).

Auch Prostitution stellt allein keine ausreichende Begründung für einen Umgangsausschluss dar. Anders ist es allerdings, wenn das Kind direkt oder indirekt in sexuelle Handlungen involviert ist oder seiner Persönlichkeitsentwicklung auf andere Weise beeinträchtigt wird. Auch eine pädophile Neigung eines Umgangssuchenden muss nach ähnlichen Kriterien geprüft werden, hier insbesondere die Verknüpfung mit Persönlichkeitsstörungen.

Letztendlich ist nicht die Normdevianz oder die Missbilligung an sich das Kriterium der Beurteilung, sondern die Folgen des Verhaltens für das Kind.

Ist Vernachlässigung, Misshandlung oder sexueller Missbrauch durch einen Umgangssuchenden nachgewiesen und verweigert das Kind selbst den Umgang, ist ein Ausschluss angezeigt. Oft hat ein Kind aber auch hier Kontaktwünsche. Ein Umgang muss dann davon abhängig gemacht werden, ob das Kind vor erneuten Kindeswohlgefährdungen geschützt werden kann. Dies wird vor allem durch die Begleitung von Umgangskontakten geschehen können. Vom Umgangssuchenden muss gefordert werden, dass er die alleinige Verantwortung für sein Handeln übernimmt und dem Kind keine Schuld aufbürdet. Zur Verantwortungsübernahme gehört auch, dass begleiteter Umgang nicht abgelehnt wird. Das Kind muss zudem vor Beeinflussungen geschützt werden, eine den Umgangssuchenden belastende Aussage zu widerrufen. Die erfolgreiche Inanspruchnahme therapeutischer Hilfe durch den Umgangssuchenden wird oft erforderlich sein, wenn begleitete Umgangskontakte verselbständigt werden sollen.

Wurde ein Kind aus der Herkunftsfamilie herausgenommen und soll es sich nun in neue Lebenszusammenhänge (Pflegestelle, Heim etc.) integrieren, kann das nicht allein den Ausschluss des Umgangs rechtfertigen. Es ist zu prüfen, ob damit Bindungen zerstört und emotionale Verunsicherungen des Kindes erzeugt werden, die die Umgewöhnung gefährden. Anders ist die Situation zu bewerten, wenn die Herkunftsfamilie die Integration des Kindes durch Gegenerziehung und Verstöße gegen die Wohlverhaltensklausel erschwert (*Kapitel 7*). Auch wenn durch Kontakt zu einer Bezugsperson, die das Wohl des Kindes gefährdet, eine therapeutische Maßnahme des Kindes verhindert wird, sollte kein Umgang gewährt werden. Oftmals, wie im Falle eines nachgewiesenen sexuellen Missbrauchs, kann ein Kind auch durch anhaltende Auseinandersetzungen der erwachsenen Bezugspersonen überfordert sein. Es benötigt dann eine klare äußere Struktur, um innere Sicherheit wiederzuerlangen. Auch dies kann vor allem bei kleineren Kindern Kontaktunterbrechungen notwendig machen.

Bestehen lediglich Verdachtsmomente, dürfen keine vorschnellen Entscheidungen getroffen werden, die irreversible Veränderungen der kindlichen Lebenssituation zur Folge haben. Für die Abklärungsphase besteht die Möglichkeit des begleiteten Umgangs. Die Umgangsbegleitung sollte in diesen Fällen zum Schutze des Kindes, aber auch zum Schutze des unter Umständen zu Unrecht verdächtigten Umgangssuchenden, mit einem hohen Maß an Kontrolle verbunden sein. Wird dies abgelehnt, sollte der Umgang nicht gewährt werden. Zu einem Beschluss des OLG Brandenburg vom 26.10.2021 (10 UF 40/21) heißt es in diesem Sinne: „Eine Regelung zum Umgangsrecht muss ausnahmsweise dann nicht getroffen werden, wenn der umgangsberechtigte Elternteil erklärt, ein Umgangsgericht nur entweder unbegleitet oder gar nicht ausüben zu wollen, ein unbegleiteter Umgang aber aus Gründen des Kindeswohls gegenwärtig ausscheidet."

Auch schwere Erkrankungen des Umgangssuchenden können Einschränkung oder Ausschluss des Umgangs begründen. Zuallererst sind hier Suchterkrankungen verschiedener Art zu nennen, die erhebliche Einschränkungen der Umgangskompetenz bewirken können. Problemakzeptanz des umgangssuchenden Elternteils und akuter Gefährdungsgrad sind zu beurteilen. Oftmals kann hier ein begleiteter Umgang helfen, Kindern Umgang zu ermöglichen, wenn eine Intoxikation des Umgangssuchenden während des Umgangs ausgeschlossen werden kann. Ansonsten muss ein Ausschluss des Umgangs erwogen werden.

Einschränkung oder Ausschluss des Umgangs können bei psychiatrischen Krankheitsbildern wie Psychosen, neurotischen Erkrankungen, Folgezuständen hirnorganischer Verletzungen, Anfallsleiden (Epilepsien) erforderlich sein, je nach den Auswirkungen auf die Kompetenzen des Umgangssuchenden, die Bedürfnisse des Kindes zu erkennen und das Kind angemessen zu versorgen. Im Einzelfall kann eine entsprechende ärztliche Bescheinigung in festzulegenden Zeitabständen notwendig sein.

Auch somatische Erkrankungen können umgangsrechtliche Maßnahmen erforderlich machen. Hier sind einmal ansteckende Krankheiten zu nennen, vor denen das Kind geschützt werden muss. Der Status „HIV-positiv", bei dem eine Infizierung des Kindes bei normalen Kontakten auszuschließen ist, rechtfertigt keinen Ausschluss des Umgangs. Gefährdungen des Kindes können auch auftreten, wenn ein besonderer Krankheitsverlauf die ausreichende Beaufsichtigung und Versorgung eines Kindes einschränkt. Beispielsweise kann „Diabetes mellitus" bei schlechter Einstellung des Blutzuckerspiegels zu Blutzuckerschock und Koma führen und damit die angemessene Beaufsichtigung und Betreuung eines Kleinkindes gefährden.

In der Regel sollte hier eine medizinische Stellungnahme über das Ausmaß, den erwarteten Verlauf und die Behandlungsmöglichkeiten der Erkrankung vorliegen. Auch die Krankheitseinsicht und Behandlungswilligkeit des Umgangssuchenden sind zu bewerten. Durch psychologische Begutachtung (*Kapitel 9.6*) kann abgeklärt werden, inwieweit die Versorgung und Betreuung des Kindes eingeschränkt sind und ob die Belastungsfähigkeit des Kindes überbeansprucht wird. Das Kontaktverbot ist eine gesteigerte Reaktion im Vergleich zum Umgangsausschluss. Anwendungsbeispiele sind, wenn eine Kindesentführung oder wenn Gewalt angedroht wird.

5.3.2.3 Gründe auf Seiten der betreuenden Bezugsperson

Wenn eine starr umgangsverweigernde Haltung der betreuenden Bezugsperson vorliegt, können vermeintlich kindorientierte oder auch kindfremde Motive eine Rolle spielen. Vermeintlich kindorientierten Motiven liegen Urteilsfehler, Gefahrenüberschätzungen, Fehlattributionen oder -interpretationen von Absichten anderer, Misstrauen oder Unwissen zu Grunde. Sie führen zu unbegründeter Sorge um das Kind. Frühere, negative Vorkommnisse, z.B. Vertrauensbrüche, werden ungeprüft auf die jetzige Situation projiziert. Aus auffälligen Reaktionen des Kindes vor und nach dem Umgang, die eigentlich Folgen der Aktualisierung früherer Konflikte sind, erfolgt fälschlicherweise der Rückschluss auf ein Fehlverhalten des Umgangsberechtigten. Selbst wenn Sorge um das Wohl des Kindes beteiligt ist, schadet derart motiviertes Verhalten oft dem Kind. Häufig genügt es im Rahmen lösungsorientierten Arbeitens über kindliche Reaktionen auf Trennung und/oder die Bedeutung des Erhalts von Beziehungen für einen positiven Entwicklungsverlauf aufzuklären. Gelingt dies nicht, sind anderweitige Motive des betreuenden Elternteils zu vermuten.

Kindfremde Motive sind meist durch die egozentrische Durchsetzung eigener Interessen des betreuenden Elternteils bestimmt. Rache, Eifersucht und Verlustängste können dominieren. Paarkonflikte, die oft schon vor der Trennung ausgeprägt waren, werden per Umgangsstreit fortgesetzt. Eine Ausführungsform kann Bindungsintoleranz sein, die zwar kein Persönlichkeitsmerkmal ist, aber zuweilen mit stabilen Eigenschaften wie z.B. Neurotizismus verbunden ist (Lux z.B. 2021, 39). Verstößt der betreuende Elternteil gezielt gegen die Wohlverhaltensklausel, beeinflusst er das Kind direkt gegen den Umgangssuchenden, setzt er es psychisch unter Druck und/oder verhindert er nicht die negativen Einwirkungen Dritter, kann dies die Voraussetzungen einer emotionalen Kindeswohlgefährdung erfüllen. Neben Zwangsmaßnahmen zur Durchsetzung des Umgangs (*Abschnitt 5.4*) kann auch eine Sorgerechtsabänderung erwogen werden.

5.3.2.4 Gründe auf Seiten des Kindes

Ebenso wie ein Kind ein Recht auf Umgang besitzt, muss es selbst auch einen Anspruch auf begründete Verweigerung haben. Lehnt ein Kind den Umgang aufgrund nachvollziehbarer negativer bzw. traumatischer Erlebnisse mit dem Umgangssuchenden ab, liegt ein Umgangsausschluss nahe. Dies gilt umso mehr, wenn das Kind deshalb noch therapiert wird, es sei denn, der umgangssuchende Elternteil ist zur Kooperation mit dem Therapeuten bereit.

Schwierig wird es, wenn das Kind Umgang wünscht, die Gegebenheiten aber eine Kindeswohlgefährdung befürchten lassen, oder das Kind keinen Umgang will, die Gegebenheiten auf Seiten des Umgangssuchenden aber keine Gründe hierfür erkennen lassen.

Im ersten Fall wird eine Abwägung von Kindeswohl und Kindeswille ergeben, dass es sich um einen selbst gefährdenden Kindeswillen (*Kapitel 2.6.4*) handelt und ein Umgang in Abhängigkeit vom konkreten Grad der Belastung des Kindes nur sehr eingeschränkt stattfinden kann oder ausgeschlossen werden muss. Belastungen des Kindes, die sich aus der Nichtbeachtung des Willens ergeben können, müssen in Kauf genommen und durch unterstützende Maßnahmen aufgefangen werden.

Im zweiten Fall – das Kind lehnt den Umgang ab, obwohl Gründe auf Seiten des Umgangssuchenden nicht erkennbar sind – sind die Handlungsmotive des Kindes genau zu prüfen. Auf mögliche Motivinhalte wurde im Abschnitt zum Umgang mit dem Kindeswillen (*Abschn. 2.6.7, Abschn. 5.4.3.3*) hingewiesen. Irreale Ängste, z.B. durch zurückliegende Konflikte oder durch Ängste der betreuenden Bezugsperson hervorgerufen, aber auch direkte Beeinflussungen sind denkbar. Die Konstellation des induzierten Willens kann vorliegen (*Kapitel 2.6.5*). Basiert darauf die Ablehnung des Umgangs durch das Kind in extrem ausgeprägter, affektiv untersetzter und schwer korrigierbarer Weise, kann Umgangsausschluss oder Aussetzung des Umgangs angemessen sein. Das gilt auch, wenn das Kind in dieser Weise auf langjährige Konflikte zwischen den Eltern reagiert. Gerade in diesen Fällen ist besonders genau prüfen, ob tatsächlich die Schwelle zur Kindeswohlgefährdung überschritten ist. Meist ist es erst das unkritische Ignorieren der vehementen Ablehnung des Umgangs durch das Kind, das eine Kindeswohlgefährdung begründet, weil Stressbewältigungsstrategien, Selbstwirksamkeitserleben und Streben nach Initiatorstatus (*Abschnitt 2.6*) labilisiert werden. Dies kann auch Anlass für den umgangssuchenden Elternteil sein, das Bemühen um Umgang zu überprüfen und einer zeitlich befristeten Aussetzung des Umgangs zuzustimmen.

Auf mögliche Reaktionen auf ein „Nein“ des Kindes wird ausführlich in *Abschnitt 5.4.3.3* eingegangen. Ist die Ablehnung des Umgangs durch das Kind vor allem auf Vorbehalte des betreuenden Elternteils zurückzuführen, ist es ebenso wichtig, die Möglichkeiten der korrigierenden Einflussnahme auf diesen Elternteil und die Chancen lösungsorientierten Vorgehens auch mittels eines Sachverständigengutachtens zu überprüfen. Mögliche Reaktionen auf ein „Nein“ des betreuenden Elternteils zum Umgang werden in *Abschnitt 5.4.3.4* dargestellt.

5.4 Interventionen zur Regelung des Umgangs

5.4.1 Ziele und Voraussetzungen

Können sich Eltern nicht auf eine kindeswohldienliche Umgangsregelung einigen, dann kann das gerichtliche Verfahren zur Regelung des Umgangs – meist auf Antrag eines Elternteils oder beider Eltern – gemäß § 124 FamFG eingeleitet werden. Haben sich die Eltern nicht hinreichend konkret, sondern auslegungsbedürftig geeinigt, hat das Gericht konkretisierende Festlegungen zu treffen. In Abgrenzung zur Bezugnahme auf Kindeswohlgefährdung (*Abschnitt 5.3*) geht es darum, die in *Abschnitt 5.2* genannten Ziele des Umgangs in kindeswohldienlicher Weise zu gewährleisten. Dazu werden verschiedene Interventionen angewandt oder veranlasst.

Als Interventionen im Rahmen der Umgangsregelungen werden alle rechtlichen und außerrechtlich-institutionellen Aktivitäten verstanden, die zeitliche, örtliche, personelle und organisatorische Modalitäten des Umgangs bestimmen sollen. Übergeordnetes Ziel von Interventionen ist es, die genannten Ziele des Umgangsrechts zu realisieren, letztlich auf kindeswohldienliche Weise den Umgang mit umgangsberechtigten Bezugspersonen zu sichern und zu gestalten. Im Vordergrund stehen das Hinwirken auf Einvernehmen und das Entwickeln von Kompetenzen der Beteiligten, eine Umgangsregelung mitzugestalten, einerseits oder das Durchsetzen von Maßnahmen mittels Beschluss und Anordnung inkl. Anwendung von Zwang andererseits. Solche Interventionen können getragen oder empfohlen werden durch unterschiedliche Instanzen bzw. Personen wie Gericht, Jugendamt, Gutachter, Sozialarbeiter, Verfahrensbeistand oder Umgangsbetreuer.

Interventionen sind an bestimmte *Voraussetzungen* gebunden. Von ihnen sind die Berechtigung und die Effektivität des Eingreifens abhängig.

Der rechtliche Rahmen: Er liefert nicht nur die Legitimation für Interventionen, sondern gibt auch Handlungsraum und -anleitung vor (*Kapitel 5.1*).

Die Konflikthaftigkeit des Umgangs: Hochkonflikthaftigkeit führt häufig dazu, dass eine Lösung nicht ohne Eingriff von außen gelingt. Fast ausschließlich besteht die Essenz des Konflikts darin, dass eine berechtigte Person Umgang begehrt, dass aber Widerstände dagegen vorgebracht werden. Träger dieses Widerstandes können vor allem das Kind, der betreuende Elternteil, Gericht oder Jugendamt und der Verfahrensbeistand sein. Soweit es das Gericht, das Jugendamt und den Verfahrensbeistand betrifft, können Widerstände gegen Umgang nur auf der Basis des § 1684 Abs. 4 wirksam sein. Die Vielfalt einzelner Interventionen ist ein Spiegelbild der enormen Konflikthaftigkeit des Umgangsstreites. Ihr Zuwachs kompensiert die Tendenz, zunehmend auf Kompetenzen der streitenden Eltern zur selbständigen Einigung zu setzen. Aber der Mangel an derartigen Kompetenzen ist gerade oft ein Grund für den Umgangskonflikt.

Förderliche Bedingungen bei den Interventionsadressaten: Ganz unterschiedliche Faktoren bestimmen, ob und in welchem Maße Interventionen „greifen“ können. Ob Beratung effektiv ist, hängt vom Leidensdruck, von sozialen Kompetenzen wie Zuhören-Können, Perspektivenübernahme, Flexibilität des Urteilens, kurz: von der Beratungsfähigkeit ab. Entsprechend bestimmt die auf den Umgangsstreit bezogene Mediationsfähigkeit (z.B. Verhandlungsfähigkeit, Kommunikationsfähigkeit, Fehlen von Verhaltensauffälligkeiten, Machtgleichgewicht) den Erfolg der Mediation. Das Spektrum der Voraussetzungen endet bei so profanen Tatsachen wie dem Umstand, dass Zwangsgeld nur wirksam werden kann, wo Geld einzuziehen ist.

Kompetenzen des Intervenierenden: Trotz aller Unterschiede zwischen den beteiligten Berufsgruppen sind gleichartige Grundkompetenzen notwendig. Sie betreffen die Fachkompetenzen, also z.B. das nötige Rechtswissen, die Kenntnisse familiendynamischer Prozesse, sozialpädagogisches Wissen oder das Wissen um die Regeln des mediativen Einwirkens sowie Sozialkompetenzen z.B. in Bezug auf Gesprächsführung, Beobachten oder Konfliktbearbeitung.

5.4.2 Interventionsrichtungen

Gesetzliche Regelungen erstrecken sich auf intervenierende Aktivitäten wie Hinwirken auf Einvernehmen gemäß § 156 FamFG (inkl. Hinweisen auf Möglichkeiten der Beratung und der Mediation oder sonstiger außergerichtlicher Streitbeilegung), Anordnen von Teilnahme an einer Beratung, einstweilige Anordnung zur Umgangsregelung, Anordnungen und Beschlüsse z.B. bezüglich Verfahrensbeistand, Umgangspflegschaft, Umgangsbegleitung, Sachverständigen-Gutachten sowie diverse Regelungen zur konkreten Umgangsgestaltung, zur Anhörung von Kindern (§ 159 FamFG) und von Eltern (§ 160 FamFG), Anwendung von Zwangsmitteln (§ 35 FamFG) oder Ordnungsmitteln (§ 89 FamFG).

Unter familienrechtspsychologischen Aspekten sind die wesentlichen Achsen das Gespräch und die Anwendung von Zwang durch Sanktionsdruck. Darum soll es im Folgenden gehen.

5.4.3 Gespräch

5.4.3.1 Anlässe und Ansätze

Die Zahl jener Eltern, denen Argumente im Rahmen von fachkundig geführten, sinnvoll strukturierten und lösungsorientierten Gesprächen zugänglich sind, ist größer, als im Allgemeinen angenommen wird. Zu den Effekten solcher Gespräche zählen dann, dass Ängste um das Kindeswohl bei Umgang abgebaut werden können, Irrtümer oder Fehlerwartungen aufgelöst werden können und die emotionale Entlastung der Eltern die Flexibilität des Urteilens und die Konsensbereitschaft fördern kann. Form und Rahmen der Gesprächsführung sind vielfältig je nach Anlass und Profession. Der Jugendamtsmitarbeiter oder ein Sozialarbeiter kann ein informelles oder ein formelles Gespräch z.B. im Rahmen des Beratungsanspruchs gemäß § 18 SGB VIII führen. Umgangsbegleiter oder Verfahrensbeistand stehen oft derartigen Herausforderungen gegenüber. Sachverständige führen im Prozess der Begutachtung ebenfalls informierende oder beratende Gespräche, bei entsprechendem richterlichen Auftrag (§ 163 Abs. 2) auch auf Einvernehmen hinwirkend.

Wie schwierig das ist zeigt sich darin, dass nur in etwas weniger als der Hälfte solcher Aufträge eine Einigung erzielt wird (Ekert/Heiderhoff 2018). Dies steht in ungünstigem Verhältnis zum Aufwand. Die Ursachen sind vielfältig. Oft ist es schwierig, die Feinheiten und die Geschichte der Konfliktdynamik und die Hemmnisse von Hochkonflikthaftigkeit angemessen zu berücksichtigen und dabei im Sinne der Allparteilichkeit die Sichtweisen der Konfliktparteien zu beachten, um als neutral und kompetent akzeptiert zu werden. In dem Bestreben, psychologisch relevante Themen zu bearbeiten, werden zuweilen nur indirekt damit zusammenhängende, die Konfliktparteien aber strapazierende Probleme untergewichtet, wie z.B. finanzielle Belastungen, beruflicher Stress oder Wohnsituation. Ebenso werden die Einflüsse außenstehender Personen mit Nähe oder Autorität (Rechtsanwälte, Verwandte, neue Partner) auf das Verhalten der Konfliktparteien leicht übersehen.

Für Gespräche insgesamt – wenn auch mit Nuancierungen je nach Anlass und Profession – haben sich einige inhaltliche Aspekte bewährt.

Vom Vorwurf zum Streitpunkt, von der Vergangenheit zur Zukunft: Gespräche zwischen Eltern im Umgangsstreit beginnen meist damit, dass beide Elternteile ihre bisherigen Verhaltensweisen rechtfertigen, und zwar mit Vorwürfen an den anderen Elternteil. Damit wird meist schon seit geraumer Zeit praktiziertes Verhalten fortgesetzt oder wiederaufgenommen. Ein Vorwurf wird mit einem Gegenvorwurf bedacht usw., kreisförmige Kommunikation läuft ab. Da die Eltern meist affektiv beteiligt und nicht in der Lage sind, den Kreisprozess „von oben", also mit Distanz, zu sehen, d.h. zu metakommunizieren, finden sie keinen Ausweg. Eine Chance ergibt sich, wenn – im Gegensatz zu den vielen bereits absolvierten Streitgesprächen zu zweit– ein Dritter anwesend ist, vorausgesetzt, er ist in der Lage, Elemente der Metakommunikation einzubringen. *Dabei können folgende Phasen – je nach Zeitvolumen mehr oder weniger ausgeprägt – durchlaufen werden:*

1. Der Austausch von Vorwürfen wird zugelassen, durch Paraphrasieren und Nachfragen ohne Wertung, sogar gefördert, bis die Sinnlosigkeit der Kommunikation deutlich wird.
2. Es wird nun gefragt, welche Ergebnisse das Gespräch gebracht hat.
3. Die Situation kann je nach intellektuellem Potential der Eltern durch Gleichnisse oder grafisch illustriert werden. Als Gleichnis bietet sich z. B. ein Laufrad an, in dem zwei Mäuse rennen, ohne sich näher zu kommen, immer schneller bis zur Erschöpfung. Um die Situation grafisch zu verdeutlichen, kann ein Vorwurfskreislauf auf Tafel, Flipchart, Blatt usw. gemalt und verbal mit dem Vorwurfsmaterial aus dem Gespräch gefüllt werden.
4. Es wird den Eltern verdeutlicht bzw. mit ihnen erarbeitet, dass das bisherige Gespräch auf die Vergangenheit bezogen war, dass aber die Zukunft des Kindeswohls im Umgangsstreit, d. h. auch zukünftige Verhaltensweisen der Eltern, Gesprächsgegenstand sein müssen.
5. Es wird gemeinsam mit den Eltern nach alternativen Gesprächsgegenständen und -zielen gesucht. Dabei ist als erster Schritt anzusteuern, dass solche Streitpunkte genannt werden, die von Bedeutung für die künftige Umgangsregelung sind. Was muss gewährleistet sein oder verändert werden, damit Umgang befürwortet und realisiert werden kann? Welche Barrieren können wodurch beseitigt werden? Wer müsste was tun oder lassen? Offene Probleme oder Streitfragen sollen als sachbezogene Information über den eigenen Standpunkt, nicht als affektiv getragener Vorwurf eingebracht werden. Übereinstimmungen und Divergenzen werden vom Gesprächsführer herausgearbeitet. Auch diese Phase sollte grafisch begleitet werden, indem die von jedem Elternteil genannten Punkte in die ihm zugeordnete Spalte eingetragen werden, z. B. „Kind nicht beeinflussen", „nicht in Gegenwart des Kindes streiten". Solche Visualisierungen fördern die Einprägung.

Der so erarbeitete Fundus an Streitfragen hat einen doppelten Vorteil: *Zum einen ist der bisherige Status durchbrochen*, d.h., entweder ist das Schweigen beendet oder die „Vorwurfsmühle" angehalten. *Zum anderen ist eine Grundlage für weiterführende Gesprächsinterventionen geschaffen.* Dabei kann das in den Spalten eingetragene Antwortmaterial genutzt werden. Aber auch die aus vielfältigen Veröffentlichungen (z.B. Fichtner 2015, Montada/Kals 2013, Proksch 2006) bekannten Phasen der Gesprächsführung können zugrunde gelegt werden. Eine Möglichkeit wird in *Abbildung 5.3* vorgeschlagen.

Die Interessenanalyse beider Elternteile: Ein weiterer Vorteil der beschriebenen Vorgehensweise ist, dass die hinter den im Streit geäußerten Argumenten stehenden Interessen bewusst und der sachlichen Problemdiskussion zugänglich gemacht werden können.

1. **Herausarbeiten von zukunftsbezogenen Streitpunkten und Fakten mit Orientierung auf zukünftige Sicherung des Kindeswohls durch Umgang**

2. **Definition der Streitfragen**
   - Konkrete Streitpunkte als Ersatz für diffuse Konflikte darstellen
   - Hinter Streitpunkten stehende Interessen klären, eigene Interessen formulieren, Interessen des anderen Elternteils und des Kindes berücksichtigen
   - Sach- und Beziehungsebene unterscheiden lernen, statt Feindbildern das Bild vom Vertragspartner einbringen
   - Verantwortung der Eltern ansprechen
   - Ranglisten der Streitpunkte zum Umgang machen lassen

3. **Entwickeln und Verhandeln von Lösungsalternativen**
   - Ideen für Umsetzung der Streitpunkte in notwendige Verhaltensweisen zur Umgangsrealisierung
   - Ordnen der Lösungsideen, Erörtern ihrer Folgen
   - Bewertung der Lösungsideen mit Bezug auf das Wohl des Umgangskindes, auf gesetzliche Bestimmungen und materielle Gegebenheiten

4. **Herstellen eines Kompromisses**
   - Vergleich ausgewählter Optionen
   - Rangfolgen aushandeln

5. **Vereinbarung**

Abb. 5.3: Phasen des Interventionsgesprächs im Umgangsstreit der Eltern

Differenzierte Folgenbetrachtung anregen: Meist ist die Folgenabwägung des betreuenden Elternteils, der den Umgang aus unbegründeter Sorge oder egoistischen Interessen heraus ablehnt, recht selektiv. So werden unmittelbare Folgen stark bewertet, z.B. dass sich das Kind stärker zum Umgangsberechtigten hinwenden oder die Eltern ausspielen könnte. Langfristig negative Folgen für das Verhältnis zum Kind finden jedoch keine Beachtung, sie sind nicht bekannt oder werden bagatellisiert. Dazu zählt die durch die Forschung gesicherte Erkenntnis, dass sich das ungerechtfertigte Vereiteln des Umgangs später auswirken kann in negative Beziehungen des Kindes zum früher vereitelnden Elternteil und dass der zunächst verstärkten Zuwendung des Kindes eine Phase der Distanzierung folgen kann (*s. dazu Abschn. 5.2.6.3*). Je nach intellektuellem Status des betreuenden Elternteils können solche Erkenntnisse vermittelt werden.

5.4.3.2 Anhörungen

Die persönliche Anhörung der Eltern durch das Gericht ist nach § 160 Abs. 1 FamFG geboten und darf „nur aus schwerwiegenden Gründen" unterbleiben (Abs. 3). Dabei geht es nicht nur darum, rechtliches Gehör zu gewähren, sondern um effektive Sachaufklärung als Basis für gezieltes Reagieren. Daraus ist zugleich erkennbar, dass nicht passives Zuhören, sondern kommunikative Kompetenzen verlangt sind, wie z.B. Aktives Zuhören als Gesprächstechnik und Trennen von Beobachtung und Bewertung. Außerdem ist eine von Verfahrenszwängen relativ freie Gelegenheit gegeben, die Feststellung von Konfliktpotential und Elternmeinungen mit Möglichkeiten der Konfliktlösung, auch der möglichen Interventionen, zu verknüpfen.

Von einer persönlichen Anhörung des Kindes darf nach § 159 Abs. 2 S. 3 FamFG je nur abgesehen werden, wenn „die Neigungen, Bindungen und der Wille des Kindes für die Entscheidung nicht von Bedeutung sind." Diese Bedeutung dürfte in fast jedem Umgangsstreit gegeben sein. Zudem soll das Gericht gemäß § 156 Abs. 3 S. 3 bei Misslingen einer einvernehmlichen Regelung im Termin nach § 155 Abs. 2 das Kind vor dem Erlass einer einstweiligen Anordnung persönlich anhören. Auch hier geht es um eine Gelegenheit, durch sinnvolle Gesprächsführung die realen Grundlagen möglicher Einflussnahme zu erkunden und zu nutzen und den Kindeswillen kennenzulernen und angemessen zu berücksichtigen. Unbedingt zu vermeiden ist, dass die Aussagen des Kindes zur Eskalation des Elternkonflikts führen.

In Absatz 4 des § 159 FamFG wird festgelegt, dass das Kind bei der Anhörung „über den Gegenstand, Ablauf und möglichen Ausgang des Verfahrens in einer geeigneten und seinem Alter entsprechenden Weise informiert werden" soll. Da keine festen Regeln bestehen, sind viele Freiräume zur Gestaltung gegeben, um so die Effektivität zu sichern. Dazu gehört, die Anhörung allein durchzuführen und nur im Bedarfsfalle die Elternteile hinzuzuziehen. Soweit ein Verfahrensbeistand bestellt ist, soll dieser gemäß § 159 Abs. 4 FamFG hinzugezogen werden. Zwar spricht nichts gegen eine Anhörung im Gerichtsgebäude, aber viel gegen den Gerichtssaal als Ort. Wenn kein Spielzimmer zur Verfügung steht, sollten bei kleineren Kindern wenigstens Spielsachen im Richterzimmer vorhanden sein. Unter Ausnahmebedingungen, z.B. während einer Pandemie, sind auch Freizeiteinrichtungen wie Spiel- oder Sportplätze denkbar. Wichtiger sind aber Gesprächsverhalten und -inhalte. Gesprächsleitfäden und inhaltliche Planungskriterien sind angemessen. Spezifische Anforderungen stellen sich, wenn der Kindeswille erkundet werden soll (siehe dazu *Abschnitt 2.6.6*). Kinder merken schnell, ob mit ihnen hastig und flüchtig eine Pflicht absolviert oder eine gemeinsame Entscheidung gesucht wird. Was scheinbar Zeit kostet, bringt in Wirklichkeit schnelleren Erfolg: eine „Aufwärmphase", in der über Befindlichkeiten des Kindes jetzt, in der Schule oder unter Gleichaltrigen gesprochen wird. Dazu gehört auch das Aushalten von Zögern und Schweigen des Kindes.

Wichtig ist, dem Kind schon zu Beginn die Gelegenheit zu freien Äußerungen nach kindeigener Logik zu geben und einengende Fragen zu vermeiden. Die Wahrscheinlichkeit authentischer Äußerungen steigt, wenn mit offenen Fragen begonnen wird (z.B. „Wie ist es so bei euch zuhause?" statt „Gibt es zuhause Dinge, die dich besonders stören?"). Da bei jüngeren Kindern W-Fragen meist weniger Information bringen, empfiehlt sich als Frage eher: „Erzähl mir mal von zuhause, was da so los ist." Nicht weniger wichtig ist es, Suggestivfragen zu vermeiden (z.B. „Was stört dich zuhause besonders").

Auch kann es sinnvoll sein, Verständnis für den Unwillen des Kindes gegen das Erscheinen beim Richter zu äußern oder Grenzen des Richters offen zu legen, nämlich das fehlende Wissen darüber, wie das Kind die Dinge sieht und was es will. Je besser das gelingt, desto rascher erweisen sich Ängste des Kindes als von Bezugspersonen induziert oder nicht nachhaltig.

5.4.3.3 Mögliche Reaktionen auf ein „Nein" des Kindes zum Umgang

Der weitaus größte Teil der Kinder möchte Umgang. Schon der überwiegend geäußerte Wunsch, beide Eltern mögen sich wieder vertragen und zusammenleben, spricht für den Wunsch nach Kontakt zu beiden Eltern. Umso mehr Aufmerksamkeit verdient es grundsätzlich, wenn ein Kind den Umgang ablehnt. Deshalb sind zunächst die Gründe zu prüfen, z.B. durch Anhörung, durch Gespräche im Jugendamt oder innerhalb der Begutachtung. Die Vielfalt der Gründe wird oft unterschätzt, einige seien beispielhaft genannt (Fahrendholz/Zumbach 2020, Figdor 2013, Vergho 2009):

- nicht tragfähige emotionale Beziehung zum umgangsberechtigten Elternteil,
- Induzierung durch den betreuenden Elternteil,
- Verlustängste in Bezug auf den betreuenden Elternteil als Folge,
- Schuldgefühle in Bezug auf die Trennung der Eltern,
- Parentifizierung,
- Protest gegen belastende Einzelheiten der Gestaltung des Umgangs, z.B. Elternstreit bei Übergabesituationen,
- Wahrnehmung von Gewalt zwischen den Eltern,
- eigenes Erleben von Gewalt/Gewaltandrohung oder von sexuellen Übergriffen,
- Reduzierung von belastender Komplexität der Situation, z.B. durch Beendigung des Loyalitätskonflikts und Überdistanzierung zum umgangsberechtigten Elternteil,
- überzogene Selbstwirksamkeits- und Machtansprüche,
- Prüfung der Erwachsenen, ob der eigene Wille ernst genommen wird,
- Widerstände gegen die neue Familie (Partner, Kinder) des umgangsberechtigten Elternteils,
- Solidarisierung mit Geschwistern in der Ablehnung des Umgangs,
- fehlender Spaß an den Umgangskontakten; Kind würde lieber etwas anderes machen.

Keines dieser Motive muss statisch über den gesamten Zeitraum der Ablehnung des Umgangs wirksam sein. Zur Prüfung des Kindeswillens gehört deshalb auch, ihn als Prozess zu verstehen.

Basiert die Ablehnung des Kindes auf seinem originären Willen (vgl. *Kapitel 2.6*) und ist dieser wiederum nicht selbstgefährdend, sondern bestimmt durch nachvollziehbare Beweggründe, z.B. selbst erlebte unangemessene Verhaltensweisen des umgangsberechtigten Elternteils gegenüber dem Kind wie Aggression, Nichtbeachtung, Trunkenheit (siehe *5.3.2.4*), dann liegen Voraussetzungen vor, um den Umgang auszuschließen oder zumindest einzuschränken. Der Kindeswille ist zu akzeptieren, der Schutzbedarf ist gegeben. Je mehr der so entstandene Wille bereits neue psychische Realität und Bestandteil der Identität geworden ist, desto mehr Risiken für das Kindeswohl bestehen, wenn der Kindeswille ignoriert und als Induktion abgetan wird. Es wird dann übersehen, dass es auch um die Bewältigung überfordernder Konflikte gehen kann und nicht nur Anpassung vorliegen muss.

Das so entstandene „Nein" des Kindes zum Umgang als beachtlichen Kindeswillen zu respektieren, bedeutet aber nicht, gänzlich auf behutsame Angebote zum Abwägen zu verzichten. Unter bestimmten Bedingungen ist zu prüfen, ob dem Kind auch die Vorteile des Umgangs verdeutlicht werden sollten – je nach Alter des Kindes und Ausprägungsgrad der Gründe. Immerhin geht es bei der Willensbildung um einen Prozess. Oft ist schwer erkennbar, in welchem Stadium das Kind ist. Zuweilen gehört zu den Konflikten des Kindes, dass es trotz scheinbar entschiedener Ablehnung des Umgangs in projektiven Tests Sehnsuchtstendenzen erkennen lässt oder während der Exploration versehentlich äußert „wenn ich Papa wiedersehe“. In solchen Konstellationen erhöht sich die Erfolgswahrscheinlichkeit z.B. eines Probeumganges oder von Gesprächen, sofern das Kind damit einverstanden ist. Entscheidend ist dabei, wie solche Interventionen eingebracht werden. Als Beispiel für mögliche Strukturierungen solcher Vorgehensweisen wird in Anlehnung an Spangenberg/Spangenberg (1994) eine Variante erörtert, die für fast alle beteiligten Berufssparten anwendbar ist. Ziel ist es, dem Kind eigene Wunschtendenzen bewusst zu machen, das Spektrum von Sichtweisen zu erweitern, Hoffnung zu aktivieren und Bereitschaft zum „Probieren“ von Umgang zu wecken. In einer ersten Phase des Gesprächs werden die hinter der „Fassade des Nein“ stehenden inneren Konflikte, die widersprüchlichen Fantasien und Sehnsüchte thematisiert. Aktives Zuhören ist hauptsächliches Mittel der Kommunikation. *In der zweiten Phase wird folgende Fragenfolge eingebracht:*

1. Willst du lieber einen schlimmen oder einen „normal-lieben" Papa? Fast alle Kinder antworten spontan mit der zweiten Variante.
2. Wie ist ein „normal-lieber" Papa? Eine möglichst genaue Beschreibung wird verlangt. Auf dabei ausgedrückte emotionale Bedürfnisse ist zu achten. Auch Merkmale auf der Verhaltensebene sind anzustreben.
3. Wünschst du dir, dass dein Papa in der Zeit, wo du ihn nicht gesehen hast, ein bisschen „normal-lieb" geworden ist? Meist ist in strittigen Fällen der Zeitraum seit dem letzten Umgang groß genug, um diese Frage stellen zu können, ansonsten muss sie modifiziert werden. Auch diese Frage bejahen die meisten Kinder noch. Nur wenige werden bereits hier misstrauisch, aktualisieren ihren Loyalitätskonflikt oder antworten mit übernommenen Antworten wie: „Der ändert sich nie." Das beharrliche Rückführen auf eigene Wünsche ist aber meist erfolgreich.
4. Hast du auch schon einmal Fehler gemacht, aus denen du gelernt hast? Die altersgemäß variierte Frage führt fast durchweg zu geeigneten Beispielen. Meist ergibt schon vorher die Exploration zum Geschwisterverhältnis oder zur Schulumwelt nutzbare Beispiele, z.B. wenn das Kind berichtet, es habe ein anderes Kind gestoßen und es sei so hingefallen, dass es ihm leid tat. Die Beispiele sind Grundlage, um über das Lernen aus Fehlern und Ändern des Verhaltens zu sprechen.
5. Bist du einverstanden, dass wir einmal probieren, ob der Papa „normal-lieb" (geworden) ist? Die Frage kann in mehrere Teilfragen zerlegt werden. Sie ist auf jeden Fall Quintessenz des Gesprächs und Prüfstein für sein Gelingen. Bevor ein „Probiertreffen" oder ein „Neugierkennenlernen" vereinbart wird, sind oft erneut eigene oder induzierte Bedenken des Kindes zu besprechen.

Diese Struktur kann mehr oder weniger ausführlich umgesetzt werden. Sie ist zumindest eine Kommunikationshilfe. Besonders effektiv ist es, wenn derjenige, der dieses Gespräch führt, den Probeumgang auch vorbereitet, begleitet, zurückhaltend mitgestaltet sowie nachbereitet und damit dessen Erfolgswahrscheinlichkeit erhöht. Die Nachbereitung kann sich auch auf die beiden Elternteile beziehen. Im Gespräch mit dem betreuenden Elternteil ist oft zu hören: „Ich lege dem Kind keine Steine in den Weg, wenn es Kontakt will.“ Das reale Verhalten signalisiert aber Ablehnung. Das Kind ist in dieser Beziehungsfalle zunächst unentschlossen und neigt dann immer mehr zum Verlassen des Konfliktfeldes in Richtung eines „Neins" zum Umgang. Bewährt hat sich in diesem Falle, dem Kind aus der Zwickmühle zu helfen, indem der sorgeberechtigte Elternteil veranlasst wird, in Gegenwart des Kindes sein „Ja" zum Kontakt zu äußern und auch zu begründen. Sind verfeinerte Gesprächsgestaltungen möglich, kann dem Kind Gelegenheit zu vergewissernden Rückfragen und konkreten Wünschen gegeben werden.

Schließlich seien noch Kinderinterventionsprogramme als mögliche Methode genannt. Unter Nutzung der Gruppe als unterstützendes Forum wird vorwiegend bei 6- bis 12-jährigen Kindern in systematischer Form über mehrere Sitzungen angestrebt, die Selbsthilfekräfte und positive Selbstwahrnehmung zu stärken, Problemlösefertigkeiten auch im Umgangskonflikt zu vermitteln, Ängstlichkeit zu verringern und trennungsbezogene Gefühle zu identifizieren (Bröning 2013, Klemm 2011, Schüler/Löhr 2011).

5.4.3.4 Mögliche Reaktionen auf ein „Nein" des betreuenden Elternteils

Ausschlaggebend sind auch hier *Beweggründe*. Allerdings ist es häufig schwer – insbesondere zu Beginn eines Umgangskonflikts –, „objektiv berechtigte und ausschließlich kindeswohlorientierte Bedenken gegen einen Umgang von den ausschließlich subjektiven vermeintlich kindeswohlorientierten Bedenken zu trennen, hinter denen in Wahrheit kindeswohlfremde Motive stehen" (Heilmann 2012, 105). *Im Wesentlichen können drei Motivgruppen unterschieden werden*:

1. Berechtigte Bedenken infolge vorliegender Fakten solcher Art, wie in *Kapitel 5.3* als Ausschlussgründe diskutiert wurden, vor allem Einschränkungen in der Eignung des umgangssuchenden Elternteils oder stabile, selbständige Ablehnung des Umgangs durch das Kind. Hier ist dann zu prüfen, wie massiv, stabil oder bedrohlich die entgegenstehenden Fakten sind und wodurch konkret das Kindeswohl gefährdet wird.
2. Vermeintlich kindesorientierte Motive (z.B. unbegründete Sorgen und Ängste).
3. Kindfremde Motive (z.B. Rache, Eifersucht).

Auf Punkt 2 und 3 wurde bereits in Kapitel 5.3 eingegangen.

Mit dem Konfliktniveau steigt die Wahrscheinlichkeit, dass zwischen den persönlichen Interessen und Wünschen eines Elternteils und dem, was für das Kind angemessen und entwicklungsfördernd wäre, ein erheblicher Widerspruch entsteht.

Eine Mutter ist in ihrem Handeln z.B. von Zorn oder Enttäuschung darüber geleitet, dass das Kind dem Vater weiterhin zugetan ist, obwohl er als Quelle von Leid für die Mutter erlebt wird. Den Vater deshalb auszugrenzen, steht aber den Interessen des Kindes entgegen. Diesen Widerspruch bewusst zu machen, stößt auf Widerstand. Meist besteht die Meinung, dass man im Interesse des Kindes handelt. Gelingt es dennoch, verbessern sich die Voraussetzungen dafür, den Konflikt sinnvoll zu lösen. Oft wissen Eltern nicht, wie sehr es ihre Kinder belastet und ihre psychische Entwicklung behindern kann, wenn sie in den Elternstreit einbezogen werden. Nicht selten überdecken selbstbezogene Intentionen des sorgeberechtigten Elternteils auch seine eigentlichen

Interessen. Deshalb kann eine Interessenanalyse wichtig sein. *In einem Gespräch kann mit folgenden Schritten angestrebt werden, den Blickwinkel zu verändern* (Spangenberg/Spangenberg 1994):

1. *Fragen nach den Gründen für das „Nein" und wiederum deren Gründen:* Diese Fragenkaskade soll helfen, den Selbstbezug und den Augenblickscharakter der Begründungen zu verdeutlichen. Dazu gehört auch die ständige Begleitfrage, wessen Interessen die letztlich ausgesiebte Begründung nutzt und wie lange. Was ist das Ziel der Unterbindung des Umgangs? Dabei ist auf „Ja, aber"-Konstruktionen einzugehen. Es wird z.B. argumentiert „der Umgang wäre normal, das Kind hätte mal Abwechslung, aber er hat mich während der Ehe vernachlässigt". Der Wechsel von der negativen Zielrichtung gegen den Vater zur positiven Zielrichtung auf das Kind, der Wechsel von der Partner- zur Elternebene bestimmt in diesem Fall das weitere Gespräch.

2. *Verdeutlichen des vorhandenen Interessenwiderspruchs:* Sobald zwei gegensätzliche Interessen oder Argumente im Gespräch sind, können deren Für und Wider diskutiert und die Folgen verglichen werden. Zuweilen muss die Reflexion über die eigenen Vorteile aus dem Umgang gefördert werden, z.B. dass der betreuende Elternteil alle zwei Wochen ein „freies" Wochenende oder unter der Woche mal einen freien Abend hätte.

3. *Unterstützen der Pro-Entscheidung:* Die Vorteile von neu erschlossenen Interessen gewinnen an Bedeutung. Die „Ja, aber"-Konstruktion lautet z.B.: „Ein freies Wochenende alle zwei Wochen wäre mir schon recht, aber ich habe immer noch Angst und will nichts mehr mit ihm zu tun haben." Eine Entscheidung für den Umgang könnte eher fallen, wenn verdeutlicht wird, dass hinter beiden Argumenten das gleiche Hauptbedürfnis steht, nämlich Entlastung und Freiheit, und dass Umgang der langfristig sinnvollere Weg ist, um dieses Bedürfnis zu befriedigen. Geht es hier mehr um den Anschub der Metakognition über eigene Bedürfnisse, wird in anderen Konstellationen eher der Appell oder die Logik des Argumentierens oder des Fragens im Vordergrund stehen.

5.4.4 Zwang

Der Zwang als Überwindung des Willens einer Person durch Sanktionsdruck als Alternative zum Gespräch (zum Zusammenhang zwischen Zwang und Beratung s. *Abschn. 3.4*) ist an einen Hoheitsakt des Gerichts gebunden. Rechtliche Grundlagen wurden bereits in *Kapitel 5.1* behandelt. Hier geht es um die Eignung des Zwangs als Mittel der Konfliktlösung für den Fall, dass Umgang kindeswohldienlich wäre, aber vom betreuenden Elternteil be- oder verhindert wird. Das rechtliche Handlungsrepertoire ist übersichtlich: Änderungen der Sorgerechtsregelung, Umgangspflegschaft, Androhung und Festsetzung von Ordnungsmitteln, unmittelbaren Zwangsmaßnahmen inkl. Gewaltanwendung. Ferner ist zu nennen die Anordnung von Auflagen, z.B. bezüglich des Nachholens künftig ausfallender Umgangstermine am darauf folgenden Wochenende, zur Sicherung von Benachrichtigungspflichten des betreuenden Elternteils, zum Verbot, das Kind mit ins Ausland zu nehmen oder in einem Auto zu transportieren, zum

Ausschluss der Anwesenheit bestimmter Personen beim Umgang. Von geringerer Bedeutung sind die Auferlegung von Verfahrenskosten, der Entzug der Prozesskostenhilfe und die Senkung von Unterhaltsansprüchen.

Änderung von Sorgerechtsregelungen: Lernpsychologisch geht es hier um Bestrafung durch Entzug positiver Verstärker, nämlich des gesetzlich zugesicherten Rechts, das Kind zu erziehen, zu beaufsichtigen oder seinen Aufenthalt zu bestimmen (vgl. §§ 1626, 1631 BGB). Auch der Entzug des Sorgerechts gemäß § 1666 BGB als Extremvariante unterliegt – wie jeder Eingriff in Rechtspositionen – dem Grundsatz der Verhältnismäßigkeit. Das Gericht kann auch das Sorgerecht oder Teile des Sorgerechts, hier insbesondere das Aufenthaltsbestimmungsrecht, gemäß § 1671 Abs. 2 BGB entziehen bzw. dem umgangsberechtigten Elternteil übertragen. In § 165 Abs. 5 FamFG wird ausdrücklich festgehalten, dass bei Scheitern des Vermittlungsverfahrens nach § 165 FamFG auch Änderungen der Umgangs- oder Sorgerechtsregelung zu prüfen sind. Entsprechend orientiert sich die BGH-Rechtsprechung darauf, dass trotz Umgangsvereitelung und massiver Beeinflussung eines Kindes durch die Mutter das Sorgerecht nur in Ausnahmefällen entzogen werden darf. Vor Entziehung des Aufenthaltsbestimmungsrechts wegen Umgangsvereitelung ist eine Umgangspflegschaft einzurichten. Davon kann nur bei offensichtlicher Aussichtslosigkeit abgesehen werden (BGH-Beschl. vom 26.10.2011 – XII ZB 247/11, ZKJ 2012, 107 – 111). Damit wird auf Nachrangigkeit des Sorgerechtseingriffs gegenüber der Umgangspflegschaft orientiert. Der Umgangspfleger hat die gesetzliche Befugnis, die Herausgabe des Kindes zur Durchführung des Umgangs zu verlangen und für die Dauer des Umgangs dessen Aufenthalt zu bestimmen (§ 1684 Abs. 3 S. 4 BGB). Dies ist selbst Eingriff in die elterliche Sorge, denn dem Umgangspfleger werden Rechte übertragen, die dem Sorgerechtsinhaber zustehen. Er ist insoweit gesetzlicher Vertreter des Kindes. Sein Aufgabenspektrum umfasst, dazu beizutragen, eine gerichtlich angeordnete Umgangsregelung durchzusetzen oder auch einvernehmlich mit den Eltern zu modifizieren, wenn dies sinnvoll erscheint. In extremen Konfliktkonstellationen kann ihm die Befugnis erteilt werden, Widerstand eines Elternteils z. B. durch Anfordern eines Gerichtsvollziehers zu begegnen.

Immer wird zu prüfen sein, inwieweit Sorgerechtsänderungen mit den relevanten Kindeswohlaspekten wie Bindungen, Kindeswille, Erziehungskompetenzen und Kontinuität zu vereinbaren sind. Im Extremfall kann sich aus der Konstellation ergeben, dass trotz massiven Umgangsboykotts dem betreuenden Elternteil das alleinige Sorgerecht übertragen wird.

Ordnungsmittel: Nach § 89 FamFG können umgangsrechtliche Entscheidungen (gerichtliche Beschlüsse oder gerichtlich gebilligte Vereinbarungen zwischen den Eltern) durch Anordnung von *Ordnungsgeld* durchgesetzt und Zuwiderhandlungen gegen einen Vollstreckungstitel zur Regelung des Umgangs nachträglich sanktioniert werden.

Ordnungsmittel können angedroht oder realisiert werden. Die Androhung eines Ordnungsgeldes bei Verstoß gegen eine Umgangsregelung setzt nicht voraus, dass bereits ein Fall der Zuwiderhandlung vorliegt oder konkret droht.

Wirkungsweise und Folgen von Androhung und Realisierung sind deutlich unterschieden. Zwar verlassen sich beide auf Lernen aus den Konsequenzen eigenen Verhaltens, einer im Vergleich zum einsichtigen Lernen weniger differenzierten und weniger verlässlichen Lernart, auch Verstärkerlernen oder Erfolgs-Misserfolgs-Lernen genannt. Die Androhung des Ordnungsgeldes setzt aber Vermeidungslernen in Gang. Der umgangsvereitelnde Elternteil soll Ordnungsgeld vorbeugend vermeiden. *In dieser ersten Phase – die Geldstrafe ist zunächst nur angedroht – gelten zwei Vorzüge:* Noch immer ist Raum für Gespräche mit dem Elternteil und er hat noch Gelegenheit zu aktivem Handeln. Für das Führen solcher Gespräche ist es dienlich zu wissen, wovon es abhängen könnte, ob die Androhung wirkt. Das Hoffen auf die Signalwirkung der Ordnungsgeldandrohung dürfte das Hauptmotiv des Gesetzgebers für die Fixierung im Gesetz sein.

Die Festlegung des Ordnungsgeldes und die Vollstreckung der Geldstrafe würden ebenfalls Lernen aus den Verhaltenskonsequenzen bewirken, also Verstärkerlernen – hier durch Bestrafung. Nachteilige Folgen des umgangsvereitelnden Verhaltens sollen die Wahrscheinlichkeit mindern, dass dieses Verhalten beibehalten wird. Die Wahrscheinlichkeit künftigen Wohlverhaltens im Sinne des § 1684 Abs. 2 BGB bei der Gestaltung des Umgangs soll erhöht werden.

Der Einsatz von Ordnungsmitteln ist an bestimmte Voraussetzungen gebunden. Konkrete inhaltliche, zeitliche und örtliche Vorgaben in einer gerichtlichen Entscheidung müssen der Bezugspunkt sein, um Verstöße festzustellen. Erst ausreichend konkretisierte Pflichten gewährleisten die Vollstreckungsfähigkeit eines Titels. Es muss deshalb formuliert worden sein, welches Verhalten erwartet oder verboten wird, Verstöße durch den umgangsvereitelnden Elternteil müssen schuldhaft sein, was z.B. nicht der Fall wäre, wenn der betreuende Elternteil auf ausgeprägten Widerstand gegen Umgang bei einem älteren, erzieherisch nur noch begrenzt führbaren Kind stößt. Dies muss allerdings über eine Beweisaufnahme ermittelt sein. Der betreuende Elternteil muss sein Bemühen erläutern, das Kind zum Wahrnehmen des Umgangs zu veranlassen. Nach § 89 Abs. 4 FamFG unterbleibt die Festsetzung eines Ordnungsmittels, wenn er Gründe vorträgt, aus denen sich ergibt, dass er die Zuwiderhandlung nicht zu vertreten hat. Zweifel gehen zu seinen Lasten, da die Verschuldensvermutung gilt.

Eine formelle Voraussetzung ist schließlich, dass im gerichtlichen Beschluss bereits auf die Folgen einer Zuwiderhandlung hingewiesen wurde. Um verständlich die Folgen eines Verstoßes vor Augen zu führen, ist ausdrücklich auf die Obergrenzen der Ordnungsmittel hinzuweisen (bis zu 25.000€ Ordnungsgeld gem. § 89 Abs. 3 FamFG, bis zu 6 Monate Ordnungshaft gem. § 802j Abs. 1 ZPO). Der Einsatz von Ordnungsmitteln ist gemäß § 165 Abs. 5 FamFG auch zu prüfen, wenn das Vermittlungsverfahren scheitert.

Neben diesen formellen Voraussetzungen gibt es faktische Voraussetzungen. Die Zahlungsfähigkeit des sorgeberechtigten Elternteils muss gegeben sein. Ist das nicht der Fall, wäre Ordnungsgeld als Drohung wirkungslos. Die zweite Voraussetzung ist die Beeindruckbarkeit. Werden mit dem Ordnungsmittel die vorhandenen Verhaltensbereitschaften verändert?

Wenn Ordnungsgeld „nicht beigetrieben werden kann" (§ 89 FamFG) oder wenn die Anordnung von Ordnungsgeld keinen Erfolg verspricht, kann das Gericht per Beschluss *Ordnungshaft* anordnen. Dies spielt in Bezug auf Umgang allenfalls in Verbindung mit Herausgabe eine Rolle, da ansonsten kaum zu vermeiden ist, dass dabei das Kindeswohl beeinträchtigt und damit das Gebot der Verhältnismäßigkeit verletzt wird.

Anwendung unmittelbaren Zwangs inkl. Gewaltanwendung: Gemäß § 90 FamFG kann das Gericht „unmittelbaren Zwang“ anwenden, wenn Ordnungsmittel keinen Erfolg hatten oder versprechen, eine zeitnahe Vollstreckung der Entscheidung aber notwendig ist. Die realen Handlungsmöglichkeiten sind eingeschränkt z. B. auf Aktionen des Gerichtsvollziehers oder der Polizei in Ausnahmesituationen. So kann beispielsweise ein Gerichtsvollzieher beauftragt und ermächtigt werden, ein Kind einer nichtsorgeberechtigten Person wegzunehmen, die das Kind unbefugt und gegen dessen Willen bei sich festhält, und der berechtigten Person zu übergeben. Ihm kann ferner die Befugnis erteilt werden, polizeiliche Vollzugsorgane hinzuzuziehen oder eine Wohnung zu betreten.

Ausdrücklich ist in § 90 Abs. 2 FamFG geregelt: „Anwendung unmittelbaren Zwanges gegen ein Kind darf nicht zugelassen werden, wenn das Kind herausgegeben werden soll, um das Umgangsrecht auszuüben. Im Übrigen darf unmittelbarer Zwang gegen ein Kind nur zugelassen werden, wenn dies unter Berücksichtigung des Kindeswohls gerechtfertigt ist und eine Durchsetzung der Verpflichtung mit milderen Mitteln nicht möglich ist.“ Im Kern trifft das zu, wenn eine Kindeswohlgefährdung abzuwenden ist, in Bezug auf Umgangskonflikte, z. B. wenn die Rückgabe eines Kindes nach Umgangskontakten verweigert wird. Auch hier gilt das Gebot des sorgfältig-bedachten Vorgehens und des Abwägens der Risiken für das Kind.

Schaffung finanzieller Nachteile: Nicht nur das Ordnungsgeld kann teuer werden, sondern auch einige andere Folgen. So soll das Gericht gemäß § 81 FamFG die Kosten eines Verfahrens ganz oder teilweise jenem Elternteil auferlegen, der „durch grobes Verschulden“ Anlass für das Umgangsverfahren gegeben hat, der aussichtslose Anträge gestellt hat, der zu wesentlichen Tatsachen schuldhaft unwahre Angaben gemacht hat oder einer richterlichen Anordnung zur Teilnahme an einer Beratung gemäß § 156 Abs. 1 S. 4 FamFG unentschuldigt nicht nachgekommen ist. Die Kosten eines gescheiterten Vermittlungsverfahrens können nach § 165 Abs. 5 FamFG unter bestimmten Umständen als Teil der Verfahrenskosten behandelt werden. Andere eher vereinzelt angewandte Varianten sind der Entzug der Verfahrenskostenhilfe, die Senkung des Unterhaltsanspruches oder Schadensersatzansprüche nach Verletzungen des Umgangsrechts.

Trotz der Vielfalt möglicher rechtlicher Reaktionen ist die Effektivität eines justiziellen Eingriffs bei rigider und beharrlicher Umgangsverweigerung durch den betreuenden Elternteil offensichtlich begrenzt.

Selbst wenn alle formal-rechtlichen Voraussetzungen erfüllt sind, bleibt auf psychologischer Ebene eine Reihe von Fragen zu bedenken, die auch Zwangsmittel zur Durchsetzung des Umgangs so umstritten machen:

Können Zwangsmittel der Dynamik des Umgangskonflikts flexibel genug gerecht werden? Alle Varianten des Zwanges durch Sanktionsdruck erlangen ihre Berechtigung vor allem dadurch, dass sie dazu beitragen, sowohl die Rechte der Umgangsberechtigten zu verwirklichen als auch das Kindeswohl zu gewährleisten. Da auch der Umgangskonflikt ein Prozess ist, können sich ebenso die Bedingungen für die Anordnung einer Sanktion und damit deren Sinnhaftigkeit und Effektivität ändern. Die Dynamik des Umgangsstreites kann dazu führen, dass Sanktionen überflüssig werden oder verschärft werden müssen. Die notwendige Flexibilität kann das Rechtssystem nur begrenzt aufbringen.

Umgekehrt können Sanktionen oder Sanktionsandrohungen den Konfliktverlauf verändern, Konflikte können verschärft oder entschärft werden. Deshalb ist es wichtig, die Auswirkungen solcher Maßnahmen prognostisch einzuschätzen. Sind noch Reste von Kommunikation und Akzeptanz vorhanden, die gefährdet würden? Oder ist zu befürchten, dass sich das Verhalten des umgangsvereitelnden Elternteils verhärtet? Wenn das zutrifft, kann auch nicht mehr darauf gehofft werden, dass durch Zwangsmittel die Verfahrensdauer verkürzt und weitere Entfremdung des Kindes vom ausgegrenzten Elternteil verhindert werden kann. Wird durch die Zwangsmittel auch das zwar umgangswillige, aber vom umgangsvereitelnden Elternteil abhängige Kind belastet? Wie wirkt sich erzwungener Umgang auf das Kind aus? Besteht die Gefahr, dass Kind verstärkten Loyalitätskonflikten und den Affekten des umgangsvereitelnden Elternteils auszusetzen? Alltagserfahrungen wie auch empirische Untersuchungen (Baumann 2019) zeigen, dass erzwungene Interventionen bei verhärteten Loyalitätsverstrickungen kontraproduktiv sein können. Ohne diesen Kindeswohlbezug würde das Kind für die Interessen eines Elternteils instrumentalisiert. In jedem Fall muss wiederum zwischen den verschiedenen Quellen der Kindeswohlgefährdung abgewogen werden.

Sowohl für die ***Androhung*** *als auch für die* ***Vollstreckung aller Zwangsmaßnahmen*** *sind folgende Zusammenhänge und Regelhaftigkeiten zu beachten:*

- Zwangsmaßnahmen ändern gewöhnlich nicht die hinter dem unerwünschten Verhalten stehenden Einstellungen und Bedürfnisse. Es wird meist lediglich das äußere Verhalten beeinflusst. Der betreuende Elternteil lockert z.B. die umgangsvereitelnden Restriktionen. Dies geschieht aber nicht dauerhaft, sondern nur, solange Kontrolle und erneute Sanktion zu befürchten sind. Das muss beim Einsatz von Zwangsmaßnahmen berücksichtigt werden. Andererseits wirkt das Gewährenlassen verstärkend. Dies kann zwar nicht bestimmendes Entscheidungskriterium sein, zeigt aber das Dilemma auf.
- Sanktionen wirken umso mehr, je rascher sie als Folge unerwünschten Verhaltens einsetzen. Da im Familienrechtsverfahren meist geraume Zeit vergeht, ehe Ordnungsgeld erwogen wird, ist die Wirkungswahrscheinlichkeit bereits dadurch reduziert.
- Je verfestigter und selbstverständlicher das umgangsvereitelnde Handeln bereits ist, desto schwieriger ist es, durch Sanktionen das Verhalten zu unterdrücken.
- Je stärker die Motivation zur Umgangsvereitelung ist, desto weniger können Sanktionen wirksam sein oder desto höher muss deren Drohpotenzial sein, um wirken zu können. Die Angstschwelle in Bezug auf weitere Kontakte mit Ämtern spielt eine Rolle, auch das Wissen um verbleibende Sanktionsmöglichkeiten z.B. nach Vollzug der Geldstrafe.
- Sanktionen sind erfolgreicher, wenn sie damit verbunden sind, dass alternatives Verhalten umsetzbar erläutert und unterstützt, im Idealfall durch positive Konsequenzen verstärkt wird. Das könnte z.B. dadurch geschehen, dass ein Umgangsmodell detailliert ausgehandelt wird.

5.4.5 Umgangsgestaltung

5.4.5.1 Gestaltungsprinzipien

Allumfassende starre Vorgaben sind nicht möglich, es kann nur um Muster der Beziehungsgestaltung gehen, die allerdings der individuellen Fallkonstellation angepasst werden müssen. Dabei gilt: so viel konkrete Regelung wie nötig, d.h. bei stark zerstrittenen Eltern eben mehr, so viel Flexibilität wie möglich. Allerdings sollte ein Mindestmaß an Rhythmus und Regelmäßigkeit gewährleistet sein, weil dadurch auch dem Kind erleichtert wird, sich auf neue zwischenmenschliche und lokale Bedingungen einzustellen.

Wenn Eltern oder andere Streitbeteiligte sich nicht einigen können oder ein nur sehr fragiles Gleichgewicht besteht, sind Regelungen zur konkreten Gestaltung des Umgangs von außen erforderlich. Je höher das Streitniveau, desto schwieriger sind einvernehmliche Lösungen zu finden und stabil zu realisieren. Bei Hochkonflikthaftigkeit werden die in *Abschnitt 3.6.5.2* genannten Grenzen wirksam.

Wie der umgangsberechtigte Elternteil den Umgang gestaltet, muss ihm überlassen werden, solange das Kind nicht gefährdet wird. In der Regel sind Kontakte mit Verwandten oder nahestehenden Personen, auch neuen Partnern, nicht gefährdend, sofern diese sensibel vorbereitet und gestaltet werden. Werden aber Kinder in längeren Zeiträumen des Umgangkontaktes anderen Personen oder sich selbst überlassen, so widerspricht das dem Umgangszweck.

Grundlegende Alltagserfahrung und in mehreren Studien nachgewiesen (z.B. Adamsons/Johnson 2013) ist, dass die Qualität der Umgangskontakte (Erkennen der Bedürfnisse des Kindes, gemeinsame Aktivitäten, wertschätzende Beziehung zum Kind) bedeutsamer für das Kindeswohl ist als Häufigkeit und Dauer der Kontakte. Psychologisch fundierte Begründungen für die Quantität von Kontakten gibt es nicht. Nur muss sie ausreichen, um die viel wichtigere Qualität von Kontakten überhaupt aufbauen zu können. Das Kind sollte nicht durch unnötige (nicht entwicklungsförderliche) Konflikte, zu hohe Ansprüche an seine sozialen Kompetenzen oder an seine mentale Umstellungsfähigkeit beim Wechsel zwischen den Eltern überfordert werden. Das bedeutet letztendlich, dass nicht nur Beziehungskontinuität anzuzielen ist, sondern auch die Belastungen des Kindes im Spannungsfeld der Eltern zu berücksichtigen sind. Je älter Kinder sind, desto höher sollte ihr Einfluss auf die Regelung des Umgangs sein (Art des Verabredens, Zeitpunkt, Häufigkeit, Dauer usw.). Auch andere Veränderungen können Anlass sein, in größeren Zeitabständen die Regelung zu überprüfen.

Die Gestaltung des Umgangs ist abhängig von vielen Einflussgrößen:

- Alter bzw. Entwicklungsstand des Kindes.
- Belastbarkeit des Kindes im Verhältnis zu vorhandenen Belastungen wie z.B. Loyalitätskonflikte und/oder Verlustängste.
- Bisherige Beziehungen des Kindes zum umgangsberechtigten Elternteil (Intensität der Zuneigung, Qualität der Bindungen).
- Streitpotential der Eltern.
- Anzahl der einbezogenen Geschwister, eventuell Geschwistertrennung.
- Organisatorische Bedingungen wie Entfernung der Wohnorte und Arbeitszeiten der Elternteile.

Häufigkeit und Dauer der Umgangskontakte: Als Grundmuster hat sich sowohl in gerichtlichen Anordnungen und gutachterlichen Empfehlungen als auch in außergerichtlichen Regelungen durchgesetzt, dass Umgang jedes zweite Wochenende von Freitagabend bis Sonntag stattfindet. Auch wenn sich dieser Modus weitgehend bewährt hat, ist er aber dennoch nicht zu verallgemeinern und nicht geeignet als „Kampflinie" im Elternstreit. Bei größerer Entfernung der Wohnorte beider Elternteile kommen z.B. auch Zeitblöcke infrage.

Wird das Kind belastet durch den Umgang, kann dieser reduziert oder Übernachtungen können weggelassen werden. Liegt eine enge Beziehung zum umgangssuchenden Elternteil vor, kann ein zusätzlicher Wochentagstermin kindeswohldienlich sein. Mit zunehmendem Alter des Kindes wächst die Dauer eines Umgangkontaktes und sinkt die Zahl der Kontakte. Bei Kleinkindern sind mehrere mehrstündige Besuche sinnvoll. Dies kommt sowohl dem Zeitempfinden (*Abschnitt 2.3.2.5*) als auch der Gedächtnisarbeit dieser Altersstufe entgegen. Auf Übernachtungen sollte eher verzichtet werden, es sei denn, es besteht eine ebenfalls sehr enge emotionale Beziehung, die nicht unterbrochen war. Gerade bei Kleinkindern ist Regelmäßigkeit (z.B. in den Rhythmen von Ernährung und Schlaf) wichtiger als der Umfang der Kontakte. Heftiger Widerstand eines Kindes kann auf das Fehlen solcher Regelmäßigkeiten oder auch auf unangemessene Übergabesituationen hindeuten. Im Vorschulalter kommen schon eher ganztägige oder auch mehrtägige Besuche mit Übernachtung als Regel in Frage. Im Schulalter wächst der Anspruch des Kindes, selbst Einfluss auf die Gestaltung des Umgangs nehmen zu können, nicht nur inhaltlich, sondern auch auf Umfang und Häufigkeit. Das Bestreben nach mehr Flexibilität steht meist im Vordergrund, da eigene Freizeitbedürfnisse, Schulpflichten und die zunehmende Orientierung an der Gleichaltrigengruppe mit zu starren Umgangsregeln in Widerspruch geraten. Dieser Prozess kulminiert in der Pubertät, denn die Ablösung von den Eltern und die Prozesse der Identitätsbildung stellen Entwicklungsaufgaben dar, die durch zusätzliche Belastungen wie starre und konflikthafte Umgangsregelungen erschwert und kompliziert werden können. Wenn wechselseitiger Umgang bei Geschwistern zu regeln ist, wird man nicht bei dem vierzehntägigen Rhythmus bleiben können, da beide Kernfamilien kein separates Wochenende mehr haben. Es ist dann ein anderer, z.B. ein dreiwöchiger Termin anzustreben. Bei erhöhtem Konfliktniveau kann es sinnvoll sein anzuordnen, dass ausgefallene Umgangskontakte nachgeholt werden. Wenn es die Konfliktinhalte betrifft, kann über Auflagen z.B. auch gesichert werden, dass der Umgangsberechtigte eine festgelegte räumliche Distanz zu einer Kita oder einer Schule des Kindes einhält oder ein Kind nur mit Kindersitz im Auto mitnimmt.

Zu den Umgangskontakten gehören aber nicht nur persönliche Treffen, sondern auch Kontakte in Form von Telefonaten oder Briefen. Auch kann angestrebt werden, durch gerichtliche Anordnung die Benachrichtigungspflichten des betreuenden Elternteils, den Umfang von telefonischen Kontakten oder die Aushändigung von Briefen zwischen Kind und Umgangsberechtigtem durchzusetzen.

Ferien und Festtage: Zu den emotional besonders nachhaltigen Eltern-Kind-Kontakten gehören Ferien und Festtage. Sie ragen aus dem Alltagsgeschehen heraus, bieten Gelegenheit zu emotionaler Nähe und außergewöhnlicher Freizeitgestaltung. Bliebe dies der „zweiten", ansonsten kindeswohldienlichen Elternbeziehung verwehrt, würde sie unangemessen benachteiligt. Zu den häufigsten Regelungen gehört, dass das

Kind – bei zwei Feiertagen – den ersten beim sorgeberechtigten Elternteil verbringt oder dass wechselnd jedes Jahr ein Elternteil das ganze Weihnachtsfest, der andere zu Ostern das Kind bei sich hat und im nächsten Jahr gewechselt wird. Die Sommerferien sind geeignet zur Halbierung, zwei Wochen sollten dem umgangsberechtigten Elternteil zustehen. Ein längerer Zeitraum setzt voraus, dass das Kind dies möchte und eine hinreichend enge Beziehung zum umgangsberechtigten Elternteil hat und dass eine Ferienregelung zwischen den Eltern ohne größere Konflikte möglich ist. Kürzere Ferien wie Herbst- oder Osterferien sollten jährlich wechselnd ganz als Umgangszeit geregelt werden. Wieder ist darauf zu verweisen, dass die konkrete Regelung vom Alter des Kindes und von anderen Faktoren abhängt. Da die längeren Kontaktzeiträume in den Ferien auch mehr Anforderung an gegenseitige Anpassung enthalten, muss umso mehr gewährleistet sein, dass das Kind das möchte. Es sollte zuvor schon einmal beim umgangsberechtigten Elternteil geschlafen haben. Dieser muss bereit sein, das Kind bei Heimweh zurückzubringen. Bei stark zerstrittenen Eltern sind auch jeweils die Uhrzeiten von Beginn und Ende solcher Umgangsphasen festzulegen. Ebenso empfiehlt es sich, hier Fristen festzulegen, bis wann Ansprüche auf bestimmte Ferienzeiten gegenseitig mitgeteilt werden müssen.

Übergabe: Je länger und je heftiger sich Eltern schon streiten und das Kind dazwischensteht, desto belastender sind die vier „Grenzerlebnisse" des Kindes beim Umgangskontakt: Abschied vom sorgeberechtigten und Begrüßung des umgangsberechtigten Elternteils beim Abholen und umgekehrt beim Zurückbringen des Kindes. Je zerstrittener die Eltern sind, desto weniger Umsicht und Schonung bringen sie ein, desto öfter nutzen sie die Übergabesituation als Gelegenheit zum „Kampf". Zuweilen lehnen Kinder allein aus Angst davor Umgang ab. Die gemäßigte Form ist, wenn Kinder darauf drängen, dass sich Eltern bei der Übergabe nicht sehen. Sie sagen dem Umgangsberechtigten, wo man sich verabschieden soll, an der Haustür oder einer Straßenecke weiter. Sie drängen darauf, in der Kita oder in der Schule abgeholt zu werden. Tatsächlich kann das sogar die für das Kind weniger belastende Variante sein. Eine andere Reaktionsform ist, dass das Kind sich die Zuneigung des einen, meist des betreuenden Elternteils sichert, indem es negativ über den anderen Elternteil, meist beim Umgang, berichtet, z.B.: „Papa war immer müde, er hatte gar keine Zeit für mich." Weitergehende Gefälligkeitsäußerungen reichen bis zu dem „Angebot", keinen Umgang mehr haben zu wollen oder umgekehrt nicht mehr zum sorgeberechtigten Elternteil zurückkehren zu wollen. Bei der Übergabesituation ist dann symptomatisch, dass Kinder sich nur widerstrebend von einem Elternteil trennen lassen und eventuell weinen und klammern. Dieser Elternteil mag dann nicht glauben, wenn ihm der andere Elternteil später berichtet, dass sich ihm das Kind sofort nach der Trennung wohlgestimmt und heiter zugewandt habe. Differenziertere Eltern horchen eventuell auf, wenn sie beobachten, dass es umgekehrt – also beim Zurückbringen des Kindes – ähnlich verläuft. Diese Verhaltensweisen sind ein Indiz dafür, dass die Eltern den Umgang noch nicht als selbstverständlich ansehen, ihn möglichst konfliktfrei gestalten möchten und das Kind verunsichert und noch nicht frei von Verlustängsten ist. Zuweilen spielt auch eine Rolle, dass das Kind nicht altersgerecht entwickelt ist und deshalb die sozialen Kompetenzen, z.B. die Fähigkeiten der Konfliktbewältigung, reduziert sind. Drastischer sind dann schon somatische Indizien wie Erbrechen, Störungen der Darmtätigkeit, Schlafstörungen, Einnässen im Zeitraum der Übergabe.

Aus dem „Machtvorsprung“ des betreuenden Elternteils ergibt sich auch ein größerer Einfluss auf eine stressfreie Gestaltung der Übergabesituationen, damit auch die größere Verantwortung. Dazu gehört, den Umgang als erwünscht und selbstverständlich zu behandeln, selbst wenn es schwerfällt. Weil auch das Kind den „Machtvorsprung“ des betreuenden Elternteils spürt und meist stärker emotional an ihn gebunden ist, wird er auch besonders häufig Adressat der oben beschriebenen Verhaltensweisen, durch die sich das Kind Zuneigung sichert oder Verlustängste äußert.

Dem Kind wird geholfen, wenn sich die Eltern bei der Übergabe die Hand geben, neutral miteinander reden und die notwendigen Informationen austauschen, wenn sich der betreuende Elternteil am Holen und Bringen beteiligt, wenn das Kind den Eindruck hat, dass es jedem Elternteil von den Erlebnissen mit dem anderen Elternteil frei erzählen kann, wenn es nicht Notlügen oder Ausreden gebrauchen muss, nicht über den anderen Elternteil und sein Umfeld ausgehorcht wird und wenn der andere Elternteil nicht abgewertet wird usw.

Zuverlässigkeit in der Umgangsorganisation sollte unbedingt beachtet werden. Sie äußert sich z.B. darin, dass Übergabezeiten pünktlich eingehalten werden oder Versprechen, z.B. eines Urlaubs, eingelöst werden.

Holen und Bringen: Weil das Holen und Bringen des Kindes eine häufige Konfliktquelle ist, werden gerichtliche Festlegungen notwendig (*Abschnitt 5.1*). Wie mit dem Holen und Bringen des Kindes zu verfahren ist, ist gesetzlich nicht geregelt. In der Rechtsprechung hat sich eine Gewohnheitsregel herausgebildet, wonach gilt, dass der umgangsberechtigte Elternteil für das Holen und Bringen des Kindes zuständig ist, also das Kind von der Wohnung des betreuenden Elternteils zur festgelegten Zeit abholt und wieder dorthin zurückbringt. Dies ist wahrscheinlich deshalb zur Regel geworden und auch sinnvoll, weil üblicherweise der umgangsberechtigte Elternteil das größere Interesse daran hat, den Umgang zu gewährleisten. Allerdings ist der betreuende Elternteil schon deshalb verpflichtet, den Umgang des Kindes zu fördern, weil es sich dabei nicht lediglich um das Recht des anderen Elternteils, sondern auch um ein Recht des Kindes handelt. Wird Umgang vereitelt, wird dieses Recht beschnitten und damit gegen die Interessen des Kindes gehandelt. Zur Mitwirkungspflicht des betreuenden Elternteils gehört z.B., das Kind zu den festgelegten Zeiten angemessen auszustatten, vorzubereiten und zu übergeben. Je mehr Aktivität der betreuende Elternteil einbringt und dem Kind verdeutlicht, dass er die Kontakte zum anderen Elternteil unterstützt, desto mehr entlastet er das Kind.

Außerdem sind außergewöhnliche Umstände zu berücksichtigen. So kann der Aufwand für den umgangsberechtigten Elternteil so hoch werden, dass er nicht mehr zumutbar oder auch nicht zu leisten ist ohne die Unterstützung des betreuenden Elternteils. Verweigert dieser seinen Beitrag, so kann das de facto als Vereitelung des Umgangs bewertet werden. Eine solche Mitwirkungspflicht kann entstehen aufgrund der großen Entfernung der Wohnorte beider Elternteile, sodass es notwendig ist, dass der betreuende Elternteil das Kind zum Flugplatz oder zum Bahnhof bringt, Abflug und Abfahrt sichert und das Kind wieder abholt.

Besonders differenziert ist zu beurteilen, wenn der betreuende Elternteil mit dem Kind vom bis dahin gemeinsamen Wohnort beider Elternteile weit wegzieht und dabei in Kauf nimmt, dass künftig der Umgang erschwert sein wird. Besonders wenn durch den Wegzug Umgang vereitelt werden soll, sind die Mitwirkungspflichten des betreuenden Elternteils besonders genau zu prüfen, auch ins Verhältnis zu setzen zu den zeitlichen und beruflichen Möglichkeiten des Umgangsberechtigten. Im Extremfall kann sich daraus auch ergeben, dass die „Hol- und Bringschuld" dem betreuenden Elternteil auferlegt wird. Die individuellen Möglichkeiten der Beteiligten sind zu vergleichen und als Kriterium zu nutzen.

Urlaubsreisen: Häufiger Streitpunkt zwischen getrenntlebenden Eltern ist, ob der umgangsberechtigte Elternteil mit dem Kind in den Urlaub fahren darf. Grundsätzlich ist keine Zustimmung des betreuenden Elternteils erforderlich, wenn es sich nicht um eine Angelegenheit von erheblicher Bedeutung für das Kind im Sinne des § 1628 BGB handelt. Andernfalls gilt § 1687 Abs. 1, wonach bei gemeinsamer elterliche Sorge „bei Entscheidungen in Angelegenheiten, deren Regelung für das Kind von erheblicher Bedeutung ist, ihr gegenseitiges Einvernehmen erforderlich" ist. Für die Frage, ob dies der Fall ist oder ob es um eine sogenannte tägliche Angelegenheit handelt, ist das Alter des Kindes bedeutsam. Je jünger das Kind ist, aber auch je risikobehaftete das Reiseziel ist, desto eher ist davon auszugehen, dass der betreuende Elternteil zustimmen sollte.

Kontakte zu Dritten: Häufig ist es ein Konfliktpunkt, ob das Kind während der Kontakte mit dem umgangsberechtigten Elternteil auch Kontakt zu dessen neuem Lebenspartner oder Verwandten haben soll. Prinzipiell gilt hier § 1687 Abs. 1 S. 4 bzw. § 1687a BGB: Solange sich das Kind mit Einwilligung des betreuenden Elternteils oder aufgrund einer gerichtlichen Entscheidung bei dem anderen Elternteil aufhält, hat dieser die Befugnis zur alleinigen Entscheidung in Angelegenheiten der tatsächlichen Betreuung. Darunter kann in der Regel durchaus der Kontakt mit Dritten während des Umgangs gezählt werden. Es wird vom Gesetzgeber als Teil der Umgangseignung des Elternteils angesehen, dass er selbst verantwortungsvoll bestimmen kann, ob der Kontakt mit Dritten ein Gewinn für das Kind ist oder ihm schadet. Überzogene Ängste, Rache- und Hassgefühle des sorgeberechtigten Elternteils sind nicht relevant. Das Kind soll beide Eltern in ihrer sozialen Alltagsumwelt erleben, mit ihren Partnern und ihren verwandtschaftlichen Einbindungen.

Das gilt, solange das Gericht nicht nach § 1687 Abs. 2 BGB die Befugnisse des Umgangsberechtigten einschränkt oder ausschließt. Dem kann zugrunde liegen, dass Dritte sich unangemessen verhalten, z.B. den sorgeberechtigten Elternteil stark abwerten oder dem Kind aggressiv begegnen. Dann kann in Form einer Auflage bestimmt werden, dass Umgang nur in Abwesenheit der dritten Person stattfinden darf. Ein Grund kann aber auch sein, dass der umgangsberechtigte Elternteil das Kind während der Umgangszeiträume überwiegend der Obhut Dritter überlässt und sich selbst nicht um das Kind kümmert, sei es, weil er überfordert ist, sei es, weil der Sieg im Kampf um den Umgang sein eigentliches Ziel war. Schließlich ist stabil und ausgeprägt ablehnendes Verhalten des Kindes gegen Dritte beachtlich, zumindest in dem Sinne, dass Kontakte vorläufig vermieden werden und die Gründe – eventuell mit fachlicher Hilfe – erkundet werden. Prinzipiell gelten die gleichen Prinzipien, die zum „Nein" des Kindes zum Umgang behandelt wurden, inkl. des induzierten Kindeswillens.

Mediale Umgangskontakte: Vor allem bei größerer Entfernung der Wohnorte beider Elternteile oder bei Hochkonflikthaftigkeit gewinnt der Kontakt zwischen Kind und Umgangsberechtigtem über Briefe, Telefon, SMS usw. an Bedeutung, um Entfremdung zu vermeiden. Oft ergibt sich aber gerade hier die Notwendigkeit gerichtlicher

Regelung. Werden durch den sorgeberechtigten Elternteil solche Kontakte verhindert, so kann das ein Verstoß gegen die Wohlverhaltenspflicht sein und zur Belastung des Kindes beitragen. Das Gericht kann dem begegnen mit Auflagen zur Sicherung eines telefonischen Mindestkontaktes pro Woche oder zur Aushändigung von Briefen. Ein Ordnungsgeld kann fällig werden, wenn der Pflicht nicht nachgekommen wird, Briefe dem Kind auszuhändigen. Allerdings gibt es keine Pflicht zur ständigen telefonischen Erreichbarkeit, weder in Bezug auf den betreuenden Elternteil noch in Bezug auf das Kind. Werden Telefonkontakte durch den Umgangsberechtigten nach Belieben beansprucht, kann dadurch das Kind auch belastet oder verstört werden. Meist ist es das Handy, über das sich der Konflikt zwischen Umgangsrecht, Sorgerecht und Kindeswohl abspielt. Dies beginnt beim Besitz eines Handys bzw. dem Handy als Geschenk an das Kind. Wie alle Geschenke muss auch das Schenken eines Handys zwischen Umgangs- und Sorgeberechtigtem abgesprochen werden. Nach den Gegebenheiten des Einzelfalls ist zu entscheiden, ob ein solches Geschenk angemessen und kindeswohldienlich ist. Ist der betreuende Elternteil allein sorgeberechtigt, steht ihm zu, das zu beurteilen. In jedem Falle gehört es zur Wohlverhaltenspflicht des Umgangsberechtigten, sich vor der Schenkung beim betreuenden Elternteil zu vergewissern, dass er einverstanden ist. Ebenso ist in jedem Falle eine Abstimmung über den Gebrauch des Handys in Bezug auf die Kosten, Umfang der Telefonate, Häufigkeit des Empfangens und Sendens von SMS notwendig und eine Gelegenheit für die Eltern, gegenüber dem Kind mit einheitlicher Meinung aufzutreten und dem Kind dadurch Konflikte zu ersparen. Mit der Hochkonflikthaftigkeit sinkt die Wahrscheinlichkeit dafür. Es kann dann im Extremfall infolge des Missbrauchs der Handykontakte durch den Umgangsberechtigten dazu kommen, dass der sorgeberechtigte Elternteil durch Wahrnehmung seines Erziehungsrechts das Handy einzieht. Überhaupt ist im Stadium des Hochkonflikts der Gebrauch eines Handys als Kontaktform nicht sinnvoll, da es meist missbraucht wird, um das Kind auf eine weitere Weise in den Elternkonflikt einzubeziehen.

Spezifische Bedingungen sind zu berücksichtigen, wenn es um den Umgang nach Fremdunterbringung (*Kapitel 7*) und um den Umgang mit dem leiblichen, aber nicht rechtlichen Vater geht.

Umgang mit dem leiblichen, nicht rechtlichen Vater: Der Umgang mit dem leiblichen, nicht rechtlichen Vater gemäß § 1686a BGB erfordert oft eine differenzierte Planung vor allem dann, wenn das Kind mit der Mutter und dem rechtlichen und sozialen Vater zusammenlebt. Außergerichtliche Beratung und rechtsnormfixierte Konsensfindung gewinnen an Bedeutung. Priorität sollte haben, eine positive Beziehung aufzubauen, die der Persönlichkeitsentwicklung des Kindes förderlich ist. Dem sind Einzelfragen unterzuordnen, z.B. ob der Umfang der Kontakte starr analog zum Umgang des rechtlichen Vaters nach der Trennung im Sinne des § 1684 BGB zu regeln ist oder nicht. Oft gelten die Besonderheiten der Umgangs(wieder)anbahnung (*Abschnitt 5.4.5.3*).

Die gemäß § 1686a BGB verlangte Kindeswohldienlichkeit des Umgangs ist umso mehr gegeben, je geringer das Konfliktniveau zwischen den Erwachsenen ist, je mehr der leibliche Vater in der Lage ist, die Kontakte mit dem Kind feinfühlig zu gestalten und je angemessener er den Erziehungsvorrang des bzw. der Sorgeberechtigen anerkennt. Schutz- und Risikofaktoren sind abzuwägen unter Einbeziehung von Alter und

Resilienz des Kindes, zeitlicher Dauer des Wissens um die Existenz eines biologischen Vaters und familiärer Gesamtsituation (Stabilität der Familie, Beziehungsmerkmale).

Altersabhängig ist auch die im § 1686a Abs. 1 BGB genannte Voraussetzung zu beurteilen, dass der Vater ernsthaftes Interesse am Kind gezeigt hat. Entsprechende Kriterien können je nach konkreter Fallkonstellation z. B. sein, ob er sich vor und nach der Geburt zum Kind bekannt hat, ob Interesse am Gesundheitszustand des Kindes und an ärztlichen Untersuchungen bestand, ob der Wunsch nach Umgang stabil geäußert und angemessen begründet wurde, ob Bereitschaft zur Verantwortungsübernahme besteht. Ohne überhöhte Anforderungen an die Ernsthaftigkeit zu stellen, geht es darum, eine hinlänglich zuverlässige Prognose in Bezug auf längerfristigen und stabilen Umgang zu stellen.

Ungeeignet sind Versuche, der Bindungstheorie Argumente gegen Umgang mit dem leiblichen Vater abzugewinnen. Bindung ist zunächst keine zwingende Voraussetzung. Dem leiblichen, nicht rechtlichen Vater steht, auch wenn er keine Bezugsperson des Kindes i. S. d. § 1685 Abs. 2 BGB ist, ein Umgangsrecht mit dem Kind zu, wenn dies dem Kindeswohl dient.

Unbegründet ist es auch hier, auf imaginäre Entwicklungsstufen zu warten, die dem Kind eine eigene Entscheidung ermöglichen, und dazu irgendwelche Altersgrenzen zu erfinden, z. B. ein Alter von zwölf oder 14 Jahren. Hier wird übersehen, dass meist bei kleineren Kindern die Kontaktaufnahme weniger schwierig ist. Bei Kindern bis zu drei Jahren entstehen allerdings insofern erhöhte Anforderungen, als dass die rechtlichen Eltern mitwirken müssen und den Umgang zumindest am Beginn begleiten sollten. Soweit dies nicht gewährleistet ist, setzen die Mühen des Hinwirkens auf Einvernehmen ein. Die Problematik kann entschärft werden, wenn dem Kind schon zeitig erklärt wird, dass es noch einen leiblichen Elternteil gibt.

5.4.5.2 Schriftliche Umgangsvereinbarungen

Eine mehr oder weniger autonome Form der Regelung können schriftliche Vereinbarungen sowohl der Eltern als auch zwischen Eltern und dritten Personen sein. Soweit sie nicht selbständig von den Eltern getroffen werden, können sie mit Hilfe und unter Einfluss der gerichtlichen Vermittlung nach § 156 FamFG oder der Beratungshilfen nach § 18 Abs. 3 SGB VIII, auch mit Hilfe eines Mediators, Rechtsanwaltes oder Gutachters, entstehen. Es sind außergerichtliche Lösungsalternativen, die justiziell erwünscht sind. Legen die Eltern dem Gericht einen gemeinsam getragenen Vorschlag vor, darf dieser nur dann abgewiesen werden, wenn das zum Schutz des Kindeswohls nötig ist oder wenn Kinder ab 14 Jahren Widerspruch erheben. Oft sind solche Vereinbarungen auslegungsbedürftig und dann eine mögliche Quelle neuer Konflikte.

Das Familiengericht konkretisiert deshalb wenn nötig den Vorschlag, damit die Vereinbarung einen vollstreckungsfähigen Inhalt hat (in dem Sinne, dass der Gerichtsvollzieher im Extremfall aus dem Titel ersehen kann, wen wann welche Verpflichtung trifft). Zum Vollstreckungstitel wird die Vereinbarung erst mit der gerichtlichen Billigung, d. h., erst dann können eventuelle Zwangsmaßnahmen wie Ordnungsgeld beschlossen werden.

Psychologische Voraussetzung solcher Vereinbarungen ist, dass die Eltern nicht nur miteinander reden, sondern auch über die Phase der gegenseitigen Vorwürfe hinausgelangt sind und zukunftsbezogene Regelungen selbst finden wollen. Ein Mindestmaß an Fähigkeit, die Interessen anderer wahrzunehmen, eigene Interessen formulieren zu können, gehört dazu. Ansonsten wird lediglich eine neue Bühne zur Fortsetzung bisheriger Kämpfe geboten und genutzt. Oder die Eltern suchen passiv-resignativ eine Autoritätsentscheidung, die dann aber auch die gerichtliche sein kann. *Gegenstand der Vereinbarung sind üblicherweise jene sensiblen Eckdaten des Umgangs, die auch schon genannt wurden:*

- die Umgangszeitpunkte und -dauer inkl. Ferien und Feiertage sowie Geburtstage,
- die Art der Übergabe des Kindes,
- Dauer der Festlegung,
- Gestaltung von brieflichem und telefonischem Kontakt,
- Verhalten bei Komplikationen, Regelung bei ausgefallenen Umgangsterminen.

Hinzu können spezifische Umstände kommen, für die Regelungsbedarf besteht:

- die Rücksichtnahme auf berufliche oder krankheitsbedingte Verhinderung eines Elternteils durch flexible Regelung,
- Gewährleistung des Kontaktes zu einem eventuell im Haushalt des umgangsberechtigten Elternteil lebenden Geschwister,
- Berücksichtigung von persönlichen Besonderheiten des Kindes beim Umgang (z.B. Legasthenie, Hyperkinese, Hauterkrankungen).

Neben solchen konkreten Punkten können z.B. folgende Rahmensachverhalte zu Beginn oder am Ende der Vereinbarung Raum finden:

- das grundsätzliche Recht des Kindes auf Umgang,
- die Bereitschaft beider Eltern, den Umgang so auszugestalten, dass er belastungsfrei für das Kind und seine Beziehungen zu den Eltern verlaufen kann, und die Feststellung: „Wir betrachten das als Teil unserer Elternverantwortung“,
- die Verpflichtung, den anderen Elternteil gegenüber dem Kind nicht nachteilig darzustellen und zu gewährleisten, dass dies auch nicht durch andere Personen geschieht,
- die Bereitschaft dem Kind gegenüber, die getroffene Vereinbarung als Wunsch der Eltern darzustellen,
- die Bereitschaft, die Vereinbarung mit dem Kind durchzusprechen,
- Regelung der Kosten für notwendige Fahrten des Kindes.

Mit steigender Zerstrittenheit der Eltern sind Vereinbarungen mehr zu strukturieren und detaillierter zu formulieren. Sinnvoll kann dann auch die Aufnahme einer Schiedsklausel sein, in der sich die Eltern verpflichten, bei Meinungsverschiedenheiten die Vermittlung durch Dritte (Jugendamt, Mediator, Beratungsstelle) in Anspruch zu nehmen. Checklisten bzw. Muster für Umgangsvereinbarungen finden sich im Internet.

Dennoch müssen Umgangsvereinbarungen – wie alle Elternvereinbarungen – kein Endpunkt sein, und das auch dann nicht, wenn das Gerichtsverfahren bereits beendet ist. Dessen stützender Rahmen, z.B. durch Gericht, durch Beratung oder Begutachtung, fällt nach dem Übergang in den Alltag weg. Dafür treten destabilisierende Faktoren auf. Anlässe für unterschiedliche Interpretation der Vereinbarung werden entdeckt. Neue Lebenspartner sehen eigene Bedürfnisse ungenügend berücksichtigt oder werden umgekehrt als Hindernis wahrgenommen. Die Bereitschaft, eigene Bedürfnisse oder die der neu gegründeten Familie zugunsten eines vereinbarungsgemäßen Verhaltens zurückzustellen, nimmt ab. *Behrend (2022)* empfiehlt in dieser Lage, „aus den spezifischen Hinderungsgründen abzuleiten, warum der Einigungsprozess an dieser Stelle stockt" und „instabile Einigungen mit Abschluss des Verfahrens in ein passendes außergerichtliches Hilfesystem überzuleiten."

5.4.5.3 Umgangs(wieder)anbahnung

Soll Umgang wieder oder erstmalig angebahnt werden, sind oft überzogene und ungeprüfte Bedenken des betreuenden Elternteils zu hören. Dahinter stehen meist Ängste um das Kind oder Konflikte zwischen den Eltern. Die Ängste um das Kind können verschiedene Bezugspunkte haben. Auf jeden Fall kommt es darauf an, dem Kind einfühlsam zu vermitteln, dass sich bestehende emotionale Beziehungen nicht ändern und sich der bisher oder inzwischen fremde Elternteil für es interessiere. Ist der betreuende Elternteil inzwischen wieder gebunden, wird oft befürchtet, das Kind könne nicht zwei Väter oder zwei Mütter verkraften. Dem steht überwiegend die Erfahrung gegenüber, dass auch hier bei altersgerechten Erklärungen keine Probleme auftreten.

Die reale Umgangsaufnahme gelingt im Vorschulalter oder auch noch bis etwa zum siebten Lebensjahr unproblematischer, während später oft mehr Unterstützung notwendig sein kann. Voraussetzungen sind immer die angemessene Vorbereitung des Kindes sowie eine Planung von Teilschritten, zunächst kürzere Umgangskontakte, eventuell in Anwesenheit Dritter, dann allmähliche Ausdehnung der Kontaktzeiten. Sinnvoll erscheint es oft auch, den umgangsberechtigten Elternteil zu unterstützen. Oft steht dem Bestreben nach Kontakt nicht entsprechend viel Mühe gegenüber, sich auf den Kontakt mit dem Kind vorzubereiten, sich über altersentsprechende Bedürfnisse Gedanken zu machen und Beschäftigungen zu planen.

Die größeren Hemmnisse ergeben sich aber meist aus der ablehnenden Haltung des betreuenden Elternteils. Soweit sie nicht durch objektiv umgangsausschließende Gründe bestätigt ist, gilt auch hier, dass sie dem Recht auf Umgang und dem Kindeswohl entgegensteht. Die Gründe können ganz verschieden sein: verfestigte Hass- und Rachegefühle, das Argument, der andere Elternteil habe sich bisher auch nicht gekümmert, beispielsweise weil er Probleme mit sich selbst hatte, die Begründung, der eigene Partner wünsche das nicht usw. Prinzipiell gelten hier die schon behandelten Interventionsmöglichkeiten. Begleiteter Umgang (*s. Abschn. 9.5*) ist besonders dann zu erwägen, wenn die Widerstände des betreuenden Elternteils erheblich und starr sind sowie bei längerer Unterbrechung der Kontakte zwischen umgangssuchendem Elternteils und Kind.

6 Kindeswohlgefährdung – Gebote, Verbote und Eingriffe ins Sorgerecht

6.1 Rechtliche Grundlagen

6.1.1 Elterliche Erziehungsbefugnisse

Nach Artikel 6 Abs. 2 S. 1 GG sind die Pflege und Erziehung der Kinder das natürliche Recht der Eltern und die zuvörderst ihnen obliegende Pflicht. Das so formulierte Elternrecht ist zuallererst ein Abwehrrecht gegen staatliche Eingriffe (BVerfG, 1 BvR 481/03 vom 23.04.03). Im Verhältnis zum Kind rechtfertigt die elterliche Sorge keinen Machtanspruch der Eltern, das Elternrecht stellt vielmehr ein dienendes Grundrecht dar (BVerfG, 1 BvL 25/80 vom 03.11.82). Eine Verfassung, die die Menschenwürde in den Mittelpunkt ihres Wertesystems stellt, kann grundsätzlich niemandem Rechte an der Person eines anderen einräumen, die nicht zugleich pflichtgebunden sind und die Menschenwürde des anderen respektieren (BVerfG. 1 BvL 20/63 vom 29.07.68). Konkretisiert wird dies im BGB, indem die §§ 1626 Abs. 1 und 1631 Abs. 1 BGB dem Recht der Eltern deren Pflicht voranstellen, für das minderjährige Kind zu sorgen.

Obwohl das Sorgerecht im Prinzip als umfassend anzusehen ist, lassen sich in § 1626 Abs. 1 S. 2 Bestandteile des Sorgerechts erkennen, die besonders bei Eingriffen Relevanz bekommen. Die elterliche Sorge gliedert sich hiernach in Personen- und Vermögenssorge und umfasst jeweils die tatsächliche Ausübung und die rechtliche Vertretung (*Abb. 6.1*).

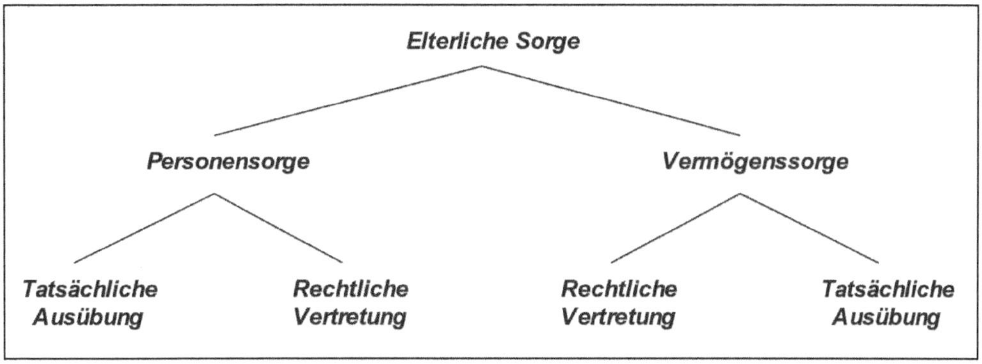

Abb. 6.1: Teilbereiche der elterlichen Sorge

§ 1631 Abs. 1 BGB konkretisiert die Inhalte der Personensorge. *Danach haben die Eltern insbesondere die Pflicht und das Recht auf Pflege, Erziehung, Beaufsichtigung und Aufenthaltsbestimmung:*

- Pflege betrifft dabei im Wesentlichen die körperliche Betreuung und Versorgung des Kindes.
- Erziehung beinhaltet die Sorge für die sittliche, geistige und seelische Entwicklung und schließt alle pädagogischen Maßnahmen ein, durch die das Kind zur Mündigkeit gelangen soll.
- Beaufsichtigung dient dem Schutz des Kindes und schließt die Pflicht ein, das Kind vor Schaden zu bewahren, z.B. im Sinne einer angemessenen Verkehrserziehung, aber auch Dritte vor Schäden durch das Kind zu schützen. Eltern haben gemäß ihrer Aufsichtspflicht auch das Recht, die Herausgabe des Kindes zu fordern und den Umgang des Kindes mit Dritten zu bestimmen und ggf. zu untersagen (§ 1632 BGB).
- Aufenthaltsbestimmung beinhaltet die Pflicht und das Recht, den Wohnort und den konkreten Aufenthaltsort des Kindes (Ausnahme § 1631b BGB) zu bestimmen (Grüneberger 2022, § 1631 Rn. 1f).

Das Grundgesetz gibt in Artikel 6 Abs. 2 S. 1 GG kein konkretes Erziehungsleitbild vor, ein solches ergibt sich jedoch aus Artikel 1 und 2 GG. Hiernach stehen dem Kind als Grundrechtsträger eigene Menschenwürde und ein eigenes Recht auf Entfaltung seiner Persönlichkeit zu (BVerfG. 1 BvL 20/63 vom 29.07.68). Positivbeschreibungen eines Erziehungsleitbildes finden sich in weiteren gesetzlichen Vorschriften. So formuliert etwa § 1626 Abs. 2 BGB Grundsätze der Erziehung, die die Erziehungsfreiheit der Eltern eingrenzen: Bei der Pflege und Erziehung berücksichtigen die Eltern die wachsende Fähigkeit und das wachsende Bedürfnis des Kindes zu selbständigem, verantwortungsbewusstem Handeln. Sie besprechen mit dem Kind, soweit es nach dessen Entwicklungsstand angezeigt ist, Fragen der elterlichen Sorge und streben Einvernehmen an. Der Gesetzgeber gibt hier einen partnerschaftlichen Erziehungsstil vor und schließt einen allein auf Gehorsam und Unterwerfung ausgerichteten Erziehungsstil deutlich aus (Grüneberger 2022, § 1626 Rn. 23). Auch in § 1618a BGB weist er auf die wechselseitige familiäre und solidarische Verantwortung füreinander hin: Eltern und Kinder sind einander Beistand und Rücksicht schuldig. Eltern sind den Kindern verpflichtet, die heranwachsenden Kinder aber gleichermaßen den Eltern. Im Bereich der Sozialgesetzgebung benennt § 1 SGB VIII, dass jeder junge Mensch ein Recht auf Förderung seiner Entwicklung und auf Erziehung zu einer eigenverantwortlichen und gemeinschaftsfähigen Persönlichkeit hat. Hieraus lässt sich das Erziehungsziel einer autonomen, gleichzeitig aber sozial eingebundenen Persönlichkeit ableiten (BVerfG 1 BvL 20/63 vom 29.07.68).

Eine erste Negativbeschreibung von Erziehungsmaßnahmen findet sich in § 1631 Abs. 2 BGB. Hiernach haben Kinder ein Recht auf gewaltfreie Erziehung. Körperliche Bestrafungen, seelische Verletzungen und andere entwürdigende Erziehungsmaßnahmen sind unzulässig. Die Vorschrift knüpft an Artikel 19 der von Deutschland ratifizierten UN-Kinderkonvention an, wonach Kinder vor jeder Form körperlicher oder geistiger Gewaltanwendung zu schützen sind. Ein allgemeines Verbot, Kinder zu strafen, beinhaltet die Vorschrift allerdings nicht, weil darunter auch sinnvolle Reaktionen auf Fehlverhalten eines

Kindes fallen würden (Grüneberger 2022, § 1631 Rn. 7). Die Ächtung der Gewalt in der Erziehung verfolgt primär das Ziel, Betroffenen Hilfe und Unterstützung zukommen zu lassen, nicht, sie strafrechtlich zu verfolgen oder ihnen die elterliche Sorge zu entziehen, obwohl Letzteres bei gleichzeitig vorliegender Kindeswohlgefährdung nach § 1666 BGB möglich ist (BT-Drs. 14/1247, 5).

Neben Positiv- und Negativbeschreibungen finden sich in verschiedenen Vorschriften gesetzlich festgelegte Einschränkungen der elterlichen Sorge:

- Artikel 7 Abs. 1 GG unterstellt das gesamte Schulwesen staatlicher Aufsicht. Der so dem Staat erteilte Erziehungsauftrag schränkt das elterliche Erziehungsrecht ein. Die allgemeine Schulpflicht dient der Durchsetzung dieses Auftrags, der nicht nur auf die Vermittlung von Wissen und die Erziehung zu einer selbstverantwortlichen Persönlichkeit abzielt, sondern auch die Heranbildung verantwortlicher Staatsbürger und deren Teilhabe an den demokratischen Prozessen einer pluralistischen Gesellschaft zum Ziel hat (BVerfG 2 BvR 1693/04 vom 31.05.06).
- Bereits hingewiesen wurde auf die Begrenzung der zulässigen Erziehungsmittel in § 1631 Abs. 2 BGB und das Recht des Kindes auf gewaltfreie Erziehung.
- § 1631a BGB gebietet, dass die Eltern in Fragen der Ausbildung und des Berufs eines Kindes dessen Eignung und Neigung berücksichtigen sollen.
- § 1631b BGB bestimmt, dass eine Unterbringung des Kindes, die mit einer Freiheitsentziehung verbunden ist, nur mit Genehmigung des Familiengerichts zulässig ist.
- Nach § 1631c BGB können Eltern in eine Sterilisation des Kindes nicht einwilligen.
- § 1631d BGB umfasst zwar das Elternrecht, in eine medizinisch nicht erforderliche Beschneidung des männlichen Kindes einzuwilligen, diese soll jedoch nach den Regeln der ärztlichen Kunst durchgeführt werden. Dies gilt nicht, wenn durch die Beschneidung auch unter Berücksichtigung ihres Zweckes das Kindeswohl gefährdet wird.
- § 1629 BGB legt Grenzen der Vertretungsbefugnis fest (Notvertretungsrecht, Geltendmachung von Unterhaltsansprüchen des Kindes).
- § 1626 Abs. 3 BGB regelt in Verbindung mit den §§ 1684 und 1685 BGB, dass zum Wohl des Kindes der Umgang mit beiden Elternteilen und anderen Personen, zu denen das Kind Bindungen besitzt, gehört. Auch dies stellt eine Begrenzung des Sorgerechts dar (*Abschnitt 5.1*).

Elternrecht gilt auch darüber hinaus nicht uneingeschränkt. Nach Artikel 6 Abs. 2 S. 2 GG kommt dem Staat im Rahmen des sog. Wächteramtes eine Kontrollfunktion zu, aus der sich eine Eingriffslegitimation ableiten lässt. Liegen begründete Anhaltspunkte für eine Kindeswohlgefährdung vor, berechtigt und verpflichtet dies, Maßnahmen zum Schutze des Kindes einzuleiten, da das Kind selbst Grundrechtsträger ist und Anspruch auf den Schutz des Staates hat (BVerfG 1 BvL 20/63 vom 29.07.68).

6.1.2 Familiengerichtliche Maßnahmen bei Gefährdung des Kindeswohls

Zentrale Vorschriften für den Eingriff in die elterliche Sorge stellen die §§ 1666 und 1666a BGB dar. *§ 1666 Abs. 1 BGB nennt zwei Voraussetzungen, die zusammen Maßnahmen des Familiengerichts zur Abwendung der Gefahr rechtfertigen:*

1. Es muss eine Gefährdung des Kindeswohls (auf die ebenfalls im Gesetz genannte Gefährdung des Vermögens des Kindes wird im Folgenden nicht näher eingegangen) gegeben sein. Der Gesetzgeber differenziert hierbei zwischen körperlichem, geistigem und seelischem Wohl des Kindes.
2. Die Eltern müssen nicht gewillt oder nicht in der Lage sein, die Gefahr abzuwenden.

Bei dem in § 1666 BGB verwandten Begriff des Kindeswohls handelt es sich um einen unbestimmten Rechtsbegriff, dem es an einer eindeutigen Sachdefinition mangelt und der hier eine nur durch aufgezählte Erscheinungsformen der Kindeswohlgefährdungen und das grob umrissene Fehlverhalten der Eltern definierte Konkretisierung erfährt *(Abschnitt 2.5)*. Eingriffe in das Sorgerecht sind gerechtfertigt, wenn eine erhebliche Schädigung des Kindes bei einer vorhandenen gegenwärtigen Gefahrensituation bereits eingetreten ist. Es genügt aber auch, dass sich der Schaden bei einer gegenwärtigen Gefährdung mit ziemlicher Sicherheit voraussehen lässt, ohne also bereits eingetreten zu sein (Grüneberger 2022, § 1666 Rn. 8). Nach ständiger Rechtsprechung des Bundesgerichtshofs und des Bundesverfassungsgerichts ist Voraussetzung einer (teilweisen) Entziehung der elterlichen Sorge gerade im Zusammenhang mit der Trennung des Kindes von seinen Eltern eine gegenwärtige, in einem solchen Maß vorhandene Gefahr, dass sich bei der weiteren Entwicklung der Dinge eine erhebliche Schädigung des geistigen oder leiblichen Wohls des Kindes mit ziemlicher Sicherheit voraussehen lässt (BGH IV ZB 32/56 vom 14.07.56, BGH XII ZB 47/15 vom 06.07.16, Rn. 28 und BVerfG 1 BvR 572/20 vom 10.06.20, Rn. 22). Auf Seiten des Sorgeinhabers spricht § 1666 BGB damit eine nicht oder nicht ausreichend gegebene Erziehungsfähigkeit an (*Abschnitt 2.7*).

Ziel gerichtlicher Intervention ist es dabei nicht, dem Kind eine von seinen Fähigkeiten ausgehende bestmögliche Förderung zu ermöglichen. Eltern und deren sozioökonomische Verhältnisse gehören grundsätzlich zum Schicksal und Lebensrisiko eines Kindes. Der Umstand etwa, dass einem Kind an anderer Stelle möglicherweise ein strukturierteres und verlässlicheres Umfeld mit besseren Förderungsmöglichkeiten geboten werden kann, kann einen (teilweisen) Sorgerechtsentzug nicht begründen (BVerfG 1 BvR 374/09 vom 29.01.10).

Grundsätzlich soll auch im familiengerichtlichen Verfahren dem Gedanken Rechnung getragen werden, dass Prävention das beste Mittel ist, um Kinder effektiv vor Gefährdungen zu schützen. Damit sozialpädagogische Hilfs- und Unterstützungsangebote Familien frühzeitig erreichen, sieht § 1666 BGB ein frühzeitiges Anrufen und niederschwelliges Eingreifen des Familiengerichts vor (BT-Drs. 16/6815, 11). *Nach § 1666 Abs. 3 BGB gehören zu diesen Maßnahmen insbesondere:*

1. Gebote, öffentliche Hilfen wie zum Beispiel Leistungen der Kinder- und Jugendhilfe und der Gesundheitsfürsorge in Anspruch zu nehmen,
2. Gebote, für die Einhaltung der Schulpflicht zu sorgen,
3. Verbote, vorübergehend oder auf unbestimmte Zeit die Familienwohnung oder eine andere Wohnung zu nutzen, sich in einem bestimmten Umkreis der Wohnung aufzuhalten oder zu bestimmende andere Orte aufzusuchen, an denen sich das Kind regelmäßig aufhält,
4. Verbote, Verbindung zum Kind aufzunehmen oder ein Zusammentreffen mit dem Kind herbeizuführen,

5. die Ersetzung von Erklärungen des Inhabers der elterlichen Sorge,
6. die teilweise oder vollständige Entziehung der elterlichen Sorge.

Auch Maßnahmen mit Wirkung gegen einen Dritten können in Angelegenheiten der Personensorge getroffen werden (§ 1666 Abs. 4 BGB).

Nach Artikel 6 Abs. 3 GG dürfen Kinder gegen den Willen der Erziehungsberechtigten nur auf Grund eines Gesetzes von der Familie getrennt werden, wenn die Erziehungsberechtigten versagen oder wenn die Kinder aus anderen Gründen zu verwahrlosen drohen. § 1666a BGB konkretisiert, dass Maßnahmen, mit denen eine Trennung des Kindes von der Familie verbunden ist, nur zulässig sind, wenn der Gefahr nicht auf andere Weise, auch nicht durch öffentliche Hilfen, begegnet werden kann. Zudem darf die gesamte Personensorge nur entzogen werden, wenn andere Maßnahmen erfolglos geblieben sind oder wenn anzunehmen ist, dass sie zur Gefahrenabwehr nicht ausreichen. Hier greift das Verhältnismäßigkeitsprinzip. Vor einer Fremdunterbringung des Kindes ist also zu prüfen, ob die Gefährdung nicht durch mildere Mittel, etwa die Gewährung öffentlicher Hilfen vor allem nach den §§ 11 bis 40 SGB VIII, abgewendet werden kann.

Zuständig für Verfahren nach den §§ 1666 und 1666a BGB ist das Familiengericht (§ 621 ZPO), dessen Tätigwerden nach § 26 FamFG von Amts wegen erfolgt. Das Familiengericht hat von sich aus die erforderlichen Ermittlungen durchzuführen und gemäß § 29 FamFG die erforderlichen Beweise zu erheben, etwa durch die Einholung eines psychologischen Sachverständigengutachtens.

Für das Verfahren bedeutsam sind weiter Anhörungspflichten des Familiengerichts. Hierzu zählen die persönliche Anhörung des Kindes nach § 159 FamFG, der Eltern nach § 160 FamFG, ggf. die Mitwirkung der Pflegeperson nach § 161 FamFG und regelmäßig die des Jugendamtes nach § 162 FamFG, das nach § 162 Abs. 2 FamFG im Falle des Kindesschutzes vom Familiengericht am Verfahren zu beteiligen ist. Auf die vielfältigen Aufgaben der Jugendhilfe im Kinderschutz wird an anderer Stelle eingegangen (*Abschnitt 9.2*). § 158 Abs. 2 Nr. 1 FamFG sieht in Verfahren der §§ 1666 und 1666a BGB nunmehr stets die Bestellung eines Verfahrensbeistandes vor, wenn die teilweise oder vollständige Entziehung der Personensorge in Betracht kommt. Dieser hat die Interessen des Kindes im familiengerichtlichen Verfahren zu vertreten (*Abschnitt 9.3*).

Das oben beschriebene Verhältnismäßigkeitsprinzip spiegelt sich auch in § 157 FamFG wider, wonach das Gericht in Verfahren nach §§ 1666 und 1666a BGB mit den Eltern und in geeigneten Fällen auch mit dem Kind erörtern soll, wie einer möglichen Gefährdung des Kindeswohls, insbesondere durch öffentliche Hilfen, begegnet werden und welche Folgen die Nichtannahme haben kann. Hierzu soll das Gericht das Jugendamt laden und das persönliche Erscheinen der Eltern anordnen. Ferner hat es unverzüglich den Erlass einer einstweiligen Anordnung zu prüfen.

6.2 Die psychologische Problematik und ihre Beurteilung

6.2.1 Die juristischen und psychologischen Fragestellungen

Wie oben dargestellt, orientieren sich die juristischen Fragestellungen im Falle der Kindeswohlgefährdung an der Systematik der §§ 1666 und 1666a BGB. Aus der jeweiligen Fragestellung resultiert ein mehrstufiger Prüfprozess.

Die erste zentrale juristische Frage lautet: Ist eine Gefährdung des geistigen, seelischen oder körperlichen Wohls des Kindes gegeben? Auf psychologischer Ebene ist damit zu klären, ob und wenn ja, welche Schädigungen des Kindes bereits vorliegen und/oder ob die Lebensbedingungen des Kindes Schädigungen mit hoher Wahrscheinlichkeit erwarten lassen.

Auszugehen ist von der Nullhypothese:

1. Eine Schädigung und/oder Gefährdung des Kindes liegt nicht vor und/oder ist mit hoher Wahrscheinlichkeit nicht zu erwarten.

Alternativ wird als Gegenhypothese formuliert:

2. Eine Schädigung und/oder Gefährdung des Kindes liegt vor.

Die Nullhypothese ist anhand der erhobenen Vorwürfe und Daten zu prüfen und ggf. zu verifizieren bzw. zu falsifizieren. Wird sie falsifiziert, gilt die Gegenhypothese. Sachkompetenz und Neutralität sind gefordert, um Fehler und damit Schadensrisiken für das Kind zu vermeiden. Zwei Fehlerquellen sind gegeben, falsch-positive und falschnegative Bewertungen.

1. Es wird fälschlicherweise davon ausgegangen, dass eine Schädigung des Kindes nicht vorliegt und/oder die derzeitigen Lebensbedingungen des Kindes keine Gefährdung erwarten lassen.
2. Es wird fälschlicherweise davon ausgegangen, dass eine Schädigung des Kindes vorliegt und/oder die derzeitigen Lebensbedingungen des Kindes eine Gefährdung erwarten lassen.

Im ersten Fall liegt das Schadensrisiko des Kindes in den physischen und psychischen Konsequenzen, die sich aus einem Fortbestand der spezifischen Gefährdungslage ergeben (s. u.). Im zweiten Fall liegt das Schadensrisiko in den Folgen ungerechtfertigter Einschränkungen der elterlichen Sorge, die Eingriffe in das Familienleben darstellen, im extremsten Fall in einer ungerechtfertigten Trennung des Kindes von den Eltern durch Fremdunterbringung. Schaden entsteht durch den Verlust der Bindungsfiguren und des sozialen Umfeldes, ggf. auch aus dem Handeln gegen den Willen des Kindes.

Die zweite, sich anschließende juristische Frage richtet sich auf die Erziehungsfähigkeit der Bezugsperson: Fehlt der Bezugsperson der Wille, die Gefahr für das Kind abzuwenden, oder ist sie hierzu nicht in der Lage? Beide Aspekte der Erziehungsfähigkeit spiegeln sich im Erziehungsverhalten wider, das wiederum von Einstellungen, Fähigkeiten und Wissen geprägt wird (*Abschnitt 2.7*). Relevant sind im Falle des Kinderschutzes insbesondere der Wille und die Fähigkeit zur Reflexion eigenen Verhaltens, zum Erlernen und Umsetzen alternativer Handlungsstrategien und auch zur Kooperation, etwa mit der Jugendhilfe oder anderen relevanten Institutionen.

Die sich hieraus ergebenden Grundhypothesen lauten:

1. Die Bezugsperson ist bereit und in der Lage, die Kindeswohlgefährdung abzuwenden.
2. Sie ist hierzu nicht bereit und/oder nicht in der Lage.

Fehlerquellen liegen hier in einer Fehleinschätzung der Fähigkeit oder Bereitschaft zur Selbstkorrektur der Bezugsperson und können zu den bereits genannten Konsequenzen führen.

Eng verknüpft mit den ersten beiden Fragen ist eine letzte juristische Frage, die sich gemäß § 1666a Abs. 1 BGB aus dem Verhältnismäßigkeitsgrundsatz ergibt. Sie lautet: Reichen ambulante Maßnahmen der Jugendhilfe zur Abwendung der Kindeswohlgefährdung aus? Sie kann auch erweitert sein und Fragen nach den geeigneten Hilfen zur Erziehung (*Abschnitt 9.2*) enthalten.

Aus psychologischer Sicht sind hier die Schadensrisiken, die dem Kind durch einen Verbleib in der Familie bei gegebener Kooperationsbereitschaft und -fähigkeit der Bezugsperson entstehen, gegen die einer Fremdunterbringung abzuwägen. Möglichkeiten und Grenzen ambulanter, teilstationärer oder stationärer Hilfen zur Erziehung sind insbesondere hinsichtlich ihrer Perspektiven für den Kinderschutz zu prüfen. Gegebenenfalls sind bereits bestehende konkrete Unterbringungsformen zu berücksichtigen, etwa dann, wenn ein Kind vorläufig in einer Pflegestelle oder einem Heim untergebracht ist. Aber auch immanente Begrenzungen stationärer Unterbringungsmöglichkeiten, etwa ein zu häufiger Wechsel von Bezugspersonen oder Konkurrenzverhalten gegenüber der Herkunftsfamilie, sind zu beachten. Der von Goldstein u.a. (1991) geprägte Begriff der am wenigsten schädlichen Lösungsalternative gewinnt in diesem Zusammenhang erhebliche Bedeutung.

6.2.2 Ziele familiengerichtlicher Maßnahmen

Auch beim Sorgerechtszug sind Haupt- und Nebenziele zu unterscheiden. Hauptziel ist die Gefahrenabwehr, d.h. der Schutz des Kindes.

Nebenziel ist es, dem oftmals ohnehin belasteten Kind zusätzliche Beeinträchtigungen zu ersparen. Der oben beschriebene Grundsatz der *Verhältnismäßigkeit* ist so auch psychologisch begründbar: Eine Kumulation von Belastungsfaktoren ist zu vermeiden. Primär ist deshalb zu versuchen, dem Kind wichtige Bindungsfiguren zu erhalten. Eine Herausnahme und Fremdunterbringung, insbesondere auch aus einem sozialen Umfeld, aus dem das Kind etwaigen Nutzen zieht, sollten nach Möglichkeit vermieden werden. Müssen sie dennoch erfolgen, sollten auf Bezugspersonen gerichtete emotionale Bedürfnisse des Kindes in Umgangsregelungen berücksichtigt und befriedigt werden. Auch der Wille des Kindes ist weitestgehend einzubeziehen, um emotionalem Stress entgegenzuwirken und die kindliche Selbstwirksamkeitsüberzeugung nicht zu labilisieren. Die Verfolgung dieses Nebenziels wird immer an Grenzen stoßen, wenn das Hauptziel, der Kinderschutz, gefährdet wird.

Ein weiteres wesentliches Nebenziel ist darin zu sehen, Bedingungen zu fördern, die eine gegebene Kindeswohlgefährdung beseitigen und eine baldige Aufhebung der getroffenen Maßnahme ermöglichen. § 1696 Abs. 2 BGB sieht dies vor, wenn eine Gefahr für das Wohl des Kindes nicht mehr besteht. Im Wesentlichen sind hier Jugendhilfemaßnahmen des SGB VIII angesprochen. Dies gilt insbesondere auch bei Fremdunterbringung, wo die in § 37 Abs. 1 SGB VIII ausdrücklich vorgesehene Verbesserung der Erziehungsbedingungen in der Herkunftsfamilie oftmals in der Arbeit der Jugendhilfe zu stark in den Hintergrund tritt.

Zu thematisieren sind in diesem Zusammenhang auch angemessene Umgangsregelungen, die bei längerfristiger Unterbringung überhaupt erst den Bindungserhalt ermöglichen und damit eine wesentliche Voraussetzung für eine spätere Rückführung des Kindes offen halten.

6.3 Psychologie der Kindeswohlgefährdung

6.3.1 Definition und Erscheinungsformen

Kindeswohlgefährdungen sind alle Unterlassungen oder Handlungen einer unmittelbaren Bezugsperson, in der Regel des Sorgeberechtigten, die mit hoher Wahrscheinlichkeit zu erheblichen physischen oder psychischen Beeinträchtigungen eines Kindes führen. Kindeswohlgefährdungen resultieren in der Regel aus vielfältigen, vereinzelt aber auch aus gravierenden isolierten Unterlassungen oder Handlungen. *Es lassen sich folgende Formen unterscheiden, auf die in der Folge gesondert eingegangen werden soll:*

- physische und emotionale Vernachlässigung,
- physische Misshandlung,
- psychische Misshandlung,
- sexueller Missbrauch und
- Partnerschaftsgewalt.

6.3.2 Häufigkeiten

Der Erfassung von Anzahl und Verteilung von Kindeswohlgefährdungen kann man sich methodisch auf unterschiedliche Arten nähern. Zum einen geben polizeiliche, jugendamtliche oder gerichtliche Statistiken Anhaltspunkte, zum anderen sozialwissenschaftliche Untersuchungen. Dennoch ist die Datenbasis zu Kindeswohlgefährdungen unzureichend und es lassen sich auch über deren Verteilung auf die unterschiedlichen Formen nur ungenaue Aussagen treffen. Hierfür gibt es verschiedene Gründe:

- Es fehlt an klaren Definitionen, was unter Kindeswohlgefährdung zu verstehen ist. Hierbei ist vor allem auch die Definition von allgemeingültigen Grenzwerten schwierig. Enge und weite Auslegungen sind möglich, was sich dann auch in unterschiedlichen Prävalenzen ausdrückt.

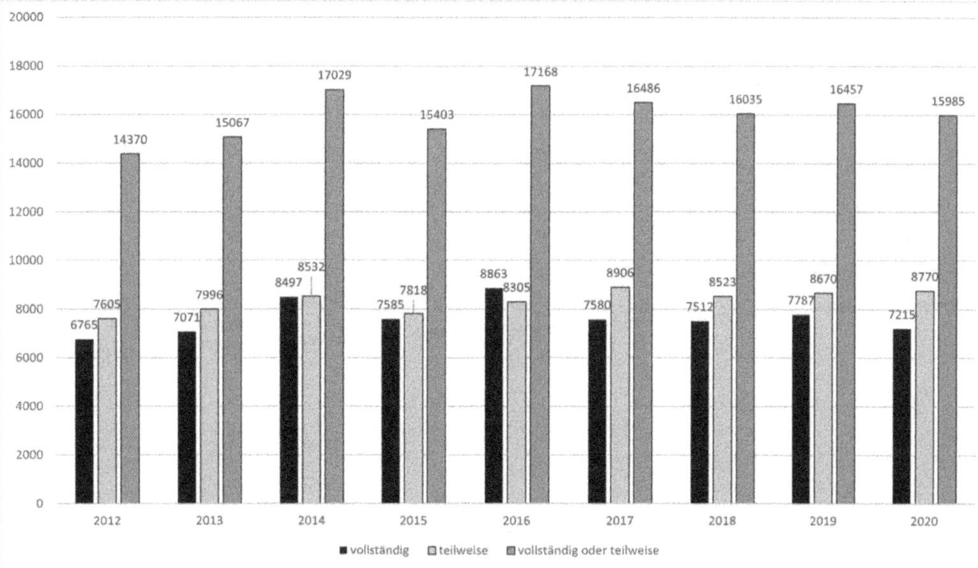

Abb. 6.2: Statistisches Bundesamt (2022a): Vollständiger oder teilweiser Entzug der elterlichen Sorge 2012-2020

- Polizeiliche, jugendamtliche und gerichtliche Statistiken geben nur begrenzt Auskunft, da sie nur das Hellfeld, also offiziell bekannte und registrierte Fälle, erfassen. Auch wenn sich der Kinderschutz in den letzten Jahren in Deutschland verbesserte, ist nach wie vor von einem beträchtlichen Dunkelfeld auszugehen. Nur Wenige haben Einblick in familiäre Verhältnisse und Kinder sprechen oft aus Angst und/oder Loyalitätsempfinden nicht über Ereignisse, deren Opfer sie wurden.
- Ungenauigkeiten entstehen auch durch die Datenerfassung. In der polizeilichen Kriminalstatistik werden etwa alle der Polizei bekannt gewordenen Fälle erfasst, ohne zwischen unbegründeten oder begründeten Verdachtsmomenten zu differenzieren oder die Frage einer späteren Verurteilung einzubeziehen. Sie erfasst zudem lediglich Deliktarten, für die es eine Anzeige- bzw. Meldepflicht gibt, so dass das Zahlenmaterial auch nur einen Bruchteil des Hellfeldes erfasst. Abgeleitete Entwicklungen lassen zudem nicht erkennen, ob sich die Delikthäufigkeit oder lediglich das Anzeigeverhalten verändert hat. Dies gilt auch für gerichtliche Statistiken (siehe *Abb. 6.2*).
- Sozialwissenschaftliche Prävalenzstudien erfassen zwar eher das Dunkelfeld, auch hier stellen sich aber Fragen der Definition, etwa hinsichtlich der Intensität und Auftretenshäufigkeit im Einzelfall, und Fragen der anschließenden Kategorisierung (Deegener 2012), die die Vergleichbarkeit verschiedener Studien erschweren. Hinzu kommen unterschiedliche Teilstichproben und Erhebungsmethoden. Sofern Studien etwa auf Befragungen basieren, stellt sich dabei das Problem falschen Antwortverhaltens, etwa aus Scham oder Schuld oder bei retrospektiven Untersuchungen aufgrund von Gedächtnis- und Verdrängungsprozessen (Häuser u.a. 2011).
- Einzelne Gefährdungsformen treten oft nicht isoliert auf, sondern stehen in Wechselbeziehungen. So fanden etwa Häuser u.a. (2011) in einer repräsentativen deutschen Studie, in der 2504 Personen im Alter von 14 Jahren und älter zu Gefährdungs-

erfahrungen in Kindheit und Jugend befragt wurden, die stärksten Korrelationen zwischen emotionalem und körperlichem Missbrauch (r = 0,67) und emotionaler und körperlicher Vernachlässigung (r = 0,59). Schwächere Korrelationen fanden sich bei sexuellem Missbrauch und emotionaler Vernachlässigung (r = 0,25) und sexuellem Missbrauch und körperlicher Vernachlässigung (r = 0,33), was durch die oft vorzufindenden Tatmodalitäten, eben die missbräuchliche sexuelle Ausnutzung einer emotionalen Beziehung zum Kind, zu erklären ist.

In der Folge wird deshalb exemplarisch auf wenige ausgewählte Statistiken und Studien Bezug genommen, die lediglich Anhaltspunkte für die Auftretenshäufigkeit von Kindeswohlgefährdungen und deren Unterformen liefern sollen.

Die Zahl der Kinderschutzverfahren vor deutschen Familiengerichten, die zu einem teilweise oder vollständigen Entzug der elterlichen Sorge führten, war in den letzten Jahren recht stabil (*Abb. 6.2*). Vergleicht man jedoch die Kinderschutzverfahren der Familiengerichte mit denen der Jugendhilfe, so zeigt sich, dass 2020 nur etwa jeder vierte Kinderschutzfall vor dem Familiengericht entschieden wurde. Die Zahl der Meldungen, die von der Jugendhilfe als latente und akute Kindeswohlgefährdungen eingeschätzt wurden, erhöhte sich nach Angaben des Statistischen Bundesamtes (2022b) von 38.424 Fällen im Jahr 2012 auf 60.551 im Jahr 2020 drastisch (*Abb. 6.3*). Allein zwischen 2018 und 2020 stieg diese Zahl jährlich um fast 10%. Obwohl nicht ausgeschlossen werden kann, dass die Zahl der Gefährdungsfälle stieg, spiegelt sich in diesem Anstieg aber wohl vor allem eine Aufhellung des Dunkelfeldes wider. Zum einen wurde der Kinderschutz in den letzten Jahren durch verschiedene Gesetzesreformen

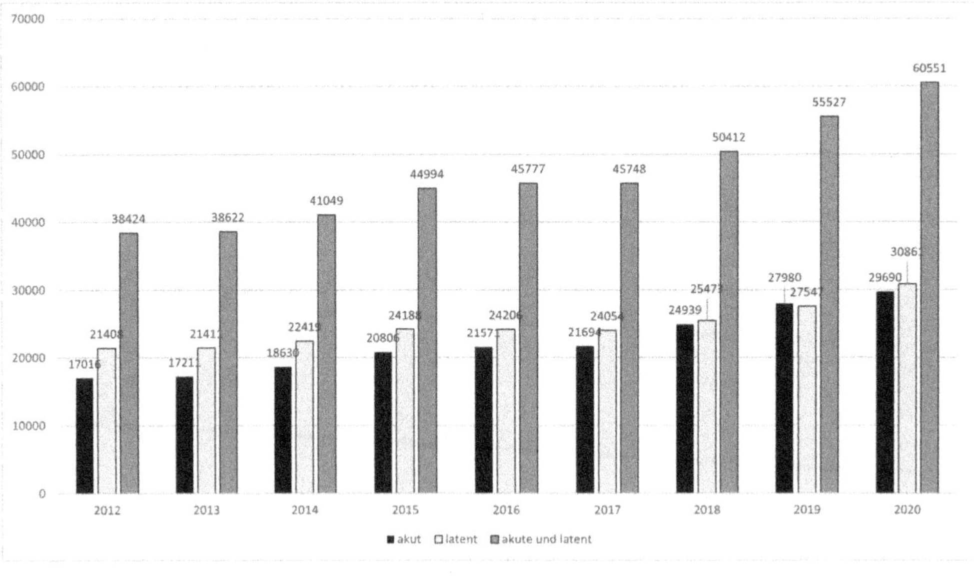

Abb. 6.3: Statistisches Bundesamt (2021d): Latente und akute Kindeswohlgefährdungen laut Einschätzungen der Jugendhilfe 2012–2020 (2012 ohne Hamburg)

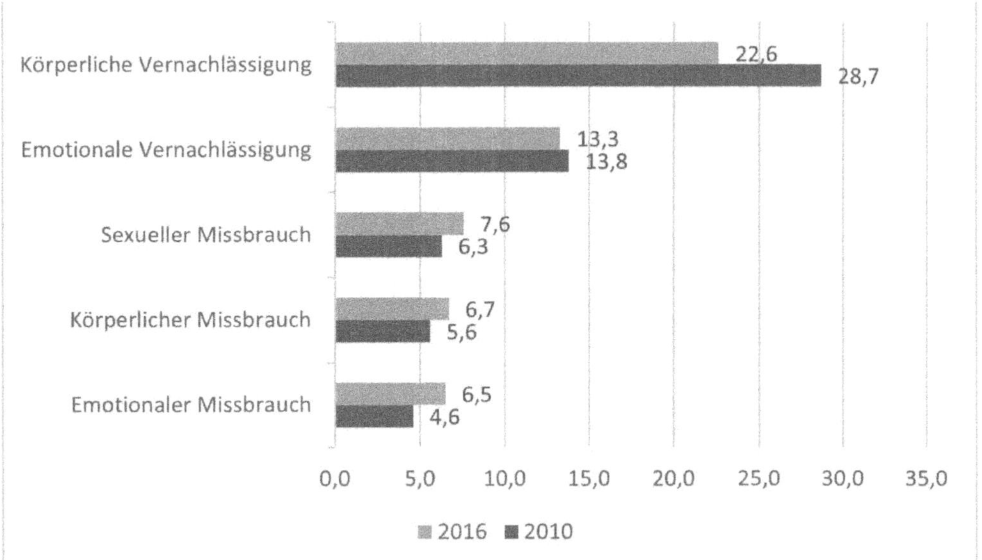

Abb. 6.4. Prävalenz von Kindeswohlgefährdungen in Deutschland 2010 und 2016 nach Häuser u. a. (2011) und Witt u. a. (2018)

verbessert, was zu einer höheren Sensibilisierung der Fachkräfte beitrug, etwa in Kinderkliniken (Schmidt u.a. 2020), zum anderen führte ein starkes Medieninteresse auch zu einer höheren Aufmerksamkeit in der Bevölkerung.

Die Verteilung der Kindeswohlgefährdungsverfahren auf unterschiedliche Gefährdungsarten nach Einschätzung der Jugendhilfe (latente und akute Gefährdungen) verdeutlicht für das Jahr 2020 folgende Erhebung des Hellfeldes, wobei Mehrfachnennungen möglich waren (Statistisches Bundesamt 2021d):

- Vernachlässigung: 35.110
- Psychische Misshandlung: 20.887
- körperliche Misshandlung: 15.943
- sexuelle Gewalt: 3.223

Wie groß das Dunkelfeld ist, zeigen trotz oben genannter Einschränkungen zwei retrospektive Untersuchungen (*Abb. 6.4*). 2010 befragten Häuser u.a. (2011) 2.504 Personen (14 Jahre und älter) einer repräsentativen deutschen Zufallsstichprobe nach Vernachlässigungs-, Misshandlungs- und Missbrauchserfahrungen in ihrer Kindheit und Jugend, wobei auch hier Mehrfachnennungen möglich waren. 2016 wiederholten Witt u.a. (2018) die Befragung in einem vergleichbaren repräsentativen Setting, was eine Gegenüberstellung der jeweilig errechneten Prävalenzen erlaubt. Erfasst wurden jeweils geringe/moderate, moderate/schwere und schwere/extreme Gefährdungsformen, wobei in Abb. 6.4 die moderaten/schweren und schweren/extremen Formen für die beiden Jahre zusammengefasst werden, da vor allem sie den Schweregrad einer Kindeswohlgefährdung erreichen.

Beide Erhebungen des Dunkelfeldes deuten darauf hin, dass Kindeswohlgefährdungen in der deutschen Bevölkerung weit verbreitet sind. Ähnlich wie bei den o.g. Gefährdungseinschätzungen der Jugendhilfe zeigt sich auch in diesen beiden Dunkelfelduntersuchungen, dass die Prävalenzen für Gefährdungsformen unterschiedlich verteilt sind und die körperliche und emotionale Vernachlässigung am häufigsten auftreten.

6.3.3 Risikofaktoren

Risikofaktoren für Kindeswohlgefährdungen sind auf verschiedenen sozio-ökologischen Ebenen identifizierbar (Amelang/Krüger 1995, Bender/Lösel 2005, Kindler u.a. 2006). Die unten exemplarisch aufgeführten Variablen beeinflussen komplexe und dynamische Entwicklungen, an deren Ende eine Kindeswohlgefährdung stehen kann. Weitgehend gesichert ist dabei die Erkenntnis, dass eine Kumulation dieser Faktoren das Risiko von Kindeswohlgefährdung erhöht (Deegener 2012). Einfache Ursachen-Wirkungs-Zusammenhänge bestehen dennoch nicht. Das Vorhandensein von Risikofaktoren kann also nie als Nachweis einer Kindeswohlgefährdung dienen, sollte jedoch die Aufmerksamkeit der Fachkräfte erhöhen.

Risikofaktoren auf gesellschaftlicher Ebene:

- ein generell hohes Maß an gesellschaftlicher Gewaltbereitschaft, das sich u.a. in der Zahl der Gewaltdelikte ausdrückt,
- eine befürwortende oder zumindest ambivalente Haltung gegenüber Körperstrafen als Erziehungsmittel und
- eine mangelnde Akzeptanz von Kindern und ihren Rechten.

Risikofaktoren im familiären Nahraum:

- eine Präferenz von Erziehungsstrategien, die Gewalt einschließen, und
- eine soziale Isolation der Familie, mit der eine geringe Verfügbarkeit von Unterstützungssystemen (wenig Kontakt zu Verwandten, Freunden), eine geringere soziale Kontrolle, eine stärkere Inanspruchnahme der direkten Bezugspersonen und eine schlechtere Versorgungslage der Kinder einhergeht.

Risikofaktoren auf familiärer Ebene:

- Interaktionsmuster der Bezugspersonen mit hohem Konfliktpotential, insbesondere mit physischer Gewalt,
- ein Erziehungsstil, der auf Gehorsam und Unterwerfung ausgerichtet ist, der körperliche Strafen toleriert und die Hemmschwelle für die Anwendung ausufernder Gewalt senkt,
- ein hoher innerfamiliärer Stresspegel (hohe Kinderzahl, mangelnde Ressourcen, Autoritätsverlust, Erziehungsschwierigkeiten),
- Alleinerziehung, gekoppelt mit erzieherischer Überlastung und erhöhtem Stresserleben (begünstigt insbesondere das Misshandlungsrisiko),
- schlechte sozioökonomische Bedingungen (Arbeitslosigkeit, Armut) und eine daraus resultierende soziale Benachteiligung und Ausgrenzung.

Risikofaktoren auf der individuellen Ebene der Bezugsperson:

- eine frühe Schwangerschaft, die mit einem geringen Alter und einer mangelnden Reife der Eltern, insbesondere der Mutter, korreliert,
- selbst erlebte emotionale Deprivation,
- Gewalterfahrung in der Kindheit,
- soziale Devianz,
- Alkohol- und Substanzmittelmissbrauch,
- bestimmte Formen psychischer und somatischer Erkrankungen,
- geringer IQ und geistige Behinderung,
- emotionale Instabilität, Neigung zu Impulsivität, zu Erregtheit, zu Zorn,
- Furcht vor Bedrohung und Kontrolle von außen (soziale Isolation),
- geringe Handlungsmotivation und Selbstwirksamkeitsüberzeugung, die sich in der Interaktion mit dem Kind, aber auch mit der Umwelt manifestiert, indem soziale Unterstützung nicht eingefordert wird,
- überhöhte Erwartungen an das Kind, z.B. hinsichtlich Leistungsfähigkeit, Elternliebe, Gehorsam, Angepasstheit, Anerkennung der elterlichen Autorität etc.,
- hohe Stressbelastung, insbesondere auch in Zusammenhang mit kritischen Lebensereignissen.

Letztlich ist auch die Kindebene zu betrachten. Wie an anderer Stelle ausgeführt, ist Erziehung ein Interaktionsprozess und auch abhängig von Kindvariablen (*Abschnitt 2.7*). Hier geht es jedoch nicht etwa darum, Handlungsverantwortung von der Eltern- auf die Kindebene zu verlagern, sondern lediglich darum, Merkmale des Kindes zu beschreiben, die das Gefährdungsrisiko erhöhen.

Risikofaktoren des Kindes:

- Unerwünschtheit,
- Frühgeburt,
- geringes Alter,
- verminderte kindliche Responsivität auf äußere Reize und deshalb erschwerter Beziehungsaufbau zu den Bezugspersonen,
- Merkmale wie „schwieriges“ Temperament, Regulationsstörungen, Schreikinder, Einschlaf- oder Durchschlafstörungen, Erkrankungen, Entstellungen, Behinderungen, Entwicklungsstörungen, Lernstörungen, Hyperaktivität, Quengeln, Geschwisterrivalität, sexuelle Enthemmung, Jähzorn und geringe Beeinflussbarkeit und
- erschwerte Anpassung, etwa an eine sich verändernde Umgebung, Trennungssituationen oder einen neuen Partner.

6.4 Beurteilungskriterien

Risikofaktoren bieten allgemeine Erklärungsansätze und sollten zu präventiven Maßnahmen auf verschiedenen gesellschaftlichen Ebenen führen. Im Einzelfall können sie auch als Frühwarnsystem dienen. Zur Diagnostik des Einzelfalls oder gar zur Beweisführung im familiengerichtlichen Verfahren eignen sie sich jedoch nur begrenzt. Allein das Vorhandensein von Risikofaktoren muss nicht zu einer Kindeswohlgefährdung führen, etwa wenn sie nur schwach ausgeprägt sind oder im Familiensystem durch vorhandene Ressourcen kompensiert werden können.

Beurteilungskriterien richten sich dagegen auf einzelfallbezogene Personen- und Beziehungsmerkmale. Sie sollen konkret vorhandene Gefährdungsmomente, aber auch Ressourcen, erfassen, um auf dieser Basis dann eine Einschätzung des Gefährdungsrisikos abgeben und die psychologischen und juristischen Fragestellungen beantworten zu können.

Die in der Folge beschriebenen Beurteilungskriterien gelten zwar für alle Gefährdungsformen (*Abschnitt 6.5*) übergreifend, enthalten aber je nach Spezifik des Einzelfalls wechselnde Schwerpunkte.

6.4.1 Personale Dispositionen des Kindes

Alter und Entwicklungsstand stellen für alle physischen und psychischen Dispositionen eine übergreifende moderierende Variable dar, wenn es darum geht, die Gefährdung eines Kindes einzuschätzen und notwendige Interventionen zu dessen Schutz und Förderung festzulegen.

Um die Frage beantworten zu können, ob eine Schädigung eines Kindes eingetreten ist, ist es bedeutsamen, seinen physischen und psychischen Entwicklungsstand einzuschätzen. Liegen Retardierungen bzw. Auffälligkeiten vor, ist zu prüfen, ob sie Folge eines Fehlverhaltens der Betreuungspersonen sind oder andere Ursachen sie erklären können. Körperliche Symptome können etwa Folgen eines Unfalls, psychische Symptome Folgen einer elterlichen Trennung sein.

Relevant ist aber nicht allein die Frage, ob ein Kind bereits Schaden genommen hat, sondern auch, welche Schädigungen bei einer gegebenen Gefährdung wahrscheinlich sind. In Abhängigkeit von Alter und Entwicklungsstand nehmen mehr oder minder stabile physische und psychische Personenmerkmale auf die Vulnerabilität bzw. Resilienz und damit auf die individuellen Risiko- und Schutzfaktoren Einfluss. An physischen Personenmerkmalen sind dies etwa der körperliche Allgemeinzustand und die körperliche Robustheit. An psychischen Personenmerkmalen bestimmen z.B. Bindungssicherheit, Selbstsicherheit und Selbstwirksamkeitsüberzeugungen des Kindes das emotionale und kognitive Erleben und Bewerten des Gefährdungsgeschehens und der Folgen maßgeblich (*Abschnitt 2.4*). Die zentrale Frage ist hier: Wurde, und wenn ja, wie stark wurde oder wird ein Gefährdungsgeschehen vom Kind als bedrohlich wahrgenommen? Und: Welche Bewältigungskompetenzen stehen dem Kind zur Verfügung? So wird ein unsicher gebundenes, kontaktscheues und an sich selbst zweifelndes Kind mit geringen intellektuellen Kompetenzen, das selbst Verantwortung für ein familiäres Geschehen übernimmt und Schuld empfindet, als ungleich verletzlicher einzuschätzen sein als ein Kind, das emotional sicher gebunden und selbstbewusst ist und Verantwortung Erwachsenen überlassen kann.

Wegen seiner größeren Abhängigkeit und seiner besonderen physischen und psychischen Vulnerabilität ist ein jüngeres Kind oft eher gefährdet als ein älteres. Vergleichbare Gewaltakte rufen bei Säuglingen und Kleinkindern stärkere Schädigungen hervor als bei älteren Kindern. Gleiches gilt für emotional deprivierende Lebensbedingungen, da ältere Kinder diese Defizite eher durch Außenkontakte kompensieren können. Dass

Schadensrisiken mit zunehmendem Alter des Kindes sinken, gilt jedoch nicht uneingeschränkt. In der entwicklungsbedingten Unreife kann auch ein Schutzfaktor liegen, wenn das kleine Kind dadurch etwa komplexe Konfliktsituationen nicht erfassen, bewerten und speichern kann.

Je weiter ein Kind entwickelt ist, desto eher ist es zu eigenen emotionalen und kognitiven Bewertungsprozessen und zum Einsatz eigener Bewältigungsstrategien in der Lage. Diese Faktoren, die den Willen des Kindes *(Abschnitt 6.4.3)* prägen können, sollten bei allen Bewertungen und gerichtlichen Entscheidungen ausreichend berücksichtigt werden. Gemeint sind etwa nachvollziehbare Rückzugstendenzen eines Kindes nach Misshandlung, Vernachlässigung, sexuellem Missbrauch oder gewalttätigen elterlichen Auseinandersetzungen, die unter Umständen auch die völlige Distanzierung von einem Elternteil beinhalten können. In diesem Zusammenhang kann auch bedeutsam sein, die Anteile zu berücksichtigen, die ein älteres Kind selbst in eine bestehende Konfliktdynamik einbringt, um etwa Überforderungen durch Parentifizierungen oder Reviktimisierungsgefahren bewerten, Selbstgefährdungen verhindern und sinnvolle und effektive Ansätze der Hilfe einleiten zu können.

6.4.2 Aussage des Kindes

In Zusammenhang mit Kindeswohlgefährdungen kann der Aussage eines Kindes nicht nur im – hier nicht behandelten – strafgerichtlichen, sondern auch im familiengerichtlichen Verfahren große Bedeutung zukommen. Deshalb wird darauf in *Abschnitt 6.5.4* exemplarisch eingegangen.

6.4.3 Wille des Kindes

Im Gegensatz zu anderen familiengerichtlichen Verfahren findet der Kindeswille in Kinderschutzverfahren oft zu wenig Beachtung. Aber sind die Auswirkungen einer mangelnden Berücksichtigung des Willens für das Kind hier von geringerer Tragweite? Wohl nicht, denn im Wesentlichen kann hier auf die Ausführungen in *Abschnitt 2.6.3* verwiesen werden. Auch im Kinderschutzverfahren sollte dem Kindeswillen gefolgt werden, solange dies vertretbar ist. *Dieser kann verschieden ausgerichtet und motiviert sein:*

1. Das Kind wünscht trotz vorhandener Gefährdungsmomente den Verbleib in seiner Familie, etwa aufgrund bestehender Bindungen, Beziehungen oder gelebter Kontinuität. Hier sollte nicht nur aufgrund des rechtlich vorgeschriebenen Verhältnismäßigkeitsgrundsatzes, sondern auch aufgrund dieser erhaltenswerten Ressourcen über ambulante oder teilstationäre Maßnahmen versucht werden, das Kind in der Familie zu halten.
2. Möglich ist es aber auch, dass ein älteres Kind die Fremdunterbringung wünscht. Geschieht auch dies aus nachvollziehbaren Gründen, sollte auch diesem Willen gefolgt werden.

Eine Grenze, den kindlichen Wünschen zu folgen, ist immer dann erreicht, wenn der Wille selbstgefährdend ist.

3. Dies kann etwa der Fall sein, wenn ein älteres Kind eine Fremdunterbringung wünscht, um tolerierbaren oder gar angemessenen erzieherischen Einschränkungen auszuweichen.
4. Häufiger sind aber Fälle, in denen Gefährdungsmomente eine Fremdunterbringung unausweichlich erforderlich machen, etwa weil sie das Kind massiv bedrohen oder durch ambulante oder teilstationäre Maßnahmen nicht abgewendet werden können, das Kind sich aber dagegen wehrt. Hier ist es Aufgabe aller am Familiengerichtsverfahren Beteiligten, dem Kind die Hintergründe einer Entscheidung zu erörtern und zu versuchen, Widerstände aufzulösen. Dies gebieten ethische Grundsätze ebenso wie die Kindeswohlorientierung des gerichtlichen Verfahrens. Hierzu ist aber notwendig, die Motive für die kindliche Haltung zu erhellen. *Lässt man bloße materielle Vorteilssuche außer Acht, so sind drei zentrale Motive zu identifizieren:*

- Das Kind hat Angst vor einer Bezugsperson. Es fürchtet negative physische oder psychische Reaktionen, wenn es seine Angst oder gar seinen Trennungswillen äußert. Hier ist die Autonomie des Willens anzuzweifeln. Mit dem Kind kann daran gearbeitet werden, wie es während der Herausnahme und in der Zeit danach geschützt werden kann, ggf. sind auch Einschränkung und Ausschluss des Umgangs zu erwägen (*Kapitel 5*).
- Das Kind hat Angst um eine Bezugsperson. Oftmals wird hier eine das Kind überfordernde Verantwortungsübernahme für einen Elternteil (Parentifizierung) oder für jüngere Geschwister zu erkennen sein. Hier ist mit dem Kind der Schutz dieser Personen zu thematisieren, dies kann gesundheitsfürsorgliche Maßnahmen (Therapie), aber auch weitere gerichtliche Maßnahmen, etwa Kinderschutzverfahren für Geschwister, einschließen. Im Gegensatz zum ersten Fall wird hier der Umgang nach Fremdunterbringung in der Regel nicht einzuschränken sein, er kann im Gegenteil helfen, dem Kind einen Eindruck über die Befindlichkeit der Personen zu verschaffen, um die es sich sorgt. Eine Grenze findet dies allerdings, wenn der Kontakt vorhandene Verantwortungsübernahmen des Kindes durch das Fehlverhalten dieser Personen aufrechterhält oder sogar verstärkt.
- Das Kind hat Angst vor dem Verlust einer geliebten Bezugsperson. Der Wille gegen eine Trennung ist hier oft Ausdruck einer sicheren Bindung, etwa wenn ein Kind leichtere Formen sexuellen Missbrauchs durch eine sonst aber durchaus fürsorgliche Bezugsperson erlebt. Das ohnehin vorhandene Entscheidungsdilemma kann hier durch den Widerstand eines Kindes verstärkt werden, dem ein Gefährdungsbewusstsein völlig fehlt, etwa weil es in der Familie geltende inzestuöse Regeln verinnerlicht hat. Letztlich wird auch hier die Abwägung der Schadensrisiken ergeben, dass dem sich selbst gefährdenden Kindeswillen (*Abschnitt 2.6.4*) nicht gefolgt werden kann. Dilemmata können auch entstehen, wenn akute Gefährdungsmomente ein schnelles und konsequentes Eingreifen erforderlich machen und keine Zeit bleibt, ein Kind vorzubereiten. Auch dies kann eine Herausnahme gegen den Willen des Kindes unumgänglich machen.

Die zuletzt geschilderten Konstellationen sollten aber nur Ausnahmen darstellen. Nicht vertretbar ist es, den Kindeswillen nicht zu erheben oder von vornherein als irrelevant anzusehen. Die Prämisse des Kindeswohls gebietet, dem Kind zu helfen, Verlustängste zu mindern und das Gefühl zu erhalten, selbst Einfluss auf den Ablauf des Geschehens nehmen zu können.

Hinzu kommt, dass bei einer in Betracht kommenden Trennung eines Kindes von den Eltern eine Abwägung der Schadensrisiken vorzunehmen ist, eine Gegenüberstellung und Reflexion der Gefahren, die für das Kind mit einem Verbleib in der Familie, aber auch mit einer Trennung und Fremdunterbringung verbunden wären (BVerfG 1 BVR 3190/13, Rn 31, BGH XII ZB 408/18, Rn 33). In diese Abwägung sollte immer auch der Kindeswille einbezogen werden.

6.4.4 Beziehungsmerkmale

Zu bewerten sind auch hier Schutz- und Risikofaktoren, Chancen, aber auch Gefahren, die dem Kind aus den familiären Beziehungen erwachsen. Beide sind gegeneinander abzuwägen, wenn es um die Angemessenheit von Interventionen geht.

Im Zusammenhang mit Kindeswohlgefährdungen ist die Funktion des Kindes zu beachten, die es für einzelne Familienmitglieder, für familiäre Subsysteme (Eltern, Geschwister) oder die gesamte Familie erfüllt. Zu prüfen ist etwa, ob das Kind überfordert wird, z. B. durch die Rolle des „Sündenbocks“ für anderweitige Konflikte oder als „Retter“ für die Bedürfnisbefriedigung einer oder mehrerer Bezugspersonen.

Bei verschiedenen Gefährdungsformen ist das Verhältnis des Kindes zum Täter für das Erleben und die Bewertung des Geschehens durch das Kind bedeutsam. Das Merkmal „soziale Nähe zum Täter“ beeinflusst die Einstellung des Kindes zum Geschehen und damit die Möglichkeiten der Verarbeitung. Mit dem Bekanntheitsgrad des Täters steigt die Gefahr von Abhängigkeiten des Kindes und seiner emotionalen Verstrickung. Positive Einstellungen zu ihm kollidieren mit negativem Erleben und schränken die Möglichkeit einer konsequenteren emotionalen Distanzierung ein, die bei Fremdheit des Täters eher gegeben ist.

Die Position des Kindes im Familiensystem ist nicht nur beim Entstehen der Kindeswohlgefährdung, sondern auch für deren Bewältigung bedeutsam. Existiert ein ausreichendes soziales Netzwerk? Wird das Kind ernst genommen? Welche Bewertung erfährt das kindeswohlgefährdende Geschehen durch den sozialen Nahraum? Welche Verantwortung wird dem Kind selbst zugeschrieben? Finden Solidarisierungen mit dem Täter gegen das Kind statt? Verlängert das Nicht-glauben-Wollen das Gefährdungsgeschehen? Erschwert es dessen Verarbeitung?

Das subjektive Empfinden, im Familienverband eingebunden zu sein und unterstützt zu werden, stellt einen Schutzfaktor dar, der für den Verbleib des Kindes in der Familie spricht, sofern das damit verbundene Schadensrisiko tragbar erscheint. Eine mangelnde soziale Eingebundenheit verstärkt dagegen das Risiko einer Schädigung, da das Kind subjektiv keine Unterstützung erfährt.

6.4.5 Bindungsmerkmale

Zentrale Elemente der Beziehungsstruktur sind die emotionalen Bindungen des Kindes an seine Bezugspersonen. Welche Bedeutung ihr Erhalt, aber auch ihr Abbruch, für die kindliche Entwicklung hat, wurde bereits ausführlich erörtert (*Abschnitt 2.3*). Sind Kinder an Bezugspersonen sicher oder unsicher gebunden, so ist im Zusammenhang mit Kindeswohlgefährdungen immer auch die Frage einer sekundären Viktimisierung des Kindes durch Interventionen zu diskutieren, die zu Trennungen führen. Hier entsteht ein Entscheidungsdilemma und es sind Abwägungen zu treffen, welches Schadensrisiko überwiegt, jenes, das aus dem kindeswohlgefährdenden Verhalten herrührt, oder jenes, das ein Bindungsabbruch hervorruft.

Ist eine Trennung des Kindes von den Bezugspersonen in solchen Fällen auch unter Wahrung des Prinzips der Verhältnismäßigkeit unumgänglich, so ist die Frage des Beziehungs- und Bindungserhalts durch Umgangskontakte aufzugreifen. Hierbei ist jedoch zu beachten, dass weitere Kindeswohlgefährdungen ausgeschlossen werden, was unter Umständen eine Begleitung der Umgangskontakte durch Fachkräfte erforderlich macht. Vor allem wird dies in der Klärungsphase etwaiger Tatvorwürfe zu geschehen haben, die Begleitung kann aber auch darüber hinausgehen (*Kapitel 5* und *Abschnitt 9.5*).

Liegen auf der Grundlage von Mängeln im Feinfühligkeitsverhalten jedoch gravierende Bindungsstörungen vor, so kann eine Gefährdung des Kindes auch aus der Aufrechterhaltung von Kontakten erwachsen. In der Fortsetzung mangelnder Feinfühligkeit wird ein größeres Schadensrisiko für das Kind liegen als in der Trennung, wenn die Bezugsperson nicht mehr ist als eine Quelle von Ablehnung und Zurückweisung. Auch der Umgang kann so kindeswohlgefährdenden Charakter annehmen und sollte dann ausgeschlossen werden. In einer frühen Trennung kann hier die Chance liegen, dass ein Kind neue Bezugspersonen findet, die ihm einen sicheren Bindungsaufbau ermöglichen, zumindest aber immer wiederkehrende Frustrationen ersparen.

6.4.6 Kontinuität

Auf die besondere Bedeutung der Kontinuität im Leben eines Kindes wurde bereits in *Abschnitt 4.4.1* hingewiesen. Im Zusammenhang mit einer Kindeswohlgefährdung ist sie bei der Frage einer möglichen Fremdunterbringung zu diskutieren. Jeder Fremdplatzierung folgt ein Kontinuitätsbruch, jedem Kontinuitätsbruch folgt eine Anpassungsleistung. Die Frage ist hier, was ein Kind in diesem Prozess an Beziehungs- und Bindungsqualitäten in der Familie und im sozialen Umfeld verliert oder gewinnt. Grundsätzlich gilt, dem Kind unnötige Brüche und Anpassungsleistungen zu ersparen und damit das Ausmaß an etwaigem Verlusterleben und emotionaler Verunsicherung gering zu halten.

Im Zusammenhang mit Kindeswohlgefährdungen kann aber oftmals gerade aus dem Bruch der Kontinuität des familiären und sozialen Umfeldes eine Chance für das Kind oder den Jugendlichen erwachsen. So kann eine Trennung etwa vorhandene Stigmatisierungen in Schule und Kita beenden oder eine neue soziale Umgebung kann von negativen Entwicklungseinflüssen wegführen. Zu bewerten ist also nicht Kontinuität an sich, sondern die Qualität, die in der Aufrechterhaltung oder im Bruch der Kontinuität liegt.

6.4.7 Personale Dispositionen der Bezugspersonen

Die Erziehungsfähigkeit einer Bezugsperson stellt im Zusammenhang mit Kinderschutzverfahren ein zentrales Kriterium dar. Gemäß der in *Abschnitt 2.7* gegebenen Definition wird eine Einschränkung der Erziehungsfähigkeit angenommen, wenn das Erziehungsverhalten einer Bezugsperson seinen kindeswohldienlichen Charakter verliert. Dies wird der Fall sein, wenn Erziehungsziele und -einstellungen nicht ausreichend an den Bedürfnissen und Fähigkeiten des Kindes orientiert oder ausgebildet sind und/oder es an ausreichenden Erziehungskenntnissen und/oder persönlichen Kompetenzen mangelt.

Erziehungsziele gefährden das Kindeswohl, wenn sie Grundbedürfnisse des Kindes missachten. So wird die Integration in die soziale Gemeinschaft erschwert, wenn zu Intoleranz, Aggression oder Kriminalität angehalten oder das Kind isoliert wird.

Kindeswohlgefährdung kann ferner eintreten, wenn Erziehungsziele spezielle Fähigkeiten des Kindes, also wesentliche Merkmale seiner Persönlichkeit, in extremer Form unberücksichtigt lassen. Orientieren sich Erziehungsziele lediglich an den Bedürfnissen der Bezugsperson, kann dies ein Kind erheblich über- oder unterfordern. Dies kann etwa der Fall sein, wenn ein Adoptivkind die Rolle eines verstorbenen Kindes einnehmen soll (*Abschnitt 8.2.3.2*), wenn ein Kind unerfüllte Wünsche und Hoffnungen einer Bezugsperson realisieren soll oder wenn es ausgebeutet wird, so dass kein Raum für die Entfaltung eigener Fähigkeiten bleibt.

Fehlen Erziehungsziele oder sind sie unzureichend ausgeprägt, ist dies oft Resultat und Ausdruck einer mangelnden oder falschen Einstellung, etwa einer Interessenlosigkeit am Kind (s.u.), oder Folge erheblicher Kompetenzeinschränkungen der Bezugsperson, etwa bei schwerer psychischer Erkrankung.

Erziehungseinstellungen können das Kindeswohl gefährden, wenn sie auf falschen Annahmen beruhen oder gänzlich fehlen. Eine Erziehungsfehleinstellung wird etwa gegeben sein, wenn eine Bezugsperson bereit und überzeugt ist, dass drastische körperliche Strafmaßnahmen mit Misshandlungscharakter gegenüber einem Kind gerechtfertigt sind, und diese umsetzt (*Abschnitt 6.5.2*). Auch kann die Wirkung eigenen Fehlverhaltens auf das Kind unterschätzt oder ignoriert werden, etwa wenn es vor dem Kind zu Partnerschaftsgewalt kommt (*Abschnitt 6.5.5*) oder wenn das Kind durch die Bezugsperson mit gesellschaftlich missbilligten Handlungen (Straftaten, Prostitution) konfrontiert wird.

Eine fehlende oder mangelnde Einstellung kommt vor allem darin zum Ausdruck, dass eine Bezugsperson einem Kind keine ausreichenden zeitlichen und/oder mentalen Ressourcen widmet. Sie kann zur Kindesvernachlässigung führen und durch negative Zuschreibungen, etwa die Ablehnung des Kindes wegen Unerwünschtheit, störender kindlicher Persönlichkeitsanteile oder enttäuschter Erwartungen gefördert werden. Das Interesse am Kind kann auch mit konkurrierenden Werten kollidieren, wie bei Suchterkrankungen der Beschaffung und Zuführung von Alkohol bzw. Drogen, extremem beruflichen Karrierestreben, dem Ausleben eigener Freizeitbedürfnisse bei sehr jungen Eltern oder dem Vorhandensein einer neuen Familie im Umgangskonflikt. Interessenlosigkeit kann auch im Zusammenhang mit Erwachsenenkonflikten zum Ausdruck kommen, indem einem Machtkampf bewusst Vorrang eingeräumt und das Kind instrumentalisiert und gegen die andere Bezugsperson beeinflusst wird.

Auch die fehlende oder mangelnde Ausprägung einer empathischen Einstellung erlangt im Zusammenhang mit Kindeswohlgefährdungen oft Bedeutung, d.h. die Bereitschaft, sich in die psychische Befindlichkeit des Kindes hineinzudenken (Perspektivenübernahme) und zu fühlen. Sie ist eng verknüpft mit Grundeinstellungen dazu, wie viel emotionales Verständnis und Zuwendung ein Kind braucht.

Erziehungskenntnisse sind bei der Versorgung von Kindern von großer Bedeutung. Mängel können vor allem bei Kleinkindern gravierende Auswirkungen haben. Sie betreffen hier Fragen der Ernährung ebenso wie Fragen der Hygiene und der entwicklungsgemäßen Bedürfnisse des Kindes. Auch mangelndes Wissen um die konkreten Dispositionen des Kindes, über seine Befindlichkeit, seine Bedürfnisse und konkreten Fähigkeiten, provozieren Fehlreaktionen, mangelhaftes Feinfühligkeitsverhalten und unzureichende Förderung. Mangelndes allgemeines und schulisches Wissen beeinträchtigen die Förderkompetenzen einer Bezugsperson vor allem bei Schulkindern.

Kompetenzen des Erziehenden beinhalten ein angemessenes Repertoire an emotionalen, kognitiven und sozialen Fähigkeiten (*Abschnitt 2.7*). Mängel können auf vielfältige Weise Kindeswohlgefährdungen bewirken.

Auch hier ist die Empathiefähigkeit zu thematisieren, diesmal nicht als Einstellung und daraus resultierender Bereitschaft, sondern als Fähigkeit zur emotionalen Einfühlung und kognitiven Perspektivenübernahme. Sie wird eingeschränkt, wenn Erziehende sich übermäßig mit sich selbst und eigenen Anliegen beschäftigen. Selbstbezogenheit und in stärkerem Maße noch Selbstbefangenheit stehen der Empathiefähigkeit entgegen. Sind Eltern etwa mit der Bewältigung von Scheidungsfolgen beschäftigt, verliert ein Kind oft nicht nur den getrennt lebenden Elternteil, sondern auch den betreuenden Elternteil, der ihm aufgrund eigener Belastungen zumindest bis zur Verarbeitung der Trennungsfolgen nicht mehr in dem Maße einfühlend und ausgeglichen gegenübertreten kann wie zuvor. Gravierender sind jedoch anhaltende Einschränkungen. Eine wesentliche Bestimmungsgröße der Empathiefähigkeit ist dabei die nonverbale Sensitivität, die unter veränderten Stimmungszuständen, herbeigeführt z.B. durch Alkohol- oder Drogenkonsum, nachlässt. Sie kann auch durch psychische Erkrankungen wie schizophrene Störungen, Depressionen, neurotische Störungen oder Autismus herabgesetzt werden. Einschränkungen der Empathiefähigkeit finden sich letztlich auch bei somatischen Krankheiten wie beispielsweise mentaler Retardation oder zerebralen Störungen (Wallbott 2000).

Auch die Herabsetzung der Fähigkeit zur Impulskontrolle, die ebenfalls durch den Konsum von Suchtmitteln provoziert werden kann, muss als Einschränkung der Erziehungsfähigkeit angesehen werden. Überforderungen im Allgemeinen oder speziell in Erziehungssituationen können zu rigiden Reaktionen bis hin zu Kindeswohlgefährdungen meist in Form von körperlichen Misshandlungen oder Partnerschaftsgewalt führen.

Mangelhafte Fähigkeit zur willentlichen Stabilität im erzieherischen Handeln fördert inkonsistentes Verhalten. Dies kann etwa durch Unsicherheit, Überforderung und/oder mangelnde Selbstwirksamkeitsüberzeugung hervorgerufen werden oder erzieherischem Handeln stehen konkurrierende Motive entgegen (*Abschnitt 2.7*). Erziehungsverhalten kann in seiner Konsistenz aber auch durch psychische Reaktionen auf außergewöhnliche Belastungen (kritische Lebensereignisse) labilisiert werden. Auch hier kann die Trennungs- und Scheidungssituation als Beispiel dienen. Die Bewältigung der vielfältigen Scheidungsfolgen kann den Erziehenden überfordern und seine Kräfte für konsequentes Handeln verringern. Schuldgefühle gegenüber dem Kind, das die elterliche Trennung miterleben muss, können die Beibehaltung eines gleich bleibenden Anforderungsniveaus erschweren. Auch divergierendes und konkurrierendes Erziehungsverhalten zweier Bezugspersonen, das gehäuft bei Erwachsenenkonflikten um das Kind anzutreffen ist, ist ähnlich wie eine mangelnde willentliche Stabilität eines Elternteils zu bewerten, nur dass die Inkonsistenz hier interpersonal auftritt. Gelingt es Bezugspersonen nicht zu kooperieren und Erziehungsverhalten anzugleichen, kann auch daraus eine psychische Gefährdung des Kindes resultieren. Letztlich gilt, dass anhaltende widersprüchliche Erziehungsanforderungen beim Kind Irritationen, Orientierungslosigkeit und wachsenden Widerstand provozieren, damit dessen Lenkung erschweren und anhaltende Erziehungskonflikte begründen können. Damit steigt auch das Risiko einer Kindeswohlgefährdung, insbesondere in Zusammenhang mit der oben beschriebenen herabgesetzten Impulskontrolle.

Auch die Kompensation eigener Persönlichkeitsdefizite, etwa die einer starken Selbstwertlabilität oder eines hohen Geltungsstrebens, kann ein starkes Motiv darstellen, ein Kind in unterschiedlichster Weise zu instrumentalisieren. Da dies meist aktives Handeln beinhaltet, ist hier vor allem an Formen von Misshandlung oder auch des „Münchhausen-by-proxy-Syndroms" zu denken. Erziehungsverhalten wird eher an den eigenen Bedürfnissen als an denen des Kindes ausgerichtet. Auch die flexible Anpassung an die sich mit dem wachsenden Alter verändernden Bedürfnisse des Kindes kann nicht geleistet werden.

6.4.8 Krankheitsbedingte Einschränkungen elterlicher Erziehungsfähigkeit

Erkrankungen können Erziehungskompetenzen in besonderer Weise beeinflussen. Da ihre umfassende Darstellung in diesem Rahmen nicht möglich ist, wird lediglich auf einzelne, in der familiengerichtlichen Praxis wiederholt vorkommende psychische Störungsbilder und deren Einfluss auf die Erziehungsfähigkeit eingegangen.

Laut dem Bundes-Gesundheitssurvey 1998/99 (Zusatzsurvey „Psychische Störungen") lag die Zwölf-Monats-Prävalenz psychischer Störungen in der Deutschen Bevölkerung (Erwachsene zwischen 18 und 65 Jahren) bei etwa 32 %, somit waren über 15,6 Millionen Erwachsene betroffen. Nur jeder dritte Erkrankte stand dabei in Kontakt mit einem ambulanten oder stationären Dienst oder Arzt, nur jeder zehnte erhielt eine adäquate Therapie. Niedrige Versorgungslagen ergaben sich dabei u.a. für Suchterkrankungen (Wittchen/Jacobi 2001). Trotz eines erheblichen Ausbaus der psychischen Versorgungsstruktur in der nachfolgenden Dekade blieb die Zwölf-Monats-Prävalenz psychischer Störungen den Ergebnissen der Studie zur Gesundheit Erwachsener in Deutschland (DEGS1-MH) mit knapp 30 % im gleichen Zeitraum nahezu unverändert (Thom u. a. 2019). Diese Ergebnisse stehen in Einklang mit denen internationaler Studien, wonach fast ein Drittel der Durchschnittsbevölkerung in den letzten zwölf Monaten von mindestens einer psychischen Störung betroffen war, Frauen eher von Angststörungen und depressiven Störungen, Männer eher von substanzbezogenen Störungen.

Bei vielen dieser psychischen Erkrankungen der Eltern ist ein erhöhtes Risiko nachweisbar, dass auch deren Kinder psychisch erkranken. Es ist eine familiäre Transmission zwischen den Generationen erkennbar, wobei es sich in der Regel um komplexe multifaktorielle Prozesse handelt, an denen genetische Faktoren und Umweltfaktoren beteiligt sind, allerdings mit risikomodulierenden, nicht determinierenden Funktionen (Lieb/Knappe 2011, Griepenstroh u.a. 2012, Wiegand-Grefe/Petermann 2016). Kinder psychisch kranker Eltern entwickeln aber auch gehäuft andere psychische Störungsbilder. So zeigen etwa 60% dieser Kinder psychische Auffälligkeiten (Mattejat/Remschmidt 2008, Gehrmann/Sumargo 2009) und sind auch bei der Inanspruchnahme kinder- und jugendpsychiatrischer Dienste überrepräsentiert. Eine Untersuchung der Klinik für Kinder- und Jugendpsychiatrie der Philipps-Universität Marburg ergab, dass über 48% der dort vorgestellten Kinder in einem Haushalt mit einem psychisch kranken Elternteil lebten, 20% von ihnen bei einem Elternteil mit Suchterkrankung und fast 12% bei einem Elternteil mit affektiver Störung (Mattjat/Remschmidt 2008).

Während genetische Faktoren sich unserer Einflussnahme entziehen, können Umweltfaktoren des Kindes durch Therapie und Rehabilitation des erkrankten Elternteils, Unterstützungsangebote im sozialen Umfeld (Verwandtschaft, Nachbarschaft, Patenschaftsmodelle), Angebote der Jugendhilfe (Eltern-Kind-Betreuungseinrichtungen, ambulante Hilfen) und ggf. auch familiengerichtliche Maßnahmen gestaltet werden. Psychische Störungen beeinträchtigen je nach Krankheitsbild unterschiedliche psychische Funktionsbereiche, wie etwa Denken und Problemlösen, Gedächtnis, Emotionen, Motivation, Antrieb und Wahrnehmung, und drücken sich darüber auch im Erziehungsverhalten aus (*Abschnitt 2.7*). Übergreifend lassen sich besondere Belastungsfaktoren für Kinder psychisch kranker Eltern identifizieren, die je nach Alter bzw. Entwicklungsstand und den daraus resultierenden Bedürfnissen, dem Verlauf und Schweregrad der elterlichen Erkrankung und weiteren Risiko- und Schutzfaktoren des Kindes im Einzelfall zu bewerten sind. ***Belastungen entstehen u.a. durch:***

- realtitätsferne und/oder ängstigende Symptome, vor allem eine eventuelle Einbeziehung in die elterliche Symptomatik,
- Instabilität und Unberechenbarkeit des Erkrankten,
- Interessenlosigkeit, wenn das Interesse des Erkrankten an der Umwelt und damit auch am Kind erlahmt und/oder primär auf andere Inhalte, etwa die Beschaffung von Suchtmitteln, gerichtet ist,
- Defizite in Empathie und Feinfühligkeit, wenn emotionale Bedürfnisse des Kindes nicht mehr erkannt werden bzw. auf sie nicht mehr adäquat reagiert wird und es unzureichende emotionale Zuwendung erfährt, was erschwerten Bindungsaufbau bzw. Bindungserhalt des Kindes bis hin zu Bindungsstörungen zur Folge haben kann,
- Betreuungsdefizite, wenn die Fähigkeit zur eigenen Lebensführung nicht mehr ausreichend vorhanden ist,
- Beaufsichtigungsdefizite, wenn Gefährdungslagen insbesondere bei kleinen Kindern durch mangelnde Urteilsfähigkeit nicht adäquat eingeschätzt werden,
- Lenkungsdefizite, wenn Lenkungsverhalten schwindet oder aber schwankt und das Kind elterliche Reaktionen nicht mit eigenem Verhalten in Verbindung bringen kann, dadurch mangelnde Orientierung erhält, was die Akzeptanz von Grenzen sukzessive herabsetzt und zu vermehrten Erziehungskonflikten führt,
- rigides Elternverhalten bei Überforderungen, Impulsdurchbrüchen oder antisozialen Einstellungen eines Erkrankten bis hin zu Gefährdungslagen des Kindes,

- Förderdefizite durch mangelnde Unterstützung kognitiver, medizinischer oder auch kreativer Bedürfnisse des Kindes,
- Beziehungsabbrüche durch Klinikaufenthalte und/oder sozialen Rückzug des betreuenden Elternteils in Krankheitsphasen und/oder durch dessen eingeschränkte Beziehungsfähigkeit und wechselnde Bezugspersonen,
- Tabuisierung der Erkrankung, wenn dem Kind vom erkrankten Elternteil ein Kommunikationsverbot über die elterliche Symptomatik und damit auch über die daraus resultierenden Belastungen auferlegt wird,
- Isolation durch anhaltenden oder phasenweisen sozialen Rückzug des Erkrankten, dies kann auch dem Kind den Zugang zu sozialen Unterstützungssystemen und sozialen Kontakten zu Gleichaltrigen nehmen,
- mangelndes Symptomverständnis des Kindes,
- Schuldgefühle durch den irrtümlichen Glauben, für das Leiden oder die Erkrankung des Elternteils verantwortlich zu sein,
- Schamgefühle aufgrund befürchteter oder erlebter Abwertungen des Elternteils im sozialen Umfeld,
- Loyalitätskonflikte, wenn sich das Kind im Kontakt mit Außenstehenden aus Loyalitätsempfinden gegenüber dem Erkrankten nicht öffnet,
- Parentifizierung, im Sinne einer Übernahme altersunangemessener Verantwortung für den erkrankten Elternteil oder andere Familienmitglieder und
- Modelllernen durch Orientierung und Übernahme unrealistischer, unangemessener und ineffektiver Bewältigungsstrategien oder Wahrnehmungen der Eltern.

6.4.8.1 Störungen durch Substanzkonsum

Das DSM-V unterscheidet zehn psychotrope Substanzklassen: Alkohol, Koffein, Cannabis, Halluzinogene, Inhalantien, Opioide, Sedativa/Hypnotika/Anxiolytika, Stimulanzien (Amphetamin, Kokain u.a.), Tabak und andere/unbekannte Substanzen. Die einzelnen Gruppen unterscheiden sich in ihrer körperlichen und psychischen Wirkung und können in unterschiedlicher Intensität zu psychischer und/oder körperlicher Abhängigkeit und zu Störungen im psychosozialen Bereich führen.

Folgt man den Ergebnissen des epidemiologischen Suchtsurveys für das Jahr 2018 (Atzendorf u.a. 2019), so sind Cannabinoide die am häufigsten konsumierten illegalen Drogen mit einer Zwölf-Monats-Prävalenz in der deutschen Erwachsenenbevölkerung (18 bis 64 Jahre) von 7,1 %, gefolgt von Amphetaminen mit 1,2 %, Kokain/Crack und Ecstasy mit je 1,1 %, neue psychoaktive Substanzen mit 0,9 %, Heroin und andere Opiate mit 0,4 %, LSD und Pilze mit je 0,3 % und Methamphetamine und Inhalantien mit je 0,2 %. Im Zusammenhang mit Kindeswohlgefährdungen sind vor allem der Missbrauch und die Abhängigkeit von Alkohol und Opiaten bedeutsam (Berzewski 2003). Hierauf wird deshalb exemplarisch eingegangen.

Bei den Suchterkrankungen stellt die *Alkoholerkrankung* erwachsener Bezugspersonen das wohl größte Gefährdungsrisiko für Kinder dar. Hierfür sprechen schon die Prävalenz, aber auch die Symptome. Nach Atzendorfer u.a. (2019) lag 2018 die Zwölf-Monats-Prävalenz von aktueller Alkoholabhängigkeit in der deutschen Erwachsenenbevölkerung (18 bis 64 Jahre) bei 3,1 % (1,6 Millionen Erwachsenen). Bei weiteren

2,8 % (1,4 Millionen Erwachsenen) lag ein aktueller Missbrauch vor. Männer waren 2018 fast dreimal so häufig von Alkoholabhängigkeit und -missbrauch betroffen wie Frauen. Von den 2018 in Deutschland lebenden etwa 13,6 Millionen Kindern unter 18 Jahren wuchsen schätzungsweise 5,1-9,2 % (etwa 0,7 bis 1,2 Millionen Kinder) in Familien mit mindestens einem alkoholkranken Erwachsenen auf (Kraus u.a. 2019).

Je nach Form und Verlauf (Jellinek 1960) beeinträchtigen Alkoholmissbrauch (erhöhter Alkoholkonsum ohne Abhängigkeit) und Alkoholabhängigkeit die Kompetenzen einer Bezugsperson unterschiedlich stark. Insbesondere der progressive phasenhafte Verlauf des Gamma-Alkoholismus, der als Alkoholismus im engeren Sinne verstanden werden kann, hat gravierende Auswirkungen: Er ist durch körperliche und psychische Abhängigkeit mit Entzugserscheinungen, Toleranzsteigerung und Kontrollverlust gekennzeichnet. Die Erkrankung wird geleugnet, Vorhaltungen anderer wird Widerstand entgegengesetzt. Die Beschaffung des Alkohols gewinnt immer mehr an Bedeutung, andere Interessen treten in den Hintergrund. Der Verlauf kann von Abstinenzphasen durchbrochen sein, mündet im ungünstigsten Fall aber in die chronische Phase mit erheblichen körperlichen und psychischen Schädigungen, zu denen verringertes Selbstwertgefühl, aggressive Entgleisungen, Distanzlosigkeit, chronische Eifersucht, Affektlabilität, Konzentrations- und Gedächtnisstörungen, Depressionen, soziale Ängste, Panikattacken, Alkoholhalluzinose und Korsakow-Syndrom gehören können. Diese Wesensveränderungen führen zu wiederkehrenden und belastenden Konflikten in der Familie (Trennung und Scheidung) und im sozialen Umfeld (Arbeitsplatzverlust, Wohnungsverlust) und enden bei ungünstigem Verlauf in der Verwahrlosung, dem sozialen Rückzug und der Isolation.

Im Zusammenhang mit schweren Alkoholerkrankungen besteht ein deutlich erhöhtes Mortalitäts- und Suizidrisiko (Lindemeyer 2011).

Behandlungsangebote erreichen etwa nur 10 % der Alkoholabhängigen. Die Behandlung beginnt mit einem drei bis sieben Tage dauernden körperlichen Entzug, der meist stationär durchgeführt wird, wobei Entzugssymptome medikamentös gelindert werden können. Begleitet wird dies von einem 14-tägigen psychosozialen Unterstützungsprogramm. Es schließt sich eine zwei- bis sechsmonatige Entwöhnungsbehandlung an, die insbesondere die weitere psychische Stabilisierung und den Aufbau einer Abstinenzmotivation zur Verringerung des Rückfallrisikos zum Ziel hat. In der anschließenden ambulanten Nachsorge stehen die berufliche Wiedereingliederung und soziale Stabilisierung des Erkrankten im Zentrum, so dass erst etwa nach einem Jahr von einer stabilisierten Alkoholabstinenz ausgegangen werden kann, der sich dann die weitere Teilnahme an Selbsthilfegruppen anschließt.

Das Rückfallrisiko ist im ersten Jahr nach Behandlungsende sehr hoch, insbesondere in den ersten drei Monaten. Rückfälle werden oft durch innere Risikosituationen (60 % aller Rückfälle) wie etwa unangenehme oder angenehme Gefühlszustände, Versuche eines kontrollierten Konsums und plötzliches Verlangen, aber auch durch äußere Risikosituationen (40 % aller Rückfälle) wie Konfliktsituationen, soziale Verführungssituationen und Geselligkeit provoziert (Lindenmeyer 2009, 2011, 2016). Etwa zwei Drittel aller Rückfälle ereignen sich innerhalb der ersten 90 Tage nach Therapieende (Hunt u.a. 1971). Für Kinder alkoholkranker Eltern ist eine genetisch begründete erhöhte Vulnerabilität nachgewiesen, die gesteigert beim Vorliegen weiterer ungünstiger familiärer Entwicklungsbedingungen zum Tragen kommt (Lachner/Wittchen 1995, Maier 1995, Silbereisen 1995, Zobel 2017). *Hierzu gehören etwa Belastungen des Kindes, die aus Arbeitsverlust, ökonomischen Konsequenzen und Trennungen entstehen, vor allem aber Belastungen, die aus Einschränkungen der Erziehungsfähigkeit erwachsen:*

- Alkoholabhängigkeit, -missbrauch, aber auch schon geringerer Alkoholkonsum von Müttern während der Schwangerschaft erhöhen das Risiko fetaler Schädigungen des Kindes erheblich. Kraus u.a. (2019) berichten aus der Studie „Gesundheit in Deutschland aktuell" (GEDA), errechnet aus den Daten für 2009, 2010 und 2012, dass 27,6 % der Schwangeren angaben, in der Schwangerschaft Alkohol konsumiert zu haben. Berzewski (2003) geht von einer Prävalenz von einem bis fünf Fällen eines fetalen Alkoholsyndroms pro 1000 Geburten aus, Landgraf/Heinen (2012) von 0,2 bis 8,2 Fällen pro 1000 Geburten. Zu den vielfältigen Symptomen des Vollbildes des fetalen Alkoholsyndroms, mit dem in Deutschland pro Jahr etwa 2200 Kinder zur Welt kommen (Zobel 2017), gehören prä- oder postnataler Minderwuchs, faziale Auffälligkeiten (kurze Lidspalten, verstrichenes Philtrum und schmale Oberlippe) und Fehlfunktionen des Zentralnervensystems mit Mikrozephalie, zum Teil erheblichen Intelligenzminderungen, Lernschwächen oder auch Konzentrationsstörungen. Hinzu kommen Aborte und Kinder mit Alkoholeffekten, einem geringer ausgeprägten Störungsbild. Hiervon sind in Deutschland etwa nochmals 10.000 Kinder pro Jahr betroffen (Zobel 2017). Zudem kann es nach der Geburt zu Entzugssymptomen beim Kind kommen.
- Rauschzustände bewirken beim Alkoholkranken Stimmungslabilität und mindern dessen Fähigkeit zu konsistentem Erziehungsverhalten. Emotionale Stabilität und emotionale Verfügbarkeit, Responsivität und damit die Feinfühligkeit insgesamt sind herabgesetzt. Auf kindliche Bedürfnisse kann nicht adäquat eingegangen werden, was die Bindung bis hin zu Bindungsstörungen belasten kann.
- Bestimmt nicht das Verhalten des Kindes, sondern der Grad der Intoxikation die Reaktionen des Alkoholkranken, so erlebt das Kind ihn im Lenkungsverhalten als unberechenbar. Anhaltender Stress, Orientierungslosigkeit, aber auch zunehmende Grenzüberschreitungen können die Folge sein, was die Lenkung erschwert und Erziehungskonflikte provoziert.
- Die allgemeine Förderkompetenz ist herabgesetzt. Gewinnen die Beschaffung und der Konsum von Alkohol immer mehr an Raum, tritt das Interesse am Kind dahinter zurück. Erkrankte werden im Zuge der Abhängigkeitsentwicklung in der Versorgung und Förderung des Kindes zunehmend unzuverlässiger.
- Auch die Fähigkeit des Alkoholkranken, ein Kind zu beaufsichtigen, ist eingeschränkt, was insbesondere die Fähigkeit zur Betreuung kleiner Kinder einschränkt.
- Rauschzustände und bereits vorliegende Persönlichkeitsveränderungen können die Kontrolle sexueller und aggressiver Impulse herabsetzen (Tölle 1999). Aggressive Auseinandersetzungen alkoholabhängiger Bezugspersonen in der Familie verursachen beim Kind emotionale Unsicherheiten und Ängste. Schamgefühle und Geheimhaltungsdruck können das Kind behindern, Kontakte zu finden und Hilfe zu suchen.
- Ferner erhöht sich auch das Risiko aggressiver und sexueller innerfamiliärer Übergriffe auf das Kind. Dies kann das Familienklima und Erziehungsverhalten bestimmen. In Zusammenhang mit Alkoholerkrankungen werden nahezu alle Formen von Kindeswohlgefährdungen diskutiert: körperliche und psychische Vernachlässigungen und Misshandlungen, sexueller Missbrauch und Partnerschaftsgewalt (Zobel 2017).

- Gefährdungsmomente für das Kind liegen zudem in der Verfügbarkeit des Suchtmittels und seines Einsatzes zur Befindlichkeitsverbesserung durch die Bezugsperson. Das Kind lernt an einem schädlichen Modell, wie Alkohol etwa zur Spannungsreduktion eingesetzt wird (Spangenberg/Spangenberg 1998, Zobel 2017).
- Alkoholmissbrauch und -abhängigkeit dominieren das Familienleben und führen auch beim Kind zu Rollenzuweisungen (Wegschneider 1988). Das parentifizierte Kind sorgt für sich allein, ggf. für jüngere Geschwister, vor allem aber für die abhängige Bezugsperson (Co-Alkoholismus). Es schlichtet Konflikte, ist leistungsfähig und verantwortungsvoll, wird dafür auch gelobt und kompensiert darüber erlebten Mangel. Es zeigt Pseudoreife und ist anhaltend überfordert, da es die eigene Bedürfnisbefriedigung, insbesondere nach emotionaler Geborgenheit und Sicherheit, fortwährend zurückstellen muss.
- Übernimmt der Alkoholkranke keine Verantwortung für seine Erkrankung, kann Schuld auch auf ein Kind delegiert werden, dem dann die Rolle des „Sündenbocks“ zuteilwird. Es erfährt unzureichende bzw. negative Zuwendung. Daraus resultierende Verhaltensauffälligkeiten werden wiederum als Begründung für den Alkoholmissbrauch vorgeschoben. Dieses Kind baut Schuldgefühle auf und sucht Zuwendung außerhalb der Familie, möglicherweise auch durch negative Verhaltensweisen. Es reagiert erlebte Frustrationen z.B. durch aggressives Verhalten ab, was ein in einer Alkoholikerfamilie häufig erlerntes Verhaltensmuster darstellt. Dies erhöht für das Kind auch das Risiko einer Misshandlung (Zobel 2017).

Obwohl die Zahl Opioidabhängiger deutlich geringer ist als die Alkoholabhängiger, Schätzungen für das Jahr 2016 belaufen sich hier etwa auf knapp 170.000 Abhängige in Deutschland (Kraus u.a. 2019), ist die *Opioidabhängigkeit* u.a. aufgrund des ausgeprägten Abhängigkeitssyndroms, des oft lebenslangen chronischen Verlaufs, der hohen Komorbidität und des hohen Mortalitätsrisikos die schwerwiegendste chronische Suchterkrankung (Langer u.a. 2011). Opioide (etwa Heroin, Methadon, Opiate, Morphin) haben eine euphorisierende und sedierende Wirkung und führen zu schneller körperlicher und psychischer Abhängigkeit. Eine regelmäßige Einnahme über wenige Wochen macht bereits eine Dosiserhöhung zur Erzielung des Effekts notwendig und führt beim Absetzen zu Entzugserscheinungen. Chronischer Missbrauch kann Lethargie, Apathie, Antriebsschwäche und dysphorische Verstimmungen hervorrufen. Im Zuge neuropsychiatrischer Komplikationen können Depressionen, psychotische Symptome, Angststörungen, Persönlichkeitsveränderungen und Verhaltensstörungen, aber auch Selbstverletzungen und suizidale Handlungen auftreten. Schwere körperliche Erkrankungen als Folge von Infektionen (Formen der Hepatitis, Tuberkulose, HIV, AIDS etc.) führen zu einer erhöhten Mortalität. Aufgrund quälender Entzugserscheinungen werden die Beschaffung des Suchtmittels bis hin zur Beschaffungskriminalität und die Verabreichung des Suchtmittels schnell zum vorrangigen Interesse des Kranken und führen zu massiven Einschränkungen in psychischen und sozialen Funktionen bis hin zur Verwahrlosung (Berzewski 2003).

Wie beim Alkoholmissbrauch kommt es auch beim Opioidmissbrauch während der Schwangerschaft zu einer Intoxikation des Fötus. Eine erhöhte Abortrate, Frühgeburtlichkeit, Mangelentwicklung, neurologische Schäden und ein neonatales Abstinenzsyndrom mit einer drei- bis sechswöchigen stationären Entzugsbehandlung bei etwa jedem zweiten Kind sind die Folgen. Hierzu können Zittern, Unruhe, schrilles Schreien, kurze Schlafphasen, Krampfanfälle, Fieber, Erbrechen, Durchfall und auch Atemstörungen gehören (Fachverband Drogen und Rauschmittel 2009, Wiegand-Grefe u.a. 2011).

Die sich schnell entfaltende Suchterkrankung verändert die psychischen Funktionsbereiche wie etwa Fühlen, Wahrnehmen, Denken, Antrieb und Steuerung gravierend und schränkt damit die Erziehungsfähigkeit des Opioidabhängigen in vielen Bereichen massiv ein. Dies beeinträchtigt das Interesse am Kind, die Feinfühligkeit, die unterschiedlichen Aspekte der Förderkompetenz, die Fähigkeit zur Beaufsichtigung des Kindes und das Lenkungsverhalten. Darüber hinaus ist auch hier das Kind dem Lernen am Modell der Eltern mit allen Konsequenzen ausgesetzt.

Ähnlich wie Kinder Alkoholkranker leben auch Kinder Opioidabhängiger unter erhöhtem Stress, da die Verfassung des Suchtkranken instabil und je nach Substanzpegel unberechenbar ist. Sie sorgen sich ebenso um den Suchtkranken, schützen ihn und nehmen Erwachsenenrollen (Parentifizierung) ein. Auch sie werden häufiger Opfer von Misshandlung, Gewalt und Vernachlässigung. Kindler (2006a) verweist darauf, dass Kinder Opioidabhängiger im Vergleich zu Kindern alkoholkranker Eltern durchschnittlich stärkere Entwicklungsbeeinträchtigungen aufweisen und 50 bis 60 % der Kinder psychiatrisch relevante Störungen zeigen, obgleich sich betroffene Eltern überwiegend in Behandlung befanden und teils mehrjährig substituiert wurden.

6.4.8.2 Psychotische Störungen

Ein psychotischer Zustand, wie er u.a. bei Schizophrenien, schizoaffektiven Störungen und wahnhaften Störungen auftritt, ist durch eine Positivsymptomatik – im Sinne hinzukommender Symptome – in Form von Denk-, Wahrnehmungs- und Verhaltensstörungen in der Akutphase geprägt. Daneben tritt insbesondere bei der Schizophrenie eine Negativsymptomatik, die sich im Vorfeld akuter Phasen herausbilden und auch nach Abklang einer Positivsymptomatik persistieren kann (Falkai/Wittchen 2018).

- *Formale Denkstörungen* zeigen sich in einer desorganisierten Sprache, in sprunghafter und zusammenhangloser Zerfahrenheit und Flüchtigkeit des Denkens und im Abreißen von Gedanken.
- *Inhaltliche Denkstörungen* zeigen sich in der Wahnbildung, einer krankhaften Verfälschung von Gedanken und Vorstellungen, an denen der Erkrankte auch bei Widerlegung festhält (Wahngewissheit). Wahnideen sind dabei vielfältig (Verfolgungswahn, Beziehungswahn, Schuld- und Versündigungswahn, religiöser Wahn, hypochondrischer Wahn, Schwangerschaftswahn, Größenwahn etc.) und können zu Wahnsystemen verknüpft werden. Der Erkrankte erlebt sich selbst oft nicht als zur Außenwelt abgegrenzt, fühlt sich fremdbestimmt und äußeren Manipulationen ausgesetzt. Werden Lautwerden, Eingebung, Entzug oder Ausbreitung von Gedanken wahrgenommen, ist dies oft mit Gefühlen der Ohnmacht, Hilflosigkeit und Angst verbunden. Störungen der Raum-Zeit-Orientierung können auftreten.
- Als *Wahrnehmungsstörungen* treten Halluzinationen in Form von unterschiedlichsten Sinnestäuschungen ohne entsprechenden Außenreiz auf, wobei akustische Halluzinationen (Geräusche, Stimmen etc.) oft im Vordergrund stehen und insbesondere das Hören von kommentierenden oder befehlenden Stimmen durch entsprechende

Inhalte das Ich-Erleben (Selbstkonzept, Selbstwert) erheblich beeinträchtigen und belasten können.

- *Desorganisiertes Verhalten* zeigt sich etwa in ausgeprägter Albernheit, unvorhersehbarer Unruhe, Schwierigkeiten zielgerichteten Handelns und im Nachlassen der Umgebungsreagibilität und Motorik (katatone Verhaltensweisen).
- *Negativsymptomatik* manifestiert sich am häufigsten in vermindertem emotionalen Ausdruck (Nachlassen der Mimik, des Augenkontaktes, der Sprachmodulation und Körpersprache), einer reduzierten Willenskraft (Nachlassen der Initiative und zielgerichteten Handelns) und auch in Freudlosigkeit und sozialem Rückzug.

Das Alltagsverhalten des Erkrankten ist in einer psychotischen Phase krankheitsgeleitet und realitätsfern, ihm fehlt es an Krankheitseinsicht. Von einer ausreichenden Erziehungsfähigkeit kann in dieser Phase kaum ausgegangen werden. Aber auch eine persitierende Negativsymptomatik kann gravierende Auswirkungen auf die Fähigkeit eines Elternteils haben, sein Kind ausreichend zu versorgen, zu betreuen und zu erziehen.

Im Zentrum nichtorganischer psychotischer Störungen steht die Schizophrenie als wichtigste und häufigste Störung dieser Gruppe (Dilling u.a. 2015). Randdiagnosen der Schizophrenie (Häfner 2010) sind schizoaffektive Störungen – sie liegen als episodische Störungen mit schizophrenen und affektiven Symptomen, die jedoch weder das Vollbild der Schizophrenie noch der manischen oder depressiven Episode erfüllen, im Grenzbereich zu den affektiven Störungen (s. u.) – und wahnhafte Störungen, die durch die Bildung eines einzelnen Wahns oder eines Wahnsystems gekennzeichnet sind, jedoch ohne weitere psychotische Symptomatik (Ziegler/Lincoln 2012).

Das individuelle Lebenszeitrisiko - das Risiko also, im Laufe des Lebens an Schizophrenie zu erkranken - liegt zwischen 0,3 % und 0,7 % (Falkai/Wittchen 2018).

Bei der Schizophrenie kann neben der Positivsymptomatik der akuten psychotischen Episode auch die oben beschriebene Negativsymptomatik – im Sinne von Einbußen normaler psychischer Leistungen – auftreten.

Schizophrenien verlaufen heterogen: Am Beginn steht in der Regel eine Prodomalphase, die bei etwa einem Drittel der Erkrankten zwischen einem Monat und einem Jahr und bei etwa zwei Dritteln über mehrere Jahre dauert. Eine sich schleichend entwickelnde Negativsymptomatik, depressive Verstimmmungen und unspezifische Symptome wie Angst und Unruhe führen schon hier oft zu Kommunikationsstörungen, sozialem Rückzug, Arbeitsproblemen und zu Belastungen der engsten familiären Beziehungen und damit auch der betroffenen Kinder. Problematisch ist, dass der Erstkontakt mit einem Arzt oft erst Jahre nach dem Auftreten erster Symptome erfolgt (Häfner 2010). Je länger diese Frühphase unbehandelt bleibt, desto ungünstiger ist zudem die Prognose (Rey 2011). Auf die Prodomalphase folgen erste Positivsymptome. Bei 22 % der Erkrankten klingen die Symptome nach einer psychotischen Episode vollständig ab, bei 35 % kommt es zu mehreren psychotischen Episoden in unterschiedlicher Frequenz und Dauer, die dann aber ebenfalls remittieren, bei 8 % bleibt eine gleich bleibende Negativsymptomatik zwischen den psychotischen Episoden bestehen (Residualsymptomatik), bei 35 % verschlechtert sich diese Residualsymptomatik im Verlauf (Shepherd u.a. 1989 mit einer Verlaufsstudie über fünf Jahre).

Das Suizidrisiko ist bei Schizophreniekranken deutlich erhöht. In etwa 5 % bis 6 % der Fälle kommt es zu einem Suizid (Falkai/Wittchen 2018).

Die medikamentöse Behandlung mit Antipsychotika zielt vorrangig auf die Verminderung der Positivsymptomatik ab, wobei eine akute psychotische Episode dennoch oft zu einer vorübergehenden stationären Unterbringung zwingt. Psychopharmaka können auch das grundsätzlich hohe Rückfallrisiko reduzieren. Problematisch ist die oft hohe Abbruchrate der medikamentösen Behandlung, nicht zuletzt aufgrund der vielen Nebenwirkungen der Medikamente. Die Zahl der Abbrüche liegt im ersten Behandlungsjahr bei etwa 50 % (Häfner 2010). Kognitive Verhaltenstherapie zielt primär auf Leidensminderung und Verbesserung der Lebenszufriedenheit, aber auch auf Verringerung der Positiv- und Negativsymptomatik vor allem bei chronischen Verläufen ab. Obwohl nur bei einem geringen Teil der Erkrankten eine Chance auf dauerhafte Heilung besteht, erzielen vor allem Kombinationen aus medikamentösen und psychotherapeutischen Therapien, gekoppelt mit rehabilitativen Maßnahmen, gute Erfolge und können die Positiv- und Negativsymptomatik mindern (Rey 2011).

Die Erziehungsfähigkeit eines an einer psychotischen Störung erkrankten Menschen kann durch die oben beschriebene Positiv-, aber auch Negativsymptomatik eingeschränkt werden. Da die Verläufe sehr unterschiedlich sind, ist eine Bewertung des Einzelfalls unerlässlich.

Das Risiko eines Kindes, an Schizophrenie zu erkranken, ist etwa um das Zehnfache erhöht, wenn ein Elternteil an dieser Erkrankung leidet, und um das Vierzigfache, wenn dies beide Eltern tun (Mattejat/Remschmidt 2008).

Belastungen des Kindes durch Positivsymptome sind grundsätzlich besorgniserregend, da es ggf. mit Wahnbildung konfrontiert oder gar in sie einbezogen wird, einen halluzinierenden Elternteil erlebt und dessen Verwirrung und Angst spürt oder übernimmt. Die Fähigkeit zur Beaufsichtigung des Kindes kann durch mangelnde Urteilsfähigkeit eingeschränkt sein. Formale Denkstörungen belasten die Kontakt- und Kommunikationsfähigkeit. In Abhängigkeit von Alter, Entwicklungsstand, bereits vorhandenen Erfahrungshintergründen und inner- und außerfamiliären Ressourcen können kindliche Reaktionen zwischen Angst, Sorge und Überforderungen, aber auch angemessenen Einschätzungen schwanken. Die besondere Schutzbedürftigkeit insbesondere kleinerer Kinder dürfte mit hoher Regelmäßigkeit eine vorübergehende Trennung von einer Bezugsperson im akuten, unbehandelten psychotischen Zustand notwendig machen, was auch durch deren stationäre Behandlung erforderlich werden dürfte.

Belastungen durch Negativsymptome, die wie oben beschrieben bei der Schizophrenie bereits in der Prodromalphase und damit oft lange vor der Erstbehandlung beginnen können, müssen je nach Ausprägung bewertet werden. Ebenso beeinträchtigen Fälle von zunehmender Residualsymptomatik die Erziehungsfähigkeit. Depressive Symptome und Affektverflachung können die emotionale Ansprechbarkeit und Feinfühligkeit, Kommunikationsstörungen und sozialer Rückzug die Förderkompetenz und nachlassende Willenskraft das Lenkungsverhalten einschränken, zudem kann das Kind den Zugang zu sozialen Unterstützungssystemen verlieren. Auch das erhöhte Suizidrisiko Erkrankter muss berücksichtigt werden.

6.4.8.3 Affektive Störungen

Im Zentrum dieser Störungsbilder, die primär durch Veränderungen der Stimmung, der Affektivität und des Antriebs gekennzeichnet sind, steht die Major Depression, eine unipolare Form mit folgenden über den Zeitraum von mindestens zwei Wochen auftretenden depressiven Symptomen:

- Affektstörungen mit persistierender gedrückter Stimmung, abnormer Traurigkeit, Niedergeschlagenheit, Hoffnungslosigkeit, Verzweiflung, Pessimismus, Leeregefühl, Gefühllosigkeit, Reizbarkeit, Verminderung des Selbstwertgefühls und des Selbstvertrauens, auch gekoppelt mit Angst- und Schuldgefühlen,
- Antriebsstörungen im Sinne einer Antriebsminderung bis hin zur Antriebslähmung, verbunden mit Interessenverlust und verlangsamter Sprache, aber auch Agitiertheit,
- Beeinträchtigungen der Vitalfunktionen etwa durch Energielosigkeit, verminderte Belastbarkeit, Müdigkeit, Schlafstörungen, Appetitlosigkeit und
- formale Denkstörungen mit Denkverlangsamung, Gedankenarmut, wiederkehrenden Selbstvorwürfen, Gedächtnis- und Konzentrationseinbußen,
- inhaltliche Denkstörungen mit in der Regel zum Stimmungsbild passender Wahnbildung (Versündigungs-, Krankheits- und Verarmungswahn etc.), die bei schweren Verläufen ebenso auftreten können wie
- Suizidgedanken und -handlungen (Beesdo-Baum/Wittchen 2011, Cal 2012).

Depressionen gehören zu den häufigsten psychischen Erkrankungen und können, insbesondere bei chronischem Verlauf, zu erheblichen Einschränkungen der Erziehungsfähigkeit führen. Die Lebenszeit-Prävalenz der Depression liegt in der deutschen Erwachsenenbevölkerung zwischen 16 % und 20 % (DGPPN 2017), die Zwölf-Monats-Prävalenz bei 6 %, wobei Frauen mehr als doppelt so häufig betroffen sind wie Männer (Jacobi u.a. 2014). Der Verlauf der Major Depression ist heterogen und in der Regel episodisch. Bei Ersterkrankten klingen die Symptome meist nach acht bis zwölf Wochen ab, bei erneuten Episoden verlängert sich deren Dauer und es steigt die Wahrscheinlichkeit neuer Episoden (Chronizitätsrisiko). Bei einem Drittel der Erkrankten tritt nur eine Episode auf, bei einem weiteren Drittel kommt es zu mehreren, die dann remittieren, bei einem letzten Drittel verläuft die Erkrankung – oft trotz Therapie – mit nur teilweiser oder ohne Remission chronisch. Prognostisch ungünstig sind dabei etwa ein frühes Erstauftreten, schwere Episoden, nur begrenzte Remissionen, eine vorausgegangen Dysthymie, familiäre Prädisposition und komorbide Störungen.

Etwa 15 % der an einer schweren Major Depression Erkrankten versterben durch Suizid, die Zahlen zu Suizidversuchen schwanken zwischen 20 % und 60 % (Beesdo-Baum/Wittchen 2011, Cal 2012). Prädiktoren sind frühere Suizidversuche oder -äußerungen, männliches Geschlecht, getrennter Familienstand und ausgeprägte Hoffnungslosigkeit (Falkai/Wittchen 2018).

Nach europaweiten Schätzungen bleiben etwa zwei Drittel der Major Depressionen unerkannt und unbehandelt. Durchgeführte Behandlungen erstrecken sich zu 38 % auf medikamentöse Therapien, zu 14 % auf psychologische Psychotherapien und in 33 % der Fälle auf eine Kombination beider Therapieformen. Trotz Arztkonsultation bleiben weitere 15 % unbehandelt. Bei grundsätzlich recht effektiven pharmakotherapeutischen Behandlungsmethoden zeigt sich etwa ein Drittel der Erkrankten gegenüber

Antidepressiva weitgehend behandlungsresistent (Beesdo-Baum/Wittchen 2011). Einen nachweisbaren Schutz vor Rückfällen bieten psychotherapeutische Ansätze oder kombinierte medikamentöse und psychotherapeutische Behandlungen (Berking/Radkowski 2012).

Dysthyme Störungen – die Zwölf-Monats-Prävalenz liegt hier in der deutschen Erwachsenenbevölkerung bei 2,0 % (Jacobi u.a. 2014) – treten oft schon in Kindheit und Jugend auf, bestehen langjährig, beinhalten jedoch eine weniger stark ausgeprägte depressive Symptomatik als Major Depressionen. Im Zentrum steht eine mindestens zwei Jahre lang anhaltende depressive Verstimmung, wobei es bei nicht behandelter Dysthymie nur in 10 % der Fälle zu Spontanremissionen kommt. Das Risiko zur Entwicklung einer Major Depression ist hoch (Beesdo-Baum/Wittchen 2011).

Bipolare Störungen sind durch wiederholte, mindestens jedoch zwei Episoden veränderter Stimmung und veränderten Antriebs gekennzeichnet, wobei sich manische/hypomanische und depressive Episoden, die den depressiven Phasen bei unipolaren Depressionen ähneln, abwechseln. Es können aber auch lediglich wiederholte manische/hypomanische oder gemischte Episoden auftreten (Walden/Grunze 2009).

Manische Episoden sind im Gegensatz zu hypomanischen durch stärkere Symptomausbildung und Einschränkungen der sozialen und beruflichen Funktionsfähigkeit und damit auch der Erziehungsfähigkeit gekennzeichnet. *Manische Episoden zeigen sich in:*

- Antriebsstörungen mit Antriebssteigerung und Umtriebigkeit begleitet von Redefluss (Logorrhö) bis hin zur Enthemmung mit verminderter oder aufgehobener Steuerungsfähigkeit und motorischer Erregtheit,
- Beeinträchtigungen der Vitalfunktionen u.a. mit energetischer Anspannung, vermindertem Schlafbedürfnis, erhöhtem Leistungsgefühl, gesteigertem sexuellen Interesse und körperlichem Wohlbefinden,
- Affektstörungen im Sinne einer gehobenen und situationsunangemessen euphorischen Stimmungslage, mit Angstfreiheit und Sorglosigkeit, aber auch Distanzlosigkeit, Reizbarkeit und Aggressivität, wenn auf gesteigerte Bedürfnisse nicht eingegangen wird, mit daraus resultierenden familiären Konflikten und Belastungen,
- formalen Denkstörungen mit Gedankenrasen, Sprunghaftigkeit, Ideenflucht und
- inhaltlichen Denkstörungen mit einer extrem optimistischen Einstellung, einem überzogen gesteigerten Selbstwertgefühl bis hin zur Selbstüberschätzung, erhöhter Entscheidungsfreudigkeit bei verminderter Risikoeinschätzung (Kaufrausch, Verschuldung, Gesetzeskonflikte etc.) und ggf. auch einer meist synthymen – zum Stimmungsbild passenden – Wahnbildung (Größenwahn, Sendungswahn, Liebeswahn etc.).

Man unterscheidet zwischen Bipolar-I-Störungen, bei denen manische oder gemischte Phasen mit depressiven Phasen wechseln oder zumindest eine manische Episode auftritt, und Bipolar-II-Störungen, bei denen sich hypomanische mit depressiven Episoden abwechseln.

Die Zwölf-Monats-Prävalenz beträgt für eine Bipolar-I-Störung in der deutschen Erwachsenenbevölkerung 1,0 % und für eine Bipolar-II-Störung 0,6 % (Jacobi u.a. 2014), wobei Frauen und Männer etwa gleichermaßen betroffen sind. Ersterkrankungen treten meist im jungen Erwachsenenalter zwischen dem 15. und 19. Lebensjahr auf, werden in der Regel aber erst Jahre später diagnostiziert, was auch die vorausgehenden Prodomalphasen, gekennzeichnet durch Stimmungsschwankungen und Schlafstörungen, betrifft. Auch hier sind die Verläufe heterogen und variieren zwischen einer und einer Vielzahl von möglichen Episoden. 10 % bis 15 % der Erkrankten durchleben mehr als zehn Episoden mit gravierenden sozioökonomischen Auswirkungen, nicht selten kommt es auch zu einer Residualsymptomatik mit depressiven Symptomen (Walden/Grunze 2009, Meyer/Bauer 2011).

Bei bipolaren Störungen besteht in depressiven Phasen im Vergleich zur Normalbevölkerung ein 6-fach erhöhtes Risiko, einen Suizidversuch zu unternehmen, und ein doppelt so hohes Suizidrisiko. Das Lebenszeitrisiko von Suizidversuchen der bipolar Erkrankten wird je nach Untersuchung zwischen 25 % und 50 % berechnet, wobei das Getrenntleben ein zusätzlicher Risikofaktor ist und Scheidungen bei den Erkrankten dreimal häufiger als im Bundesdurchschnitt auftreten (Walden/Grunze 2009).

Zur Behandlung bipolarer Störungen finden sich neben medikamentösen und psychotherapeutischen Verfahren zur Akut- und Erhaltungstherapie und zur Prophylaxe auch psychoedukative Ansätze. Auch hier haben sich Kombinationen aus verschiedenen Therapieformen als am effektivsten erwiesen (Hannig/Kowalsky 2012).

Bei zyklothymen Störungen liegen mindestens zwei Jahre anhaltende chronische Schwankungen in den Affekten und im Antrieb vor, wobei sich hypomanische und eher schwächer ausgeprägte depressive Episoden abwechseln, die nie das Vollbild der Major Depression erreichen. Die für Frauen und Männer ähnliche Lebenszeit-Prävalenz liegt zwischen 0,4 % und 1,0 % (Falkai/Wittchen 2018).

Bei affektiven Störungen besteht für das Kind ein erhöhtes Risiko, ebenfalls depressiv zu erkranken. Leidet ein Elternteil an einer Major Depression, so ist das Risiko etwa doppelt so hoch, tun dies beide, erhöht es sich weiter. Ähnlich sind die Werte bei Dysthemie und bipolaren Störungen (Mattejat/Remschmidt 2008).

Depressive Störungen von Müttern wirken bereits während der Schwangerschaft auf das biochemische Gleichgewicht des Embryos (Lenz/Wiegand-Grefe 2017, Wiegand-Grefe u.a. 2011). Auch im Zusammenhang mit schweren Depressionen können Wahnbildungen Kinder durch Einbezug oder Miterleben belasten. Depressionen und ein geminderter Antrieb schränken jedoch vor allem die elterliche Empathiefähigkeit und Feinfühligkeit ein, was insbesondere den frühkindlichen Bindungsaufbau negativ beeinflussen kann (Ramsauer 2011), darüber hinaus aber auch das allgemeine Interesse am Kind, seine adäquate Versorgung, Beaufsichtigung, Förderung und Lenkung. Auch Parentifizierungen können vor allem in akuten Krankheitsphasen auftreten, in denen der kranke Elternteil zur eigenen Lebensbewältigung kaum noch in der Lage ist. Selbstvorwürfe, Gefühle der Leere oder Angst belasten Kinder, insbesondere wenn es ihnen an einer realistischen Einschätzung des Krankheitsbildes mangelt und Ursachen auf die eigene Person bezogen werden. Auch hier ist das erhöhte Suizidrisiko zu beachten.

Die wechselnden Stimmungslagen bipolarer Störungen sind für Kinder nicht nachvollziehbar, irritierend und fördern Verwirrung, Desorientierung und Diskontinuität im gesamten Erziehungsverhalten. Neben den bereits skizzierten Auswirkungen depressiver Episoden können auch akute hypomanische bzw. manische Episoden aufgrund auftretender Selbstüberschätzung, geminderter Risikoeinschätzung und ggf. auch Wahnbildung die elterliche Erziehungsfähigkeit bis hin zur Grenze einer Kindeswohlgefährdung einschränken. Der fehlende Realitätsbezug euphorischer Stimmungslagen und der gesteigerte Antrieb können das Kind dabei ebenso überfordern, wie auftretende Gereiztheit und Aggressivität.

6.4.8.4 Angststörungen

Spezifische Phobien zeigen sich in intensiver Angst vor spezifischen Dingen oder Situationen. Kennzeichnend ist eine ausgeprägte und anhaltende Angstreaktion bei Konfrontation, obwohl der Erkrankte oftmals erkennt, dass die Angst übertrieben oder unbegründet ist. Phobische Situationen werden vermieden oder nur unter starker Angst ertragen, wobei dies je nach Ausprägung der Erkrankung erhebliche Lebensbeeinträchtigungen nach sich ziehen kann. Es lassen sich Tierphobien (Spinnen, Frösche etc.), situative Phobien (Flugangst, Höhenangst etc.), Phobien vor Naturereignissen (Gewitter, Dunkelheit etc.) und Verletzungsphobien (Spritzen, Zahnarztbehandlungen, Blut etc.) unterscheiden, wobei hier nicht alle spezifischen Phobien einzuordnen sind.

Während starke Ängste bei fast 50 % der Bevölkerung einmal auftreten, leidet mit einer Lebenszeitprävalenz von bis zu 15 % nur ein Viertel dieser Menschen unter spezifischen Phobien. Die Zwölf-Monats-Prävalenz spezifischer Phobien in der deutschen Erwachsenenbevölkerung beträgt 10,3 % (Jacobi u.a. 2014). Erste Symptome beginnen oft bereits in der mittleren Kindheit, Frauen sind etwa doppelt so oft betroffen wie Männer.

Bei der Behandlung spezifischer Phobien stehen Verhaltenstherapien mit Konfrontationsübungen im Vordergrund, die Erfolgsraten von 70 % bis 80 % aufweisen (Becker 2011, Kowalsky/Berking 2012).

Im Zentrum der *sozialen Phobie* steht die Angst vor der prüfenden Betrachtung und negativen Bewertung anderer in interaktions- oder leistungsbezogenen Situationen, oft verbunden mit niedrigem Selbstwertgefühl. In der Folge kann es u.a. zum Erröten, Zittern oder Übelkeit kommen. Eine Steigerung bis hin zu Panikattacken ist möglich. Die ängstliche Erwartungshaltung kann zu Vermeidungs- und Sicherheitsverhalten führen, beides kann Lebensführung und Beziehungsgestaltung stark beeinträchtigen und geht weit über bloße Schüchternheit als Persönlichkeitseigenschaft hinaus, wobei durchaus erkannt wird, dass die Angst übertrieben ist.

Diese Erkrankung tritt in der deutschen Erwachsenenbevölkerung mit einer Zwölf-Monats-Prävalenz von 2,7 % (Jacobi u.a. 2014) auf und ist bei Frauen ebenfalls häufiger als bei Männern. Sie beginnt meist in der Jugend und im frühen Erwachsenenalter. Unbehandelt verläuft sie in der Regel über mehrere Jahrzehnte chronisch, wobei die Symptome schwanken. Zu Spontanremissionen kommt es selten und meist erst im höheren Erwachsenenalter. Bei 50 % bis 80 % der Betroffenen treten komorbide Störungen wie Depressionen oder Suchterkrankungen auf.

Erstbehandlungen erfolgen meist erst nach Jahren der Erkrankung, was die Prognose verschlechtert. Psychotherapeutisch mit hohen Effektstärken wirksam sind vor allem kognitiv-verhaltenstherapeutische Verfahren, in denen dysfunktionale Gedankenmuster modifiziert und Erkrankte in Übungen mit angstauslösenden Situationen konfrontiert werden, um deren Bewältigung zu erlernen. Auch Pharmakotherapie wird eingesetzt (Fehm/Knappe 2011, Rusch u.a. 2012).

Bei *Panikstörungen* treten mindestens zwei Panikattacken unerwartet auf. Sie beziehen sich nicht auf eine spezifische Situation oder ein spezifisches Objekt und werden auch nicht von einer Substanz (substanzinduzierte Angststörung) oder anderen Störung hervorgerufen. Mittelschwere Panikstörungen beinhalten vier Panikattacken in vier Wochen, schwere Störungen vier Panikattacken pro Woche über vier Wochen. Ein Panikanfall ist eine einzelne, abrupt beginnende Episode über einige Minuten, die innerhalb weniger Minuten ihr Maximum erreicht und bestimmte Symptome aufweist, wie etwa: erhöhte Herzfrequenz, Schweißausbrüche, Tremor, Mundtrockenheit, Atembeschwerden, Beklemmungsgefühle, Thoraxschmerzen, Magenbeschwerden, Schwindelgefühl, Derealisation oder Depersonalisation, Angst vor Kontrollverlust, dem Verrücktwerden oder dem Sterben.

Panikstörungen werden von der Sorge begleitet, eine neue Panikattacke zu erleiden oder von der Besorgnis über die Ursachen oder Konsequenzen der Attacken und können auch Verhaltensänderungen zur Folge haben, wie etwa vermehrte Arztbesuche. Panikstörungen können mit und ohne *Agoraphobie* auftreten, bei der bestimmte Situationen (Menschenmengen, öffentliche Plätze oder Verkehrsmittel) schwer ertragen oder gemieden werden. Panikstörungen und Agoraphobie können zu erheblichen sozialen, beruflichen und physischen Einschränkungen und Beeinträchtigung der Erziehungsfähigkeit führen. Im Vergleich zu anderen psychisch Erkrankten suchen Personen mit diesem Störungsbild am häufigsten Notfalleinrichtungen auf.

Das Risiko, einmal im Leben eine Panikattacke zu bekommen, liegt zwischen 3 % und 5 %, Frauen sind doppelt so häufig betroffen wie Männer. 2,0 % der erwachsenen Bevölkerung erkranken innerhalb eines Jahres an dieser Störung (Jacobi u.a. 2014). Bei etwa 90 % der Erkrankten stellen sich in der Folge Angststörungen oder depressive Störungen ein, auch Substanzabhängigkeiten treten vermehrt auf (In-Albon/Markgraf 2011). Die Verläufe von Panikstörungen und Agoraphobie sind oft eher ungünstig und chronisch. Vor allem wenn Panikstörungen und Agoraphobie gemeinsam auftreten, kommt es oft zu erheblichen psychosozialen und beruflichen Konsequenzen.

Bei der Behandlung stehen kognitive Psychotherapien im Vordergrund, die auf Umstrukturierung angstauslösender Reize, die Konfrontation und den Umgang mit angstauslösenden Reizen abzielen und auch psychoedukative Elemente (Erklären der Angstkreisläufe) beinhalten (In-Albon/Margraf 2011, Hannig/Filipek 2012).

Bei einer *generalisierten Angststörung* steht eine mindestens sechs Monate anhaltende ängstliche Erwartung und Befürchtung bezogen auf alltägliche Ereignisse im Zentrum, eine frei flottierende Angst, die nicht auf bestimmte Umgebungsvariablen begrenzt ist und von Symptomen wie Ruhelosigkeit, leichte Ermüdbarkeit, Konzentrationsproblemen, allgemeiner Reizbarkeit und Schlafstörungen begleitet wird, wobei die Angst nicht auf andere Ursachen zurückgeführt werden kann. Es kommt zu ausgeprägtem und wiederholtem Rückversicherungsverhalten zur Angstreduzierung.

Die Zwölf-Monats-Prävalenz liegt bei 2,2 % (Jacobi u.a. 2014). Frauen sind auch hier doppelt so oft betroffen wie Männer. Die unbehandelte generalisierte Angststörung neigt zum Persistieren und zur Chronizität mit schwankender Symptomintensität. Es besteht eine hohe Komorbidität zu affektiven Störungen, anderen Angststörungen und somatoformen Störungen.

In der Behandlung sind neben rasch wirkenden pharmakologischen Therapien vor allem kognitiv-verhaltenstherapeutische Ansätze effektiv und in 40–80 % der behandelten Fälle anhaltend erfolgreich, bezogen auf die Angst und die Begleitsymptome (Hoyer/Beesdo-Baum 2011, Filipek u.a. 2012).

Einschränkungen der Erziehungsfähigkeit können bei Angststörungen in Abhängigkeit von den oben beschriebenen Grundsymptomen und den daraus resultierenden sozialen Einschränkungen auf verschiedenen Ebenen auftreten, erstens aus der Tatsache, dass die Angst bzw. Panikattacken das Kind belasten, sei es im Sinne affektiver Ansteckung bei jüngeren Kindern oder im Sinne der Übernahme von angstbesetzten Einstellungen bei älteren Kindern (Lernen am Modell). Zweitens kann die wiederkehrende Beschäftigung mit der Angst das Funktionieren anderer Lebensbereiche einschränken und damit auch das Interesse des Elternteils am Kind, die Feinfühligkeit, die Förderkompetenz und die Fähigkeit zur Lenkung und Beaufsichtigung mindern.

Letzteres kann drittens auch Resultat rigider Verhaltenskonsequenzen des erkrankten Elternteils sein (Vermeidungsverhalten). Hierdurch kann das Kind zudem Einschränkungen in seinen eigenen sozialen Beziehungen oder in seiner Autonomieentwicklung erfahren. Der Erkrankte kann durch eigenen Rückzug Zugänge des Kindes zur sozialen Umgebung nicht ausreichend fördern, er kann das Kind aufgrund eigener sozialer Defizite an sich binden und klammern und/oder er kann eigene Ängste auf das Kind projizieren und es deshalb einengen. All dies kann zu einer tendenziellen Isolation des Kindes, aber auch zu Parentifizierungseffekten beitragen. Auch etwaige suizidale Tendenzen sind bei bestimmten Angststörungen in die Bewertung der Erziehungsfähigkeit einzubeziehen.

6.4.8.5 Zwangsstörungen

Bei Zwangsstörungen sind wiederkehrende Zwangsgedanken und Zwangshandlungen zu unterscheiden, wobei Zwangsgedanken negative Gefühle (Angst, Unruhe, Anspannung, Ekel etc.) auslösen, während Zwangshandlungen zu einer vorläufigen Beruhigung führen. Zwangsgedanken sind als der eigenen Person zugehörig erlebte Ideen und Vorstellungen, die den Erkrankten immer wieder quälend beschäftigen und denen er kaum Widerstand entgegenbringen kann. Zwangshandlungen sind sinnlose, unangemessene und oft vom Erkrankten auch als solche erkannte, sich wiederholende Rituale, zu denen er sich gedrängt fühlt, um negative Emotionen zu reduzieren und etwaigen Schaden abzuwenden. Häufige Zwangsinhalte sind Wasch- und Reinigungszwänge, Kontrollzwänge, Symmetrie- und Ordnungszwänge, Wiederholungs- und Zählzwänge und Sammel- und Aufbewahrungszwänge.

Zwangsstörungen treten mit einer Zwölf-Monats-Prävalenz von 3,6 % (Jacobi u.a. 2014) oft schon in der Pubertät auf und nehmen unbehandelt einen chronischen Verlauf mit erheblichen Beeinträchtigungen der psychosozialen Lebensführung. 50 % der Erkrankten leben ohne Partner. Etwa die Hälfte der Erkrankten leben ohne Partner, bei etwa ebenso vielen kommt es zu Suizidgedanken, bei einem Viertel kommt es zu Suizidversuchen, wobei das Vorhandensein einer komorbiden Major Depression das Suizidrisiko erhöht (Falkai/Wittchen 2018).

Viele Erkrankte versuchen die Symptomatik oft aufgrund von Schamgefühlen zu verbergen, was eine therapeutische Verweigerungshaltung nach sich zieht. Bei der Behandlung ist die kognitive Verhaltenstherapie effektiv, indem der Erkrankte über Konfrontation an den angstauslösenden Reiz gewöhnt wird (Habituation), oft auch kombiniert mit Pharmakotherapie. Ein Viertel dieser Behandlungen verläuft allerdings ohne Besserung und bei einem weiteren Viertel kommt es zu Rückfällen. Problematisch ist auch die hohe Verweigerungs- und Abbruchrate der Erkrankten (Reinecker 2011, Zetsche/Exner 2012, DGPPN 2013).

Ähnlich wie Angststörungen können sich Zwangsstörungen einschränkend auf die Erziehungsfähigkeit auswirken. Sie können das Kind direkt emotional verunsichern und belasten, indem es die den Zwangsgedanken zugrundeliegenden empfundenen negativen Gefühle und den daraus resultierenden oft quälenden Leidensdruck miterlebt. Darüber hinaus können auch irrational erscheinende Zwangshandlungen das Kind in hohem Maße irritieren oder ängstigen. Fehleinstellungen und -haltungen können dem Kind eine falsche, weil realitätsferne Orientierung geben. Die fortwährende Beschäftigung mit Zwangsgedanken, dem begleitenden Gefühl der Angst und Zwangshandlungen kann die Handlungsfähigkeit des Erkrankten in allen Lebensbereiche einschränken. Im Bereich der Erziehungsfähigkeit kann es auch hier zu Beeinträchtigungen des Interesses am Kind, der Feinfühligkeit, der Förderkompetenz und der Lenkung kommen. Zwangshandlungen, aber auch Versuche, diese vor der sozialen Umgebung zu verbergen, können sich einengend auf die Beziehungsgestaltung des Kindes zu anderen auswirken. Geheimhaltungsdruck, Isolation und daraus resultierende Überforderung und Parentifizierung des Kindes können die Folge sein. Mögliche suizidale Tendenzen sind in die Bewertung der Erziehungsfähigkeit einzubeziehen.

6.4.8.6 Posttraumatische Belastungsstörungen

Posttraumatische Belastungsstörungen (PTBS) sind Reaktionen auf belastende Ereignisse oder kürzere oder längere Situationen (Traumata), die als außergewöhnlich bedrohlich erlebt wurden oder ein katastrophenartiges Ausmaß hatten und bei fast jedem zu tiefer Verzweiflung geführt hätten. Hierzu gehören Ereigniskriterien, potenzielle oder reale Bedrohung des Lebens oder der körperlichen Unversehrtheit bei sich oder anderen, und subjektive Kriterien, das Erleben von intensiver Furcht, Hilflosigkeit oder Entsetzen (Schönfeld u.a. 2011, Zöckler/Cal 2012).

Symptome der PTBS sind Intrusionen, sich aufdrängende und nicht zu kontrollierende Nachhallerinnerungen (Flashbacks) in Form von Bildern oder filmartigen Szenen und Albträume, in denen Aspekte des Traumas lebendig, intensiv und von Stress begleitet wiedererlebt werden. Intrusionen werden oft von Schlüsselreizen (Triggern) ausgelöst, die dem Trauma ähneln. Auch Erinnerungslücken können auftreten. Vegetativ können sich gesteigerte Vigilanz, Schreckhaftigkeit und Schlaflosigkeit einstellen, im affektiven Bereich emotionale Taubheit, Reizbarkeit, Aggressionen, Angst, Scham- und Schuldgefühle, Depressionen bis hin zu Suizidgedanken. Aktivitäten und Situationen, die an das Trauma erinnern könnten, werden in der Folge gemieden, Verzerrungen im Denken (Gefahrensicht) führen zu psychosozialen Beeinträchtigungen (Schönfeld u.a. 2011, Zöckler/Cal 2012).

Folgen minderschwerer Belastungen (Scheidung, Arbeitsplatzverlust, Mobbing etc.) sind u.a. als Anpassungsstörungen definiert, auch wenn einzelne Symptome der PTBS erkennbar sind. Ursache für überzogene Fehldiagnosen einer PTBS ist oft, dass die Ereignisschwere nicht unbedingt mit den Folgesymptomen korreliert, sondern auch von Risiko- und Schutzfaktoren, etwa den zur Verfügung stehenden Bewältigungsstrategien und der sozialen Unterstützung, abhängt. Nicht jeder von einem Trauma Betroffene entwickelt eine PTBS, dies betrifft bis zu 25 % dieser Personen. Das Risiko, eine PTBS zu entwickeln, steigt allerdings bis auf etwa 50 %, wenn das Trauma durch von Menschen herbeigeführte Gewalterfahrungen, wie etwa eine Vergewaltigung, ausgelöst wurde (Zöckler/Cal 2012, Frommberger u.a. 2014).

Die Störung kann sich mit einem Lebenszeitrisiko von 1 % bis 7 % in jedem Lebensalter entwickeln und entsteht meist sofort nach dem traumatischen Erlebnis, vereinzelt auch verzögert. Frauen sind häufiger betroffen als Männer, was mit deren größerem Risiko verbunden ist, Opfer sexueller oder anderer gewalttätiger Übergriffe zu werden. Das Suizidrisiko ist erhöht (Falkai/Wittchen 2018). Es besteht eine hohe Komorbidität zu anderen psychischen Störungen (affektiven Störungen, anderen Angststörungen, somatoformen Störungen, Substanzmissbrauch). Unbehandelt liegt die Dauer der Störung bei durchschnittlich fünf Jahren, behandelt bei drei Jahren (Zöckler/Cal 2012). Bei etwa einem Drittel remittiert die Störung nicht mehr vollständig, auch wenn eine Behandlung erfolgte (Schönfeld u.a. 2011).

Therapeutisch sind auch hier in der Regel ambulante, kognitiv-behavioristische Therapien erfolgreich. Daneben werden bei schweren Störungen auch Psychopharmaka eingesetzt und können stationäre Behandlungen erforderlich machen (Frommberger u.a. 2014).

Die Auswirkungen der PTBS auf die Erziehungsfähigkeit können in Abhängigkeit vom Schweregrad vielfältig sein. Zentral sind Einschränkungen der Feinfühligkeit zu diskutieren, ausgelöst etwa durch die oben beschriebene emotionale Taubheit oder Depressivität, aber auch durch erhöhte Reizbarkeit oder Aggressivität. Insbesondere das jüngere Kind kann Schwierigkeiten haben, emotionale Reaktionen des erkrankten Elternteils noch mit eigenem Verhalten in Verbindung zu bringen, mangelnde Orientierung ist die Folge. Die Symptomatik kann darüber hinaus aber auch andere Erziehungskompetenzen, etwa bei Vorliegen der oben beschriebenen Interessenlosigkeit, mindern. Vermeidungsverhalten des erkrankten Elternteils wird auch hier das soziale Leben des Kindes mit einschränken. Letztlich müssen ebenso etwaige suizidale Tendenzen bei der Bewertung der Erziehungsfähigkeit berücksichtigt werden.

6.4.8.7 Persönlichkeitsstörungen

Diese Störungsbilder drücken sich allgemein in sozial unflexiblem, unangepasstem bis hin zu normabweichendem Verhalten aus. *In Abgrenzung zu allgemeinen Persönlichkeitsstilen oder -akzentuierungen ist eine Persönlichkeitsstörung in der Regel durch folgende Kriterien gekennzeichnet:*

- ein tief verwurzeltes, anhaltendes und wenig angepasstes Verhaltensmuster, das sich in starren Reaktionen in unterschiedlichen persönlichen und sozialen Lebensbereichen zeigt,
- deutliche Abweichungen im Wahrnehmen, Denken, Fühlen und in den Beziehungen zu anderen im Vergleich zur Bevölkerungsmehrheit,

- eine eingeschränkte oder gestörte soziale und berufliche Funktions- und Leistungsfähigkeit und
- subjektives Leiden und klinisch bedeutsame Beschwerden.

Persönlichkeitsstörungen lassen sich nach DSM-V überwiegend in drei Gruppen (Cluster) mit deskriptiven Ähnlichkeiten gliedern, wobei Personen Störungen aus verschiedenen Gruppen aufweisen können.

Cluster A (sonderbar, exzentrisch):

- Paranoide Persönlichkeitsstörungen (überzogene Empfindlichkeit gegenüber Kränkungen, Misstrauen, einseitige Wahrnehmungen und Missdeutungen bis hin zu Feindlichkeit oder Missachtung, Streitsüchtigkeit, Bestehen auf eigenen Rechten) und
- Schizoide Persönlichkeitsstörungen (Rückzugstendenzen, begrenztes Vermögen, Gefühle zu erleben und zu zeigen, einzelgängerisches Verhalten etc.).

Cluster B (dramatisch, emotional, launisch):

- Schizotype Persönlichkeitsstörungen (Distanziertheit in nahen Beziehungen, Verzerrung in Denken und Wahrnehmung, Verhaltenseigentümlichkeiten)
- Antisoziale Persönlichkeitsstörungen (Missachtung sozialer Verpflichtungen, Unbeteiligtsein gegenüber den Gefühlen anderer, Nichteinhaltung sozialer Normen, wenig veränderbar durch nachteilige Erlebnisse bzw. Strafen, niedrige Schwelle für aggressives und gewalttätiges Verhalten, Neigung zur Beschuldigung anderer zur Erklärung des eigenen konflikthaften Handelns etc.),
- Borderline-Persönlichkeitsstörungen (Instabilität in zwischenmenschlichen Beziehungen, im Selbstbild und in den Affekten, Impulsivität, mangelnde Selbstkontrolle, Neigung zu selbstdestruktivem Verhalten bis hin zu suizidalen Tendenzen),
- Histrionische Persönlichkeitsstörungen (labile, übertrieben-theatralische Affektivität, Dramatisierung, Egozentrik, mangelnde Rücksichtnahme, Anerkennungs- und Aufmerksamkeitsstreben, gesteigerte Kränkbarkeit) und
- Narzisstische Persönlichkeitsstörungen (subjektives Empfinden von Großartigkeit, Bedürfnis nach Bewunderung, Mangel an Empathie).

Cluster C (ängstlich, furchtsam):

- Vermeidend-selbstunsichere Persönlichkeitsstörungen (Anspannung und Besorgnis, Unsicherheit und Minderwertigkeitsgefühle, anhaltende Sehnsucht nach Zuneigung und Akzeptanz, Überempfindlichkeit gegenüber Kritik und Zurückweisungen, Überbetonung potenzieller Gefahren bis hin zu Vermeidungsverhalten),
- Abhängige (dependente) Persönlichkeitsstörungen (Verlassen auf und Unterordnung unter andere Personen, Trennungsangst, Hilflosigkeit und Gefühl der Inkompetenz, Versagen bei Anforderungen des täglichen Lebens, Kraftlosigkeit) und
- Anankastische (zwanghafte) Persönlichkeitsstörungen (Zweifel, übertriebene Gewissenhaftigkeit bis hin zum Perfektionismus, anhaltendes Kontrollstreben, Starrheit).

Volkert u.a. (2018) berechneten in einer Metaanalyse von zehn internationalen Studien eine Prävalenz von 12,2 % für das Vorliegen einer Persönlichkeitsstörung, darunter Prävalenzen von 7,2 % für Cluster A, 5,5 % für Cluster B und 6,7 % für Cluster C.

Persönlichkeitsstörungen treten erstmals in Kindheit, Jugend oder im frühen Erwachsenenalter auf. Die Verläufe zeigen sich bei etwa 40 % der Erkrankten zeitlich stabil und in der Störungsspezifik unverändert, wobei zwischen den einzelnen Störungsbildern unterschieden werden muss. So weisen etwa die antisoziale und die Borderline-Persönlichkeitsstörung bessere Remissionsraten auf als etwa die zwanghafte oder schizotype Persönlichkeitsstörung (Falkai/Wittchen 2018). Häufig schwächt die Symptomatik mit zunehmendem Alter ab, wobei das Erleben kritischer Lebensereignisse diese Tendenz durchbrechen kann.

Auch bei den Persönlichkeitsstörungen finden sich je nach Störungsbild erhöhte Suizidraten, bei der Borderline-Persönlichkeitsstörung liegt sie zwischen 3 % und 10 %, bei der narzisstischen Persönlichkeitsstörung bei 8 % (Cal 2012), aber auch Gefahren der Fremdgefährdung (Fiedler 2011).

Behandlungserfolge durch Psychotherapie lassen sich vor allem die Borderline-Persönlichkeitsstörung, für die ängstlich-vermeidende und für die antisoziale Persönlichkeitsstörung nachweisen. Ziel ist nicht die Heilung der Persönlichkeitsstörung selbst, sondern die Behandlung der sich daraus ergebenden Krisen – in Interaktionen mit anderen und im eigenen Erleben –, unter denen die Erkrankten leiden. Bestimmte Symptome lassen sich durch Psychopharmaka mildern (Fiedler 2011).

Je nach Form der Persönlichkeitsstörung sind auch die spezifischen Einschränkungen der Erziehungsfähigkeit unterschiedlich. Etwaige Selbst- und Fremdgefährdungen sind dabei nicht nur in der Therapie, sondern auch in der familienrechtspsychologischen Praxis vorrangig zu beachten. Hinzu kommen die Belastungen, die aus der jeweiligen Akzentuierung der Persönlichkeit erwachsen und alle Bereiche der Erziehung beeinträchtigen können. Die Borderline-Persönlichkeitsstörung kann etwa über Stimmungsschwankungen in besonderem Maße die Empathiefähigkeit, Feinfühligkeit und über impulsive Gefühlsdurchbrüche die Fähigkeit zur Lenkung des Kindes beeinträchtigen. Die antsoziale Persönlichkeitsstörung beeinträchtigt ebenfalls Empathie und Feinfühligkeit, darüber hinaus aber auch die Förderkompetenz durch unzureichende oder unangemessene Wertevermittlung (Lernen am Modell). Die besondere Gefahr schizoider Persönlichkeitsstörungen liegt im sozialen Rückzug und in den daraus resultierenden Konsequenzen für das Kind, ähnlich wie es bereits im Zusammenhang mit Angststörungen dargestellt wurde.

6.4.8.8 Intelligenzminderungen

Hintergrund ist eine verzögerte oder unvollständige Entwicklung geistiger Fähigkeiten mit besonderen Beeinträchtigungen der Kognition, Sprache und der motorischen und sozialen Fähigkeiten. Sowohl das DSM-V als auch das ICD-10-GM-2022 unterscheiden vier Schweregrade intellektueller Beeinträchtigung bzw. Intelligenzminderung, wobei nur das ICD-10-GM-2022 dabei IQ-Werte angibt:

- Leichte Intelligenzminderung: IQ von 50–69, bei Erwachsenen Intelligenzalter von neun bis unter zwölf Jahren mit frühen Lernschwierigkeiten, ansonsten aber in der Regel umfangreich gegebener Teilhabe am gesellschaftlichen Leben, einschließlich der Aufrechterhaltung sozialer Beziehungen.
- Mittelgradige Intelligenzminderung: IQ von 35–49, Intelligenzalter von sechs bis unter neun Jahren mit einer oft noch gegebenen Fähigkeit zur unabhängigen Lebensgestaltung bei ausreichender Kommunikationsfähigkeit. Der Erwerb einer Ausbildung ist möglich, es besteht aber Unterstützungsbedarf bei der täglichen Lebensgestaltung.
- Schwere Intelligenzminderung: IQ von 20–34, Intelligenzalter von drei bis unter sechs Jahren mit der Notwendigkeit einer andauernden Unterstützung.
- Schwerste Intelligenzminderung: IQ unter 20, Intelligenzalter unter drei Jahren mit starker Beeinträchtigung der eigenen Versorgung, Kommunikation und Beweglichkeit.

Die Prävalenz von Intelligenzminderungen liegt etwa bei 1 % (Falkai/Wittchen 2018), wobei davon etwa 80 % die leichte Form, 12 % die mittelgradige, 7 % die schwere und weniger als 1 % die schwerste Form betreffen (Häßler/Eggers 2012). Über die Zahl intelligenzgeminderter Menschen mit Kindern ist wenig bekannt. McGaw (2004) schätzt eine Prävalenz von bis zu 1,7 % aller Eltern.

Die Frage der Heilbarkeit intellektueller Beeinträchtigungen wird in Abhängigkeit von den jeweiligen Ursachen (Deprivation versus biologisch-physiologische Schädigungen) kritisch diskutiert. Deutlich wird hier die Notwendigkeit frühzeitiger Prävention und Intervention. Verhaltenstherapeutische Ansätze zielen später vornehmlich auf die Verbesserung der Verhaltensstörungen und anderer Psychopathologien im Zusammenhang mit Intelligenzminderungen ab, etwa zur Verfeinerung sozialer Umgangsformen und Kompetenzen, Verbesserung von Hygiene und Gesundheitsvorsorge oder zur Vorbereitung auf berufliche Tätigkeiten (Weber/Rohjan 2009).

Abzugrenzen von der Intelligenzminderung ist die Lernbehinderung, die die Erziehungsfähigkeit mit einem IQ zwischen 70 und 84 in der Regel allein nicht gravierend einschränken wird. Die Erziehungsfähigkeit bei Intelligenzminderung ist zuerst in engem Zusammenhang mit der Fähigkeit zur eigenständigen Lebensbewältigung zu bewerten. Nur wenn diese möglich ist, kann grundsätzlich von einer ausreichenden Fähigkeit ausgegangen werden, auch ein Kind eigenständig zu betreuen. Hiervon wird in der Regel bei einer leichten Intelligenzminderung auszugehen sein, bei einer mittelgradigen Intelligenzminderung nur eingeschränkt und bei einer schweren und schwersten Intelligenzminderung kaum.

Wichtig erscheint ferner, die jeweilige Urteilsfähigkeit eines intelligenzgeminderten Elternteils einzuschätzen, die in vielen Bereichen der Erziehungsfähigkeit Bedeutung erlangt, sei es im Zusammenhang mit der Beaufsichtigung des Kindes im Sinne von angemessener Gefahreneinschätzung und -abwehr oder dem Erkennen und Einschätzen adäquater kindlicher Bedürfnisse. Auch der Förderbedarf des Kindes, auf das es aufgrund der elterlichen Erziehungseinschränkungen in erhöhtem Maße angewiesen sein könnte, muss erkannt und befriedigt werden. Gegebenenfalls müssen auch Verhaltensauffälligkeiten des intelligenzgeminderten Elternteils einer Bewertung unterzogen werden, wenn sie wesentliche emotionale und/oder soziale Aspekte der Erziehungsfähigkeit beeinträchtigen (Dosen 2010).

Je stärker die Intelligenz der Eltern gemindert ist, desto größere Bedeutung erlangt deren Bereitschaft und Fähigkeit zur Kooperation mit einem Unterstützungssystem, insbesondere mit der Familie und/oder der Jugendhilfe. Ängste, das Kind zu verlieren, stehen jedoch oft einer angemessenen Kooperationsbereitschaft und -fähigkeit mit dem Jugendamt im Wege und sollten gerade im familienrechtlichen Kontext besondere Beachtung erfahren (Pixa-Kettner 2010). Wichtig ist es, angestrebte Maßnahmen mit dem Elternteil, den beteiligten Fachkräften, den Angehörigen und ggf. dem bestellten gesetzlichen Betreuer zu koordinieren.

Ziel ist es, dem Kind seine Eltern insbesondere auch im Hinblick auf deren oft vorhandene emotionale Kompetenzen möglichst umfangreich zu erhalten. Auch hier gilt der Verhältnismäßigkeitsgrundsatz. Die Tatsache, dass ein Kind in einem für seine Entwicklung günstigeren Umfeld untergebracht werden könnte, kann allein nicht rechtfertigen, dass es der Betreuung seiner biologischen Eltern entzogen wird (EGMR, Nr. 46544/99, Beschl. vom 26.02.02).

6.4.8.9 Suizidalität

Bei Suizidalität sind Gedanken und Verhalten darauf ausgerichtet, sich selbst zu töten oder den eigenen Tod in Kauf zu nehmen. Bei der Parasuizidalität ist die Selbstverletzung, nicht die Selbsttötung das Ziel. Die Einschätzung eines konkreten Suizidrisikos erfolgt primär über die Person selbst, indem das Vorhandensein bzw. Ausmaß eines präsuizidalen Syndroms (Ringel 1953) exploriert wird, das geprägt ist durch:

- *Einengung der persönlichen Gestaltungsmöglichkeiten:* Im Denken führen Depression bzw. Angst zu innerer Vereinsamung, bisherige Werte und Ziele verlieren, wie dann das letztlich auch Leben an sich, an Bedeutung. Im Verhalten kommt es zum sozialen Rückzug.
- *Aggressionsumkehr:* Aggressionen sind nach außen gehemmt und werden gegen die eigene Person gerichtet.
- *Suizidfantasien:* Vage bis konkrete, aktiv herbeigeführte oder sich aufdrängende Gedanken an den Tod und Suizid greifen immer mehr Raum und entwickeln sich von der allgemeinen Vorstellung, tot zu sein, über die Vorstellung, sich selbst zu töten, bis hin zu konkreten Tötungsplänen und -vorbereitungen.

Cal (2012) empfiehlt zur Einschätzung eines etwaigen Suizidrisikos offene, direkte und empathische Fragen – wobei psychologische Tests ein Interview nicht ersetzen, aber ergänzen können – und schlägt *folgende Inhalte* vor:

- Gibt es eine Suizidankündigung?
- Sind die Suizidgedanken deutlich und anhaltend?
- Gibt es eine konkrete Planung und Vorbereitung eines Suizids?
- Gab es frühere Suizidversuche?
- Gibt es familiäre Vorbelastungen?
- Bestehen Gefühle von Hoffnungslosigkeit und Auswegslosigkeit?
- Ist es zu einer Reduzierung der Kontakte und zum sozialen Rückzug gekommen?

Zusätzlich ist die Erhebung weiterer Risikofaktoren sinnvoll. Hierzu zählen etwa psychische Erkrankungen, wie schwere affektive und psychotische Störungen, Angststörungen, Borderline-Persönlichkeitsstörung oder narzisstische Persönlichkeitsstörungen sowie Suchterkrankungen. Das Risiko verstärkt sich zudem im Zusammenhang mit kritischen Lebensereignissen, wie erlebten Gewalthandlungen, anhaltenden Familienkonflikten, Trennungen und Scheidungen, Arbeitslosigkeit und Vereinsamung, insbesondere bei früher bereits erfolgten Suizidankündigungen und Suizidversuchen (Dorrmann 2012).

2020 verstarben in Deutschland 9206 Menschen durch Suizid, 6944 Männer und 2262 Frauen und damit dreimal so viele Männer wie Frauen. Die mit Abstand am häufigsten vorkommende Selbsttötungsart ist das Erhängen (Statistisches Bundesamt 2022b). 40 % der Betroffenen unternehmen mehr als einen Suizidversuch, wobei bei der Hälfte der Betroffenen zwischen den Suizidversuchen weniger als zwölf Monate liegen.

Wird ein Suizidrisiko erkannt, ist aktiv zu handeln. Es sollten Unterstützungsangebote unterbreitet und das soziale Umfeld (Familie, Freunde etc.) und ggf. behandelnde Ärzte einbezogen werden. Bei akuter Selbstgefährdung sind die Weitervermittlung an eine Kriseneinrichtung, die Initialisierung einer Klinikeinweisung, bei Weigerung auch unter Zwang, angezeigt.

Erstes Ziel der dann erfolgenden Krisenintervention ist die unmittelbare emotionale Entlastung der gefährdeten Person und der Aufschub suizidaler Impulse. Die Behandlung einer akuten suizidalen Krise erfolgt durch Medikation und Psychotherapie, in deren Rahmen Vor- und Nachteile eines Suizids offen angesprochen, keine nur ablehnende Haltung gegenüber dem Suizid eingenommen wird und alternative Lösungsstrategien erarbeitet werden. Die Erreichbarkeit des Therapeuten und ständige Überprüfung des Suizidrisikos sind wichtige Elemente der Arbeit. Ziel ist letztlich die Behandlung der zugrunde liegenden Störung oder Problematik (Cal 2012).

Die Anzahl erweiterter Suizide unter Einbezug eines Kindes – genauer Tötungen von Kindern mit nachfolgendem Suizid oder Suizidversuch – erscheint trotz vorhandener Dunkelziffer etwa im Rahmen tödlich verlaufender Verkehrunfälle – eher gering. Im Einzelfall sind sie dennoch dramatisch und auch für die beteiligten Professionen sehr belastend. Nach einer bundesweiten Analyse aller Strafakten mit Verdacht von vorsätzlichen Tötungsdelikten an Kindern bis zum Alter von sechs Jahren zwischen 1997 und 2006 mit insgesamt 535 kindlichen Opfern fanden sich 69 dieser Fälle, immer kam dabei das Kind, nicht immer der Täter zu Tode.

25 % der kindlichen Opfer starben durch Verletzungen mit Messer, 19 % wurden erdrosselt, 12 % erstickt, weitere 12 % in die Tiefe geworfen oder von einem Zug überrollt (Foerster 2009, Höynck/Zähringer 2012).

Täter waren leicht überwiegend Männer. 18 der überlebenden und psychologisch oder psychiatrisch untersuchten Täter waren psychisch auffällig oder erkrankt, acht von ihnen litten an einer depressiven Störung, kaum jemand an einer Störung durch Substanzkonsum. Tatauslöser waren zumeist Trennungskonflikte. Als Tatmotive beschrieben Täter überwiegend „altruistische“ Beweggründe (Kind soll nicht allein zurückbleiben, nicht ohne intakte Familie aufwachsen, ihm soll Leid erspart werden), Rache am anderen Elternteil wurde vordergründig nicht beschrieben.

Hieraus kann der vorsichtige Schluss gezogen werden, dass gerade verdeckte oder offene Hinweise auf solche „altruistischen“ Motive eines suizidgefährdeten Menschen einen Anhaltpunkt auch für eine etwaige Tötung des Kindes geben könnten.

6.4.8.10 Andere Erkrankungen

Letztlich können auch die Folgen erworbener hirnorganischer Schädigungen oder somatoforme Störungen, wie etwa Schmerz- und Essstörungen, Einschränkungen der Erziehungsfähigkeit zur Folge haben. Auch bestimmte somatische Erkrankungen können über Auswirkungen auf psychische Funktionen dazu führen, dass ein Kind nicht mehr angemessen beaufsichtigt oder versorgt werden kann. Ein Diabetes mellitus kann bei schlechter Einstellung des Blutzuckerspiegels etwa zu Blutzuckerschock und Koma führen und damit die ausreichende Beaufsichtigung und Betreuung eines Kleinkindes in Frage stellen. Mit einer Schilddrüsenfunktionsstörung kann Affektlabilität einhergehen.

6.4.9 Entwicklungsperspektiven

Liegt eine Kindeswohlgefährdung im Verhalten der Bezugsperson begründet, so sind auch die Entwicklungsperspektiven einzuschätzen. *Zu fragen ist grundsätzlich, ob die gegebene Einschränkung:*

1. zeitlich begrenzt ist,
2. dauerhaft und nicht abänderbar ist,
3. nur unter Mitwirkung der Bezugsperson abänderbar ist.

Der erste Fall könnte gegeben sein, wenn Einschränkungen der Erziehungsfähigkeit Resultat einer akuten Lebenskrise der Bezugsperson sind. Dies kann in Zusammenhang mit kritischen Lebensereignissen auftreten, so können etwa Anpassungsstörungen nach Trennungen depressive Reaktionen hervorrufen und lediglich zeitlich begrenzten Einfluss auf die Fähigkeit haben, ein Kind zu versorgen. Einschränkungen können hier kurzzeitig und befristet auftreten.

Eine dauerhafte Einschränkung der Erziehungsfähigkeit wird primär gegeben sein, wenn etwa psychische oder somatische Erkrankungen zugrunde liegen, die keine Aussicht auf Heilung haben.

In der Regel werden Einschränkungen der Erziehungsfähigkeit abänderbar sein, dies bedarf jedoch der Mitarbeit der Bezugspersonen. Einzuschätzen sind deshalb:

1. deren Einsichtsfähigkeit und -bereitschaft,
2. deren Veränderungsfähigkeit und -bereitschaft und
3. deren Kooperationsfähigkeit und -bereitschaft.

Einsichtsfähigkeit und -bereitschaft zielen im Wesentlichen auf zwei Fragen ab: Erkennt die Bezugsperson ihr kindeswohlgefährdendes Unterlassen oder Handeln? Und: Übernimmt sie hierfür die Verantwortung? Positive Antworten auf diese beiden Fragen sind Voraussetzungen für jede Veränderung, z.B. die Inanspruchnahme von Beratung, Mediation oder Therapie. Einsichtsfähigkeit und -bereitschaft können sich dabei auf unangemessene oder fehlende Erziehungsziele, -einstellungen oder -kenntnisse beziehen, aber auch auf Einschränkungen von Grundkompetenzen, etwa durch eine gegebene psychische Störung.

Bei vorausgesetzter Veränderungsfähigkeit – sonst wäre eine dauerhafte Einschränkung der Erziehungsfähigkeit gegeben – ist nun die Veränderungsbereitschaft mit ihren motivationalen und volitionalen Aspekten zu prüfen. Die Frage lautet hier: Ist die Bezugsperson bereit, ihr kindeswohlgefährdendes Unterlassen oder Handeln zu verändern?

Eng verknüpft mit der Veränderungsbereitschaft können die Kooperationsfähigkeit und -bereitschaft sein. Anders als in *Abschnitt 4.4.1* steht hier eher im Ausnahmefall – bei hochstrittigen Erwachsenenkonflikten, in die das Kind involviert ist – die Kooperation mit einer anderen Bezugsperson im Vordergrund. Zentral ist dagegen in der Regel die Frage, ob eine Fähigkeit und Bereitschaft zur Zusammenarbeit mit der Jugendhilfe, mit Ärzten oder Psychotherapeuten, aber auch mit dem Familiengericht und anderen am Verfahren Mitwirkenden (*Kapitel 9*) besteht.

Unter Umständen wird ein Bezug zu früherem Verhalten Prognosen zulassen. Sofern mit dem Kindeswohl vereinbar oder im Interesse des Kindeswohls sogar angezeigt, sind Möglichkeiten einzuräumen, in denen die Bezugspersonen im Sinne des Verhältnismäßigkeitsgrundsatzes bzw. einer interventionsorientierten Diagnostik ihre Veränderungsfähigkeit und -bereitschaft unter Beweis stellen können. Letztlich wird dann das konkrete Verhalten der Bezugsperson Maßstab der Bewertung sein. Nur an ihm lässt sich tatsächliche Veränderung ablesen.

Aber auch wenn Einsichts-, Veränderungs- und Kooperationsbereitschaft in erfolgreiches Handeln übergehen, bleibt einzuschätzen, wie wahrscheinlich es ist, dass Gefährdungsmomente wieder auftreten (Rückfallprognose). Es stellt sich letztlich die Frage der Stabilität von Verhaltensveränderungen. In diesem Zusammenhang kann es durchaus sinnvoll sein, familiengerichtliche Verfahren einige Zeit ruhen zu lassen, um familiäre Entwicklungen abzuwarten.

6.5 Erscheinungsformen der Kindeswohlgefährdung

6.5.1 Vernachlässigung

6.5.1.1 Definition

Vernachlässigung beinhaltet Unterlassungen fürsorglichen Handelns, die zu physischen oder psychischen Schädigungen des Kindes führen oder diese mit hoher Wahrscheinlichkeit erwarten lassen. Unerheblich für die drohende oder schon eingetretene Gefährdung des Kindes ist es, ob diese Unterlassungen aufgrund unzureichender Bereitschaft oder Fähigkeit der Bezugspersonen erfolgen. Bedeutsam kann eine Differenzierung zwischen Erziehungsbereitschaft und Erziehungsfähigkeit aber bei der prognostischen Einschätzung werden.

Am häufigsten wird zwischen körperlicher und emotionaler Vernachlässigung differenziert (Stadler 2012), ergänzt werden kann diese Unterscheidungen aber durch kognitive, erzieherische Formen und unzureichende Beaufsichtigung (Galm u.a. 2010).

Körperliche Vernachlässigungen sind gravierende Unterlassungen in:

- der Ernährung des Kindes,
- seiner hygienischen Versorgung und Körperpflege,

- seiner gesundheitlichen Versorgung und medizinischen Behandlung und
- der Sicherstellung einer angemessene Kleidung und Wohnsituation.

Emotionale Vernachlässigungen sind teilidentisch mit psychischen Misshandlungen und zeigen sich z.B. in schwerwiegenden Defiziten in:

- der emotionalen Zuwendung, insbesondere in der Feinfühligkeit gegenüber dem Kind,
- der psychiatrischen oder psychologischen Behandlung des Kindes bei vorhandenem emotionalem Förderbedarf und
- der Kommunikation mit dem Kind.

Kognitive Vernachlässigungen beziehen sich auf gravierende Mängel in:

- der Bereitstellung einer anregungsreichen Umgebung des (Klein-)Kindes,
- der Quantität und/oder Qualität der spielerischen Interaktionen mit dem Kind,
- der Sprachförderung (mangelnde verbale Stimulation, Ignorierung bestehender Entwicklungsdefizite),
- der schulischen Förderung (kein Interesse, keine Unterstützung bei schulischen Anforderungen und der Sicherstellung des regelmäßigen Schulbesuchs).

Erzieherische Vernachlässigungen sind schwerwiegende Fehlhaltungen oder Unterlassungen:

- in der Vermittlung gesellschaftlich tolerierter Werte und Normen,
- in der Unterstützung des Kindes in seiner regelmäßigen Teilhabe am außerfamiliären sozialen Leben (Isolation),
- beim Schutz des Kindes vor Gefahren (Alleinlassen kleinerer Kinder, mangelnde Verkehrserziehung etc.) und
- in der Verhinderung selbstschädigenden Sozialverhaltens älterer Kinder (mangelnde Lenkung und Kontrolle).

6.5.1.2 Häufigkeit

Legt man die in *Abschnitt 6.3.2* genannten Zahlen zugrunde, so stellen körperliche und emotionale Vernachlässigungen die häufigste Form der Kindeswohlgefährdung dar und treten oft in Wechselbeziehungen auf. Witt u.a. (2018) fanden in ihrer Untersuchung für den Bereich der körperlichen Vernachlässigung insgesamt eine Prävalenz von 41,9 % und für die Bereiche der mäßig/schweren und schweren/extremen körperlichen Vernachlässigung, die am ehesten als Kindeswohlgefährdung zu verstehen sind, eine Prävalenz von 22,6 %. Für die Form der emotionalen Vernachlässigung ergab sich insgesamt eine Prävalenz von 40,5 %, für die mäßig/schweren und schweren/extremen und damit hier relevanten Formen eine Prävalenz von 13,3 % (*Abb. 6.4*). Auch wenn man das Hellfeld betrachtet, jene Zahl der Meldungen, die von der Jugendhilfe als latente und akute Kindeswohlgefährdungen eingeschätzt wurden, waren von den 60.551 Fällen in 2020 über die Hälfte der Fälle Vernachlässigungen (konkret 35.110), ohne dass hier jedoch zwischen körperlichen und emotionalen Formen differenziert wurde (Statistisches Bundesamt 2022c).

Die Verläufe von Vernachlässigungen sind dabei oft schleichend, was sich in der Praxis in sehr langen und nicht selten mehrjährigen Betreuungen durch die Jugendhilfe bis zur Anrufung des Familiengerichts zeigt.

6.5.1.3 Ursachen

Im Zusammenhang mit Vernachlässigung können transgenerationale Effekte beobachtet werden, zum einen, weil es Eltern aufgrund eigener deprivierender Kindheitserfahrungen an adäquaten Modellen für unterstützendes Elternverhalten fehlt, zum anderen, weil es zur Weitergabe unsicherer, desorganisierter oder auch gestörter Bindungsmuster auf das eigene Kind kommt (Spangler/Zimmermann 2009, Brisch 2008, Grossmann/Grossmann 2021). Dies ist insbesondere dann der Fall, wenn keine neuen positiven Bindungserfahrungen gemacht werden können. Verschiedene Untersuchungen bestätigen Zusammenhänge zwischen dem internalen Arbeitsmodell der elterlichen Bindung und der späteren Bindungsqualität auf Seiten des Kindes, etwa zwischen dem Bindungsmodell der Mutter und der Bindungsqualität des einjährigen Kindes in der Fremden Situation zu 85 % und des sechsjährigen Kindes noch zu 78 % (Gloger-Tippelt u. a. 2002, Behrens u. a. 2007, Bolten u. a. 2021).

Zu beobachten sind bei vernachlässigenden Eltern deren mangelnde Fähigkeit oder Bereitschaft, eigene Interessen und Bedürfnisse zugunsten des Kindes zurückzustellen, dem Kind angemessene Warmherzigkeit, Empathie und Feinfühligkeit entgegenzubringen, es ausreichend vor Gefahren zu schützen, es kognitiv und gesundheitlich zu fördern und es angemessen zu lenken. Oft fehlt es an ausreichenden Kompetenzen, den Lebensalltag zu strukturieren und zu bewältigen. Hinzu kommt nicht selten ein vermeidender Konfliktbewältigungsstil, der die Annahme von Hilfen erschwert oder deren Wirksamkeit mindert.

Vernachlässigungen treten oft im Kontext von Armut, sozialer Randständigkeit, geistiger Behinderung und psychischer Erkrankungen der Eltern, insbesondere auch von Suchterkrankungen, auf (Engfer 2005).

6.5.1.4 Folgen

Vernachlässigung kann zu vielfältigen psychischen und/oder physischen Beeinträchtigungen des Kindes bis hin zu schweren Retardierungen, Traumatisierungen oder Todesfällen führen, besonders wenn andere Formen der Kindeswohlgefährdung oder ungünstige Lebensumstände als zusätzliche Wirkfaktoren hinzukommen. Die Schädigung wächst mit dem Ausmaß und der Dauer der Vernachlässigung (Rassenhofer u. a. 2020).

Körperliche Vernachlässigung kann bei einem vulnerablen und schutzbedürftigen Kind schnell lebensbedrohende Formen annehmen. Zu ersten Gefährdungen des Kindes kann es bereits im Mutterleib kommen, vor allem durch Intoxikationen (siehe fetales Alkoholsyndrom). Nach der Geburt und im Säuglingsalter liegen die Gefährdungsmomente eher im Verhungern und Verdursten. Besonders gefährdet sind Kinder in den ersten Lebensjahren und jene mit Entwicklungsverzögerungen und Behinderungen, da sie Mängel, denen sie ausgesetzt sind, (noch) nicht durch eigenständiges Handeln ausgleichen können.

Mangelnde Gesundheitsfürsorge kann auch später Beeinträchtigungen bis hin zu irreversiblen Schädigungen hervorrufen, etwa durch die Nichtbehandlung von Erkrankungen. Gesundheitsprobleme werden nicht wahrgenommen oder ignoriert, ärztliche Untersuchungs- und Behandlungstermine (Vorsorgeuntersuchungen) nicht oder zu unregelmäßig eingehalten, ärztliche Empfehlungen oder Verordnungen nicht angenommen und/oder umgesetzt. Die Gesundheit des Kindes kann auch durch unangemessene Bekleidung des Kindes direkt gefährdet werden. Die Schädigungen können von Infektgefährdungen bis hin zu Erfrierungen bei Unterkühlungen reichen, aber auch zu Verbrennungen durch zu intensive Sonneneinstrahlung führen.

Mangelnde Hygiene findet in Unsauberkeit der äußeren Lebensumstände, der Bekleidung und des Körpers des Kindes ihren Ausdruck und kann etwa Vergiftungen, Infektionen oder auch Dentalschädigungen nach sich ziehen.

Emotionale Vernachlässigung kann bei völligem Entzug affektiver Stimuli in ihrer Extremform, dies zeigten schon frühe Untersuchungen von Spitz (1945), vor allem bei kleinen Kindern zu gravierenden Störungsbildern bis hin anaklitischen Depressionen und Hospitalismus führen. Die Frage, ob auch nichtorganisch bedingte Gedeihstörungen auf emotionale oder eher körperliche Vernachlässigung zurückzuführen sind, ist strittig. Sie können aber zu Blutarmut, Vitaminmangelerscheinungen und Untergewicht bis hin zu psychosozialem Minderwuchs führen und später u.a. in Essstörungen ihren Ausdruck finden.

Auch schwächer ausgeprägte Formen emotionaler Vernachlässigung können den Bindungsaufbau des Kindes im ersten Lebensjahr erheblich beeinträchtigen. Als Folge finden sich gehäuft Muster einer desorganisierten Bindung oder Bindungsstörungen, etwa in Form eines undifferenzierten Bindungsverhaltens (Distanzlosigkeit), eines übersteigerten Bindungsverhaltens (exzessives Klammern), gehemmten oder aggressiven Bindungsverhaltens, aber auch einer Parentifizierung (Brisch 2021). Mit emotionalen Störungen können Einschränkungen des Explorationsverhaltens, Verzögerungen der Spiel-, Sprach- und Reinlichkeitsentwicklung einhergehen.

Da emotionale Vernachlässigungen in der Regel schleichend verlaufen, stellen sich Schädigungen oft langsam ein. Dies erschwert die Gefährdungseinschätzung und erfordert ein genaues Wissen um die altersgemäßen emotionalen Bedürfnisse des Kindes. Mangelnde Lenkbarkeit, erhöhtes Aufmerksamkeitsbedürfnis, Hemmung oder Aggressivität innerhalb von Familie, Kindertagesstätte, Schule und Hort sind häufig langfristige Folgen mangelnder Zuwendung zum Kind. Im Jugendalter können Beziehungsstörungen, Neigung zu dissozialem Verhalten, vermindertes Selbstwertgefühl, Depressionen und Suizidalität, aber auch Suchtmittelmissbrauch und/oder psycho-sexuelle Auffälligkeiten Auswirkungen sein.

Kognitive Vernachlässigung kann schon in der frühen Kindheit die intellektuelle Entwicklung eines Kindes beeinträchtigen, das personelle Anregungen (aufmerksame Zuwendung, Körperkontakt, verbale Stimulierung, Responsivität) ebenso benötigt wie materielle Anregung (Gelegenheit zur Exploration und Auseinandersetzung mit anregungsreichen Materialien).

Bereits früh können sich Einschränkungen im Explorationsverhalten und Retardierungen in der Sprachentwicklung zeigen, im Vorschulalter kann es zu Einschränkungen im Alltagswissen kommen. Im Schulalter können vermehrt Konzentrationsstörungen und mangelnde Motivation hinsichtlich schulischer Leistungen auftreten. Mangelnde Schulfürsorge findet ihren Ausdruck u.a. darin, dass das Kind nicht ausreichend zum regelmäßigen Schulbesuch angehalten wird, was erhebliche kognitive und soziale Beeinträchtigungen des Kindes nach sich ziehen kann, denen oft nicht gründlich genug nachgegangen wird, vor allem bei „schwierigen" Schülern (aggressiv, unmotiviert, störend etc.) (Walter/Döpfner 2020).

Erzieherische Vernachlässigung zeigt sich u.a. in mangelnder Beaufsichtigung des Kindes und führt insbesondere bei jungen und mobilen Kindern zu Unfallgefahren. Ältere, sich selbst überlassene Kinder zeigen vor dem Hintergrund mangelnder Internalisierung und Akzeptanz von Normen und Werten eher Grenzüberschreitungen wie Schuldistanz, Delinquenz, Alkohol- oder Drogenmissbrauch, Ausweich- und Weglauftendenzen etc. und laufen auch verstärkt Gefahr, durch Dritte viktimisiert zu werden.

Erziehungsschwächen in Form von mangelnder Selbstwirksamkeitsüberzeugung, inadäquater Erziehungseinstellung und/oder Überforderung münden oft in inkonsequentes Erziehungsverhalten. Folge ist nicht selten ein Teufelskreis aus wachsender Labilisierung des pädagogischen Einflusses auf Seiten des Elternteils und mangelnder Orientierung und zunehmenden Grenzüberschreitungen auf Seiten des Kindes.

6.5.2 Physische Misshandlung

6.5.2.1 Definition

Physische Kindesmisshandlung ist ein aktives körperliches Handeln, das mit hoher Wahrscheinlichkeit zu einer physischen (und psychischen) Schädigung des Kindes führt. Dabei beschränken sich diese Handlungen entsprechend unserer Definition von Erziehungsfähigkeit *(Abschnitt 2.7)* keineswegs nur auf erzieherisch motiviertes Fehlverhalten wie körperliche Züchtigungen, sondern auf alle Formen physischer Gewalt.

Im Rahmen familienrechtspsychologischer Tätigkeit wird es im Einzelfall notwendig sein, einen Grenzwert zwischen einer nach § 1631 Abs. 2 BGB unzulässigen erzieherisch motivierten körperlichen Bestrafung und einer nach § 1666 BGB das Kindeswohl bedrohenden körperlichen Misshandlung zu finden. Während im ersten Fall in der Regel Fragen der Erziehungsberatung und anzustrebenden Korrektur des elterlichen Fehlverhaltens im Vordergrund stehen werden, ist es in der zweiten Fallkonstellation der Schutz des Kindes. In der Forschung werden hierfür oft adaptierte Formen der Konflikttaktikskalen (Straus 1990) zu Hilfe genommen (Wetzels 1997, Pfeiffer u.a. 1999). *Stadler (2012) unterscheidet diesbezüglich zwischen:*

- leichter körperlicher Elterngewalt: mit einem Gegenstand nach dem Kind werfen, es hart packen oder stoßen, es ohrfeigen, und
- schwerer körperlicher elterlicher Misshandlung: mit der Faust schlagen oder treten, mit einem Gegenstand schlagen, verprügeln, zusammenschlagen, würgen, verbrennen, mit einer Waffe bedrohen oder eine Waffe gegen das Kind einsetzen.

6.5.2.2 Häufigkeit

Die Polizei erfasste 2020 insgesamt 4542 Opfer vollendeter oder versuchter körperlicher Misshandlung von Schutzbefohlenen unter 14 Jahren, 55,3 % davon waren Jungen. 1937 aller Kinder waren unter 6 Jahren. 152 Kinder kamen 2020 durch vollendete Tötungsdelikte zu Tode, 115 von ihnen waren dabei jünger als sechs Jahre. In 134 Fällen erfolgte ein Tötungsversuch (Polizeiliche Kriminalstatistik 2021). Die sich aus diesen Zahlen ergebende Opferrate von 42 pro 100.000 Kinder unter 14 Jahren (Forschungsverbund TU/DJI 2022) liegt damit um ein Mehrfaches niedriger als jene Prävalenzraten, die sich aus der Dunkelfeldforschung ergeben, obwohl auch hier die Zahlen schwanken.

- Pfeiffer u.a. (1999) kamen aufgrund einer retrospektiven Befragung von über 16.000 Jugendlichen zu dem Ergebnis, dass jährlich etwa 150.000 Kinder von ihren Eltern körperlich misshandelt werden. 9,8 % der Befragten wurden misshandelt, 17,1 % schwer gezüchtigt und 29,7 % erlebten leichte elterliche Züchtigungen. Nur 43,3 % wuchsen ohne Gewalterfahrung auf.
- Baier u.a. (2009) untersuchten in einer repräsentativen Befragung über 44.000 15-Jährige und schlussfolgerten, dass 20,9 % zumindest einmal leichte innerfamiliäre Gewalt erlebten und 5,7 % schwere Gewalt.
- Häuser u.a. (2011) errechneten in der bereits zitierten Untersuchung eine Prävalenz von 12 % für körperlichen Missbrauch insgesamt und 5,6 % für die mäßig/schweren und schweren/extremen Formen. Witt u.a. (2018) kamen bei einer Wiederholung des Untersuchungssettings zu ähnlichen Prävalenzen, 12,5 % für alle und 6,7 % für die schweren Formen körperlicher Misshandlung (*Abb. 6.4*).
- Eine epidemiologische Metaanalyse deutscher Studien aus den Jahren 1992 bis 2008 von Deegener (2012) ergab, dass nur 25 bis 35 % der erfassten Kinder eine völlig bis weitgehend gewaltfreie Erziehung erlebten, bei 30 bis 40 % kam es zu leichten bzw. seltenen körperlichen Züchtigungen, bei 15 bis 20 % zu schwerer bzw. häufiger körperlicher Züchtigung, bei 5 bis 10 % zu leichter bzw. seltener und bei 5 % zu schwerer körperlicher Misshandlung.
- Ziegler (2013) kommt in ihrer Untersuchung, in der 900 Kinder und Jugendliche zwischen sechs und 16 Jahren zu ihren Gewalterfahrungen mit Erwachsenen interviewt wurden, zu dem Ergebnis, dass 22,3 % manchmal von Erwachsenen geschlagen werden und 5 % manchmal so stark, dass sie blaue Flecken davontragen.

Körperliche Gewalt geht dabei zu annähernd gleichen Teilen von Müttern wie auch Vätern aus, wobei Väter etwas häufiger zu schweren Gewaltformen neigen (Baier u.a. 2009).

Das Risiko von Kindern, Opfer elterlicher Misshandlung zu werden, ist ungleich verteilt. So ist es für geistig und/oder körperlich behinderte oder verhaltensauffällige Kinder dreimal höher (Engfer 2005). Migrantenkinder aus bestimmten Kulturkreisen sind häufiger betroffen, am stärksten Kinder aus der Türkei und Afrika, die ein 2,5-fach erhöhtes Risiko tragen (Baier u.a. 2009). Hinzu kommt, dass jüngere Kinder, insbesondere zwischen dem dritten Lebensmonat und dem dritten Lebensjahr, von körperlicher Misshandlung häufiger betroffen sind und die Gewalt mit zunehmendem Alter des Kindes abnimmt (Bender/Lösel 2005, Ziegler 2013). Festzustellen ist insgesamt, dass der Anteil der leichten und schweren körperlichen Züchtigungen in der Bundesrepublik rückläufig ist (Stadler/Pfeiffer 2010). Offensichtlich haben das gesellschaftliche Umdenken hinsichtlich der Billigung der Gewalt als erzieherisches Mittel (*Abschnitt 2.7*) und auch die Ächtung entwürdigender Erziehungsmaßnahmen gemäß §1631 Abs. 2 BGB zu Veränderungen geführt. Befragungen von Erwachsenen belegen, dass sich deren Einstellungen zu Körperstrafen in der Erziehung über die letzten 20 Jahre zum Positiven verändert haben (Clemens u.a. 2020). Die Zahl der körperlichen Misshandlungen hat sich dagegen kaum verändert (Deegener 2012).

6.5.2.3 Ursachen

Eltern, die in ihrer Kindheit Gewalt erfahren haben, tendieren dazu, diese an ihre Kinder weiterzugeben. Dieser Gewalttransfer tritt bei ein bis zwei Dritteln der Eltern auf. Er kann durch die Wirkung protektiver Faktoren, etwa einer unterstützenden Partnerschaft, durchbrochen werden. Das Risiko erhöht sich andererseits durch kumulative Effekte, etwa wenn Mütter in der Kindheit Opfer elterlicher Gewalt waren und durch Partnerschaftsgewalt reviktimisiert werden.

Es kommen transgenerationale Übertragungsmechanismen zum Tragen, u.a. Effekte des Modelllernens. Kindern mit Gewalterfahrungen fehlt es in der Herkunftsfamilie an kompetenten Konfliktlösungsstrategien, da sie sich am negativen gewalttätigen Vorbild der Eltern orientieren. Eher als andere Kinder verinnerlichen sie auch gewaltbejahende Normen und stellen damit auch spätere eigene Gewalt weniger in Frage. Erworbenes aggressives Verhalten wird durch intermittierende Verstärkung im Sinne inkonsistenten elterlichen Erziehungsverhaltens zudem besonders veränderungsresistent.

Hinzu kommen transgenerationale Bindungseffekte. Mangelnde Zuwendung, Feinfühligkeit, Empathiefähigkeit, ggf. sogar Feindseligkeit in der Herkunftsfamilie beeinträchtigen die Bindungsqualität des Kindes erheblich, darüber dessen Lenkbarkeit und soziale Kontrolle, dessen Affektregulation, Frustrationstoleranz und Selbstkontrolle, in der Summe eben die sozialen Kompetenzen des Kindes und letztlich die Feinfühligkeit und Empathiefähigkeit gegenüber den späteren eigenen Kindern (Bender/Lösel 2005, Grossmann/Grossmann 2021).

Körperliche Gewalt gegen das Kind wird auf Elternebene u.a. gefördert durch:

- *Überzogene Erziehungsziele:* Es werden Erwartungen an die Fähigkeiten und die Selbständigkeit eines Kindes gestellt, die es nicht erfüllen kann.
- *Fehleinstellungen:* Hierzu gehört die bereits erwähnte Befürwortung körperlicher Bestrafungen. Auch eine feindselige Einstellung gegenüber dem Kind fördert Fehlattributionen, etwa die Unterstellung negativer kindlicher Verhaltensmotive bis hin zu einem gänzlich negativ verzerrten Bild des Kindes. Lenkungsdefizite werden oft durch eine geringe erzieherische Selbstwirksamkeitsüberzeugung hervorgerufen und führen zu inkonsistentem Erziehungsverhalten, Hilflosigkeit und Überforderung.
- *Mangelnde Erziehungskenntnisse:* Erwartungen an das Kind sind dem Entwicklungsstand nicht angemessen. Die Wirkung des eigenen Gefährdungsverhaltens auf das Kind wird nicht erkannt und unterschätzt.
- *Mangelnde Kompetenzen:* Transgenerationale Effekte, psychische oder körperliche Einschränkungen oder Beeinträchtigungen, aber auch familiäre oder soziale Rah-

menbedingungen können die Stressresistenz mindern, Gereiztheit und mangelnde Impulskontrolle fördern und/oder Empathiefähigkeit einschränken. Bereits hingewiesen wurde auf enthemmende Effekte durch die Einnahme psychotroper Substanzen, insbesondere von Alkohol (*Abschnitt 6.4.8.1*).

Letztlich erhöhen auch bestimmte Merkmale des Kindes und des sozialen Umfeldes das körperliche Misshandlungsrisiko. Diesbezüglich wird auf *Abschnitt 6.3.3* verwiesen.

6.5.2.4 Folgen

Auffällige und unmittelbar erkennbare Folgen physischer Misshandlung sind oft körperliche Verletzungen. Einige, die in der Praxis Relevanz haben, sollen hier exemplarisch aufgeführt werden (Kinderschutz Zentrum Berlin 2000):

- Oberflächliche Verletzungen treten im Zusammenhang mit Misshandlungen am häufigsten auf. Verletzungen der Hautregion stehen im Vordergrund. Narben, Wunden und Hämatome, (Striemen, Würge- und Strangulationsmerkmale, Fesselungsspuren etc.) bieten Hinweise. Bei von ihrer Form her unauffälligeren Hautverletzungen können der Entwicklungsstand und das Alter des Kindes teilweise Aufschluss darüber geben, ob Verletzungen durch eigenes Handeln (Unfall) entstehen konnten. Auch die Lokalisierung der Oberflächenverletzungen am Körper, meist Brust, Rücken, Oberarme und -schenkel, Unterschenkel, Gesäß und Hals, weicht bei Misshandlung oft von Unfallfolgen, dann meist Kinn, Stirn und Streckseite der Extremitäten, ab. Hämatome können auch in den Gelenkzonen als Folge von Verdrehen der Extremitäten entstehen. Menschliche Biss- und Griffmarken stellen recht eindeutige Hinweise auf Gewalteinwirkung dar. Verletzungen der Mundregion (z.B. Einrisse der Mundwinkel) können auf gewaltsames Füttern hindeuten. Verbrühungen als Folge des gewaltsamen Eintauchens eines Kindes in heiße Flüssigkeit zeichnen sich durch scharf begrenzte Ränder und ihre Lage aus, meist am Gesäß, am unteren Rücken und an den hinteren Oberschenkeln. Ebenfalls auffällig sind scharf umgrenzte Verbrühungen der Hände und Füße, zumal wenn es sich um symmetrische Verbrühungen handelt, also z.B. beide Hände betroffen sind. Gewaltsame Verbrennungen fallen ebenfalls durch Symmetrie und ihre Form auf, die oft auf den benutzten Gegenstand hindeutet.
- Skelettverletzungen, Frakturen und Fissuren der Knochen, stellen die zweithäufigste Folge körperlicher Misshandlung dar. Typisch sind z.B. bestimmte Absprengungen an den Röhrenknochen in den Wachstumszonen (Meta- und Epiphysen) und Rippenverletzungen. Mehrfachverletzungen in unterschiedlichen Heilungsstadien erhärten den Verdacht einer Misshandlung.
- Kopfverletzungen kommen gehäuft nach Misshandlungen von Kleinkindern vor. Quetschungen, Frakturen des Schädels und Einblutungen zwischen Schädeldecke und Gehirn können nach Schlägen oder dem Aufschlagen des Kopfes auftreten, Einblutungen aber auch, meist einhergehend mit Griffmarken am Körper und Blutungen im Augenhintergrund, nach heftigem Schütteln des Kindes (Schütteltrauma). Bewusstseinsverlust, Krampfanfälle, Koma, aber auch Tod können eintreten.

- Innere Verletzungen, durch Schläge und Tritte verursacht, betreffen vor allem Bauchorgane, wo Organrisse und innere Blutungen auftreten und lebensbedrohliche Formen annehmen können.
- Vergiftungen führen zu Symptomen wie Fieber, Lähmungen, Krämpfen und Sehstörungen und können auf die Verabreichung chemischer Substanzen, Drogen und Medikamenten hindeuten und ebenfalls lebensbedrohlich sein.
- Hirnorganische Beeinträchtigungen mit weiteren Folgeschäden in der sozio-emotionalen Entwicklung können auftreten, wenn Kinder wiederholt Opfer von Gewalthandlungen werden (Teicher 2010).

Auf psychischer Ebene kann das Erleben eines oder mehrerer traumatischer Ereignisse in Form schwerer emotionaler und/oder körperlicher Misshandlungen posttraumatische Belastungsstörungen (PTBS) verursachen. Dies zeigt sich bei Kindern unter 6 Jahren u.a. darin, dass sie die Ereignisse wiederkehrend, aufdrängend und belastend erinnern (Intrusionen), spielerisch reinszenieren oder durchträumen. Es kann zu dissoziativen Reaktionen wie Flashbacks kommen, in denen sie fühlen und handeln, als durchlebten sie das traumatische Ereignis erneut. Sie zeigen starke psychische Belastungen und/oder körperliche Reaktionen bei der Konfrontation mit Hinweisreizen auf das traumatische Ereignis. Diese werden versucht zu vermeiden. Es können vermehrt Gefühle wie Scham, Schuld, Traurigkeit und Furcht auftreten, während sich die positive emotionale Ausdrucksfähigkeit verliert. Interessenlosigkeit und sozialer Rückzug sind ebenfalls mögliche Folgen. Kinder mit PTBS weisen zudem eine erhöhte Komorbidität zu anderen psychischen Störungsbildern auf, vor allem zu Störungen mit oppositionellem Trotzverhalten und Trennungsangst (Falkai/Wittchen 2018).

Bei Kindern, die physische Misshandlung erfahren haben, besteht langfristig ein erhöhtes Risiko, erneut Opfer (Wetzels 1997a) oder selbst gewalttätig und/oder delinquent zu werden (Pfeifer u.a. 1999, Rabold/Baier 2007, Ziegler 2013). Auf transgenerationale Effekte und Erklärungsansätze wurde bereits zu Beginn dieses Kapitels eingegangen.

6.5.3 Psychische Misshandlung

6.5.3.1 Definition

Psychische Kindesmisshandlung betrifft gemäß einer inzwischen weithin akzeptierter, wenngleich oft modifizierter Definition der American Professional Society Abuse Children, APSAC, (1995) „das wiederholte Auftreten oder die extreme Ausprägung von Verhaltensweisen einer Pflegeperson, die dem Kind zu verstehen geben, es sei wertlos, mit Fehlern behaftet, ungeliebt, ungewollt, gefährlich oder nur dazu nütze, die Bedürfnisse eines Menschen zu erfüllen". Weitgehend synonym gebrauchte Begriffe sind im deutschsprachigen Raum *emotionale Misshandlung* und *seelische Misshandlung*.

Definitorische Bemühungen sind hier keinesfalls ein akademischer Selbstzweck. Vielmehr gilt international das Fehlen einer klaren, allgemein anerkannten Definition als Hemmnis verwertbarer statistischer Häufigkeitsangaben und als ein Grund für die erschwerte Kommunikation zwischen Psychologen, Psychiatern, Kinderschutzdiensten, Polizei, Juristen usw. *Dies wird sofort klar angesichts folgender Komplikationen:*

Relation zu körperlicher Misshandlung: Tendenz ist, als psychische Kindesmisshandlung alle nicht körperlichen Misshandlungsformen aufzufassen (Binggeli u.a. 2001). Dem steht aber entgegen, dass alle Formen der Misshandlung, auch die körperliche Kindesmisshandlung, psychische Folgen haben. Sie wären in diesem Sinne immer auch psychische Kindesmisshandlungen *(Abschnitt 6.2.3)*. Übereinstimmend damit stellt Stadler in ihrer empirischen Studie (2012) eine hohe Komorbidität der verschiedenen Misshandlungs- und Missbrauchsformen fest. In einer repräsentativen deutschen Studie (Witt u.a. 2021) wurden 5014 Personen im Alter zwischen 14 und 94 Jahren mit standardisiertem Fragebogen zu ihrer Vorgeschichte in Bezug auf Kindesmisshandlung interviewt. Die Zusammenhänge zwischen verschiedenen Formen von Kindesmisshandlung erwiesen sich als hochsignifikant, am höchsten zwischen psychischer und körperlicher Misshandlung (r = 0,65). Liegt eine psychische Misshandlung vor, so ist das Risiko für andere Formen von Misshandlung um das 7- bis 37-fache erhöht. Alle Formen von Misshandlung erwiesen sich als signifikant assoziiert mit psychischen Auffälligkeiten.

Absicht oder Effekt als Maßstab? Unterschiedlich beantwortet wird die Frage, ob die Absicht der Bezugsperson oder die Folgen für das Kind das Kriterium für eine psychische Kindesmisshandlung sein sollen. Viele Definitionen gehen davon aus, dass es auf die Intentionen der Bezugsperson ankommt. Vor allem Juristen verlangen sogar Vorsatz. Das reduziert die Fallzahl. Aus einer kindorientierten Sicht ist jedoch zweitrangig, ob eine Bezugsperson gezielt oder unbesonnen/unbedacht handelt. Die Frage der Intention wird hinsichtlich der Prognose bedeutsam.

Schädigung als Kriterium? Konträr sind – auch unter Juristen – die Auffassungen dazu, ob eine Schädigung im Sinne einer seelischen Verletzung des Kindes eingetreten sein muss (Verletzungserfolg) oder ob die objektive Eignung einer Maßnahme für eine Verletzung ausreicht.

Beides – sowohl Effekt als auch Absicht – wird kurzerhand zusammengefügt in der Neufassung des „Diagnostic and Statistical Manual of Mental Disorders" (DSM-V). „Child Psychological Abuse" wird definiert als „nicht versehentliche verbale oder symbolische Aktionen eines Elternteils oder Betreuers, die in signifikanter psychologischer Beeinträchtigung des Kindes resultieren oder das Potential dazu haben".

Für eine kindorientierte Sicht steht jedoch im Vordergrund, welche Folgen für das Kind eintreten oder eintreten können (drohende Kindeswohlgefährdung). Dazu muss sich der Richter oder der Sachverständige äußern.

6.5.3.1.1. Der § 1631 Abs. 2 BGB

In der Regelung des § 1631 Abs. 2 BGB im Jahr 2000 wird der Terminus „seelische Verletzungen" benutzt. Sie werden für unzulässig erklärt. Die Wahl dieses Terminus wurde damit begründet, dass der Begriff der seelischen oder psychischen Misshandlung „in weiten Teilen der Bevölkerung äußerst eng interpretiert wird" (BT-Drs. 14/1247, 8). Ebenfalls leichtere Formen der psychischen Beeinträchtigung sollen erfassbar werden, auch wenn sie nicht die Intensität einer eng verstandenen Misshandlung haben, dennoch aber ein Verletzungserfolg vorliegt, d.h. das Wohlbefinden des Kindes erheblich beeinträchtigt wird. Der Nachteil des Begriffes zeigt sich darin, dass ein Weichfeld für unsichere Zuordnung von Verhaltensweisen und schwer verifizierbare Behauptungen zu eingetretenen Verletzungserfolgen erzeugt wird, zumal diese stark von der Vulnerabilität eines Kindes abhängen. Die grundsätzlichen Definitions- und Abgrenzungsschwierigkeiten werden nicht gemindert.

Die Nennung der „seelischen Verletzungen“ im § 1631 Abs. 2 BGB stellt auf den eingetretenen Erfolg ab. Dabei bleiben Verhaltensweisen offen, die objektiv geeignet sind, Kinder seelisch zu verletzen, im konkreten Fall aber nicht zu solchen Verletzungen geführt haben, z.B. weil das Kind nicht hinreichend sensibel ist oder von entsprechenden elterlichen Maßnahmen nichts erfahren hat (z.B. Bloßstellen gegenüber Dritten in Abwesenheit des Kindes). Um diese Lücke zu schließen, werden auch „andere entwürdigende Maßnahmen“ im § 1631 Abs. 2 BGB als unzulässig erklärt.

Im wissenschaftlichen Bereich dient der Begriff der Psychischen Kindesmisshandlung als Oberbegriff. Gemeinsam ist all diesen Begriffen, dass sie Verhaltensweisen beschreiben, die in einer am Kindeswohl und an den Persönlichkeitsrechten von Kindern orientierten Erziehung und Betreuung deplatziert und unzulässig sind.

6.5.3.1.2. Psychische Kindesmisshandlung und elterliches Erziehungsrecht

Zwar entfällt auch bei seelischen Verletzungen und anderen entwürdigenden Maßnahmen der Rechtfertigungsgrund des elterlichen Erziehungsrechts. Die Unzulässigkeit seelischer Verletzungen umfasst jedoch nicht, dass Negativaffekte wie Traurigsein, Wut usw. „um jeden Preis“ zu vermeiden sind. Sie können z.B. auftreten, wenn soziale Normen oder Leistungsanforderungen durchgesetzt werden sollen. Dies kann auch mit Stress verbunden sein, etwa bei Schularbeiten. Aber die Markscheide zur unangemessenen Überforderung ist unscharf. Nicht jeder Hausarrest oder „Stubenarrest“ bedeutet, dass sich eine Bezugsperson durch Freiheitsberaubung strafbar gemacht hat. Wo hört aber in der Erziehung angemessenes Grenzensetzen durch ein rigoroses „Nein“, durch Fernsehverbot, Hausarrest, Taschengeldkürzung auf, bei welcher Intensität oder Häufigkeit wird es zur seelischen Verletzung oder zu einer „anderen entwürdigenden Maßnahme“? Ab wann gehört das Verweigern von Ermutigung und Akzeptanz dazu? Ab wann sind Fehlerziehungsstile oder der „Kampf“ von Trennungseltern um ein Kind inkl. der häufigen Beeinflussungen und Korrumpierungen von Trennungskindern kindeswohlgefährdend? Das heißt, es fehlen Bewertungsmaßstäbe. Es bleibt der Rückgriff auf eine dritte Instanz bzw. auf scheinbar neutrale (oft regionale oder schichtspezifische) Standards.

6.5.3.1.3. Psychische Kindesmisshandlung und staatliche Sanktionierbarkeit

Besonders gravierend ist aber die Unsicherheit in Bezug auf die Kriterien dafür, wann ein Verstoß gegen die Vorschrift des § 1631 Abs. 2 S. 2 BGB eine staatliche Sanktion erfordert. Einen entsprechenden Automatismus gibt es nicht. Eine eigene Sanktionsmöglichkeit sieht diese Rechtsnorm ohnehin nicht vor. Erst bei Vorliegen der Voraussetzungen der §§ 1666, 1666a BGB kann das Familiengericht eingreifen. Einerseits wäre es schon ein großer Fortschritt, wenn die zur Verfügung stehenden Sanktionsnormen entschlossener und selbstverständlicher auch auf psychische Misshandlungen angewandt würden, wenigstens dort, wo diese offenbar sind. Andererseits fehlen genauere und praxistaugliche Kriterien dafür, wann sich massive Formen psychischer Misshandlung zu einer Kindeswohlgefährdung im Rahmen der o.g. §§ hin gesteigert haben. Die gleiche Unsicherheit besteht in Bezug auf Interventionen. Wann sind welche Eingriffe zur Verhinderung psychischer Kindesmisshandlung nötig? Wann sind solche Eingriffe selbst ein Risiko psychischer Kindesmisshandlung (von der Herausnahme bis zu Mehrfachbefragungen von Kindern)?

6.5.3.2 Häufigkeit

Ziegler (2013) kam in seiner Befragung von 900 Kindern zu dem Ergebnis, dass 25,1 % berichteten, von Erwachsenen als dumm oder faul beschimpft worden zu sein, und weitere 21 %, Erwachsene hätten ihnen das Gefühl geben, weniger wert zu sein als andere junge Menschen. In der Untersuchung einer repräsentativen Quotenstichprobe (N=9175) deutschstämmiger 16- bis 40-Jähriger von Stadler (2012) berichteten 17,2 % der Befragten über Formen emotionalen Missbrauchs. Häuser u.a. (2011) unterschieden in einer repräsentativen Befragung drei schwere Grade und fanden Häufigkeiten von 10 % (leicht bis mittel), 3 % (mittel bis schwer) und 2 % (schwer bis extrem). Bei Witt u.a. (2017) betrugen die Raten in einer ebenfalls repräsentativen Befragung in den gleichen drei Schweregraden 12 %, 4 % und 3 %.

Als wesentliche Erkenntnis aus US-amerikanischen Studien wird allgemein anerkannt, dass die psychische Misshandlung die häufigste Form der Kindesmisshandlung ist (Brassard 2019, Brassard/Hardy 2002).

Der Stellenwert solcher Häufigkeitsangaben ist jedoch relativ, wenn man bedenkt, dass sich aus Untersuchungen Inzidenzraten von 0,5 bis 900 pro 1000 Kinder ergeben haben (Brassard/Hardy 2002) und aus US-amerikanischen Untersuchungen hervorgeht, dass psychische Misshandlung noch häufiger unentdeckt bleibt als andere Formen der Kindesmisshandlung (Claussen/Crittenden 1991, Egeland/Erickson 1987). Interessanter sind deshalb Annahmen über Häufigkeitstendenzen. Eine solche Annahme lautet, es finde ein Wandel im Erziehungsverhalten und in den Erziehungseinstellungen statt: weniger körperliche Strafen (Busse 2005, Bender/Lösel 2005), stattdessen mehr seelische Bestrafungen (Fabian u.a. 2004). Dies wird gestützt durch die Ergebnisse der Studie des Bundesministeriums für Familie, Senioren, Frauen und Jugend (BMFSFJ, BMJ 2003; zusammengefasst in Bussmann 2005). Dort wird u.a. registriert: Rückgang körperlicher Misshandlungen im Vergleich der Jugendstudien von 1992 und von 2002, dafür eine Zunahme von Verboten (Fernsehverbot, Ausgehverbot), Nichtreden mit dem Kind, Niederbrüllen – also durchaus Demütigungen und Beziehungsverweigerungen (siehe dazu auch *Abschnitt 2.7.2*).

Dies kann durchaus gesehen werden als ein Wandel in den familiären Überforderungsreaktionen und der Art der Problemlösung, ein Wandel, der zumindest mit verursacht sein dürfte durch eine immerhin erhöhte Aufmerksamkeit und die seit 2000 veränderte Gesetzgebung in Bezug auf körperliche Kindesmisshandlung.

Obwohl psychische Misshandlungen offenbar häufiger sind als physische, finden sie relativ wenig Beachtung. Spinazzola u. a. (2014) sprechen von „unseen wounds“. Dies betrifft die öffentliche Diskussion, die Praxis der Jugendhilfe, die Familiengerichtsbarkeit und selbst die rechtspsychologische Begutachtungspraxis (Dettenborn 2012). Brassard/Hardy (2002) gehen deshalb davon aus, dass die Chancen von psychisch misshandelten Kindern, überhaupt ins Blickfeld des Kindesschutzes zu gelangen, schlechter stehen, wenn sie nicht zugleich Opfer anderer Misshandlungsformen sind. Im Neunten Familienbericht des Bundesministeriums für Familie, Senioren, Frauen und Jugend „Eltern sein in Deutschland“ (BMFSFJ 2021, 289) wird beklagt: „Verglichen mit anderen Formen wird der psychischen Gewalt gegen Kinder im öffentlichen Diskurs nur wenig Bedeutung beigemessen. Wenn psychische Gewalt diskutiert wird, dann meist nur im Zusammenhang mit anderen Gewaltformen.“ Die Gründe für die geminderte Beachtung sind vielfältig (vgl. *Abb. 6.5*).

Weniger Beachtung – das bedeutet auch weniger Schutz und Aufmerksamkeit für solche Gefährdungen, weniger Lobby, weniger Haushaltsausgaben, weniger Forschung. Dies steht in eklatantem Widerspruch zu einigen Fakten:

- *Schädlichere Folgen:* Eine Schlussfolgerung aus einem Überblick über die einschlägige Literatur lautet: „Alles deutet darauf hin, dass psychische Misshandlung einen nachhaltigeren und schädlicheren Einfluss auf die weitere Entwicklung des Kindes ausübt als andere Formen von Misshandlung und Vernachlässigung mit Ausnahme der tödlich endenden.“ (Brassard/Hardy 2002, 596, Brassard 2019, Ziegler 2013)
- *Größere Therapieresistenz:* Die Metaanalyse von 19 von der „National Clinical Evaluation Study“ erfassten Projekten ergab, dass psychische Misshandler unter allen Formen der Misshandlung besonders therapieresistent sind. Die Rückfallquote (während der zehnjährigen Laufzeit der Projekte) betrug
  – für sexuellen Missbrauch von Kindern 30 %
  – für Vernachlässigung 66 %
  – für psychische Kindesmisshandlung 75 %
  (Cohn/Daro 1987).

Die letzte Zahl bedeutet, dass 75 % der wegen psychischer Misshandlung therapierten Pflegepersonen parallel zur Therapie mit der psychischen Misshandlung fortfuhren. 10 % zeigten im Laufe der Behandlung sogar ein noch stärker schädigendes Verhalten.

- „Unsichtbarkeit“ des Phänomens.
- Folgen sind mittelbarer, langfristiger.
- Folgen werden verzögert bemerkt und fehlattribuiert.
- Folgen sind vielfältiger.
- Folgen sind schwer abgrenzbar von denen anderer Misshandlungsarten.

Abb. 6.5: Gründe für die geringere Beachtung der psychischen Kindesmisshandlung

6.5.3.3 Erscheinungsweisen

Sinnvoll ist es, mit Bezug vor allem auf Garbarino u.a. (1987), Straus u.a. (1996), Moggi (2009) bzw. Studien des „National Center on Child Abuse and Neglect“ (1988), die folgenden Handlungsklassen zu unterschieden. Sie werden teilweise spezifiziert für familienrechtspsychologische Konflikte. Die unterschiedenen Kategorien können als Raster für Gesprächsführung, Verhaltensbeobachtung oder Dokumentation dienlich sein. Wenn es um den Nachweis einer Kindeswohlgefährdung geht, können diese Kategorien dazu dienen, dem Erfordernis der Gegenwärtigkeit einer Gefahr gerecht zu werden.

6.5.3.3.1. Primäre Kategorien

Aktive emotionale Abweisung: Hierzu zählen Extremformen solcher Verhaltensweisen wie Beleidigen und Kränken, Demütigen und Herabsetzen, Verunglimpfen und Entwürdigen, Beschämen und vor anderen Demütigen. Im Extremfall kommt es zur Intention des Quälens und zu sadistischen Handlungsanteilen. Gemeinsame Merkmale sind die feindselige Distanzierung und Erniedrigung.

Solche Verhaltensweisen können beständiges Beziehungsmerkmal sein, z.B. jahrelange Benachteiligung (Hausarbeit, Kritik, Strafen, Zuweisung der „Sündenbockrolle“) bzw. Bevorzugung eines Geschwisterkindes (Geschenke, Unternehmungen, Zuwendung), ferner gewohnheitsmäßige Nutzung von Schimpfworten, Anschreien, Anbrüllen oder stabil abwertende Reaktionen (Lächerlichmachen), wenn das Kind Gefühle wie Herzlichkeit, Zuneigung, Anteilnahme, Trauer oder Schmerz zeigt.

Es können aber auch einmalige Ereignisse von extremer Ausprägung sein, z.B. wenn einem Kind in der Öffentlichkeit ein Schild mit der Aufschrift „Ich bin Bettnässer“ um den Hals gehängt wird.

Passive emotionale Abweisung: Die für das Kind notwendige emotionale Rückmeldung wird verweigert. Entsprechende Bedürfnisse und Verlangen des Kindes werden ignoriert. Die Bezugsperson verhält sich unzugänglich und distanziert, gleichgültig und teilnahmslos, evtl. auch demonstrativ übellaunig und desinteressiert. Es fehlt an liebevollem, zugeneigtem und zärtlichem Verhalten gegenüber dem Kind. Interaktionen werden auf die nötigsten Anlässe beschränkt. Das Kind wird geächtet. Die Grenzen zur emotionalen Vernachlässigung (siehe *Abschnitt 6.5.1*) sind fließend.

Hintergrund können mangelnde emotionale Differenziertheit und Feinfühligkeit oder fehlende Motivation bzw. Distanzierungsmotive stehen, in seltenen Fällen auch psychische Erkrankungen oder außergewöhnliche Stresssituationen der Betreuungsperson.

Emotionaler Missbrauch und Manipulation: Hierunter zählt die Vielfalt der in Familienrechtskonflikten häufigen Fehlverhaltensweisen von Bezugspersonen, mit denen Kinder als Streitobjekt, als Partnerersatz, als Drohmittel und „Waffe“ im Kampf Erwachsener benutzt werden, mit denen Kinder z.B. über Koalitionsbildungsdruck, Umgangsvereitelung und massive Suggestion von einem Elternteil gezielt entfremdet bzw. zur Überidentifikation mit einem Elternteil und Überdistanzierung zum anderen Elternteil veranlasst werden.

Parentifizierung: Eine Unterform des emotionalen Missbrauchs ist die Rollenumkehr zwischen Eltern und Kind in Bezug auf die Schutzfunktion und Unterstützung. Kinder werden dauerhaft zu Ratgebern und Vertretern ihrer Eltern. Emotionale Unterstützung oder materielle Versorgung wird in deutlich altersunangemessener Weise erwartet. Dies kann im elterlichen Trennungskonflikt geschehen, indem ein Kind genötigt wird, einem Elternteil beizustehen oder im Konflikt zu vermitteln. Es kann aber auch um Begleiterscheinungen sexuellen Missbrauchs durch eine Bezugsperson gehen. Stehen psychische Erkrankungen oder Suchterkrankungen dahinter, geht es nicht mehr um aktive Parentifizierung, sondern um emotionale Vernachlässigung.

Parentifizierung ist meist verbunden mit einer Diffusion der Generationengrenzen in der Familie, mit Überforderung und Selbstüberforderung der Kinder durch die unangemessenen Erwartungen sowie mit Verlust von Spontanität und kindlicher Unbefangenheit.

Extremeinschränkung: Merkmale dieser Handlungsform sind ausgeprägtes Einmischen ohne angemessenen Zusammenhang mit Anlässen, Gängeln, Vorschreiben, Auferlegen oder Verbieten von Verhaltensweisen, ferner ein hoher Anteil von Kontrolle. Die Beziehung zum Kind ist bestimmt durch Administrieren, Anordnen, Reglementieren. Die Entwicklung von Selbstwertgefühl, Autonomie und sozialen Kompetenzen des Kindes wird gefährdet. Es besteht Nähe zum autoritären Erziehungsstil *(Abschnitt 2.7.2)* und zu emotionaler Abweisung.

Ausbeutung: Das Kind wird zur persönlichen Bereicherung oder Vorteilnahme, etwa als Arbeitskraft, missbraucht.

Verzicht auf Grenzensetzen: Es wird dem Kind selbst überlassen, Normen und Anforderungen an das Verhalten zu erkennen, anzuerkennen und umzusetzen. Damit verbunden ist ein Mangel an Orientierung und Förderung. Die Folgen können in einem begrenzten Verhaltensrepertoire des Kindes, erhöhter Aggressionsbereitschaft und Hilflosigkeit bestehen. Grundlagen für Probleme in der Kommunikation und Interaktion werden geschaffen.

Dahinter können Unfähigkeit, mangelnde Pflichtgefühle oder mangelnde Anstrengungsbereitschaft der Bezugsperson stehen und in Vernachlässigung münden. Es kann auch eine Unterform der passiven emotionalen Abweisung und Distanzierung sein (s. o.). Mitunter steht eine Erziehungseinstellung *(Abschnitt 2.7.3.2)* in Gestalt antiautoritärer Erziehung *(Abschnitt 2.7.2)* und liberaler Persönlichkeitsideale dahinter.

Duldung oder Förderung unangemessenen Verhaltens des Kindes: Hier geht es um eine Steigerung des Verzichts auf Grenzensetzen. Verhaltensweisen wie Beteiligung an kriminellen Handlungen, Drogenmissbrauch, Schulabsentismus oder Leistungsverweigerung werden hingenommen, positiv bewertet, angeregt und gefördert oder ausgenutzt. Die Anregung kann durch ein schlechtes Vorbild geschehen. Die positive Bewertung kann verbal und nonverbal ablaufen. Im familienrechtspsychologischen Zusammenhang kann sich das auch auf das aggressive Verhalten des Kindes gegenüber dem anderen Elternteil beziehen. Das Ausnutzen kann Hehlerei bei Diebstahl des älteren Kindes betreffen oder die unkontrollierte Allianzbildung mit dem Kind in der Trennungsfamilie.

Unkritische Überforderung: Es werden unrealistische Erwartungen an das Kind gerichtet, die zu erfüllen dem übermäßigen Ehrgeiz und dem Ausagieren unerfüllter Wünsche und Träume der Eltern dient, aber kindliche Entwicklungsstufen ignoriert. Dazu gehören:

- Unangemessene Erwartungen an das Sozialverhalten, wie früher Zwang zu „Erwachsenenverhalten“, starres und rücksichtslos durchgesetztes Verlangen von je-

derzeit freundlichem und vorbildlichem Verhalten gegenüber allen Verwandten und Bekannten, ebenso Druck auf Trennungskinder, sich schnell an den neuen Partner des betreuenden Elternteils zu binden.
- Ungeduldige Erwartungen an die körperliche und psychomotorische Entwicklung von jüngeren Kinder, z.B. unsensibler Druck auf zeitige Sauberkeitsentwicklung.
- Maßloser Leistungsdruck im schulischen oder auch im sportlichen Bereich, was nicht dem Leistungspotenzial des Kindes entspricht.

Das überfordernde Verhalten ist meist verbunden mit unnachgiebigem Erfüllungsdruck. Werden Erwartungen nicht erfüllt, werden Nachteile angedroht und ohne Rücksicht auf die Stressbelastung des Kindes realisiert.

Massives Drohverhalten: Hierzu zählt die Androhung von Gewalt gegen das Kind oder vom Kind geliebter Personen, Tiere, Gegenstände, ferner die Androhung von Liebesentzug.

Beispiele: Der Stiefvater eines Achtjährigen droht diesem an, dass er bei erneutem Einnässen am nächsten Morgen nackt vor der Belegschaft einer Bäckerei singen müsse. Ein Vater droht seiner fünfjährigen Tochter an, dass bei erneutem Fehlverhalten der Hamster des Kindes verschwinden wird. Die Mutter eines siebenjährigen Jungen teilt diesem mit, dass er bei erneuter Parteinahme für den getrennt lebenden Vater zu diesem ziehen soll. Die Eltern drohen einem Zwölfjährigen wiederholt, dass er in ein Heim kommt oder zuhause „rausgeschmissen" wird.

Missachtung der natürlichen Kontrollbedürfnisse eines Kindes: Wenn Kindern verweigert wird, kritische und belastende familiäre Ereignisse und ihre Folgen zu verstehen, zu erklären und auch zu beeinflussen, werden sie unkontrolliert chaotischen Umständen ausgesetzt. Es tritt Kontrollverlust ein, Selbstwirksamkeitserwartung wird abgebaut. Kontrollüberzeugungen oder wenigstens Kontrollillusionen können nicht entwickelt werden. Erlernte Hilflosigkeit entsteht. Stressbewältigung wird erschwert.

Gerade in familiären Trennungsverläufen werden Kinder oft vor vollendete Tatsachen gestellt. Dazu gehören der plötzliche Verlust eines Elternteils durch Wegzug, die Ungewissheit und mangelnde Vorhersehbarkeit bzw. Beeinflussbarkeit der weiteren Lebensprozesse nach Elterntrennung. Umzüge oder Schulwechsel im Trennungsverlauf werden dem Kind weder angekündigt noch erklärt. Jede Form von Initiatorstatus in diesem Prozess wird verweigert. Das Kind wird entgegen vorhandenen Kompetenzen und berechtigten Bedürfnissen als noch zu jung oder nicht urteilsfähig abgewiesen. Der Kindeswille wird ignoriert.

Separieren, Isolieren: Kommunikation und Interaktion des Kindes mit anderen Kindern oder auch Erwachsenen werden verhindert oder stark begrenzt. Dem Kind wird entgegen seinen Bedürfnissen unbegründet und dauerhaft verboten, Kontakt mit Gleichaltrigen aufzunehmen. Es darf die Wohnung nicht verlassen, keine Kinderbesuche empfangen, andere Kinder nicht besuchen und z.B. nicht an Geburtstagsfeiern teilnehmen. Auch Kontakte zu Erwachsenen werden begrenzt (Sonderfall: Umgangsvereitelung). Die Bewegungsfreiheit des Kindes und damit Möglichkeiten sozialen Lernens werden eingeengt.

Behindern von notwendiger Versorgung und Unterstützung: Notwendige Maßnahmen der Gesundheitsfürsorge oder adäquate Reaktionen auf eine Lernbehinderung oder Teilleistungsstörung werden massiv erschwert, gestört oder gar blockiert. So behindern

Elternteile aufgrund fehlgeleiteter Erziehungseinstellungen, aber auch in Trennungsfamilien, oft spezielle Fördermaßnahmen, Beratung oder Therapieformen, oder die Teilnahme an Trennungskindergruppen usw., bezeichnen sie als nicht notwendig oder sagen sie einseitig ab. Im Trennungsfall geht es oft um Provokation im Partnerstreit, d.h. dass eigene Interessen gegenüber den Kindesinteressen präferiert werden, dass emotionale Komplikationen, Stresssymptome, Verhaltensauffälligkeiten des Kindes ignoriert, hingenommen oder bagatellisiert werden.

Partnergewalt als Alltagserfahrung: Auf Kinder, die fortgesetzt Partnergewalt in der Familie erleben müssen, wird in *Abschnitt 6.5.5* eingegangen.

6.5.3.3.2. Sekundäre Kategorien

Intensität: Die Intensität psychischen Misshandelns kann im wiederholten Auftreten als Merkmal der Beziehungsgestaltung bestehen oder in der extremen Ausprägung einzelner Verhaltensweisen (Beispiele wurden in der Kategorie „Aktive emotionale Abweisung" genannt).

Handlung – Unterlassung: Zu unterscheiden sind aktives Handeln einschließlich Unterlassen (z.B. im Sinne unterlassener Hilfeleistung) von passivem Geschehenlassen infolge von Gleichgültigkeit oder vor dem Hintergrund psychischer Erkrankungen. Dies kommt der Unterscheidung zwischen psychischer Misshandlung und emotionaler Vernachlässigung gleich.

6.5.3.4 Ursachen

Die Ätiologie psychischer Kindesmisshandlung unterscheidet sich in ihren Grundzügen nicht wesentlich von der der physischen Misshandlung. Wie alle Kindesmisshandlungen kommen sie mit höherer Wahrscheinlichkeit z.B. vor bei Überforderung und misslungener Stressverarbeitung infolge früher Elternschaft, Alleinerziehung oder hoher Alltagsbelastung, ferner bei Defiziten in Bildung und Ausbildung, bei reduzierten Sozialkompetenzen und Störungen in der Affektregulation, bei Substanzmissbrauch, bei sozialökonomischen Risikofaktoren wie Arbeitslosigkeit oder Armut. Überzogene Erziehungsziele, Fehleinstelllungen oder Mängel in den Erziehungskenntnissen und/oder Kompetenzen der Eltern spielen eine Rolle.

Es kann angenommen werden, dass auch hier transgenerationale Effekte hinsichtlich der Bindungsmuster einen bedeutsamen Erklärungsansatz für die mangelnde Feinfühligkeit, Empathiefähigkeit und emotionale Differenziertheit dieser Eltern darstellen. Kindler/Schwabe-Höllein (2012) verweisen unter Bezugnahme auf amerikanische Untersuchungen darauf, dass Eltern, die in ihrer Kindheit selbst misshandelt bzw. vernachlässigt wurden, lückenhafte oder verzerrte Bilder von Signalen oder Bedürfnissen ihrer eigenen Kinder entwickeln, was feindseliges Verhalten begünstigt. Förderlich für die Entstehung psychischer Misshandlung sind offenbar auch antisoziale Einstellungen und Verhaltensweisen der Eltern, insbesondere der Väter. Ferner berichten die Autoren von einer Häufung psychischer Erkrankungen von Müttern in isolierten psychischen Misshandlungsfällen und eine überdurchschnittliche Häufung von Problemen in jenen Fällen, in denen eine psychische Misshandlung zusammen mit anderen Formen von Kindeswohlgefährdung auftritt.

6.5.3.5 Folgen

Wie bei allen Misshandlungsformen können emotionale, kognitive, psychosomatische und körperliche Folgen sowie Auffälligkeiten im Sozialverhalten auftreten. Es wurde bereits darauf hingewiesen (siehe *Abschnitt 6.5.3.2*), dass psychische Misshandlungen gravierendere Folgen als physische Gewalterfahrungen nach sich ziehen können (Spinazzola u.a. 2014, Witt u.a. 2021, Ziegler 2013) und sogar dann den Kern der schädlich wirkenden und ggf. traumatisierenden Faktoren bilden, wenn sie gemeinsam mit anderen Misshandlungsformen auftreten. Öfter als bei Kindern mit anderen Gefährdungserfahrungen erweist es sich als schwierig, positive Beziehungen nach dem Wechsel von Bezugspersonen bei einer Fremdunterbringung aufzubauen (Dance u.a. 2002).

Verschiedene Unterformen haben unterschiedliche Wirkungen. Diese werden offenbar verstärkt, wenn andere Problemlagen hinzukommen. In Abhängigkeit von Intensität und Auftretenshäufigkeit treten auch Dosiseffekte auf (Kindler/Schwabe-Höllein 2012). Als gemeinsamen Effekt aller Formen psychischer Misshandlung sehen Borg-Laufs/Dittrich (2012) ihre bedürfnisverletzende Wirkung.

Es wurde bereits im Zusammenhang mit psychischer Vernachlässigung darauf hingewiesen, dass gerade Säuglinge und Kleinkinder aufgrund ihrer Abhängigkeit unter der emotionalen Unerreichbarkeit oder gar Feindseligkeit ihrer Bezugsperson besonders leiden und dass dies eine zerstörerische Wirkung auf die Entwicklung der Bindung, letztlich aber auf die gesamte (Persönlichkeits-)Entwicklung entfaltet.

Ähnlich wie Kinder, die physische Gewalt erfuhren, reagieren auch Kinder auf psychische Gewalt mit erhöhter Aggressivität und sozialen Auffälligkeiten wie Weglaufen und Delinquenz. Auch von defizitärer Selbstwertentwicklung und mangelnder Kontrollüberzeugung muss bei diesen Kindern ausgegangen werden.

Retrospektive Studien zeigen, dass psychische Erkrankungen wie Depressionen, Angststörungen, Essstörungen, Suchterkrankungen und Persönlichkeitsstörungen in der Lebenszeitprävalenz bei jenen Menschen gehäuft auftreten, die in ihrer Kindheit von psychischer Misshandlung berichten (Buckingham/Daniolos 2013, Grave u.a. 2021, Lee 2015, Norman u.a. 2012).

Allerdings gilt auch für die psychische Misshandlung, dass insbesondere für langfristige Folgen keine Wenn-dann-Abläufe gelten. Es kann sich immer auch um Folgen anderer Risikofaktoren handeln, z.B. Belastung durch Elterntrennung, Überforderung im Leistungsbereich oder soziale Ausgrenzung. Auch überschneiden sich meist die Folgen verschiedener Misshandlungsformen. Ob und in welchem Ausmaß es zu Folgen kommt, hängt auch hier ab von Dauer, Häufigkeit und Intensität der Handlungen, vor allem aber von der Resilienz bzw. der Vulnerabilität des Kindes, damit vom Alter und von der Persönlichkeit. Folgen können auch mit erheblicher zeitlicher Verzögerung auftreten, weshalb das Fehlen erkennbarer Folgen keine Schlussfolgerungen erlaubt.

6.5.3.6 Diagnostik psychischer Kindesmisshandlung

Das Erkennen psychischer Kindesmisshandlungen gelingt am ehesten über die pure Verhaltensbeschreibung der Bezugsperson und das deskriptive Definieren schädigenden Verhaltens. Dem entsprechen die in *Abschnitt 6.5.3.3* genannten Erscheinungsweisen. Es geht darum, die jeweilige Spezifik des psychischen Miss-Handelns herauszuarbeiten, die Art des Agierens zu beschreiben und zu kategorisieren und die Kategorien in ihrer Indikations- und Warnfunktion zu bewerten. Der direkte Zugang besteht darin, Informationen vom betroffenen Kind oder Jugendlichen über Exploration, schriftliche Mitteilungen oder andere Äußerungen zu erlangen. Für Gespräche im Rahmen von Beratung, Begutachtung oder Anhörung nach § 159 FamFG gelten analog die im *Kapitel 2.6.6* für die Exploration des Kindeswillens genannten methodischen Hinweise. Wichtige Informationen können oft von Kita-Erzieherinnen, Lehrern oder Kinderärzten kommen. Sofern es der professionelle Rahmen erlaubt, können Hausbesuche sehr aufschlussreich sein. Oft können über Drittpersonen auch Informationen über die Beziehung zwischen Kind und misshandelnder Person, damit über die Schädigungswahrscheinlichkeit, gewonnen werden, denn diese ist umso größer, je mehr das Kind von der misshandelnden Person emotional abhängig ist oder je mehr psychisches Misshandeln eine Eigenschaft der Beziehung ist.

Zu beachten ist immer, dass mögliche Folgen weder ausschließlich noch zwangsläufig nach psychischen Misshandlungen auftreten. *Daraus ergeben sich zwei Schlussfolgerungen:* 1. Wenn andere Gefährdungsmomente festgestellt werden, ist zu prüfen, ob auch seelische Misshandlung vorliegt. Das kann bedeutsam für die Prognose und Intervention sein. 2. Von spezifischen Folgen oder einem Verhaltenssyndrom für psychisch misshandelte Kinder und Jugendliche kann nicht ausgegangen werden. Die oft umfangreichen Symptomlisten, die von einem eingefrorenen Blick bis zum Bettnässen reichen, sind ebenso von sehr begrenztem Erkenntniswert wie empfohlene Diagnoseinstrumente, z.B. standardisierte Interviews zu Belastungsstörungen bei Kindern und Jugendlichen oder allgemeine Risiko- und Gefährdungsskalen. Den subtilen Erscheinungsformen psychischer Kindesmisshandlung sind sie noch nicht gewachsen und haben deshalb eine geringe Vorhersagekraft.

In den USA gibt es immerhin einen Leitfaden der APSAC (American Professional Society on the Abuse of Children) mit Diagnoseverfahren, die empfohlen werden. Dabei geht es um Ratingverfahren auf Beobachtungsbasis, Interviews und eine Dokumentenanalyse (Fallakte). Die meisten sind zwar für die Forschung bestimmt, aber es gibt auch schon standardisierte Verfahren mit Praxisrelevanz, wie z.B. den „Psychological Abuse Index of Conflict Tactic Scales“ nach Straus u.a. (1996). Andere Verfahren zielen auf den Komplex von körperlicher und psychischer Misshandlung ab (z.B. Adshead u.a. 2004). Das Beachten des „seelischen Bedarfs“ bzw. der Inanspruchnahme seelischer Gesundheitsfürsorge ist ein Kriterium in einem Verfahren zur Ermittlung eines Vernachlässigungsindexes (Scourfield 2000). Außer einigen Übersetzungen verfügen wir kaum über diagnostische Verfahren. Es gibt Annäherungen an die Spezifik psychischer Misshandlung, z.B. im „Glinder Manual zur Kindesvernachlässigung“ (Jordan 2005) oder im „Stuttgarter Kinderschutzbogen“ (Reich 2005).

6.5.4 Sexueller Missbrauch

6.5.4.1 Definition

Verstanden unter sexuellem Missbrauch wird im Folgenden (in Anlehnung an Sgroi u.a. 1982, Wetzels 1997a, Barnett u.a. 2011) das Ausnutzen eines Kindes durch eine strafrechtlich bedeutsame sexuelle Handlung an, mit oder vor einem Kind mit folgenden Merkmalen: Eine deutlich ältere Person befriedigt sexuelle oder soziale Bedürfnisse unter Nutzung von ungleichen Machtverhältnissen, Abhängigkeit und Vertrauen sowie der entwicklungsbedingt reduzierten Fähigkeit des Kindes, dieser Handlung informiert und frei zuzustimmen.

Dieser Definition ist immanent: Es geht nicht nur um sexuelle Bedürfnisse, sondern auch um soziale Bedürfnisse wie Macht oder Aggression, zu deren Befriedigung ein Kind oder ein Jugendlicher instrumentalisiert wird. Eingeschlossen sind sowohl Handlungen mit als auch ohne Körperkontakt. Bestimmend ist nicht, ob physische Gewalt angewandt wurde und ob Gegenwehr stattfand. Der Entwicklungsstand der/des Minderjährigen schließt rechtfertigendes Einverständnis und Zustimmungskompetenz aus, so dass unterschiedliche Tatmodalitäten wie Überreden, Verleiten oder Zwang unerheblich werden. Der Altersunterschied als eine der Grundlagen des Macht- bzw. Autoritätsgefälles ergibt sich strafrechtlich aus den Altersgrenzen im StGB und kriminologisch aus einer üblicherweise postulierten 5-Jahres-Differenz (Stadler u.a. 2012).

Eine einheitliche Begriffsverwendung, die allen Ansprüchen und Belangen gerecht wird, gibt es nicht (abgesehen davon, dass die Bezeichnung Kindesmissbrauch häufig kritisiert wird, da sie vorauszusetzen scheint, dass es einen sexuellen „Gebrauch" von Kindern geben könne). Schwachstellen aller Definitionen sexuellen Missbrauchs werden durch Fragen folgender Art offenbar: Wann liegt eine sexuelle Handlung vor? Reicht es, dass der Großvater die Enkelin immer wieder auf den Mund küsst? Ab wann sind Pflegehandlungen im Genitalbereich oder sogenannte Tobehandlungen mit Genitalberührung übergriffig? Wie ist es zu bewerten, wenn ein Vater behauptet, er habe das Kind an seinem Glied anfassen lassen, um dessen „explorative Phase" zu unterstützen?

Wie kann die Motivation durch sexuelle Bedürfnisse oder Machtbedürfnisse nachgewiesen werden? Eigentlich kann es nur der Handelnde wissen. Ihn zu befragen, ist meist unergiebig, weil oft kein Schuldbewusstsein, wohl aber Unrechtsbewusstsein vorliegt.

Ab wann ist eine sexuelle Handlung strafrechtlich relevant? Um der Weichzone zu entgehen und Interpretationsspielräume einzuschränken, fordert der Gesetzgeber „einige Erheblichkeit"(§ 184h StGB). Ein unbestimmter Rechtsbegriff kann aber einen Mindestschweregrad nicht hinreichend präzisieren. Das Problem wird zwar grundsätzlich nicht gelöst, es liegt aber nur bei einem geringeren Teil der Fälle vor.

Diese Schwachstellen sowie die Vielfalt sexuell übergriffigen Verhaltens gegenüber Minderjährigen haben zu sehr unterschiedlichen Definitionen des sexuellen Missbrauchs geführt. Dies steht im Widerspruch zum Bedarf an einheitlichen Kriterien und Maßstäben sowohl in der Rechtspraxis, der Gutachtenpraxis, der Jugendhilfearbeit als auch der Forschung.

6.5.4.2 Häufigkeiten

Angaben zur Häufigkeit sexuellen Missbrauchs können sich auf das Hellfeld (den Strafverfolgungsbehörden bekannt gewordene Vorfälle) oder das Dunkelfeld beziehen. Beide sind unter mit Unsicherheiten behafteten Voraussetzungen erzeugte Daten, die der Realität mehr oder weniger nahekommen. Hellfelddaten für Deutschland sind vor allem aus der Polizeilichen Kriminalstatistik (PKS) erhältlich. Die dort registrierten Raten der kindlichen Opfer sexuellen Kindesmissbrauchs je 100.000 der altersgleichen Wohnbevölkerung weisen über einen langen Zeitraum nur relativ geringfügige Schwankungen auf. Die polizeiliche Kriminalstatistik (PKS) weist aber für den sexuellen Missbrauch an Kindern (§§ 176, 176a, 176b StGB; vollendet und versucht) im Vergleich der Jahre 2019 und 2020 eine Anstieg von 6,27 % auf, der die Steigerung seit 2017 fortsetzt. Unterschiede können einhergehen mit verändertem Anzeigeverhalten, Unterschieden in der Öffentlichkeitsarbeit, in der Prävention, der Sensibilisierung in der Bevölkerung (#MeToo) und einem höheren Aufdeckungsrisiko.

Die eingeschränkte Bedeutsamkeit dieser Zahlen wird klar, wenn man bedenkt, dass das Dunkelfeld weitaus größer ist. Die Schätzungen, bezogen auf die PKS, bewegen sich zwischen 1:6 und 1:50 (Heyden/Jarosch 2010, Graf u.a. 2018). Stadler u.a. (2012, 196, 210) gehen davon aus, dass „mehr als 80 % solcher Geschehnisse offiziell nicht bekannt werden“ und die Anzeigequote für sexuellen Missbrauch mit Körperkontakt bei 14,0 % liegt. Auch im Ergebnis empirischer Untersuchungen von Stiller und Hellmann (2017) ergab sich eine Anzeigenquote für sexuellen Missbrauch mit Körperkontakt von 14 %. Nach Wirtz (2001) wird jede fünfzehnte bis zwanzigste Tat angezeigt. Missbrauch durch Fremde wird ca. fünfmal häufiger angezeigt als innerfamiliärer Missbrauch (Raupp/Eggers 1993).

Als Sonden ins Dunkelfeld sind Befragungen von Betroffenen mit unterschiedlichen Untersuchungsinstrumenten wie Fragebögen oder Telefoninterviews gedacht. Nach Heyden/Jarosch (2010, 33) liegen in neueren Studien die Prävalenzraten der Opfer bei 10 % aller Mädchen und 3–5 % aller Jungen.

In einer repräsentativen Querschnittsstudie von Häuser u.a. (2011) wurden in Deutschland Missbrauchserfahrungen über Vierzehnjähriger retrospektiv mit der deutschen Version des „Childhood Trauma Questionnaire“ (CTQ) erfragt. 12,6 % der Befragten berichteten über sexuellen Missbrauch, 1,9 % über schweren sexuellen Missbrauch in Kindheit und Jugend (Abschnitt 6.3.2). In einer britischen Studie (Bebbington u.a. 2011) wurde schwerer sexueller Missbrauch in der Kindheit bei 2,9 % der Frauen und 0,8 % der Männer erhoben. Stadler u.a. (2012) haben in einer repräsentativen Dunkelfeldstudie zu Opfererfahrungen in der Kindheit 16- bis 40-jährige in Deutschland lebende Personen mittels Fragebogen befragt. 6,7 % der weiblichen und 1,4 % der männlichen Befragten gaben an, vor ihrem 16. Lebensjahr sexuellen Missbrauch mit Körperkontakt erlebt zu haben. Überwiegend ging es um mehrfache Ereignisse. Die vergleichsweise niedrigen Zahlen werden von den Autoren selbst auf eine „enge, stark an strafrechtliche Vorgaben orientierte, hinsichtlich Verhaltensformen und Autoritätsgefälle recht exakt bestimmte Definition des sexuellen Kindesmissbrauchs“ (Stadler u.a. 2012, 212) zurückgeführt. Bei 38,4 % der Opfer sexueller Missbrauchshandlungen mit Körperkontakt vor dem 16. Lebensjahr gehörten hierzu auch Penetrationen (anal, vaginal oder oral). Das Alter der Erstviktimisierung erwies sich über verschiedene Missbrauchsformen hinweg mit Mittelwerten zwischen 9.6 und 10.7 Jahren als relativ gleichläufig.

In einer Studie mit einem großen Kreis von Befragten in den USA ergab sich für Mädchen eine Prävalenz von 5,6 % und für Jungen eine Prävalenz von 1,9 % (Gewirtz-Meydan/Finkelhor, 2020).

Die Prävalenz sexuellen Missbrauchs in Deutschland wurde in einer repräsentativen Befragung in drei Erhebungswellen zwischen 2010 und 2018 untersucht (Witt et al. 2020). Für die Altersgruppe zwischen 18 und 29 Jahren ergab sich für die männlichen Teilnehmer eine Prävalenz zwischen 6,1 % und 8,5 %. Bei den weiblichen Teilnehmerinnen gab es zwischen 2016 und 2018 einen Anstieg von 12,8 % auf 26,1 %, der hier jedoch nicht auf einen tatsächlichen Anstieg sexuellen Missbrauchs zurückgeführt wird, sondern auf eine gestiegene Bereitschaft, im Rahmen von #MeToo sexuelle Gewalt aufzudecken.

Viele dieser Zahlen bilden die Realität nicht nur wegen des erheblichen Dunkelfeldes eingeschränkt ab. Hinzu kommt auch, dass in den Stichproben der meisten Untersuchungen Personen nicht berücksichtigt werden, bei denen aufgrund ihrer Lebensverhältnisse eventuell die Wahrscheinlichkeit des sexuellen Missbrauchserlebens höher ist, z.B. Drogenabhängige oder bestimmte Gruppen von Psychiatriepatienten (Heyden/Jarosch 2010) oder Behinderten (Schröttle 2012).

Insgesamt sind die Häufigkeitsangaben sehr unterschiedlich und offensichtlich untereinander nicht vergleichbar. Die Unterschiedlichkeit zeigt sich in der enormen Spannbreite veröffentlichter Häufigkeiten zwischen 6 % und 25 % für Frauen und zwischen 2 % und 8 % für Männer nach Engfer (2005), zwischen 7 % und 36 % für Frauen und zwischen 3 % und 29 % für Männer nach Finkelhor (2005). Eine Metastudie auf Basis von 55 Arbeiten (Barth u.a. 2013), in denen Kinder direkt befragt wurden, schätzte eine Prävalenz von 8-31 % bei Mädchen und von 3-17 % bei Jungen.

Die Gründe für diese Spannbreite sind die gleichen, die auch für andere Gefährdungsformen gelten *(Abschnitt 6.3.2)*: Unterschiedliche Definitionen sexuellen Missbrauchs, Bezug auf unterschiedliche Handlungsformen, differente Stichproben, unterschiedliche Erinnerungsintervalle, verschiedene Untersuchungsinstrumente. Außerdem spielen bei Erinnerungsleistungen Erwachsener an Missbrauchserleben autosuggestive Erinnerungsverzerrungen bis hin zu Fehlerinnerungen, Belastungsmotiven, Verdrängung oder durch Scham bestimmtes Verschweigen eine Rolle. Bei Alterskohortenvergleichen kommen unterschiedliche Erinnerungsverluste und „kohortenspezifische Definitions-, Verzerrungs- und Bewertungsvorgänge“ hinzu, die die Aussagefähigkeit begrenzen.

Ungeachtet aller Unterschiedlichkeit der Untersuchungen ergeben sich auch gemeinsame Tendenzen. So ist bemerkenswert, dass in vielen Studien übereinstimmend registriert wurde: Ein Zusammenhang zwischen der Zugehörigkeit zu einer bestimmten sozialen Schicht und sexuellem Missbrauchserleben besteht nicht (Wetzels 1997b, Häuser u.a. 2011, Bebbington 2011), ganz in Gegensatz zum Zusammenhang zwischen sozialer Schicht und Misshandlung von Kindern.

Der Mythos des fremden Täters ist der empirisch fundierten Gewissheit gewichen, dass bei der Mehrzahl von Missbrauchshandlungen Opfer und Täter bekannt waren. Ca. 25 % der Täter sind Angehörige, sogar ca. 50 % sind Bekannte, nur der Rest sind Fremde (Heyden/Jarosch 2010). Nach Stadler u.a. (2012) geschieht sexueller Missbrauch weniger durch die (leiblichen) Eltern, vor allem aber durch andere Verwandte und Personen aus dem näheren sozialen Umfeld des Kindes.

6.5.4.3 Rechtsbezug und Erscheinungsweisen

Mit dem „Gesetz zur Bekämpfung sexualisierter Gewalt gegen Kinder“ vom 1.7.2021 (Bundesgesetzblatt Jahrgang 2021 Teil I Nr. 33) kommt der Gesetzgeber der gesellschaftlichen Bewertung sexueller Gewalt gegenüber Kindern nach. Der strafrechtliche Zugriff wurde deutlich verschärft (u.a. größerer Strafrahmen, Bewertung von Straftaten als Verbrechen). Dabei wurde berücksichtigt, dass sich im Rahmen des technischen Fortschritts die Art der Missbrauchshandlungen verändert hat. Mit einem Bündel an präventiven Maßnahmen wurde aber auch darauf geachtet, dass es nicht nur um das Straf- und Strafprozessrecht geht.

Durch die Schutzaltersgrenzen im Strafrecht wird ein wichtiger Zusammenhang zwischen Rechtsbezug und Erscheinungsweisen hergestellt. So handelt nach § 176 StGB strafbar, wer sexuelle Handlungen an einer Person unter vierzehn Jahren vornimmt oder an sich von dem Kind vornehmen lässt, wer ein Kind dazu bestimmt, dass es sexuelle Handlungen an einer dritten Person vornimmt oder von einer dritten Person an sich vornehmen lässt und wer ein Kind für solche Handlungen anbietet. Strafbar sind solche Handlungen auch unter 18 bzw. unter 16 Jahren, wenn es um sexuellen Missbrauch von Schutzbefohlenen gemäß § 174 StGB, um die Förderung sexueller Handlungen Minderjähriger gemäß § 180 StGB § oder um sexuellen Missbrauch von Jugendlichen gemäß 182 StGB geht. Gegen die „Verbreitung pornographischer Inhalte“ werden Personen unter achtzehn Jahren geschützt (§ 184 StGB). Als Maßstab für strafrechtliche Relevanz wird in § 184h StGB „einige Erheblichkeit“ gefordert. Dabei setzt Erheblichkeit nicht voraus, dass das Opfer den sexuellen Charakter der zu bewertenden Handlung erkennt (BGH, 10.03.2016 – 3 StR 437/15) bzw. Kindschaftsrecht, soweit von Kindeswohlgefährdung die Rede ist *(Abschnitt 6.1)*, so z.B. im § 157 FamFG (Erörterung der Kindeswohlgefährdung), im § 8a SGB VIII (Schutzauftrag des Jugendamtes bei Kindeswohlgefährdung) oder im § 1666 BGB (Gerichtliche Maßnahmen bei Gefährdung des Kindeswohls).

Hinter den scheinbar fest umrissenen Konturen im Strafrechtsbezug liegt ein schwer übersehbarer Komplex von Tatmodalitäten, analog zur Vielfältigkeit von Sexualität überhaupt. Strafrechtlich werden sie gebündelt in den §§ 176-176e, 180,182,184. Kriminologische werden meist unterschieden: Handlungen mit Körperkontakt zwischen Minderjährigen und Erwachsenen (versuchte oder realisierte anale, orale oder vaginale Penetration, Berühren primärer und sekundärer Geschlechtsmerkmale) und Handlungen ohne Körperkontakt (Exhibitionismus, sexuelle Handlungen vor Minderjährigen, Abfordern sexueller Manipulationen Minderjähriger an sich selbst, Verbreiten von Pornografie, mediengebundene Handlungsformen).

Bei den Handlungen mit Körperkontakt sind am häufigsten Berührungen der Genitalien, der Brüste oder des Afters der Opfer durch den Täter sowie die Aufforderung zur oralen bzw. manuellen Stimulation des Geschlechtsteils des Täters (Stadler u.a. 2012).

Bei intrafamiliärem Missbrauch kommen Erscheinungen wie Pseudopartnerschaft sowie erweiterte Möglichkeiten subtiler Annäherungsstrategien hinzu. Sie variieren zwischen Isolierung des Kindes oder Bevorzugung, verbunden mit zweckbestimmter emotionaler Zuwendung zum Kind. Allmähliche Übergänge von scheinbar zärtlicher Fürsorge zum sexuellem Übergriff beim Toben und „Kuscheln“, beim Baden und bei Pflegehandlungen , „Hilfestellung“ beim Sport, zufälliges Berühren von Brust oder Genitalien sind typisch. Für wirksames Drohen und Einschüchtern, für das Erzeugen von Abhängigkeiten und Durchsetzen des Schweigegebots bestehen im familiären Kontext günstige Voraussetzungen. Die Verstrickung der Familienmitglieder erleichtert oft das Abschotten nach außen und damit die Geheimhaltung. Damit mag zusammenhängen, dass Opfer innerfamiliären Missbrauchs im jüngeren Alter und öfter missbraucht werden (Stroebel u.a. 2012).

Für die Handlungen ohne Körperkontakt hat sich mit den neuen Medien ein Aktionsfeld eröffnet, das oft auch nur Vorstadium für Handlungen mit Körperkontakt ist. Internetforen, Video-Plattformen und andere virtuelle Kommunikationsräume als Tatorte für sexuelle Viktimisierung, das Schicken von Pornografie über Handy oder Internet, Missbrauch der Videotelefonie oder von Online-Spielen sowie Aufforderungen zu sexuellen Handlungen vor einer Webcam sind rapide gestiegen. Die Polizeiliche Kriminalstatistik (PKS) weist von 2019 zu 2020 einen Anstieg um 53 % bei Verbreitung, Erwerb, Besitz und Herstellung von sexuellen Missbrauchsabbildungen, sogenannter Kinderpornografie sowie einen eklatanten Zuwachs an einschlägigen, professionell organisierten Foren im Darknet aus (zum Internet insgesamt als Aktionsraum Franke/Graf 2016). Herausgebildet haben sich spezielle Handlungsweisen wie „Online-Grooming" (Vertrauensaufbau über Internet) oder „Faken" (falsche Angaben über Alter und Erscheinung). Anonymität und Mangel an wirksamen Kontroll- und Sanktionsmöglichkeiten senken die Hemmschwelle.

Andere Unterscheidungen orientieren auf den Gewaltanteil (Lanning 1992):

1. Sexualkontakte unter Druck (Schwergewicht auf Überreden, Beschwatzen, Ausnutzen von Verstrickung, Gefühle wie Dankbarkeit erzeugen, Belohnung und Bestechung, Bestreben nach Einwilligung des Kindes);
2. Sexualkontakte mit Gewalt (Anwendung von Drohungen, körperliches Überwinden von Widerstand, Empathiemangel);
3. Sadistischer Missbrauch (Freude an Schmerzzufügung, Summierung sexueller und aggressiver Komponenten, Erotisierung der Gewalt).

6.5.4.4 Ursachen

Annahmen zu den Ursachen sexuellen Missbrauchs sind ein Tummelplatz langlebiger Mythen, die aber größtenteils widerlegt sind. Es gibt keine Häufigkeitsunterschiede in den unterschiedlichen Bevölkerungsschichten. Täter sind meist gut beleumundet und sozial integriert. Minderintelligenz oder psychiatrische Erkrankungen sind nicht typisch, ebenso wenig ein besonders ausgeprägter Sexualtrieb. Auch Alkohol und Drogenkonsum spielen nur mittelbar als enthemmender Faktor eine Rolle. Neuere Annahmen wie „Sittenverfall" oder „triebentfesselter Zeitgeist" erweisen sich ebenfalls als nicht evident. Versuche, einseitige und monothematische Erklärungen zu vermeiden, müssen sich der Komplexität der Ursachen stellen. Sie müssen unterschiedliche Faktoren integrieren und sind deshalb selbst sehr komplex. Im Folgenden sollen die Kernpunkte eines dieser integrativen Erklärungsmodelle genutzt werden, um Sachverhalte und vorliegende Befunde zu verdeutlichen. Finkelhor (1984) hat in einem anerkannten Grundgerüst die individuelle und die soziokulturelle Erklärungsebene integriert und die folgenden vier Voraussetzungen für sexuellen Missbrauch unterschieden:

1. Voraussetzung: Motivation zum Kindesmissbrauch. Dazu gehört, dass ein Kind mögliche Quelle sexueller Erregung sein kann und/oder dass eine sexuelle Beziehung zu einem Kind ein wichtiges emotionales Bedürfnis befriedigt. Hintergründe können eine verzögerte emotionale Entwicklung, erhöhtes Macht- oder Kontrollbedürfnis, frühere emotionale Verletzungen inkl. Konditionierung durch sexuelle Fehlerfahrungen in der Kindheit und auch biologische Devianzen sein. Komplementär zu diesen individuellen sind soziokulturelle Faktoren, insbesondere Merkmale der männlichen Sozialisation zu Dominanz, auch in sexuellen Beziehungen, die männliche Tendenz, emotionale Bedürfnisse zu sexualisieren, ferner Kinderpornografie.

Hinzu kommt die Blockierung alternativer Möglichkeiten zu sexueller Befriedigung, z.B. als Begleiterscheinung von Ängsten, defizitären sozialen Kompetenzen oder traumatischen sexuellen Erfahrungen mit Erwachsenen. Zu den soziokulturellen Faktoren gehören repressive Normen im sexuellen Bereich.

Es müssen nicht alle Motive wirken. Einzuordnen ist hier sowohl der Täter, der nicht sexuell erregt ist, aber aus dem Bedürfnis heraus missbraucht, eine andere Person zu erniedrigen, als auch der Täter, der die Verfügbarkeit eines Kindes nutzt, um sexuelle Bedürfnisse zu befriedigen.

2. Voraussetzung: Innere Hemmungen müssen überwunden werden, damit Motive wirksam werden können. Beitragen zur Überwindung innerer Hemmungen können Alkoholisierung, Impulskontrollstörungen, psychotische Prozesse, Senilität und eine nicht funktionierende Inzest-Hemmschwelle. Soziokulturelle Faktoren sind gesellschaftliche Toleranz in Bezug auf Alkoholtaten oder Übergriffe gegenüber Kindern, milde strafrechtliche Reaktionen gegenüber Tätern sowie Kinderpornografie.

3. Voraussetzung: Äußere Hemmfaktoren müssen überwunden werden. Die Lebensbedingungen des Kindes können dies mehr oder minder erleichtern. Je weniger ein Kind beachtet und beaufsichtigt wird, je weniger das Kind stabile und schützende Beziehungen zu anderen Menschen, insbesondere zur Mutter, hat, je unangemessener Schlaf- oder Wohnbedingungen sind, desto geringer sind die Barrieren in der Umgebung. Soziokulturell begünstigend können die fehlende soziale Unterstützung von Müttern, die Akzeptierung von Dominanz und Gewalt männlicher Partner sowie das Fehlen sozialer Netzwerke sein.

4. Voraussetzung: Überwindung des kindlichen Widerstands. Täterstrategien basieren häufig auf der Fähigkeit, Opfer mit geringem Widerstandspotential zu erkennen, d.h. Kinder oder Jugendliche, die subtilen Annäherungen bzw. materiellen oder emotionalen Belohnungen zugänglich sind. Emotionales Mangelerleben des Kindes ermöglicht dem Täter eher, eine scheinbar vertrauensvolle Beziehung aufzubauen. Alternativ sind Varianten von Zwang und Gewalt. Auf soziokultureller Ebene wirken Mängel in der Sexualerziehung bzw. Sexualpädagogik und in der Subjektstellung von Kindern in der Gesellschaft.

Diese Voraussetzungen stellen Risikofaktoren dar, die insbesondere durch ihre Kombination die Wahrscheinlichkeit sexuellen Missbrauchs erhöhen. Weitgehend offen bleibt die Art und Weise des Zusammenwirkens der Wirkfaktoren. Dennoch stellt dieser Ansatz von Finkelhor (1984) durch die multifaktorielle Sichtweise ein Modell mit Erklärungswert für konkrete Missbrauchshandlungen dar – auch wenn es darum geht, Kindeswohlgefährdung zu identifizieren. Dies ist ein Vorzug gegenüber anderen Erklärungsmodellen wie etwa feministischen oder lerntheoretischen Ansätzen sowie einseitig biologischen oder gesellschaftlichen Auslegungen.

Sowohl historisch als auch gegenwärtig wird am intensivsten zur Persönlichkeit des Missbrauchstäters geforscht, differenziert und veröffentlicht. Dies ist nicht zuletzt auch bedeutsam dafür, Gefährdungen des Kindeswohls durch Missbrauch vorzubeugen und sachkundiger zu begegnen.

Eine Einteilung in fixierte Missbrauchstäter und regredierte Missbrauchstäter nach Groth (1982) hat sich als praxistauglich erwiesen und ist Grundlage vieler nachfolgender Typologien. Nach dieser Unterscheidung *(siehe Tab. 6.1)* wird davon ausgegangen, dass die Mehrheit der Täter keine vorrangige pädophile Sexualpräferenz aufweist, sondern eher Verwandte, Bekannte, nach neueren Erkenntnissen auch Verantwortungsträger in Institutionen, mit beschränkter Handlungsmotivation unterschiedlichster Art sind. Übergreifend wird deshalb häufig von „Pädosexualität" gesprochen.

Auch unter dem Aspekt der Kindeswohlgefährdung kann es nützlich sein, zwischen Kern-Pädophilen und regredierten Tätern bzw. sog. Ersatztätern zu unterscheiden (Stompe u.a. 2013). Das Rückfallrisiko ist bei klassischer Pädophilie höher (Beier 1995, Wendt/Kröber 2009). Das Verantwortungs-Abwehr-System (Deegener 1995) mit Strategien der Schuldverschiebung, Verleugnung und Verharmlosung ist ausgeprägt. Wiederum missbrauchen nicht alle pädophil ausgerichteten Männer, vor allem infolge gelingender Impulskontrolle, durch Meidung von Kontakten mit Kindern und mittels Wahrnehmung professioneller Hilfe und spezieller Therapieangebote (Schwarze/Hahn 2016).

Die Unterscheidung ist allerdings schwierig und sollte nur auf fachkundigem Urteil mit speziellen Kompetenzen basieren. Da Fragebögen meist leicht durchschaubar sind, liefern sie überwiegend erwartungsangepasste Ergebnisse. Methoden wie Phallometrie Viewing time, Blickregistrierung oder funktionelle Magnetresonanztomographie sind umstritten. Briken u.a. (2013) sehen in diesen Methoden das Erzeugen „eines ver

Tab. 6.1: Fixierte und regredierte Missbrauchstäter

Fixierte Missbrauchstäter	**Regredierte Missbrauchstäter**
• Sexuell primär auf Kinder orientiert, Kinder als Objekt sexueller Fantasien	• Sexuell primär auf Gleichaltrige orientiert
• Beginn im Jugendalter	• Beginn im Erwachsenenalter
• andauernde Ausrichtung	• episodisches Auftreten
• Vorsatz, Planung	• impulsiv, situativ
• gesuchte emotionale Kongruenz, Pseudo-Elternrolle	• Kind ist Ersatz für Erwachsenen (als Konflikt- oder Sexualpartner)
• Jungen sind häufiger Opfer	• Mädchen sind häufiger Opfer
• seltener Alkohol- und Drogenmissbrauch	• häufiger Alkoholmissbrauch/Alkohol als Enthemmung
• weniger Stressbezug	• häufiger Bezug zu Stress und Stressbewältigung
• Schuldgefühle weniger ausgeprägt	• häufiger Schuldgefühle
• Prognose ungünstiger	• Prognose günstiger

meintlichen Sicherheitssurrogats mit Authentizitätszertifikat" und das Vorgeben sich selbsterklärender Zirkelschlüsse durch objektive Messverfahren.

Andere Untersuchungen betonen Auffälligkeiten in den Herkunftsfamilien von Tätern wie Erleben von Misshandlungen und emotionalem Missbrauch in der Kindheit (z.B. Partnerersatz), Einsamkeit in der Ehe und in sozialen Beziehungen (Bundschuh 2001, Stroebel u.a. 2012). Kliemann und Fegert (2021) unterscheiden zwischen Persönlichkeitstätern mit Risikobereitschaft und Situationstätern (Bestimmtheit durch situative Bedingungen).

Obwohl Clusteranalysen grob-schematisch vorgehen, haben sie doch relativ differenzierte Ergebnisse erbracht. Rehder/Meilinger (1997) unterscheiden folgende Cluster:

- *Zwanghaft strukturierte Täter:* äußerlich sozial angepasst, wirken psychisch unauffällig, negative Beziehungseinflüsse, restriktive Erziehung, innerfamiliär sexuell auffällig.
- *Angepasste, alkoholisch enthemmte Täter:* Alkoholmissbrauch, Tatmotivation erscheint wenig nachvollziehbar, geringe Selbstbehauptung, Konfliktmeidung.
- *Sozial kompetente, aus der Lebensbahn geworfene Täter:* positive Sozialisation, meist älter (Beginn mit durchschnittlich 43 Jahren nach vorausgegangener Lebenskrise), meist längerer Missbrauch eines Opfers, höheres Bildungsniveau, höheres Ausmaß an Tatverleugnung und Bagatellisierung.
- *Repressive Täter mit pädophilen Tendenzen:* Missbrauch mehrerer jüngerer weiblicher Opfer mit pädophiler Ausrichtung, Anpassungsbereitschaft, Gehemmtheit, Sensibilität, häufiger Suizidversuche.
- *Kriminell verfestigte, rücksichtslos-egozentrische Täter:* strafrechtliche Auffälligkeiten Mitte der 20er Jahre, mehrere Delikte, häufige Haft, Opfer sind zu 75 % weiblich, auf Durchsetzung und Selbstbehauptung orientiert, geringere Intelligenz und Bildung, häufiger antisoziale Persönlichkeitsstörung.

Dem fixierten Täter, oft auch als Kernpädophiler bezeichnet, wurde im Laufe der Jahre eine Reihe von Untertypen zugeordnet, so z. B. der soziopathische, der dissoziale, der narzisstische oder der sadistische Typ (Berner 2013). Typologien zu Missbrauchstäterinnen sind selten. Gebhardt u.a. (2021) unterscheiden vier Täterinnentypen: die sadistische Täterin, die vermittelnde Täterin, die parentifizierende Täterin und die instruierende Täterin.

6.5.4.5 Beurteilung – Die Relevanz der Verdachtsquellen

6.5.4.5.1. Das Verhalten des Kindes und sein Symptomwert

Wenn es so ist, dass der Missbrauchsverdacht innerhalb familiengerichtlicher Konfliktfälle vergleichsweise häufig auf Deutungen unspezifischer Auffälligkeiten im Verhalten von Kindern basiert, dann ist wichtig, welcher Symptomwert kindlichen Verhaltensweisen überhaupt zukommt. *Dazu sind folgende Feststellungen zu treffen:*

1. Sexueller Missbrauch ist eine potenzielle Gefährdung des Kindeswohls. Diese ergibt sich aus dem Risiko von Folgeschäden für das Kind. Dies gilt für alle Tatmodalitäten, gleich ob mit Gewalt oder ohne, mit Körperkontakt oder ohne. Mögliche Folgen

werden oft in Symptomlisten aufgezählt. Kognitive und emotionale Auffälligkeiten, Verhaltens- und Befindlichkeitsstörungen, Entwicklungsbesonderheiten und Krankheiten werden genannt, die sexuellen Missbrauch anzeigen sollen.

2. Es existieren aber keine Wenn-dann-Abläufe, weder für kurzzeitige noch für langfristige Folgen. Folgen treten nicht immer bzw. in sehr unterschiedlicher Ausprägung auf (Stompe 2013). In einer umfangreichen Metaanalyse, in der immerhin 59 Studien ausgewertet wurden (Rind u.a. 1998), ergab sich ein überraschend geringer Zusammenhang zwischen Missbrauchserfahrungen und Verhaltensauffälligkeiten. Dies bestätigte sich in einer Reihe von Studien auch in Bezug auf spezifische Auffälligkeiten (Klonsky/Moyer 2008, Laajasalo u.a. 2018, Maniglio 2009). In einem zusammenfassenden Bericht von sieben Metaanalysen (Hillberg u.a. 2011) ging der Zusammenhang sogar gegen Null, die jeweiligen familiären Probleme herausgerechnet. Die Konfundierung mit anderen möglichen Ursachen von Verhaltensauffälligkeiten sowie die oft selektiven Stichproben führen zu sehr unterschiedlichen Prävalenzangaben zu negativen Folgen von sexuellem Missbrauch an Kindern. Sie variieren nach Heyden und Jarosch (2010, 108) zwischen 32 % und 85 %. Nach Kendall-Tacket u.a. (1993) zeigt ein Drittel bis zur Hälfte sexuell Missbrauchter keine bedeutsamen psychischen Schäden, ähnlich Moggi (2002).

   Unter diesem Aspekt der Konfundierung mit anderen Risikofaktoren sind auch Ergebnisse von Studien zu bewerten, in denen unter Opfern sexuellen Missbrauchs eine erhöhte Prävalenz z.B. von Auffälligkeiten wie Angststörungen (Cougle u.a. 2010), Selbstverletzungen (Klonsky/Moyer 2008), Schlafstörungen (Steine u.a. 2012), Bindungsstörungen (Kwako u.a. 2019, Brachmann u.a. 2004), von Traumatisierungs-Symptomen (Trickett u.a. 2011, Tremblay u.a. 2000), abweichende sexuelle Entwicklung (Schulte u.a. 2021) oder ein dreimal größeres Risiko für Alkohol- oder Drogensucht (Maniglio 2011, Kendler u.a. 2000) festgestellt wurde.

   Diese Befunde bestätigen das Schadensrisiko, nicht aber die Zwangsläufigkeit extremer Schädigung. Sie verdeutlichen einerseits, dass von sexuellem Missbrauch in der Kindheit Betroffene eine Risikogruppe für eine Reihe von Störungen und Auffälligkeiten im weiteren Lebensverlauf sind (Görgen u.a. 2012). Sie zeigen andererseits, dass die Annahme linearer Kausalbeziehungen zwischen Missbrauchserleben und psychischer Schädigung verfehlt ist. Bei solchen mechanistischen Vorstellungen von der menschlichen Verhaltenssteuerung wird übersehen, wie unterschiedlich das Gefüge individueller Schutz- und Risikofaktoren in der Persönlichkeit und im sozialen Netz eines Kindes ist. Die Wahrscheinlichkeit schädlicher Folgen ist umso größer je häufiger Missbrauchshandlungen stattfinden, je intensiver und gewalthaltiger die Handlungen sind, je mehr emotionale Nähe zum Täter besteht, je größer der Altersunterschied zwischen Täter und Opfer ist, je auswegloser das Kind die Missbrauchssituation erlebt, je weniger schützende Vertrauensbeziehungen und Möglichkeiten, sich jemandem anzuvertrauen, in der Familie oder im Umfeld bestehen sowie je weniger Stigmatisierung als Opfer im Umfeld geschieht (Bange 2007, Schulte u.a. 2021). Bei angemessener Hilfe und Unterstützung durch Vertrauenspersonen haben Kinder gute Chancen, die belastenden Missbrauchserfahrungen so zu verarbeiten, dass die traumatischen Erlebnisse kompensiert werden können und Folgestörungen und Langzeitfolgen ausbleiben.

   Die Problematik wird dadurch kompliziert, dass das Fehlen erkennbarer Folgen weder den Ausschluss von Folgen noch das Verneinen erlebten Missbrauchs erlaubt.

Hier spielen Resilienz oder diverse Abwehrmechanismen (Scheinanpassung, Verdrängung, Verleugnung, Abspaltung usw.) eine Rolle.

3. Alle denkbaren Folgeerscheinungen sexuellen Missbrauchs im Verhalten und Erleben sind nicht spezifisch, d.h., sie können auch Folge anderer Risikofaktoren sein, z.B. des erlebten Elternzerwürfnisses, des Loyalitätskonflikts zwischen streitenden Eltern, der Instrumentalisierung durch Eltern, der Überforderung in der Schule, belastender Konflikte mit Bezugspersonen, der Außenseiterstellung unter Gleichaltrigen, aber auch einer psychischen Erkrankung. Deshalb enthalten die Symptomlisten letztlich alle gängigen sozialen Verhaltensauffälligkeiten sowie Lernstörungen und auch fast alle bekannten kinderpsychiatrischen Störungsbilder. Am ehesten sind noch körperliche Auffälligkeiten wie Verletzungen im Genitalbereich, Überdehnungen des Anus sowie Infektionen ein Anlass zur Annahme erfolgten Missbrauchs. Aber auch hier lauern Irrtumsquellen (Banaschak/Madea 2000). So wurde ein Harnverhalt bei einem Kind während eines Umgangskontaktes durch einen Arzt als Missbrauchssymptom interpretiert. Bei genauer Untersuchung fand sich später eine Harnröhrenverengung, die durch Laser erfolgreich behandelt wurde.

   Das Missbrauchsereignis und das Missbrauchserleben sind oft Teil eines komplexen Geschehens. Die Einflüsse von Mangelmilieu, dysfunktionalen Familienbeziehungen, Trennungsbelastung usw. und eben Missbrauch sind dann nachträglich schwer zu entwirren (Heyden/Jarosch 2010, Görgen u.a. 2012, Stompe 2013). Es ist uns deshalb auf den ersten Blick unverständlich, wieso z.B. einerseits Konzentrationsstörungen und Leistungsabfall bei sexuell missbrauchten Kindern eintreten, andererseits aber auch von Lehrern Leistungsverbesserungen nach sexuellen Übergriffen in der Familie, gleichsam als Bewältigungsstrategie des Kindes, berichtet werden. Ebenso erscheint uns deshalb widersinnig, wieso in einer Untersuchung (Deberding/Klosinski 1995) 60 % der Kinder eine positive Beziehung zum tatverdächtigen Elternteil angaben.

4. Es gibt kein Missbrauchssyndrom, d.h. kein spezifisches Verhaltenssyndrom, für sexuell missbrauchte Kinder und Jugendliche. Das ist die zwingende Schlussfolgerung aus den Punkten 2. und 3., die ja bedeuten, dass mögliche Folgen sexuellen Missbrauchs weder immer noch ausschließlich nach sexuellem Missbrauch auftreten.

5. Rückschlüsse von auffälligen Erlebens- und Verhaltensweisen von Kindern auf sexuellen Missbrauch können also Folge falscher Ursachenzuschreibung sein. Gerade in Trennungs- und Scheidungsfamilien erhöht sich die Gefahr solcher Fehler, weil andere Stressfaktoren das Kind belasten und überlasten und am Entstehen von Auffälligkeiten beteiligt sein können. Die Varianten möglicher Fehlschlüsse sind vielfältig.

   Ein Kind, das fast immer nach dem Umgangskontakt mit dem Vater einnässt oder Schlafstörungen hat, reagiert damit auf die Belastung durch die Trennung vom Vater oder die verdeckte Missbilligung des Kontaktes durch die Mutter. Es entsteht aber bei der Mutter der Verdacht des sexuellen Missbrauchs durch den Vater, weil der Zeitpunkt der Auffälligkeiten dafür zu sprechen scheint.

   Vom Auftreten masturbatorischer Handlungen oder einer sexualisierten Sprechweise nach der Elterntrennung wird auf Missbrauchshandlungen des Vaters bei Umgangskontakten geschlossen. In anderen Fällen ist es Angst vor Dunkelheit oder „Kokettieren“ mit Männern.

Weigerungen von Kindern scheinen einen besonderen Aufforderungscharakter für missbrauchsorientierte Verhaltenserklärungen zu haben: die Weigerung, sich streicheln zu lassen oder sich vor anderen auszuziehen, die Weigerung, den anderen Elternteil zu besuchen oder bei ihm zu übernachten. In einem Fall wurde die Abneigung eines Kindes gegen weiß aussehende Speisen zur Grundlage des Verdachts auf oralen Missbrauch.

6. Es gibt keine standardisierten psychologischen Methoden zur Diagnose des sexuellen Missbrauchs. Auch die Versuche der Missbrauchsdiagnostik über die Auswertung nicht sprachlicher Ausdrucksformen des Kindes sind untauglich. Die am meisten gebräuchliche und oft verhängnisvolle Quelle verfehlter Diagnostik sind Kinderzeichnungen. Das Entdecken sog. Phallussymbole, die Interpretation des Zeichnens oder des Weglassens von Genitalien, die Deutung von Farbpräferenzen und Strichqualitäten oder das Aufspüren von Missbrauchssymptomatik in Objektdarstellungen oder freien Zeichnungen – all das sind viel genutzte Irrwege sowohl im naiv gutwilligen Engagement z.B. einer Kita-Erzieherin als auch in uninformierten professionellen Diagnostikbemühungen.

Die übereinstimmende und klare Aussage entsprechender Vergleichsuntersuchungen ist aber, dass sich Zeichnungen sexuell missbrauchter und nicht missbrauchter Kinder nicht systematisch unterscheiden, weder in Bezug auf das Zeichnen oder Weglassen von Genitalien oder anderer Körperteile noch bezüglich Farbpräferenzen oder anderer gestalterischer Elemente (Köhnken 2014, Greuel u.a. 1998). Und wenn die Zeichnungen eines Kindes z.B. durch wiederkehrende Genitaldarstellungen auffallen, kann das auf psychische Auffälligkeiten oder Entwicklungsstörungen hinweisen, zu deren Erklärung sexueller Missbrauch nur eine von mehreren Möglichkeiten ist.

Wenn Kinderzeichnungen nicht spontan, sondern als abgeforderte Leistung in Therapie- oder Aufdeckungsprozeduren mit direkter oder indirekter Vorgabe der Missbrauchsthematik abverlangt werden, verbietet sich jede Missbrauchsdiagnostik schon deshalb, weil nur noch Suggestionsdokumente vorliegen. Der fehlende Wert von Kinderzeichnungen für Missbrauchsdiagnostik schließt aber nicht aus, Zeichnungen als Explorationshilfe oder Demonstrationshilfe zu nutzen. Sie können dann der effektiveren Gesprächsführung dienen, z.B. im Sinne einer entkrampften Anfangsphase des Gesprächs oder als Alternative für Kinder mit defizitärer sprachlicher Ausdrucksfähigkeit. Auch bietet sich die Möglichkeit, bereits sprachlich geäußerte Missbrauchserlebnisse zeichnerisch zu unterlegen oder zu verdeutlichen. Grundvoraussetzungen dafür sind diagnostische Kompetenz und suggestionsfreie Exploration.

Unter den oft voreilig als Indikator sexuellen Missbrauchs fehlinterpretierten Verhaltensauffälligkeiten von Kindern ist das sog. sexualisierte Verhalten besonders häufig. Dem steht entgegen: Aus der Metaanalyse vieler einschlägiger Untersuchungen ergibt sich, dass sexuell auffälliges Verhalten bei der Mehrzahl missbrauchter Kinder nicht vorliegt (Schuhrke 2004, 180).

Es ist inzwischen allgemein anerkannt, dass sich Neugier- und Erkundungsverhalten auch von kleinen Kindern ebenso auf den Intimbereich bezieht, dass es Bestandteil der Erkundungen der eigenen Identität ist und Lustcharakter haben kann, ferner dass Kinder ihre sexuelle Neugier offener zeigen und ihre Freude an körperlicher Berührung sowie dabei beteiligtes Lusterleben deutlicher ausdrücken, als es Eltern oder Erzieher aus der eigenen Kindheit gewohnt sind. Es liegen inzwischen empirische

Untersuchungen vor, die körperliches Lustempfinden bei Kleinkindern nachweisen und darauf verweisen, dass die Genitalien als sensorisch besonders empfindlicher Bereich dabei eine hervorgehobene Rolle spielen können (Schuhrke 2004; Phillipps 2000), dass bei Kindern zwischen drei und sechs Jahren autoerotische Aktivitäten sowie das Zeigen der eigenen Genitalien und Anschauen und Anfassen der Genitalien anderer (anderer Kinder, vertrauter Bezugspersonen) häufig zu beobachten sind (Volbert 2005).

Gordon und Schroeder (1995) beschreiben als Verlauf normaler sexueller Entwicklung für Kinder im Alter von drei bis fünf Jahren: lustvolles Masturbieren, bei einigen bis zum Orgasmus, sexuelle Spiele mit Gleichaltrigen, Zeigen der eigenen Genitalien, Exploration der eigenen Genitalien und der von anderen, Genießen von Nacktheit. Bekannt ist auch, dass derartige Handlungen bei Mädchen häufiger als bei Jungen zum Verdacht „ungesunder" Entwicklung und zur Konsultation des Kindesarztes oder entsprechender Institutionen führen.

Problematische Konstellationen sind dann zu prüfen, wenn die sexuellen Interessen eines Kindes über längere Zeit nahezu alle anderen Interessen dominieren, so dass altersgemäße Aktivitäten behindert werden, ferner dann, wenn solche Handlungen mit Aggressivität verbunden sind oder vom Kind selbst als unangenehm erfahren werden. Selbst wenn Sexualverhalten als problematisch angesehen wird, kann nicht mechanisch auf sexuellen Missbrauch geschlussfolgert werden, weil es auch andere Gründe gibt – von körperlichen Funktionsstörungen bis zu belastenden Lebensereignissen verschiedenster Art oder auch das Bestreben, durch sog. sexualisierte Verhaltensweisen die Aufmerksamkeit Erwachsener zu gewinnen.

6.5.4.5.2. *Die Aussagen des Kindes und ihre Glaubhaftigkeit*

In der Mehrzahl der Fälle sind Aussagen von Kindern zu sexuellen Übergriffen erlebnisfundiert. Probleme treten oft erst in Verbindung mit Befragungen auf. Befragungen bergen die Gefahr suggestiver Veränderungen von Gedächtnisinhalten und Aussageverhalten. Besonders bei Missbrauchsfällen, die in Familiengerichtsverfahren thematisiert werden, haben wir es häufiger als sonst mit strapazierten Aussagen und einer komplizierten Aussagengeschichte zu tun. Als Strapazen wirken vor allem Intentionen und Erwartungen Erwachsener, die dem Kind vermittelt werden. Dies geschieht nonverbal oder durch intensives, manchmal verhörähnliches Befragen, insistierendes Nachfragen oder tendenziöse Mehrfachbefragungen, und zwar nicht nur durch fehlplatzierte „Therapie" oder durch ideologisch untersetzte „Aufdeckungsarbeit", sondern auch innerhalb von Familien und durch ungenügend qualifizierte Befrager verschiedener Professionen. Häufig werden Kinder mit Zuwendung und Lob belohnt, wenn sie Befragererwartungen bestätigen. Dadurch werden emotionale Bedürfnisse des Kindes befriedigt, ein Lerneffekt tritt ein. Zuweilen werden auch mehrdeutige Angaben von Kindern leichtfertig „eindeutig" interpretiert (Dettenborn 2019). Es erfolgt Konformitätsdruck, indem einem Kind vorgehalten wird, was andere Kinder auf die gleiche Frage geantwortet haben. Konfabulation wird angeregt durch Fragen danach, was denn passiert sein könnte. Negative Pauschalurteile über den Verdächtigten werden forciert.

Die Suggestionen oder Erwartungen müssen nicht gezielt gesetzt werden. Es kann um intentionale oder irrtümliche Induktion gehen. Die Induktion kann vom Kind als subjektiv wahre Aussage übernommen werden, sie kann aber auch als unwahr erkannt und dennoch übernommen werden. Suggerierte Inhalte können autosuggestiv weiterentwickelt werden (Shaw/Porter 2015, Volbert 2008). Inwieweit Suggestionen tatsächlich Aussagen verändern, hängt auch von der Suggestibilität des Kindes ab, diese wiederum vom Alter bzw. Entwicklungsstand, von der Bedürfnislage und den Defiziten in den sozialkognitiven Kompetenzen. Zu betonen ist aber insgesamt, dass sich Kinder an erlebte Sachverhalte relativ gut erinnern können, auch stabil gegenüber geringen oder mittelstarken Suggestionen bleiben und von vereinzelten Induktionen oder Suggestivfragen meist nicht irritiert werden. Hier ist aber die Rede von strapazierten Aussagen, d.h. außergewöhnlichen Belastungen in der gesamten Aussagegenese. Entstehung und Folgen strapazierter Aussagen spielen besonders in familiengerichtlichen Verfahren eine Rolle.

6.5.4.5.3. Die Verdachtsproblematik in familiengerichtlichen Verfahren

Der Verdacht des sexuellen Missbrauchs vor Gericht war bis in die 1980er Jahre in Deutschland fast ausschließlich ein strafrechtliches Problem. Im familiengerichtlichen Verfahren wurde die Missbrauchsproblematik in den letzten vier Jahrzehnten zunehmend zum Thema. Im Kern geht es dabei z.B. um folgende Konstellationen (Busse u.a. 2000, Dettenborn 2001):

- Im Verlauf oder nach einer Scheidung oder während des Umgangsstreites werden von einem Elternteil dem anderen Elternteil frühere oder derzeitige Missbrauchshandlungen vorgeworfen. Auch Großeltern oder Pflegeeltern können einbezogen sein.
- Scheidungs- bzw. Trennungskonflikte werden als Ursache für sexuelle Missbrauchshandlungen genannt, wobei oft von Motiven wie unkritischem Streben nach Partnerersatz oder einem Bedürfnis nach Trost und Zuwendung unter starkem Stress ausgegangen wird.
- Ein Elternteil beschuldigt den neuen Lebenspartner oder Verwandte des anderen Elternteils.
- Vorwürfe von sexuellem Missbrauch werden vom Kind gegenüber Bezugspersonen durch Angaben bei Behörden oder anderen Bezugspersonen erhoben.
- Familienexterne Personen wie Kita-Personal, Lehrer, Jugendamtsmitarbeiter oder Therapeuten interpretieren Verhaltensweisen oder Äußerungen eines Kindes als Anzeichen für erlebten sexuellen Missbrauch. Sie können dann eine der im Folgenden genannten Varianten auslösen oder forcieren.

Werden gewichtige Anhaltspunkte für solche Konstellationen der Kindeswohlgefährdung festgestellt, so setzt der „Schutzauftrag bei Kindeswohlgefährdung“ nach § 8a SGB VIII ein und die Voraussetzungen für gerichtliche Maßnahmen bei Gefährdung des Kindeswohls gemäß § 1666 BGB sind zu prüfen.

Immer ist sowohl die Möglichkeit des berechtigten Vorwurfs als auch der Falschbezichtigung gegeben. Und selbst in letzterem Fall kann es um irrtümliches Tun oder aber den bewussten Gebrauch des Missbrauchsvorwurfs im Kampf um das Kind gehen. Entspricht die häufigere Diskussion der Missbrauchsproblematik im Zusammenhang mit familienrechtlichen Streitigkeiten aber nun einer realen Zunahme solchermaßen ausgerichteter Gerichtsverfahren? Seit Anfang der 1990er Jahre wird in Deutschland – in zeitlichem Nachhang zu den USA – relativ übereinstimmend von Juristen und Psychologen davon ausgegangen, dass immer häufiger in Sorgerechts- und Umgangsstreitigkeiten vor Familien- und Vormundschaftsgerichten gegen einen Elternteil, meist den Vater oder Stiefvater, der Verdacht sexuellen Missbrauchs erhoben und damit der Verfahrensablauf entscheidend beeinflusst wird. Vor allem in familienrechtlichen Begutachtungsfällen konnte bis in die Mitte der 1990er Jahre ein deutlicher Anstieg empirisch nachgewiesen werden (Deberding/Klosinski 1995, Strunk 1997).

Eine weitere Annahme aller beteiligten Professionen ist seit Beginn der 1990er Jahre, dass der Anteil nicht belegbarer bzw. falscher Missbrauchsverdächtigungen in familiengerichtlichen Verfahren höher ist als in anderen Bereichen. Diese Annahme hat sich weitgehend bestätigt. Außerhalb familiengerichtlicher Verfahren wird von einer Falschbezichtigungsquote von 2 % bis 10 % und einem Anstieg mit dem Alter der Kinder ausgegangen (Everson/Boat 1989). Empirische Befunde aus dem Bereich der Familiengerichtsbarkeit zeigen höhere Quoten. Sie liegen je nach Definition des Missbrauchs und je nach Methodik (z.B. Summierung oder Separierung nicht belegbarer und falscher Missbrauchsverdächtigungen) zwischen 25 % und 60 % (Faller 1991, Volbert 1995, Busse u.a. 2000, Deberding/Klosinski 1995). Überwiegend handelte es sich dabei nicht um intentionaler Falschaussagen, sondern um aus anderen Gründen unzulängliche Aussagen (Johnston u.a. 2005). Mangels neuerer Studien bleibt unklar, ob sich diese Entwicklung fortgesetzt hat.

6.5.4.6 Ursachen von Falschbezichtigungen

6.5.4.6.1. Sensibilisierung

Eine allgemeine Voraussetzung ist die erhöhte Aufmerksamkeit für die Missbrauchsproblematik. Das öffentliche und professionelle Interesse an der Problematik des sexuellen Missbrauchs von Kindern nahm – ausgehend von den USA – in den 1980er Jahren massiv zu. Entsprechendes Vokabular ist Bestandteil der Alltagssprache geworden, die Medien haben jahrelang das Thema zur „Welle“ gemacht. Lehrer, Kita-Erzieherinnen oder Jugendhilfemitarbeiter sind insbesondere stark tangiert durch das Gefühl der Verantwortung für Kinder, zum Teil auch durch spezielle Fortbildungen oder berufsinterne Diskussionen. Der Informationsstand und der Sensibilisierungsgrad in Bezug auf die Missbrauchsproblematik wurden erhöht. Wahrnehmungstendenzen und Urteilsbereitschaften haben sich verändert. Ein weiterer „Schub“ erfolgte, nachdem in jüngster Zeit massenhafte Missbrauchsfälle in weltlichen wie kirchlichen Institutionen bekannt wurden.

Die Folgen der Sensibilisierung sind je nach Kompetenz und Motivation des Beobachters fundamental unterschiedlich: Mehr kritische Urteilskompetenz und verantwortungsbewusste Prüfung von Missbrauchshinweisen oder rasche Vorverurteilung mit der Folge von Falschbezichtigungen.

Besteht ein Zusammenhang zwischen diesem allgemeinen Trend erhöhter Aufmerksamkeit und der höheren Falschbezichtigungsquote in familienrechtlichen Streitigkeiten?

Die aus empirischen Untersuchungen und übereinstimmenden Erfahrungen erkennbaren Fakten sind folgende:

1. Vorsätzliche Falschbeschuldigungen durch einen Erwachsenen kommen vor, sind aber selten und dann meist leichter erkennbar. Entweder ist die Verdachtskonstruktion durchsichtig und schwer aufrechtzuerhalten oder es wird zunehmend irrational und ohne Rücksicht auf Fakten an einem ursprünglich irrtümlichen Vorwurf festgehalten. Vorsätzliche Falschbeschuldigungen durch Kinder kommen nur in geringerem Ausmaß vor.
2. Als Verdachtsgrundlage überwiegen in familiengerichtlich thematisierten Missbrauchsfällen die Hinweise auf sogenannte Signale, d.h. unspezifische Auffälligkeiten im kindlichen Sozialverhalten wie Distanzarmut oder „sexualisiertes" Verhalten oder Auffälligkeiten in Kinderzeichnungen wie Zeichnen von Genitalien. Interessant ist dabei, dass auch jeweils gegenteilige Verhaltensweisen der Anlass der Verdächtigung sein können, also auch Meidung sozialer Kontakte oder sexueller Thematik in Verhalten und Zeichnungen.
3. Verdachtsgrundlage ist ferner sehr häufig ein Gemisch von Suggestionen Erwachsener gegenüber Kindern und dadurch mitbedingten Aussagen der Kinder. Oft äußern Kinder sich knapp oder erzählen von sich aus gar nichts. Vermutungen führen aber dazu, dass sie befragt werden – mit allen Gefahren suggestiver Einflussnahme. Vermutungen und Suggestionen der Erwachsenen basieren oft auf falschen Signaldeutungen. Die Aussagen der Kinder stellen dann häufig ein passives Befolgen der Suggestion ohne Täuschungsabsicht dar.
4. Im Ergebnis dieser Konstellation kommt es – etwa im Vergleich zu strafrechtlich relevanten Fällen – zu einem Defizit an konkreten Vorwürfen.

Aus diesen Fakten ist erkennbar, dass der Schwerpunkt weniger auf gezielten Lügen, sondern mehr auf irrtümlichen Falschbeschuldigungen liegt und die Ausgangsfrage nach den Ursachen der deutlich höheren Falschbezichtigungsquote innerhalb familiengerichtlicher Streitfälle auf diesen Bereich gerichtet werden muss.

6.5.4.6.2. Urteilsfehler

Nicht immer stehen böswillige Ignoranz oder mangelnde Fähigkeit im Vordergrund oder am Beginn von Falschbezichtigungen, sondern häufige und deshalb fast „normale" Tendenzen des Fehlurteilens bei unsicherer Faktenlage und affektivem Druck oder Entscheidungsdruck. Dazu gehören z.B. sog. Urteilsheuristiken, Selbstbestätigungstendenzen beim Überprüfen eigener Annahmen und Effekte des Gruppendenkens.

Urteilsheuristiken: Die gestiegene öffentliche Aufmerksamkeit und die häufige Thematisierung der Missbrauchsproblematik können z.B. dazu beitragen, dass auf häufiges Vorkommen geschlossen wird. Extrem überhöhte Häufigkeitsschätzungen – und damit Wahrscheinlichkeitserwartungen auch in der eigenen Umgebung – sind die Folge. Dieser Prozess verläuft im Rahmen bekannter Urteilsheuristiken. Das sind systematische Verkürzungen beim schlussfolgernden Lernen aus Erfahrungen, insbesondere beim Abschätzen von Wahrscheinlichkeiten bestimmter Ereignisse oder Zusammenhänge (Tversky/Kahneman 2015, 2004).

So besteht die Verfügbarkeitsheuristik darin, dass beim Urteilen über die Wahrscheinlichkeit von Ereignissen solche Informationen besonders gewichtet und beachtet werden, die leicht vorstellbar bzw. erinnerbar, also leicht verfügbar sind. Je häufiger Personen Informationen – hier über sexuellen Missbrauch von Kindern – erhalten und je aktiver sie sich damit beschäftigen, desto verfügbarer sind entsprechende Gedächtnisinhalte. Solche Handlungen werden dann deshalb für wahrscheinlicher gehalten, nicht aber weil sie objektiv häufiger sind. Mit der Wahrscheinlichkeitsüberschätzung kann das unkritische Erkennen von „Signalen“ für sexuellen Missbrauch in kindlichen Verhaltensweisen verbunden sein.

Repräsentativitätsheuristik: Eine Person beurteilt eine einzelne Information, die sie gerade erhalten hat, als repräsentativ für eine Klasse von Informationen, weil eine Ähnlichkeit zwischen beiden wahrgenommen wird. Hierher gehört z. B., dass Hautrötungen in der Genitalgegend oder das Vorkommen von Genitalien in Beschimpfungen oder auch in Zeichnungen eines Kindes mit erhöhter Wahrscheinlichkeit als „typisches“ Anzeichen von Missbrauch interpretiert werden, denn sie ähneln den viel beschriebenen Folgen solcher Handlungen. Es werden Ähnlichkeitsannahmen statt statistischer Korrelationen zugrunde gelegt.

Solch eifriges „Diagnostizieren“ im Rahmen verkürzten Urteilens findet sich sowohl bei Angehörigen sozialer Berufe, z. B. Kita-Erzieherinnen, Mitarbeitern der Jugendhilfe, Heimerziehern, und Lehrern, ferner bei Psychologen besonders bei therapeutischer Ambition, als auch bei überambitionierten Elternteilen und Angehörigen ihrer Herkunftsfamilien, meist den Eltern oder Geschwistern der verdächtigenden Mutter des Kindes.

Bei Angehörigen sozialer Berufe können zwar – z. B. infolge falsch verstandener Fortbildung – durch voreilige Maßnahmen familiäre Tragödien ausgelöst werden, dennoch sind solche Fälle ins richtige Verhältnis zum Verdienst beim Schutz von Kindern zu setzen, die tatsächlich von sexuellem Missbrauch bedroht oder betroffen sind. Oft entstehen hier Fehleinschätzungen auch, weil in extrem unsicheren Situationen und unter Zeitdruck entschieden werden muss, d. h., es werden Entscheidungen in einer Dilemmasituation ohne hinreichende Information verlangt, die unter anderen Bedingungen anders ausfallen würden.

Eine andere Qualität haben all solche Aktivitäten, durch die mit ideologischem Hintergrund oder falschem Therapieverständnis unter Aufgabe professioneller Objektivität „Aufdeckung“ um jeden Preis betrieben wird, und zwar in einer Phase, in der es noch um die Prüfung eines Verdachts und unterschiedlicher Hypothesen gehen müsste. Verdachtsäußerungen werden ohne Prüfung ihres Entstehens als wahrhaft angesehen und zum Anlass genommen, mit allen Mitteln entsprechende Tatsachen „aufzudecken“ (ausführlich Steller 2008) oder etwas zu therapieren, dessen Existenz ungewiss ist.

Die eher indirekte Aufdeckungsarbeit lenkt nach Herstellung eines Vertrauensverhältnisses die Aufmerksamkeit der Kinder auf Sexualität sowie auf Tabuisiertes und Verbotenes. Dazu werden Gespräche oder Kassetten mit Aufklärungsanspruch verwendet, gute und schlechte Berührungen und Geheimnisse durchgesprochen, häufig kombiniert mit ungerechtfertigten Andeutungen oder Mitteilungen darüber, dass die befragende Person über den Missbrauch am Kind Bescheid wisse. Bei direktem Vorgehen werden Beispielgeschichten über Erlebnisse anderer Kinder vorgegeben, oder es wird im Rahmen der sog. Als-ob-Methode gefragt, was der Beschuldigte gemacht haben könnte, um dann – für das Kind unbemerkt – auf reales Handeln überzugehen. Folgerichtig sind suggestive Fehlanwendungen der anatomisch-korrekten Puppen zu einem oft verhängnisvollen Werkzeug der „Aufdeckung“ geworden.

Um zu erwünschten Mitteilungen des Kindes über Missbrauchserfahrungen zu kommen, werden Befragungen stereotyp wiederholt, zuweilen als Teil von Therapiesitzungen getarnt. Das Kind erhält als Hausaufgabe, „darüber nachzudenken“. Schweigt ein Kind dennoch, wird das, ebenso wie das Ablehnen belastender Aussagen, als Ergebnis von Geheimhaltungsdruck interpretiert oder so gedeutet, dass das Kind noch nicht bereit sei, über die Missbrauchserlebnisse zu sprechen. Im Ergebnis können sog. Pseudo-Erinnerungen entstehen.

Selbstbestätigungstendenzen: Aus solchen Urteilstendenzen infolge einseitiger Interpretation diffuser Verdachtsmomente, Wahrnehmungsverweigerung oder auf Grund von Voreingenommenheiten kann ein Ungleichgewicht beim Abwägen der beiden Grundhypothesen entstehen, dass Missbrauch geschehen ist oder dass Missbrauch nicht geschehen ist. Wenn aber einmal eine solche Vorannahme besteht, kann es zu Kreisprozessen der Selbstbestätigung kommen. Sie sind in der sozialpsychologischen Forschung als „Soziales Hypothesen-Testen“ hinlänglich nachgewiesen (Borgida/De Bono 1989) und auf die Missbrauchsproblematik bezogen worden (Schemm/Köhnken 2008, Schulz-Hardt/Köhnken 2000):

Je ausgeprägter die Vorannahme des Missbrauchs ist, desto mehr wird nach solchen Fakten gesucht, die dieser Vorannahme entsprechen. Diese Suche richtet sich sowohl in die Vergangenheit als auch in die Gegenwart, indem Äußerungen oder Verhaltensweisen eines Kindes akzentuiert, geprüft, neu gedeutet und schließlich vorschnell als „Signale“ sexuellen Missbrauchs „diagnostiziert“ werden. Nach gleichem Prinzip werden auch Äußerungen und Verhaltensweisen des Verdächtigten geprüft. Zuweilen werden Anhaltspunkte, z.B. durch suggestive Befragung, geschaffen. Der Vorannahme entsprechende Fakten werden also selektiv wahrgenommen, neutrale Fakten werden eher hypothesenkonform umgedeutet. So gewonnene Informationen werden besser gespeichert und eher erinnert. Sie erscheinen – selbst bei geringer Zahl – bedeutsamer.

Komplementär werden Fakten ignoriert, die gegen die Vorannahme eines Missbrauchs sprechen bzw. für die Annahme sprechen, dass kein Missbrauch stattfand. Gerade weil Letztere – d.h. Fakten, die Nicht-Missbrauch nachweisen – kaum zu gewinnen sind, werden Verdachtsmomente besonders bedeutsam oder sind gar die allein verfügbaren Informationen. Im Extrem wird es auf das Schweigegebot des Verdächtigten zurückgeführt, wenn das Kind beteuert, es sei ihm nichts passiert. Dies alles kann dazu beitragen, die Vorannahme des sexuellen Missbrauchs als bestätigt anzusehen. Die Überzeugung von der Richtigkeit der Vorannahme verfestigt sich. Mit der Anzahl solcher Schleifen wächst die Gefahr der realitätsfremden, rigiden, sich immer wieder selbst bestätigenden und durch nichts irritierbaren Vorverurteilung.

Gruppendenken: Die Gefahr solcher Urteilsprozesse wird auch dann potenziert, wenn mehrere Personen unter abträglicher Unklarheit mit der Bereitschaft zur Vorannahme des Missbrauchs einen Konsens anstreben, ohne über die erforderliche Kompetenz und Urteilsgrundlage zu verfügen.

6.5.4.6.3. *Familiäre Beziehungsaffekte*

Bei der irrtümlichen Falschbezichtigung von Familienangehörigen untereinander verzerren zusätzlich negative Affekte die Urteilsbildung, nämlich Ärger, Angst, Enttäuschung, Feindseligkeit und vor allem Misstrauen. Rötungen an den Genitalien, „auffällige Verhaltensweisen" oder mehrdeutige Äußerungen des Kindes werden schneller als „Signale" eines Missbrauchs gedeutet, zuweilen auch Jahre später umgedeutet. Folgen des Trennungsstresses für das Kind, z.B. nach Umgangskonflikten mit dem Vater, werden als Symptom für Übergriffe beim Kontakt interpretiert. Die negativen Affekte des Verdächtigten erleichtern das Überzeugtsein vom Verschulden. Sexuellen Missbrauch zu vermuten, ist dann leichter vereinbar mit dem negativen Bild vom anderen. Dies entspricht der Tendenz, Urteile, die mit eigenen Überzeugungen übereinstimmen, stärker zu gewichten bzw. zu präferieren, bekannt als Urteilsheuristik der internalen Kohärenz (Städtler 1998).

So entstandene Vermutungen verkörpern deshalb nicht zwangsläufig absichtliche Falschbezichtigungen. Die Sorge um das Kind und die Ungewissheit der Situation führen zudem zu dauerhafter Anspannung, Ängsten, Schlafstörungen, psychosomatischen Beschwerden, d.h. zu Stress, der die oben genannten Negativaffekte verstärkt.

Wenn auf dieser Grundlage entstandene Vermutungen allerdings dann durch professionelle Helfer oder Institutionen ungeprüft gestützt oder gefördert werden, erweisen sie sich als besonders starr.

Selbst wenn es sich ursprünglich um absichtliche Falschbezichtigungen handelt, können diese im weiteren Verlauf die Erinnerung verzerren. Durch Studien ist belegt, dass dann die vorherige Lüge nicht mehr zuverlässig von der eigentlichen Erinnerung getrennt werden kann (Posten/Christmann 2021). Überzeugung vom Wahrheitsgehalt ist das Ergebnis.

6.5.4.6.4. *Die Folgen strapazierter Aussagen*

Bestandteil der affektiv untersetzten Familienbeziehungen sind die Interaktionen und die Psychodynamik zwischen dem aussagenden Kind und den erwachsenen Personen, die erlebte Abhängigkeit eines Kindes vom belastenden Elternteil, dessen Autorität und Loyalitätsdruck und das Suggestionspotential des Elternteils. Unter diesen Bedingungen können Kinder zu „stimmigen" bzw. Gefälligkeitsantworten tendieren.

Ein zunächst belastender Elternteil bricht seine Induktionen ab, weil er die ökonomischen Folgen einer Inhaftierung des verdächtigten Elternteils bedenkt. Eine 16-Jährige will die eigenen Beschuldigungen gegen den Stiefvater dadurch bekräftigen, dass sie der kleineren Schwester suggeriert, sie sei auch missbraucht worden. In den Wormser Prozessen haben Schade/Harschneck (2000) beobachtet, dass die Kinder nach und nach dazu übergingen, die „Opferrolle" anzunehmen und Rache- und Hassgefühle gegen die beschuldigten Verwandten zu empfinden und zu äußern, vor allem nachdem es gelungen war, ein Negativ-Stereotyp dieser Personen zu induzieren. Auch wuchs die Bereitschaft, tatsächlichen oder vermeintlichen Erwartungen befragender Erwachsener nachzukommen und deren Wohlwollen zu erlangen, bis hin zur „Aufstellung von Namenslisten von Erwachsenen als Täter und Kindern als

Opfer“ (Schade/Harschneck 2000, 36), entsprechend der Fiktion der Befrager von einem Pornoring.

Die markanteste Folge ist, dass auf diese Weise strapazierte Aussagen so weit paralysiert werden, dass sie als Beweis nicht mehr taugen.

6.5.4.7 Der Scheinkonflikt zwischen Schutz des Kindes und Wahrheitsfindung

Dem Sachverhalt, dass der Anteil nicht belegbarer Beschuldigungen in familienrechtlichen Verfahren deutlich höher ist als in Strafverfahren, wird oft begegnet mit dem Argument, dass im familiengerichtlichen Verfahren das Kindeswohl im Mittelpunkt stehe. Deshalb müsse der Missbrauchsverdacht nicht mit so hoher Wahrscheinlichkeit begründet und die Fakten nicht genauso eindeutig sein wie im Strafverfahren. Im Strafverfahren gehe es – so wird argumentiert – um die Tataufklärung und die Beweisbarkeit eines Vorwurfs inklusive des Prinzips „in dubio pro reo“. Dies könne für das familiengerichtliche Verfahren nicht gelten, man müsse sich mit geringeren Wahrscheinlichkeiten zufriedengeben, da eben hier die „Kindeswohlmaxime“ in den Mittelpunkt zu stellen und eine Gefährdung des Kindeswohls zu verhindern sei. Solche Aussagen sind wenig sinnvoll, ihnen ist mit der Frage zu begegnen, *welches* Kindeswohl gemeint ist und *welche* Kindeswohlgefährdung vermieden werden soll.

Wie bei den meisten kindschaftsrechtlichen Konstellationen haben wir nicht *das* Kindeswohl und nicht die Gefährdung zu beurteilen, sondern verschiedene Facetten. Und wie häufig führt es zu einem Dilemma des Entscheidens und Intervenierens.

Zwei Kindeswohlaspekte bilden das Dilemma: Wir haben als Kindeswohlaspekt 1 den Schutz vor sexuellem Missbrauch. Kindeswohlaspekt 2 ist der Schutz vor deplatzierten familiengerichtlichen Interventionen mit ihren Folgen. Wird einer der beiden Aspekte einseitig wahrgenommen, entstehen jeweils spezifische Risiken *(Abb. 6.6)*.

Risiko 1 besteht darin, dass in einseitiger Sicht auf den Kindeswohlaspekt 1 deplatzierte, als Schutz des Kindes gedachte Interventionen ohne hinreichende Verdachtsgrundlage bzw. ohne den vorausgesetzten Anlass erfolgen. Unter juristischen Aspekten wird dabei das Gebot der Verhältnismäßigkeit von Maßnahmen verletzt. Unter psycho-logischen Aspekten birgt Risiko 1 die Gefahr, dass massiv in die Familienbeziehungen, darüber hinaus in die außerfamiliären Sozialbeziehungen der Familienmitglieder und in die Persönlichkeitsentwicklung des Kindes eingegriffen wird. Zwischen den Bezugspersonen des Kindes, meist Eltern- bzw. Stiefelternteilen, verhärten sich ohnehin negative Beziehungen oder positive Beziehungen werden durch Misstrauen und Frustration labilisiert. Wird der Verdacht in der Wohngegend oder im beruflichen Umfeld bekannt, kommt es schnell zu Vorverurteilungen des Verdächtigten, zu Spannungen und nachteiligen Reaktionen. Das Kind ist nicht nur durch die Spannungen betroffen, in denen es dann leben muss. Es kann vor allem bei älteren Kindern zu Stigmatisierungen kommen, die von der Bemitleidung als Opfer bis zur Schuldzuweisung und Ausgrenzung reichen können. Bekannt ist, dass sich auf der Basis subjektiver Annahmen über vermeintliche traumatische Erlebnisse Symptome einer PTBS ausbilden können (Niehaus 2018). Wird auch noch der Kontakt zu Bezugspersonen unterbrochen, wirken auch all jene Risiken, die sich bei einer Trennung aus Bindungen für die Entwicklung eines Kindes ergeben.

Risiko 1	**Risiko 2**
Der Missbrauchsverdacht wird für berechtigt gehalten (trotz unzureichender Information)	Der Missbrauchsverdacht wird für unberechtigt gehalten (trotz unzureichender Information)
↓	↓
Risikoentscheidung 1	**Risikoentscheidung 2**
Intervention (z.B. Inobhutnahme, SR-Entzug, Umgangsausschluss)	Verzicht auf Intervention (Inobhutnahme, SR-Entzug, Umgangsausschluss)
Möglicher *Nutzen:* Schutz des Kindes vor Missbrauch → **Kindeswohlaspekt 1**	Möglicher *Nutzen:* Vermeidung deplatzierter unangemessener Maßnahmen (s. oben); Schutz des Kindes vor unbegründeten Bindungsabbrüchen, Stigmatisierungen und Belastungen → **Kindeswohlaspekt 2**
Möglicher *Schaden:* deplatzierte Maßnahmen (Intervention) → **Kindeswohlgefährdung 1**	Möglicher *Schaden:* Gefährdung durch Missbrauch bleibt bestehen → **Kindeswohlgefährdung 2**

Abb. 6.6: Die Grundrisiken

Risiko 2 besteht darin, dass in einseitiger Sicht auf den Kindeswohlaspekt 2 für das Kind schützende Interventionen ausbleiben, weil Hinweise auf sexuellen Missbrauch übersehen oder unterschätzt werden. Die Folgen bestehen in fortwirkender Missbrauchsgefährdung bzw. in der Schädigung durch erlebten Missbrauch.

Das genannte Dilemma spitzt sich also bei uneindeutiger Faktenlage auf die Entscheidung zwischen zwei Risiken zu. Wovon hängt die Entscheidung ab, ob ein Richter, ein Sachverständiger oder ein Jugendamtsmitarbeiter eher Risiko 1 oder Risiko 2 eingeht?

Zunächst ist zu fragen, ob überhaupt ein Risikobewusstsein besteht. Dies ist anzuzweifeln, wenn eingefahrene Selbstverständlichkeiten dazu führen, dass gar keine Entscheidungsalternativen unterschieden und keine Risiken abgewogen werden. Konsequenterweise müsste z.B. der Handlungsauftrag des Jugendamtes beim Verdacht sexuellen Missbrauchs nicht nur als Prävention und Beendigung der Missbrauchsgefährdung bzw. -schädigung verstanden werden, sondern auch als Prävention oder Beendigung deplatzierter Interventionen.

Ein anderes Entscheidungskriterium ist der Anspruch, den ein Entscheidungsträger an die Berechtigung eines Missbrauchsvorwurfs hat *(Tab. 6.2)*.

Wer sich mit einer geringeren Wahrscheinlichkeit begnügen will, verzichtet darauf, alle verfügbaren Beweismittel zu nutzen. § 31 FamFG Abs. 1 verweist aber darauf, sich aller Beweismittel zu bedienen, und § 26 FamFG verlangt: „Das Gericht hat von Amts wegen die zur Feststellung der entscheidungserheblichen Tatsachen erforderlichen Ermittlungen durchzuführen."

Häufig besteht der Eindruck, dass für die meisten beteiligten Professionen das Risiko 1 das erträglichere und Risiko 2 mehr gefürchtet ist. *Dafür gibt es vor allem die folgenden Gründe:*

Tab. 6.2: Entscheidungskriterium Anspruch an die Berechtigung eines Missbrauchsvorwurfs

Anspruch: Hohe Wahrscheinlichkeit, dass der Missbrauchsvorwurf berechtigt ist.	**Anspruch: Geringe Wahrscheinlichkeit, dass der Missbrauchsvorwurf berechtigt ist.**
• Geringere Neigung, das Risiko 1 einzugehen (fälschlicher Missbrauchsverdacht; deplatzierte Maßnahmen)	• Geringere Neigung, das Risiko 2 einzugehen (Gefährdung durch Missbrauch bleibt bestehen) Aber: Objektiv begrenzte Minderung des Risikos 2 (s. Anmerk.)
• Höherer Aufwand zur Verdachtsabklärung	• Geringerer Aufwand zur Verdachtsabklärung (unspezifische Verdachtsmomente als ausreichende Basis).
• Höhere „Trefferquote" sinnvoller Interventionen	• Erhöhte Gefahr deplatzierte, kindeswohlschädlicher Maßnahmen
• Leichte Erhöhung des Risikos 2 möglich (fehlerhafte Verneinung des Missbrauchsverdachts).	• Erhöhung des Risikos 1 (fälschlicher Verdacht)

1. Intervenieren bedeutet Handeln. Der Vorwurf, nichts getan zu haben, hat eventuell unangenehmere und unmittelbarere Folgen als falsche Reaktionen. Zuweilen besteht auch öffentlicher Handlungsdruck durch einseitige Berichterstattung der Medien.
2. Interventives Handeln befreit oft von der lähmenden Ratlosigkeit angesichts unklarer Beweislage und dem nötigen Aufwand zur Verdachtsabklärung durch weitere Beweissuche oder Gutachten.
3. Die Gefährdungsfolgen des Verlustes von Beziehungspersonen und der Trennung aus Bindungen für Kinder wird oft geringer eingeschätzt als die Folgen sexuellen Missbrauchs. Niehaus (2018, 101) stellt in diesem Zusammenhang fest, es sei nicht zu erwarten, dass die aus unprofessionellem Vorgehen bei Verdacht auf sexuellen Missbrauch „erwachsenden Folgen weniger schwerwiegend sind als diejenigen tatsächlicher Missbrauchserlebnisse."

Immanent ist die Bereitschaft, eher eine Falschbezichtigung zu riskieren, als einen realen Missbrauch unentdeckt zu lassen. Dadurch werden zuweilen klar sichtbare Fakten vernachlässigt, nämlich massive Beeinträchtigungen der kindlichen Persönlichkeitsentwicklung, wie z.B. Bindungsstörungen, Aggressionsverhalten, Leistungsverweigerung, grobe Entwicklungsverzögerungen oder komplexere dissoziale Fehlentwicklungen. Solche Fakten können hinreichend sein, um Maßnahmen im Sinne des Kindesschutzes zu veranlassen, auch die Voraussetzungen des § 1666, Abs. 1 BGB zu prüfen. Die Klärung des Missbrauchsverdachts kann eingeordnet werden.

Die Trennung von einseitig verstandenem Kindeswohl einerseits und Wahrheitsfindung andererseits führt zu unspezifischen bzw. unkontrollierten Interventionen. Erreicht wird dann oft das Gegenteil dessen, was angezielt war. Es wird Kindeswohl gefährdet, statt gewährleistet. Solche Maßnahmen sind dann weder verhältnismäßig noch erforderlich oder geeignet. Es fehlt ihnen an allen Voraussetzungen, an die jugendamtliche, insbesondere aber auch richterliche Interventionen nach verfassungs- und verwaltungsrechtlichen Maßstäben gebunden sind. Der postulierte Gewinn an Kindeswohlsicherung ist eine Fiktion.

Fazit: Auch das Bemühen um den Nachweis eines Missbrauchs ist Schutz des Kindes vor überfordernder Belastung. Es geht also nicht um die Alternative „Kindeswohl oder Tatbeweis", sondern um deren Zusammenhang. Die Restrisikomenge ist am kleinsten, wenn an die Berechtigung eines Missbrauchsvorwurfs im familiengerichtlichen Verfahren analoge Ansprüche gestellt werden wie im Strafrecht. Deshalb sind solche Rechtssprechungstendenzen zu begrüßen, die sich an einer begründeten Verdachtsbasis orientieren. So heißt es im BGH-Beschluss vom 6. 2 2019 (XII ZB 408/18) in Bezug auf eine Missbrauchsfall: „Eine Kindeswohlgefährdung im Sinne des § 1666 Abs. 1 BGB liegt vor, wenn eine gegenwärtige, in einem solchen Maß vorhandene Gefahr festgestellt wird, dass bei der weiteren Entwicklung der Dinge eine erhebliche Schädigung des geistigen oder leiblichen Wohls des Kindes mit hinreichender Wahrscheinlichkeit zu erwarten ist ...Die Annahme einer hinreichenden Wahrscheinlichkeit muss auf konkreten Verdachtsmomenten beruhen."

Schon 1993 hat das Bundesverfassungsgericht bei der Entscheidung zu einem Umgangsausschluss festgestellt, es könne nicht schon die „entfernte" Möglichkeit, dass ein Missbrauch in der Vergangenheit vorgelegen hat, der sich in der Zukunft fortsetzen könnte, ausreichend sein, um so einschneidende Maßnahmen wie Sorgerechtsentzug und Aussetzung oder Ausschluss des Umgangsrechtes zu rechtfertigen, vielmehr könnten dafür „nur Feststellungen in Betracht kommen, die eine Gefährdung als ‚nahe liegend' erscheinen lassen", also solche, die „bei vernünftiger, lebensnaher Einschätzung die ernsthafte Besorgnis begründen", dass eine konkrete Gefährdung tatsächlich gegeben ist (BVerfG Beschl. vom 24.03.1993, DVBl. 15.09.1993, 995). *Entsprechend heißt es in einem Beschluss des OLG Karlsruhe* (FamS, Beschl. v. 18.02.2013 – 18 UF 13/11): „Lassen sich gesicherte Anzeichen für einen Missbrauch durch die gebotenen gerichtlichen Ermittlungen nicht feststellen, scheidet eine Einschränkung des Umgangsrechtes aufgrund eines verbleibenden bloßen Verdachts aus. Auch die auf einem derartigen Verdacht begründeten Vorbehalte des betreuenden Elternteils gegenüber dem Umgang erfordern nicht zwingend eine Umgangsbeschränkung." Für die Glaubhaftigkeitsbegutachtung bedeutet dies, dass die im BGH-Urteil vom 30.07.1999 (1 StR 618/98) angeführten Standards aussagepsychologischer Begutachtung im familienrechtlichen Bereich analog gültig sind.

6.5.4.8 Risikominimierung durch Verbesserung der Verdachtsbasis

Das beschriebene Kindeswohldilemma spitzt sich zu, wenn die Verdachtsgründe so diffus und unsicher sind, dass der Verdacht auf vagen Argwohn und nebulöse Vermutungen schrumpft. Eine Variante ist z.B., dass keine oder nur Aussagen des Kindes vorliegen, deren Erlebnisfundiertheit nicht mehr feststellbar ist. Die Ursachen sind destruktive Einflüsse verschiedener Art, wie z.B. suggestiver Befragungsdruck, massive Erwartungshaltungen bei bisherigen Befragungen, Mehrfachbefragungen, aber auch mangelnde Aussagefähigkeit oder -zuverlässigkeit des Kindes. Die beteiligten Träger von Verantwortung scheinen am Ende logischer Entscheidungsfindung angelangt.

Persönliche, berufsmäßige und zeitlich aktuelle Urteilspräferenzen und willkürliche Elemente der Meinungsbildung gewinnen an Einfluss. Ein Trost mag sein, dass diese Fälle seltener sind, als ihre intensive Diskussion vermuten lässt. Der verbliebene Handlungsraum ist dann aber stark reduziert. Folgende Möglichkeiten zur Verbesserung der Verdachtsbasis gibt es:

- *Intensivierung der Datensuche:* Das Suchen nach bisher nicht genutzten Informationsquellen, das Beobachten von Veränderungen im Konfliktfeld und in den innerfamiliären Affekten und Abhängigkeiten, damit oft von Aussagebereitschaften, bieten oft überraschende Chancen. Es geht um eine prozessorientierte Bewertung (z.B. der Aussagegeschichte oder auch der Familiengeschichte) statt um oft zufällige Momentaufnahmen. Auch ein aktiver Eingriff in diesen Prozess z.B. durch gerichtliche Erteilung von Auflagen, die einen Familienhelfer oder die regelmäßige Konsultation einer Familienberatungsstelle betreffen, können sinnvoller sein als übereilte Entscheidungen in Bezug auf Sorgerecht oder Umgangsrecht. Der Effekt solcher Bemühungen kann erhöht werden, indem der Zeitraum bis zur Entscheidung verlängert wird. Soweit dies überhaupt möglich ist, birgt es die Gefahr, das Risiko 2, also Missbrauchsgefährdung, zu erhöhen. Andererseits begünstigt sie Umgangsvereitelungen, so dass eventuell Bindungsverlust die Folge sein kann.
- *Pflicht zur Hypothesenbildung:* Am Anfang sollten immer zwei Hypothesen stehen, „Verdacht trifft zu“ vs. „Verdacht trifft nicht zu“, bei der Aussagenprüfung: „Aussage ist erlebnisfundiert“ vs. „Aussage ist nicht erlebnisfundiert“. Da oft ungewollt Vorannahmen entstehen, gehört dazu auch, Informationen zu suchen, die der eigenen Vornahme widersprechen. Die Einhaltung der Pflicht zur Hypothesenbildung kostet Aufwand. Sie mindert aber die Gefahr intuitiven Herangehens, der selektiven Beurteilung von Informationen und fallunspezifischer Routinen.
- *Nutzung des Gruppenvorteils:* Bei effektiver Organisation birgt Gruppenarbeit eine Reihe von Vorteilen wie z.B. Ideenhäufung, Fehlerausgleich und Koordinierung von Kompetenzen. Dies gilt auch für die professionsübergreifende Zusammenarbeit bei der Verdachtsaufklärung und Gefährdungsabschätzung. Hier ist eine gesetzliche Regelung mit § 8a Abs. 1 S. 1 SGB VIII geschaffen worden, wonach das Jugendamt, wenn ihm gewichtige Anhaltspunkte für die Gefährdung des Kindeswohls bekannt werden, das Gefährdungsrisiko durch Zusammenwirken mehrerer Fachkräfte abzuschätzen hat. Ein Hinzuziehungsgebot einer insoweit erfahrenen Fachkraft gilt auch für alle Träger der freien Jugendhilfe (§ 8a Abs. 4 SGB VIII). Dies stellt einen fachlichen Mindeststandard dar, der die individuelle Verantwortlichkeit nicht aufhebt. Welcher Profession hinzuzuziehende Fachkräfte im Einzelnen angehören, richtet sich nach der konkreten Risikokonstellation. Voraussetzung ist eine Dissenskultur, zu der u.a. gehört, dass unterschiedliche Meinungen zugelassen und als notwendig angesehen werden, dass alternative Hypothesen gesucht und geprüft werden, dass abweichende Meinungen nicht abgewertet oder durch eingefahrene Hierarchien unterdrückt werden.
- *Regelmäßige Supervision, Teambesprechung, Erfahrungsaustausch:* ist der effektivste Weg, den Gruppenvorteil zu nutzen.
- *Regelmäßiges Evaluieren von Entscheidungen und Ergebnissen:* Die regelmäßige Fehleranalyse und Erfolgskontrolle sind oft gehemmt, erhöhen aber die Erfolgswahrscheinlichkeit.

- *Entwicklung von Standards zur Beurteilung von Missbrauchsvorwürfen:* Dies schließt ein, Prädiktoren zu generieren, Regeln zu entwickeln und Strategien zu dokumentieren.
- *Nutzung aussagepsychologischen Sachverstands:* Das frühzeitige Hinzuziehen psychologischer Sachverständiger stellt eine weitere Möglichkeit dar. Die Standardform ist, dass Gerichte Sachverständige beauftragen, ein Glaubhaftigkeitsgutachten anhand aussagepsychologischer Kriterien zu erstellen. Hier geht es um die Begutachtung des Realitätsgehalts bzw. der Erlebnisfundiertheit der Aussagen von Opfern als Zeugen, wenn deren Beurteilung einer besonderen Sachkunde bedarf.

Zwar bleiben dem Sachverständigen bei mangelnder Aussagesubstanz und allzu vager Verdachtskonstellation auch nur eingeschränkte Handlungsmöglichkeiten, da er weder zu ermitteln noch Beweise zu würdigen hat. Dennoch wird oft fehlerhaft angenommen, bei fehlender oder unzulänglicher Aussage sei bereits ein Zustand erreicht, der das Einbringen aussagepsychologischer Kompetenz ausschließt. Dabei wird übersehen, dass aussagepsychologische Begutachtung eben nicht auf die Realkennzeichenanalyse reduziert werden kann (Steller 2020). Richtig ist aber, dass dann die genaue Analyse der Verdachtsquellen und der Verdachtsentwicklung, die Rekonstruktion der Aussageentwicklung und der Aussagemotivation anstehen und eine Antwort auf die Frage gegeben werden kann, wie der Verdacht aus aussagepsychologischer Sicht zu beurteilen ist.

Polygrafie-Methode: Die Polygrafie-Methode ist ein spezieller Bereich, in dem aussagepsychologische Kompetenz genutzt werden kann. Wenn im Falle eines sexuellen Missbrauchsverdachts die Aussagen eines Kindes wegen zu geringen Alters, wegen geistiger Behinderung oder infolge suggestiver Mehrfachbefragung bzw. nach Fremdeinflüssen zeugenschaftlich nicht verwertbar sind, andere Beweise aber nicht zur Verfügung stehen und trotzdem entschieden werden muss, dann ist die Polygrafie-Methode, d.h. die physiopsychologische Aussagebeurteilung (alltagssprachlich „Lügendetektion"), ein gut überprüftes, vergleichsweise (z.B. bezüglich Glaubhaftigkeitsgutachten) zuverlässiges Verfahren (Greuel u.a. 1998, Offe/Offe 2001, Salzgeber 2020, Undeutsch 1996, Vehrs 1999). In den BGH-Beschlüssen vom 17.12.1998 – 1StR 156/98 und vom 24.06.2003 – VI ZR 327/02 wird die Polygrafie-Methode zwar als verfassungskonform beurteilt, das Ergebnis eines Polygrafie-Tests wird aber nicht als Beweis anerkannt (zu den Gründen und Grenzen dieser Beschlüsse siehe Offe/Offe 2001, Dettenborn 2003). Inzwischen wurden in neuerer Rechtsprechung sowohl im Strafrecht als auch im Familienrecht Polygrafiegutachten als Beweismittel verwendet (Hipp/Winter 2017), verbunden mit Kritik an den BGH-Beschlüssen (AG Bautzen, Urt. v. 26. 10 2017 – 42 Ds 610 Js 411/15, AG Bautzen, Beschl. Urt. v. 28.01.2013 - 12 F 1032/12; OLG Dresden, Beschl. vom 14.05.2013 - 21 UF 787/12). Zu den Vorteilen der physiopsychologischen Aussagenbeurteilung zählen:

- In relativ kurzer Zeit kann ein Beitrag zu der Frage gegeben werden, ob der Verdächtige den Vorwurf wahrheitsgemäß oder wahrheitswidrig abstreitet.
- Damit ist oft eine Entlastung der familiären Konfliktkonstellation verbunden.
- Das Kind kann vor weiteren belastenden Befragungen und Begutachtungen bewahrt werden (Opferschutzaspekt).

- Dem Verdächtigen stehen keine anderen Möglichkeiten zur Verfügung, seine Unschuld zu beweisen. Er hat deshalb Anspruch darauf. Wenn er durch das Ergebnis des Polygrafie-Tests entlastet wird, ist das nicht nur für seine persönlichen Belange (Erhalt der Familienbeziehungen und des beruflichen Status) wichtig, sondern liegt auch im Interesse des Kindes an der Fortsetzung kindeswohldienlicher Beziehungen zu beiden Elternteilen.
- Für die Durchführung gelten die Prinzipien der Freiwilligkeit und der Transparenz. Die Methode ist verfassungskonform.

Orientierung am Minimax-Prinzip: Eine weitere Möglichkeit ist, den maximalen Schaden falschen Handelns zu vergleichen, d.h. den maximalen Schaden deplatzierter Interventionen und den maximalen Schaden der Gefährdung durch sexuellen Missbrauch infolge des Ausbleibens notwendiger Interventionen. Die Alternative mit dem geringeren Schaden wäre zu favorisieren. Damit wäre eine Minimierung des maximal zu erwartenden Schadens möglich. Die Möglichkeiten, den maximalen Schaden zu bestimmen, halten sich allerdings in Grenzen. Dennoch gibt die genaue Analyse des Einzelfalls oft viel her. Dies wird ungenügend genutzt, weil oft der Schaden durch Missbrauchsgefährdung von vornherein größer eingeschätzt wird als der Schaden durch deplatzierte Interventionen. Dadurch werden optimierte Entscheidungen verhindert.

6.5.4.9 Die Lage bei bestätigtem Missbrauchsvorwurf

Hat sich im familiengerichtlichen Verfahren ein Missbrauchsvorwurf gegen eine Bezugsperson des Kindes bestätigt, kehrt das Kindeswohldilemma bei der Auswahl der nun in Frage kommenden Interventionen im neuen Gewand wieder. Erneut spielen sowohl Schutz des Kindes vor Übergriffen als auch Schutz des Kindes vor den Folgen inadäquater Interventionen eine Rolle. Das gilt für die „zur Abwendung der Gefahr“ erforderlichen Maßnahmen gemäß § 1666 Abs. 1 BGB wie für die Umgangsgestaltung gemäß § 1684 Abs. 4 BGB und eine Reihe weiterer familienrechtlicher Regelungen. Sind Sorgerechtsentzug und Fremdunterbringung des Kindes und der damit verbundene Verlust vorhandener Beziehungen und Bindungen als Schutzfaktor kindeswohldienlicher, weil sie vor weiteren Übergriffen schützen? Oder gibt es Voraussetzungen, unter denen Fremdunterbringung nicht nötig und die Missbrauchsgefahr kontrollierbar ist? Ist auf lange Sicht der Abbruch der Umgangskontakte zwischen dem Kind und dem des Missbrauchs überführten Vaters das geringere Risiko oder die Fortführung von Kontakten? Welche Handlungsprinzipien für die Umgangsgestaltung sind hervorzuheben?

Umgangsregelungen erfolgen auch bei sexuellem Missbrauch (oder Kindesmisshandlung) im Spannungsfeld von Elternrecht (z.B. Recht auf Umgang) und Kindeswohl. Dass dabei Kindeswohl vor Elternrecht geht, bedeutet nicht Umgangsausschluss.

Kindeswohl bezieht sich einerseits auf den Schutz des Kindes vor Übergriffen, andererseits aber auch auf das Recht des Kindes auf Umgang mit beiden Elternteilen bzw. auf den Anspruch des Kindes, die Beziehung zum Umgangsberechtigten fortzusetzen. Beschränkungen des Umgangsrechts (§ 1684 Abs. 4 BGB), aber ebenso die Fortsetzung des Umgangs, können kindeswohldienlich sein. Deshalb bestehen immer zwei Gefahren für das Kindeswohl, die von Übergriffen des Umgangsberechtigten und die des kindeswohlschädlichen Kontaktabbruchs. Im Falle eines Kontaktabbruches – vor allem, wenn er gegen den Kindeswillen erfolgt – besteht die Gefahr darin, dass Autonomieentwicklung und Identitätsbildung des Kindes gehemmt und damit personale Schutzfaktoren labilisiert werden können. Völliger Ausschluss des Umgangsrechts ist nur gerechtfertigt, wenn ein Kind infolge des Umgangs körperlich oder seelisch gefährdet ist und der Gefährdung durch eine bloße Einschränkung des Umgangsrechts nicht begegnet werden kann.

Begleiteter Umgang soll beide oben genannten Gefahren ausschließen, kann dies aber nicht auf Dauer. Dennoch ist er dazu geeignet, sofern Voraussetzungen zur Gefahrenabwehr in beide Richtungen beachtet werden.

Voraussetzungen begleiteten Umgangs:

- Ausschlussgründe nach § 1684 Abs. 4 BGB liegen nicht vor.
- Er erfolgt als kontrollierter Umgang.
- Der Umgangsberechtigte hat bei erwiesenen Übergriffen eine hinreichend kritische Haltung (keine Dominanz des Verantwortungs-Abwehr-Systems, gegebenenfalls Therapie mit dem Ziel besserer Verhaltenskontrolle).
- Der Kindeswille ist auf Fortsetzung des Kontaktes ausgerichtet.
- Es handelt sich nicht um selbstgefährdenden Kindeswillen.
- Das unmittelbare soziale Umfeld ist nicht durch unkorrigierbare Vertuschungs- und Verleugnungstendenzen bestimmt.
- Beratung und Therapie des Kindes sind gewährleistet, wenn dies erforderlich ist.
- Der kontrollierte Umgang ist keine isolierte Maßnahme, sondern beinhaltet einen kinderschutzorientierten Hilfeplan, wenn dies erforderlich ist.

Die Dauer des begleiteten Umgangs wird mitbestimmt durch die spezifische Gefahrenkonstellation. Wenn die Prognose für den Täter, z.B. infolge Therapie, günstig ist, sind Anlässe für die Beendigung gegeben. Da es nicht um Krisenintervention als Hilfe zur Konfliktbeilegung im üblichen Sinne geht, ist die Dauer schwer festlegbar. Dies steht im Widerspruch zur vorherrschenden Meinung, eine Anordnung auf begleiteten Umgang sei zu befristen (Übermaßverbot).

Vorbereitung des Kindes und Nachsorge: Die Vorbereitung des Kindes umfasst Vorgespräche mit dem Kind und Nachsorge zu kontrollierten Umgangskontakten. Vorgespräche mit dem Kind beziehen sich auf die bevorstehende Kontaktetappe als Gesamtheit wie auf einzelne Kontakte. *Bezugspunkte sind:*

- Die Einstellung des Kindes zur Umgangsregelung: Die Motive und Grenzen des Kindes, diese Regelung mitzutragen, geben Orientierung für eine behutsame Führung des Kindes oder für eine Änderung der Umgangsregelung.
- Die Art und Ausprägung von Bewältigungsstrategien des Kindes in Bezug auf erlittene Übergriffe geben Information über interne Schutz- und Risikofaktoren in der Begegnung mit dem Umgangsberechtigten. Ihre Kenntnis mindert die Gefahr, das Kind zu überfordern oder unnötig zu gängeln.
- Die Gespräche mit dem Kind geben diesem Gelegenheit, seine stabilisierenden entlastenden Bewältigungsstrategien zu probieren, d.h. z.B. den Initiator-Status einzunehmen und Kontrollüberzeugungen bzw. Selbstwirksamkeitserwartungen einzubringen. Dies ermöglicht nicht nur Diagnostik, sondern auch gezielte Unterstützung.

Die Nachbereitung eines Kontakts ist Vorbereitung auf den nächsten Kontakt. Gespräche zwischen Kontakten müssen beiden Aspekten gerecht werden, d.h., es sind Auswirkungen von Kontakten auf die Willensbildung und auf Bewältigungsstrategien zu erkennen. Ferner ist zu prüfen, ob unerwartete Nachteile für das Kindeswohl drohen – von einem Rückfall bis zu negativer Beeinflussung des Kindes. Diese Vorbereitung ist umso effektiver, je mehr sie sinnvoll in ein System von sichernden und stützenden Maßnahmen eingebettet ist. *Dazu können gehören:*

- gemeinsame Gespräche des Umgangsbegleiters mit beiden Elternteilen,
- Koordinierung der Arbeit von verantwortlichen Personen, Institutionen und Professionen durch sinnvolle Hilfeplanung,
- Angebote von umgangsbezogener Erziehungsberatung und Mediation für beide Elternteile sowie
- Belastungskontrolle des Kindes.

Vorsichtsmaßnahmen für das Kind: Durchgehende Kontrolle des Kontaktes durch unmittelbare Präsenz des Umgangsbegleiters (oder in begründeten Fällen: Beobachtung durch Einwegscheibe oder Videoaufnahme) ist zu gewährleisten. Der Umgangsbegleiter hat ein klares Konzept zu Anlässen und zur Methode des Intervenierens, vor allem wenn die Gefahr von Übergriffen besteht, wenn Umgangsvereinbarungen nicht eingehalten werden oder das Kind beeinflusst wird. Der Grad eventueller Belastung des Kindes durch den Umgang ist durch Beobachtung und Gespräche des Umgangsbegleiters mit dem Kind zu beurteilen. Klare Festlegungen zur Umgangsdurchführung im Gerichtsbeschluss und zur vorzunehmenden Kontrolle durch andere beteiligte Institutionen geben allen Beteiligten Sicherheit und Orientierung und dem Umgangsbegleiter seinen Handlungsrahmen. Umgangskontrolle sollte durch qualifizierte Umgangsbegleiter, d.h. berufserfahrene Fachkräfte mit adäquater Ausbildung, erfolgen, die sich zudem kontinuierlicher Supervision unterziehen.

6.5.5 Partnerschaftsgewalt

6.5.5.1 Definition

Häusliche Gewalt, die hier als Synonym für Partnerschaftsgewalt verstanden wird, bezeichnet gemäß Artikel 3b des Übereinkommens des Europarats zur Verhütung und Bekämpfung von Gewalt gegen Frauen und häuslicher Gewalt (Istanbul-Konvention) vom 11.05.11, das in der Bundesrepublik Deutschland am 01.02.18 in Kraft trat, alle Handlungen körperlicher, sexueller, psychischer oder wirtschaftlicher Gewalt, die innerhalb der Familie oder des Haushalts oder zwischen früheren oder derzeitigen Eheleuten oder Partnerinnen beziehungsweise Partnern vorkommen, unabhängig davon, ob der Täter beziehungsweise die Täterin denselben Wohnsitz wie das Opfer hat oder hatte. Sie kann den Charakter einer Kindeswohlgefährdung annehmen, wenn ein Kind durch passives Unterlassen oder aktives Handeln einer oder beider Bezugspersonen in den Streit involviert wird und dies eine psychische Schädigung nach sich zieht oder wahrscheinlich erscheinen lässt. Anlass können kindfremde Inhalte oder Beziehungsaspekte der Erwachsenen sein, das Kind kann dabei aber auch selbst im Zentrum des

Streits stehen, etwa im Zusammenhang von hochkonflikthaften Sorgerechts- oder Umgangsstreitigkeiten.

Partnerschaftsgewalt kann unterschiedliche Formen annehmen, in Mischformen auftreten und sich in Häufigkeit und Intensität unterscheiden. Sie kann von Männern, von Frauen oder wechselseitig ausgeübt werden. Sie kann eine Partnerschaft mehr oder minder von Beginn an begleiten oder punktuell, etwa im Zusammenhang mit Trennung und Scheidung, auftreten (Johnston/Campbell 1993).

In Abhängigkeit davon muss auch die jeweilige Wirkung auf die Kinder betrachtet werden. Leichte und in der Abfolge selten auftretende Gewaltformen scheinen offenbar recht weit verbreitet zu sein. Schon hier kann das Miterleben beim Kind zu psychischen Belastungen führen, letztlich bis an die Grenze der Kindeswohlgefährdung, wie es etwa im Zusammenhang mit der Hochkonflikthaftigkeit *(Abschnitt 3.6.5.3)* beschrieben wurde. Im engeren Sinne kindeswohlgefährdend sind aber vor allem schwere und wiederholte Gewalttaten (mit Verletzungsfolgen), die oft auch mit psychischen Erniedrigungen einhergehen. Auf sie soll deshalb im Folgenden vornehmlich eingegangen werden.

6.5.5.2 Häufigkeit

Legt man die Daten der Polizeilichen Kriminalstatik zugrunde, so wurden 2020 insgesamt 148.031 Personen Opfer vollendeter oder versuchter partnerschaftlicher Gewaltdelikte und damit 4,4 % mehr als 2019. 80,5 % der Opfer waren Frauen. 61,6 % der Delikte entfielen auf vorsätzliche einfache Körperverletzung, 22,3 % auf Bedrohung, Stalking, Nötigung, 12,2 % auf schwere Körperverletzung, 2,3 % auf Vergewaltigung, sexuelle Nötigung und Übergriffe und 0,3 % auf Mord und Totschlag. 139 Frauen und 30 Männer kamen im Zusammenhang mit Partnerschaftsgewalt zu Tode (Bundeskriminalamt 2021).

In einer breit angelegten repräsentativen Dunkelfeldstudie von Schröttle und Müller (2004) zur Gewalt gegen Frauen in Deutschland benannten von den befragten Frauen ab 16 Jahren, die zu mindestens 95 % in einer heterosexuellen Beziehung gelebt hatten (N = 8862), etwa 25 %, schon einmal körperliche oder sexuelle Übergriffe des Partners erfahren zu haben (N = 2240).

Etwa 38 % dieser Frauen berichteten das von ihrer aktuellen Beziehung (N = 845), was 13 % aller Frauen entsprach, die in aktuellen Partnerschaften lebten. Unter Verwendung einer modifizierten „Konflikttaktilskala“ beschrieben von diesen aktuell betroffenen Frauen 70 % leichtere bis mittelschwere Gewalthandlungen (wütendes Wegschubsen, leichte Ohrfeigen, schmerzhaftes Treten etc.), 25 % schwere Gewalthandlungen (heftiges Wegschleudern, Verprügeln, Waffengewalt etc.) und 5 % physische verbunden mit sexueller Gewalt (Schröttle/Müller 2004, 227). Berichteten Frauen über Gewalt in früheren Partnerschaften, waren die Angaben gravierender, hier gaben 41 % der Befragten schwere physische Gewalt und 28 % schwere sexualisierte Gewalterfahrungen an (Schröttle/Müller 2004, 230).

Von den Frauen, die über physische oder sexuelle Gewalt in früherer und/oder aktueller Partnerschaft berichteten, gaben etwa 2/3 Verletzungsfolgen an: 90 % beschrieben Hämatome und Prellungen, 27 % Schmerzen am Körper, 20 % offene Wunden, 18 % Kopfverletzungen, 10 % vaginale Verletzungen, 10 % Gehirnerschütterungen, über 4 % Knochenbrüche, 4 % Fehlgeburten und 3 % innere Verletzungen (Schröttle/Müller 2004, 236).

In einer europaweiten Untersuchung der European Union Agency for Fundamental Rights (FRA) wurden 2014 auch deutsche Frauen (N=1534) zu psychischen, physischen und sexualisierten Gewalterfahrungen befragt. 3 % aller Frauen zwischen 18 und 74 Jahren gaben an, in den letzten 12 Monaten mit physischer oder sexualisierter Gewalt in der (Ex-)Partnerschaft konfrontiert gewesen zu sein, europaweit waren es im Durchschnitt 4 % (FRA 2014).

Die große Diskrepanz zwischen Hell- und Dunkelfeld hat ihre Ursache auch darin, dass sich nur 14 % der Frauen nach schwerster Partnerschaftsgewalt an die Polizei wenden, oft aus Scham oder Verlegenheit (FRA 2014).

Die Frage, auf welche Art und wie häufig auch Männer Opfer von Partnerschaftsgewalt werden, ist in der Bundesrepublik Deutschland bislang weniger erforscht. Ergebnisse einer ersten nichtrepräsentativen Pilotstudie des BMFSFJ (2004), in der etwas weniger als 200 Männer zu ihren Gewalterfahrungen in heterosexuellen Partnerschaften befragt wurden, können lediglich erste Anhaltspunkte für Prävalenzen geben.

Etwa 25 % der Befragten gaben an, einmal oder mehrmals physische Gewalt durch ihre aktuelle oder letzte Partnerin erlebt zu haben, wobei leichtere Gewaltformen im Vordergrund standen: 18 % gaben an, wütend weggeschubst, 9 %, leicht geohrfeigt, 7 %, schmerzhaft gebissen oder gekratzt, 5 %, schmerzhaft getreten, gestoßen oder angefasst worden zu sein. 5 % gaben an, mindestens einmal eine Verletzung davongetragen zu haben (Jungnitz/Walter 2004). Seltener berichteten Männer über sexuelle Gewalt in Partnerschaften, 3 % über rücksichtloses sexuelles Verhalten und 2 % über das Drängen zu nicht erwünschten sexuellen Handlungen, wobei die Autoren besonders hier von Verzerrungen der Ergebnisse ausgehen, da dieses Thema für Männer besonders schambesetzt erscheint.

Studien, die allein die Auftretenshäufigkeit von Partnerschaftsgewalt erheben, etwa im Rahmen der Familien- und Konfliktforschung, kommen – ähnlich wie dies auf einen ersten Blick auch die beiden hier zitierten Studien nahelegen könnten – oft zu dem Schluss, dass Frauen und Männer in heterosexuellen Beziehungen vergleichbar häufig von körperlicher Gewalt betroffen sind. Archer (2000) beschrieb in einer Metaanalyse von 82 Studien, überwiegend aus dem angloamerikanischen Raum, sogar, dass Frauen etwas häufiger als Männer physische Gewalt gegen ihren Partner einsetzten. Der gleiche Autor belegte jedoch, dass die Betrachtung von Auftretenshäufigkeiten allein das Bild verfälscht, da signifikant mehr Frauen von ihren Partner verletzt wurden und medizinische Hilfe in Anspruch nehmen mussten als umgekehrt. Auch eine Metastudie von Caldwell u.a. (2012) beschreibt, dass die negativen Effekte von Partnerschaftsgewalt über die Geschlechter ungleich verteilt sind und Frauen unter Partnerschaftsgewalt überproportional leiden, insbesondere hinsichtlich Verletzungen, Angst und posttraumatischen Belastungsreaktionen/-störungen. Nicht nur Häufigkeiten, sondern auch Wirkungen und Folgen von physischer, sexueller und psychischer Partnerschaftsgewalt und von Zwangskontrollformen müssen also bei der Betrachtung geschlechtsspezifischer Unterschiede Berücksichtigung finden. Ähnliches zeigen letztlich auch die oben zitierten deutschen Studien im Vergleich.

Anhaltspunkte für die zahlenmäßige Betroffenheit von Kindern in Deutschland bietet die Prävalenzstudie von Schröttler und Müller (2004). 60 % der Frauen (N=485) berichteten, in ihrer letzten gewaltbelasteten Paarbeziehung mit Kindern zusammengelebt zu haben. Von dieser Gruppe erklärten 57 % der Frauen, Kinder hätten die Gewaltsituation gehört, 50 %, die Kinder hätten sie gesehen, 27 % die Kinder hätten einen Elternteil zu verteidigen versucht (weit überwiegend die Mutter) und knapp 10 %, die Kinder seien selbst körperlich angegriffen worden (Schröttle/Müller 2004).

6.5.5.3 Ursachen

Im Zusammenhang mit der Entstehung von Partnerschaftsgewalt zeigen Studien, dass geschlechtsspezifisch geprägte gesellschaftliche Strukturen und ungleiche Zugänge zu Ressourcen Frauen in der Regel benachteiligen und dies offensichtlich auch gegen sie gerichtete Gewalt fördert. Bedeutsam sind Machtfaktoren. Frauen tragen aufgrund kultureller Faktoren, die üblicherweise einen höheren Status des männlichen Geschlechts beschreiben, ein höheres Viktimisierungsrisiko (Caldwell u.a. 2012). So zeigen etwa Untersuchungen, dass Gewalthandlungen gegen Frauen nachlassen, wenn Ungleichheiten beseitigt werden, und auch, dass Partnerschaftssituationen, die dem gängigen gesellschaftlichen Rollenverständnis zuwiderlaufenden, das Gewaltrisiko von Frauen erhöhen. Partnerschaftsgewaltbegünstigende Effekte werden auch der männlichen Geschlechtsrollensozialisation zugeschrieben, wenn sie etwa Dominanzstreben, rigide Bilder von Männlichkeit und Abwertungen von Weiblichkeit beinhalten (Kindler/Unterstaller 2013). Belege hierfür finden sich auch in der Prävalenzstudie von Schröttle und Müller (2004), die einen hoch signifikanten Zusammenhang zwischen der Ausübung von psychischer Gewalt und Kontrolle und dem Auftreten von Partnerschaftsgewalt feststellte.

Transgenerationale Effekte treten offenbar in zwei Richtungen auf. Das Erleben von Misshandlung, Vernachlässigung und/oder wiederkehrender Partnerschaftsgewalt in der Herkunftsfamilie erhöht die Wahrscheinlichkeit eigener Gewalthandlungen in späteren Partnerschaften ebenso, wie auch des Erduldens von Gewalt (Kindler/Unterstaller 2013). Aus der bereits zitierten Prävalenzstudie zur Gewalt gegen Frauen geht etwa hervor, dass Frauen, die in ihrer Kindheit selbst körperliche Auseinandersetzungen zwischen ihren Eltern erlebten, doppelt so häufig selbst Opfer von Partnerschaftsgewalt wurden, wie Frauen, die diesen Erfahrungshintergrund nicht hatten. Das Verhältnis lag bei 47 % zu 21 % (Schröttle/Müller 2004, 268). Gewalt ist gleichermaßen eine mögliche Ursache und Folge, u.a. im Sinne einer erlernten Aggressivität anhand gewalttätiger Modelle.

Begünstigt wird das Auftreten von Partnerschaftsgewalt auch durch die transgenerative Weitergabe mangelnder Feinfühligkeit und Empathiefähigkeit und daraus resultierender Bindungsunsicherheit und negativ verzerrten Wahrnehmungen im Zusammenhang mit Gefühlen von Zurückweisung und Verlustangst. Es finden sich auch Zusammenhänge zwischen dem Auftreten von Partnerschaftsgewalt und psychischen Erkrankungen. Untersuchungen deuten darauf hin, dass der Anteil von mindestens einer psychiatrischen Erkrankung bei gewalttätigen Partnern zwischen 30 % und 50 % liegt (Kindler/Unterstaller 2013). Auch Suchterkrankungen entfalten ihre aggressivitätssteigernde und enthemmende Wirkung und erhöhen damit die Auftretenshäufigkeit und Intensität von Partnerschaftsgewalt (Schröttle/Müller 2004, 264). Kindler und Unterstaller (2013) weisen darauf hin, dass Suchtmittelgebrauch von Frauen nicht nur das Risiko eigener Gewaltausübung steigert, sondern auch das Risiko einer Viktimisierung.

Auch paardynamische Aspekte beeinflussen das Gefährdungsrisiko. Hierfür spricht, dass Anknüpfungspunkte oder Auslöser für das erstmalige Auftreten von Partnerschaftsgewalt oft Lebensereignisse sind, die die Paar- und Familiendynamik verändern. In der deutschen Prävalenzstudie zur Gewalt gegen Frauen gaben etwa knapp 38 % der betroffenen Frauen an, die Gewalt hätte mit der Heirat begonnen, 34 % mit dem Zusammenziehen, fast 20 % mit der Geburt des Kindes und 10 % schon mit Beginn der Schwangerschaft, insgesamt also im Zusammenhang mit Lebensereignissen, die zu einer höheren Abhängigkeit der Partner voneinander führen. Weiter war bei 17 % aber auch der Entschluss zur Trennung und bei knapp 4 % die Einreichung der Scheidung Auslöser für Partnerschaftsgewalt (Schröttle/Müller 2004, 260f). Offenbar sind auch Frauen in Trennungs- und Scheidungssituationen in höherem Maße gefährdet, Opfer körperlicher und sexueller Gewalt zu werden. Es wurde bereits darauf hingewiesen, dass Frauen, die in früheren Partnerschaften Gewalt erlebt hatten, im Vergleich zu jenen, die Gewalt aktuell erlebten, deutlich häufiger berichteten, mit Körperverletzungen und Tötung bedroht und schweren und sexuellen Gewalthandlungen ausgesetzt gewesen zu sein (Schröttle/Müller 2004, 230), was auf eine Verschärfung von Gewalt im Zusammenhang mit Trennungen hindeutet.

Auch ohne vorangegangene Partnerschaftsgewalt kann es im Zusammenhang mit einer Trennung aber zu Gewalthandlungen von Männern und Frauen kommen. Johnston und Campbell (1993) beschreiben in ihrer Untersuchung Gewalt, die für die Beteiligten ansonsten uncharakteristisch war und die durch die Trennung an sich oder damit zusammenhängende stressinduzierende Ereignisse ausgelöst wurde. Auch wenn diese Ereignisse psychische Belastungen und tiefe Verunsicherungen der Opfer nach sich zogen, kam es nur während oder nach der Trennung zu Gewalt und nicht anhaltend. Insbesondere prognostisch können diese Befunde bedeutsam sein.

6.5.5.4 Folgen

Partnerschaftsgewalt entfaltet ihre Wirkung auf das Kind auf verschiedenen Wegen. Zuallererst ist es das Miterleben von Gewalt selbst, das zu Belastungen des Kindes führt.

Hinzu kommen aber oft weitere Belastungsfaktoren. Brisch (2013a) hebt hervor, dass ungelöste Traumata der Eltern, die angesichts der oben beschriebenen transgenerativen Effekte nicht ausgeschlossen werden können, zur Entstehung desorganisierter Bindungsmuster beitragen. Kindler (2013) beschreibt in seiner Forschungsübersicht etwa die Einschränkung der Erziehungsfähigkeit des gewalttätigen Elternteils. Untersuchte Väter zeigten ausgeprägte Selbstbezogenheit, geringere erzieherische Konstanz und übermäßig autoritäre Erziehungsvorstellungen ebenso, wie Beeinträchtigungen der Bindungstoleranz, der Fähigkeit also, die Beziehung des Kindes zur Mutter wertzuschätzen. Studien von Kindern aus Frauenhäusern deuten darauf hin, dass 30 % bis 60 % der Kinder, die Partnerschaftsgewalt erlebten, selbst misshandelt wurden (Kindler 2002).

Von einer grundsätzlichen Beeinträchtigung mütterlicher Erziehungsfähigkeit bei Viktimisierung durch Partnerschaftsgewalt kann offenbar nicht ausgegangen werden. Eine hohe Zahl betroffener Mütter ist offensichtlich in der Lage, ein unauffälliges Erziehungsverhalten zu zeigen. Deutlich wird aber auch, dass ein Teil der Mütter keine ausreichende Feinfühligkeit bei anhaltender Stressbelastung und daraus resultierenden Symptomen aufrechterhalten kann. Aggressivität, Ungeduld und Inkonsistenz gegenüber den Kindern

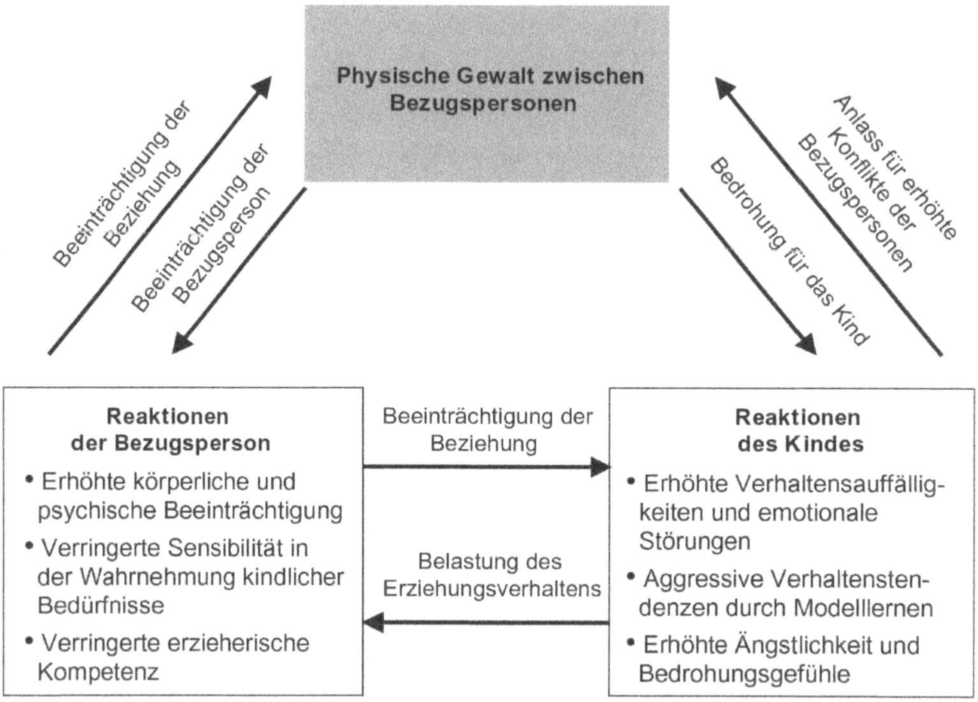

Abb. 6.7: Transaktionales Modell der Dynamik von Gewalt zwischen Bezugspersonen in Anlehnung an Wetzels (2000)

begünstigen letztlich das Entstehen unsicherer oder desorganisierter Bindungsmuster (Kindler 2013). So fanden Gustafsson u.a. (2014) in einer Längsschnittuntersuchung von 581 eher einkommensschwachen amerikanischen Familien Zusammenhänge zwischen vom Vater ausgehender Partnerschaftsgewalt, mütterlichen Aggressionen gegenüber dem Kind und kindlichen Verhaltensauffälligkeiten zum Zeitpunkt des Schuleintritts.

Wetzels (2000) beschreibt diese Dynamik, in der gewalttätige Konflikte zwischen Bezugspersonen (Eltern) deren Einfühlsamkeit vermindern und deren Erziehungsverhalten durch mangelnde Absprache intrapersonell inkonstistent machen. Dies und die Tatsache, dass die Bezugspersonen ein gewaltförderndes Modell darbieten, provoziert Auffälligkeiten der Kinder (*Abb. 6.7*).

Als unmittelbare Folgen können Kinder ungünstige Effekte im Sinne internalisierter oder externalisierter Auffälligkeiten zeigen, wobei geschlechtsspezifische Gewichtungen kaum erkennbar sind (Kindler 2013). Diese Kinder tragen ein mehrfach erhöhtes Risiko behandlungsbedürftiger Störungen. Säuglinge und Kleinkinder können traumatisiert werden und als wahrscheinlich stressbedingte Belastungsreaktionen Regulationsstörungen und psychosomatische Störungen zeigen. Jugendliche tragen ein 5-fach erhöhtes Risiko posttraumatischer Belastungsstörungen, u.a. im Zusammenhang mit Ängsten um das Leben des geschlagenen Elternteils.

In Abhängigkeit von unterschiedlichen Forschungsergebnissen zeigen etwa die Hälfte der betroffenen jüngeren und älteren Kinder ein weites Spektrum emotionaler Auffälligkeiten, wie erhöhte Angst bzw. Klammern, Trauer und Aggressivität. Ältere Kinder und Jugendliche zeigen zusätzlich soziale Verhaltensauffälligkeiten, die zum Teil im Zusammenhang mit der Übernahme stereotyper Geschlechtsrollenbilder, Schwierigkeiten beim Aufbau positiver Freundschaften und Einschränkungen hinsichtlich einer konstruktiven Konfliktbewältigung gesehen werden können. Auch die kognitive Entwicklung scheint beeinträchtigt, wenn das Erleben der Gewalt die Lernbereitschaft und Konzentrationsfähigkeit mindert (Gustafsson u.a. 2014, Kindler 2013).

Brisch (2013a) betont, dass das Miterleben von Partnerschaftsgewalt eine traumatische Erfahrung mit Auswirkungen auf Funktion und Struktur des reifenden kindlichen Gehirns im Sinne einer persistierenden Fehlanpassung darstellen kann.

Langfristig besteht ein erhöhtes Risiko der Delinquenz (Wetzels 2000), des Suchtmittelgebrauchs und ein 1,7-fach erhöhtes Risiko, psychisch zu erkranken (Kindler 2013). Im Zusammenhang mit den bereits oben beschriebenen transgenerativen Effekten erhöht sich langfristig die Gefahr, später selbst gewalttätig zu werden und Partnerschaftsgewalt auszuüben oder sie zu erdulden.

6.5.5.5 Diagnostik

Hinweise auf Partnerschaftsgewalt finden sich in der familienrechtpsychologischen Arbeit oft in Berichten der Polizei, des Jugendamtes und in Schriftsätzen und Angaben der Eltern. Seltener berichtet hiervon ein Kind.

Angesichts der gravierenden Folgen der Partnerschaftsgewalt muss jedem Verdacht nachgegangen werden. Im Folgenden soll das Augenmerk auf dem Kind liegen, wohl wissend, dass auch das erwachsene Opfer schutzbedürftig ist. Seine Interessen sind in die Gefährdungseinschätzung einzubeziehen, da seine Labilisierung, sei es aufgrund von Angst vor oder sogar durch tatsächliche Reviktimisierung nicht nur es selbst, sondern immer auch das Kind belastet oder gefährdet.

Erstens ist zu prüfen, ob sich vorliegende Verdachtsmomente erhärten, was bei widersprüchlichen Angaben der Beteiligten und fehlenden Belegen schwierig sein kann, da auch beim Vorwurf der Partnerschaftsgewalt Falschbeschuldigungen in einem familiengerichtlichen Verfahren nicht auszuschließen sind.

Zweitens ist zu prüfen, ob und wie oft das Kind welche Art und Intensität von Partnerschaftsgewalt miterlebte, ob es wie oben dargestellt Augenzeuge der Gewalt wurde, sie hörte, die Folgen in Form von Verletzungen des Opfers sah und/oder einen Polizeieinsatz miterlebte. Sofern möglich, sollten auch Reaktionen des Kindes einschließlich seiner Versuche, den Konflikt zu bewältigen, erfragt werden. Je genauer dies erhoben und dokumentiert wird, desto eher lässt sich die Belastung des Kindes einschätzen (Stiller/Neubert 2017).

Drittens ist zu prüfen, ob das Kind selbst Opfer direkter körperlicher und/oder psychischer Misshandlung wurde, da hierfür in einem von Gewalt geprägten Familienklima eine höhere Wahrscheinlichkeit besteht.

Viertens sind die Maßnahmen zu prüfen, die für eine Abwendung einer etwaigen Gefährdung notwendig erscheinen. Die Wiederholungsgefahr von Gewalt bedarf einer

Einschätzung, wobei der bisherige Konfliktverlauf, aber auch die Fähigkeit des betreuenden Elternteils, sich vom Täter abzugrenzen, bedeutsam sind.

Fünftens: Zeigt das betroffene Kind behandlungsbedürftige Belastungssymptome, ist ggf. die Umsetzung eines Behandlungskonzeptes zu erörtern.

6.5.6 Münchhausen-by-proxy-Syndrom (MbpS)

6.5.6.1 Definition

Eine weitere Form von Kindeswohlgefährdung stellt das Münchhausen-by-proxy-Syndrom (MbpS) oder Münchhausen-Stellvertretersyndrom dar. Ausgehend vom Münchhausen-Syndrom, bei dem eine Person ein oft dramatisches Beschwerdebild mit atypischem Verlauf vortäuscht bzw. herbeiführt, lautet die Diagnose des DSM-V hier: Vorgetäuschte Störung, Anderen zugefügt (Falkai/Wittchen 2018). Es lassen sich hier folgende Charakteristika beschreiben (Rosenberg 1987, Krupinski/Tutsch-Bauer 2009):

- Physische oder psychische Symptome eines Kindes werden von Eltern oder Bezugspersonen vorgetäuscht und/oder herbeigeführt.
- Eltern oder Bezugspersonen stellen das Kind oft mehrfach und in unterschiedlichen Verfahren Ärzten oder Psychologen zur Diagnose und Behandlung vor.
- Eine eigene Verantwortlichkeit für die Symptomatik wird nicht benannt oder geleugnet.
- Das psychosoziale und/oder medizinische Versorgungssystem wird somit getäuscht und zu unnötigen, oft invasiven Untersuchungen und Behandlungen des Kindes veranlasst.
- Wird das Kind von den Eltern oder Bezugspersonen getrennt, bildet sich die Symptomatik zurück.
- Eltern oder Bezugspersonen verursachen die Symptomatik, um Aufmerksamkeit zu erlangen.

Die Simulation oder das Produzieren von Symptomen kann sich nach Noeker und Keller (2002) in fünf Stufen vollziehen:

1. bewusste Übertreibungen der Symptome des Kindes,
2. falsche Angaben zu vermeintlichen Krankheitsanzeichen außerhalb der Untersuchungssituation,
3. aktive Fälschung von Untersuchungsmaterialien zur Herbeiführung positiver Befunde,
4. aktive Manipulation am kindlichen Körper zur Vortäuschung von Krankheitsanzeichen,
5. aktive Manipulation am Körper mit objektiver Schädigung des Gesundheitszustandes des Kindes.

Rosenberg (2002) weist darauf hin, dass das Simulieren und Produzieren kindlicher Symptome gleichzeitig, abwechselnd oder progressiv geschehen kann und damit die Diagnose einer lediglich simulierten Symptomatik nur eine trügerische Sicherheit in dem Sinne vermittelt, dass es zu keinen direkten körperlichen und psychischen Schädigung des Kindes kommt.

Aktive Manipulationen am Kind mit objektiver Schädigung können verschiedenste Formen annehmen, es können Verletzungen, Infektionen und Intoxikationen herbeigeführt, Atemwege verdeckt oder die Durchblutung behindert (Karotissinuskompression) werden (Rosenberg 1987, Noeker/Keller 2002, Krupinski/Tutsch-Bauer 2009).

Auf der Grundlage einer Sichtung von 117 (Rosenberg 1987) bzw. 451 (Sheridan 2003) veröffentlichten Fällen beschreiben Krupinski und Tutsch-Bauer (2009) bei den kindlichen Opfern Blutungen, Anfälle, Bewusstseinstrübungen, Atemstillstand, Durchfall, Erbrechen, Fieber, Hautausschläge und Allergien als die am häufigsten vorkommenden Vorstellungsgründe des MbpS mit jedoch unterschiedlichen Häufigkeitsverteilungen. Lorenc (2011) fand in einer ersten deutschen Studie heraus, dass 44 % der von ihr erfassten Kinder mit gastrointestinalen Symptomen (überwiegend Durchfall und Erbrechen), 40 % der Kinder mit unterschiedlichen ZNS-Symptomen, 26 % mit Infekten, 20 % mit Störungen der Atemwege und 8 % mit Stoffwechselauffälligkeiten in Kliniken vorgestellt wurden.

Rein psychische Formen des MbpS werden in der Literatur nicht beschrieben, lediglich psychische Auswirkungen physischer Manipulationen (s. u.). Gleichwohl stellt sich die Frage, ob die psychische Instrumentalisierung eines Kindes für die Interessen und Bedürfnisse einer erwachsenen Bezugsperson, wenn sie dann mit einer Aufrechterhaltung oder gar Initiierung von Symptomen und vielfältigen Inanspruchnahmen psychosozialer Dienste verbunden ist, nicht auch die oben beschriebenen Kriterien erfüllt. Zu denken wäre etwa an eine symbiotische Alleinerziehungssituation, in der hervorgerufene oder verstärkte Ängste beim Kind zu schuldistanziertem Verhalten führen, vielfältige Unterstützungsangebote der Schule und der Jugendhilfe nicht mitgetragen, abgebrochen oder unterlaufen werden, gleichzeitig aber eine Selbstinszenierung als sorgende und behütende Bezugsperson mit immer neuen Forderungen nach „besseren" Hilfen für das Kind erfolgt, das gegen „Ungerechtigkeiten" des Schul-, Jugendhilfe- und Rechtssystems „verteidigt" wird.

6.5.6.2 Häufigkeit

Wie bei anderen Misshandlungsformen, lassen sich auch beim MbpS kaum verlässliche Prävalenzraten bestimmen. Krupinski und Tutsch-Bauer (2009) berichten unter Berufung auf internationale Studien von einer Inzidenzrate von 0,4 bis 2,0 pro 100.000 Kinder unter 16 Jahren, was auf deutsche Verhältnisse übertragen bedeuten würde, dass von etwa elf Millionen Kindern derzeit ca. 55 bis 220 Kinder betroffen wären. Trotz aller Vorbehalte gegenüber der Zuverlässigkeit dieser Daten scheint das MbpS im Vergleich zu anderen Misshandlungsformen eher selten aufzutreten. Nicht zuletzt aufgrund der schwierigen Diagnose muss allerdings von einer hohen Dunkelziffer ausgegangen werden.

2004 konnten in einer erste deutschen Studie (Lorenc 2011) 203 Kliniken für Kinderheilkunde einbezogen werden, von denen 86 Kliniken (42 %) Fälle von gesichertem oder vermutetem MbpS rückmeldeten. Nach Datenbereinigung verblieben 50 als gesichert bewertete Fälle über einen Beobachtungszeitraum von elf Jahren. Das Durchschnittsalter der betroffenen kindlichen Opfer lag bei 4,1 Jahren. Dies deckt sich mit den Ergebnissen internationaler Studien, wobei man entgegen früheren Annahmen heute allerdings davon ausgeht, dass nicht nur kleine Kinder, sondern Kinder und Jugendliche aller Altersstufen betroffen sein können (Rosenberg 2002, Sheridan 2003, Krupinski/Tutsch-Bauer 2009).

Der Zeitraum vom Auftreten erster Symptome bis zur Diagnose ist in den Fällen des MbpS lang, was auf die schwierige Diagnose zurückgeführt werden kann. Rosenberg (1987) und Sheridan (2003) konnten dies für einen Teil der jeweils erfassten Fälle nachvollziehen und fanden eine durchschnittliche Zeitspanne von etwa 15 bzw. 22 Monaten, was auf eine lange Zeit des kindlichen Leidens hindeutet.

Geschlechtsspezifische Unterschiede konnten auf der Opferseite nicht festgestellt werden, sofern es sich um weibliche Täterinnen (Mütter) handelte (Krupinski/Tutsch-Bauer 2009, Lorenc 2011). Anders scheint es sich darzustellen, wenn Väter Täter sind. Sheridan (2003) beschrieb, dass dann 75 % der Opfer Jungen waren.

Internationale und deutsche Studien belegen, dass diese Form von Kindeswohlgefährdung weit überwiegend, jedoch nicht ausschließlich, von leiblichen Müttern und Frauen verübt wird. So waren in 98 % der von Rosenberg (1987) erfassten Fälle leibliche Mütter die Täterinnen, in 2 % Adoptivmütter. Bei Sheridan (2003) waren es in über 76 % der Fälle leibliche Mütter, in nahezu 7 % aber auch leibliche Väter, die das Wohl ihrer Kinder durch MbpS gefährdeten. Lorenc (2011) beschrieb dagegen ausschließlich Frauen als Täterinnen, in 48 von 50 Fällen Mütter, in einem Fall die Geliebte des Vaters und in einem anderen eine Pflegemutter. 44 % der Kinder der deutschen Studie lebten bei alleinerziehenden Müttern, 54 % in vollständigen Familien, ein Kind lebte in einer Pflegefamilie. Das Durchschnittsalter der Täterinnen lag in dieser Studie bei etwa 30 Jahren. Heubrock (2018) verweist darauf, dass ein MbpS vor dem Hintergrund von Sorge- und Umgangsstreitigkeiten eher bei älteren Müttern und nicht selten nach oder im Kontext einer Entfremdungsstrategie auftreten dürfte.

Ein besonderes diagnostisches Augenmerk muss in Fällen des MbpS auf die Geschwister gerichtet werden. So verstarben in den von Rosenberg (1987) untersuchten 117 Fällen zehn Geschwister unter ungewöhnlichen Umständen. Sheridan (2003) beschrieb, dass 210 der 451 kindlichen Opfer ihrer Studie Geschwister hatten, von denen 53 (25 %) verstorben waren und 130 (61,3 %) ähnliche Symptome wie die Opfer zeigten. Und auch in der deutschen Studie waren in drei von 25 Familien mit mehreren Kindern bereits vier Geschwister vor der Diagnosestellung des MbpS verstorben (Lorenc 2011).

6.5.6.3 Ursachen

Ziel des Vortäuschens und/oder Produzierens der kindlichen Symptomatik ist es auf Seiten der Bezugsperson, durch Selbstinszenierung Aufmerksamkeit, Respekt, Bewunderung und/oder Fürsorglichkeit in Beziehungen zu Ärzten, Psychologen oder anderen helfenden Professionen zu finden. Die Ätiologien hierfür sind jedoch offensichtlich heterogen. *Eine vorsichtige Klassifizierung lässt sich nach Rosenberg (2002), Noeker (2004) und Lorenc (2011) vornehmen:*

- Als mögliche Ursachen werden zum einen primäre psychische Störungen bzw. Persönlichkeitsstörungen der Bezugspersonen diskutiert. Genannt werden somatoforme Störungen, Münchhausen-Syndrom, Tendenzen zur Selbstverletzung, Suchterkrankungen, dissoziale Störungen und Persönlichkeitsstörungen, etwa die histrionische oder dissoziale Form und der Borderline-Typus.

- Lerntheoretische Ansätze stellen die Manifestation des Krankheits- und Inanspruchnahmeverhaltens ins Zentrum, die einerseits zu einer Entpflichtung von familiären Anforderungen und sozialen Rollenerwartungen führt, andererseits zu einer Stabilisierung des Selbstwertgefühls, u.a. durch den Kontakt mit den helfenden Professionen und die Selbstinszenierung als aufopferungsvolle und kenntnisreiche Bezugsperson.
- Auch systemische Ansätze beschreiben als Motiv das Ablenken von Paar- oder Familienkonflikten bzw. das Erlangen von Zuwendung und Anerkennung durch den Partner.
- Bindungstheoretische Konzepte gehen von einer gestörten Bindungsentwicklung oder gar traumatischen Erfahrungen auf Seiten der Bezugsperson aus, die wiederum zu Beeinträchtigungen der Feinfühligkeit gegenüber dem eigenen Kind und einer unzureichenden Wahrnehmung seiner Bedürfnisse und Abneigungen gegen das Kind führen können. Wie im Zusammenhang mit anderen Formen von Kindesmisshandlung werden so auch beim MbpS transgenerationale Effekte diskutiert, die auf den beschriebenen bindungstheoretischen Erwägungen, aber auch lerntheoretischen Ansätzen (Lernen am Modell) beruhen.
- Letztlich können auch Aggressionen gegenüber helfenden, meist medizinischen Berufen dazu motivieren, sie als ineffektiv überführen zu wollen oder sie zu schädigendem Verhalten gegenüber dem Kind zu veranlassen.

Libow und Schreier (1986) identifizierten drei unterschiedliche Varianten des MbpS:

- *Hilfesuchende:* Bei dieser Form werden Kinder vergleichsweise selten medizinischen Diensten vorgestellt. Die Bezugspersonen reagieren dankbar und kooperativ auf Hilfsangebote und thematisieren eigene Depressionen, Erschöpfungen oder Ängste. Die aktive und bewusste Vortäuschung kindlicher Erkrankungen wird eingestellt, wenn diese Personen Aufmerksamkeit und Zuwendung erhalten. Sie zeigen sich offen gegenüber therapeutischen Hilfen.
- *Aktiv Induzierende:* Bei dieser am häufigsten beschriebenen Form des MbpS führen aktive und direkte Handlungen der Bezugsperson zu dramatischen Krankheitssymptomen bei eher jungen Kindern bis zum Vorschulalter, die selbst kaum in der Lage sind, eigene Angaben zu Erkrankungen zu machen. Die Bezugspersonen zeigen sich kooperativ, bekümmert, liebens- und vertrauenswürdig und kommen meist aus helfenden und medizinnahen Berufen. Sie erscheinen depressiv und ängstlich, leugnen, spalten Affekte ab und zeigen paranoide Projektionen. Sie inszenieren eine kontrollierende Beziehung zum medizinischen Personal, sind aber resistent gegenüber therapeutischen Interventionen. Bei Müttern finden sich oft gestörte Beziehungen zu einem eher randständigen Vater und ein deutlicher Mangel an Abgrenzung zum Kind.
- *Arztsüchtige*: Diese Bezugspersonen sind besessen davon, medizinische Hilfe für nicht existierende kindliche Erkrankungen zu erhalten. Sie sind persönlich davon überzeugt, dass ihr Kind krank ist, obwohl Tests und Untersuchungen das Gegenteil zeigen. Sie dramatisieren eher Symptome, als dass sie die Krankenakte fälschen oder Symptome aktiv induzieren, „schonen“ dann aber das Kind bis hin zur sozialen Isolation mit daraus resultierenden Auffälligkeiten im Sozialverhalten.

6.5.6.4 Folgen

Je nach Form des MbpS und der physischen Vulnerabilität des betroffenen Kindes sind die Folgen unterschiedlich. Liegen dem MbpS Übertreibungen, Falschangaben oder Manipulationen der Krankenakte vor, so kommt es zu keinen aktiven physischen Schädigungen des Kindes durch den Täter. Bei aktiven Manipulationen können die physischen Folgen der Taten dagegen kurz- oder langzeitig sein, reversibel oder irreversibel.

In den meisten Fällen werden die Kinder aber durch induzierte unangemessene ärztliche Eingriffe unterschiedlich stark geschädigt oder gar traumatisiert, etwa durch wiederholte Blutentnahmen, Endoskopien oder gar mehrfache operative Eingriffe (Noeker/Keller 2002).

In den von Rosenberg (1987) erfassten 117 Fällen verstarben zehn meist unter drei Jahre alte Kinder, was einer Mortalitätsrate von 9 % entspricht. Weitere 8 % der überlebenden 107 Kinder zeigten Langzeitschäden. Sheridan (2003) fand in 451 Fällen eine Mortalitätsrate von 6 % bei einem Durchschnittsalter von knapp 19 Monaten. 7,3 % der von ihr erfassten Kinder zeigten Langzeitfolgen. In den von Lorenc (2011) beschriebenen 50 gesicherten Fällen verstarb ein Kind, neun Kinder erkrankten ernsthaft. *Hinzu kommen psychische Folgen, die ebenfalls in Abhängigkeit vom Schweregrad des schädigenden Verhaltens, aber auch vom Alter und Entwicklungsstand des Kindes betrachtet werden müssen:*

- Unmittelbar mit einer aktiven körperlichen Manipulation werden Schmerz durch die Handlung, Ohnmacht angesichts des Ausgeliefertseins oder gar existentielle Angst, etwa in Zusammenhang mit Intoxikationen oder Erstickungsmanövern, erlebt.
- Hinzu kommen die psychischen Folgen langfristiger medizinischer Untersuchungen und Behandlungen.
- Eltern oder Bezugspersonen werden als unberechenbar erlebt, da die zugefügten Schädigungen und Feindseligkeiten unabhängig und losgelöst von eigenem Verhalten auftreten.
- Diese Unberechenbarkeit senkt die Selbstwirksamkeitsüberzeugung und erhöht die Stressbelastung.
- Sie fördert zudem die Suche nach eigener Verantwortlichkeit und Schuld, um das widersprüchliche Verhalten erklärbar und ggf. auch durch eigene Verhaltensveränderung beeinflussbar zu machen.
- Es können kein durchgängiges Gefühl der emotionalen Geborgenheit und keine sichere Bindung aufgebaut werden, da es an konsistenter Feinfühligkeit und ausreichender Empathie mangelt.
- Tatsächliche Schädigung und vorgetäuschte Zuwendung und Behütung erfolgen nebeneinander durch die gleiche zentrale Bezugsperson und lassen sich durch das Kind in kein stimmiges Gesamtbild integrieren.
- Die auch aus dieser widersprüchlichen Wahrnehmung resultierende grundlegende emotionale Verunsicherung des Kindes kann zusätzlich verstärkt werden, wenn die Pseudobehütung des Täters soziale Anerkennung durch andere (Elternteil, Bezugsperson, professionell Beteiligte) erfährt.

Als langfristige psychische Folge bleibt oft die Erfahrung, dem Täter im intimsten Lebensbereich schutzlos ausgeliefert gewesen zu sein, mit langfristigen Belastungen der Beziehungs- und Bindungsfähigkeit. Auch eine deutliche Distanzierung und Selbstwertstabilisierung des Kindes ist, anders als bei anderen Vernachlässigungs- und Missbrauchsopfern, aufgrund der gleichzeitig vorgetäuschten Behütung schwieriger. Nach Noeker/Keller (2002) ist die psychische Wirkung des MbpS damit dem des sexuellen Missbrauchs ähnlich, da auch dem oft eine doppelbödige und damit „vergiftete" Zuwendung zugrunde liegt.

6.5.6.5 Diagnostik

Da im Zentrum des MbpS in der Regel ein medizinisches Störungsbild steht, obliegt der Nachweis immer auch dem Fachgebiet der Pädiatrie. Die Diagnostik des MbpS wird dabei durch eine Vielzahl von Auftretensformen und damit unspezifischen Merkmalen erschwert. Zusätzlich löst die Annahme einer Schädigung des Kindes durch eine an sich behütend erscheinende Person und die differentialdiagnostische Abgrenzung zu lediglich überbesorgten Bezugspersonen bei den beteiligten Professionen oft Befürchtungen aus, den Bezugspersonen Unrecht zu tun. Wie oben dargestellt, sind die Krankheitsverläufe zwischen klinischem Erstkontakt und der Diagnose des MbpS oft dementsprechend lang (Sheridan 2003).

Verschiedene Autoren benennen Warnhinweise, die zwar empirisch nicht abgesichert sind, jedoch einen ersten Hinweis für eine differenziertere Diagnostik des MbpS liefern (Noeker 2004, Krupinski/Tutsch-Bauer 2009, Lorenc 2011, Heubrock 2018).

Warnhinweise auf der Kindebene sind:

- sich wiederholende, nicht erklärbare Symptome,
- wiederholte Klinikaufenthalte ohne klare Befunde,
- von klinischen Erfahrungen abweichende Krankheitsverläufe und -bilder,
- keine Symptomverbesserung bei angemessener Therapie und
- die Auflösung der Symptomatik nach Trennung des Kindes von den Eltern oder Bezugspersonen.

Warnhinweise auf der Erwachsenenebene sind:

- vordergründige Fürsorglichkeit und Engagement,
- ständige Anwesenheit beim Kind,
- ein schnell vertraulich werdendes Verhältnis zum helfenden und/oder medizinischen Personal,
- unvollständige Angaben zu Vorgeschichte und früheren Behandlungen,
- häufige Behandlungswechsel,
- eigene medizinische Kenntnisse, angeeignet oder aufgrund einer spezifischen Ausbildung,
- unerklärliche Erkrankung oder der Tod eines Geschwisters,
- Vernachlässigungs- oder Misshandlungserfahrungen in der eigenen Kindheit.

Noeker (2004) beschreibt, dass aktiv misshandelnde Mütter beim MbpS schnell zwischen drei Rollen wechseln, durch die sie die einbezogenen Professionen unter Druck setzen:

- die der Täterin, die das Kind durch aktives Handeln manipuliert und die Professionen dadurch vor Probleme der Diagnostik und Behandlung stellt,
- die der Sorgeinhaberin, die Entscheidungen über Behandlung und Aufenthalt trifft und sich und das Kind damit auch Zugriffen entziehen kann, und
- die der liebevoll engagierten „Pflegerin", die durch die Erkrankung des Kindes hoch belastet und bedürftig erscheint.

Die Diagnose kann positiv über den Nachweis einer vorgetäuschten oder manipulierten Symptomatik gestellt werden, aber auch negativ über den Ausschluss anderer möglicher Ursachen. Die häufigste Diagnose des MbpS in Deutschland erfolgt durch den Nachweis von Fremdsubstanzen im Körper des Kindes (Krupinski/Tutsch-Bauer 2009). Bei 25 der von Lorenc (2011) erfassten 50 Fälle geschah dies über die Untersuchung von Körperflüssigkeiten, bei einem Kind über den röntgenologischen Nachweis eines körperfremden Gegenstandes, bei drei Kindern durch Kontrolle der Nahrung, der Temperatur oder des Erbrochenen und bei 20 Kindern durch Beobachtung, d.h. etwa durch eine unabhängig von der Bezugsperson erfolgende Dokumentation der kindlichen Symptomatik in der Klinik einschließlich einer Auflistung der An- und Abwesenheiten der Bezugsperson.

Da, anders als in angloamerikanischen Ländern, die dort teilweise angewandte Methode der verdeckten Videoüberwachung des Kindes in der Klinik in Deutschland aus ethischen und juristische Gründen nicht umgesetzt werden kann, kann hier der Nachweis des MbpS ggf. nur über die diagnostische Trennung der Bezugsperson vom Kind erfolgen, sei es freiwillig oder durch Beschluss des Familiengerichts. Ziel ist es, die weitere gesundheitliche Entwicklung des Kindes während der Trennung zu beobachten und entsprechende Schlüsse zu ziehen.

Auch differentialdiagnostische Abgrenzungen sind notwendig (Meadow 1995, Noeker 2004). Sie betreffen nicht nur den Ausschluss von realen Erkrankungen des Kindes, sondern auch den anderer Formen des Missbrauchs oder der Vernachlässigung, die durch Lügen verdeckt werden sollen, wahnhafter Vorstellungen über ein krankes Kind, symbiotischer Beziehungsmuster oder überbesorgter oder hypochondrisch veranlagter Elternteile oder Bezugspersonen. Unterschiede finden sich zum einen in den Symptombildern (Noeker 2004). Bezugspersonen, die andere Formen der Vernachlässigung vertuschen wollen, mangelt es zudem oft an (Pseudo-)Fürsorglichkeit und auch die Kontaktaufnahme zu den Professionen gestaltet sich distanzierter. Bezugspersonen mit übersteigerten Krankheitsängsten lassen sich eher beruhigen.

7 Die Herausgabe des Kindes

7.1 Rechtliche Grundlagen

Zum Inhalt der Personensorge nach § 1632 Abs. 1 BGB gehört der Anspruch, „die Herausgabe des Kindes von jedem zu verlangen, der es den Eltern oder einem Elternteil widerrechtlich vorenthält". Mit dieser Formulierung ist Eltern bzw. einem Elternteil die Grundlage gegeben, sowohl dem anderen Elternteil als auch Dritten gegenüber die Herausgabe zu beanspruchen. Damit wird zugleich das Aufenthaltsbestimmungsrecht nach § 1631 BGB realisiert. Es ist die Mindestvoraussetzung für den Herausgabeanspruch.

„Vorenthalten" setzt voraus, dass sich das Kind unter Kontrolle und Einflussnahme des Herausgabepflichtigen befindet, dass dieser *faktisch* die Personensorge ausübt und diesen Umstand benutzt, das Aufenthaltsbestimmungsrecht der Eltern oder des sorgeberechtigten Elternteils (Herausgabeberechtigte) aktiv zu behindern. Duldet der Herausgabepflichtige passiv das Drängen des Kindes nach Aufenthalt und Verpflegung bei ihm, so ist dies, nicht ohne Berücksichtigung des Alters des Kindes, als Vorenthaltung zu beurteilen.

„Widerrechtlich" ist das Vorenthalten, weil es in den Willen des oder der Sorgeberechtigten eingreift. Dies entfällt, wenn das Recht zur Geltendmachung des Herausgabeverlangens durch Entzug des Aufenthaltsbestimmungsrechts erloschen ist. Ferner ist Widerrechtlichkeit nicht vorauszusetzen, wenn das Herausgabeverlangen einen Rechtsmissbrauch darstellt, weil nicht die Fürsorge für das Wohl des Kindes, sondern andere Ziele verfolgt werden. Das Kindeswohl ist Maßstab für die Beurteilung der Rechtmäßigkeit. Da die Wegnahme eines Kindes gegen den Willen der Eltern ein massiver Eingriff in das Elternrecht ist und zugleich immer Folgen für das Kind selbst hat, gilt nach ständiger Rechtsprechung des Bundesverfassungsgerichts (zuletzt BVerfG 1 BvR 335/12 vom 29.11.2012), dass sowohl die ursprüngliche Trennung als auch deren Aufrechterhaltung nur unter Wahrung strenger Verhältnismäßigkeitsanforderungen nach Maßgabe von Art. 6 Abs. 3 GG mit dem Grundgesetz vereinbar ist.

Mit § 1632 Abs. 4 und § 1682 BGB wird in analogen Formulierungen der Schutz des Kindes gegen eine kindeswohlgefährdende Wegnahme angestrebt. In § 1632 Abs. 4 wird festgelegt: „Lebt das Kind seit längerer Zeit in Familienpflege und wollen die Eltern das Kind von der Pflegeperson wegnehmen, so kann das Familiengericht von Amts wegen oder auf Antrag der Pflegeperson anordnen, dass das Kind bei der Pflegeperson verbleibt, wenn und solange das Kindeswohl durch die Wegnahme gefährdet würde." Eine solche Wegnahme kann drohen, wenn das Kind den leiblichen Eltern bereits entfremdet, aber emotional an die Pflegeeltern gebunden ist. Eine andere Möglichkeit ist, dass das Kind im Streit zwischen den Eltern dem sorgeberechtigten Elternteil mit Angst und Ablehnung begegnet und eine Rückkehr zu den Eltern entschieden ablehnt, aber der andere Elternteil persönlichkeitsfördernde Beziehungen zum Kind aufgebaut hat. Entsprechend regelt § 1682 BGB: „Hat das Kind seit längerer Zeit in einem Haushalt mit einem Elternteil und dessen Ehegatten gelebt und will der andere Elternteil, der nach §§ 1678, 1680, 1681 den Aufenthalt des Kindes nunmehr alleine bestimmen kann, das Kind von dem Ehegatten wegnehmen, so kann das Familiengericht von Amts wegen oder auf Antrag des Ehegatten anordnen, dass das Kind bei dem Ehegatten verbleibt, wenn und solange das Kindeswohl durch die Wegnahme gefährdet würde. Satz 1 gilt entsprechend, wenn das Kind seit längerer Zeit in einem Haushalt mit einem Elternteil und dessen Lebenspartner oder einer nach § 1685 Abs. 1 umgangsberechtigten volljährigen Person gelebt hat."

Ziel der Rechtsnormen ist, kindeswohldienliche Beziehungen und Bindungen nicht zu zerstören, sondern zu erhalten. Als Indikator für diese wird fixiert, dass „das Kind seit längerer Zeit" in Familienpflege (§ 1632 Abs. 4 BGB) oder beim anderen Elternteil (§ 1682 BGB) lebt. Der Begriff „längere Zeit" wird nicht in den Gesetzen, sondern in der Rechtspraxis präzisiert. Dies geschieht in flexibler Weise, z.B. in Abhängigkeit vom Alter. Je älter ein Kind ist, desto längere Zeiträume werden angesetzt. Entscheidend ist, ob sich die Zeitdauer insoweit ausgewirkt hat, dass die Beendigung des Pflegeverhältnisses die Gefahr der Kindeswohlgefährdung birgt. Herausgabeverlangen werden umso genauer auf mögliche Gefährdungsfolgen hin geprüft, je länger ein Kind unter den genannten Bedingungen lebt. Der Begriff der Gefahr entspricht dabei weitgehend dem des § 1666 Abs. 1 BGB. Weil die Problematik sehr komplex und die Gefährdungsmöglichkeiten schwer zu beurteilen sind, bedarf es nach inzwischen gefestigter Rechtsprechung der Einholung eines psychologischen Sachverständigengutachtens (Grüneberg 2022, Salgo/Lack 2013).

Die Verbleibensanordnung ist ein Eingriff in die elterliche Sorge. Sie soll verhindern, dass das grundgesetzlich verankerte Recht auf Pflege und Erziehung des Kindes (Art. 6 Abs. 2 S. 1 GG) zu Lasten des Kindes ausgeübt wird. Im Ergebnis einer langen Rechtsentwicklung wird die Grundrechtsposition des Kindes gemäß Art. 1 Abs. 1 und 2 Abs. 1 GG gegenüber den Grundrechtspositionen beteiligter Erwachsener präferiert, d.h. gegenüber denen der Eltern, aber auch der Pflegeeltern gemäß Art. 6 Abs. 1 und 3 GG. Verbleibensanordnungen können sowohl Eltern als auch Pflegeeltern Orientierung geben und dem Kind Sicherheit vermitteln. Häufig bahnen sie den Weg zu einer einvernehmlichen Umgangsregelung.

Komplementär sind Rückkehroptionen im Rahmen des staatlichen Wächteramtes daraufhin zu überprüfen, dass die Sicherheit des Kindes in der Herkunftsfamilie gewährleistet ist (§ 1632 Abs. 4) und dass durch die Rückführung nicht überfordernde Stressbelastungen beim Kind entstehen (s.u.).

Wenn auch grundsätzlich die Befristung einer Verbleibensanordnung angezeigt ist, können konkrete Bedingungen dazu veranlassen, eine Verbleibensanordnung auf unbestimmte Zeit zu erlassen bzw. auf einen zeitlichen Endpunkt zu verzichten, wenn andernfalls eine Kindeswohlgefährdung durch Trennung aus über lange Zeit in einem Pflegeverhältnis gewachsenen Bindungen zu erwarten ist (BVerfG v. 25.11.2003 – 1 BvR 1248/03; OLG Brandenburg, 19.05.2008 – 10 UF 94/07). Insofern besteht Gleichwertigkeit der Optionen „zeitlich befristet" oder „auf Dauer" (§ 33 SGB VIII). Die

Gefährdung muss aber hochwahrscheinlich sein, denn „auch wenn die Trennung von seiner unmittelbaren Bezugsperson für das Kind regelmäßig eine erhebliche psychische Belastung bedeutet, darf dies allein nicht genügen, die Herausgabe des Kindes zu verweigern, weil andernfalls die Zusammenführung von Kind und Eltern immer dann ausgeschlossen wäre, wenn das Kind seine ‚sozialen Eltern' gefunden hätte" (BVerfG, 1 BvR 2910/09 vom 31.03.2010).

Das Kindeswohl als Maßstab bei der Rückführung eines Pflegekindes wird in der Rechtsprechung des BVerfG eindeutig hervorgehoben: „Die Risikogrenze hinsichtlich der Prognose möglicher Beeinträchtigungen des Kindes ist allerdings auch bei der Entscheidung über eine Rückführung des Kindes zu seinen Eltern dann überschritten, wenn unter Berücksichtigung der Umstände des Einzelfalles mit überwiegender Wahrscheinlichkeit nicht auszuschließen ist, dass die Trennung des Kindes von seinen Pflegeeltern psychische oder physische Schädigungen nach sich ziehen kann. Ein solches Risiko ist für das Kind nicht hinnehmbar" (BVerfG, 31.03.2010 – 1 BvR 2910/09, FamRZ 2010, 865). Solche Bedenken sind inzwischen durch eine Vielzahl internationaler Studien belegt. Nach Köckeritz (2021, 48) sind danach die langzeitigen Ergebnisse von Rückführungen „ziemlich ernüchternd", weil Rückführungen sehr oft mit neuen Herausnahmen enden (Diouani-Streek, 2015, 205).

Immer ist zu bedenken, dass eine Zurückführung in die Herkunftsfamilie einen erneuten Bindungsabbruch mit sich bringen kann, besonders bei kleineren Kindern die sich rasch an Pflegeeltern binden.

Das BVerfG begründet deshalb, dass es verfassungsrechtlich geboten sei, nach einer längeren Unterbringung bei der Pflegeperson die Tragweite der Trennung des Kindes von dieser bei der Kindeswohlprüfung zu berücksichtigen (1 BvR 2569/16 vom 3.2.2017).

Der „klassische" Herausgabekonflikt findet zwischen Eltern und Pflegeeltern statt, aber auch der Wechsel der Pflegeeltern oder der Wechsel von der Pflege- in die Adoptionsfamilie wird als Konfliktkonstellation im Rahmen des § 1632 BGB entschieden. Der Herausgabeanspruch von Eltern ist gemeinsam oder von einem Elternteil mit Einverständnis des anderen geltend zu machen, sofern beide sorgeberechtigt sind. Der Herausgabeanspruch steht nur dem Elternteil zu, der das Sorgerecht oder mindestens das Aufenthaltsbestimmungsrecht besitzt. Verfahren, in denen über die Herausgabe eines Kindes zu entscheiden ist, für das elterliche Sorge besteht, sind Familiensachen. Die Entscheidung obliegt dem Familiengericht, das auf Antrag der Eltern bzw. eines Elternteils entscheidet. Über eine Verbleibensanordnung wird vom Familiengericht von Amts wegen oder auf Antrag einer Pflegeperson entschieden. Das Familiengericht hört vorher das Jugendamt an. Das Jugendamt hat in diesem Konfliktbereich spezifische Pflichten, die u.a. in §§ 36–38 sowie 42 SGB VIII fixiert sind.

7.2 Die psychologische Problematik und ihre Beurteilung

7.2.1 Die juristischen und psychologischen Fragestellungen

Nicht die Grundrechtspositionen der leiblichen Eltern oder der Pflegefamilien stehen im Vordergrund, sondern die Interessen des Schwächeren im Herausgabedilemma, des Kindes. Was juristisch auf eine Präferenz der Grundrechtsposition des Kindes gegenüber den Grundrechtspositionen beteiligter Erwachsener aus Artikel 6 GG hinausläuft, bedeutet psychologisch zugleich eine Zentrierung auf die hinter dem Kindeswohl und der Kindesgefährdung stehenden Faktoren. Dabei ergeben sich einerseits Analogien zur Kindeswohlproblematik bei der Entscheidung über Sorgerecht oder Umgangsrecht. Andererseits liegt die Spezifik in der deutlichen Zuspitzung auf die Dialektik von Bindung und Trennung bzw. von Bindungsbedürfnis und Trennungsangst. Deshalb sind die Bindungstheorie und Stresstheorien *(Kapitel 2)* hier wesentliche Aspekte. Vor allem wenn Herausgabe eine Trennung von Bindungspersonen bedeutet, wird sie zu einem Risikofaktor und einer potenziellen Gefährdung. Kindeswohlgefährdung zu verhindern, bedeutet nicht nur, akute Gefährdungen in der Herkunftsfamilie abzuwehren. Es bedeutet vielmehr auch, die Kontinuität der Lebensbedingungen von Kindern zu sichern, das heißt auch schädliche Folgen einer Trennung von Pflegekindern aus über Jahre entstandenen Bindungen zu Pflegeeltern zu vermeiden. Auf jeden Fall stellen in diesem Zusammenhang unangemessene Gefährdungseinschätzungen ein erhebliches Risiko für alle Beteiligten dar. Rücker und Petermann (2019, 327) beklagen, dass durch ein „hohes Maß" ungerechtfertigter Gefährdungseinschätzungen der „institutionalisierte Schutz von Kindern ins Gegenteil verkehrt" wird.

Zu berücksichtigen ist auch, dass der Umgang mit traumatisierten Kindern aufgrund ihres geschädigten, oft schwierigen Beziehungsverhaltens ganz besondere Anforderungen an die Eltern stellt, wenn sich die alten Muster nicht wiederherstellen sollen (Zenz 2000, 324). Eine genaue Analyse der Voraussetzungen einer Rückkehr ist notwendig. Experimente gehen meist zulasten der Kinder. In fast 70 % der Unterbringungen in Pflegefamilien gingen der Inpflegegabe andere ambulante Hilfen voraus (Salgo/Lack 2013 FN 1356) und bei etwa 30 % bis 40 % der rückgeführten Pflegekinder werden erneute Fremdplatzierungen innerhalb von drei oder mehr Jahren notwendig (Kindler u.a. 2011, 628). Wiederum zeigen Längsschnittstudien, dass häufige Pflegeplatzwechsel das Risiko des Scheiterns von Pflege- und Adoptionsverhältnissen erhöhen (Simmel 2007, Diouani-Streek 2014). Gut nachgewiesen ist auch, dass solche stressreichen Diskontinuitäten noch im Erwachsenenalter Folgen wie verminderte Sozialkompetenzen, reduzierte Bindungsfähigkeit und Selbstzweifel zeigen (Unrau u.a. 2008).

All diese Fakten sind zu berücksichtigen, wenn der prinzipielle Vorrang der Rückkehroption postuliert wird.

Aber auch Nicht-Trennung, also Verbleiben, kann gefährdend sein, weshalb es dann legitim ist, eine Trennung zu veranlassen. *Diesen Zusammenhängen ist in jedem Fall und von allen Beteiligten dadurch Rechnung zu tragen, dass vor der Entscheidung zwei Hypothesen geprüft werden:*

1. Die Herausgabe ist das geringere Schadensrisiko für das Kind.
2. Das Verbleiben ist das geringere Schadensrisiko für das Kind.

Die grundsätzliche Frage lautet: Gefährdet die Herausgabe oder der Verbleib des Kindes mit größerer Wahrscheinlichkeit das Wohl des Kindes? Ohne die Hypothesen besteht kein Entscheidungszwang, vielmehr liegt meist Scheingewissheit vor. Routinen inkl. Urteilsfehler dominieren. *Die inadäquate Bewertung von Informationen kann zu zwei prinzipiellen Fehlertypen führen:*

1. zur fälschlichen Herausgabe des Kindes,
2. zur fälschlichen Nichtherausgabe des Kindes (Verbleibensanordnung).

In beiden Fällen werden zutreffende Kriterien, vor allem zentrale Bedürfnisse des Kindes, im Problemkreis Bindung und Trennung übersehen oder falsch eingeschätzt und dadurch schädliche Folgen für das Kind erzeugt.

Um welche Kriterien geht es? Sie sind erkennbar, indem aus der juristischen Fragestellung psychologische Fragestellungen abgeleitet werden. *Diese variieren zwar fallspezifisch, aber es gibt stabile Ankerfragen:*

- Welche Beziehungen und welche Bindungen des Kindes bestehen zu den am Konflikt beteiligten Personen, meist Eltern und Pflegeeltern?
- Wie ist der Wille des Kindes?
- Welche personalen Dispositionen des Kindes sind die Grundlage für sein Erleben und Verhalten im Konflikt?
- Welche personalen Dispositionen der leiblichen Eltern, der Pflegeeltern oder anderer Konfliktbeteiligter sind bedeutsam für Erklärung und Prognose bzw. Lösung des Konflikts?
- Welches Verhältnis besteht zwischen diesen Personen?
- Welche Merkmale des bisherigen Konfliktverlaufs sind bedeutsam, z.B. Dauer einer Trennung oder Pflegschaft?

Für eine sinnvolle Herangehensweise ist es wichtig, diesen Fakten in sachlogischer Verknüpfung und mit der richtigen Fragefolge nachzugehen. Dies soll am Beispiel des klassischen Herausgabeverlangens leiblicher Eltern gegenüber Pflegeeltern illustriert werden. Die anderen Varianten, d.h. Wechsel der Pflegeeltern, Wechsel von einer Pflegefamilie in eine Adoptionspflege sowie das Herausgabeverlangen zwischen leiblichen Eltern, sind im Prinzip analog zu sehen und werden gelegentlich einbezogen.

Die an psychologischen Aspekten orientierte Fragefolge ist in *Abbildung 7.1* schematisiert (Dettenborn 1996).

- Am Beginn steht die Frage nach den Bindungen des Kindes zu den Pflegeeltern. Sind sie vorhanden, ist faktische oder soziale Elternschaft gegeben.
- Der Kindeswille ist dann – soweit altersbedingt eruierbar – im Normalfall adäquat.
- Als nächste Frage schließt sich die nach der erzieherischen Eignung der Pflegeeltern an. Dies ist mehr logisch folgerichtig als psychologisch zwingend, denn der gelungene Bindungsaufbau involviert meist die Eignung. Das größte Problem ist eine oft im Herausgabekonflikt entstehende Schwächung der Position der Pflegeeltern, auf die noch eingegangen wird.
- Wenn keine Bindungen zu den Pflegeeltern bestehen, so ist unter psychologischem Aspekt zunächst zu fragen, ob zu anderen Personen, vor allem zu den Eltern, Bin

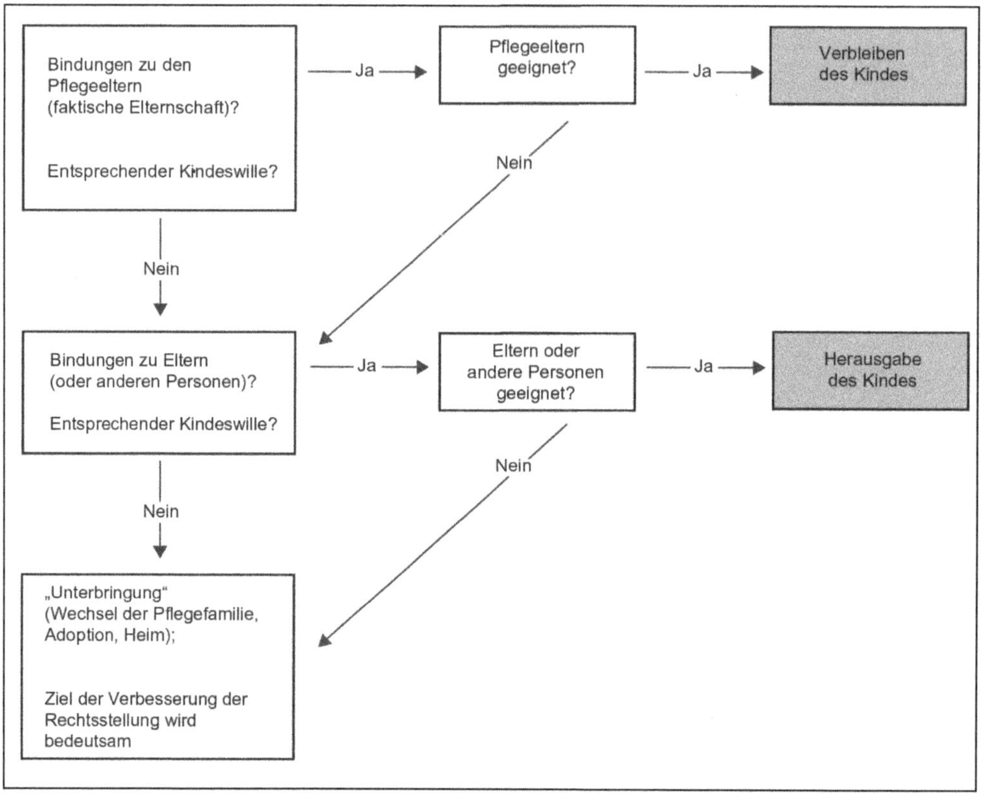

Abb. 7.1: Bindungszentrierte Fragenhierarchie im klassischen Herausgabe-Konflikt zwischen Pflege- und leiblichen Eltern

dungen bestehen und der Wille des Kindes darauf ausgerichtet ist, bei ihnen zu leben.

- Trifft dies in Bezug auf die herausgabefordernden Eltern zu, ist nur noch deren Eignung zu prüfen. Diese Konstellation dürfte am häufigsten dann eintreten, wenn im Rahmen zeitlich begrenzter Familienpflege Bindungen zu den Pflegeeltern nicht angezielt waren oder nicht entstehen konnten, Bindungen zu den leiblichen Eltern aber noch erhalten sind.

Wohl mehr bei älteren Kindern kann der Fall eintreten, dass Bindungen zu anderen Personen – wie Großeltern – am ausgeprägtesten sind. Auch deren Herausgabeverlangen kann im Wesentlichen nur noch der kindliche Wille oder die Nichteignung des Fordernden im Wege stehen.

Bedenklich ist, wenn ohne Beachtung der hier dargestellten Hierarchie nachgeordnete Fragestellungen zum erstrangigen Beweisthema erhoben werden. *Folgende Beispiele seien genannt:*

- Die beschriebene Fragefolge mündet bei den Erziehungskompetenzen der leiblichen Eltern und der Frage, ob diese Kompetenzen geeignet sind, deren Erziehungsprimat auszufüllen. Unangemessen wäre, wenn unter juristischem Aspekt der erste Schritt darin gesehen würde, die Erziehungsfähigkeit der Eltern zu prüfen und davon die Frage der Gefährdung des Kindeswohls gemäß § 1666 Abs. 1 BGB abhängig zu machen (OLG Frankfurt a. M., Beschluss vom 23.08.2012 – 4UF 154/12). Dann würden die derzeitigen psychischen Befindlichkeiten und Bedürfnisse des Kindes und deren Verletzung im Falle einer Trennung von den Pflegeeltern in die zweite Reihe rücken. Eine entsprechende Kindeswohlgefährdung würde hingenommen, wenn die Erziehungskompetenzen als hinreichend beurteilt würden.
- Oft wird der Aspekt der rechtlichen Besserstellung, z.B. durch Adoption, geltend gemacht. Bei vorhandenen Bindungen muss er aber auch hier zweitrangig bleiben. Er wird erst bedeutsam, wenn unter den bisher in Frage kommenden Personen niemand mit Bindung und Eignung vorhanden ist. Zuweilen wird auch danach gefragt, bei wem es dem Kind „bessergeht" oder wer der im pädagogischen oder ökonomischen Sinne höherwertigere Erziehungsträger ist – leibliche oder faktische Eltern. Hier wird übersehen, dass das staatliche Wächteramt gemäß Art. 6 Abs. 2 Grundgesetz nicht die Aufgabe einschließt, für die bestmögliche Förderung eines Kindes zu sorgen. Zugang wird auch gesucht über die Frage, wie der Wechsel des Kindes gut vorzubereiten sei. All diese Fragen können auch berechtigt sein. Sie müssen aber in logischer Abfolge gestellt werden. Selbst wenn die ursprüngliche Herausnahme aus der Herkunftsfamilie rechtswidrig war, ist allein entscheidend, dass zwischen Pflegeperson und Kind ein Eltern-Kind-Verhältnis entstanden ist und dass das Kind durch die Trennung gefährdet würde (BVerfG 68, Beschl. vom 17.10.1984, Neue Juristische Wochenschrift 1985, 423). Kompensatorische Gerechtigkeitserwägungen mit Vergangenheitsbezug stehen im Gegensatz zu einem Kindschaftsrecht, das psychologische Erkenntnisse berücksichtigen will (Heilmann/Salgo 2014).

Der Zugang zur Problematik ist unter psychologischen Aspekten am Kindeswohl und dessen möglicher Gefährdung orientiert, und zwar gegenwartsbezogen und prognostisch ausgerichtet, nicht aber vergangenheitsorientiert. Dazu gehört z.B. zu berücksichtigen, dass besonders am Anfang eines Pflegeverhältnisses Risiken bestehen. Hier erweist sich, ob das Verhältnis zwischen Pflegekind und Pflegeeltern tragfähig ist, ob die Erwartungen der Pflegeeltern erfüllt oder enttäuscht werden, wie das Pflegekind seine Ansprüche anmeldet und seine Grenzen ausgetestet und nicht zuletzt wie sich das Verhältnis zwischen Pflegeeltern und Herkunftsfamilie gestaltet.

Bezüge zum § 1666 Abs. 1 BGB: Stellen Eltern einen Antrag auf Herausgabe eines Kindes, das in schützenswerter Bindung bei den Pflegeeltern lebt, werden somit alle Risiken zum Thema, die sich bei einer Trennung aus solcher Bindung ergeben, damit auch das im § 1632 Abs. 4 BGB genannte Risiko der Gefährdung durch Wegnahme. Dieser Gefährdungsbegriff korrespondiert mit dem des § 1666 Abs. 1 BGB. Die dort genannte missbräuchliche Ausübung der elterlichen Sorge bestünde im Kern darin, dass mit dem Herausgabeantrag die entstandenen Bindungen zwischen Kind und Pflegeeltern nicht berücksichtigt würden und durch eine Trennung das Kindeswohl gefährdet werden könnte. Die Bestimmung von Eintrittswahrscheinlichkeiten ist schwierig und wie immer von der differenzierten Beurteilung des Einzelfalles abhängig. Dabei geht es im Kern immer darum, ob die psychischen und physischen Folgen einer Trennung von den Pflegeeltern tatsächlich so massiv sind, dass sie nicht mehr hinnehmbar sind, sondern mit überwiegender Wahrscheinlichkeit eine Kindeswohlgefährdung darstellen (s.o.). Eine Verbleibensanordnung kann bereits dann gerechtfertigt sein, wenn nur eine „erhebliche Chance" besteht, dass Schädigungen aufgrund der Trennung von der Pflegefamilie auftreten (Salgo/Lack 2013). Insofern sind zu hohe Anforderungen an die Verbleibensanordnung zu vermeiden.

Wichtig sind Kenntnisse dazu, welche Anzeichen bei einer Labilisierung der kindlichen Entwicklung zu beachten sind. Solche Anzeichen können sich äußern in emotionalen Irritationen innerhalb der phasenhaften Reaktionen (Rutter 1978) nach Trennung (Protest-, Verzweiflungs- und Resignationsphase), in regressiven und aggressiven Verhaltenstendenzen, in der Labilisierung der Identitätsbildung und des Selbstwertaufbaus sowie innerhalb des Leistungsverhaltens, auch in psychosomatischen Reaktionen. Für die Dauer solcher Effekte gibt es keine festen Regeln. Sie sind aber häufig Basis langfristiger Dysregulationen und Fehlentwicklungen besonders dann, wenn belastende Umweltbedingungen anhalten.

Ob Missbrauch der elterlichen Sorge und Gefährdungen des Kindeswohls vorliegen, ob ihnen mit einer Verbleibensanordnung Genüge getan ist, ist mit psychologischer Kompetenz zu prüfen. Besteht bei Rückführung die überwiegende Wahrscheinlichkeit von Schädigungen des Kindes (z.B. infolge fehlender Erziehungseignung der Eltern), kann eventuell eine Verbleibensanordnung nicht mehr den entsprechenden Schutz darstellen. Die teilweise oder gänzliche Übertragung der elterlichen Sorge auf einen Ergänzungspfleger oder gar auf die Pflegeeltern ist zu erwägen.

Dass kindeswohldienliche Pflegekindschaftsverhältnisse auch auf Dauer rechtlich fixiert werden können, ist zwar latentes Gedankengut, nicht aber rechtlich normiert. Darin enthaltenes Konfliktpotenzial könnte gemindert werden, wenn z.B. Pflegepersonen die Befugnis zugesprochen werden würde, unter bestimmten Bedingungen auch in Angelegenheiten von erheblicher Bedeutung entscheiden zu dürfen.

Vorgelagert sollte immer die Frage sein, ob mildere Maßnahmen geeignet sind, Gefährdungen zu begegnen. Praktische Probleme bestehen hier in der Unkenntnis der Gerichte über die Qualität lokal verfügbarer ambulanter oder teilstationärer Angebote.

7.2.2 Beurteilungskriterien

Im Folgenden werden die sieben wichtigsten Beurteilungskriterien entsprechend der Logik des Herausgabekonflikts behandelt (Beziehungsmerkmale, Bindungsmerkmale, der Wille des Kindes, personale Dispositionen des Kindes, personale Dispositionen der leiblichen Eltern, personale Dispositionen bei den Pflegeeltern und das Verhältnis zwischen den leiblichen Eltern und faktischen Eltern).

Beziehungsmerkmale

Beziehungen und Bindungen genau zu beurteilen, ermöglicht differenziertere Aussagen zum Stressgehalt von Trennungen bei Herausgabe des Kindes. Maßgeblichen Einfluss haben Dauer, Intensität und Qualität der Beziehungen. Von diesen drei Faktoren ist in Bezug auf die Pflegeeltern im § 1632 Abs. 4 BGB mit der Formulierung „seit längerer Zeit in Familienpflege" nur die Dauer zum Kriterium erhoben, analog für Herausgabeverlangen zwischen Elternteilen in § 1682 BGB. Bindungen ergeben sich aber nicht aus der Dauer allein, sondern vor allem aus der Intensität und der Qualität der Beziehung. Aus psychologischer Sicht ist deshalb die Diagnose der Bindung aus allen drei Merkmalen von Beziehungen abzuleiten. Dabei steht im Kleinkindalter die kontinuierliche Synchronizität zwischen Kind und Bindungsfigur(en), zwischen Bindungsverhalten des Kindes und dem feinfühligen Fürsorgeverhalten der Bezugsperson(en) im Vordergrund. Beim älteren Kind geht es mehr um das Zusammenspiel zwischen sozialen Bedürfnissen wie Zugehörigkeit, Anerkennung, Liebe, Selbstachtung und der Zuwendung durch Bindungspersonen.

Im Sinne einer systemorientierten Sichtweise ist die isolierte Analyse der Beziehungen zu Bindungspersonen unzureichend. Von Belang ist auch, ob diese Beziehungen Bestandteil einer sozialen Bezugswelt sind, in der das Kind verankert ist, und zu der Geschwister bzw. Pflegegeschwister, Altersgefährten und Freunde, Verwandte und Nachbarn gehören. Hieraus ergibt sich die Frage nach dem Erhalt des sozialen Umfeldes.

7.2.2.1 Bindungsmerkmale

Bindungsqualität: Die Unterscheidung in sichere, unsicher-vermeidende, unsicher-ambivalente und desorganisierte Bindungsmuster wurde in *Kapitel 2.3* behandelt. Eine Graduierung des Gefährdungsrisikos kann nicht ohne weiteres aus der Art der Bindungsqualität abgeleitet werden. So kann die Trennung eines Kindes von den Eltern nicht damit begründet werden, dass desorganisierte Bindung angenommen wird, weil damit nichts darüber ausgesagt wird, ob die Entwicklung des Kindes konkret beeinträchtigt ist. Zwar gehören zu den Versuchen der Anpassung an belastende Verhaltensweisen von Bezugspersonen auch desorganisierte oder ausgeprägt unsichere Bindungen von Kindern. Aber erst wenn ausgeprägte Unsicherheit oder Desorganisiertheit in der Bindung mit ebenfalls auffälligen, kindeswohlschädlichen Verhaltensweisen von Eltern korrespondiert, wäre daran zu denken, dass das Verbleiben das größere Risiko ist.

In Bezug auf Pflegeeltern ist diese Konstellation desorganisierter oder ausgeprägt unsicherer Bindungen von Kindern sowieso seltener, zeigt doch die Mehrzahl entsprechender Studien, dass Kinder in Pflegefamilien ebenso häufig sichere Bindungen zu den Hauptfürsorgepersonen eingingen wie Kinder in Familien ohne besondere Risikobedingungen (Köckeritz u.a. 2021), es sei denn, es wirken mehrere Risikofaktoren nach, wie z.B. traumatische Erfahrungen in der Herkunftsfamilie, wiederholte Unterbringungsabbrüche oder Misshandlung (Bovenschen u.a. 2016).

Adäquanz des Bindungserlebens: Zu inadäquaten Gefühlslagen und sozialkognitiven Fehlwahrnehmungen kann es beim Kind z.B. kommen, wenn aus den Erstbindungen zu den Herkunftseltern beim Pflegekind noch emotionale Valenzen erhalten sind, obwohl starke Deprivation zur Herausnahme führte. Häufig sind sogenannte Angstbindungen traumatisierter Kinder z.B. an misshandelnde Eltern zu finden. Sie können verbunden sein mit unrealistischen Idealisierungen von Bezugspersonen – hier der Herkunftseltern – und einer hohen Erinnerungsschwelle für negative Gefühle und Erfahrungen. Die Distanzierung kann schwerfallen. Dies kann zu Willensbekundungen des Kindes führen, deren ungeprüfte Hinnahme dem Kind schaden kann, vor allem dann, wenn die Anzeichen von Angst und posttraumatischer Belastungsstörung übersehen werden. Diese Art von Bindungserleben ist oft Ursache dafür, dass Kinder relativ schnell bisherige Bezugspersonen aufgeben und sich neuen Beziehungsangeboten hingeben können.

Andererseits zeigen Kinder mit negativen Beziehungserfahrungen in ihrer Herkunftsfamilie (Vernachlässigung, Misshandlung usw.) oft auffälliges Bindungsverhalten (z.B. Verweigern von Hilfe, Zurückweisen von Trost, desorganisiertes Verhalten). Erlebte Trennungen können bisher bestehende Bindungsmuster und Erwartungen an Bezugspersonen labilisieren. Bindungsverhalten kann aktiviert werden, die Wahrscheinlichkeit von Trennungsangst steigt. Oder unsichere Bindungen stabilisieren sich. Daraus entstehende Verhaltensweisen sind oft nur schwer veränderbar. Sie können dann Pflegeeltern verunsichern und ihre Fähigkeit bzw. Möglichkeit einschränken, eine sichere Basis für den Bindungsaufbau des Kindes zu sein. Wichtig sind deshalb Methoden, mit denen sichere Bindungen in Pflegefamilien gefördert werden können (Zimmermann u.a. 2021).

Angst vor der Trennung: Trennungsangst als Pendant zum Bindungsbedürfnis wird aktiviert, wenn die Befriedigung dieses Bedürfnisses als bedroht angesehen wird. Diese Schutzfunktion kann bei einem Herausgabeverlangen, das das Kind registriert, einsetzen. Angst entsteht, wenn eine Situation als gefährdend und damit stressinduzierend bewertet wird; Stress entsteht, wenn sich eine Person selbst für nicht oder nicht ausreichend kompetent hält, die Gefahr zu beseitigen. Das dürfte für Kinder in dieser Situation meist gelten. Je stärker die Bindungen, die als bedroht angenommen werden, je geringer die Stressresistenz, je länger sich der Herausgabestreit hinzieht und je mehr das Kind am Streitklima leidet und eventuell dabei sogar als Partei genutzt wird, desto größer sind Trennungsangst und ihre sozialen, emotionalen, psychosomatischen und leistungsbezogenen Folgen.

Mit der Trennungsangst, die ja auch emotionaler Ausdruck des Kindeswillens ist, wächst die Wahrscheinlichkeit, dass das Verbleiben bei der Person, zu der die engeren emotionalen Beziehungen bestehen, das geringere Schadensrisiko für das Kind ist. Die Durchsetzung von Kontakten zu herausgabefordernden Personen entgegen den Ängsten und dem Widerstand des Kindes kann deshalb durchaus eine Gefährdung des Kindeswohls sein. Das gilt allerdings auch für eine übermäßige Dauer eines Herausgabeverfahrens.

7.2.2.2 Der Wille des Kindes

Wie für alle Familienrechtssachen gilt auch bei Herausgabekonflikten, dass es ein Wohl des Kindes gegen seinen Willen nur bei Schutzbedarf für das Kind gibt. Dieser Schutzbedarf kann aber gegeben sein, wenn z.B. der Kindeswille auf die Rückkehr zu erziehungsunfähigen Eltern ausgerichtet ist. Diffuse Schuldgefühle, Angstbindungen und Fehlrezeption von Beziehungen können die Ursache sein. Retraumatisierungen können die Folge sein. Analog gilt dies bei eventuell traumatisierten Beziehungen zu Pflegepersonen für die Verbleibensanordnung. Überwiegend ist aber von einem hohen Stellenwert des kindlichen Willens zum Verbleib bei den Pflegeeltern innerhalb schützenswerter Bindungen auszugehen.

7.2.2.3 Personale Dispositionen des Kindes

Alter: Fast alle hier genannten Faktoren wirken vermittelt und abhängig vom Alter des Kindes. Das gilt insbesondere für die Bindung, den Kindeswillen, die subjektive Reflexion des Herausgabestreites, die Vulnerabilität und die Copingstrategien sowie das Zeitempfinden mit Bezug auf die Dauer der Pflegschaft. Besonders wichtig und umstritten ist deshalb, ob das Gefährdungsrisiko durch Trennung aus Bindung mit dem Alter zunimmt, abnimmt oder bei sich lediglich ändernden Gründen gleichbleibt. Die überwiegende Meinung geht von einer „sicheren Phase" im ersten Lebenshalbjahr und von Störanfälligkeit und höherem Gefährdungsrisiko bei Trennung ab dem sechsten Lebensmonat aus (Klußmann/Stötzel 1995, Schaffer 1992). Hier beginnt mit der aktiv umgesetzten personenspezifischen Bindung eine wichtige Entwicklungsaufgabe. Mit Beginn des zweiten Lebensjahres und der entstehenden Sprachkompetenz findet dann der Übergang von der notwendigen Präsenz der Bindungsperson hin zur symbolischen Repräsentanz statt. Dies führt zu den „internen Arbeitsmodellen" nach Bowlby (2021a). Wenn die Bewältigung dieser komplizierten Entwicklungsaufgaben bereits in den ersten drei Lebensjahren gestört wird, sind offenbar die Folgen nachhaltiger, weil bei höherer Trennungssensibilität weniger Kompensationsmöglichkeiten zur Verfügung stehen. Deshalb sollten auch bis zum dritten Lebensjahr Kinder im Rahmen einer Inobhutnahme bei Pflegepersonen untergebracht werden, die über die Bereitschaftspflege hinaus auch für Dauerpflege kompetent und bereit sind. Dadurch können zusätzliche Trennungen und Beziehungsabbrüche vermieden werden.

Die Kompensationsmöglichkeiten und Stressressourcen wachsen, wenn die genannten Entwicklungsaufgaben gelöst und sozialkognitive Kompetenzen sowie Selbstkontrolle gefestigter sind. Andere Autoren (z.B. Zenz 1990) gehen von einer erhöhten Gefährdung bis zum siebten Lebensjahr aus. Wichtig ist, dass traditionelle bindungstheoretische Annahmen nicht mechanisch auf die gesamte Kindheit und Adoleszenz übertragen werden können. Die genannten Altersbezüge können auch individuell stark differieren, z.B. weil Zusammenhänge zur Stärke der Bindung, zur Vorschädigung und zur Ereignisreflexion durch das Kind zu beachten sind. Dies begrenzt auch die Aussagekraft fixer Richtwerte, z.B. der „Maximalzeiten" der Pflegschaftsdauer je nach Alter.

Entwicklungsstand: Wenn ein Kind in seiner psychischen Entwicklung hinter der Altersnorm zurückgeblieben ist, sind meist auch die kognitiven, emotionalen und psychosozialen Fähigkeiten nicht altersgemäß entwickelt, um Belastungen durch Bindungsabbruch zu kompensieren und Stresserleben zu minimieren. Ebenso entsprechen dann oft die Kompetenzen nicht der Alterserwartung, die Situation adäquat einzuschätzen und den kindlichen Willen entsprechend zu artikulieren. Das Gefährdungsrisiko ist erhöht, besonders dann, wenn die herausgabefordernden Personen mit dem retardierten und trennungsgeschädigten Kind überfordert sind und deshalb die Kompetenzen des Kindes falsch einschätzen.

Rezeption der Herausgabesituation: Das Schadensrisiko bei Trennung aus Bindung ist in hohem Maße vom Erleben der Trennungsprozedur durch das Kind abhängig. Ungewollte Trennungen sind prototypisch für den Verlust von Kontrolle über die eigenen Handlungs- und Lebensbedingungen und – je nach Alter des Kindes oder Jugendlichen – für Einengung sowie Verlust von Handlungsfreiräumen. Wesentlich ist, dass ein Kind bei einem Trennungsvorgang oder über mehrere Trennungen hinweg immer zwei Dinge erlebt: Erstens, die Unvorhersagbarkeit bedrohlicher Situationen, z.B. unerwartetes bzw. unwillkommenes Abgeholtwerden aus Kita oder Schule durch den Herausgabeverlangenden, Nichtzurückbringen zu den Pflegeeltern. Zweitens, das Kind macht mehrfach die Erfahrung, dass das eigene Handeln nicht die erwarteten Konsequenzen hat. Obwohl es kindliches Bindungsverhalten eindeutig artikuliert und seinen Willen formuliert hat, dauert der Streit an. Dadurch wird der Weg in die erlernte Hilflosigkeit nach Seligman (1986) geebnet. Das Kind hat gelernt, sich nicht erfolgreich wehren zu können. Je älter das Kind ist, desto größer sind die Chancen, wenigstens auch äußere Ursachen wie institutionelle Abläufe oder Interessengegensätze Erwachsener ins Bewusstsein des Kindes zu rücken. Es müsste nun im Sinne psychologischer Kontrolltheorien Aktivität zur Wiedererlangung der Kontrolle einsetzen. Tatsächlich sind solche Aktivitäten in vielfältiger Form zunächst während und nach der Trennung zu beobachten. Sie werden oft übersehen bzw. ignoriert. Häufig sind sie auch schwer als solche Reaktionen erkennbar, z.B. Distanzarmut zu Bezugspersonen oder Aggression gegenüber geliebten Menschen. Als offenbar relativ stereotyper zeitlicher Reaktionsverlauf nach der Trennung vor allem bei Kleinkindern werden üblicherweise Protestphase, Verzweiflungsphase und Resignationsphase unterschieden (Rutter 1978). Von Belang ist auch, ob ein Kind die Ursachen des Umgebungswechsels versteht. Ist dies der Fall, dann sind mit der Trauer das Gefühl der Wut und die Tendenz des Aufbegehrens verbunden, vor allem wenn die Gründe nicht akzeptiert werden. Können diese aber vom Kind nicht verstanden werden, dann entsteht vor allem ein Angst- und Bedrohungsgefühl. Insgesamt rechtfertigt sich jedoch eine positive Bilanz. Köckeritz und Diouani-Streek (2019) fassen empirische Befunde so zusammen: Pflegekinder bewerten ihre Lebenssituation auch rückblickend positiv und sehen die soziale Familie als Schutzraum an, sie können positive neue Beziehungsangebote annehmen und sichere Bindungen entwickeln – dies allerdings nicht altersunabhängig, die Wahrscheinlichkeit sicherer Bindung ist höher beim Wechsel in eine andere Familie vor dem Ende des erste Lebensjahres (van den Dries u.a. 2009).

Stressresistenz: Damit ist die individuelle Widerstandsfähigkeit gegen Stresseinflüsse gemeint. Hier kann verwiesen werden auf *Kapitel 2.4* zum Stresserleben und Coping. Auch in Bezug auf den Herausgabekonflikt gilt: Je ausgeprägter Kontrollüberzeugungen wie wahrgenommene Erklärbarkeit, Vorhersehbarkeit und Beeinflussbarkeit sowie die Selbstwirksamkeitserwartungen des Kindes sind, als desto weniger bedrohlich wird die Situation eingeschätzt. Es wird eher aktiv Einfluss zu nehmen versucht, z.B. durch Äußerung des Kindeswillens, und mehr Ausdauer und Durchhaltevermögen gezeigt. Die Katze beißt sich allerdings insofern in den Schwanz, als gelungene Bindungen eine wesentliche Voraussetzung für Kompetenzüberzeugungen sind. Wenn nun Bindungen z.B. durch Trennung gefährdet werden (sollen), sind gerade jene Reserven gegen daraus entstehenden Stress labilisiert, die Ergebnis von Bindungen sind.

Bewältigungsstrategien (Coping) sind Verhaltens- und Erlebensweisen zur Überwindung von Bedrohungssituationen. Hauptsächliche Ziele sind die Aufhebung des erlebten Ungleichgewichtes zwischen Anforderungen und eigenen Handlungsmöglichkeiten, die Beibehaltung des positiven Selbstbildes, die Wiederherstellung des emotionalen Gleichgewichtes und die Fortsetzung zufriedenstellender Sozialbeziehungen. Als Wege dahin werden nach Lazarus und Launier (1981) am häufigsten die positive Veränderung der Problemlage (problem-focused coping) und die Verbesserung emotionaler Befindlichkeit (emotion-focused coping) angenommen.

Die unmissverständliche Kundgabe des eigenen Willens des Kindes durch affektiv unterlegtes Sozialverhalten (Beziehungsintensivierung oder Weglaufen und Verweigern) wäre z. B. *problembezogenes Coping* im Sinne von Veränderung der Problemlage. Auch die meist schwer verstehbaren Aggressionen gegenüber geliebten Bindungspersonen sind hier einzuordnen. Bei älteren Kindern kann ferner Informationssuche dazuzählen. Das Kind sucht Personen, die zuhören und auf sein Belastungserleben eingehen. Die Anhörung, Begutachtung oder das Gespräch sind hier oft von positiver Wirkung. Inaktivität kann Resignation oder „stummer" Widerstand sein. Gerade bei dieser Variante kann das „ruhige" Verhalten des Kindes zu Fehleinschätzungen führen. So können dann z. B. vom Sozialarbeiter oder Gutachter nach zähen Bemühungen um Anbahnung solche Verhaltensweisen als Erfolg registriert werden, obwohl sie in Wirklichkeit deaktiviert sind, und damit ein Beitrag zur relativ hohen Misserfolgsquote nach Rückführung ins Elternhaus geleistet werden. Gerade in Vertrauensbeziehungen kann die Widerstandskraft von Kindern besonders schnell gemindert werden. Die *emotionsorientierte Copingform* zur Verbesserung der emotionalen Befindlichkeit wird oft eingesetzt, weil das Kind die Problemlage als schwer beeinflussbar einschätzt. Dazu gehören z. B. Verleugnung oder Bagatellisierung der Belastung, Projektion, gedankliche Vermeidung, Wunschdenken und Glaube daran, dass sich die Stresssituation von selbst auflöst. Zu den häufigsten Umbewertungen gehören die Überidentifizierung mit einer Seite (z. B. Pflegeeltern) und die Überdistanzierung zur anderen Seite (z. B. Eltern), obwohl zu beiden Seiten Bindungen bestehen. Ebenso sind zu berücksichtigen: Negative Selbstattributionen, die Übernahme der Verantwortung für das Geschehen, verbunden mit dem Glauben an eine Kontrollierbarkeit der Situation, Loyalität gegenüber der fehlhandelnden Bezugsperson und sogar Identifikation mit ihr, die erlaubt, ein gutes Bild von ihr zu erhalten. Dies alles schließt Wut, Rachefantasien oder gar Todeswünsche nicht aus.

Die Vulnerabilität (Anfälligkeit für Belastungssituationen) ist umso größer, je geringer die Kontrollüberzeugungen und je ungeeigneter die verfügbaren Copingstrategien sind. So fühlen sich Kinder mit geringen Kompetenzerwartungen eben stärker durch die Unsicherheiten der Herausgabesituation bedroht und zu weniger Bewältigungsbemühungen in der Lage. Sie werden auch eher die Ursachen der Situation internal attribuieren, d. h. bei sich selbst suchen, und sich damit zusätzlich schwächen. Ein Circulus vitiosus kann in Gang kommen.

Spezifische Vulnerabilitätsfaktoren ergeben sich vor allem durch die Auswirkungen früherer Stressoren in der jetzigen Belastungssituation. Der markanteste „priorstressor" in Herausgabekonflikten ist die Vorschädigung durch schon vom Kind erlebte Trennungen von Bezugspersonen. Mit jeder Trennung aus einer Bindung kumulieren das Stresserleben und die Gefährdungsrisiken. Als Beweis kann gelten, dass die Abbruchquote bei Pflegeverhältnissen als Ausdruck des misslungenen Versuchs, eine Eltern-Kind-Beziehung aufzubauen, in unmittelbarer Relation zur Zahl der vorangegangenen Pflegeverhältnisse steigt (Zenz 1990). Zu bedenken ist, dass Pflegekinder mit der Herausnahme aus dem Elternhaus im bindungssensiblen Alter (also ab zweiter Hälfte des ersten Lebensjahres) oft schon eine erste Trennung von Bindungspersonen erlebt haben, die eine Vorschädigung nach sich ziehen kann.

7.2.2.4 Personale Dispositionen der leiblichen Eltern

Sie sind vor allem von Belang, wenn die Eignung der Eltern als Erziehungsträger zu prüfen ist. Prognoseaussagen werden notwendig. Sie betreffen die Frage, ob die Eltern eine angemessene Sicht auf früher oder jetzt bestehende Probleme haben, ob die Feststellungen und Diagnosen beteiligter Professioneller z.B. in Bezug auf Krankheit oder Behinderung, sowie institutionelle Hilfemaßnahmen akzeptiert werden. Um sich diesem Problem zu nähern, haben sich Detailfragen zu Themen bewährt wie Problemakzeptanz (werden Probleme erkannt oder nicht?), Problemkonkurrenz (gibt es Übereinstimmung mit der Problemwahrnehmung beteiligter Fachkräfte?) und Hilfe- und Veränderungsakzeptanz (besteht Bereitschaft, Hilfeangebote zu nutzen?) (Balloff 2021, Trenczek u.a. 2017).

Wenn das Verbleiben des Kindes bei den Pflegeeltern als das geringere Schadensrisiko erscheint, sind die personalen Dispositionen der leiblichen Eltern weniger bedeutsam. Eine häufig genutzte Variante, sie auf Umwegen dennoch zum Thema zu machen, ist die Diskussion jener Gründe, die ehemals zur Herausnahme der Kinder aus der Familie der leiblichen Eltern führte. Diese Gründe sind sehr vielfältig. Teilweise stehen nicht oder nicht direkt verschuldete Notlagen, Krankheiten, Überlastungen oder Unreife im Mittelpunkt, teilweise verwerfliche Handlungsweisen. Sie waren schon Grundlage von Entscheidungen (z.B. Herausnahme, Entzug der elterlichen Sorge oder des Aufenthaltbestimmungsrechts). Sie als „Schuldfrage“ erneut aufzuwerfen und mit den Herausgabeansprüchen zu verknüpfen, ist unangemessen, weil vergangenheitsorientiert (s.o.). Es ist besonders dann kaum sinnvoll, wenn besser mit der Kindeswohlgefährdung durch Trennung aus inzwischen gewachsenen Bindungen argumentiert werden kann. Verständnis für die leiblichen Eltern, Bemühen um transparente und nachvollziehbare Entscheidungen und Begründungen, Vermitteln von Wissen über die Folgen für das Kind können wenig zweckdienliche Konfrontationen ersetzen. Es wird auch leichter sein, die Eltern zu verantwortungsvollem Handeln zu veranlassen, indem sie die Interessen des Kindes höher bewerten als „ihr Recht“. Das gilt auch für die Anwendung des § 1666 Abs. 1 BGB auf den Fakt des Sorgerechtsmissbrauchs durch die mögliche Gefährdung des Kindeswohls mit dem Herausgabeverlangen. Der zusätzliche Nachweis elterlichen Fehlverhaltens in den Einzelformulierungen des § 1666 Abs. 1 BGB sollte nachgeordnet sein. Bei renitentem Beharren auf kindeswohlschädliche Ansprüche gehört allerdings dazu, fehlende Voraussetzungen bei den leiblichen Eltern klar zu benennen. Die Gesamtheit dieser Faktoren mündet in den Befund, dass Pflegekinder deutlich häufiger als Kinder in der Allgemeinbevölkerung klinisch relevante Auffälligkeiten im sozialen und emotionalen Bereich aufweisen (Köckeritz/Diouani-Streek 2019).

7.2.2.5 Personale Dispositionen bei den Pflegeeltern

Die gerade genannte Vorgehensweise wäre analog in Bezug auf die Pflegeeltern zu praktizieren, wenn sich die „Restbindungen“ an die leiblichen Eltern als stärker erweisen. Häufig geht es aber bei den Pflegeeltern eher darum, dass ihr sonst übliches kindeswohldienliches Verhalten unter den Stressbedingungen des langwierigen Herausgabekonfliktes labilisiert wird. So kann die Angstinduzierung zwischen Pflegeeltern und Kind z.B. zur Überbehütung des Kindes führen, die dann von Außenstehenden als Beweis für Neurotizismus der Pflegepersonen und die Richtigkeit des Herausgabeverlangens gewertet wird. Ähnlich wird geurteilt, wenn Trennungsängste des Kindes in aggressive Verhaltensweisen münden, insbesondere wenn sie sich auch gegen die Pflegeeltern richten und diese zu unbequemen Reaktionen zwingen. Es ist dann zuweilen schwer für Juristen wie Gutachter, zwischen solchen Sekundärwirkungen innerhalb sich selbst erfüllender Prophezeiungen und grob schädigendem Erziehungsverhalten zu unterscheiden. Übergreifend bedeutsam sind übereinstimmende Befunde einer Vielzahl von Studien, die belegen: Die Entwicklung sicherer Bindungen bei Pflegekindern wird gefördert durch sichere Bindungsrepräsentation und feinfühliges Verhalten der Pflegepersonen sowie einen strukturierten, haltgebenden autoritativen Erziehungsstil (Köckeritz 2021).

7.2.2.6 Das Verhältnis zwischen den leiblichen und faktischen Eltern

Neben der sozialen Kompetenz dieser Personen ist die Anlage der Pflegschaft ausschlaggebend. Die Wahrscheinlichkeit von Komplikationen wird schon dadurch gemindert, dass die zeitliche Perspektive klar definiert ist. Konfliktpotential besteht auch in Bezug auf die rechtlichen Entscheidungsbefugnisse der Pflegeeltern. Sie entsprechen nicht der übernommenen Verantwortung. Zwar steht ihnen nach einer Verbleibensanordnung die Alltagssorge gemäß § 1688 Abs. 1 BGB zu, allerdings birgt diese Begrenzung Probleme, wenn es um darüber hinausgehende Entscheidungen geht und Absprachen mit den Eltern notwendig sind. Werden solche Konflikte nicht gelöst, setzt die Pflicht zur Rechtsvorsorge des Familiengerichts ein, wenn nötig bis hin zur Einschränkung der elterlichen Sorge (s. o.).

Zu den diffizilen Themen gehört auch die Wohlverhaltenspflicht für alle Beteiligten. Loyalitätskonflikte des Kindes werden vermieden, wenn es nicht negativ beeinflusst wird, wenn gegenseitig akzeptierende Haltung dominiert, insbesondere bei den Pflegeeltern gegenüber den leiblichen Eltern, auch wenn die ihr Kind misshandelt haben. Voraussetzung ist, dass dabei eine nicht geheuchelte Fassade auch für das Kind leicht erkennbar ist.

7.2.3 Das Zeitproblem

7.2.3.1 Reale Dauer

Die meisten kritischen Punkte lassen sich unter dem Aspekt der Zeit differenzierter beurteilen. Als Indikator für entstandene Bindungen wird im Gesetzestext vor allem genannt, ob „das Kind seit längerer Zeit" in Familienpflege (§ 1632 Abs. 4 BGB) oder in einem Haushalt mit einem Elternteil, dessen Ehegatte oder Lebenspartner oder einer nach § 1685 Abs. 1 umgangsberechtigten volljährigen Person (§ 1682 BGB) gelebt hat. Dieses Kriterium der Dauer zu nutzen, ist besser, als keines zu haben, zumindest so lange, wie nicht undifferenziert damit umgegangen wird. Mindestens zwei immanente Fehlerquellen sind zu beachten: zu übersehen, dass die Pflegedauer nur einen eingeschränkten Vorhersagewert für Bindungen hat und dass es auf die subjektiven Zeitvorstellungen des Kindes ankommt.

Zur ersten Fehlerquelle: Einerseits können Bindungen schon nach einigen Wochen ausgeprägt sein, andererseits ist eine längere Zeit der Pflege kein Garant dafür. Erst wenn auch Intensität und Qualität der Beziehung kindlichen Bedürfnissen entsprechen, kann indirekt geschlussfolgert werden, dass mit der Dauer der Beziehung die Wahrscheinlichkeit einer schützenswerten Bindung steigt. Es geht um Wahrscheinlichkeiten, keine mechanischen Wenn-dann-Beziehungen.

Je kürzer die Pflegedauer, desto notwendiger und zugleich komplizierter ist es, all jene Kriterien auf die Konstellation des Einzelfalles anzuwenden, die weiter oben dargestellt wurden. Der steigende Komplikationsgrad führt zu dem Bedürfnis nach Richtwerten im Sinne von Maximalzeiten der Beziehungsdauer.

Damit sind wir bei *der zweiten Fehlerquelle:* Wenn es auch im § 1632 Abs. 4 BGB nicht ausdrücklich genannt ist, so muss doch davon ausgegangen werden, dass die objektive, messbare Zeit gemeint ist. Von größerer Evidenz ist aber die subjektiv erlebte Zeit, das Zeitempfinden des Kindes (Goldstein u.a. 1991). Es unterscheidet sich von dem Erwachsener, ändert sich mit dem Alter des Kindes und ist in Relation zur bisherigen Lebenszeit eines Kindes zu sehen.

7.2.3.2 Erlebte Zeit

Hier gilt es, den in *Kapitel 2.3.2.5* nachgewiesenen Zusammenhang zwischen Bindungen und Zeiterleben des Kindes auf die Herausgabeproblematik anzuwenden. *Der Kern der Argumentation zu diesem Zusammenhang ist*: Das kindliche Zeiterleben ist gebunden an die Geschwindigkeit von Bedürfnisbefriedigung, die das Kind als notwendig bzw. angenehm empfindet. Der Zeitraum, der dafür zur Verfügung steht, dass ein Kind seine Bedürfnisse adäquat und stabil befriedigt sieht, ist umso kürzer, je jünger das Kind ist. Es ist ein sinnvoller Schutzmechanismus, dass erst allmählich die Fähigkeit zum Bedürfnisaufschub entsteht und sich damit die erforderliche Geschwindigkeit der Bedürfnisbefriedigung mindert. Die schnellere Bedürfnisbefriedigung ermöglicht – als eine psychologische Folge – beschleunigte Entstehung von Bindungen. Der notwendige Zeitraum zur Entstehung von Bindungen ist umso kürzer, je jünger ein Kind ist. Umgekehrt gehen die Entfremdung und der Abbau von Bindungen umso schneller, je jünger ein Kind ist. Auch inadäquate und instabile Bedürfnisbefriedigung, z.B. durch Wechsel und Trennung von Bindungspersonen, führt umso schneller zu Folgeschädigungen, je jünger das Kind ist.

Für das subjektive Zeitempfinden bedeutet das: Ein Monat Bindung oder Trennung ist für ein zweijähriges Kind „länger“ als für ein zwölfjähriges Kind und bedeutet mehr psychischen Aufwand (Bindungssicherung durch Bindungsverhalten oder Trennungsstress) und hat mehr psychische Folgen. Oder: Für ein zweijähriges Kind erscheint z.B. ein Monat Trennung der gleiche Zeitraum wie ein halbes Jahr bei einem zwölfjährigen, weil die psychische Anstrengung zur Stressbewältigung vergleichbar ist. Oder: Für ein zweijähriges Kind wäre eine sechsmonatige Pflegedauer nicht nur ein Viertel seiner Lebenszeit, sondern würde – wenn man die ersten sechs Monate als „sichere Phase“ außer Acht lässt – ein Drittel der „bindungsfähigen“ Zeit umfassen. Es sind deshalb intensivere Bindungen entstanden und stärkere Trennungsschäden zu erwarten als bei einem achtjährigen Kind.

Dies berechtigt insgesamt zu der Regel: *Je jünger ein Kind ist, desto kürzer ist jener Zeitraum der Pflegschaft, der berechtigt, auf die Entstehung von Bindungen zu schließen, die ohne Schadensrisiko nicht mehr aufzuheben sind.* Jedwede Festlegung auf konkrete „Maximalzeiten" für bestimmte Altersstufen ist mit dem Hinweis auf die Besonderheiten der Einzelfallkonstellation leicht zu relativieren. Dies ist auch dem einzigen vorliegenden Vorschlag (Goldstein u.a. 1982) reichlich widerfahren, dennoch gilt er oft als Maßstab. In ihm werden „Maximalzeiten" zur gesetzlichen Regelung empfohlen, „über die hinaus die Annahme unvernünftig wäre, dass die verbleibenden Bindungen eines Kindes an seine abwesenden Eltern wichtiger wären als jene Bindungen, die sich zwischen ihm und seinen langzeitigen Betreuungspersonen entwickelt haben: a) zwölf Monate bei einem Kind, das zum Zeitpunkt der Unterbringung bis zu drei Jahre alt war; b) vierundzwanzig Monate bei einem Kind, das zum Zeitpunkt der Unterbringung über drei Jahre alt war" (Goldstein u.a. 1982, 47). Es ist leicht erkennbar, dass dieser Maßstab tatsächlich je nach den Besonderheiten des Einzelfalles „hart" oder „weich" sein kann, weswegen er nicht von der Prüfung dieser Besonderheiten befreit. Weil die Gefahr besteht, dass solche Fristen zu starren Schemata verführen, erscheint letztlich die Intention des Gesetzgebers plausibel, es bei dem unbestimmten Rechtsbegriff der „längeren Zeit" zu belassen.

7.2.4 Prävention von Zeitproblemen – Verbleiben, Rückkehr, Dauerpflege

Zeitprobleme werden am ehesten vermieden, wenn möglichst schnell Schwebezustände beseitigt werden. Dem stehen meist Mängel in institutionellen Abläufen oder im Handeln Verantwortlicher entgegen. Beispielhaft wird auf zwei solcher Mängel eingegangen, den Zeitverbrauch für Entscheidungen und die fehlende Festlegung von Zeitperspektiven für Pflegschaften.

Zum Zeitverbrauch: Je länger institutionelle Prozeduren wie gerichtliche Entscheidung oder Begutachtung dauern, desto höher wird die Wahrscheinlichkeit von Bindungen, hier an die Pflegeeltern. Diese Bindungen gehören dann wiederum als Hauptbestandteil des Kindeswohls zu einem Rechtsgut, das zu schützen ist. Das gilt übrigens auch für die daraus erwachsenden Grundrechte der Pflegeeltern zumindest im Sinne des §6 Abs. 1 u. 3 GG. Infolge des Ausbleibens einer Entscheidung verändern sich der Entscheidungsgegenstand und der Handlungsbedarf. Es wird zu einem Zustand beigetragen, d.h. zu Bindungen des Kindes, deren spätere Auflösung dann zunehmend Schädigungsrisiko bedeutet.

Unangemessen und oft tragisch verlaufen auch jene Fälle, in denen Pflegeverhältnisse durch inkompetente Entscheidungen ungerechtfertigt verlängert und damit verfestigt und gar korrespondierende Umgangsregelungen mit den Eltern verhindert worden sind. Es wird dann meist übersehen, dass die Bedingungen und Absichten zum Zeitpunkt der Fremdplatzierung mit zunehmender zeitlicher Distanz an Bedeutung verlieren gegenüber den inzwischen entstandenen Bindungen.

Ein Ausweg aus dieser Misere besteht in der Befristung von Bearbeitungszeiten, in solchen Fällen auf einen Monat. Diese müssten dadurch flankiert werden, dass eine schnelle Einholung psychologischen Sachverstandes gesichert wird, z.B. durch eine Regelung von Sofort-Begutachtung, die vertraglich abgesichert und abrufbar ist und zu einstweiligen Kurzgutachten führt. Diese können – wenn nötig – durch nachträgliche gründliche Begutachtung ergänzt werden. Eindeutig hat das Bundesverfassungsgericht festgestellt, dass strittige Rechtsverhältnisse in kindschaftsrechtlichen Verfahren „in angemessener Zeit“ zu klären sind und dass dabei das kindliche Zeitempfinden in seiner Unterschiedlichkeit zum Zeitempfinden eines Erwachsenen einzubeziehen ist (BVerfG, 1 BvR 661/00 vom 11.12.2000, Abs. 11, 15, http:\\www.bverfg.de). Außerdem gilt das Vorrang- und Beschleunigungsgebot (§ 155 FamFG) soweit Familiengerichte gemäß § 8a Abs. 2 S. 1 SGB VIII, § 157 FamFG beansprucht sind.

Zur Festlegung der Zeitperspektiven von Pflegschaften: Je klarer im Vorfeld aus dem Zweck der Pflege die zeitliche Perspektive abgeleitet ist, desto weniger Chancen sind für die Entwicklung jener Dramatik gegeben, die mit dem Zeitproblem verbunden sein kann. Es kann gemäß § 33 S. 1 SGB VIII entweder, verbunden mit „zeitlich befristeter Erziehungshilfe“, angestrebt werden, dass das Kind wieder in seinem Herkunftsmilieu leben kann, oder „eine auf Dauer angelegte Lebensform“ angezielt werden. Dies entspricht der völkerrechtlichen Ausgangslage, denn nach Art. 20 Abs. 1 UN-Kinderrechtskonvention gilt für Pflegekinder, dass sie „vorübergehend oder dauernd aus ihrer familiären Umgebung herausgelöst“ werden. Das bedeutet Gleichwertigkeit der Optionen „vorübergehend oder auf Dauer“.

Zugleich sollte die eindeutige Unterscheidung eigentlich ermöglichen, zeitig und klar erkennbar für alle Beteiligten die Familienpflege als Provisorium oder als endgültige Lösung zu definieren. Es sollte selbstverständlich sein, Rückkehroptionen klar zu formulieren oder auszuschließen. In diesem Sinne hat das Bundesverfassungsgericht mehrfach festgestellt (BVerfG 1 BvR 335/12 vom 29.11.2012): Art. 6 Abs. 2 S. 1 GG verpflichtet die staatlichen Behörden anzustreben, die institutionell auf Zeit angelegten Pflegeverhältnisse nicht so zu verfestigen, dass die leiblichen Eltern mit der Weggabe ihres Kindes in nahezu jedem Fall den dauernden Verbleib des Kindes in der Pflegefamilie oder -einrichtung befürchten müssen.

Insofern vom Vorrang der Rückkehroption die Rede ist, muss gewährleistet sein, dass die Rückkehr innerhalb eines für den jungen Menschen vertretbaren Zeitraums geschieht, dass die Erziehungsbedingungen in der Herkunftsfamilie verbessert worden sind und massiver Widerstand des Kindes nicht dagegen steht.

Die Nachteile fehlender zeitlicher Perspektiven liegen auf der Hand. Der Druck, der davon ausgeht, dass leibliche Eltern jederzeit die Herausgabe anstreben können, verursacht permanente Verunsicherung und Konkurrenzsituation. Es macht den Pflegeeltern die menschlich sowieso fragwürdige, aber gesetzgeberisch z. B. in § 37 Abs. 1 SGB VIII anvisierte Aufgabe zusätzlich schwer, durch Zusammenarbeit dazu beizutragen, sich selbst zur Durchgangsstation zu machen. Es wäre interessant zu untersuchen, welche Motivation Pflegefamilien haben, mit dieser Aufgabe problemlos umzugehen, und was das für das Kind bedeutet. Andererseits liegen vielleicht auch hier Ursachen dafür, dass nach van Santen (2017) immerhin 10% der Pflegeeltern das Pflegeverhältnis abweichend vom Hilfeplan beenden. Aber auch aus der Sicht der leiblichen Eltern kann eine fehlende zeitliche Perspektive zu Kränkungen durch misslungene Rückführungsversuche, zum Kampf um vermeintlich verwehrte Rechte und zu Konkurrenzverhalten führen.

Interessante Anregungen für rechtspolitische Überlegungen in Deutschland ergeben sich bei einem Blick auf die internationale Forschung und Praxis im Rahmen von „Permanency Planning“ bzw. „Concurrent Planning“ vor allem in den USA. Bestandteil einer Rechtsreform („Adoption and Safe Family Act“ – ASFA) Ende der 1990er Jahre für mehr Sicherheit und Kontinuität von Pflegekindern und zur Vermeidung von Überlängen und Schwebezuständen während der Unterbringung sind zeitliche Befristungen für die Rückführung bzw. die Festlegung einer dauerhaften Lebensperspektive in einer Ersatzfamilie: 1. Zwölf Monate ab Eintritt des Kindes in die Fremdpflege für die Vorlage eines Kontinuität sichernden Hilfeplan („Permanent Plan") bei Gericht. 2. Wenn ein Kind innerhalb der letzten 22 Monate mindestens 15 Monate nicht in der Herkunftsfamilie, sondern in Pflege gelebt hat, haben die Sozialbehörden eine Prüfung des Elternrechts durch das Gericht zu verlangen („Termination of Parental Rights"). Zugleich wurden die Anforderungen an behördliche Berichte bezüglich des Hilfeverlaufs erhöht. „Permanency Planning" beginnt am Tag der Inobhutnahme und ist auf eine angemessen zeitnahe Entscheidung ausgerichtet (ausführlich Diouani-Streek 2014).

Eine gewisse Relativierung der Problematik ergibt sich daraus, dass nach einer Übersicht von van Santen u.a. (2021) Dauerpflegeverhältnisse vor allem in der Fremdpflege nur begrenzt von Dauer sind. 63% dieser Pflegeverhältnisse (ohne Zuständigkeitswechsel) wurden zwei Jahre nach Beginn beendet (bei Verwandtenpflege etwa 40%). Nach einem Jahr Verweildauer wurde bereits mehr als die Hälfte de Fremdpflegeverhältnisse beendet (bei Verwandtenpflege etwa ein Viertel). Zu berücksichtigen ist auch, dass die Dauer des Verbleibs in einer Pflegefamilie ganz unterschiedliche Gründe haben kann. Es müssen nicht nur optimale Bedingungen sein. Das Verbleiben kann als die günstigere Alternative angesehen werden oder es geht um (Über-)Anpassung an die Situation.

7.2.4.1 Zweck verhält sich zu Dauer wie Inhalt zu Form – Maßnahmen

Fristen allein sind lediglich Formen ohne Inhalt. Erst die Kombination von Aufgabe und Frist, von Zweck und Dauer der Pflege, von Rechten und Pflichten der Beteiligten – z.B. im Rahmen der §§36–39 SGB VIII als Vereinbarung oder als Pflegevertrag – verhindert unprofessionelles Vorgehen im Sinne von „Versuch und Irrtum".

Eine fehlende zeitliche Perspektive ist ein Symptom für ungenügende Situationsanalyse und Entscheidungsvorbereitung durch die beteiligten Institutionen, z.B. bezüglich der Chancen und Wege der Restabilisierung der Herkunftsfamilie und der Konsequenzen für institutionelles Handeln. Wenn befristete Vollzeitpflege beschlossen wird, so müssen die Zeiträume in adäquatem Verhältnis zur wahrscheinlichen Entstehung von Bindungen des Kindes zu den Pflegeeltern stehen. Für die Mehrzahl der Fälle wäre es sinnvoll, zumindest für jüngere Kinder, sechs Monate als die längste zulässige Zeit einer befristeten Vollzeitpflege gelten zu lassen. Nur bei sinnvoller Begründung ist eine einmalige Verlängerung zu gestatten, um „Kettenpflegeverträge" zu vermeiden, mit denen in Entscheidungsnotwendigkeiten ausgewichen wird und Kontinuitätsbedürfnisse bereits beeinträchtigter Kinder missachtet werden. In diesem Sinne wird mit BGH-Beschluss vom 29.9.2021 (XII ZB 300/21, im Anschluss an BGH v. 21.4.2021 – XII ZB 520/20, FamRZ 2021, 1242,) verlangt, dass das Gericht, wenn es die Höchstfrist von einem Jahr nach §329 Abs. 1 S. 1 FamFG festsetzen möchte, begründen muss, warum es genau diese Dauer wählt, ohne sich dabei lediglich auf einen gesetzlichen Rahmen zu beziehen.

Für die leiblichen Eltern können dabei Hilfestellungen wie die Vermittlung sozialer Dienste oder qualifizierte Hilfepläne nach dem SGB VIII wichtig sein. Beim Erstellen solcher Hilfepläne kann es durchaus sinnvoll sein, die Pflegeeltern einzubeziehen. Das ist oft nicht nur für die Effektivität des Hilfeplans von Nutzen, sondern auch für das Rollenverständnis der Pflegeeltern. Für diese ist bei befristeter Vollzeitpflege die Orientierung darauf wichtig, dass sie die leiblichen Eltern auf Zeit ergänzen oder vertreten sollen und dass es nicht ihre Aufgabe ist, dem Pflegekind eine neue Familie zu geben.

Die heikelste Frage dabei ist, ob Pflegeeltern unter diesen Umständen Bindungen fördern, dulden oder vermeiden sollen. Hier gibt es zwei gegensätzliche Auffassungen. Die erste lautet, die Pflegeeltern sollten weder im Kind noch in sich selbst Bindungen fördern, das Kind solle mittels Umgang seine Bindungen zu den leiblichen Eltern haben (Ell 1990). Die zweite Auffassung lautet, das Kind werde geschädigt, wenn es emotional auf Distanz gehalten werde und keine Gelegenheit habe, Bindungen aufzubauen (Schaffer 1992). Die erste Auffassung wäre zu favorisieren, solange ein Pflegeverhältnis zeitlich vernünftig begrenzt ist und die Beziehungen zu den leiblichen Eltern bestehen bleiben. Die Begründung liegt aber nicht in der Gewährleistung des Elternrechts, sondern in der Sicherung des Kindeswohls. Je länger aber die Befristung währt oder sich die faktische Pflegedauer ausdehnt, desto mehr wächst das Schadensrisiko und damit ein klassisches Pflegedilemma. Bindungen sind dann nur mit immer drastischeren Mitteln abzuwehren, was nicht kindeswohldienlich sein kann. Die bewusste Distanzierung der Pflegeeltern zum Kind würde zu emotionalen Irritationen, zu Labilisierungen von Selbstwertgefühl und Selbstwirksamkeit oder zu unsicheren Bindungen beim Kind und damit zu Stress für Pflegekind und -eltern führen. Dieselben Effekte können aber eintreten, wenn Beziehungen zum Kind aufgebaut werden – die häufigere, weil „natürliche“ Variante bei längerer Pflegedauer – und dann mit Trennung der Bindung enden.

Allerdings liegen die Risiken auch im rivalisierenden und konfliktverschärfenden Verhalten der leiblichen Eltern und der Pflegeeltern. Ansonsten könnte mehr auf die Fähigkeit des Kindes vertraut werden, Bindungen zu mehreren Personen zu haben. Kinder können bei synchroner sowie sensibler Vorgehensweise zu einem Wechsel im Schwerpunkt der Bindungen geführt werden. Dadurch kann das Schadensrisiko wenigstens deutlich gemindert werden. Dies hat nichts zu tun mit der zuweilen vertretenen Annahme, Kinder seien leicht umzugewöhnen. Es liegt die Gefahr sehr nahe, dass die Umgewöhnung auf das Abgewöhnen entstandener Bindungen hinausläuft. Auch hier sind aber erst die Art der Bindung und der Wille des Kindes sowie die personalen Dispositionen zu beurteilen. Aus ihnen können Schlussfolgerungen auf die Chancen oder Risiken der Umgewöhnung abgeleitet werden. Diese Reihenfolge umzukehren gleicht der Annahme, die Verletzungen eines aus dem Fenster Gestoßenen würden schnell verheilen, ohne zu wissen, wie hoch das Fenster liegt und welche Verletzungen eintreten werden.

Im Falle der Dauerpflege ohne Rückkehroption gelten unter anderen Prämissen die gleichen Prinzipien bezüglich klarer Vereinbarungen, bezüglich der Einheit von Zweck und Dauer und der eindeutigen Information der Beteiligten. Das Hauptgewicht der Information der leiblichen Eltern liegt darauf, Illusionen zu vermeiden und die zu erwartenden Verläufe der Bindungsentstehung und ihre Bedeutung für das Kindeswohl darzustellen, um eine einverständliche, von den Eltern mitgetragene Regelung zu erreichen.

7.2.5 Umgang

Die Umgangsregelung des § 1684 BGB ist vor allem auf Umgangskonflikte zwischen Eltern ausgerichtet, weniger auf Umgangskonflikte in Bezug auf Kinder, die bei Pflegeeltern oder im Heim leben. Diese haben aber meist eine unterbrochene, eine negative oder gar keine Beziehung zu den Eltern. Notsituationen und Gefährdung haben zu Fremdplatzierung geführt. Deshalb ist bei Pflegekindern in besonderem Maße jeweils fallspezifisch zu prüfen, ob und inwieweit die gesetzliche Vermutung des § 1626 Abs. 3 BGB zutrifft, dass der Umgang des Kindes mit seinen Eltern dem Kindeswohl dient.

Zu den obligatorischen Prüffragen gehört, ob die Vorgeschichte in der Herkunftsfamilie zur Traumatisierung des Kindes geführt hat oder nicht, ob eine Rückkehroption besteht oder nicht.

Bei bestehender Rückkehroption, bei Verläufen ohne traumatisierende Erfahrungen des Kindes, bei passageren Vorfällen, wie z. B. krankheitsbedingtem Ausfall der Eltern, kann dem Umgang sogar zentrale Bedeutung zukommen. Hier würde dann gelten, dass die Chancen einer Rückkehr umso größer sind, je häufiger der Umgang ist, weil er die bevorstehende Übernahme elterlicher Verantwortung vorzubereiten hilft. Besonders in diesen Fällen wird der Herausgabestreit oft schon durch eine angemessene Regelung des Umgangs beseitigt.

Wenn aber traumatisierende Erfahrungen eine Rolle gespielt haben, können diese nicht außer Acht gelassen werden. Je schwerer Kinder bereits beeinträchtigt sind, desto eher kann die Durchsetzung von Umgang zum Risikofaktor werden. Mit höherer Wahrscheinlichkeit werden die Stressressourcen betroffener Kinder erschöpft und die Eltern überfordert. *Deshalb sind, bevor Umgang angeordnet wird, auch immer folgende Fragen zu beantworten:*

- Können sich die Gründe für die frühere Fremdplatzierung auf die Umgangsgestaltung auswirken? Wenn ja, wie?
- Birgt der Umgang die Gefahr der Retraumatisierung? Können Bindungen zu früher traumatisierenden Personen reaktiviert werden?
- Bieten umgangsbegleitende Maßnahmen hinreichenden Schutz vor solchen Gefahren?
- Sind die Eltern den Anforderungen gewachsen, mit dem konkreten Kind angemessene Beziehungen zu realisieren?
- Gibt es Hinweise auf Verantwortungsübernahme durch die früher traumatisierenden Personen und akzeptierendes Erleben des Kindes?
- Wird das Kind traumatherapeutisch behandelt und kann dadurch Umgang kontraindiziert sein?

Zu den besonders heiklen Problemen gehört der Kontakt des Kindes zu den leiblichen Eltern bei Dauerpflege. Auch dazu gibt es zwei gegensätzliche Positionen. Die Befürworter eines strikten Ersatzfamilienkonzepts fordern, dass die oft traumatisierenden Beziehungen der leiblichen Eltern zum Kind konsequent durch entwicklungsfördernde Beziehungen zwischen Pflegeeltern und -kind ersetzt werden. Die Gegenposition plädiert dafür, im Sinne von doppelter Elternschaft die Beziehungen zu den Herkunftseltern zu erhalten, oft sogar unabhängig von deren Qualität. Dabei wird zuweilen gar nicht mit dem Kindeswohl, sondern mit dem Elterninteresse argumentiert. Die Extrempositionen in der Auffassung der Pflegefamilie als Ersatz oder als Ergänzung der Herkunftsfamilie sind nicht mehr aktuell und handlungsleitend. Auch im SGB VIII wird entsprechender Schematismus vermieden, „die unterschiedlichen Veränderungspotentiale der Herkunftsfamilien, die Psychodynamik der Pflegeverhältnisse [...] verbieten jegliche kategorische, von vornherein festgelegte Dogmatisierung und Rubrizierung" (Salgo/Lack 2013 FN 1352). Entsprechend sind die Schlussfolgerungen für die Regelung von Umgangskontakten.

Eine klare Orientierung erfolgt in der Rechtsprechung des Bundesverfassungsgerichts (1 BvR 335/12 vom 29.11.2012). Es wird argumentiert, die Rechtfertigung einer Einschränkung oder eines Ausschlusses des elterlichen Umgangsrechts setzt im Falle eines in einer Pflegefamilie untergebrachten Kindes voraus, dass der Schutz des Kindes dies nach den konkreten Umständen des Einzelfalls erfordert, um eine konkrete Gefährdung seiner seelischen oder körperlichen Entwicklung abzuwehren (s. auch EGMR, Entscheidung vom 25. September 2007 – 13301/05 –, B. v. Deutschland, Rn. 30, juris). Umgang soll also nur dann eingeschränkt oder ausgeschlossen werden, wenn Gefährdungslage und Schutzbedarf des Kindes dies erfordern.

Liegt kein Schutzbedarf vor, wird der Wille des Kindes zu einem wichtigen Kriterium, einem Kriterium, das zuverlässiger ist als die beteiligten Erwachseneninteressen. Deshalb ist es wichtig, den Kindeswillen über Anhörung und psychologische Gutachten differenziert zu erkunden. Ausdrücklich wird in der Rechtsprechung des Bundesverfassungsgerichtes darauf hingewiesen, dass „gegebenenfalls auch der dem Umgang entgegenstehende Wille des Kindes und die Folgen eines gegen diesen Willen angeordneten Umgangs nicht außer Betracht bleiben dürfen; so kommen eine Einschränkung oder der Ausschluss der Umgangsbefugnis insbesondere in Betracht, wenn das Kind dies aus ernsthaften Gründen wünscht und ein erzwungenes Umgangsrecht das Kindeswohl beeinträchtigen würde" (1 BvR 335/12 vom 29.11.2012).

Den Stellenwert des Kindeswillens bei Ausschluss des Umgangsrechts leiblicher Eltern mit ihrem in einer Pflegefamilie untergebrachten Kind hat das Bundesverfassungsgericht in folgendem Fall klargestellt (BVerfG, Beschl. vom 29.11.2012 – 1BvR 335/12, BeckRS 2013, 46036): Ein elfjähriges Mädchen wurde kurz nach der Geburt bei den Pflegeeltern untergebracht und hatte eine „intensive, liebevolle und emotional tragfähige Bindung zu seiner Pflegefamilie aufgebaut". Es lehnte den Umgang mit den Eltern ab. Außerdem war festgestellt worden, dass die Eltern während der Umgangstermine durch massive Beeinflussung des Kindes gegen die Pflegeeltern ihren Wunsch nach Rückkehr des Kindes eingebracht und eine psychische Destabilisierung des Kindes verursacht haben. Interessanterweise ließ das Bundesverfassungsgericht offen, inwieweit sich daraus eine konkrete, zuverlässig feststellbare Kindeswohlgefährdung ergibt. Als entscheidend für den Umgangsausschluss wurde vielmehr der entgegenstehende Wille des Kindes beurteilt. Dieser wurde als stabil und nachhaltig und als Ausdruck einer autonomen Entscheidung eingeschätzt. Eine Überwindung dieses Kindeswillens sei „zurzeit nicht ohne Schäden möglich". Jede Form des Umgangs sei deshalb „für das Kind konkret gefährdend". Hier wird also der Kindeswille als zentral bedeutsam eingeordnet, wenn es darum geht, den unbestimmten Rechtsbegriff der Kindeswohlgefährdung zu spezifizieren.

Wenn Pflegekinder Umgang mit ihren leiblichen Eltern ablehnen, wirken einerseits viele jener Motive, die für Kontaktablehnung von Kindern allgemein gelten. Andererseits kommen spezifische Motive hinzu. So können die Kontaktversuche der leiblichen Eltern vom Kind als der Anfang eines Verlaufs wahrgenommen werden, der wiederum mit Verlust endet, diesmal mit der Trennung von der Pflegefamilie als sicherem Lebensmittelpunkt. Rationale Gegenargumente sind hier weniger handlungsleitend als entsprechende Erfahrungen des Kindes.

Umgekehrt ist zu prüfen, ob die Zustimmung zum Umgang selbstgefährdend ist. Das gilt z.B., wenn eine Angstbindung eines traumatisierten Kindes Grundlage ist.

Die Ambivalenz der Umgangsproblematik zeigt sich in der Vielfalt der Pro- und Kontra-Argumente. Kontakte können für Kinder hilfreich sein, um Ängste und Schuldgefühle zu überwinden, meinen Befürworter. Die Eltern-Kind-Beziehung könnte erhalten und die Rückkehr des Kindes ermöglicht werden, sofern dies erwogen wird. Ist dies nicht der Fall, werden Kontakte für geeignet gehalten, den Aufenthalt in der Pflegefamilie zu erleichtern. Immer wird dabei vorausgesetzt, dass Umgangskontakte angemessen gestaltet werden und das Kind nicht belasten.

Zu den Gegenmeinungen gehört: Herkunftseltern könnten Kontakte dafür nutzen, Kinder in der Zugehörigkeit zur sozialen Familie zu verunsichern, z.B. durch Rückführungsversprechen. Oder sie könnten durch liebevolle Zuwendung und maßloses Schenken Kinder zu einem idealisierten Elternbild oder gar zur Selbstattribuierung von Schuld an der Trennung verleiten. Umgekehrt könnten Kinder bei solchen Kontakten erneut durch Zurückweisung enttäuscht sowie in ihrer Stressresistenz und im Bindungsverhalten labilisiert werden. Die Möglichkeit einer Retraumatisierung sei immer zu bedenken. Immerhin gehört es zu den belegten Erfahrungen, dass Pflegeeltern nach Umgangskontakten von erhöhten Stressreaktionen von Kindern berichten (Ziegenhain u.a. 2014).

Jede gerichtliche Intervention sollte sich auf einen durch die Kinder- und Jugendbehörden erstellten Hilfeplan stützen können. Obligatorischer Bestandteil jedes Hilfeplans sollten konkrete Umgangsregelungen, wenn nötig auch Umgangseinschränkungen, einschließlich organisatorischer und materieller Sicherstellung des Umgangs sein.

In diesem komplizierten Prozess sind oft institutionelle Beratung und Hilfestellung dringend erforderlich. Je mehr dabei die Integration des Kindes in die Pflegefamilie und die Bindungen durch schädliches Verhalten und Herausgabeverlangen seitens der leiblichen Eltern gefährdet werden, desto mehr ist daran zu denken, das Auseinanderdriften von Sorgerechtszuordnung und realem Lebensmittelpunkt des Kindes zu beseitigen. Oft geht es aber um mildere Konfliktverläufe, in denen Beratungsbedarf besteht, weil Defizite in der Umgangsgestaltung der Eltern oder in der Beziehungsgestaltung durch die Pflegefamilie bestehen. Vor allem die wachsenden Bindungen zu den Pflegeeltern bewirken oft bei den leiblichen Eltern Konkurrenzverhalten, auf das wiederum die Pflegefamilie verunsichert reagiert. Das Ergebnis sind Loyalitätskonflikte von Kindern, die eigentlich abgestufte Bindungen bzw. Beziehungen zu mehreren Personen aufrechterhalten und regulieren können.

7.3 Herausgabeverlangen zwischen Eltern

Der klassische Fall des Herausgabekonflikts zwischen leiblichen Eltern und Pflegeeltern wurde hier genutzt, um die grundsätzliche psychologisch relevante Problematik und die Prinzipien der Beurteilung darzustellen. Sie ist begrenzt übertragbar auf andere Varianten des Herausgabe- oder Wegnahmeverlangens, vor allem die zwischen Elternteilen. Dies ist auch in der weitgehend identischen Formulierung der Gründe für eine Verbleibensanordnung in den §§ 1682 und 1632 Abs. 4 BGB erkennbar. Es spielen allerdings oft spezifische psychologische Zusammenhänge eine Rolle, die charakteristisch für die Sorgerechts- oder Umgangsproblematik oder die Adoption sind. Das Herausgabeverlangen eines Elternteils gegenüber dem anderen ist z.B. oft noch Bestandteil des Sorgerechtsstreits oder seiner Nachwehen. Soweit es kurz nach einer Trennung oder Scheidung bzw. Übertragung der Personensorge oder zumindest des Aufenthaltsbestimmungsrechts an einen Elternteil erhoben wird, liegen aktuelle Beurteilungen der psychologischen Sachverhalte u.a. zu den Bindungen und zum Willen des Kindes vor. Die kindeswohlbezogenen Erwägungen, die nun zur Entscheidung des Herausgabeverlangens notwendig sind, können unmittelbar daran anknüpfen, ohne etwa das alte Verfahren wieder aufzurollen. Soweit es um spätere Herausgabeansprüche geht, verschiebt sich das Schwergewicht auf die Prüfung inzwischen entstandener Bindungen und die Frage, ob Trennung oder Verbleiben die geringere Gefährdung des Kindeswohls ist. Wie beim klassischen Herausgabefall sind Qualität der Eltern-Kind-Beziehungen, Dauer des Aufenthalts beim nichtsorgeberechtigten Elternteil und personale Dispositionen beim Kind (s.o.) ins Verhältnis zueinander zu setzen. Mit wachsender Bindung wird auch hier zunehmend unerheblich, auf welchem Wege oder aus welchem Grund das Kind zu jenem Elternteil kam, der es nun herausgeben soll. Krankheit des sorgeberechtigten Elternteils oder Vernachlässigung – im Zentrum steht die am Kindeswohl orientierte Entscheidung zwischen den eingangs genannten beiden Hypothesen. Als Besonderheit kann gelten, dass – oft ungefähr gleich starke – Bindungen zu beiden Elternteilen bestehen oder dass eine schroffe Überdistanzierung zu einem und Überidentifizierung mit dem anderen Elternteil besteht – häufig ein Ergebnis von Beeinflussung. Das erfordert aber wiederum nur die bei Sorgerechtsentscheidungen üblichen psychologischen Analysen und psychodiagnostischen Anstrengungen.

Von zunehmender Häufigkeit wird im Rahmen gemeinschaftlicher elterlicher Sorge jener Fall sein, bei dem einer von zwei sorgeberechtigten Elternteilen gegen den Willen des anderen Elternteils das Kind zu sich nimmt. Auch dabei entstehen keine grundsätzlich neuen psychologischen Maßstäbe. Das Erfordernis, das Kind nicht ohne Prüfung möglicher Kindeswohlgefährdung rückzuführen, konkretisiert sich wiederum in der Berücksichtigung der hier diskutierten psychologischen Kriterien und Zusammenhänge.

8 Die Adoption Minderjähriger

8.1 Rechtliche Grundlagen

Wesentliche rechtliche Grundlagen für die Annahme Minderjähriger finden sich in den §§ 1741 bis 1772 BGB, den §§ 186 ff. FamFG im SGB VIII und im Adoptionsvermittlungsgesetz (AdVermiG).

Das familiengerichtliche Annahmeverfahren wird nach § 1752 BGB auf notariell beurkundeten Antrag des Annehmenden, der bedingungs- und befristungsfeindlich ist, eingeleitet. Die Rücknahme dieses Antrages ist bis zum Ausspruch der Annahme formlos möglich (Grüneberg 2022, § 1752 Rn. 6).

Ein Lediger kann das Kind nur allein annehmen (§ 1741 Abs. 2 S. 1 BGB). Ein Ehepaar kann das Kind nur gemeinschaftlich annehmen (§ 1741 Abs. 2 S. 2 BGB), es sei denn, dass ein Ehegatte das Kind seines Ehegatten annimmt (§ 1741 Abs. 2 S. 3 BGB) oder der andere Ehegatte das Kind nicht annehmen kann, weil er geschäftsunfähig ist oder das einundzwanzigste Lebensjahr noch nicht vollendet hat (§ 1741 Abs. 2 S. 4 BGB). § 1743 BGB regelt das Mindestalter der Annehmenden, hiernach muss ein Annehmender das fünfundzwanzigste, in den Fällen des § 1741 Abs. 2 S. 3 das einundzwanzigste, in den Fällen des § 1741 Abs. 2 S. 2 ein Ehegatte das fünfundzwanzigste und der andere Ehegatte das einundzwanzigste Lebensjahr vollendet haben.

Seit Inkrafttreten des Gesetzes zur Einführung des Rechts auf Eheschließung für Personen gleichen Geschlechts am 01.10.17 gelten die genannten Adoptionsvorschriften auch für gleichgeschlechtliche Ehepartner. Lebenspartnerschaften können seitdem nicht mehr begründet werden, bestehende können auf Wunsch beider Lebenspartner in eine Ehe umgewandelt werden (§ 20 a LPartG). Lebenspartner, die keine Ehe eingehen und ein Kind annehmen wollen, sind Ehepartnern im Adoptionsrecht nicht gleichgestellt. Nur ein Lebenspartner kann dann mit Zustimmung des anderen das Kind allein annehmen. Für den anderen besteht jedoch aufgrund der Entscheidung des Bundesverfassungsgericht vom 19.02.13 (1 BvL 1/11) die Möglichkeit der Sukzessivadoption (§ 9 LPartG).

Nach § 1746 BGB ist zur Annahme die Einwilligung des anzunehmenden Kindes erforderlich, das diese mit Zustimmung seines gesetzlichen Vertreters ab dem vierzehnten Lebensjahr selbst erteilen muss. Ist das Kind jünger, so erteilt die Einwilligung der gesetzliche Vertreter.

§ 1747 Abs. 1 BGB verlangt bei Adoption ferner die Einwilligung beider Herkunftseltern. Eine solche kann in der Regel frühestens acht Wochen nach der Geburt des Kindes erteilt werden. Dies dient dem Schutz der Mutter nach der Entbindung, gilt gleichermaßen aber auch für den sorgeberechtigten Vater. Die Adoption bedarf auch der Einwilligung des Vaters, der nicht Inhaber der Sorge ist, der diese nach § 1747 Abs. 3 Nr. 1 BGB bereits vor der Geburt erteilen kann.

Nach § 1747 Abs. 2 S. 2 BGB können die Eltern des Kindes in die Adoption nur in Bezug auf schon feststehende Annehmende einwilligen. Die notarielle Einwilligung ist aber auch dann wirksam, wenn die Abgebenden die schon feststehenden Annehmenden nicht kennen, sie wird dann bezüglich einer bestimmten Adoptionslistennummer der Adoptionsvermittlungsstelle erteilt. Dies macht die Inkognito-Adoption (§ 1758 BGB) möglich, bei der dem Abgebenden der Annehmende unbekannt bleibt (Grüneberg 2022, § 1747 Rn. 5).

In die Annahme eines Kindes durch einen Ehegatten allein muss nach § 1749 Abs. 1 BGB auch der andere Ehegatte einwilligen. Eine Einwilligung der schon vorhandenen Kinder des Annehmenden ist nicht erforderlich. Nach § 1745 BGB darf die Annahme aber nicht ausgesprochen werden, wenn ihr überwiegende Interessen der Kinder des Annehmenden entgegenstehen oder Interessen des Anzunehmenden durch Kinder des Annehmenden gefährdet werden.

Nach § 1750 BGB ist die Einwilligung notariell zu beurkunden, dem Familiengericht gegenüber zu erklären und mit Zugang wirksam und unwiderruflich. Eine Ausnahme bildet nach § 1750 Abs. 2 BGB die Einwilligung des Kindes, das das vierzehnte Lebensjahr vollendet hat; es kann diese nach § 1746 Abs. 2 BGB bis zum Wirksamwerden des Ausspruchs der Annahme gegenüber dem Familiengericht widerrufen. Einwilligungen können nicht unter einer Bedingung oder Zeitbestimmung erteilt werden. In der Praxis können die Abgebenden jedoch bestimmte Wünsche z. B. hinsichtlich der Konfession des Annehmenden äußern, die von den Adoptionsvermittlungsstellen berücksichtigt werden.

Wird der Adoptionsantrag zurückgenommen, die Annahme versagt oder wird das Kind nicht innerhalb von drei Jahren seit dem Wirksamwerden der Einwilligung angenommen, verliert die Einwilligung nach § 1750 Abs. 4 S. 1, 2 BGB ihre Kraft. Hat die Einwilligung eines Elternteils ihre Kraft verloren, so hat das Familiengericht nach § 1751 Abs. 3 BGB dem Elternteil die elterliche Sorge zu übertragen, wenn und soweit dies dem Wohl des Kindes nicht widerspricht.

Nach § 1748 Abs. 1 BGB kann das Familiengericht die verweigerte Einwilligung eines Elternteils auf Antrag des Kindes ersetzen. Das über 14-jährige Kind kann dies selbst mit Zustimmung des gesetzlichen Vertreters beantragen. Wird die Zustimmung versagt oder ist das Kind jünger, so kann bei massivem Interessengegensatz ein Ergänzungspfleger eingesetzt werden (Grüneberg 2022, § 1748 Rn. 13).

Das Familiengericht hat die Einwilligung eines Elternteils zu ersetzen, wenn dieser seine Pflichten gegenüber dem Kind anhaltend gröblich verletzt oder durch sein Verhalten gezeigt hat, dass ihm das Kind gleichgültig ist, und wenn das Unterbleiben der Annahme dem Kind zu unverhältnismäßigem Nachteil gereichen würde. Die Einwilligung kann auch ersetzt werden, wenn die Pflichtverletzung zwar nicht anhaltend, aber besonders schwer ist und das Kind voraussichtlich nicht mehr dauernd der Obhut des Elternteils anvertraut werden kann (§ 1748 Abs. 1 BGB). Bei Gleichgültigkeit, die nicht zugleich anhaltende gröbliche Pflichtverletzung ist, darf die Einwilligung nicht ersetzt werden, wenn der Elternteil nicht zuvor vom Jugendamt über Hilfsmöglichkeiten beraten und über die Möglichkeit der Ersetzung belehrt wurde und seit der Belehrung nicht mindestens drei Monate verstrichen sind. Die Belehrung ist nicht nötig, wenn der Elternteil unbekannten Aufenthaltes ist. Die Dreimonatsfrist beginnt dann mit den angemessenen Nachforschungen des Aufenthaltsortes durch das Jugendamt (§ 1748 Abs. 2 BGB). Die Ersetzung ist auch möglich, wenn ein Elternteil aufgrund schwerer psychischer Erkrankung oder besonders schwerer geistiger oder seelischer

Behinderung dauerhaft unfähig ist, das Kind zu pflegen und zu erziehen und das Kind bei Unterbleiben der Annahme nicht in einer Familie aufwachsen könnte und dadurch in seiner Entwicklung schwer gefährdet wäre (§ 1748 Abs. 3 BGB).

Da dem Vater, der zu keinem Zeitpunkt die elterliche Sorge und damit die Verantwortung für das Kind getragen hat, nicht ermöglicht werden soll, eine Adoption des Kindes allein durch sein Veto zu verhindern, kann dessen Einwilligung unter erleichterten Bedingungen ersetzt werden. Dies kann geschehen, wenn das Unterbleiben der Annahme dem Kind zu unverhältnismäßigem Nachteil gereichen würde (§ 1748 Abs. 4 BGB). Diesem Vater bleibt aber die Möglichkeit, die Alleinsorge für sein Kind nach § 1671 Abs. 2 BGB oder nach § 1626a Abs. 2 i.V. mit § 1671 Abs. 3 BGB zu erlangen. Auch wenn die bis dato alleinsorgeberechtigte Mutter bereits in die Adoption eingewilligt hat, muss über derartige Anträge des Vaters nach § 1747 Abs. 3 Nr. 3 BGB vorrangig rechtskräftig entschieden werden.

Das Familiengericht kann auch die Einwilligung eines Ehegatten eines Annehmenden auf Antrag des Annehmenden ersetzen, wenn nicht berechtigte Interessen des anderen Ehegatten und der Familie der Annahme entgegenstehen (§ 1749 Abs. 1 BGB).

Hat ein Elternteil seine Einwilligung in die Annahme erteilt oder ist sie ersetzt worden, ruht mit Ausnahme der Stiefkindadoption dessen elterliche Sorge und die Befugnis zum Umgang darf nicht mehr ausgeübt werden. Das Jugendamt wird bis zum Wirksamwerden der Annahme Vormund, sofern nicht der andere Elternteil die elterliche Sorge allein ausübt oder bereits ein Vormund bestellt ist (§ 1751 Abs. 1 BGB). Ist das Kind in der Obhut des Annehmenden, so ist dieser nun nach § 1751 Abs. 4 BGB unterhaltsverpflichtet.

Der Annahme soll nun eine angemessene Zeit der Pflege – Adoptionspflege – vorausgehen (§ 1744 BGB). In der Regel beträgt die Dauer der Adoptionspflege bei Fremdadoption etwa ein Jahr, Verwandten- oder Stiefelternadoptionen oder aber Adoptionen durch dem Kind bekannte Pflegeeltern bilden dagegen, wegen der bereits bestehenden Beziehung zwischen Kind und Annehmenden, Ausnahmen. Die Adoptionspflege ist also keine zwingende Voraussetzung und auch der Terminus „angemessene Zeit“ richtet sich nach dem Einzelfall und stellt keine starre Regelung dar (Grüneberg 2020, § 1744 Rn. 2). Für die Annehmenden gelten in dieser Zeit nach § 1751 Abs. 1 S. 4 BGB die Bestimmungen des § 1688 Abs. 1 und 3 BGB: Sie sind grundsätzlich berechtigt, in Angelegenheiten des täglichen Lebens zu entscheiden und den Inhaber der elterlichen Sorge in solchen Angelegenheiten zu vertreten. Sie können den Arbeitsverdienst des Kindes verwalten und Unterhalts-, Versicherungs-, Versorgungs- und sonstige Sozialleistungen für das Kind geltend machen und verwalten; für sie gilt auch die Notvertretungsklausel des § 1629 Abs. 1 S. 4 BGB. Dies gilt nicht, wenn der Inhaber der elterlichen Sorge – während der Adoptionspflege das Jugendamt - etwas anderes erklärt. Das Familiengericht kann die Befugnisse einschränken oder ausschließen, wenn dies zum Wohle des Kindes erforderlich ist.

Nach § 1741 Abs. 1 BGB ist die Annahme als Kind nur dann zulässig, wenn sie dem Wohl des Kindes dient und die Entwicklung eines Eltern-Kind-Verhältnisses zwischen dem Annehmenden und dem Kind zu erwarten ist. Diese Fragen sind durch das Familiengericht nach Ablauf der Adoptionspflege abschließend zu beantworten. Gibt es dem Adoptionsantrag des Annehmenden nach § 1752 Abs. 1 BGB statt, so wird dieser mit Zustellung nach § 197 FamFG unanfechtbar. Gegen den Zurückweisungsbeschluss ist befristete Beschwerde gemäß §§ 58, 63 FamFG möglich (Dutta u.a. 2022, § 197 Rn. 47).

Das adoptierte Kind erlangt bei Annahme durch zwei Ehegatten oder bei der Stiefkindadoption einschließlich der Sukzessivadoption die rechtliche Stellung eines gemeinschaftlichen Kindes, in allen anderen Fällen die rechtliche Stellung eines Kindes des Annehmenden (§ 1754 BGB). Auch zwischen dem adoptierten Kind und den Verwandten des Annehmenden, die kein Mitspracherecht bei der Annahme haben, entstehen damit Verwandtschaftsverhältnisse und daraus resultierende Rechtsansprüche, wie etwa Erb- und Unterhaltsansprüche.

Nach § 1755 Abs. 1 BGB erlischt mit der Annahme gleichzeitig das Verwandtschaftsverhältnis des Kindes und seiner Abkömmlinge zu seiner Herkunftsfamilie. Damit erlöschen auch alle Umgangsrechte. Dies betrifft nicht nur das der Eltern zum Kind, sondern etwa auch das der leiblichen Geschwister untereinander, wenn seitens der Eltern in die Annahme eines Kindes eingewilligt wird und ein anderes in der Herkunftsfamilie verbleibt (OLG Dresden, 21 UF 581/11 vom 12.10.11). Ferner erlöschen auch Erb- und Unterhaltsansprüche. Nicht berührt werden bis zur Annahme entstandene Ansprüche auf Renten, Waisengeld und andere entsprechende wiederkehrende Leistungen. Nimmt ein Ehegatte das Kind seines Ehegatten an, erlischt das Verwandtschaftsverhältnis des Kindes nur gegenüber dem anderen Elternteil und dessen Verwandten.

Nach § 1758 BGB dürfen zum Schutze der Annehmenden ohne Zustimmung der Annehmenden und des Kindes Tatsachen, die geeignet sind, die Annahme und ihre Umstände aufzudecken, nicht offenbart oder ausgeforscht werden (Inkognitoadoption). Dieses Ausforschungsverbot soll eine Kontaktaufnahme der Abgebenden zur Adoptionsfamilie verhindern und Störungen in der Entwicklung des Kindes vermeiden.

Nach § 1742 BGB kann ein angenommenes Kind, solange das Annahmeverhältnis besteht, bei Lebzeiten eines Annehmenden nur von dessen Ehegatten oder dessen Lebenspartner angenommen werden. Eine Zweitadoption ist nach dieser Bestimmung also nicht möglich. Annehmende können ihr Kind also nicht erneut zur Adoption freigeben.

In sehr eingeschränkten Fällen ist die Aufhebung des Annahmeverhältnisses möglich. Sie kann zum einen nach § 1760 BGB auf Antrag erfolgen, wenn die Annahme ohne Antrag des Annehmenden, Erklärung des Kindes oder Einwilligung der Eltern begründet worden ist oder unter rechtswidrigen Bedingungen erfolgte. Sie kann zum anderen während der Minderjährigkeit des Kindes von Amts wegen aufgehoben werden, wenn dies aus schwerwiegenden Gründen zum Wohle des minderjährigen Kindes erforderlich ist (§ 1763 Abs. 1 BGB). Dies ist selten der Fall, etwa wenn das minderjährigen Kind durch einen Adoptivelternteil körperlich misshandelt, sexuell missbraucht wurde, dieser einen verbrecherischen Lebenswandel führt oder den anderen Adoptivelternteil tötet (Krause 2010). Zur Ermittlung des Kindeswohls ist dann im Regelfall ein Sachverständigengutachten einzuholen (OLG Köln, 16 Wx 227/08 vom 12.01.09). Wurde das Kind von einem Ehegatten angenommen, so kann das Annahmeverhältnis auch zwischen dem Kind und einem Ehegatten aufgehoben werden (§ 1763 Abs. 2 BGB). *Das Annahmeverhältnis darf jedoch nach § 1763 Abs. 3 BGB nur aufgehoben werden, wenn:*

1. im Falle des Absatzes 2 der andere Ehegatte oder ein leiblicher Elternteil bereit ist, die Pflege und Erziehung des Kindes zu übernehmen, und wenn die Ausübung der elterlichen Sorge durch ihn dem Wohl des Kindes nicht widersprechen würde oder
2. wenn die Aufhebung eine erneute Annahme des Kindes ermöglichen soll.

Die örtliche Zuständigkeit des deutschen Familiengerichts richtet sich in Adoptionsverfahren nach dem gewöhnlichen Aufenthaltsort der oder eines Annehmenden (§ 187 Abs. 1 FamFG).

Es gilt der Amtsermittlungsgrundsatz, wonach das Gericht die zur Feststellung der Tatsachen erforderlichen Ermittlungen durchzuführen hat (§ 26 FamFG). Eine Entscheidungsgrundlage ist die vom Familiengericht nach § 189 FamFG einzuholende fachliche Äußerung der Adoptionsvermittlungsstelle darüber, ob das Kind und die Familie des Annehmenden für die Annahme geeignet sind. Das Familiengericht kann zur Entscheidungsfindung, aber auch durch die Beauftragung eines Sachverständigen, weiteres psychologisches Fachwissen hinzuziehen, wenn diese Sachkenntnis etwa zur Beurteilung der psychischen Gesundheit oder Belastbarkeit eines Adoptionsbewerbers und/oder des Entwicklungsstandes eines älteren Kindes und des sich daraus ergebenden Förderbedarfs für erforderlich gehalten wird (Bundesarbeitsgemeinschaft Landesjugendämter 2019).

Nach § 188 FamFG sind grundsätzlich der Annehmende, der Anzunehmende und die Eltern des anzunehmenden Kindes am familiengerichtlichen Adoptionsverfahren zu beteiligen. Die Abgebenden sind allerdings nicht zu beteiligen, wenn es sich um eine Inkognitoadoption handelt – hier ist die Einwilligung auch ohne Beteiligung wirksam – oder ein Elternteil zur Abgabe der Einwilligung dauerhaft außerstande ist, weil er geschäftsunfähig oder unbekannten Aufenthaltes ist.

Das Familiengericht hat den Annehmenden oder das Kind persönlich anzuhören, kann jedoch von der Anhörung des minderjährigen Kindes absehen, wenn Nachteile für seine Entwicklung, Erziehung oder Gesundheit zu befürchten sind oder wenn aus Altersgründen eine Aufklärung nicht zu erwarten ist (§ 192 Abs. 1 und 3 FamFG). Ist dies zur Wahrnehmung der Interessen eines Minderjährigen erforderlich, so hat das Familiengericht ihm einen Verfahrensbeistand zu bestellen (§ 191 FamFG).

Zentrale Vorschriften für die Tätigkeit der Jugendhilfe finden sich im SGB VIII und im AdVermiG. Zur Sicherung des Kindeswohls und zur Verhinderung von Kinderhandel unterstellt § 2 AdVermiG dabei die Adoptionsvermittlung staatlicher Aufsicht (Vermittlungsmonopol). Vermitteln können grundsätzlich das Jugendamt, das Landesjugendamt und freie Wohlfahrtsträger, ihnen angeschlossene Fachverbände und andere Organisationen, sofern diese von der zentralen Adoptionsstelle des Landesjugendamtes anerkannt sind. Die Adoptionsvermittlung darf nach § 3 AdVermiG dabei lediglich von geeigneten Fachkräften durchgeführt werden. Nicht autorisierten Personen ist die Adoptionsvermittlung dagegen nach § 14 AdVermiG bei Androhung einer Geldbuße untersagt. Auch in § 1741 Abs. 1 S. 2 BGB ist ein Passus enthalten, der dem Kinderhandel und vergleichbaren Praktiken entgegenwirken soll. Danach soll, wer an einer gesetzes- oder sittenwidrigen Vermittlung oder Verbringung eines Kindes zum Zwecke der Annahme mitgewirkt hat, ein Kind nur dann annehmen, wenn dies zum Wohl des Kindes erforderlich ist.

Die Frage einer möglichen Freigabe zur Adoption soll durch die Jugendhilfe mit den Eltern schon vor und während der Hilfeplanung einer langfristig zu leistenden Hilfe außerhalb der eigenen Familie geprüft werden (§ 36 Abs. 1 S. 2 SGB VIII). Ist eine nachhaltige Verbesserung der Erziehungsbedingungen in einer Herkunftsfamilie in einem im Hinblick auf die Entwicklung des Kindes vertretbaren Zeitraum nicht erreichbar, soll mit den Beteiligten eine andere, dem Wohl des Kindes förderliche und auf Dauer angelegte Lebensperspektive erarbeitet werden (§ 37 SGB VIII).

Nach § 1 AdVermiG ist Adoptionsvermittlung das Zusammenführen von Kindern unter achtzehn Jahren und Personen, die ein Kind annehmen wollen. Auf Antrag der nach § 7e AdVermiG mitwirkungspflichtigen Adoptionsbewerber prüft die Adoptionsvermittlungsstelle nach § 7 AdVermiG zuerst deren allgemeine Eignung zur Adoption eines Kindes mit gewöhnlichem Aufenthalt im Inland. Die Eignungsprüfung umfasst insbesondere die persönlichen und familiären Umstände, den Gesundheitszustand, das soziale Umfeld, die Beweggründe der Adoptionsbewerber und die Eigenschaften der Kinder, für die zu sorgen die Adoptionsbewerber fähig und bereit sein sollen. Das Prüfergebnis wird den Adoptionsbewerbern mitgeteilt.

Da die Zahl der Adoptionsbewerber die Zahl vermittelbarer Kinder trotz Verminderung der Bewerbungen in den letzten Jahren immer noch übersteigt – 2020 standen 883 zur Adoption vorgemerkten Kindern 4050 Adoptionsbewerber gegenüber (Statistisches Bundesamt 2021b) – werden Adoptionsbewerber oft über lange Zeiträume in Adoptionslisten geführt.

Die in § 7a AdVermiG geforderte Überprüfung der Adoptionsbewerber unter Berücksichtigung der Persönlichkeit des Kindes und seiner besonderen Bedürfnisse erfolgt, wenn ein geeignetes Kind für die Vermittlung in Betracht kommt. Die Adoptionsvermittlungsstelle muss die sachdienlichen Ermittlungen bei den Adoptionsbewerbern, beim Kind und dessen Familie unverzüglich durchführen. Auch der Entwicklungsstand und die Adoptionseignung des Kindes ist dabei zu erheben.

Nach § 8a AdVermiG soll die Adoptionsvermittlungsstelle vor Beginn der Adoptionspflege und auch danach in angemessenen Zeitabständen bis das Kind das 16. Lebensjahr vollendet hat mit den Adoptionsbewerbern und den Eltern erörtern, ob zum Wohl des Kindes ein Informationsaustausch oder Kontakt mit den Eltern stattfinden und wie dies gestaltet werden kann. Auch das Kind ist bei den Erörterungen entsprechend seinem Entwicklungsstand zu beteiligen, sein Interesse ist zu berücksichtigen. Ggf. soll die Adoptionsvermittlungsstelle auf eine Lösung hinzuwirken.

§ 8b AdVermiG regelt den Anspruch der Abgebenden gegenüber der Adoptionsvermittlungsstelle auf Zugang zu allgemeinen Informationen über das Kind und seine Lebenssituation, soweit dies dem Kindeswohl nicht widerspricht. Die Informationen hat die Adoptionsvermittlungsstelle von den Annehmenden freiwillig und unter Wahrung des Persönlichkeitsrechts des Kindes einzuholen. Sie soll darauf hinwirken, dass ihr die Annehmenden allgemeine Informationen bis zur Vollendung des 16. Lebensjahres des Kindes schriftlich zukommen lassen. Auch dies darf dem Wohl des Kindes nicht widersprechen, auch hier ist es entsprechend seinem Entwicklungsstand zu beteiligen.

Letztlich ist dann die Bewertung der familiären Entwicklung in der Adoptionspflege – nach § 8 AdVermG darf diese erst beginnen, wenn die Eignung der Adoptionsbewerber feststeht – Grundlage für die gutachtliche Äußerung der Adoptionsvermittlungsstelle zum Kindeswohl und zum Entstehen eines Eltern-Kind-Verhältnisses gegenüber dem Familiengericht.

§ 9 AdVermiG formuliert Ansprüche auf Adoptionsbegleitung durch die Adoptionsvermittlungsstelle und unterscheidet zwei Phasen.

Adoptionsbegleitung vor und während der Adoptionspflege (§ 9 Abs. 1 AdVermiG):

- Adoptionsbewerber, Eltern und Kind sollen zu Fragen der Adoption und bedarfsgerechter Unterstützung und über Voraussetzungen und Ablauf der Adoption und seiner Rechtsfolgen beraten werden.
- Die Abgebenden sollen über Unterstützungsangebote der Jugendhilfe als Alternative zur Adoption informiert und bei der Bewältigung sozialer und psychischer Auswirkungen im Zusammenhang mit der bevorstehenden oder bereits erfolgten Einwilligung in die Adoption des Kindes unterstützt werden.
- Es soll ferner über die Rechte des Kindes informiert und dabei die Bedeutung der Kenntnis des Kindes über seine Herkunft für seine Entwicklung hervorgehoben werden. Bei den Annehmenden soll auf die Aufklärung des Kindes über seine Herkunft von Beginn an entsprechend seinem Alter und seiner Reife hingewirkt werden.
- Über den Informationsaustausch oder Kontakt zwischen den Adoptionsbewerbern und dem Kind auf der einen und den Eltern auf der anderen Seite soll informiert und dessen Gestaltung soll erörtert werden.
- Letztlich soll über das Recht zur Akteneinsicht und die Möglichkeiten der Suche nach der Herkunft des Kindes informiert werden. Nach § 9c Abs. 2 ist dem gesetzlichen Vertreter des Kindes und dem 16jährigen Kind auf Antrag unter Anleitung einer Fachkraft Akteneinsicht zu gewähren, soweit sie die Herkunft und die Lebensgeschichte des Kindes betreffen oder ein sonstiges berechtigtes Interesse besteht. Sie ist zu versagen, soweit überwiegende Belange einer betroffenen Person entgegenstehen.

Nachgehende Adoptionsbegleitung (§ 9 Abs. 2 AdVermiG):

- Abgebende, Annehmende und Kind sollen bedarfsgerecht beraten und unterstützt werden.
- Der o.g. Informationsaustausch oder die Kontakte sollen gefördert und unterstützt werden.
- Die Abgebenden sollen bei der Bewältigung sozialer und psychischer Auswirkungen auf Grund der Freigabeentscheidung unterstützt werden, insbesondere auch durch Hinweise auf Hilfen anderer Fachdienste.
- Annehmende sollen bei der altersentsprechenden Aufklärung des Kindes über seine Herkunft unterstützt werden.
- Das Kind soll bei der Suche nach der Herkunft begleitet werden.

Die Adoptionsbegleitung für das Kind beinhaltet, es in einer seinem Alter und seinem Entwicklungsstand gemäßen Weise zu beraten, auf die Vermittlung vorzubereiten und, wenn es aufgrund seines Alters zu einer selbständigen Beurteilung eigener Angelegenheiten fähig sein kann, seine Einstellung zu der beabsichtigten Annahme festzustellen. Adoptionsbegleitung bezieht sich auch auf den Zeitraum der Adoptionspflege, wo es beim Aufbau eines Eltern-Kind-Verhältnisses zu Konflikten kommen kann, aus denen ein Beratungsbedarf erwächst. Im Konfliktfall ist das Kind auch rechtlich zu beraten und darauf hinzuweisen, dass es seine Einwilligung in die Adoption widerrufen kann (§ 1746 Abs. 2 BGB). Nach Ausspruch der Adoption können die Beratung und Unterstützung bei Bedarf fortgesetzt und/oder auf andere Möglichkeiten der Hilfe hingewiesen werden. Hilfen bei der Identitätsfindung des Kindes können auch darin bestehen, dass mit Einverständnis aller Beteiligten Kontakte zur Herkunftsfamilie hergestellt werden. Die Unterstützung bei der Suche und Kontaktaufnahme zur Herkunftsfamilie gilt auch über den Zeitpunkt des Erreichens der Volljährigkeit hinaus.

Die Beratungsaufgaben gegenüber Adoptionsbewerbern richten sich im Vorfeld auf rechtliche, aber auch psychologische Aspekte der Adoption. Insbesondere sind sie auch auf mögliche Konflikte vorzubereiten, die im Zuge der Annahme eines Kindes und des Zusammenwachsens des neuen Familienverbandes auftreten können. Die Adoptionsvermittlungsstelle hat die Annehmenden dann in der Adoptionspflegezeit, insbesondere in der Phase der Kontaktanbahnung, eingehend zu beraten, zu unterstützen und im Bedarfsfall auf weitere Beratungs- und Unterstützungsangebote hinzuweisen. Insbesondere ist nach § 9 Abs. 1 AdVermiG schon hier darauf hinzuwirken, dass das Kind altersgemäß mit seinem Adoptivstatus vertraut gemacht wird. Auch mit dem Adoptionsausspruch sind aber die Beratungsaufgaben nicht beendet, sondern sollen auf Wunsch der Annehmenden weiter erfolgen. Allerdings ist nun zu respektieren, dass es sich um eine eigenständige Familie handelt.

Für internationalen Adoptionen gelten spezielle Vorschriften, die mit Inkrafttreten des Adoptionshilfegesetz am 01.04.21 neu geregelt wurden und das Adoptionsvermittlungsgesetz (AdVermiG) und das Adoptionswirkungsgesetz (AdWirkG) betreffen.

Nach § 2a AdVermG haben Auslandsadoptionen nur durch die zentrale Adoptionsstelle des Landesjugendamtes oder eine anerkannte Auslandsvermittlungsstelle stattzufinden. Unbegleitete Auslandsadoptionen sind nach § 2b AdVermiG untersagt. Ein Ausgangspunkt der o. g. Gesetzesreform war die Erkenntnis, dass ein Drittel aller Auslandsadoptionen unbegleitet, also ohne Einschaltung einer Auslandsvermittlungsstelle erfolgen, wobei die Dunkelziffer noch höher zu vermuten ist. Es kann in diesen Fällen weder sichergestellt werden, dass das Kind adoptionsbedürftig ist und eine neue Familie braucht, die leiblichen Eltern über die Folgen einer Adoption aufgeklärt wurden und der Freigabe rechtmäßig zustimmten, noch dass kein Kinderhandel erfolgte. Risiken bestehen zudem auf Seiten der Annehmenden, da weder ihre Eignung überprüft wurde, noch eine angemessenen ausreichend Vorbereitung und Begleitung erfolgen kann (BT-Drs. 19/16718, 27).

§ 2c AdVermiG regelt die Grundsätze internationalen Adoptionsvermittlung und sorgt für die Einhaltung der Bestimmungen des Haager Übereinkommens über den Schutz von Kindern und die Zusammenarbeit auf dem Gebiet der internationalen Adoption (HAÜ), dass von der Bundesrepublik Deutschland am 01.03.02 in Kraft trat (BT-Drs. 19/16718, 41). Hiernach haben die Adoptionsbewerber nach § 7b AdVermiG Anspruch auf die Durchführung einer Eignungsprüfung, die in einem ersten Schritt entsprechend den bereits dargestellten Vorgaben des § 7 AdVermiG durchgeführt wird. Fällt diese positiv aus, prüft die Adoptionsvermittlungsstelle nach § 7c AdVermiG zusätzlich die länderspezifische Eignung der Adoptionsbewerber, etwa deren Wissen und Auseinandersetzung mit Kultur und sozialer Situation im Heimatstaat des Kindes und deren Bereitschaft, die Herkunft des Kindes in das zukünftige Familienleben zu integrieren und sich auf die besonderen Bedürfnisse des Kindes auf Grund seiner Herkunft und auf Grund des Wechsels des Kulturkreises einzulassen. Das positive Ergebnis aller Prüfungen wird dann der Fachstelle des Heimatlandes zugeleitet.

Nach § 2c Abs. 2 und 3 AdVermiG hat sich die Adoptionsvermittlungsstelle zu vergewissern, dass

- im Heimatstaat des Kindes eine für die Adoptionsvermittlung zuständige und zur Zusammenarbeit bereite Fachstelle besteht,
- die Adoption gesetzlich zugelassen ist,
- die Adoption dem Kindeswohl dient,
- das Kind adoptiert werden kann,
- keine Anhaltspunkte dafür vorliegen, dass eine geeignete Unterbringung des Kindes im Heimatstaat nach Prüfung durch die Fachstelle des Heimatstaats möglich ist,
- die Eltern oder andere Personen, Behörden und Institutionen, deren Zustimmung zur Adoption erforderlich ist, über die Wirkungen der Adoption aufgeklärt wurden und freiwillig und in der gesetzlich vorgeschriebenen Form der Adoption des Kindes zugestimmt haben und die Eltern ihre Zustimmung nicht widerrufen haben,
- das Kind unter Berücksichtigung seines Alters und seiner Reife über die Wirkungen der Adoption aufgeklärt wurde, seine Wünsche berücksichtigt wurden und es freiwillig und in der gesetzlich vorgeschriebenen Form der Adoption zugestimmt hat,
- keine Anhaltspunkte dafür vorliegen, dass Zustimmungen zur Adoption durch Geldzahlung oder eine andere Gegenleistung herbeigeführt wurden und
- die Adoptionsbewerber geeignet sind, für das vorgeschlagene Kind der Fachstelle des Heimatstaates zu sorgen.

Das Adoptionsrecht ist in verschiedenen Staaten hinsichtlich der Voraussetzungen, der Verfahrensgestaltung und der sich entfaltenden Wirkung unterschiedlich geregelt. *Hinsichtlich der Wirkung kann zwischen verschiedenen Formen unterschieden werden:*

- Bei Volladoption erlöschen die Rechtsverhältnisse zur gesamten Herkunftsfamilie, das angenommene Kind bekommt die rechtliche Stellung eines leiblichen Kindes der oder des Annehmenden und es entsteht ein Verwandtschaftsverhältnis zu den Verwandten der Annehmenden.
- Bei einer starken Adoption erlöschen die Rechtsverhältnisse zu den leiblichen Eltern, nicht jedoch zu den Verwandten. Demzufolge entstehen Rechte und Pflichten lediglich gegenüber dem Annehmenden.
- Bei einer schwachen Adoption entsteht zwar ein dauerhaftes Eltern-Kind-Verhältnis zu den Annehmenden, bestimmte Rechtsbeziehungen zu den leiblichen Eltern bleiben aber erhalten, etwa Erbrechte.
- Hinzu kommen andere Rechtsverhältnisse, etwa des islamischen Rechts (Kafala/legale Aufnahmen eines Kindes), die eher einem Pflegeverhältnis oder einer Vormundschaft deutschen Rechts ähneln.

Wird ein Kind in einem Vertragsstaat des HAÜ adoptiert, der eine für die Durchführung internationaler Adoptionsverfahren zuständige Behördenstruktur sicherstellt, kann nach Ausspruch der Adoption eine Konformitätsbescheinigung nach Artikel 23 HAÜ erlangt werden, die in allen Vertragsstaaten des HAÜ kraft Gesetzes anerkannt wird. Es muss dann kein gerichtliches Anerkennungs- und Wirkungsfeststellungsverfahren bei einem deutschen Familiengericht durchgeführt werden. Dies kann aber freiwillig erfolgen, um mehr Rechtssicherheit zu gewinnen.

Wird ein Kind in einem Nichtvertragsstaat des HAÜ adoptiert, haben die Annehmenden die Durchführung eines gerichtlichen Anerkennungs- und Wirkungsfeststellungsverfahren vor einem deutschen Familiengericht nach § 108 Abs. 1 FamFG iVm § 1 Abs. 2 AdWirkG zwingend und unverzüglich zu beantragen.

Die Bewertung der rechtlichen Wirkung hat auch Einfluss darauf, ob das Kind die deutsche Staatsangehörigkeit erwerben kann. § 6 Staatsangehörigkeitsgesetz (StAG) sieht das nur vor, wenn die Wirkungen der zu beurteilenden Adoption den Wirkungen einer Adoption nach deutschem Recht gleichstehen, was bei einer Volladoption und starken Adoption regelmäßig der Fall ist, bei einer schwachen Adoption jedoch in der Regel einer Umwandlungsentscheidung bedarf (§ 3 AdWirkG).

8.2 Die psychologische Problematik und ihre Beurteilung

8.2.1 Psychologische Dimensionen der Adoption

8.2.1.1 Erscheinungsformen und Häufigkeiten

Die Häufigkeit der Adoptionen hat sich in den letzten Jahrzehnten mehr als halbiert, von 8687 Adoptionen 1993 auf 3774 Adoptionen 2020 (Statistisches Bundesamt 2021b).

Die Ursachen für den Rückgang vermittelbarer Kinder sind vielfältig und auch von der jeweiligen Adoptionsform abhängig. So wird etwa diskutiert, dass mit den Geburtenzahlen auch die Zahl der Freigaben für Fremdadoptionen gesunken ist, sich der gesellschaftliche Druck, ein Kind zur Adoption freizugeben, aufgrund der gewachsenen Akzeptanz unterschiedlicher familiärer Lebensformen und erleichterter Geburtenkontrolle und Schwangerschaftsabbrüche vermindert hat, sich Unterstützungsmöglichkeiten in der Herkunftsfamilie verbessert haben und Kinder eher in Pflegefamilien – 2020 lebten 89.736 Kinder in Vollzeitpflege (Statistisches Bundesamt 2021c) – gegeben werden. Der Rückgang der Stiefelternadoption wird auf eine verbesserte Rechtsstellung von Stiefeltern durch die Kindschaftsrechtsreform – Umgangsrecht gemäß § 1685 BGB, Verbleibensanordnung gemäß § 1682 BGB – und eine kritischere Einstellung der Adoptionsvermittlung gegenüber dieser Adoptionsform – Kindeswohl versus Dokumentation der neuen Erwachsenenbeziehung – zurückgeführt.

Auch die Zahl der Adoptionsbewerber ist rückläufig, gab es 1993 noch zwischen 15 und 16 vorgemerkte Adoptionsbewerber auf ein Kind, so standen 2020 einem Kind nur noch vier bis fünf Bewerber gegenüber (Statistisches Bundesamt 2021b). Als Ursache für das Sinken der Bewerberzahl werden ebenfalls demografische Entwicklungen angesehen, die Zahl der unter 40-Jährigen nimmt ab, aber auch die Bereitschaft, ein Kind großzuziehen. Letztlich zeigen auch verbesserte Möglichkeiten der Reproduktionsmedizin Wirkung.

Im Wesentlichen lassen sich vier Adoptionsformen ausmachen, die sich z.T. in rechtlicher, vor allem aber in psychologischer Hinsicht unterscheiden:

- Die am häufigsten vorkommende *Stiefelternadoption* zeichnet sich durch die ihr vorausgegangene Trennungs- und/oder Scheidungsproblematik der leiblichen Eltern und nicht selten durch eine misslungene Reorganisation in der Nachscheidungsphase aus (Oberloskamp u.a. 2006, 124f). Das Kind lebt hier aber weiterhin mit einem leiblichen Elternteil zusammen. Laut Statistischem Bundesamt (2021b) gab es 2020 in Deutschland 2.458 Stiefkindadoptionen, was einem Anteil von 65% an allen Adoptionen entspricht.

- Auch *Verwandtenadoption* unterscheidet sich von den beiden Formen der Fremdadoption dadurch, dass bereits eine Beziehung zwischen dem Kind und den Adoptionsbewerbern besteht. Ihre Zahl ist allerdings sehr gering, 2020 waren es lediglich 156 Fälle, also etwa 4% aller Adoptionen (Statistisches Bundesamt 2021b).
- Die dritte Gruppe, diejenige der *internationalen Adoptionen*, die weit überwiegend Fremdadoptionen sind (BT-Drs. 19/16718, 27), ist durch die andere kulturelle Herkunft des Kindes mit all seinen Konsequenzen für dessen Integration nicht nur im neuen Familienverband, sondern auch in einem neuen Kulturkreis, oft durch die völlige Abwesenheit der Abgebenden und nicht selten durch einen erheblichen Mangel an Information über die familiäre Herkunft des Kindes gekennzeichnet (Ott 2002). 2020 machten 116 internationale Adoptionen etwa 3% aller Adoptionen und 10% aller 1160 Fremdadoptionen in Deutschland aus (Statistisches Bundesamt 2021b, eigene Berechnungen).
- Die vierte Gruppe bilden die *Fremdadoptionen* deutscher Kinder. 2020 waren dies 1044 Kinder und damit etwa 28% aller Adoptionen und 90% der Fremdadoptionen (Statistisches Bundesamt 2021b, eigene Berechnungen).

Auf die beiden ersten Formen, die Stiefkind- und Verwandtenadoption kann trotz ihrer zahlenmäßigen Bedeutung und ihrer spezifischen Problematik im Folgenden nicht explizit eingegangen werden. Im Zentrum der Betrachtung soll die Fremdadoption deutscher Kinder stehen.

8.2.1.2 Die Abgebenden

Eine Adoption stellt für alle Betroffenen eine lebensbegleitende Entscheidung mit weitreichenden psychologischen Folgen dar. Nicht zuletzt deshalb heben Hoksbergen u. a. (2006) die Rolle und Bedeutung der Adoptionsvermittlungsstelle mit ihrer Platzierungsverantwortung, aber auch mit ihren Beratungs- und Unterstützungskompetenzen hervor und sprechen von einem Adoptionsviereck aus Abgebenden, Annehmenden, dem Kind und der Adoptionsfachkraft. Die immer wieder mit Klischees behafteten Bewertungen machen eine genaue Analyse der psychologischen Problematik aller Beteiligten erforderlich. „Das Bild von der ‚Rabenmutter‘ auf der einen und den ‚edlen Adoptiveltern‘ auf der anderen Seite – dazwischen das ‚dankbare Kind‘, gewissermaßen als mehr oder weniger willenloses Objekt – trägt längst nicht mehr. Es war im Grunde immer nur eine Metapher, die es ermöglichte, sich der komplexen Realität und den oft schwierigen und verworrenen Einzelschicksalen nicht differenziert stellen zu müssen.“ (Paulitz 1996, 305).

Eltern, denen das Sorgerecht für ihre Kinder aufgrund mangelnder Erziehungseignung ganz oder teilweise entzogen wurde, machen nur einen Bruchteil der Abgebenden aus. 2020 lebten etwa 27% der 1.316 von Fremden oder Verwandten adoptierten Kinder in Deutschland zuvor in Pflegefamilien und etwa 8% waren zuvor in Kinderheimen untergebracht (Statistisches Bundesamt 2021b), wobei selbst diese Zahlen keinen Rückschluss auf eine zuvor erfolgte Kindeswohlgefährdung, auf die in *Kapitel 6* gesondert eingegangen wird, ermöglichen.

Merkmale der halboffenen und offenen Adoption nach Textor (1991), die sich nach Grad der Offenheit unterscheiden:

- Einbeziehung der Abgebenden in die Auswahl der Annehmenden
- Vereinzelte Treffen der Abgebenden und Annehmenden, etwa zum Zeitpunkt der Übergabe des Kindes, ggf. auch unter Wahrung der Anonymität
- Fortlaufende wechselseitige Information über ihr Leben über die Adoptionsvermittlungsstelle, ggf. auch hier unter Wahrung der Anonymität
- Regelmäßiger Austausch von Briefen, Fotos, Videos etc., direkt oder über die Adoptionsvermittlungsstelle, ggf. unter Wahrung der Anonymität
- Fortlaufender persönlicher Kontakt zwischen Abgebenden und Adoptivfamilie in verschiedenen Intensitäten

Abb. 8.1 Merkmale der halboffenen und offenen Adoption

Der Anteil der Freigaben aus vollständigen Familien ist sehr gering. Nur etwa 5% der zur Fremd- oder Verwandtenadoption freigegebenen Kinder lebten zuvor mit beiden Eltern zusammen (Statistisches Bundesamt 2021b, eigene Berechnungen). Bei den Abgebenden handelt es sich überwiegend um alleinerziehende Mütter. Deren Motive, ihr Kind zur Adoption freizugeben, sind vielfältig. Nur eine Minderheit von Frauen entscheidet sich überlegt und im eigentlichen Sinne freiwillig (Bovenschen u.a. 2017, Swientek 1993). Überwiegend befinden sich die Frauen in wirtschaftlichen und/oder emotionalen Notlagen. Die Freigabe des Kindes wird als einzige Möglichkeit der Entlastung angesehen. Es ist eine Wahl zwischen zwei schlechten Alternativen, die von großen Zweifeln begleitet ist. Oft ist es eine ungewollte Schwangerschaft vor dem Hintergrund versäumter Fristen zum Schwangerschaftsabbruch oder der Ablehnung des Abbruchs, die zur Freigabe motiviert. Manche dieser Mütter fühlen sich zu jung für die Elternschaft und nicht selten fehlen ihnen berufliche Perspektiven und ausreichende Möglichkeiten zur Sicherung eines angemessenen Lebensunterhalts. Auch mangelnder Wohnraum, vor allem wenn ihnen ein Verbleib in ihrer bisherigen Umgebung mit dem Kind nicht möglich ist, wird als Grund zur Trennung vom Kind angeführt. Jüngere Mütter werden auch vom Partner oder vom Elternhaus zur Freigabe des Kindes gedrängt, indem ihnen partnerschaftliche und familiäre Unterstützungen versagt und erzieherische Kompetenzen abgesprochen werden. Psychische Überforderung mit dem Alleingelassensein und der schwierigen sozialen Lage macht es diesen Müttern dann auch oft schwer, fachliche Hilfe anzunehmen; sie verschließen sich Beratungsangeboten oder benennen ihre eigentlichen Motive zur Freigabe des Kindes nicht.

Nach der Freigabe ist die rechtliche Stellung der Abgebenden durch das unwiderrufliche Erlöschen des Verwandtschaftsverhältnisses und das Offenbarungs- und Ausforschungsverbot sehr schwach, da die gesetzlichen Regelungen auf den Schutz des Kindes und der Adoptiveltern abzielen. Die Abgebenden haben keine Möglichkeit, sich nach der Freigabe Gewissheit über die erwünschte positive Entwicklung des Kindes zu verschaffen und im Rahmen von Besuchskontakten zumindest teilweise ihrem Elternbild zu entsprechen.

Obwohl Formen offener Adoption zunehmend diskutiert werden, ist nach wie vor die Inkognito-Adoption vorherrschend. Kontakte und Informationsaustausch zwischen Herkunftseltern und Adoptivfamilien sind nach Bovenschen u.a. (2017) keine regelmäßiger Bestandteil der Adoptionspraxis. Die Abgebenden kennen die Annehmenden in der Regel nicht persönlich, sondern erhalten nach der Freigabe bestenfalls sehr begrenzte Informationen über die Adoptionsvermittlungsstelle. Erste Veränderungstendenzen zeichnen sich im Adoptionshilfegesetz ab, das am 01.04.21 in Kraft trat und in § 9 AdVermiG nun die Förderung und Unterstützung eines Informationsaustauschs oder direkter Kontakte zwischen den Abgebenden einerseits und den Annehmenden und dem Kind andererseits durch die Adoptionsvermittlungsstelle vorsieht. Halboffene und offene Adoptionsformen (*Abb. 8.1*) und Umgangsregelungen sind jedoch nach wie vor nur dann möglich, wenn die Adoptiveltern einwilligen. Inwieweit die Neuregelung vor diesem Hintergrund zu einer veränderten Adoptionspraxis führt, bleibt abzuwarten. Die Zeit nach der Freigabe des Kindes erfordert von den Abgebenden eine hohe psychische Anpassungsleistung. Auch wenn die Freigabe zuerst als Entlastung erlebt werden kann, folgen die Realisierung und Verarbeitung der Endgültigkeit dieser Entscheidung. Sie kann mit einer Trennung vom Idealbild der „guten Mutter" oder des „guten Vaters" einhergehen und die Identität erheblich labilisieren. Vermehrt treten Gefühle von Versagen und Schuld auf, die vor allem bei abgebenden Müttern mit gesellschaftlicher Stigmatisierung korrelieren und den Aufbau eines neuen psychischen Gleichgewichts behindern können. Häufiger als der Durchschnitt der weiblichen Bevölkerung sind diese Frauen selbstmordgefährdet und leiden an psychosomatischen Erkrankungen (Swientek 2001). Ängste vor Offenbarung der selbst empfundenen Unzulänglichkeit und befürchteter gesellschaftlicher Zurückweisung können in soziale Isolation und in Strategien des Täuschens münden, indem etwa die Tatsache der Freigabe eines Kindes in neuen Partnerschaften verheimlicht wird. In jedem Fall muss das Selbstbild verändert und der neuen Realität angepasst werden.

Aber auch anhaltende Kontakte zwischen den Abgebenden und dem Kind im Rahmen einer offenen Adoption müssen aus der Perspektive der Abgebenden differenziert betrachtet werden. Entspricht die Adoptivfamilie den Erwartungen der Abgebenden, können Kontakte helfen, die Entscheidung zur Freigabe auch langfristig zu akzeptieren. Werden die Erwartungen aber enttäuscht, kann auch ein gegenteiliger Prozess mit Zweifeln und Selbstvorwürfen gefördert werden. Dies hat auch Implikationen für das Kindeswohl, da eine mangelnde Akzeptanz der Freigabeentscheidung das Verhalten der Abgebenden bei Kontakten maßgeblich bestimmen und die Integration des Kindes in die Adoptivfamilie gefährden könnte. In diesem Zusammenhang ist auf die Ausführungen zum Umgangsrecht und daraus resultierenden Problemkonstellationen zu verweisen *(Kap. 5)*.

Die Frage, ob Kontakte mit den Kindern nach der Freigabe bestehen bleiben sollen, wird auch von den Abgebenden selbst unterschiedlich beurteilt und steht in engem Zusammenhang mit den individuellen Verarbeitungsstrategien der Freigabe. Während ein Teil der Abgebenden den Kontakt zur Adoptionsvermittlung aufrechterhält, um Informationen über das Kind zu erhalten, einige oft Jahre nach der Freigabe ihre Kinder suchen und hierbei um Vermittlung bitten, wünschen andere weder Kontakte zum Kind noch zur Vermittlungsstelle. Untersuchungen zeigen, dass auch spätere Versuche von Adoptivkindern, Kontakt mit ihren leiblichen Eltern aufzunehmen, von den Abgebenden aus Angst vor negativen familiären und gesellschaftlichen Konsequenzen auch ablehnend aufgenommen werden (Textor 1988).

8.2.1.3 Die Annehmenden

Adoptiveltern unterscheiden sich von leiblichen Eltern durch spezifische Lebenssituationen vor und nach der Annahme des Kindes. Sieht man von Stiefkind- oder Verwandtenadoptionen ab, denen in der Regel eine langjährige Beziehung zum Kind zugrunde liegt, führt bei Fremdadoptionen überwiegend die ungewollte Kinderlosigkeit zum Adoptionsentschluss, zunehmend auch der Kinderwunsch gleichgeschlechtlicher Paare *(Abschnitt 8.2.1.4)*. Daneben lassen sich aber Motive auch im sozialen Engagement finden. Es wird auf eigene Kinder verzichtet, um anderen das Aufwachsen in entwicklungshemmender Umgebung zu ersparen. Aber auch der Verlust eines leiblichen Kindes kann den Wunsch entstehen lassen, ein Kind zu adoptieren.

Eine weitere Besonderheit, die Annehmende von anderen Eltern unterscheidet, ist der zu durchlaufende Überprüfungsprozess der Adoptionseignung, der, da mit Bewertungen verbunden, nicht selten als Belastung empfunden wird und Verunsicherungen mit sich bringt. Dennoch ist die Überprüfung in ihren Grundzügen aber notwendig und zu befürworten, da die Anforderungen, die eine Annahmesituation an Adoptiveltern stellt, ungleich höher sind als die, die eine Erziehung leiblicher Kinder in sich birgt. Das Argument, leibliche Eltern würden ja auch nicht auf ihre Erziehungseignung überprüft, kann deshalb nicht gelten. Strenge Prüfkriterien geben auch den Abgebenden Sicherheit in ihrer Entscheidung und verdeutlichen ihnen ihre besondere Verantwortung.

Auch das Fehlen der Schwangerschaft und der Geburt – Phasen der psychischen Einstellung auf das Kind – ist ein Unterschied zur biologischen Elternschaft. Trotz manchmal langer vorheriger Wartezeit muss die Entscheidung zur Aufnahme eines zur Adoption freigegebenen Säuglings oft in wenigen Tagen getroffen werden. Dies wird häufig als Stress erlebt. Bei älteren Kindern haben Adoptionsbewerber aufgrund der langsameren Kontaktanbahnung mehr Entscheidungszeit. Belastungsmomente entstehen hier aber durch die komplexere Entscheidungssituation, da ältere Kinder oft bereits eine unklare oder psychisch belastende Sozialisation erfahren haben. Das Wissen der Adoptionsbewerber um die geringe Zahl zur Adoption freigegebener Kinder verstärkt die Belastung der Annehmenden in der Entscheidungsphase (Textor 1993).

Anders als der Entschluss zur leiblichen Elternschaft wird der Adoptionsentschluss von der sozialen Umwelt auch stärker hinterfragt, nicht selten mit Befremden zur Kenntnis genommen oder kritisch bewertet. Dies müssen die Adoptiveltern bewältigen, ohne die Tatsache der Adoption zu leugnen.

Der notwendige Umgang mit der „Andersartigkeit" des Adoptivkindes stellt ebenfalls einen Unterschied zur leiblichen Elternschaft dar. Für Adoptiveltern kann die biologische Herkunft des Adoptivkindes bei der Bewertung von Charaktereigenschaften und unerwünschten Verhaltensweisen in der Erziehung bedeutsam werden. Ängste, Anlagen des Kindes könnten dessen Entwicklungsverlauf negativ beeinflussen oder sogar vorzeichnen, können das Erziehungsverhalten der Adoptiveltern belasten. Probleme entstehen aber vor allem, wenn die Abstammung oder die frühe Sozialisation des Adoptivkindes zum Leugnen eigener Erziehungsdefizite eingesetzt wird.

Adoptiveltern wird ein hohes Maß an emotionaler und sozialer Kompetenz abverlangt: Sie sollen das Adoptivkind in ihre Familie integrieren, ihm Liebe und Geborgenheit geben, gleichzeitig aber seine Abstammung und seinen früheren Lebenszusammenhang achten und, im Falle einer offenen Adoption, mit den leiblichen Eltern in persona umgehen. Hierfür ist eine positive oder zumindest neutrale Einstellung zu den leiblichen Eltern erforderlich. Diese zu entwickeln, gelingt aber nicht allen Adoptiveltern. Einige fühlen sich und den Bestand ihrer Familie bedroht und fürchten, das Kind wieder zu verlieren; ein unerfüllter Kinderwunsch kann auch Minderwertigkeitsgefühle gegenüber den leiblichen Eltern entstehen lassen. So ist es nicht verwunderlich, dass Adoptiveltern auf eine spätere Suche der Adoptierten nach den leiblichen Eltern sehr unterschiedlich reagieren. Überwiegend haben sie Verständnis und helfen bei der Suche, andere zeigen aber Verlustängste und Enttäuschung; wieder andere empfinden die Suche der Adoptierten als Kränkung und Undank.

Adoptiveltern empfinden es nicht selten auch als Widerspruch, das Adoptivkind einerseits in die Familie einbinden zu wollen, es andererseits aber über seinen Adoptivstatus aufklären zu müssen. Bestand oder besteht kein Kontakt zwischen Adoptivkind und seinen biologischen Eltern, ist es vom vermittelten Bild seiner Herkunftsfamilie abhängig, an dessen Entstehung die Adoptiveltern und die Adoptionsvermittlungsstelle Anteil haben. Nur hier erhalten Adoptiveltern bei Inkognitoadoptionen Informationen über die leiblichen Eltern, deren Gesundheitszustand und deren Freigabegründe, manchmal oberflächlich und geschönt, meist detailliert, in der Regel aber mündlich, was unter Berücksichtigung der Anspannung im Annahmeverfahren nicht selten zum Vergessen von Informationen führt. Dies kann dazu beitragen, dass dem Kind später kaum Informationen über seine Herkunft gegeben werden können und die Adoptiveltern für sich ein Bild der Herkunftsfamilie rekonstruieren müssen, das nicht der Realität entspricht und durch übertrieben negative Sichtweisen geprägt ist. Auch diesbezüglich ist zu hoffen, dass die o.g. Neuregelungen des Adoptionshilfegesetzes Abhilfe schaffen.

8.2.1.4 Das Adoptivkind

Auch das Adoptivkind unterscheidet sich durch seine spezifische Lebenslage von Kindern, die in ihrer Herkunftsfamilie aufwachsen. Durch den Wechsel des sozialen Umfeldes gewinnt die Frage des Zusammenwirkens von hereditären und sozialen Entwicklungseinflüssen an Bedeutung, auch für die Adoptiveltern.

Der derzeitige Forschungsstand geht davon aus, dass genetische Faktoren und Umwelteinflüsse bei der Entwicklung von Persönlichkeitsmerkmalen und -fähigkeiten auf komplexe Weise interagieren, wobei Umwelteinflüsse in den ersten Lebensjahren stärkeren Einfluss ausüben, sich bis zum mittleren Erwachsenenalter jedoch hereditäre Unterschiede und Ähnlichkeiten stärker durchsetzen, um im Alter wieder etwas zurückzugehen. Der Erblichkeitskoeffizient – in welchem Ausmaß also genetische Variationen zur Erklärung von zwischenmenschlichen Unterschieden herangezogen werden können – steigt von 20% in der frühen Kindheit bis zu 80% im mittleren Erwachsenenalter, um dann auf 60% abzufallen (Montada u.a. 2018). Schon frühe Untersuchungen zeigten demnach nachvollziehbar, dass die Intelligenzkorrelationen zwischen Adoptiveltern und Adoptivkindern im Entwicklungsverlauf der Kinder eher abnehmen, während sie zwischen den leiblichen Eltern und den Adoptivkindern zur Adoleszenz hin ansteigen (Munsinger 1975, Gourley 1979). In den ersten Lebensjahren, in denen ein Kind Umwelteinflüssen, vor allem Familienumwelten, eher abhängig und passiv unterliegt, scheinen diese anlagebedingte Merkmale und Fähigkeiten zu überlagern (passive Genom-Umwelt-Korrelation). Mit zunehmendem Alter kann sich das Kind dann aktiv eigene und zum Genom passende Entwicklungsumwelten schaffen, so dass sich das Genom stärker durchsetzt (aktive Genom-Umwelt-Korrelation).

Studien belegen auch genetische Dispositionen bei der Entstehung psychischer Auffälligkeiten, etwa bei aggressivem und delinquentem Verhalten (Asendorpf/Kandler 2018) und der Entstehung psychischer Störungen, wie etwa beim frühkindlichen Autismus, bei bipolaren Störungen, Schizophrenien und Depressionen (Resch/Fegert 2012) und Persönlichkeitsstörungen (Falkai/Wittchen 2018).

Auch bei der Entstehung des Alkoholismus weisen Adoptions- und vor allem Zwillingsstudien auf die Wirkung genetischer Anlagen hin. Fremdadoptierte Kinder, deren leibliche Eltern alkoholkrank sind, zeigen späteren Alkoholmissbrauch offenbar nur, wenn ungünstige Entwicklungsbedingungen in der Adoptivfamilie zu den genetischen Dispositionen hinzukommen (Zobel 2017). Adoptionsverlaufsstudien zeigen aber auch, dass Adoptivkinder im Vergleich zu Kindern, die zur Adoption zwar zur Verfügung standen, aber bei den leiblichen Eltern oder in einem Heim blieben, hereditäre Dispositionen besser kompensieren konnten (Bohman 1980). Zu beachten ist auch hier das gesamte komplexe Zusammenspiel individueller Risiko- und Schutzfaktoren, bei dem genetische Dispositionen eine Bedeutung haben, aber die Entwicklung nicht allein vorherbestimmen.

Andere Studien zeigen, dass Adoptivkinder im Vergleich zu ihrem Anteil an der Normalbevölkerung etwa doppelt so häufig in psychiatrischen Einrichtungen vorgestellt werden (Hersov 1994). Wie sind derartige Ergebnisse aber zu interpretieren? Nach Warren (1992) belegen sie lediglich, dass Adoptiveltern im Gegensatz zu leiblichen Eltern ein ausgeprägtes Inanspruchnahmeverhalten jugendpsychiatrischer Institutionen zeigen. Mögliche Erklärungen hierfür sind, dass Adoptiveltern erstens überwiegend der Mittelschicht angehören und zweitens für sie eine Vorstellung des Kindes in einer solchen Einrichtung weniger beschämend ist, da der Verweis auf die Zeit vor der Adoption bei ihnen, im Vergleich zu den leiblichen Eltern, schuldentlastend wirkt. Für eine solche Annahme spricht auch, dass in der Erwachsenenpopulation psychiatrischer Patienten ehemalige Adoptivkinder nicht überrepräsentiert sind (Brinich/Brinich 1982). Zusammenfassend sprechen die Ergebnisse verschiedener Längsschnittstudien also für den protektiven Effekt von Adoptionen (Schleiffer 1997).

In der Regel ist es der Wunsch von Adoptionsbewerbern, ein gesundes und neugeborenes Kind anzunehmen. Entsprechen Kinder diesem Wunschbild nicht, sind sie, trotz sinkender Zahlen von Säuglingsadoptionen, schwerer vermittelbar. Dies betrifft vor allem Kinder in fortgeschrittenem Alter, aber auch Kinder mit chronischen Erkrankungen, mehrfachen Platzierungserfahrungen, psychischen oder physischen Auffälligkeiten oder Behinderungen (Bach 2013). Nach § 11 Abs. 1 Nr. 1 AdVermiG hat die zentrale Adoptionsstelle des Landesjugendamtes die Adoptionsvermittlungsstellen zu unterstützen, wenn Kinder schwer zu vermitteln sind.

2020 waren bei den insgesamt 1160 Fremdadoptionen 70% der Kinder unter drei Jahre und weitere 15% zwischen drei und sechs Jahre alt (Statistisches Bundesamt 2021b, eigene Berechnungen).

Offenbar befürchten viele Adoptionsbewerber bei Kindern ab dem Vorschulalter, der Integrationsprozess könnte vor dem Schuleintritt mit seinen vielfältigen Anforderungen nicht abgeschlossen und das Kind könnte aufgrund seiner Vorerfahrungen zu stark geschädigt sein (Krolzik 1993).

Die Notwendigkeit einer frühestmöglichen Aufklärung des Adoptivkindes über seinen Adoptivstatus steht in der wissenschaftlichen Diskussion heute außer Frage und hat auch Eingang in das Adoptionshilfegesetz gefunden (BT-Drs. 19/16718, 27), konkret in § 9 Abs. 1 Nr. 5 und Abs. 2 Nr. 4 AdVermiG. Auch wenn ein eigentliches Verstehen über den Adoptivstatus beim Kind erst nach und nach entstehen kann, hat eine frühe Aufklärung den Vorteil, dass es die Information über die Herkunft des Kindes eher beiläufig registriert und unspektakulär erlebt. Die Adoption wird früh Bestandteil des Wissens über die eigene Person und in das Selbstbild integriert. Sie wird als normal und selbstverständlich erlebt. Die mit der Entwicklung zunehmende Erweiterung des zeitlichen Horizonts in die Vergangenheit und Zukunft macht bei früh aufgeklärten Kindern wiederkehrende Überarbeitungen und Ergänzungen des Wissens um die Adoption notwendig, die jedoch problemlos in das bereits bestehende Selbstbild eingebaut werden können. Die Aufklärung ist somit keine singuläres Ereignis, sondern ein Prozess (Brodzinsky 2011). Diese Adoptierten nehmen ihren Status in der Jugendphase zwar als außergewöhnlich wahr, sie werten es aber weniger als Mangel, sondern eher als Auszeichnung, ein bewusst angenommenes und gewolltes Kind zu sein (Golomb/ Geller 1992).

Wächst das Kind jedoch zuerst in dem Bewusstsein auf, von den Adoptiveltern abzustammen, so muss es diese gelebte Normalität der Zugehörigkeit durch späte Aufklärung im Jugend- oder frühen Erwachsenenalter in Frage stellen. Wie eine Spätaufklärung bewältigt wird, hängt u.a. davon ab, wie das Kind seine emotionale Beziehung zu den Adoptiveltern zum Zeitpunkt der Aufklärung bewertet. Kinder, die diese Beziehung warm und positiv einschätzen, neigen offenbar dazu, eine lange Geheimhaltung eher als Ausdruck einer Verlustangst und als Liebesbeweis der Adoptiveltern zu empfinden. In diesen Fällen sind offenbar eine Akzeptanz und positive Bewertung der späten Aufklärung möglich. Ist die Beziehung zu den Adoptiveltern aus Sicht der Kinder dagegen durch Konflikte gekennzeichnet, wird die lange Geheimhaltung eher als mangelndes Vertrauen, Lügen oder Feigheit gedeutet und stellt eine zusätzliche Belastung der Beziehung dar (Golomb/Geller 1992).

Voraussetzung einer späten Aufklärung ist zudem eine umfassende Informationskontrolle im engen und erweiterten Familienkreis und im sozialen Umfeld, da die Gefahr besteht, dass das Kind durch Dritte über seinen Status informiert wird. Kommt es hierzu, so stellt dies im Leben der Kinder oftmals eine sehr einschneidende Erfahrung dar, zumal wenn die Information mit Stigmatisierung und Diskriminierung verbunden ist. Kinder in solchen Situationen haben das Gefühl, dass das Thema ihrer Adoption von ihren Adoptiveltern tabuisiert wird, und scheuen sich, mit ihnen darüber zu sprechen.

Wie oben beschrieben, erleben Adoptierte mit dem Bewusstwerden ihres Status eine Trennung zwischen biologischer und sozialer Elternschaft und damit eine kognitive Dissonanz zu ihrem bisherigen Selbstbild eines leiblichen Kindes. Entscheidend für das Ausmaß der Verunsicherung ist neben anderen Variablen, etwa der Vulnerabilität des Kindes, die Art der Aufklärung. Erfolgt sie schonend und behutsam sowie ohne (zusätzliche) Verletzungen des Selbstwertgefühls, und gelingt es den Adoptiveltern, etwaige Diskreditierungen durch das soziale Umfeld abzumildern, steigert dies die Kompetenz des Kindes, die empfundenen Identitätsdissonanzen zu reduzieren.

Auch wenn die biologischen Eltern hinter den Adoptiveltern zurücktreten, bleiben sie im Erleben der Kinder bei den Identitätsmerkmalen Vererbung und frühkindliche Prägung bestimmend. Adoptierte müssen zu einer eigenen Identität als Adoptierte finden und sich im Laufe ihrer Entwicklung mit spezifischen Fragen, wie der Geschichte vor der Adoption, dem Nicht-Gewollt-Sein, dem Weggegebenwerden, einschließlich der frühen Trennung von den leiblichen Eltern, der eventuellen Tabuisierung des Themas Adoption durch die Annehmenden, dem Umgang mit der Adoption in der sozialen Umwelt und den Problemen der Annehmenden, auseinandersetzen (Scholz 1995).

Das Interesse an der eigenen Herkunft erwacht im Kindesalter und intensiviert sich in der Jugendphase, mit der sich intensivierenden Suche nach den fehlenden Teilen im entstehenden Selbstbild (Brodzinsky 2011). Eine aktive Suche erfolgt aber meist erst zwischen dem 25. und 35. Lebensjahr. Adoptierten stellt sich die Frage ihrer Herkunft meist in entwicklungspsychologisch relevanten Phasen, zu denen lebenszyklisch bedeutsame Ereignisse, wie Loslösung vom Elternhaus, Beginn einer eigenen Partnerschaft, Eheschließung und die Geburt eigener Kinder, gehören (Textor 1990, Golomb/Geller 1992).

Adoptierte können den Namen ihrer leiblichen Eltern von den Adoptiveltern erfahren oder ab Vollendung des 16. Lebensjahres unter Anleitung einer Fachkraft der Adoptionsvermittlungsstelle Einblick in die Vermittlungsakte nehmen, die dort 100 Jahre aufbewahrt werden muss. Die Einsichtnahme kann verweigert werden, wenn überwiegende Belange eines Betroffenen dem entgegenstehen (§ 9c AdVermiG).

Die in Untersuchungen eruierten Prozentzahlen derer, die Nachforschungen beabsichtigen oder beginnen, schwanken; sie liegen aber alle und größtenteils erheblich unter 50%. Bei Suchenden war gehäuft festzustellen, dass sie spät oder auf traumatische Art über ihren Adoptivstatus aufgeklärt wurden und das Thema ihrer Adoption in der Adoptivfamilie tabuisiert wurde. Die Suche nach den leiblichen Eltern ist möglicherweise häufig Symptom einer fehlgeschlagenen Integration in der Adoptivfamilie. Frühere Untersuchungen deuteten darauf hin, dass bei Suchenden im Vergleich zu Nichtsuchenden das Verhältnis zu den Adoptiveltern belasteter war und ein negativeres Selbstkonzept und ein niedrigeres Selbstwertgefühl vorzufinden waren. Auch Adoptionsverlauf und -erfolg wurden negativer beurteilt (Textor1990). Spätere Untersuchungen scheinen dies jedoch nicht zu bestätigen. Im Zentrum steht demnach die Suche nach Informationen über die eigene Vergangenheit (Farr u.a. 2014, Wrobel u.a. 2004).

Adoptierte besitzen in der Regel wenige Informationen über ihre Herkunft. Sie haben deshalb Fragen nach dem eigenen früheren Gesundheitszustand oder erblichen Belastungen, dem Gesundheitszustand der leiblichen Eltern, deren Persönlichkeitscharakteristika, deren Aussehen, deren Interessen und deren Freigabegründen. Für viele Adoptivkinder sind die Freigabemotive für die Bewertung der Herkunftsfamilie, hier vor allem der leiblichen Mutter, entscheidend. Je mehr die Freigabe von äußeren Umständen erzwungen war, desto eher kann sie verstanden und akzeptiert werden und desto weniger berührt sie wohl auch das Selbstwertgefühl der Adoptierten negativ. Wird die Freigabe dagegen als Akt wahrgenommen, sich der elterlichen Pflicht zu entziehen, oder als Folge einer Vernachlässigung angesehen, so sinkt die Akzeptanz des mütterlichen Verhaltens und der Mutter wird Schuld zugeschrieben. Reaktionen von Unverständnis und Abwehr sind dann ebenso beobachtbar, wie eine rasche Abkehr von der Herkunftsfamilie und eine Hinwendung zu den Adoptiveltern (Golomb/Geller 1992).

8.2.1.4.1 *Das Adoptivkind in gleichgeschlechtlichen Partnerschaften*

Aufgrund lang anhaltender gesellschaftlicher Diskriminierung und restriktiver Gesetzeslage ist die Zahl von Adoptivkindern, die in gleichgeschlechtlichen Ehen und/oder Lebenspartnerschaften angenommen werden, noch gering. Untersuchungen über Befindlichkeiten und Anpassung der Kinder an diese spezifische Lebenssituation finden sich auch international kaum. Nach Inkrafttreten des „Adoption and Children Act" 2002 und des „Civil Partnership Act" 2005 in Großbritannien wurden dort nun 130 Adoptivfamilien im Rahmen der Cambridge-Studie untersucht, 41 mit homosexuellen Vätern, 40 mit homosexuellen Müttern und 49 mit heterosexuellen Eltern (Mellish u.a. 2013). Die adoptierten Kinder waren zwischen vier und acht Jahre alt und lebten seit mindestens zwölf Monaten in den Familien. Über Interviews, Fragebögen und Interaktionsbeobachtungen wurden Eltern, wenn möglich auch Kinder und Lehrer, einbezogen. *Die Ergebnisse deuten auf Folgendes hin:*

- Gleichgeschlechtliche Adoptiveltern litten etwas weniger unter Depressionen, Angst, Stress und Beziehungsproblemen als heterosexuelle Adoptiveltern, beide Gruppen allerdings auf niedrigem Niveau.
- Annahmemotiv war bei allen Paaren der unerfüllte Kinderwunsch, wobei gleichgeschlechtliche Männer die Adoption als erste Option ansahen, während gleichgeschlechtliche Frauen und heterosexuelle Paare stärker von Infertilität betroffen waren und darunter auch litten.
- Kontakte zur Herkunftsfamilie – die Hälfte der Kinder hatten Kontakte zur leiblichen Mutter, weniger zum leiblichen Vater – wurden in allen Familienformen je nach Erfahrungshintergrund gemischt bewertet.
- Nahezu alle Adoptiveltern hatten ihre Kinder über ihren Adoptivstatus aufgeklärt und mit ihnen offen über ihre Geburtsgeschichte gesprochen.
- Gleichgeschlechtliche Adoptiveltern erkannten, dass ihre Kinder zusätzliche Herausforderungen zu bewältigen haben, waren aber überzeugt, dass sie mit Kommentaren über ihre Familie umgehen und eine tolerantere Haltung gegenüber anderen entwickeln können.
- In den Eltern-Kind-Beziehungen zeigten sich keine Unterschiede. Die Mehrheit der Eltern aus den drei Vergleichsgruppen war mit der Beziehung zum Kind zufrieden.
- In allen drei Familientypen kam es zu einer überwiegenden Arbeitsteilung mit einem vorrangig betreuenden Elternteil, bei den heterosexuellen Adoptiveltern war dies die Mutter. 20 % der Eltern in jedem Familientyp teilten sich die Kinderbetreuung zu gleichen Teilen.
- Adoptivkinder gleichgeschlechtlicher Adoptiveltern litten nicht mehr unter psychologischen Problemen als die aus der Vergleichsgruppe.
- Auch Hinweise auf Unterschiede im geschlechtsspezifischen Verhalten der Kinder fanden sich nicht.
- Die Mehrheit der Kinder aller drei Familientypen integrierte sich gut in Schule und Gleichaltrigengruppe. Die 33 % der Kinder, die von Hänseleien oder Schikanen anderer Kinder berichteten, waren auf alle Familienformen gleich verteilt.
- Von den 59 befragten Kindern gleichgeschlechtlicher Adoptiveltern berichtete keines, wegen der Gleichgeschlechtlichkeit gehänselt worden zu sein, sieben Kinder

berichteten jedoch, homophobische Äußerungen Gleichaltriger erfahren zu haben, wobei sich die Adoptiveltern positiv über die jeweiligen Reaktionen der Schule und Eltern äußerten.

Die Cambridge-Studie kommt zu der abschließenden Einschätzung, dass sich die untersuchten Familientypen eher durch Gleichheit als durch Unterschiedlichkeit auszeichnen und vergleichbar gut funktionieren. Da Schikanieren und Hänseln eher in der Sekundarstufe zum Problem werden, bedarf es hier Nachfolgeuntersuchungen.

Manning u.a. (2014) sichteten im Rahmen einer Stellungnahme der American Sociological Association (ASA) für den amerikanischen Supreme Court Forschungsergebnisse über das Wohlergehen von Kindern in Familien mit gleichgeschlechtlichen Eltern zwischen 2002 und 2012. Die Autorinnen fanden in der sozialwissenschaftlichen Literatur einen klaren Konsens, dass es amerikanischen Kindern, die in Haushalten gleichgeschlechtlicher Eltern leben, genauso gut ging wie Kindern von andersgeschlechtlichen Eltern, hinsichtlich der schulischen Leistungen, der kognitiven Entwicklung, der sozialen Entwicklung, der psychischen Gesundheit, der frühen sexuellen Aktivität und des etwaigen Drogenmissbrauchs. Unterschiede im Wohlergehen der Kinder waren größtenteils auf sozioökonomische Umstände und die Stabilität der Familie zurückzuführen.

8.2.2 Die juristischen und die psychologischen Fragestellungen

Hinsichtlich der mit der Adoption in Zusammenhang stehenden juristischen Fragen lassen sich drei wesentliche Bereiche identifizieren, in denen psychologisches Wissen relevant ist: die Annahme als Kind, die Ersetzung von Einwilligungen und die Aufhebung der Adoption.

Erster Anknüpfungspunkt für juristische Fragen ist die *Annahme als Kind*. Sie ist unter zwei Voraussetzungen zulässig: Sie muss 1. dem Kindeswohl dienen und es muss 2. zu erwarten sein, dass zwischen dem Annehmenden und dem Kind ein Eltern-Kind-Verhältnis entsteht.

Die ersten zu diskutierenden Prüfhypothesen lauten: 1. Die Adoption dient dem Kindeswohl. Oder: 2. Die Adoption dient dem Kindeswohl nicht. *Die zweite:* 1. Es ist zu erwarten, dass ein Eltern-Kind-Verhältnis entsteht. Oder: 2. Es ist nicht zu erwarten, dass ein Eltern-Kind-Verhältnis entsteht.

Zur Beantwortung dieser Prüfhypothesen ist ein erster psychologischer Fragenkomplex abzuleiten, der sich um die psychischen und physischen Dispositionen des Kindes zentriert und Themenbereiche umfasst, die im kommenden *Abschnitt 8.2.3.1* zur Adoptionseignung des Kindes dargestellt werden. Ein zweiter psychologischer Fragenkomplex beinhaltet Fragen nach der Eignung der Adoptionsbewerber, ein dritter zielt schließlich auf die Erfassung der in der Adoptionspflege entstandenen Adoptiveltern-Kind-Beziehung ab. Alle Fragen sind auch unter prognostischen Gesichtspunkten zu stellen, zu diskutieren und zu beantworten.

Zweiter Anknüpfungspunkt ist die *Ersetzung der Einwilligung eines Elternteils.* § 1748 BGB gibt hier eine Reihe möglicher juristischer Fragestellungen vor: Hat der Elternteil seine Pflichten gegenüber dem Kind anhaltend und gröblich verletzt? Hat er durch sein Verhalten seine Gleichgültigkeit gegenüber dem Kind gezeigt? War die Pflichtverletzung dieses Elternteils besonders schwer? Ist der Elternteil wegen einer besonders schweren psychischen Krankheit (oder einer besonders schweren geistigen oder seelischen Behinderung) zur Pflege und Erziehung des Kindes dauerhaft unfähig? Kann das Kind voraussichtlich nicht mehr dauerhaft der Obhut des Elternteils anvertraut werden? Würde das Unterbleiben der Annahme dem Kind zu unverhältnismäßigem Nachteil gereichen? Wäre das Kind, wenn es bei Unterbleiben der Annahme nicht in einer Familie aufwachsen könnte, in seiner Entwicklung schwer gefährdet?

Je nach Falllage beziehen sich psychologische Fragen hier zum einen auf jene Entscheidungskriterien, die bereits im Zusammenhang mit dem Sorgerechtsentzug bei Kindeswohlgefährdung dargestellt wurden *(Kap. 6)*. Relevant sind also auch hier Aspekte der Erziehungsfähigkeit der leiblichen Eltern und die daraus resultierenden Schadensrisiken des Kindes. Sie werden im Folgenden nicht gesondert diskutiert. Darüber hinaus ist die Notwendigkeit der Adoptionsdurchführung auf Seiten des Kindes zu bewerten. Hier sind die Dispositionen des Kindes *(Abschnitt 8.2.3.1)*, insbesondere unter dem Blickwinkel möglicher Nachteile für den weiteren Entwicklungsverlauf bei Nichtadoption, zu überprüfen. Bedeutsam ist beispielsweise, wenn zwischen dem Kind und den Adoptionsbewerbern, die bereits Pflegeltern sind, eine Beziehung und Bindung besteht, die bei Nichtadoption gefährdet würde.

Dritter Anknüpfungspunkt juristischer und psychologischer Fragen ist die *Aufhebung des Annahmeverhältnisses* von Amts wegen. Da sie nur sehr eingeschränkt möglich ist, stellen Fragestellungen dieser Art in der Praxis eine absolute Ausnahme dar. Nach § 1763 BGB – § 1760 BGB kann hier wegen der rein formal juristischen Aspekte außer Acht gelassen werden – lautet hier die juristische Frage: Ist eine Aufhebung der Annahme aus schwerwiegenden Gründen zum Wohl des Kindes erforderlich? Auch hier sind Prüfhypothesen zu bilden.

Im Rahmen der psychologischen Fragen sind hier ebenfalls jene Sorgerechtskriterien zu diskutieren, die in *Kapitel 6* beschrieben wurden, wobei die Einschränkungen der Erziehungsfähigkeit gravierend sein und damit die Voraussetzungen des § 1666 BGB erfüllen müssen. Davon ist beispielsweise bei sexuellem Missbrauch des Adoptivkindes oder verbrecherischem oder unsittlichem Lebenswandel des Annehmenden auszugehen. Ausreichend ist nicht ein Zerwürfnis oder eine Entfremdung zwischen Annehmenden und Kind, wenn beiden noch Pflege und Erziehung zuzumuten sind. Es muss sich um eine auf Dauer untragbare Lage handeln, die eine endgültige Trennung erforderlich macht. Eine bloße Scheidung der Adoptiveltern kann nicht als ausreichender Grund angesehen werden (Grüneberg 2022, § 1763 Rn. 2).

Daneben ist zu überprüfen, ob dem Kind zukünftig ein neuer Familienverband zur Verfügung steht. Dies kann ein Adoptivelternteil, ein leiblicher Elternteil oder eine neue Adoptivfamilie sein. Im zweiten und dritten Fall müssen erneut die Eignungskriterien *(Abschn. 8.2.3.1 bis 8.2.3.3)* überprüft werden.

8.2.3 Beurteilungskriterien

Die Erhebungen zu der Frage, ob eine Adoption durch bestimmte Adoptionsbewerber dem Wohl des Kindes dient, erfolgen in der Regel in zwei Phasen. Die erste Phase beinhaltet die grundsätzliche Überprüfung der Adoptionseignung des Kindes und der Adoptionsbewerber, die zweite Phase betrifft den Zeitraum der Adoptionspflege und beinhaltet die Beurteilung der entstandenen Beziehung zwischen Kind und Adoptionsbewerbern.

Hinsichtlich der zusammenfassenden Bewertung ist festzuhalten, dass einzelne, nicht erfüllte Entscheidungskriterien nicht automatisch eine Ablehnung nach sich ziehen müssen. Die Erfüllung bzw. Nichterfüllung der Kriterien muss in ihrer Gesamtheit betrachtet und gegeneinander abgewogen werden.

8.2.3.1 Die Adoptionseignung des Kindes

Entwicklungsverlauf: Zu erheben sind die bisherigen Entwicklungsbedingungen (Erziehungsverhalten der leiblichen Eltern, soziales Umfeld etc.). Relevant sind ferner Daten über den Schwangerschafts- und Geburtsverlauf sowie über die bisherige emotionale, soziale, kognitive und körperliche Entwicklung, einschließlich der Reinlichkeitsentwicklung. Das Augenmerk ist dabei vor allem auf frühkindliche Deprivationen und Komplikationen des Entwicklungsverlaufes zu richten. Im Zentrum steht die Datengewinnung über mögliche Schädigungen des Kindes während der Schwangerschaft, der Geburt und des Zusammenlebens mit der Herkunftsfamilie oder in vorheriger Fremdunterbringung. Hierzu gehören etwaige Kindeswohlgefährdungen *(Kap. 6)*, erlebte Beziehungsabbrüche, mangelnde Förderung oder andere Einflüsse, die zu späteren Auffälligkeiten beitragen könnten. Hieraus und aus dem aktuellen Entwicklungsstand (s.u.) lassen sich Prognosen ableiten, insbesondere hinsichtlich zu erwartender Entwicklungsschwierigkeiten, des daraus resultierenden Erziehungs- und Förderbedarfs des Adoptivkindes und eines entsprechenden Anforderungsprofils an die Adoptionsbewerber. Besondere Anforderungen stellen dabei körperlich und geistig behinderte oder traumatisierte Kinder (Doukkani-Bördner/Malter 2001). Auch bei Kindern, die bereits mehrfache Wechsel von Bezugspersonen erlebt haben, wird dies der Fall sein. Lempp (1983) betont deshalb die Notwendigkeit, gerade solche Kinder nur mit besonderer Sorgfalt zu vermitteln, da einerseits ein Scheitern der Adoption auf Seiten des Kindes erneute Beziehungsabbrüche zur Folge hätte, andererseits aber auch die Annehmenden ihre grundsätzliche Bereitschaft, ein Kind zu adoptieren, verlieren könnten.

Emotionaler Entwicklungsstand: Hier ist von zentraler Bedeutung, ob ein Kind in seiner bisherigen Umgebung emotionale Bindungen eingegangen ist, die durch einen Wechsel in die Adoption zerstört würden. Lempp (1983) führt zutreffend aus, dass eine Adoption für Kinder nicht in jedem Fall die geeignete Lösung darstellt. Haben Kinder etwa zwischenzeitlich zu Pflegeeltern oder Erziehern eines Kinderheimes Bindungen aufgebaut, die durch die Adoption abgebrochen würden, ist ein Verbleib in dieser Umgebung für das Kind oft besser. Eine bessere rechtliche Absicherung des Kindes durch die Adoption kann den Verlust emotionaler Bindung nicht ersetzen. In jedem Fall ist dann aber zu prüfen, ob bestehende Bindungen bei einer Nichtadoption langfristig auch aufrechterhalten werden können. Dies müsste bei einem Heimaufenthalt des Kindes aufgrund der Fluktuation des Erziehungspersonals u.U. verneint werden. Die Diagnostik des emotionalen Entwicklungsstandes beinhaltet darüber hinaus die Erfassung emotionaler Ausprägungen, die eine besondere Bedürfnislage des Kindes hervorrufen, aber auch die Benennung besonderer emotionaler Kompetenzen, insbesondere hinsichtlich der Frage, ob sie den anstehenden Integrationsprozess im neuen Familienverband hemmen bzw. fördern können. Vor allem ist festzustellen, ob aufgrund bisheriger ungünstiger Entwicklungsbedingungen eine besondere emotionale Bedürftigkeit des Kindes vorliegt, wie sie geartet ist, welche Prognose sie zulässt und welche Anforderungen sie an die potenziellen Annehmenden stellen könnte. So stellen etwa ängstliche oder hyperaktive Kinder oder auch solche mit Bindungsstörungen hohe Anforderungen an die Erziehungskompetenzen, insbesondere an das emotionale Einfühlungsvermögen der Annehmenden.

Sozialer Entwicklungsstand: Im sozialen Bereich sind Kompetenzen und Auffälligkeiten des Kindes im Verhalten zu anderen Menschen, zu Erwachsenen und Gleichaltrigen, und deren Konsequenzen für die augenblickliche und zu erwartende soziale Integration zu untersuchen. Auch hier fordern Kinder, die beispielsweise durch Aggressionen auffallen, die Annehmenden mehr als andere. Weiter sollte die augenblickliche Integration des Kindes in sein soziales Umfeld erfasst werden. Es ist hierbei zu bewerten, wie sich ein Wechsel des Wohnortes und ein Verlust der gewohnten sozialen Umgebung, der mit einer Adoption des Kindes verbunden wäre, auf die weitere Entwicklung des Kindes auswirken würden. In diesem Zusammenhang ist auch die psychische Flexibilität des Kindes, sich auf eine neue Lebensumgebung einstellen zu können, zu bewerten. Hierzu gehört z.B. die Beurteilung der Kontaktfähigkeit des Kindes. Ist ein Kind im sozialen Umfeld integriert und hat es gleichzeitig aber Mühe, neue Beziehungen einzugehen, spräche dies eher gegen einen Wechsel des sozialen Umfeldes. Dies müsste dann gegen die zu erwartenden Vorteile abgewogen werden *(Abschnitt 4.4.1)*.

Kognitiver Entwicklungsstand: Hier sind die intellektuellen Kompetenzen des Kindes und seine Leistungsmotivation, bei kleineren Kindern Vorfunktionen wie Neugier- bzw. Explorationsverhalten, zu erfassen. Mögliche Retardierungen sind einschließlich der daraus resultierenden Förderbedürftigkeit und Entwicklungsprognose zu benennen. Ist das Kind schulfähig, sind in jedem Fall die schulische Leistungsfähigkeit des Kindes und die Auswirkungen eines Schulwechsels zu beurteilen. Kognitive Stärken des Kindes sollten erfasst und hervorgehoben werden, um ein abgerundetes Persönlichkeitsbild des Kindes zu erhalten und den zukünftigen Annehmenden auch Hilfen bei der Bewältigung von Krisen an die Hand zu geben. So kann z.B. die Erfassung der kognitiven Bewältigungsstrategien des Kindes bezogen auf erlebte Verlusterfahrungen von zentraler Bedeutung für den bevorstehenden Integrationsprozess sein.

Begabungen und Interessen: Auch die Erhebung von besonderen Kompetenzen und Neigungen des Kindes kann für die Auswahl der Adoptionsbewerber entscheidend sein, wenn es um eine besondere Förderung von Begabungen geht.

Körperliche Entwicklung und Gesundheitszustand: Über den gesundheitlichen Zustand ist ein ärztliches Zeugnis einzuholen, das in der Regel von einem Kinderarzt erstellt wird. Im Einzelfall kann auch eine fachärztliche Untersuchung oder stationäre Beobachtung notwendig sein. Auch der Gesundheitszustand der Eltern, insbesondere der Mutter während der Schwangerschaft, soll ermittelt werden, da er Auswirkungen auf die weitere Entwicklung des Kindes haben kann. Die Untersuchungen sollen auch die Feststellung möglicher erblicher Leiden einschließen. Der Stand der motorischen Entwicklung sollte vor allem bei kleineren Kindern, der der Sprachentwicklung generell diagnostiziert werden.

Wille des Kindes: Wesentlichster Bestandteil der Adoptionseignung eines Kindes ist letztlich dessen Wille zur Adoption, der beim älteren Kind vor allem am Ende der Adoptionspflege zu erheben ist *(Abschnitt 8.2.3.2)*. Hierzu zwingt nicht nur die oben beschriebene gesetzliche Vorgabe (erforderliche Einwilligung des Kindes in die Adoption), aus psychologischer Sicht ist es vor allem der Aspekt der Selbstwirksamkeitsüberzeugung, der dies notwendig macht. Dem älteren Kind muss vermittelt werden, an einer so weitreichenden Entscheidung für das eigene Leben maßgeblich beteiligt zu sein. Die in *Abschnitt 2.6* formulierten Mindestanforderungen an den kindlichen Willen sollten erfüllt sein.

8.2.3.2 Die Eignung der Adoptionsbewerber

Alter der Adoptionsbewerber: § 1743 BGB sieht, wie oben erwähnt, ein Mindestalter der Bewerber als Kriterium vor. Eine Altershöchstgrenze wird nicht benannt, kann aber aus dem Satz abgeleitet werden, dass die Auswahl der Annehmenden so erfolgen muss, dass ein Eltern-Kind-Verhältnis entstehen kann. Dies beinhaltet auch einen Altersabstand zwischen Annehmenden und Kind, der in der Regel nicht größer als 40 Jahre sein sollte.

Annahmemotive: Einer gründlichen Überprüfung bedürfen die Motive der Adoptionsbewerber, ein Kind anzunehmen. Die Adoption soll dem Kind dienen, im Zentrum steht das Kindeswohl. Die Annahmemotive dürfen deshalb den Bedürfnissen und Fähigkeiten des Kindes nicht entgegenstehen, sie dürfen insbesondere nicht zur Verdrängung des Adoptivstatus des Kindes nötigen (Golomb/Geller 1992). Liegt dem Adoptionsbegehren beispielsweise das Motiv zugrunde, die schmerzlichen Empfindungen über den Verlust eines eigenen Kindes zu kompensieren, besteht die Gefahr, dass das angenommene Kind in die Rolle des verstorbenen Kindes gedrängt wird und es den Adoptiveltern nicht gelingt, der Individualität des Adoptivkindes gerecht zu werden. Auch Überängstlichkeit und Überbehütung können auftreten. Entspringt die Motivation zur Annahme dem Bedürfnis, einen persönlichen Mangel zu kompensieren, ist ebenfalls Vorsicht geboten. Die Adoptierten laufen hier Gefahr, zurückgewiesen zu werden, wenn sie die an sie herangetragene Aufgabe nicht erfüllen. Auch Zeugungsunfähigkeit wird oft als große Belastung und Makel erlebt und von Selbstzweifeln und Trauer begleitet. Ihre psychische Bewältigung muss mit dem Adoptionsentschluss nicht abgeschlossen sein; das Adoptionsbestreben selbst kann ein Bewältigungsversuch von Minderwertigkeitsgefühlen sein. Auch hieraus können Belastungen des Kindes entstehen, wenn Annehmende Erziehungsprobleme aufgrund eines geringen Selbstwertgefühls als nochmaliges Versagen erleben.

Risikobereitschaft: Von Adoptiveltern muss verlangt werden, dass auch sie bereit sind, ein gewisses Risiko einer Fehlentwicklung des Kindes einzugehen. Obwohl der Wunsch von Adoptiveltern nachvollziehbar erscheint, ein gesundes und unauffälliges Kind zu adoptieren, stellen sie sich mit diesbezüglichen Forderungen schon außerhalb des Kreises leiblicher Eltern, die dies auch nicht beeinflussen können. Auf Seiten des Adoptivkindes kann vor allem ein geringes Alter dessen Diagnostik erheblich beeinträchtigen. Die Zahl anwendbarer diagnostischer Mittel ist eingeschränkt, demzufolge ist auch die Prognose unsicher. Vor allem in Fällen angestrebter Frühest- oder Frühadoption besteht dieser Nachteil.

Erziehungsfähigkeit: Die Adoptionsbewerber sollen erziehungsfähig sein, insbesondere tolerierbare Erziehungsziele vertreten, eine positive Einstellung zu Kindern haben, über angemessene Erziehungskenntnisse und ausreichende persönliche Kompetenzen wie etwa emotionale Feinfühligkeit verfügen und dies in der Interaktion mit Kindern auch in kindeswohldienliches Erziehungsverhalten umsetzen können *(Abschnitt 2.7).* Sie sollten eine realistische Selbsteinschätzung ihrer eigenen Möglichkeiten und Grenzen und genügend intellektuelle Flexibilität mitbringen, um sich auf ein ihnen fremdes Kind einzustellen. Insbesondere sollten die pädagogischen Problembereiche, die bei Forschungen über Erziehungsverhalten von Adoptiveltern hervorstechen, Gegenstand der Überprüfung der Adoptionsbewerber sein. §7 Abs. 1 S. 2 AdVermiG spezifiziert die Aufgabe der Adoptionsvermittlungsstelle, die Eignung der Adoptionsbewerber unter Berücksichtigung der Persönlichkeit des Kindes und seiner besonderen Bedürfnisse für die Annahme des Kindes zu prüfen. Der Gesetzgeber begnügt sich also nicht mit einer abstrakten Überprüfung der Erziehungseignung der Adoptionsbewerber, sondern verlangt die Erziehungseignung speziell gegenüber diesem potenziellen Adoptivkind. Um dies zu prüfen, ist die bereits geschilderte Erfassung der Persönlichkeit, der Bedürfnislage und der Förderbedürftigkeit des Kindes erforderlich. Auf dieser Grundlage sind die Kompetenzen der Adoptionsbewerber zu erfassen, den speziellen Anforderungen des Kindes gerecht werden zu können. Eine besondere Abwägung ist hier bei der Vermittlung von behinderten oder traumatisierten Kindern zu treffen. Haben Adoptionsbewerber ein eigenes oder angenommenes Kind, so kann dessen Entwicklung Hinweise auf die Erziehungsfähigkeit der Adoptionsbewerber geben. Verhaltensbeobachtungen können durchgeführt werden, auch Gespräche mit dritten Personen, etwa mit Kindertagesstättenerziehern oder Lehrern. Bei Kinderlosigkeit wird anfangs nur das Gespräch mit den Bewerbern über Erziehungsfragen und pädagogische Problemsituationen bleiben. Erschwerend ist es, wenn Adoptionsbewerber aufgrund ihrer hohen Motivation und der Konkurrenz zu einer Vielzahl anderer Adoptionswilliger um eine positive Darstellung ihrer Person bemüht sind. Positiv ist gerade deshalb zu bewerten, wenn Adoptionsbewerber sich selbstkritisch und reflektiert zeigen und auch begrenzte Ängste und Unsicherheiten benennen.

Reflexion des eigenen Status: Hier ist die Frage angesprochen, wie Annehmende mit ihrer besonderen Art der Elternschaft umgehen. Adoption kann eine gleichwertige Form der Erziehung darstellen, ohne dass eine Gleichartigkeit mit der biologischen Familie beansprucht oder nach außen behauptet werden muss. Ein zu starker Normalitätsdruck kann Ausdruck dafür sein, dass zwar ein Kind, aber keine Adoption gewollt ist. Hier besteht die Gefahr, dass überzogene Ansprüche an das Kind gestellt werden und seine Andersartigkeit von den Annehmenden nicht ausreichend angenommen oder bewältigt werden kann (Golomb/Geller 1992). Probleme können aber auch entstehen, wenn die Adoption aufgrund des erlebten Normalitätsdrucks zu lange vor dem Kind geheim gehalten wird.

Aufklärung des Kindes über seinen Adoptivstatus: Eng verknüpft mit der Reflexion des eigenen Selbstverständnisses sind die Fähigkeit und Bereitschaft der Adoptiveltern, das Kind über seinen Adoptivstatus aufzuklären. Sie sind aufgrund der bereits ausgeführten Gefahren für die Entwicklung des Adoptivkindes als unabdingbare Voraussetzung für die Annahme eines Kindes anzusehen.

Bewertung der Abgebenden gegenüber dem Kind: Die Bewertung der Herkunftsfamilie durch die Adoptivfamilie ist aufgrund der oft realen Abwesenheit der Abgebenden für die Identitätsfindung des Adoptivkindes von entscheidender Bedeutung. Wie das Kind seinen Adoptivstatus annehmen kann, wie es die Freigabe durch die leiblichen Eltern beurteilt und sie in sein Selbstbild mit einer entsprechenden Selbstbewertung integrieren kann, hängt wesentlich von dem vermittelten Bild der leiblichen Eltern durch die Adoptiveltern ab.

Kooperation mit der Jugendhilfe: Eine weitere Voraussetzung ist die grundsätzliche Kooperationsfähigkeit und -bereitschaft der Adoptiveltern mit der Jugendhilfe. Im Verlauf der Entwicklung von Adoptivkindern können insbesondere adoptionsspezifische Probleme auftreten, die fachlich qualifizierte Beratung erforderlich machen. Ist diese Fähigkeit oder Bereitschaft bei Adoptionsbewerbern nicht zu erkennen, sollte dies ein Ausschlusskriterium sein. Von Adoptiveltern soll kein obrigkeitshöriges oder angepasstes Verhalten gefordert werden, wohl aber die Bereitschaft, die Meinung von Experten mit in ihr pädagogisches Denken einfließen zu lassen.

Verfügbarkeit: Adoptiveltern sollten einem Adoptivkind zeitlich ausreichend zur Verfügung stehen und ausreichende Betreuungsmöglichkeiten vorweisen können. Die Bundesarbeitsgemeinschaft Landesjugendämter (2019) empfiehlt deshalb, bevorzugt an Bewerber zu vermitteln, die ihre berufliche Tätigkeit den Bedürfnissen des Kindes anpassen. Vor allem ältere Kinder, die in eine Adoptivfamilie kommen, erleiden Beziehungsabbrüche zu bisherigen Bezugspersonen, unabhängig davon, ob sie zuvor bei den leiblichen Eltern, einer Ersatzfamilie oder in einem Kinderheim aufwuchsen. Dies führt regelmäßig zu emotionalen Verunsicherungen des Kindes, die zumindest in der Anfangszeit durch intensive Betreuung aufgefangen werden müssen. Zu frühe zusätzliche Fremdbetreuung des Kindes führt zu weiteren Belastungen und kann die Integration insgesamt gefährden. Auf die Möglichkeit der Elternzeit soll hingewiesen werden.

Familiensituation: Aufgabe eines Adoptivkindes kann es nicht sein, eine belastete oder gestörte Paarbeziehung zu stabilisieren. Auch dies wäre ein fehlgeleitetes Motiv und widerspräche dem Gedanken, dass die Adoption einzig im Interesse des Kindeswohls liegen soll. Zudem bestünde die Gefahr, dass das neue Lebensumfeld des Kindes zerbricht oder auftretende Konflikte die Integration und Entwicklung des Kindes belasten. Bereits an anderer Stelle wurde dargelegt, dass anhaltende Elternkonflikte Kinder psychisch belasten *(Kap. 2)*. Ein erstes relativ leicht zu überprüfendes Kriterium für die Stabilität ist die Dauer der Ehe. Mögliche Konflikte der Annehmenden können exploriert oder aber durch Tests überprüft werden.

Soziale Lage: Die Familie sollte in wirtschaftlich abgesicherten Verhältnissen leben. Gemeint ist hier die Vermeidung von Notsituationen, jedoch keine an der Mittelschicht orientierte Sichtweise. Im Gegenteil muss der Frage nachgegangen werden, ob unterschiedliche Schichtzugehörigkeit eines älteren Adoptivkindes und der Annehmenden eventuell zu einer zusätzlichen Belastung des Kindes führen könnte. Dies könnte etwa der Fall sein, wenn Annehmende aus der Mittelschicht überzogene Erwartungen an die Entwicklung eines älteren Kindes haben, das zuvor in sozial schwieriger Lage aufwuchs.

Kinder der Adoptionsbewerber: Die Kinderlosigkeit von Annehmenden stellt keine Bedingung für Adoption dar. Einige Untersuchungsergebnisse weisen jedoch darauf hin, dass Adoptivverhältnisse sich ungünstiger entwickeln, wenn der Altersabstand zu vorhandenen leiblichen oder anderen angenommenen Kindern zwei und mehr Jahre beträgt (Kasten 2000). Günstig ist es offenbar, wenn das Adoptivkind das jüngste Kind in der Familie ist (Krolzik 1993). Eine mögliche Erklärung hierfür kann darin gesehen werden, dass sich ältere leibliche Kinder weniger bedroht und nicht von ihrem Platz in der Geschwisterreihe und -hierarchie verdrängt fühlen. Die Integration eines jüngeren Adoptivkindes kommt zudem der Lebenssituation einer Geburt eines Geschwisters näher und findet deshalb eher vergleichbare emotionale Bewertungen. Vorhandene Kinder müssen in Abhängigkeit vom Alter in die Untersuchung mit einbezogen werden, um auch deren Einstellung zur Adoption erheben zu können. Sind sie strikt gegen die Aufnahme eines neuen Kindes, so kann dies zu einer Ablehnung der Bewerbung führen, da erhebliche geschwisterliche Konflikte zu befürchten sind, die die Integration des Adoptivkindes erschweren können. Auch die Frage der Bevorzugung leiblicher Kinder durch die Adoptiveltern ist relevant.

Religionszugehörigkeit: Nach § 1 des Gesetzes über die religiöse Kindererziehung bestimmen hierüber die Eltern. Die Vermittlung hat eine gegebene Religionszugehörigkeit des Kindes grundsätzlich zu beachten. Ist sie (noch) nicht festgelegt, sollten die Wünsche der leiblichen Eltern berücksichtigt werden. Hier kann bei älteren Kindern im Interesse des Kindeswohls argumentiert werden, dass eine begonnene religiöse Erziehung fortzusetzen ist, um die Kinder in ihrer gewonnenen religiösen Überzeugung nicht zu verunsichern. Eine Argumentation im Interesse des Kindeswohls ist allerdings schwer zu führen, wenn es sich um Säuglinge handelt oder eine religiöse Festlegung durch die leiblichen Eltern noch nicht erfolgt ist. Wird hier dem Wunsch der leiblichen Eltern gefolgt, so stehen vorrangig deren Interessen, nicht die des zu vermittelnden Kindes im Vordergrund, was aber deren Akzeptanz der Adoption erleichtert.

Körperliche und psychische Belastbarkeit: Die Annahme eines Kindes setzt eine ausreichende körperliche und psychische Belastbarkeit und Fähigkeit zur Bewältigung unvorhersehbarer und schwieriger Lebensereignisse voraus. Eine stark beeinträchtigende Krankheit oder Behinderung kann deshalb einen Ausschlussgrund darstellen. Die Anforderungen an die Belastbarkeit und die Erziehungsfähigkeit der Adoptiveltern steigen, wenn es sich bei dem zu adoptierenden Kind um ein behindertes oder vorgeschädigtes Kind handelt. Die Adoptionsbewerber haben der Adoptionsvermittlungsstelle deshalb auch einen Nachweis ihres Gesundheitszustandes zu erbringen.

8.2.3.3 Die Entstehung eines Eltern-Kind-Verhältnisses

Die zweite diagnostische Phase beginnt mit der Adoptionspflege des Kindes. Der Prozess der Integration des Kindes ist zu beschreiben und zu bewerten. Priorität hat die Frage, ob es zu einem Beziehungs- und Bindungsaufbau des Kindes zu den Adoptionsbewerbern kommt. Zu überprüfen ist, ob das Kind und die Adoptionsbewerber die notwendigen Anpassungen bewältigen. Bei älteren Kindern mit negativen Vorerfahrungen (z.B. emotionale Vernachlässigung, Elternverlust, wechselnde Bezugspersonen) kann der Bindungsaufbau ein langwieriger Prozess sein, da diese Kinder aufgrund vielfach erlebter Enttäuschungen nur schwer Vertrauen finden. Voraussetzung für den Beziehungs- und Bindungsaufbau des Kindes ist es, dass die Adoptionsbewerber ein korrespondierendes angemessenes Fürsorge- und Feinfühligkeitsverhalten zeigen. Auch auf Seiten der Adoptionsbewerber sind deshalb nochmals deren emotionale Einstellung zum Kind (auch aus der Perspektive der Adoptiveltern muss ein Beziehungsaufbau erfolgen) und deren Erziehungsfähigkeit, nun in der Praxis, zu bewerten.

Zu beantworten ist auch die Frage, ob sich das Kind im Geschwisterkreis wohl fühlt und akzeptiert wird oder ob es sich etwa gegenüber leiblichen Kindern zurückgesetzt erlebt. Bei älteren Kindern ist zudem deren Integrationsprozess in der neuen sozialen Umgebung (Kita, Schule, Nachbarschaft) zu überprüfen.

Konnte sich die Überprüfung der Adoptionseignung des Kindes zuerst oft nur auf den allgemeinen Willen zur Adoption, bei Fremdadoption bestenfalls nach einem kurzen Kennenlernen der Adoptionsbewerber, beziehen, kann das Kind gegen Ende der Adoptionspflege den Erziehungsalltag in der Familie beurteilen. Das sprachfähige Kind ist nun nochmals nach seinem Willen hinsichtlich der anstehenden Adoption zu befragen. Zusätzlich, bei nicht sprachfähigen Kindern ausschließlich, ist die Interaktion zwischen dem Kind und den Adoptivbewerbern zu beobachten und zu bewerten.

Bestehen Kontakte zwischen dem Adoptivkind und den abgebenden leiblichen Eltern, so sind auch sie in die Begutachtung einzubeziehen. Zu möglichen Vor- und Nachteilen von Umgangskontakten, die hier insbesondere unter dem Gesichtspunkt der komplikationslosen Integration des Kindes in der Adoptionsfamilie zu untersuchen sind, wird auf *Kapitel 5* verwiesen.

9 Nichtjuristische Fachkräfte im familiengerichtlichen Verfahren

9.1 Tätigkeitsfelder und Abgrenzungskriterien

An einem familiengerichtlichen Verfahren können zahlreiche nichtjuristische Fachkräfte beteiligt sein: Mitarbeiter der Jugendhilfe (Allgemeiner Sozialer Dienst, ASD), Verfahrensbeistände, Familienmediatoren, Umgangspfleger, Umgangsbegleiter und psychologische Sachverständige. Die konkreten Tätigkeitsfelder dieser Fachkräfte unterscheiden sich ebenso wie deren jeweilige Qualifikationen. Hieraus erwächst eine Angebots- und Kompetenzbreite, die grundsätzlich die Chancen der Erwachsenen und des Kindes, eine effektive Hilfe und fachkundige Entscheidung zu erhalten, erhöhen. Voraussetzung ist jedoch, über den fachlichen Austausch und die Vernetzung der Arbeit *(Abschnitt 9.7)* zu einer möglichst klaren inhaltlichen Abgrenzung der Tätigkeiten zu gelangen. Gelingt dies nicht, wird aus einem nützlichen Miteinander ein Neben-, wenn nicht sogar ein Gegeneinander. Es kommt zu Doppelbetreuungen, zu Verfahrensverzögerungen und Mehrkosten. Unprofessionelle Hilfen oder unqualifizierte Entscheidungen erhöhen aber vor allem das Schadensrisiko des Kindes.

Die Darstellung und Abgrenzung der oben genannten Tätigkeitsfelder sollen im Folgenden anhand von Kriterien erfolgen. *Zu den wesentlichen gehören aus unserer Sicht:*

- Die konkreten *Aufgaben* im familiengerichtlichen Verfahren und/oder im familiären Konfliktgeschehen, die sich aus gesetzlichen Vorgaben und/oder beruflichem Selbstverständnis ergeben.
- Die *zentralen Grundprinzipien* der Tätigkeit fachlicher oder berufsethischer Natur, die einer Umsetzung der Aufgaben gegenüber dem Adressaten förderlich sind und aus denen sich unterschiedliche Haltungen gegenüber den anderen professionellen Beteiligten und dem Familiengericht ergeben. Diese Grundprinzipien lassen sich in Bipolen beschreiben:
  - Neutralität versus Parteilichkeit,
  - Freiwilligkeit versus Zwang zur Teilnahme,
  - Vertrauensschutz versus Informationsweitergabe.
- Der *Adressat* der Tätigkeit in der Familie bzw. der Bezugsgruppe des Kindes oder im professionellen Umfeld, dessen Interessen primär vertreten und/oder befriedigt werden.
- Der *zeitliche Rahmen*, der aufgrund gesetzlicher Bestimmungen für die Ausübung der Tätigkeit zur Verfügung steht und aus dem sich die Verfügbarkeit für den Adressaten ableitet. Hier sind auch Finanzierungsfragen bedeutsam.
- Die *berufliche Qualifikation* als Grundlage der Fachlichkeit (abgeschlossene Grundausbildung; erworbene Zusatzqualifikationen).

9.2 Die Jugendhilfe

Aufgaben und Grundprinzipien

Die grundlegenden Aufgaben der Jugendhilfe werden im Sozialgesetzbuch Achtes Buch (SGB VIII) beschrieben. § 2 SGB VIII unterscheidet dabei u.a. zwischen allgemeinen Vorschriften, Leistungen und anderen Aufgaben. *In allen Kapiteln finden sich Vorschriften, die im familiengerichtlichen Verfahren Bedeutung erlangen können:*

- In den allgemeinen Vorschriften (§§ 1–10 SGB VIII) sind es etwa der Schutzauftrag bei Kindeswohlgefährdung gemäß § 8a SGB VIII und die fachliche Beratung und Begleitung zum Schutz von Kindern und Jugendlichen gemäß § 8b SGB VIII. Da in beiden Paragraphen Hilfen und Kontrollen, also Leistungen und andere Aufgaben, miteinander verknüpft sind, finden sie sich in den allgemeinen Vorschriften (Münder u.a. 2019, § 8a Rn. 3).
- Leistungen (§§ 11 bis 41 SGB VIII) sind Pflichtangebote der Jugendhilfe, die von Bürgern jedoch freiwillig in Anspruch genommen werden können. Bedeutsam sind hier vor allem die Förderung der Erziehung in der Familie (§§ 16–21 SGB VIII) und die Hilfen zur Erziehung (§§ 27–35 SGB VIII).
- Zu den anderen Aufgaben gehören bezogen auf die in diesem Buch angesprochenen Themen die Inobhutnahme gemäß § 42 SGB VIII und die Mitwirkung des Jugendamtes im familiengerichtlichen Verfahren, etwa in Kindschafts-, Abstammungs-, Adoptions- und Gewaltschutzsachen gemäß § 50 SGB VIII.

Exemplarisch werden Aufgaben der Jugendhilfe im Folgenden am Beispiel von Trennungs- und Umgangskonflikten und Kindeswohlgefährdungen dargelegt. Auf besondere Aufgaben der Jugendhilfe, etwa im Zusammenhang mit der Adoption *(Kapitel 8)*, wurde bereits gesondert eingegangen.

Im Falle der Trennung und Scheidung *(Kapitel 4)* haben Eltern gegenüber der Jugendhilfe einen Rechtsanspruch auf Leistungen nach § 17 SGB VIII. Beratung soll helfen, Bedingungen für eine dem Wohl des Kindes oder des Jugendlichen förderliche Wahrnehmung der Elternverantwortung zu schaffen. Eltern sind unter angemessener Beteiligung des betroffenen Kindes oder Jugendlichen zudem zu unterstützen, ein einvernehmliches Konzept für die Wahrnehmung der elterlichen Sorge, das auch als Grundlage für einen Vergleich oder eine richterliche Entscheidung dienen kann, zu entwickeln.

§ 18 Abs. 3 SGB VIII benennt die Leistungen der Jugendhilfe bei *Umgangskonflikten (Kapitel 5)*. Kinder und Jugendliche haben hier einen Rechtsanspruch auf Beratung und Unterstützung bei der Ausübung des Umgangsrechts nach § 1684 Abs. 1 BGB. Die Jugendhilfe soll sie darin unterstützen, dass Personen, die gemäß der §§ 1684, 1685 und 1686a BGB zum Umgang mit ihnen berechtigt sind, von diesem Recht zu ihrem Wohl Gebrauch machen. Wenden sich Kinder und Jugendliche an die Jugendhilfe, so kann die Beratung ohne Kenntnis der Personensorgeberechtigten erfolgen, vor allem wenn dies Ziel und Zweck der Regelung verfehlen würde, etwa bezogen auf einen den Umgang vereitelnden Elternteil. In der Regel wird die Jugendhilfe in die Beratung und Unterstützung jedoch auch Umgangsgewährende und Umgangssuchenden einbeziehen, um im Interesse des Kindes eine einvernehmliche Regelung zu erarbeiten. Gelingt dies aber nicht, so kann die Jugendhilfe in Absprache mit dem Kind oder Jugendlichen beim Familiengericht die Einleitung eines Umgangsverfahrens nach § 24 FamFG anregen. Kinder und Jugendliche haben so über die Jugendhilfe die Möglichkeiten, ihr subjektives Recht auf Umgang auch vor dem Familiengericht zur Durchsetzung verhelfen zu lassen (Wiesner/Wapler 2022, §18, Rn. 21,22.). Parallel dazu haben auch Eltern, andere Umgangsberechtigte und Personen, in deren Obhut sich das Kind befindet, einen Rechtsanspruch auf Beratung und Unterstützung bei der Ausübung des Umgangsrechts. § 18 Abs. 3 S. 4 SGB VIII konkretisiert die Aufgaben der Jugendhilfe, bei der Herstellung von Umgangskontakten und bei der Ausführung gerichtlicher und vereinbarter Umgangsregelungen zu vermitteln und in geeigneten Fällen Hilfestellung zu geben. Hieraus ergibt sich auch die Rechtsgrundlage für den begleiteten Umgang *(Abschnitt 9.5)*.

Auch Mediation *(Kapitel 3)* kann als Leistung der Jugendhilfe gewährt werden. Rechtliche Grundlagen finden sich in den §§ 17 Abs. 2 und 18 Abs. 3 SGB VIII, aber auch in § 37 Abs. 1 SGB VIII, hier speziell für Konflikte zwischen Herkunfts- und Pflegefamilien. Aus fiskalischen Gründen, vor allem aber aufgrund der nur psychosozialen Grundqualifikationen der dort tätigen Fachkräfte, wird sie sich im Rahmen der öffentlichen und freien Jugendhilfe auf kindbezogene Konfliktfelder beschränken müssen. Sie weicht dadurch von einem konzeptionellen Grundsatz ab, nämlich alle strittigen Konfliktfelder einzubeziehen, da sie aufeinander bezogen sind und Konflikte in einem Bereich bereits erzielte Einigungen in einem anderen Bereich wieder gefährden könnten.

Wichtige Anlaufstellen im Zusammenhang mit Trennungs- und Umgangskonflikten sind auch die Erziehungs- und Familienberatungsstellen in öffentlicher und freier Trägerschaft. Gemäß § 28 SGB VIII sollen Kinder, Jugendliche, Eltern und andere Erziehungsberechtigte hier bei der Klärung und Bewältigung individueller und familienbezogener Probleme und der zugrunde liegenden Faktoren, bei der Lösung von Erziehungsfragen sowie bei Trennung und Scheidung unterstützt werden. Fachkräfte verschiedener Fachrichtungen sollen zusammenwirken und unterschiedliche methodische Ansätze anbieten. Zu diesen hier relevanten methodischen Ansätzen gehören Beratung, Vermittlung und Mediation.

Bei der Inanspruchnahme all dieser Leistungen der Jugendhilfe gilt der Grundsatz der Freiwilligkeit. Nach § 90 SGB VIII trägt die Jugendhilfe die Kosten der sich aus den §§ 17, 18 und 28 SGB VIII ergebenden Hilfeleistungen, für Hilfesuchende besteht Kostenfreiheit.

Leistungen der Jugendhilfe in Sorgerechts- und Umgangssachen sollen Empfänger frühzeitig erreichen, also möglichst im Vorfeld einer bereits eskalierten familiengerichtlichen Auseinandersetzung. Sie sind aber auch parallel zu anhängigen familiengerichtlichen Verfahren zu gewähren. Hierzu ist das Jugendamt im beschleunigten Verfahren gemäß § 155 FamFG schon im ersten Termin, spätestens einen Monat nach Beginn des Verfahrens, vom Familiengericht anzuhören. Schon hier, wie auch in jeder weiteren Lage des Verfahrens, weist das Familiengericht im Rahmen des Hinwirkens auf Einvernehmen gemäß § 156 Abs. 1 FamFG auf Möglichkeiten der Beratung durch die Beratungsstellen und -dienste der Träger der Kinder- und Jugendhilfe, insbesondere zur Entwicklung eines einvernehmlichen Konzepts für die Wahrnehmung der elterlichen Sorge und Verantwortung, hin. Es kann Einzel- oder Paarberatung anordnen oder die Teilnahme an einem kostenfreien Informationsgespräch über Mediation oder über eine sonstige Möglichkeit der außergerichtlichen Konfliktbeilegung bei einer vom Gericht benannten Person oder Stelle und eine Bestätigung hierüber verlangen.

Die Jugendhilfe prüft den konkreten Bedarf und wägt die Eignung verschiedener Leistungen unter fachlichen Gesichtspunkten ab. Seitens der Leistungsberechtigten besteht dabei ein Wunsch- und Wahlrecht hinsichtlich der Träger und der Gestaltung der Hilfe, sofern dies zu keinen unverhältnismäßigen Mehrkosten führt (§5 SGB VIII). Die Angebotspalette der §§17 und 18 SGB VIII beinhaltet in Verknüpfung mit anderen Vorschriften des SGB VIII sehr unterschiedliche Leistungsangebote, wie Beratung, Vermittlung, Mediation, Therapie, Gruppenangebote für Kinder und spezialisierte Angebote wie den begleiteten Umgang.

Als übergreifende Ziele aller Interventionen auf der Erwachsenenebene können dabei angesehen werden:

- konfliktmindernd zu wirken,
- die Kooperationsfähigkeit und -bereitschaft der Erwachsenen zu verbessern,
- ihnen ihre Autonomie bei den zutreffenden Regelungen zu erhalten,
- eine einvernehmliche Regelung der elterlichen Sorge und/oder des Umgangs herzustellen und damit
- den betroffenen Kindern und Jugendlichen auch nach der Trennung die notwendige Kontinuität in ihren Beziehungen zu den Bezugspersonen zu erhalten.

Gemeinsame Ziele aller Interventionen auf der Kindebene sind:

- Kindern und Jugendlichen die Bewältigung der Sorgerechts- bzw. Umgangskonflikte zu erleichtern und
- ihnen den Kontakt zu allen wichtigen Bezugspersonen zu erhalten, sofern dies mit dem Kindeswohl vereinbar ist.

Das Jugendamt hat neben diesen Leistungsangeboten zudem gemäß §50 Abs. 1 SGB VIII die Pflicht, das Familiengericht bei allen Maßnahmen, die die Sorge für die Person von Kindern und Jugendlichen betreffen, zu unterstützen und in diesen Verfahren mitzuwirken. Hiermit korrespondiert die Pflicht des Familiengerichts, das Jugendamt in Verfahren, die die Person des Kindes betreffen, anzuhören (§162 Abs. 1 FamFG). Gemäß §162 Abs. 3 FamFG ist das Jugendamt in diesen Verfahren über Termine zu benachrichtigen und ihm sind alle gerichtlichen Entscheidungen bekannt zu machen. Gegen den Beschluss steht dem Jugendamt die Beschwerde zu.

In Fällen der Trennung, Scheidung und/oder des Umgangs kann das Jugendamt beantragen, am Verfahren beteiligt zu werden (Kann-Beteiligung gemäß §162 Abs. 2 S. 2 FamFG). Das Jugendamt ist auf Antrag ohne gesonderten Beschluss des Familiengerichts (Lack 2010) gemäß §7 Abs. 2 Nr. 2 FamFG ohne Ermessensspielraum als Beteiligter hinzuzuziehen. Mit dieser Hinzuziehung erlangt das Jugendamt alle Rechte und Pflichten eines Beteiligten. Es erhält Akteneinsicht, kann Beweisanträge, etwa bezüglich der Beauftragung eines Sachverständigen, stellen und kann ggf. auch Rechtsmittel einlegen, das Verfahren also aktiv mitgestalten.

Bezüglich der generellen Mitwirkung am familiengerichtlichen Verfahren gemäß §50 SGB VIII hat das Jugendamt kein Ermessen, es erfüllt dabei als eigenständige Fachbehörde eine eigenverantwortliche sozialpädagogische Aufgabe und unterliegt keinen Weisungen des Familiengerichts. Das Jugendamt entscheidet auf der Grundlage des SGB VIII allein, wie es seinen Mitwirkungsaufgaben nachkommt, hat allerdings nach §50 Abs. 2 SGB VIII das Gericht insbesondere über angebotene und erbrachte Hilfeleistungen zu unterrichten, erzieherische und soziale Gesichtspunkte zur Entwicklung des Kindes oder des Jugendlichen einzubringen und auf weitere Möglichkeiten der Hilfe hinzuweisen. Es hat das Familiengericht im Termin nach § 155 Abs. 2 FamFG zudem über den Stand des Beratungsprozesses zu informieren.

Kommt es bei Trennung und Scheidung oder bei umgangsrechtlichen Streitigkeiten allein oder durch Beratung und Vermittlung zu einer Einigung der streitenden Bezugspersonen, wird das Jugendamt nur im Falle einer erkennbaren Kindeswohlgefährdung hiervon abweichende Vorschläge einbringen (Münder u.a. 2019, § 50 Rn. 22). Ob das Jugendamt im Falle einer Nichteinigung der Eltern Ermittlungen durchführen und gegenüber dem Familiengericht eine Empfehlung zur Sorgerechts- oder Umgangsregelung aussprechen soll, wird strittig diskutiert und unterschiedlich praktiziert. Münder u.a. (2019, § 50 Rn. 13) argumentieren, dass eine Verpflichtung zur Amtsermittlung, wie es dem Gericht nach § 26 FamFG auferlegt ist, für das Jugendamt nicht besteht und betonen mit dem Hinweis auf einen etwaig gefährdeten weiteren Hilfeverlauf, dass lediglich eine Pflicht zur Unterrichtung über Jugendhilfeleistungen und zum Einbringen erzieherischer und sozialer Gesichtspunkte besteht, nicht jedoch zur Abgabe einer gutachtlichen und bewertenden Stellungnahme mit Entscheidungsvorschlag (Münder u.a. 2019, § 50 Rn. 19ff.). Oberloskamp (2016) führt dagegen unter Verweis auf das Selbstverständnis helfender Berufe aus, dass beurteilungsrelevante Fakten zu erforschen und diagnostisch, prognostisch zu bewerten seien und in einen Entscheidungsvorschlag zu münden haben, eine Auffassung, die wir teilen (so auch BGH IVb ZB 105/84 vom 18.06.86). Abzusehen ist von einer Empfehlung nur, wenn keine ausreichenden Informationen zu gewinnen sind, ein spezieller Sachverstand erforderlich ist oder gleichwertige Ergebnisse keine eindeutige Empfehlung zulassen. Sind jedoch ausreichende Daten zu erzieherischen und sozialen Gesichtspunkten zu erlangen, gehören auch fachliche Bewertungen und daraus abgeleitete Folgerungen zur fachgerechten Arbeit des Jugendamtes (Klug 2013). Nur so kann das Familiengericht fachliche Unterstützung in den Bereichen erhalten, die es kraft seiner juristischen Sachkunde nicht abdecken kann. Ziel ist eine bestmögliche Entscheidung und Hilfe für das Kind. Unterstützt die Jugendhilfe nicht, entsteht im familiengerichtlichen Verfahren ein Vakuum an sozialpädagogischer Fachlichkeit, das dem Kindeswohl abträglich sein kann. Das Gericht ist dann gezwungen, vermehrt auf psychologische Sachverständige zurückzugreifen, was eine Verlängerung des Verfahrens, Mehrfachbefragungen zum Nachteil des Kindes und auch Mehrkosten zur Folge hat (Harnach 2021).

Alle Ermittlungen der Jugendhilfe unterliegen dem Erforderlichkeitsgrundsatz des § 62 Abs. 1 SGB VIII. Hiernach dürfen Daten nur erhoben werden, soweit ihre Kenntnis zur Erfüllung der jeweiligen Aufgabe erforderlich ist. Im Rahmen der Mitwirkungspflicht haben sich Ermittlungen also am vorgegebenen Verfahrensgegenstand zu orientieren. Bei der Erhebung von Sozialdaten hat das Jugendamt seine konkreten Aufgaben zu verdeutlichen und über Rechtsgrundlage und Zweck der Erhebung, der Verarbeitung oder Nutzung zu informieren (§ 62 Abs. 2 SGB VIII). Ferner dürfen Sozialdaten gemäß § 64 Abs. 1 SGB VIII nur zu dem Zweck übermittelt oder genutzt werden, zu dem sie erhoben worden sind. Relevanz bekommt dies im Zusammenhang mit dem familiengerichtlichen Verfahren durch die doppelte Aufgabenstellung des Jugendamtes, es soll einerseits Beratungs- und Vermittlungsangeboten unterbreiten (§§ 17, 18 SGB VIII) und andererseits Bericht erstatten (§ 50 SGB VII). Eine Weitergabe von Sozialdaten, die zum Zweck persönlicher und erzieherischer Hilfe etwa im Zusammenhang mit den Beratungs- und Vermittlungsangeboten der §§ 17 und 18 SGB VIII anvertraut worden sind, ist also an Dritte – und damit auch an das Familiengericht – grundsätzlich nur mit Einwilligung desjenigen möglich, der die Daten anvertraut hat. Wird die Einwilligung verweigert, kann das Jugendamt aus dem Beratungsprozess heraus nicht berichten. Hilfen sollen in einer angst- und konfliktfreien, vor allem einer vertraulichen Arbeitsatmosphäre ihre volle Wirkung entfalten können und bei Eltern und Bezugspersonen des Kindes eine kritische Reflexion eigenen Verhaltens und einen kompromiss- und einigungsorientierten Dialog fördern. Ausnahmen finden sich lediglich im Zusammenhang mit Kindeswohlgefährdungen (s.u.).

Eine praktikable Lösung kann darin liegen, Eltern bzw. Bezugspersonen zu Beginn über die doppelte Aufgabenstellung des Jugendamtes zu informieren und wählen zu lassen, ob Beratung und Mitwirkung in einer Hand liegen oder getrennt durchgeführt werden sollen. Auf Wunsch ist dann die Beratung etwa an einen freien Träger auszulagern oder die Mitwirkung an einen anderen Mitarbeiter des Jugendamtes zu übergeben (Oberloskamp 2002). Am besten ist die Wahrung der Vertraulichkeit im Jugendamt aber durch eine klare organisatorische und personelle Trennung von Beratungs- bzw. Vermittlungstätigkeiten einerseits und Berichterstattungspflichten gegenüber dem Familiengericht andererseits sicherzustellen (Balloff 2018). Gerade für das Jugendamt besteht aufgrund seiner frühen Kenntnis über den gerichtsanhängigen Konflikt und seines für die Betroffenen kostenfreien Leistungsangebotes eine besondere Pflicht, Unterstützungs- und Hilfsangebote niederschwellig bereitzustellen und den Zugang nicht durch Aufgabenvermischungen zu erschweren.

Eine Mitwirkungspflicht der Eltern an der Berichterstattung des Jugendamtes gegenüber dem Familiengericht kann aus der elterlichen Sorge abgeleitet werden. Da das Wohl des Kindes Motiv allen Handelns der Eltern sein soll, sollten Eltern auch das Jugendamt darin unterstützen, Sachverhalte aufzuklären, um dem Wohl des betroffenen Kindes zu dienen und durch ihre Mitwirkung im gerichtlichen Verfahren eine möglichst sachgerechte Entscheidung fördern zu helfen (OLG Köln 4 WF 23/81 vom 13.02.81). Lediglich eine Mitwirkungspflicht des Kindes besteht nicht (Borg-Laufs u.a. 2022). Letztlich lässt sich die Mitwirkung der Eltern oder auch der Pflegeeltern an der Berichterstattung durch das Jugendamt aber nicht erzwingen. Bei einer Verweigerung der Zusammenarbeit kann es seiner Mitwirkungspflicht dadurch nachkommen, dass es an der Anhörung teilnimmt und aufgrund der dort gewonnenen Informationen eine Stellungnahme abgibt.

Die Kinderschutzaufgaben der Jugendhilfe leiten sich aus Artikel 6 Abs. 2 S. 2 GG her (staatliches Wächteramt). Gemäß § 1 Abs. 3 Nr. 4 SGB VIII zählt es zu den Aufgaben der Jugendhilfe, Kinder und Jugendliche vor Gefahren zu schützen. Spezielle Eingriffsnormen finden sich in den §§ 8a und 42 SGB VIII. Das staatliche Wächteramt gehört zum Aufgabenbereich des Trägers der öffentlichen Jugendhilfe. Das Jugendamt kann sich dem auch durch Delegation einzelner Aufgaben an private Träger nicht entziehen, ihm bleibt die letztverantwortliche Überwachungsaufgabe (Münder u.a. 2019, § 1 Rn. 29). Die Schutzverpflichtung des Jugendamtes hat sich auch mit der Anrufung des Familiengerichts nicht erledigt und ist auch nicht unterbrochen. Sie endet selbst dann nicht, wenn das Familiengericht eine „jugendamtswidrige" Entscheidung getroffen hat (Kunkel u.a. 2022, § 8a Rn. 83).

Gemäß § 8a Abs. 1 SGB VIII hat das Jugendamt, wenn ihm gewichtige Anhaltspunkte für eine Kindeswohlgefährdung bekannt werden, das Gefährdungsrisiko durch

Zusammenwirken mehrerer Fachkräfte einzuschätzen. Es hat die Erziehungsberechtigten sowie das Kind in diese Einschätzung einzubeziehen, wenn dadurch der wirksame Schutz des Kindes oder Jugendlichen nicht in Frage gestellt wird. Ist es aus fachlicher Sicht erforderlich, hat es sich einen unmittelbaren Eindruck von dem Kind und seiner persönlichen Umgebung zu verschaffen sowie Personen in geeigneter Weise in die Gefährdungseinschätzung einzubeziehen, die gegenüber dem Jugendamt nach §4 Abs. 3 KKG eine Gefährdungsmeldung abgegeben haben (s.u.). *Aus dieser Gefährdungseinschätzung ergeben sich für das Jugendamt verschiedene Handlungsoptionen:*

1. Die gewichtigen Anhaltspunkte für eine Kindeswohlgefährdung erhärten sich nicht und ein weiteres Tätigwerden des Jugendamtes im Sinne des Kinderschutzes ist nicht erforderlich.
2. Zur Gefährdungsabwendung werden Hilfen für geeignet und notwendig erachtet. Diese sind dann den Erziehungsberechtigten anzubieten (§8a Abs. 1 S. 3 SGB VIII). Der Katalog möglicher Leistungen beinhaltet hier insbesondere die Hilfen zur Erziehung (§§27 ff. SGB VIII). Die Leistungsangebote umfassen dabei ambulante und teilstationäre Hilfen wie Erziehungsberatung, soziale Gruppenarbeit, sozialpädagogische Familienhilfe und Tagesgruppenerziehung, aber auch stationäre Hilfen wie Vollzeitpflege und Heimerziehung. Der Gewährung von Hilfen zur Erziehung vorgeschaltet ist das Hilfeplanverfahren unter Mitwirkung der Erziehungsberechtigten und des Kindes (§ 36 SGB VIII).
3. Das Jugendamt hält das Tätigwerden des Familiengerichts für erforderlich und hat es anzurufen. Dies gilt auch, wenn die Erziehungsberechtigten nicht bereit oder in der Lage sind, bei der Abschätzung des Gefährdungsrisikos mitzuwirken (§8a Abs. 2 S. 1 SGB VIII).
4. Es besteht eine dringende Gefahr und die Entscheidung des Gerichts kann nicht abgewartet werden. Hier ist das Jugendamt verpflichtet, das Kind oder den Jugendlichen in Obhut zu nehmen (§8a Abs. 2 S. 2 i.V.m §42 SGB VIII). Ist zur Abwendung der Gefährdung das Tätigwerden der Gesundheitshilfe oder der Polizei notwendig, hat das Jugendamt auf die Inanspruchnahme durch die Erziehungsberechtigten hinzuwirken. Ist ein sofortiges Tätigwerden erforderlich und wirken die Personensorgeberechtigten oder die Erziehungsberechtigten nicht mit, so schaltet das Jugendamt die anderen zur Abwendung der Gefährdung zuständigen Stellen selbst ein (§8a Abs. 3 SGB VIII).

Die Inobhutnahme regelt §42 SGB VIII. Das Jugendamt ist hiernach u.a. verpflichtet und berechtigt, ein Kind in seine Obhut zu nehmen, wenn es darum bittet oder eine dringende Gefahr für sein Wohl dies erfordert (§42 Abs. 1 SGB VIII). Das Jugendamt hat die Sorge- und Erziehungsberechtigten unverzüglich von der Inobhutnahme zu unterrichten, sie in einer verständlichen, nachvollziehbaren und wahrnehmbaren Form umfassend über die Maßnahme aufzuklären und mit ihnen das Gefährdungsrisiko abzuschätzen. Widersprechen sie der Inobhutnahme, so hat es das Kind unverzüglich den Sorge- oder Erziehungsberechtigten zu übergeben, sofern es keine Kindeswohlgefährdung erkennt oder die Sorge- oder Erziehungsberechtigten bereit und in der Lage sind, die Gefährdung abzuwenden, oder es hat eine Entscheidung des Familiengerichts über die erforderlichen Maßnahmen zum Wohl des Kindes oder des Jugendlichen herbeizuführen (§42 Abs. 3 SGB VIII). Freiheitsentziehende Maßnahmen sind dabei nur zulässig, wenn sie erforderlich sind, um eine Selbst- oder Fremdgefährdung abzuwenden.

Hier gilt zusätzlich, dass die Maßnahme ohne gerichtliche Entscheidung spätestens mit Ablauf des Tages nach ihrem Beginn zu beenden ist (§ 42 Abs. 5 SGB VIII). Während der Inobhutnahme hat das Jugendamt die Situation, die zur Inobhutnahme geführt hat, zusammen mit dem Kind oder dem Jugendlichen zu klären und Möglichkeiten der Hilfe und Unterstützung aufzuzeigen. Ihm ist unverzüglich Gelegenheit zu geben, eine Person seines Vertrauens zu benachrichtigen. Das Jugendamt hat während der Inobhutnahme für das Wohl des Kindes oder des Jugendlichen zu sorgen und notwendigen Unterhalt und Krankenhilfe sicherzustellen.

Anders als in den oben beschriebenen Fällen von Trennung, Scheidung und Umgang ist das Jugendamt bei Verfahren nach den §§ 1666 und 1666a BGB immer am familiengerichtlichen Verfahren zu beteiligen (Muss-Beteiligung gemäß § 162 Abs. 2 S. 1 FamFG) und erlangt die bereits oben beschriebenen Verfahrensrechte.

Es gilt auch hier die bereits oben dargelegte Berichtserstattungspflicht gemäß § 50 SGB VIII. Ruft das Jugendamt das Familiengericht gemäß § 8a Abs. 2 SGB VIII an, so sollten damit auch möglichst umfassende Informationen über die Vorgeschichte, den Hilfeverlauf, die Entwicklung und den Entwicklungsstand des Kindes, vor allem aber über die aktuellen Gefährdungsmomente, über bereits eingetretenen Folgen (Entwicklungsverzögerungen, Verhaltensauffälligkeiten, psychische und körperliche Störungen) und den akuten Hilfebedarf des Kindes bzw. der Familie übermittelt werden. Die Gefährdungseinschätzung sollte nachvollziehbar begründet werden und der Bericht sollte möglichst konkrete Vorstellungen über die für notwendig erachteten Hilfen und die nächsten Handlungsschritte und -ziele beinhalten. Das Jugendamt sollte auch die aus fachlicher Sicht wünschenswerte Entscheidung nennen (Harnach 2021).

Nach § 65 Abs. 1 SGB VII können dem Familiengericht Sozialdaten zur Erfüllung der Aufgaben nach § 8a Abs. 2 SGB VIII weitergegeben werden, wenn angesichts einer Kindeswohlgefährdung ohne diese Mitteilung eine für die Gewährung von Leistungen notwendige gerichtliche Entscheidung nicht ermöglicht werden könnte. Gleiches gilt auch für Zuständigkeitswechsel, wenn Anhaltspunkte für eine Gefährdung des Kindeswohls gegeben und die Daten für eine Abschätzung des Gefährdungsrisikos notwendig sind, und für die Hinzuziehung von Fachkräften zur Abschätzung des Gefährdungsrisikos

Das Jugendamt hat nach § 8a Abs. 4 SGB VIII sicherzustellen, dass auch Fachkräfte von Einrichtungen und Diensten, die Leistungen nach dem SGB VIII erbringen, eine Gefährdungseinschätzung vornehmen, wenn ihnen gewichtige Anhaltspunkte für die Gefährdung eines von ihnen betreuten Kindes bekannt werden, und dabei eine insoweit erfahrene Fachkraft beratend hinzuziehen. Diese Fachkräfte sollen, schon bevor das Jugendamt tätig wird, Erziehungsberechtigte und Kind in die Gefährdungseinschätzung einbeziehen, soweit hierdurch der wirksame Schutz des Kindes nicht in Frage gestellt wird, und bei den Erziehungsberechtigten auf die Inanspruchnahme von Hilfen hinwirken, wenn sie diese für erforderlich halten. Kann die Gefährdung nicht anders abgewandt werden, sollen sie das Jugendamt informieren.

Mit der Umsetzung des Gesetzes zur Kooperation und Information im Kinderschutz (KKG), das am 01.01.12 in Kraft trat, wurden Rahmenbedingungen für verbindliche Netzwerke und die Übermittlung von Informationen durch Geheimnisträger im Falle des Kinderschutzes geschaffen. Ein zentraler Auftrag, in der Regel des Jugendamtes (§ 3 Abs. 3 KKG), ist der Aufbau entsprechender präventiver Netzwerke, insbesondere die Organisation früher Hilfen, lokaler und regionaler Unterstützungssysteme mit koordinierten Hilfsangeboten für Eltern und Kinder ab Beginn der Schwangerschaft und mit einem Schwerpunkt auf der Altersgruppe der 0- bis 3-Jährigen, um Entwicklungsmöglichkeiten von Kindern und Eltern durch Unterstützung und Förderung der Beziehungs- und Erziehungskompetenz der (werdenden) Eltern frühzeitig und nachhaltig zu verbessern. Dies soll durch universelle/primäre Prävention gegenüber allen Familien und spezielle/sekundäre Prävention gegenüber Familien in Notlagen umgesetzt werden. Letztlich sollen so aber auch Risiken für das Kindeswohl frühzeitig wahrgenommen und ggf. weitere Schutzmaßnahmen ergriffen werden (Nationales Zentrum für frühe Hilfen 2009).

Gemäß § 4 Abs. 1 KKG sollen u.a. Ärzte, Hebammen, Psychologen, Berater verschiedenster Fachrichtungen, Sozialarbeiter und Lehrer, wenn ihnen in Ausübung ihrer beruflichen Tätigkeit gewichtige Anhaltspunkte für eine Kindeswohlgefährdung bekannt werden, mit dem Kind oder dem Jugendlichen und den Personensorgeberechtigten die Situation erörtern und auf die Annahme von Hilfe hinwirken, sofern dadurch nicht der wirksame Schutz des Kindes in Frage gestellt wird. Gemäß § 4 Abs. 2 KKG – der mit § 8b SGB VIII mit ähnlicher Formulierung im Verhältnis einer gegenseitigen Ergänzung steht – haben die oben genannten Personen zur Einschätzung der Kindeswohlgefährdung Anspruch auf Beratung durch eine insoweit erfahrene Fachkraft und können dieser Person dafür erforderliche Daten pseudonymisiert übermitteln. Kann die Gefährdung nicht abgewendet werden, sind sie nach § 4 Abs. 3 KKG befugt, das Jugendamt zu informieren und die erforderlichen Daten zu übermitteln. Darüber sind die Betroffenen vorab zu informieren, wenn dadurch nicht der wirksame Schutz des Kindes in Frage gestellt wird.

Trotz der gutachtlichen Äußerung oder Stellungnahme des Jugendamtes im familiengerichtlichen Verfahren (Oberloskamp 2016) bestehen zum psychologischen Sachverständigen deutliche Unterschiede. Zum einen betrifft dies die beruflichen Qualifikationen des Psychologen und des Sozialarbeiters und/oder Sozialpädagogen. Unterschiedliche Ausbildungen führen zu unterschiedlichen Fachkompetenzen.

Anders als der psychologische Sachverständige wird der Mitarbeiter des Jugendamtes nicht vom Gericht ausgewählt und erhält keinen formulierten Arbeitsauftrag. Im Gegenteil ist er als Vertreter einer eigenständigen Behörde tätig und dem Familiengericht gegenüber nicht weisungsgebunden. Auch eine Ablehnung des Jugendamtes wegen Befangenheit ist nicht möglich, was die Position des Jugendamtes im Verfahren im Vergleich zum Sachverständigen deutlich stärkt, zumal wenn es sich beteiligen lässt und eigenständige Beschwerderechte wahrnehmen kann.

Adressat

Die Jugendhilfe ist dem Kindeswohl verpflichtet, hat in der Regel jedoch die Interessen aller Hilfesuchenden gleichermaßen zu berücksichtigen. Es hat das Familiensystem als Ganzes im Blick (Münder u.a. 2019, § 50 Rn. 86). Auf eine parteiliche Interessenvertretung des Kindes, wie etwa den Verfahrensbeistand, ist das Jugendamt nicht festgelegt. Erst wenn Kindeswohlfragen berührt sind und eine zur Gefahrenabwehr notwendige Kooperation der Sorgeberechtigten nicht gegeben ist, hat der Schutz des Kindes Vorrang.

Zeitliche Rahmen

Die Jugendamtstätigkeit orientiert sich grundsätzlich am Hilfebedarf, dieser bestimmt auch die Dauer der Hilfen. So ist etwa im Rahmen der Gewährung von Hilfen zur Erziehung festgelegt, dass als Grundlage für die Ausgestaltung der Hilfe ein Hilfeplan aufzustellen ist, der Feststellungen über den Bedarf, die zu gewährende Art der Hilfe sowie die notwendigen Leistungen enthält. Es soll regelmäßig geprüft werden, ob die gewählte Hilfeart weiterhin geeignet und notwendig ist (§ 36 Abs. 2 S. 2 SGB VIII). Der zu erstellende Hilfeplan soll u.a. auch Angaben über die voraussichtliche Dauer und zeitliche Intensität der Hilfe enthalten (Münder u.a. 2019, § 36 Rn. 52).

Qualifikation

Um die vielfältigen Leistungen und Aufgaben zu erbringen, hat der öffentliche Träger der Jugendhilfe eine ausreichende Qualifikation seiner Mitarbeiter sicherzustellen. Jugendämter sollen hauptberuflich nur Personen beschäftigen, die sich für die jeweilige Aufgabe persönlich eignen und eine dieser Aufgabe entsprechende Ausbildung erhalten haben (Fachkräfte) oder aufgrund besonderer Erfahrungen in der Sozialen Arbeit in der Lage sind, die Aufgaben zu erfüllen (§ 72 Abs. 1 S. 1 SGB VIII). Macht die Aufgabe dies erforderlich, sind mit ihrer Wahrnehmung nur Fachkräfte oder Fachkräfte mit einer Zusatzqualifikation zu betrauen (§ 72 Abs. 1 S. 2 SGB VIII). Welche konkrete Qualifikation der Fachkräfte angemessen ist, wird dabei angesichts der vielfältigen Aufgaben der Jugendhilfe nicht vorgegeben, sondern muss sich an der einzelnen Aufgabe orientieren. Der Gesetzgeber bezog dieses Fachkräftegebot auf Jugendhilfeaufgaben im engeren Sinne und primär auf soziale Berufe (BT-Drs. 11/5948, 97; Wiesner 2022, § 72 Rn. 7 und 8). Münder u.a. (2019, § 72 Rn. 6) sehen die Wahrnehmung aller Aufgaben des SGB VIII angesprochen und damit auch andere Berufsgruppen eingeschlossen.

Als weiteres Qualitätskriterium beschreibt § 72 Abs. 1 S. 3 SGB VIII das Zusammenwirken verschiedener Fachrichtungen, soweit die Aufgabe dies erfordert. Diese Kooperation soll den Blick auf die Betroffenen erweitern und eindimensionalen Sichtweisen und Handlungsansätzen entgegenwirken. Besondere Bedeutung erlangt dies gemäß den Vorgaben des § 8a Abs. 1 SGB VII beim Kinderschutz.

§ 72 Abs. 3 SGB VIII verpflichtet die Träger der öffentlichen Jugendhilfe, Fortbildung und Praxisberatung der Mitarbeiter sicherzustellen und damit die Fachlichkeit zu erhalten.

Der Gesetzgeber hat dem Träger der öffentlichen Jugendhilfe vor dem Hintergrund wiederholter Übergriffe auf Kinder und Jugendliche durch im Jugendhilfebereich tätige Personen besondere Prüfpflichten auferlegt und in § 72a SGB VIII verankert. Demnach dürfen Personen keine Aufgaben in der Kinder- und Jugendhilfe wahrnehmen, die wegen einschlägiger Straftaten rechtskräftig verurteilt wurden. § 72a Abs. 1 SGB VIII enthält eine umfangreiche Aufzählung entsprechender Straftatbestände, die dennoch nicht abschließend sein kann (Wiesner 2022, § 72a Rn. 9). Bei Einstellung oder Vermittlung und in regelmäßigen Abständen sind zur Überprüfung Führungszeugnisse einzufordern. § 72a Abs. 2 bis 4 SGB VIII soll sicherstellen, dass die Maßgaben des Absatz 1 auch bei freien Trägern Anwendung finden und auch neben- und ehrenamtliche Personen einschließen.

9.3 Die Verfahrensbeistandschaft

Aufgaben und Grundprinzipien

Die Pflicht des Familiengerichts, das Kindeswohl verfahrensrechtlich durch die Bestellung eines Verfahrensbeistandes zu sichern, lässt sich aus der Verankerung des Kindeswohls in Artikel 6 Abs. 2 GG und Artikel 2 Abs. 1 GG in Verbindung mit dem Anspruch auf rechtliches Gehör nach Artikel 103 Abs. 1 GG herleiten (BVerfG, 2 BvR 1206/98 vom 29.10.98, Rn. 58). Einfachgesetzliche Grundlage der Verfahrensbeistandschaft ist § 158 FamFG der mit dem am 01.07.21 in Kraft getretenen Gesetz zur Bekämpfung sexualisierter Gewalt gegen Kinder neu geregelt wurde. Hiernach hat das Familiengericht dem minderjährigen Kind in Kindschaftssachen, die seine Person betreffen, einen geeigneten Verfahrensbeistand zu bestellen, soweit dies zur Wahrnehmung seiner Interessen erforderlich ist (§ 158 Abs. 1 FamFG). Dies ist nach § 158 Abs. 2 FamFG stets erforderlich, wenn die teilweise oder vollständige Entziehung der Personensorge nach den §§ 1666 und 1666a BGB, der Ausschluss des Umgangsrechts nach § 1684 BGB oder eine Verbleibensanordnung nach § 1632 Abs. 4 oder § 1682 BGB in Betracht kommt. Die Bestellung ist nach § 158 Abs. 3 FamFG in der Regel erforderlich, wenn das Interesse des Kindes zu dem seiner gesetzlichen Vertreter in erheblichem Gegensatz steht, eine Trennung des Kindes von der Person erfolgen soll, in deren Obhut es sich befindet, Verfahren die Herausgabe des Kindes zum Gegenstand haben oder eine wesentliche Beschränkung des Umgangsrechts in Betracht kommt. Die Neuregelung differenziert nun zwischen für das Kindeswohl und die Elternrechte besonders gewichtigen Fällen, in denen die Bestellung eines Verfahrensbeistandes verpflichtend vorgeschrieben wird, und anderen Fallgruppen, in denen die Bestellung in der Regel erforderlich ist (BT-Drs.19/23707, 25), wobei die Formulierung „in der Regel" die Aufzählung der Fallkonstellationen nicht abschließt.

Sieht das Gericht in den Fällen des Absatzes 2 von der Bestellung eines Verfahrensbeistandes ab, ist dies in der Endentscheidung zu begründen (§ 158 Abs. 3 S. 2 FamFG). Aufgabe des Verfahrensbeistandes ist es nach § 158b Abs. 1 FamFG, das Interesse des Kindes festzustellen und im familiengerichtlichen Verfahren zur Geltung zu bringen. Zu diesem Zweck soll er eine schriftliche Stellungnahme erstatten. Er soll das Kind über Gegenstand, Ablauf und möglichen Ausgang des Verfahrens in geeigneter Weise informieren und bei Endentscheidung den gerichtlichen Beschluss mit dem Kind erörtern. Er kann im Interesse des Kindes Rechtsmittel einlegen. Er hat die Stellung eines Beteiligten, ist aber nicht gesetzlicher Vertreter des Kindes (§ 158b Abs. 3 FamFG).

Als wesentliches Grundprinzip der Verfahrensbeistandschaft gilt die Parteilichkeit für das Kind, die „Interessenwahrnehmung im Sinne einer Parteivertretung" (BVerG, 2 BvR 1206/98 vom 29.10.98). Eine neutrale Haltung gegenüber den Interessen anderer Verfahrensbeteiligter kann vor diesem Hintergrund nicht gefordert werden.

Gegenüber dem Kind sollte für die Verfahrensbeistandschaft der Grundsatz der Freiwilligkeit gelten. Lehnt das Kind eine Person als Verfahrensbeistand ab, lässt sich also kein angemessenes Vertrauensverhältnis als Basis für eine sinnvolle Zusammenarbeit aufbauen, sollte der Verfahrensbeistand beim zuständigen Gericht die Aufhebung seiner Bestellung anregen. Anders verhält es sich gegenüber den Eltern. Da nach § 158 Abs. 3 FamFG die Bestellung eines Verfahrensbeistandes gerade bei einem Interessengegensatz zwischen dem Kind und seinem gesetzlichen Vertreter als in der Regel erforderlich anzusehen ist, kann dem Elternteil nicht die Möglichkeit einer Ablehnung der Verfahrensbeistandschaft eingeräumt werden. Gemäß § 158 Abs. 5 FamFG sind die Bestellung eines Verfahrensbeistandes oder deren Aufhebung sowie die Ablehnung einer derartigen Maßnahme nicht selbständig anfechtbar.

Der Verfahrensbeistand hat dem Kind Vertrauensschutz zu gewähren, soweit rechtliche Bestimmungen dies nicht einschränken. Das gerichtliche Vorgehen des Verfahrensbeistandes sollte, ebenso wie die Weitergabe von Daten an das Gericht, in der Regel mit dem Kind abgesprochen werden. Eine Grenze kann erreicht werden, wenn Kinderschutzinteressen berührt werden, d. h. ein notwendiger Schutz des Kindes die Preisgabe von Informationen gegenüber dem Gericht auch gegen den Willen des Kindes erforderlich macht. Eine Datenweitergabe an andere dritte Personen sollte ohne ausdrückliches Einverständnis des Kindes nicht erfolgen.

Welche konkreten Aufgaben hat ein Verfahrensbeistand nun zu erfüllen? Unstrittig sind hier eng an den Dialog mit dem Kind und das gerichtliche Verfahren gebundene Aufgaben. So muss der Verfahrensbeistand:

- sich einen Überblick über Gegenstand und Stand des gerichtlichen Verfahrens und die unterschiedlichen Interessenlagen der Verfahrensbeteiligten verschaffen,
- die kindliche Sichtweise über den zugrunde liegenden Konflikt, den Willen des Kindes, aber auch sein emotionales Befinden hinsichtlich der gerichtlich zu klärenden Fragestellung im Dialog mit dem Kind erarbeiten,
- das Kind durch das Verfahren begleiten, es vorbereiten, unterstützen, ggf. auch vor Überforderungen schützen und über den Verlauf des Verfahrens und die Rolle der Verfahrensbeteiligten angemessen informieren,
- die kindlichen Interessen so in das Verfahren einbringen, dass sie ausreichend Beachtung finden,
- sie stellvertretend für das Kind, das dadurch Entlastung erfahren kann, gegen die Interessen der anderen Verfahrensbeteiligten verteidigen,
- auf die Ausgestaltung des Verfahrens derart Einfluss nehmen, dass der besonderen Situation des Kindes Rechnung getragen wird, und
- mit dem Kind klären, ob ein Beschluss seinen Wünschen und Vorstellungen entspricht oder ob das beschwerdeberechtigte Kind selbst bzw. das jüngere Kind durch seinen Verfahrensbeistand ein geeignetes Rechtsmittel einlegen möchte. Gegebenenfalls muss auch der Verfahrensbeistand prüfen, ob er dies im Hinblick auf die objektiven Interessen des Kindes tun sollte.

Die Erkundung der Kindesinteressen gehört zu den zentralen Aufgaben eines Verfahrensbeistandes. Neben der Exploration des Kindes und der Teilnahme an familiengerichtlichen Anhörungen können hierzu zusätzliche Handlungsschritte notwendig werden,

- wenn ein nicht sprachfähiges Kind keinen Willen äußert,
- wenn die in *Abschnitt 2.6.2.3* genannten Mindestanforderungen an die Willensäußerungen nicht erfüllt sind oder
- wenn unzureichende Informationen über Lebensbedingungen und -perspektiven des Kindes keine Einordnung des kindlichen Willens ermöglichen.

Da sich ein kindlicher Wille immer auch im nonverbalen Verhalten ausdrückt, sind Interaktionsbeobachtungen als ein durchaus adäquates Mittel des Verfahrensbeistandes anzusehen, Erkenntnisse über die Kindesinteressen zu gewinnen. Auch Gespräche mit den Bezugspersonen, dem Jugendamt und Dritten können aus fachlicher Sicht notwendig sein.

Der Verfahrensbeistand kann, wenn er es aufgrund bestehender Erkenntnislücken für notwendig erachtet, beim Familiengericht auch eine Begutachtung anregen. Er sollte das Kind auch hier im Vorfeld angemessen über Ablauf, Ziele und Rechte informieren. Eine Begleitung zu den Untersuchungsterminen kann das Kind unterstützen. Eine direkte Teilnahme des Verfahrensbeistandes an den Untersuchungen beim Sachverständigen sollte dagegen nicht erfolgen, da dessen Anwesenheit die Ergebnisse verzerren kann. Die Begleitung kann aber etwa zur Überwindung anfänglicher Ängste und/oder Vorbehalte einem Kind am Beginn einer Begutachtung ermöglicht werden (Fegert 2020, Rn. 2006 und 2011).

Der Verfahrensbeistand kann und sollte auch zum Vorgehen des Sachverständigen und zu den Ergebnissen der Begutachtung Stellung nehmen (Fegert 2020, Rn. 2012). Er benötigt hierfür Kenntnisse über Qualitätsstandards der Gutachtenerstellung, die es ihm ermöglichen, Mängel zu erkennen, im Interesse des Kindes darauf aufmerksam zu machen und ggf. eine Nach- bzw. Zweitbegutachtung sachlich zu begründen. Hierfür können beispielsweise die Mindestanforderungen an die Qualität von Sachverständigengutachten im Kindschaftsrecht herangezogen werden (Arbeitsgruppe familienrechtliche Gutachten 2019).

Die Weitergabe von Angaben des Kindes sollte der Verfahrensbeistand grundsätzlich mit dem Kind absprechen, um das Vertrauensverhältnis zu schützen. Zudem ist er beim Erheben, Speichern und Übermitteln von Daten an die Datenschutzgrundverordnung (DSGVO)gebunden (Bauer (2020), Rn. 432f). Eine Weitergabe von Angaben des einsichtsfähigen Kindes gegen dessen Widerspruch ist gemäß Artikel 6 DSGVO in der Regel nicht möglich und nur rechtmäßig, wenn die Verarbeitung erforderlich ist, um lebenswichtige Interessen des Kindes zu schützen oder dessen berechtigte Interessen zu wahren, sofern nicht andere Interessen oder Grundrechte und Grundfreiheiten des Kindes überwiegen. Eine Ausnahme ist also im Falle einer Kindeswohlgefährdung gegeben, von der der Verfahrensbeistand z.B. über das Kind erfährt, auch wenn er keine Ermittlungen zum Kindeswohl durchführt. In einem solchen Fall ist auch zwischen dem Vertrauensschutz des Kindes und dem Schutz des Kindes vor möglichen Gefahren, denen es bei Zurückhaltung der Informationen ausgesetzt wäre, abzuwägen. Hier ist der Gefahrenabwehr Vorrang vor dem Vertrauensschutz einzuräumen.

Das FamFG beschreibt zwei mögliche Zusatzaufgaben des Verfahrensbeistandes, die der Erlaubnis des Gerichts bedürfen. Nach § 158b Abs. 2 FamFG kann das Gericht, soweit nach den Umständen des Einzelfalls ein Erfordernis besteht, dem Verfahrensbeistand die zusätzliche Aufgabe übertragen, Gespräche mit den Eltern und weiteren Bezugspersonen des Kindes zu führen sowie am Zustandekommen einer einvernehmlichen Regelung über den Verfahrensgegenstand mitzuwirken. Art und Umfang der Beauftragung sind konkret festzulegen, die Beauftragung ist zu begründen.

Fehlt die Übertragung der ersten Zusatzaufgabe ist es aus psychologischer Sicht kaum vorstellbar, ein Kind zu vertreten, da fremdanamnestisch erhobene Daten zur Einschätzung der Befindlichkeit und Bedürfnislage eines Kindes erforderlich sind, vor allem wenn es aufgrund seines Alters und/oder Entwicklungsstandes noch zu keiner ausreichenden Selbstreflexion fähig ist. Es verwundert, dass dies nicht zu den obligatorischen Aufgaben des Verfahrensbeistandes gerechnet wird. Folgerichtig rät Bauer (2020, Rn. 371), dass der Verfahrensbeistand unbedingt auf einen entsprechenden Zusatzbeschluss des Gerichts drängen sollte.

Die zweite Zusatzaufgabe, das Mitwirken am Einvernehmen, sollte für alle im familiengerichtlichen Verfahren tätigen Fachkräfte handlungsleitend sein und zu den regelhaften Aufgaben der Verfahrensbeistandschaft gehören, da jedes Unterlassen oder gar Unterlaufen eines solchen Bestrebens grundsätzlich kindeswohlabträglich ist. Denkbar wäre, Eltern den Willen des Kindes und dessen Bedürfnisse und Befindlichkeiten in gemeinsamen Gesprächen nahezubringen, um sie zum Einlenken und/oder zur Inanspruchnahme weiterer Hilfen zu motivieren. Überschneidungen mit psychologischer Beratung, Mediation oder gar therapeutischen Interventionen sind zu vermeiden. Im Einzelfall sind Abstimmungen erforderlich, wenn verschiedene Professionen mit den Eltern am Einvernehmen arbeiten (Leeb 2010, Stötzel 2009). Grenzen sind dem Mitwirken des Verfahrensbeistandes an einer einvernehmlichen Regelung bei Kindeswohlgefährdungen gesetzt, wenn die Sicherheit des Kindes nicht ausreichend gewährleistet ist (Salgo 2020). Es kann aber auch hier im Interesse des Kindes liegen, wenn Eltern motiviert werden, Angebote der Jugendhilfen anzunehmen und/oder bis hin zur etwaig notwendigen Fremdunterbringung mitzutragen und dem Kind so den Übergang erleichtern.

Adressat

Adressat der Verfahrensbeistandschaft ist gemäß § 158 Abs. 1 FamFG das Kind, dem im gerichtlichen Verfahren vom Objekt- zum Subjektstatus verholfen werden soll. Wie der Terminus „Wahrnehmung seiner Interessen“ inhaltlich auszufüllen ist, beschreibt die rechtliche Norm nicht. Die Interessenvertretung des Kindes beschränkt sich jedoch keineswegs nur auf die Weitergabe des verbal oder nonverbal zum Ausdruck gebrachten kindlichen Willens an das Gericht. Immer ist bei einer Interessenvertretung auch das Wohl des Kindes zu berücksichtigen. Der Verfahrensbeistand hat also subjektive (Kindeswille) und objektive Interessen (Kindeswohl) zu berücksichtigen (BT-Drs. 16/6308, 239). Die Stellungnahme des Verfahrensbeistandes gegenüber dem Gericht soll in jedem Fall den Willen des Kindes wiedergeben, im Falle eines selbst gefährdenden Willens muss getrennt auch darauf hingewiesen werden.

Zeitlicher Rahmen

Der genaue Zeitpunkt der Bestellung des Verfahrensbeistandes ist vom Gesetzgeber nicht festgelegt, sie soll gemäß § 158 Abs. 1 FamFG aber so früh wie möglich erfolgen, „wobei zunächst Anfangsermittlungen zur Erforderlichkeit der Bestellung erfolgen müssen“ (BT-Drs. 16/6308, 239). Die Bestellung sollte jedoch in jedem Fall vor dem ersten Anhörungstermin des Kindes liegen, da dessen psychische Belastung und dessen Stresspegel hier oft am höchsten sein werden. Gerade dies macht die Vorbereitung des Kindes auf das gerichtliche Verfahren und die Anwesenheit einer nicht in den Streit involvierten Interessenvertretung erforderlich. Zudem hat das Kind Anspruch auf Information und Beratung während des gesamten Verfahrens, insbesondere am Beginn, wo viele Fragen offen sind und Ängste allein aufgrund von Unwissenheit entstehen können. Dies betrifft auch und gerade beschleunigte Verfahren gemäß § 155 FamFG, wo Kinder ggf. schon im ersten und im Falle einer Einigung auch einzigen Termin einen Monat nach Beginn des Verfahrens angehört werden.

Die Dauer der Verfahrensbeistandschaft ist an die Dauer des gerichtlichen Verfahrens gebunden. Die Bestellung endet nach § 158 Abs. 4 FamFG mit der Aufhebung der Bestellung, mit Rechtskraft der das Verfahren abschließenden Entscheidung oder mit dem sonstigen Abschluss des Verfahrens. Das Gericht hebt die Bestellung auf, wenn der Verfahrensbeistand dies beantragt und einer Entlassung keine erheblichen Gründe entgegenstehen oder die Fortführung des Amtes die Interessen des Kindes gefährden würde. Mit Inkrafttreten des Gesetzes zur Bekämpfung sexualisierter Gewalt gegen Kinder am 01.07.21 wurden erstmals Voraussetzungen bestimmt, unter denen die Bestellung des Verfahrensbeistands ausnahmsweise aufgehoben werden kann. Die regierungsamtliche Begründung führt hierfür Beispiele an: Eine Erkrankung des Verfahrensbeistandes, die ihn an der Fortführung seiner Tätigkeit hindert; ein ganz unzureichendes oder sehr unzuverlässiges Tätigwerden oder die Wahrnehmung seiner Aufgaben in einer die Kindesinteressen offenkundig und erheblich verkennenden oder missachtenden Weise (BT-Drs. 19/23707, 53).

Qualifikation

Seit dem 01.07.21 ist auch die Qualifikation des Verfahrensbeistandes geregelt und differenziert zwischen fachlicher und persönlicher Eignung:

Gemäß § 158a Abs. 1 FamFG ist ein Verfahrensbeistand fachlich geeignet, wenn er Grundkenntnisse im Familienrecht, insbesondere Kindschaftsrecht, Verfahrensrecht in Kindschaftssachen, Kinder- und Jugendhilferecht, der Entwicklungspsychologie des Kindes und in kindgerechten Gesprächstechniken besitzt. Diese hat er auf Verlangen des Gerichts nachzuweisen, insbesondere über eine sozialpädagogische, pädagogische, juristische oder psychologische Berufsqualifikation sowie eine spezifische Zusatzqualifikation. Er hat sich ferner regelmäßig, mindestens alle zwei Jahre, fortzubilden und dies dem Gericht auf Verlangen nachzuweisen.

Gemäß § 158a Abs. 2 FamFG ist er persönlich geeignet, wenn er die Gewähr bietet, die Interessen des Kindes gewissenhaft, unvoreingenommen und unabhängig wahrzunehmen. Persönlich ungeeignet ist er stets, wenn er rechtskräftig wegen einer einschlägiger Straftat verurteilt worden ist, wobei die Überprüfung über ein erweitertes Führungszeugnis erfolgen soll, das nicht älter als drei Jahre sein darf.

Mit dieser Neuregelung hat der Gesetzgeber Forderungen der Fachöffentlichkeit Rechnung getragen, für die Vertretung eines Kindes im familiengerichtlichen Verfahren ein hohes Maß an sozialwissenschaftlichem und juristischem Fachwissen sicherzustellen (Balloff 2018, Prenzlow 2013, Salgo 2020, Rn. 38). Ein solches Fachwissen ist nur durch eine abgeschlossene Grundausbildung in einem sozialen oder juristischen Beruf und eine fundierte Zusatzqualifikation im jeweils anderen Bereich zu erlangen. Möglichkeiten zur Erlangung dieser notwendigen Doppelqualifikation müssen durch angemessene Fort-, Weiter- und Ausbildungsangebote abgesichert werden (Prenzlow 2013). Salgo (2020, Rn. 39) hebt hervor, dass die in § 158a Abs. 1 FamFG aufgeführten fachlichen Kenntnisse zu erweitern sind, etwa um interkulturelle Kenntnisse, Vermittlungskompetenzen und Kenntnisse über konkrete Unterstützungs- und Hilfeangebote der Jugendhilfe vor Ort.

Abgrenzungen zu anderen nichtjuristischen Tätigkeitsfeldern

Aus fachlicher Sicht ist es notwendig, zwischen Vermittlungsbestrebungen in der Verfahrensbeistandschaft und Mediation *(Kapitel 3)* zu differenzieren. Der Verfahrensbeistand kann zwar in gemeinsamen Gesprächen mit Eltern das Interesse des Kindes an einer Konfliktverminderung und die generellen Vorzüge einer einvernehmlichen Lösung verdeutlichen und auf konkrete Möglichkeiten einer weiterführenden Vermittlung oder Mediation hinweisen, als Interessenvertreter des Kindes kann er jedoch nur Kompromisse aushandeln, die seinem Klienten, dem Kind, dienen. Die Durchführung einer Mediation ist ihm nicht möglich. Weder hat er hierfür eine abgesicherte Qualifikation noch erlauben dies seine Aufgabe und Rolle. Mediation baut auf Vertrauensschutz und grenzt sich deshalb klar vom gerichtlichen Verfahren ab. Sie fordert Allparteilichkeit. Der Verfahrensbeistand kann nichts von alledem gewährleisten. Er ist und bleibt parteiliche Interessenvertretung des Kindes. Konflikte sind vorhersehbar, wenn Vermittlungsbestrebungen ohne Erfolg bleiben oder deren Ergebnisse nicht den Interessen des Kindes entsprechen und der Streit vor Gericht fortgeführt werden muss.

Der Verfahrensbeistand hat auch nicht die Aufgabe eines Gutachters. Ermittlungen zum Kindeswohl gehören nicht zum Aufgabenbereich eines Verfahrensbeistandes. Hiergegen sprechen eine Reihe von Gründen: Der Verfahrensbeistand verfügt über keine gesicherte Qualifikation, die zur Bewertung des Kindeswohls erforderlich ist. Anders als beim Verfahrensbeistand, der gemäß § 158b Abs. 1 FamFG über Grundkenntnisse in verschiedenen Disziplinen und eine Grundausbildung etwa in Psychologie verfügen soll, ist von einem Sachverständigen vertieftes Wissen in seinem Fachgebiet zu fordern, das in der Regel mit einem Masterabschluss und Zusatzqualifikationen nachzuweisen sein wird (Dutta u.a. 2022, § 163 Rn. 18). Auf diesbezügliche Unzulänglichkeiten des § 163 FamFG wird an späterer Stelle eingegangen. Gleichwohl besteht für den Verfahrensbeistand die Gefahr der Kompetenzüberschreitung. Als Interessenvertreter ist er zudem nicht an Weisungen des Gerichts gebunden. Ihm können keine Aufgaben übertragen oder Fragestellungen zur Beantwortung gegeben werden. Anders als der zur Neutralität verpflichtete Sachverständige, kann ihm nicht abverlangt werden, gewonnene Informationen ausgewogen und neutral in das gerichtliche Verfahren einzubringen. Auch eine Verpflichtung zur Weitergabe von Daten, die dem Willen des Kindes entgegenstehen, besteht nicht, sofern Kinderschutzinteressen dies nicht erforderlich machen.

Analog zur Umgangsbegleitung gehört es auch zu den Aufgaben des Verfahrensbeistandes, Bezugspersonen im Umgangsstreit ggf. über Inhalte, Angebote und Finanzierung des begleiteten Umgangs zu informieren. Dies erfordert entsprechende Kenntnisse. Weiter kann er Umgangsbegleitung, sofern sie im Interesse des Kindes liegt, als Maßnahme vor dem Familiengericht anregen oder beantragen. Für die Beobachtung des kindlichen Willens und die Einschätzung der kindlichen Interessen kann es auch notwendig sein, Umgangskontakte im Sinne einer Verhaltens- und Interaktionsbeobachtung zu begleiten, um die nonverbale kindliche Willenshaltung im Kontakt mit dem Umgangssuchenden zu beobachten. Umgangsbegleitungen über einen längeren Zeitraum, etwa um das Kind vor möglichen Gefährdungen zu schützen, gehören dagegen nicht zu den Aufgaben des Verfahrensbeistandes. Wieder ist darauf hinzuweisen, dass ihm derartige Aufträge vom Gericht nicht übertragen werden dürfen, er ist nicht weisungsgebunden. Aufgrund der unterschiedlichen Anbindung der Vergütung – die des Verfahrensbeistandes erfolgt nach § 158c FamFG über die Justizkasse, die des Umgangsbegleiters nach § 18 Abs. 3 SGB VIII über die Jugendhilfe – ist eine Umgangsbegleitung durch den Verfahrensbeistand mit dem gerichtlichen Verfahren beendet, die Durchführung im Rahmen einer Jugendhilfemaßnahme ist dagegen vom Bedarf abhängig, kann über ein gerichtliches Verfahren hinaus durchgeführt werden und ermöglicht auch eine Nachbetreuung.

Der Verfahrensbeistand sollte das Kind und die Bezugspersonen über Möglichkeiten der Beratung und Unterstützung der Jugendhilfe informieren. Ihm kommt darüber hinaus auch die Aufgabe zu, die Tätigkeit des Jugendamtes zu hinterfragen, etwa ob es seinem Wächteramt gemäß § 8a SGB VIII oder seinen Mitwirkungspflichten nach § 50 SGB VIII in vollem Umfang nachkommt oder ob die inhaltliche und zeitliche Umsetzung von Maßnahmen den Interessen des Kindes entspricht. Gegebenenfalls kann der Verfahrensbeistand im familiengerichtlichen Verfahren Leistungen der Jugendhilfe anregen und auch deren konsequentere Umsetzung verlangen. Im Hilfeplanverfahren des Jugendamtes (§ 36 SGB VIII) sollte der Verfahrensbeistand das Kind aber nicht vertreten. Richtig ist, dass hier vor allem in Kinderschutzfällen, parallel zum familiengerichtlichen Verfahren, Entscheidungen getroffen werden, die ebenso weitreichende Konsequenzen für das Kind haben können, etwa die einer Fremdunterbringung. Verfahrensbeistandschaft im Sinne des § 158 FamFG beinhaltet aber die unmittelbare Vertretung des Kindes im Gerichtsverfahren, nicht im behördlichen Verfahren (Wiesner 2022, § 8 Rn. 13b). Der Verfahrensbeistand auch keine Fachkraft im Sinne des § 36 Abs. 2 und 3 SGB VIII, die von der Jugendhilfe in das Hilfeplanverfahren einzubeziehen ist (anders: Maywald 2020, Rn. 1903). Vor allem aber sollte der Verfahrensbeistand durch seine Mitwirkung nicht zu einem weiteren Entscheidungsträger im behördlichen Verfahren werden. Einer kritischen Distanz zur Jugendhilfe sollte hier Vorrang vor dem Bedürfnis eingeräumt werden, direkten Einfluss auf das Hilfeplanverfahren zu erhalten. Ähnlich wie heute das Handeln des Jugendamtes in Fällen von langen vorgerichtlichen Tätigkeiten, könnte sonst auch das Handeln des Verfahrensbeistandes im behördlichen Verfahren vor dem Familiengericht auf dem Prüfstand stehen, was einer angemessenen Unabhängigkeit bei der Vertretung des Kindes abträglich wäre (Zitelmann 2001). Unabhängig von den derzeit gegebenen Möglichkeiten und Grenzen der Tätigkeit eines Verfahrensbeistandes nach § 158 FamFG ist aber zu diskutieren, ob ein Kind im Jugendhilfeverfahren eine ausreichende Interessenvertretung besitzt. Es ist zu überlegen, ob ein Kind, wenn es von einschneidenden und lebensverändernden Maßnahmen wie Fremdunterbringungen betroffen ist, nicht auch im behördlichen Verfahren von einem außerhalb der Behörde stehenden Sozial-Anwalt vertreten werden sollte (Oberloskamp 1999).

9.4 Die Umgangspflegschaft

Aufgaben und Grundprinzipien

Voraussetzung für die Anordnung einer Umgangspflegschaft ist nach § 1684 Abs. 3 S. 3 BGB eine dauerhafte oder wiederholte erhebliche Beeinträchtigung der Wohlverhaltenspflicht nach § 1684 Abs. 2 BGB. Eine so begründete Anordnung einer Umgangspflegschaft beschränkt sich auf Fälle, in denen ein betreuender Elternteil oder eine betreuende Bezugsperson im Sinne des § 1684 Abs. 2 S. 2 BGB den Umgang des Kindes mit dem getrennt lebenden Elternteil in erheblicher Weise erheblich beeinträchtigt oder gar vereitelt. Mit der Bestellung des Umgangspflegers, der ein Ergänzungspfleger für die Durchführung des Umgangs gemäß § 1630 Abs. 1 BGB ist, wird das Sorgerecht eingeschränkt. Die Schwelle einer Kindeswohlgefährdung gemäß § 1666 BGB muss hier jedoch nicht erreicht werden, da lediglich die Grundrechtspositionen der Eltern zu einem bestmöglichen Ausgleich gebracht werden sollen und in den in Artikel 6 GG abgesicherten Vorrang der Eltern als Erziehungsträger nicht eingegriffen wird. Damit entfällt auch der Nachweis über die Auswirkungen des unterbleibenden Umgangs auf das Kindeswohl (BT-Drs. 16/6308, 345; Völker/Clausius 2021, § 2 Rn. 39).

Anders stellt sich dies für den Personenkreis der §§ 1685 und 1686a BGB dar. Zwar gilt auch hier über die Verweisung der §§ 1685 Abs. 3 und 1686a Abs. 2 BGB die in § 1684 Abs. 3 S. 3 BGB vorgesehene Möglichkeit der Anordnung einer Umgangspflegschaft, da hier aber nicht das Verhältnis der Eltern zueinander betroffen ist, sondern das der Eltern zu anderen Bezugspersonen des Kindes, ist die Anordnung der Umgangspflegschaft hier an die Voraussetzung der Kindeswohlgefährdung gemäß § 1666 BGB geknüpft (BT-Drs. 16/6308, 345f).

Aufgabe der Umgangspflegschaft ist die Durchführung des Umgangs. Der Umgangspfleger hat hierfür eigene Rechte, er kann nach § 1684 Abs. 3 S. 4 BGB die Herausgabe des Kindes verlangen und für die Umgangsdauer dessen Aufenthalt bestimmen. Er kann bei der Vorbereitung des Umgangs, bei der Übergabe des Kindes an den Umgangsberechtigten und bei der Rückgabe vor Ort sein und auch die konkrete Ausgestaltung des Umgangs bestimmen. Bei Meinungsverschiedenheiten der Eltern über die Umgangsmodalitäten kann er zwischen ihnen vermitteln, sein Bestimmungsrecht anwenden und durch seine Anwesenheit und durch seine Berichtspflicht gegenüber dem Familiengericht Druck auf die Verwirklichung des Umgangs ausüben. Erzwingen kann er die Herausgabe des Kindes vom betreuenden Elternteil mit Hilfe unmittelbaren Zwangs jedoch nicht. Zur Anwendung von Zwang gegen den betreuenden Elternteil muss das Familiengericht zusätzlich zur Anordnung der Umgangspflegschaft eine Entscheidung nach § 90 FamFG erlassen (BT-Drs. 16/6308, 345f). Nicht als Aufgabe aufgeführt und offensichtlich nicht Absicht des Gesetzgebers ist es, dass der Umgangspfleger auch bei den Umgängen dabei ist (Wacker 2010). Dies ist Aufgabe des Begleiteten Umgangs als Jugendhilfeleistung *(Abschnitt 9.5)*.

Die Gestaltungsmöglichkeiten des Umgangspflegers werden auch vom jeweiligen Konkretisierungsgrad des zugrunde liegenden Beschlusses des Familiengerichts zum Umgang selbst abhängen. Ist der Beschluss detailliert, kommt dem Umgangspfleger eher nur die Aufgabe der Umsetzung zu, ist der Beschluss unbestimmter, hat der Umgangspfleger Spielraum (Stötzel 2009, Zivier 2010), wobei es sich hierbei nach Völker/Clausius (2021, § 2 Rn. 42) dann um Vermittlungsmöglichkeiten und nicht um Bestimmungsbefugnisse des Umgangspflegers handelt. Da auch hier der Grundsatz Hilfe zur Selbsthilfe gelten muss, ist es Aufgabe der Umgangspflegschaft, zielstrebig daran zu arbeiten, die eigene Tätigkeit überflüssig zu machen, sei es durch eigene Interventionen oder ggf. auch durch Anregung flankierender Maßnahmen.

Adressat

Primärer Adressat der Umgangspflegschaft ist der betreuende Elternteil, dessen Elternrecht eingeschränkt wird und gegen den sich die Maßnahme richtet ((BGH XII ZB 135/18 vom 31.10.18, Rn. 22). Der Adressatenkreis der Umgangspflegschaft erschließt sich darüber hinaus aus den §§ 1684, 1685 und 1686a BGB und schließt Kinder, rechtliche Eltern, Großeltern, Geschwister und enge Bezugspersonen des Kindes ein, wenn diese für das Kind tatsächliche Verantwortung tragen oder getragen haben und sozial-familiäre Beziehungen entstanden sind. Weiterer Adressat ist der leibliche, nicht rechtliche Vater.

Zeitlicher Rahmen

Der Zeitpunkt der Anordnung einer Umgangspflegschaft ist schwer zu bestimmen. Auch wenn die Schwelle des § 1666 BGB bei um den Umgang streitenden Eltern nicht mehr erreicht werden muss, handelt es sich um einen massiven Eingriff ins Sorgerecht, der nicht zu früh erfolgen sollte. Allerdings sollte die Umgangspflegschaft auch nicht erst dann angeordnet werden, wenn es bereits mehrere Gerichtsverfahren zur Umgangsregelung gab, da damit die Erfolgsaussichten schwinden (Wacker 2010).

Die Dauer der Anordnung einer Umgangspflegschaft liegt im Ermessen des Familiengerichts, die Anordnung ist jedoch gemäß § 1684 Abs. 3 S. 5 BGB zu befristen. Ist der Zweck der Umgangspflegschaft innerhalb der Frist nicht erreicht, kann das Familiengericht die Umgangspflegschaft erneut anordnen. Der Ersatz von Aufwendungen und die Vergütung erfolgen über die Justizkasse (§ 1684 Abs. 3 BGB iVm § 277 FamFG).

Aus psychologischer Sicht stellt die Umgangspflegschaft eine Krisenintervention dar, deren Dauer eng an den Verlauf der elterlichen Kooperations- und Kommunikationsprobleme gekoppelt ist. Auch wenn § 1684 Abs. 3 S. 3 BGB dies nicht beschreibt, gehört zu einer sinnvollen Ausgestaltung einer Umgangspflegschaft ebenso konfliktmindernde Elternarbeit, zumindest im Zusammenhang mit akut auftretenden Umgangskonflikten (DIJuF 2004).

Qualifikation

§ 1684 Abs. 3 BGB beschreibt keine Qualifikation des Umgangspflegers. In der regierungsamtlichen Begründung heißt es hierzu, dass insbesondere eine Person in Betracht kommt, zu der das Kind eine Bindung und Vertrauen hat, die Fachkraft einer Beratungsstelle oder das Jugendamt (BT-Drs. 16/6308, 346). Angesichts des einer Umgangsvereitelung oft zugrundeliegenden Hochkonflikts und der daraus resultierenden Belastungen des Kindes erscheint ein Laie, auch wenn er eine tragfähige Beziehung oder Bindung zum Kind besitzt, in der Regel überfordert und schon deshalb als Umgangspfleger ungeeignet. Zudem ist es Bestandteil der Arbeit, etwaige Belastungen und Überforderungen des Kindes einschätzen und adäquat darauf reagieren zu können. All dies verlangt, ähnlich wie bei der Umgangsbegleitung *(Abschnitt 9.5)*, eine hohe Fachlichkeit.

9.5 Der begleitete Umgang

Aufgaben und Grundprinzipien

Rechtliche Grundlagen der Umgangsbegleitung finden sich in § 18 Abs. 3 SGB VIII. Demnach haben die in den §§ 1684, 1685 und 1686a BGB benannten Umgangsberechtigten sowie Personen, in deren Obhut sich das Kind befindet, Anspruch auf Beratung und Unterstützung bei der Ausübung des Umgangsrechts. Bei der Herstellung von Umgangskontakten und bei der Ausführung gerichtlicher oder vereinbarter Umgangsregelungen soll vermittelt und in geeigneten Fällen Hilfestellung geleistet werden. Dieser formulierte Rechtsanspruch auf Beratung, Unterstützung und Hilfe gegenüber der Jugendhilfe erstreckt sich nicht ausschließlich, aber in geeigneten Fällen auch auf die Maßnahme des begleiteten Umgangs. Die öffentliche Jugendhilfe muss für die Bereitstellung entsprechender Angebote etwa durch freie Träger sorgen. Nach § 90 SGB VIII ist der begleitete Umgang als Leistung der Jugendhilfe kostenfrei.

Der begleitete Umgang kann als Leistung der Jugendhilfe unabhängig von einem familiengerichtlichen Verfahren beantragt werden. Dies geschieht vor dem Hintergrund des bestehenden Umgangskonflikts freiwillig. Die Jugendhilfe prüft dann, ob diese Hilfeform geeignet ist.

Anders stellt sich dies dar, wenn das Familiengericht gemäß § 1684 Abs. 4 S. 3 und 4 BGB begleiteten Umgang anordnet und die Eltern die Hilfe dann beim Jugendamt beantragen. Die Anordnung setzt voraus, dass der Schutz des Kindes die Maßnahme erfordert, d. h. eine Einschränkung des Umgangsrechts ist nur veranlasst, um eine Gefährdung der seelischen oder körperlichen Entwicklung des Kindes abzuwehren (BVerG 1 BvR 3189/09 vom 14.07.10). Die Maßnahme richtet sich gegen das Elternrecht des Umgangssuchenden (BGH XII ZB 135/18 vom 31.10.18, Rn. 23). Auch hier prüft die Jugendhilfe als eigenständige Fachbehörde *(Abschnitt 9.2)* die Eignung der Hilfe. Im ungünstigsten Fall nehmen hier aber beide Bezugspersonen eines Kindes nicht freiwillig teil, der eine, weil er den Umgang ablehnt, der andere, weil er eine vorliegende Anordnung des begleiteten Umgangs für unnötig und überzogen hält. Auch die Teilnahme des Kindes ist nicht in allen Fällen freiwillig. Wird ein Kind beispielsweise massiv gegen den Umgangssuchenden beeinflusst, wird es dem begleiteten Umgang selbst ambivalent oder ablehnend gegenüberstehen. Den ablehnenden Willen eines Kindes zum Umgang in solchen Falllagen generell und ohne Prüfung zu akzeptieren, würde dem Sinn der Maßnahme widersprechen. Hier ist in einem ersten Schritt Motivationsarbeit mit dem Kind und dem Umgangsgewährenden zu leisten. Vereitelt der Umgangsgewährende die Kontakte, ist zu entscheiden, ob unter Wahrung der datenschutzrechtlichen Bestimmungen eine Berichterstattung erfolgen und ggf. Grundlage für gerichtliche Druckmittel sein kann. Führen diese Bemühungen nicht zu einer Auflösung des kindlichen Widerstandes, ist letztlich vom Familiengericht abzuwägen, ob der Beziehungsverlust des Kindes zum Umgangssuchenden oder ein Übergehen des ablehnenden Willens das größere Schadensrisiko für das Kind darstellt *(Kapitel 5)*.

Grundlegende Aufgabe der Umgangsbegleitung ist es, Umgang umzusetzen, sofern er mit dem Kindeswohl vereinbar ist, sei es bei der Herstellung von Umgangskontakten oder bei der Ausführung gerichtlicher bzw. vereinbarter Umgangsregelungen. Dabei lassen sich vier Teilaufgaben erkennen:

Kinderschutz: Dies beinhaltet, ein Kind angemessen auf die Umgangskontakte vorzubereiten und Kindeswohlgefährdungen im Rahmen des begleiteten Umgangs zu verhindern. Die notwendigen Formen des begleiteten Umgangs können dabei in Abhängigkeit vom Gefährdungsgrad des Kindes in ihren konkreten Teilaufgaben und in ihrer Betreuungsintensität erheblich differieren (Walter 1999, BMFSFJ 2008).

Moderation der Umgangskontakte: Umgangsbegleitung beinhaltet, die Beziehung zwischen Kind und Umgangssuchendem zu fördern. Dies wird vor allem in Fallkonstellationen notwendig, in denen eine tragfähige emotionale Beziehung zwischen Kind und Umgangssuchendem nicht oder nicht mehr gegeben ist, die also eine Kontaktanbahnung erfordern. Hier kann die Kontaktfindung durch vermittelndes Eingreifen gestützt werden, indem der Umgangsbegleiter die Treffen zeitlich begrenzt moderiert.

Beratung des Kindes und der Bezugspersonen: Die konkrete Umgangsbegleitung ist durch angemessene Vor- und Nachbereitung der Kontakte mit allen Beteiligten zu ergänzen. Das Kind soll Vertrauen finden, durch das Beratungsgespräch entlastet werden und sich unterstützt fühlen. Insbesondere Konflikte und negative Befindlichkeiten des Kindes sollten umgehend thematisiert werden und ggf. auch in eine Modifikation der Ausgestaltung der Umgangskontakte münden. In der Beratung der Bezugspersonen wird deren Verhalten, insbesondere in ihrer Wirkung auf das Kind, reflektiert. Selbstverständnis soll gefördert, pädagogische Kenntnisse und Handlungskompetenzen im Hinblick auf eine Verselbständigung des Umgangs sollen erweitert werden.

Vermittlung zwischen dem Umgangssuchenden und Umgangsgewährenden: Als Krisenintervention ist der begleitete Umgang Hilfe zur Selbsthilfe. In getrennten oder gemeinsamen Gesprächen mit den Bezugspersonen wird versucht, eine Einigung oder Annäherung in den umgangsrelevanten Fragen herbeizuführen. Methoden der Mediation können Anwendung finden.

Wie die Mediation ist auch der begleitete Umgang ein strukturierter Arbeitsprozess, der sich in drei Phasen gliedern lässt (Haid-Loh u.a. 2000):

- Phase 1: Problemsichtung, Planung und Herstellung eines Arbeitsbündnisses.
- Phase 2: Durchführung des Umgangs mit begleitenden Bezugspersonengesprächen.
- Phase 3: Abschlussvereinbarung und Berichterstattung.

Es gibt keinerlei gesetzliche Vorgaben, ob und wie eine Berichterstattung des Umgangsbegleiters gegenüber dem Familiengericht, wenn denn ein Umgangsverfahren anhängig ist, zu erfolgen hat. Wie schon in *Abschnitt 9.2* dargestellt, ist auch hier die Frage Vertrauensschutz versus Berichterstattung zu diskutieren. Es besteht ein Spannungsfeld: Einerseits ist es der beraterischen und vermittelnden Arbeit förderlich, wenn sich Teilnehmer öffnen. Dies wird unter den Bedingungen des Vertrauensschutzes eher geschehen. Andererseits liegen Umgangskonflikten verhärtete Familienkonflikte zugrunde, die den Druck gerichtlicher Interventionen erforderlich machen können. Ein solcher Druck kann aber nur aufgebaut, aufrechterhalten werden und wirken, wenn ein bereits tätiges Familiengericht Informationen über den Verlauf des begleiteten Umgangs erhält und damit eventuelle weitere Maßnahmen (wie z.B. Zwangsmaßnahmen) begründen kann. Aus unserer Sicht ist ein Verlaufsbericht über den begleiteten Umgang unter Wahrung datenschutzrechtlicher Bestimmungen (Walter 2000) notwendig, da er auf Seiten des Familiengerichts zu einer fachlich kompetenten Entscheidungsfindung und damit zu einer Verringerung des kindlichen Schadensrisikos beiträgt. Der Bericht soll sich auf umgangsrelevante Daten beschränken, eine ausgewogene Darstellung der Entwicklung zeichnen, keine Stigmatisierungen enthalten, dennoch aber alle wesentlichen Fakten nennen, im Falle eines teilweisen oder gänzlichen Scheiterns vor allem auch jene, die den Umgang behindert oder unmöglich gemacht haben.

Ein weiteres Grundprinzip der Arbeit stellt die Neutralität gegenüber den im Konflikt verstrickten Bezugspersonen dar. Sie beinhaltet eine wertfreie Einstellung zu unterschiedlichen Familienformen, Erziehungshaltungen und -werten, etwa im Zusammenhang mit kulturellen Einflüssen, sofern nicht Kindeswohlinteressen verletzt werden (BMFSFJ 2008).

Adressat

Der Adressatenkreis des § 18 Abs. 3 SGB VIII und damit auch des begleiteten Umgangs ist sehr weit gefasst. Hierzu zählen Kinder und Jugendliche, leibliche Eltern (§ 1684 BGB), Großeltern, Geschwister und enge Bezugspersonen des Kindes, wenn diese für das Kind tatsächliche Verantwortung tragen oder getragen haben und sozial-familiäre Beziehungen entstanden sind (§ 1685 BGB), der leibliche, nicht rechtliche Vater (§ 1686a BGB) und Personen, in deren Obhut sich das Kind befindet. Geht man allerdings von der Orientierung des begleiteten Umgangs an einer Kindeswohlgefährdung aus (§ 1684 Abs. 4 S. 3 und 4 BGB), so sind die Adressaten der Umgangssuchende (BGH XII ZB 135/18 vom 31.10.18, Rn. 23), dessen Elternrecht eingeschränkt wird, vor allem aber das zu schützende Kind. Vom Umgangsbegleiter ist deshalb eine deutliche Parteinahme für das Kind zu verlangen. Er hat im Rahmen der Umgangsbegleitung die Interessen des Kindes nach Umgang, aber auch nach Schutz vor physischen und psychischen Schädigungen abzuwägen und angemessen zu berücksichtigen.

Zeitlicher Rahmen

Da Umgangsbegleitung aufgrund ihrer besonderen Situation immer auch Belastungen für das Kind und die Erwachsenen in sich trägt, kann es sich auch bei dieser Maßnahme nur um eine Krisenintervention handeln. Der begleitete Umgang ist in der Regel zeitlich befristet und mündet in eine Verselbständigung des Kontaktes. Als Jugendhilfemaßnahme endet der begleitete Umgang, wenn ein Bedarf nicht mehr gegeben ist.

Qualifikation

Der Gesetzgeber schreibt keine berufliche Qualifikation des Umgangsbegleiters vor. In § 1684 Abs. 4 S. 4 BGB heißt es hierzu: Dritter kann auch ein Träger der Jugendhilfe oder ein Verein sein. Dass hierfür „Privatpersonen des Vertrauens der Eltern wie Verwandte, Freunde, Nachbarn usw." (Grüneberg 2022, § 1684 Rn. 35) in Betracht kommen sollen, erscheint grundsätzlich bedenklich und ist nur im Ausnahmefall möglich. Hiergegen sprechen in der Regel der hohe Schwierigkeitsgrad der Umgangskonflikte und der abzusichernde Kinderschutz, die eine hohe fachliche Kompetenz erfordern (s.o.). Auch der Einsatz von Laienkräften, wie sie das BMFSFJ (2008, 38 f.) unter bestimmten Bedingungen für fachlich verantwortbar hält, ist vor diesem Hintergrund kritisch zu betrachten. Eine sozialwissenschaftliche Grundausbildung, etwa in Psychologie, Sozialpädagogik oder Pädagogik, mit entsprechenden Zusatzqualifikationen wird in der Regel zur Erfüllung der Aufgaben erforderlich sein und kann, wenn der begleitete Umgang eine Leistung der Jugendhilfe darstellt, wie in *Abschnitt 9.2* beschrieben dann auch sichergestellt werden (Walter 1999, 2000).

Abgrenzungen zu anderen nichtjuristischen Tätigkeitsfeldern

Während die Mediation einen umfassenden Ansatz verfolgt und alle relevanten Konfliktfelder in den Gesprächen mit den Medianden einbezieht, hat sich der Umgangsbegleiter in den begleitenden Gesprächen mit den Bezugspersonen allein auf die Bearbeitung der umgangsrelevanten Fragen zu beschränken. Dies bestimmt zum einen § 18 Abs. 3 SGB VIII, der die Tätigkeit des Umgangsbegleiters auf Unterstützung und Hilfe bei der Herstellung von Umgangskontakten und bei der Ausführung gerichtlicher oder vereinbarter Umgangsregelungen begrenzt. Daneben ist es aber auch aus fachlicher Sicht sinnvoll, die Aufgaben der Vermittlung im Rahmen der Umgangsbegleitung von denen der Mediation deutlich abzugrenzen. Die Motivation der Bezugspersonen, sich im Umgangskonflikt einer umfassenden Mediation zu stellen, ist oft gering. Ist das Streitpotential hoch und das Konsensniveau niedrig, muss zudem die Frage gestellt werden, ob sich diese Konfliktparteien überhaupt für eine Mediation eignen, die u.a. Gesprächsbereitschaft und einen Willen zur Verständigung voraussetzt und deshalb als methodischer Ansatz bei hochstrittigen Familienkonstellationen an ihre Grenzen stößt (Balloff/Walter 1991b, Normann/Loebel 2011). Konfliktparteien im Umgangsstreit sind häufig nur zu einer „Minimallösung" an Vermittlung bereit. Genau hier ist die Chance einer lediglich auf die umgangsrelevanten Fragen beschränkten vermittelnden Tätigkeit zu sehen. Sind Konfliktparteien allerdings zu einer umfassenderen Mediation zu motivieren, können sie direkt oder über die Jugendhilfe in eine Familienmediation überwiesen werden. Der Umgangsbegleiter verfügt in der Regel über keine ausreichende Qualifikation, eine umfassende Mediation durchzuführen. Zudem unterscheiden sich die Adressaten der Umgangsbegleitung und der Familienmediation. Mediation richtet sich oft ausschließlich an die Bezugspersonen eines Kindes, will deren Autonomie im Streitgeschehen schützen und erhalten. Adressat der Umgangsbegleitung ist dagegen primär das Kind. Zentrale Grundlage der Familienmediation bildet die Allparteilichkeit. Eine wesentliche Voraussetzung der Umgangsbegleitung ist aber eine angenommene oder gegebene Gefährdung des Kindes, die eine Allparteilichkeit des Umgangsbegleiters unmöglich macht. Er vertritt die Kindesschutzinteressen im Umgangsstreit und muss daraus resultierende Forderungen an die Bezugspersonen richten können, gegebenenfalls sogar gegen den Willen einer Bezugsperson in deren Autonomie eingreifen und den Umgang abbrechen. Weiter ist auch – hierauf wurde bereits eingegangen – die Vertraulichkeit in der Umgangsbegleitung nicht wie in der Mediation zu gewährleisten. Familienmediation profitiert von ihrer strikten Abtrennung vom familiengerichtlichen Verfahren, Umgangsbegleitung unter Umständen auch vom Informationsfluss. Umgangsbegleitung kann gemäß § 1684 Abs. 4 S. 3 und 4 BGB vom Familiengericht angeordnet werden, eine Mediation nicht, sondern gemäß § 156 Abs. 1 S. 3 FamFG lediglich die Teilnahme an einem Informationsgespräch über Mediation. Umgangsbegleitung beruht damit weniger als Mediation *(Abschnitt 3.4)* auf Freiwilligkeit.

Gerade aufgrund der von uns geforderten Berichterstattung ist auch eine deutliche Abgrenzung zu den Tätigkeitsbereichen des Jugendamtes und des psychologischen Sachverständigen zu treffen. Es ist in keinem Fall Aufgabe des Umgangsbegleiters, die Berichterstattung ähnlich komplex zu gestalten, wie dies vom Jugendamt in § 50 SGB VIII oder von einem psychologischen Sachverständigen gefordert wird. Im Rahmen der Umgangsbegleitung spiegelt sich aufgrund des begrenzten Tätigkeitsbereiches nur ein Teilausschnitt der familiären Realität wider. Ein Umgangsbegleiter soll weder das Spektrum erbrachter Hilfeleistungen ermessen noch ist es seine Aufgabe, umfangreiche Daten zur Entwicklung des Kindes und der familiären Situation zu erheben. Seine diagnostischen Aufgaben beschränken sich auf den Umgangskonflikt selbst. Schon deshalb kann er keine fachlich fundierte und umfassende Empfehlung zur Umgangsproblematik abgeben, sondern lediglich über den Verlauf berichten. Aufgrund der Tragweite einer Fehldiagnose ist hier äußerste Zurückhaltung geboten. Es mangelt auch hier an gesicherter beruflicher Qualifikation, insbesondere können eventuell notwendige psychologische Untersuchungen von Erwachsenen oder Kindern von einem Umgangsbegleiter nicht durchgeführt werden.

In Abgrenzung zum Umgangspfleger verfügt der Umgangsbegleiter über keine ihm übertragenen Rechte. Er kann den Umgang immer nur im Einvernehmen mit den Bezugspersonen initiieren – Umgangsbegleitung bedarf als Maßnahme der Jugendhilfe der dortigen Antragstellung oder der Selbstfinanzierung – und gestalten und hat darüber hinaus keine Entscheidungsbefugnisse. Auch kann er sich, anders als der Umgangspfleger, bei Konflikten aufgrund der datenschutzrechtlichen Bestimmungen nicht ohne weiteres an das Familiengericht wenden. Hierzu bedarf er der Schweigepflichtentbindung, die ihm im Konfliktfall, etwa bei fortgesetzter Umgangsvereitelung, auch entzogen werden kann. Als Druckmittel bleibt ihm dann schließlich nur der Abbruch der Maßnahme. Demzufolge setzt der begleitete Umgang letztlich ein höheres Maß an Eigenmotivation, Kooperations- und Beratungsbereitschaft voraus als die Umgangspflegschaft (Holldorf/von Pirani 2012). Anders als die Umgangspflegschaft hat die Umgangsbegleitung aber die Möglichkeit, den Umgang regelmäßig vollständig zu begleiten und kann durch ihre permanente Anwesenheit Kinderschutzaspekte besser kontrollieren und absichern. Auch liegt die Schwelle der Initialisierung einer Umgangsbegleitung niedriger, sie kann bei Geeignetheit des Falles auch ohne familiengerichtliches Verfahren auf Antrag der Eltern oder anderer Umgangsberechtigter durchgeführt werden, ein dauerhafter oder wiederholter erheblicher Verstoß gegen die Wohlverhaltenspflicht oder gar eine Kindeswohlgefährdung müssen nicht erst vorliegen.

Die konkrete Begleitung des Umgangs gehört grundsätzlich nicht zu den Aufgaben des Umgangspflegers. Der BGH führt in seiner Entscheidung vom 31.10.18 (XII ZB 135/18, Rn. 24) aus, dass schon die unterschiedlichen Zielrichtungen von Umgangspflegschaft und Umgangsbegleitung gegen eine allgemeine Vermischung der Maßnahmen spricht. Der BGH lässt jedoch Ausnahmen zu, etwa wenn die Anwesenheit des Umgangspflegers bei der Durchführung des Umgangs notwendig ist. Voraussetzung ist, dass das Gericht dann die Anwesenheit des Umgangspflegers bei den Umgangskontakten ausdrücklich anordnet. Schäder (2021) führt hierzu aus, dass die Anordnung begleiteter Umgänge durch den Umgangspfleger nur dann berechtigt ist, wenn der betreuende Elternteil seine Wohlverhaltenspflicht gemäß § 1684 Abs. 3 S. 2 BGB dauerhaft oder wiederholt erheblich verletzt hat und unbegleitete Umgänge mit einer Kindeswohlgefährdung nach § 1684 Abs. 4 S. 2 BGB verbunden wären. Schäder (2021, 8) weist richtigerweise darauf hin, dass sich Familiengerichte aufgrund der Kompliziertheit der derzeitigen gesetzlichen Ausgestaltung des begleiteten Umgangs und der Zusammenarbeit mit der Jugendhilfe in der Praxis damit behelfen, auch ohne kumulatives Vorliegen der Voraussetzungen beider Rechtsinstitute eine Umgangsbegleitung durch Umgangspfleger anzuordnen.

9.6 Die psychologische Sachverständigentätigkeit

Aufgaben und Grundprinzipien

Das Familiengericht hat in Kindschaftssachen - § 151 FamFG führt die entsprechenden Verfahrensgegenstände auf – gemäß § 26 FamFG von Amts wegen die zur Feststellung der entscheidungserheblichen Tatsachen erforderlichen Ermittlungen durchzuführen. Nach § 30 FamFG in Verbindung mit § 402ff ZPO gehört hierzu auch der Beweis durch Sachverständige. Ein Gericht hat dann ein Gutachten – hier soll auf psychologische Gutachten Bezug genommen werden – in Auftrag zu geben, wenn ihm für die Entscheidungsfindung das nötige Fachwissen fehlt. Der Sachverständige wird vom Gericht ausgewählt, er ist „Gehilfe" des Gerichts, das seine Tätigkeit leitet und ihm hinsichtlich Art und Umfang Weisungen erteilen kann (§§ 404, 404a ZPO).

Der psychologische Sachverständige hat den in der gerichtlichen Fragestellung formulierten Auftrag des Gerichts, der sich am konkreten Verfahrensgegenstand ausrichtet, auszuführen, d.h. die vom Gericht formulierte Beweisfrage zu beantworten und die dafür notwendigen Erkundungen durchzuführen. Hierfür sind aus der gerichtlichen Fragestellung psychologische Fragen abzuleiten, die eine Beantwortung durch psychologisch-diagnostische Verfahren ermöglichen. Auch die psychologische Diagnostik hat sich an der gerichtlichen Beweisfrage zu orientieren. Der Einsatz psychologischer Methoden unterliegt dem aus dem Rechtsstaatsprinzip folgenden Verhältnismäßigkeitsgrundsatz, sie müssen geeignet, erforderlich und angemessen sein. Diagnostische Verfahren, die keinen Bezug zur gerichtlichen Fragestellung erkennen lassen – etwa die routinierte Anwendung von Testbatterien –, sind unzulässig, da sie sowohl berufsethisch als auch rechtlich einen unzulässigen Eingriff in die Persönlichkeitsrechte des Betroffenen darstellen. Diagnostik im familienrechtlichen Bereich ist immer auch entscheidungsorientierte Diagnostik, da vom Gericht eine Hilfestellung bei der Entscheidungsfindung gefordert wird. Als psychologisch-diagnostische Mittel stehen standardisierte und teilstandardisierte Verfahren zur Verfügung. Zu nennen sind:

Explorationen: Psychologisch-diagnostische Interviews werden mit dem Kind, den Bezugspersonen (Eltern) und dritten Personen (Lehrer, Erzieher, Ärzte etc.) geführt, die relevante Angaben zur Person und Lebenssituation des Kindes machen können. Sie sind für die Probanden, insbesondere das Kind, angemessen zu gestalten und darüber hinaus so zu strukturieren, dass eine Vergleichbarkeit der Untersuchungsergebnisse möglich ist.

Interaktions- und Verhaltensbeobachtungen: Im Wesentlichen handelt es sich im Rahmen familienrechtspsychologischer Begutachtung um halbstandardisierte Beobachtungen der Interaktionen zwischen Kind und relevanten Bezugspersonen. Darüber hinaus ist das Verhalten eines Probanden aber auch in Explorations- und Testsituationen bedeutsam.

Testverfahren: In der Regel sind dies Testungen des Kindes. Testungen erwachsener Bezugspersonen spielen im Rahmen familienrechtlicher Begutachtung eine eher untergeordnete Rolle und sollten, wenn eine Testung notwendig ist, Einzelaspekte des Verhaltens erfassen, die für die Entwicklung und Förderung des Kindes relevant sind (Kühne 1996). *Maßgebliche Gütekriterien für psychologische Testverfahren sind dabei:*

- Validität, d.h., es wird das gemessen, was gemessen werden soll (hier relevante Variablen zur Beantwortung der psychologischen Fragestellung),

- Reliabilität, die Messungen sind stabil und genau, und
- Objektivität, die Messungen sind unabhängig von verzerrenden Einflüssen.

Kritisiert wird der Einsatz projektiver und semiprojektiver Testverfahren, für die es keine eindeutigen Interpretationsregeln gibt. Hier besteht die Gefahr, dass Ergebnisse produziert werden, die lediglich die selektive Wahrnehmung des Sachverständigen bestätigen. Allerdings bieten diese Verfahren oft nonverbale Zugänge insbesondere zum (noch) nicht ausreichend sprachfähigen Kind und insgesamt die Möglichkeit, Loyalitätskonflikte und dadurch bedingte Verzerrungen der verbalen kindlichen Willensäußerung zu vermeiden und im Gegensatz zu direkten Befragungen die Gefahr von Belastungen zu reduzieren. Da projektive Tests aber keine zweifelsfreien Ergebnisse hervorbringen, sollten sie lediglich als Explorationshilfe eingesetzt und sehr zurückhaltend interpretiert werden, indem sie mit anderen Untersuchungsergebnissen abgeglichen und Interpretationen ggf. einer nochmaligen Überprüfung unterzogen werden (Deutscher Familiengerichtstag 2016). Hinzu kommt, dass auch zahlreiche psychometrische Testverfahren nicht oder nur begrenzt für die familienrechtspsychologische Diagnostik geeignet sind (Hommers 2003, 2008; Hommers/Steinmetz-Zubovic 2013, Skatsche/Rominger 2013). Einen Überblick über gängige Testverfahren findet sich bei Zumbach (2020, 77ff).

Eine Besonderheit der familiengerichtlichen Begutachtung ergibt sich aus § 163 Abs. 2 FamFG. Das Gericht kann in Verfahren, die die Person des Kindes betreffen, anordnen, dass der Sachverständige bei der Erstellung des Gutachtens auch auf die Herstellung des Einvernehmens zwischen den Beteiligten hinwirken soll. Es handelt sich hierbei also um eine zusätzliche und keine alternative Aufgabe. Der Sachverständige soll auf Einvernehmen hinwirken, muss es aber nicht, wenn er feststellt, dass Problemeinsicht, Veränderungsfähigkeit und/oder -bereitschaft fehlen oder das Einvernehmen nicht in einem für das Kind angemessenen Zeitraum hergestellt werden kann (*Abschnitt 3.4.1*). Er hat dann das Gutachten vorzulegen (Balloff 2011, Dutta u.a. 2022, § 163 Rn. 28).

Mit dieser zusätzlichen modifikationsorientierten Aufgabenstellung unterscheidet sich die Tätigkeit eines psychologischen Sachverständigen in Kindschaftssachen erheblich von anderen Formen der psychologischen Begutachtung, wie etwa im Straf- oder Verkehrsrecht, und macht damit eine Vergleichbarkeit dieser Tätigkeitsfelder hinsichtlich der Anforderungen an Qualitätsstandards und der Qualifikation des Sachverständigen schwierig. Stärker als in anderen Formen der Begutachtung wird der Sachverständige im familiengerichtlichen Verfahren zum aktiv Handelnden und damit zum Akteur in dem Familiensystem, das er zu begutachten hat. Hieraus ergeben sich spezifische Spannungsfelder zwischen Diagnostik und Intervention *(Abschnitt 1.3)*.

Die regierungsamtliche Begründung zum § 163 Abs. 2 FamFG führt hierzu aus, herkömmliche Gutachten hätten gerichtliche Beweisfragen zur elterlichen Sorge bei Trennung und Scheidung und zum Umgang mit einem mehr oder weniger klaren Entscheidungsvorschlag beantwortet. Nicht selten sei dieser mit der Aufforderung an die Eltern verbunden gewesen, im Interesse der Kinder besser miteinander zu kommunizieren und zu kooperieren. Wie ein solcher Entscheidungsvorschlag bei Fortbestehen der Ablehnung eines Elternteils umgesetzt werden kann, sei dagegen oft nur oberflächlich beschrieben worden. Dies habe die Verwertbarkeit dieser Gutachten eingeschränkt. Durch die neue Bestimmung solle dem Familiengericht nun die Befugnis eingeräumt werden, den Gutachtenauftrag auf die in der Regelung genannten Inhalte zu erstrecken. Der Sachverständige könne die Eltern zunächst über die negativen psychologischen Auswirkungen einer Trennung auf alle Familienmitglieder aufklären und sodann versuchen, bei ihnen Verständnis und Feinfühligkeit für die von den Interessen der Erwachsenen abweichenden Bedürfnisse und für die psychische Lage des Kindes zu wecken. Gelinge dies, könne er mit den Eltern ein einvernehmliches Konzept zum zukünftigen Lebensmittelpunkt des Kindes und zur Gestaltung des Umgangs erarbeiten (BT-Drs. 16/6308, 242).

Der Gesetzgeber würdigt hier nicht ausreichend, dass die fachliche Diskussion um modifikationsorientiertes Vorgehen *(Abschnitt 1.3)* in der familienrechtspsychologischen Begutachtung teilweise schon 20 Jahre vor dem Inkrafttreten der FamFG-Reform am 01.09.09 (Rösner/Schade 1989, Balloff/Walter 1991, Salzgeber/Höfling 1991) geführt und oft auch umgesetzt wurde. Auch erscheinen seine Interventionsvorschläge angesichts der Komplexität der oft langjährigen familiären Konfliktlagen mit unterschiedlichsten vorgeschalteten Versuchen der Konfliktminderung verschiedenster sozialer und juristischer Fachkräfte übersichtlich. *Richtig erscheint jedoch, dass ein psychologischer Sachverständiger im Gegensatz zu anderen Fachkräften aus mehreren Gründen besonders geeignet ist, Interventionen erfolgreich umzusetzen* (Sullivan 2009):

- Er verfügt durch seine Einbindung in das familiengerichtliche Verfahren und seine Mitteilungspflicht über eine delegierte Macht des Familiengerichts,
- über eine ausreichende fachliche Qualifikation und
- über einen angemessenen Zeitrahmen.

Der Gesetzgeber hatte mit dem Hinwirken auf Einvernehmen vor allem Verfahren bei Trennung und Scheidung im Blick (BT-Drs. 16/6308, 242), obwohl die Vorschrift des § 163 Abs. 2 FamFG auch andere Optionen offen lässt (anders: Dutta u.a. § 163 FamFG Rn. 28). So schließen Verfahren, die die Person des Kindes betreffen, etwa auch Fälle der Kindeswohlgefährdung (§§ 1666 und 1666a BGB) oder der Rückführung eines Kindes in das Elternhaus (§ 1696 BGB) ein und Beteiligte an solchen Verfahren sind nicht nur Eltern, sondern oft auch Pflegeeltern und das Jugendamt. Ausgehend von den in diesen Zusammenhängen nicht selten auftretenden Konflikteskalationen kann ein Hinwirken auf Einvernehmen auch in diesen Falllagen eine durchaus sinnvolle Ergänzung der sachverständigen Aufgabenstellung darstellen. Beispielsweise könnte das Hinwirken auf die Annahme von Jugendhilfeleistungen bei Eltern im Rahmen einer Begutachtung nicht nur Eingriffe ins Sorgerecht vermeiden, sondern Kindern auch Übergänge in Pflegestellen oder Einrichtungen der Jugendhilfe oder nach einer bereits erfolgten Fremdunterbringung in die Herkunftsfamilie erleichtern.

Schon lange zeichnet sich die Tendenz ab, dass sich die Rolle des Sachverständigen in Familiengerichtsverfahren im Zusammenhag mit Trennungskonflikten hin zu der eines „Parental Coordinators“ mit psychoedukativen, mediativen und im interdisziplinären Netzwerk auch koordinierenden Aufgaben, allerdings ohne Entscheidungskompetenzen, verändert (Dietrich/Paul 2006b), immer unter der Prämisse, dass dies mit dem Kindeswohl vereinbar ist. Ziele sind einvernehmliche Lösungen, zumindest aber Konfliktminderungen. Sind beratende und vermittelnde Interventionen erfolgreich, kommen sie den zu begutachtenden Personen direkt zugute. Emotionale Belastungen aller Personen verringern, Handlungskompetenzen erweitern sich. Bleiben Interventionen ohne messbaren Erfolg, dient modifikationsorientiertes Vorgehen zumindest dem entscheidungsorientierten Begutachtungsprozess, indem sich Veränderungsfähigkeiten und -bereitschaften der Betroffenen deutlicher zeigen. Dies erhöht die diagnostische Validität und damit die Genauigkeit der gutachtlichen Empfehlung.

Familienrechtspsychologische Begutachtung ist ein vielschichtiger Arbeitsprozess, bei dem sich Diagnostik und Intervention ergänzen und verzahnen (Offe 2009, Rohmann 2010, Balloff 2011). Gleichwohl hebt dies den Grundsatz Diagnostik vor Intervention nicht auf, da Diagnostik professionelles Handeln leitet und hierfür unverzichtbare Voraussetzung ist. Wie in *Abschnitt 1.3* beschrieben, wird deshalb in der Regel ein schrittweises Vorgehen sinnvoll sein, das mit Statusdiagnostik beginnt, in modifikationsorientierte Diagnostik übergeht und dann einvernehmliche Ergebnisse anstrebt, die auch den diagnostizierten Bedürfnissen des Kindes entsprechen. Die statusdiagnostische Phase gliedert sich nach Beauftragung und Erhalt der Akte in folgende Teilschritte:

Prüfung des Auftrags und der gerichtlichen Fragestellung: Gemäß § 407a ZPO hat der Sachverständige verschiedene Prüfaufgaben.

Es ist unverzüglich zu prüfen, ob der Auftrag in das Fachgebiet des Sachverständigen fällt, ob er also über die fachliche Qualifikation verfügt, die gerichtlichen Fragen zu beantworten. Zu prüfen ist etwa, ob einem psychologischen Sachverständigen medizinische oder juristische Fragen gestellt werden. Kritisiert werden insbesondere an den psychologischen Sachverständigen gestellte Rechtsfragen, die in der Regel unzulässig sind (Lack/Hammesfahr 2019, Rn. 60). Gerichtliche Fragen sollten möglichst konkret sein, unbestimmte Rechtsbegriffe wie „Kindeswohl“ sollten vermieden (Bergmann 2016) oder nur dann verwendet werden, wenn sie definiert werden (OLG Düsseldorf ZKJ 2017, 240). Begriffe wie „Umgang“ sind dagegen weder in gerichtlichen Fragestellungen noch in Sachverständigengutachten zu beanstanden.

Ferner ist zu prüfen, ob andere Sachverständige hinzugezogen werden sollten, etwa wenn bei einer psychologischen Begutachtung medizinische Fragen zu klären und psychiatrische Zusatzgutachten oder toxikologische Untersuchungen von Haaren oder Urin anzuregen sind.

Es ist weiter zu prüfen, ob die gerichtliche Fragestellung den Sachverhalt angemessen erfasst. Gerade weil Familiengerichte gehalten sind, ihre Fragen „psychologisch“ zu formulieren, kommt es oft nicht nur zu Redundanzen, sondern auch zu Auslassungen, die der Klärung bedürfen. So reicht im Kinderschutzfall bei drohender Fremdunterbringung etwa die Frage nach der Erziehungsfähigkeit eines Elternteils nicht aus, da auch Kontinuitätsaspekte, die Bindungen und Beziehungen des Kindes und sein Wille mit in eine Risikoabwägung einfließen müssen. Hat der Sachverständige Zweifel an Inhalt und Umfang des Auftrages, so hat er unverzüglich eine Klärung durch das Gericht herbeizuführen.

Eine weitere Prüffrage betrifft eine mögliche Befangenheit. Liegt ein Grund vor, der geeignet ist, Misstrauen gegen die Unparteilichkeit des Sachverständigen zu rechtfertigen. Dieser könnte am Anfang der Begutachtung etwa darin gesehen werden, dass ihm Beteiligte aus beruflichen oder privaten Zusammenhängen bekannt sind oder gar verwandtschaftliche Beziehungen bestehen. Solche Gründe sind dem Gericht unverzüglich mitzuteilen. Unterlassungen können ein Ordnungsgeld zur Folge haben.

Weiter ist zu klären, ob dem Sachverständigen genügend Arbeitskapazitäten zur Verfügung stehen und er den Auftrag innerhalb der vom Gericht gesetzten Frist erledigen kann. Ist das nicht der Fall, hat er das Gericht unverzüglich zu verständigen.

Auch die zu erwartenden Kosten der Begutachtung sind zu prüfen. Auf voraussichtliche Mehrkosten hat er gemäß § 407a Abs. 4 ZPO das Gericht rechtzeitig hinzuweisen.

Auf der Grundlage dieser Analyse entscheidet der Sachverständige über die Annahme oder Ablehnung des Auftrages. Ggf. kann der Auftrag auf seine Anregung vom Gericht auch modifiziert werden. Zu beachten ist, dass für den Sachverständigen, sofern er gemäß § 407 Abs. 1 ZPO die Wissenschaft öffentlich zum Gewerbe ausübt oder gemäß § 407 Abs. 2 dem Gericht seine grundsätzliche Bereitschaft zur Gutachtenerstellung einmal mitgeteilt hat, eine Pflicht zur Erstattung des Gutachtens besteht.

Analyse der Gerichtsakte: Die Gerichtsakte liefert die für das weitere Vorgehen des Sachverständigen notwendigen Anknüpfungstatsachen und ist damit Grundlage für die Untersuchungsplanung und -durchführung. Dies ist unstrittig. Strittig ist jedoch, ob wesentliche Inhalte in Form eines Aktenauszugs im Gutachten wiedergegeben werden sollen. Von einigen Gerichten wird dies nicht erwünscht, von anderen gefordert. Aus unserer Sicht ist die Wiedergabe des Aktenauszuges unerlässlich. Nur so kann eine ausreichende Transparenz und Nachvolllziehbarkeit im Gutachten gewährleistet werden (so auch: Lack/Hammersfahr 2019, Rn. 249). Es ist wichtig zu erfahren, welche Teile der Gerichtsakte der Sachverständige für relevant oder irrelevant hält. Und allein im Befundteil des Gutachtens auf Fundstellen in der dem Gericht vorliegenden Akte zu verweisen, dürfte zumindest den Laien überfordern, der ebenfalls Adressat des Gutachtens ist (s.u.). Bei der Wiedergabe des Akteninhalts sollte erkennbar sein, wer was wann wem gegenüber äußert, nur so sind eindeutige Zuordnungen von Angaben und Stellungnahmen möglich. Eine chronologische Wiedergabe ist sinnvoll. Da die Wiedergabe des Aktenauszuges Teil der Untersuchung ist, hat sie im Gutachten ohne jegliche Interpretation oder Kommentierung zu erfolgen. Insofern kann der Begriff Aktenanalyse missverständlich sein. Gleichwohl findet durch den Sachverständigen jedoch eine Sichtung und Gewichtung statt.

Übersetzung der gerichtlichen in eine psychologische Fragestellung: Aufgabe des Sachverständigen ist es nun, auf Basis der gerichtlichen Fragestellung und der aus der Aktenanalyse gewonnenen Anknüpfungstatsachen ein Konzept psychologisch-diagnostischer, aber auch nichtpsychologischer Fragen zu entwerfen (z.B. nach den äußeren Lebensbedingungen eines Kindes), das eine umfassende Beantwortung der gerichtlichen Fragestellung erlaubt. Die Fragen sollen Raum geben, auf Basis des speziellen Kenntnisstandes des Fachgebiets alle wesentlichen Variablen zu diskutieren, indem sie die juristischen Fragen in fallspezifisch relevante psychologische Fragen überleiten. Die im Arbeitsprozess oder Gutachten hypothesengeleitete Formulierung der Fragen (Null- und Alternativhypothese(n)) dient der Vermeidung von Vorurteilen und falschen Gewissheiten auf Seiten des Sachverständigen (BGH, 1 StR 618/98 vom 30.07.99).

Untersuchungsplanung und -durchführung: Ausgehend von der psychologischen Fragestellung erfolgt nun die Planung der diagnostischen Untersuchung. Untersuchungsverfahren, einzubeziehende Personen oder Personensettings, Orte und Zeiträume werden bestimmt. Im Rahmen der hier durchgeführten Diagnostik ist insbesondere bei Fragestellungen nach dem zukünftigen Lebensmittelpunkt eines Kindes auf eine vergleichbare Gestaltung von Untersuchungssettings zu achten, die eine spätere Gegenüberstellung der gewonnenen Daten ermöglicht. Neben diese Grobplanung tritt eine Feinplanung, in der beispielsweise fallspezifische Gesprächsleitfäden und Beobachtungspläne ausgearbeitet werden oder die Auswahl spezifischer Testverfahren erfolgt.

Auswertung der diagnostischen Untersuchungen: Die Einzelauswertung der nach dem Untersuchungsplan durchgeführten Verfahren orientiert sich gemäß ihrem Standardisierungsgrad entweder an vorliegenden Regeln und Testnormen (standardisierte Verfahren) und/oder an den psychologischen Fragen (teilstandardisierte Verfahren).

Befundung und Beantwortung der psychologischen Fragestellung: Im Befund erfolgen nun die psychologische Gewichtung und Verknüpfung der diagnostischen Einzelergebnisse und der Vorinformationen (Anknüpfungstatsachen). Die psychologischen Fragen werden hypothesengeleitet diskutiert, bewertet, beantwortet und mit den Untersuchungsergebnissen begründet, denn Ziel der Begutachtung ist Beweisführung.

In Anlehnung an Rohmann/Stadler (1999) eröffnen sich dem Sachverständigen nun je nach Falllage vier Möglichkeiten:

1. *Die Beendigung der Begutachtung durch Einigung der Beteiligten:* Sie ist zu unterstützen, wenn diese dem Kindeswohl nicht entgegensteht und vom Sachverständigen mitgetragen werden kann.
2. *Die Beendigung des Begutachtungsprozesses durch Fertigstellung des Gutachtens:* Sie ist bei gegebenen Kindeswohlgefährdungen zu empfehlen und auch bei starken psychischen Belastungen des Kindes durch eine Instrumentalisierung im Elternkonflikt. Beide Fallkonstellationen machen eine schnelle Entscheidung erforderlich. Hinzu kommen hochstrittige Fälle, in denen Beratungs- und Vermittlungsversuche nicht Erfolg versprechend erscheinen. Im abschließenden Teil der Begutachtung erfolgen dann die psychologische Gesamtbewertung und die zusammenfassende Beantwortung der gerichtlichen Fragestellung.
3. *Die Aussetzung des gerichtlichen Verfahrens und damit auch des Begutachtungsprozesses:* Sie empfiehlt sich vor allem in Trennungs- und Umgangsverfahren, wenn die Beteiligten zur Inanspruchnahme außergerichtlicher Beratung, Mediation oder Therapie motiviert sind und ein solches Vorgehen nicht zu unverhältnismäßigen Belastungen des Kindes führt. Nach Beendigung der außergerichtlichen Unterstützung kann dann einem unter Umständen erarbeiteten gemeinsamen Vorschlag der Beteiligten gefolgt oder, primär im Falle einer Nichteinigung, eine gutachterliche Empfehlung auf den ggf. erarbeiteten neuen Grundlagen abgegeben werden.
4. *Die Fortführung der Begutachtung unter modifikationsorientierten Interventionen:* Diese ist in Falllagen zu empfehlen, in denen Beratungs- und Vermittlungspotential, jedoch keine ausreichende Motivation zur Inanspruchnahme außergerichtlicher Institutionen besteht, oder in denen im Interesse des Kindeswohls gerichtliche Kontrolle und hierfür ein direkter Informationsfluss aufrechterhalten werden muss.

Die modifikationsorientierte Fortführung der Begutachtung baut auf den bisherigen Untersuchungsergebnissen des Sachverständigen auf. Sie kann nur erfolgen, wenn der Sachverständige gemäß § 163 Abs. 2 FamFG den zusätzlichen Auftrag auf Hinwirken auf Einvernehmen bereits hat oder sich durch entsprechende Sachstandmitteilung den gutachterlichen Auftrag erweitern lässt, wobei diese Entscheidung allein dem Familiengericht obliegt. *Das Hinwirken auf Einvernehmen beinhaltet:*

- eine vom Sachverständigen durchgeführte Bedingungsanalyse und eine Beschreibung der für notwendig erachteten Veränderungen,

- einen daraus abgeleiteten inhaltlich und zeitlich definierten Interventionsplan (Interventionsschritte, Interventionsziele, Erfolgskriterien),
- eine transparente Kommunikation der Bedingungsanalyse und des Interventionsplans mit den Beteiligten und dem Gericht,
- die Umsetzung des Interventionsplans bei vorhandener Zustimmung der Beteiligten und des Gerichts,
- die Evaluation der Interventionen durch die begleitende und abschließende diagnostische Kontrolle und
- letztlich die Mitteilung der Auswertungsergebnisse und der daraus resultierenden abschließenden Empfehlung an das Gericht oder auch die Fertigstellung des gesamten schriftlichen Gutachtens.

Der Aufbau und die Form eines schriftlichen Gutachtens unterliegen keinen gesetzlichen Vorgaben, haben jedoch wissenschaftlichen und berufsethischen Grundsätzen zu folgen (s. o.). *Das schriftliche Gutachten kann folgendem Aufbau folgen:*

Formale Daten: Hier sind der Sachverständige und an der Begutachtung beteiligte Hilfskräfte, das beauftragende Gericht, das Geschäftszeichen, die begutachteten Personen (Name, Geburtsdatum und ggf. Wohnort) und die gerichtliche Fragestellung aufzuführen.

Vorbemerkungen: Weitere Kerndaten der Begutachtung werden benannt. Hierzu gehören Angaben zum Datum des Eingangs des gerichtlichen Auftrags, zu den Zeitpunkten des Anschreibens der Beteiligten und der darauf erfolgten Kontaktaufnahme, zu Zeiträumen und Gründen möglicher Unterbrechungen oder Komplikationen der Begutachtung und zum Zeitpunkt der Beendigung.

Aktenauszug: Hier werden die für die Fragstellung relevanten Vorinformationen der Gerichtsakte chronologisch zusammengefasst und ohne Interpretationen durch den Sachverständigen wiedergegeben.

Hypothesenbildung: Die gerichtliche Fragestellung wird in eine hypothesengeleitete psychologisch-diagnostische Fragestellung übersetzt.

Untersuchungsplanung: Die geplanten Untersuchungsschritte und -methoden werden dargestellt und begründet.

Erkenntnisquellen: Hier sind Orte, Zeiten und Dauer der durchgeführten Untersuchungen wiederzugeben.

Untersuchungsergebnisse: Die gewonnenen Daten aus Explorationen, Testanwendungen und Interaktions- und Verhaltensbeobachtungen werden getrennt, unter Nennung und ggf. aus der Perspektive der jeweilig beteiligten Personen und ohne Interpretationen durch den Sachverständigen wiedergegeben.

Psychologischer Befund: Erst hier sind die einzelnen Untersuchungsergebnisse zu interpretieren, zu vergleichen und zu verdichten. Die psychologischen Befunde einzelner Personen oder dynamischer Prozesse bereiten dabei die Beantwortung der psychologischen Fragestellungen vor.

Beantwortung der psychologischen Fragen: Die Untersuchungsergebnisse sind hypothesengeleitet auf die psychologischen Fragestellungen anzuwenden und zu interpretieren. Den Hypothesen konforme und entgegenstehende Ergebnisse werden diskutiert und abgewogen.

Zusammenfassende Beantwortung der gerichtlichen Fragestellung: Die mit den Untersuchungsergebnissen beantworteten psychologischen Fragen werden nun genutzt, um die gerichtliche Fragestellung zu beantworten. Auch hier sind eventuell widersprüchliche Befunde nochmals transparent und nachvollziehbar gegeneinander abzuwägen.

Zu den Grundprinzipien sachverständiger Tätigkeit gehören Unvoreingenommenheit und Unparteilichkeit. Der Sachverständige ist kein Interessenvertreter, auch nicht der des Kindes (BT-Drs. 13/4899, 130). Er ist wissenschaftlichen und berufsethischen Prinzipien verpflichtet, muss sich dementsprechend um Objektivität bemühen und seine Unabhängigkeit gegenüber den Parteien wahren. Hierzu gehören eine transparente und nachvollziehbare Gestaltung des Begutachtungsprozesses und Abfassung des schriftlichen Gutachtens. Soll der Sachverständige gemäß § 163 Abs. 2 FamFG zusätzlich auf Einvernehmen hinwirken, hat er der Transparenz und Nachvollziehbarkeit im Begutachtungsprozess – bezogen auf seine Untersuchungsschritte, -ergebnisse und daraus abgeleiteten Interventionen – eine besondere Beachtung zu schenken, da ggf. keine detaillierte schriftliche Erstellung des Gutachtens erfolgt. Dies kann durch Sachstandsmitteilungen oder Zwischenanhörungen geschehen (Arbeitsgruppe familienrechtliche Gutachten 2019).

Obwohl der Sachverständige weisungsgebundener Gehilfe des Gerichts ist, dürfen seitens des Gerichts jedoch Eigenverantwortung und wissenschaftliche Unabhängigkeit nicht beeinträchtigt werden. Die Leitung betrifft vorrangig das, was der Sachverständige, nicht wie er es erforschen soll (Krüger/Rauscher 2012, §404a Rn. 3). Eine Schweigepflicht des Sachverständigen besteht gegenüber dritten Personen, nicht jedoch gegenüber dem Auftraggeber, dem Familiengericht, sofern es sich um auf den Verfahrensgegenstand bezogene relevante Daten handelt. Hier besteht eine Offenbarungspflicht (Salzgeber 2020, Rn. 203).

Der Sachverständige kann gemäß der §§ 30 FamFG, 406 Abs. 1 ZPO in Verbindung mit § 42 ZPO aus denselben Gründen wie ein Richter abgelehnt werden, u.a. wegen Besorgnis der Befangenheit (Völker/Clausius 2021, § 1 Rn. 403). Trotz hoher Hürden kann der Sachverständige grundsätzlich auch zur zivilrechtlichen Haftung in Zusammenhang mit grob fahrlässigem Handeln herangezogen oder bei entsprechenden Verstößen gegen Bestimmungen des Strafgesetzbuches verantwortlich gemacht werden (Vesting 2013).

Die Pflicht der Eltern, an der Erstellung eines Gutachtens mitzuwirken, folgt aus § 27 Abs. 1 FamFG, wonach die Beteiligten bei der Ermittlung des Sachverhalts mitwirken sollen. Die Mitwirkung ist jedoch nicht erzwingbar. Verweigern die Eltern die Teilnahme an einer Begutachtung, muss der Sachverständige dies dem Familiengericht mitteilen. Ihnen können dann nach § 81 Abs. 1 und 2 Nr. 4 lediglich Kosten auferlegt werden (BT-Drs. 16/6308, 242). Eltern und Dritte brauchen sich keiner zwangsweisen Exploration oder Untersuchung zu unterziehen, die von Kindern bedarf der Zustimmung der gesetzlichen Vertreter, die jedoch nach § 1666 Abs. 3 BGB vom Gericht bei Kindeswohlgefährdung ersetzt werden kann.

Adressat
Adressat der Sachverständigentätigkeit ist das beauftragende Gericht. Darüber hinaus sind aber auch das Kind und seine Bezugspersonen Adressaten, unter psychologischem Blickwinkel sogar die primären. Letztlich beeinflusst das Ergebnis der Begutachtung ihr zukünftiges Leben, sofern es vom Gericht akzeptiert und umgesetzt wird. Immer hat der psychologische Sachverständige deshalb die Wirkung seiner Arbeit auf das Kind und seine Bezugspersonen zu beachten, im Positiven wie im Negativen. Im Positiven kann er beispielsweise Verständnis für die spezifischen Belastungen des Kindes erzeugen und streitende Eltern sensibilisieren. Wirkungen gehen aber beispielsweise auch von negativen Aussagen eines Kindes über eine Bezugsperson aus, die er unnötigerweise wiedergibt und die die Beziehung nachhaltig belasten. Nicht nur die Frage der Nachvollziehbarkeit und Verständlichkeit eines Gutachtens stellt sich im familiengerichtlichen Verfahren in besonderer Weise, sondern auch die ethische Frage der Annehmbarkeit von Einschätzungen und Ergebnissen. Bewertungen sollten fair erfolgen und neben kritischen Aspekten immer auch vorhandene Ressourcen einer Person oder Familie ansprechen und damit am ehesten gewährleisten, dass es über familiäre Krisen und Konflikte hinweg unter Berücksichtigung der Interessen des Kindes und seines Wohls zu einer Stabilisierung und Erweiterung der Erziehungsfähigkeit der Bezugspersonen kommt.

Der Sachverständige wird durch das Gericht nach § 413 ZPO über das Justizvergütungs- und -entschädigungsgesetz (JVEG) entschädigt. Soweit nicht Verfahrenskostenhilfe gewährt wird, tragen die Kosten ein oder beide Beteiligte (§ 81 FamFG).

Zeitlicher Rahmen
Wie hinsichtlich seiner Aufgaben ist der Sachverständige auch bezüglich seines zeitlichen Rahmens an die gerichtlichen Vorgaben gebunden. Seit Inkrafttreten des Gesetzes zur Änderung des Sachverständigenrechts am 15.10.16 findet sich die Pflicht zur Fristsetzung in § 411 ZPO. Wird eine schriftliche Begutachtung angeordnet, setzt das Gericht dem Sachverständigen demnach eine Frist, innerhalb derer er das von ihm unterschriebene Gutachten zu übermitteln hat. Die Pflicht zur Fristfestsetzung im familienrechtlichen Verfahren beruht auf der Erkenntnis, dass die Einholung eines schriftlichen Sachverständigengutachtens oftmals zu einer erheblichen Verlängerung der Verfahrensdauer führt, und dient der Verfahrensbeschleunigung. Wie oben dargestellt hat der Sachverständige mit Eingang des Auftrags zu prüfen, ob seine Kapazitäten für eine Erledigung innerhalb der gesetzten Frist – sie beträgt in der Regel drei Monate – voraussichtlich ausreichen werden, und das Gericht andernfalls frühzeitig zu informieren (BT-Drs. 16/6308, 241 f.).

Ein Spannungsfeld kann zwischen dem Beschleunigungsgebot einerseits und dem zusätzlichen Auftrag entstehen, gemäß § 163 Abs. 2 FamFG auf Einvernehmen hinzuwirken (Salzgeber/Fichtner 2009). Vermittelnde Interventionen benötigen Zeit, ggf. bedarf es auch einer Erprobungsphase, um die Praktikabilität von Übereinkünften zu prüfen. Fristverlängerungen dürfen Kindeswohlinteressen nicht entgegenstehen und sind mit den Beteiligten abzustimmen.

Die Frist kann verlängert werden, etwa wenn es innerhalb des Begutachtungsprozesses zu Verzögerungen kommt. Über eine Fristverlängerung entscheidet das Familiengericht. Hierfür müssen jedoch erhebliche Gründe glaubhaft gemacht werden (Dutta u.a. 2022, § 163 Rn. 13).

Qualifikation

Der am 15.10.16 durch Inkrafttreten des Gesetzes zur Änderung des Sachverständigenrechts reformierte § 163 Abs. 1 FamFG beschreibt die fachliche Qualifikation eines Sachverständigen in Verfahren zur elterlichen Sorge, zum Umgang und zum Recht auf Auskunft über die persönlichen Verhältnisse des Kindes und zur Kindesherausgabe (§ 151 Nr. 1 bis 3 FamFG). In diesen Fällen ist das Gutachten durch einen geeigneten Sachverständigen zu erstatten, der mindestens über eine psychologische, psychotherapeutische, kinder- und jugendpsychiatrische, psychiatrische, ärztliche, pädagogische oder sozialpädagogische Berufsqualifikation verfügen soll. Von Pädagogen und Sozialpädagogen ist der Erwerb ausreichender diagnostischer und analytischer Kenntnisse durch eine anerkannte Zusatzqualifikation nachzuweisen.

Die geforderte Zusatzqualifikation hat sich auf den Bereich der psychologischen Diagnostik und Methodenlehre (z.B. Kenntnisse psychodiagnostischer Methoden und Verfahren, Fachwissen in multimodalem Vorgehen, hypothesenorientierter Diagnostik und Prozessdiagnostik) sowie Analyse (z.B. Fähigkeit prognostischen Einschätzens, diagnostischen Urteilens) zu beziehen (BT-Drs. 18/9092, 20).

Diese gesetzlich geregelten Mindestanforderungen sollen insgesamt dazu beitragen, die Qualität der Begutachtung – insbesondere in Sorge- und Umgangsrechtsverfahren – in Zusammenarbeit mit den Berufsverbänden zu verbessern (BT-Drs. 18/6985, 10).

Eine Approbation, wie fälschlicherweise immer wieder in Privatgutachten behauptet, benötigt der psychologische Sachverständige nicht (BGH XII ZA 10/18 vom 26.09.18).

Die berufliche Qualifikation des Psychologen basiert auf einem formal abgeschlossenen Hauptfachstudium, dem Diplom bzw. dem Master of Science in Psychologie, einem auf dem Bachelorstudiengang aufbauenden abgeschlossenen Masterstudiengang. Für die gutachtliche Tätigkeit sind vor allem vertiefte Kenntnisse in den Fachgebieten der psychologischen Diagnostik, der Klinischen Psychologie, der Pädagogischen Psychologie, der Sozialpsychologie, der Entwicklungspsychologie und der Familienpsychologie bedeutsam. Da sich die Aufgaben des psychologischen Sachverständigen nicht auf Statusdiagnostik begrenzen, sondern auch psychologisch fundierte Interventionen beinhalten sollen, sind darüber hinaus auch Kenntnisse und Fähigkeiten auf dem Gebiet der Familienberatung und -mediation zu fordern, eine Qualifikation in Familientherapie ist hilfreich. Im rechtlichen Bereich bedarf die Tätigkeit der Kenntnisse einschlägiger Rechtsnormen (BGB, SGB VIII, FamFG, ZPO etc.). Eine spezifische Zusatzqualifikation neben dem erfolgreichen Abschluss des Hauptstudiums bzw. Masterstudienganges wird vom psychologischen Sachverständigen nicht gefordert. Hochschulen, wie etwa die Psychologischen Hochschulen Berlin oder Bonn, und der Berufsverband Deutscher Psychologinnen und Psychologen e.V. (BDP) bieten jedoch umfassende Weiterbildungen zum Rechtspsychologen mit Abschlusszertifikaten an, von denen zu erwarten ist, dass sie mittelfristig auch von den Gerichten als Qualitätsrichtlinie anerkannt und gefordert werden.

Der psychologische Sachverständige sollte über eine ausreichende Berufserfahrung in der Anwendung der von ihm geforderten diagnostischen und intervenierenden Tätigkeiten verfügen. Zu fordern sind zudem stetige Supervision bzw. Intervision und regelmäßige Weiterbildung, wie sie dem Verfahrensbeistand in § 158a Abs. 1 S. 4 FamFG vorgeschrieben, dem Sachverständigen in § 163 Abs. 1 FamFG jedoch nicht abverlangt werden.

Anders als für Fachkräfte der Jugendhilfe und dort neben- und ehrenamtlich Tätige (§ 72a SGB VIII) und für Verfahrensbeistände (§ 158 Abs. 2 FamFG), verlangt der Gesetzgeber in § 163 FamFG für Sachverständige auch keine explizite Prüfung seiner persönlichen Eignung, insbesondere hinsichtlich der Verurteilung aufgrund einer einschlägigen Straftat. Ein erweitertes Führungszeugnis muss er nicht vorlegen, eine Regelungslücke, die dringend geschlossen werden sollte.

Abgrenzungen zu anderen nichtjuristischen Tätigkeitsfeldern

Arbeitet der psychologische Sachverständige modifikationsorientiert, interveniert er also wie oben dargestellt in dem paar- oder familiendynamischen Prozess, so finden sich Überschneidungen seiner Tätigkeit mit der anderer Institutionen bzw. Professionen, die Beratung, Mediation oder Therapie anbieten. *Dennoch können diese Tätigkeiten nicht gleichgesetzt werden:*

- Modifikationsorientierte Interventionen eines psychologischen Sachverständigen beginnen in der Regel, wenn vorgeschaltete Beratung, Vermittlung, Mediation oder Therapie zur Beilegung des dann oft eskalierten gerichtsanhängigen Konflikts nicht in Anspruch genommen wurde oder ohne nachhaltigen Erfolg blieb (Bergau/Walper 2011).
- Ansatzpunkt modifikationsorientierter Intervention ist ausschließlich die sich aus der gerichtlichen Fragestellung ergebende und die Person des Kindes betreffende Problematik. Eine Bearbeitung anderer oder gar aller regelungsbedürftigen Streitfragen, wie sie sich etwa im Zusammenhang mit einer Trennung und Scheidung ergeben können und die in der herkömmlichen Mediation angeboten wird, ist nicht möglich.
- Der Sachverständige interveniert *und* bewertet den Interventionsverlauf gegenüber dem Gericht, insbesondere, wenn auch seine Interventionen keine Einvernehmen hervorbringen. Er hat also zumindest bei einer Nichteinigung eine doppelte Aufgabenstellung. Die Arbeit findet damit im Unterscheid zu herkömmlicher Beratung, Vermittlung und Therapie in keinem geschützten Rahmen statt. Interventionen des Sachverständigen haben schon dadurch einen deutlich direktiven Charakter und sind – ähnlich wie die des Gerichtes selbst – wirkungsvoller. Die Betroffenen wissen um seinen Einfluss auf die gerichtliche Entscheidung. Hierin liegt die Chance, Bezugspersonen im Interesse des Kindeswohls zu erreichen, die andere Unterstützungsangebote nicht annehmen. Hieraus ergibt sich aber auch die Gefahr des Machtmissbrauchs durch den Sachverständigen, die allerdings immer gegeben und durch rechtliche Kontrollmöglichkeiten abgesichert ist. Auch ist denkbar, dass Verhaltensänderungen der Beteiligten nicht auf Einsicht, sondern auf dem Kalkül beruhen, den Sachverständigen für sich zu gewinnen. Dies könnte zur Folge haben, dass erarbeitete Kompromisse einen geringeren Bestand haben als jene, die im Rahmen anderer Hilfen erarbeitet werden.
- Die zeitlichen Möglichkeiten des psychologischen Sachverständigen sind – auch wenn in Absprache mit den Beteiligten und dem Gericht Spielräume geschaffen werden können – durch dessen Einbindung in das gerichtliche Verfahren begrenzt. Sie sind beendet, wenn ein tragfähiger Konsens gefunden werden kann oder die Bezugspersonen sich hierfür nicht in der Lage zeigen. Eine umfassendere und tiefgehende Konfliktbearbeitung fällt nicht in den Aufgabenbereich des psychologischen

Sachverständigen und muss der öffentlichen oder freien Jugendhilfe oder unabhängigen Institutionen (freiberuflichen Therapeuten oder Mediatoren) vorbehalten bleiben. Gleiches gilt für eine etwaige Nachbetreuung. Die Kosten der Begutachtung tragen die Beteiligten grundsätzlich selbst, allein dies zwingt den Sachverständigen zu ökonomischem Handeln und inhaltlicher und zeitlicher Begrenzung. Beratungen der Jugendhilfe oder die Arbeit niedergelassener Mediatoren oder Therapeuten sind dagegen umfassender und orientieren sich stärker am Bedarf.

9.7 Vernetzung

Soll Familienrechtspsychologie den Erwachsenen und dem Kind im Konflikt Nutzen bringen, so müssen die im gerichtlichen Verfahren tätigen Fachkräfte effektiv zusammenarbeiten. Hierzu sind drei Aspekte wichtig: fachliche Vernetzung, regionale Vernetzung und fallspezifische Vernetzung.

Fachliche Vernetzung: Gemeint sind hier zum einen der kontinuierliche fachliche Diskurs und die regelmäßige Weiter- und Fortbildung zu relevanten familienrechtlichen Themen, zum anderen aber auch die fallspezifische Supervision. Beides sind unabdingbare Voraussetzungen für den Erhalt der notwendigen Fachlichkeit. Dies kann intradisziplinär geschehen, wenn es etwa um spezifische Themen einer Berufsgruppe geht, vor allem aber profitieren die Fachkräfte vom interdisziplinären Austausch.

Regionale Vernetzung: Sie hat sich in verschiedensten Regionen Deutschlands bereits als gute Praxis etabliert. Interdisziplinär besetzte Arbeitskreise widmen sich hier in regelmäßigen Treffen immer wieder neuen Themen, die für die Zusammenarbeit der verschiedenen Professionen wertvoll sind. In der Regel stehen hier generelle Fragen der Kooperation im Vordergrund. Regelmäßig besetzt sind diese Arbeitskreise durch nichtjuristische und juristische Fachkräfte, konkret durch Richter, Fachanwälte für Familienrecht, Jugendamtsmitarbeiter, Berater, Verfahrensbeistände und Sachverständige. *Ziel dieser regionalen Vernetzungsaktivitäten ist eine generelle Optimierung des Hilfeangebots durch:*

- das Kennenlernen der jeweiligen Mitarbeiter,
- das Kennenlernen der konkreten Tätigkeitsprofile,
- die Steigerung der wechselseitigen Akzeptanz,
- die Abgrenzung der Tätigkeitsbereiche,
- die an der spezifischen Fachlichkeit orientierte Auswahl der erforderlichen Maßnahme im Einzelfall und
- die Koordination der Zusammenarbeit der Behörden und der freiberuflich Tätigen.

Das Wissen um die Arbeit des anderen vermindert die Gefahr von Konkurrenzen und nicht erfüllbaren Erwartungen, die oft auf Unkenntnis beruhen und letztlich den Betroffenen schaden. Die Bereitschaft, entsprechend zusammenzuarbeiten, fördert die Kooperation zum Nutzen der Betroffenen. Für die beteiligten Professionen sollte dies eine ethische Verpflichtung sein, für die Erwachsenen und das Kind bedeutet dies, dass familienrechtspsychologische Arbeit durchschaubarer und nachvollziehbarer wird und Konflikte effektiver geregelt werden können.

Fallspezifische Vernetzung: Diese profitiert in der Regel von den bereits oben geschilderten Vernetzungsaktivitäten und beinhaltet die konkrete Zusammenarbeit im Einzelfall, die nur unter Wahrung aller datenschutzrechtlichen Bestimmungen erfolgen kann, also mit entsprechenden Schweigepflichtentbindungen der Betroffenen. Ziel dieser Vernetzungsaktivität ist es, mit Wissen und im Interesse der Betroffenen eine möglichst konfliktfreie und kooperative Zusammenarbeit der beteiligten Professionen zu finden. Besonders hier sind die Wahrung und wechselseitige Akzeptanz der jeweils berufsspezifischen ethischen Grundprinzipien wie Transparenz, Fairness, aber auch Parteilichkeit versus Allparteilichkeit bzw. Neutralität wichtig. Grenzen werden der fallspezifischen Zusammenarbeit durch die unterschiedlichen Rollen der Fachkräfte gesetzt.

Literatur

Abidin, R. R. (1983). Parenting Stress Index (PSI). Charlottesville,VA: Pediatric Psychology Press.

Adamsons, K. & Johnson, S. (2013): An Updated and Expanded Meta-Analysis of Non-Resident Fathering and Child Well-Being. Journal of Family Psychology 27,589–599.

Adshead, G., Falkow, A. & Goepfert, M. (2004): Personality Disorder in Parents: Developmental Perspectives and Intervention. In: M. Goepfert, J. Webster, M. & Seeman V. (Hrsg.): Parental Psychiatric Disorder. Cambridge, University Press, 217–240.

Ahnert, L. (2019): Frühe Bindung. Entstehung und Entwicklung. 4. Aufl. München, Reinhardt.

Ainsworth, M. D. S. (1977): Feinfühligkeit versus Unempfindlichkeit gegenüber Signalen des Babys. In: K. E. Grossmann (Hrsg.): Entwicklung der Lernfähigkeit in der sozialen Umwelt. München, Kindler, 98–107.

Ainsworth, M. D. S. (2003): Feinfühligkeit versus Unfeinfühligkeit gegenüber den Mitteilungen des Babys. In: K. E. Grossmann & K. Grossmann (Hrsg.): Bindung und menschliche Entwicklung. John Bowlby, Mary Ainsworth und die Grundlagen der Bindungstheorie. Stuttgart, Klett-Cotta, 414–440.

Ainsworth, M. D. S., Bell, S. M. & Staton, D. J. (1969): Individual Differences in Strange Situation Behavior of One Year Olds. In: H. R. Schaffer (Hrsg.): The Origins of Human Social Relations. London, Academic Press.

Alberstötter, U. (2004): Hocheskalierte Elternkonflikte – professionelles Handeln zwischen Hilfe und Kontrolle. Kindschaftsrechtliche Praxis 3, 90–99.

Albon, T. & Margraf, J. (2011): Panik und Agoraphobie. In: H.-U. Wittchen & J. Hoyer (Hrsg.): Klinische Psychologie und Psychotherapie. Springer, 915–936.

Amato, P. R. (1996): Explaining the Intergenerational Transmission of Divorce. Journal of Marriage and the Family 58, 628–640.

Amato, P. R. (2000): The Consequences of Divorce for Adults and Children. Journal of Marriage and the Family 62, 1269–1287.

Amato, P. R. (2014): The Consequences of Divorce for Adults and Children: An Upgrate. Drustvena istrazivanja. Journal for General Social Issues 23 (1), 5–24.

Amato, P. R. & Anthony, C. J. (2014): Estimating the Effects of Parental Divorce and Death with Fixed Effects Models. Journal of Marriage and Family 76, 370–386.

Amato, P. R. & Gilbreth, J. G. (1999): Nonresident Fathers and Children's Well Being: A Meta-Analysis. Journal of Marriage and the Family 61, 557–573.

Amelang, M. & Krüger, C. (1995): Misshandlung von Kindern – Gewalt in einem sensiblen Bereich. Darmstadt, Wissenschaftliche Buchgesellschaft.

Amelang, M. & Zielinski, W. (1994): Psychologische Diagnostik und Intervention. Berlin, Springer.

American Psychological Association (2010): Guidelines for Child Custody Evaluations in Family Law Proceedings. American Psychologist 65, 863–867.

American Psychological Association (2013): Guidelines for Psychological Evaluations in Child Protection Matters. American Psychologist 68, 20–31.

Anderson, J. R. (2013): Kognitive Psychologie. Berlin, Springer.

Antonowsky, A. (1979): Health, Stress and Coping. San Francisco, Jossey-Bass.

Antonowsky, A. (1997): Salutogenese zur Entmystifizierung der Gesundheit. Tübingen, dtv.

APSAC American Professional Society on the Abuse of Children (1995): Guidelines for the Psychosocial Evaluation of Suspected Psychological Maltreatment in Children and Adolescents. Chicago, APSAC.

Arbeitsgruppe familienrechtliche Gutachten (2019): Mindestanforderungen an die Qualität von Sachverständigengutachten im Kindschaftsrecht. Berlin, Deutscher Psychologen Verlag.

Archer, J. (2000): Sex Differences in Aggression Between Heterosexual Partners: A Meta-Analytic Review. Psychological Bulletin 126 (5), 651–680.

Argyle, M. (1972): Soziale Interaktion. Köln, Kiepenheuer & Witsch.
Arnold, D. S., O'Leary, S. G., Wolff, L. S. & Acker, M. M. (1993): The Parenting Scale: a Measure of Dysfunctional Parenting in Discipline Situations. Psychological Assessment 5, 137–144.
Arntzen, F. (1994): Elterliche Sorge und Umgang mit Kindern. München, Beck.
Asendorpf, J. B. & Banse, R. (2000): Psychologie der Beziehungen. Bern, Hans Huber.
Asendorpf, J. B. & Kandler, C. (2018): Verhaltens- und molekulargenetische Grundlagen. In: W. Schneider & U. Lindenberger (Hrsg.). Entwicklungspsychologie. 8. überarb. Aufl. Weinheim, Beltz, 81–97.
Atzendorpf, J. B., Rauschert, C., Seitz, N.-N., Lochbühler, K. & Kraus, L. (2019): Gebrauch von Alkohol, Tabak, illegalen drogen und Medikamenten.Deutsches Ärzteblatt 116, 577–584.
Avinun, R. & Knafo, A. (2013): Parenting as a Reaction Evoked by Children's Genotype. A Meta-Analysis of Children-As-Twins Studies. Personality and Social Psychology Review 20 (10), 1–16.

Balloff, R. (2011): Die Beauftragung des Sachverständigen in Kindschaftssachen. Familie Partnerschaft Recht 7 (1–2), 12–14.
Balloff, R. (2012): Kinderrechte bei Mediation, Beratung des Kindes, Erziehungsberatung und Familientherapie. Familie Partnerschaft Recht 8 (5), 216–220.
Balloff, R. (2018): Kinder vor dem Familiengericht. 3. Aufl. München, Ernst Reinhardt.
Balloff, R. (2019): Kommunikation mit dem Kind und Anhörung des Kindes im familiengerichtlichen Verfahren. Zeitschrift für das gesamte Familienrecht 65(12), 938–943.
Balloff, R. (2021): Kindeswohl, Kindeswohlgefährdung, Kindeswille in der familiengerichtspsychologischen Begutachtung. Zeitschrift für Kindschaftsrecht und Jugendhilfe 16(1), 10–20.
Balloff, R. & Walter, E. (1991): Konzeptionelle Gedanken zur Trennungs- und Scheidungsintervention. Familie und Recht 2, 63–69.
Balloff, R. & Walter, E. (1991): Reaktionen der Kinder auf die Scheidung der Eltern bei alleiniger oder gemeinsamer elterlicher Sorge. Psychologie in Erziehung und Unterricht 38, 81–95.
Banaschak, S. & Madea, B. (2000): Körperliche Befunde und Spuren bei sexuellem Kindesmissbrauch. Kriminalistik 8, 547–551.
Bandura, A. (1977): Self-Efficacy: Towards Unifying Theory of Behavioral Change. Psychological Review 84 (2), 191–215.
Bandura, A. (1997): Self-Efficacy: The Exercise of Control. New York, Freeman.
Bange, D. (2007): Sexueller Missbrauch an Jungen. Die Mauer des Schweigens. Göttingen, Hogrefe.
Banholzer, K., Diehl, R., Heierli, A., Klein, A. & Schweighauser, J. (2012): „Angeordnete Beratung" – ein neues Instrument zur Beilegung von strittigen Kinderbelangen vor Gericht. Die Praxis des Familienrechts 1, 111–125.
Barnett, O. W., Miller-Perrin, C. L. & Perrin, R. D. (2011): Family Violence Across the Lifespan: An Introduction. Thousand Oaks, Sage Publications.
Barth, J., Bermetz, L., Heim, E., Trelle, S. & Tonia, T. (2013): The Current Prevalence of Child Sexual Abuse Worldwide: a Systematic Review and Meta-Analysis. International Journal of Public Health 58(3), 469–483.
Bartrip, J., Morton, J. & de Schonen, S. (2001): Responses to Mother's Face in 3-Week to 5-Month-Old Infants. British Journal of Developmental Psychology 19 (2), 219–232.
Bartol, C. R. & Bartol, A. M. (2021): Introduction to Forensic Psychology: Research and Application. Thousand Oaks, Sage Publications.
Bauer, A. (2020): Gesetzliche Grundlagen. In: L. Salgo & K. Lack (Hrsg.): Verfahrensbeistandschaft. Ein Handbuch für die Praxis. Köln, Reguvis, 109–235.
Baumann, M. (2019): Was wissen wir über Zwang in erzieherischer Absicht? In: Zeitschrift für Jugendkriminalrecht und Jugendhilfe 14 (3), 254–262.
Baumann, M. & Bolz, T. (2021): Loyalitätskonflikte, Eltern-Kind-Entfremdung und Umgangsstreitigkeiten als juristische, gutachterliche und beraterische Krise – eine bindungs-dynamische Perspektive. Zeitschrift für Kindschaftsrecht und Jugendhilfe 16 (6), 212–224.
Baumrind, D. (1991): The Influence of Parenting Style on Adolescent Competence and Substance Use. Journal of Early Adolescence 11, 56–95.
Bausermann, R. (2002): Child Adjustment in Joint-Custody Versus Sole-Custody Arrangements: A Meta-Analytic Review. Journal of Family Psychology 16 (1), 91–102.
Bebbington, P. E., Jonas, S., Brugha, T., Meltzer, H., Jenkins, R., Cooper, C., King, M. & McManus, S. (2011): Child Sexual Abuse Reported by An English National Sample: Characteristics and Demography. Social psychiatry and psychiatric epidemiology 46 (3), 255–262.

Beckh, K. & Walper, S. (2007): Entwicklungförderliche Beziehungsrepräsentationen Jugendlicher und deren Bezug zu mütterlichem Erziehungsverhalten. Psychologie in Erziehung und Unterricht 54 (2), 129–146.

Beckh, K., Bröning, S., Walper, S. & Wendt, E.-V. (2013) Liebesbeziehungen junger Erwachsener aus Scheidungsfamilien: eine Beobachtungsstudie zur intergenerationalen Transmission des Scheidungsrisikos. Zeitschrift für Familienforschung, 25(3), 309–330.

Becker, K. & Laucht, M. (2013): Risikofaktoren in der kindlichen Entwicklung. Ergebnisse der Mannheimer Risikokinderstudie. Zeitschrift für Kindschaftsrecht und Jugendhilfe 10, 391–395.

Becker-Stoll, F. (2002): Bindung und Psychopathologie im Jugendalter. In: B. Strauss, A. Buchheim, H. Kächele (Hrsg.): Klinische Bindungsforschung. Stuttgart, Schattauer, 196–213.

Beelmann, W. & Schmidt-Denter, U. (1991): Kindliches Erleben sozial-emotionaler Beziehungen und Unterstützungssysteme in Ein-Elternteil-Familien. Psychologie, Erziehung, Unterricht 38, 180–189.

Beesdo-Baum, K. & Wittchen, H.-U. (2011): Depressive Störungen: Major Depression und Dysthymie. In: H.-U. Wittchen, J. Hoyer (Hrsg.) (2011): Klinische Psychologie und Psychotherapie. Berlin, Springer, 879–914.

Behrend, K. (2022): Qualität und Stabilität von Elterneinigungen – Teil 2. Zeitschrift für Kindschaftsrecht und Jugendhilfe 17(1), 14–16.

Behrens, K. H., Hesse, E. & Main, M. (2007): Mothers' Attachment Status as Determinated by the Adult Attachment Interview Predicts Their 6-Year-Olds' Reunion Responses. A Study Conducted in Japan. Developmental Psychology 43, 1553–1567.

Beier, K. (1995): Dissexualität im Lebenslängsschnitt: theoretische und empirische Untersuchungen zu Phänomenologie und Prognose begutachteter Sexualstraftäter. Berlin, Springer.

Belsky, J. (1984): The Determinants of Parenting. A Process Model. Child Development 55, 83–96.

Bender, D. & Lösel, F. (2005): Risikofaktoren, Schutzfaktoren und Resilienz bei Misshandlung und Vernachlässigung. In: U. T. Egle, S. O. Hoffmann, P. Joraschky (Hrsg.): Sexueller Missbrauch, Misshandlung, Vernachlässigung. Stuttgart, Schattauer, 85–104.

Bergau, B. & Walper, S. (2011): Diagnostik und einvernehmenorientiertes Vorgehen im familiengerichtlichen Verfahren nach §163 Abs. 2 FamFG. Praxis der Rechtspsychologie 21(2), 207–229.

Berger, L. M., Brown, P. R., Joung, E., Melli, M. S. & Wimer, L. (2008): The Stability of Child Physical Placements Following Divorce: Descriptive Evidence from Wisconsin. Journal of Marriage and Family 70, 273–283.

Bergmann, M. (2016): Beweisbeschluss im Kindschaftsverfahren: Schnittstelle zwischen Recht und Spekulation. Familien-Rechtsberater 9, 364–372.

Bergmann, M. (2018): Zur Qualität familiengerichtlicher Gutachten: Die Pflicht des Sachverständigen zur Überprüfung des richterlichen Beweisbeschlusses im familiengerichtlichen Verfahren. Rechtspsychologie 3, 320–330.

Berk, L. E. (2020): Entwicklungspsychologie. München, Pearson.

Berkel, K. (2008): Konflikttraining: Konflikte verstehen, analysieren, bewältigen. 9. Aufl. Frankfurt/M., Verlag Recht und Wirtschaft.

Berking, M. & Radkowski, A. (2012): Unipolare Störungen. In: M. Berking, W. Ried (Hrsg.): Klinische Psychologie und Psychotherapie. Bd I. Grundlagen und Störungswissen. Berlin, Springer, 29–47.

Berner, W. (2013): Sexueller Missbrauch – Epidemiologie und Phänomenologie. In: T. Stompe, W. Laubichler & H. Schanda, (Hrsg.): Sexueller Kindesmissbrauch und Pädophilie. Berlin, Medizinisch Wissenschaftliche Verlagsgesellschaft 1–14.

Berzewski, H. (2003): Suchterkrankungen. Familie Partnerschaft Recht 12 (6), 312–315.

Besier, T., Ziegenhain, U., Fegert, J. M. & Künster, A. K. (2012): Einsatz von Bindungsdiagnostik bei familiengerichtlicher Begutachtung in der Kinder- und Jugendpsychiatrie. Praxis der Kinderpsychologie und Kinderpsychiatrie 61(4), 255–270.

Beyer, A. & Lohhaus, A. (2007): Konzepte zur Stressentstehung und Stressbewältigung im Kindes- und Jugendalter. In: I. Seiffge-Krenke, A. Lohhaus (Hrsg.): Stressentstehung und Stressbewältigung im Kindes- und Jugendalter. Göttingen, Hogrefe, 11–30.

BGH-Urteil 30. Juli 1999 – 1 StR 618/98 – LG Ansbach. Wissenschaftliche Anforderungen an Aussagepsychologische Begutachtungen (Glaubhaftigkeitsgutachten). Praxis der Rechtspsychologie 2000, 10 (Sonderheft 1), 117–130.

Bierbrauer, G. (1989): Rezension zu Kette, G. (1987): Rechtspsychologie. Zeitschrift für Sozialpsychologie, 254–258.

Binggeli, N., Hart, M. & Brassard, M. (2001): Psychological Maltreatment of Children. Thousand Oaks, Sage Publications.

Birnbaum, R. (2017): Views Of the Child Reports: Hearing Directly From Children Involved In Post-Separation Disputes. Social Inclusion 5, 148–154.

Bischof, N. (2009): Psychologie. Ein Grundkurs für Anspruchsvolle. Stuttgart, Kohlhammer.

Bischof-Köhler, D. (1996): Zusammenhänge zwischen kognitiver, motivationaler und emotionaler Entwicklung in der frühen Kindheit und im Vorschulalter. In: H. Keller (Hrsg.): Lehrbuch der Entwicklungspsychologie. Bern, Hans Huber, 319–376.

Bischof-Köhler, D. (2000a): Entwicklungspsychologische Ansätze. In: J. H. Otto, H. A. Euler, H. Mandl (Hrsg.): Emotionspsychologie. Ein Handbuch. Weinheim, PVU, 165–176.

Bischof-Köhler, D. (2000b): Kinder auf Zeitreise. Zeitverständnis und Handlungsorganisation. Bern, Huber.

Bischof-Köhler, D. (2010): Soziale Entwicklung in der Kindheit und Jugend. Bindung, Empathie, Theroy of Mind. Stuttgart, Kohlhammer

Blankenburg, E. (2002): Der Querulant als soziale Konstruktion. In: D. Strempel, T. Rasenhorn (Hrsg.): Empirische Rechtssoziologie. Gedenkschrift für Wolfgang Haupten. Baden-Baden, Nomos, 203–212.

Bundesamt für Justiz (2021). Internationale Adoption. Information zur grenzüberschreitenden Adoption von Kindern. Eigenverlag. In: https://www.bundesjustizamt.de/DE/SharedDocs/Publikationen/BZAA/BZAA_Broschuere.pdf?, 09.07.2022.

Bundeskriminalamt (2021). Partnerschaftsgewalt. Kriminalstatistische Auswertung – Berichtsjahr 2020. Wiesbaden, Bundeskriminalamt. In fileCUsersuserDownloadsPartnerschaftsgewalt_2020.pdf, 02.09.2022.

BMFSFJ & BMJ (Bundesministerium für Familie, Senioren, Frauen und Jugend & Bundesministerium der Justiz) (2003): Gewaltfreie Erziehung. In: https://www.bmfsfj.de/resource/blob/93974/ef6e631752edfc8afb21de69277a2733/gewaltfreie-erziehung-bussmann-deutsch-data.pdf, 25.05.2022.

BMFSFJ (Bundesministerium für Familie, Senioren, Frauen und Jugend) (2004): Gewalt gegen Männer. Personale Gewaltwiderfahrnisse von Männern in Deutschland. Ergebnisse einer Pilotstudie. In: https://www.bmfsfj.de/bmfsfj/studie-gewalt-gegen-maenner-84660, 25.04.2022.

BMFSFJ (Bundesministerium für Familie, Senioren, Frauen und Jugend) (2008): Deutsche Standards zum begleiteten Umgang. Empfehlungen für die Praxis. München, Beck.

BMFSFJ (Bundesministerium für Familie, Senioren, Frauen und Jugend) (2021): Neunter Familienbericht. Eltern sein in Deutschland. Bundestagsdrucksache 19/27200 vom 03.03.2021. In: https://www.bmfsfj.de/resource/blob/179392/195baf88f8c3ac7134347d2e19f1cdc0/neunter-familienbericht-bundestagsdrucksache-data.pdf, 25.05.2022.

Bodenmann, G. (2015a): Bevor der Stress uns scheidet: Resilienz in der Partnerschaft. Göttingen, Hogrefe.

Bodenmann, G. (2015b): Stress und Partnerschaft. Gemeinsam den Alltag bewältigen. Bern, Huber.

Bohannan, P. (1970): The Six Stations of Divorce. In: P. Bohannan (Hrsg.): Divorce and After. New York, Doubleday, 29–55.

Bohman, M. (1980): Alternativen zur biologischen Elternschaft: Ergebnisse früherer und gegenwärtiger Adoptionsforschung. In: H. Remschmidt (Hrsg.): Psychopathologie der Familie und kinderpsychiatrische Erkrankungen. Bern: Huber.

Böhm, G. (1998): Auswirkungen der Trennung von Eltern auf 10- bis 13-jährige Jungen. Dissertation, Universität Regensburg.

Boehme-Neßler, V. (2014): Prekäre Balance: Rechtspolitische Überlegungen zum heiklen Verhältnis von Richtern und Gutachtern. Rechtswissenschaft: Zeitschrift für rechtswissenschaftliche Forschung 2,189–227.

Bolten, M., Schanz, C. G. & Equit, M. (2021): Bindungsstörungen. Göttingen, Hogrefe.

Borgida, E., De Bono & K.-G. (1989): Social Hypothesis Testing and the Role of Expertise. Personality and Social Psychology Bulletin 15 (2), 212–221.

Borg-Laufs, M. & Dittrich, K. (2012): Psychische Misshandlung durch die Verletzung psychischer Grundbedürfnisse. Praxis der Rechtspsychologie 22 (2), 390–403.

Borg-Laufs, M., Seidenstücker, B., Röchling, W. (2022): Gutachtliche Stellungnahme in der sozialen Arbeit. 2. Aufl. Weinheim, Beltz.

Bovenschen, I., Bränzel, P., Erzberger, C., Heene, S. Hornfeck, F., Kappler, S., Kindler, H. & Ruhfaß, M. (2017): Studienbefunde Kompakt. Ergebnisse des Expertise- und Forschungszentrums Adoption (EFZA). München, Deutsches Jugendinstitut e.V.

Bovenschen, I., Lang, K., Zimmermann, J., Förthner, J., Nowacki, K., Roland, I. C. & Spangler, G. (2016): Foster Children's Attachment Behavior and Representation: Influence of Children's Pre-placement Experiences and Foster Caregiver's Sensitivity. Child Abuse and Neglect 51, 323–335.

Bowlby, J (1995): Bindung. Eine Analyse der Mutter-Kind-Bindung. Frankfurt/M, Fischer.
Bowlby, J. (2021a): Frühe Bindung und kindliche Entwicklung. 8. Aufl. München, Reinhardt Verlag.
Bowlby, J. (2021b): Bindung als sichere Basis. Grundlagen und Anwendung der Bindungstheorie. 5. Aufl. München, Reinhardt Verlag.
Brachmann, V., Hildebrand, J. & Mackowiak, K. (2004): Bindung und Anpassung im Erwachsenenalter: Zusammenhänge zwischen sexuellem Missbrauch, Bindungsrepräsentation und psychischer Gesundheit. In: K. U. Ettrich, (Hrsg.): Bindungsentwicklung und Bindungsstörung. Stuttgart, Thieme, 69–74.
Brassard, M. R. (2019): Psychological Maltreatment Is At Least as Harmful as Other Forms of Child Abuse and Neglect: A Research Review. APSAC Advisor 31(3), 18–27.
Brassard, M. R. & Hardy, D. B. (2002): Psychische Misshandlung. In: M. E. Helfer, R. S. Kempe, R. D. Krugmann (Hrsg.): Das misshandelte Kind. Frankfurt a. M., Suhrkamp, 585–614.
Brehm, U. (2021): Innerfamiliäre Arbeitsteilung und die Gleichstellung der Geschlechter. In: Statistisches Bundesamt, Wissenschaftszentrum Berlin für Sozialforschung in Zusammenarbeit mit dem Sozioökonomischen Panel (SOEP) am DIW (Hrsg.): Datenreport 2021: Ein Sozialbericht für die Bundesrepublik Deutschland. Bonn, Bundeszentrale für Politische Bildung, 197–201.
Breidenbach, S. (1995): Mediation. Köln, Schmidt.
Brettel, H. (2012): Tatverleugnung als kriminalprognostisches Falle? In: H. Pollähne & I. Rode (Hrsg.): Opfer im Blickpunkt – Angeklagte im Abseits? Schriftenreihe des Instituts für Konfliktforschung, Bd. 34. Münster, LIT, 109–120.
Brezinka, W. (1978): Metatheorie der Erziehung. München, Ernst Reinhardt.
Briken, P., Rettenberger, M. & Dekker, A. (2013): Was sagen „objektive" Messverfahren über Sexualstraftäter? Forschung, Praxis, Rezeption und Kritik sexualphysiologischer und indirekter Präferenzmessungen. Forensische Psychiatrie, Psychologie, Kriminologie 7, 28–33.
Bringewat, P. (2019): Das Familiengericht: (k)eine Gefahr für das Kindeswohl?! Familienrichterliche „Schlechtleistungen" und strafrechtliche Haftungsrisiken. Zeitschrift für Kindschaftsrecht und Jugendhilfe 14 (7), 248–254.
Brinich, P. M. & Brinich, E. B. (1982): Adoption and Adaptation. Journal of Nervous and Mental Disease 170 (8), 489–493.
Brisch, K. H. (2008): Bindung und Umgang. In: Deutscher Familiengerichtstag (Hrsg.): Siebzehnter Familiengerichtstag vom 12. bis 15. September in Brühl. Brühler Schriften zum Familienrecht Bd. 15. Bielefeld, Gieseking, 89–135.
Brisch, K. H. (2013a): Auswirkungen häuslicher Gewalt auf die Entwicklung von Säuglingen und Kleinkindern – Befunde aus der neurobiologischen Forschung. In: B. Kavemann, U. Kreyssig (Hrsg.): Handbuch Kinder und häusliche Gewalt. Wiesbaden, Springer, 169–186.
Brisch, K. H. (2013b): Die vier Bindungsqualitäten und die Bindungsstörungen. Familie Partnerschaft Recht 19 (5), 183–186.
Brisch, K. H. (2014): Säuglings- und Kleinkindalter. Bindungspsychotherapie. Stuttgart, Klett-Cotta.
Brisch, K. H. (2021): Bindungsstörungen: Von der Bindungstheorie zur Therapie. Stuttgart, Klett-Cotta.
Brock, T. C. (1968): Implications of Commodity Theory for Value Change. In: A. G. Greenberg, T. C. Brock, T. M. Ostrom (Hrsg.): Psychological Foundations of Attitudes. New York, Academic Press, 136–151.
Brodzinsky, D. M. (2011): Childrens Understanding of Adoption. Developmental and Clinical Implications. Professional Psychology. Research and Practice 42 (2), 200–207.
Bröning, S. (2011): Charakteristika von Hochkonflikt-Familien. In: S. Walper, J. Fichtner J., K. Normann (Hrsg.): Hochkonflikthafte Trennungsfamilien – Forschungsergebnisse, Praxiserfahrungen und Hilfen für Scheidungseltern und ihre Kinder. Weinheim, Juventa, 19–37.
Bröning, S. (2013): Kinder im Blick. Waxmann Verlag, Münster.
Brown, E. M. (1976): Divorce Counseling. In: D. H. Olson (Hrsg.): Treating Relationships. Lake Mills, Graphic, 399–429.
Bruch, C. S. (2002): Parental Alienation Syndrome and Parental Alienation: Wie man sich in Sorgerechtsfällen irren kann. Zeitschrift für das gesamte Familienrecht 49 (19), 1304–2315.
BT-Drs. 11/5948: Gesetzentwurf der Bundesregierung. Entwurf eines Gesetzes zur Neuordnung des Kinder- und Jugendhilferechts (Kinder- und Jugendhilfegesetz — KJHG) vom 01.12.89. In: https://dserver.bundestag.de/btd/11/059/1105948.pdf, 04.09.2022.
BT-Drs. 13/4899: Gesetzentwurf der Bundesregierung. Entwurf eines Gesetzes zur Reform des Kindschaftsrechts (Kindschaftsrechtsreformgesetz – KindRG) vom 13.06.96. In: https://dserver.bundestag.de/btd/13/048/1304899.pdf, 04.09.2022.

BT-Drs. 13/8511: Beschlußempfehlung und Bericht des Rechtsausschusses (6. Ausschuß) zu dem a) Gesetzentwurf der Bundesregierung – Drucksache 13/4899 - Entwurf eines Gesetzes zur Reform des Kindschaftsrechts (Kindschaftsrechtsreformgesetz – KindRG) vom 12.09.97. In: https://dserver.bundestag.de/btd/13/085/1308511.pdf, 04.09.2022.

BT-Drs. 14/1247: Gesetzentwurf der Fraktionen SPD und BÜNDNIS 90/DIE GRÜNEN. Entwurf eines Gesetzes zur Ächtung der Gewalt in der Erziehung vom 23.06.99. In: https://dserver.bundestag.de/btd/14/012/1401247.pdf, 04.09.2022.

BT-Drs. 16/6308: Gesetzentwurf der Bundesregierung. Entwurf eines Gesetzes zur Reform des Verfahrens in Familiensachen und in den Angelegenheiten der freiwilligen Gerichtsbarkeit (FGG-Reformgesetz – FGG-RG) vom 07.09.07. In: https://dserver.bundestag.de/btd/16/063/1606308.pdf, 04.09.2022.

BT-Drs. 16/6815: Gesetzentwurf der Bundesregierung. Entwurf eines Gesetzes zur Erleichterung familiengerichtlicher Maßnahmen bei Gefährdung des Kindeswohls vom 24.10.07. In: https://dserver.bundestag.de/btd/16/068/1606815.pdf, 04.09.2022.

BT-Drs. 17/11048: Gesetzentwurf der Bundesregierung. Entwurf eines Gesetzes zur Reform der elterlichen Sorge nicht miteinander verheirateter Eltern vom 17.10.12. In: https://dserver.bundestag.de/btd/17/110/1711048.pdf, 25.05.2022.

BT-Drs. 17/12163: Gesetzentwurf der Bundesregierung. Entwurf eines Gesetzes zur Stärkung der Rechte des leiblichen, nicht rechtlichen Vaters vom 25.01.13. In: https://dserver.bundestag.de/btd/17/121/1712163.pdf, 04.09.2022.

BT-Drs. 18/6985: Gesetzentwurf der Bundesregierung. Entwurf eines Gesetzes zur Änderung des Sachverständigenrechts und zur weiteren Änderung des Gesetzes über das Verfahren in Familiensachen und in den Angelegenheiten der freiwilligen Gerichtsbarkeit vom 09.12.15. In: https://dserver.bundestag.de/btd/18/069/1806985.pdf, 04.09.2022.

BT-Drs. 18/9092: Beschlussempfehlung und Bericht des Ausschusses für Recht und Verbraucherschutz (6. Ausschuss) zu dem Gesetzentwurf der Bundesregierung – Drucksache 18/6985 – Entwurf eines Gesetzes zur Änderung des Sachverständigenrechts und zur weiteren Änderung des Gesetzes über das Verfahren in Familiensachen und in den Angelegenheiten der freiwilligen Gerichtsbarkeit vom 06.07.16. In: https://dserver.bundestag.de/btd/18/090/1809092.pdf, 04.09.2022.

BT-Drs. 19/16718: Gesetzentwurf der Bundesregierung. Entwurf eines Gesetzes zur Verbesserung der Hilfen für Familien bei Adoption (Adoptionshilfe-Gesetz) vom 22.01.20. In: https://dserver.bundestag.de/btd/19/167/1916718.pdf, 04.09.2022.

BT-Drs. 19/23707: Gesetzentwurf der Fraktionen der CDU/CSU und SPD. Entwurf eines Gesetzes zur Bekämpfung sexualisierter Gewalt gegen Kinder vom 27.10.20. In: https://dserver.bundestag.de/btd/19/237/1923707.pdf, 04.09.2022.BT-Drs. 19/27200: Neunter Familienbericht. Eltern sein in Deutschland – Ansprüche, Anforderungen und Angebote bei wachsender Vielfalt vom 03.03.21. In: https://www.bmfsfj.de/resource/blob/179392/195baf88f8c3ac7134347d2e19f1cdc0/neunter-familienbericht-bundestagsdrucksache-data.pdf, 25.05.2022.

Buchanan, C. M. & Heiges, K. L. (2001): When Conflict Continues after The Marriage Ends: Effects of Post-Divorce Conflict on Children. In: J. H. Grych, F. D. Fincham (Hrsg.). Interparental Conflict and Child Development. Cambridge, Cambridge University Press, 337–362.

Buckingham, E. T. & Daniolos, P. (2013): Longitudinal Outcomes for Victims of Child Abuse. Current Psychiatry Reports 15, 342.

Bundesarbeitsgemeinschaft der Landesjugendämter (2019): Empfehlungen zur Adoptionsvermittlung. 8. neu bearb. Aufl. München, Eigenverlag.

Bundesfamilienministerium (2021): Allein- oder getrennterziehen – Lebenssituation, Übergänge, Herausforderungen. Monitor Familienforschung Newsletter Nr. 43.

Bundesinstitut für Arzneimittel und Medizinprodukte (Hrsg.) (2022): ICD-10-GM Version 2022. In: https://www.dimdi.de/static/de/klassifikationen/icd/icd-10-gm/kode-suche/htmlgm2022/, 11.07.2022.

Bundschuh, C. (2001): Pädosexualität. Entstehungsbedingungen und Erscheinungsformen. Opladen, Leske + Budrich.

Busse, D., Steller, M. & Volbert, R. (2000): Sexueller Missbrauchsverdacht in familiengerichtlichen Verfahren. Praxis der Rechtspsychologie 10 (Sonderheft 2). Berlin, Deutscher Psychologen Verlag.

Bussmann, K.-D. (2005): Verbot elterlicher Gewalt gegen Kinder – Auswirkungen des Rechts auf gewaltfreie Erziehung. In: G. Deegener, W. Körner (Hrsg.): Kindesmisshandlung und Vernachlässigung. Ein Handbuch. Göttingen, Hogrefe, 243–258.

BVEB (Berufsverband der Verfahrensbeistände, Ergänzungspfleger und Berufsvormünder für Kinder und Jugendliche e.V.) (Hrsg.) (2012): Standards Verfahrensbeistandschaft. In: https://www.verfahrensbeistand-bag.de/infos-fuer-verfahrensbeistaende/standards.htm, 24.05.2022.

Cal, Y. (2012): Suizidalität. In: M. Berking & W. Ried (Hrsg.): Klinische Psychologie und Psychotherapie. Bd. I. Grundlagen und Störungswissen. Berlin, Springer, 59–67.

Caldwell, J. E., Swan, S. C. & Woodbrown, V. D. (2012): Gender Differences in Intimate Partner Violence Outcomes. Psychology of Violence 2, 42–57.

Carpenter, M., Call, J. & Tomasello, M. (2003): Understanding „Prior Intentions" Enables Two-Year-Old Children to Imitatively Learn A Complex Task. Child Development 73, 1431–1441.

Cizek, B. & Geserick, C. (2004): Zehn Jahre interdisziplinäre Familienforschung – Bestandsaufnahme und Rückblick. In: B. Cizek (Hrsg.). Familienforschung in Österreich. Markierungen – Ergebnisse – Perspektiven. ÖIF Schriften, Heft 12, Wien: Österreichisches Institut für Familienforschung, 7–54.

Claussen, A. H. & Crittenden, P. M. (1991): Physical and Psychological Maltreatment: Relations among Types of Maltreatment, Child Abuse and Neglect 15, 56–18.

Clemens, V., Sachser, C., Weilemann, M. & Fegert, J. M. (2020). 20 Jahre gewaltfreie Erziehung im BGB. Aktuelle Einstellungen zu Körperstrafen und elterliches Erziehungsverhalten in Deutschland. Ein Blick auf Veränderungen seit der parlamentarischen Entscheidung von 2000. Ulm, Klinik für Kinder- und Jugendpsychiatrie Psychotherapie. In: https://www.dksb.de/fileadmin/user_upload/Studie_KJP_DKSB_UNICEF_Gewaltfreie_Erziehung_final.pdf, 01.09.2022.

Coester, M. (2021): Kindeswohlgefährdung und Verhältnismäßigkeitsgrundsatz. Zeitschrift für Kindschaftsrecht und Jugendhilfe 4/2021, 146–150.

Cohn, A. & Daro, D. (1987): Is Treatment to Late: What Ten Years of Evaluation Research Tell Us. Child Abuse and Neglect 11, 433–442.

Cougle, J. R., Timpano, K. R., Sachs-Ericsson, N, Keough, M. E. & Riccardi, C. J. (2010): Examining The Unique Relationships Between Anxiety Disorders and Childhood Physical and Sexual Abuse in The National Comorbidity Survey-Replication. Psychiatry Research 177 (1–2), 150–155.

Crittenden, P. M. (1994): The Preschool Assessment of Attachment. Coding Manual. Miami, Family Relations Institute.

Crittenden, P. (2005): Der CARE-Index als Hilfsmittel für Früherkennung, Intervention und Forschung. Frühförderung interdisziplinär, Special Issue, Bindungsorientierte Ansätze in der Frühförderung 24 (3), 99–106.

Dahle, K.-P. (2010): Die Begutachtung der Gefährlichkeits- und Kriminalprognose des Rechtsbrechers. In: R. Volbert, K.-P Dahle (Hrsg.): Forensisch-psychologische Diagnostik im Strafverfahren. Göttingen, Hogrefe, 67–114.

Dance C., Rushton A. & Quinton D. (2002): Emotional Abuse in Early Childhood: Relationships with Progress in Subsequent Family Placement. Journal of Child Psychology and Psychiatry 43, 395–407.

Deberding, E. & Klosinski, G. (1995): Analyse von Familienrechtsgutachten mit gleichzeitigem Vorwurf des sexuellen Missbrauchs. Kindheit und Entwicklung 4, 212–217.

Deegener, G. (2012): Kindesmisshandlungen: Formen, Häufigkeiten, Ursachen und Folgen. Praxis der Rechtspsychologie 22 (2), 349–369.

Deegener, G., Spangler, G., Körner, W. & Becker, N. (2009): Eltern-Belastungs-Screening zur Kindeswohlgefährdung. Deutsche Form des Child Abuse Potential Inventory (CAPI) von Joel S. Millner. Göttingen, Hogrefe.

Della Casa, A. & Käppler, C. (2009): Das Engagement getrenntlebender Väter. Eine Übersicht über den aktuellen Forschungsstand. Praxis der Kinderpsychologie und Kinderpsychiatrie 58 (1), 1–15.

Department of Health and Human Services Nationales Zentrum für frühe Hilfen (Hrsg.) (2009): Materialien zu frühen Hilfen 1. Expertise. Interventions- und Präventionsmaßnahmen im Bereich Früher Hilfen. Internationaler Forschungsstand, Evaluationsstandards und Empfehlungen für die Umsetzung. Köln, Bundeszentrale für gesundheitliche Aufklärung.

Dettenborn, H. (1996): Zwischen Bindung und Trennung – die Kindesherausgabe aus psychologischer Sicht. Familie Partnerschaft Recht 2 (2), 76–87.

Dettenborn, H, (2001): Die Beurteilung des Verdachts auf sexuellen Missbrauch in familiengerichtlichen Verfahren. Praxis der Rechtspsychologie 11 (2), 1740.

Dettenborn, H. (2003): Die Beurteilung der Kindeswohlgefährdung als Risikoentscheidung. Familie Partnerschaft Recht 9 (6), 293–299.

Dettenborn, H. (2010): Kindeswohl und Kindeswille. München, Ernst Reinhardt.
Dettenborn, H. (2012): Psychische Kindesmisshandlung – erkennen und bewerten. Familie Partnerschaft Recht 18 (10), 447–452.
Dettenborn, H. (2019): Wallbotter – ein Gerichtspsychologe greift ein. Framersheim, Brighton Verlag.
Dettenborn, H., Fröhlich, H.-H. & Szewczyk, H. (1989): Forensische Psychologie. Berlin, VEB Deutscher Verlag der Wissenschaften.
Deutsche Gesellschaft für Psychiatrie und Psychotherapie, Psychosomatik und Nervenheilkunde (DGPPN) (2013): S3-Leitlinie Zwangsstörungen. In: https://www.awmf.org/leitlinien/detail/ll/038-017.html, 25.04.2022.
Deutsche Gesellschaft für Psychiatrie und Psychotherapie, Psychosomatik und Nervenheilkunde (DGPPN) (2017): S3-Leitlinie Unipolare Depression. In: https://www.awmf.org/uploads/tx_szleitlinien/nvl-005k_Unipolare_Depression-2018-02-abgelaufen.pdf, 02.09.22. Deutscher Ethikrat (2018): Hilfe durch Zwang? Professionelle Sorgebeziehungen im Spannungsfeld von Wohl und Selbstbestimmung. Berlin, Deutscher Ethikrat.
Deutscher Familiengerichtstag e.V. (Hrsg.) (2014): 20. Deutscher Familiengerichtstag vom 18.-21. September 2013 in Brühl. Empfehlungen des Arbeitskreises 7 „Umgang zwischen Wochenend- und Wechselmodell". Brühler Schriften zum Familienrecht Bd. 18. Bielefeld, Gieseking.
Deutscher Familiengerichtstag e. V. (Hrsg.) (2016): 21. Deutscher Familiengerichtstag vom 21.–24. Oktober 2015 in Brühl. Empfehlungen des Arbeitskreises 10 „Sachverständigengutachten in Kindschaftssachen". Brühler Schriften zum Familienrecht Bd. 19. Bielefeld, Gieseking, 162–164.
Deutsches Institut für Jugendhilfe und Familienrecht e.V. (DIJuF) (2004): Hinweise zu den gesetzgeberischen Überlegungen zur Regelung von sog. Umgangspflegschaften. Eigenverlag.
Diedrick, P. (1991): Divorce Research. A Review of Literatur. Journal of Divorce & Remarriage 15, 42–71.
Diefenbach, H. (2000): Intergenerationale Scheidungstransmission in Deutschland. Die Suche nach dem „missing link" zwischen Ehescheidung in der Elterngeneration und Ehescheidung in der Kindgeneration. Familie und Gesellschaft Bd. 4. Würzburg, Ergon.
Diekmann, A. & Engelhardt, H. (1995): Die soziale Vererbung des Scheidungsrisikos. Eine empirische Untersuchung. Zeitschrift für Soziologie, 24 (3), 215–228
Diekmann, A. & Engelhardt, H. (2008): Alter der Kinder bei Ehescheidung der Eltern und soziale Vererbung des Scheidungsrisikos. In: W. Bien & J. H. Marbach (Hrsg.): Familiale Beziehungen, Familienalltag und soziale Netzwerke. Ergebnisse der drei Wellen des Familiensurvey. DJI-Familiensurvey (Bd. 14). Wiesbaden, VS Verlag für Sozialwissenschaften, 223–240.
Diekmann, A. & Schmidheiny, K. (2013). The intergenerational transmission of divorce. A Fifteen-Country Study with Fertility and Family Survey. Comperative Sociology 12, 1–14.
Dietrich, D. E. & Claassen, B. (2012): Querulantenwahn. In: P. Garlipp, H. Haltenhof (Hrsg.): Seltene Wahnstörungen. Psychopathologie – Diagnostik – Therapie. Berlin, Springer.
Dietrich, P. S. & Paul, S. (2006a): Hochstrittige Elternsysteme im Kontext Trennung und Scheidung. In: M. Weber & H. Schilling (Hrsg.): Eskalierte Elternkonflikte. Beratungsarbeit im Interesse des Kindes bei hoch strittigen Trennungen. Weinheim, Juventa, 13–28.
Dietrich, P. S. & Paul, S. (2006b): Interventionsansätze bei hoch eskalierten Trennungskonflikten. In: M. Weber & H. Schilling (Hrsg.): Eskalierte Elternkonflikte. Beratungsarbeit im Interesse des Kindes bei hoch strittigen Trennungen. Weinheim, Juventa, 73–90.
Dietrich, P. S., Fichtner, J., Halatcheva, M. & Sandner, E. (2010): Arbeit mit hochkonflikthaften Trennungs- und Scheidungsfamilien: Eine Handreichung für die Praxis. München, Deutsches Jugendinstitut.
Diez, H., Krabbe, H. & Thomsen (2002): Familien-Mediation und Kinder. Grundlagen Methodik Techniken. Köln, Bundesanzeiger.
Dilling, H., Mombour, W. & Schmidt, M. H. (2015): Internationale Klassifikation psychischer Störungen. ICD-10 Kapitel V (F). Klinisch-diagnostische Leitlinien. Bern, Huber.
Dinger, A. & Koch, U. (1992): Querulanz in Gericht und Verwaltung. München, Beck.
Diouani-Streek, M. (2014): Möglichkeiten, Grenzen und Weiterentwicklungsbedarfe der Kontinuitätssicherung für gefährdete Kinder in Deutschland. In: Stiftung zum Wohl des Pflegekindes: Wie Pflegekindschaft gelingt. 6. Jahrbuch des Pflegekinderwesens. Idstein, Schulz-Kirchner, 79–106.
Diouani-Streek, M. (2015): Kontinuität im Kinderschutz – Perspektivplanung für Pflegekinder. Verlag des Deutschen Vereins für öffentliche und private Fürsorge e. V., Berlin.
Döring, N. & Bortz, J. (2016): Forschungsmethoden und Evaluation. Wiesbaden, Springer.
Dornes, M. (2006): Die Seele des Kindes. Entstehung und Entwicklung. Frankfurt a. M., Fischer.

Dorrmann, W. (2012): Suizid. Therapeutische Interventionen bei Selbsttötungsabsichten. Stuttgart, Klett-Cotta.
Dosen, A. (2010): Psychische Störungen, Verhaltensprobleme und intellektuelle Behinderung. Göttingen, Hogrefe.
Doukkani-Bördner, A. & Malter, C. (2001): Hindernisse und Chancen bei der Vermittlung traumatisierter,behinderter und älterer Kinder in Adoptionspflege. Familie Partnerschaft Recht 7, 334–339.
Duderstadt, J. (2020): Einschränkung und Ausschluss im Sorge- und Umgangsrecht. NZFam, 21/20, 951–959.
Dutta, A., Jacoby, F. & Schwab, D. (2022): FamFG. Kommentar zum Gesetz über das Verfahren in Familiensachen und in den Angelegenheiten der freiwilligen Gerichtsbarkeit. Bielefeld, Gieseking.

Egeland, B. & Erickson, M. (1987): Psychologically Unavailable Caregiving. In: M. R. Brassard, R. Germain & S. N. Hart (Hrsg.): Psychological Maltreatment of Children and Youth. New York, Pergamon Press, 110–120.
Eggen, B. (2021): Wandel der Familie und Wohl des Kindes. Rechtspsychologie 7 (3), 341–375.
Ekert, S. & Heiderhoff, B. (2018): Die Evaluierung der FGG-Reform. Abschlussbericht zum Forschungsvorhaben. Herausgegeben vom Bundesministerium der Justiz und für Verbraucherschutz. Mönchengladbach, Forum Verlag.
Ell, E. (1990): Psychologische Kriterien bei der Sorgerechtsregelung und Diagnostik der emotionalen Beziehungen. Weinheim, Deutscher Studienverlag.
Elsner, B. & Pauen, S. (2018): Vorgeburtliche Entwicklung und früheste Kindheit (0-2 Jahre). In: W. Schneider & U. Lindenberger (Hrsg.): Entwicklungspsychologie. Weinheim, Beltz, 163–190.
Emery, R. E. (2021): Psychological Perspectives on Joint Custody. In: L. Bernardi & D. Mortelsmann (Hrsg.): Shared Physical Cusatody. Interdisciplinary Insights in Child Custody Arrangements. Open Access, Springer Nature, 37–49.
Engfer, A. (2005): Formen der Misshandlung von Kindern – Definitionen, Häufigkeiten, Erklärungsansätze. In: U. T. Egle, S. O. Hoffmann & P. Joraschky (Hrsg.): Sexueller Missbrauch, Misshandlung, Vernachlässigung. Stuttgart, Schattauer, 3–19.
Ernst, R. (2009): Der Sachverständige in Kindschaftssachen nach neuem Recht. Familie Partnerschaft Recht 15 (7), 345–348.
Ernst, E. (2016): Psychologische Sachverständigengutachten in Kindschaftssachen: Formulierung und Beantwortung der Beweisfrage(n)in FamRB 09, 361–364.
Everson, M. D., & Boat, B. W. (1989): False Allegations of Sexual Abuse by Children and Adolescents. Journal of the American Academy of Child and Adolescent Psychiatry 28, 230–235.

Fabian, T., Brettfeld, K. & Wetzels, P. (2004): Veränderungen elterlicher Erziehungspraktiken im Zuge der Jahrtausendwende? – Ergebnisse aktueller kriminologischer Forschung zur physischen elterlichen Gewalt gegen Kinder und Jugendliche. In: M. Oehmichen, H. J. Kaatsch, H. A. Bosinski (Hrsg.): Gewalt gegen Kinder und Frauen. Bestandsaufnahme – Diagnose – Prävention. Research in Legal Medicine 32, 139–166.
Fachverband Drogen und Rauschmittel e. V. (Hrsg.) (2009): Positionspapier Drogen-Schwangerschaft-Kind. Hannover, Eigenverlag.
Fahrendholz, L. & Zumbach, J. (2020): Bewertung eines entgegenstehenden Kindeswillens in Umgangsfragestellungen durch Sachverständige. Rechtspsychologie 1, 36–54.
Falkai, P. & Wittchen, H.-U. (2018): Diagnostisches und Statistisches Manual Psychischer Störungen DSM-5. Göttingen, Hogrefe.
Faller, K. (1991): Possible Explanations for Child Sexual Abuse Allegations in Divorce. American Journal of Orthopsychiatry 61, 86–91.
Farr, R. H., Grant-Marsney, H. A. & Grotevant, H. D. (2014): Adoptees Contact with Birth Parents in Emerging Adulthood. Family Process 53 (4), 656–671.
Fegert, J. M. (2020): Das Verhältnis des Verfahrensbeistands zu Gutachtern. In: L. Salgo & K. Lack (Hrsg.): Verfahrensbeistandschaft. Ein Handbuch für die Praxis. Köln, Reguvis, 755–761.
Fehm, L. & Knappe, S. (2011): Soziale Phobie. In: H.-U. Wittchen & J. Hoyer (Hrsg.): Klinische Psychologie und Psychotherapie. Berlin, Springer, 953–969.
Festinger, L. (1957): Theory of Cognitive Dissonance. Stanford, University Press.
Fichtner, J. (2012): Hilfen bei Hochkonflikthaftigkeit? Forschungsergebnisse zu Merkmalen und möglichen Interventionen in belasteten Nachtrennungsfamilien. Zeitschrift für Kindschaftsrecht und Jugendhilfe 2, 46–53.

Fichtner, J. (2015): Trennungsfamilien – lösungsorientierte Begutachtung und gerichtsnahe Beratung. Göttingen, Hogrefe.

Fichtner, J., Dietrich, P. S., Halatcheva, M., Hermann, U. & Sandner, E. (2010): Kinderschutz bei hochstrittiger Elternschaft. München, Deutsches Jugendinstitut.

Fichtner, J., Halatcheva, M. & Sandner, E. (2011): Diagnostik von hochkonflikthaften Eltern. In: S. Walper, J. Fichtner & K. Normann (Hrsg.): Hochkonflikthafte Trennungsfamilien – Forschungsergebnisse, Praxiserfahrungen und Hilfen für Scheidungseltern und ihre Kinder. Weinheim, Juventa, 39–54.

Fichtner, J. & Salzgeber, J. (2006): Gibt es den goldenen Mittelweg? Das Wechselmodell aus Sachverständigensicht. Familie Partnerschaft Recht 12 (7), 278–284.

Fiedler, P. (2011): Persönlichkeitsstörungen. In: H.-U. Wittchen & J. Hoyer (Hrsg.): Klinische Psychologie und Psychotherapie. Berlin, Springer, 1101–1121.

Figdor, H. (1998): Scheidungskinder – Wege der Hilfe. Gießen, Psychosozial.

Figdor, H. (2009): Was heißt „Kindeswohl“? In: C. Müller-Magdeburg (Hrsg.): Verändertes Denken – zum Wohle der Kinder. Festschrift für Jürgen Rudolph. Baden-Baden, Nomos, 164–172.

Figdor, H. (2013): Patient Scheidungsfamilie. Ein Ratgeber für professionelle Helfer. Gießen, Psychosozial.

Filipek, M., Matz, J. & Berking, M. (2012): Generalisierte Angststörung. In: M. Berking & W. Ried (Hrsg.): Klinische Psychologie und Psychotherapie. Bd. I. Grundlagen und Störungswissen. Berlin, Springer, 96–104.

Filipp, S. H. (Hrsg.): (1995). Kritische Lebensereignisse. München, Psychologie Verlags Union.

Finkelhor, D. (1984): Child Sexual Abuse. New Theory and Research. New York, The Free Press.

Finkelhor, D. (2005): Zur internationalen Epidemiologie von sexuellem Missbrauch an Kindern. In: G. Amman & R. Wipplinger (Hrsg.). Sexueller Missbrauch – Überblick zu Forschung, Beratung und Therapie. Ein Handbuch. 3. Aufl. Tübingen, dgvt, 81–94.

Finkelhor, D. (2008): Childhood Victimization. Oxford, Oxford University Press.

Finkelhor, D., Turner, H., Ormrod, R. & Hamby, S. L. (2010): Trends in Childhood Violence and Abuse Exposure: Evidence from Two National Surveys. Archives of pediatrics & adolescent medicine 164 (3), 238–242.

Fischer, W. (1998): Das Parental Alienation Syndrom (PAS) und die Interessenvertretung des Kindes. Nachrichten des Deutschen Vereins für öffentliche und private Fürsorge 10(11), 306–310 (Teil 1) und 343–348 (Teil 2).

Fisseni, H. J. (1997): Lehrbuch der psychologischen Diagnostik. Göttingen, Hogrefe.

Fivush, R. (2009): Sociocultural Perspectives on Autobiographical Memory. In: M. L. Courage & N. Cowan (Hrsg.). The Development of Memory in Infancy and Childhood. New York, Psychology Press, 283–301.

Flammer, A. (1990): Erfahrung der eigenen Wirksamkeit. Einführung in die Psychologie der Kontrollmeinung. Bern, Huber.

Foerster, K. (2009): „Erweiterter Suizid“. Ein problematischer Begriff. Nervenarzt 80, 1078–1084.

Folkman, S. & Lazarus, R. (1980): Analysis of Coping in a Middle-Aged Sample. Journal of Health and Social Behavior 21, 219–239.

Forschungsverbund TU Dortmund und Deutsches Jugendinstitut (DJI) (2022): Daten zum gesunden und sicheren Aufwachsen von Kindern. Körperliche Misshandlungen. In: https://ifh.forschungsverbund.tu-dortmund.de/gewalt-gegen-kinder/koerperliche-misshandlungen, 11.07.2022

Fortin, J., Hunt, J. & Scanlan, L. (2012): Taking a Longer View of Contact: The Perspectives of Young Adults who Experienced Parental Separation in Their Youth. Nuffield Foundation Final Report. Brighton, Sussex Law School.

FRA European Union Agency for Fundamental Rights (2014): Violence Against Women: An EU-Wide Survey. Main Results. Luxembourg, Publications Office of the European Union.

Fraisse, P. (1985): Psychologie der Zeit: Konditionierung, Wahrnehmung, Kontrolle, Zeitschätzung, Zeitbegriff. München, Ernst Reinhardt.

Franke, I. & Graf, M. (2016): Kinderpornographie. Übersicht und aktuelle Entwicklungen. Forensische Psychiatrie, Psychologie, Kriminologie 10, 87–97.

Fremmer-Bombik, E. (2015): Innere Arbeitsmodelle von Bindung. In G. Spangler & P. Zimmermann (Hrsg.): Die Bindungstheorie, Grundlagen, Forschung und Anwendung. Stuttgart, Klett-Cotta, 109–120.

Fremmer-Bombik, E., Rudolph, J., Veit, B., Schwarz, G. & Schwarzmeier, I. (1989): Regensburger Auswertungsmethode des Adult Attachment Interviews. Regensburg, Universität.

Friedreich, J. B. (1835): Systematisches Handbuch der gerichtlichen Psychologie für Medicinalbeamte, Richter und Verteidiger. Leipzig, O. Wiegand.

Friedrich, V., Walter, C. & Kindler, H. (2017): (Begleiteter) Umgang und Kindeswohl. Eine Forschungsübersicht. In: M. Klinkhammer, S. Prinz & U. Klotmann (Hsg.): Begleiteter Umgang. Pädagogische, psychologische und rechtliche Aspekte, 27–56. Köln, Bundesanzeiger.
Fröhlich-Gildhoff, K. & Rönnau-Böse, M. (2019): Resilienz. Stuttgart, utb.
Frommberger, U., Angenendt, J. & Berger, M. (2014): Posttraumatische Belastungsstörung – eine diagnostische und therapeutische Herausforderung. Deutsches Ärzteblatt 111 (5), 59–66.
Fthenakis, W. E., Griebel, R., Oberndorfer, R. & Walbiner, W. (2008): Die Familie nach der Familie. Wissen und Hilfen bei Elterntrennung und neuen Familien. München, Beck.
Fuhrer, U., Kaiser, F. G. & Hangartner, U. (1995): Wie Kinder und Jugendliche ihr Selbstkonzept kultivieren: Die Bedeutung von Dingen, Orten und Personen. Psychologie in Erziehung und Unterricht 42, 57–64.
Furstenberg, F. F. & Cherlin, A. J. (1993): Geteilte Familien. Stuttgart, Klett-Cotta.

Galm, B., Hees, K. & Kindler, H. (2010): Kindesvernachlässigung. München, Ernst Reinhardt.
Garbarino, J., Guttman, E. & Seeley, J. (1987): Psychologically Battered Child: Strategies for Identification. Assessment and Intervention. San Francisco, Jossey-Bass.
Gardner, R. A. (1992): The Parental-Alienation-Syndrom. A Guide for Mental and Legal Professionals. Creskill, Creative Therapeutics Inc.
Gardner, R. A. (2002): Das Elterliche Entfremdungssyndrom (Parental Alienation Syndrom/PAS). Anregungen für gerichtliche Sorge- und Umgangsregelungen. Eine empirische Untersuchung. Berlin, Verlag für Wissenschaft und Bildung.
Geangu, E., Benga, O., Stahl, G. & Striano, T. (2010): Contagious Crying Beyond the First Days of Life. Infant Behavior & Development 33(3), 279–288.
Gebhardt, T., Briken, P., Tozdan, S. & Schröder, J. (2021): Typen und Strategien von Täterinnen bei sexuellem Kindesmissbrauch. Forensische Psychiatrie, Psychologie, Kriminologie 16(1), 34–41.
Gehrmann, J. & Sumargo (2009): Kinder psychisch kranker Eltern. Monatsschrift Kinderheilkunde 157, 383–394.
Geller, H. (1992): Erwachsene Adoptierte. Lebenserfahrungen und Lebensdeutungen. Essen, Westarp Wissenschaften.
George, C., Kaplan, N. & Main, M. (2001): Adult Attachment Interview. In: G. Gloger-Tippelt (Hrsg.): Bindung im Erwachsenenalter. Bern, Huber, 364–387.
Gewirtz-Meydan, A. & Finkelhor, D. (2020): Sexual Abuse and Assault in a Large National Sample of Children and Adolescents. Child Maltreatment 25(2), 203–214.
Glasl, F. (2020): Konfliktmanagement: Ein Handbuch für Führung, Beratung und Mediation. Bern, Paul Haupt.
Gloger-Tippelt, G. (Hrsg.) (2011): Bindung im Erwachsenenalter: Ein Handbuch für Forschung und Praxis. Bern, Huber.
Gloger-Tippelt, G. (2019): Individuelle Unterschiede in der Bindung und Möglichkeiten ihrer Erhebung bei Kinder. In: L. Ahnert (Hrsg.): Frühe Bindung. Entstehung und Entwicklung. München, Ernst Reinhardt, 82–109.
Gloger-Tippelt, G., Gomille, B., König, L. & Vetter, I. (2002): Attachment Representations in 6-Year-Olds Related Longitudinally to the Quality of Attachment in Infancy and Mother's Attachment Representation. Attachment and Human Development 4, 318–339.
Gloger-Tippelt, G. & König, L. (2016): Bindung in der mittleren Kindheit: Das Geschichtenergänzungsverfahren zur Bindung 5- bis 8-jähriger Kinder (GEV-B). Weinheim, Beltz.
Goldstein, J., Freud, A. & Solnit, A. J. (1982): Diesseits des Kindeswohls. Frankfurt a. M., Suhrkamp.
Goldstein, J., Freud, A. & Solnit, A. J. (1991): Jenseits des Kindeswohls. Frankfurt a. M., Suhrkamp.
Golomb, E. & Geller, H. (1992): Adoption zwischen gesellschaftlicher Regelung und individueller Erfahrung. Essen, Westarp Wissenschaften.
Gordon, B. N. & Schroeder, C. S. (1995): Sexuality. A Developmental Approach to Problems. New York, Springer.
Görgen, T., Rauchert, K. & Fisch, S. (2012): Langfristige Folgen sexuellen Missbrauchs Minderjähriger. Forensische Psychiatrie, Psychologie, Kriminologie 6 (1), 3–16.
Gourley, N. (1979): Heredity Versus Enviroment: An Integrativ Analysis. Psychological Bulletin 86, 596–615
Gray & Steinberg (1999): Unpacking Authoritative Parenting: Reassessing a Multidimensional Construct. Journal of Marriage and the Family 61, 574–587.

Graf, S., Bovenschen, I. & Kindler, H. (2018): Erwachsene verurteilte Missbrauchstäter in Familien mit Kindern. Praxis der Rechtspsychologie, 28 (2), 5–33.

Grave U, Glanert S, Borchfeld K, Outzen J., Schweiger, U., Faßbinder, E. & Klein J. P. (2021): Differential Effect of Childhood Emotional Abuse on Present Social Support in Borderline Disorder and Depression: A Cross-Sectional Study. European Journal of Psychotraumatology, 12 (1), Onlineveröffentlichung.

Greger, R. (2010): Die einigungsorientierte Begutachtung aus verfahrensrechtlicher Sicht. Familie Partnerschaft Recht 16 (10), 443–446.

Greuel, L., Offe, S., Fabian, A., Wetzels, P., Fabian, T., Offe, H. & Stadler, M. (1998): Glaubhaftigkeit der Zeugenaussage. Weinheim, Beltz.

Griepenstroh, J., Heitmann, D. & Hermeling, S. (2012): Kinder psychisch kranker Eltern: Lebenssituation und Entwicklungsrisiken. In: U. Bauer, A. Reinisch & M. Schmuhl (Hrsg.): Prävention für Familien mit psychisch erkrankten Eltern. Bedarf, Koordination, Praxiserfahrungen. Wiesbaden, Springer, 23–46.

Grossmann, K. & Grossmann, K. E. (2021): Bindungen – das Gefüge psychischer Sicherheit. Stuttgart, Klett-Cotta.

Grossmann, K. E., Becker-Stoll, F., Grossmann, K., Kindler, H., Maier, M., Scheuerer-Englisch, H., Schieche, M., Spangler, G., Stöcker, K., Suess, G., Wensauer, M., & Zimmermann, P. (2003): Die Bindungstheorie: Modell, entwicklungspsychologische Forschung und Ergebnisse. In: H. Keller (Hrsg.): Handbuch der Kleinkindforschung. Bern, Hans Huber, 223–282.

Groth, A. N. (1982): The Incest Offender. In: S. M. Sgroi (Hrsg.): Handbook of Clinical Intervention in Child Sexual Abuse. Toronto, Lexington Books, 215–239.

Gründel, M. (1995): Gemeinsames Sorgerecht: Erfahrungen geschiedener Eltern. Freiburg, Lambertus.

Grüneberg / Bearbeiter (2022): Bürgerliches Gesetzbuch. Beck'sche Kurzkommentare. 81. Aufl. München, Beck.

Gustafsson, H. C., Barnett, M. A., Towe-Goodman, N. R., Mills-Koonce, W. R. & Cox, M. J (2014): Family Violence and Childrens Behavior Problems. Independent Contributions of Intimiate Partern and Child-Directed Physical Aggression. Journal of Familiy Violence 29 (7), 773–781.

Häfner, H. (2010): Schizophrenie. Erkennen, verstehen, handeln. München, Beck.

Haid-Loh, A., Normann-Kossak, K. & Walter, E. (Hrsg.) (2000): Begleiteter Umgang. Konzepte, Probleme und Chancen der Umsetzung des reformierten §18 SGB VIII. Berlin, Eigenverlag des Evangelischen Zentralinstituts für Familienberatung.

Hala, S., Chandler, M. J. & Fritz, A. S. (1991): Fledgling Theories of Mind: Deception as a Marker of Three-Year Olds' Understanding of False Belief. Child Development 62, 83–97.

Haller, L. & Milde, K. (2003): Entrapment in Konflikten. Konfliktinvestitionen und Eskalationsrisiko. Frankfurt a. M., Peter Lang.

Hammer, S. (2015): Die gerichtliche Anordnung des Wechselmodells. FamRZ (17), 1433–1444.

Hannig, W. & Filipek, M. (2012): Panikstörung und Agoraphobie. In: M. Berking & W. Ried (Hrsg.): Klinische Psychologie und Psychotherapie. Bd. I. Grundlagen und Störungswissen. Berlin, Springer, 86–96.

Hannig, W. & Kowalsky, J. (2012): Bipolare Störungen. In: M. Berking & W. Ried (Hrsg.): Klinische Psychologie und Psychotherapie. Bd. I. Grundlagen und Störungswissen. Berlin, Springer, 49–68.

Harnach, V. (2021): Psychologische Diagnostik in der Jugendhilfe. Grundlagen und Methoden für Hilfeplan, Bericht und Stellungnahme. Weinheim, Beltz Juventa.

Harner, L. (1982): Talking about the Past and the Future. In: W. F. Friedman (Hrsg.): The Developmental Psychology of Time. New York, Academic Press, 141–169.

Harris, P. L. (1992): Das Kind und die Gefühle. Wie sich das Verständnis für die anderen Menschen entwickelt. Bern, Huber.

Hartmann, M. (2020): Vertrauen – Die unsichtbare Macht. Frankfurt a. M., S. Fischer.

Hasselhorn, M. & Schneider, W. (2018): Vorschule. In: W. Schneider & U. Lindenberger (Hrsg.): Entwicklungspsychologie. Weinheim, Beltz, 611–622.

Häßler, F. & Eggers, C. (2012): Intelligenzminderung. In: J. M. Fegert, C. Eggers & F. Resch (Hrsg.): Psychiatrie und Psychotherapie des Kindes- und Jugendalter. Berlin, Springer, 785–833.

Häßler, F. & Eggers, C. (2012): Intelligenzminderung. In: J. M. Fegert, C. Eggers & F. Resch (Hrsg.). Psychiatrie und Psychotherapie des Kindes- und Jugendalter. Berlin, Springer, 785–833.

Häuser, W., Schmutzer, G., Brähler, E. & Glaesmer, H. (2011): Misshandlungen in Kindheit und Jugend: Ergebnisse einer Umfrage in einer repräsentativen Stichprobe der deutschen Bevölkerung. Deutsches Ärzteblatt 108 (17), 287–294.

Havighurst, R. J. (1953): Human Development and Education. New York, McKay.

Heckhausen, J. & Heckhausen, H. (2010): Motivation und Handeln. 4. überarb. und erw. Aufl. Berlin, Springer.

Heilmann, S. (2012): Der Bundesgerichtshof und der Umgangsboykott. Zeitschrift für Kindschaftsrecht und Jugendhilfe (3), 105–106.

Heilmann, S. & Salgo, L. (2014): Sind Pflegekinder nicht (mehr) schutzbedürftig? Zeitschrift für das gesamte Familienrecht 61 (9), 705–711.

Hersov, L. (1994): Adoption. In: M. Rutter, E. Taylor & L. Hersov (Eds.): Child and Adolescent Psychiatry. Oxford, Blackwell, 267–282.

Hess, T. & Starke, C. (2017):Patchwork-Familien: Beratung und Therapie. München, Kohlhammer.

Hesse, E. & Main, M. (2017): Desorganisiertes Bindungsverhalten bei Kleinkindern, Kindern und Erwachsenen. Zusammenbruch von Strategien des Verhaltens und der Aufmerksamkeit. In: K.-H. Brisch, K. Grossmann, K. E. Grossmann & L. Köhler (Hrsg.): Bindung und seelische Entwicklungswege. Grundlagen, Prävention und klinische Praxis. 4. Aufl. Klett-Cotta, Stuttgart, 219–248.

Hetherington, E. M., Cox, M. & Cox, R. (1982): Effects of Divorce on Parents and Children. In: M. Lamb (Hrsg.): Nontraditional Families: Parenting and Child Development. New York, Erlbaum, 233–288.

Hetherington, E. M., Cox, M. & Cox, R. (1985): Longterm Effects of Divorce and Remarriage on the Adjustment of Children. Journal of the American Academy of Child Psychiatry 24, 518–530.

Hetherington, E. M. & Kelly, J. (2003): Scheidung. Die Perspektiven der Kinder. Weinheim, Beltz.

Heubrock, D. (2018): Das Münchhausen-by-proxy-Syndrom: Probleme der familienrechtlichen Begutachtung bei einer seltenen Form von Kindesmisshandlung. Rechtspsychologie 4 (3), 331–351.

Hewitt, B. & Turrell, G. (2011): Short-Term Functional Health and Well-Being After Marital Separation: Does Initiator Status Make a Difference? American Journal of Epidemiology 173 (11), 1308–1318.

Heyden, S. & Jarosch, K. (2010): Missbrauchstäter. Phänomenologie – Psychodynamik – Therapie. Stuttgart, Schattauer.

Hillberg, T., Hamilton-Giachritsis, C. & Dixon, L. (2011): Review of Meta-Analyses on the Association Between Child Sexual Abuse and Adult Mental Health Difficulties: A Systematic Approach. Trauma Violence Abuse 12 (1), 38–49.

Hinde, R. (1993): Auf dem Wege zu einer Wissenschaft zwischenmenschlicher Beziehungen. In: A. E. Auhagen & M. von Salisch (Hrsg.): Zwischenmenschliche Beziehungen. Göttingen, Hogrefe.

Hipp, D. & Winter, S. (2017): Antworten des Unbewussten. Der Spiegel 44, 26–27.

Hochgürtel, T. & Sommer, B. (2021): Lebensformen in der Bevölkerung und Kinder. In: Statistisches Bundesamt, Wissenschaftszentrum Berlin für Sozialforschung & in Zusammenarbeit mit dem Sozioökonomischen Panel (SOEP) am DIW (Hrsg.), Datenreport 2018: Ein Sozialbericht für die Bundesrepublik Deutschland. Bonn, Bundeszentrale für Politische Bildung. 51–65.

Hoffbauer, J. C. (1808): Die Psychologie in ihren Hauptanwendungen auf die Rechtspflege nach den all gemeinen Gesichtspunkten der Gesetzgebung oder sogenannte gerichtliche Arzneiwissenschaft nach ihrem psychologischen Theile. Halle, Schimmelpfennig.

Hoksbergen, R. A. C., Paulitz, H. & Bach, R. P. (2006): Das Adoptionsviereck. Beratung, Vermittlung, Nachbetreuung und Begleitung. Ein zeitgemäßes Adoptionsmodell. In: H. Paulitz (Hrsg.): Adoption. Positionen, Impulse, Perspektiven. München, Beck, 43–100.

Holldorf, C. & von Pirani, U. (2012): Der begleitete Umgang im Spannungsfeld zwischen Jugendhilfe und Familiengericht. Zeitschrift für Kindschaftsrecht und Jugendhilfe (10), 384–387.

Holodynski, M., Hermann, S. & Petersen, H. (2013): Entwicklungspsychologische Grundlagen der Emotionsregulation. Psychologische Rundschau 64 (49), 196–207.

Hommers, W. (1991): Zum Gegenstand der Rechtspsychologie. In: W. Hommers (Hrsg.): Perspektiven der Rechtspsychologie. Göttingen, Hogrefe, 1–12.

Hommers, W. (2003): Maßgeschneiderte psychometrische Verfahren für die familienrechtliche Begutachtung. In: T. Fabian, G. Jakobs, S. Nowara & I. Rode (Hrsg.): Qualitätssicherung in der Rechtspsychologie. Beiträge zur Rechtspsychologischen Praxis. Bd. 2. Münster, LIT, 111–132.

Hommers, W. (2008): Mindeststandards bei der Durchführung testpsychologischer Untersuchungen im familiengerichtlichen Verfahren. Familie Partnerschaft Recht 14 (6), 294–297.

Hommers, W. (2009): Sorge- und Umgangsrechtliche Testbatterie (SURT). Bern, Hans Huber.

Hommers, W. & Kleylein-Gerlich, M. (2012): Geschlechtstypische Normen für die Anwendung einer Vorschüler-Version des FRT in der familienrechtspsychologischen Begutachtung. Praxis der Rechtspsychologie 22 (1), 238–248.

Hommers, W. & Steinmetz-Zubovic, M. (2013): Zur Weiterentwicklung in der familienrechtspsychologischen Testdiagnostik. Praxis der Rechtspsychologie 23 (2), 312–326.

Höner, U. (2009): Bindungsmuster, Lebensqualität und rezidivierende Schmerzerfahrungen: Eine Validierungsstudie des Bochumer Bindungstests. Frankfurt a. M., Peter Lang.

Horn, S., Liedtke, A. K. & Dauer, S. (2009): Im systemischen Sinne ist jede Diagnostik auch eine Intervention. Praxis der Rechtspsychologie 19 (2), 310–320.

Hoyer, J. & Beesdo-Baum, K. (2011): Generalisierte Angststörung. In: H.-U. Wittchen & J. Hoyer (Hrsg.): Klinische Psychologie und Psychotherapie. Berlin, Springer, 937–952.

Höynck, T. & Zähringer, U. (2012): Ergebnisse des KFN-Forschungsprojekts „Tötungsdelikte an Kindern". Kriminologisches Forschungsinstitut Niedersachsen e. V. Selbstverlag.

Hunt, W. A., Barnett, L. W. & Branch, L. G. (1971): Relapse Rates in Addiction Programs. Journal of Clinical Psychology 27, 455–456.

Huss, M. & Lehmkuhl, U. (1997): Folgen von Trennung und Scheidung – Eine Literaturübersicht. In: G. Lehmkuhl & U. Lehmkuhl (Hrsg.): Scheidung – Trennung – Kindeswohl. Diagnostische, therapeutische und juristische Aspekte. Weinheim, Deutscher Studienverlag, 13–25.

ICD-10-GM Version 2022 (Internationale statistische Klassifikation der Krankheiten und verwandter Gesundheitsprobleme, 10. Revision. German Mo

Ivanits, N. (2018): Wie sollten Kinder im Rahmen der Mediation beteiligt werden? ZKJ – Zeitschrift für Kindschaftsrecht und Jugendhilfe 13 (4), 133–136.

Jacob, A. (2016): Interaktionsbeobachtung von Eltern und Kind. 2. Aufl. Stuttgart, Kohlhammer.

Jacob, A. & Jacob, L. (2019): Dysfunktionale elterliche Erziehung. In: R. Volbert, A. Huber, A. Jakob & A. Kannegießer (Hrsg.): Empirische Grundlagen der familienrechtlichen Begutachtung. Göttingen, Hogrefe.

Jacobi, F., Klose, M. & Wittchen, H.-U. (2004): Psychische Störungen in der deutschen Allgemeinbevölkerung: Inanspruchnahme von Gesundheitsleistungen und Ausfalltage. Gesundheitsblatt 47, 736–744.

Jacobi, F. Höfler, M., Strehle, J., Mack, S., Gerschler, A., Scholl, L., Busch, M. A., Maske, U., Hapke, U., Gaebel, W., Maier, W., Wagner, M., Zielasek, J. & Wittchen, H.-U. (2014). Psychische Störungen in der Allgemeinbevölkerung. Studie zur Gesundheit Erwachsener in Deutschland und ihr Zusatzmodul Psychische Gesundheit (DEGs1-MH). Nervenarzt 85, 77-87.

Jellinek, E. M. (1960): The Disease Concept of Alcoholism. New Haven, College and University Press.

Johnston, J. R., Lee, S., Olesen, N. W. & Walters, M. G. (2005): Allegations and Substantiations of Abuse in Custody-disputing Families. Family Court Review 43(2), 283–294.

Johnston, J. R. & Campbell, L. E. G. (1993): Parent-Child Relationships in Domestic Violence Families Disputing Custody. Family Court Review 31 (3), 282–298.

Jopt, U. & Behrend, K. (2000): Das Parental Alienation Syndrome (PAS). Ein Zwei-Phasen-Modell. Zeitschrift für Jugendrecht 87, 223–231 (Teil 1), 258–271 (Teil 2).

Jordan, E. (2005): Qualifiziertes Erkennen und Beurteilen – vom Aktenvermerk zum Qualifizierten Beobachtungskatalog. In: G. Deegener & W. Körner (Hrsg.): Kindesmisshandlung und Vernachlässigung. Ein Handbuch. Göttingen, Hogrefe, 485–510.

Jungnitz, L. & Walter, W. (2004): Gewalt gegen Männer. Personale Gewaltwiderfahrnisse von Männern in Deutschland. Präsentation der Ergebnisse der Pilotstudie. In: Europäischer Kongress, 23. September 2004 in Osnabrück. Gewalt im Leben von Männern und Frauen – Forschungszugänge, Prävalenz, Folgen, Intervention. Kongressbericht, 38–49.

Karle, M. (2012): Trennung der Eltern – Trennung der Geschwister? Frühe Kindheit 15 (2), 32–37.

Karle, M., Gathmann, S. & Klosinski, G. (2010): Zur Praxis der Kindesanhörung in Deutschland. Ein Abschlussbericht. Zeitschrift für Kindschaftsrecht und Jugendhilfe (12), 432–434.

Kasper S. & Volz H. (2014) (Hrsg.). Psychiatrie und Psychotherapie compact. 3. überarb. Aufl. Stuttgart, Thieme.

Kaspiew, R., Gray, M., Weston, R. Moloney, L., Hand, K., Qu, L. & the Family Law Evaluation Team (2009): Evaluation of the 2006 Family Law Reforms. Melbourne, Autralien Institute of family Studies.

Kasten, H. (2000): Scheitern von Adoptiv- und Pflegeverhältnissen. In: H. Paulitz (Hrsg.): Adoption. Positionen, Impulse, Perspektiven. München, Beck, 157–184.

Kasten, H. (2012): Geschwister in der Kindheit. Frühe Kindheit 15 (2), 6–12.

Keil, J. & Langmeyer, A. N. (2020): Vater-Kind-Kontakt nach Trennung und Scheidung: Die Bedeutung struktureller sowie intrafamiliärer Faktoren. Zeitschrift für Soziologie der Erziehung und Sozialisation 40 (1), 39–61.

Keiser, C. (1998): Das Kindeswohl im Strafverfahren. Frankfurt a. M., Lang.

Keller, H. (2019): Kultur und Bindung. In: L. Ahnert, Frühe Bindung. Entstehung und Entwicklung. München, Reinhardt, 110–124.

Keller, M. (2001): Moral in Beziehungen. In: W. Edelstein, F. Oser & P. Schuster (Hrsg.): Moralische Erziehung in der Schule. Entwicklungspsychologische und pädagogische Praxis. Weinheim, Beltz, 111–140.

Keller, M. (2005): Moralentwicklung und moralische Sozialisation. In: D. Horster & J. Oelkers (Hrsg.): Pädagogik und Ethik. Wiesbaden, Verlag für Sozialwissenschaften, 149–172.

Kendler, K. S., Cynthia M., Bulik, C. M., Silberg, J., Hettema, J. M., Myers, J, Carol A. & Prescott, C. A. (2000): Childhood Sexual Abuse and Adult Psychiatric and Substance Use Disorders in Women: An Epidemiological and Cotwin Control Analysis. Archives of General Psychiatry 57 (10), 953–959.

Kincaid, S. B. & Caldwell, R. A. (1995): Marital Separation: Causes, Coping and Consequences. Journal of Divorce & Remarriage 22 (3/4), 109–128.

Kinderschutz-Zentrum Berlin (Hrsg.) (2000): Kindesmisshandlung. Erkennen und Helfen. Berlin, Eigenverlag.

Kindler, H. (2002): Partnerschaftsgewalt und Kindeswohl. Eine meta-analytisch orientierte Zusammenschau und Diskussion der Effekte von Partnerschaftsgewalt auf die Entwicklung von Kindern: Folgerungen für die Praxis. München, Deutsches Jugendinstitut.

Kindler, H. (2009): Umgangsregelung im Einzelfall – Psychologische Aspekte. Familie Partnerschaft Recht 15 (4), 150–152.

Kindler, H. (2013): Partnergewalt und Beeinträchtigungen kindlicher Entwicklung: Ein aktualisierter Forschungsüberblick. In: B. Kavemann & U. Kreyssig (Hrsg.): Handbuch Kinder und häusliche Gewalt. Wiesbaden, Springer, 27–47.

Kindler, H., Helming, E., Meysen, T. & Jurczyk, K. (Hrsg.) (2011): Handbuch Pflegekinderhilfe. München, Deutsches Jugendinstitut.

Kindler, H., Lillig, S., Blüml, H., Meysen, T. & Werner, A. (Hrsg.) (2006): Handbuch Kindeswohlgefährdung nach §1666 BGB und Allgemeiner Sozialer Dienst (ASD). München, Deutsches Jugendinstitut.

Kindler, H. & Schwabe-Höllein, M. (2012): Aspekte seelischer Kindesmisshandlung. Praxis der Rechtspsychologie 22 (2), 404–418.

Kindler, H. & Unterstaller, A. (2013): Primäre Prävention von Partnergewalt. Ein entwicklungsökologisches Modell. In: B. Kavemann & U. Kreyssig (Hrsg.): Handbuch Kinder und häusliche Gewalt. Wiesbaden, Springer VS, 513–531.

Klauer, K. J. (1981): Erziehung. In: H. Schiefele & A. Krapp (Hrsg.): Handlexikon zur Pädagogischen Psychologie. München, Ehrenwirth, 108–112.

Klemm, T. (2011): Therapeutische Hilfen für Trennungskinder. In: Kinderschutz-Zentren. Kinder im Spannungsfeld elterlicher Konflikte. 55–116.

Kliemann, A. & Fegert, J. M. (2021): Familienväter, Stiefväter, Ziehväter, Pflegeväter und sog. „Kinderpornographie".Zeitschrift für Kindschaftsrecht und Jugendhilfe 16, 333–349.

Klonsky, E. D. & Moyer, A. (2008): Childhood Sexual Abuse and Nonsuicidal Self-Injury: Meta-Analysis. British Journal of Psychiatry 192, 166–170.

Kluck, M.-L. (1995): Die Angst des Richters vor der Anhörung des Kindes bei streitigen Verfahren zum Umgangsrecht und wie er sie überwinden kann. Familie Partnerschaft Recht 1 (4), 90–93.

Klug, G. (2013): Sozialpädagogische Standards im familiengerichtlichen Verfahren. Kritik und Forderung an sozialpädagogische Fachlichkeit i. R. der Mitwirkung in familiengerichtlichen Verfahren. Praxis der Rechtspsychologie 23 (2), 378–399.

Klußmann, R. W., & Stötzel, B. (1995): Das Kind im Rechtsstreit der Erwachsenen. München, Ernst Reinhardt

Knöpfli, B. (2016): Eheliche Trennung nach langjähriger Partnerschaft. Determinanten und Verläufe der psychischen Adaption. Dissertation. Bern, Selbstverlag.

Köcher, R. (2009): Generationen-Barometer 2009. Institut für Demoskopie Allensbach. Pressemappe zur Pressekonferenz des Forums Familie stark machen e.V. am 08.04.09 in Berlin.

Köckeritz, C. & Diouani-Streek, M. (2019): Alte Loyalität oder neue Bindung? Zum Streit um die Bedeutung einer dauerhaften Lebensperspektive von Pflegekindern. Zeitschrift für Kindschaftsrecht und Jugendhilfe 14 (3), 94–103.

Köckeritz, C. & Nowacki, K. (2020): Die Bindungstheorie – Teil 1 Aussagen, wissenschaftliches Fundament und praktische Bedeutung. Zeitschrift für Kindschaftsrecht und Jugendhilfe 11, 408–419.

Köckeritz, C. & Nowacki, K. (2021): Bindungen von Kindern in Pflegefamilien. Zeitschrift für Kindschaftsrecht und Jugendhilfe 2, 44–51.

Kodjoe, U., & Koeppel, P. (1998): The Parental-Alienation-Syndrome. Der Amtsvormund 71 (26), 9–18.

Kodjoe, U., & Koeppel, P. (1998): Früherkennung von PAS. Möglichkeiten psychologischer und rechtlicher Interventionen. Kindschaftsrechtliche Praxis 1, 138–143.

Kohlberg, L. (1974): Zur kognitiven Entwicklung des Kindes. Frankfurt a. M., Suhrkamp.

Kohlmann, C. W., Eschenbeck, H., Jerusalem, M. & Lohaus, A. (2021): Diagnostik von Stress und Stressbewältigung. Göttingen, Hogrefe.

Köhnken, G. (2014): Fehlerquellen in aussagepsychologischen Gutachten. In: Deckers, R. & Köhnken, G. (Hrsg.): Die Erhebung und Bewertung von Zeugenaussagen im Strafprozess. Berlin, Wissenschafts-Verlag, 1–42.

Kolle, K. (1931): Über Querulanten. Archiv für Psychiatrie und Nervenkrankheiten 95, 24–100.

König, R. (1974): Die Familie der Gegenwart. München, Beck.

Korittko, A. & Pleyer, K. H. (2016): Traumatischer Stress in der Familie. Göttingen, Vandenhoeck & Ruprecht.

Koska, K. (2006): Das Wechselmodell-Forschungserkenntnisse aus den USA. Familie Partnerschaft Recht 12 (7), 271–274.

Koska, K. (2014): Neue Erkenntnisse zum Wechselmodell? Zugleich eine Rezension von Hildegard Sünderhauf „Wechselmodell: Psychologie – Recht – Praxis“. Zeitschrift für Kindschaftsrecht und Jugendhilfe (2), 54–61.

Köster, T. (1997): Sorgerecht und Kindeswohl. Ein Vorschlag zur Neuregelung des Sorgerechts. Frankfurt a. M., Lang.

Kott (2021): Armutsentbehrung und materiell Sicherheit. In: Statistisches Bundesamt, Wissenschaftszentrum Berlin für Sozialforschung & in Zusammenarbeit mit dem Sozioökonomischen Panel (SOEP) am DIW (Hrsg.): Datenreport 2018: Ein Sozialbericht für die Bundesrepublik Deutschland. Bonn, Bundeszentrale für Politische Bildung. 222–228.

Kowalsky, J. & Berking, M. (2012): Spezifische Phobien. In: M. Berking & W. Ried (Hrsg.): Klinische Psychologie und Psychotherapie. Bd. I. Grundlagen und Störungswissen. Berlin, Springer, 69–77.

Krabbe, H. & Thomsen, C. S. (2017): Familienmediation mit Kindern und Jugendlichen: Grundlagen – Methodik – Techniken. Köln, Bundesanzeiger Verlag.

Kraepelin, E. (1893): Compendium der Psychiatrie zum Gebrauche für Studirende und Aerzte. Abel, Leipzig.

Krafft-Ebbing, R. V. (1872): Grundzüge der Criminalpsychologie auf Grund des geltenden Strafgesetzbuches für Ärzte und Juristen. Erlangen, F. Enke.

Krampen, G. (1994): Kontrollüberzeugung in der Erziehung und Sozialisation. In: K. A. Schneewind (Hrsg.): Psychologie der Erziehung und Sozialisation. Enzyklopädie der Psychologie. Pädagogische Psychologie. Göttingen, Hogrefe, 375–402.

Kraus, L., Pabst, A., Piontek, D. & Müller, S. (2010): Kurzbericht Epidemiologischer Suchtsurvey 2009. Tabellenband: Prävalenz des Konsums illegaler Drogen, multipler Drogenerfahrung und drogenbezogener Störungen. München, IFT Institut für Therapieforschung. In: https://www.esa-survey.de/fileadmin/user_upload/Literatur/Berichte/ESA_2009_Drogen-Kurzbericht.pdf, 24.05.2022.

Kraus, L., Seitz, N. N., Shield, G. & Rehm, J. (2019): Quantifying Harms to Others Due to Alcohol Consumption in Germany a Register-Based Study. BMC Medicine 17, 1–9.

Krause, T. (2010): Neue Rechtsprechung zum Adoptionsrecht. Zeitschrift für Kindschaftsrecht und Jugendhilfe (2), 64–66.

Kriminologisches Forschungsinstitut Niedersachsen. Gewalt. Forschungsbericht Nr. 107.

Krohne, H. W. & Pulsack, A. (1995): Erziehungsstil-Inventar (ESI). Göttingen, Hogrefe.

Krolzik, V. (1993): Vermittlung älterer und behinderter Kinder. In: R. A. C. Hoksbergen & M. R. Textor (Hrsg.): Adoption: Grundlagen, Vermittlung, Nachbetreuung, Beratung. Freiburg, Lambertus, 174–183.

Krüger, W. & Rausch, T. (Hrsg.) (2012): Münchener Kommentar zur Zivilprozessordnung. München, Beck.

Krupinski, M., & Tutsch-Bauer, E. (2009): Misshandelte Kinder und als Missbraucher missbrauchte Ärzte: Münchhausen-by-proxy-Syndrom. In: O. Peschel, E. Mützel & R. Penning (Hrsg.): Das Kind in der Forensischen Medizin. Festschrift für Wolfgang Eisenmenger. Landsberg/Lech, ecomed, 381–394.

Kühne, A. (1996): Kriterien und Qualitätsstandards der psychologischen Begutachtung bei familienrechtlichen Fragestellungen. Familie Partnerschaft Recht 2 (2), 184–187.

Kunkel, P.-C., Kepert, J. & Patar, A. K. (Hrsg.) (2022): Sozialgesetzbuch VIII. Kinder und Jugendhilfe. Lehr- und Praxiskommentar. 8. Aufl. Baden-Baden, Nomos.

Kushnir, T., Gopnik, A., Chernyak, N., Seiver, E. & Wellman, H.M. (2015): Developing Intuitions About Free Will Between Ages Four and Six. Cognition 138,79–101.

Kwako, L. E., Noll, J. G., Putnam, F. W. & Trickett, P. K. (2010): Childhood Sexual Abuse and Attachment: An Intergenerational Perspective. Clinical Child Psychology and Psychiatry 15, 407–422.

Laajasalo, T., Korkman, J., Pakkanen, T., Oksanen, M., Tuulikki, L., Peltomaa, E., & Aronen, E. T. (2018): Applying a Research-Based Assessment Model to Child Sexual Abuse Investigations: Model and Case Descriptions of an Expert Center. Journal of Forensic Psychology Research and Practice 18, 177–197.

Lachner, G. & Wittchen, H.-U. (1995): Familiär übertragene Vulnerabilitätsmerkmale für Alkoholmissbrauch und -abhängigkeit. Zeitschrift für Klinische Psychologie 24 (2), 118–146.

Lack, K. (2010): Die Beteiligtenstellung des Jugendamtes in Kindschaftssachen. Zeitschrift für Kindschaftsrecht und Jugendhilfe (5), 189–194.

Lack, K. & Hammesfahr, A. (2019): Psychologische Gutachten im Familienrecht. Handbuch für die rechtliche und psychologische Praxis. Köln, Bundesanzeiger Verlag.

Lack-Strecker, J. (2010): Überlegungen zur „Freiwilligkeit" in der obligatorischen Trennungs- und Scheidungsmediation. Zeitschrift für Kindschaftsrecht und Jugendhilfe (10), 380.

Lamb, M. E. (2012): Critical Analysis of Research on Parenting Plans and Children's Well-Being. In: K. Kuenle & L. Drozo (Hrsg.): Parenting Plan Evaluations. Applied Research for the Family Court. Oxford, University Press, 214–243.

Lamela, D. & Figoeiredo, B. (2016): Coparenting After Marital Dissolution and Childrens Mental Health: A Systematic Review. Journal de Pediatra 92, 331–342.

Landgraf, M. & Heinen, F. (2012): S3-Leitlinie Diagnostik des Fetalen Alkoholsyndroms. Arbeitsgemeinschaft der Wissenschaftlichen Medizinischen Fachgesellschaften e.V. (AWMF). In: https://www.awmf.org/leitlinien/detail/ll/022-025.html, 24.05.2022.

Lange, S. & Lehmkuhl, U. (2012): Kann eine Geschwisterbeziehung bei der Bewältigung kritischer Lebensereignisse protektiv wirken? Praxis der Kinderpsychologie und Kinderpsychiatrie 61, 524–538.

Langer, K., Wittchen, H.-U., Bühringer, G. & Rehm, J. T. (2011): Die Substitutionsbehandlung Opioidabhängiger. Grundlagen, Versorgungssituation und Problembereiche. Suchtmeddizin 5, 202–212.

Lanning, K. V. (1992): Child Molesters: A Behavioral Analysis. Arlington, National Centre for Missing and Exploited Children.

Lazarus, R. S. (1966): Psychological Stress and the Coping Processes. New York, McGraw-Hill.

Lazarus, R. S. & Launier, R. (1981): Stressbezogene Transaktionen zwischen Person und Umwelt. In: J. Nitsch (Hrsg.): Streß. Bern, Huber, 213–259.

Lee, M.-A. (2015): Emotional Abuse in Childhood and Suicidality: The Mediating Roles of Revictimization and Depressive Symptoms in Adulthood. Child Abuse & Neglect 44, 130–139.

Leeb, C.-M. (2010): Der Verfahrensbeistand – Anwalt des Kindes. Zeitschrift für Kindschaftsrecht und Jugendhilfe 11, 391–398.

Lempp, R. (1983): Gerichtliche Kinder- und Jugendpsychiatrie. Bern, Hans Huber.

Lengning, A. & Lüpschen, N. (2019): Bindung. Stuttgart, UTB.

Lengning, A. & Lüpschen, N. (2020): Auswirkungen auf Bindungs- und Beziehungsqualitäten bei Misshandlung, Vernachlässigung und sexuellem Missbrauch. Familie Partnerschaft Recht 19 (5), 213–216.

Lenz, A. & Wiegand-Grefe, S. (2017): Kinder psychisch kranker Eltern. Leitfaden Kinder- und Jugendpsychotherapie. Bd. 23. Göttingen, Hogrefe.

Lettmaier, S., Coester, M. & Salgo, L. (Hrsg.) (2020): J. von Staudingers Kommentar zum Bürgerlichen Gesetzbuch (Elterliche Sorge mit Einführungsgesetz / §§ 1626–1633). Berlin, Sellier de Gruyter.

Lewin, K. (1953): Die Lösung sozialer Konflikte. Bad Nauheim, Christian-Verlag.

Libow, J. A. & Schreier, H. A. (1986): Three Forms of Factitious Illness in Children: When is it Munchhausen Syndrome by Proxy? American Journal of Orthopsychiatry 56 (4), 602–611.

Lieb, R. & Knappe, S. (2011): Familiäre Transmission psychischer Störungen. In: H.-U. Wittchen & J. Hoyer (Hrsg.): Klinische Psychologie und Psychotherapie. Berlin, Springer, 91–106.

Lindenmeyer, J. (2009): Rückfallprävention. In: J. Margraf & S. Schneider (Hrsg.): Lehrbuch der Verhaltenstherapie. Bd. 1: Grundlagen, Diagnostik, Verfahren, Rahmenbedingungen. Heidelberg, Springer, 721–742.

Lindenmeyer, J. (2011): Alkoholmissbrauch und -abhängigkeit. In: H.-U. Wittchen & J. Hoyer (Hrsg.): Klinische Psychologie und Psychotherapie. Berlin, Springer, 743–766.

Lindenmeyer, J. (2016): Alkoholabhängigkeit. Göttingen, Hogrefe.

Lindworsky, J. (1923): Der Wille: Seine Erscheinung und seine Beherrschung, nach den Ergebnissen der experimentellen Forschung. Leipzig, J.A. Barth.

Lohrer, M. (2020): Patchworkfamilie. Schorndorf, Verlag der Verbraucherzentrale.
Lorenc, S. I. (2011): Das Münchhausen-by-proxy-Syndrom. Erste Daten. Dissertation an der Julius-Maximilians-Universität Würzburg.
Lorenz, A. (2021): (Regenbogen-)Eltern werden. NZFam 8 (24), 1081–1088.
Lübbehüsen, B. & Kolbe, F. (2009): Intervenierendes Arbeiten in der familienpsychologischen Begutachtung. Praxis der Rechtspsychologie 19 (2), 282–309.
Lösel, F. & Bender, D. (2000): Rechtspsychologie. In: J. Straub, A. Kochinka & H. Werbik (Hrsg.): Psychologie in der Praxis. München, dtv, 581–629.
Luhmann, N. (1973): Vertrauen. Stuttgart, Enke.
Lüpschen, N. & Lengning, A. (2013): Wie lässt sich eine sichere Bindung fördern? Familie Partnerschaft Recht 19 (5), 191–194.
Lux, U., Kindler, H., Walper, S. & Zimmermann, J. (2021): Bindung Beziehungen zwischen Eltern und Kindern im Kontext von Trennung und Scheidung: Welche Rolle spielen Umfang und Qualität des Eltern-Kind-Kontakts? Praxis der Rechtspsychologie 31 (2), 27–51.
Lyvers, M., Mayer, K., Needham, K. & Thorberg, F. A. (2019): Parental Bonding, Adult Attachment and Theory of Mind: A Developmental Model of Alexithymia and Alcohol-Related Risk. Journal of Clinical Psychology 75 (7), 1280–1304.

Maccoby, E. E., Buchanan, C. M., Mnookin, R. H. & Dornbusch, S. M. (1993): Postdivorce Roles of Mothers and Fathers in the Lives of Their Children. Journal of Family Psychology 7 (1), 24–38.
Maccoby, E. E., & Mnookin, R. H. (1993). Dividing the Child: Social and Legal Dilemmas of Custody. Cambridge, Harvard University Press.
Maccoby, E. F. & Martin, J. A. (1983): Socialization in the Context of the Family: Parent-Child Interaction. In: P.H. Mussen & E. M. Hetherington (Hrsg.): Handbook of Child Psychology. New York, Wiley, 1–102.
Maier, W. (1995): Mechanismen der familiären Übertragung von Alkoholabhängigkeit und Alkoholabusus. Zeitschrift für Klinische Psychologie 24 (2), 147–158.
Main, M. (1995): Desorganisation im Bindungsverhalten. In: G. Spangler & P. Zimmermann (Hrsg.): Die Bindungstheorie. Grundlagen, Forschung und Anwendung. Stuttgart, Klett-Cotta, 120–139.
Main, M. & Weston, D. (1981): The Quality of Toddler's Relationship to Mother and to Father Related to Conflict Behavior and the Readiness to Establish New Relationships. Child Development 52, 932–940.
Maniglio, R. (2009): The Impact of Child Sexual Abuse on Health: A Systematic Review of Reviews. Clinical Psychology Review 29 (7), 647–57.
Maniglio, R. (2011): The Role of Child Sexual Abuse in The Etiology of Substance-Related Disorders. Journcal of Addictive Diseases 30, 216–228.
Manning, W. D., Fettro, M. N. & Lamidi, E. (2014): Child Well-Being in Same-Sex Parent Families. Population Research and Policy Review 33, 485–502.
Marvin, S. (2001): Beiträge der Bindungsforschung zur Praxis der Familientherapie. In: G. J. Suess, H. Scheuerer-Englisch & W.-K. Pfeifer (Hrsg.): Bindungtheorie und Familiendynamik. Gießen, Psychosozial.
Mattejat, F. & Remschmidt, H. (2008): Kinder psychisch kranker Eltern. Deutsches Ärzteblatt 7, 312–317.
Maywald, J. (2013): Entfremdung durch Kontaktabbruch – Kontakt verweigernde Kinder oder Eltern nach einer Trennung. Familie Partnerschaft Recht 19 (5), 200–207.
Maywald, J. (2020): Das Verhältnis des Verfahrensbeistands zum Jugendamt. In: L. Salgo & K. Lack (Hrsg.): Verfahrensbeistandschaft. Ein Handbuch für die Praxis. Köln, Reguvis, 709–716.
McGaw, S. (2004): Parenting Exceptional Children. In: M. Hoghugi & N. Long (Hrsg.): Handbook of Parenting. Theory and Research for Practice. London, Sage Publications, 213–236.
McGue M., Bacon S. & Lykken D. T. (1993): Personality, Stability and Change in Early Adulthood: A Behavioral Genetic Analysis. Developmental Psycholology 29 (1), 96–109.
McIntosh, J. & Smyth, B. (2012): Shared-Time Parenting. An Evidence-based Matrix for Evaluation Risk. In: K. Kuenle & L. Drozo (Hrsg.): Parenting Plan Evaluations. Applied Research for the Family Court. Oxford, University Press, 155–188.
McIntosh, J., Smyth, B., Kelaher, Y, Wells, Y. & Long, C. (2011): Post-Separation Parenting Arrangements: Patterns and Developmental Outcomes. Studies of Two Risk Groups. Family Matters 86, 40–48.
Meadow, R. (1995): What is and What is not Münchhausen Syndrom by Proxy. Archives of Disease in Childhood 78, 534–538.
Meins, E., Fernyhough C., Fradley E. & Tuckey M. (2001): Rethinking Maternal Sensitivity: Mothers' Comments on Infants' Mental Processes Predict Security of Attachment at 12 Months. Journal of Child Psychology and Psychiatry 42 (5), 637–648.

Mellish, L., Jennings, S. Tasker, F., Lamb, M. & Golombok, S. (2013): Gay, Lesbian and Heterosexual Adoptive Families. Family Relationships, Child Adjustment and Adopters' Experiences. London, British Association for Adoption and Fostering.

Meyer, T. D. & Bauer, M. (2011): Bipolare Störungen. In: H.-U. Wittchen & J. Hoyer (Hrsg.) (2011): Klinische Psychologie und Psychotherapie. Berlin, Springer, 857–878.

Meyer, D. R., Cancian, M. & Cook, S. T. (2017): The Growth in Shared Custody in the United States: Patterns and Implications. Family Court Review 55(4), 500–512.

Milner, J. S. (1980). The Child Abuse Potential Inventory: Manual. Webster, NC: Psytec Corporation.

Mitchell, S., & Lacohée, H. (1991): Childrens Early Unterstanding of False Belief. Cognition 39, 107–127.

Moggi, F. (2002): Folgen. In: D. Bange & W. Körner (Hrsg.): Handwörterbuch Sexueller Missbrauch. Göttingen, Hogrefe, 116–121.

Moggi, F. (2009): Kindesmisshandlung. In: S. Schneider & J. Margraf (Hrsg.): Lehrbuch der Verhaltenstherapie: Bd. 3: Störungen im Kindes- und Jugendalter. Heidelberg, Springer, 865–885.

Möllhoff, G. (1990): Historische, soziale und psychiatrische Aspekte von Querulanten. Öffentliches Gesundheitswesen 52, 123–127.

Montada, L. & Kals, E. (2007): Mediation. Lehrbuch für Juristen und Psychologen. Weinheim, Beltz

Montada, L. & Kals, E. (2013): Mediation: Psychologische Grundlagen und Perspektiven. Weinheim, Beltz

Montada, L., Lindenberger, U. & Schneider, W. (2018): Fragen, Konzepte, Perspektiven. In: W. Schneider & U. Lindenberger (Hrsg.): Entwicklungspsychologie. 8. überarbeitete Aufl. Weinheim, Beltz, 27–60.

Müller, T. (2002): Das Kriterium der Geschwisterbindung im Rahmen von Sorgerechtsverfahren. Tübingen, unveröffentlichte Dissertation der Eberhard Karls Universität.

Münchener Kommentar (2012): Großkommentar zum Bürgerlichen Gesetzbuch. München, Beck Münchener Kommentar zum Bürgerlichen Gesetzbuch: BGB Bd. 8: Familienrecht II (§§1589–1921),SGB VIII (2012). München, Beck.

Münchener Kommentar zum FamFG, Bd. 1 (2018): 150 Rdn. 5. München, Beck Verlag.

Münder, J., Meysen, T. & Trenczek, T. (2019): Frankfurter Kommentar SGB VIII. Kinder- und Jugendhilfe. 8. Aufl. Baden-Baden, Nomos.

Munsinger, H. (1975): The Adopted Child's IQ: A Critical Review. Psychological Bulletin 82, 623–659.

Napp-Peters, A. (1988): Scheidungsfamilien – Interaktionsmuster und kindliche Entwicklung. Frankfurt a. M., Eigenverlag des Deutschen Vereins für öffentliche und private Fürsorge.

National Center on Child Abuse and Neglect (1988): Study Findings: Study of National Incidence and Prevalence of Child Abuse and Neglect. Washington D.C., US Department of Health and Human Services.

Naumann, S., Bertram, H., Kuschel, A., Heinrichs, N., Hahlweg, K. & Döpfner, M. (2010). Der Erziehungsfragebogen (EFB). Ein Fragebogen zur Erfassung elterlicher Verhaltenstendenzen in schwierigen Erziehungssituationen. In: https://doi.org/10.1026/0012-1924/a000018, 30.08.2022.

Nave-Herz, R. (2019): Familie heute. Wandel der Familienstrukturen und Folgen für die Erziehung. Wissenschaftliche Buchgesellschaft, Darmstadt.

Niehaus, S. (2018): Im Interesse kindlicher Opfer. Praxis der Rechtspsychologie 28 (2), 99–120.

Normann, K., & Loebel, A. (2011): Chancen und Grenzen der Mediation in der Arbeit mit Hochkonflikt-Familien. In: K. Menne & M. Weber (Hrsg.): Professionelle Kooperation zum Wohle des Kindes – Hinwirken auf elterliches Einvernehmen im familiengerichtlichen Verfahren (FamFG). Weinheim, Juventa, 173–190.

Norman, R. E., Byambaa, M., De, R., Butchart, R., Scott, J. & Vos, T. (2012): The Long-Term Health Consequences of Child Physical Abuse, Emotional Abuse, and Neglect: A Systematic Review and Meta-Analysis. Plos Medicine 9 (11).

Nunner-Winkler, G. & Paulus, M. (2018): Prosoziale und moralische Entwicklung. In: W. Schneider & U. Lindenberger (Hrsg.): Entwicklungspsychologie. Weinheim, Beltz, 538–558.

Oberloskamp, H. (1999): Sozial-Anwalt – ein Plädoyer für einen neuen Ausbildungsgang an der Fachhochschule. Kindschaftsrechtliche Praxis 2 (4), 115–117.

Oberloskamp, H. (2002): Beratungs- und Mitwirkungsauftrag der Jugendhilfe bei Trennung und Scheidung. Erfahrungen und Perspektiven drei Jahre nach der Kindschaftsrechtsreform. Kindschaftsrechtliche Praxis 5 (1), 3–9.

Oberloskamp, H. (2016): Das Jugendamt im familiengerichtlichen Verfahren. Zeitschrift für Kindschaftsrecht und Jugendhilfe 9–10, 334–344.

Oberloskamp, H., Griebel, W., Fthenakis, W., Wolf, A., Bott, R. & Bach, R. P. (2006): Problematische Adoptionsformen. In: H. Paulitz (Hrsg.): Adoption. Positionen, Impulse, Perspektiven. München, Beck, 101–180.
Offe, H. (2009): Lösungsorientierte Sachverständigentätigkeit im Familienrecht. Praxis der Rechtspsychologie 19 (2), 232–244.
Offe, H. & Offe, S. (2001): Das BGH-Urteil zum Polygraphen: Eine Herausforderung für die Psychologie. Praxis der Rechtspsychologie 11 (1), 5–15.
Oppenheim, D. (1997): The Attachment Dell Play Interview for Preschoolers. The International Journal of Behavioral Development 20, 681–697.
Ott, W. (2002): Elternauswahl und Elternberatung bei internationalen Adoptionen. Psychologisch wichtige Aspekte und Fragestellungen. In: W. Böcker & V. Krolzik (Hrsg): Adoptionen in der einen Welt. Hilfen zur Integration fremdländischer Kinder in Westeuropa. Idstein, Schulz-Kirchner, 31–44.

Paulitz, H. (1996): Das Spannungsverhältnis des Adoptionsdreiecks. Zentralblatt für Jugendrecht 83, 305–309.
Payk, T. R. (2015): Psychopathologie. Vom Symptom zur Diagnose. Berlin, Springer.
Perner, J. (1991): Understanding the Representational Mind. Bradford, MIT-Press.
Perner, J. (1998): Memory and Theory of Mind. In: E. Tulving, F. M. Craik (Hrsg.). The Oxford Handbook of Memory. New York, University of Oxford Press, 132–139.
Perner, J. & Leekam, S. R. (1986): Belief and Quantity. Three Years Olds Adaption to Listeners Knowledge. Journal of Child Language 13, 305–317.
Perrig-Chiello, P. & Knöpfli, B. (2019). Scheidung. Verläufe und Determinanten der psychischen Adaption. In: B. Kracke & P. Noack (Hrsg.). Handbuch Entwicklungs- und Erziehungspsychologie, Berlin, Springer, 493-505.
Peschel-Gutzeit, L. M. (1989): Das Recht zum Umgang mit dem eigenen Kinde. Berlin, Schweitzer.
Petermann, F. (2013): Psychologie des Vertrauens. Göttingen, Hogrefe.
Pfeiffer, C., Wetzels P. & Enzmann D. (1999): Innerfamiliäre Gewalt gegen Kinder und Jugendliche und ihre Auswirkungen. Kriminologisches Forschungsinstitut Niedersachsen. Forschungsbericht Nr. 80. Pflegekinderwesens. Zentralblatt für Jugendrecht 90 (10), 361–304.
Pfundmair, M. (2020): Psychologie bei Gericht. Berlin, Springer.
Phillipps, Ü.-M. (2000): Körper, Liebe, Doktorspiele. Ein Ratgeber für Eltern zur kindlichen Sexualentwicklung. Teil I: 1. bis 3. Lebensjahr. Köln, Bundeszentrale für gesundheitliche Aufklärung (BzgA).
Piaget, J. (1955): Die Entwicklung des Zeitbegriffs beim Kinde. Zürich, Rascher.
Piaget, J. (1969): Das Erwachen der Intelligenz beim Kinde. Stuttgart, Klett.
Piaget, J. (1978): Das Weltbild des Kindes. Stuttgart, Klett.
Piaget, J. (1983): Das moralische Urteil beim Kinde. München, dtv.
Pixa-Kettner, U. (2010): Zur Normalität der Elternschaft von Menschen mit Lernschwierigkeiten. In: G. Dobslaw & S. Meir (Hrsg.): Kinderwunsch und Elternschaft von Menschen mit geistiger Behinderung. Dokumentation der Arbeitstagung der DGSGB am 04.12.1009 in Kassel. Materialien der DGSGB, Bd. Berlin, Eigenverlag der DGSGB, 4–17.
Polizeiliche Kriminalstistik (2021): Opfer nach Alter und Geschlecht. Tabelle 91 (V1.0). Schlüssel 223000. In: https://www.bka.de/DE/AktuelleInformationen/StatistikenLagebilder/PolizeilicheKriminalstatistik/PKS2021/PKSTabellen/BundOpfertabellen/bundopfertabellen.html, 25.05.2022.
Posten, A.-C. & Christmann, S. (2021): Wie Imagination und intentionales Lügen die Erinnerung und die Überzeugung von der Richtigkeit der Erinnerung verändern. Praxis der Rechtspsychologie 31(1), 123–142.
Prayon-Blum, V. & Fegert, J. M. (2022): Gemeinsam getrennt erziehen. Zeitschrift für Kindschaftsrecht und Jugendhilfe 17 (1), 3–5.
Prenzlow, R. (2013): Verfahrensbeistand als Beruf – ein weiterer Schritt zur Qualifizierung der Interessensvertretung für Kinder und Jugendliche. Zeitschrift für Kindschaftsrecht und Jugendhilfe 6, 235–236.
Proksch, R. (2006): Theorie und Praxis von Mediation in Familienkonflikten. Köln, Bundesanzeiger.

Rabold, S. & Baier, D. (2007): Delinquentes Verhalten von Jugendlichen. Zur differentiellen Bedeutsamkeit verschiedener Bedingungsfaktoren. Sozialwissenschaftlicher Fachinformationsdienst Kriminalsoziologie und Rechtssoziologie 2, 9–42.
Raecke, J. (1926): Der Querulantenwahn. Ein Beitrag zur sozialen Psychiatrie. München, Bergmann.
Rakete-Dombek, I. (2002):. Das „Wechselmodell“ und die Folgen – für wen auch immer. Forum Familienrecht, 16–18.

Rakoczy, J., Tomasello, M., Striano, T. (2004): Young Children Know that Trying is Not Pretending – A Test of a „Belief-as-if" Construal of Children's Early Concept of „Pretense". Development Psychology 33, 12–21.

Ramsauer, B. (2011): Frühkindliche Bindung im Kontext einer depressiven Erkrankung der Mutter. In: S. Wiegand-Grefe, F. Mattejat & A. Lenz (Hrsg.): Kinder mit psychisch kranken Eltern. Klinik und Forschung. Göttingen, Vandenhoeck & Ruprecht, 171–179.

Rassenhofer, M., Hoffmann, U., Hermeling, L., Berthold, O., Fegert, J. M. & Ziegenhain, U. (2020): Misshandlung und Vernachlässigung. Leitfaden Kinder- und Jugendhilfe Bd. 28. Göttingen, Hogrefe.

Ratzke, K., Gebhardt-Kremplin, S. & Zander, B. (2008): Diagnostik der Erziehungsstile. In: M. Cierpka (Hrsg.): Handbuch der Familiendiagnostik. Heidelberg, Springer, 241–257.

Rauh, H. (2008): Vorgeburtliche Entwicklung und frühe Kindheit. In: R. Oerter & L. Montada (Hrsg.): Entwicklungspsychologie. Weinheim/Basel, Beltz, 149–224.

Raupp, U. & Eggers, C. (1993): Sexueller Mißbrauch von Kindern. Eine regionale Studie über Prävalenz und Charakteristik. Monatsschrift für Kinderheilkunde 141, 316–322.

Rechtslexikon.net. 10.000 Fachbegriffe des Rechts – ausführlich erläutert. 2012 Stichwort Querulanten (keine Seitenzahlen).

Rehder, U. & Meilinger, H.-G. (1997): Sexueller Mißbrauch – Straftat und inhaftierter Täter. Kriminalpädagogische Praxis 37, 31–44.

Reich, W. (2005): Erkennen-Beurteilen-Handeln. Ein Diagnoseninstrument bei Kindes-Gefährdung: Der Stuttgarter Kinderschutzbogen. In: G. Deegener & W. Körner (Hrsg.): Kindesmisshandlung und Vernachlässigung. Ein Handbuch. Göttingen, Hogrefe, 511–532.

Reifner, U. (1998): Recht ohne Richter – Zur Soziologie des Rechtsgebrauchs. In: J. Brand & D. Strempel (Hrsg.): Soziologie des Rechts. Festschrift für Erhard Blankenburg. Baden-Baden, Nomos, 103–127.

Reinecker, H. S. (2011): Zwangsstörungen. In: H.-U. Wittchen & J. Hoyer (Hrsg.): Klinische Psychologie und Psychotherapie. Berlin, Springer, 1005–1019.

Reiner, I. C., Fremmer-Bombik, E., Beutel, M. E., Steele, M. & Steele, H. (2013): Das Adult Attachment Interview — Grundlagen, Anwendung und Einsatzmöglichkeiten im klinischen Alltag. Zeitschrift für Psychosomatische Medizin und Psychotherapie 59 (3), 231–246.

Resch, F. & Fegert, J. M. (2012): Ätiologische Modelle. In: J. M. Fegert, C. Eggers & F. Resch (Hrsg.): Psychiatrie und Psychotherapie des Kindes- und Jugendalters. Springer, Berlin, 115–130.

Rexilius, G. (1999): Kindeswohl und PAS. Kindschaftsrechtliche Praxis 2 (5), 149–159.

Rey, E.-R. (2011): Psychotische Störungen und Schizophrenie. In: H.-U. Wittchen & J. Hoyer (Hrsg.): Klinische Psychologie und Psychotherapie. Berlin, Springer, 767–856.

Rind, B., Tromovitch, P. & Bauserman R. (1998): A Meta-Analytic Examination of Assumed Properties of Child Sexual Abuse Using College Samples. Psychological Bulletin 124 (1), 22–53.

Ringel, E. (1953): Der Selbstmord. Abschluss einer krankhaften Entwicklung. Magdeburg, Klotz

Ritterfeld, U. & Franke, U. (1994): Die Heidelberger Marschak Interaktions-Methode. Stuttgart, G. Fischer Verlag.

Rohmann, J. A. (2005): Feindselige Ablehnung eines Elternteils und elterliche erzieherische Verantworung. Teil 1. Kindschaftsrechtliche Praxis 5, 162–167.

Rohmann, J. A. (2010): Hinwirken auf die Herstellung des Einvernehmens durch den Sachverständigen – wie geht das? Familie Partnerschaft Recht 16 (10), 446–450.

Rohmann, J. A. & Stadler, M. (1999): Das Zueinander von Diagnostik und Intervention in der familienpsychologischen Sachverständigentätigkeit. Zentralblatt für Jugendrecht 86 (2), 37–45.

Rosenberg, D. A. (1987): Web of Deceit: A Literature Review of Munchausen Syndrom by Proxy. Child Abuse and Neglect 11, 547–563.

Rosenberg, D. A. (2002): Das Münchhausen-by-proxy-Syndrom – Falsches Spiel mit der Krankheit. In: M. Helfer, R. Kempe, & R. Krugmann (Hrsg.): Das misshandelte Kind. Frankfurt a. M., Suhrkamp, 615–642.

Rösner, S. & Schade, B. (1989): Der psychologische Sachverständige als Berater in Sorgerechtsverfahren. Zentralblatt für Jugendrecht 76 (10), 439–470.

Rossiter, A. B. (1991): Initiatorstatus and Separation Adjustment. Journal of Divorce & Remarriage 15, 141–155.

Rotter, J. B. (1966): Generalized Expectancies for Internal versus External Control of Reinforcement. Psychological Monograph 80, 18–30.

Rotter, J. B. (1975): Some Problems and Misconceptions Related to the Construct of Internal Versus External Control of Reinforcement. In: Journal of Consulting and Clinical Psychology 43, 56–67.

Rowen, J. & Emery, R. (2014): Examining Parental Denigration Behaviors of Co-Parents as Reported by Young Adults and Their Association With Parent-Child Closeness. Couple and Family Psychology: Research and Practice 3, 165–177.

Rücker, S. & Petermann, F. (2019): Auswirkungen von Inobhutnahme. In: Volbert, R., Huber, A., Jacob, A. & Kannegießer, A. (Hrsg.). Empirische Grundlagen der familienrechtlichen Begutachtung. Göttingen, Hogrefe, 320–332.

Rusch, S., Ziegler, M. & Lincoln, T. M. (2012): Soziale Phobien. In: M. Berking & W. Ried (Hrsg.): Klinische Psychologie und Psychotherapie. Bd. I. Grundlagen und Störungswissen. Berlin, Springer, 77–85.

Rutter, M. (1978): Bindung und Trennung in der frühen Kindheit. Weinheim, Juventa.

Sahlfeld, A.-L. & Zumbach-Basu, J. (2021): Beweisbeschlüsse im Familienrecht: Auftretenshäufigkeiten von Rechtsbegriffen und psychologischen Konstrukten in gerichtlichen Fragestellungen an psychologische Sachverständige. Rechtspsychologie 7, 314–340.

Salgo, L. (2005): Grenzen der Staatsintervention zur Durchsetzung des Umgangsrechts. In: S. Hofer, D. Klippel & U. Walter (Hrsg.): Perspektiven des Familienrechts – Festschrift für Dieter Schwab. Bielefeld, Gieseking, 891–910.

Salgo, L. (2010): Mitwirkung am Zustandekommen einer einvernehmlichen Regelung. Aufgaben und Pflichten des Verfahrensbeistandes. Familie Partnerschaft Recht 16 (10), 456–460.

Salgo, L. (2011): Einwilligung des Kindes und des Jugendlichen in die Unterbringung. Familie Partnerschaft Recht 17 (12), 546–549.

Salgo, L. (2018): Der qualifizierte Familienrichter als tragende Säule im Kinderschutz. Zeitschrift für Kindschaftsrecht und Jugendhilfe 13 (5), 168–173.

Salgo, L. (2020): Zur Entstehung und Entwicklung eigenständiger Interessenvertretung Minderjähriger. In: L. Salgo & K. Lack (Hrsg.). Verfahrensbeistandschaft. Ein Handbuch für die Praxis. Köln, Reguvis, 3–50.

Salgo, L. & Lack, K. (2013): Das Recht der Pflegekindschaft .In: R. Prenzlow (Hrsg.): Handbuch Elterliche Sorge und Umgang. Pädagogische, psychologische und rechtliche Aspekte. Berlin, Bundesanzeiger, 271–321.

Salgo, L., Zens, G., Fegert, J., Bauer, A., Weber, C. & Zitelmann (2020): Verfahrensbeistandschaft. Ein Handbuch für die Praxis. Köln, Bundesanzeiger.

Salzgeber, J. (2003): Rezension zu Gardner, R. A. (2002): Das Elterliche Entfremdungssyndrom (Parental Alienation Syndrom/PAS). Anregungen für gerichtliche Sorge- und Umgangsregelungen. Eine empirische Untersuchung. Berlin, Verlag für Wissenschaft und Bildung. Familie Partnerschaft Recht 9 (6), 258.

Salzgeber, J. (2018): Arbeitsbuch familienpsychologische Gutachten. München, Beck.

Salzgeber, J. (2020): Familienpsychologische Gutachten. 7. Aufl. München, Beck.

Salzgeber, J. & Bublath, K. (2019): Soll und kann der familienrechtspsychologische Sachverständige die Fragestellungen des Gerichts beantworten? FamRZ 21, 1753–1832.

Salzgeber, J., Bublath, K. & Posten, A.-C. (2020): Wird der Sachverständige zum Buhmann im familienrechtlichen Verfahren? Praxis der Rechtspsychologie 30, 133–158.

Salzgeber, J. & Fichtner, J. (2009): Neue Aufgaben für den Sachverständigen. Zeitschrift für Kindschaftsrecht und Jugendhilfe 8–9, 334–338.

Salzgeber, J., Fichtner, J. & Bublath, K. (2011): Verschriftlichung bei einer lösungsorientierten familienrechtspsychologischen Begutachtung. Zeitschrift für Kindschaftsrecht und Jugendhilfe 9, 338–343.

Samtleben, C. (2019): Auch an erwerbsfreien Tagen erledigen Frauen einen Großteil der Hausarbeit und Kinderbetreuung. DIW Wochenbericht 86 (10), 139–144.

Sanders, A. (2018): Mehrelternschaft. Mohr Siebeck, Tübingen.

Sanders, A. (2020): Woher – wohin? Familien(recht) im Wandel. In: 23. Deutscher Familiengerichtstag vom 18. bis 21. September 2019 in Brühl. Brühler Schriften zum Familienrecht Bd. 21.. Bielefeld, Gieseking, 27–41.

Saß, H. (2010): Der Exzess einer Tugend. Querulanz zwischen Persönlichkeit, Strukturverformung und Wahn. Forensische Psychiatrie, Psychologie, Kriminologie 4, 223 – 232.

Sauer-Kramer, A. & Klein, A. (2020): Konfliktentschärfung im Rahmen psychologischer Begutachtung. Zeitschrift für Konfliktmanagement ZKM 2020, Heft 01, 17–21.

Schade, B. & Harschneck, M. (2000): Die BGH-Entscheidung im Rückblick auf die Wormser Missbrauchsprozesse. Praxis der Rechtspsychologie 20 (Sonderheft 1), 28–47.

Schäder, B. (2019): Kindeswille und Umgangsvereitelung. FamRZ 14, 1120–1125.

Schäder, B. (2021): Umgangspflegschaft und Umgangsbegleitung. Jugendamt 94 (1), 2–8.

Schaffer, H. R. (1992): … und was geschieht mit den Kindern? Bern, Huber.
Schaumann, J. (1792): Ideen zu einer Criminalpsychologie. Halle.
Scheiwe, K. (2018): Der alternierende Aufenthalt des Kindes bei getrenntlebenden Eltern im Rechtsvergleich. In: D. Coester-Waltjen, V. Lipp, E. Schumann & B. Veit (Hrsg.). Das Wechselmodell – Reform im Kindschaftsrecht. 15. Göttinger Workshop zum Familienrecht 2017. Göttingen, Universitätsverlag, 1–32.
Schemm, K. & Köhnken, G. (2008): Voreinstellungen und das Testen sozialer Hypothesen im Interview. In: Volbert, R. & Steller. M. (Hrsg.): Handbuch der Rechtspsychologie. Göttingen, Hogrefe, 322–330.
Schemmel, J. & Volbert, R. (2021): Therapie oder Glaubhaftigkeit?. Report Psychologie 46 (10), 14–23.
Schick, A. (2000): Das Selbstwertgefühl von Scheidungskindern. Regensburg, Roderer.
Schleiffer, R. (1997): Adoption: psychiatrisches Risiko und/oder protektiver Faktor? Praxis der Kinderpsychologie und Kinderpsychiatrie 46, 645–659.
Schmidt, J.-R. (2021): Was will das Kind? Die Wechselwirkungen zwischen Recht und Psychologie bei der Frage nach dem Kindeswillen im kindschaftsrechtlichen Verfahren. Zeitschrift für Kindschaftsrecht und Jugendhilfe 11, 407–419.
Schmidt, C. M., Klein, S., Stock, P., Reinshagen, K. & Königs, I. (2020): Kindeswohlgefährdung – Ausweitung des Hellfeldes durch Neukonzeption der klinischen Kinderschutzarbeit. Bundesgesundheitsblatt 63, 1241–1249.
Schmidt-Denter, U. (1993): Eltern-Kind- und Geschwister-Beziehungen. In: M. Markefka & B. Nauck (Hrsg.): Handbuch der Kindheitsforschung. Neuwied, Luchterhand, 337–352.
Schmidt-Denter, U. (1997): Kindliche Reaktionen auf Trennung und Scheidung – Befunde aus der Kölner Langzeitstudie. Familie Partnerschaft Recht 3 (2), 57–59.
Schmidt-Denter, U. & Beelmann, W. (1995): Familiäre Beziehungen nach Trennung und Scheidung: Veränderungsprozesse bei Müttern, Vätern und Kindern. Forschungsbericht (2 Bände). Köln, Psychologisches Institut der Universität.
Schmidt-Denter, U. & ,Beelmann, W. (1997): Kindliche Symptombelastungen in der Zeit nach einer ehelichen Trennung – eine differentiell und längsschnittliche Betrachtung. Zeitschrift für Entwicklungspsychologie und Pädagogische Psychologie XXIX (1), 26–42.
Schmidt-Denter, U., & Beelmann, W. & Trappen, I. (1995): Innerfamiliäre Entwicklung nach Trennung und Scheidung. Ergebnisse der Kölner Längsschnittstudie. Report Psychologie 49 (3), 20–27.
Schneewind, K. A. (1987). Das „familiendiagnostische Testsystem" (FDTS): Ein Fragebogeninventar zur Erfassung familiärer Beziehungsaspekte auf unterschiedlichen Systemebenen. In: M. Cierpka (Hrsg.): Familiendiagnostik. Berlin, Springer, 320-342.
Schneewind, K. A. (1995): Familienentwicklung. In: R. Oerter & L. Montada (Hrsg.): Entwicklungspsychologie. Weinheim, Psychologie Verlags Union, 128–166.
Schneewind, K. A. (2010a): Familienpsychologie. Stuttgart, Kohlhammer.
Schneewind, K. A. (2010b): Vorwort: Familienpsychologie im Aufwind. In: K. A. Schneewind (Hrsg.): Familienpsychologie im Aufwind: Brückenschläge zwischen Forschung und Praxis (19–30). Göttingen., Hogrefe.
Schneewind, K. A. (2012): Brückenschläge zwischen Forschung und Anwendung. Familiendynamik 37 (2), 104–113.
Schneider, W. & Hasselhorn, M. (2018): Frühe Kindheit (3 bis 6 Jahre). In: W. Schneider & U. Lindenberger (Hrsg.): Entwicklungspsychologie. Weinheim, Beltz, 191–213.
Schneider, W. & Büttner, G. (1995): Entwicklung des Gedächtnisses. In: R. Oerter & L. Montada (Hrsg.): Entwicklungspsychologie. Weinheim, Psychologie Verlags Union, 654–704.
Schneider; W. & Lindenberger, U. (2018): Gedächtnis. In Schneider, W. & Lindenberger, U. (Hrsg.) Entwicklungspsychologie. Weinheim, Beltz 423–444.
Schnor, C. (2012): Trennungsrisiko von Paaren mit Kindern. Der Einfluss der Religion in West und Ostdeutschland. Zeitschrift für Familienforschung, Sonderheft 2012, 229–256.
Scholz, A. (1995): Zur Identitätsproblematik von Adoptierten. In: R. Bott (Hrsg.): Adoptierte suchen ihre Herkunft. Göttingen, Vandenhoek & Ruprecht, 52–68.
Schönfeld, S. Boos, A. & Müller, J. (2011): Posttraumatische Belastungsstörungen. In: H.-U. Wittchen & J. Hoyer (Hrsg.): Klinische Psychologie und Psychotherapie. Berlin, Springer, 985–1004.
Schröttle, M. (2012): Gewalterfahrungen und Diskriminierungen von Frauen mit Beeinträchtigungen und Behinderungen in Deutschland. Forum Kriminalprävention 3, 59–64.
Schröttle, M. & Müller, U. (2004): Lebenssituation, Sicherheit und Gesundheit von Frauen in Deutschland. Eine repräsentative Untersuchung zu Gewalt gegen Frauen in Deutschland im Auftrag des Bundesministeriums für Familie, Senioren, Frauen und Jugend. Bonn, BMFSFJ.

Schuhrke, B. (2004): Sexuelle Entwicklung im Kindes- und Jugendalter: Normalität und Störung. In: Körner, W. & Lenz, A. (Hrsg.): Sexueller Missbrauch Bd. I. Göttingen, Hogrefe, 164–190.
Schüle, H. (1886): Klinische Psychiatrie. Leipzig, Vogel.
Schüler, A. & Löhr, U. (2011): „Die Gruppe ist sie ein Versteck im Gebüsch". Gruppenarbeit mit Kindern aus (hochkonflikthaften) Trennungs- und Scheidungsfamilien. In: S. Walper, J. Fichtner & K. Normann (Hrsg.): Hochkonflikthafte Trennungsfamilien – Forschungsergebnisse, Praxiserfahrungen und Hilfen für Scheidungseltern und ihre Kinder. Weinheim, Juventa, 143–155.
Schulte, K. L., Szota, K. & Christiansen, H. (2021): Die Entwicklung von Sexualität bei Kindern und Jugendlichen mit sexuellen Gewalterfahrungen. Eine systematische Übersicht über Auswirkungen auf die Sexualität. Kindheit und Entwicklung 30 (3), 172–182.
Schulz von Thun, F. (2010): Miteinander reden 1: Störungen und Klärungen: Allgemeine Psychologie der Kommunikation. Reinbek, Rowohlt.
Schulz-Hardt, S. & Köhnken, K. (2000): Wie ein Verdacht sich selbst bestätigen kann: Konfirmatorisches Hypothesentesten als Ursache von Falschbeschuldigen wegen sexuellen Kindesmissbrauchs. Praxis der Rechtspsychologie 10 (Sonderheft 1), 60–88.
Schwabe-Höllein, M., Kindler, H. & August-Frenzel, P. (1997): Der Bindungsaspekt von Eltern-Kind-Beziehungen. Forschungsstand und Anwendung in der familienpsychologischen Begutachtung. Praxis der Rechtspsychologie 7 (1), 6–21.
Schwarze C. & Hahn, G. (2016): Herausforderungen Pädophilie. Beratung, Selbsthilfe, Prävention. Köln, Psychiatrie Verlag.
Schwenn, J. (2013): Merkmale eines Fehlurteils. Forensische Psychiatrie, Psychologie, Kriminologie 7 (4), 258–263.
Schwenzer, I. (2008): Ein Familienrecht für das 21. Jahrhundert. Festvortrag auf dem 17. Deutschen Familiengerichtstag. Brühler Schriften zum Familienrecht Bd. 15, 27–40.
Schweppe, K & Bussian, J. (2012): Die Kindesanhörung aus familienrichterlicher Sicht. Zeitschrift für Kindschaftsrecht und Jugendhilfe 1, 13–20.
Scourfield, J. (2000): The Rediscovery of Child Neglect. The Sociological Review 48 (3), 365–382.
Seiffge-Krenke, I., Lohaus, A. (Hrsg.) (2007): Stress und Stressbewältigung im Kindes- und Jugendalter. Göttingen, Hogrefe.
Seitz, N. N., Lochbühler, K., Atzendorf, J., Rauschert, C., Pfeiffer-Gerschel, T. & Kraus, L. (2019): Trends des Substanzkonsums und substanzbezogener Störungen. Auswertung des Epidemiologischen Suchtsurveys von 1995 bis 2018. Deutsches Ärzteblatt 116 (35–36), 585–591.
Seligman, M. E. P. (1999): Erlernte Hilflosigkeit. München, Psychologie Verlags Union.
Selman, R. L. (1984): Die Entwicklung des sozialen Verstehens. Entwicklungspsychologische und klinische Untersuchungen. Frankfurt a. M., Suhrkamp.
Sgroi, S. M., Porter, F. S. & Blick, L. C. (1982): Validation of Child Sexual Abuse. In: Handbook of Clinical Intervention in Child Sexual Abuse. Toronto, Lexington Books, 14–24.
Shaw, J. & Porter, S. (2015): Constructing Rich False Memories of Committing Crime. Psychological Science 26 (3), 291–301.
Shepherd, M., Watt, D., Falloon, I. & Smeeton, N. (1989): The Natural History of Schizophrenia: A Five-Year Follow-Up Study of Outcome and Prediction in an Representative Sample of Schizophrenics. Psychological Medicine Monograph 15, 1–46.
Sheridan, M. S. (2003): The Deceit Continues: An Updated Literature Review of Munchhausen Syndrome by Proxy. Child Abuse & Neglect 27, 431–451.
Shultz, T. R., Wells, D. & Sarda, M. (1980): Development of the Ability to Distinguish Intended Actions from Mistakes, Reflexes, and Passive Movements. British Journal of Social and Clinical Psychology 19, 301–310.
Silbereisen, R. K. (1995): Soziale Kognition. Entwicklung von sozialem Wissen und Verstehen. In: R. Oerter & L. Montada (Hrsg.): Entwicklungspsychologie. Weinheim, Beltz, 823–861.
Silbereisen, R. K. & Weicholdt, K. (2012): Jugend (12-19 Jahre). In: W. Schneider & U. Lindenberger (Hrsg.): Entwicklungspsychologie. Weinheim, Beltz, 235–258.
Simmel, C. (2007): Risk and Protective Factors Contributing to the Longitudinal Psychosocial Well-Being of Adopted Foster Children. Journal of Emotional and Behavioral Disorders 15, 237–249.
Skatsche, R., Buchegger, M., Schulter, G. & Papoušek, I. (2013): Strukturiertes Interview zur Erfassung der Eltern-Kind-Interaktion (SKEI). Ein Verfahren zur Diagnostik der emotionalen Beziehung im familienrechtlichen Kontext. Weiterentwicklung des Parent Attachment Structured Interview (PASI) von Samuel Roll, Julianne Lockwood & Elisabeth J. Roll. Bern, Huber.

Skatsche, R. & Rominger, C. (2013): Neuere Entwicklungen in der Familien Diagnostik bei Sorgerechtsentscheidungen. Praxis der Rechtspsychologie 23 (2), 327–338.

Slater, A., Filed, T. & Hernandz-Reif, N. (2007): The Development of the Senses. In: A. Salter & M. Lewis (Hrsg.): Introduction to Infant Development. Oxford, Oxford Univerity Press, 81–102.

Sodian, B. (2018): Denken. In Schneider, W. & Lindenberger, U. (Hrsg.): Entwicklungspsychologie. Weinheim, Beltz, 395–422.

Sodian, B., Perbst, H. & Meinhardt, J. (2012): Entwicklung der Theory of Mind in der Kindheit. In: H. Förstl (Hrsg.): Theory of Mind. Neurobiologie und Psychologie sozialen Verhaltens. Berlin, Springer, 61–77.

Sodian, B. & Thoermer, C. (2006): Theory of Mind. In: W. Schneider & B. Sodian (Hrsg.): Enzyklopädie der Psychologie. Themenbereich C: Theorie und Forschung. Serie V: Entwicklungspsychologie. Bd. 2: Kognitive Entwicklung, 495–608. Göttingen, Hogrefe.

Sodian, B. & Ziegenhain, U. (2012): Die normale psychische Entwicklung und ihre Varianten. In: J. M. Fegert, C. Eggers & R. Resch (Hrsg.): Psychiatrie und Psychotherapie des Kindes- und Jugendalters. Berlin, Springer, 35–59.

Solomon, J. & George, C. (1999): The Development of Attachment in Divorced and Separated Families. Attachment & Human Development 1, 2–33.

Spangler, G. (2003): Beiträge der Bindungsforschung zur Situation von Kindern aus Trennungs- und Scheidungsfamilien. Praxis der Rechtspsychologie 13 (Sonderheft 1),76–90.

Spangenberg, B. & Spangenberg, E. (1994): Umgang mit dem „Nein" – Vermittlung des Umganges gegen den ausgesprochenen Willen des sorgeberechtigten Elternteils. Zeitschrift für Jugendrecht 81 (11), 458–461

Spangler, G., Grossmann, K., Grossmann K. E. & Fremmer-Bombik, E. (2000): Individuelle und soziale Grundlagen von Bindungssicherheit und Bindungsdesorganisation. Psychologie in Erziehung und Unterricht 47 (3), 203–220.

Spangenberg, B. & Spangenberg, E. (1998): Die Bedeutung von Alkoholmissbrauch bei Sorge- und Umgangsregelungen aus rechtlicher und psychologischer Sicht. Familie Partnerschaft Recht 4, 27–30.

Spangler, G. & Zimmermann, P. (2009): Die Bindungstheorie. Grundlagen, Forschung und Anwendung. Stuttgart, Klett-Cotta.

Spangler, G. & Zimmermann, P. (2021): Erfassung von Merkmalen kindlicher Bindung in familienrechtlichen Verfahren: Methodische Überlegungen. Praxis der Rechtspsychologie 31 (2), 53–86.

Spinazzola, J., Hodgdon, H., Liang, L.-J., Ford, J. D., Layne, C. M., Pynoos, R., Briggs, E. C., Stolbach, B., & Kisiel, C. (2014): Unseen Wounds: The Contribution of Psychological Maltreatment to Child and Adolescent Mental Health and Risk Outcomes. Psychological Trauma: Theory, Research, Practice, and Policy 6 (1), 18–28.

Spitz, R. A. (1945): Hospitalism: An Inquiry into the Genesis of Psychiatric Conditions in Early Childhood. The Psychoanalytic Study of the Child 1, 53–74.

Stadler, L. (2012): Misshandlung und Vernachlässigung in der Kindheit: Epidemiologie, Risikofaktoren und Reviktimisierung im Erwachsenenalter. Praxis der Rechtspsychologie 22 (2), 419–446.

Stadler, L., Bieneck, S. & Wetzels, P. (2012): Viktimisierung durch sexuellen Kindesmissbrauch: Befunde national-repräsentativer Dunkelfeldforschung zu Entwicklungstrends in Deutschland. Praxis der Rechtspsychologie 22 (1), 190–220.

Stadler, L. & Pfeiffer, C. (2010): Interpersonale Gewalterfahrungen und „Viktimisierungspfade". Praxis der Rechtspsychologie 20 (2), 231–255.

Stadler, M. & Salzgeber, J. (1999a): Berufsethischer Kodex und Arbeitsprinzipien für die Vertretung von Kindern und Jugendlichen – Sprachrohr und/oder Interessenvertreter? Familie Partnerschaft Recht 5 (5), 329–338.

Stadler, M., & Salzgeber, J. (1999b): Parental Alienation Syndrom (PAS). Alter Wein in neuen Schläuchen. Familie Partnerschaft Recht 5 (4), 231–235.

Städtler, T. (1998): Lexikon der Psychologie. Stuttgart, Kröner.

Statistisches Bundesamt (2015): Zeitverwendungserhebung 2012/2013. Wiesbaden, Statistisches Bundesamt. In: https://www.destatis.de/DE/Themen/Gesellschaft-Umwelt/Einkommen-Konsum-Lebensbedingungen/Zeitverwendung/_inhalt.html?__blob=publicationFile, 11.07.2022

Statistisches Bundesamt (2021a): Zwei Monate Elterngeld: Drei von vier Männern planten 2020 mit der Mindestdauer. Pressemitteilung: Zahl der Woche Nr. 19 vom 11. Mai 2021. In: https://www.destatis.de/DE/Presse/Pressemitteilungen/Zahl-der-Woche/2021/PD21_19_p002.html;jsessionid=DC849D4754B5CADFAE2833341B8C3EFD.live741, 08.07.2022.

Statistisches Bundesamt (2021b): Statistiken der Kinder und Jugendhilfe. Adoptionen 2020. In: https://www.destatis.de/DE/Themen/Gesellschaft-Umwelt/Soziales/Adoptionen/Publikationen/Downloads/adoptionen-5225201207004.pdf?__blob=publicationFile, 10.07.2022.

Statistisches Bundesamt (2021c): 5 % weniger erzieherische Hilfe im Corona-Jahr 2020. Pressemitteilung Nr. 502 vom 29. Oktober 2021. In: https://www.destatis.de/DE/Presse/Pressemitteilungen/2021/10/PD21_502_225.html, 02.09.2022.

Statistisches Bundesamt (2021d). Statistiken der Kinder- und Jugendhilfe. Gefährdungseinschätzungen nach § 8a Abs. 1 SGB VIII. 2020. In: https://www.destatis.de/DE/Themen/Gesellschaft-Umwelt/Soziales/Kinderschutz/Publikationen/Downloads-Kinderschutz/gefaehrdungseinschaetzungen-5225123207004.pdf;jsessionid=6337B932D8273FF26A19883CD8F54CD4.live731?__blob=publicationFile, 04.09.2022.

Statistisches Bundesamt (2022a): Maßnahmen des Familiengerichts bei Kindeswohlgefährdung: Deutschland, Jahre, Art der eingeleiteten Maßnahmen, Geschlecht, Altersgruppen (Tabelle 22522–0004). In: https://www-genesis.destatis.de/genesis/online?operation=abruftabelleBearbeiten&levelindex=1&levelid=1657473596163&auswahloperation=abruftabelleAuspraegungAuswaehlen&auswahlverzeichnis=ordnungsstruktur&auswahlziel=werteabruf&code=22522-0004&auswahltext=&werteabruf=Werteabruf#abreadcrumb, 10.07.2022.

Statistisches Bundesamt (2022b): Gestorbene, Jahre, Ursachen, Geschlecht. In: https://www-genesis.destatis.de/genesis/online?sequenz=tabelleErgebnis&selectionname=23211-0002&sachmerkmal=TODUR1&sachschluessel=TODESURS78&startjahr=1980#abreadcrumb, 10.07.2022.

Steindorff, C. (Hrsg.) (1994): Vom Kindeswohl zu den Kindesrechten. Neuwied, Luchterhand.

Steine, I. M., Harvey, A. G., Krystal, J. H., Milde, A. M., Gronli, J., Bjorvatn, B., Nordhus, I. H., Eid, J. & Pallesen, S. (2012): Sleep Disturbances in Sexual Abuse Victims: A Systematic Review. Sleep Medicine Review 16(1), 15–25.

Steiner, L. M. (2009): Effect of Age, Initiatorstatus and Infidelity on Womens Divorce Adjustment. Dissertation. Regent University London.

Steller, M. (2008): Glaubhaftigkeitsbegutachtung. In: R. Volbert & M. Steller (Hrsg.): Handbuch der Rechtspsychologie. Göttingen, Hogrefe, 300–310.

Steller, M. (2020): Stand und Herausforderungen der Aussagepsychologie. Forensische Psychiatrie, Psychologie, Kriminologie 14 (2), 188–196.

Stiller, A. & Hellmann, D. F. (2017): In the Aftermath of Disclosing Child Sexual Abuse. Consequences, Needs and Wishes. Journal of Sexual Aggression 23(3), 251–265.

Stiller, A. & Neubert, C. (2020): Partnerschaftliche Gewalt in Familien mit Kindern – Was passiert nach einer polizeilichen Wegweisung. FB Nr. 159 Teil 1. Kriminologisches Forschungsinstitut Niedersachsen.

Stompe, T. (2013): Psychische und somatische Folgen bei Opfern sexuellen Kindesmissbrauchs. In: T. Stompe, W. Laubichler & H. Schanda (Hrsg.): Sexueller Kindesmissbrauch und Pädophilie. Berlin, Medizinisch Wissenschaftliche Verlagsgesellschaft, 165–181.

Stompe, T., Laubichler, W. & Schanda, H. (2013) (Hrsg.): Sexueller Kindesmissbrauch und Pädophilie. Berlin, Medizinisch Wissenschaftliche Verlagsgesellschaft.

Stötzel, M. (2009): Verfahrensbeistand und Umgangspflegschaft – Aufgaben und Befugnisse. Familie Partnerschaft Recht 15 (1), 27–30.

Stötzel, M. (2010): Möglichkeiten der Interventionen der professionellen Verfahrensbeteiligten. Familie Partnerschaft Recht 16 (10), 425–428.

Straus, M. A. (1990): New Scoring Methods for Violence and Norms for the Conflict Tactics Scale. In: M. A. Straus & R. J. Gelles (Hrsg.): Physical Violence in American Families. New Brubnswick, Transaction Publishers, 535–559.

Straus, M. A., Hamby, S. L., Boney-McCoy, S. & Sugarman, D. B. (1996): The Revised Conflict Tactics Scales (CTS2): Development and Preliminary Psychometric Data. Journal of Family Issue 17, 283–316.

Stroebel, S. S., O'Keefe, S. L., Beard, K. W., Kuo, S. Y. Swindell S. & Kommor. M. J. (2012): Father-Daughter Incest: Data from an Anonymous Computerized Survey. Journal of Child Sexual Abuse 21 (2), 176–199.

Strunk, P. (1997): Scheiden tut weh – Begutachtung der Beziehungsproblematik des Kindes. In: G. Lehmkuhl & U. Lehmkuhl (Hrsg.): Scheidung – Trennung – Kindeswohl. Weinheim, Beltz, 135–155.

Sullivan, M. J. (2009): New Services for Families in the Divorce Transition. In: S. Höfling (Hrsg.): Studies & Comments. 8. Interventionen zum Kindeswohl. München, Hanns-Seidel-Stiftung, 101–112.

Sünderhauf, H. (2013): Das Wechselmodell. Psychologie – Recht – Praxis. Abwechselnde Kinderbetreuung durch Eltern nach Trennung und Scheidung. Wiesbaden, Springer.

Swientek, C. (1993): Beratung für abgebende Mütter vor und nach der Freigabe des Kindes. In: R. A. C. Hoksbergen & M. R. Textor (Hrsg.): Adoption. Grundlagen, Vermittlung, Nachbetreuung, Beratung. Freiburg im Breisgau, Lambertus, 167–173.

Swientek, C. (2001): Warum anonym – und nicht nur diskret? Familie Partnerschaft Recht 7 (5), 353–357.

Tagesspiegel (2022): Buschmann kündigt größte Familienrechtsreform seit Jahrzehnten an. In: https://www.tagesspiegel.de/politik/bis-zur-mitte-der-wahlperiode-buschmann-kuendigt-groesste-familienrechtsreform-seit-jahrzehnten-an/27957518.html, 11.07.2022.

Tausch, R. & Tausch, A. (1971): Erziehungspsychologie. Göttingen, Hogrefe.

Tazi-Preve, M. I., Kapella, O., Kaindl, M., Klepp, D., Krenn, B., Seyyed-Hashemi, S. & Titton, M. (2007): Väter im Abseits. Zum Kontaktabbruch der Vater-Kind-Beziehung nach Scheidung und Trennung. Wiesbaden, Verlag für Sozialwissenschaften.

Teicher, M. H. (2010): Frühe Misshandlungs- und Missbrauchserfahrungen: Gene, Gehirn, Zeit und Pathologie. In: K. H. Brisch (2010): Bindung und frühe Störung der Entwicklung. Stuttgart, Klett-Cotta.

Tewes, U. (2016): Psychologie im Familienrecht – zum Nutzen oder Schaden des Kindes? Berlin, Springer.

Textor, M. R. (1988): Adoptierte auf der Suche nach ihrer Herkunft. Soziale Arbeit 12, 456–461.

Textor, M. R. (1990): Die unbekannten Eltern. Adoptierte auf der Suche nach ihren Wurzeln. Zentralblatt für Jugendrecht 77, 10–14.

Textor, M. R. (1991): Offene Adoptionsformen. Nachrichtendienst des Deutschen Vereins für öffentliche und private Fürsorge 71, 107–111.

Textor, M. R. (1993): Inlandsadoptionen: Herkunft, Familienverhältnisse und Entwicklung der Adoptivkinder. In: R. A. C. Hoksbergen & M. R. Textor (Hrsg.): Adoption. Grundlagen, Vermittlung, Nachbetreuung, Beratung. Freiburg im Breisgau, Lambertus.

Thom, J., Bretschneider, J., Kraus, N., Handerer, J. & Jacobi, F. (2019): Versorgungsepidemiologie psychischer Störungen. Bundesgesundheitsblatt 62, 128–139.

Thompson, S. C. (1981): Will it Hurt Less if I Can Control it? A Complex Answer to a Simple Question. Psychological Bulletin 90, 89–101.

Thomsen, C. S. (2011): Abbruchkriterien in der Mediation von Familienkonflikten. Praxis der Rechtspsychologie 21 (2), 263–279.

Tölle, R. (1999): Psychiatrie. Berlin, Springer.

Tremblay, C., Hebert, M, & Piche, C. (2000): Type I and Type II Posttraumatic Stress Disorder in Sexually Abused Children. Journal of Child Sexual Abuse 9, 65–90.

Trenczek, P., Düring, D. & Neumann-Witt, A. (2017): Inobhutnahme. München, Boorberg Verlag.

Trickett, P., Noll, J. G. & Putnam, F.W. (2011): The Impact of Sexual Abuse on Female Development: Lessons from a Multigenerational, Longitudinal Research Study. Development and Psychopathology 23, 453–476

Trinder, L. Kellet, J. & Swift, L. (2008): The Relationship Between Contact and Child Adjustment in High Conflict Cases after Divorce or Separation. Child and Adolescent Mental Health 13 (4), 181–187.

Tröster, H. (2010). Eltern-Belastungs-Inventar (EBI). Deutsche Version des Parenting Stress Index (PSI) von R. R. Abidin. Göttingen, Hogrefe.

Trudewind, C. & Steckel, R. (2009): Diagnostik der Bindungsqualität bei 8- bis 14-jährigen Kindern – Der Bochumer Bindungstest (BoBiTe). In: H. Julius, B. Gasteiger-Klicpera & R. Kißgen (Hrsg.): Bindung im Kindesalter. Diagnostik und Interventionen. Göttingen, Hogrefe, 176–198.

Tversky, A. & Kahneman, D. (2004): Judgment Under Uncertainty: Heuristics and Biases. Cambridge, Cambridge University Press, 203–220.

Tversky. A. & Kahnemann, D. (2015): Causal Schemas in Judgments under Uncertainty. In: Fishbein, M. (Hrsg.): Progress in Social Psychology. London, Psychology Press, 49–71.

Undeutsch, U. (1967): Beurteilung der Glaubhaftigkeit von Aussagen. In: U. Undeutsch (Hrsg.): Handbuch der Psychologie. Bd. 11: Forensische Psychologie. Göttingen, Hogrefe, 26–181.

Undeutsch, U. (1992): Highlights of the History of Forensic Psychology in Germany. In: F. Lösel, D. Bender & T. Bliesener (Hrsg.): Psychology and Law. International Perspectives. Berlin, de Gruyter, 509–518.

Undeutsch, U. (1996): Die Untersuchung mit dem Polygrafen („Lügendetektor") – eine wissenschaftliche Methode zum Nachweis der Unschuld. Zeitschrift für das gesamte Familienrecht 6, 329–331.

Unrau, Y. A., Seita, J. R. & Putney, K. S. (2008): Former Foster Youth Remember Multiple Placement Moves: A Journey of Loss and Hope. Children and Youth Services Review 30, 1256–1266.

Ury, W. L., Brett, J. M. & Goldberg, S. B. (1996): Konfliktmanagement. Wirksame Strategien für den sachgerechten Interessenausgleich. München, Heyne.

Vaish, A., Carpenter, M. & Tomasello, M. (2010): Young Children Selectively Avoid Helping People with Harmful Intentions. Child Development 81 (6), 1661–1669.
van den Dries, L., Juffer, F., van IJzendoorn, M. H., Bakermans-Kranenburg, M. J. (2009): Fostering Security? A Metaanalysis of Attachment in Adopted Children. Children and Youth Services Review 31, 410–421.
van Lawick & Visser (2017): Kinder aus der Klemme – Interventionen für Familien in hochkonflikthaften Trennungsprozessen. Heidelberg, Carl Auer Verlag.
van Santen, E., Pluto, L. & Seckinger, M. (2021): Scheinbare Gewissheiten zu (Dauer-)Pflegeverhältnissen. Zeitschrift für Kindschaftsrecht und Jugendhilfe 11 (3), 100–108.
Vaskovics, L. A. (2016): Segmentierung und Multiplikation der Elternschaft und Kindschaft: Ein Dilemma für die Rechtsregelung? Recht der Jugend und des Bildungswesens 64, 194–209.
Vehrs, W. (1999): Standards einer psychophysiologischen Aussagebeurteilung am Institut für Forensische Psychophysologie (IFP). In: J. Salzgeber, M. Stadler & S. Willutzki (Hrsg.): Polygraphie. Möglichkeiten und Grenzen der psychophysiologischen Aussagebegutachtung. Köln, Bundesanzeiger, 19–29.
Vergho, C. (2001): Gerichtsnahe Beratung und Vermittlung bei Scheidungskonflikten. Kindschaftsrechtliche Praxis 4 (3), 71–75.
Vergho, C. (2009): Begleiteter Umgang im Kontext häuslicher Gewalt. Praxis der Rechtspsychologie 19 (1), 124 – 145.
Vesting, C. (2013): Die Haftung des Sachverständigen bei fehlerhaften Feststellungen im Rahmen der Verfahren nach §151 FamFG. Praxis der Rechtspsychologie 23 (2), 434–454.
Voelcker-Rehage, C. (2021): Gesundheit. In Schneider, W. & Lindenberger, U. (Hrsg.): Entwicklungspsychologie. Weinheim, Beltz, 745–760.
Vogel, H. (2011): Recht zum Streit und Pflicht zur Entscheidung- Rechtsgewährungsanspruch. Praxis der Rechtspsychologie 21 (2), 190–194.
Vogel, H. (2014): Die familiengerichtliche Genehmigung der Unterbringung mit Freiheitsentziehung bei Kindern und Jugendlichen in nach §1631b BGB. Bielefeld, Gieseking.
Volbert, R. (1995): Sexueller Missbrauch von Kindern – Definition und Häufigkeit. Familie Partnerschaft Recht 1, 54–55.
Volbert, R. (2005): Sexuelles Verhalten von Kindern: Normale Entwicklung oder Indikator für sexuellen Mißbrauch? In: Amann, G. & Wipplinger, R. (Hrsg.): Sexueller Missbrauch. Tübingen, dgvt, 449–462.
Volbert, R. (2008): Suggestion. In: R. Volbert, M. Steller (Hrsg.): Handbuch der Rechtspsychologie. Göttingen, Hogrefe, 331–341.
Volbert, R., Huber, A., Jakob, A. & Kannegießer, A. (Hrsg.) (2019): Empirische Grundlagen der familienrechtlichen Begutachtung. Göttingen, Hogrefe.
Volbert, R. & Steller, M. (2008): Vorwort. In: R. Volbert & M. Steller (Hrsg.): Handbuch der Rechtspsychologie. Göttingen, Hogrefe, 11–12.
Völker, M. & Clausius, M. (2021): Sorge- und Umgangsrecht in der Praxis. Bonn, Deutscher Anwaltsverlag.
Volkert, J., Gablonski, T.-C. & Rabung, S. (2018): Prevalence of Personality Disorders in the General Adult Population in Western Countries. The British Journal of Psychiatry 213, 709–715.

Wacker, A. (2010): Überlegungen zur Umgangspflegschaft. Zeitschrift für Kindschaftsrecht und Jugendhilfe 7, 256.
Walden, J. & Grunze, H. (2009): Bipolare affektive Störungen. Stuttgart, Thieme.
Wallbott, H. G. (2000): Empathie. In: J. H. Otto, H. A. Euler & H. Mandl (Hrsg.): Emotionspsychologie. Ein Handbuch. Weinheim, Psychologische Verlagsunion, 370–380.
Waller, K. L. (2007): Trait Self-Esteem Moderates the Effect of Initiator Status on Emotional and Cognitive Responses to Romantic Relationship Dissolution. Kingston, Queens University.
Wallerstein, J. & Blakeslee, S. (1989): Gewinner und Verlierer – Frauen, Männer, Kinder nach der Scheidung. München, Droemer Knaur.
Wallerstein, J. & Kelly, J. B. (1980): Surviving the Breakup. New York, Basic Books.
Wallerstein, J. & Lewis, J. (2001): Langzeitwirkungen der elterlichen Scheidung auf Kinder. Eine Längsschnittuntersuchung über 25 Jahre. Zeitschrift für das gesamte Familienrecht 48 (2), 67–74.
Wallerstein, J., Lewis, J. & Blakeslee, S. (2002): Scheidungsfolgen – Die Kinder tragen die Last. Eine Langzeitstudie über 25 Jahre. Münster, Votum.

Walper, S. (2006): Umgangsrecht im Spiegel psychologischer Forschung. In: Deutscher Familiengerichtstag (Hrsg.): Sechzehnter Deutscher Familiengerichtstag 2005. Brühler Schriften zum Familienrecht, Bd. 14. Gieseking, Bielefeld, 100–130.

Walper, S. (2008): Sozialisation und Armut. In: K. Hurrelmann, M. Grundmann & S. Walper (Hrsg.): Handbuch Sozialisationsforschung. Weinheim, Beltz, 203–216.

Walper, S. (2016): Arrangements elterlicher Fürsorge nach Trennung und Scheidung: Das Wechselmodell im Licht neuer Daten aus Deutschland. In: Deutscher Familiengerichtstag (Hrsg.): 21. Deutscher Familiengerichtstag 2015. Brühler Schriften zum Familienrecht, Bd. 19. Gieseking, Bielefeld, 99–143.

Walper, S. (2020): Trennungsfamilien in Deutschland. Ein Fokus auf das Engagement von Vätern und Perspektiven von Kindern. ZSE 1, 4–18.

Walper, S., Entleitner-Phleps, C. & Langmeyer, A. N. (2020): Betreuungsmodelle in Trennungsfamilien. Ein Fokus auf das Wechselmodell. ZSE 1, 62–80.

Walper, S. & Krey, M. (2011): Eltern Kurse zur Förderung der Trennungssbewältigung und Prävention von Hochkonflikthaftigkeit. Das Beispiel „Kinder im Blick“. In: S. Walper, J. Fichtner & K. Normann (Hrsg.): Hochkonflikthafte Trennungsfamilien – Forschungsergebnisse, Praxiserfahrungen und Hilfen für Scheidungseltern und ihre Kinder. Weinheim, Juventa, 189–212.

Walper, S. & Langmeyer, A. (2008): Auswirkungen einer elterlichen Scheidung auf die Entwicklung der Kinder. Zeitschrift für Kindschaftsrecht und Jugendhilfe (3), 94–97.

Walper, S., Lux, U., Entleitner-Phleps, C. & Bovenschen, I. (2017): Mater semper certa est? – Psychologische Perspektiven neuer Elternschaften durch die Entwicklungen der Reproduktionsmedizin. Praxis der Rechtspsychologie 27 (2), 21–45.

Walper, S., Thönnissen, C., Wendt, E.-V. & Bergau, B. (2009): Geschwisterbeziehungen in riskanten Familienkonstellationen. Sozialpädagogisches Institut des SOS Kinderdorf. München, Eigenverlag.

Walter, E. (1999): Begleiteter Umgang (§1684 Abs. 4 BGB) – Erfahrungen, Konzeptionen, Praxismodelle und neue Möglichkeiten. Familie Partnerschaft Recht 5, 204–211.

Walter, E. (2000): Begleiteter Umgang nach einem Berliner Modell: Aufgabenbereiche und Überschneidungen mit benachbarten Tätigkeitsfeldern der Jugendhilfe und der Familiengerichtsbarkeit – Vernetzung und Abgrenzung. In: A. Haid-Loh, K. Normann-Kossak & E. Walter (Hrsg.): Begleiteter Umgang. Konzepte, Probleme und Chancen der Umsetzung des reformierten §18 SGB VIII. Berlin, Eigenverlag des Evangelischen Zentralinstituts für Familienberatung, 64–99.

Walter, E. (2009): Umgangspflicht aus psychologischer Sicht. Praxis der Rechtspsychologie 19 (1), 17–32.

Walter, E. (2013): Unterschiede zwischen Beziehungen und Bindungen – was sagen der Gesetzgeber und die psychologische Wissenschaft? Familie Partnerschaft Recht 19 (5), 177–183.

Walter, D. & Döpfner, M. (2020): Schulvermeidung. Leitfaden Kinder und Jugendpsychotherapie. Bd. 29. Göttingen, Hogrefe.

Warren, S. B. (1992): Lower Threshold for Referral for Psychiatric Treatment for Adopted Adolescents. Journal of the American Academy of Child and Adolescent Psychiatry 31, 512–517.

Waters, E. (1995): The Attachment Q-Set (Version 3.0). Monographs of the Society for Research in Child Development 60, 71–91.

Watzlawick, P. (2021): Anleitung zum Unglücklichsein. München, Piper.

Watzlawick, P., Beavin, J. H. & Jackson, D. D. (2017): Menschliche Kommunikation. Störungen, Formen, Paradoxien. Bern, Huber.

Weber, G. & Rohjan, J. (2009): Intellektuelle Beeinträchtigung. In: S. Schneider & J. Margraf (Hrsg.): Lehrbuch der Verhaltenstherapie. Bd. 3: Störungen im Kindes- und Jugendalter. Heidelberg, Springer, 351–366.

Wegschneider, S. (1988): Es gibt doch eine Chance: Hoffnung und Heilung in der Alkoholikerfamilie. Widberg, Bögner-Kaufmann.

Welker, B.-W. (2000): Justizvollzug 2000. Eine (vollzugs)-psychologische Bestandsaufnahme. Report Psychologie 26, 14–25.

Wellman, H. M. (1990): The Child's Theory of Mind. Cambridge/Mass., Bradford Book MIT Press.

Wellman, H. M., Cross, L. & Watson, N. (2001): A Meta-Analysis of Theory-of-Mind Development: The Truth about the False Belief. Child Development 72, 655–684.

Wendt, F. & Kröber, H.-L. (2009): Ältere Pädophile: Kein Rückgang der Delinquenz. Forensische Psychiatrie, Psychologie und Kriminologie 3, 221–229.

Westhoff, K., Terlinden-Arzt, P. & Klüber, A. (2000): Entscheidungsorientierte psychologische Gutachten für das Familiengericht. Berlin, Springer.

Wetzels, P. (1997b): Zur Epidemiologie physischer und sexueller Gewalterfahrungen in der Kindheit. Forschungsbericht Nr. 59. Kriminologisches Forschungsinstitut Niedersachsen.

Wetzels, P. (1997a): Gewalterfahrungen in der Kindheit. Sexueller Mißbrauch, körperliche Mißhandlung und deren langfristige Konsequenzen – Interdisziplinäre Beiträge zur kriminologischen Forschung. Baden-Baden, Nomos.

Wetzels, P. (2000): Die Bedeutung innerfamiliärer Gewalt für das Sozialverhalten junger Menschen. In: Diakonisches Werk der EKD (Hrsg.): Dokumentation der 11. Evangelischen Konferenz für Jugend- und Familienhilfe vom 06. bis 07.12.99. Stuttgart, Eigenverlag, 8–28.

Wiegand-Grefe, S., Geers, P. & Petermann, F. (2011): Entwicklungsrisiken von Kindern psychisch kranker Eltern. In: S. Wiegand-Grefe, F. Mattejat & A. Lenz (Hrsg.): Kinder mit psychisch kranken Eltern. Klinik und Forschung. Göttingen, Vandenhoeck & Ruprecht, 145–170.

Wiegand-Grefe, S. & Petermann, F. (2016): Kinder psychisch erkrankter Eltern. Kindheit und Entwicklung 2, 63–67.

Wiesner, R. (Hrsg.) (2006): SGB VIII Kinder- und Jugendhilfe Kommentar. München, Beck.

Wiesner, R. & Wapler, F. (2022): SGB VIII Kinder- und Jugendhilfe Kommentar. 6. Aufl. München, Beck.

Willitts, M., Bezeval, M. & Stansfeld, S. (2004): Partnership History and Mental Health over Time. Journal of Epidemiology & Community Health 58(1), 53–58.

Willutzki, S. (2009): Das Verfahren in Kindschaftssachen – Struktur und grundlegende Neuerungen. Zeitschrift für Kindschaftsrecht und Jugendhilfe 8, 305–308.

Wimbauer, C. (2021): Co-parenting und die Zukunft der Liebe. Über Post-romantische Elternschaft. Bielefeld, transcript.

Wirtz, U. (2001): Seelenmord: Inzest und Therapie. Freiburg, Kreuz.

Witt, A., Brähler, E. & Fegert, J. M. (2021): Worte tun nicht weh? Folgen psychischer Misshandlung. Monatsschrift Kinderheilkunde 169, 613–621.

Witt, A., Brown, R. C., Plener, P. L., Brähler, E. & Fegert, J. M. (2017): Child Maltreatment in Germany: Prevalence Rates in the General Population. Child and Adolescent Psychiatry and Mental Health 11.

Witt, A., Glaesmer, H., Jud, A., Plener, P. L., Brähler, E. Brown, R. C. & Fegert, J. M. (2018): Trends in Child Maltreatment in Germany. Child and Adolescent Psychiatry 12, 24.

Witt, A., Jud, A., Finkelhor, D., Brähler, E. & Fegert, J. M. (2020): Monitoring Recent Trends: The Prevalence of Disclosure of Sexual Abuse in a Representative Sample of the German Population Based on Indicator 16.2.3 of the UN Sustainable Development Goals (SDG). Child Abuse and Neglect, 107.

Wittchen, H.-U. & Jacobi, F. (2001): Die Versorgungssituation psychischer Störungen in Deutschland: Eine klinisch-epidemiologische Abschätzung anhand des Bundes-Gesundheitssurveys 1998. Bundesgesundheitsblatt 44 (10), 993–1000.

Wittchen, H.-U. & Jacobi, F. (2011): Epidemiologische Beiträge zur Klinischen Psychologie. In: H.-U. Wittchen & J. Hoyer (Hrsg.): Klinische Psychologie und Psychotherapie. Berlin, Springer, 56–90.

Wrightsman, L. S. (1991): Psychology and the Legal System. Brooks, Cole Publishing.

Wrobel, G. M., Grotevant, H. D., & McRoy, R. (2004): Adolescent Search for Birth-Parents: Who Moves Forward? Journal of Adolescent Research 19, 132–151.

Zach, U. (2000): Bindungssicherheit im Kleinkindalter und Konfliktregulation während einer Geschichtenvervollständigungsaufgabe im Vorschulalter. Psychologie in Unterricht und Erziehung 47 3, 161–175.

Zentner, M. (2019): Der Einfluss des Temperaments auf das Bindungsverhalten. In: L. Ahnert (Hrsg.): Frühe Bindung. Entstehung und Entwicklung. München, Ernst Reinhardt, 175–197.

Zenz, G. (1990): Bindung und Trennung im kindlichen Erleben. In: E. Ell (Hrsg.): Wieder zu den Eltern? Weinheim, Deutscher Studienverlag, 73–83.

Zenz, G. (2000): Zur Bedeutung der Erkenntnisse von Entwicklungspsychologie und Bindungsforschung für die Arbeit mit Pflegekindern. Zentralblatt für Jugendrecht 87 (9), 321–327.

Zetsche, U. & Exner, C. (2012): Zwangsstörungen. In: M. Berking & W. Ried (Hrsg.): Klinische Psychologie und Psychotherapie Bd. I. Grundlagen und Störungswissen. Berlin, Springer, 112–122.

Ziegenhain, U., Fegert, J. M., Petermann, F., Schneider-Haßloff, H. & Künster, A. K. (2014): Inobhutnahme und Bindung. Kindheit und Entwicklung 23 (4), 248–259.

Ziegler, H. (2013): Abstract. Gewaltstudie. Gewalt und Missachtungserfahrungen von Kindern und Jugendlichen in Deutschland. In: https://www.bepanthen.de/sites/g/files/vrxlpx36091/files/2021-01/abstract_gewaltstudie_prof.ziegler-1.pdf, 25.04.2022.

Ziegler, M. & Lincoln, T. M. (2012): Schizophrenie. In: M. Berking & W. Ried (Hrsg.): Klinische Psychologie und Psychotherapie Bd. I. Grundlagen und Störungswissen. Berlin, Springer, 153–162.

Zimmermann, P. (2007): Bindungsentwicklung im Lebenslauf. In: M. Hasselhorn & W. Schneider (Hrsg.): Handbuch der Entwicklungspsychologie. Handbuch der Psychologie Bd. 7. Göttingen, Hogrefe, 326–334.

Zimmermann, J., Nemeth, S. & Kindler, H. (2021): Förderung sicherer Bindungsbeziehungen in Pflegefamilien mit dem Attachment and Biobehavioral Catch-Up (ABC)-Programm. Praxis der Kinderpsychologie und Kinderpsychiatrie 70 (3), 239–254.

Zimmermann, P. & Scheuerer-Englisch, H. (2003): Das Bindungsinterview für die späte Kindheit (BISK). In: H. Scheuerer-Englisch & G. J. Suess & W.-K. Pfeifer (Hrsg.): Wege zur Sicherheit. Gießen, Psychosozial, 241–276.

Zimmermann, P. & Spangler, G. (2021): Bindung von Kindern in familienrechtlichen Fragestellungen bei Gericht. Erkenntnisse und Missverständnisse. Praxis der Rechtspsychologie 31 (2), 7–26.

Zivier, E. (2010): Die neuen gesetzlichen Regelungen zur Umgangspflegschaft. Zeitschrift für Kindschaftsrecht und Jugendhilfe (9), 306–308

Zitelmann, M. (2001): Kindeswohl und Kindeswille im Spannungsfeld von Pädagogik und Recht. Münster, Votum.

Zobel, M. (2017): Kinder aus alkoholbelasteten Familien. Entwicklungsrisiken und -chancen. Göttingen, Hogrefe.

Zöckler, N. & Cal, Y. (2012): Posttraumatische Belastungsstörungen. In: M. Berking & W. Ried (Hrsg.): Klinische Psychologie und Psychotherapie Bd. I. Grundlagen und Störungswissen. Berlin, Springer, 105–112.

Zumbach, J., Lübbehüsen, B., Volbert, R. & Wetzels, P. (2020): Psychologische Diagnostik in familienrechtlichen Verfahren. Göttingen, Hogrefe.

Zumbach, J., Saini, M. & Koglin, U. (2021): Children's strategies for giving voice to needs consistent with the UN Convention on the Rights of the Child (UNCRC). Family Court Review 59, 309–323.

Zumbach, J. & Oster, A. (2020): Elterliche Erziehungsfähigkeit. Definitionen, Indikatoren und Erfassungsmöglichkeiten. Zeitschrift für Kinder- und Jugendpsychiatrie und Psychotherapie 49 (1), 37–50.

Zuschlag, B. & Thielke, W. (1998): Konfliktsituationen im Alltag. Stuttgart, Verlag für Angewandte Psychologie.

Sachregister

Professionelle Konfliktlösung

Anja Köstler
Mediation
2. überarbeitete und erweiterte Auflage 2019.
110 Seiten. 2 Abb. 2 Tab. Innenteil zweifarbig.
utb-Profile (978-3-8252-5096-6) kt

Wie kann man verhindern, dass Konflikte eskalieren? Oft bietet sich die Mediation als professionelles Verfahren der Konfliktklärung und Vermittlung an.
Dieses Buch führt in Konzepte und Theorien der Mediation ein und gewährt Einblick in die Arbeitsweise eines Mediators. An Fallbeispielen aus der psychosozialen Beratung, Nachbarschaftskonflikten, Teams in Firmen und Organisationen u. a. werden die einzelnen Phasen und Werkzeuge der Mediation erläutert.

reinhardt
www.reinhardt-verlag.de

Standardwerk für die psychosoziale Beratung

Susanne Nußbeck
Einführung in die Beratungspsychologie
Mit einem Vorwort von Jörg Fengler.
4. aktualisierte Auflage 2019. 221 Seiten.
7 Abb. 3 Tab. 95 Übungsfragen und Online-Antworten.
utb-M (978-3-8252-5296-0) kt

Dieses Buch vermittelt psychologisches Grundwissen über Beratungskonzepte und -techniken und führt mit praxisnahen Beispielen in die Anwendungsfelder psychosozialer Beratung ein:

- beratungsrelevante Grundlagen der Kommunikationspsychologie
- Beratungsansätze psychologischer Schulen (Psychoanalyse, Humanistische Psychologie, Verhaltenspsychologie, Systemische Ansätze)
- Beratung in der Praxis: Phasen, Settings, Interventionsformen, Beziehungsgestaltung (Burn-out), Qualitätssicherung

Ideal für die Prüfungsvorbereitung: die didaktische Aufbereitung mit Marginalienspalte, Glossar und Übungsfragen mit Online-Antworten.

reinhardt
www.reinhardt-verlag.de

Dauerbrenner „Resilienz“ und "Bindung"

Klaus Fröhlich-Gildhoff/Maike Rönnau-Böse
Resilienz
6. Auflage 2022. 102 Seiten.
5 Abb. 2 Tab. Innenteil zweifarbig.
utb-Profile (978-3-8252-5861-0) kt

Resilienz ist die Stärkung der seelischen (und körperlichen) Widerstandskraft. Das Buch führt in Themengebiete wie Prävention, Risiko- und Schutzfaktorenkonzept sowie Salutogenese ein und beschreibt Programme in Kindertageseinrichtungen und Schulen, mit denen Fachkräfte die Resilienz von Kindern fördern können.

Anke Lengning/Nadine Lüpschen
Bindung
2. überarbeitete Auflage 2019. 112 Seiten.
6 Abb. 4 Tab. Innenteil zweifarbig.
utb-Profile (978-3-8252-5196-3) kt

Bindungstheorie und -forschung kompakt! Die Autorinnen stellen Verfahren zur Erfassung der Feinfühligkeit und der Bindungsqualität dar und erklären den Zusammenhang zwischen Bindung und Emotionen. Abschließend werden Bindungsstörungen, ihre Behandlung und geeignete Präventionsmaßnahmen beschrieben.

reinhardt
www.reinhardt-verlag.de

Familie und Recht im Fokus

Reinhard J. Wabnitz
Grundkurs Familienrecht für die Soziale Arbeit
Mit 66 Übersichten, 14 Fallbeispielen und Musterlösungen.
5., überarbeitete Auflage 2019. 194 Seiten. 7 Tab.
utb-S (978-3-8252-5314-1) kt

Wie sind Familien- sowie Kinder- und Jugendhilferecht im deutschen Grundgesetz verankert? Was sollte man über elterliche Sorge und Vormundschaft wissen? Reinhard Wabnitz beantwortet diese und weitere Fragen und vermittelt das relevante Basiswissen des Familienrechts – speziell aufbereitet für Studierende der Sozialen Arbeit. Systematisch und leicht verständlich werden die wichtigsten Regelungen, z. B. zu Eheschließung und nicht ehelichen Lebensgemeinschaften, Scheidung und Unterhalt, Adoption, Vormundschaft und Pflegschaft dargestellt.
Die 5. Auflage wurde auf den aktuellen Stand der Gesetzgebung, Rechtsprechung und Literatur gebracht. Mit Fallbeispielen, Prüfungsfragen, Musterlösungen und einem ausführlichen Literaturverzeichnis. Ein Muss für Studierende der Sozialen Arbeit!

reinhardt
www.reinhardt-verlag.de

Familienrecht für die Praxis der Sozialen Arbeit

Sabahat Gürbüz
Familien- und Kindschaftsrecht für die Soziale Arbeit
2., aktualisierte Auflage 2020.
212 Seiten. 16 Abb.
utb-M (978-3-8252-5374-5) kt

Dieses praxisnahe Lehrbuch für Studierende der Sozialen Arbeit umfasst die verfahrens- und materiellrechtlichen Regelungen der Bereiche Ehe und Lebenspartnerschaft, Scheidung und Scheidungsfolgen, Sorge und Umgangsrecht (Kindschaftsrecht) sowie Unterhalt, Güterrecht und Gewaltschutz. Neuere Entwicklungen in Rechtsprechung, Gesetzgebung und Wissenschaft (z.B. neue Rechtsbehelfe gegen überlange Verfahren in Kindschaftssachen, Gesetz zur Bekämpfung von Kinderehen etc.) werden berücksichtigt. Rechtswissen und Rechtsanwendung: präzise, didaktisch aufbereitet, inklusive Fälle mit Lösungen.

reinhardt
www.reinhardt-verlag.de